제7판

독점규제법

이호영

弘文社

제 7 판 머리말

송구스럽게도 제6판을 출간한 지 불과 2년 만에 부득이하게 다시 개정판을 펴내게 되었다. 주지하는 바와 같이 2020년 말 전부 개정된 독점규제법(법률 제17799호, 2020. 12. 29. 전부개정)이 2021년 말 시행됨에 따라 동법 시행령(대통령령 제32274호, 2021. 12. 28. 전부개정)과 모든 고시 및 지침 등 하위법령이 개정되었다. 1980년 제정된 지 꼭 40년 만에 전부 개정된 독점규제법은 그간 이루어진 우리나라 시장경제의 발전에 대응하고 종래 법 집행과정에서 제기된 문제점들을 해소하기 위한 노력의 산물이다. 다소 기대에 못 미친다는 평가도 가능하지만, 향후 해석·집행과정에서 학계와 실무계가 합심하여 애정과 정성을 기울인다면 우리나라 시장경제의 재도약에 크게 기여할 것으로 믿는다.

이 책은 2021년 말 시행된 독점규제법과 동법 시행령 및 그에 근거를 둔 하위법령을 모두 반영하였다. 특히 중요한 사항으로서 소규모피취득회사에 대한 기업결합(소위 'killer acquisition')의 거래금액 기반 신고의무, 경제력집중 억제제도 중 지주회사 관련 규제 및 대기업집단 소속 공익법인 관련 규제 강화, 정보교환합의의 신설 및 경쟁자 간 정보교환 행위에 기초한 합의의 추정, 특수관계인에 대한 부당한 이익제공의 거래상대방 계열회사 범위의 확대, 재판매가격유지행위의 예외적 허용사유 확대, 공정거래위원회의 조사 및 심의 절차상 방어권 보장을 위한 절차적 권리의 확대, 과징금 부과처분 등의 처분기간 합리화, 사적 집행 활성화를 위한 사인의 금지청구제도의 도입 및 손해배상청구제도의 개선, 그리고 벌칙 규정의 범위 축소 등을 들 수 있다.

또한 2021년 말까지 법원과 공정거래위원회가 내놓은 중요한 심판결례를 반영하였다. 대표적으로 최초로 소위 '이윤압착'(margin squeeze)이 문제된 기업메시징 사건 대법원 판결, 소위 '후속시장'(aftermarket)에서 경쟁자를 배제한 행위를 다룬 지멘스 사건 서울고법 판결, 입찰담합에 대한 과징금액 산정기준에 관한 다수의 대법원 판결, 선택적 유통(selective distribution)을 다룬 고어텍스 사건 서울고법 판결, 특수관계인에 대한 부당한 이익제공 행위의 부당성 판단기준을 제시한 기업집단 효성 사건 서울고법 판결, 정부정책에 항의하기 위한 전문자격사 단체의 집단적 행동을 다룬 대한의사협회 사건(Ⅱ) 대법원 판결, 신고사건에 대한 처분기간의 산정기준이 되는 조사개시일을 판단한 다수의 판결, 심사보고서 첨부자료의 열람·복사신청 거부를 다룬 하림 사건 서울고법 판결 등이 나왔다. 그 밖에 중요한 심결례로서는 지배적 온라인 플랫폼 사업자인 네이버의 멀티호밍(multi-homing) 제한 행위를 다룬 부동산 매물정보 사건 의결과 동 회사의 자사우대 행위(self-preferencing)를 다룬 비교쇼핑서비스 사건 의결, 지배적 배달앱인 배달의 민족과 요기요 간 기업결합 사건 의결, 그리고 사실상 최초로 사업기회 제공을 통한 특수관계인에 대한 부당한 이익제공에 해당한다고 인정한 SK실트론 사건 의결 등을 들 수 있다.

아울러 이 책에서도 독자들에게 독점규제법의 주요 내용과 판례 이론을 그 맥락과 함께 입체감 있게 이해할 수 있도록 풍부하게 전달하면서도, 가독성을 높이고 필요한 내용을 쉽게 참고할 수 있도록 가급적 간략하게 서술하고 항목을 나누어 서술하려 노력하였다.

제7판 역시 로스쿨 또는 대학원의 경제법 과목 수강생, 경쟁당국 또는 검찰청 소속 법집행 공무원이나 기업 및 법률사무소에 종사하는 실무자들의 학습과 업무에 작은 도움이 되기를 바랄 뿐이다. 마지막으로 항상 이 책의 저술을 독려해주시고 기꺼이 만들어주신 홍문사 임권규 사장님과, 꼼꼼하게 편집을 맡아준 이경희 편집 주간님께 진심으로 감사 인사를 올린다.

2022년 3월

한양대학교 법학전문대학원 연구실에서

저 자 씀

제 6 판 머리말

2015년 8월 이 책의 제5판을 출간한 지 4년 6개월 만에 제6판을 펴내게 되었다. 여러 가지 사정으로 당초 계획보다 늦어져서 소화해야 할 법령 개정과 중요한 판결례가 많아서 시간과 노력이 많이 들었다는 점을 말씀드린다. 그동안 실무적으로 중요한 하위 법령들의 개정이 많았다. 대표적으로 기업결합심사기준이 개정되어 빅데이터(big data)를 염두에 둔 '정보자산' 개념을 도입하고 정보자산이 수반되는 기업결합의 경쟁제한성 판단기준을 제시하였으며, 소위 '혁신기반 산업'에서 이루어지는 기업결합의 관련시장을 획정하는 방법을 제시하였다. 또한 자진신고 감면고시가 개정되어 사무처장의 잠정적인 지위확인제도가 폐지되고 관련 실무상 제기된 다양한 쟁점에 관한 보완이 이루어졌다. 그밖에도 과징금 고시가 개정되어 특히 입찰담합에 가담한 사업자에 대하여 과징금을 산정하는 방법에 중요한 변화가 있었고, 사건처리 절차규칙상 심의준비절차가 폐지되는 대신 의견청취절차가 신설되었고 피심인의 방어권을 강화하는 중요한 개정이 이루어졌다.

뿐만 아니라 그동안 법원과 공정거래위원회가 다수의 중요한 심판결례를 내놓았다. 예컨대, 표준필수특허권(SEP)의 행사가 문제가 된 제1차 퀄컴 사건의 대법원 판결 및 제2차 퀄컴 사건의 서울고법 판결, 최초로 소위 '이윤압착'(margin squeeze)이 문제가 된 기업메시징 사건의 서울고법 판결 등이 나왔고, 제2차 퀄컴 사건 공정위 의결 이외에 소위 '후속시장'(aftermarket)인 의료장비 유지보수 서비스 시장에서 경쟁자를 배제한 행위를 다룬 지멘스 등의 시장지배적 지위 남용행위 사건 공정위 의결이 나왔다. 또한 다수의 중요한 기업결합에 대한 공정위의 심사가 이루어졌는데, 대표적으로 2016년에 SKT가 당시 가입자 수 1위 복수종합유선방송사인 CJ헬로비전을 인수하는 기업결합을 금지하였고, 2019년에는 SKT와 지상파 3사 등이 OTT 동영상 서비스를 통합하는 기업결합, SKT가 대형 복수종합유선방송사인 티브로드를 인수하고 LG유플러스가 역시 대형 복수종합유선방송사인 CJ헬로를 인수하는 기업결합을 조건부로 승인하였다.

그밖에도 4대강 사업과 관련된 다수의 입찰담합 사건에서 내려진 판결을 통하여 입찰담합의 경쟁제한성 판단 및 입찰담합에 대한 과징금 산정방법, 그리고 자진신고 감면신청에 관한 중요한 법리가 형성되었으며, 영화상영업자들이 계열배급사 등이 제공하는 영화를 유리하게 취급한 행위에 관한 대법원 판결, 이동통신사와 단말기제조사들이 출고가를 부풀려 책정하고 그 재원으로 보조금을 지급한 행위에 관한 대법원 판결, B2C 거래에서의 거래상 지위의 남용을 인정하기 위한 요건에 관한 대법원 판결, 온라인시장 확대에 대응한 소위 '선별적 유통시스템'에 관한 대법원 판결, 공정위의 사실인정과 형사절차의 관계에 관한 판결, 공정위 사건처리절차상 당사자의 방어권과 절차적 권리에 관한 판결, 2012년 개정된 처분기간의 산정기준이 되는 '조사개시일'에 관한 판결 등 다수의 중요한 판결이 내려졌다.

아울러 이 책은 로스쿨이나 법과대학 또는 대학원에서 경제법 관련 과목을 수강하는 학생들뿐만 아니라, 경쟁당국인 공정위의 공무원과 기업이나 법률사무소 등에서 공정거래 관련 업무를 처리하는 실무가들을 염두에 두고 저술하였는데, 특히 주요한 법령의 내용과 판례 이론을 정확하고 풍부하게 전달함과 동시에, 가독성을 높이고 독자들이 필요로 하는 내용을 쉽게 참고할 수 있도록 복잡한 서술을 가급적 간소화하고 항목을 나누어 서술하려 노력하였다.

제6판 역시 이들의 업무와 학습에 다소나마 도움이 되고 향후 공정거래법 전문가로 성장하는 데 유용한 안내가 될 수 있기를 바랄 뿐이다. 마지막으로 항상 이 책의 저술을 독려해주시고 기꺼이 만들어주신 홍문사 임권규 사장님과, 꼼꼼하게 편집을 맡아준 이경희 편집주간님께 진심으로 감사 인사를 올린다.

2020년 3월
한양대학교 법학전문대학원 연구실에서
저 자 씀

제 5 판 머리말

이 책의 제4판이 출간된 지 불과 2년 6개월여가 지났을 뿐인데도 그 동안 독점규제법이 5차례 개정되었다. 특히, 2013년 8월에 이루어진 개정으로 동법 제23조 제1항 제7호의 부당한 지원행위의 요건이 수정되고 소위 '통행세 관행'이 별도의 유형으로 추가되었으며, 이와 더불어서 동법 제23조의2(특수관계인에 대한 부당한 이익제공 등 금지)가 신설되었다. 종전의 부당한 지원행위 못지않게 중요한 규제가 도입된 것이라고 할 수 있는데, 입법과정에서 상당한 논란을 거친 것 못지않게 향후 법집행 과정에서도 상당한 논란이 제기될 것으로 예상된다. 그 밖에도 제3장의 경제력집중 억제조치에 신규 순환출자의 금지가 추가되었고, 법 제71조의 소위 '전속고발제도'가 대폭 변경되었다. 이들 개정은 모두 제18대 대통령 선거과정에서 제기된 경제민주화 정책이 구체화된 것이라고 할 수 있는데, 한편으로 공정거래제도가 해결해야 할 난제들이 산적하였음을 보여주고, 다른 한편으로 우리 사회가 공정거래제도에 대하여 기대하는 바가 유례없이 크다는 점을 뼛속 깊이 느낄 수 있다.

그 동안 법원 역시 지속적으로 중요한 판례이론을 형성하였는데, 특히 부당한 공동행위에 관하여 주목할 만한 법리들을 제시하였다. 예컨대, 대법원은 일련의 부당한 공동행위 사건들에서 경쟁자 간 정보교환행위에 관한 중요한 법리를 제시하였고, 역시 경성카르텔이 문제로 된 사건들에서 대법원을 포함한 각급 법원은 관련시장의 획정에 관하여 종전에 대법원이 취하였던 지나치게 엄격한 태도를 상당한 정도로 완화하는 판시를 내놓았으며, 대법원이 처음으로 명시적으로 서로 수평관계에 있지 않은 사업자들 사이의 합의도 부당한 공동행위에 해당된다고 선언하였다. 또한 역외적용의 요건인 '국내시장에 대한 영향'을 판단하는 기준에 관한 대법원 판결, 과징금 산정을 위한 위반기간의 기준이 되고 처분시효의 기산점이 되는 부당한 공동행위의 종기에 관한 대법원 판결 등 중요한 판결들이 많이 내려졌다.

부당한 공동행위 사건 이외에도 퀄컴사 등의 시장지배적 지위 남용행위 등 사건에서 서울고법은 '표준필수특허'(standard essential patent)의 실시허락과 관련된 중요한 내용들을 판시하였고, 글락소그룹과 동아제약의 부당한 공동행위 사건에서 대법원은 법 제59조의 '무체재산권의 정당한 행사행위'인지 여부를 판단하는 기준뿐만 아니라 소위 '역지불합의'(reverse payment settlement)의 경쟁제한성을 판단하는 기준에 관하여 중요한 사항을 판시하였다. 그밖에도 공정거래위원회는 2011년 중요한 사항이 개정된 기업결합심사기준을 적용하여 다수의 기업결합을 심사하였는데, 주목할 만 내용들을 많이 찾아볼 수 있다.

제5판에서는 현행 독점규제법(법률 제13071호, 2015. 1. 20.) 및 동법 시행령(대통령령 제25840호, 2014. 12. 9.)을 기준으로 최근 제·개정된 관련 고시 및 지침 등 하위법령의 내용을 상세히 해설하고 중요한 심(판)결례들을 빠짐없이 수록하였다. 당연히 분량이 늘어날 수밖에 없어서 다시 시의성이 떨어지는 일부 판결문을 삭제하였는데, 현장감이 넘치는 심화학습을 위해서는 독자 스스로 관련 판결문을 적극적으로 찾아서 읽을 것을 권유하고 싶다.

제5판 역시 기업이나 법률사무소 등에서 공정거래 관련 업무를 처리하는 실무가뿐만 아니라 로스쿨이나 법과대학 또는 대학원 경제법 관련 과목을 수강하는 학생들을 염두에 두고 저술하였는데, 이들의 업무와 학습에 작은 도움이 되고 유용한 안내를 제공할 수 있기를 바랄 뿐이다. 마지막으로 이번에도 기꺼이 이 책을 만들어주시고 꼼꼼히 편집과 교정을 맡아준 홍문사 임권규 사장님, 김경수 대리님, 그리고 오성은 박사께 진심으로 감사드린다.

2015년 7월
한양대학교 법학전문대학원 연구실에서
저 자 씀

제 4 판 머리말

2011년 상반기 이 책의 제3판이 출간된 이후 독점규제법 및 동법 시행령이 두 차례 개정되었을 뿐만 아니라, '시장지배적 지위 남용행위 심사기준', '기업결합심사기준', '공동행위 심사기준', '부당한 공동행위 자진신고자 등에 대한 시정조치 등 감면제도 운영고시', '부당한 지원행위의 심사지침', '공정거래위원회 회의운영 및 사건절차 등에 관한 규칙', '과징금부과 세부기준 등에 관한 고시', '경품류제공에 관한 불공정거래행위의 유형 및 기준지정고시'를 포함한 중요한 하위 법령 대부분이 개정되었고, 아울러 법률상 동의의결제도가 도입됨에 따라 '동의의결제도 운영 및 절차 등에 관한 규칙'이 제정되었다.

특히, '시장지배적 지위 남용행위 심사기준'의 개정은 주로 2007년 포스코 사건 대법원 판결 이후 판례의 흐름을 반영하기 위한 것이었고, '공동행위 심사기준' 역시 주로 대법원이 최근 공동행위의 부당한 경쟁제한성 판단방법에 관하여 판시한 사항을 반영하기 위해 개정되었으며, '기업결합심사기준'은 간이심사대상 기업결합의 범위를 합리화하고 각 유형별 기업결합의 경쟁제한성 판단기준을 개선하기 위하여 개정되었다. 이는 우리나라 경쟁법이 역동적으로 발전되어가고 경쟁법 집행에 관한 경쟁당국과 법원의 상호작용이 활발하게 이루어지고 있음을 보여주는데, 다만 시장지배적 지위의 남용행위 및 부당한 공동행위에 관한 최근 판결의 흐름이 경쟁법의 국제적 기준(Global Standards)과 유리되는 경향을 보이는 점은 매우 우려스럽다.

그동안 공정거래위원회 및 법원 역시 여러 가지 쟁점에 관하여 주목할 만한 심(판)결을 내렸다. 예컨대, 공정거래위원회는 다수의 공동행위 사건에서 경쟁사업자 간 정보교환행위(information exchanges)를 중요한 근거로 삼아서 합의의 존재를 인정하였고, 서울고법 역시 대체로 동일한 입장을 취하였다. 또한 대법원은 일련의 시장지배적 지위의 남용행위 사건에서 계속하여 포스코 판결에서 제시한 엄격한 부당성 판단기준을 적용하였고, 소위 '경성 공동행위'(hardcore cartels)가 문제로 된 사건에서도 그 경쟁제한성을 판단하기 위해서는 '관련시장'(relevant market)의 획정을 통한 시장분석을 실시하여야 한다는 법리를 제시하였으며, 범용제품에 대한 합의가 문제로 된 공동행위 사건에서 과징금을 산정함에 있어서 차별화된 제품의 매출액을 '관련매출액'에 포함시킬 수 있는지에 관해서도 중요한 사항을 판시하였다. 그 밖에 공정거래위원회와 서울고법은 명시적으로 우리나라 독점규제법상 '수직적 합의'(vertical agreements)에 의한 부당한 공동행위가 성립될 수 있음을 확인하였고, 제약산업에서 특허권자인 외국 제약사와 복제약을 제조·판매하는 국내 제약사 사이에 이루어진 소위 '역지불합의'(reverse payment agreements)를 부당한 공동행위로 인정하였다.

제4판에서는 현행 독점규제법(법률 제11406호, 2012. 3. 21.) 및 동법 시행령(대통령령 제23864호, 2012. 6. 19)을 기준으로 최근 개정된 관련 고시 및 지침 등 하위법령의 내용을 상세히 반영하고, 중요한 심(판)결례들을 빠짐없이 수록하려고 노력하였다. 이에 따라 분량이 지나치게 늘어나는 것을 우려하여 시의성이 떨어지는 일부 판결문들을 삭제할 수밖에 없었다. 아울러 특히 독점규제법에 관한 사전지식이 없는 수강 학생들의 지적에 따라 가독성을 높이기 위해 노력했지만 얼마나 개선되었는지는 미지수이다. 거친 글을 읽어야 하는 독자들에게 송구할 뿐이다.

제4판 역시 기업이나 법률사무소 또는 공정거래위원회 등에서 공정거래 관련 업무에 종사하는 실무가뿐만 아니라 독점규제법 이론 및 실무에 관심을 가지는 로스쿨이나 법과대학 학생 또는 실무적 측면을 강조하는 대학원 경제법 관련 과목의 수강 학생들을 염두에 두고 저술되었다. 이들의 업무와 학습에 작은 도움이 될 수 있기를 바랄 뿐이다. 마지막으로 이번에도 기꺼이 이 책을 만들어주신 홍문사 임권규 사장님과 편집부 김경수 님께 진심으로 감사드린다.

2013년 2월

한양대학교 법학전문대학원 연구실에서

저 자 씀

제 3 판 머리말

5년 전 우리나라 독점규제법의 해석 및 적용상 제기된 쟁점과 이에 관한 판례이론에 중점을 둔 이 책의 초판이 나왔고, 초판에 대한 학계 및 실무계의 격려에 힘입어 작년에는 개정판을 출간한 바 있다. 그동안에도 국내·외적으로 독점금지법 및 정책에 관한 논의가 꾸준히 이루어졌다. 특히 국내적으로 올해는 독점규제법 시행 30주년을 맞이하여 공정거래위원회를 중심으로 그동안의 법집행을 평가하는 작업이 이루어졌고, 법원 역시 지속적으로 중요한 쟁점에 관한 판결들을 내놓고 있다. 따라서 개정판이 나온 지 1년여에 지나지 않은 시점에서 부득이 제3판을 내게 되었다.

제3판에서는 우선 시장지배적지위의 남용행위와 관련하여 글로벌기업인 퀄컴사의 차별적 기술료 지급행위에 대한 공정거래위원회의 의결, 유력한 오픈마켓 사업자인 (주)인터파크지마켓의 배타적 행위에 대한 대법원 판결, 그리고 유선방송사업자들의 채널편성 변경행위에 대한 일련의 판결에 관한 서술을 추가하였다. 또한 부당한 공동행위와 관련하여 수직적 공동행위의 인정 여부가 논란이 되었던 7개 영화배급·상영사업자들의 공동행위 사건에 관한 서울고법 판결, 공동행위에 참가한 사업자들의 공동의 자진신고 허용 여부에 관한 대법원 판결, 그리고 합의에 참가한 사업자들 중 일부가 합의에서 탈퇴한 경우에 나머지 사업자에 대한 공동행위의 종료 여부를 다룬 설탕제조업체들의 부당한 공동행위 사건에 관한 대법원 판결의 내용을 추가하였다. 그 밖에도 많은 논란을 불러일으킨 최저재판매가격유지행위의 예외적 허용 가부에 관한 대법원 판결, 제약회사들의 리베이트지급 관행이 문제된 경우에 이에 대한 과징금을 산정하기 위한 전제로서의 관련 매출액의 산정에 관한 일련의 판결 등을 상세히 서술하였다.

제3판 역시 공정거래위원회의 직원, 관련 실무에 종사하는 변호사 및 기업 종사자뿐만 아니라 독점규제법에 관심을 가지는 로스쿨 학생이나 실무적 측면을 강조하는 대학원 또는 학부의 경제법 관련 과목의 수강 학생들을 염두에 두고 저술되었다. 이들에게 작은 도움이 될 수 있기를 바랄 뿐이다. 마지막으로 이번에도 흔쾌히 이 책을 만들어주신 홍문사 임권규 사장님과 허유협 님께 감사드리고, 기꺼이 교정을 맡아준 한양대 대학원의 최지은 조교의 학업에 큰 발전이 있기를 기원한다.

2011년 7월
한양대학교 법학전문대학원 연구실에서
저 자 씀

개정판 머리말

우리나라 독점규제법상 중요한 쟁점들에 대한 판결과 이에 관한 논의에 주안점을 두려는 의도를 가진 이 책의 초판이 나온 지 약 4년이 지났다. 그 동안에도 국·내외적으로 독점금지법 이론 및 실무는 질적·양적으로 상당한 발전을 이루었다. 특히 경쟁당국인 공정거래위원회의 직원들과, 관련된 실무에 종사하는 변호사 및 기업 관계자분들의 공헌이 컸다고 생각된다. 하지만 여전히 대법원을 비롯한 법원의 판결이 긍정적이든 부정적이든 우리나라 독점규제법의 이론 및 실무의 발전에 미치는 영향은 아무리 강조해도 지나치지 않을 듯하다.

그 동안 제도적으로 논란이 많았던 출자총액제도가 폐지되고 법 제19조 그 중에서도 제5항의 합의 추정제도가 변경되는 등 법령상 중요한 개정이 이루어진 것 이외에도, 많은 중요한 판결들이 내려졌다. 2007년 말 내려진 POSCO 사건 대법원 판결을 포함한 일련의 시장지배적지위의 남용행위 사건 판결, (주)신세계 사건 판결을 비롯한 대규모유통업자들 사이의 기업결합 사건 판결, 공동행위의 부당한 경쟁제한성 문제를 다룬 화물차주들의 파업 관련 판결, 행정지도에 따른 부당한 공동행위의 평가가 문제된 통신산업 및 금융산업에서 발생한 다수의 부당한 공동행위 관련 판결, 부당한 공동행위에 대한 과징금의 산정과 관련된 어려운 쟁점들을 다룬 가성소다제조사 사건과 합성고무제조사 사건 및 이와 아울러 공동행위의 자진신고자 등에 대한 감면제도의 집행과 관련된 쟁점을 다룬 굴삭기제조사 사건 등에서 내려진 판결 그리고 독점규제법의 사적 집행의 활성화라는 측면에서 중요한 계기를 제공한 정유사 군납유류 담합 관련 민사소송 및 제분업체들의 부당한 공동행위 관련 민사소송 판결을 특히 강조하고 싶다.

개정판에서는 그 동안 개정된 현행 독점규제법(법률 제10166호, 2010. 3. 22. 개정) 및 공정거래위원회의 고시·지침 등의 내용을 상세히 설명하고, 위에서 소개한 것들을 포함하여 2010년 3월까지 내려진 200여 개 판결의 내용을 추가적으로 서술하였으며, 저자의 공부 부족으로 인하여 초판이 가지게 된 몇 가지 서술상 오류를 정정하였다. 특히, 판결의 내용을 서술하면서 가급적 배경이 된 사실관계 속에서 판결의 의미를 이해할 수 있도록 설명하려 노력하였다. 또한 로스쿨이나 대학원에서의 토론식 강의의 교재로도 활용될 수 있도록 중요한 쟁점에 관한 토의주제를 제시하였는데, 각 쟁점별로 특히 참조할 만한 문헌들도 소개하였다.

이 책 역시 초판과 마찬가지로 공정거래위원회의 직원이나 관련 실무에 종사하는 변호사 및 기업 종사자들뿐만 아니라 독점규제법에 관심을 가지는 로스쿨 학생이나 실무적 측면을 강조하는 대학원 또는 학부의 경제법 관련 과목의 수강생들을 염두에 두고 만들어졌다. 당초 의도대로 이 책이 실무자든 연구자나 학생이든 우리나라 시장경제질서의 발전에 관심을 가지는 분들에게 작은 도움이 될 수 있기를 기원할 뿐이다. 마지막으로 이 책을 집필하는 과정에서 직접·간접적으로 도움을 주신 공정거래위원회의 여러 직원들과 여러 가지 어려운 여건 속에서도 흔쾌히 이 개정판을 만들어주신 홍문사 임권규 사장님 그리고 어려운 편집작업을 해주신 허유협님께 다시 한 번 감사드린다. 또한 기꺼이 교정을 맡아준 한양대 대학원의 배덕호, 김성화 군과 역시 분주한 로스쿨 학기 중에 관심을 가지고 교정을 맡아준 이동석, 김상범 군의 학업에 큰 발전이 있기를 기원한다.

2010년 5월
한양대학교 법학전문대학원 연구실에서
저 자 씀

머 리 말

이 책은 다음과 같은 점에서 기존의 방식과는 다른 새로운 접근방법에 의한 독점규제법 교과서이다. (1) 기존의 법조문 해설 중심에서 탈피하여 실무 및 이론상 문제가 되었던 구체적인 쟁점들을 제시하고, 이에 관한 광범위한 국내외 판례와 학설을 해설하였으며, (2) 독점규제법은 우리나라가 안고 있는 경제문제를 해결하기 위한 정책적 . 역사적 성격이 강한 규범이라는 관점에서 각 제도의 도입 및 변천과정을 상세히 서술하였고, (3) 동법은 도입 당시에 미국과 일본의 입법례의 영향을 크게 받았을 뿐만 아니라 그 후 해석론 및 입법론을 전개함에 있어서도 유난히 선진국의 영향을 많이 받고 있다는 점을 고려하여 미국·EU·일본·독일의 입법례 및 판례를 풍부하게 소개하였으며, (4) 토론식 강의용 교재로 사용하는데 편리하도록 각 항목 말미에 '토의과제'를 제시하였다. 토의과제를 선정함에 있어서는 이론적·실무적으로 특히 논란이 될 수 있는 쟁점이거나 본문만으로는 충분히 설명되지 못한 쟁점을 중심으로 가급적 그 개수를 많지 않게 하였고, 필요한 경우 참고자료를 제시하였다. 토론식 강의에 있어서 가이드로 활용될 수 있을 뿐만 아니라 현재 논의되고 있거나 장래에 제기될 수 있는 중요한 쟁점을 파악하는데 도움이 될 수 있을 것이다. 특히, 참고자료로 제시된 문헌들은 각 쟁점과 관련하여 이론적·실무적으로 깊이 있는 학습을 원하는 독자들에게 권하고 싶은 엄선된 것들이다.

저자가 일천한 학문과 경험에도 불구하고 감히 이 책을 발간하게 된 배경은 토론식 강의를 위한 사례 중심의 교과서가 필요하다는 나름의 신념 때문이다. 특히, 2002년부터 2004년까지 공정거래위원회 송무담당관으로서 직접 독점규제법관련 행정소송을 담당하면서 새로운 형식의 독점규제법 교과서가 필요하다는 생각을 가지게 되었는데, 이러한 생각은 저자가 미국 로스쿨 유학시절 느꼈던 소회와도 일맥상통하는 것이다. 당시 다양한 학문적 배경을 가지고 천방지축 하던 학생들이 3년 동안의 판례 중심의 토론식 교육을 통하여 각 분야의 전문성과 실무적 사건해결 능력을 갖춘 법률가로 성장하는 것을 보고, 사례를 중심으로 하는 토론식 법학교육에 대한 신념을 가지게 되었다. 귀국 후 강의와 실무를 경험하면서 특히, 독점규제법이야말로 사례를 통한 토론식 법학 방법론이 가장 절실한 분야라는 생각을 굳히게 되었고, 감히 이 책을 저술하게 되었다.

이 책에서는 우선 2004년 말 개정된 독점규제법(법률 제7315호, 2004. 12. 31.)을 포함하여 현행 독점규제법령 및 각종 고시·지침의 내용을 체계적으로 서술하고, 그 동안의 실무경험을 바탕으로 2006년 6월까지 내려진 약 250여 개의 국내외 중요판결 및 심결례를 수집하여 그 판시사항을 해당 부분에 요약·해설하였으며, 이 중 중요한 판결(landmark cases) 20여 개를 엄선하여 그 판결문을 수록하였다. 특히, 최근 IT산업에서의 결합상품(bundling)과 관련하여 관심을 끌었던 Microsoft 사건, 최초로 경쟁제한성이 인정된 혼합형 기업결합(conglomerate merger) 사건으로서 관심을 끌었던 진로/하이트 기업결합 사건 및 규제산업(regulated industries)에 대한 독점규제법의 적용과 관련하여 관심을 끌었던 시내전화사업자들의 요금담합 사건 등 최근의 중요한 심결례 및 판례들을 포함시켰고, 관련된 판례가 절대적으로 적은 기업결합과 관련해서는 중요한 공정거래위원회의 심결례를 중심으로 서술하였다. 따라서 공정거래위원회 직원, 공정거래관련 실무에 종사하는 변호사나 기업 법무팀 관계자뿐만 아니라 사법시험 등의 경제법 과목을 심도 있게 준비하는 학생, 그리고 실무적인 측면을 강조하는 학부 및 대학원의 경제법이나 독점규제법 강좌 수강생에게도 유용하리라 믿는다.

이 책을 탈고하면서 느끼는 몇 가지 소회를 밝히고 싶다. 우선, 오랫동안 학자로서 우리나라 경쟁법 학계를 이끌어 오시던 권오승 교수께서 공정거래위원장으로서 경쟁당국을 이끌게 된 것은 우리나라 경쟁법 및 정책에 있어서 커다란 전환임과 동시에 저자를 포함한 관련분야 선배 및 동료 학자들에게 더욱 무거운 책임감과 분발을 촉구하는 계기가 되었다. 또한 개인적으로는 그간 줄곧 정신적인 후원자로서 성원을 보내주시던 선친을 떠나보내게 되어 커다란 슬픔과 함께 겸허하게 스스로의 학문하는 자세를 돌이켜 볼 수 있는 계기가 되었다. 마지막으로 이 책의 저술을 지원해주시고 격려해주신 한양대학교 법과대학의 이철송 학장님, 처음 책 발간의 필요성을 깨닫게 해주었을 뿐만 아니라 바쁜 시간을 내어 자료를 정리하고 일부 초안까지 만들어 준 당시 공정거래위원회 송무담당관실 직원들, 기꺼이 이 책을 만들어 주신 홍문사 임권규 사장님과 편집을 해주신 김현정 과장님, 그리고 교정을 맡아준 한양대 대학원 박사과정의 마정근 조교께도 깊은 감사의 말씀을 드린다.

2006년 8월
한양대학교 법과대학 연구실에서
저 자 씀

차　　례

제1장 총　　설

제2장 시장지배적지위의 남용 금지

제 3 장　기업결합의 제한

제 4 장 경제력집중의 억제

제 5 장 부당한 공동행위의 제한

제 7 장 부당한 지원행위 및 특수관계인에 대한 부당한 이익제공 등의 금지

제 8 장 사업자단체의 금지행위

제 9 장 공정거래위원회 등의 사건처리 및 불복절차

第10장　위반행위에 대한 시정조치 및 과징금

제11장 사인의 금지청구, 손해배상책임, 형사처벌 및 역외적용 등

제 1 장 총 설

Ⅰ. 독점규제법의 목적

현행 독점규제 및 공정거래에 관한 법률(이하 '독점규제법' 또는 '법'이라 한다)[1] 제1조는 동 법률의 목적을 "사업자의 시장지배적지위의 남용과 과도한 경제력의 집중을 방지하고, 부당한 공동행위 및 불공정거래행위를 규제하여 공정하고 자유로운 경쟁을 촉진함으로써 창의적인 기업활동을 조성하고 소비자를 보호함과 아울러 국민경제의 균형 있는 발전을 도모함을 목적으로 한다."라고 기술하고 있다. 이 조항과 관련하여 우선 이론적으로 동 조항에 열거된 다양한 개념들이 서로 어떠한 관계에 있는가, 그리고 위 법률의 목적이 흔히 현대 경쟁법의 모국이라고 하는 미국의 셔먼법(Sherman Act, 1890)이나 EU기능조약 제101조 및 제102조,[2] 또는 독일의 경쟁제한방지법(Gesetz gegen Wettbewerbsbeschränkungen, 1957)과 같은 소위 '본래적 의미의 경쟁법'(competition laws)[3]의 이념과 동일한 것인지 여부가 문제될 수 있다. 또한 위 조항은 '소비자의 보호'를 동법의 목적 가운데 하나로 규정하고 있는데, 그렇다면

---

1) 위 법률을 실무에서는 주로 '공정거래법'이라고 부르고 있는데, 이는 아마도 동 법률의 집행을 담당하고 있는 행정기관의 명칭과 일본의 영향을 받은 것으로 추측된다. 이 책에서는 동 법률이 내용적인 측면에서 '거래의 공정성'보다는 독과점 등의 규제를 통한 '자유롭고 공정한 경쟁'의 확보에 중점을 두어야 한다는 점을 강조하기 위하여 '독점규제법'이라고 부르기로 한다.

2) 2009. 12. 1. '리스본조약'이라고도 부르는 'EU기능조약'(Treaty on the Functioning of the European Union)이 발효됨에 따라 종전의 EC조약 제81조 및 제82조의 조 번호가 제101조 및 제102조로 변경되었다.

3) '경쟁법'이라는 용어는 1870년대 초 독일연방 각 주의 사법교육령과 사법시험령에 처음 나타난 것으로서 주로 직접적으로 경쟁자에 피해를 입히는 불공정한 경쟁행위를 규제하는 부정경쟁방지법(Gesetz gegen unlauteren Wettbewerb, 1909)을 '협의의 경쟁법'이라고 하였고, 이것과 '카르텔법'(Kartellrecht)이라고도 불리는 경쟁제한방지법을 합하여 '광의의 경쟁법'으로 파악하였다고 한다. F. 리트너, 권오승 역, 「독일경쟁법」, 법문사, 1997, p. 1 참고. 종래 국내에서 경쟁법(competition laws)이라는 용어는 독일 및 EU를 비롯한 유럽 법제의 영향을 많이 받으신 분들이 주로 사용하고, 상대적으로 미국 법제의 영향을 많이 받으신 분들은 독점금지법(Antitrust laws)이라는 용어를 주로 사용하였는데, 점차 국내뿐만 아니라 국제적으로도 양자를 별다른 구별 없이 혼용하고 있다.

동 법률과 기타 소비자의 권익을 보호하는 소비자보호법령의 관계를 어떻게 이해해야 하는가라는 문제가 제기될 수 있고, 나아가 실무적으로 동 목적 조항이 구체적으로 문제가 된 사업자의 행위의 위법성을 판단할 때 어떠한 역할을 하는가라는 문제가 제기된다.

먼저 위 조항의 논리적 구조를 살펴보면, 시장지배적지위의 남용 금지, 과도한 경제력의 집중 방지, 부당한 공동행위의 금지, 불공정거래행위의 금지 등 독점규제법상 네 가지 주요한 규제수단을 '공정하고 자유로운 경쟁'을 촉진하기 위한 수단으로서 열거한 뒤, 다시 공정하고 자유로운 경쟁의 촉진은 창의적인 기업활동의 조장, 소비자보호 및 국민경제의 균형 있는 발전을 위한 것이라고 규정하고 있다. 즉, 동 조항은 '공정하고 자유로운 경쟁의 촉진'을 독점규제법의 직접적인 목적으로, '창의적인 기업활동의 조장, 소비자보호 및 국민경제의 균형 있는 발전'을 동법의 궁극적인 목적으로 규정한 것으로 볼 수 있다. 그런데 위 조항에서 독점규제법의 궁극적인 목적으로 열거하고 있는 세 가지 개념들은 그 실체가 모호할 뿐만 아니라 관점에 따라서 얼마든지 상이한 내용을 함축할 수 있는 폭넓은 개념들로서 선언적·이념적 의미를 가질 뿐이고, 실제 구체적인 법집행상 문제가 된 행위의 위법 여부를 판단하기 위한 기준으로서 사용할 수는 없다고 할 것이다.

결국 위 조항이 열거하고 있는 개념 중에서 독점규제법의 핵심적 목적으로서 구체적인 법집행상 의미 있는 법개념의 실체를 가진 것은 '공정하고 자유로운 경쟁의 촉진'이라고 할 수 있다. 그러나 이론적으로 공정하고 자유로운 경쟁 자체가 동법이 추구하는 궁극적인 가치나 이념이라고 볼 수는 없고, 이를 통하여 달성할 수 있는 '효율적 자원배분' 또는 '소비자후생의 제고'를 독점규제법의 궁극적 목적이라고 보아야 할 것이다.

이와 관련하여 독점규제법 역시 '소비자의 보호'를 목적으로 한다면, 기타의 다양한 소비자보호법령과 어떠한 관계를 가지는가라는 문제가 제기될 수 있다. 이에 대하여 후자는 예컨대, 부당한 표시·광고의 규제나 불공정한 약관의 규제와 같이 구체적으로 사업자와 거래를 체결하거나 체결하려는 소비자의 권리를 보호하기 위하여 사전적으로 그 권리침해를 예방하고 사후적으로 피해를 구제하는 데 초점을 맞추지만 독점규제법을 포함한 각국의 경쟁법은 주로 '공정하고 자유로운 경쟁의 촉진'을 통하여 다양한 상품과 서비스가 저렴하게 제공되도록 함으로써 효율적인 자원배분과 소비자후생의 제고를 도모한다는 점에서 구별된다고 할 것이다.

그럼에도 불구하고 위 조항 및 독점규제법상 기타의 규정들에 비추어 볼 때, 현행 독점규제법이 미국의 소위 '시카고학파'(Chicago School)가 주장하는 바와 같이 오직 '경제적 효율성'만을 목적으로 한다고 보는 것은 곤란하고 그보다는 더 넓은 목적을 상정하고 있음을 부인할 수는 없을 것이다.[4] 특히 독점규제법 제4장이 규정하고 있는 '경제력집중의 억제' 조항들은 개별 시장에서의 공정하고 자유로운 경쟁의 촉진이나 전통적인 의미에서의 경제적 효율성이라는 이념과 직접 연결시키기 어렵다. 결국 독점규제법의 목적은 법 제1조의 해석론만으로 규명할 수 없고, 동법상의 다양한 규제내용으로부터 귀납적으로 판단할 수밖에 없다고 할 것이다.

독점규제법의 목적과 관련하여 실무적으로 제기되는 문제는 사업자의 일정한 행위가 동법을 위반하는지 여부를 판단함에 있어서 동법이 규정하고 있는 개개의 금지조항이 규정하고 있는 요건을 모두 충족하였음에도 불구하고 동법의 목적에 비추어 위법하지 않다고 판단할 수 있는가라는 것이다. 이와 관련하여 종래 법원은 특히 법 제51조가 규정하고 있는 사업자단체 금지행위의 유형 중 '부당한 경쟁제한행위'(동 조 제1항 제1호) 여부가 문제된 사건들에서, 문제가 된 사업자단체의 행위가 법 제40조 제1항 각 호가 규정하고 있는 경쟁제한행위에 해당하더라도 소비자보호 및 국민경제의 균형 있는 발전이라는 법의 궁극적인 목적에 실질적으로 반하지 않는다면 부당한 경쟁제한행위로 볼 수 없다는 취지로 판시한 바 있다.[5] 법원이 특히 사업자단체 금지행위 중 구법 제19조 제1항 각 호(현행법 제40조 제1항 각 호에 해당)의 부당한 경쟁제한행위에 대하여 종종 법의 궁극적인 목적에 반하지 않는다는 이유로 부당성을 부인할 수 있다고 한 것은 일견 경쟁을 제한하는 사업자단체의 행위가 결국 소비자보호 등 법의 궁극적인 목적에 부합하는 다양한 순기능을 가질 수 있다는 점을 고려한 때문으로 이해된다.

그런데 대법원은 사업자단체 금지행위뿐만 아니라 부당한 공동행위 여부가 다투어진 사건에서도 유사한 취지로 설시한 바 있다. 예컨대, 시외전화사업자들의 부당한 공동행위 사건에서 대법원은 구법 제19조 제1항은 부당하게 경쟁을 제한하는 가격결정 행위 등을 부당한 공동행위로서 금지하고 동 조 제2항은 제1항의 부당한

---

4) 실제로 미국 독점금지법의 시초인 셔먼법이 제정된 직접적 배경은 대규모 철도사업자들의 카르텔로부터 농민들을 비롯한 중소사업자들을 보호하려는 것이었고, 학설상으로도 오직 경제적 효율성만이 독점금지법의 목적이라는 시카고학파의 견해와 중소사업자의 보호를 비롯한 기타의 폭넓은 비경제적 목적도 존재한다는 하버드학파(Harvard School) 등의 견해가 대립되어 오랫동안 소위 '독점금지법의 목적 논쟁'이 전개되었다. 이호영, "독점규제법상 상표 내 경쟁제한행위의 규제에 관한 연구", 「서울대 박사학위논문」, 2003, pp. 46-58 참고.

5) 대법원 2005. 8. 19. 선고 2003두9251 판결, 대법원 2005. 9. 9. 선고 2003두11841 판결, 대법원 2021. 9. 9. 선고 2016두36345 판결 등 참고. 사업자단체의 부당한 경쟁제한행위에 관한 판결례는 제8장 Ⅳ. 1. '부당한 경쟁제한행위' 부분 참고.

공동행위에 해당하더라도 일정한 목적을 위한 경우로서 공정거래위원회의 인가를 받은 경우에는 제1항의 적용을 배제하고 있는 점, 구법 제19조 제1항에서 부당한 공동행위를 금지하는 입법취지가 직접적으로는 공정하고 자유로운 경쟁을 촉진하고, 궁극적으로는 소비자를 보호함과 아울러 국민경제의 균형 있는 발전을 도모하고자 함에 있는 점 등에 비추어 보면, 사업자들의 공동 가격결정행위로 인하여 일정한 거래 분야의 경쟁이 감소하여 사업자들의 의사에 따라 어느 정도 자유로이 가격결정에 영향을 미치거나 미칠 우려가 있는 상태가 초래된 이상, 이로 인하여 경쟁이 제한되는 정도에 비하여 동 조 제2항 각 호에 정해진 목적 등에 이바지하는 효과가 상당히 커서 소비자를 보호함과 아울러 국민경제의 균형 있는 발전을 도모한다는 법의 궁극적인 목적에 실질적으로 반하지 않는다고 인정되는 예외적인 경우에 해당하지 않는 한, 위와 같은 가격결정 행위는 부당하다고 볼 수밖에 없다고 판시하였다.[6] 이러한 대법원의 태도는 법상 개별 규정들이 금지하고 있는 행위의 위법성을 판단함에 있어서 당해 규정이 정하는 요건을 충족하는지를 판단하고 추가적으로 법 제1조의 목적에 비추어 판단해야 한다는 의미로 해석될 여지가 있으나, 해당 규정이 위법성의 요건으로 정하고 있는 '부당성'을 판단함에 있어서 입법취지를 고려해야 한다는 의미로 해석하는 것이 타당할 것이다.

그 밖에 하급심 판결 중 법 제1조의 목적 조항에 관한 주목할 만한 것으로서 농수산물도매시장법인협회 등의 사업자단체 금지행위 사건 관련 민사소송 판결[7]을 들 수 있다. 동 사건에서 서울고법은 동 협회와 소속 도매시장법인들이 청과물수입상에 대한 위탁상장수수료를 획일적으로 결정하여 징수한 행위에 대하여, 법 제1조의 목적 조항, 구법 제19조의 부당한 공동행위의 인가 조항, 동법 제58조의 법령에 따른 정당한 행위에 대한 적용제외 조항 등의 취지에 비추어 볼 때, "사업자 또는 사업자단체의 경쟁제한적 행위가 형식적으로 공정거래법의 직접적인 보호법익인 공정하고 자유로운 경쟁을 제한하는 행위에 해당하는 경우에도 사업자 또는 사업자단체의 경쟁제한적 행위로 인하여 지켜지는 이익과 그로 인하여 침해되는 자유경쟁경제질서의 유지라는 공정거래법의 직접적인 보호법익을 비교하여 볼 때 사업자 또는 사업자단체의 그와 같은 경쟁제한적 행위가 소비자를 보호함과 아울러 국민경제의 균형 있는 발전을 도모한다는 공정거래법의 궁극적인 목적에 실질적으로 반하지 아

6) 대법원 2008. 12. 24. 선고 2007두19584 판결. 그러나 대법원은 이 사건에서 문제가 된 행위는 위와 같은 예외적인 경우에 해당하지 않는다는 이유로 부당하게 경쟁을 제한하는 것이라고 하였다. 이와 관련된 대법원의 판례이론에 대해서는 제5장 Ⅱ. 4. (라) '관련문제 1: 가격고정합의의 부당한 경쟁제한성 판단' 부분 참고.

7) 서울고법 1996. 12. 6. 선고 96나2240 판결.

니한다고 인정되는 경우에는 그와 같은 행위는 적법한 행위로서 실질적으로 공정거래법에 위반되는 위법한 행위가 아니라고 할 것이다."라고 판시하였다.[8)]

위 법원은 특히 문제의 행위가 당시 농림수산부의 행정지도에 따른 행위라는 점에 주목하여, 문제의 위탁상장수수료의 결정 및 징수행위는 "형식적으로는 공정거래법에서 금지하고 있는 거래제한행위에 해당하는 것처럼 보이나 실질적으로는 농산물의 수입개방에 즈음하여 외국농산물의 과다반입으로 인하여 국내 농가에 심각한 경제적 타격을 가하는 등의 국내 농업경제에 미칠 부정적인 영향을 최소화하고 농산물가격의 안정을 도모함으로써 소비자를 보호함과 아울러 국민경제의 균형 있는 발전을 이룩하려는 정부의 행정지도에 호응하여 이루어진 것으로서 공정거래법이 추구하고 있는 궁극적인 목적인 소비자의 보호와 국민경제의 균형 있는 발전을 도모하기 위한 적법한 행위라고 할 것이다."라고 판시하였다.[9)]

위에서 살펴본 판결례 이외에 독점규제법 위반 판단과 관련하여 법원이 동법의 목적에 관하여 의미 있는 내용을 판시한 사례는 찾기 힘들다. 다만, 쌍용정유의 불공정거래행위 사건에서 대법원은 구법 제23조가 규정하는 거래거절, 거래상 지위의 남용 등 불공정거래행위 여부를 판단하면서, 불공정거래행위로 인정되기 위해서는 당해 행위가 외형적으로 각 규정이 정하는 요건을 갖추는 이외에 그것이 법의 목적에 비추어 부당한 것이어야 한다고 판시하였는데,[10)] 이 역시 각 금지조항이 정하는 요건 이외에 법의 목적에 위반되는 사실이 별도의 요건이라기보다는 불공정거래행위의 성립요건인 '부당성'을 판단함에 있어서 법의 목적에 비추어 판단하여야 한다는 의미로 이해된다.

토의 과제

1 독점규제법의 목적을 오로지 '자유롭고 공정한 경쟁질서의 유지'로만 파악하는 견해와 기타의 목적도 포함하고 있다고 파악하는 견해의 근거를 각각 설명하고 자신의 의견을 제시해 보시오(이문지, "공정거래법의 목적", 「경영법률」, 제18권, 1998, pp. 593-628 참고).

2 농수산물도매시장법인협회 등의 사업자단체 금지행위 관련 민사소송 사건 판

8) 같은 판결.
9) 같은 판결.
10) 대법원 1998. 9. 8. 선고 96누9003 판결. 동 판결의 판시사항은 제6장 Ⅱ. 1. '공정거래저해성 및 부당성' 부분 참고.

> 결에서와 같이 사업자의 일정한 행위가 독점규제법에 위반되는지 여부를 판단함에 있어서 개별 금지규정이 정하는 요건을 모두 충족하는 경우에도 동법 제1조가 규정하고 있는 궁극적 입법목적에 반하지 않는다는 이유로 위법성을 부인하는 견해가 가지는 장·단점을 설명해 보시오(이봉의, "공정거래법의 목적과 경쟁제한행위의 위법성 : 서울고법 1996. 12. 6. 선고 96나2240 판결", 「경제법판례연구」, 제1권, 법문사, 2004, pp. 1-23 참고). 또한 위 사건의 사실관계에 비추어 문제가 된 행위가 정당화될 수 있다고 가정할 때, 법해석상 법 제1조가 규정하고 있는 추상적인 입법목적을 근거로 활용하는 방법 이외에 그 위법성을 부인할 수 있는 방법을 생각해 보시오.

Ⅱ. 독점규제법상 기본개념

독점규제법은 다양한 규제수단들을 포함하고 있지만, 이와 같은 여러 가지 유형의 규제수단에 공통적으로 사용되는 개념들이 존재한다. 이 기본개념들은 주로 법 제2조의 정의조항에 규정되어 있는데, 그 중 특히 중요하다고 생각되는 것으로서 사업자, 경쟁 및 경쟁제한, 그리고 일정한 거래분야(관련시장)에 관하여 살펴보기로 한다.

1. 사 업 자

독점규제법 제2조 제1호는 '사업자'를 "제조업, 서비스업, 그 밖의 사업을 하는 자"라고 정의하고 있다. 따라서 사업의 종류를 불문하고 자기의 계산으로 경제적 이익을 제공하고 반대급부를 받는 행위를 계속적, 반복적으로 행하는 주체는 회사 등 조직형태 또는 영리목적 유무 등을 불문하고 동법의 적용을 받는 사업자로 인정된다. 이에 대하여 반대급부를 받지 않는 순수한 자선행위를 영위하는 자 또는 자신의 계산으로 사업을 영위하지 않는 종업원이나 대리인 등은 법상 사업자에 해당하지 않는다.

대법원은 서울시 지하철공사의 거래상 지위의 남용 사건 관련 민사소송에서 1999년 법 개정 이전 구법상 '사업자'의 범위에 대하여 "국가나 지방자치단체도 사경제의 주체로서 타인과 거래행위를 하는 경우에는 그 범위 내에서 위 법률 소정의 사업자에 포함된다고 보아야" 한다고 판시하였다.[11] 또한 서울고법은 서울마주협회의 사업자단체 금지행위 사건에서 한국마사회법상 '마주'(馬主)에 대하여 구법 제2조 제1호 카목 소정의 '기타 공공·사회서비스업' 또는 한국표준산업분류표상의 '축산 관련 서비스업'을 영위하는 사업자라고 판단하였고,[12] 대구유치원연합회의 사업자단체 금지행위 사건에서는 그 구성원들이 유아교육이라는 공익적 임무를 수행하고 기본적 속성에 비영리적인 점이 있더라도 입학금 등을 받고 그 대가로 교육에 임하는 기능 및 행위와 관련하여서는 사업자로서의 특성 및 측면이 있다고 판시하였다.[13]

〔연　혁〕
동 조항은 1980년 법 제정 당시에는 "제조업, 도·소매업, 운수·창고업, 기타 대통령령이 정하는 사업을 영위하는 자"라고 규정하고 다시 법 시행령에서 법 적용대상 사업의 종류를 한정적으로 열거하였다가, 1990년 2차 법 개정을 통하여 직접 법 제2조 제1호에 법 적용대상 업종을 열거하고 필요에 따라서 대통령령으로 업종을 추가할 수 있도록 하였다. 이에 따라 종전에는 농업, 어업, 목축업, 광업과 같은 제1차 산업은 법 적용 대상에서 제외되었다. 그러나 이와 같이 법 적용 대상 사업자를 한정적으로 규정하는 방식은 독점규제법의 적용을 불필요하게 제한적으로 만든다는 비판에 따라 1999년 법 개정을 통하여 한정적 열거방식을 버리고 현행과 같이 포괄적으로 규정하는 방식을 취하게 되었다.

2. 경쟁 및 경쟁제한

'경쟁'(competition) 또는 '경쟁제한'이라는 개념은 이론적으로나 실무적으로 독점규제법을 포함한 각국 경쟁법상 핵심적 개념이라고 할 수 있다. 즉, 각국의 경쟁법은 경쟁제한적인 행위를 규제하여 자유롭고 공정한 경쟁을 유지·확보함으로써 자원배분의 효율성과 소비자후생을 제고하는 것을 핵심적인 목적으로 삼고 있으므로 경쟁법과 경쟁정책의 운용을 위해서는 그 전제로서 '경쟁' 및 '경쟁제한'의 개념을 정립할 필요가 있다. 그러나 경제학적으로도 경쟁의 개념을 정의하는 것이 곤란할 뿐만 아니라, 특히 실제 경쟁법의 구체적인 집행기준으로 사용할 수 있는 경쟁 및 경쟁제한의 개념을 정의하는 것은 극히 곤란하다고 할 것이다.

따라서 미국을 비롯한 각국의 경쟁법도 대부분 경쟁 또는 경쟁제한의 개념을 선험적으로 규정하지 않고, 법집행과정에서 자연스럽게 정립되도록 하고 있다. 다만,

11) 대법원 1990. 11. 23. 선고 90다카3659 판결.
12) 서울고법 1996. 7. 9. 선고 95구32169 판결.
13) 서울고법 2007. 1. 11. 선고 2006누653 판결. 상고심에서 대법원은 심리불속행 사유에 해당한다는 이유로 상고를 기각하였다(대법원 2007. 4. 27. 선고 2007두3985 판결).

일본의 사적독점의 금지 및 공정거래의 확보에 관한 법률(이하 '사적독점금지법'이라 한다)은 예외적으로 1998년 법 개정을 통하여 경쟁의 개념을 적극적으로 "둘 이상의 사업자가 그 통상의 사업활동의 범위 내에서, 또는 당해 사업활동의 시설 또는 형태에 중요한 변경을 가함이 없이 다음에 열거하는 행위를 하거나 할 수 있는 상태를 말한다."라고 규정하고, 그 행위로서 "동일한 수요자에게 동종 또는 유사한 상품 또는 용역을 공급하는 것"과 "동일한 공급자로부터 동종 또는 유사한 상품 또는 용역을 공급받는 것"을 열거하고 있다(동법 제2조 제4항).

독점규제법은 종전에 대부분의 경쟁법제와 마찬가지로 경쟁 또는 경쟁제한에 대하여 아무런 개념 규정을 두지 않았다가 1996년 법 개정을 통하여 당시 법 제7조(기업결합의 제한) 제1항, 제19조(부당한 공동행위의 금지) 제1항 및 제5항, 제26조(사업자단체의 금지행위) 제1항 제1호가 위법성 요건으로 규정하고 있었던 "경쟁을 실질적으로 제한하는 행위"의 개념을 정의하였는데,[14] 현행 법 제2조 제5호는 "일정한 거래분야의 경쟁이 감소하여 특정 사업자 또는 사업자단체의 의사에 따라 어느 정도 자유로이 가격, 수량, 품질 그 밖의 거래조건 등의 결정에 영향을 미치거나 미칠 우려가 있는 상태를 초래하는 행위"[15]라고 규정하고 있다. 그런데 위에서 살펴본 일본 사적독점금지법이나 우리나라 독점규제법상 경쟁 또는 경쟁제한의 개념이 실제 법집행상 문제가 된 사업자의 행위가 경쟁을 제한하는 행위인지 여부를 판단하는 데 유용한 것인지 매우 의심스럽다.

그동안 법원도 적극적으로 경쟁의 개념을 정의한 사례는 찾아볼 수 없고, 다만 법 제51조 제1항 제1호가 금지하는 사업자단체의 부당한 경쟁제한행위나 법 제40조 제1항이 금지하는 부당한 공동행위에 해당하는지 여부를 판단함에 있어서 '경쟁제한성'의 판단기준을 판시한 것을 찾아볼 수 있을 뿐이다. 예컨대, 대법원은 대한약사회의 사업자단체 금지행위 사건에서 구법 제26조 제1항 제1호의 '실질적 경쟁제한성'에 관하여, "경쟁을 실질적으로 제한하는 것은 시장에서의 유효한 경쟁을 기대하기 어려운 상태를 초래하는 행위, 즉 일정한 거래분야의 경쟁상태가 감소하여 특정사업자 또는 사업자단체가 그 의사로 어느 정도 자유로이 가격·수량·품질 및 기타 조건을 좌우할 수 있는 시장지배력의 형성을 의미하고, 시장에서 실질적으로 시장지배력이

14) 그 후 1999년 구법 제19조 제1항 및 제26조 제1항 제1호의 법문은 '부당하게 경쟁을 제한하는 행위'로 개정되었는데, 동법 개정의 취지와 이에 대한 법원의 해석에 관해서는 제5장 Ⅱ. 4. '부당한 경쟁제한성' 부분 참고.

15) 위와 같은 정의는 아래에서 소개하는 대한약사회의 사업자단체 금지행위 사건에서 내려진 대법원 판결(대법원 1995. 5. 12. 선고 94누13794 판결)의 판시내용을 차용한 것으로 추측된다.

형성되었는지 여부는 해당 업종의 생산구조, 시장구조, 경쟁상태 등을 고려하여 개별적으로 판단하여야 할 것이다."라고 하면서, 대한약사회가 정부의 약사법개정안에 반대하기 위해 구성사업자인 약국들로 하여금 집단폐문을 강요한 행위는 의약품 판매시장에서 약사회가 그 의사대로 시장지배력을 형성한 것으로 보이므로 경쟁을 실질적으로 제한하는 행위라고 판시하였다.[16)]

서울고법 역시 한국관세사회의 사업자단체 금지행위 사건(Ⅰ)에서 관세사회가 회칙 개정을 통하여 동일 영업지역 내 타 회원의 사무소에서 퇴직한 후 2년이 경과하지 아니한 사무원을 채용한 회원은 당해 사무원의 퇴직 전 사무소에서 퇴직 전 6개월 내에 통관한 실적이 있는 업체의 통관업무를 거절하도록 한 행위에 대하여, 이러한 행위는 결국 통관용역에 관한 거래분야에서 신규 경쟁자의 진입을 제한하는 것으로서 관세사의 "용역거래의 범위 내지 거래상대방을 제한함으로써 통관업무에 관한 거래분야의 경쟁상태를 감소시키고 기존 관세사 또는 그 사업자단체인 원고로 하여금 그 의사로 어느 정도 자유로이 가격 기타 용역제공의 조건을 좌우할 수 있는 시장지배력을 형성할 수 있게 하므로" 유효한 시장경쟁을 제한한다고 판시하였다.[17)]

또한 법원은 법 제40조(부당한 공동행위의 금지) 제1항이 부당한 공동행위의 위법성 요건으로 규정하고 있는 '부당한 경쟁제한성'의 내포인 경쟁제한성 역시 동일한 의미로 해석하고 있다. 예컨대, BC카드 및 회원은행들의 가맹점수수료 공동행위 사건에서 서울고법 및 대법원은 문제가 된 가맹점수수료율 인상행위의 경쟁제한성에 관해서, 이 사건 합의로 인하여 관련시장에서 경쟁이 감소하여 가맹점수수료의 결정에 영향을 미치거나 미칠 우려가 있는 상태를 초래하였다는 점을 근거로 경쟁제한성을 인정하였다.[18)] 결국 법원 역시 경쟁의 개념을 적극적으로 정의하는 대신, 소극적으로 경쟁제한의 개념을 사용하고 있을 뿐이며, 그 내용은 법 제2조 제5호가 규정하고 있는 '실질적 경쟁제한성'의 정의에 따라 관련된 거래분야에서 가격 등의 거래조건에 영향을 미치거나 미칠 수 있는 상태를 초래하는 것, 즉 소위 '시장력'(market power)의 형성·강화를 그 핵심적 요소로 삼고 있다고 할 수 있다.

---

16) 대법원 1995. 5. 12. 선고 94누13794 판결.
17) 서울고법 1997. 1. 9. 선고 96구7030 판결.
18) 서울고법 2007. 1. 25. 선고 2005누21233 판결 및 대법원 2008. 8. 21. 선고 2007두4919 판결. 동일한 판시내용으로 대법원 2009. 3. 26. 선고 2008두21058 판결, 대법원 2009. 7. 9. 선고 2007두26117 판결, 대법원 2015. 10. 29. 선고 2012두28827 판결 등 참고.

3. 관련시장

(가) 개 설

독점규제법을 비롯한 각국의 경쟁법은 전형적으로 독과점사업자가 경쟁을 제한하는 방법으로 그 시장지배력을 유지·강화하거나 이를 남용하는 행위, 기업결합을 통하여 시장지배력을 형성·강화하는 행위 및 둘 이상의 사업자가 공동으로 경쟁을 제한하는 행위를 규제대상으로 삼고 있다. 그런데 이러한 행위들의 위법성을 판단하기 위해서는 문제가 된 사업자가 시장지배력을 보유하고 있는지, 문제가 된 행위가 과도한 시장지배력을 창출하는지 또는 그 행위가 경쟁을 제한하는 효과를 초래하는지 여부를 판단하여야 한다. 이를 판단하는 방법은 여러 가지가 있을 수 있지만 경쟁법을 집행하는 경쟁당국이나 법원은 통상 시장점유율이나 진입장벽 등 시장구조적 요소를 중요한 지표로 사용하고 있다. 특히, 해당 사업자의 시장점유율은 실무상 독과점사업자의 시장지배력이나 기업결합의 경쟁제한성 여부를 판단하는 데 매우 중요한 영향을 미치는 지표이다. 그런데 구체적으로 사업자의 시장점유율을 산출하거나 진입장벽과 같은 구조적 지표를 평가하기 위해서는 우선 그 기준이 되는 '시장의 범위'를 획정하여야 하는데, 이를 '관련시장'(relevant market)이라고 한다.

실제로 관련시장이 어떻게 획정되는지 문제가 된 행위가 경쟁법을 위반하는 것인지 여부를 판단하는 데 결정적인 영향을 미치게 된다. 즉, 관련시장이 좁게 획정되면 해당 사업자의 시장점유율이 상대적으로 크게 나타나므로 그 사업자의 시장지위나 문제가 된 행위의 경쟁제한성 역시 큰 것으로 평가될 개연성이 크고, 반대로 관련시장이 넓게 획정되면 시장지위나 경쟁제한성이 상대적으로 작은 것으로 평가될 개연성이 크다.

그런데 주의해야 할 점은 결코 시장점유율이 시장지위나 경쟁제한성을 평가하는 유일하거나 이론적으로 가장 좋은 지표는 아니라는 점이다. 이론적으로 사업자의 시장지위를 나타내는 가장 좋은 방법은 해당 사업자가 실제로 책정하는 가격과 완전경쟁조건 하에서 결정되는 가격수준이라고 할 수 있는 한계비용의 차이를 나타내는 소위 '러너지수'(Lerner Index)를 산정하는 것으로서, 이는 시장지배력의 근원이 해당 시장의 구조적 요소에 있든지, 예컨대 상표의 차별성과 같은 기타의 요소에 있든지 구별하지 않고 모든 요소에 기인한 시장지배력을 측정할 수 있으므로 가장 좋은 방법으로 이해되고 있다. 그러나 현실적으로 특정한 사업자의 한계비용을 측정하는 것은 사실상 불가능하여 실제 법집행과정이나 소송 실무상 사용하기 곤란하고, 그 대안으로서 관련시장의 구조적 지표인 시장점유율을 시장지위를 평가하는 중요한 지표로 사용하고 있는 것이다. 따라서 실무상 관련시장을 획정함에 있어서 물론 이론적 정치함을 추구하는 것은 바람직하지만, 관련시장을 획정하는 작업이 종국적으로 사업자의 시장지위나 경쟁제한성을 평가하기 위한 것임을 유념해야 하고, 예컨대 실제로 해당 사업자가 시장지배력을 행사한 사실이나 가격인상 등과 같은 경쟁제한 효과가 발생한 사실을 보여주는 방법과 같이 시장지위나 경쟁제한성을 평가할 수 있는 더 유용하고 현실적인 다른 방법이 있다면 여전히 이론적으로 논란의 여지가 큰 관련시장의 획정에 지나치게 매달릴 필요가 없다고 할 것이다.

독점규제법은 관련시장을 '일정한 거래분야'라고 표현하고 있는데, 동법 제2조 제4호는 그 개념을 "거래의 객체별·단계별 또는 지역별로 경쟁관계에 있거나 경쟁관계가 성립될 수 있는 분야"라고 정의하고 있다. 특히 법 제5조의 시장지배적지위의 남용 금지가 적용되는 시장지배적사업자(법 제2조 제3호)에 해당하는지, 법 제9조 제1항의 경쟁제한적 기업결합에 해당하는지 또는 법 제40조 제1항의 부당한 공동행위에 해당하는지 여부를 판단함에 있어서 그 전제로서 일정한 거래분야의 획정이 이루어진다. 공정거래위원회는 각 금지행위의 유형별로 '시장지배적지위 남용행위 심사기준'(현재 시행 중인 것은 공정거래위원회 고시 제2021-18호, 2021. 12. 30. 개정), '기업결합 심사기준'(현재 시행 중인 것은 공정거래위원회 고시 제2021-25호, 2021. 12. 30. 개정) 및 '공동행위심사기준'(공정거래위원회 예규 제390호, 2021. 12. 28. 개정)에서 각각 관련시장을 획정하는 방법을 사실상 동일하게 규정하고 있는데,[19] 내용적으로 다분히 미국의 법무부와 연방거래위원회가 공동으로 제정한 수평형 기업결합지침(Horizontal Merger Guidelines)의 예를 따르고 있다.

아래에서는 기업결합심사기준이 규정하고 있는 관련시장의 판단기준을 살펴보기로 한다. 관련시장을 획정하기 위해서는 우선 상품이나 서비스 등 거래대상의 차원에서 관련 상품시장을 획정하고(product market), 나아가 거래지역의 차원에서 관련 지역시장을 획정해야 한다(geographic market).

19) 위 3가지 고시 또는 예규 중 제일 먼저 1998년 제정된 '기업결합심사기준'은 미국의 예에 따라 관련시장의 획정방법을 규정하였고, '시장지배적지위 남용행위 심사기준' 역시 사실상 동일한 방법을 규정하였으며, '공동행위심사기준'에서는 공동행위의 성격상 경쟁제한효과와 효율성 증대효과가 동시에 생길 수 있는 경우(종전의 공동행위심사기준은 이를 '연성 공동행위'라고 명명하였으나 2012년 개정으로 그와 같은 명칭을 삭제하였다)에 그 공동행위의 경쟁제한효과를 분석하는 과정에서 관련시장을 획정하도록 하면서 그 방법은 '기업결합심사기준'의 규정에 따르도록 규정하고 있다.

(나) 관련 상품시장

기업결합심사기준은 먼저 상품시장과 관련하여, 상호 대체관계에 있는 상품들 사이의 대체가능성(substitutability)에 초점을 맞추어서 "거래되는 특정 상품의 가격이 상당기간 어느 정도 의미 있는 수준으로 인상될 경우 동 상품의 구매자 상당수가 이에 대응하여 구매를 전환할 수 있는 상품의 집합"이라고 정의하고, 특정 상품이 동일한 거래분야에 속하는지 여부를 판단함에 있어서 고려해야 할 요소로서 (1) 상품의 기능 및 효용의 유사성, (2) 상품의 가격의 유사성, (3) 구매자들의 대체가능성에 대한 인식 및 그와 관련한 구매행태, (4) 판매자들의 대체가능성에 대한 인식 및 그와 관련한 경영의사결정 행태, (5) 통계법 제17조(통계자료의 분류) 제1항의 규정에 의하여 통계청장이 고시하는 한국표준산업분류, (6) 거래단계(제조, 도매, 소매 등), (7) 거래상대방 등을 열거하고 있다(동 기준 V. 1. 가 및 나).

이는 미국 수평형 기업결합지침이 규정하고 있는 소위 'SSNIP(small but significant and non-transitory increase in price) Test'를 채택한 것으로 보이는데, 이에 따르면 우선 특정한 상품을 잠정적인 관련 상품시장으로 획정하고 이 상품을 독점공급하는 사업자를 가상하여 이 사업자가 기타의 판매조건은 변화하지 않은 상태에서 미래의 예측 가능한 기간(통상적으로 1년) 동안 5%(또는 상황에 따라 10%)의 가격인상(price increase of five percent lasting for the foreseeable future)을 단행하였을 경우에 상당수의 구매자들이 구매량을 감소시키거나 다른 제품을 구입함에 따라 결과적으로 가격인상을 단행한 것이 가상의 독점공급자의 이윤을 감소시키면 현재의 잠정적인 시장은 지나치게 좁은 것이므로 차선의 대체재(next-best substitute)를 포함시켜야 한다. 가상의 독점공급자가 가격인상을 단행하여 이윤을 증가시킬 수 있는 단계까지 위와 같은 과정을 계속하여, 그와 같은 조건을 충족시키는 가장 작은 상품의 집단을 바로 '관련 상품시장'으로 본다.

또한 특히, 당사회사가 속한 산업의 특성상 연구개발 등 혁신활동이 필수적이거나 지속적인 혁신경쟁이 이루어지고, 당사회사 중 한 쪽 이상이 그 경쟁에서 중요한 사업자인 경우 근접한 혁신활동이 이루어지는 분야(혁신시장)를 별도로 획정하거나 제조판매 시장 등과 포괄하여 획정할 수 있는데(심사기준 V. 5. 1. 다), 이는 2019년 개정된 심사기준에서 새로이 규정한 것으로서 소위 '혁신기반 산업'에서 이루어지는 기업결합의 관련시장을 획정하는 방식을 정한 것이다.

(다) 관련 지역시장

기업결합심사기준은 관련 지역시장에 관하여 "다른 모든 지역에서의 당해 상품의 가격은 일정하나 특정지역에서만 상당기간 어느 정도 의미 있는 가격인상이 이루어질 경우 당해 지역의 구매자 상당수가 이에 대응하여 구매를 전환할 수 있는 지역 전체"라고 정의하고, 특정지역이 동일한 거래분야에 속하는지 여부를 판단함에 있어서 고려해야 할 요소로서 (1) 상품의 특성(상품의 부패성, 변질성, 파손성 등) 및 판매자의 사업능력(생산능력, 판매망의 범위 등), (2) 구매자의 구매지역 전환가능성에 대한 인식 및 그와 관련한 구매자들의 구매지역 전환행태, (3) 판매자의 구매지역 전환가능성에 대한 인식 및 그와 관련한 경영의사결정 행태, (4) 시간적, 경제적, 법제적 측면에서의 구매지역 전환의 용이성 등을 열거하고 있다(동 기준 Ⅴ. 2. 가 및 나).

지역시장을 획정하는 것 역시 상품시장을 획정하는 경우에 준하여 생각할 수 있는데, 다만 우리나라의 경우에는 영토가 협소하여 원칙적으로 전국시장을 관련 지역시장으로 보아야 할 것이고, 예외적으로 높은 운송비용이 소요되거나 부패하기 쉬운 상품과 같이 상품의 특성이나 법적·제도적 진입장벽 등으로 말미암아 좁은 범위의 지역을 관련시장으로 인정할 필요가 있는 경우에 한하여 문제가 될 것이다.[20]

(라) 관련 심판결례

종전에는 기업결합 사건 이외에 관련시장의 획정이 중요하게 다투어진 사례가 많지 않았으나 점차 시장지배적지위 남용 사건이나 부당한 공동행위 사건에서도 중요한 쟁점으로 다루어지고 있다. 기업결합 사건 이외에[21] 특히 일련의 시장지배적지위 남용 사건에서 관련시장의 획정이 중요한 쟁점으로 다루어졌는데, 예컨대, POSCO의 시장지배적지위 남용 사건에서 대법원은 중요한 내용을 판시하였다. 먼저, 관련 상품시장은 일반적으로 시장지배적사업자가 시장지배력을 행사하는 것을 억제하여 줄 경쟁관계에 있는 상품들의 범위를 말한다고 하면서, 구체적인 획정방법에 관하여 위에서 설명한 'SSNIP Test'를 채용하여, 거래되는 상품의 가격이 상당기간 어느 정도 의미 있는 수준으로 인상 또는 인하될 경우 그 상품의 대표적 구매자 또는 판매자가 이에 대응하여 구매 또는 판매를 전환할 수 있는 상품의 집합을 의미하고, 그 범위는 거래에 관련된 상품의 가격, 기능 및 효용의 유사성, 구매자들의 대체가능성에 대한 인식 및 그와 관련한 구매행태는 물론 판매자들의 대체가능

---

20) 물론 국제카르텔 사건이나 글로벌 사업자가 행하는 기업결합 또는 다국적기업의 시장지배적지위 남용행위가 문제로 된 경우에는 국내시장보다 넓게 관련 지역시장을 획정할 수도 있다.

21) 기업결합 사건에서 관련시장의 획정이 문제가 된 사례들에 대해서는 제3장 Ⅱ. 2. '일정한 거래분야(관련시장)의 획정' 부분 참고.

성에 대한 인식 및 그와 관련한 경영의사결정 형태, 사회적·경제적으로 인정되는 업종의 동질성 및 유사성 등을 종합적으로 고려하여 판단하되, 그 외에도 기술발전의 속도, 그 상품의 생산을 위하여 필요한 다른 상품 및 그 상품을 기초로 생산되는 다른 상품에 관한 시장의 상황, 시간적·경제적·법적 측면에서의 대체의 용이성 등도 함께 고려해야 한다고 판시하였다.22)

또한 관련 지역시장에 관해서도 기업결합심사기준의 내용에 따라, 이는 일반적으로 서로 경쟁관계에 있는 사업자들이 위치한 지리적 범위를 말하는 것으로서, 구체적으로는 다른 모든 지역에서의 가격은 일정하나 특정 지역에서만 상당기간 어느 정도 의미 있는 가격인상 또는 가격인하가 이루어질 경우 당해 지역의 대표적 구매자 또는 판매자가 이에 대응하여 구매 또는 판매를 전환할 수 있는 지역 전체를 의미하고, 그 시장의 범위는 거래에 관련된 상품의 가격과 특성 및 판매자의 생산량, 사업능력, 운송비용, 구매자의 구매지역 전환가능성에 대한 인식 및 그와 관련한 구매자들의 구매지역 전환 행태, 판매자의 구매지역 전환가능성에 대한 인식 및 그와 관련한 경영의사결정 행태, 시간적·경제적·법적 측면에서의 구매지역 전환의 용이성 등을 종합적으로 고려하여 판단하되, 그 외에 기술발전의 속도, 관련상품의 생산을 위하여 필요한 다른 상품 및 관련상품을 기초로 생산되는 다른 상품에 관한 시장의 상황 등도 함께 고려해야 한다고 판시하였다.23)

그리고 특히 외국으로부터의 수입가능성에 관하여, 무역자유화 및 세계화 추세 등에 따라 자유로운 수출입이 이루어지고 있어 국내 시장에서 유통되는 관련 상품에는 국내 생산품 외에 외국 수입품도 포함되어 있을 뿐 아니라 또한 외국으로부터의 관련 상품 수입이 그다지 큰 어려움 없이 이루어질 수 있는 경우에는 관련 상품의 수입 가능성도 고려하여 사업자의 시장지배 가능성을 판단해야 한다고 하면서, 현재 및 장래의 수입 가능성이 미치는 범위 내에서는 국외에 소재하는 사업자들도 경쟁관계에 있는 것으로 보아 그들을 포함시켜 시장지배 여부를 정함이 상당한데, 이러한 경우에는 관련 지역시장 판단에 관한 여러 고려요소들을 비롯하여 특히 관련 상품시장의 국내외 사업자 구성, 국외 사업자가 자신의 생산량 중 국내로 공급하거나 국내 사업자가 국외로 공급하는 물량의 비율, 수출입의 용이성·안정성·지속성 여부, 유·무형의 수출입장벽, 국내외 가격의 차이 및 연동성 여부 등을 감안해야 한다고 판시하였다.24)

---

22) 대법원 2007. 11. 22. 선고 2002두8626 판결. 이 사건 사실관계 및 상세한 판시내용은 제2장 Ⅳ. 2. (다) (2) 'POSCO 거래거절 사건 판결' 부분 참고.

23) 같은 판결.

대법원은 이상과 같은 관련시장의 획정 기준을 이 사건 사실관계에 적용하여, 원심 판결과 마찬가지로 원고가 생산하고 있는 열연코일 중 자동차냉연강판용 열연코일을 구분하여 이를 거래대상이 아닌 공정 중에 있는 물품이라고 할 수 없고, 나아가 열연코일의 기능 및 효용의 측면, 수요대체성의 측면, 공급대체성의 측면 및 한국산업표준산업분류 등을 참작하여 열연코일 전체를 거래대상으로 삼는 이외에 이를 세분하여 그 중 자동차냉연강판용 열연코일만을 거래대상으로 삼는 별도의 시장을 상정할 수는 없으며, 또한 관련 지역시장에 관해서도 국내에서 열연코일의 가격이 상당기간 어느 정도 인상되더라도 이에 대응하여 국내 구매자들이 동북아시아 지역으로 열연코일의 구매를 전환할 가능성은 없으므로 열연코일에 관한 동북아시아시장을 관련 지역시장에 포함시킬 수 없다고 판시하였다.[25)]

또한 티브로드 강서방송의 시장지배적지위 남용 사건에서도 관련시장의 획정이 중요한 쟁점으로 제기되었다. 이 사건에서는 서울시 강서구를 방송구역으로 하는 종합유선방송사업자가 채널을 조정하면서 종전부터 자신과 프로그램송출계약을 체결하여 거래해오던 TV홈쇼핑사업자에게 송출수수료 인상을 요구하였으나 거절당하자 동 사업자의 채널을 불리하게 변경한 행위가 문제로 되었다. 공정거래위원회는 이 사건 행위의 관련 상품시장을 '프로그램 송출시장'[26)]으로, 관련 지역시장을 '서울시 강서구'로 획정하였으나, 대법원은 관련 상품시장은 프로그램 송출시장과는 별개의 시장으로서 원고와 같은 플랫폼사업자가 TV홈쇼핑사업자 등으로부터 수수료를 지급받고 송출채널을 통해 프로그램의 송출서비스를 제공하는 '프로그램 송출서비스 시장'이고, 관련 지역시장은 '전국시장'이라고 판시하였다.[27)]

근래 시장지배적지위 남용행위와 관련하여 재판상 관련시장 획정이 문제가 된 사례로서 NHN의 시장지배적지위 남용 사건과 인터파크지마켓의 시장지배적지위 남용 사건을 들 수 있다. 전자에서는 유력한 인터넷 포털 사업자가 CP(동영상 콘텐츠 공급업체)와 동영상 콘텐츠에 대한 색인 데이터베이스 제공계약을 체결하면서 자신과 협의를 하지 않고 광고하는 것을 금지하는 조건을 설정한 것이 문제되었는데, 공정거래위원회는 관련 상품시장을 '인터넷 포털서비스 이용자시장'으로 획정하고 검색

---

24) 같은 판결.

25) 같은 판결. 다만, 대법원은 원심이 열연코일의 국내가격과 수출가격을 비교하면서 환율을 고려하지 않고 전자는 원화가격으로, 후자는 미국 달러화가격으로 비교함으로써 등가성을 확보하지 않은 잘못은 있다고 지적하였다.

26) 종합유선방송사업자와 같은 플랫폼사업자와 이에 가입하여 프로그램을 시청하는 가입자 사이에 형성되는 시장을 말한다.

27) 대법원 2008. 12. 11. 선고 2007두25183 판결. 이 사건 사실관계 및 상세한 판시내용은 제2장 Ⅳ. 1. '시장지배적사업자' 부분 참고.

서비스, 콘텐츠 서비스, 커뮤니케이션 서비스, 커뮤니티 서비스 및 전자상거래 서비스 등 소위 '1S-4C 서비스'를 함께 제공하지 않는 사업자를 제외하였다. 그러나 관련 행정소송에서 서울고법 및 대법원은 이 사건에서 문제가 된 광고제한행위는 CP(동영상 콘텐츠 공급업체)와 이용자를 연결해 주는 과정에서 이루어졌는데 동영상 콘텐츠의 이용은 1S-4C 서비스를 모두 제공하지 않는 인터넷 사업자의 인터넷 검색서비스를 통해서도 충분히 가능하고, 그 서비스의 효용이나 성능, 소요되는 비용은 1S-4C 서비스를 제공하는 인터넷 포털사와 별다른 차이가 있을 수 없으며, 이용자들도 원고가 제공하는 서비스의 기회비용이나 불편이 가중된다면 별다른 비용이나 노력 없이 바로 다른 인터넷 포털사이트 등으로 이동하여 동일한 서비스를 이용할 수 있어서 1S-4C 서비스를 제공하지 않는 인터넷 사업자도 원고와 경쟁관계에 있으므로 이들 사업자를 모두 포함하여 관련 상품시장을 획정하였어야 한다고 판시하였다.[28)]

또한 후자에서 서울고법은 오픈마켓과 종합쇼핑몰은 그 거래형태가 전혀 다르고, 오픈마켓은 포털사이트 등과도 제공하는 용역의 내용이 전혀 다르다는 점 등을 근거로 '종합쇼핑몰 시장'이나 '포털사이트 등 광고시장'과 별개의 '국내 오픈마켓 운영시장'을 이 사건 관련시장으로 획정하였다.[29)] 그 밖에도 기아자동차의 시장지배적지위 남용 사건에서는 중고차를 신차와 함께 관련시장에 포함시켜야 하는지가 문제되었는데, 서울고법은 중고차는 신차에 비하여 상당한 정도로 가격 및 관련 서비스의 차이가 있어 소비자들의 입장에서 볼 때 서로 대체가능성이 크다고 할 수 없고, 이는 판매자들의 입장에서도 마찬가지이므로 신차 판매업자들이 중고차 판매시장을 염두에 두고 경영에 관한 의사결정을 한다고는 볼 수 없으며, 사회적·경제적으로도 신차 판매업과 중고차 판매업은 서로 유사하다고 보기 어렵다는 이유로 중

---

28) 서울고법 2009. 10. 8. 선고 2008누27102 판결 및 대법원 2014. 11. 13. 선고 2009두20366 판결. 또한 이 사건에서 관련시장을 획정하는 과정에서 소위 '양면시장'(two-sided markets) 이론이 논의되었는데, 이는 네트워크 등을 통하여 두 개 이상으로 구분되는 이용자 집단을 상호 연결시키는 시장으로서, 이러한 시장은 한 면의 이용자는 다른 면의 이용자군의 규모가 클수록 높은 효용을 얻는 소위 '교차네트워크 효과'(cross network effect)를 나타내므로 이를 고려하지 않고 일반적인 시장에 적용하는 'SSNIP Test'를 기계적으로 적용할 경우 관련시장이 부당하게 좁게 획정될 가능성이 높다고 한다. 양면시장 이론은 2001년 Jean-Charles Rochet와 Jean Tirole 교수가 처음 주창한 이래 산업조직론 및 경쟁법 학계에서 활발하게 논의되고 있는데, 이에 관한 국내 경쟁법 문헌으로는 최승재, "양면시장이론과 한국 경쟁법상 역할에 관한 연구 - 구글의 더블클릭 인수 사건을 포함하여", 「경쟁법연구」, 제17권, 2008, pp. 225-261 참고.

29) 서울고법 2008. 8. 20. 선고 2008누2851 판결. 상고심에서 대법원 역시 이 부분 원심의 판시사항을 그대로 수용하였다(대법원 2011. 6. 10. 선고 2008두16322 판결).

고차를 제외하였다.[30)]

한편, 시장지배적지위 남용에 관한 공정거래위원회의 심결례 중 관련시장 획정과 관련하여 기억할 만한 것으로 당시 윈도우 운영체제 등 소프트웨어 시장에서 압도적인 지위를 가진 글로벌 사업자의 지위 남용행위로서 전세계적으로 크게 논란이 제기되었던 마이크로소프트 등의 시장지배적지위 남용 등 사건, 유력한 의료장비 사업자가 자사 장비의 유지보수 시장에 새로이 진입한 경쟁자를 배제하는 행위가 문제가 된 지멘스 등의 시장지배적지위 남용 등 사건, 각각 부동산플랫폼 서비스와 비교쇼핑 서비스를 제공하는 유력한 온라인 플랫폼 사업자의 경쟁자 배제행위가 문제가 된 네이버[부동산 부문]의 시장지배적지위 남용 등 사건과 네이버[쇼핑 부문]의 시장지배적지위 남용 등 사건을 들 수 있다.

마이크로소프트 등의 시장지배적지위 남용 등 사건에서 공정거래위원회는 동 회사가 (1) 윈도우서버 운영체제와 자사의 미디어 서버 프로그램인 Windows Media Service를 결합하여 판매한 행위에 대하여 클라이언트용 PC 운영체제 및 중대형 서버 운영체제와 구별되는 'PC 서버 운영체제'를 주된 관련 상품시장으로, 웹서버 프로그램 및 메일서버 프로그램과 구별되는 '미디어 서버 프로그램'을 종된 관련 상품시장으로 획정하고, 전자의 관련 지역시장은 '세계시장'으로, 후자는 '국내시장'으로 획정하였고, (2) 윈도우 PC 운영체제(Windows XP 등)와 자사의 미디어 플레이어 프로그램인 Windows Media Player를 결합하여 판매한 행위에 대하여는 PC 운영체제 중에서도 '인텔 호환 PC 운영체제'를 별도의 주된 관련 상품시장으로, CD나 DVD 재생기와 같은 전통적인 기기들과 오디오 전용 미디어 플레이어 및 다운로드용 미디어 플레이어와는 구별되는 '스트리밍 미디어 플레이어'를 종된 관련 상품시장으로 획정하고, 전자의 관련 지역시장은 '세계시장'으로, 후자는 '국내시장'으로 획정하였으며, (3) 윈도우 PC 운영체제와 자사의 메신저 프로그램인 MSN 메신저 및 윈도우 메신저를 결합하여 판매한 행위에 대해서는 역시 '인텔 호환 PC 운영체제'를 주된 관련 상품시장으로, 기업용 메신저와 구별되는 '일반용 메신저'를 종된 관련 상품시장으로 획정하고, 전자의 관련 지역시장은 '세계시장'으로 후자의 경우는 '국내시장'으로 획정하였다.[31)]

지멘스 등의 시장지배적지위 남용 등 사건에서는 소위 '후속시장'(Aftermarket)을 별도의 관련시장으로 획정해야 하는지가 문제되었다. 후속시장은 예컨대, 프린터기의 잉크 카트리지, 자동차 부품, 장비 유지보수 서비스와 같이 주상품(Primary

30) 서울고법 2008. 9. 11. 선고 2007누30897 판결.

31) 공정거래위원회 의결 제2006-42호, 2006. 2. 24.

Product)의 보완재로 기능하는 부상품(Secondary Product)이 거래되는 시장으로서 주상품 시장의 시장지배적사업자가 이와 같은 부상품 시장에서 행하는 끼워팔기 등이 문제가 되는데, 이에 대하여 경쟁법을 집행함에 있어서 관련 상품시장으로 주상품과 부상품을 통합한 '시스템시장'을 획정할지, 아니면 브랜드 특정성(brand-specific)이 있는 별도의 후속시장인 부상품 시장만으로 획정할지 여부가 다투어진다.

위 사건에서 공정거래위원회는 특정 사업자가 부상품의 가격을 경쟁가격 이상으로 인상할 경우 부상품 자체의 판매 감소는 물론 주상품의 구매전환과 이로 인해 파생되는 부상품의 매출 감소의 영향으로 추가 이윤을 확보하는 것이 어렵다면 주상품과 부상품이 결합하여 하나의 시스템시장으로 작동한다고 볼 수 있지만, 이 사건의 경우 ① CT 및 MRI의 높은 전환비용(switching cost) 및 고착효과(lock-in effect), ② 총 소유비용(Total Cost of Ownership)의 예측 곤란성, ③ 주상품 시장의 제한적인 경쟁상황, ④ 실제 시장에서 활동 중인 ISO의 존재, ⑤ 관련자들의 시장인식 및 거래현황 등의 특성을 고려할 때, 주상품인 CT 및 MRI 장비시장과 구분되는 부상품 시장인 피심인의 CT 및 MRI 유지보수 서비스 시장을 관련 상품시장으로 획정하는 것이 타당하다고 하였다.32)

네이버[부동산 부문]의 시장지배적지위 남용 등 사건과 네이버[쇼핑 부문]의 시장지배적지위 남용 등 사건에서는 온라인 플랫폼 사업자의 관련시장 획정이 문제되었다. 전자에서 공정거래위원회는 온라인 부동산플랫폼 서비스와 관련하여 '온라인 부동산 정보 비교서비스'를 별도의 관련 상품시장으로 획정하는 것도 고려해 볼 수 있지만, 부동산 매물은 여러 플랫폼에 노출되더라도 가격이 모두 동일하므로 동 사업자가 제공하는 서비스를 정보 비교서비스로 보기 어려운 점, 다른 온라인 부동산 플랫폼 서비스 사업자의 서비스와 그 기능 및 효용이 본질적으로 동일한 점, 부동산 정보업체는 매물을 공급하는 측면에서는 동 사업자의 거래상대방이지만 매물을 이용자에게 노출하는 측면에서는 여전히 경쟁관계에 있는 점 등을 종합적으로 고려할 때 온라인 부동산플랫폼 서비스를 제공하는 사업자들은 모두 같은 시장에서 경쟁하고 있다고 보는 것이 타당하다고 하였다.33)

나아가 온라인 부동산플랫폼 서비스는 거래희망 매물정보를 제공하는 공인중개사 등과 매물정보를 탐색하는 이용자를 온라인 부동산플랫폼을 통하여 연결시켜주

32) 공정거래위원회 의결 제2018-94호, 2018. 3. 13. 선고. 관련 행정소송에서 서울고법 역시 위와 같은 공정거래위원회의 관련시장 획정을 수용하였다(서울고법 2020. 2. 6. 선고 2018누43110 판결). 이 사건 행위가 시장지배적지위의 남용행위에 해당하는지 여부에 관한 법원의 판단은 제2장 Ⅳ. 2. (다) (8) '지멘스 유지보수 서비스 사건 판결' 부분 참고.

33) 공정거래위원회 의결 제2021-19호, 2021. 1. 20. 선고.

는 서비스라는 점에서 양면시장으로 볼 수 있고, 양면시장은 양 측면의 고객들이 해당 플랫폼을 통해 직접 거래하는지 여부에 따라 양면거래시장과 양면비거래시장으로 구분할 수 있는데 온라인 부동산플랫폼 서비스 시장은 후자에 해당하며, 양면거래시장의 경우에는 양 측면을 포괄하여 하나의 시장으로 획정할 수도 있으나 일반적으로 양면비거래시장의 경우에는 양 측면의 연관성을 고려하되 각 측면별로 시장을 획정하는 것이 바람직한 바, 이 사건 행위는 부동산플랫폼 서비스 사업자와 부동산 매물정보를 제공하는 부동산정보업체와의 거래조건 설정과 관련된 것이므로 이 사건 관련시장을 '온라인 부동산플랫폼 정보제공자 시장'으로 획정한다고 하였다.[34)]

후자에서는 온라인 비교쇼핑서비스를 오픈마켓서비스나 일반검색서비스와 별개의 시장으로 획정할 것인지가 문제되었다. 공정거래위원회는 온라인 비교쇼핑서비스는 상품정보를 비교하고자 하는 소비자와 상품정보를 노출시키고자 하는 온라인 쇼핑몰을 연결시켜 주는 양면시장에 해당한다고 전제하고, 수요측면에서의 대체가능성과 공급측면에서의 대체가능성 모두 크지 않고 관련 사업자의 시장인식 및 경영의사 결정행태 등을 종합적으로 고려할 때 온라인 비교쇼핑서비스와 오픈 마켓서비스나 일반검색서비스를 하나의 관련시장으로 보기 어렵다고 하였다.[35)]

또한 종전에는 부당한 공동행위 사건에서 관련시장의 획정이 상대적으로 그다지 중요하게 다루어지지 않았지만 근래에는 사안에 따라서 중요한 쟁점으로 제기되고 있다. 예컨대, 신선대컨테이너터미널 등의 부당한 공동행위 사건 관련 행정소송에서 서울고법은 환적화물은 국내시장에 유입되지 않는 화물로서 이에 대한 하역서비스는 외국의 다른 항구와 대체성을 가지며 치열한 경쟁이 이루어지고 있기 때문에 관련시장은 부산항이 아닌 '동북아시아 각 국가의 항만컨테이너 하역시장 전체'라는 주장에 대하여, 별다른 판시 없이 법상 관련시장의 범위는 거래의 객체별, 단계별 또는 지역별로 경쟁관계에 있거나 경쟁관계가 성립될 수 있는지 여부에 따라 판단되는데 "컨테이너하역용역시장이라는 거래분야 전체를 놓고 볼 때 환적화물에 대한 하역용역시장은 거래의 객체별(여러 화물 중에서 환적화물 부분), 단계별(화물에 대한

34) 같은 의결. 위와 같은 견해는 원칙적으로 양면거래시장에 대하여는 소위 '단일 시장 접근방법'(single market approach)을, 양면비거래시장에 대하여는 소위 '다시장 접근방법'(multi-market approach)을 취한 것이라고 볼 수 있다. 이 사건 행위가 시장지배적지위 남용행위에 해당하는지 여부에 관한 공정거래위원회의 판단은 제2장 Ⅳ. 2. (마) (7) '네이버 부동산 매물정보 사건 심결' 부분 참고.

35) 공정위 의결 제2021-27호, 2021. 1. 27. 이 사건 행위가 시장지배적지위 남용행위에 해당하는지 여부에 관한 공정거래위원회의 판단은 제2장 Ⅳ. 2. (다) (9) '기타 주요 심결례' 부분 참고.

전체 하역용역 중에서 환적 용역 부분), 지역별(동북아시아시장, 국내시장, 좁게는 부산항 컨테이너시장)로 경쟁제한성 판단의 기준이 되는 일정한 거래분야 내지 관련시장에 해당한다고 볼 수 있고, 원고들이 주장하는 환적화물에 대한 부분도 이러한 관련시장에서 경쟁관계가 성립될 수 있다."라고 설시하면서 그 주장을 배척하였다.[36] 이 판시사항의 취지는 명시적인 것은 아니지만, 하역용역시장이라는 큰 시장 내부에 객체별, 단계별 또는 지역별로 존재하는 소위 '부분시장'(submarket)의 개념을 상정한 것으로 보인다.

또한 용인 죽전지구 및 동백지구 아파트 분양가 담합 사건에서도 관련시장의 획정이 다투어졌다. 관련 행정소송 상고심에서 대법원은 신규분양 아파트는 기존 아파트에 비하여 그 입주시기가 늦고 투자재로서 위험을 감수하여야 한다는 상품의 특성, 자격이 제한된 수요자의 범위, 기존 아파트나 분양 후 입주 전 아파트의 분양권에 대한 수요의 비대체성, 대규모택지개발예정지구 내 신규분양 아파트 공급의 비탄력성 등을 고려하면 신규분양 아파트는 기존 아파트나 분양 후 입주 전 아파트의 분양권과 대체성이 크지 않으므로 이 사건 관련 상품시장은 '신규분양 아파트시장'으로 획정되고, 대규모택지개발지구 사업에 의해 분양되는 아파트의 경우 택지개발지구 그 자체로 각종 편의시설을 갖춘 소도시 형태로 개발되므로 주거용 필수재와 투자재의 성격을 동시에 갖는 아파트의 성격을 고려하면 아파트가 위치한 지구별로 시장을 나누어 볼 수 있는 점, 이 사건 아파트의 분양 당시에 해당 지구 이외에 인접지역에서 다른 대규모분양이 없었던 점 등을 고려하면 관련 지역시장은 각각 '죽전지구'와 '동백지구'로 획정된다고 판시하였다.[37]

토의 과제

1 독점규제법은 '사업자' 개념에 관하여 매우 포괄적인 입장을 취하고 있고, 판례에 의하면 국가나 지방자치단체도 사경제 주체로서 거래행위를 하는 경우에는 사업자에 포함될 수 있으며, 사업자단체에 관한 규정을 적용함에 있어서는 임직원이나 대리인 등도 사업자로 볼 수 있다(법 제2조 제1호 제2문). 그렇다면 사업자의 행위에 해당되지 않아서 독점규제법의 적용이 배제되는 실제 사례들을 생각해 보시오.

---

36) 서울고법 2003. 10. 2. 선고 2002누12757 판결.

37) 대법원 2009. 4. 9. 선고 2007두6793 판결, 대법원 2009. 4. 23. 선고 2007두6809 판결 등. 특히 가격고정합의 등 소위 '경성카르텔'(hardcore cartels)의 관련시장 획정에 관한 쟁점은 제5장 Ⅱ. 4. (마) '관련문제 2 : 경성카르텔의 경쟁제한성 판단과 관련시장의 획정' 부분 참고.

2 시장지배적지위 유무의 판단이나 기업결합의 경쟁제한성 판단과 관련하여 관련시장의 획정이 가지는 중요성과 'SSNIP Test'의 적용방법을 설명해 보시오. 또한 위 방법을 사용함에 있어서 독점력을 보유한 기업이 이를 행사하여 이미 높은 수준으로 책정한 가격을 기준가격으로 할 경우에 발생할 수 있는 소위 '셀로판 오류'와, 반대의 경우에 발생할 수 있는 소위 '역 셀로판 오류'(reverse cellophane fallacy)를 설명해 보시오(이상승, "역 셀로판의 오류 : 대한송유관공사 기업결합 사건에서의 공정거래위원회의 시장획정", 「산업조직연구」, 제11권 제3호, 2003, pp. 97-135 참고).

3 티브로드 강서방송의 시장지배적지위 남용 사건에서 대법원은 관련 지역시장을 법적으로 구획된 해당 방송구역이 아닌 '전국시장'으로 획정하였다. 이러한 입장을 관련상품인 '프로그램 송출서비스'에 대한 수요 및 공급의 대체성이라는 관점에서 평가해 보시오.

Ⅲ. 적용제외

1. 개 설

사업자들의 자유로운 경쟁활동에 의해 작동되는 시장경제를 채택하는 국가에 있어서 자유롭고 공정한 경쟁을 촉진하는 경쟁법은 원칙적으로 모든 사업자 및 산업에 적용되지만 모든 경우에 경쟁을 통한 시장기능이 작동할 수는 없으므로 일정한 내재적 한계를 가질 수밖에 없다. 또한 설령 시장기능이 작동할 수 있는 경우라고 할지라도 경쟁법이 추구하는 '자유롭고 공정한 경쟁의 촉진'만이 국가가 추구하는 지고지선(至高至善)의 목표일 수는 없으므로 이와 상충되는 정책목표를 추구하는 경우에 특정한 사업자의 행위 또는 특정한 범주에 속하는 행위에 대하여 경쟁법의 적용을 부분적 또는 전면적으로 배제하게 되는데, 이를 경쟁법의 적용제외라고 한다.[38] 각국의 경쟁법이 적용제외를 인정하는 방식은 (1) 법령상 명시적으로 적용제외를 규정하는 방법(explicit statutory exemptions), (2) 법원이 판결을 통하여 경쟁법의 적

38) 경쟁법의 적용제외의 이론적 근거로서 일반적으로 상충되는 정책목표 사이의 정책적 결단 또는 시장실패에 대한 대처가 제시되고(권오승 · 홍명수, 「경제법」, 제14판, 법문사, 2021, pp. 130-132 참고), 이에 추가하여 정부규제에 관한 포획이론 및 공공선택이론에 입각하여 '이익집단의 영향력'을 제시하는 견해도 있다(김두진, "독점규제법의 적용제외 영역", 「상사법연구」, 제21권 제4호, 2003, pp. 348-354 참고).

용이 제외되는 일정한 범주의 행위를 창설하는 방법(judicially created general exemptions) 등이 있다.[39] 다시 전자에는 경쟁법 자체에 특정한 산업이나 사업자에 대하여는 동법이 적용되지 않음을 규정하는 방법과 개별 산업을 규율하는 법규에 경쟁법의 적용이 제외됨을 규정하는 방법이 있다.

독점규제법은 (1) 법령에 따른 정당한 행위(법 제116조), (2) 무체재산권의 행사행위(법 제117조), (3) 일정한 요건에 해당하는 소규모사업자 또는 소비자의 조합(조합의 연합회 포함)의 행위(법 제118조) 등을 적용제외 사유로 명시적으로 규정하고 있다. 따라서 동법은 위에서 말한 적용제외의 방법 중 주로 독점규제법 자체에 적용제외 조항을 두는 방식(explicit statutory exemptions)을 취하고 있고, 현재까지 독점규제법 이외에 개별 산업 법규에서 명시적으로 독점규제법의 적용을 배제하는 경우[40]로는 기업구조조정을 목적으로 설립된 전문회사에 대하여 독점규제법상 지주회사 행위제한 규정을 적용하지 않는다고 규정하고 있었던 구 산업발전법(2009. 4. 1. 전부개정되기 전의 것) 제19조 제1항과 일정한 요건에 해당될 경우에 산업통상자원부장관이 무역거래자에 대하여 발할 수 있는 조정명령의 이행에 대해서는 독점규제법을 적용하지 않는다고 규정하고 있는 대외무역법 제50조 제1항 등을 찾아볼 수 있다.[41]

〔연 혁〕

독점규제법은 1980년 제정 당시부터 위의 3가지 적용제외 조항을 두었을 뿐만 아니라 1990년 2차 법 개정을 통하여 금융·보험업을 영위하는 사업자에 대한 특례조항을 신설하여 이들 사업자에 대하여 동법상의 각종 규제 중 시장지배적지위의 남용 금지, 기업결합의 제한, 출자총액의 제한, 기업결합의 신고 및 재판매가격유지행위의 제한 등의 조항의 적용을 제외하였다.

---

39) 우리나라와 같은 성문법 국가에서 법원이 판례를 통하여 경쟁법의 적용제외를 창설할 수 있는가라는 문제가 제기될 수 있는데, 미국과 같은 판례법 국가에 비교하여 그 여지가 적은 것은 사실이지만, 예컨대 구체적인 사건과 관련하여 독점규제법 제116조와 같은 적용제외 조항의 해석·적용과정에서 제한된 범위에서 적용제외의 근거를 발견하는 것은 가능할 것이다.

40) 1980년 제정 당시 독점규제법 제47조는 '특별한 법률'이 있는 경우에는 적용이 배제되도록 규정하면서 별도의 적용제외법률을 제정하여 그 '특별한 법률'을 지정하도록 규정하였으나, 결국 적용제외법률이 제정되지 않았고 동 조항은 1986년 1차 법 개정으로 삭제되었다.

41) 그 밖에 하도급거래 공정화에 관한 법률 제28조, 가맹사업거래의 공정화에 관한 법률 제38조 등도 동법이 적용될 경우에는 독점규제법의 일정한 조항이 적용되지 않는다고 규정하고 있는데, 이는 경쟁정책과 충돌하는 기타의 정책적 가치를 실현하기 위해 독점규제법의 적용제외를 규정한 것이라기보다는 법 적용상 독점규제법과 경합할 경우에 그 우선순위를 정한 것이다.

다시 1992년 3차 법 개정으로 계열회사에 대한 채무보증의 제한조항이 도입되면서 금융·보험업을 영위하는 사업자에 대한 적용제외대상 조항에 계열회사에 대한 채무보증의 제한 조항도 포함되었다. 그 후 1996년 5차 법 개정을 통하여 금융·보험업을 영위하는 사업자에 대한 특례조항이 삭제되고, 다만 계열회사에 대한 채무보증의 제한조항은 그 적용 대상에서 금융업 또는 보험업을 영위하는 회사를 제외하였다. 또한 2002년 10차 법 개정을 통하여 출자총액 제한의 대상에서 금융업 또는 보험업을 영위하는 회사, 지주회사 또는 회사정리절차 또는 화의절차가 개시되어 그 절차가 진행 중이거나 기업구조조정촉진법상 부실징후기업의 관리절차가 진행 중인 회사 등을 제외하였다.

그런데 독점규제법이 적용제외 사유로 규정하고 있는 세 가지 중 특히 법 제116조가 규정하고 있는 '법령에 따른 정당한 행위'의 요건과 범위에 관하여 종래 상당한 논란이 있었다. 위 조항은 구체적으로 적용제외의 대상이 되는 산업이나 사업자를 규정하지 않고 포괄적으로 "사업자 또는 사업자단체가 다른 법률 또는 그 법령에 따라 하는 정당한 행위에 대해서는 적용하지 아니한다."라고 규정하고 있어서, 동 조항에 의한 적용제외의 범위와 요건이 불명확하다. 이에 대하여 우선 동 조항이 인정하는 적용제외의 범위를 넓게 해석하여 독점규제법이 금지하고 있는 행위들 중에서 다른 법령에 근거가 있는 행위는 모두 여기에 해당한다고 해석할 수도 있고, 또는 다른 법령에 근거가 있다고 하더라도 특히 합리적인 근거가 있는 행위만이 동 조항에 따라 독점규제법의 적용이 제외된다고 좁게 해석할 수도 있을 것이다.[42)]

생각건대 전자의 견해는 우리나라 경제질서의 기본법이라고 할 수 있는 독점규제법을 다른 개개의 법률보다 효력상 열등한 지위에 놓는 결과를 초래하여 그 실효성을 현저히 저하시킬 우려가 있기 때문에 바람직하지 않을 뿐만 아니라 동 조항의 입법취지와도 다른 것으로 생각된다. 따라서 독점규제법이 경제질서의 기본법으로서 그 사명을 다할 수 있도록 하기 위해서 다른 법령에 근거가 있다고 하더라도 문제가 된 행위를 통하여 해당 법령이 추구하는 가치와 경쟁질서에 미치는 영향을 고려하여 적용제외의 정당성이 인정되는 행위에 대해서만 그 적용을 제외하는 것으로 해석하여야 할 것이다.[43)] 이러한 해석은 법문상 단순히 '법령에 따른 행위'라고 규정하지 않고 '법령에 따른 정당한 행위'라고 규정한 취지에도 부합한다고 할 것이다.

---

42) 권오승 · 홍명수, 「경제법」, 제14판, 법문사, 2021, pp. 133-134 참고.

43) 같은 의견: 권오승 · 홍명수, 같은 책; 이동규, 「독점규제 및 공정거래에 관한 법률」, 개정판, 행정경영자료사, 1997, p. 692.

대법원은 대한법무사협회의 사업자단체 금지행위 사건에서 구법 제58조가 말하는 '법령에 따른 정당한 행위'는 "당해 사업의 특수성으로 경쟁제한이 합리적이라고 인정되는 사업 또는 인가제에 의해 사업자의 독점적 지위가 보장되는 반면 공공성의 관점에서 고도의 공적규제가 필요한 사업 등에 있어서 자유경쟁의 예외를 구체적으로 인정하고 있는 법률 또는 그 법률에 의한 명령의 범위 내에서 행하는 필요 최소한의 행위를 말하는 것"이라고 판시하였고,[44] 그 이후 각급 법원들이 일관되게 이 기준을 적용하고 있다. 그러나 대법원의 판시사항에 따르더라도 여전히 구체적으로 문제가 된 법률이 경쟁제한이 합리적이거나 고도의 공적규제가 필요하여 자유경쟁의 예외를 구체적으로 인정하는 것인지 여부를 판단하는 것은 쉽지 않다고 할 것이다. 이와 관련하여 많은 판례이론이 축적된 미국의 경우가 좋은 참고가 될 수 있는데, 미국 연방법원의 판례상 정립된 경쟁법의 적용제외 법리를 간략히 소개하면 다음과 같다.[45]

우선 미국 정부구성의 기본원리인 연방주의(Federalism)에 근거를 두고 주(州: 시 및 군 등의 지방정부 포함)의 행위 또는 주의 규제에 따라 행해진 사인의 행위가 일정한 요건을 갖춘 경우에는 연방독점금지법의 적용을 배제한다는 '주행위의 원칙'(state action doctrine)을 들 수 있다. 이 원칙은 연방대법원의 Parker v. Brown 사건 판결[46]에서 처음 인정되었는데, 그 후 판례상 위 원칙의 적용범위와 요건에 대한 논란이 계속되다가 1980년 연방대법원이 California Retail Liquor Dealers Ass'n v. Midcal Aluminium, Inc. 사건 판결[47]에서 문제가 되는 사인의 행위에 위 원칙을 적용하기 위한 두 가지 요건을 제시한 이래 지금까지 대체로 동일한 입장이 유지되어 왔다고 할 수 있다. 즉, 연방대법원은 사인의 행위에 주행위의 원칙이 적용되기 위해서는 첫째, 문제의 거래제한이 주의 정책으로 명백하고 단정적으로 표현되어야 하고(clearly articulated and affirmatively expressed as state policy), 둘째, 그 정책이 주 자체의 적극적인 감독을 받아야 한다고(actively supervised by the state itself) 판시하였다.[48]

미국 판례상 독점금지법의 적용제외를 인정하는 근거로 사용되는 또 다른 법리는 대의제정부의 원리에 근거를 두고 입법부를 포함한 국가기관에 영향을 미쳐서 자신에게 유리한 정책을 유도하기 위한 행위는 설령 그 의도와 결과가 경쟁제한적

44) 대법원 1997. 5. 16. 선고 96누150 판결.

45) 미국 판례상 경쟁법의 적용제외 법리에 관한 상세한 설명은 이호영, "규제산업과 공정거래법의 적용제외", 「법학논총」, 제23집 제1호, 2006, pp. 365-375 참고.

46) 317 U.S. 341 (1943).

47) 445 U.S. 97 (1980).

48) Id.

이라고 할지라도 독점금지법의 적용을 면제하는 소위 '노어 면제'(Noerr Immunity)의 법리이다. 이는 Eastern Railroad Presidents Conference v. Noerr Motor Freight, Inc. 사건 판결[49]에서 비롯되었는데, 동 판결에서 연방대법원은 진정으로 입법이나 법집행작용에 영향을 미치려는 행위는 그 동기가 경쟁제한적이라고 할지라도 독점금지법의 적용이 면제된다고 판시하였다. 1965년에도 연방대법원은 United Mine Workers v. Pennington 사건 판결[50]에서 입법과정뿐만 아니라 공무원의 직무수행에 영향을 미치기 위한 공동의 노력은 설령 경쟁을 제한하려는 의도를 가지고 있더라도 독점금지법에 위반되는 것이 아니라고 판시하였다.

그런데 노어 면제의 법리와 관련하여 실제로 문제가 되는 것은 표면적으로는 국가기관의 행위에 영향력을 미치려는 행위이지만 이는 구실일 뿐이고, 그 실질은 경쟁자의 행위를 제약하려는 시도에 불과한 경우를 가려내는 것이다. 예컨대, 연방대법원은 객관적으로 근거가 없을 뿐만 아니라 주관적으로도 유리한 소송결과를 원한다기보다는 경쟁자에게 소송 수행상 스스로를 변호하는 부담을 지움으로써 경쟁을 제한하려는 목적으로 소송을 제기하는 행위(소위 'sham litigation'),[51] 입법과정을 제외한 법집행과정이나 사법적 절차에서 공무원이나 국가기관에 대하여 허위 또는 진실을 오도하는 정보를 제공하여 경쟁제한적인 결과를 얻는 행위[52] 등에 대해서는 노어 면제의 법리가 적용되지 않는다고 판시하였다. 또한 자신에게 유리한 정책을 얻어내기 위한 수단으로서 행한 행위가 그 자체로서 경쟁을 제한하는 경우에는 최종적으로 얻어낸 정책의 내용과 무관하게 그 과정에서 이미 경쟁을 제한하는 것이므로 설령 그 행위가 진실로 정부의 정책에 영향을 미치려는 의도였다고 할지라도 독점금지법의 적용이 배제되지 않는다고 하였고,[53] 비경제적 목적을 가진 집단적 거래거절행위(group boycott)와 참가자들의 경제적 이익을 위한 행위를 구별하여 후자에 대해서는 노어 면제를 인정하지 않았다.[54]

그 밖에도 미국 연방독점금지법 판례에 따르면, 법률상 명시적인 적용제외 조항이 없다고 할지라도 특정한 영역에 대한 연방정부의 규제가 매우 광범위하게 이루어지고 있어서(pervasive regulatory scheme) 독점금지법을 적용하면 양자 사이에 명백

---

49) 365 U.S. 127 (1961).
50) 381 U.S. 657 (1965).
51) Professional Real Estate Investors, Inc. v. Columbia Pictures Industries, 508 U.S. 49 (1993).
52) Allied Tube & Conduit Corp. v. Indian Head, Inc., 486 U.S. 492 (1988).
53) FTC v. Superior Court Trial Lawyers Ass'n., 493 U.S. 411 (1990).
54) NAACP v. Claiborne Hardware Co., 458 U.S. 886 (1992)(흑인들의 정치적 불매운동), Allied Tube & Conduit Corp. v. Indian Head, Inc., 486 U.S. 492 (1988)(철제소화기구제조업자들이 경쟁제품인 PVC소화기구에 대한 협회의 인증을 방해한 행위) 등 참고.

히 모순되는(plain repugnancy) 결과를 낳게 되는 경우에는 독점금지법의 묵시적 적용제외를 인정하고 있다(소위 'implied exemption').[55] 또한 문제가 된 요금이 연방 또는 주 정부기관에 신고하여 승인을 받은 경우에는 그것이 독점금지법을 위반한 것으로 인정된다고 하더라도, 동 위반행위에 대해서 독점금지법상의 3배 손해배상(treble damages)을 인정하지 않으며(소위 'filed rate doctrine'),[56] 마지막으로 특정한 영역에 대하여 주된 관할권을 가진 규제기관이 존재할 경우에 법원은 주된 관할권을 가진 규제기관이 그 문제를 판단할 때까지 독점금지법 관련 사항의 판단을 유보할 수 있다(소위 'doctrine of primary jurisdiction').[57]

한편, 종전에 법 제117조가 규정하고 있는 '무체재산권의 정당한 행사행위'[58]를 근거로 한 적용제외에 관한 국내의 논의는 매우 빈약하였으나, 최근 외국에서뿐만 아니라 우리나라에서도 특허권 등의 지식재산권의 행사행위에 대한 경쟁법의 적용이 중요한 쟁점으로 부각됨에 따라 이에 관한 논란 역시 다수 제기되고 있다. 이에 따라 공정거래위원회는 '지식재산권의 부당한 행사에 대한 심사지침'을 마련하여 외형상 지식재산권의 행사로 보이는 행위라도 그 취지를 벗어나 경쟁을 제한하는 경우에 독점규제법 위반행위로 인정될 수 있는 행위 유형 등을 규정하고 있다.

2. 관련 판결례

(가) 법령에 따른 정당한 행위

법 제116조의 '법령에 따른 정당한 행위'에 해당하는지 여부는 주로 법무사업이나 관세사업과 같이 해당 업무를 수행하기 위해서 국가가 엄격한 기준에 따라 인정하는 자격이 요구되는 사업이나 금융, 방송, 통신, 운송, 식품 등 전통적으로 국가가 광범위한 규제를 행하는 소위 '규제산업'(regulated industries)에서 이루어진 행위와 관련하여 문제되었다. 대법원은 대한법무사협회의 사업자단체 금지행위 사건에서 이

55) Gordon v. New York Stock Exchange, 422 U.S. 659 (1975).

56) Keogh v. Chicago & Northwestern Railway, 260 U.S. 156 (1922). 단, 이 법리는 국가기관이 제기하는 법집행의 소에는 적용되지 않으며, 구매자가 아닌 경쟁자가 제기하는 소송에 대해서도 적용되는지 여부에 대해서 각 연방항소법원의 태도가 상이하다.

57) Ricci v. Chicago Mercantile Exchange, 409 U.S. 289 (1973).

58) 위 조항은 종전에 단순히 "무체재산권의 행사라고 인정되는 행위"라고 규정하였던 것을 2007년 법 개정시 "무체재산권의 정당한 행사라고 인정되는 행위"라고 규정하였는데, 실제로 종전의 해석 역시 적용제외가 인정되기 위해서는 문제가 된 무체재산권의 행사가 '정당한 행사'일 것을 요구하였으므로 동 개정은 별다른 실익이 없고, 다만 이를 입법적으로 확인한 것이라고 할 수 있다.

에 관하여 중요한 내용을 판시하였다. 이 사건에서 위 협회가 집단등기사건에 대한 법무사 개인의 수임활동을 금지하는 내용의 '집단등기사건 수임업무처리규정'을 시행한 행위가 문제되었는데, 대법원은 '법령에 따른 정당한 행위'는 "당해 사업의 특수성으로 경쟁제한이 합리적이라고 인정되는 사업 또는 인가제 등에 의하여 사업자의 독점적 지위가 보장되는 반면 공공성의 관점에서 고도의 공적규제가 필요한 사업 등에 있어서 자유경쟁의 예외를 구체적으로 인정하고 있는 법률 또는 그 법률에 의한 명령의 범위 내에서 행하는 필요최소한의 행위"라고 하였다.[59] 이러한 대법원의 판시내용은 다분히 위에서 설명한 미국 연방법원의 묵시적 적용제외(implied exemption) 법리의 영향을 받은 것으로 보인다.[60]

실제로 한국관세사회의 사업자단체 금지행위 사건(Ⅰ)에서 원고는 위에서 살펴본 미국 판례법상 '묵시적 적용제외의 법리' 또는 '주된 관할권의 법리'(doctrine of primary jurisdiction)와 유사한 주장을 제기하여, 한국관세사회는 관세법 규정에 의하여 설립된 법인으로서 그 회칙은 관세청장의 전속적인 승인과 감독에 따른 행정적 규제의 대상이 될 뿐이고, 따라서 이에 대해 공정거래위원회가 독점규제법에 의한 시정명령을 할 수 없다고 항변하였다. 그러나 서울고법은 관세사회가 독점규제법상 '사업자단체'에 해당하는 이상 관세청장의 감독이나 회칙인가권이 있다고 하더라도 독점규제법이 적용되는 것은 당연하다고 하였다.[61]

또한 법원은 보험회사나 은행 등 금융기관들이 관련된 일련의 부당한 공동행위 사건에서 일관되게 위 법무사협회의 사업자단체 금지행위 사건에서 대법원이 판시한 엄격한 기준을 적용하여 적용제외를 인정하지 않았다. 예컨대, 손해보험협회 및 10개 손해보험회사들의 부당한 공동행위 사건에서 서울고법은 구 보험업법 제17조(현행 보험업법 제125조)에 따라 보험감독원의 인가를 받아 상호협정을 체결하여 무료긴급출동서비스를 폐지하였으므로 독점규제법이 적용되지 않는다는 주장에 대하여, 동법이 사업자들의 상호협정을 허용한 취지는 보험사업자가 자율적으로 건전한 보험거래질서를 확립할 수 있도록 하기 위한 것이므로 설령 이 사건 행위가 인가를 받은 상호협정에 따른 행위라고 할지라도 그 취지에 부합하지 않는 행위이므로 위법하다고 판시하였다.[62] 또한 10개 손해보험회사들의 부당한 공동행위 사건에서도

59) 대법원 1997. 5. 16. 선고 96누150 판결.

60) 참고로 닭고기 도계육 사업자들의 부당한 공동행위 사건 관련 행정소송에서 서울고법은 미국 판례법상 묵시적 적용제외 이론은 우리나라 독점규제법의 적용에 있어서는 구법 제58조의 적용 여부라는 측면에서 접근하는 것이 타당하다고 하였다(서울고법 2008. 7. 24. 선고 2006누26563 판결).

61) 서울고법 1997. 1. 9. 선고 96구7030 판결.

동 회사들은 보험업은 보험업법에 따른 광범위한 규제를 받고 있으며 보험회사들은 금융감독위원회의 감독을 받고 있으므로 이 사건 공동행위에 대해서 독점규제법의 적용이 배제되거나 제한적으로 적용되어야 한다고 주장하였으나, 서울고법은 보험회사는 보험업의 특성에 따른 각종 규제를 받고 있지만 그러한 규제를 벗어나지 아니하는 범위 내에서는 시장경쟁의 원리에 따라 충분히 경쟁할 수 있으므로 독점규제법의 적용이 배제되지 않는다고 판시하였다.[63)]

은행들의 수출환어음 매입수수료 공동행위 사건에서도 원고는 동 수수료를 신설한 행위는 금융감독원이 환가료 계산방법에 관하여 자신들에게 불리한 '한편 넣기'를 시행하는 것에 대응하기 위한 것이었으므로 위에서 설명한 미국 판례법상 노어 면제의 법리에 따라 독점규제법의 적용이 배제된다고 주장하였으나, 서울고법은 설령 우리나라 독점규제법상 동 법리가 인정된다고 하더라도 원고 등의 이 사건 행위는 금융감독원의 '한편 넣기' 시행방침이 확정된 후 이에 따른 환가료 수입감소를 보전하기 위한 것이므로 금융감독원의 정책결정에 영향을 끼치려는 행위로 볼 수 없다고 판시하였다.[64)]

나아가 단체상해보험상품 보험료율 공동행위 사건에서도 원고는 이 사건 행위가 정부기관의 정책에 영향력을 행사하기 위한 행위로서 독점규제법의 적용이 배제된다고 주장하였으나, 대법원은 정부의 정책 또는 법 집행에 영향력을 행사하기 위한 사업자의 행위가 헌법상 표현의 자유 및 청원권의 행사로 인정된다는 이유만으로 독점규제법의 적용이 배제될 수 없고, 이 사건 합의가 금융감독원의 정책에 영향을 미치려는 의도 아래 이루어진 것이라고 볼 수도 없으며, 단순한 의견 수집 및 제시가 아니라 법상 부당한 공동행위의 요건을 구비하였다고 판시하였다.[65)]

방송 및 통신 산업에서 이루어진 행위와 관련해서도 해당 산업에만 적용되는 소위 '사업법'상 규제(sector-specific regulation) 또는 구법 제58조를 근거로 독점규제법의 적용이 배제되는지 여부가 다투어졌다. 예컨대, 티브로드 강서방송 외 4의 시장지배적지위 남용 사건에서 원고들은 종합유선방송사업자들에게 적용되는 방송법은 독점규제법과의 관계에서 특별법과 일반법의 관계에 있으므로 이 사건에서 문제가

62) 서울고법 2004. 6. 10. 선고 2002누17752 판결. 상고심에서 대법원 역시 원심의 판시사항을 그대로 수용하였다(대법원 2006. 11. 23. 선고 2004두8323 판결).

63) 서울고법 2008. 10. 22. 선고 2007누26515 판결. 상고심에서 대법원 역시 원심의 판시사항을 그대로 수용하였다(대법원 2011. 6. 10. 선고 2008두21416 판결).

64) 서울고법 2009. 2. 4. 선고 2008누16959 판결. 상고심에서 대법원 역시 원심의 판시사항을 그대로 수용하였다(대법원 2011. 4. 14. 선고 2009두4852 판결).

65) 대법원 2012. 5. 24. 선고 2010두375 판결 및 대법원 2012. 5. 24. 선고 2010두339 판결.

된 유료방송 이용요금의 결정행위에 대해서는 특별법인 방송법이 적용될 뿐이며 독점규제법의 적용은 배제되어야 하고, 방송법은 종합유선방송사업의 허가제를 통하여 종합유선방송사업자의 독점적 지위를 허용하면서도 방송의 공공성 및 공익성의 관점에서 고도의 공적규제를 가하고 있으므로 방송법 소정의 절차에 따른 이 사건 행위는 법 제58조의 '법령에 따른 정당한 행위'로서 독점규제법의 적용이 배제된다고 주장하였다.

그러나 서울고법은 독점규제법은 사업자의 시장지배적지위의 남용 등을 규제하여 공정하고 자유로운 경쟁을 촉진함으로써 창의적인 기업활동을 조장하고 소비자를 보호함과 아울러 국민경제의 균형 있는 발전을 도모함을 목적으로 하고 있는 반면, 방송법은 방송의 자유와 독립을 보장하고 방송의 공적 책임을 높임으로써 시청자의 권익보호와 민주적 여론형성 및 국민문화의 향상을 도모하고 방송의 발전과 공공복리의 증진에 이바지함을 목적으로 하는 것으로서 서로 그 입법목적을 달리하고 있는 점 등을 고려하면 양 법률이 서로 특별법과 일반법의 관계에 있다고 볼 수 없고, 방송법 제77조는 종합유선방송사업자로 하여금 그 이용요금 및 기타 조건에 관한 약관을 정하여 방송위원회에 신고하여야 하고, 방송위원회가 위 약관이 현저히 부당하여 시청자의 이익을 저해한다고 판단하는 때에는 약관의 변경을 명할 수 있도록 규정하고 있으나, 이는 종합유선방송사업자에게 약관신고의무를 부과하고 방송위원회로 하여금 이를 심사하여 약관변경명령을 발할 수 있는 권한을 부여하는 조항일 뿐, 방송위원회로 하여금 종합유선방송사업자의 이용요금 결정에 개별적, 직접적으로 관여하도록 허용하는 것은 아니므로 방송법을 자유경쟁의 예외를 구체적으로 인정하고 있는 법률이라고 볼 수는 없을 뿐만 아니라 이 사건 행위가 방송위원회의 명령에 따라 행한 행위라고 볼 수도 없다고 하였다.[66][67]

66) 서울고법 2008. 12. 18. 선고 2007누29842 판결. 상고심에서 대법원 역시 이 부분 원심의 판시를 수용하였으나 다른 이유로 원심을 파기하였다(대법원 2010. 5. 27. 선고 2009두1983 판결). 유사한 쟁점으로서 이동통신단말기제조사 및 이동통신사업자의 부당한 고객유인 사건에서 동일한 단말기 보조금 지급행위에 대하여 이미 방송통신위원회의 시정명령이나 과징금 부과처분이 내려진 경우에도 독점규제법 위반을 이유로 다시 시정명령이나 과징금 부과처분을 내릴 수 있는지 여부가 다투어졌는데, 서울고법은 방송통신위원회의 처분은 이동통신사업자들이 통신수익을 재원으로 27만원을 초과하여 신규 가입자에게 약정 보조금을 지급한 행위가 기존 가입자에게 비용부담이 전가되는 이용자차별행위임을 이유한 한 제재임에 반하여, 공정거래위원회의 처분은 이동통신사업자가 이동통신단말기제조사와 협의하여 단말기 가격을 부풀여서 마련한 약정 외 보조금을 지급한 것이 부당하게 고객을 유인한 행위임을 이유로 한 것으로서 양자는 그 요건과 대상이 다르므로 이중처벌에 해당하지 않는다고 판시하였고(서울고법 2014. 2. 6. 선고 2012누24735 판결 및 서울고법 2014. 10. 29. 선고 2012누22999 판결), 상고심에서 대법원은 이

그 밖에도 한국도로공사의 부당한 지원행위 사건에서 대법원은 당시 시행 중이던 정부투자기관관리기본법 제20조[68]는 위 대한법무사협회의 사업자단체 금지행위 사건에서 말한 '자유경쟁의 예외를 구체적으로 인정하고 있는 법률'이라고 볼 수 없으므로 그 위임에 따라 제정된 정부투자기관회계규칙(재정경제부령)의 규정에 의해 건설교통부장관의 승인을 받은 이 사건 수의계약에 의한 감리용역 발주행위는 구법 제58조의 '법령에 따른 정당한 행위'에 해당하지 않는다고 판시하였다.[69] 또한 농업협동조합중앙회의 시장지배적지위 남용 사건에서도 대법원은 원심과 마찬가지로 농업협동조합법이나 비료관리법상 관련규정 등 어떠한 법령도 이 사건에서 문제가 된 식량작물용 화학비료 구매사업을 경쟁제한이 합리적이라고 인정되는 사업으로 보거나, 원고의 독점적 지위를 보장하거나, 고도의 공공적 규제가 필요하다고 보아 자유경쟁의 예외를 구체적으로 인정하는 내용이 기재되어 있지 않으므로 동 구매사업이 사업의 특수성으로 인하여 경쟁제한이 합리적이라고 인정되는 사업 또는 인가제 등에 의하여 사업자의 독점적 지위가 보장되는 사업이라고 할 수 없다고 판시하였다.[70]

근래에도 12개 농업용 광폭필름제조사들의 부당한 공동행위 사건에서 서울고법은 중소기업협동조합법이 자유경쟁의 예외를 구체적으로 인정하고 있는 법률이라고 할 수 없을 뿐만 아니라 동 사업자들이 농협중앙회와의 사이에 계통약정과 추가약정

부분에 관한 별다른 판시 없이 상고를 기각하였다(대법원 2019. 9. 26. 선고 2014두4702 판결 및 대법원 2019. 9. 26. 선고 2014두15047 판결).

67) 종래 특히 우리나라의 경우에 통신산업 등 규제산업에서 이루어진 행위의 독점규제법 위반 여부가 문제된 사건에서, 흔히 그 행위가 해당 산업에 대해 광범위한 규제권한을 행사하는 '산업별 규제기관'(sector-specific regulator)의 행정지도에 따른 것이므로 독점규제법의 적용이 배제되어야 한다는 독특한 항변이 제기되었다. 행정지도에 따른 행위가 법 제116조의 법령에 따른 정당한 행위에 해당하는지에 관하여는 이 장의 Ⅲ. 3. '관련문제 : 행정지도에 따른 행위와 적용제외' 부분 참고.

68) 동 조항은 정부투자기관의 회계는 기업회계원칙에 의하여 처리하되 그 회계처리원칙 및 계약의 기준·절차 등 필요한 사항은 재정경제부령으로 정한다고 규정하고 있었다.

69) 대법원 2006. 6. 2. 선고 2004두558 판결. 그러나 대법원은 문제가 된 감리용역 발주행위 자체가 부당성이 인정되지 않으므로 구법 제23조 제1항 제7호의 부당한 지원행위에 해당하지 않는다고 판시하였다.

70) 대법원 2009. 7. 9. 선고 2007두22078 판결. 닭고기 도계육 사업자들의 부당한 공동행위 사건에서도 원고들은 농수산물 유통 및 가격안정에 관한 법률(농안법) 또는 축산법에서 농수산물 및 축산물의 수급조절과 가격안정을 통하여 농수산업자 및 축산업자들을 보호하기 위한 각종 제도(계약생산, 가격예시, 과잉생산시 생산자보호, 유통협약, 유통조절명령 등)를 두고 있으므로 이른바 '묵시적 적용제외 이론'에 따라 농수산물 및 축산물 시장에 대해서는 독점규제법의 적용이 배제되거나 자제되어야 한다고 주장하였지만, 서울고법은 농안법 및 축산법의 위 규정들 역시 '자유경쟁의 예외를 구체적으로 인정하고 있는 법률'에 해당되지 않는다고 판시하였다(서울고법 2008. 7. 24. 선고 2006누26563 판결).

을 체결하면서 모두 개별 사업자 명의로 체결하였으므로 이를 중소기업협동조합법상 단체적 계약이라고 할 수도 없다고 하였고,[71] 항공화물운송사업자들의 국제카르텔 사건에서 대법원은 구 항공법 제117조 제1항과 항공협정은 운임에 관하여 지정항공사 간에 합의하고 체약국 항공당국으로부터 인가 등을 받도록 규정하고 있는데, 이는 운임에 관한 가격경쟁 자체를 배제하는 것이 아니라 인가받은 운임을 기준으로 과도하지 아니한 범위 내에서 가격경쟁을 예정하고 있는 것으로 보아야 하므로 단순히 전체 운임 중 유류비용 부분을 별도의 항목으로 책정하여 항공화물운임의 체계만을 변경한 것에 그치지 아니하고 종래 기본운임의 일부에 포함되어 상시적인 할인의 대상이 된 유류비용 부분에 대한 할인을 제한하는 이 사건 합의는 자유경쟁의 예외를 구체적으로 인정하고 있는 법률 또는 법률에 따른 명령의 범위 내에서 행하는 필요·최소한의 행위에 해당하지 않는다고 판시하였다.[72]

그동안 법 제116조의 '법령에 따른 정당한 행위'에 해당한다고 인정한 판결은 찾기 어려운데, 한국전기통신공사의 물품구매계약 관련 민사소송 판결을 들 수 있다. 이 사건에서 소외 주식회사 세영산업은 열수축관 등 통신기자재를 제조, 판매하는 회사로서 피고 한국전기통신공사와 모두 42회에 걸쳐 약 90억원 상당의 열수축관에 대하여 물품구매표준계약 또는 물품제조구매표준계약을 '정산감가조건부개산계약'의 특수조건 하에 체결하였다.[73] 위 계약 체결 당시 소외 회사와 피고가 작성한 각 계약서는 물품구매입찰유의서, 물품구매계약 일반조건 및 특수조건이 위 각 계약의 내용이 되고, 소외 회사가 피고의 품질보증단의 물품검사성적서를 첨부할 것으로 되어 있는데, 물품구매계약특수조건은 "계약자는 하시라도 계약 담당의 가격 증빙자료의 제출, 또는 열람 요구에 응하여야 하며, 정당한 이유 없이 이에 불응하거나, 동 증빙자료의 위조, 변조 또는 사실과 상이한 증빙자료의 제출로 인하여 계약자가 부당이득을 취한 사실이 발견되었을 때에는 계약 담당은 이에 따라 계약금액에서 감액 또는 환수할 수 있다", "정산조건으로 계약을 체결한 후 일반조건 제6조 제1항의 규정에 의하여 납품이 완료되었을 때의 대가지급은 정산이 완료될 때까

---

71) 서울고법 2012. 9. 19. 선고 2011누29641 판결. 상고심에서 대법원은 심리불속행 사유에 해당한다는 이유로 상고를 기각하였다(대법원 2013. 1. 24. 선고 2012두24207 판결).

72) 대법원 2014. 5. 16. 선고 2012두5466 판결, 대법원 2014. 5. 16. 선고 2012두13665 판결 등 참고.

73) '정산감가조건부개산계약'이란 계약금액을 확정하지 않고 개산(槪算)가격을 정하여 계약을 체결한 후 계약의 이행이 완료되면 후에 산출된 정산기준가격과 위 개산가격을 비교하여 정산을 하되, 위 정산기준가격이 개산가격보다 적을 경우에만 그 차액만큼 계약금액을 감액하고, 반대로 정산기준가격이 개산가격을 초과할 경우에는 개산가격으로 정산하기로 하는 내용의 계약이다.

지 계약금액의 100분의 5에 해당하는 금액의 범위 내에서 지급을 유보한다."라고 규정하고 있었다.

그 후 피고는 감사원의 감사결과 조치요구에 따라 소외 회사의 1992년 및 1993년 납품분에 대하여 재정산한 결과 합계 금 약 15억원을 감액하였다. 이에 대하여 원고는 민사소송을 제기하여 피고가 소외 회사와 체결한 위 정산감가조건부개산계약은 채무의 이행에 관하여 상당한 이유 없이 급부의 내용을 사업자인 피고가 일방적으로 결정하거나 변경할 수 있는 권한을 부여하는 조항으로서 약관의 규제에 관한 법률에 위반되고, 또한 피고는 소외 회사에 대하여 통신기자재를 독점적으로 매수하는 우월적 지위를 남용하여 위 정산감가조건부개산계약조항을 특수조건으로 하여 이에 따라 소외 회사에 지급하여야 할 물품대금을 감액하였으므로 피고의 행위는 독점규제법상 거래상 지위의 남용에 해당하여 무효이고, 따라서 피고는 위 정산감가조건부개산계약조항에 따라 감액하여 지급하지 않은 열수축관 대금을 지급할 의무가 있다고 주장하였다. 이에 대하여 피고는 다른 주장과 함께 정산감가조건부개산계약은 정부투자기관관리기본법과 같은 법 제20조의 위임에 따라 제정된 정부투자기관회계규정 제166조 제4항 소정의 개발시제품의 제조계약으로서 미리 예정가격을 정할 수 없어 체결한 개산계약에 해당하므로 원고가 주장하는 약관규제법 또는 독점규제법이 적용되지 아니한다고 주장하였다. 이와 관련하여 서울고법은 위 회사가 체결한 통신기자재납품계약 중 문제가 된 정산감가조건부개산계약조항이 정부투자기관관리기본법 및 동법 시행령과 이에 근거를 둔 정부투자기관회계규정에 의한 정당한 행위로서 독점규제법의 적용제외가 인정된다고 하였다.[74)]

(나) 무체재산권의 정당한 행사행위

법 제117조의 '무체재산권의 정당한 행사행위'에 해당하는지 여부가 재판상 다투어진 사례로는 한성자동차의 불공정거래행위 사건과 글락소그룹과 동아제약의 부당한 공동행위 사건을 들 수 있다.[75)] 먼저, 전자에서 서울고법은 진정상품의 병행수입을 저지하기 위한 이 사건 행위는 구법 제59조가 규정하는 상표권의 정당한 행사

74) 서울고법 1998. 12. 3. 선고 97나34497 판결.

75) 그 밖에 SKT의 시장지배적지위 남용 사건 관련 행정소송에서도 동 사업자는 문제가 된 DRM(디지털콘텐츠의 저작권을 관리하기 위한 보안장치의 일종) 탑재행위는 불법유통이 만연해 있던 온라인 음악감상 시장에서 MP3파일에 대한 저작권을 보호하기 위한 행위로서 정당하다고 항변하였는데, 법원은 이를 법 제117조의 적용제외의 문제로 다루지 않고 시장지배적지위 남용행위의 성립요건인 '부당성' 여부를 판단하기 위한 고려요소의 하나로 다루었다. 동 사건의 사실관계 및 판시내용은 제2장 Ⅳ. 2. (다) (3) 'SKT DRM 사건 판결' 부분 참고.

에 해당하므로 독점규제법의 적용이 배제된다는 주장에 대하여, 진정상품의 병행수입행위는 상표권자의 상표전용사용권을 침해하는 것이 아니므로 이 사건 행위는 상표권의 정당한 행사가 아니고, 따라서 독점규제법의 적용이 배제되지 않는다고 판시하였다.[76)]

또한 후자는 항구토제에 관한 제법특허를 보유한 글로벌 신약사업자와 이와 다른 제조방법을 개발하여 복제약을 제조·판매하고 있는 국내 제약사 사이에 이루어진 소위 '역지불합의'(reverse payment agreement)[77)]가 문제된 사례인데, 관련 행정소송에서 특허권자인 신약사업자는 이 사건 행위는 특허분쟁을 종결시키는 합의로서 특허권의 적법한 행사이므로 구법 제59조에 따라 적용제외가 인정되어야 한다고 주장하였고, 관련 행정소송에서 서울고법 및 대법원 모두 그 주장을 배척하였지만 양자는 구법 제59조의 적용제외에 관하여 다소 차별적인 법리를 제시한 것으로 이해된다.

먼저, 서울고법은 산업발전을 촉진하는 수단으로 새로운 발명을 한 자에게 발명을 공개하게 하고 그에 대한 보상으로 특허권이라는 합법적인 독점권을 부여한다는 특허법의 본질에 비추어 그러한 보상을 받기 위한 정상적이고 합리적인 행위는 특허권의 정당한 행사로 보아 독점규제법이 적용되지 않지만, 이를 넘어 공개된 발명에 대한 정당한 대가 이상의 보상을 받으려 하는 행위에 대하여는 동법이 적용된다고 보아야 한다고 전제하였다.[78)] 나아가 특허권자와 침해자는 특허침해에 관하여 소송 등의 법적 절차에 수반되는 시간이나 비용 등의 문제를 고려하여 합의를 통하여 분쟁을 해결할 수도 있는 반면, 이들 사이의 부당한 합의는 특허의 독점력을 지속시키거나 특허를 침해하지 않은 경쟁사업자의 시장진입을 방해하여 경쟁을 제한하는 결과를 초래할 수 있으므로 특허분쟁에 관한 합의의 내용이 특허권을 정당하게 행사할 경우 나타날 수 있는 결과를 넘어서는 경우에는 특허권의 부당한 행사로서 독점규제법의 적용을 받는다고 하였다.[79)]

따라서 특허가 무효이거나 경쟁사업자가 특허를 침해한 것이 아님이 명백한 경

---

76) 서울고법 2000. 4. 6. 선고 99누389 판결. 이 사건의 사실관계 및 판시사항에 대해서는 제6장 Ⅳ. 2. (나) '관련 판결례' 부분 참고.

77) 이는 일반적인 경우와는 달리 특허분쟁의 해결을 위하여 오히려 특허권자가 잠재적 특허침해자에게 문제가 된 제품의 개발·판매를 지연하거나 포기하는 대가로 상당한 보상을 제공하는 내용의 합의를 말한다. 이에 관한 국내외의 경쟁법적 논의는 이호영, "역지불합의에 대한 공정거래법의 적용에 관한 연구 - 우리나라와 미국의 판결례 분석을 중심으로", 「경영법률」, 제24집 4호, 2014, 최승재, "제약시장에서의 역지급합의에 대한 경쟁법의 적용에 관한 연구", 「경쟁법연구」, 제19권, 2009 등 참고.

78) 서울고법 2012. 10. 11. 선고 2012누3028 판결.

79) 같은 판결.

우가 아닌 한 침해사가 특허를 침해하였음을 인정하고 특허기간 만료시까지 당해 제품을 생산하지 않거나 당해 제법을 사용하지 않는 등으로 특허를 침해하지 않기로 약정한 경우에는 사후에 특허침해가 아닌 것으로 밝혀졌다고 하더라도 이는 특허권의 정당한 행사로 인정되지만, (1) 특허권자의 특허가 무효이거나 경쟁사업자가 특허를 침해한 것이 아님이 명백함에도 특허권자와 경쟁사업자가 관련시장에서 경쟁을 제한하기 위한 목적으로 합의에 이른 경우, (2) 특허기간의 만료 후에도 경쟁사업자가 관련 제품을 시장에 출시하지 않도록 한 경우, (3) 방법의 발명인 경우 제조방법과 상관없이 특허를 이용하여 생산한 제품과 동일한 제품에 관한 연구 또는 제조, 판매 등을 금지하는 경우, (4) 특허기간 만료시까지 경쟁사업자가 특허권을 침해하지 않고도 할 수 있는 연구 또는 실험을 하지 않기로 함으로써 특허기간이 만료된 이후에도 경쟁사업자가 바로 제품을 출시하지 못하여 실질적으로 특허권자의 독점권이 연장되는 효과가 발생하는 경우, (5) 당해 특허와 직접적으로 관련이 없는 다른 특허에 관련된 연구개발, 관련 제품의 출시 등을 금지하는 경우에는 특별한 사정이 없는 한 특허권의 부당한 행사로서 독점규제법의 적용을 받는다고 설시하였다.[80] 위 법원은 이러한 법리를 적용하여 이 사건 합의는 특허만료일을 넘어서 복제약의 제조, 판매 등을 금지하였고, 특허권자가 보유한 제법특허와 다른 방법으로 생산하는 것에 대해서까지 금지하였을 뿐만 아니라 다른 물질로서 그와 경쟁관계에 놓일 수 있는 제품의 제조, 판매까지 금지하였으며, 이 사건 특허와 아무런 관련이 없는 다른 특허제품에 관해서도 그와 경쟁관계에 놓일 수 있는 제품의 제조, 판매 등을 금지하였으므로 특허권의 정당한 행사 범위를 넘었다고 인정하였다.[81]

상고심에서 대법원 역시 이 사건 합의가 특허권의 정당한 행사라고 인정되지 않는다고 판시하였는데, 구법 제59조에 따라 동법의 적용이 배제되는 '특허권의 정당한 행사'로 인정되지 않는 행위란 행위의 외형상 특허권의 행사로 보이더라도 그 실질이 특허제도의 취지를 벗어나 제도의 본질적 목적에 반하는 경우를 의미하고, 여기에 해당하는지는 특허법의 목적과 취지, 당해 특허권의 내용과 아울러 당해 행위가 공정하고 자유로운 경쟁에 미치는 영향 등 제반 사정을 함께 고려하여 판단하여야 한다고 하였다.[82] 나아가 의약품에 관한 역지불합의가 '특허권의 정당한 행사라고 인정되지 아니하는 행위'에 해당하는지는 특허권자가 그 합의를 통하여 자신

80) 같은 판결. 위 법리는 종전에 역지불합의의 독점금지법 위반 여부를 판단한 다수의 미국 연방항소법원들이 채택하였던 소위 '특허범위 기준'(Scope of the Patent test)과 유사한 것이라고 할 수 있다.

81) 같은 판결.

82) 대법원 2014. 2. 27. 선고 2012두24498 판결.

의 독점적 이익의 일부를 상대방에게 제공하는 대신 자신의 독점적 지위를 유지함으로써 공정하고 자유로운 경쟁에 영향을 미치는지에 따라 개별적으로 판단하여야 하고, 이를 위해서는 합의의 경위와 내용, 합의의 대상이 된 기간, 합의에서 대가로 제공하기로 한 경제적 이익의 규모, 특허분쟁에 관련된 비용이나 예상이익, 그 밖에 합의에서 정한 대가를 정당화할 수 있는 사유의 유무 등을 종합적으로 고려하여야 한다고 하였다.83)

대법원은 위 기준을 이 사건 사실관계에 적용하여 이 사건 합의는 특허권자가 그 특허권을 다투면서 경쟁제품을 출시한 복제약사업자에게 특허 관련 소송비용보다 훨씬 큰 규모의 경제적 이익을 제공하면서 그 대가로 경쟁제품을 시장에서 철수하고 특허기간보다 장기간 그 출시 등을 제한하기로 한 것으로서 특허권자가 자신의 독점적 이익의 일부를 복제약사업자에게 제공하는 대신 자신들의 독점력을 유지함으로써 공정하고 자유로운 경쟁에 영향을 미친 것이라고 할 수 있으므로, 이는 '특허권의 정당한 행사라고 인정되지 아니하는 행위'에 해당하여 독점규제법의 적용대상이 된다고 판시하였다.84)

(다) 일정한 조합의 행위

법 제118조의 '일정한 조합의 행위'와 관련해서는 해당 조합에 소규모사업자 이외의 사업자가 일부 가입되어 있는 경우에도 동 조항에 해당하는지가 다투어졌다. 현재까지 이 쟁점을 다룬 모든 판결에서 법원은 법 제118조의 적용제외에 해당하기 위해서는 소규모의 사업자나 소비자로만 이루어져야 한다고 판시하였다.

예컨대, 대법원은 농업협동조합중앙회의 시장지배적지위 남용 사건에서 원심과 마찬가지로 사업자조합이 구법 제60조에 정한 법 적용제외 조합에 해당하기 위해서는 소규모의 사업자들만으로 구성되어야 하고 소규모사업자 이외의 자가 가입되어 있어서는 안 되며, 구법 제60조에 정한 소규모사업자는 대기업과 대등하게 교섭할 수 있게 하기 위하여 단결할 필요성이 있는 규모의 사업자라야 할 것이라고 하면

83) 같은 판결. 위 법리는 미국 연방대법원이 2013년 6월 FTC v. Actavis, Inc. 사건 판결(133 S.Ct. 2223 (2013))에서 역지불합의의 독점금지법 위반 여부를 판단함에 있어서 합리성의 원칙(rule of reason)을 적용하여야 한다고 판시한 것과 유사한 것이라고 할 수 있다. Actavis 판결에 대한 상세한 분석은 이호영, "역지불합의에 대한 공정거래법의 적용에 관한 연구 - 우리나라와 미국의 판결례 분석을 중심으로", 「경영법률」, 제24집 4호, 2014 참고.

84) 같은 판결. 또한 이 사건 합의의 당사자들은 자신들은 서로 경쟁사업자가 아니므로 문제로 된 역지불합의는 특허권자가 특허제품 판매권을 부여하는 수직적 계약으로서 법상 부당한 공동행위가 성립할 수 없다는 주장도 제기하였다. 이에 관한 판시 내용은 제5장 Ⅱ. 2. (마) '관련문제 2 : 수직적 합의에 의한 공동행위' 부분 참고.

서, 이 사건의 경우 원고 회원은 지역조합, 품목조합 및 품목조합연합회로 이루어져 있어 소규모의 사업자 또는 소비자에 해당하지 않을 뿐만 아니라, 원고는 '농업협동조합법'에 의해 설립된 법인으로서 그 단결을 촉진하여야 할 필요성이 있는 임의로 설립된 조합에 해당되지 아니하므로, 구법 제60조의 적용대상인 조합에 해당하지 않는다고 판시하였다.[85)]

또한 서울고법은 한국재생유지공업협동조합 사건에서 위 규정의 취지에 대하여 "소규모의 사업자나 소비자는 상호부조의 조직을 통하여 단결함으로써 대기업과 대등하게 교섭할 수 있는 지위를 가지게 되고, 이로써 유효한 경쟁단위로 활동할 수 있게 되며, 이를 통하여 경쟁촉진효과를 기대할 수 있으므로, 그 단결을 촉진하기 위하여 일정한 요건을 갖춘 상부상조의 비영리적인 소규모의 사업자 또는 소비자의 인적결합체인 조합의 행위에 대하여는 이 법을 적용하지 않는다는 데에 있다"고 하고, 국내시장을 약 30개의 원고 구성사업자들이 대부분 나누어 갖고 있고, 그 중 작은 규모의 업체의 매출액은 10억 내지 20억원 정도 되고 큰 규모의 업체의 매출액은 50~60억원 정도까지 되는 상황에서 "사업자조합이 법 제60조 소정의 법적용제외 조합에 해당하기 위하여는 소규모의 사업자들만으로 구성되어야 하고 소규모사업자 이외의 자가 가입되어 있어서는 안 되는 점, 법 제60조 소정의 소규모사업자는 대기업과 대등하게 교섭할 수 있게 하기 위하여 단결할 필요성이 있는 규모의 사업자라고 할 것인 점 등에 비추어 볼 때, 위 인정의 각 규모를 가지고 국내재생유지업계의 전체시장 대부분을 나누어 갖고 있는 원고 구성사업자 모두를 각 소규모사업자로 볼 수는 없으므로, 이들을 구성사업자로 하는 원고를 법 제60조 소정의 법적용제외 조합에 해당하는 소규모사업자들로 구성된 조합이라고 할 수는 없다."라고 판시하였다.[86)]

85) 대법원 2009. 7. 9. 선고 2007두22078 판결. 동일한 취지의 판시로서 서울고법 1992. 1. 29. 선고 91구2030 판결 참고.

86) 서울고법 2002. 6. 4. 선고 2001누12804 판결. 상고심에서 대법원은 이 부분에 관한 별다른 판시 없이 상고를 기각하였다(대법원 2002. 9. 24. 선고 2002두5672 판결). 그 밖에도 충북 급식재료공급업협동조합의 사업자단체 금지행위 사건에서 서울고법은 동 조합의 정관의 내용에 비추어 볼 때, 중소기업 이외의 사업자도 가입을 허용하고 있으며, 공동사업을 수행할 수 있는 점 등에 비추어 상호부조를 목적으로 하는 소규모사업자로 구성된 조합에 해당하지 않는다고 판시하였다(서울고법 2019. 6. 13. 선고 2018누49842 판결).

3. 관련문제 : 행정지도에 따른 행위와 적용제외

(가) 개　　설

종래 방송·통신, 금융, 농수산업, 운송, 의료 및 제약 산업 등 소위 '규제산업'(regulated industries)에서는 해당 산업부문을 전문적으로 규제하는 '산업별 규제기관'(sector-specific regulator)이 그 산업부문에 고유한 정책목표를 수행하기 위하여 경쟁정책과 충돌될 여지가 많은 광범위한 규제를 행하여 왔는데, 이러한 '산업별 규제'(sector-specific regulation)와 독점규제법에 의한 경쟁법적 규제가 상호 저촉될 수 있다. 이러한 산업별 규제에 따른 행위는 위에서 살펴본 바와 같이 법 제116조의 '법령에 따른 정당한 행위'에 해당할 경우에는 독점규제법의 적용이 제외될 것이고, 향후 이론의 발전을 통하여 미국의 묵시적 적용제외의 법리나 주행위의 법리와 유사한 법리로 해결을 도모할 수도 있을 것이다.

이와 관련하여 특히 우리나라에서 제기되는 어려운 문제는 인·허가권한을 포함하여 해당 산업에 대하여 광범위한 규제권한을 행사하는 산업별 규제기관이 구체적인 법적 근거 없이 관계 법령상 일반적인 감독권한에 근거하여 경쟁을 제한하는 행위를 유발하는 행정지도를 행하고, 현실적으로 이에 불응하기 어려운 사업자가 행정지도에 응하여 독점규제법에 위반되는 행위를 실행하는 경우이다. 이는 특히, 종래 각 행정기관이 법적 근거가 모호한 행정지도를 중요한 규제수단으로 사용하는 관행이 형성되어 있는 우리나라와 일본에서 제기된 문제로서, 주로 경쟁사업자 간의 공동행위 또는 사업자단체를 통한 경쟁제한행위가 발생한 경우에 그 사업자들은 흔히 문제가 된 행위가 산업별 규제기관의 행정지도에 따른 것임을 내세워 위법성이 조각되었다거나 법령에 따른 정당한 행위라고 항변한다.[87)]

이에 대하여 종래 공정거래위원회는 특히 부당한 공동행위와 관련하여 행정지도가 그 원인이 되었더라도 원칙적으로 위법하고, 다만 법령상 구체적인 근거를 가지는 정당한 행정지도에 따른 행위, 즉 다른 법령에서 행정기관이 사업자로 하여금 부당한 공동행위에 해당하는 행위를 하는 것을 행정지도를 할 수 있도록 규정하고

---

87) 이 쟁점은 법 제40조가 금지하는 부당한 공동행위의 성립 요건인 합의의 입증이 문제로 되어 동 조 제5항의 합의의 추정 조항이 적용된 경우 또는 직접 증거가 충분히 존재하지 않지만 정황증거를 통하여 합의의 존재가 사실상 추정된 경우에 사업자들이 공동행위의 외관(소위 '외관상 일치')이 나타난 이유는 자신들 사이에 합의가 존재하였기 때문이 아니라 행정지도에 따랐기 때문이라고 주장하면서 합의의 추정을 복멸시키려 하는 경우의 문제와는 구별되어야 한다. 후자에 관해서는 제5장 Ⅱ. 3. (마) '관련문제 2 : 행정지도와 합의 추정의 복멸' 부분 참고.

있는 경우로서 그 목적, 수단, 내용 및 방법 등이 근거법령에 부합하고, 사업자들이 그 범위 내에서 행위를 한 경우에는 법 제116조의 '법령에 따른 정당한 행위'로 보아 적용제외를 인정하고, 기타의 경우에는 사실상 구속력이 있는 행정지도가 부당한 공동행위의 동인이 되었더라도 과징금 감경사유가 될 수 있을 뿐이라는 입장을 취하여 법적 근거가 모호한 행정지도가 개입된 일련의 행위를 법 위반행위로 판단하고 있다.88) 이러한 입장은 역시 사적독점금지법 위반행위를 유발하는 행정지도의 문제가 제기되고 있는 일본의 공정거래위원회가 취하는 입장과 유사하지만 상대적으로 오히려 관대한 입장이라고 할 수 있다. 즉, 일본 공정거래위원회가 1994년 제정한 '행정지도에 관한 독점금지법상의 고찰방법'(行政指導に關する独占禁止法上の考え方)은 문제가 된 행정지도가 법령에 근거가 있는지 여부를 묻지 않고 그에 따른 행위가 독점금지법 위반행위의 요건을 충족하면 동법을 적용한다는 전제 아래, 다만 법령에 구체적인 규정이 있는 행정지도와 구체적인 규정이 없는 행정지도로 나누어 행정청이 그와 같은 행정지도를 행함에 있어서 독점금지법 위반을 초래하지 않도록 유의하여야 할 점들을 규정하고, 독점금지법과의 관계에서 문제를 초래할 우려가 있는 행정지도를 행함에 있어서는 개별적인 사안별로 사전에 공정거래위원회와 조정할 것을 기대한다고 규정하였다.89)

(나) 관련 판결례

종래 행정지도가 개입된 독점규제법 위반행위를 다룬 판결례들을 살펴보면, (1) 행정지도를 이유로 문제가 된 법 위반행위의 위법성을 조각하거나 부정할 수 있는지 여부를 검토한 것과, (2) 행정지도에 따른 행위가 법 제116조에 따라 '법령에 따른 정당한 행위'로서 적용제외가 인정되는지 여부를 검토한 것으로 구분할 수 있다. 먼저, 전자에 해당하는 것으로서 이미 살펴본 바 있는 농수산물도매시장법인협회 등의 사업자단체 금지행위 관련 민사소송 사건에서 서울고법은 문제가 된 경쟁제한행위가 독점규제법의 궁극적인 목적에 비추어 위법하지 않다고 판시하면서 적법한 행정지도에 응하여 이루어진 행위임을 그 근거의 하나로 제시한 바 있다.90)

88) 공정거래위원회, '행정지도가 개입된 공동행위에 대한 공정거래위원회의 기본입장'(2002. 10. 21.) 및 '행정지도가 개입된 부당한 공동행위에 대한 심사지침'(공정거래위원회 예규 제391호, 2021. 12. 28. 개정) 참고.

89) 일본 사적독점금지법상 행정지도에 따른 행위에 대한 독점금지법의 적용에 관한 상세한 설명은 이호영, "규제산업과 공정거래법의 적용제외", 「법학논총」, 제23집 제1호, 2006, pp. 379-381 참고.

90) 서울고법 1996. 12. 6. 선고 96나2240 판결. 이 판결의 사실관계 및 판시내용은 이 장의 Ⅰ. '독점규제법의 목적' 부분 참고. 또한 동 판결은 법령에 직접적인 근거가 없는 행정

이에 반하여 한국비철금속공업협동조합연합회의 사업자단체 금지행위 사건에서 서울고법은 주무관청인 당시 상공부의 행정지도에 따라 경쟁제한적인 결의를 시행하였다는 항변에 대하여, "행정지도는 비권력적 사실행위에 불과한 것이어서 그에 따름이 강제되는 것이 아니므로 사업자단체로서는 독자적으로 공정거래법 위반 여부를 판단하여 행동하였어야 할 것이고, 공정거래법의 운영은 행정부 내에 있어서 독립된 지위를 가진 공정거래위원회의 권한으로 되어 있으므로, 가사 원고와 소외 회사 간의 위 합의가 상공부의 행정지도에 의한 것이라 하더라도 그것만으로 위법성이 조각된다거나 또는 그 시정을 명함이 금반언의 원칙에 반하여 허용될 수 없다 할 수 없을 것"이라고 판시하였다.[91)]

한편, 후자와 관련하여 각급 법원은 위에서 살펴본 대한법무사협회의 사업자단체 금지행위 사건[92)]에서 대법원이 구법 제58조에 따라 적용제외가 인정되는지 여부를 판단하는 기준으로 제시한 것을 그대로 적용하고 있는데, 현재까지 법원이 독점규제법 위반행위에 대하여 행정지도에 따른 행위라는 이유로 '법령에 따른 정당한 행위'로서 적용제외를 인정한 사례는 찾아볼 수 없고,[93)] 법원은 행정지도가 개입되었다는 항변이 제기된 사건들에서 흔히 해당 행위가 실제로 행정지도에 따른 것이 아니라거나, 또는 설령 행정지도에 따른 것이라고 할지라도 그 행위가 대한법무사협회의 사업자단체 금지행위 사건 판결에서 말한 '자유경쟁의 예외를 구체적으로 인정하고 있는 법률 또는 그 법률에 의한 명령의 범위 내에서 행하는 필요최소한의 행위'가 아니라고 판시하였다.

예컨대, 한국청과 등의 부당한 공동행위 사건에서 서울고법은 농수산물공사의 지시에 따라 위탁수수료나 판매장려금 등의 요율을 동일하게 유지·인상하였다는 도

지도에 대한 독점규제법상의 평가에 관하여 주목할 만한 내용을 포함하고 있다. 즉, 이 사건 행정지도는 '농수산물 유통 및 가격안정에 관한 법률' 등에 직접적인 근거가 없는 행정지도라고 하더라도 "행정지도를 필요로 하는 사정이 인정되고, 그러한 사정에 대처하기 위하여 사회통념상 상당하다고 인정되는 방법에 의하여 행정지도가 이루어지고 그것이 종국적으로 소비자의 이익을 보호함과 아울러 국민경제의 균형 있는 발전을 도모한다는 공정거래법의 궁극적인 목적에 반하지 않는 경우에는 그러한 행정지도는 적법하다"고 하였다.

91) 서울고법 1992. 1. 29. 선고 91구2030 판결.

92) 대법원 1997. 5. 16. 선고 96누150 판결.

93) 다만, 화물운송회사들의 부당한 공동행위 사건에서 대법원은 이 사건 합의 중 일부의 '부당성'이 인정되지 않을 수 있다고 판시하면서 그 근거 중 하나로 정부의 행정지도를 제시하였는데(대법원 2009. 7. 9. 선고 2007두26117 판결), 이는 적용제외에 관한 판시라기보다는 법 제40조 제1항 본문의 "부당한 경쟁제한성"에 관한 판시라고 해석된다. 동 판결의 사실관계 및 판시내용은 제5장 Ⅱ. 4. (라) '관련문제 1: 가격고정합의의 부당한 경쟁제한성 판단' 부분 참고.

매시장법인의 주장에 대하여, 우선 그러한 지시 및 행정지도의 존재가 인정되지 않는다고 하고, 가설적으로 설령 그와 같은 지시 또는 지도에 따른 행위라고 할지라도 관계 법령상 농수산물공사는 위탁수수료나 판매장려금 등을 결정하거나 이에 관한 지시 등을 할 권한이 없으므로 구법 제58조의 '법률에 의한 명령'으로 볼 수 없다고 판시하였다.[94] 또한 손해보험협회 및 10개 손해보험회사들의 부당한 공동행위 사건에서도 서울고법 및 대법원은 보험감독원의 행정지도에 따라서 5개 긴급출동서비스를 제외한 '기타의 응급조치' 서비스를 전면 폐지한 것이라는 주장에 대하여, 동 행정지도의 내용은 보험계약자 서비스와 특별이익제공 행위를 구분할 수 있는 기준을 업계가 자율적으로 설정하라는 취지이지 무료 긴급출동서비스가 특별이익제공에 해당하므로 이를 폐지하라는 취지가 아니었으므로 위 합의를 '법령에 따른 정당한 행위'로 볼 수 없다고 판시하였다.[95]

그 밖에 규제산업에서 이루어진 행정지도에 관한 판결 중 주목할 만한 것으로 통신사업자들이 행한 각종 요금 관련 공동행위 사건들에서 법원은 행정지도에 따른 것이므로 독점규제법의 적용이 배제된다는 항변을 배척한 바 있다. 먼저, 시내전화사업자들의 부당한 공동행위 사건에서 동 사업자들은 자신들이 2003년 6월경 행한 요금합의가 2002년 11월경에 이루어진 구 전기통신사업법 제33조의4[96]에 근거를 둔 당시 정보통신부의 사실상 구속력 있는 행정지도를 이행한 것이므로 구법 제58조의 적용제외에 해당한다고 항변하였다. 이에 대하여 공정거래위원회는 당시 정통부의 협의 및 요구는 위 회사들에게 실제로 구속력이 없었고, 문제가 된 합의는 위 회사들이 정통부의 협의 및 요구와는 무관하게 요금인하 경쟁에 따른 매출감소와 비용증가를 방지하고 향후 요금인상을 위한 공조를 위하여 추진하였으므로 양자 사이에 인과관계가 인정되지 않을 뿐만 아니라, 나아가 구 전기통신사업법 제33조의4는 선언적 규정에 불과하여 정통부가 이를 근거로 사업자에 대하여 요금에 관한 합의를 하도록 요구할 수 없다는 점 등을 근거로 '법령에 따른 정당한 행위'로 볼 수 없다고 하였

94) 서울고법 2004. 5. 12. 선고 2003누5817 판결.

95) 서울고법 2004. 6. 10. 선고 2002누17752 판결 및 대법원 2006. 11. 23. 선고 2004두8323 판결. 또한 유사한 행정지도가 문제로 된 10개 손해보험회사들의 부당한 공동행위 사건에서도 대법원은 금융감독원의 '일반손해보험 가격자유화에 따른 감독정책' 및 '일반손해보험의 개별계약 할인·할증제도개선 방안 통고' 등의 행정지도는 보험계약자의 보호와 보험회사의 재무건전성 유지를 위하여 보험료율에 대한 바람직한 방향을 제시한 것에 불과하고 보험료 산출의 기초가 되는 순율 등을 공동으로 결정하도록 직접적이고 구체적으로 지시한 것으로 볼 수 없으므로 법령에 따른 정당한 행위로 볼 수 없다고 하였다(대법원 2011. 6. 10. 선고 2008두21416 판결, 대법원 2011. 9. 8. 선고 2008두23894 판결 등).

96) 위 조항은 "정보통신부장관은 전기통신사업의 효율적인 경쟁체계의 구축과 공정한 경쟁환경의 조성을 위하여 노력하여야 한다."라고 규정하고 있었다.

다.97) 관련 행정소송에서 서울고법 및 대법원 역시 실제로 당시 정통부의 행정지도가 존재하였으나 이는 강제성이 없었고, 이 사건 합의는 동 행정지도 후 7~8개월이 경과한 후에 이루어졌으며 그 과정에서 정통부가 특별히 보고를 받은 사실도 없는 점 등에 비추어 볼 때, 동 합의는 행정지도와는 무관하게 사업자들이 곧 시행될 시내전화 번호이동제도로 인한 손실의 방지를 위하여 자발적이고 적극적으로 추진된 것으로 판단되고, 이 사건 행정지도의 근거가 된 구 전기통신사업법상 위 규정은 구법 제58조에 해당되기 위한 근거가 되는 '자유경쟁의 예외를 구체적으로 인정하는 법률'로 볼 수 없을 뿐만 아니라 이 사건 합의가 행정지도에 따른 것으로 볼 수도 없으므로 법령에 따른 정당한 행위에 해당하지 않는다고 판시하였다.98)

또한 시외전화사업자들의 부당한 공동행위 사건에서도 시외전화 요금에 관한 이 사건 합의가 당시 정통부의 행정지도에 따른 것이라는 항변이 제기되었으나, 서울고법 및 대법원은 시외전화사업이 그 특수성으로 인하여 경쟁제한이 합리적이라고 인정되거나 인가제 등에 의하여 사업자의 독점적 지위가 보장되는 사업이라고 할 수 없고, 이 사건 행정지도의 근거인 구 전기통신사업법 제34조 제2항99)은 자유경쟁의 예외를 구체적으로 인정하고 있는 법률에 해당한다고 볼 수 없으며, 이 사건 합의는 접속료 부담에 관한 행정지도를 기화로 그 범위를 벗어나는 별도의 합의를 한 것으로 인정되므로 법령에 따른 정당한 행위에 해당하지 않는다고 판시하였다.100)

설탕제조업체들의 부당한 공동행위 사건에서도 원고들은 설탕은 독점규제법이 시행되기 전까지는 구 '물가안정 및 공정거래에 관한 법률'에 의한 최고가격지정 대상 품목 내지 가격 사전승인제도의 대상이었고, 1981. 4. 가격 사전승인제도가 폐지된 후 1993년까지는 동법 제16조에 의하여 수급 및 가격동향 사후점검대상 품목으로 관리되었으며, 1993년 이후에는 가격변경 사후보고대상이었기 때문에 1994. 2. 가격변경 사후보고제도가 폐지될 때까지는 당시 산업자원부 등 규제당국이 지속적으로 행정지도를 해 왔고, 이 사건 합의는 이러한 행정지도에 따른 것이라고 항변하였으나, 서울고법은 원고가 행정지도의 근거로 들고 있는 위 법률 제2조 제1항은

97) 공정거래위원회 의결 제2005-130호, 2005. 8. 18.

98) 서울고법 2007. 8. 22. 선고 2005누20230 판결 및 대법원 2009. 6. 23. 선고 2007두19416 판결. 그러나 대법원은 공정거래위원회의 이 사건 과징금 산정 관련 법령 적용이 위법하다는 이유로 이 사건 과징금 부과처분을 취소하였다.

99) 위 조항은 "정보통신부장관은 제1항의 규정에 의한 전기통신설비의 상호접속의 범위와 조건·절차·방법 및 대가의 산정 등에 관한 기준을 정하여 고시한다."라고 규정하고 있었다.

100) 서울고법 2007. 8. 22. 선고 2006누1960 판결 및 대법원 2008. 12. 24. 선고 2007두19584 판결.

"정부는 국민생활과 국민경제의 안정을 위하여 필요하다고 인정할 때에는 특히 긴요한 물품의 가격, 부동산 등의 임대료 또는 용역의 대가의 최고가액을 지정할 수 있다"고 규정하고 있었고, 동법 제16조 제1항은 "경제기획원장관 또는 주무부장관은 이 법의 목적을 달성하기 위하여 필요하다고 인정할 때에는 대통령령이 정하는 바에 따라 사업자에 대하여 원가 및 경영상황에 관한 보고 또는 관계자료의 제출을 명하거나 그 소속공무원으로 하여금 사업자의 사무소나 사업장에서 장부·서류 기타의 물건을 검사하게 할 수 있다"라고 규정하고 있었을 뿐이므로, 설탕 가격의 안정을 위한 당국의 행정지도를 구법 제58조에서 말하는 '법률 또는 그 법률에 의한 명령'에 해당한다고 볼 수 없고, 나아가 이 사건 설탕가격 기준의 합의가 당국의 행정지도에 따른 것이었다고 인정할 수 없다고 판시하였다.[101]

그 밖에도 5개 농기계 사업자들의 부당한 공동행위 사건에서 서울고법은 이 사건에서 원고들이 농림부에 신고를 해야 하는 농기계 인상가격을 합의한 것은 농업기계화 촉진법이나 농업기계화 위탁업무 처리규정, 농업기계화 업무처리기준 등 관련 법규에 자유경쟁의 예외를 인정하는 근거 규정이 없고, 농림부가 주문한 동일모델의 농기계에 대하여 농림부가 동일한 가격으로 신고하도록 행정지도한 사실은 인정되나 법률상 근거가 없고 이를 기화로 별도의 합의 사실이 인정되는 이상 정당한 행위에 해당하지 않는다고 하였고,[102] 4대강 1차 턴키공사 입찰담합 사건에서도 서울고법은 구 국토해양부나 발주처가 담합의 빌미를 제공한 사실은 인정할 수 있으나 이들이 법령상 근거를 가지고 이 사건 공동행위를 유도하는 행정지도를 하였다고 인정하기에 부족하다고 판시하면서, 행정기관이 법령상 구체적 근거 없이 사업자들의 합의를 유도하는 행정지도를 한 경우에 사업자로서는 독자적으로 법 위반 여부를 판단하여 행동하여야 한다고 하였다.[103]

마지막으로 최근 종계사업자들의 부당한 공동행위 사건에서도 서울고법은 종계는 농수산물 유통 및 가격안정에 관한 법률상 유통조절명령의 대상 품목이 아니고 축산계열화법에서 정한 절차를 거치지도 않은 점 등을 고려할 때 문제가 된 농림부의 공문은 농수산물 유통 및 가격안정에 관한 법률 제10조에 근거한 유통조절명령이나 축산계열화법 제5조에 따른 생산조정·출하명령이라고 볼 수 없고, 정부조직법,

101) 서울고법 2008. 7. 16. 선고 2007누24441 판결. 상고심에서 대법원 역시 이 부분 원심의 판시를 수용하였다(대법원 2010. 3. 11. 선고 2008두15169 판결).

102) 서울고법 2015. 6. 10. 선고 2013누21634 판결. 상고심에서 대법원은 이 부분에 관한 별다른 판시 없이 상고를 기각하였다(대법원 2017. 3. 30. 선고 2015두46666 판결).

103) 서울고법 2014. 6. 13. 선고 2012누28850 판결. 상고심에서 대법원은 심리불속행 사유에 해당한다는 이유로 상고를 기각하였다(대법원 2014. 11. 13. 선고 10820 판결).

농림부 직제 및 축산법에 따라 정해진 직무 범위 내에서 특정한 개별 법률조항의 근거 없이 발한 일반적 행정지도에 해당하는데, 정보조직법이나 농림부 직제는 조직법적 근거에 불과하고 축산법 규정은 일반적인 책무를 정한 것에 불과하므로 이들 법령이 자유경쟁의 예외를 구체적으로 인정하고 있는 법률에 해당한다고 볼 수 없다고 하였다.[104)]

토의 과제

1 대법원이 일련의 판결에서 법 제116조의 '법령에 따른 정당한 행위'에 해당하기 위한 요건으로 판시한 사항을 분석하여 그 요건을 정리하고, 구체적으로 어떠한 것들이 이에 해당될 것인지 생각해 보시오(이호영, "산업규제와 경쟁법의 관계에 관한 연구", 「경영법률」, 제20집 제1호, 2009, pp. 558-573 참고).

2 행정지도가 개입된 독점규제법 위반행위가 법 제116조의 '법령에 따른 정당한 행위'에 해당하는지 여부를 판단하는 논리적인 순서를 설명해 보고, 이에 관한 판례의 입장과 공정거래위원회의 입장을 비교해 보시오. 또한 법령에 구체적인 근거가 없는 행정지도가 개입된 법 위반행위에 대하여 폭넓게 위법성의 조각을 인정하거나 '법령에 따른 정당한 행위'로 인정해 주는 경우에 우려되는 점들을 설명해 보시오(이호영, "규제산업과 공정거래법의 적용제외", 「법학논총」, 제23집 제1호, 2006, pp. 385- 388 참고).

3 법 제117조의 '무체재산권의 정당한 행사행위'로 인정되어 독점규제법의 적용이 배제되는 경우와 외형상으로는 지식재산권 등에 의한 권리행사로 보이지만 동 제도의 취지를 벗어나 정당한 권리행사로 볼 수 없는 행위를 구별하는 기준을 설명해 보시오. 또한 독점규제법상 일견 특허권 등의 지식재산권 행사라고 보이는 행위의 위법성을 판단함에 있어서 법 제117조의 적용제외 여부의 판단과 법 제40조 등의 각 금지규정 위반 여부의 판단이 어떠한 논리적 관계에 있는지, 그리고 양자의 판단기준은 동일한 것인지 아니면 상이한 것인지, 만일 상이하다면 어떻게 다른 것인지 생각해 보시오.

4 법원은 일련의 판결을 통하여 법 제118조의 '일정한 조합의 행위'에 해당하기 위해서는 반드시 모든 구성원이 소규모의 사업자이거나 소비자이어야 한다고 판시하였다. 그 근거를 생각해 보고, 이에 대한 각자의 의견을 제시해 보시오.

---

104) 서울고법 2021. 6. 10. 선고 2020누33437 판결. 상고심에서 대법원은 심리불속행 사유에 해당한다는 이유로 상고를 기각하였다(대법원 2021. 10. 28. 선고 2021두46209 판결).

제 2 장 시장지배적지위의 남용 금지

Ⅰ. 개 설

독점규제법을 포함한 각국의 경쟁법제는 공통적으로 흔히 '카르텔'(cartel)이라고 부르는 공동행위의 규제, 독점이나 고도과점 사업자를 의미하는 시장지배적사업자에 대한 규제, 그리고 흔히 인수·합병(M&A)이라고 부르는 기업결합의 규제 등 세 가지를 핵심적 규제수단으로 가지고 있다. 즉, 대부분의 경쟁법제는 구체적인 명칭 및 내용은 상이할지언정 첫째, 둘 이상의 사업자가 합의 등을 통하여 공동으로 경쟁을 제한하는 행위를 원칙적으로 금지하고, 둘째, 시장지배적사업자가 자신의 독과점적 지위를 유지·강화하기 위하여 현재적·잠재적 경쟁자를 배제하거나 독점력을 행사하여 거래상대방 또는 소비자의 이익을 침해하는 행위를 금지하고, 셋째, 경쟁사업자나 기타 관련된 사업자에 대하여 합병이나 주식취득 등을 통해 지배관계를 형성함으로써 시장구조를 악화시키는 행위를 금지하거나 제한하고 있다.[1)]

그런데 각국의 경쟁법제상 공통적인 세 가지 핵심적 규제수단들의 논리적 관계를 살펴보면, 시장구조를 악화시키는 기업결합을 규제하는 것은 독점행위[2)]를 행할 수 있는 능력을 가진 시장지배적사업자의 출현을 최대한 억제할 필요가 있기 때문이고, 공동행위를 규제하는 것은 반드시 단독으로 독점행위를 행할 능력을 가진 시장지배적사업자가 아니더라도 다른 사업자와 공동으로 마치 시장지배적사업자의 경우와 마찬가지로 독점행위를 할 수 있으므로 이를 막기 위한 것이다. 즉, 위 규제수단들은 결국 종국적으로 시장에서의 독점행위를 방지하여 자원배분의 효율성을 제고하고 소비자후생이 저해되는 것을 막기 위한 것이다. 따라서 시장지배적사업자의 독점행위를 규제하는 것은 경쟁정책의 논리상 경쟁법적 규제체계의 정점에 위치하

1) 이에 비하여 종전에 공정거래위원회의 법집행활동 중 양적인 측면에서 압도적인 비중을 차지했던 불공정거래행위의 금지(법 제45조)는 각국의 경쟁법상 이에 대응되는 규제수단이 없거나 그 구체적인 내용이 매우 차별적이다.

2) 여기서 말하는 '독점행위'는 엄밀한 법률용어는 아니고 광범위하게 시장에서 독과점적 지위를 가진 사업자가 이를 이용하여 자신의 독과점적 지위를 유지·강화하거나 거래상대방이나 소비자의 이익을 침해하는 행위를 의미한다.

는 규제수단이라고 할 수 있다.[3)]

이와 관련하여 독점규제법 제2조 제3호는 '시장지배적사업자'를 "일정한 거래분야의 공급자나 수요자로서 단독으로 또는 다른 사업자와 함께 상품이나 용역의 가격, 수량, 품질, 그 밖의 거래조건을 결정·유지 또는 변경할 수 있는 시장지위를 가진 사업자"라고 정의하고 있다. 또한 법 제5조 제1항 각 호는 이러한 시장지배적사업자에 대하여 금지되는 남용행위로서 (1) 상품의 가격이나 용역의 대가의 부당한 결정·유지 또는 변경, (2) 상품의 판매나 용역의 제공의 부당한 조절, (3) 다른 사업자의 사업활동의 부당한 방해, (4) 새로운 경쟁사업자의 참가의 부당한 방해, (5) 경쟁사업자의 부당한 배제, (6) 소비자의 이익을 현저히 해칠 우려가 있는 행위 등 여섯 가지를 열거하고 있다.

종래 다양한 모습의 시장지배적지위 남용행위를 강학상 소위 '착취적 남용'(exploitative abuse)과 '배제적 남용'(exclusionary abuse)으로 분류하는데, 전자는 시장지배적사업자가 그 지위를 이용하여 독점이윤을 획득하기 위해 직접 거래상대방이나 소비자의 이익을 침해하는 행위이고, 후자는 시장지배적사업자가 반드시 직접적으로 소비자의 이익을 침해하는 것은 아니지만 현재적·잠재적 경쟁자를 배제하여 시장의 경쟁상황을 악화시켜서 소비자후생을 저해하는 행위를 말한다. 이러한 분류를 법 제5조 제1항 각 호가 규정하고 있는 시장지배적지위 남용행위의 유형에 적용하면, 통상 제1호의 부당한 가격책정, 제2호의 부당한 출고조절 및 제5호 후단의 현저한 소비자이익 저해는 전자에 해당하고, 제3호의 부당한 사업활동 방해, 제4호의 부당한 신규진입방해 및 제5호 전단의 부당한 경쟁사업자 배제는 후자에 해당한다고 할 수 있다.[4)]

---

3) 이호영, "공정거래법상 시장지배적사업자 규제의 쟁점과 과제", 「저스티스」, 통권 104호, 2008. 6, p. 77 참고.

4) 독일, EU 및 우리나라의 경우는 배제적 남용뿐만 아니라 착취적 남용까지 금지하고 있는 데 반하여, 미국 및 일본의 경우에는 독점금지법상 착취적 남용을 금지하지 않는다. 미국을 비롯하여 착취적 남용을 금지하지 않는 입법례의 정책적 근거는 우선, 가격은 시장이 작동하지 않아서 의회가 규제기관을 통해 규제하는 경우를 제외하고는 자유로운 시장기능에 의해 결정되어야 한다는 것이고, 둘째, 독점이윤은 기술개발 및 혁신활동 등 활발한 경쟁을 유발하는 유인으로서 기능할 수 있고, 셋째, 기업이 경쟁상 장점을 근거로 독점적 지위를 획득하여 독점가격을 책정하면 그 자체가 신규진입을 유도하여 경쟁을 촉진하고, 결국 시장의 힘이 점차 독점력을 잠식해버린다는 것이다. 이에 반하여 우리나라를 포함하여 착취적 남용을 금지하는 입법례는 과도하게 높은 가격은 불공정한 것이고, 규제기관이 과도하게 높은 가격을 식별해 낼 수 있으며 이를 치유함에 있어서 시장보다 더 우월하다는 믿음을 전제로 하고 있다. 그러나 우리나라를 포함하여 착취적 남용을 금지하는 입법례에 대해서는 이론적 비판뿐만 아니라 법집행상 곤란하다는 문제가 제기되고 실제로도 매우 드물게 집행되고 있는 것이 사실이다. 이호영, 같은 글, pp. 91-92 참고.

그동안 독점규제법상 시장지배적지위의 남용 금지는 그다지 활발하게 집행되지 못하여 2021년 말까지 동 조항을 위반하여 공정거래위원회로부터 고발, 시정명령 또는 과징금 납부명령을 받은 사례는 50여 건에 불과할 뿐만 아니라, 특히 2011년 이후 시장지배적지위의 남용으로 인정된 사례는 동의의결을 내린 사례 2건[5] 이외에 단 10건을 찾을 수 있을 뿐이다.[6] 또한 아래에서 살펴보는 바와 같이 그나마 위 사례 중 상당수에서 공정거래위원회의 처분이 법원에 의해 취소되었다. 이는 대부분의 주요한 시장이 독과점화되어 있는 우리나라의 시장상황에 비추어 볼 때 경쟁정책적으로 결코 바람직하지 못하다고 할 수 있는데, 향후 공정거래위원회뿐만 아니라 관련 실무계 및 학계 역시 다양한 유형의 시장지배적지위 남용행위에 대하여 지속적으로 관심을 기울이고 활발한 논의를 전개할 필요가 있다고 생각된다.

〔연　혁〕

독점규제법상 시장지배적사업자의 범위는 동법의 제정 이래 많은 변화를 겪었는데, 우선 1980년 법 제정 당시에는 법률은 개략적인 기준만을 제시하고, 법 시행령에서 최근 1년간의 국내 총공급액이 300억원 이상인 사업자로서 1 사업자의 시장점유율이 50% 이상 또는 3 이하의 사업자의 시장점유율의 합계가 70% 이상(5% 미만인 사업자 제외)인 사업자라고 규정하고,[7] 사업자들의 예측가능성을 위하여 경제기획원장관이 매년 위 기준에 해당하는 시장지배적사업자를 지정·고시하도록 하였다. 그 후 1990년 2차 법 개정을 통하여 현행법 제6조가 규정하고 있는 시장지배적사업자의 추정요건에 해당하는 시장점유율을 가지는 사업자를 시장지배적사업자로 하되 여전히 시장지배적사업자를 사전에 지정·고시하도록 하였다.

시장점유율을 기준으로 사전에 시장지배적사업자를 지정·고시하는 종전의 제도는 법집행상 편의 및 예측가능성을 제고하는 측면에서 장점이 있었지만, 실제로 시장에서 일어나는 동태적인 독과점사업자의 행위를 포괄할 수 없어서 독과점사업자에 대한 규제의 실효성을 약화시키는 원인이라는 비판이 제기되었다. 이에 따라 1999년 법 개정을 통하여 시장지배적 사업자의 지정·고시제도가 폐지되고 현행법과 같은 체계로 전환되었다. 따라서 현행법상 시장지배적사업자에 해당되는지 여부는 종전과 같이 당해 사업자의 시장점유율만을 기준으로

5) 네이버 등의 시장지배적지위 남용 등 관련 동의의결 사건(공정거래위원회 의결 제2014-103호, 2014. 5. 8.) 및 다음커뮤니케이션의 시장지배적지위 남용 등 관련 동의의결 사건(공정거래위원회 의결 제2014-104호, 2014. 5. 8.).

6) 공정거래위원회의 홈페이지(www.ftc.go.kr)에 의결서가 게재된 것 중 내용상 중복되어 사실상 동일한 사안이거나 공정거래위원회의 시정명령을 이행하지 않아서 고발되거나 법원의 판결에 따라 과징금을 재산정한 것 등을 제외하고 산정한 것이다.

7) 특이한 것은 당시 법 시행령은 남용행위의 유형 중 소위 '가격남용'은 시장점유율이 50% 이상인 사업자에 대해서만 적용되도록 하였다는 점이다. 구법 시행령(대통령령 제10267호, 1981. 4. 1.) 제4조 참고.

정태적·사전적·행정적으로 결정되는 것이 아니라, 구체적인 사실관계에 따라 문제가 된 사업자가 해당 관련시장에서 거래조건에 영향을 미칠 수 있는 총체적 능력과 진입장벽 및 경쟁사업자의 규모와 같은 구체적·개별적 시장상황 등을 고려하여 동태적·사후적으로 결정된다고 할 수 있다. 그러나 이러한 법 개정에 따라 시장지배적사업자의 남용행위를 규제하기 위해서는 그 선결문제로서 문제가 된 사업자가 시장지배적사업자에 해당되는지 여부를 구체적으로 판단하여야 하는 어려운 문제를 안게 되었다.

한편 독점규제법은 1980년 법 제정 당시로부터 시장지배적지위의 남용행위의 유형으로서 현행법과 동일한 다섯 가지를 열거하고 있었다. 다만, 당시에는 법 제3조 4호에서 부당한 진입방해와 함께 경쟁사업자를 배제하기 위한 '시설의 신설 또는 증설'을 남용행위의 유형으로 규정하고 있었으나, 1986년 1차 법 개정을 통하여 이를 남용행위의 유형에서 제외하였다. 또한 당시에는 시장점유율이 50%에 미달하여 '가격남용금지'의 대상에 포함되지 않는 시장지배적사업자들의 동조적 가격인상에 대하여 이를 금지하지 않고, 대신 경제기획원장관에게 그 이유를 보고하도록 할 수 있게 규정하였으나, 이 조항은 제1차 법 개정 당시 삭제되었다. 또한 1996년 5차 법 개정을 통하여 법 제3조의2 제2항은 시장지배적지위의 남용행위의 유형과 기준을 공정거래위원회가 정하여 고시할 수 있도록 규정하였고, 이에 따라 '시장지배적지위 남용행위의 유형 및 기준'(공정거래위원회 고시 제1997-12호)이 제정되었다. 다시 1999년 7차 법 개정을 통하여 남용행위의 유형 및 기준은 대통령령으로 정하도록 하고, 법 시행령 제5조 제6항은 남용행위의 세부적인 유형 및 기준을 공정거래위원회가 정하여 고시할 수 있도록 규정하였는데, 이 규정에 따라 공정거래위원회는 '시장지배적지위 남용행위의 심사기준'을 제정하여 남용행위의 세부적인 유형 및 기준을 고시하였다.

Ⅱ. 시장지배적지위의 남용행위와 불공정거래행위의 관계

독점규제법의 규제체계와 관련하여 특히 시장지배적지위의 남용 금지와 법 제45조가 규정하고 있는 불공정거래행위의 금지와의 관계가 불명확하다는 지적이 제기되었다. 실제로 법 제45조가 금지하고 있는 상당수의 불공정거래행위 유형은 법 제5조 제1항 각 호가 열거하고 있는 남용행위에 해당될 수 있는 것들이므로 양 규정의 적용상 중복이 발생할 여지가 많아서 법 적용상 혼란을 초래하고 있다. 이처럼 양 규정이 모두 적용될 수 있는 경우에 대하여 종전에 상당수 학자들은 시장지배적사업자의 남용 금지는 시장지배적사업자에게만 적용된다는 점을 근거로 불공정거래행위의 금지에 대하여 특별법적 위치에 있다고 보아 전자가 우선적으로 적용되어야 한다고 주장하였다.[8)]

그러나 전자가 시장지배적 사업자에게만 적용되는데 반하여 후자는 시장지배적 지위를 적용요건으로 하지 않고 양자의 행위 유형이 중복되는 경우에 그 위법성 판단기준이 현실적으로 구별하기 곤란한 것이 사실이지만, 양자가 가지는 경쟁정책상 기능이 상이하므로 그 위법성 판단기준 역시 엄연히 구별되어야 한다면 이를 특별법과 일반법의 관계로 파악할 수는 없다고 할 것이다.[9] 또한 실무적으로도 사전적으로 행위자가 시장지배적사업자인지 여부를 판단하는 것이 쉽지 않은 상황에서 양자의 관계를 배타적으로 이해하는 것은 곤란하고 양 규정의 중복적용을 인정하여야 할 실익이 있다. 종래 공정거래위원회의 실무도 같은 입장을 취하고 있다고 볼 수 있는데, 예컨대 마이크로소프트 등의 시장지배적지위 남용 등 사건에서 동 회사의 세 가지 결합판매행위 각각에 대하여 시장지배적지위의 남용행위 중 '부당한 사업활동 방해' 조항 및 '현저한 소비자이익의 저해' 조항과 함께 불공정거래행위의 한 유형인 거래강제 중 '끼워팔기' 조항을 중첩적으로 적용하였고,[10] 그 이후에도 현대모비스의 시장지배적지위 남용 등 사건,[11] 퀄컴사 등의 시장지배적지위 남용 등 사건(Ⅰ),[12] 퀄컴사 등의 시장지배적지위 남용 등 사건(Ⅱ),[13] 지멘스 등의 시장지배적지위 남용 등 사건,[14] 코리안리 재보험의 시장지배적지위 남용 등 사건,[15] 가즈트랑스포르 에 떼끄니가즈의 시장지배적지위 남용 등 사건,[16] 네이버[부동산 부문]의 시장지배적지위 남용 등 사건[17] 및 네이버[쇼핑 부문]의 시장지배적지위 남용 등 사건[18]에서도 하나의 행위가 시장지배적지위의 남용행위에 해당함과 동시에 불공정거래행위에도 해당한다고 인정한 바 있다.

---

8) 권오승, 「경제법」, 제6판, 법문사, 2008, p. 283; 이기수·유진희, 「경제법」, 제7판, 세창출판사, 2006, p. 204; 박병형·윤세리, 「시장지배력평가 합리화 방안」(공정거래위원회 연구용역보고서), 1998, pp. 35-37. 한편 정호열 교수는 양자를 중복하여 적용하는 것은 안 된다고 하면서도 전형적인 특별법과 일반법의 관계는 아니라고 하였다. 정호열, 「경제법」, 제2판, 박영사, 2008, p. 162.

9) 참고로 우리와 마찬가지로 경쟁법에서 다양한 유형의 불공정거래행위를 금지하고 있는 일본의 경우에도 사적독점의 금지와 불공정거래행위의 금지 양자를 특별법과 일반법의 관계로 파악하지는 않는다. 白石忠志, 「獨占禁止法」, 有斐閣, 2006, pp. 204-256 참고.

10) 공정거래위원회 의결 제2006-42호, 2006. 2. 24. 이 사건 사실관계 및 공정거래위원회의 의결내용은 이 장의 Ⅳ. 2. (다) (9) '기타 주요 심결례' 부분 참고.

11) 공정거래위원회 의결 제2009-133호, 2009. 6. 5.

12) 공정거래위원회 의결 제2009-281호, 2009. 12. 30.

13) 공정거래위원회 의결 제2017-25호, 2017. 1. 29.

14) 공정거래위원회 의결 제2018-94호, 2018. 3. 13.

15) 공정거래위원회 의결 제2019-66호, 2019. 3. 19.

16) 공정거래위원회 의결 제2020-305호, 2020. 12. 2.

17) 공정거래위원회 의결 제2021-19호, 2021. 1. 20.

18) 공정거래위원회 의결 제2021-27호, 2021. 1. 27.

시장지배적사업자의 거래거절 행위가 문제로 된 POSCO의 시장지배적지위 남용 사건에서 대법원 역시 동일한 입장을 취한 것으로 이해되는데, 다수의견은 독점규제법이 시장지배적지위의 남용행위로서의 거래거절행위를 규제하면서 이와는 별도로, 구법 제23조 제1항 제1호에서 부당하게 거래를 거절하여 공정한 거래를 저해할 우려가 있는 행위를 한 경우에 당해 사업자의 시장지배적지위 유무와 상관없이 이를 불공정거래행위로 보아 규제하고 있는바, 구법 제3조의2 제1항 제3호의 시장지배적사업자의 거래거절행위와 구법 제23조 제1항 제1호의 불공정거래행위로서의 거래거절행위는 그 규제목적 및 범위를 달리하고 있으므로 전자의 부당성의 의미는 후자의 부당성과는 별도로 독자적으로 평가·해석해야 한다고 설시하였다.[19]

나아가 독점규제법이 시장지배적사업자의 지위남용행위로서의 거래거절행위를 규제하면서도 불공정거래행위로서의 거래거절행위를 규제하고 있는 이유는 거래거절이 시장지배적사업자의 지위남용에 해당하는지 여부를 떠나 단지 그 거래상대방과의 관계에서 공정한 거래를 저해할 우려가 있는 행위라고 평가되는 경우에는 이를 규제하여야 할 필요성이 있기 때문이라고 전제하고, 따라서 불공정거래행위로서의 거래거절행위는 그 행위의 주체에 제한이 없으며, 당해 거래거절행위의 공정거래저해성 여부에 주목하여 시장에 미치는 영향을 고려하지 아니하고 거래상대방인 특정 사업자가 당해 거래거절행위로 인하여 불이익을 입었는지 여부에 따라 그 부당성의 유무를 평가해야 함에 반하여, 시장지배적사업자의 지위남용행위로서의 거래거절의 부당성은 '독과점적 시장에서의 경쟁촉진'이라는 입법목적에 맞추어 해석하여야 할 것이므로, 시장지배적사업자가 개별 거래의 상대방인 특정 사업자에 대한 부당한 의도나 목적을 가지고 거래거절을 한 모든 경우 또는 그 거래거절로 인하여 특정 사업자가 사업활동에 곤란을 겪게 되었다거나 곤란을 겪게 될 우려가 발생하였다는 것과 같이 특정 사업자가 불이익을 입게 되었다는 사정만으로는 그 부당성을 인정하기에 부족하고, 그 중에서도 특히 시장에서의 독점을 유지·강화할 의도나 목적, 즉 시장에서의 자유로운 경쟁을 제한함으로써 인위적으로 시장질서에 영향을 가하려는 의도나 목적을 갖고, 객관적으로도 그러한 경쟁제한의 효과가 생길 만한 우려가 있는 행위로 평가될 수 있는 행위로서의 성질을 갖는 거래거절행위를 하였을 때에 그 부당성이 인정될 수 있다고 판시하였다.[20]

---

19) 대법원 2007. 11. 22. 선고 2002두8626 판결. 동 판결의 상세한 판시내용은 이 장의 Ⅳ. 2. (다) (2) 'POSCO 거래거절 사건 판결' 부분 참고.

20) 같은 판결. 또한 대법원은 금융결제원 등이 공인인증역무를 제공하면서 인터넷 익스플로러만을 기반으로 발급받을 수 있고 다른 웹 브라우저를 통해서는 발급받을 수 없도록 한 것이 시장지배적지위의 남용행위 또는 불공정거래행위에 해당하는 거래거절인지가

또한 정유사가 자영주유소에 대하여 소요제품 전량을 자신으로부터 공급받도록 한 행위가 문제로 된 S-Oil의 구속조건부거래 사건에서도 대법원은 위 POSCO 사건에서와 동일한 판시를 내렸다. 즉, 독점규제법은 시장지배적사업자의 지위 남용행위로서의 배타조건부거래행위와 개별 사업자의 불공정거래행위로서의 배타조건부거래행위를 각각 규제하고 있는데, 양자는 그 규제목적 및 범위를 달리하고 있으므로 부당성의 의미 역시 각각 별도로 독자적으로 평가·해석되어야 하고, 불공정거래행위로서의 배타조건부거래행위를 규제하는 이유는 문제로 된 행위가 시장지배적지위의 남용행위에 해당하는지 여부를 떠나 관련시장에서의 경쟁을 제한하거나 그 거래상대방에 대하여 거래처 선택의 자유 등을 제한함으로써 공정한 거래를 저해할 우려가 있는 행위라고 평가되는 경우에는 이를 규제하여야 할 필요성이 있기 때문이라고 하였다.[21)]

따라서 현재까지의 판례 및 공정거래위원회의 법집행례에 따르면 반드시 시장지배적지위를 가지고 있다고 보이지 않는 사업자가 불공정한 경쟁수단을 사용하는 등의 방법으로 경쟁의 공정성을 해치거나 그 거래의 내용이 불공정한 경우에는 설령 엄격한 의미에서 관련시장에서의 경쟁제한성이 인정되지 않는 경우에도 법 제45조가 금지하는 불공정거래행위에 해당될 수 있고, 시장지배적지위를 가지는 사업자가 그 지위를 남용하여 관련시장에서 경쟁자를 배제하거나 소비자의 이익을 해치는 행위에 대해서는 법 제5조의 시장지배적지위의 남용 금지가 적용되는데, 사안에 따라서 양자가 중첩적으로 적용될 수도 있다. 이와 관련하여 입법적으로 양자의 중복적용 문제를 해결하여 현재의 불공정거래행위 유형 중 그 규제 근거라는 측면에서 경쟁을 제한하는 행위 유형들은 시장지배적지위의 남용 금지 조항으로 통합하고, 경쟁제한성과 직접적으로 관련이 없는 좁은 의미의 불공정거래행위는 부정경쟁방지법과 같은 별도의 입법이나 독점규제법상 별도의 조항으로 규제하여야 한다는 주장도 제기되고 있다.[22)]

문제된 민사사건에서도 시장지배적사업자의 남용행위와 불공정거래행위의 요건이 상이하므로 전자의 주장에 후자의 주장이 당연히 포함되어 있다고 볼 수 없다고 판시하였다(대법원 2009. 9. 24. 선고 2009다28998 판결).

21) 대법원 2013. 4. 25. 선고 2010두25909 판결. 동 판결의 상세한 판시내용은 제6장 Ⅱ. 4. (사) (3) '관련 판결례' 부분 참고.

22) 예컨대, 권오승 외 2, 「시장지배적지위 남용행위와 불공정거래행위 규정 합리화 방안 연구」(공정거래위원회 연구용역보고서), 2015. 12. 참고.

토의 과제

1 독점규제법상 시장지배적지위의 남용 금지와 동법 제45조의 불공정거래행위의 금지와의 관계에 관한 법 체계적 문제와 법집행 실무상 시장지배적사업자를 판단하는 작업의 난점에 비추어 볼 때, 동법상 규제수단 중 특히 시장지배적지위의 남용 금지가 적극적으로 집행되지 않는 이유를 생각해 보시오.

2 POSCO의 시장지배적지위 남용 사건에서 대법원이 시장지배적지위의 남용행위와 불공정거래행위의 관계에 관하여 판시한 내용을 설명하고, 이에 대한 각자의 의견을 제시해 보시오. 특히, 대법원이 불공정거래행위로서의 거래거절행위의 부당성 판단기준으로 설시한 것이 경쟁정책적으로 타당한지 생각해 보시오.

Ⅲ. 입 법 례

현행 독점규제법상 시장지배적지위의 남용 금지에 해당하는 독과점사업자의 규제에 관한 주요 국가의 입법례를 간략히 살펴보면 다음과 같다. 미국의 경우에는 연방법원의 판례상 다소의 변화가 있었지만 1911년 Standard Oil Co. of New Jersey v. U.S. 사건 판결[23]이나 1945년 U.S. v. Aluminum Co. of America 사건 판결(소위 'Alcoa' 판결)[24] 등 초기의 판결들에서는 별도의 남용행위가 없더라도 독과점적 지위의 유지 또는 획득 자체를 문제 삼기도 하였고, 독점행위가 인정된 경우에는 기업분할명령까지 내릴 수 있었다. 일본의 경우에도 사적독점금지법 제3조는 '사적독점'을 금지할 뿐만 아니라 동법 제8조의4는 '독점적 상태'에 대하여 영업양도 등의 조치를 취할 수 있도록 규정하고 있어서 미국과 함께 소위 '원인금지주의'를 취하고 있는데 반하여, 독일 경쟁제한방지법(GWB: Gesetz gegen Wettbewerbsbeschränkungen) 제19조나 EU기능조약 제102조는 우리나라 독점규제법과 마찬가지로 독과점적 지위 자체를 문제 삼지는 않고 그 지위를 남용하여 경쟁자를 배제하거나 소비자의 이익을 해치는 행태를 금지하는 소위 '폐해규제주의'를 취하고 있다고 한다.[25]

23) 221 U.S. 1 (1911).

24) 148 F.2d 416 (1945).

25) 그러나 실제 법집행을 살펴보면 현재 미국 및 일본을 포함하여 사실상 모든 경쟁법제가 시장지배적지위 자체를 위법으로 인정하는 것이 아니라 시장지배적사업자의 일정한

미국의 연방독점금지법상 독과점사업자의 규제는 구체적으로 셔먼법(Sherman Act) 제2조에 의해 이루어지고 있는데, 동 조항이 금지하는 규제 대상은 독점화(monopolization), 독점화의 기도(attempt to monopolize) 및 독점화의 공모(conspiracy to monopolize) 세 가지이다. 판례법상 일반적으로 인정되는 각각의 성립요건을 간략히 살펴보면 다음과 같다. 먼저, 독점화는 (1) 관련시장에서 독점력(monopoly power)을 가지고 있을 것, (2) 그 독점력을 의도적으로 획득하거나 유지할 것(willful acquisition or maintenance of the power) 등 두 가지를 요건으로 하고, 독점화의 기도는 (1) 약탈적 또는 경쟁제한적 행위(predatory or anticompetitive conduct)를 행할 것, (2) 독점화하려는 특정한 의도(a specific intent to monopolize)가 존재할 것, (3) 독점을 달성할 위험스러운 개연성이 존재할 것(a dangerous probability of achieving monopoly power) 등 3가지를 요건으로 하며, 마지막으로 독점화의 공모는 (1) 독점화하려는 특정한 의도가 존재할 것, (2) 그와 같은 공모를 달성하기 위한 외부적 행위가 존재할 것(overt acts in furtherance of the conspiracy) 등 2가지를 요건으로 한다.

독일 경쟁제한방지법 제19조는 현행 독점규제법상 시장지배적지위의 남용 금지의 모법이라고 할 수 있는데, 양자는 유사한 규제내용을 가지고 있다. 동법 제18조는 시장지배적지위를 규정하고 있는데, 먼저 동 조 제1항 및 제3항은 단독의 시장지배력을 염두에 두고 "(1) 경쟁자가 없는 경우, (2) 실질적인 경쟁에 노출되어 있지 아니한 경우, 또는 (3) 경쟁자들에 비해 우월한 시장지위를 가지는 경우"라고 규정하고, (3)의 경우에 특히 "시장점유율, 자금력, 경쟁에 의미 있는 데이터에 대한 접근성, 구매시장이나 판매시장에 대한 접근성, 다른 사업자와의 연계, 다른 사업자의 시장진입에 대한 법적·사실적 장벽, 국내외 사업자와의 현재적 또는 잠재적 경쟁, 다른 상품이나 용역으로 공급이나 수요를 대체할 수 있는 능력 및 다른 사업자로 대체할 수 있는 상대방의 능력을 고려해야 한다."라고 규정하고,[26] 동 조 제5항은 소위 '공동의 시장지배력'(collective dominance)을 염두에 두고 "둘 또는 그 이상의 사업자가 그들 간에 특정한 상품이나 용역에 관한 실질적인 경쟁이 존재하지 않고 이 사업자들이 공동으로 제1항의 조건을 충족하는 경우에는 시장지배적사업자이다."

행위가 존재하는 경우에만 위법으로 인정하는 폐해규제주의적 입장을 취하고 있으며, 실제로 엄격한 의미의 원인금지주의를 취하는 경쟁법제는 찾을 수 없다. 이호영, "공정거래법상 시장지배적사업자 규제의 쟁점과 과제", 「저스티스」, 통권 104호, 2008. 6, pp. 81-82 참고.

26) 또한 동 조 제3a항 및 제3b항은 소위 '다면시장'에서 활동하는 사업자 및 다면시장에서 중개자로서 활동하는 사업자의 시장지위를 평가함에 있어서 고려할 사항을 규정하고 있는데, 이는 2019년 이루어진 제9차 개정으로 신설된 것이다.

라고 규정하고 있다. 또한 동 조 제4항과 제6항은 독점규제법 제6조와 마찬가지로 시장점유율을 기준으로 시장지배적사업자로 추정할 수 있는 요건을 규정하고 있는데, 전자는 "하나의 사업자가 최소한 40%의 시장점유율을 가지는 경우에 시장지배적사업자로 추정된다."라고 규정하고, 후자는 둘 이상의 사업자들의 집단으로서 "(1) 셋 또는 그 이하의 사업자의 시장점유율 합계가 50% 이상인 경우, 또는 (2) 다섯 또는 그 이하의 사업자의 시장점유율 합계가 3분의 2 이상인 경우"에 시장지배적사업자로 추정된다고 규정하고 있다. 나아가 동 조 제7항은 후자의 추정과 관련하여, (1) 경쟁의 조건에 비추어 해당 사업자들 사이에 실질적인 경쟁이 이루어질 것을 기대할 수 있거나, 또는 (2) 해당 사업자들의 집단이 나머지 경쟁자들에 비하여 우월적 시장지위를 가지고 있지 않음을 입증하는 경우에는 전복된다고 규정하고 있다.

또한 위 법률 제19조 제2항은 남용행위에 관하여 시장지배적사업자가 "(1) 객관적으로 정당한 이유 없이 불공정한 방법으로 직·간접적으로 다른 사업자를 방해하거나, 직·간접적으로 다른 사업자를 그 밖의 사업자와 달리 취급하는 경우, (2) 유효한 경쟁이 존재한다면 발생할 개연성이 매우 높은 것과 상이한 가격이나 기타 거래조건을 요구하는 경우(이 경우에 특히 유효한 경쟁이 존재하는 비교 가능한 시장에서의 사업자들의 행동을 고려하여야 한다), (3) 객관적으로 정당한 이유 없이 시장지배적사업자 자신이 비교 가능한 시장에서 유사한 구매자에게 요구하는 것보다 불리한 가격이나 기타 거래조건을 요구하는 경우, (4) 다른 사업자가 법적 또는 사실적 이유로 시장지배적사업자가 보유한 네트워크 설비나 기타 기반설비를 공동으로 이용하지 않고서는 상류시장 또는 하류시장에서 시장지배적사업자의 경쟁자로 활동하는 것이 불가능한 경우에 다른 사업자가 적당한 대가를 지불하고 자신의 네트워크 설비나 기타 기반설비에 접근하는 것을 거절하는 경우(시장지배적사업자가 경영상 또는 다른 이유로 공동으로 이용하는 것이 불가능하거나 합리적으로 기대할 수 없다는 것을 입증하는 경우에는 이를 적용하지 아니한다), (5) 객관적으로 정당한 이유 없이 다른 사업자가 자신에게 이익을 제공하도록 요구하는 경우(이 경우에 특히 다른 사업자에게 그 요구에 대한 설득력 있는 이유가 제기되었는지 및 요구한 이익이 그 이유와 비례적인지 여부가 고려되어야 한다)"에 남용행위로 인정된다고 규정하고 있다.[27)]

---

27) 또한 위 법률 제19a조는 추가적으로 시장의 경계를 넘어서는 우월적 중요성을 가지는 사업자의 남용행위에 대하여 규정하고 있는데, 이는 2020년 이루어진 제10차 개정으로 신설된 것이다.

토의 과제

1 시장지배적사업자에 대한 두 가지 규제방식, 즉 '원인금지주의'와 '폐해규제주의' 각각의 논거와 장 · 단점을 설명해 보시오(원용수 · 홍복기, "미국과 EU경쟁법상 시장지배적지위 남용규제에 관한 연구", 「상사법연구」, 제21권 제4호, 2003, pp. 381-435 참고).

2 미국 셔먼법 제2조가 적용되는 독점적 사업자와 독일 경쟁제한방지법상 시장지배적사업자 및 우리나라 독점규제법상 시장지배적사업자의 요건을 비교하고, 어느 쪽이 시장지배적사업자의 범위를 더 넓게 인정하는지 판단해 보시오. 미국의 경우에 상대적으로 좁은 범위의 시장지배적사업자를 규제대상으로 삼는 입법정책적 이유를 미국의 시장환경과 독과점 사업자의 생성과정과 관련지어 생각해 보시오.

Ⅳ. 시장지배적지위 남용행위의 성립요건

독점규제법상 시장지배적지위의 남용에 해당하기 위해서는 첫째, 행위자가 시장지배적사업자에 해당해야 하고, 둘째, 문제가 된 행위가 법 제5조 제1항 각 호가 열거하는 남용행위의 유형 중 하나에 해당되어야 하고, 셋째, '부당성'이 인정되어야 한다. 아래에서는 우선 시장지배적사업자의 기준과 판단방법을 살펴보고, 나아가 남용행위의 유형과 부당성에 관한 사항을 함께 살펴보기로 한다.

1. 시장지배적사업자

시장지배적사업자 여부를 판단하는 문제는 남용행위의 금지가 적용되는 대상의 범위를 정하는 것으로서 독점규제법상 시장지배적사업자 규제의 선결문제이다. '시장지배적사업자'란 결국 경제학에서 설명하는바, 시장에서 가격 등의 경쟁조건을 주어진 것으로 받아들이지 않고 일정한 한계 내에서 스스로 결정할 수 있는 독과점사업자를 법률적으로 표현한 것이라고 할 수 있고, 이미 살펴본 바와 같이 법 제2조 제3호 역시 그와 같이 정의하고 있다. 그런데 구체적으로 시장지배적사업자 여부를 판단하는 것은 어려운 작업으로서, 이와 관련하여 법 제2조 제3호 제2문은 "시장지배적사업자를 판단할 때에는 시장점유율, 진입장벽의 존재 및 정도, 경쟁사업자의 상대적 규모 등을 종합적으로 고려한다."라고 규정하고 있다.

위와 같은 규정에도 불구하고 시장지배적사업자 여부를 판단하는 것은 여전히 쉽지 않은 문제이므로 법 제6조는 관련시장에서의 시장점유율을 기준으로 하나의 사업자의 시장점유율이 50% 이상인 경우 또는 셋 이하의 사업자의 시장점유율의 합계가 75% 이상인 경우(이 경우 시장점유율이 10% 미만인 사업자 제외)에 해당 사업자(일정한 거래분야에서 연간 매출액 또는 구매액이 40억원 미만인 사업자 제외)를 시장지배적 사업자로 추정한다고 규정하고 있다. 그런데 위 연혁에서 살펴본 바와 같이 1999년 법 개정 이전에는 공정거래위원회(또는 경제기획원장관)가 사전에 시장지배적사업자를 업종별로 지정하였으므로 실제로 시장지배적사업자에 해당되는지 여부가 다투어질 여지가 없었다. 그러나 동 법 개정 이후에는 법 제6조의 시장지배적사업자의 추정요건을 갖추지 못한 경우에도 문제가 된 사업자의 시장점유율, 진입장벽의 존재 및 정도, 경쟁사업자의 상대적 규모 등을 종합적으로 고려하여 그 지위를 구체적으로 평가하여야 한다(법 제2조 제3호 제2문). 하지만 현재까지 공정거래위원회가 법 제6조의 추정요건에 해당하지 않는 사업자를 시장지배적사업자로 인정한 사례는 BC카드의 시장지배적지위 남용 사건[28]을 찾아볼 수 있을 뿐이다.[29]

위 사건은 법적으로 독립적인 수 개의 사업자들을 소위 '경제적 단일체'(single economic entity)로서 경쟁법 적용상 하나의 사업자로 볼 수 있는가라는 문제가 다루어져서 주목을 받았다. 이 사건에서 BC카드는 한빛은행 등 12개 은행이 자신들의 신용카드사업에 필요한 신용카드 발급 및 카드전산망 공동사용 등 신용카드업무를 공동으로 처리하기 위하여 공동으로 출자·설립한 회사로서 회원은행은 'BC카드'라는 브랜드와 BC카드의 전산망을 공동으로 이용하고, 회원은행의 임직원이 위 회사의 비상임 이사직을 겸임하고 있었다. 공정거래위원회는 각각의 회원은행들이 개별적으로 시장지배적지위를 가지고 있지는 않지만,[30] BC카드와 회원은행들을 하나의 사업자로 보는 전제하에 이들과 차순위 사업자들의 시장점유율 등을 근거로[31] 모두

28) 공정거래위원회 의결 제2001-40호, 2001. 3. 28.

29) 또한 네이버[부동산 부문]의 시장지배적지위 남용 등 사건에서 관련시장인 '국내 온라인 부동산플랫폼 정보제공자 시장'에서 동 사업자의 점유율은 다양한 기준으로 추산할 수 있는데, 매물건수를 기준으로 할 경우에는 추정요건을 충족하지 못하였지만, 이용자의 페이지뷰(PV)와 순이용자수(UV)를 기준으로 할 경우에는 추정요건을 충족하였다(공정거래위원회 의결 제2021-19호, 2021. 1. 20).

30) 당시 개개 회원은행들의 시장점유율은 최고 7.9% 내지 최저 0.1%에 불과하였다.

31) 당시 BC카드와 12개 회원은행들의 시장점유율을 합산할 경우 35.5%로서 제1위에 해당하고, 차순위 사업자인 엘지캐피탈 및 삼성카드의 시장점유율은 각각 18.8%, 17.0%이었다.

시장지배적사업자로 보고, 조달금리가 현저히 인하되었음에도 불구하고 각종 수수료율을 유지하거나 소폭 인하한 행위를 시장지배적지위의 남용행위라고 인정하였다.

그러나 관련 행정소송에서 서울고법은 독점규제법의 목적에 비추어 볼 때 동법상 '사업자'라 함은 "경제활동과 관련된 각종 결정을 자신의 의사에 기하여 독자적으로 할 수 있는 자"를 의미하고, 또한 동법이 시장지배적지위의 남용 금지와는 별도로 기타의 사업자와 관련을 맺고 행하는 행위에 대해서 구법 제4장의 부당한 공동행위의 금지, 구법 제6장의 사업자단체의 경쟁제한적 행위의 금지 등을 두고 있는 점 등을 고려할 때, 둘 이상의 사업자가 별도의 독립된 사업자로서 각기 자신의 계산으로 사업을 하고 있더라도 실질적으로는 단일한 지휘 아래 종속적으로 경제활동에 참가하고 있어서 독자성을 갖추지 못한 경우에는 하나의 사업자로 해석할 여지도 있지만 독자적으로 경제활동을 하는 개별 사업자들이 시장에서 그 활동과 관련한 각종 결정을 사실상 동일 또는 유사하게 함으로써 영향력을 행사한 경우까지 하나의 사업자에 해당한다고 볼 근거는 없다고 판시하였다.[32] 나아가 이와 같은 기준을 적용하여, 이 사건에서 BC카드의 회원은행들은 실질적으로 단일한 지휘 아래 종속적으로 사업을 영위하지 않고, 자신의 책임과 계산 하에 독자적으로 사업을 수행하되, 다만 카드발급이나 가맹점관리 등 일정 부분을 BC카드에 대행하게 하고 수수료를 지급하는 관계에 있으므로 이 회원은행들을 각각 독립된 별개의 사업자가 아닌 하나의 사업자라고 볼 수 없다고 하였다.[33] 즉, 위 법원은 독점규제법상으로도 경제적 동일체 이론을 인정할 수는 있지만 이 사건의 경우에는 이를 적용할 수 없다는 견해를 취하였는데, 타당하다고 생각된다.[34]

위 사건에서 다루어진 또 다른 쟁점은 독점규제법상 소위 '공동의 시장지배력'(collective dominance) 또는 '독점의 공유'(shared monopoly)가 인정되는가라는 문제이다. 즉 법 제2조 제3호는 시장지배적사업자의 개념을 정의하면서 "단독으로 또는 다른 사업자와 함께"라고 규정하고 있는데, 이것이 둘 이상의 사업자가 각각 개별적으로는 시장지배적지위를 가지지 않는 경우라고 할지라도 과점시장의 투명성과 같은 시장의 특성을 포함한 경제적 연계(economic links)를 통하여 별도의 합의 없이도 공동

32) 서울고법 2003. 5. 27. 선고 2001누15193 판결.

33) 같은 판결. 상고심에서 대법원도 사실상 동일한 취지로 판시하였는데, 위 회사들은 별도의 독립된 사업자들로서 각기 자기의 책임과 계산 하에 독립적으로 사업을 하고 있을 뿐, 손익분배 등을 함께 하고 있지 않으므로 하나의 사업자에 해당하지 않는다고 하였다(대법원 2005. 12. 9. 선고 2003두6283 판결).

34) 같은 의견 : 이봉의, "경제적 동일체이론과 공동의 시장지배에 관한 소고", 「경제법판례연구」, 제5권, 법문사, 2009, pp. 11-12.

으로 시장지배력을 행사하는 경우를 의미하는가라는 문제이다.[35] 이에 대하여 서울고법은 시장지배적지위의 남용 금지 규정을 두고 있는 이외에도 부당한 공동행위를 제한하는 규정과 사업자단체의 일정한 행위를 금지하는 규정을 두고 있는 독점규제법의 체계 및 구법 제4조에서 시장지배적사업자의 추정을 규정하고 있는 이외에 복수의 사업자들이 통모한 경우 시장지배적사업자로 인정할 수 있다는 규정을 두고 있지 아니한 점 등에 비추어 볼 때, 구법 제2조 제7호의 문언은 시장을 독점의 형태로 지배하고 있거나 과점의 형태로 지배하고 있는 개별 사업자를 의미하는 것이지 여러 사업자들이 집단적으로 통모하여 독과점적 지위를 형성한 경우 이들 사업자들도 시장지배적사업자에 포함된다는 취지로 볼 수 없다고 판시하였다.[36]

시장지배적지위의 인정과 관련하여 기억할 만한 대법원 판결이 티브로드 강서방송의 시장지배적지위 남용 사건에서 내려졌다. 이 사건에서 서울시 강서구를 방송구역으로 하는 종합유선방송사업자인 위 회사가 자신의 방송채널을 조정하면서 종전부터 자신과 프로그램송출계약을 체결하여 거래해오던 TV홈쇼핑사업자에게 송출수수료 인상을 요구하였으나 거절당하자, 동 사업자의 채널을 불리하게 변경한 행위가 문제로 되었다. 이에 대하여 공정거래위원회가 관련 상품시장을 '프로그램 송출시장'[37]으로, 관련 지역시장을 '서울시 강서구'로 획정한 것과는 달리, 대법원은 관련 상품시장을 프로그램 송출시장과는 별개의 '프로그램 송출서비스시장'[38]으로, 관련 지역시장을 '전국시장'으로 획정한 뒤, 위 사업자의 시장지배적지위와 관련하여 동 사업자가 프로그램 송출시장에서 시장지배적사업자라고 할지라도 곧바로 그와 별

35) 이와 관련하여 이 사건 공정거래위원회의 의결서는 명시적으로 공동의 시장지배력 개념을 언급하지 않고 단지 묵시적으로 그러한 취지로 이해될 수 있는 표현을 사용하였는데, 관련 행정소송 과정에서 이러한 주장이 본격적으로 제기되었다. 이는 특히 EU 경쟁법 판례상 많은 논의가 이루어졌는데, 현재 확립된 유럽 법원의 태도는 엄격한 요건 하에 이를 인정하는 것이라고 할 수 있다. EU 판례법상 공동의 시장지배력 이론에 관한 상세한 설명은 이호영, "경쟁법상 공동의 시장지배력 개념에 관한 연구", 「법학논총」, 제26집 제2호, 2009, pp. 203-211 참고.

36) 서울고법 2003. 5. 27. 선고 2001누15193 판결. 동 판결은 결국 법 제2조 제3호의 '다른 사업자와 함께'라는 문언은 하나의 관련시장에 둘 이상의 사업자가 각각 개별적으로 독과점사업자로서 시장지배력을 가지는 경우(multi-dominance)만을 상정한 것이라는 견해로 이해된다. 한편, 상고심에서 대법원은 공동의 시장지배와 관련해서는 명시적으로 아무런 언급을 하지 않았고(대법원 2005. 12. 9. 선고 2003두6283 판결), 현재까지 이에 관한 대법원의 입장이 표현된 판결례는 찾을 수 없다.

37) 종합유선방송사업자 등의 플랫폼사업자와 이에 가입하여 프로그램을 시청하는 가입자 사이에 형성되는 시장을 말한다.

38) 종합유선방송사업자 등의 플랫폼사업자와 TV홈쇼핑사업자 등 사이에 형성되는 시장을 말한다.

개의 시장인 프로그램 송출서비스시장에서도 시장지배적사업자가 되는 것이 아니며, 양 시장의 거래내용, 특성, 시장지배적지위 남용행위의 규제목적, 내용 및 범위 등을 비롯한 여러 사정을 종합적으로 고려하면, 프로그램 송출시장에서 시장지배적사업자인 동 사업자의 시장지배력이 프로그램 송출서비스시장으로 전이된다고 볼 만한 근거를 찾아 볼 수도 없으므로 이 사건 채널변경행위가 이루어진 관련시장에서 시장지배적사업자의 지위에 있다고 볼 수는 없다고 판시하였다.[39]

또한 유력한 인터넷 포털 사업자의 행위가 문제로 된 NHN의 시장지배적지위 남용 사건에서는 동 사업자가 동영상 콘텐츠 공급업체들과 동영상 콘텐츠에 대한 색인 데이터베이스 제공계약을 체결하면서 자신의 검색결과로 보여지는 동영상 정보서비스에 자신과 협의 없이 광고를 게재할 수 없도록 하고, 실제로 이를 제한한 행위가 문제되었다. 이에 대하여 공정거래위원회는 이 사건 관련 상품시장을 '인터넷 포털서비스 이용자시장' 중 검색 서비스, 콘텐츠 서비스, 커뮤니케이션 서비스, 커뮤니티 서비스 및 전자상거래 서비스 등 소위 '1S-4C 서비스'를 묶어서 함께 제공하는 사업자들로 획정하고, 인터넷 포털사의 인터넷 광고시장에서의 매출액을 포함한 전체매출액을 기준으로 산정한 결과 구법 제4조 제1항 제2호가 규정하고 있는 시장지배적사업자의 추정기준을 충족하고, 최근 신규 진입한 사업자가 없고 상위 3사의 시장점유율이 지속적으로 증가하고 있으며 국내 인터넷 포털서비스 시장이 이미 포화단계에 들어섰다고 평가된다는 점 등을 근거로 위 사업자를 시장지배적사업자로 인정하였다.[40]

그러나 관련 행정소송에서 서울고법 및 대법원은 공정거래위원회가 이 사건 관련시장을 인터넷 포털서비스 이용자시장으로 획정한 것은 부당할 뿐만 아니라[41] 위 사업자의 시장점유율을 광고매출액뿐만 아니라 게임관련 매출액, 전자상거래 매출액 등을 포함한 전체매출액으로 산정한 것은 관련시장과의 관련성이 희박하여 부당하고, 멀티호밍(multi-homing) 현상[42]이 존재하는 인터넷 포털서비스 시장에서는 광고매출액을 기준으로 한 시장점유율이 높다고 하여도 시장지배력은 그보다 더 떨어질 수밖에 없을 것이며, 최근 신규사업자의 진입은 없었더라도 기존 사업자의 신규 서비스분야로의 진출과 서비스경쟁은 매우 치열한 양상으로 계속되어왔고, 과거 인터

39) 대법원 2008. 12. 11. 선고 2007두25183 판결. 이 사건 관련시장의 획정에 관한 설명은 제1장 Ⅱ. 3. (라) '관련 심판결례' 부분 참고.

40) 공정거래위원회 의결 제2008-251호, 2008. 8. 28.

41) 이 사건 관련시장의 획정에 관한 설명은 제1장 Ⅱ. 3. (라) '관련 심판결례' 부분 참고.

42) 인터넷 포털의 망 개방성으로 인하여 이용자들이 복수의 사업자들로부터 동시에 서비스를 제공받을 수 있는 현상을 말한다.

넷 포털사들의 성장과정을 보더라도 최근의 매출액만을 기준으로 인터넷 포털서비스시장이 원고를 포함한 일부 사업자들의 과점시장으로 고착화되었다고 단정하기는 어렵다는 이유로 원고를 시장지배적사업자로 인정할 수 없다고 하였다.[43)]

그 밖에 시장지배적사업자 여부의 판단에 관한 기억할 만한 공정거래위원회의 심결례로서 네이버[부동산 부문]의 시장지배적지위 남용 등 사건과 네이버[쇼핑 부문]의 시장지배적지위 남용 등 사건을 들 수 있다. 이들 사건에서는 유력한 온라인 플랫폼 사업자인 동 사업자가 각각 부동산정보업체와 부동산 매물제휴 계약을 체결하면서 자신에게 제공한 확인매물정보와 매물정보를 제3자에게 제공하지 못하도록 하는 조건을 부과한 행위와, 비교쇼핑서비스를 제공하면서 그 검색결과에서 자신의 오픈마켓서비스를 이용하는 사업자의 상품이 상위에 노출되기 유리하도록 검색 알고리즘을 설계·적용한 행위가 문제되었는데, 공정거래위원회는 해당 사업자의 시장점유율이 높고 경쟁사업자와의 규모의 격차가 상당하다는 점 이외에도 관련시장인 '국내 온라인 부동산플랫폼 서비스 시장'과 '국내 온라인 비교쇼핑서비스 시장'이 양면시장으로서 가지는 교차 네트워크 외부효과, 규모의 경제, 그리고 상당수 이용자가 유입되는 통로인 일반검색서비스 시장에서 해당 사업자가 압도적인 지위를 가지고 있다는 점 등을 근거로 시장지배적사업자임을 인정하였다.[44)]

토의 과제

1. 독점규제법상 시장지배적사업자에 해당되는지 여부를 결정하는 방법을 설명하고, 종전과 같이 시장지배적사업자를 사전에 지정하여 고시하는 방법과 비교하여 그 장·단점을 말해 보시오.

2. 시장지배적사업자의 개념을 정의하는 독점규제법 제2조 제3호의 문언 중 "다른 사업자와 함께"라고 규정한 부분 및 동법 제6조 제2호가 규정하고 있는 소위 '과점적 시장지배'의 추정에 비추어 볼 때, 독점규제법상 공동의 시장지배력의 개념을 인정할 가능성은 없는지 생각해 보시오(이호영, "경쟁법상 공동의 시장지배력 개념에 관한 연구", 「법학논총」, 제26집 제2호, 2009, pp. 197-226 참고).

43) 서울고법 2009. 10. 8. 선고 2008누27102 판결 및 대법원 2014. 11. 13. 선고 2009두20366 판결.

44) 공정거래위원회 의결 제2021-19호, 2021. 1. 20. 및 공정거래위원회 의결 제2021-27호, 2021. 1. 27.

2. 시장지배적지위의 남용행위

해당 사업자가 시장지배적사업자로 인정되면, 이제 문제가 된 행위가 법 제5조 제1항 각 호가 열거하고 있는 남용행위의 유형 중 하나에 해당하고 부당성이 인정되는지 여부를 판단해야 한다. 이와 관련하여 법 시행령 제9조는 법 제5조 제1항 각 호가 규정하고 있는 다섯 가지 유형의 시장지배적지위의 남용행위 각각에 대하여 세부적인 유형과 기준을 규정하고 있고, 다시 공정거래위원회가 제정한 시장지배적지위 남용행위 심사기준에서 구체적인 판단기준을 정하고 있다.[45] 그동안 공정거래위원회는 법 제5조 제1항 제3호의 '부당한 사업활동 방해'에 해당한다는 이유로 가장 많은 시정조치를 명한 바 있고 그 중 다수에 대하여 불복의 소가 제기되었는데, 특히 이미 소개한 바 있는 POSCO의 시장지배적지위 남용 사건에서 대법원이 법상 시장지배적지위의 남용 금지에 관한 매우 중요한 법리를 제시하였다.[46]

(가) 가격의 부당한 결정·유지 또는 변경

법 제5조 제1항 제1호는 시장지배적지위의 남용행위의 유형으로서 상품의 가격이나 용역의 대가를 부당하게 결정·유지 또는 변경하는 행위, 즉 소위 '가격남용행위'를 규정하고 있다. 이는 구체적으로 정당한 이유 없이 상품의 가격이나 용역의 대가를 수급의 변동이나 공급에 필요한 비용(동종 또는 유사업종의 통상적인 수준의 것으로 한정한다)의 변동에 비하여 현저하게 상승시키거나 근소하게 하락시키는 행위를 말한다(법 시행령 제9조 제1항). 이는 전형적으로 '착취적 남용'에 해당하는 것인데, 법 시행령상 세부적인 행위 유형들이 충분히 포괄적이지 못하다는 문제를 지적할 수 있다. 즉, 법 시행령상 가격남용의 유형은 수급의 변동이나 비용의 변동을 이유로 가격을 변동시키는 경우만을 상정하고 있어서, 예컨대 고도로 집중된 시장에서 오랫동안 독점가격 수준을 유지하는 행위 등에 대하여는 적용하기 곤란하다.

그동안 공정거래위원회가 법 제5조 제1항 제1호의 위반으로 시정명령 이상의 시정조치를 내린 사례는 1992년 3개 주요 제과사업자들이 제품의 용량을 줄이는 방법으로써 사실상 가격을 인상한 행위에 대한 것[47]과 위에서 살펴보았던 BC카드의 시장지배적지위 남용 사건에서 12개 은행들이 조달금리가 현저히 인하되었음에도 불

45) 다만, 법 시행령 및 위 심사기준은 법 제5조 제1항 제5호 후단의 '현저한 소비자이익 저해'에 대해서는 아무런 사항을 규정하고 있지 않다.

46) 대법원 2007. 11. 22. 선고 2002두8626 판결.

47) 공정거래위원회 의결 제92-1호, 1992. 1. 15, 공정거래위원회 의결 제92-2호, 1992. 1. 15, 공정거래위원회 의결 제92-3호, 1992. 1. 15.

구하고 각종 수수료율을 유지하거나 소폭 인하한 행위에 대한 것[48)]이 있다.

(나) 부당한 출고조절

법 제5조 제1항 제2호는 상품의 판매 또는 용역의 제공을 부당하게 조절하는 행위, 즉 '부당한 출고조절'을 시장지배적지위의 남용행위의 유형으로 규정하고 있다. 구체적으로 정당한 이유 없이 최근의 추세에 비추어 상품 또는 용역의 공급량을 현저히 감소시키는 행위와 정당한 이유 없이 유통단계에서 공급부족이 있음에도 불구하고 상품 또는 용역의 공급량을 감소시키는 행위가 이에 해당한다(법 시행령 제9조 제2항).

그동안 공정거래위원회가 법 제5조 제1항 제2호의 위반을 이유로 시정명령 이상의 시정조치를 내린 사례는 조제분유 공급업자인 남양유업이 시장에서 상품의 품귀현상이 존재함에도 불구하고 재고를 늘리면서 상품을 공급하지 않은 행위에 대한 것, 식용유 등 대두유 제품의 제조·판매사업자인 신동방과 제일제당이 역시 시장에서 품귀현상이 발생하고 있음에도 불구하고 출고를 제한한 행위에 대한 것, 그리고 최근 사례로서 백신 공급사업자들이 공급부족이 존재함에도 불구하고 최근의 추세에 비추어 피내용 백신의 공급량을 현저히 감소시킨 행위에 대한 것[49)] 등 4건을 찾아 볼 수 있는데, 이들 중 전자의 3건에 대하여 불복의 소가 제기되어 법원의 판결이 내려졌다.

먼저 남양유업의 시장지배적지위 남용 사건에서 공정거래위원회는 동 회사가 1997년 당시 국내조제분유시장의 50%를 점유하는 시장지배적사업자로서 1997년 말 가격인상 직전 5일간 수도권에 조제분유 품귀현상이 일어나고 있음에도 불구하고 재고량을 증가시키고 출고량을 현저히 감소시켰다는 등의 이유로 시정조치를 내렸다.[50)] 관련 행정소송에서 서울고법은 원고의 청구를 인용하였는데, 우선 조제분유 품귀현상이 발생한 것은 문제가 된 출고조절기간 이후이며 그 원인은 가격인상을 앞둔 소비자들의 사재기 때문이라고 판단하고, 공정거래위원회가 출고량과 재고량을 산정함에 있어서 원고의 수도권 출고를 담당하는 2개의 창고 중 하나만을 기준으로 한 것은 부당하며 2개의 창고 모두를 기준으로 판단할 경우 출고량을 현저히 감소

48) 공정거래위원회 의결 제2001-40호, 2001. 3. 28. 동 의결에 대해서 불복의 소가 제기되었는데, 위에서 살펴본바와 같이 법원은 해당 사업자들을 시장지배적사업자로 인정할 수 없다는 이유로 공정거래위원회의 시정명령 등을 취소하였다(대법원 2005. 12. 9. 선고 2003두6283 판결).

49) 공정거래위원회 의결 제2019-239호, 2019. 9. 19.

50) 공정거래위원회 의결 제98-112호, 1998. 6. 9.

시키고 재고량을 현저히 증가시켰다고 볼 수 없다고 하였다.[51] 또한 출고조절의 동기와 관련하여 위 회사가 가격을 인상한 이후에도 일정 기간 동안 손실을 감수하면서 종전 가격으로 판매하였다고 지적하면서 의도적인 출고조절의 동기를 찾을 수 없음을 강조하였다.

위 사건 상고심에서 대법원은 특히 당시 공정거래위원회가 제정하여 운용하고 있던 '시장지배적지위 남용행위의 유형 및 기준'(공정거래위원회 고시 1997-12호)은 구법 제3조의2 제2항의 위임에 따라 제정된 소위 '법률보충적 행정규칙'으로서 법규명령적 효력을 갖는다고 하면서, 동 기준을 적용하여 출고조절 여부를 판단하였다.[52] 대법원은 결국 공정거래위원회의 상고를 기각하였는데, 동 위원회가 위 회사의 수도권 출고를 담당하는 2개의 창고 중 하나만을 기준으로 출고량과 재고량을 산정한 것은 오류라고 하였고, 또한 위 고시에 따라 출고조절의 대상이 되는 '상당한 기간'을 확정함에 있어서 "기본적으로 '생산량 또는 판매량의 감소' 내지 '재고량의 증가'가 평상시에 비하여 현저한 기간을 기준으로 삼아야 할 것이지만, 고시 (1)호와 (2)호에 해당하는 행위가 있으면 공정거래위원회가 따로 그 '부당성'을 입증하지 아니하여도 구법 제3조의2 제1항 제2호에서 규정하는 '부당하게 조절하는 행위'로 평가된다는 점을 유념하면, '상당한 기간'은 위 기준 이외에도, 당해 제품의 유통기한, 수요의 변동요인, 공급에 필요한 비용의 변동요인 등 정상적인 수급상황에 영향을 미치는 제반 요인을 함께 살펴, 그 기간 동안의 '생산량 또는 판매량의 감소' 내지 '재고량의 증가'가 시장의 수요에 현저하게 역행하는 것으로서 그것이 당해 사업자의 시장지배적지위에 기해서만 설명이 가능한 것인지 여부도 아울러 감안하여 확정할 것이 요구된다."라고 하면서, 위 회사의 경우 거래처의 대금결제가 다음 달 말일에 행하여지는 관계로 항상 월말의 출고량이 월초나 월중에 비하여 현저하게 소량인 점에 비추어 이 사건 기간을 출고조절을 판단할 수 있는 '상당한 기간'으로 볼 수 없다고 하였다.[53]

신동방 사건과 제일제당 사건은 거의 동일한 시기에 동일한 시장에서 발생한 유사한 출고제한 행위와 관련된 것임에도 법원은 두 사건에서 상반된 판결을 내렸다. 먼저 신동방의 시장지배적지위 남용 사건에서 공정거래위원회는 대두유시장의 시장지배적사업자인 동 회사가 1997년 12월 중 일정 기간 동안 대두유 제품의 판매량을 감소시키고 재고량을 증가시켰다는 이유로 시정명령 등을 내렸다.[54] 이 사건에

51) 서울고법 1999. 10. 7. 선고 99누13 판결.
52) 대법원 2001. 12. 24. 선고 99두11141 판결.
53) 같은 판결.

서의 쟁점은 (1) 출고제한이 이루어진 것으로 인정되는 기간이 정당하게 설정되었는지, (2) 당시는 소위 IMF사태로 인하여 환율이 급등하여 대두유 제품의 원료인 대두의 수급이 불투명하고, 대리점의 악덕사재기를 예방할 필요가 있었다는 등의 사정이 존재하였으므로 위 기간 동안 이루어진 출고제한에 정당한 이유가 존재하는지 등이었다.

관련 행정소송에서 서울고법은 먼저 판매량 및 재고량의 조절 여부를 판단하기 위한 기간설정에 관한 공정거래위원회의 재량을 인정하여 출고가가 인상되기 직전 기간에 판매량이 감소하지 않았다고 하더라도 반드시 위 기간을 출고제한 여부를 판단함에 있어서 그 판매량 산정기간에 포함시켜야 할 필요는 없다고 하였다.[55] 또한 출고제한의 부당성에 관하여 당시 원재료인 대두의 수급전망이 불투명하였다고 하더라도 위 회사가 보유하고 있던 대두재고량이 적지 않았고 정부차원의 대책이 마련되는 중이었으며, 환차손으로 인한 경영상의 어려움이 발생하였다면 가격조정 등의 합리적인 방법을 통하여 대응하여야 함에도 출고를 제한한 것은 합리적이거나 정당한 영업전략으로 볼 수 없고, 사재기를 방지하기 위해서는 오히려 제품의 공급을 늘려 가수요를 해소하여야 한다고 하면서 이 사건 출고제한은 부당하다고 하였다.[56] 특히 법원은 출고제한이 출고가격의 인상시점 전후에 이루어져서 출고제한기간 이후 경상이익률이 대폭 증가한 점에 주목하여 이 사건 출고제한이 출고가격의 인상을 계기로 이득을 취할 의사로 이루어진 것이라고 판단하였는데, 이 점이 부당성을 인정하는데 중요한 영향을 미친 것으로 보인다.

제일제당도 거의 동일한 시기에 유사한 형태의 출고조절을 행하였다는 이유로 공정거래위원회로부터 시정조치를 받았다.[57] 즉, 대두유 품목의 시장지배적사업자였던 위 회사는 1997년 말 일정기간 동안 대두유제품의 판매량을 감소시키고 재고량을 증가시켰는데, 관련 행정소송에서 동 회사는 (1) 당시는 소위 IMF사태로 인하여 환율이 급등하여 대두유 제품의 원료인 대두의 수급이 불투명하고, 생산량을 증가시킬수록 손실이 확대되는 상황이었으며 중간상인의 매점매석 행위에 따른 가수요에 대응할 필요가 있었다는 등의 사정이 존재하였으므로 출고제한이 정당한 것이었고, (2) 문제의 출고제한기간을 월말로 설정하고 비교기간을 월초로 설정한 것은 부당하며, (3) 대두유 재고량이 증가한 것은 설 명절을 앞두고 수요가 급격히 증가하

54) 공정거래위원회 의결 제98-252호, 1998. 11. 4.

55) 서울고법 1999. 10. 6. 선고 99누3524 판결.

56) 서울고법 1999. 10. 6. 선고 99누3524 판결. 상고심에서 대법원 역시 동일한 취지로 상고를 기각하였다(대법원 2000. 2. 5. 선고 99두10964 판결).

57) 공정거래위원회 의결 제98-251호, 1998. 11. 4.

는 것에 대비하여 재고를 비축하였기 때문이었고, (4) 출고제한기간 이후에 경상이익률이 높은 것은 출고제한 때문이 아니라 명절로 인한 매출증가에 기인한 것이라는 등의 주장을 제기하였다.

위 사건 관련 행정소송에서 서울고법은 시장지배적사업자의 출고조절 행위의 부당성을 판단하기 위한 기준으로서 "당해 제품의 수급 등의 유통시장 상황, 생산능력, 원자재 조달사정 등 제반 경영사정에 비추어 그 조절행위가 통상적인 수준을 현저하게 벗어나서 상품의 생산, 판매 및 출고를 조절함으로써 가격의 인상이나 하락의 방지에 중대한 영향을 미치거나 수급차질을 초래할 우려가 있는가에 의하여 판단하여야 한다."라고 하였다.[58] 나아가 이러한 기준에 따라 이 사건의 사실관계를 판단할 때, 원고의 출고조절 사실은 인정되지만, 출고의 감소량이 월초의 비교기간에 비추어 현저한 것이라고 할 수 없고, 원료의 재고가 부족하고 수급 전망 자체가 불투명한 비상상황에서 가수요에 대응하기 위한 합리적인 기업경영행위라고 볼 수 있다고 판시하였다.[59] 특히, 법원은 원고가 출고조절기간 동안에 오히려 대폭적인 적자를 기록하는 등 출고조절로 인하여 이익을 실현한 사실이 없음을 강조하였다.

(다) 부당한 사업활동 방해

(1) 개 요

법 제5조 제1항 제3호는 다른 사업자의 사업활동을 부당하게 방해하는 행위, 즉 '부당한 사업활동 방해'를 시장지배적지위의 남용행위의 유형으로 규정하고 있는데, 이는 그동안 공정거래위원회가 가장 많은 시정조치를 내린 남용행위 유형이다. 법 시행령은 그 구체적 행위유형으로서 직접 또는 간접으로 (1) 정당한 이유 없이 다른 사업자의 생산활동에 필요한 원재료 구매를 방해하는 행위, (2) 정상적인 관행에 비추어 과도한 경제상의 이익을 제공하거나 제공할 것을 약속하면서 다른 사업자의 사업활동에 필수적인 인력을 채용하는 행위, (3) 정당한 이유 없이 다른 사업자의 상품 또는 용역의 생산·공급·판매에 필수적인 요소의 사용 또는 접근을 거절·중단하거나 제한하는 행위, (4) 그 밖에 다른 부당한 방법에 따른 행위를 하여 다른 사업자의 사업활동을 어렵게 하는 행위 중 공정거래위원회가 고시하는 행위를 규정하고 있다(법 시행령 제9조 제3항). 위 세부유형 중 (3)은 2001년 법 시행령 개정을 통하여 추가되었는데, 아래에서 설명하는 부당한 시장진입방해의 세부유형과 함께

58) 서울고법 2000. 11. 14. 선고 99누4008 판결.

59) 같은 판결. 상고심에서 대법원 역시 동일한 취지로 상고를 기각하였다(대법원 2002. 5. 24. 선고 2000두9991 판결).

소위 '필수설비 이론'(essential facilities doctrine)을 도입한 것이다.[60)]

(2) POSCO 거래거절 사건 판결

2000년대 후반 이후 부당한 사업활동 방해 조항이 적용된 일련의 사건들에서 사업활동 방해행위의 '부당성'에 대한 논의가 활발하게 이루어졌는데, 특히 중요한 사례로서 POSCO의 시장지배적지위 남용 사건을 들 수 있다. 이 사건에서는 공정거래위원회는 당시 열연코일시장에서 시장지배적사업자인 위 회사가 열연코일을 원재료로 사용하는 냉연강판시장에 진입하여 자신과 경쟁관계에 있는 현대하이스코에 대하여 냉연용 열연코일의 공급을 거절한 행위는 부당한 사업활동 방해에 해당한다고 판단하여 시정명령 등을 내렸다.[61)] 이에 대하여 위 회사는 불복의 소를 제기하면서 (1) 문제가 된 자동차용 냉연강판용 열연코일은 거래대상이 아닌 공정 중의 물품에 불과하므로 이를 거래대상으로 하는 시장이 존재할 수 없고, (2) 공정거래위원회가 제정한 '시장지배적지위 남용행위의 심사기준'(공정거래위원회 고시 제2000-6호, 2000. 9. 8.)상 시장지배적지위 남용행위의 세부유형인 '특정 사업자에 대한 거래거절'은 계속 중인 거래의 중단만이 포함되고 거래개시의 거절행위는 포함되지 않으며, (3) 자신은 문제가 된 자동차용 냉연강판용 열연코일을 현대하이스코뿐만 아니라 누구에게도 판매한 적이 없으므로 위 심사기준상 '특정 사업자에 대한 거래거절'의 '특정성' 요건이 충족되지 않고, (4) 이 사건 거래거절은 자유경쟁의 원칙상 용인되어야 할 것으로서 부당성이 없고 추가생산능력 부족 등 정당한 경영상의 이유가 있다는 등의 주장을 제기하였다.

그러나 서울고법은 (1) 원고는 냉연강판용 열연코일을 원자재로 사용하여 자동

---

60) 현재까지 법원이 필수설비 이론을 적용한 판결례로서는 삼성전자가 애플사에 대하여 제기한 이동통신 관련 표준필수특허 침해금지 청구의 소를 심리한 서울중앙지법이 해당 표준필수특허를 독점규제법상 필수설비에 해당한다고 인정한 것(서울중앙지법 2012. 8. 24. 선고 2011가합39552 판결)과, 역시 이동통신 관련 표준필수특허를 다수 보유하고 있을 뿐만 아니라 휴대폰 제조에 필요한 모뎀칩셋 시장에서 지배적 지위를 차지하고 있는 퀄컴사 등의 표준필수특허 라이선스 관행이 문제가 된 제2차 퀄컴 사건에서 공정거래위원회의 처분에 대하여 제기된 불복의 소를 심리한 서울고법이 해당 표준필수특허를 필수설비에 해당한다고 인정한 것(서울고법 2019. 12. 4. 선고 2017누48 판결) 등을 찾아볼 수 있다. 그 밖에도 한국여신전문금융업협회의 사업자단체 금지행위 사건 관련 행정소송에서 서울고법 및 대법원은 신용카드회사들이 공동으로 출자하여 구축한 가맹점 공동이용망을 '필수설비적 성격을 가진 시설'이라고 하였는데, 특히 당시 재정경제원이 추진한 신용카드 가맹점 공동이용정책에 따라 사실상 위 공동이용망의 이용이 강제되었던 점을 고려한 것으로 보인다(서울고법 2003. 4. 17 선고 2001누5851 판결 및 대법원 2005. 8. 19 선고 2003두5709 판결). 이 사건의 사실관계 및 판시사항은 제8장 Ⅳ. 1. (나) '관련 판결례' 부분 참고.

61) 공정거래위원회 의결 제2001-68호, 2001. 4. 12.

차용 냉연강판과 일반용 냉연강판을 생산·공급하고 있고, 열연코일 자체에 대해서도 일반용 냉연강판용 열연코일은 상품으로 판매하고 있으며, 또한 자동차용 냉연강판용 열연코일과 성분이 유사한 열연코일도 역시 상품으로 판매하고 있으므로 냉연용 열연코일 중 유독 자동차용 강판용 열연코일에 대해서만 거래대상이 아닌 공정 중의 물품이라고 볼 수 없고, (2) 시장지배적지위의 남용행위의 한 유형인 부당하게 '특정 사업자에 대하여 거래를 거절한 행위'에는 계속 중인 거래의 중단만이 아니라 거래개시의 거절행위도 포함되고, (3) 원고는 그동안 기타의 냉연강판 제조업자들에 대해서는 냉연강판용 열연코일을 공급하여왔음에도 유독 피고보조참가인에 대해서 그 공급을 거부하였으므로 '특정성'의 요건이 충족되고, (4) 시장지배적지위 남용행위의 경쟁제한성은 "반드시 당해 시장지배적사업자가 속한 관련시장에서의 경쟁제한성에 국한되는 것은 아니며, 하나의 관련시장에서의 시장지배적지위를 남용하여 후방이나 전방 등 다른 관련시장에서의 경쟁을 제한하는 경우도 포함된다."라고 판시하였다.[62)]

위 법원은 결국 제반 사정을 종합하여 볼 때, 원고의 거래거절 행위는 열연코일 시장에서의 자신의 시장지배적지위를 이용하여 후방시장인 냉연강판시장에 새로 진입한 경쟁사업자인 피고보조참가인에 대하여 냉연강판 생산에 필수적인 열연코일의 공급을 거절함으로써 열연코일에서의 시장지배적지위를 남용하여 냉연강판시장에서 경쟁사업자인 피고보조참가인의 사업활동을 방해하고 자신의 시장지배적지위(2000년 기준 시장점유율 58.4%)를 계속 유지하려는 의도 하에 행한 행위로서, 이는 독점규제법의 취지에 어긋나는 행위일 뿐만 아니라, 이로 인하여 피고보조참가인은 열연코일의 구입을 전적으로 수입에 의존할 수밖에 없는 상황에서 열연코일 수입에 따른 추가비용부담(운임, 관세, 하역비 등), 거래의 불안정성(물량의 안정적 확보 곤란, 원료 혼용에 따른 생산성 저하, 과다한 운송기간에 따른 시장변화에 대한 신속한 적응 곤란, 환 리스크 등) 등으로 인하여 사업활동에 상당한 어려움을 겪고 있고, 또한 동 제품의 국내 구매가 불가능하다는 사정으로 인하여 외국으로부터 동 제품 수입시 구매력(buying power)이 약해지고 거래조건협상이 불리해지는 여건에 처해 있는바, 이는 단순한 불편이나 경제적 손실의 정도를 넘어 경쟁자로서 충분하게 기능할 수 없을 정도의 장애를 초래하여 경쟁을 저해하는 결과를 가져왔으므로 '부당성'이 인정되고, 기타 추가생산능력 부족 등의 사유도 인정되지 않는다고 하였다.[63)]

---

62) 서울고법 2002. 8. 27. 선고 2001누5370 판결. 마지막 판시사항은 미국이나 EU의 경쟁법 학설 및 판례상 끼워팔기나 가격차별 등의 위법성의 근거를 설명하기 위하여 제시된 소위 '지렛대 이론'(leverage theory)과 유사한 것으로 볼 수 있다.

그러나 상고심에서 대법원은 오랜 심리 끝에 결국 이 사건 거래거절행위의 부당성이 인정되지 않는다는 이유로 원심을 파기하였다.[64] 대법원의 다수의견은 시장지배적사업자가 행한 거래거절행위의 부당성의 판단기준에 대하여 구법 제23조 제1항 제1호의 불공정거래행위로서의 거래거절행위의 부당성과는 별도로 '독과점적 시장에서의 경쟁촉진'이라는 입법목적에 비추어 독자적으로 평가·해석하여야 한다는 전제에서, 시장지배적사업자가 개별 거래의 상대방인 특정 사업자에 대한 부당한 의도나 목적을 가지고 거래거절을 한 모든 경우 또는 그로 인하여 특정 사업자가 불이익을 입게 되었다는 사정만으로는 그 부당성을 인정하기에 부족하고, 그중에서도 특히 시장에서의 독점을 유지·강화할 의도나 목적을 갖고, 객관적으로도 그러한 경쟁제한의 효과가 생길 만한 우려가 있는 행위로 평가될 수 있는 행위로서의 성질을 갖는 경우만 그 부당성이 인정된다고 하였다.[65]

나아가 이를 입증하는 방법과 관련하여, 경쟁당국은 상품의 가격상승, 산출량 감소, 혁신의 저해, 유력한 경쟁사업자의 수의 감소, 다양성의 감소 등과 같은 경쟁제한의 효과가 생길 만한 우려가 있는 행위로서 그에 대한 의도와 목적이 있었다는 점을 입증하여야 하는데, 현실적으로 그와 같은 효과가 나타났음이 입증된 경우에는 그 행위 당시에 경쟁제한을 초래할 우려가 있었고 또한 그에 대한 의도나 목적이 있었음을 사실상 추정할 수 있지만, 그렇지 않은 경우에는 거래거절의 경위 및 동기, 거래거절행위의 태양, 관련시장의 특성, 거래거절로 인하여 그 거래상대방이 입은 불이익의 정도, 관련시장에서의 가격 및 산출량의 변화 여부, 혁신저해 및 다양성 감소 여부 등 여러 사정을 종합적으로 고려하여 당해 행위가 경쟁제한의 효과가 생길 만한 우려가 있는 행위로서 그에 대한 의도나 목적이 있었는지를 판단하여야 한다고 판시하였다.[66]

위 대법원의 판시내용을 요약하면, 시장지배적지위 남용행위의 한 유형인 거래거절의 부당성이 인정되기 위해서는 첫째, 주관적 요소로서 '시장에서의 독점을 유지·강화할 의도나 목적'이 인정되어야 하고, 둘째, 객관적으로 문제가 된 행위가 경쟁제한의 효과가 생길 만한 우려가 있는 행위이어야 하는데, 이를 입증하는 방법으로 우선 상품의 가격상승, 산출량 감소, 혁신의 저해, 유력한 경쟁사업자의 수의 감

---

63) 서울고법 2002. 8. 27. 선고 2001누5370 판결.

64) 대법원 2007. 11. 22. 선고 2002두8626 판결. 그러나 대법원은 관련시장의 획정 등 시장지배적사업자 여부의 판단에 관해서는 원심의 판시를 수용하였다. 제1장 Ⅱ. 3. (라) '관련 심판결례' 부분 참고.

65) 대법원 2007. 11. 22. 선고 2002두8626 판결.

66) 같은 판결.

소, 다양성의 감소 등과 같은 경쟁제한의 효과가 실제로 나타났음이 입증된 경우에는 의도나 목적이 사실상 추정되지만, 그렇지 않은 경우에는 당해 거래거절행위를 둘러싼 제반 상황을 모두 고려하여 경쟁제한의 우려 및 의도나 목적의 존재 여부를 판단해야 한다는 것이다.[67)]

위 대법원 판결의 의미에 대하여 상당한 논란이 제기되었다. 특히 위 사건에서 대법원은 명시적으로 구법 제3조의2 제1항 제3호의 사업활동 방해의 유형 중 '거래거절행위'의 부당성 판단기준에 대해 설시하였는데, 이 판시사항이 '불이익 강제행위' 등 다른 유형의 사업활동 방해, 나아가 예컨대, 구법 제3조의2 제1항 제5호 전단의 '경쟁사업자 배제'와 같은 다른 유형의 남용행위에도 동일하게 적용되는지가 명확하지 않았다. 그런데 위 판결이 내려진 이후 각급 법원은 다른 유형의 '사업활동 방해행위'는 물론이고 구법 제3조의2 제1항 제5호 전단의 '경쟁사업자 배제행위'에 대해서도 사실상 동일한 판단기준을 적용하였다.

(3) SKT DRM 사건 판결

SKT의 시장지배적지위 남용 사건에서 'MP3폰을 디바이스로 하는 이동통신서비스시장'에서 시장지배적지위(2005년 당시 매출액 기준 시장점유율 60.2% 및 가입자기준 시장점유율 59.5%)를 차지하고 있는 동 회사가 이동통신서비스와는 별도로 멜론이라는 음악사이트를 통해 MP3폰을 보유하고 있는 고객에게 PC 또는 MP3폰을 통해 다운로드하는 방식으로 음악을 판매하면서, 동 사이트의 음악파일과 MP3폰에 자체개발한 DRM(디지털콘텐츠의 저작권을 관리하기 위한 보안장치의 일종)을 탑재하여 SKT용 MP3폰을 소지하고 있는 소비자로 하여금 자신이 운영하는 멜론사이트에서 구매한 음악파일만을 재생할 수 있도록 하고 타 사이트에서 구매한 음악은 SKT용 MP3폰으로 재생하여 들을 수 없도록(다만, 별도의 DRM이 장착되지 않은 음악파일은 멜론사이트의 회원으로 가입한 후 컨버팅 과정을 거쳐서 청취할 수 있다) 한 행위가 문제되었다.[68)]

그러나 관련 행정소송에서 서울고법은 공정거래위원회의 관련시장 획정 및 시

67) 위와 같은 다수의견 이외에 외형상 남용행위가 있으면 부당성이 추정되고, 사업자가 경쟁제한의 우려가 없거나 거래거절의 정당한 사유가 있음을 입증하여야 한다는 반대의견(대법관 이홍훈 및 안대희)과 헌법 및 독점규제법상 독점의 규제라는 입법목적에 따라 시장지배적지위의 남용행위로서 행하여진 거래거절은 경쟁제한의 우려 여부와 무관하게 규제하여야 한다는 반대의견(대법관 박시환)이 제시되었다. 동 판결에 대한 비판적인 분석으로는 이호영, "공정거래법상 시장지배적사업자 규제의 쟁점과 과제", 「저스티스」, 통권 104호, 2008. 6, pp. 93-96 참고.

68) 공정거래위원회 의결 제2007-44호, 2007. 2. 6. 공정거래위원회는 이 사건 행위가 구법 제3조의2 제1항 제3호의 '부당한 사업활동 방해'의 세부유형 중 '불이익 강제행위'에 해당할 뿐만 아니라 소비자의 상품선택권을 침해하고 우수한 제품을 접할 기회를 제약하므로 동 항 제5호 후단의 '현저한 소비자이익의 저해'에도 해당한다고 하였다.

장지배적사업자에 해당되는지 여부에 대한 판단이 정당하고 이 사건 행위가 경쟁사업자의 사업활동을 방해하거나 소비자의 이익을 저해할 우려가 있다는 점은 인정하면서도, 위 POSCO 사건 대법원 판결에서 제시된 '부당성'의 판단기준과 입증방법을 그대로 원용한 뒤, 다음과 같은 점을 근거로 이 사건 행위는 부당성이 없거나 매우 약하고 소비자이익 저해의 현저성도 의문이라고 하면서 공정거래위원회의 시정명령 등을 취소하였다.[69] 즉, (1) DRM은 인터넷 음악서비스 사업자들의 수익과 저작권자의 보호 및 불법 다운로드의 방지를 위하여 필요한 기술로서 MP3폰에 이를 탑재하는 데 정당한 이유가 있으므로 원고가 시장지배적사업자가 아니더라도 이와 같은 기술을 시행하였을 것이라고 보이고, (2) 원고가 폐쇄적인 DRM 정책을 사용하여 소비자가 MP3폰으로 음악을 듣기 위해서는 멜론사이트에서 컨버팅을 하거나 CD굽기를 하여야 하는 불편을 겪을 수밖에 없지만 이는 DRM의 표준화가 의무화되지 않은 상황에서 부득이한 일이고 그 불편이 현저한 이익의 침해가 되거나 불법에까지 이르지 않으며, (3) 원고가 저렴한 비용으로 멜론사이트에서 제공되는 모든 곡을 스트리밍하거나 다운로드 받을 수 있도록 하는 서비스를 개발하였으므로 소비자에게 불리한 지출을 강요한 것도 아니고, (4) 이 사건 행위로 인하여 현실적으로 경쟁제한의 효과가 일정 정도로 나타났지만 이 사건 DRM의 특성과 필요성 및 그 개발경위에 비추어 볼 때 경쟁제한의 효과에 대한 의도나 목적을 인정할 수 없으며, (5) 당시 음악파일의 호환을 강제할 법령상 의무가 없는 상황에서 법원이나 공정거래위원회가 입법적 근거 없이 호환기술의 사용을 의무화하는 것은 정당하지 않다고 하였다.[70]

(4) 현대자동차 대리점 사건 판결

현대자동차의 시장지배적지위 남용 사건에서 동 회사가 판매대리점의 거점이전이나 인원채용을 제한하거나 또는 판매목표를 설정하고 이를 달성하기 위하여 선출고를 요구하는 등의 행위가 부당한 사업활동 방해에 해당하는지가 문제로 되었다. 관련 행정소송 상고심에서 대법원은 위 POSCO 사건에서 대법원이 제시한 부당성 판단기준 및 입증방법을 그대로 원용하여 판매대리점의 거점이전 및 인원채용을 제한하는 행위는 직영판매점과의 경쟁을 제한함으로써 인위적으로 시장질서에 영향을

69) 서울고법 2007. 12. 27. 선고 2007누8623 판결.

70) 같은 판결. 동 판결은 그 밖에도 이 사건 DRM이 소위 '필수설비'에 해당하지 않는다는 점도 판결의 근거로 설시하고 있는데, 별다른 이론이 있을 수 없다고 본다. 상고심에서 대법원 역시 원심과 마찬가지로 POSCO 사건 대법원 판결이 제시한 부당성 판단기준을 그대로 적용하여 이 사건 행위의 부당성이 인정되지 않는다고 판시하였다(대법원 2011. 10. 13. 선고 2008두1832 판결).

가하려는 의도나 목적 아래 행해졌고 객관적으로도 그러한 효과가 생길 우려가 존재하므로 부당성이 인정된다고 하였지만, 판매목표의 설정 및 선출고 요구행위에 대해서는 그와 같은 의도나 목적이 인정되지 않고 객관적으로도 경쟁제한효과가 생길 만한 우려가 있는 행위로 보기 어렵다고 판시하였다.[71)]

(5) **티브로드 강서방송 TV홈쇼핑 채널변경 사건 판결**

대법원은 티브로드 강서방송의 시장지배적지위 남용 사건에서도 POSCO 사건 대법원 판시가 부당한 사업활동 방해행위 중 '거래거절행위'뿐만 아니라 '불이익 강제행위'에도 동일하게 적용됨을 명확하게 하였다. 관련 행정소송 상고심에서 대법원은 시장지배적사업자의 지위남용행위로서 '불이익 강제행위'의 부당성 판단기준에 관하여 위 POSCO 사건 판결의 부당성 판단기준 및 입증방법을 그대로 반복한 뒤,[72)] 설령 이 사건 관련시장에서 원고가 시장지배적사업자의 지위에 있다고 하더라도, 원심이 제시한 사정들은 모두 원고의 이 사건 채널변경행위에 의하여 TV홈쇼핑사업자가 입게 된 구체적인 불이익에 불과한 것들로서 현실적으로 경쟁제한의 결과가 나타났다고 인정할 만한 사정에 이르지 못하고, 기록에 나타난 여러 사정을 종합하더라도 원고가 시장에서의 독점을 유지·강화할 의도나 목적, 즉 시장에서의 자유로운 경쟁을 제한함으로써 인위적으로 시장질서에 영향을 가하려는 의도나 목적을 갖고, 객관적으로도 그러한 경쟁제한의 효과가 생길 만한 우려가 있는 행위로 평가될 수 있는 불이익 강제행위를 했다고 보기도 어려우므로 이 사건 채널변경행위가 구법 제3조의2 제1항 제3호에 규정된 시장지배적지위 남용행위로서 부당성을 갖는 것으로 인정할 수 없다고 하였다.[73)]

(6) NHN **동영상 선광고 사건 판결**

NHN의 시장지배적지위 남용 사건 관련 행정소송에서 서울고법은 설령 원고가 시장지배적사업자라고 인정된다고 하더라도 대법원이 POSCO 사건 판결에서 제시한 부당성 판단기준 및 그 입증방법을 적용하여 이 사건 행위의 부당성을 판단할 때, '부당한 불이익 강제행위'로 인정할 수 없다고 판시하였다. 즉, 공정거래위원회가 주장하는 바와 같이 원고의 인터넷 포털서비스 이용자시장에서의 시장지배력이

71) 대법원 2010. 3. 25. 선고 2008두7465 판결. 한편 이 사건 사실관계와 유사한 판매대리점의 거점이전 제한행위가 문제가 된 기아자동차의 시장지배적지위 남용행위 사건에서 서울고법 및 대법원은 이 사건 행위로 말미암아 실제 경쟁제한효과가 발생하였음이 입증되지 않고 독점을 유지·강화할 의도나 목적도 인정되지 않는다고 판시하였다(서울고법 2008. 9. 11. 선고2007누30897 판결 및 대법원 2010. 4. 8. 선고 2008두17707 판결).

72) 대법원 2008. 12. 11. 선고 2007두25183 판결.

73) 같은 판결.

동영상 콘텐츠 공급업체에 대한 측면의 시장으로 전이가 있었다고 볼 근거가 부족하고, 원고의 이 사건 광고제한행위로 인해 콘텐츠 제공업체의 광고수익이 줄어들 가능성이 있기는 하나, 이러한 사정은 이 사건 행위로 인하여 거래상대방이 입게 되는 구체적인 불이익에 불과한 것으로 현실적으로 경쟁제한의 결과가 나타났다고 인정할 만한 사정에 이르지 못하고, 공정거래위원회가 지적하는 원고 임원의 발언만으로 경쟁제한의 의도나 목적이 있었던 것으로 보기도 어렵다고 판시하였다.[74)]

위 사건 상고심에서 대법원 역시 원고와 동영상 콘텐츠 공급업체 사이에 색인 데이터베이스 제공계약과 관련하여 아무런 대가가 수수된 바 없고, 원고의 광고제한행위에도 불구하고 일부 동영상 콘텐츠 공급업체는 선광고를 게재하였으며, 원고 자신도 동영상 콘텐츠에 선광고를 제재하지 않았고, 동영상 콘텐츠 공급업체로서도 선광고 금지가 자신에게 불이익하다면 다른 인터넷 포털 사업자를 선택할 수 있었다는 등의 사정을 이유로 원고가 주관적으로 경쟁제한의 의도나 목적을 가지고 객관적으로도 경쟁제한의 효과가 생길만한 우려가 있는 행위로 평가할 수 있는 불이익 강제행위를 했다고 보기 어렵다고 판시하였다.[75)]

(7) 제1차 퀄컴 사건 및 제2차 퀄컴 사건 판결

근래 국제적으로 크게 다투어진 쟁점으로서 해당 표준화기구(SSO: Standard Setting Organization)에 소위 'FRAND 확약'(Fair, Reasonable and Non-Discriminatory Commitments)을 제출한 바 있는 표준필수특허(SEP: Standard-essential Patents) 보유자가 추후에 그 확약을 위반하는 행위가 문제가 된 퀄컴사 등의 시장지배적지위 남용행위 등 사건(Ⅰ)(제1차 퀄컴 사건)과 퀄컴사 등의 시장지배적지위 남용 사건(Ⅱ)(제2차 퀄컴 사건)에서 중요한 판시가 내려졌다. 먼저, 전자에서 공정거래위원회는 위 회사 등이 국내 휴대폰 제조사에게 CDMA 이동통신표준과 관련된 특허기술을 실시허락하면서 그에 대한 실시료를 자신 이외의 다른 사업자로부터 모뎀칩 등의 부품을 구매한 경우에 차별적으로 더 높게 산정되도록 한 행위는 부품시장에서의 경쟁을 제한하기 위한 의도로 행해진 것으로서 경쟁을 제한할 우려가 있으므로 다른 사업자의 사업활동을 부당하게 방해하는 행위에 해당한다고 하였다.[76)]

관련 행정소송에서 서울고법은 다음과 같은 근거를 제시하면서 원고의 청구를 기각하였다. 즉, 시장지배적지위 남용행위 심사기준이 사업활동 방해행위의 한 유형으로 규정하고 있는 차별적 취급에서 말하는 거래상대방은 그 문언상 반드시 복수의

74) 서울고법 2009. 10. 8. 선고 2008누27102 판결.
75) 대법원 2014. 11. 13. 선고 2009두20366 판결.
76) 공정거래위원회 의결 제2009-281호, 2009. 12. 30.

거래상대방을 전제하고 있다고 볼 수 없으며 같은 거래상대방에 대하여 구체적인 조건에 따라 가격을 차별적으로 할인하는 방법에 의하여도 경쟁사업자의 사업활동을 방해하여 경쟁제한의 효과를 유발할 수 있으므로 하나의 구매자에 대하여 구체적인 조건에 따라 가격을 차별적으로 할인하는 경우도 포함된다고 봄이 타당하다고 하였다.[77] 또한 위 회사가 로열티의 차별적 부과를 금지하는 FRAND 확약을 제출한 점, 당시 국내 휴대폰 제조사들이 다른 사업자가 공급하는 모뎀칩의 구매량을 늘리는 추세였다는 점, 휴대폰 제조사의 로열티 인하요구를 기화로 그 인하대상을 자사의 모뎀칩을 장착한 경우로 한정하고 일정 비율이나 수량 이상 구매하지 않을 경우에는 계약해지조건까지 부과한 점 등에 비추어볼 때, 국내 CDMA2000 방식 모뎀칩시장에서 경쟁을 제한할 의도와 목적 및 경쟁을 제한하거나 제한할 우려가 있는 행위로 인정된다고 판시하였다.[78]

차별적 취급에 관한 위와 같은 서울고법의 해석은 이례적이라고 할 수 있는데, 상고심에서 대법원은 이에 관하여 명시적으로 판시를 하지 않은 채 이 사건 로열티 차별적 부과행위의 성격을 배타조건부 모뎀칩 가격 할인과 병행적으로 이루어진 '로열티 할인 병행행위'라고 규정하고, 그 부당성이 인정되는 이상 원심이 로열티 할인 병행행위에 관한 관련 상품시장을 '원고가 보유한 CDMA 표준기술을 제공하는 시장'으로 보면서 그 관련시장에서 거래상대방에 대하여 가격을 차별하는 행위가 성립한다고 본 점에서는 잘못이 있으나, 이 사건 시정명령이 적법하다고 본 결론은 정당하다고 판시하였다.[79]

또한 제2차 퀄컴 사건에서는 공정거래위원회는 다수의 CDMA, WCDMA 및 LTE 방식 이동통신 표준필수특허를 보유하고 있을 뿐만 아니라 각 이동통신표준방식 휴대폰용 모뎀칩셋 시장에서 지배적 지위를 가진 위 회사 등의 다음 3가지 행위가 부당한 사업활동 방해에 해당한다고 인정하였다. 즉, (1) 경쟁 모뎀칩셋 제조사에 대해 자신이 보유한 위 표준필수특허를 라이선스 해주지 않고 대신 부제소의 약정이나 보충적 권리행사의 약정 또는 한시적 제소유보의 약정만을 체결한 행위(표준필수특허 라이선스 거절·제한행위)는 시장지배적지위 남용행위 심사기준상 '정상적인 거래관행에 비추어 타당성이 없는 조건을 제시하는 행위' 또는 구법 시행령 제5조 제3항 제3호의 '정당한 이유 없이 필수요소의 사용 또는 접근을 거절·중단·제한

77) 서울고법 2013. 6. 19. 선고 2010누3932 판결.

78) 같은 판결.

79) 대법원 2019. 1. 31. 선고 2013두14726 판결. 이 사건에서 실시료를 차별적으로 책정한 행위 이외에도 조건부 리베이트 제공행위가 문제가 되었는데, 이에 관한 공정거래위원회의 의결 및 법원의 판결 내용은 아래 (마) (4) '제1차 퀄컴 사건 판결' 부분 참고.

하는 행위'로서 부당한 사업활동 방해에 해당하고, (2) 휴대폰 제조사에 자신의 모뎀칩셋을 공급하면서 이와는 별도로 자신이 보유한 특허에 대한 라이선스 계약의 체결을 요구하고 이에 불응하거나 그 계약을 불이행할 경우에는 칩셋의 공급을 거절하거나 중단한 행위(모뎀칩셋의 공급과 라이선스의 연계행위)는 위 심사기준상 '부당하게 거래상대방에게 불이익이 되는 거래 또는 행위를 강제하는 행위'로서 부당한 사업활동 방해에 해당하며, (3) 휴대폰 제조사와 라이선스 계약을 체결하면서 특허 목록 등을 제시하지 않은 채 표준필수특허와 기타의 특허를 포함한 포괄적 라이선스 계약을 체결하면서, 일방적으로 로열티를 전체 휴대폰 가격의 일정 비율로 책정하고 계약기간을 장기 영속적인 것으로 정하고, 무상의 크로스 그랜트를 요구하고 퀄컴사의 칩셋을 사용하는 다른 휴대폰 제조사에 대해서도 그 특허를 주장하지 못하도록(소위 '특허우산'의 구축) 한 행위(불공정한 라이선스 계약 체결행위) 역시 심사기준상 '부당하게 거래상대방에게 불이익이 되는 거래 또는 행위를 강제하는 행위'로서 부당한 사업활동 방해에 해당한다고 인정하고 시정명령과 함께 현재까지 부과된 과징금 중 최고액인 1조 300억 원의 과징금 납부명령을 내렸다.[80)]

위 공정거래위원회의 처분에 대해 제기된 불복의 소를 심리한 서울고법은 공정거래위원회가 제시한 처분의 근거 중 대부분을 수용하면서 시정명령 중 일부를 제외한 이 사건 처분의 적법성을 인정하였다.[81)] 먼저, 표준필수특허 라이선스 거절·제한행위에 관하여, 원고들이 표준화기구에 FRAND 확약을 제출한 점, 다른 사업자들 및 휴대폰의 다른 부품에서 모뎀칩셋 단계 라이선스 관행이 존재하고 원고들도 과거 모뎀칩셋 단계에서 라이선스해준 관행이 존재한 점, 경쟁모뎀칩셋 제조사는 이 사건 표준필수특허 라이선스가 실질적으로 필요하고, 원고들과 모뎀칩셋 제조사 사이의 비소진적 라이선스만으로 원고들의 특허공격의 위험이 해소되지 않는 점, 비소진적 약정에 부가되는 판매처 제한 조건, 영업정보 보고 조건도 타당성 없는 조건에 해당하는 점 등을 근거로 위 심사기준상 정상적인 거래관행에 비추어 타당성이 없는 조건을 제시한 것으로 인정된다고 판시하였다.[82)]

---

80) 공정거래위원회 의결 제2017-25호, 2017. 1. 20. 공정거래위원회는 위 3가지 행위 중 모뎀칩셋의 공급과 라이선스를 연계한 행위와 불공정한 라이선스 계약 체결행위는 시장지배적지위 남용행위에 해당할 뿐만 아니라 거래상 지위를 이용하여 '거래상대방에게 불이익이 되도록 거래조건을 설정 또는 변경하거나 그 이행과정에서 불이익을 주는 행위'로서 불공정거래행위의 유형 중 '불이익 제공'(구법 시행령 [별표 1의2] 제6호 라목)에도 해당한다고 하였다.

81) 서울고법 2019. 12. 4. 선고 2017누48 판결.

82) 같은 판결. 위 법원은 다만, 위 행위가 필수요소의 사용을 제한한 것인지 여부에 관해서는 원고의 이동통신 표준필수특허가 필수요소에 해당한다고 인정하면서도 모뎀칩셋

또한 모뎀칩셋의 공급과 라이선스의 연계행위에 관하여, 모뎀칩셋 공급계약의 연계를 통하여 특허 라이선스 계약의 체결을 강제한 사실이 인정되는 점, 소송을 통한 침해금지청구보다 일방적 공급 중단 등의 위험이 더 강력한 점, 원고들이 휴대폰 제조사에 대하여 모뎀칩셋을 판매하면 특허소진 법리에 따라 해당 특허권은 소진되므로 휴대폰 제조사가 특허권을 침해하였다고 보기 어려움에도 모뎀칩셋 판매로 소진되는 특허를 포함한 라이선스 계약의 체결·이행을 강제한 점 등을 근거로 불이익이 되는 거래를 강제한 것으로 인정된다고 판시하였다.[83] 그러나 불공정한 라이선스 계약 체결행위에 관해서는, 포괄적 라이선스가 반드시 휴대폰 제조사에 불이익한 거래라고 볼 수 없는 점, 휴대폰 가격을 기준으로 실시료를 책정한 것이 일방적 실시료 결정이라고 볼 수 없고 그 실시료율이 합리적인 수준을 초과하여 과다하다고 볼 수 있음을 입증하지 못한 점, 이 사건 크로스 그랜트 조건이 아무런 가치평가나 대가 없이 라이선스를 받았다고 단정할 수 없고 대가의 현저한 불균형 또는 부존재가 입증되지 않은 점 등을 근거로 불이익이 되는 거래를 강제한 것으로 인정되지 않고 경쟁제한성이 인정되지도 않는다고 판시하였다.[84]

나아가 위 법원은 이 사건 행위들의 연계에 따른 경쟁제한성에 관하여 다음과 같이 설시하였다. 즉, 모뎀칩셋의 공급과 라이선스의 연계행위가 없다면 원고들은 표준필수특허 라이선스 거절·제한행위에 따라 경쟁 모뎀칩셋 제조사로부터 모뎀칩셋을 구매하는 휴대폰 제조사에게 특허 라이선스 계약 체결을 요구하거나 침해금지청구를 하는 것이 가능하지만 자신들로부터 모뎀칩셋을 구매하는 휴대폰 제조사에 대하여는 특허 라이선스의 체결·이행을 강제할 수 없고, 표준필수특허 라이선스 거절·제한행위가 없다면 원고들이 모뎀칩셋의 공급과 라이선스의 연계행위에 따라 자신들로부터 모뎀칩셋을 구매하는 휴대폰 제조사에게 특허실시계약의 체결·이행을 강제하려고 하여도 경쟁 모뎀칩셋 제조사가 원고들이 보유한 표준필수특허에 대하여 라이선스를 받은 상황이므로 경쟁 모뎀칩셋 제조사의 모뎀칩셋을 구매함으로써 원고들에게 모뎀칩셋에 구현되는 특허에 관한 실시료를 납부하여야 하는 부담을 회피할 수 있으므로 결국 두 행위는 하나의 '휴대폰 단일 단계 라이선스 정책'을 구성

제조사들이 해당 표준필수특허를 사용하여 모뎀칩셋을 제조·판매하고 있으므로 구법 시행령상 '필수요소의 사용 또는 접근의 거절·중단 또는 제한하는 행위'에 해당한다고 볼 수 없다고 하였다.

83) 같은 판결. 또한 위 법원은 위 행위는 정상적인 거래관행에 비추어 상대방에게 부당하게 불이익을 주어 공정한 거래를 저해할 우려가 있으므로 거래상 지위의 남용으로서 불공정거래행위에도 해당한다고 하였다.

84) 같은 판결. 또한 위 법원은 위 행위가 휴대폰 제조사에 불이익하다고 단정할 수 없으므로 부당한 불이익 제공으로서 불공정거래행위에 해당하지도 않는다고 하였다.

하고, 원고들은 이를 통해 경쟁 모뎀칩셋 제조사의 비용을 상승시키고 거래대상을 제한하여 시장을 봉쇄함으로써 이 사건 표준별 모뎀칩셋 시장에서의 시장지배적지위를 더욱 공고히 한다고 설시하였다.[85)]

(8) **지멘스 유지보수 서비스 사건 판결**

소위 '후속시장'(aftermarket)[86)]에서 이루어진 경쟁자 배제행위로 주목을 받았던 지멘스 등의 시장지배적지위 남용 등 사건에서는 국내 CT 및 MRI 장비 시장에서 지배적 지위를 가진 동 사업자 등이 종전에 자신들이 독점하였던 자사 CT 및 MRI 장비의 유지보수 시장에 이들 장비를 제조·판매하지 않고 유지보수 서비스만을 제공하는 독립 유지보수 사업자(ISO: Independent Service Organization)들이 진입하자, 자사로부터 CT나 MRI를 구입한 병원에 대하여 ISO와 거래하였는지 여부에 따라 장비의 안전관리 및 유지보수에 필수적인 서비스키 발급가격, 기능, 소요시간 등을 차별적으로 적용한 행위가 문제가 되었다. 공정거래위원회는 이 사건 행위로 인하여 병원들이 ISO와 거래할 경우 감수해야 할 기회비용이 증가하여 ISO의 가격경쟁력이 상실되었고, 이들의 서비스 품질 및 안정성에 대한 우려도 가중되었으며, 병원이 관련 법령에 따라 의무적으로 수행해야 하는 안전검사가 지연되는 상황도 초래됨에 따라 지멘스 CT 및 MRI 유지보수 서비스 시장의 진입장벽이 강화되고 실제로 일부 ISO가 퇴출되는 등 관련시장의 경쟁제한성이 인정된다고 하였다.[87)]

관련 행정소송에서 서울고법은 우선 서비스 소프트웨어는 원고의 지적재산인 컴퓨터프로그램 저작물에 해당하므로 저작물의 이용을 무상으로 할지 여부는 원고의 선택에 달려있고, 원고의 유지보수가 유상서비스인 시장에서 일부 고객관리 차원에서 무상으로 제공한 사례만으로 무상제공 관행을 인정할 수 없으며, ISO가 유지보수 서비스를 제공하는 영역에서 병원이 그에 따른 비용을 지출하도록 하는 것을 부당하다고 볼 수 없고 서비스키 발급을 지연한 사례 역시 ISO 사용 여부를 확인하는 과정에서 지체된 것으로 보이며, 무상으로 발급한 사례는 병원이 자체적으

85) 같은 판결. 동 판결에 대하여 상고가 제기되어 대법원에 계속 중이다.

86) '후속시장'이란 예컨대, 프린터기의 잉크 카트리지, 자동차 부품, 장비 유지보수 서비스와 같이 주상품(Primary Product)의 보완재로 기능하는 부상품(Secondary Product)이 거래되는 시장을 말하는데, 위 사건의 관련시장 획정에 관하여는 제1장 Ⅱ. 3. (라) '관련 심판결례' 부분 참고.

87) 공정거래위원회 의결 제2018-94호, 2018. 3. 13. 공정거래위원회는 위 행위가 시장지배적지위 남용에 해당할 뿐만 아니라 불공정거래행위의 유형 중 '차별적 취급'(구법 제23조 제1항 제1호 후단)에도 해당한다고 하였고, 또한 위 회사 등이 병원들에 공문을 발송하여 ISO와 거래할 경우에 발생할 수 있는 안전 업데이트 미시행에 따른 위험 및 저작권 침해 문제를 과장하여 전달한 행위가 불공정거래행위의 유형 중 '위계에 의한 고객유인'(구법 시행령 [별표 1의2] 제4호 나목)에 해당한다고 하였다.

로 진행하는 업무로서 원고들이나 ISO에게 위탁하는 영역이 아니어서 ISO와 경쟁하는 시장으로 볼 수 없고, 나아가 설령 이 사건 행위로 유지보수 서비스 시장에서 현실적으로 경쟁제한의 효과가 일부 나타난다고 하더라도 지적재산권인 서비스 소프트웨어의 특성과 저작권의 보호 필요성 등에 비추어 볼 때 그 경쟁제한의 정도가 수인 범위를 넘어 과도하다고 볼 수 없다고 판시하였다.[88]

(9) 기타 주요 심결례

그 밖에 공정거래위원회가 부당한 사업활동 방해의 성립을 인정한 기억할 만한 심결례로서 마이크로소프트 등의 시장지배적지위 남용 등 사건, 네이버 등의 시장지배적지위 남용 등 관련 동의의결 사건, 가즈트랑스포르 에 떼끄니가즈의 시장지배적지위 남용 등 사건, 네이버[부동산 부문]의 시장지배적지위 남용 등 사건, 네이버[쇼핑 부문]의 시장지배적지위 남용 등 사건을 들 수 있다. 먼저, 마이크로소프트 등의 시장지배적지위 남용 등 사건에서는 동 회사가 (1) 윈도우서버 운영체제와 미디어 서버 프로그램(Windows Media Service)을 결합하여 판매한 행위, (2) 윈도우 PC 운영체제(Windows XP 등)와 미디어 플레이어 프로그램(Windows Media Player)을 결합하여 판매한 행위, (3) 윈도우 PC 운영체제와 메신저 프로그램(MSN 메신저 및 윈도우 메신저)을 결합하여 판매한 행위 등 세 가지 행위가 문제가 되었다. 공정거래위원회는 (1)의 행위는 윈도우서버 운영체제 시장에서의 지배적 지위를 이용하여 자사의 미디어 서버 프로그램인 Windows Media Service(WMS)의 구입을 원치 않는 거래상대방에게 그 구입을 강제하는 것으로서 부당하게 거래상대방의 미디어 서버 프로그램에 대한 선택권을 침해하고, 소비자가 양질의 제품을 사용할 기회를 현저히 제약하는 불이익을 초래하는 동시에 미디어 서버 프로그램 시장에서 WMS로의 편재성 및 쏠림현상을 가중시키는 결과, 경쟁을 저해하여 경쟁사업자의 사업활동을 곤란하게 하는 행위에 해당한다고 하였다.[89] 또한 (2) 및 (3)의 행위에 대해서도 PC 운영체제 시장에서의 시장지배적지위를 이용하여 WMP 및 MSN 등을 원치 않는 거래상대방에 대하여 그 구입을 강제하는 결과를 초래하므로 부당하게 거래상대방에 대하여 불이익이 되는 거래를 강제한 행위이고, 미디어 플레이어 시장이나 메신저 시장에서 자사 제품의 편재성을 초래하여 경쟁을 제한함으로써 다른 경쟁사업자를 배제하거나 신규 사업자의 시장진입을 방해하는 결과를 초래하므로 부당하게 다른 사업자의 사업활동을 방해하는 행위에 해당한다고 하였다.[90]

---

88) 서울고법 2020. 2. 6. 선고 2018누43110 판결. 동 판결에 대하여 상고가 제기되어 대법원에 계속 중이다.

89) 공정거래위원회 의결 제2006-42호, 2006. 2. 24.

또한 네이버 등의 시장지배적지위 남용 등 관련 동의의결 사건은 우리나라 최초의 동의의결 사건으로 주목을 받았는데,[91] 인터넷 검색서비스 시장 또는 온라인 광고시장에서 지배적 지위를 가진 인터넷 포털사업자와 그 자회사가 검색결과와 자사가 제공하는 부동산, 영화, 책, 뮤직 등의 전문서비스를 구분 없이 제공하고 키워드 광고대행사 간 광고주 이관을 제한하는 행위 등이 부당한 사업활동 방해에 해당하는지 여부가 다투어졌고, 결국 통합검색결과로 노출되는 전문서비스 영역이 자사의 전문서비스로부터 제공되는 정보임을 표시하고 광고대행사 간 광고주의 이관제한 행위를 중지하고 관련 영업정책을 폐지하는 것을 포함한 시정방안에 대한 동의의결로 종결되었다.[92]

가즈트랑스포르 에 떼끄니가즈의 시장지배적지위 남용 등 사건에서는 동 회사가 조선업체들에게 자신이 보유한 LNG 화물창[93] 기술 특허를 라이선스 해주면서 LNG 화물창 건조를 위한 엔지니어링 서비스를 함께 제공하는 내용으로 계약을 체결한 행위가 문제되었다. 공정거래위원회는 기능이 서로 다른 기술 특허권과 기술지원 서비스는 별도로 거래될 수 있고 구매자인 조선업체가 구매 여부를 자유롭게 선택하는 것이 시장원칙에 부합함에도 불구하고 위 행위로 인하여 기술지원 서비스 시장에 대한 잠재적 경쟁자의 진입이 봉쇄되었으며 조선업체의 선택권이 제한되었으므로 부당한 사업활동 방해에 해당한다고 하였다.[94]

온라인 플랫폼 사업자의 자사우대 행위(self-preferencing)[95] 사건으로 주목을 받은

---

90) 같은 의결. 공정거래위원회는 문제가 된 세 가지 결합판매행위들이 각각 불공정거래행위의 유형 중 '끼워팔기'에도 해당한다고 하였는데, 이에 관해서는 제6장 Ⅱ. 4. (마) (1) '끼워팔기' 부분 참고.

91) 법상 동의의결절차에 관한 설명은 제9장 Ⅲ. '동의의결절차' 부분 참고.

92) 공정거래위원회 의결 제2014-103호, 2014. 5. 8. 또한 사실상 동일한 행위가 문제로 된 다음커뮤니케이션의 시장지배적지위 남용 등 관련 동의의결 사건(공정거래위원회 의결 제2014-104호, 2014. 5. 8.) 역시 동일한 내용의 동의의결로 종결되었다.

93) 선박에 설치되는 LNG 저장탱크로서 LNG를 보관할 뿐만 아니라 화물창 내 · 외부 간 열전달을 차단하여 내부에 저장된 LNG의 기화를 막고 바깥에 접해있는 선체가 극저온에 노출되어 손상 · 파괴되는 것을 막는 기능을 수행한다.

94) 공정거래위원회 의결 제2020-305호, 2020. 12. 2. 공정거래위원회는 위 행위가 불공정거래행위의 유형 중 '끼워팔기'(구법 시행령 [별표 1의2] 제5호 가목)에도 해당한다고 하였고, 또한 조선업체들이 자신의 특허권의 유효성을 다툴 경우에는 언제든지 계약을 해지할 수 있도록 거래조건을 설정한 행위에 대하여도 조선업체들이 위 회사의 특허가 무효인 경우에도 다툴 수 없고 무효인 특허에 대하여 실시료를 지급할 우려가 있으므로 불공정거래행위의 유형 중 '불이익 제공'(구법 시행령 [별표 1의2] 제6호 라목)에 해당한다고 하였다.

95) 온라인 플랫폼 사업자가 동시에 자사의 플랫폼을 이용하여 상품이나 서비스를 제공하는 경우에 자사의 상품이나 서비스를 그와 경쟁관계에 있는 상품이나 서비스보다 유리

네이버[쇼핑 부문]의 시장지배적지위 남용 등 사건에서는 국내 온라인 비교쇼핑서비스 시장에서 지배적 지위를 가짐과 동시에 오픈마켓서비스도 제공하는 동 회사가 비교쇼핑서비스 검색결과의 노출순위를 결정하는 방식에 있어서 자신의 오픈마켓서비스를 이용하는 사업자의 상품이 상위에 노출되기 유리하도록 검색 알고리즘을 설계·적용한 행위가 문제가 되었는데, 공정거래위원회는 이 사건 행위로 인하여 동 회사의 비교쇼핑서비스 검색결과에서 자사의 오픈마켓에 입점한 상품의 노출 비중이 증가하고 경쟁 오픈마켓에 입점한 상품의 노출 비중이 감소함으로써 후자에 대한 이용자의 선택이 감소하고 자사의 오픈마켓 시장 내 지위가 강화되었다고 하면서 부당한 사업활동 방해에 해당한다고 하였다.[96] 특히, 이 사건에서 공정거래위원회는 위 회사가 비교쇼핑서비스 시장에서의 시장지배력을 전이하여 오픈마켓 시장에서의 경쟁을 제한하였다고 인정함으로써 명시적으로 소위 '시장지배적 전이'[97] 이론을 적용하였다.

판 례 **POSCO의 시장지배적지위 남용 사건**[98]

사건의 개요 원고 포스코는 제선·제강업 및 압연재의 생산·판매업 등을 영위하는 당시 우리나라 유일의 일관제철회사로서, 피고보조참가인 현대하이스코가 냉연강판공장을 완공하여 냉연강판시장에서 원고와 경쟁관계에 서게 된 시점을 전후하여 시험가동 또는 제품생산을 위하여 원고에게 수차례에 걸쳐 냉연용 열연코일의 공급을 요청하였음에도 이를 전혀 공급하지 않았다. 이에 피고 공정거래위원회는 원고가 열연코일시장의 시장지배적사업자로서 냉연강판시장에서 자기와 경쟁관계에 있는 사업자에 대하여 냉연강판 생산에 필수 원료인 열연코일을 부당하게 공급하지 않음으로써 경쟁사업자의 사업활동을 방해하였다는 이유로 시정명령 등을 내렸다

(중략)

하게 취급하는 행위를 말한다.

96) 공정거래위원회 의결 제2021-27호, 2021. 1. 27. 공정거래위원회는 위 행위가 불공정거래행위의 유형 중 '거래조건 차별'(구법 시행령 [별표 1의2] 제2호 나목) 및 '위계에 의한 고객유인'(구법 시행령 [별표 1의2] 제4호 나목)에도 해당한다고 하였다.

97) 하나의 시장에서 지배력을 가진 사업자가 그 지배력을 지렛대(leverage)로 이용하여 인접시장에까지 지배력을 확대하는 것을 말한다.

98) 서울고법 2002. 8. 27. 선고 2001누5370 판결.

(4) '부당한' 거래거절행위 여부

(a) '부당성' 판단의 요소가 되는 시장지배적사업자의 지위 남용에 의한 경쟁제한성은 반드시 당해 시장지배적사업자가 속한 관련시장에서의 경쟁제한에 국한되는 것은 아니며, 하나의 관련시장에서의 시장지배적지위를 남용하여 후방이나 전방 등 다른 관련시장에서 경쟁을 제한하는 경우도 포함된다고 할 것이다.

(b) 원고는 그동안 피고보조참가인에게 열연코일의 공급을 거절한 이유에 대하여, 1998. 12. 21. 개최된 원고의 제24회 경영위원회에서 원고의 대표이사 회장은 '냉연강판시장에서의 구조조정 이전에 가장 중요한 것은 공급의무가 없는 열연코일은 공급하지 않아야 하며, 현대강관(현재 피고보조참가인, 이하 같다)에 강관용은 공급하되 냉연용은 안 되며 동부제강도 서울공장 외에는 안 된다'는 취지의 발언을 하였고, 원고의 2001. 1. 18.자 보도자료 및 2001. 1. 16.자 포스코 신문, 2001. 1. 19.자 사내게시자료에는 '강관용 열연코일을 자동차용으로 전환하여 공급하는 것을 포함하여 현대하이스코에게 자동차 냉연강판용 열연코일을 공급하는 것은 포스코가 고부가가치 최종제품인 자동차용 냉연강판 판매는 포기하고 경쟁자인 현대강관의 자동차 강판 제조용 원료 공급업체로 전락하라는 것'이라는 취지의 입장을 표방하여 왔다(갑 1-2, 을 2-1,2, 54).

(c) 이러한 점 등 위에서 본 제반 사정에 미루어 볼 때, 원고의 피고보조참가인에 대한 거래거절행위는 열연코일 시장에서의 자신의 시장지배적지위를 이용하여 후방시장인 냉연강판 시장에 새로 진입한 경쟁사업자인 피고보조참가인에 대하여 냉연강판 생산에 필수적인 열연코일의 공급을 거절함으로써 열연코일에서의 시장지배적지위를 남용하여 냉연강판 시장에서 경쟁사업자인 피고조보참가인의 사업활동을 방해하고 자신의 시장지배적지위(2000년 기준 시장점유율 58.4%)를 계속 유지하려는 의도 하에 행한 행위로서, 이는 시장에서의 경쟁촉진을 통해 소비자 후생을 극대화하고 국민경제의 발전을 도모한다는 법 취지에 어긋나는 행위일 뿐만 아니라, 이로 인하여 피고보조참가인은 열연코일의 구입을 전적으로 수입에 의존할 수밖에 없는 상황에서 열연코일 수입에 따른 추가비용부담(운임, 관세, 하역비 등), 거래의 불안정성(물량의 안정적 확보 곤란, 원료 혼용에 따른 생산성 저하, 과다한 운송기간에 따른 시장변화에 대한 신속한 적응 곤란, 환리스크 등) 등으로 인하여 사업활동에 상당한 어려움을 겪고 있고, 또 동 제품의 국내구매가 불가능하다는 사정으로 인하여 외국으로부터 동제품 수입시 구매력(buying power)이 약해지고 거래조건협상이 불리해지는 여건에 처해 있는바(을 4-1·2·3, 5-1-4, 6-1·2, 14-1·2, 39, 41, 54), 이는 단순한 불편이나 경제적 손실의 정도를 넘어 경쟁자로서 충분하게 기능할 수 없을 정도의 장애를 초래하여 경쟁을 저해하는 결과를 가져온 것이라고 할 것이므로, 원고의 피고보조참가인에 대한 거래거절 행위는 '부당하게' 거래를 거절하는 행위에 해당한다고 할 것이다.

(d) 따라서 이건 거래거절은 자유경쟁의 원칙상 용인되어야 할 범위 내에 있는 행위로서 부당하다고 할 수 없다는 원고의 주장은 이유 없다. (이하 생략)

판 례 **상고심 판결[99)]**

(중략)

2. 이 사건 거래거절행위의 부당성 관련 상고이유에 대하여

가. 앞서 본 바와 같이 공정거래법 제3조의2 제1항 제3호에 의하여 금지되는 시장지배적사업자의 지위남용행위의 한 유형으로서의 거래거절행위는 '시장지배적사업자가 부당하게 특정 사업자에 대한 거래를 거절함으로써 그 사업자의 사업활동을 어렵게 하는 행위'라 할 것이다. 따라서 거래거절행위가 시장지배적사업자의 지위남용행위에 해당하려면 그 거래거절행위가 다른 사업자의 사업활동을 부당하게 어렵게 하는 행위로 평가될 수 있어야 하는바, 계약자유 및 사적 자치에 관한 일반 원칙과 관련해 볼 때 시장지배적사업자의 지위남용행위에 해당하기 위한 요건으로서 여기에서 말하는 '부당성'이란 무엇을 의미하는지가 문제된다.

(중략)

과거 개발경제시대의 영향 등으로 독과점의 폐해에 대한 우려가 큰 우리나라 경제현실 등에 비추어 볼 때 시장경제원리가 제대로 작동하기 위한 전제조건으로서의 경쟁기능의 유지를 위하여 시장지배적지위 남용행위에 대한 규제가 매우 중요하다 할 것이다. 그러나 다른 한편으로 최근의 이른바 경제의 첨단화 및 세계화 등의 추세를 감안하면 위 규제가, 기업이 창의력을 바탕으로 세계적 경쟁력을 키우고 궁극적으로는 소비자 후생 증대와 경제발전에 기여할 수 있는 방향으로 운용되도록 배려할 필요 역시 그에 못지않다 할 것이고, 위 규제가 불합리하거나 과도하여 기업이 자신의 능력을 충분히 발휘하는 데 장애가 되어서는 곤란할 것이다.

즉, 오늘날 기업들은 매우 다양한 방법으로 전략적 사업활동을 영위하고 있고, 그 과정에서 다른 사업자들과 계약을 체결하고 거래를 하기도 하지만, 매우 다양한 이유에서 계약의 체결을 거절하거나 계약상대방을 결정하고, 계약조건을 흥정하기도 한다. 그런 과정에서 경쟁을 해치는 거래거절에 대하여는 이를 위법한 것으로 보아 시정조치함으로써 경쟁을 회복시켜야겠지만, 경쟁제한적인 의도나 목적이 전혀 없거나 불분명한 전략적 사업활동에 관하여도 다른 사업자를 다소 불리하게 한다는 이유만으로 경쟁제한을 규제 대상으로 삼는 법률에 위반된 것으로 처분한다면 이는 그 규제를 경쟁의 보호가 아닌 경쟁자의 보호를 위한 규제로 만들 우려가 있을 뿐 아니라, 기업의 사업활동을 부당하게 위축시켜 결과적으로는 경쟁력 있는 사업자 위주로 시장이 재편되는 시장경제의 본래적 효율성을 저해하게 될 위험성이 있다.

그리고 공정거래법은 그 제3조의2 제1항 제3호에서 시장지배적사업자의 지위남용

99) 대법원 2007. 11. 22. 선고 2002두8626 판결.

행위로서의 거래거절행위를 규제하면서 이와는 별도로, 그 제23조 제1항 제1호에서 개별 사업자가 부당하게 거래를 거절하여 공정한 거래를 저해할 우려가 있는 행위를 한 경우, 그 거래거절을 한 사업자의 시장지배적지위 유무와 상관없이 이를 불공정거래행위로 보아 규제하고 있는바, 공정거래법 제3조의2 제1항 제3호의 시장지배적사업자의 거래거절행위와 공정거래법 제23조 제1항 제1호의 불공정거래행위로서의 거래거절행위는 그 규제목적 및 범위를 달리하고 있으므로 공정거래법 제3조의2 제1항 제3호가 규제하는 시장지배적사업자의 거래거절행위의 부당성의 의미는 공정거래법 제23조 제1항 제1호의 불공정거래행위로서의 거래거절행위의 부당성과는 별도로 독자적으로 평가·해석하여야 한다.

공정거래법이 그 제3조의2 제1항 제3호에서 시장지배적사업자의 지위남용행위로서의 거래거절행위를 규제하면서도 그 제23조 제1항 제1호에서 시장지배적사업자를 포함한 모든 사업자의 불공정거래행위로서의 거래거절행위를 규제하고 있는 이유는, 거래거절이 시장지배적사업자의 지위남용에 해당하는지 여부를 떠나 단지 그 거래상대방과의 관계에서 공정한 거래를 저해할 우려가 있는 행위라고 평가되는 경우에는 이를 규제하여야 할 필요성이 있기 때문이다. 따라서 공정거래법 제23조 제1항 제1호의 불공정거래행위로서의 거래거절행위에 관하여는 그 행위의 주체에 제한이 없으며, 또한 그 당해 거래거절행위의 공정거래저해성 여부에 주목하여 특정 사업자의 거래기회를 배제하여 그 사업활동을 곤란하게 하거나 곤란하게 할 우려가 있는 경우, 거래상대방에 대한 부당한 통제 등의 목적 달성을 위한 실효성 확보수단 등으로 거래거절이 사용된 경우 등과 같이 사업자의 거래거절행위가 시장에 미치는 영향을 고려하지 아니하고 그 거래상대방인 특정 사업자가 당해 거래거절행위로 인하여 불이익을 입었는지 여부에 따라 그 부당성의 유무를 평가하여야 한다.

이에 비하여 공정거래법이 그 제3조에서 공정거래위원회로 하여금 독과점적 시장에서 경쟁을 촉진하기 위한 시책을 수립·시행하여야 할 의무를 부과하고 또한 그 제3조의2에서 시장지배적사업자를 수범자로 하여 그 지위남용행위를 규제하면서 그 지위남용행위의 하나로 거래거절행위를 규정하고 있는 이유는, 불공정거래행위로서의 거래거절행위와는 달리 시장지배적사업자가 존재하는 독과점적 시장에서 시장지배적사업자의 경쟁을 제한하는 거래거절행위를 규제하여야 할 필요성이 있기 때문이다. 따라서 공정거래법 제3조의2 제1항 제3호의 시장지배적사업자의 지위남용행위로서의 거래거절의 부당성은 '독과점적 시장에서의 경쟁촉진' 이라는 입법목적에 맞추어 해석하여야 할 것이므로, 시장지배적사업자가 개별 거래의 상대방인 특정 사업자에 대한 부당한 의도나 목적을 가지고 거래거절을 한 모든 경우 또는 그 거래거절로 인하여 특정 사업자가 사업활동에 곤란을 겪게 되었다거나 곤란을 겪게 될 우려가 발생하였다는 것과 같이 특정 사업자가 불이익을 입게 되었다는 사정만으로는 그 부당성을 인정하기에 부족하고, 그 중에서도 특히 시장에서의 독점을 유지·강화할 의도나 목적, 즉 시장에서의 자유로운 경쟁을 제한함으로써 인위적으로 시장질서에 영향을 가하려는 의도나 목적을 갖고, 객관적으로도 그러한 경쟁제한의 효과가 생길 만한 우려가 있는 행위로 평가될 수 있는 행위로서의 성질을 갖는 거래거절행위를 하였을 때에 그 부당성이 인정될 수 있다 할 것이다.

그러므로 시장지배적사업자의 거래거절행위가 그 지위남용행위에 해당한다고 주장하는 피고로서는 그 거래거절이 상품의 가격상승, 산출량 감소, 혁신 저해, 유력한 경쟁사업자의 수의 감소, 다양성 감소 등과 같은 경쟁제한의 효과가 생길 만한 우려가 있는 행위로서 그에 대한 의도와 목적이 있었다는 점을 입증하여야 할 것이고, 거래거절행위로 인하여 현실적으로 위와 같은 효과가 나타났음이 입증된 경우에는 그 행위 당시에 경쟁제한을 초래할 우려가 있었고 또한 그에 대한 의도나 목적이 있었음을 사실상 추정할 수 있다 할 것이지만, 그렇지 않은 경우에는 거래거절의 경위 및 동기, 거래거절행위의 태양, 관련시장의 특성, 거래거절로 인하여 그 거래상대방이 입은 불이익의 정도, 관련시장에서의 가격 및 산출량의 변화 여부, 혁신 저해 및 다양성 감소 여부 등 여러 사정을 종합적으로 고려하여 거래거절행위가 위에서 본 경쟁제한의 효과가 생길 만한 우려가 있는 행위로서 그에 대한 의도나 목적이 있었는지를 판단하여야 할 것이다. 그리고 이때 경쟁제한의 효과가 문제되는 관련시장은 시장지배적사업자 또는 경쟁사업자가 속한 시장뿐만 아니라 그 시장의 상품 생산을 위하여 필요한 원재료나 부품 및 반제품 등을 공급하는 시장 또는 그 시장에서 생산된 상품을 공급받아 새로운 상품을 생산하는 시장도 포함될 수 있다고 할 것이다.

나. 원심은, 원고가 강관용 열연코일을 자동차용으로 전환하여 공급하는 것을 포함하여 참가인에게 자동차냉연강판용 열연코일을 공급하는 것은 고부가가치 최종제품인 자동차용 냉연강판의 판매를 포기하고 경쟁자인 참가인의 자동차강판제조용 원료공급업체로 전락하는 것이라는 취지의 입장을 표방하여 온 사실, 원고는 자기보다 먼저 냉연강판을 생산해온 연합철강이나 동부제강에게는 냉연용 열연코일을 공급하여 왔음에도 자기가 냉연강판을 생산한 이후에 냉연강판시장에 진입하게 된 참가인에게만은 냉연용 열연코일의 공급을 거부하고 있는 사실, 그리하여 참가인은 냉연용 열연코일의 구매를 전적으로 수입에 의존할 수밖에 없는 상황에서 열연코일 수입에 따른 추가비용부담(운임, 관세, 하역비 등), 거래의 불안정성(물량의 안정적 확보 곤란, 원료 혼용에 따른 생산성 저하, 과다한 운송기간에 따른 시장변화에 대한 신속한 적응 곤란, 환리스크 등) 등으로 인하여 사업활동에 상당한 어려움을 겪고 있고, 또 열연코일의 국내 구매가 불가능하다는 사정으로 인하여 외국으로부터 열연코일 수입시 구매력이 약해지고 거래조건협상이 불리해지는 여건에 처해 있는 사실을 인정한 다음, 원고의 참가인에 대한 거래거절행위는 열연코일시장에서의 자기의 시장지배적지위를 이용하여 냉연강판시장에 새로 진입한 경쟁사업자인 참가인에 대하여 냉연강판 생산에 필수적인 열연코일의 거래를 거절함으로써 열연코일시장에서의 시장지배적지위를 남용하여 냉연강판시장에서 경쟁

사업자인 참가인의 사업활동을 방해하고 자기의 시장지배적지위를 계속 유지·강화하려는 의도 하에 행하여진 행위로서, 이는 시장에서의 경쟁촉진을 통해 소비자 후생을 극대화하고 국민경제의 발전을 도모한다는 법 취지에 어긋날 뿐만 아니라, 참가인에게 단순한 불편이나 경제적 손실의 정도를 넘어 경쟁자로서 충분하게 기능할 수 없을 정도의 장애를 초래하여 경쟁저해의 결과를 가져온 것이라고 할 것이므로, 원고의 참가인에 대한 거래거절행위는 시장지배적사업자가 특정 사업자의 사업활동을 어렵게 하는 부당한 행위에 해당한다고 판단하였다.

다. 그러나 앞서 본 바와 같이 시장지배적사업자의 거래거절행위로 인하여 관련시장에서 상품의 가격상승 등 현실적으로 경쟁제한의 효과가 나타난 경우에는 그에 대한 우려가 있는 행위로서 시장지배적사업자에게 경쟁제한의 의도나 목적이 있었음을 사실상 추정할 수 있다고 할 것인데, 원심이 들고 있는 사정들은 모두 원고의 이 사건 거래거절행위에 의하여 참가인이 입게 된 구체적인 불이익에 불과한 것들로서 현실적으로 경쟁제한의 결과가 나타났다고 인정할 만한 사정에 이르지 못할 뿐만 아니라, 오히려 원심에 제출된 증거들에 의하면, 원고의 이 사건 거래거절행위에도 불구하고 참가인은 일본으로부터 열연코일을 자신의 수요에 맞추어 수입하여 냉연강판을 생산·판매하여 왔고, 냉연강판공장이 완공되어 정상조업이 개시된 2001년 이후부터는 지속적으로 순이익을 올리는 등 냉연강판 생산·판매사업자로서 정상적인 사업활동을 영위하여 왔던 사실을 알 수 있으며, 또한 원고의 이 사건 거래거절행위 이후 국내에서 냉연강판의 생산량이 줄었다거나 가격이 상승하는 등 경쟁이 제한되었다고 볼 만한 자료도 나타나 있지 않으므로, 경쟁 저해의 결과를 초래하였다는 원심의 판단을 수긍하기 어렵다.

또한, 이 사건 거래거절행위는 냉연강판시장에 원재료인 냉연용 열연코일을 공급하던 원고가 냉연강판시장에 진입한 이후에도 경쟁사업자에 해당하는 기존의 냉연강판 제조업체들에게는 계속적으로 냉연용 열연코일을 공급하여 오다가 새로이 냉연강판시장에 진입한 경쟁사업자인 참가인에 대하여 신규공급을 거절한 것인바, 비록 원고가 열연코일시장에서의 시장지배적지위를 이용하여 후방시장인 냉연강판시장에서의 신규 경쟁사업자에게 영향을 미칠 수 있는 거래거절행위를 한 것이기는 하나, 이는 원재료 공급업체가 새로이 냉연강판시장에 진입하면서 기존의 냉연강판 제조업체에 대한 원재료의 공급을 중단하여 경쟁사업자의 수를 줄이거나 그의 사업능력을 축소시킴으로써 경쟁을 제한하는 결과를 낳는 경우와는 달리, 원고와 기존 냉연강판 제조업체들에 의하여 형성된 기존의 냉연강판시장의 틀을 유지하겠다는 것이어서 그 거래거절에 의하여 기존 냉연강판시장의 가격이나 공급량 등에 직접적으로 영향을 미치지는 아니하므로, 참가인의 신규 참여에 의하여 냉연강판시장에서 현재보다 소비자에게 유리한 여건이 형성될 수 있음에도 참가인이 원고 외의 다른 공급사업자로부터 열연코일을 구할 수 없어, 거래거절에 의하여 신규 참여가 실질적으로 방해되는 것으로 평가될 수 있는 경우 등에 이르지 않는 한, 그 거래거절 자체만을 가지고 경쟁제한의 우려가 있는 부당한 거래거절이라고 하기에는 부족하다고 보아야 할 것이다. 오히려, 이 사건에서는 앞서 본 바와 같이 원고의 거래거절행위에도 불구하고 참가인은 일본으로부터 열연코일을 자신의 수요에 맞추어 수입하여 냉연강판을 생산·판매하여 왔고 순이익까지 올리는 등 정상적인 사업활동을 영위하여 옴으로써 결국 냉연강판시장의 규모가 확대되었다고 할 것이다. 따라서 이와 같은 사정과 아울러 이 사건 거래거절행위로 인하여 거래거절 당시 생산량 감소나 가격 상승과 같은 경쟁제한 효과가 발생할 우려가 있었다는 사정에 관한 자료도 없는 점에 비추어 보면, 위에서 본 바와 같이 원심이 들고 있는 이 사건 거래거절로 인하여 참가인이 입게 된 불이익에 관한 사정들만으로는 이 사건 거래거절 행위를 거래거절 당시 경쟁제한의 효과가 생길 만한 우려가 있는 행위로 평가하기에는 부족하다고 봄이 상당하다.

그렇다면 원고의 이 사건 거래거절행위가 공정거래법 제3조의2 제1항 제3호가 적용되는 시장지배적사업자의 부당한 거래거절행위에 해당한다고 판단한 원심판결에는 시장지배적사업자의 거래거절행위와 관련한 부당성에 관한 법리를 오해하여 판결에 영향을 미친 위법이 있다 할 것이며, 이를 지적하는 상고이유에 관한 주장은 이유 있다. (이하 생략)

(라) 부당한 시장진입 방해

법 제5조 제1항 제4호는 새로운 경쟁사업자의 참가를 부당하게 방해하는 행위, 즉 '부당한 시장진입 방해'를 시장지배적지위 남용행위의 유형으로 규정하고 있다. 법 시행령은 구체적으로 직접 또는 간접으로 (1) 정당한 이유 없이 거래하는 유통사업자와 배타적 거래계약을 체결하는 행위, (2) 정당한 이유 없이 기존사업자의 계속적인 사업활동에 필요한 권리 등을 매입하는 행위, (3) 정당한 이유 없이 새로운 경쟁사업자의 상품 또는 용역의 생산·공급·판매에 필수적인 요소의 사용 또는 접근을 거절하거나 제한하는 행위, (4) 그 밖에 다른 부당한 방법에 따른 행위를 하여 새로운 경쟁사업자의 신규진입을 어렵게 하는 행위 중 공정거래위원회가 고시하는 행위를 규정하고 있다(법 시행령 제9조 제4항). 그동안 공정거래위원회가 부당한 시장진입 방해로 인정하여 시정명령 이상의 시정조치를 내린 사례는 찾아볼 수 없다.

(마) 부당한 경쟁사업자 배제

(1) 개 설

법 제5조 제1항 제5호 전단은 부당하게 경쟁사업자를 배제하기 위하여 거래하는 행위, 즉 '부당한 경쟁사업자 배제'를 시장지배적지위 남용행위의 유형으로 규정하고 있고, 법 시행령은 구체적으로 (1) 부당하게 통상거래가격에 비하여 낮은 가격으로 공급하거나 높은 가격으로 구입하여 경쟁사업자를 배제시킬 우려가 있는 행위, (2) 부당하게 거래상대방이 경쟁사업자와 거래하지 아니할 것을 조건으로 그 거래상대방과 거래하는 행위를 규정하고 있다(소위 '배타조건부 거래')(법 시행령 제9조 제5항).

법 제정 당시 부당한 경쟁사업자 배제는 시장지배적지위의 남용행위에 관한 보충적 일반조항으로 도입한 것으로 이해된다. 즉, 당초에는 "기타 경쟁을 실질적으로 제한하거나 소비자의 이익을 현저히 저해할 우려가 있는 행위"라고 규정하고 있었는데, 이는 동 항 제1호 내지 제4호에서 열거하지 않은 유형의 행위로서 현재적·잠재적 경쟁자를 배제하거나 직접적으로 소비자의 이익을 현저히 저해하는 행위를 금지하는 것으로 이해된다. 그런데 1999년 법 개정으로 현행과 같이 규정하게 되었고, 법 시행령 역시 전단에 대해서만 폐쇄적으로 두 가지 유형의 세부유형을 규정하였다. 따라서 이제 더 이상 보충적 일반조항으로 해석할 수 없게 되었고, 별도의 시장지배적지위 남용행위의 유형을 규정한 것으로 해석할 수밖에 없다.

그동안 공정거래위원회가 부당한 경쟁사업자 배제에 해당하는 것으로 인정한 사례들을 살펴보면, 한국방송광고공사가 방송광고 대행수수료를 차등하여 지급하고 복수의 광고회사와 광고대행계약을 체결하는 것을 금지한 행위[100]와 현대자동차 등이 트럭시장과 버스시장에서 비용변동이나 생산자물가지수에 비하여 큰 폭으로 가격을 인상한 행위[101]에 대하여 1999년 개정 이전의 조항을 적용하여 시정조치를 내린 것이 있고, 농협중앙회가 비료제조회사에 대하여 다른 유통업자와 거래하지 아니할 것을 조건으로 거래하는 행위,[102] 인터파크지마켓이 자신의 오픈마켓에 입점한 판매사업자에 대하여 자신이 운영하는 오픈마켓에서의 판매가격을 인하하거나 경쟁사업자가 운영하는 오픈마켓에서의 판매가격을 인상할 것과 주로 자신과 거래하면서 매출을 올려줄 것, 또는 경쟁사업자와의 거래를 중단할 것 등을 요구한 행위,[103] 국내뿐만 아니라 미국 및 EU 등 전세계적으로 논란이 되었던 사안으로서 인텔사 등이 PC 제조사에 대하여 경쟁사업자의 제품을 사용하지 않거나 자사의 것을 일정 비율 이상 구입할 것 등을 조건으로 리베이트를 지급한 행위,[104] 현대모비스가 대리점에 대해 경쟁사가 공급하는 자동차부품을 사용하지 않을 것을 조건으로 부품

100) 공정거래위원회 의결 제1994-307호, 1994. 10. 5.
101) 공정거래위원회 의결 제1999-130호, 1999. 9. 3.
102) 공정거래위원회 의결 제2007-13호, 2007. 1. 25.
103) 공정거래위원회 의결 제2007-555호, 2007. 12. 18.
104) 공정거래위원회 의결 제2008-295호, 2008. 11. 5.

등을 제공한 행위,[105] 퀄컴사 등이 국내 휴대폰 제조사에게 모뎀칩 등을 판매하면서 자사의 제품을 일정비율 또는 일정수량 이상으로 사용하는 조건으로 고액의 리베이트를 제공한 행위(제1차 퀄컴 사건),[106] 이베이지마켓이 경쟁자와 거래한 오픈마켓 입점사업자를 메인 노출 프로모션에서 제외한 행위,[107] 제스프리그룹 등이 유통사업자에 대하여 경쟁관계에 있는 칠레산 키위를 취급 · 판매하는 사업자와는 거래하지 않을 것을 조건으로 거래한 행위,[108] 이동통신사업자인 LG유플러스 등이 기업메시징 서비스의 판매가격을 지나치게 낮게 설정하여 주요 기업고객에게 제공한 행위,[109] 코리안리재보험이 국내 손해보험사들에게 국내 일반항공보험 특약재보험 담보력을 제공하면서 자신에게 구득한 요율만을 적용하여 원수보험을 인수하고 재보험 물량을 모두 자신에게 출재하도록 하고 국내 손해보험사들이 해외재보험사와 거래하는 것을 방해한 행위,[110] 네이버(주)가 부동산정보업체와 계약을 체결하면서 자신에게 제공한 확인매물정보와 매물정보를 제3자에게 제공하지 못하도록 하는 조건을 부과한 행위[111] 등이다. 그 중 기억할 만한 주요 판결례와 심결례를 살펴보면 아래와 같다.

(2) **농협중앙회 화학비료 사건 판결**

농협중앙회의 시장지배적지위 남용 사건에서 식량작물용 화학비료 유통시장에서 100%에 가까운 시장점유율을 가지고 있던 동 사업자가 비료 제조회사들과 구매납품계약을 체결하면서 다른 유통업자와 거래하지 않을 것을 조건으로 한 행위가 문제가 되었다. 관련 행정소송 상고심에서 대법원은 이 사건 행위는 경쟁자인 비료제조회사의 영업소나 판매대리점 등을 통한 식량작물용 화학비료의 시중 판매를 원천적으로 봉쇄함으로써 식량작물용 화학비료 유통시장에서 이들을 배제하는 결과를 초래할 우려가 있고, 실제 이 사건 구매납품계약이 체결된 기간 동안 식량작물용

---

105) 공정거래위원회 의결 제2009-133호, 2009. 6. 5. 관련 행정소송에서 서울고법은 이 사건 행위가 시장지배적지위의 남용행위에 해당한다고 인정하되, 다만 거래상대방인 대리점을 구속하거나 불이익을 강제한 것으로 인정되지 않는 기간 동안의 행위에 대해서는 법위반이 성립되지 않는다고 판시하였고(서울고법 2012. 2. 1. 선고 2009누19269 판결), 상고심에서 대법원 역시 원심의 판시를 그대로 수용하였다(대법원 2014. 4. 10. 선고 2012두6308 판결).

106) 공정거래위원회 의결 제2009-281호, 2009. 12. 30.

107) 공정거래위원회 의결 제2010-120호, 2010. 10. 22.

108) 공정거래위원회 의결 제2012-45호, 2012. 3. 26.

109) 공정거래위원회 의결 제2015-49호, 2015. 2. 23. 및 공정거래위원회 의결 제2015-50호, 2015. 2. 23.

110) 공정거래위원회 의결 제2019-66호, 2019. 3. 19.

111) 공정거래위원회 의결 제2021-19호, 2021. 1. 20.

화학비료의 시장점유율을 보면 원고는 여전히 100%에 가까운 시장점유율을 보이고 있는 반면, 원고의 경쟁사업자인 일반 시판상들의 시장점유율은 전년도보다 오히려 악화된 0%를 보이고 있어 현실적으로도 이 사건 구매납품계약에 의한 경쟁제한의 효과가 발생한 것으로 보이는 점 등을 근거로 이 사건 배타조건부 거래행위는 관련 시장에서의 경쟁을 부당하게 제한하였다고 봄이 상당하다고 판시하였다.[112)]

위 판결에서 특히 주목할 점은 대법원은 '부당한 경쟁사업자 배제'의 일 유형인 '배타조건부 거래행위'의 부당성을 판단하면서, 대법원이 POSCO 사건에서 '부당한 사업활동 방해'의 부당성 판단기준으로 제시한 것을 그대로 원용하여, '독과점적 시장에서의 경쟁촉진'이라는 입법 목적에 맞추어 해석하여야 하므로 시장에서의 독점을 유지 · 강화할 목적, 즉 시장에서의 자유로운 경쟁을 제한함으로써 인위적으로 시장질서에 영향을 가하려는 목적을 가지고, 객관적으로도 그러한 경쟁제한의 효과가 생길 만한 우려가 있는 행위로 평가될 수 있어야 그 부당성이 인정될 수 있다고 하였다.[113)] 다만, 배타조건부 거래행위의 경우에는 거래상대방이 경쟁사업자와 거래하지 아니할 것을 조건으로 그 거래상대방과 거래하는 경우이므로, 통상 그러한 행위 자체에 경쟁을 제한하려는 목적이 포함되어 있다고 볼 수 있는 경우가 많을 것이라고 함으로써[114)] '부당성'을 입증하는 방법에 관해서는 거래거절 등 사업활동 방해행위의 경우와는 차별성이 존재함을 인정한 것으로 해석된다.

(3) 인터파크지마켓 오픈마켓 사건 판결

인터파크지마켓의 시장지배적지위 남용 사건에서는 오픈마켓 운영시장의 시장지배적사업자가 입점사업자들 중 일부에 대하여 자신의 오픈마켓에서의 판매가격을 인하하거나 경쟁 오픈마켓에서의 판매가격을 인상할 것, 주로 자신과 거래하면서 매출을 올려줄 것, 경쟁 오픈마켓과의 거래를 중단할 것 등을 요구한 행위가 문제가 되었다.

관련 행정소송 상고심에서 대법원은 POSCO 사건 판결에서 제시한 부당성 판단기준을 적용하여 이 사건 행위들의 부당성이 인정되지 않는다고 판시하였다.[115)] 첫째, 이 사건 행위로 인하여 경쟁자와 거래를 중단한 기간이 단기간에 불과하고, 둘째, 그 기간 동안 위 사업자가 문제의 입점사업자들로부터 얻은 판매수수료나 경쟁자가 이들로부터 얻을 수 있었던 판매수수료가 소액에 불과하며, 셋째, 문제의 입점사업자들이 소수로서 전체 입점업체 중 차지하는 비율이 극히 미미하고, 이들이

112) 대법원 2009. 7. 9. 선고 2007두22078 판결.

113) 같은 판결.

114) 같은 판결.

115) 대법원 2011. 6. 10. 선고 2008두16322 판결.

위 회사를 통하여 판매한 거래금액의 비중 역시 미미한 점 등에 비추어 볼 때, 이 사건 행위로 인하여 경쟁자가 오픈마켓 시장에서 퇴출된 것인지, 나아가 이 사건 행위가 다른 신규 사업자의 시장진입에도 부정적인 영향을 미쳤는지가 명백하지 아니하다고 하면서 원심이 당해 행위의 부당성에 관한 심리를 다하지 않았다고 판시하였다.[116)]

(4) **제1차 퀄컴 사건 판결**

퀄컴사 등의 시장지배적지위 남용 등 사건(Ⅰ)에서는 위에서 살펴본 차별적 실시료 책정 행위뿐만 아니라 휴대폰 제조사들이 구매하는 모뎀칩 및 RF칩의 일정 비율 또는 일정 수량 이상을 자신으로부터 구매하는 조건으로 고액의 리베이트를 제공한 행위가 배타조건부 거래로서 부당한 경쟁사업자 배제에 해당하는지 여부가 문제가 되었는데, 관련 행정소송에서 법원은 조건부 리베이트(conditional rebate)에 관한 중요한 법리를 제시하였다.

먼저, 서울고법은 구법 시행령 제5조 제5항 제2호의 '경쟁사업자와 거래하지 아니할 조건'이란 반드시 시장지배적사업자에 의해 일방적·강제적으로 설정된 경우뿐만 아니라 거래상대방과의 합의에 의해 조건이 성립한 경우도 포함되고, 경쟁사업자와의 거래를 전면적으로 금지하는 경우뿐만 아니라 구매량의 일정 비율 이하로만 거래하도록 하는 일부 금지도 포함된다고 전제하고, 이 사건 리베이트는 소급적·누진적 구조를 가짐으로써 충성효과를 극대화하고 경쟁사업자로의 구매전환을 어렵게 하며, 이 사건 행위가 모두 원고의 시장점유율이 하락할 우려가 있을 무렵에 이루어졌을 뿐만 아니라 내부 문서 등에 따르면 그 주된 동기가 경쟁사업자를 견제하고 독점적 지위를 유지·강화하려는 데 있음이 인정되고, 이 사건 리베이트 제공행위가 자신이 보유한 CDMA 표준필수특허에 대한 차별적 실시료 책정과 중첩적으로 적용되어 경쟁사업자로서는 규모의 경제를 창출할 만한 대체거래선을 확보하는 것이 사실상 불가능하게 되었으므로 부당성이 인정된다고 판시하였다.[117)]

한편, 이 사건에서 원고는 특기할 만한 주장을 제기하였는데, 이 사건 행위의 본질은 가격할인행위이므로 원고의 CDMA 표준필수특허에 대한 실시료 할인과 리베이트 제공으로 인하여 할인된 모뎀칩의 실질판매가격이 비용보다 낮아서 소위 '약탈적 가격설정'(predatory pricing)에 해당하지 않는 한 위법하지 않다고 주장하였다. 그러나 서울고법은 이 사건 행위의 경쟁제한성은 실시료 차별 및 구속력 있는 배타

116) 같은 판결.

117) 서울고법 2013. 6. 19. 선고 2010누3932 판결. 다만, 서울고법은 동 판결에서 공정거래위원회의 시정명령 중 일부가 위반행위를 초과하는 부분까지 금지하는 것이라는 이유로 이를 취소하였다.

조건부거래에서 발생하는 것이므로 단순한 가격할인행위와 동일하게 취급할 수 없다고 하면서 그 주장을 배척하였다.[118)]

이 사건 상고심에서 대법원 역시 원심과 사실상 동일한 판시를 내렸는데, 먼저 '경쟁사업자와 거래하지 아니할 조건'은, 시장지배적사업자에 의하여 일방적·강제적으로 부과된 경우에 한하지 않고 거래상대방과의 합의에 의하여 설정된 경우도 포함되고, 그 조건의 이행 자체가 법적으로 강제되는 경우만으로 한정되지 않고 그 조건 준수에 사실상의 강제력 내지 구속력이 부여되어 있는 경우도 포함되므로 실질적으로 거래상대방이 조건을 따르지 않고 다른 선택을 하기 어려운 경우 역시 배제된다고 볼 수 없다고 하였다.[119)]

또한 배타조건부 거래행위의 부당성 판단기준에 관하여 위에서 소개한 농협중앙회 화학비료 사건 판결에서 제시한 기준을 그대로 원용한 뒤, 그 행위로 인하여 대체적 물품구입처 또는 유통경로가 봉쇄·제한되거나 경쟁사업자 상품으로의 구매전환이 봉쇄·제한되는 정도를 중심으로, 그 행위에 사용된 수단의 내용과 조건, 배타조건을 준수하지 않고 구매를 전환할 경우에 구매자가 입게 될 불이익이나 그가 잃게 될 기회비용의 내용과 정도, 행위자의 시장에서의 지위, 배타조건부 거래행위의 대상이 되는 상대방의 수와 시장점유율, 배타조건부 거래행위의 실시 기간 및 대상이 되는 상품 또는 용역의 특성, 배타조건부 거래행위의 의도 및 목적과 아울러 소비자 선택권이 제한되는 정도, 관련 거래의 내용, 거래 당시의 상황 등 제반 사정을 종합적으로 고려해야 한다고 하였다.[120)]

나아가 조건부 리베이트 제공행위의 경쟁제한적 효과에 관하여, 리베이트가 조건 성취 후에 제공되는 '사후적·소급적' 리베이트일수록, 그 제공되는 이익이 구매물량과 비례하여 '누진적'으로 커질수록 그 구매전환을 제한·차단하는 효과는 커지므로 조건부 리베이트로 인한 경쟁제한적 효과 역시 커질 수 있고, 단순히 일정 구매량에 대응하는 리베이트 제공보다는 구매자 자신이 특정 기간 시장 전체에서 구매한 구매물량 중 일정 비율을 리베이트 제공자로부터 구매하도록 강제하는 경우에는 그 경쟁제한적 효과가 더욱 클 수 있다고 하였다.[121)]

118) 같은 판결.

119) 대법원 2019. 1. 31. 선고 2013두14726 판결.

120) 같은 판결.

121) 같은 판결. 한편, 대법원은 조건부 리베이트 제공행위의 긍정적 효과도 인정하였는데, 단기적으로 거래상대방에게 이익이 될 수도 있을 뿐 아니라 그로 인한 비용의 절감이 최종소비자에 대한 혜택으로 돌아갈 여지가 있고, 이는 실질적으로 가격 인하와 일부 유사하기도 하므로 일반적인 가격할인과 같은 정상적인 경쟁수단과의 구별이 쉽지 않은 측면이 있으므로 그 자체로 위법하다고 단정할 수는 없다고 하였다.

그리고 조건부 리베이트 제공행위를 배타조건부 거래행위로 의율하여 그 부당성을 판단할 때에는, 리베이트의 지급구조, 배타조건의 준수에 따라 거래상대방이 얻게 되는 리베이트의 내용과 정도, 구매전환 시에 거래상대방이 감수해야 할 불이익의 내용과 정도, 거래상대방이 구매전환이 가능한지 여부를 고려하였는지 여부 및 그 내용, 리베이트 제공 무렵 경쟁사업자들의 동향, 경쟁사업자의 시장진입 시도 여부, 리베이트 제공조건 제시에 대한 거래상대방의 반응, 거래상대방이 리베이트가 제공된 상품 내지 용역에 관하여 시장지배적사업자에 대한 잠재적 경쟁자가 될 수 있는지 여부, 배타조건부 거래행위로 인하여 발생할 수도 있는 비용절감 효과 등이 최종소비자들에게 미치는 영향 등을 아울러 고려해야 한다고 하면서, 이 사건 행위의 부당성을 인정한 원심의 판단을 수용하였다.[122)]

그 밖에 약탈적 가격설정임이 입증되는 경우에만 부당성이 인정될 수 있다는 주장에 대하여, 조건부 리베이트 제공행위로 인한 부정적 효과와, 그러한 행위가 반드시 소비자 후생증대에 기여하지는 않는 점, 장기간의 배타조건부 거래계약을 체결함으로써 부당한 배타조건부 거래행위에 해당하게 되는 경우에도 그 계약체결을 위하여 반대급부로 제공된 이익이 비용 이하에 해당하는지 여부를 반드시 고려해야 한다고 볼 수는 없는 점 등을 고려하면, 이른바 '약탈 가격 설정(predatory pricing)'과 비교하여 그 폐해가 발생하는 구조와 맥락이 전혀 다른 조건부 리베이트 제공행위를 그와 마찬가지로 보아 약탈가격 설정에 적용되는 부당성 판단 기준을 그대로 적용할 수는 없으므로 부당성 인정의 전제조건으로, 리베이트 제공이 실질적으로 비용 이하의 가격으로 판매한 경우에 해당하여야 한다는 점이나 시장지배적사업자와 동등한 효율성을 가진 가상의 경쟁사업자 또는 실제 경쟁사업자들이 리베이트 제공에 대하여 가격 및 비용 측면에서 대처하는 데 지장이 없었다는 점 등에 관하여 회계적·경제적 분석 등을 통한 공정거래위원회의 증명이 필수적으로 요구되는 것은 아니라고 하였다.[123)]

---

122) 같은 판결. 다만, 대법원은 CDMA2000 방식 RF칩의 구매와 관련하여 조건부 리베이트가 제공된 기간 중 일부에 대해서는 제공 대상인 휴대폰 제조사의 시장지위가 미약하여 관련시장에서 경쟁을 제한하는 효과가 생길 우려가 인정되지 않으므로 부당성이 인정되지 않는다고 하였다.

123) 같은 판결. 다만, 대법원은 경제분석의 유용성에 관하여, 사업자는 조건부 리베이트 제공행위의 사실상 구속력이나 부당성 증명을 위하여 경제분석을 사용하여 그 결정의 신뢰성을 높이는 것은 권장될 수 있고, 통상의 경우 사업자는 경제분석의 기초가 되는 원가자료나 비용 관련 자료, 리베이트의 설계방식과 목적·의도와 관련한 자료 등을 보유하고 있으므로, 경제분석의 정확성이나 경제분석에 사용된 기초자료의 신뢰성·정확성과 관련한 모호함이나 의심이 있는 상황에서는 그 기초자료나 분석방법 등의 신빙성을 증명함으로써 조건부 리베이트 제공행위의 사실상의 구속력이나 부당성에 관한 공정거래

(5) 인텔 조건부 리베이트 사건 판결

부당한 경쟁사업자 배제에 관한 하급심 판결 중 주목할 만한 것으로서 PC 제조사에 대한 조건부 리베이트(conditional rebates) 제공행위가 문제로 된 인텔 등의 시장지배적지위 남용 사건을 들 수 있다. 관련 행정소송에서 서울고법은 구법 시행령 제5조 제5항 제2호의 '경쟁사업자와 거래하지 아니할 것'이란 거래상대방이 경쟁사업자와 거래를 전혀 하지 아니하도록 하는 경우뿐만 아니라 자신의 총 거래 중 일정 비율 이하로만 경쟁사업자와 거래하도록 함으로써 거래상대방의 자유로운 거래를 제한하는 경우도 포함한다고 전제하였다.[124]

나아가 이 사건 행위는 국내 PC 제조사들이 경쟁사업자의 CPU를 탑재하는 비율을 확대함으로써 중장기적으로 국내 PC 시장에서의 가격경쟁을 촉발하여 원고들의 영업이익률과 시장점유율을 하락시키는 것을 막기 위한 의도나 목적이 인정되고, 이 사건 리베이트는 경쟁사업자와 거래한 것이 드러나면 반드시 그 위반 정도에 비례하여 그 규모를 감축하는 것이 아니라 리베이트 전체의 지급을 거부할 수 있는 소급형 지급구조를 가질 뿐만 아니라 CPU 시장의 진입장벽이 매우 높은 상황에서 이 사건 행위로 인하여 경쟁사업자로서는 국내시장에 대한 진입·확대를 포기하거나 축소하여야 하고 실제로 이 사건 행위로 인하여 경쟁사업자의 시장점유율이 급격히 감소한 사정 등에 비추어 볼 때, 부당성이 인정된다고 판시하였다.[125]

(6) LG유플러스 등의 기업메시징 사건 판결

LG유플러스의 시장지배적지위 남용 사건과 KT의 시장지배적지위 남용 사건은 공정거래위원회가 구법 시행령 제5조 제5항 제1호('부당하게 통상거래가격에 비하여 낮은 대가로 공급하거나 높은 대가로 구입하여 경쟁사업자를 배제시킬 우려가 있는 경우')를 적용한 첫 사례일 뿐만 아니라, 종래 우리나라 독점규제법 집행상 낯선 개념이라고 할 수 있는 소위 '이윤압착행위'(margin squeeze)[126]를 규제한 첫 사례이다. 이 사건에서 자

위원회의 일응의 합리적 증명을 탄핵할 수는 있다고 하였다.

124) 서울고법 2013. 6. 19. 선고 2008누35462 판결.

125) 같은 판결. 동 판결에 대하여 상고가 제기되지 않아서 확정되었다.

126) '이윤압착행위'란 통상 하류시장(downstream market)에서 상품이나 서비스를 공급하는데 필요한 생산요소를 공급하는 상류시장(upstream market)에서 지배적 지위를 가진 수직적으로 통합된(vertically integrated) 사업자가 하류시장에서의 경쟁자에 대하여 위 생산요소의 공급가격을 인상하거나, 하류시장에서의 상품이나 서비스의 가격을 인하하거나, 또는 양자를 함께 시행함으로써 하류시장에서의 경쟁자가 생존할 수 있는 이윤을 확보할 수 없도록 하는 행위를 말한다. 경쟁법상 이윤압착의 법리, 2009년 내려진 미국 연방대법원의 linkLine 판결(Pacific Bell Tel. Co. v. linkLine Communications Inc, 555 U.S. 438)을 포함한 이윤압착행위에 관한 미국 판례이론, 위 사건 공정거래위원회의 의결 및 서울고법 판결의 평가는 이호영, "이윤압착행위에 대한 공정거래법의 적용에 관한 연구", 「법경제

체 무선통신망을 보유하고 기업메시징 서비스[127]의 필수 원재료인 전송서비스를 다른 기업메시징 사업자에게 판매하는 동시에, 자신도 고객에게 직접 기업메시징 서비스를 제공하는 위 이동통신사들이 주요 기업 고객에게 제공하는 기업메시징 서비스의 가격을 자신이 다른 이동통신사로부터 구입하는 전송서비스의 이용요금 단가 및 자신이 다른 기업메시징 사업자에게 제공하는 전송서비스 최소 이용요금 단가보다 낮은 수준으로 책정한 것이 문제가 되었다.

공정거래위원회는 먼저, 구법 시행령 제5조 제5항 제1호의 '통상거래가격'의 의미를 공정한 경쟁촉진이라는 법 목적 등을 고려할 때 '공정한 기회가 보장되는 시장환경에서 정상적으로 이루어지는 거래에서 적용되는 가격수준'이라고 정의하고, 특정한 시점에서 사업자 간에 형성되는 실제 거래가격과는 다른 개념으로서 특히 독과점적인 시장구조 하에서 시장지배적사업자에 의해 형성되는 가격수준은 통상거래가격으로 보기에 부적합할 가능성이 많고, 어떤 시장에서 통상거래가격의 수준은 해당 시장의 구조, 거래 행태 및 환경, 가격 결정방법 및 변화 추이 등을 종합적으로 고려하여 판단하여야 한다고 전제하였다.[128] 나아가 '무선통신망을 통한 기업메시징 서비스 시장'에서 지배적 지위를 가지는 위 사업자들이 다수의 기업고객에게 제공한 기업메시징 서비스의 가격을 그 원재료 구매비용이라고 할 수 있는 이동통신망을 보유한 기간통신사업자에 지불하는 전송서비스 이용단가보다도 낮은 수준으로 책정함으로써 '통상거래가격' 수준에 미달하는 가격을 책정하였으므로 부당한 경쟁사업자 배제에 해당한다고 하였다.[129]

그 후 이 사건 공정거래위원회의 처분에 대한 불복의 소를 심리한 서울고법은 통상거래가격을 "효율적인 경쟁자가 당해 거래 당시의 경제 및 경영상황과 해당 시장의 구조, 장래 예측의 불확실성 등을 고려하여 일반적으로 선택하였을 때 시장에서 형성되는 현실적인 가격"이라고 정의하고, 공정거래위원회의 통상거래가격 산정방식 자체가 정당하지 않을 뿐만 아니라 설령 전송서비스의 평균 최저 이용요금 단가를 기준으로 기업메시징 서비스의 통상거래가격을 산정한다고 하더라도 공정거래위원회의 공급비용 산정이 정당하지 않다고 하면서 공정거래위원회의 이 사건 처분

학연구」, 제16권 제3호, 2019, pp. 335-360 참고.

127) 기업메시징 서비스는 기업의 컴퓨터에서 이동통신사의 무선통신망을 통해 이용자의 휴대폰 단말기로 문자메시지를 전송해주는 서비스로서 신용카드 승인, 은행 입출금, 증권거래, 쇼핑주문배송 알림 문자 서비스 등이 있다.

128) 공정거래위원회 의결 제2015-49호, 2015. 2. 23. 및 공정거래위원회 의결 제2015-50호, 2015. 2. 23.

129) 같은 의결.

을 취소하였다.[130)]

그러나 상고심에서 대법원은 명시적으로 시장지배적지위 남용행위 유형으로서의 이윤압착의 규제필요성을 인정하고 구법 시행령상 '통상거래가격'의 개념을 제시하면서 위 원심 판결을 파기하였다. 먼저, 수직 통합된 상류시장의 시장지배적사업자가 그 지위를 남용하여 이윤압착행위를 함으로써 하류시장의 경쟁사업자가 부당하게 경쟁에서 배제될 우려가 있어 공정한 경쟁의 기반이 유지될 수 없다면, 이윤압착행위는 공정한 경쟁을 통한 시장성과에 기초를 둔 이른바 '성과경쟁'이라는 정당한 경쟁방법에 해당한다고 보기 어려우므로 하류시장에서 완제품의 소매가격을 낮추는 형태로 이루어지는 시장지배적사업자의 이윤압착행위가 '부당하게 상품 또는 용역을 통상거래가격에 비하여 낮은 대가로 공급하여 경쟁자를 배제시킬 우려가 있는 거래'로 평가될 수 있다면 구법 시행령 제5조 제5항 제1호가 금지하는 시장지배적지위 남용행위로 보아 규제할 필요가 있다고 설시하였다.[131)]

나아가 '통상거래가격'은 약탈적 가격설정뿐만 아니라 이윤압착 등과 같이 다양한 유형으로 나타날 수 있는 시장지배적사업자의 가격과 관련된 배제남용행위를 판단하기 위한 도구 개념이라고 전제하고, 이는 "자유롭고 공정한 경쟁이 이루어지고 있는 시장에서 정상적으로 이루어지는 거래의 경우 일반적으로 형성될 수 있는 가격, 좀 더 구체적으로는 시장지배적사업자가 부당하게 경쟁사업자를 배제하기 위하여 거래함으로써 시장지배적지위를 남용하는 행위가 존재하지 않는 정상적인 거래에서 일반적으로 형성되었을 가격"을 의미한다고 하였다.[132)] 대법원은 위와 같은 법리를 적용하여 기업메시징서비스의 통상거래가격은 적어도 기업메시징 서비스 시장에서 원고의 경쟁사업자들인 기업메시징사업자들의 필수 원재료인 전송서비스의 구입비용을 상회할 것으로 추단된다고 하면서, 따라서 원고의 이 사건 행위는 통상거래가격에 비하여 낮은 대가로 공급하는 행위에 해당한다고 볼 수 있다고 하였다.[133)]

또한 시장지배적지위 남용행위의 부당성 판단기준에 관한 POSCO 사건 대법원 판시를 원용한 뒤에, 부당성은 개별 남용행위의 유형과 특징을 고려하여 평가하여야 하는데 이윤압착의 유형적 특징에 비추어 볼 때 행위자가 수직 통합된 사업자로서 상류시장에서 시장지배적지위가 인정되어야 하고, 하류시장에서도 시장지배적지위에 있는지 여부, 각 시장에서 시장지배력의 정도, 상류시장의 원재료 등의 특성과

---

130) 서울고법 2018. 1. 31. 선고 2015누38278 판결 및 서울고법 2018. 1. 31. 선고 2015누38131 판결.

131) 대법원 2021. 6. 30. 선고 2018두37700 판결.

132) 같은 판결.

133) 같은 판결.

그 원재료 등이 하류시장에서 판매하는 완제품의 생산·공급·판매에 필수적인 요소이거나 원재료 등에 해당하는지 여부와 그 정도, 원재료 등과 완제품의 기능적 연관성과 비교 가능성, 대체가능성, 두 시장의 신규나 재진입에 관한 법률적·제도적 또는 사실적·경제적 진입장벽의 존재와 정도, 시장지배적사업자와 경쟁사업자의 시장점유율, 상대적 규모의 차이, 관련 공법적 규제의 내용 등을 고려할 필요가 있고, 원칙적으로 시장지배적사업자가 설정한 도매가격과 소매가격의 차이와 시장지배적사업자의 비용을 기초로 하되 특별한 사정이 있는 경우에는 예외적으로 경쟁사업자의 비용을 바탕으로 이윤압착의 정도를 검토하고, 나아가 행위가 지속된 기간, 완제품의 특성, 거래의 규모나 매출액에서 차지하는 비중, 구체적인 시장상황 등을 고려할 때 하류시장 경쟁사업자가 정상적으로 사업을 영위하기 어려워 유력한 현실적 또는 잠재적 경쟁사업자의 시장진입이나 확대의 기회가 봉쇄될 우려가 있는지 여부와 그 정도, 시장지배적사업자의 지배적 지위가 강화되는지 여부와 그 정도, 그로 인하여 장기적으로 소비자 폐해가 발생할 우려가 있는지 여부 등을 중점적으로 살펴보아야 한다고 하였다.[134)]

나아가 이 사건 사실관계에 위 판단기준을 적용하여 이 사건 행위는 부당하게 통상거래가격에 비하여 낮은 대가로 공급하여 경쟁사업자를 배제시킬 우려가 있는 거래행위에 해당한다고 볼 여지가 있다고 인정하였는데, 특히 이 사건에서와 같이 소매가격과 도매가격의 차이가 음수(-)가 되는 경우라면 원고로서도 도매가격과 소매가격의 차이에 따른 이윤압착으로 기업메시징 서비스 시장의 경쟁사업자가 배제될 개연성을 충분히 예상할 수 있으므로 통상 그 행위 자체에 경쟁을 제한하려는 의도와 목적이 있다고 추정할 수 있다고 하였다.[135)]

(7) 네이버 부동산 매물정보 사건 심결

온라인 플랫폼 사업자의 멀티호밍(multi-homing) 제한 사건으로 주목을 받은 네이버[부동산 부문]의 시장지배적지위 남용 등 사건에서는 온라인 부동산플랫폼 정보제공자 시장 등 다수의 온라인서비스 시장에서 지배적 지위를 가진 동 회사가 부동산정보업체와 부동산 매물제휴 계약을 체결하면서 자신에게 제공한 확인매물정보와 매물정보를 제3자에게 제공하지 못하도록 하는 조건을 부과한 행위가 문제가 되었다. 이에 대하여 공정거래위원회는 이 사건 배타조건부 거래행위의 성격상 행위 자체에 경쟁을 제한하려는 의도 및 목적이 당연히 포함되어 있다고 보아야 하고 실제로 내부 문건을 통해서도 경쟁사업자인 카카오와 부동산정보업체들 간 거래를 저지

134) 같은 판결.

135) 같은 판결. 동일한 취지의 판결로서 대법원 2021. 6. 30. 선고 2018두37960 판결 참고.

하기 위한 행위임이 확인되고, 나아가 이 사건 배타조건부 거래조건은 거래상대방의 멀티호밍 유인을 차단하여 경쟁사업자의 시장진입 및 확대 기회를 봉쇄함으로써 자신의 시장지배력을 더욱 강화할 우려가 있고 당해 시장에서의 혁신저해 및 소비자 선택권 감소로 이어질 수 있는 점, 실제로 경쟁사업자의 시장확대 기회가 저지되고 자신의 시장지배력이 강화된 점 등을 고려할 때 경쟁제한 우려 및 효과가 인정된다고 하였다.[136)]

(바) 현저한 소비자이익 저해

(1) 개　　설

법 제5조 제1항 제5호 후단은 '현저한 소비자이익 저해'를 시장지배적지위의 남용행위의 유형으로 규정하고 있다. 이는 반드시 경쟁제한적 효과를 초래할 것을 요건으로 하지 않고 동 항 제1호의 부당한 가격책정이나 제2호의 부당한 출고조절 이외에 소비자의 이익을 침해하는 착취적 남용을 폭넓게 금지하는 것으로 이해된다. 그런데 기타 유형의 남용행위의 경우와는 달리 종래 법 시행령뿐만 아니라 시장지배적지위 남용행위 심사기준 역시 이에 관하여 아무런 규정을 두고 있지 않다.[137)] 따라서 우선 현저한 소비자이익 저해에 해당하는 행위의 세부유형 및 구체적 판단기준이 지나치게 불명확하다는 주장이 제기될 수 있다.

실제로 CJ헬로비전의 시장지배적지위 남용 사건 관련 행정소송에서 동 사업자는 구법 제3조의2 제1항 제5호 후단의 '부당하게 소비자의 이익을 현저히 저해할 우려가 있는 행위'라는 문언이 지나치게 불명확하고 모호하여 수범자인 일반 국민

---

136) 공정거래위원회 의결 제2021-19호, 2021. 1. 20. 또한 공정거래위원회는 위 행위가 불공정거래행위의 유형 중 '배타조건부거래'(구법 시행령 [별표 1의2] 제7호 가목)에도 해당한다고 하였다.

137) 독점규제법 자체에서는 위 고시의 직접적 근거를 찾을 수 없고, 대신 법 시행령 제9조 제6항은 "제1항부터 제5항까지의 규정에 따른 행위의 세부적인 유형 및 기준에 관하여 필요한 사항은 공정거래위원회가 정하여 고시한다."라고 규정하고 있는데, 법 시행령 제5조 제1항 내지 제5항은 '현저한 소비자이익 저해'에 관하여 아무런 내용을 규정하고 있지 않으므로 법령상 위 고시가 이에 관한 유형 및 기준을 정할 근거가 없다고 해석된다. 한편 1999년 법 개정 이전에 구법 제3조의2는 시장지배적지위 남용행위의 유형과 기준을 법 시행령이 아니라 공정거래위원회의 고시로 정하도록 규정하고 있었는데, 공정거래위원회가 제정한 '시장지배적지위 남용행위의 유형 및 기준'(공정거래위원회 고시 제1997-12호)은 당시 구법 제3조의2 제1항 제5호의 '기타 경쟁을 실질적으로 제한하거나 소비자의 이익을 현저히 저해할 우려가 있는 행위'의 세부유형을 열거하면서, 특히 소비자이익 저해행위에 관하여 '권장소비자가격을 실제 거래가격보다 과다하게 표시하는 행위'와 '기타 소비자의 재산상, 신체상, 정신상의 제반 이익을 현저히 저해할 우려가 있는 행위'라고 규정하고 있었다.

들로서는 위 규정에 포섭되는 구체적인 행위유형을 예견하는 것이 불가능하고 법집행 당국의 자의적인 법집행을 허용하는 결과를 초래하게 되며, 나아가 구법 제3조의2 제2항에서는 '남용행위의 유형 또는 기준을 대통령령으로 정할 수 있다'고 규정하여 불명확한 위 법률조항의 내용을 보완할 수 있는 권한을 행정부에 부여하였지만 행정부가 이를 구체화할 시행령을 제정하지 아니하여 그 불명확성이 치유되지 않았으므로 동 법률조항은 헌법상 명확성의 원칙에 위반된다고 주장하면서 위헌법률심판제청을 신청하였다.

이에 대하여 서울고법은 법규범의 의미내용은 그 문언뿐만 아니라 입법목적이나 입법취지, 입법연혁 그리고 법규범의 체계적 구조 등을 종합적으로 고려하는 해석방법에 의하여 구체화되므로, 결국 법규범이 명확성의 원칙에 위반되는지 여부는 위와 같은 해석방법에 의하여 그 의미내용을 합리적으로 파악할 수 있는 해석기준을 얻을 수 있는지 여부에 달려 있다고 하면서, 위 법률조항에 사용된 개념이 불명확하여 다소 광범위한 해석의 여지를 두고 있으나, (1) 입법자가 향후 일어날 수 있는 다양한 시장지배적지위 남용행위를 일일이 구체적, 서술적으로 열거하는 것은 입법기술상 불가능하거나 현저히 곤란하고, (2) 변화하는 사회에 대한 법규범의 적용력을 확보하기 위해서 어느 정도 망라적인 의미를 가지는 내용으로 입법하는 것이 불가피하고, 시장지배적사업자는 구법 제3조의2 제1항 제1호의 부당한 가격결정이나 동 항 제2호의 부당한 출고조절 이외의 비가격적인 수단으로 소비자의 이익을 현저히 저해할 행위를 할 여지가 있으므로 이러한 행위유형도 규제할 필요성이 있으며, (3) 위 법률조항이 모든 사업자의 소비자이익 저해행위를 규제하고 있는 것이 아니라 시장지배적사업자의 관련시장에서의 행위를 규제하고 있는바, 시장지배적사업자들은 일반 사업자에 비해 자신의 행위가 소비자의 이익을 현저하게 저해할 우려가 있는 행위인지 여부를 쉽게 판단할 수 있고, (4) 위 법률조항에 해당하는지 여부는 동 법률조항 하나만이 아니라 법의 입법목적, 동 조항의 입법취지 그리고 관련 법조항 전체를 유기적, 체계적으로 종합하여 판단할 수 있으며, (5) 행정부가 그 유형에 대하여 시행령이나 고시에 구체적인 판단기준을 규정하지 아니하여 위 법률조항의 불명확성이 유지되고 있기는 하나, 향후 시행령 등의 제정으로 불명확성을 치유할 수 있는 것이므로 그와 같은 사정만으로 동 법률조항을 위헌이라고 할 수 없다는 점 등을 근거로 위 법률조항이 명확성의 원칙에 반한다고 할 수 없다고 하였다.[138]

---

138) 서울고법 2008. 8. 20.자 2007아335 결정. 또한 위에서 살펴본 마이크로소프트 등의 시장지배적지위 남용 등 사건에서도 사실상 동일한 주장이 제기되었으나 당시 공정거래위

또한 이 사건 상고심에서 대법원 역시 구법 제3조의2 제1항 제5호 후단의 행위에 관한 구체적 판단기준을 정한 시행령 등이 제정되지 않았다고 할지라도 동 법률 조항을 직접 적용할 수 있다는 전제 아래, 위 조항이 규정하고 있는 '부당하게 소비자의 이익을 현저히 저해할 우려가 있는 행위'의 요건으로서 (1) 시장지배적사업자의 소비자이익을 저해할 우려가 있는 행위의 존재, (2) 소비자이익 저해 정도의 현저성, (3) 그 행위의 부당성이 증명되어야 하고, 그러한 요건에 대한 증명책임은 시정명령 등 처분의 적법성을 주장하는 공정거래위원회에게 있다고 판시하였다.[139)]

그 밖에 티브로드 강서방송 외 4의 시장지배적지위 남용 사건 관련 행정소송에서도 원고는 구법 제3조의2 제1항 제5호 후단의 규정은 동 항 제1호(부당한 가격결정), 제2호(부당한 출고조절)에 규정되어 있지 않는 행위도 규제에 포섭하기 위한 취지의 보충적인 일반조항이므로 반드시 법 시행령에서 구체적인 행위의 유형 및 기준이 설정되어 있어야 한다는 취지로 주장하였지만, 대법원은 법치국가원리의 표현인 명확성의 원칙은 모든 기본권제한입법에 대하여 요구되는 것이지만, 기본권제한입법이라고 하더라도 규율대상이 지극히 다양하거나 수시로 변화하는 성질의 것이어서 입법기술상 일의적으로 규정할 수 없는 경우에는 명확성의 요건이 완화되어야 하고, 당해 규정이 명확한지 여부를 규정의 문언만으로 판단할 것이 아니라 관련 조항을 유기적·체계적으로 종합하여 판단하여 할 것이라고 전제하고, 이 사건 규정의 규율대상은 '시장지배적사업자의 소비자 이익을 저해하는 남용행위'로서 그 내용이 지극히 다양하고 수시로 변하는 성질이 있어서 이를 일일이 열거하는 것은 입법기술적으로 불가능한 점, 이 사건 규정은 ① '시장지배적사업자의 소비자이익을 저해할 우려가 있는 행위의 존재', ② '소비자 이익 저해 정도의 현저성', ③ '그 행위의 부당성'이 인정될 경우에 적용되는 바, 위 요건에 관한 판단은 법의 입법목적을 고려하고 구법 제3조의2 제1항이 규정한 여러 유형의 시장지배적지위 남용행위 등과 비교하는 등 체계적·종합적 해석을 통하여 구체화될 수 있는 점, 이 사건 규정의 수범자는

원회는 다양한 시장지배적지위 남용행위를 규율하기 위해서는 법의 입법취지를 고려하여 관련 규정을 합목적적으로 해석하여야 하므로 법 시행령에서 그 유형을 구체화하지 않았다고 하더라도 법률의 해당 조항을 직접 적용할 수 없는 것은 아니고, 입법에게 요구되는 명확성 역시 개개의 법률이나 법조항의 성격에 따라 차이가 있을 수 있으며 다양한 시장지배적지위의 남용행위의 유형을 법 및 시행령에서 모두 정하는 것은 불가능하므로 다양한 행위유형을 포섭할 수 있는 보충적인 조항이 필요한데, 구법 제3조의2 제1항 제5호 후단은 동법의 입법목적, 법의 전체적인 체계 및 다른 시장지배적지위 남용행위의 금지조항과 함께 유기적으로 해석하면 동 조항이 적용되는 경우를 예측할 수 있고 다의적 해석 가능성이 없다고 할 것이므로 위 조항은 명확성의 원칙에 반하지 않는다고 하였다(공정거래위원회 의결 제2006-42호, 2006. 2. 24).

139) 대법원 2010. 2. 11. 선고 2008두16407 판결.

시장지배적사업자로서 일반인에 비하여 상대적으로 규제대상 행위에 관한 예측 가능성이 크다 할 것인 점 등을 고려하면 이 사건 규정이 헌법상 법치주의원리에서 파생되는 명확성의 원칙을 위반한다고 볼 수 없다고 판시하였다.[140]

관련된 문제로서 법률은 법 시행령에, 법 시행령은 다시 고시에 시장지배적지위의 남용행위의 구체적인 유형과 기준을 위임하는 것이 적법한 것인가라는 문제가 제기되었다. 즉, 법 제5조 제2항은 시장지배적지위의 남용행위의 유형 및 기준을 대통령령으로 정하도록 하고, 다시 법 시행령 제9조는 법률상 규정된 남용행위의 유형과 기준을 정하는 한편, 동 조 제6항은 또다시 각각의 남용행위의 세부적인 유형과 기준을 공정거래위원회가 정하여 고시하도록 규정하고 있다. 이에 따라 공정거래위원회가 시장지배적지위 남용행위 심사기준을 제정하여 운영하고 있음은 이미 설명한 바와 같다. 이와 관련하여 위에서 살펴본 POSCO 사건에서 서울고법은 구법 제3조의2 제2항은 동 조 제1항 각 호에 규정되어 있는 각 남용행위가 불명확한 개념이거나 개념상 공백이 있어서 그 확정을 시행령에 위임한 것이 아니라 그 기준을 더욱 명확하게 하고 예측가능성을 높이기 위하여 그 유형과 기준을 시행령에 위임한 것이므로, 시행령이 구체적인 유형 중 전형적인 것을 특정하여 규정하고 이에 포함되지 않는 것을 포괄하는 규정을 두면서 이를 다시 공정거래위원회의 고시에 의하여 정하도록 위임하는 것은 가능하고, 이를 백지 재위임이라고 할 수 없다고 판시하였다.[141]

(2) **관련 판결례**

그동안 공정거래위원회가 '현저한 소비자이익 저해'에 해당한다고 인정한 사례들을 살펴보면, 서울특별시 태권도협회가 승단심사비를 일방적으로 인상한 행위,[142] CJ케이블넷 가야방송 등 유선방송사업자들이 인기채널을 저가 묶음상품에서 제외하여 고급형 묶음상품으로 변경하고 그 대신 시청률이 낮은 채널을 저가 묶음상품에 신규로 포함시킴으로써 가입자들이 고가 묶음상품에 가입하도록 유도한 행위,[143] 역시 티브로드 기남방송 등 종합유선방송사업자들이 아파트 등 공동주택을 대상으로 공급하던 저가의 단체계약상품의 공급을 일방적으로 중단한 행위[144] 등을 찾아볼

140) 대법원 2010. 5. 27. 선고 2009두1983 판결.

141) 서울고법 2002. 8. 27. 선고 2001누5370 판결.

142) 공정거래위원회 의결 제2003-99호, 2003. 8. 13.

143) 공정거래위원회 의결 제2007-407호, 2007. 8. 20. 이외에도 공정거래위원회가 종합유선방송사업자의 사실상 동일한 행위에 대하여 소비자이익 저해행위로 시정조치를 내린 것이 2건 있다.

144) 공정거래위원회 의결 제2007-459호, 2007. 10. 8. 이외에도 공정거래위원회가 종합유선방송사업자의 사실상 동일한 행위에 대하여 소비자이익 저해행위로 시정조치를 내린 것이

수 있다.

위 사례 중 CJ케이블넷 가야방송 등에 대하여 내려진 공정거래위원회의 시정조치에 불복하여 제기된 CJ헬로비전의 시장지배적지위 남용 사건 관련 행정소송 상고심에서 대법원은 '현저한 소비자이익 저해의 성립요건' 및 그 판단기준을 명확하게 제시하고, 결국 이 사건 소비자이익 저해행위의 현저성이 인정되지 않는다고 하였다.[145] 즉, '부당하게 소비자의 이익을 현저히 저해할 우려가 있는 행위'가 성립하기 위해서는 시장지배적사업자의 소비자이익을 저해할 우려가 있는 행위의 존재, 소비자이익 저해 정도의 현저성 및 그 행위의 부당성이 증명되어야 하고, 그러한 요건에 대한 증명책임은 시정명령 등 처분의 적법성을 주장하는 공정거래위원회에게 있으며, 이때 소비자의 이익을 '현저히' 저해할 우려가 있는지 여부는 당해 상품이나 용역의 특성, 이익이 저해되는 소비자의 범위, 유사 시장에 있는 다른 사업자의 거래조건, 거래조건 등의 변경을 전후한 시장지배적사업자의 비용 변동 정도, 당해 상품 또는 용역의 가격 등과 경제적 가치와의 차이 등 여러 사정을 종합적으로 고려하여 구체적·개별적으로 판단하여야 한다고 판시하고, 이 사건에서 이를 인정할 아무런 자료가 없다고 하였다.[146]

또한 유선방송사업자들이 단체계약상품의 공급을 중단한 행위가 문제로 된 티

14건 있다.

145) 대법원 2010. 2. 11. 선고 2008두16407 판결.

146) 같은 판결. 이 사건 원심에서 서울고법은 문제가 된 채널편성의 변경행위가 시청자들의 이익에 미치는 영향을 구체적으로 따져서, 이로 인한 시청점유율 감소 수치가 매우 작고, 그 이후에도 많은 시청점유율 상위 채널들이 보급형 상품에 그대로 남아 있게 되었으므로 보급형 상품을 시청하는 소비자들의 효용이 현저하게 저해되었다고 보기는 어려우며, 종합유선방송사업자로서는 보급형 상품에 속하는 채널 중에서 시청점유율이 상대적으로 높은 채널들을 고급형 상품으로 서서히 이동시키고 신규 채널사용사업자의 채널을 저가의 보급형 상품으로 진입시키는 등의 방법으로 수익의 확대를 꾀할 수 있다고 보아야 하고, 이에 반하여 이 사건 공정거래위원회의 처분과 같이 시청점유율 상위 채널을 보급형 상품으로 고정하여야 한다면 종합유선방송사업자로서는 상품구성의 변경을 통한 수익성 제고를 기대하기 어렵게 되고, 이 사건 채널편성 변경 직후 보급형 상품 가입자 중 디지털형 상품으로 전환하는 비율은 전체 가입자 수에 비하여 극히 미미하므로 이 사건 채널편성 변경으로 인하여 가입자들이 수신료가 비싼 고급형 또는 디지털형 상품으로의 가입 전환을 사실상 강제당하였다고 볼 수는 없다는 등의 이유로 이 사건 채널편성 변경행위가 보급형 상품의 시청자들의 이익을 상당히 저해할 우려가 있다고 할 수 있으나 그 정도가 현저하다고까지는 평가할 수 없다고 하였는데(서울고법 2008. 8. 20. 선고 2007누23547 판결), 대법원은 원심이 이 사건 채널편성 변경에 의한 거래조건을 유사 시장에서의 다른 사업자의 거래조건과 비교 등을 하지 아니한 채 단순히 그 정도가 현저하지 않다고 판단한 것은 적절하지 아니하나, 이를 인정할 아무런 자료가 없는 이상 이 사건 채널편성 변경행위에 소비자이익 저해행위의 현저성이 인정되지 않는다고 본 원심의 결론은 결과적으로 정당하다고 하였다.

브로드 강서방송 외 4의 시장지배적지위 남용 사건 관련 행정소송 상고심에서도 대법원은 위 CJ헬로비전의 시장지배적지위 남용 사건 판시사항을 재확인하면서, 소비자의 이익을 현저히 저해할 우려가 있는 행위의 부당성은 시장지배적사업자의 지위 남용행위의 규제목적이 단순히 그 행위의 상대방인 개별 소비자의 이익을 직접 보호하고자 하는 데 있는 것이 아니라 독과점 시장에서의 경쟁촉진 및 시장지배적사업자의 과도한 독점적 이익 실현행위로부터 소비자의 이익을 보호하고자 하는 데 있음을 고려할 때, 시장지배적사업자의 행위의 의도나 목적이 독점적 이익의 과도한 실현에 있다고 볼 만한 사정이 있는지, 상품의 특성·행위의 성격·행위기간·시장의 구조와 특성 등을 고려하여 그 행위가 이루어진 당해 시장에서 소비자 이익의 저해의 효과가 발생하였거나 발생할 우려가 있는지 등을 구체적으로 살펴서 판단하여야 하되, 다만 시장지배적사업자의 소비자이익을 저해할 우려가 있는 행위가 존재하고 그로 인한 소비자 이익의 저해 정도가 현저하다면 통상 시장지배적사업자가 과도한 독점적 이익을 취하고자 하는 행위로서 부당하다고 볼 경우가 많을 것이라고 전제하고, 원심은 이 사건 행위로 인한 소비자이익의 저해 정도가 현저하다는 점을 명확히 하지 아니한 상태에서 그 행위의 부당성만을 판단한 잘못이 있을 뿐만 아니라 부당성 역시 인정되지 않는다고 판시하였다.[147)]

그 밖에도 이미 살펴본 마이크로소프트 등의 시장지배적지위 남용 등 사건[148)]과 SKT의 시장지배적지위 남용 사건[149)]에서 공정거래위원회는 구법 제3조의2 제1항 제3호의 부당한 사업활동 방해와 동 항 제5호 후단의 현저한 소비자이익의 저해 양자 모두에 해당한다고 판단하여 시정조치 등을 명하였다. 전자에서 공정거래위원회는 문제가 된 마이크로소프트의 결합판매행위는 주된 상품시장에서의 시장지배적지

---

147) 대법원 2010. 5. 27. 선고 2009두1983 판결. 이 사건 원심에서 서울고법은 종합유선방송사업자 등 제도적으로 일정한 지역에서 독점권을 보장받고 있는 사업자들의 영업의 자유는 그렇지 않은 일반적인 사업자들에 비하여 소비자들의 권익 보호 등의 공익적 목적을 위하여 좀더 제한이 가중되어야 하고, 단체계약상품의 수익이 실제로 적자를 기록하고 있었다는 사정이 입증되지 않고, 설사 단체계약상품의 자체 수익성이 적자였다고 하더라도 가입자들이 수용 가능한 정도로 순차적으로 요금을 인상하는 등의 다른 대안을 고려하지 아니하고 곧바로 일시에 해당 상품 자체를 폐지하는 극단적인 방법을 취한 것은 정당화되기 어려우며, 이 사건행위로 인하여 기존의 단체상품 가입자들 중 약 절반가량은 개별계약으로 전환할 수밖에 없어 종전보다 다액의 수신료를 부담할 수밖에 없게 되었고 나머지 절반가량의 가입자들은 대부분 더 이상 유료방송을 시청하지 못하게 되었던 점 등의 사정을 종합적으로 고려한다면, 이 사건 행위는 단체계약 상품 가입자들의 이익을 현저히 저해할 우려가 있는 행위로서 '부당성'이 인정된다고 판시하였으나(서울고법 2008. 12. 18. 선고 2007누29842 판결), 위 대법원 판결로 파기되었다.

148) 공정거래위원회 의결 제2006-42호, 2006. 2. 24.

149) 공정거래위원회 의결 제2007-44호, 2007. 2. 6.

위를 이용하여 종된 상품시장에서의 소비자의 상품선택권을 침해할 뿐만 아니라 자사 제품의 편재성을 초래하여 당해 시장에서의 경쟁을 제한함으로써 소비자의 후생을 감소시키고, 나아가 기술혁신을 저해하여 사회적 손실을 야기하므로 '소비자의 이익을 현저히 저해할 우려가 있는 행위'에 해당한다고 하였다.150)

또한 후자 관련 행정소송에서 서울고법은 소비자가 타 음악사이트에서 이미 유료로 음악파일을 구입한 경우에 원고의 MP3폰에서 작동이 안 되거나 매우 어렵기 때문에 원고의 MP3폰으로 음악을 듣기 위해서는 추가로 원고의 멜론사이트에서 음악파일을 다운로드 받고 비용을 지출하게 되는 이중부담을 질 수 있으므로 이 경우 소비자의 이익 침해는 현저한 것이라고 볼 여지는 있으나, 일반적으로 음악사이트에 새로 가입하거나 가입사이트를 변경하는 소비자의 경우에는 그 침해의 현저성이 문제가 되지 아니하고, 어려운 컨버팅 과정을 거치는 경우에도 불편할 뿐이지 현저한 침해가 된다고 보기 어렵다고 판시하였다.151)

토의 과제

1 법 제5조 제1항 각 호가 열거하고 있는 남용행위의 유형들을 소위 '착취적 남용'과 '배제적 남용'으로 구분해 보고, 대법원의 판결에 비추어 양자의 부당성 판단기준의 차이점을 설명해 보시오.

2 2001년 법 시행령 개정을 통하여 시장지배적지위 남용행위의 유형 중 부당한 사업활동 방해 및 시장진입 방해의 세부유형으로 새로이 도입된 소위 '필수적인 요소'의 사용 또는 접근의 거절 및 제한의 논거가 무엇인지 설명해 보시오(김권회, "필수설비의 법리에 관한 연구", 「서울대 박사학위논문」, 2005 참고).

3 POSCO의 시장지배적지위 남용 사건에서 대법원이 부당한 사업활동 방해의 부당성을 입증하는 방법에 관하여 판시한 내용에 따를 경우 실제 법집행상 어떠한 문제가 제기될 수 있는지 생각해 보시오(이호영, "공정거래법상 시장지배적 사업자 규제의 쟁점과 과제", 「저스티스」, 통권 104호, 2008, pp. 94-96 참고).

150) 공정거래위원회 의결 제2006-42호, 2006. 2. 24.

151) 서울고법 2007. 12. 27. 선고 2007누8623 판결. 상고심에서 대법원은 CJ헬로비전의 시장지배적지위 남용 사건 및 티브로드 강서방송 외 4의 시장지배적지위 남용 사건 판결의 판시를 원용하면서 원심의 결론을 수용하였다(대법원 2011. 10. 13. 선고 2008두1832 판결).

4 LG유플러스의 시장지배적지위 남용 사건에서 대법원은 하류시장에서 완제품의 가격을 낮추는 형태의 이윤압착행위에 구법 제3조의2 제1항 제5호 전단 및 구법 시행령 제5조 제5항 제1호를 적용할 수 있다고 하였는데, 상류시장에서 원재료의 도매가격을 높이는 형태의 이윤압착행위에 적용할 수 있는 시장지배적지위 남용행위의 유형을 생각해 보시오. 또한 소매가격과 도매가격의 차이가 음수(−)가 아닌 경우의 이윤압착행위의 부당성을 판단함에 있어서 추가적으로 고려할 점을 생각해 보시오(이호영, "이윤압착행위에 대한 공정거래법의 적용에 관한 연구", 「법경제학연구」, 제16권 제3호, 2019, pp. 348-350, pp. 340-341 참고).

5 법 제5조 제1항 제5호는 시장지배적지위 남용행위의 유형으로서 '부당한 경쟁사업자 배제' 및 '현저한 소비자이익 저해'를 규정하고 있는데, 기타의 시장지배적지위 남용행위의 유형들과의 관계를 설명하고, 이러한 규정체계가 입법론상 바람직한가에 대하여 각자의 의견을 제시해 보시오.

6 대법원은 구법 제23조 제1항 제8호의 '기타 불공정거래행위'에 관하여 구법 제23조 제2항의 위임에 따라 그 유형과 기준을 대통령령으로 정하지 않으면 직접 위 법률조항을 적용하여 규제할 수 없다고 판시하였는데(대법원 2008. 2. 14. 선고 2005두1879 판결), 이러한 법리가 법 제5조 제1항 제5호 후단의 '현저한 소비자이익의 저해'에도 적용될 수 있는지에 대하여 각자의 의견을 제시해 보시오(이호영, "공정거래법상 시장지배적 사업자 규제의 쟁점과 과제", 「저스티스」, 통권 104호, 2008. 6, pp. 86-87 참고).

제 3 장 기업결합의 제한

Ⅰ. 개 설

독점규제법은 다른 나라의 경쟁법과 마찬가지로 다양한 방법으로 이루어지는 기업결합을 경쟁당국인 공정거래위원회가 심사하여 관련시장에서의 경쟁을 제한하는 경우에 이를 금지하거나 경쟁제한적인 요소를 시정하는 조치 등을 명할 수 있도록 규정하고 있다. 현행 독점규제법은 적극적으로 기업결합의 개념을 정의하지 않으면서, 누구든지 직접 또는 대통령령이 정하는 특수관계인을 통하여 일정한 거래분야에서 경쟁을 실질적으로 제한하는 기업결합을 하여서는 안 된다고 규정하고(법 제9조 제1항 본문), 기업결합의 유형으로서 (1) 다른 회사의 주식의 취득 또는 소유, (2) 임원 또는 종업원에 의한 다른 회사의 임원 지위의 겸임(임원겸임),[1] (3) 다른 회사와의 합병, (4) 다른 회사의 영업의 전부 또는 주요 부분의 양수·임차 또는 경영의 수임이나 다른 회사의 영업용 고정자산의 전부 또는 주요 부분의 양수(영업양수), (5) 새로운 회사설립에의 참여[2] 등 다섯 가지를 열거하고 있다(동 항 각 호).[3]

---

1) 다만, 기업결합의 유형 중 임원겸임은 계열회사의 것을 합산한 자산총액 또는 매출액의 규모가 법 시행령으로 정하는 규모에 해당하는 회사('대규모회사')가 하는 경우에만 기업결합의 제한 규정이 적용되도록 규정하고 있는데(법 제9조 제1항 본문 단서 및 동조 제5항), 법 시행령은 이와 관련하여 자산총액 또는 매출액의 규모가 2조원 이상인 회사라고 규정하고 있다(법 시행령 제15조 제3항).

2) 단, 특수관계인(경영을 지배하려는 공동의 목적을 가지고 기업결합에 참여 하는 자는 제외) 외의 자는 참여하지 아니하는 경우와 상법 제530조의2(회사의 분할·분할합병) 제1항에 따른 분할에 따른 회사설립에 참여하는 경우는 제외한다(법 제9조 제1항 제5호 각 목).

3) 기업결합의 개념에 관한 위와 같은 규정 방식은 미국의 클레이튼법(Clayton Act) 제7조와 유사한 것으로서 드물지만 법상 열거된 유형에 포섭되지 않는 형태의 기업결합을 규제할 수 없는 결과를 초래할 수 있고, 반대로 지배관계가 형성되지 않는 경우까지 일단 기업결합의 개념에 포함시켜 다루게 되는 문제가 있다. 이에 반하여 독일 경쟁제한방지법 제37조나 EC 기업결합규칙 제3조의 경우는 기업결합의 개념적 징표로서 '직·간접적인 지배관계의 형성'을 요건으로 하고 있어서 실질적으로 지배관계를 형성시키는 모든 행위를 규제할 수 있고, 지배관계가 형성되지 않는 경우에는 애초에 기업결합의 범주에서 제외하고 있다. 권오승 외, 「기업결합심사제도의 개선방안에 관한 연구」(공정거래위원회 연구용역보고서), 2000, pp. 59-61 참고.

나아가 기업결합의 실질적 경쟁제한성 판단과 관련하여, 해당 기업결합에 참여하는 당사회사들의 시장점유율 합계가 일정한 요건을 충족하는 경우와 대규모회사가 중소기업이 주로 활동하는 시장에서 기업결합을 통하여 일정 수준 이상의 시장점유율을 가지게 되는 경우에는 실질적 경쟁제한성이 추정된다(법 제9조 제3항). 그러나 일견 실질적 경쟁제한성이 인정되는 기업결합이라고 할지라도 효율성 증대효과가 경쟁제한으로 인한 폐해보다 큰 경우 또는 회생이 불가능한 회사와의 기업결합으로서 일정한 요건을 충족하는 경우는 예외적으로 허용된다(동 조 제2항). 또한 누구든지 경쟁을 실질적으로 제한하는 기업결합을 금지하는 법 제9조 제1항의 적용을 회피하려는 탈법행위를 해서는 안 된다(법 제13조 제1항).

위 규정을 위반하여 일정한 거래분야에서 경쟁을 실질적으로 제한하는 기업결합이나 그러한 우려가 있는 행위가 있을 때에는 기업결합 당사회사(기업결합 당사회사에 대한 시정조치만으로는 경쟁제한으로 인한 폐해를 시정하기 어렵거나 기업결합 당사회사의 특수관계인이 사업을 영위하는 거래분야의 경쟁제한으로 인한 폐해를 시정할 필요가 있는 경우에 그 특수관계인 포함) 또는 위반행위자에게 해당 행위의 중지, 주식의 전부 또는 일부의 처분, 임원의 사임, 영업의 양도, 시정명령을 받은 사실의 공표, 기업결합에 따른 경쟁제한의 폐해를 방지할 수 있는 영업방식 또는 영업범위의 제한, 그 밖에 법 위반상태를 시정하기 위하여 필요한 조치 등의 시정조치를 명할 수 있고(법 제14조 제1항), 기업결합 규제의 실효성을 확보하기 위하여 일정한 규모에 해당하고 당사회사들 사이에 지배관계가 형성될 개연성이 있는 기업결합은 공정거래위원회에 신고하도록 규정하고 있다(법 제11조 제1항 및 제2항).

〔연 혁〕

독점규제법은 1980년 법 제정 당시부터 기업결합의 경쟁제한적 효과에 착안하여 자본금 또는 자산총액이 일정한 기준 이상에 해당하는 회사가 행하는 경쟁제한적 기업결합과 강요 기타 불공정한 방법에 의한 기업결합을 금지하고, 아울러 기업결합에 대한 규제를 실효성 있게 집행하기 위하여 경쟁을 제한할 개연성이 인정되는 일정한 규모 이상의 기업결합에 대하여 신고의무를 부과하였다. 그런데 법상 기업결합의 규제와 관련하여 특이한 점은 기업결합의 개념을 적극적으로 정의하지 않은 채 금지된 기업결합의 유형으로서 주식취득, 임원의 겸임, 합병, 영업양수, 새로운 회사의 설립 등을 열거하고 있을 뿐이었고, 또한 산업합리화 또는 국제경쟁력의 강화를 위한 기업결합에 대하여 폭넓은 예외를 인정하였다.

그 후 1996년 5차 법 개정을 통하여 기업결합 규제에 대한 광범위한 개정이 이루어졌는데, 먼저 금지되는 기업결합의 주체에 대하여 종전과는 달리 아무런 제한을 두지 않고 "누구든지"라고 규정하였고, 기업결합의 경쟁제한성에 대한 입증 곤란을 경감시키기 위하여 주로 시장점유율을 기준으로 일정한 요건에 해당하면 경쟁제한성을 추정하는 제도를 도입하였다. 다시 1999년 2월 7차 법 개정을 통하여 기업결합의 규제에 관한 중요한 개정이 이루어져서 현재까지 그 골격을 유지하고 있다. 우선 금지되는 기업결합의 범위에서 경쟁제한적 우려가 경미하거나 존재하지 않는 경우를 제외하고, 종전에 기업결합 금지의 예외사유로 규정하였던 산업합리화 또는 국제경쟁력의 강화를 삭제하고 대신 선진국의 입법례에 따라 효율성 증대를 위한 기업결합과 회생이 불가능한 기업의 구제를 위한 기업결합을 예외사유로 규정하였다. 또한 2001년 법 개정을 통하여 기업결합의 신고제도에 변화가 있었는데, 중소기업창업투자회사가 창업자와 결합한 경우 등 일정한 범위의 기업결합을 신고대상에서 제외하였다. 다시 2004년 법 개정에서는 종전에 사후 신고대상이었던 대규모회사의 주식취득에 의한 기업결합을 사전 신고대상에 포함시켰고, 또 다시 2007년 법 개정을 통하여 불공정한 방법에 의한 기업결합의 금지를 삭제하고 기업결합신고절차의 특례 등을 신설하였는데, 전자는 당초 일본의 입법례에 따라 경쟁법으로 경쟁제한적 기업결합 이외의 기업결합을 규제하는 것이 바람직하지 않다는 지적에 따른 것이고, 후자는 신고인의 편의를 위하여 기업결합 행위가 주무관청의 승인 대상인 경우에는 승인을 신청할 때 기업결합 신고서류를 제출할 수 있도록 한 것이었다. 또한 기업결합을 사전 신고하는 경우에 종전에는 합병계약 등을 체결한 날로부터 30일 이내에 신고하도록 규정함으로써 그 기한을 두고 있었으나, 2009년 법 개정을 통하여 이를 삭제함으로써 당사회사의 편의에 따라 기업결합 완료 이전에 언제든지 신고할 수 있도록 하였다. 그 후 2012년 법 개정을 통하여 기업결합의 신고가 이루어진 경우에 공정거래위원회가 이를 심사하여 그 결과를 통지하여야 하는 기한을 명시적으로 규정하고, 사전신고의 경우에는 심사결과를 통지받기 전까지 기업결합을 실행하지 못하도록 명확하게 규정하였다. 마지막으로 2020년 법 전부 개정을 통하여 피취득회사의 자산총액(또는 매출액)이 소규모이더라도 거래금액(인수가액)이 일정 금액 이상이고 국내에서 상당한 수준으로 활동하는 경우를 신고대상 기업결합에 포함시켰다.

기업결합이란 복수의 기업들이 자본적·인적·조직적 결합과 같은 구조적 통합을 통하여 이들 기업의 활동을 단일한 관리체계 하에 통합시킴으로써 개별 기업의 경제적인 독립성을 소멸시키는 기업 간 결합과정 또는 그 형태를 말한다. 독점규제법을 포함한 각국의 경쟁법제는 공통적으로 부당한 공동행위 및 시장지배적지위의 남용(또는 독점화)과 더불어 경쟁을 제한하는 기업결합을 중요한 법 위반행위로 규율하고 있는데, 그 이유는 기업결합이 시장에서 경쟁을 행하는 주체인 기업의 경제적 독립성을 소멸시킴으로써 시장의 구조에 직접적으로 악영향을 미치기 때문이다. 그러나 다른 한편으로 기업결합은 제5장에서 살펴보는 부당한 공동행위와는 달리 기업의 성장이나 구조조정의 대표적인 수단으로서 규모의 경제(economies of scale)나 범위의 경제(economies of scope) 등을 실현함으로써 해당 기업의 효율성을 향상시켜서 경쟁을 촉진할 개연성도 얼마든지 존재하므로 위법성을 판단할 때 더욱 신중을 기하여야 하고, 특히 그 경제적 효과를 면밀히 분석해야 한다.

기업결합은 일반적으로 당사회사들 사이의 경쟁관계 유무 또는 당해 기업결합이 시장에 미치는 효과에 따라서 (1) 수평형(horizontal) 결합, (2) 수직형(vertical) 결합, (3) 혼합형(conglomerate) 결합으로, 기업결합에 사용되는 조직형태에 따라 (1) 지주회사, (2) 트러스트, (3) 콘체른으로, 다시 기업결합의 방법과 수단에 따라 (1) 주식취득, (2) 임원겸임, (3) 합병, (4) 영업양수, (5) 회사설립에의 참여 등으로 분류할 수 있다.[4] 그 중 경쟁법상 기업결합의 규제라는 측면에서 가장 의미 있는 분류는 전자로서, 수평형 결합은 동일한 시장에서 서로 경쟁관계에 있는 기업 간의 기업결합을, 수직형 결합은 제품의 생산 및 판매 등으로 연결되는 일련의 수직적 공급단계상 인접하는 시장에 속한 기업 간의 결합[5]을, 혼합형 결합은 당사회사들 사이에 수평적 또는 수직적 관계가 없는 결합[6]을 말한다.

실제로 시장에서 일어나는 기업결합의 동기는 매우 다양하고, 그 경제적 효과 역시 시장상황에 따라 획일적으로 판단하기 곤란하므로 합리적인 기업결합 규제를 위해서는 매우 정치한 분석의 틀과 방법론이 요구된다. 그런데 기업결합에 대한 구체적인 심사방법을 상위 법령으로 규정하는 것은 한계가 있으므로 미국이나 EU를 비롯한 각국은 법률이나 조약과는 별도로 경쟁법 집행당국이 마련한 지침 또는 규칙의 형태로 기업결합을 심사하는 구체적인 기준을 마련하여 시행하고 있다. 예컨대, 미국의 경우에는 1968년 법무부가 기업결합지침(Merger Guidelines)을 제정한 이래 1982년과 1984년 개정을 거친 뒤, 1992년에는 법무부와 연방거래위원회가 수평형 기업결합에 대하여 종전의 지침을 대폭 개정한 새로운 지침(Horizontal Merger Guidelines)을 공동으로 제정하여 1997년 한 차례의 개정을 거쳐서 시행하다가, 2010년 8월 다시 그간의 법집행 경험을 토대로 대대적으로 개정한 바 있다.[7] EU의 경우에도

4) 권오승 외, 「기업결합심사제도의 개선방안에 관한 연구」(공정거래위원회 연구용역보고서), 2000, pp. 31-32.

5) 수직형 기업결합 중에서도 취득회사가 피취득회사보다 상류시장(upstream market)에 위치한 경우를 전방형 결합(forward integration), 피취득회사보다 하류시장(downstream market)에 위치한 경우를 후방형 결합(backward integration)이라고 한다.

6) 일반적으로 당사회사 간에 의미 있는 관련성이 없는 순수한 혼합결합은 독점규제법상 문제가 되지 않고, 경쟁제한 효과가 문제될 수 있는 혼합형 기업결합은 지리적으로 상이한 시장에서 동일한 상품을 공급하는 기업들 사이에 이루어지는 경우(시장확장형 기업결합)와 동일한 상품시장에 속하지는 않지만 어느 정도의 대체성이 인정되는 상품들을 공급하는 기업들 사이에 이루어지는 경우(상품확장형 기업결합)이다.

7) 그 밖에도 2020년 법무부와 연방거래위원회는 공동으로 수직형 기업결합에 대한 별도의 지침(Vertical Meger Guidelines)을 제정하였다.

1989년 기업결합규칙(Merger Regulation)을 제정하였고, 2004년부터는 대폭 개정된 기업결합규칙을 시행하고 있다. 독점규제법도 기업결합의 경쟁제한성 및 경쟁제한적 기업결합 금지의 예외를 판단하기 위한 기준을 공정거래위원회가 정하여 고시하도록 규정하고 있고(법 제9조 제4항), 이에 따라 공정거래위원회는 1998년 '기업결합심사기준'(공정거래위원회 고시 제1998-6호)을 제정한 이후 수차례의 개정을 거쳐 시행하고 있다.[8] 따라서 우리나라를 포함한 각국의 구체적인 기업결합 규제의 내용은 아래에서 보는 바와 같이 사실상 경쟁당국이 제정한 기업결합 관련 고시나 지침 등의 해석 및 적용을 중심으로 이루어지고 있다고 할 수 있다.

토의 과제

> 기업이 기업결합을 행하는 다양한 동기들을 생각해 보고, 각국의 경쟁법이 기업결합을 부당한 공동행위에 비하여 상대적으로 관대하게 다루는 이유를 설명해 보시오.

Ⅱ. 경쟁제한적 기업결합의 금지

문제가 된 기업결합이 법 제9조에 따라 금지되는 기업결합인지 여부를 판단하는 논리적인 과정을 정리해보면, (1) 법 제9조 제1항 각 호의 하나에 해당하는 기업결합 행위가 존재하는지를 판단하고, (2) 그 행위로 인하여 취득회사와 피취득회사 사이에 지배관계가 형성되는지를 판단하고, (3) 그 기업결합의 경쟁제한성을 판단하기 위한 전제로서 '일정한 거래분야', 즉 관련시장을 획정하고, (4) 그 기업결합의 유형을 결정하여 각 유형별로 그 경쟁제한성을 판단하고,[9] (5) 경쟁제한성이 인정되는 경우에도 효율성 증대효과가 큰 기업결합 또는 회생이 불가능한 회사와의 기업결합으로서 예외적으로 허용되는지 여부를 판단하여야 한다.

우선 법 제9조 제1항 각 호의 하나에 해당하는 기업결합 행위가 존재하여야 하

8) 현재 시행되고 있는 것은 공정거래위원회 고시 제2021-25호(2021. 12. 30. 개정)이며, 1998년 기업결합심사기준이 제정되기 이전에는 법률상 근거 없이 만들어진 공정거래위원회의 내부지침인 '기업결합심사요령'(1981. 9. 2.)에 따라 기업결합에 대한 심사가 이루어졌다.

9) 기업결합의 당사회사가 직접 또는 계열회사 등 특수관계인을 통하여 둘 이상의 사업을 영위할 수 있으므로 하나의 기업결합이 수평형 결합, 수직형 결합 및 혼합형 결합 등 세 가지 중 둘 이상의 기업결합 유형에 해당할 수 있음을 유념해야 한다.

는데, 이는 상대적으로 명확한 쟁점으로서 종전에 이에 관하여 다투어진 사례가 없었으나 근래 롯데인천개발의 기업결합제한 위반 사건에서 동 사업자가 인천광역시로부터 당시 경쟁사업자인 신세계가 임차하여 백화점업을 운영하고 있던 인천터미널 건물 및 부지 등을 매입하는 것이 법 제9조 제1항 제4호의 영업양수에 해당하는지가 문제되었다. 즉, 이 사건에서 취득회사는 제3자로부터 고정자산을 인수한 것일 뿐이고 현재 영업을 영위하고 있는 사업자와 아무런 거래행위가 존재하지 않음에도 불구하고 법상 영업양수로 볼 수 있는지 여부가 다투어졌는데, 공정거래위원회는 형식적으로는 취득회사가 제3자로부터 영업용 자산을 인수하는 모습을 띠고 있지만 그 실질은 취득회사가 인수 대상 자산을 임차하여 기존에 영업 중인 신세계의 영업을 우회적으로 양수하는 것이므로 법상 영업양수에 해당한다고 하였다.[10)]

아래에서는 법 제9조 제1항 각 호가 규정하고 있는 기업결합 행위가 존재한다고 전제하고, 위와 같은 기업결합심사의 논리적 단계별로 제기될 수 있는 중요한 쟁점들을 살펴본다. 다만, 현재까지 기업결합의 독점규제법 위반 여부가 재판상 다투어진 사례는 단 5건을 찾아볼 수 있을 뿐인데, 그 중 한 건은 도중에 취하되었고 법원이 실제로 기업결합의 독점규제법 위반 여부에 대하여 종국판결을 내린 사건은 단 4건(6개 판결)을 찾을 수 있을 뿐이다.[11)] 따라서 기업결합에 관한 법원의 판결 이외에 기업결합심사기준(이하 '심사기준'이라 한다) 및 공정거래위원회의 심결례를 중심으로 살펴보기로 한다.

1. 지배관계의 형성

각국 경쟁법이 기업결합을 중요한 규제대상으로 삼는 이유는 독립적으로 활동하던 둘 이상의 기업이 기업결합을 통하여 경제적 독립성을 상실하게 되어 시장에

10) 공정거래위원회 보도자료, "우회적 방법을 통한 신세계 영업을 인수하는 롯데에게 구조적 시정명령 부과", 2013. 4. 15.

11) 코오롱 등의 기업결합제한 위반 사건(서울고법 2003누1570, 원고 소 취하 종결), 무학 등의 기업결합제한 위반 사건(서울고법 2004. 10. 27. 선고 2003누2252 판결, 원고 상고 취하 종결), 삼익악기 등의 기업결합제한 위반 사건(서울고법 2006. 3. 15. 선고 2005누3174 판결 및 대법원 2008. 5. 29. 선고 2006두6659 판결), 동양제철화학 등의 기업결합제한 위반 사건(서울고법 2008. 5. 28. 선고 2006누21148 판결 및 대법원 2009. 9. 10. 선고 2008두9744 판결) 및 신세계 등의 기업결합제한 위반 사건(서울고법 2008. 9. 3. 선고 2006누30036 판결, 피고의 상고 포기로 종결). 그 밖에 현대 HCN의 기업결합 시정조치 위반 사건에서 서울고법이 공정거래위원회가 기업결합의 경쟁제한성을 인정하여 부과한 시정조치를 위반한 사업자에 대하여 동 위원회가 내린 이행강제금 납부명령의 적법 여부를 판단한 바 있다(서울고법 2017. 10. 11. 선고 2016누81255 판결).

서의 경쟁이 소멸하거나 감소할 우려가 있기 때문이다. 따라서 기업결합의 당사회사 간에 지배관계가 형성되지 않는다면 이들의 경제적 독립성이 유지될 것이므로 경쟁법상 문제로 삼을 이유가 없고, 기업결합심사기준 역시 기업결합으로 지배관계가 형성되지 아니하는 경우에는 간이심사대상 기업결합으로 인정하여 원칙적으로 신고내용의 사실 여부만을 심사하고 적법한 신고서류의 접수 후 15일 이내에 심사결과를 신고인에서 통보하도록 규정하고 있다(심사기준 Ⅲ. 2).

기업결합의 당사회사 간 지배관계는 해당 행위 자체로 지배관계가 형성되는 합병 또는 영업양수의 경우에는 문제가 되지 않고, 주식취득이나 소유, 임원겸임 또는 회사신설의 경우에는 일정한 요건이 충족되어야 인정된다. 심사기준에 따르면 주식취득이나 소유의 경우, 우선 취득회사 등의 주식소유비율이 50% 이상인 경우에는 그 자체로서 지배관계가 형성된 것으로 인정하고, 주식소유비율이 50% 미만이더라도 (1) 각 주주의 주식소유비율, 주식분산도, 주주 상호 간의 관계, (2) 피취득회사가 그 주요 원자재의 대부분을 취득회사 등으로부터 공급받고 있는지 여부, (3) 취득회사 등과 피취득회사 간의 임원겸임관계, (4) 취득회사 등과 피취득회사 간의 거래관계, 자금관계, 제휴관계 등의 유무 등을 종합적으로 고려하여 취득회사 등이 피취득회사의 경영 전반에 실질적인 영향력을 행사할 수 있는 경우에는 지배관계가 형성된 것으로 인정된다(심사기준 Ⅳ. 1. 가). 또한 취득회사 등에 의해 단독으로 지배관계가 형성되지는 않지만, 피취득회사의 주식을 공동으로 취득하려는 자나 기존주주 등 다른 자와 공동으로 피취득회사의 경영 전반에 실질적인 영향력을 행사할 수 있는 경우에도 지배관계가 형성된 것으로 보는데, 이 경우에는 (1) 주식 또는 의결권의 보유비율, (2) 임원의 지명권 보유 여부, (3) 예산, 사업계획, 투자계획 및 기타 주요 의사결정에 대한 거부권 보유 여부, (4) 의결권의 공동행사 약정 존재 여부, (5) 사업수행에 필요한 주요 행정권한 보유 여부 등을 종합적으로 고려하여 판단한다(심사기준 Ⅳ. 1. 나).

임원겸임의 경우에는 (1) 취득회사 등의 임·직원으로서 피취득회사의 임원지위를 겸임하고 있는 자의 수가 피취득회사의 임원 총수의 3분의 1 이상인지 여부, (2) 겸임자가 피취득회사의 대표이사 등 회사의 경영전반에 실질적인 영향력을 행사할 수 있는 지위를 겸임하는지 여부 등을 종합적으로 고려하여 취득회사 등이 피취득회사의 경영전반에 실질적인 영향력을 행사할 수 있는 경우에 지배관계가 형성되는 것으로 보고, 이외에도 주식소유에 대한 지배관계 판단기준이 적용 가능한 경우에는 이를 준용한다(심사기준 Ⅳ. 2).

새로운 회사의 설립에 참여하는 경우에는 참여회사 중 2 이상 회사의 신설회사에 대한 지배관계가 형성되어야 하는데, 기업결합 당사회사와 신설회사 간의 지배관계 형성 여부는 주식소유에 대한 지배관계 판단기준을 준용한다(심사기준 Ⅳ. 3).

그동안 실제로 지배관계의 형성 여부가 다투어진 사례를 살펴보면 다음과 같다. 먼저, 무학 등의 기업결합제한 위반 사건에서 주식취득에 의한 지배관계의 형성 여부가 다투어졌다. 이 사건에서 무학 및 그 특수관계인은 경쟁 소주제조·판매사업자인 대선주조의 주식 41.21%를 취득하여 최대주주가 되었음에도 불구하고 주주총회에서 자신들이 제안한 이사 및 감사선임 안건이 부결되었고, 자신들이 소유하지 못한 모든 주식은 제2위 주주인 대선주조의 종전 경영진 측에 위장분산되어 그 지배하에 있을 것이라는 등의 이유로 지배관계가 형성되지 않았다고 주장하였다. 그러나 관련 행정소송에서 서울고법은 원고의 주식소유비율이 50% 미만이지만 제1위에 해당하므로 주식분산도 등을 고려하여 주주권행사에 의한 회사지배가 가능한지 여부를 판단하여야 한다고 하면서, (1) 피취득회사의 재무상황이 악화되어 그 주식이 상장 폐지되어 비상장주식으로 되었으나 상장폐지 전의 소액주주들 중 상당수가 그대로 주식을 보유하고 있는 등 주식 분산도의 측면에서 상장법인과 유사한 형태를 띠고 있었고, (2) 원고 이외의 제2위 주주의 지분은 15.08%에 불과하여 원고와의 지분보유비율에 상당한 차이가 있으며, (3) 원고들이 주장한 주주총회에서의 안건부결은 대선주조 측이 일반주주들을 상대로 의결권위임 권유 등의 노력을 기울인 결과로서 주주들의 우호성 여부는 언제든지 변동 가능하고, (4) 원고들의 주식취득 목적은 단순한 투자목적이 아니라 경영권을 지배할 목적으로 보이는 점 등을 근거로 지배관계의 형성을 인정하였다.[12)]

또한 에실로 아메라 인베스트먼트의 기업결합제한 위반 사건에서 동 회사와 피취득회사인 대명광학 측 주주의 주식 보유지분이 50:50으로 대등하고 이들이 체결한 계약서에서 피취득회사의 독립경영을 보장하는 내용이 포함된 경우에도 지배관계의 형성을 인정할 수 있는지 여부가 문제되었다. 이에 대하여 공정거래위원회는 우선 기업결합심사기준은 주식소유비율이 50% 이상인 경우에 지배관계가 형성되는 것으로 규정하고 있고, 양자가 동등하게 주식을 소유하고 있다고 해도 양측이 공동으로 지배를 하는 것은 가능하며, 위 계약서의 내용에 비추어보더라도 피심인이 일정한 사항에 관하여 캐스팅보트를 할 수 있고 손해배상책임을 물을 수 있을 뿐만 아니라 대명광학 대표이사의 권한이 제한될 수 있으며 피심인과 대명광학이 연결재무제표를 작성하기로 한 점 등에 비추어볼 때, 대명광학이 피심인의 영향을 받지 않고 독자적으로 경영권을 행사하기는 어려울 것이므로 지배관계가 형성된 것으로 인정된

12) 서울고법 2004. 10. 27. 선고 2003누2252 판결.

다고 판단하였다.[13)]

에스메랄다 및 DS파워의 기업결합제한 위반 사건에서도 50%에 미달하는 지분을 취득하는 기업결합의 경우에 지배관계가 형성되는지 여부가 문제되었는데, 공정거래위원회는 취득회사가 소유하게 되는 피취득회사의 주식은 발생주식의 50% 미만이지만, 취득회사는 피취득회사의 단독 최대주주로서 45.13%의 지분을 가지는 점, 피취득회사의 임원 6인 중 대표이사를 포함한 3인의 임원을 지명하게 되는 점 등을 종합적으로 고려할 때 피취득회사의 경영전반에 실질적인 영향력을 행사할 수 있는 것으로 인정되므로 취득회사의 단독의 지배관계가 형성되는 기업결합이라고 하였다.[14)]

그 밖에도 SKT와 SK브로드밴드가 지상파방송 3사가 공동으로 출자하여 설립한 콘텐츠연합플랫폼(CAP)의 주식 30%를 취득하고 다시 CAP가 SK브로드밴드의 OTT 동영상 서비스 사업부문인 '옥수수'를 영업양수하기로 한 기업결합을 심사한 SKT 등 7개사의 기업결합제한 위반 사건에서 지배관계의 형성 여부가 다투어졌다. 이에 대하여 공정거래위원회는 이 사건 주식취득으로 인해 SKT는 CAP 발행주식 총수의 30%를 보유하게 되고(SBS, MBC, eKBS는 각각 23.33%의 지분을 보유하게 됨), SKT는 지상파방송 3사와 함께 CAP의 대표이사를 제외한 이사 4인 중 각 1인에 대한 지명권을 보유하고 지상파방송 3사(공동)와 SKT가 번갈아가면서 대표이사를 추천하고 상대방의 동의를 얻어 선임할 예정이고, 나아가 SKT 및 지상파방송 3사는 연간 사업계획 승인, 일정 규모 이상의 신사업 진출 등 CAP 이사회 주요 경영결정사항에 대한 동의권(거부권)을 각각 보유하게 되므로 SKT는 이 사건 주식취득으로 지상파 3사와 공동으로 CAP의 경영전반에 대해 실질적인 영향력을 행사하게 되고, 한편, SKT는 주식매매계약서 및 주주간계약서에 의해 주식전환권 및 주식매수선택권을 보유하고 있는바, 그에 따른 요건을 충족할 경우에는 50%까지 CAP의 지분을 보유할 수 있게 되어 단독의 지배권이 인정된다고 하였다.[15)]

토의 과제

1 독점규제법상 기업결합을 심사함에 있어서 그 전제조건으로서 당사회사 사이에 지배관계가 형성되었을 것을 요구하는 이유를 생각해 보시오.

13) 공정거래위원회 의결 제2014-122호, 2014. 5. 29.
14) 공정거래위원회 의결 제2017-323호, 2017. 10. 18.
15) 공정거래위원회 의결 제2019-234호, 2019. 9. 17.

> 2 기업결합의 유형 중 합병이나 영업양수의 경우에는 지배관계의 형성이 문제되지 않고, 주식취득, 임원겸임 및 회사설립의 참여 등의 경우에만 지배관계의 형성 여부를 심사하는 이유를 생각해 보시오(영업양수의 경우에 지배관계의 형성에 관한 판단은 아이앤아이스틸 등의 기업결합제한 위반 사건 의결(공정거래위원회 의결 제2004-285호, 2004. 11. 17.) 참고).
>
> 3 취득회사의 주식보유 비율이 34%에 불과한 경우에도 지배관계의 성립을 인정할 수 있는가? 이를 위해서 필요한 기타의 조건들을 생각해 보시오(SK의 기업결합제한 위반 사건 의결(공정거래위원회 의결 제2001-90호, 2001. 6. 29.) 참고).

2. '일정한 거래분야'(관련시장)의 획정

기업결합의 경쟁제한성 여부를 판단하기 위해서는 그 전제로서 일정한 거래분야, 즉 '관련시장'(relevant market)을 획정하여야 한다. 그런데 관련시장의 획정은 기업결합과 관련해서만 문제가 되는 것은 아니고 시장지배적사업자 여부를 판단하기 위한 전제로서, 또는 공동행위의 경쟁제한성을 판단하기 위한 전제로서도 필요한 작업이다. 따라서 독점규제법상 기본개념을 정의하고 있는 법 제2조에서 '일정한 거래분야'를 동법의 기본개념으로 보아 "거래의 객체별·단계별 또는 지역별로 경쟁관계에 있거나 경쟁관계가 성립될 수 있는 분야"(동 조 제4호)라고 규정하고 있다. 또한 공정거래위원회는 기업결합심사기준 이외에도 관련시장의 획정이 필요한 행위유형별로 그 방법을 고시 또는 예규로 규정하고 있는데 사실상 동일한 내용을 담고 있다.[16)]

기업결합심사기준은 일정한 거래분야를 판단함에 있어서 미국의 연방법무부 독점금지국과 연방거래위원회가 공동으로 제정한 수평형 기업결합지침(Horizontal Merger Guidelines)의 내용을 본받아서 기본적으로 소위 'SSNIP(small but significant and non-transitory increase in price) Test'에 의한 '상품수요의 가격탄력성'을 기준으로 하고, 기타

16) '기업결합심사기준', '시장지배적지위 남용행위 심사기준' 및 '공동행위심사기준' 등 3가지 고시 또는 예규 중 기업결합심사기준이 가장 먼저 제정되었는데 미국의 수평형 기업결합지침(Horzontal Merger Guidelines)의 예에 따라 관련시장의 획정방법을 규정하였고, 시장지배적지위 남용행위 심사기준도 사실상 이와 동일한 내용을 규정하고 있으며, 가장 나중에 제정된 공동행위심사기준 역시 경쟁제한 효과와 효율성증대 효과가 동시에 발생할 수 있는 공동행위의 경우에는 그 경쟁제한효과를 분석하는 과정에서 관련시장을 획정하도록 하면서 이에 대하여 기업결합심사기준의 판단기준을 참고하도록 규정하고 있다.

의 요소들을 고려하도록 규정하고 있다(심사기준 Ⅴ).[17] 공정거래위원회는 중요한 기업결합 사건에서 관련시장을 획정하거나 경쟁제한성을 평가하기 위하여 정치한 계량적 분석을 실시하는데, 그 구체적인 방법으로서 종래 주로 '임계매출감소분석'(Critical Loss Analysis)[18]을 사용하였다가 근래에는 이와 더불어서 소위 '총전환율분석'(Aggregate Diversion Ratio)[19]도 자주 사용되고 있다. 아래에서는 기업결합에 관한 공정거래위원회의 심결 또는 재판 과정에서 관련시장의 획정이 중요하게 논의된 사례를 살펴본 뒤에, 특히 일반적인 경우와 차별적인 독특한 방법론이 사용된 소매유통사업자 간 기업결합의 관련시장 획정 사례를 별도로 살펴보기로 한다.

(가) 관련 상품시장

관련 상품시장의 획정이 문제로 된 대표적인 기업결합 사례로서 SK의 기업결합제한 위반 사건을 들 수 있다. 이 사건에서 공정거래위원회는 유조선, 유조화차, 유조차, 송유관 등 석유제품을 정유공장으로부터 저유소로 1차 수송하는 다양한 방법 중 특히 '송유관에 의한 석유제품의 1차 수송시장'을 별도의 관련시장으로 획정하였는데, 그 근거로서 송유관에 의한 수송은 (1) 운송방식, 수송지역, 수송과정의 안정성, 경제적 효과 등에서 다른 수송수단에 의한 수송과 다를 뿐만 아니라 송유관설비는 국가전략적인 기간시설로서, 특히 공공운송수단(common carriers)으로서의 성

---

17) 구체적 내용은 제1장 Ⅱ. 3. '관련시장' 부분 참고. 특기할 만한 것으로서 심사기준은 2019년 개정으로 새로이 소위 '혁신기반 산업' 기업결합의 관련시장을 획정하는 방식에 관하여 "결합당사회사가 속한 산업 특성상 연구개발 등 혁신활동이 필수적이거나 지속적인 혁신경쟁이 이루어지고, 결합당사회사 중 한 쪽 이상이 그 경쟁에서 중요한 사업자인 경우 근접한 혁신활동이 이루어지는 분야(이하, 혁신시장)를 별도로 획정하거나 제조판매시장 등과 포괄하여 획정할 수 있다."라고 규정하였다(심사기준 Ⅴ. 5. 1. 다).

18) 이는 실제 SSNIP Test를 실시하는 방법론 중 하나로서 가상의 독점사업자가 해당 상품(지역)에서 '작지만 의미 있고 비일시적인 가격인상'(small but significant non-transitory increase in price)을 하였을 경우에 실제매출감소율(actual loss)이 임계매출감소율(critical loss: 그러한 가격인상에 따라 독점사업자가 이윤손실을 겪지 않을 수 있는 최대한의 매출감소율)보다 클 경우에는 관련시장을 인접 상품(지역)으로 확대하고, 반대로 작을 경우에는 해당 사업자가 가격인상을 통하여 이윤을 증대시킬 수 있으므로 독점력을 행사할 수 있는 것으로 보아 당해 상품(지역)을 관련 상품(지역)시장으로 보는 방법이다.

19) 이는 흔히 임계매출감소분석에 따른 관련시장의 획정이 실제매출감소율과 마진율 사이의 관련성을 간과하여 결과적으로 관련시장을 넓게 획정하게 될 우려가 있다는 문제점을 해소하기 위하여 후보시장 내의 특정 상품(지역)의 가격이 인상될 때 그 매출감소분 중 후보시장 내의 다른 상품(지역)으로 구매가 전환되는 비율로 정의되는 총전환율과 임계전환율(일정한 가격 인상시 이윤증가를 담보해주는 총전환율 중 최소치)을 비교하여, 전자가 후자보다 클 경우에는 관련시장을 확대할 필요가 없고 반대의 경우라면 관련시장을 확대하는 방법이다(공정거래위원회 의결 제2013-78호, 2013. 4. 29. 및 공정거래위원회 의결 제2014-122호, 2014. 5. 29. 참고).

격이 강하고, (2) 송유관시설은 해안의 정유공장과 내륙지방의 주요 소비지역을 연결하는 수송로로 국내 정유사들이 이를 이용하지 못할 경우에 대량 소비지인 수도권 등 내륙지방으로의 원활한 수송이 불가능한 필수설비(essential facilities)에 해당하거나 이에 준하는 시설로서의 특징을 가지고 있으며, (3) 운송비 측면에서도 유조차 및 유조화차 등과 대체가능성이 크지 않고, (4) 송유관과 유조선은 1차 수송지역이 다르므로 송유관 출하권역의 경우에 송유관에 의한 수송을 유조선에 의한 수송으로 대체하는 것은 운송비 측면에서 용이하지 않으며, (5) 송유관사업자나 이용자들이 유조선, 유조화차, 유조차 등으로 전환하는 데에는 운송비 이외에도 운송지역, 운송의 안정성, 운송구조의 개편 용이성, 향후 이용전망 등을 고려하여야 하므로 용이하지 않다는 점 등을 제시하면서 수요대체성이 충분하지 않다고 하였다.[20)]

또한 대법원이 최초로 독점규제법상 기업결합 사건에 관한 판결을 내린 삼익악기 등의 기업결합제한 위반 사건에서 피아노 제조 및 판매업을 영위하는 동 회사 등이 역시 피아노 제조·판매업을 영위하는 영창악기제조의 유상증자에 참여하여 각각 동 회사의 주식 약 26.5%, 22%를 취득하고, 자신들의 특수관계인을 피취득회사의 임직원으로 선임·임명하여 경영상 지배한 행위가 문제되었다. 동 사건에서 공정거래위원회는 피아노의 종류별로 업라이트 피아노 시장, 그랜드 피아노 시장 및 디지털 피아노 시장을 각각 별도의 관련 상품시장으로 획정하였는데, 그 근거로서 (1) 피아노는 위 종류별로 가격차이가 현저하고, (2) 업라이트 피아노와 그랜드 피아노는 소재 자체의 진동과 공명에 의해 소리가 발생하지만 디지털 피아노는 악기음을 메모리칩에 저장한 후 재생시키므로 음 발생원리에 차이가 있으며, (3) 그랜드 피아노는 전문적 연주를 목적으로 주요 사용되고, 업라이트 피아노는 일반 가정이나 피아노 교습소에서 교육목적으로 주로 사용되며, 디지털 피아노는 다양한 전자악기음 효과를 목적으로 주로 사용되는 등 대표적 수요층도 구분되는 점 등을 제시하였다.[21)]

또한 중고 피아노를 관련 상품시장에 포함시켜야 하는지 여부도 다투어졌는데, 공정거래위원회는 (1) 중고 피아노는 가장 많이 거래되는 10년 이상 된 피아노의 가격이 신품 피아노의 1/2~1/3에 불과하는 등 가격 차이가 크고, (2) 중고품은 신

20) 공정거래위원회 의결 제2001-90호, 2001. 6. 29. 이 사건 기업결합 행위 및 그 경쟁제한성 판단에 대해서는 이 장의 Ⅱ. 3. (라) '수직형 기업결합' 부분 참고.

21) 공정거래위원회 의결 제2004-271호, 2004. 9. 24. 관련 행정소송에서 서울고법 및 대법원도 공정거래위원회가 제시한 근거를 그대로 수용하여 이 부분과 관련된 원고의 주장을 배척하였다(서울고법 2006. 3. 15. 선고 2005누3174 판결 및 대법원 2008. 5. 29. 선고 2006두6659 판결).

품과는 달리 공급자가 용이하게 공급물량을 조절할 수 없고 신품은 전국의 지역별 대리점을 통해 유통되지만 중고품은 주로 특정 지역에 집합되어 있는 중고 피아노 전문상가에서 유통되며 신품과 달리 중고품은 반드시 현물을 보고 구매하는 등 공급방식, 유통구조, 구매방식에도 큰 차이가 존재하며, (3) 중고품은 학원과 같이 가격과 구매수량에 보다 민감한 대상이 주요 수요층인 데 반하여, 신품은 일반 가정과 같이 제품의 이미지, 품질, 사후 서비스, 사용기간 등에 민감한 대상이 주요 수요층으로 양자는 그 구매결정요인과 대표적 소비자가 구분되고, (4) 양자의 주요 수요층이 구분되므로 신품 가격이 상승하더라도 신품을 구매하려는 소비자가 중고품으로 수요를 전환할 가능성은 크지 않고, 중고품은 신품과 달리 가격이 상승하더라도 공급량이 크게 증가하지 않으므로 신품의 가격인상시 중고품 시장이 이를 억제할 정도로 수요 및 공급의 전환이 충분하지 않으며, (5) 실제로 당사회사 역시 중고품 시장의 정확한 규모조차 파악하지 못하고 있는 등 신품 피아노의 영업전략을 수립할 때 중고품 시장을 전혀 고려하고 있지 않다는 점 등을 근거로 중고품 피아노를 관련 상품시장에서 제외하였다.[22)]

그 밖에도 지배적 이동전화사업자와 후발 유선전화사업자 간 기업결합으로 관심을 모았던 SKT 및 하나로통신의 기업결합제한 위반 사건에서, 공정거래위원회는 먼저 유선통신시장과 무선통신시장의 양자를 별개의 상품시장으로 획정하고, 다시 전자를 시내전화, 시외전화 및 국제전화 시장으로 구분하고, 후자는 이동전화 음성통화서비스, 무선인터넷(데이터) 서비스 및 문자메세지 서비스를 모두 포함한 시장으로 획정하였는데,[23)] 특히 유선통신시장과 무선통신시장이 상당한 정도로 통합되어 단일한 상품시장으로 볼 수 있는지 여부가 문제가 되었다. 이에 대하여 공정거래위원회는 (1) 음성통화 부분에서 이동전화서비스의 도입 이후 무선에 의한 유선 통화의 대체가 증가하고 유선 통화량의 감소현상이 뚜렷해지고 있으나 아직까지는 무선에 의한 유선의 가입대체가 본격적으로 이루어지지 않고 있고, 대부분의 소비자들

22) 같은 의결. 관련 행정소송에서 서울고법도 공정거래위원회가 제시한 근거를 그대로 수용하여 이 부분 원고의 주장을 배척하였다(서울고법 2006. 3. 15. 선고 2005누3174 판결).

23) 공정거래위원회 의결 제2008-105호, 2008. 3. 13. 또한 이 사건에서 공정거래위원회는 초고속인터넷서비스와 관련하여 xDSL, HFC, 광LAN, 케이블 등을 모두 포함한 단일한 시장으로 획정하고, 전용회선시장은 시내전용회선시장, 시외전용회선시장, 국제전용회선시장 및 인터넷전용회선시장으로 구분하여 각각 별개의 시장으로 획정하였으며, 유료방송시장은 위성방송 서비스, IPTV 서비스, 종합유선방송 서비스 등을 모두 포함한 단일한 시장으로 획정하였고, DMB와 관련해서는 지상파DMB와 위성DMB를 모두 포함한 단일한 시장으로 획정하였으며, 그 밖에도 인터넷 데이터센터시장, 데이터방송채널(사용)시장 및 인터넷 포털서비스시장 등을 관련 상품시장으로 획정하였다.

은 여전히 양자를 상호 보완재로 동시에 사용하고 있어서 양자를 동일한 시장으로 볼 정도로 수요대체가 이루어졌다고 보기 어렵고, (2) 인터넷서비스 부분과 관련하여 무선인터넷서비스는 제한된 콘텐츠, 상이한 요금체계, 이동성 등 특성에 비추어 유선초고속인터넷에 대해 독립적·보완적 성격이 강하며, (3) 최근 출시된 유·무선 통합서비스도 가입자 수 및 이용도 측면에서 양자를 통합할 정도에 이르지 못하였고, 결합상품 역시 아직 본격적으로 출시되는 않았고, 소비자의 이용수준도 본격적으로 결합상품 구매행태로 전환되지 않았고, (4) 임계매출감소분석법에 의한 계량적 분석의 결과에서도 아직 양자가 확실히 동일시장으로 볼 수 있는 수준까지 이르지 못한 것으로 나타났음을 근거로 양자를 별개의 상품시장으로 획정하였다.[24)]

근래 유료방송시장에서 이루어진 기업결합 사건들에서도 관련 상품시장 획정이 문제되었다. 종전에 공정거래위원회는 종합유선방송사업자 간 이루어진 기업결합을 심사하면서 일관되게 관련 상품시장을 '다채널 유료방송시장'으로 획정하였다. 예컨대, 한국케이블TV 천안방송 등의 기업결합제한 위반 사건에서는 종합유선방송시장과 위성방송시장을 포함하는 '다채널 유료방송시장'을 관련 상품시장으로 획정하였는데, 그 근거로서 (1) 종합유선방송과 위성방송은 제공되는 채널 수 및 상품가격이 소비자에게 선택가능성을 제공할 정도로 충분히 유사하고, (2) 종합유선방송사업자(System Operator)와 위성방송사업자는 상호 한정된 시청자를 대상으로 신규가입자 확보 및 기존가입자 유치를 위한 치열한 경쟁을 벌이고 있으며, (3) 대부분의 시청자는 종합유선방송과 위성방송 중 하나에만 가입하며 기존 종합유선방송 가입자가 위성방송에 가입하는 경우에는 대부분 종합유선방송을 해지하는 점 등을 제시하였다.[25)]

또한 자회사를 통해 IPTV 사업을 영위하고 있는 지배적 이동전화사업자인 SKT 등이 당시 복수종합유선방송사업자(MSO) 중 가입자 수 1위인 CJ헬로비전의 인수를 시도한 것을 심사한 SKT 및 CJ헬로비전 등의 기업결합제한 위반 사건[26)]과, CJ헬로비전이 마산·통영·거제·고성 지역 종합유선방송사업자인 하나방송을 인수하는 기업결합을 심사한 CJ헬로비전 및 하나방송의 기업결합제한 위반 사건[27)]에서 공

24) 같은 의결.

25) 공정거래위원회 의결 제2004-254호, 2004. 8. 30. 동일한 취지의 의결로서 공정거래위원회 의결 제2006-10호, 2006. 2. 3, 공정거래위원회 의결 제2006-256호, 2006. 11. 6, 공정거래위원회 의결 제2007-274호, 2007. 5. 7, 공정거래위원회 의결 제2011-209호, 2011. 11. 24, 공정거래위원회 의결 제2012-071호, 2012. 6. 29, 공정거래위원회 의결 제2013-046호, 2013. 3. 14, 공정거래위원회 의결 제2013-207호, 2013. 12. 12. 등 참고.

26) 공정거래위원회 의결 제2016-213호, 2016. 7. 18. 이 사건 기업결합 행위 및 그 경쟁제한성 판단에 대해서는 이 장의 Ⅱ. 3. (다) (2) '주요 심판결례' 부분 참고.

정거래위원회는 관련 상품시장을 '유료방송'으로 획정하였는데, 이 역시 종합유선방송(아날로그 케이블TV와 디지털 케이블TV 모두 포함), 위성방송 및 IPTV를 모두 포함하는 것으로서 내용적으로 동일하다.

그런데 그 후 이동전화사업자로서 IPTV 사업 등을 영위하고 있는 SKT, LG유플러스 및 KT 등이 각각 유력한 복수종합유선방송사업자인 티브로드, CJ헬로 및 현대HCN을 인수하는 기업결합을 심사한 SKT 및 티브로드 등의 기업결합제한 위반 사건, LG유플러스 및 CJ헬로 등의 기업결합제한 위반 사건, 그리고 KT 및 현대HCN 등의 기업결합제한 위반 사건에서, 공정거래위원회는 그동안 IPTV가 종합유선방송사업자를 넘어 최대 유료방송 플랫폼으로 성장하였고 종합유선방송 내에서도 디지털 케이블TV 가입자의 비중이 가장 높아지는 등 유료방송시장이 디지털 유료방송상품 위주로 재편되는 등 경쟁상황이 유의미하게 변화하였음을 이유로 유료방송 전체를 하나의 관련 상품시장으로 획정하지 않고 유료방송을 '8VSB 유료방송시장'[28]과, 기타의 디지털 케이블TV, IPTV, 위성방송을 포함한 '디지털 유료방송시장'으로 구분하여 각각 별개의 관련 상품시장으로 획정하였다.[29]

또한 IPTV 사업자와 지상파 사업자의 OTT 사업 부문을 통합하는 기업결합이 문제가 된 SKT 등 7개사의 기업결합제한 위반 사건에서 다양한 온라인 동영상 서비스 중 어떤 것을 관련 상품시장에 포함시켜야 할 것인지가 다투어졌다. 이에 대하여 공정거래위원회는 'OTT 동영상 서비스'[30]를 사전 제작 콘텐츠(RMC: Ready Made Contents)와 이용자 제작 콘텐츠(UCC: User Crearted Contents) 등 콘텐츠의 종류별, 유료 서비스와 무료 서비스 등 과금 여부별, 구독형 서비스(SVOD: Subscription Video on Demand)와 건별 결제형 서비스(TVOD: Transanctional Video on Demand) 등 과금 체계별, 실시간 방송, 다운로드 콘텐츠, 주문형 비디오 등 제공형태별, 방송사업자 운영 서비스, IPTV 겸영 통신사업자 운영 서비스, 독립 플랫폼 운영 서비스 등 운영 주체별로 구분하고, 당사회사가 제공하는 'RMC 중심으로 콘텐츠를 제공하며, SVOD

27) 공정거래위원회 의결 제2018-55호, 2018. 1. 22.

28) 8VSB(8-level vestigial sideband)는 디지털TV 전송방식의 하나로서 디지털TV 수신기를 보유한 아날로그 케이블TV 서비스 가입자도 기존의 아날로그 요금으로 별도의 디지털 셋톱박스 없이 신호만 변환하면 디지털 방송을 볼 수 있는 케이블TV 서비스이다.

29) 공정거래위원회 의결 제2019-284호, 2019. 12. 11, 공정거래위원회 의결 제2020-11호, 2020. 1. 10. 및 공정거래위원회 의결 제2021-238호, 2021. 9. 29.

30) OTT(Over-the-Top) 동영상 서비스란 개방형 인터넷망을 통한 영상 콘텐츠 제공 서비스를 의미하는 것으로서 인터넷을 통해 비디오 등의 콘텐츠를 실시간뿐만 아니라 비실시간으로 전달하는 측면에서 지상파 방송, 케이블방송, 위성방송과 구별되고, TV 수상기가 아닌 PC, 스마트폰 등 다양한 인터넷 기기를 통해 시청할 수 있다는 점에서 IPTV 서비스와 구별된다.

방식의 유료 서비스를 제공하는 OTT 동영상 서비스'(RMC 중심 유료구독형 OTT)를 관련 상품시장으로 획정하였다.[31]

나아가 최근 유력한 음식주문 온라인 중개플랫폼('배달앱') 사업자 간 기업결합으로 관심을 끌었던 딜리버리히어로 등의 기업결합제한 위반 사건에서 특히 배달앱을 직접 전화주문이나 프랜차이즈 자체 앱/웹 등 다른 음식주문 수단과 별개의 관련 상품시장으로 획정하여야 하는지 여부가 다투어졌는데, 공정거래위원회는 이들은 기능 및 효용 측면에서 일정한 차이가 있고 소비자들과 음식점들이 이들을 대체가능한 것으로 인식하고 있다고 보기 어려우며, 서비스 제공자인 배달앱 사업자들 역시 이들이 대체관계에 있는 것으로 인식하지 않고 있다는 점을 고려하고, 소비자·음식점 측면에 대한 임계매출감소분석 및 소비자 측면에 대한 총전환율분석을 실시한 결과 배달앱과 다른 배달주문 수단 간에 대체성이 크지 않은 것으로 확인되었다고 하면서 배달앱을 별개의 시장으로 획정하였다.[32]

그 밖에도 롯데칠성음료 등의 기업결합제한 위반 사건에서 음료시장을 과실음료시장, 탄산음료시장 및 기타 음료시장으로 구분하여 별개의 관련 상품시장으로 획정하여야 하는지 여부가 다투어졌는데, 공정거래위원회는 각 음료제품의 기능 및 효용, 가격, 관계 행정기관인 식약청이나 해당 업계의 관행 등을 근거로 별개의 시장으로 획정하였고,[33] 세계 산업용가스 제2위 사업자와 제3위 사업자 간 기업결합을 심사한 린데 및 플렉스에어 등의 기업결합제한 위반 사건에서도 산업용가스 중 산소, 질소, 아르곤 등 각 품목별로 또는 공급방식별로 별도의 관련 상품시장을 획정하여야 하는지 여부가 문제가 되었는데, 공정거래위원회는 이들 품목의 화학적, 물리적인 성질이 서로 다르고, 제조방법, 가격, 그 기능 및 용도가 서로 달라 구매자의 입장에서 각 산업용 가스를 다른 유형의 가스로 대체하여 구매할 수 없으므로 산소, 질소, 아르곤 등은 서로 별개로 상품시장을 형성한다고 볼 수 있으며, 공급측면에서도 산소, 질소, 아르곤은 공기 중에 포함된 가스의 비율대로 생산이 가능하다는 점에서 공급 대체가 제한적이고, 나아가 산업용가스는 공급방식에 따라 토니지, 벌크 및 실린더로 구분할 수 있는데 공급방식별로 계약기간, 가격결정방식, 구매량, 가스의 성질 등에 있어 차이가 존재한다는 점에서 각각 별개의 상품시장으로 획정할 수 있다고 하였다.[34]

---

31) 공정거래위원회 의결 제2019-234호, 2019. 9. 17.

32) 공정거래위원회 의결 제2021-32호, 2021. 2. 2.

33) 공정거래위원회 의결 제2009-97호, 2009. 4. 15.

34) 공정거래위원회 의결 제2018-300호, 2018. 10. 5. 다만, 아르곤의 경우에는 토니지와 벌크로 구분할 실익이 없어서 양자를 하나의 상품시장으로 획정하였다.

(나) 관련 지역시장

관련 지역시장(geographic market)의 획정은 위에서 살펴본 무학 등의 기업결합제한 위반 사건에서 치열하게 다투어졌다. 공정거래위원회는 이 사건의 관련 지역시장을 전국시장이 아닌 부산 및 경남 시장으로 보아 이들 시장에서 당사회사의 2001년 시장점유율 합계는 각각 91.5% 및 97.5%에 달한다고 보았다. 공정거래위원회가 관련 지역시장을 전국시장이 아닌 부산 및 경남 시장으로 획정한 중요한 이론적 근거는 미국의 학설 및 일부 판례가 인정하고 있는 소위 'Elzinga-Hogarty Test'이었다. 이는 일정한 지역 내 소비의 대부분이 당해 지역 내 공급자에 의해 충족되고, 지역 내 공급자의 공급 대부분이 지역 내에서 소비될 때 당해 지역을 관련 지역시장으로 획정할 수 있다는 이론이다.[35] 이 기준에 의하여 부산 및 경남 소주시장은 모두 지역 내 수요의 84%를 지역 내 공급자가 충당하고 있었고, 각각 지역 내 공급자들의 공급량의 85%와 91%를 당해 지역 내에서 소비하고 있었으므로 공정거래위원회는 전국시장이 아닌 부산 및 경남시장을 관련 지역시장으로 판단하였다.[36]

관련 행정소송에서 서울고법은 자도소주 의무구입제도의 도입 및 폐지과정을 포함한 국내 소주시장의 연혁 및 현황, 부산 및 경남지역 소주시장의 현황 등과 함께 원고와 피고 및 피고보조참가인[37]이 제출한 부산 및 경남지역 소주시장 관련 경제분석보고서를 면밀히 검토한 후 결과적으로 관련 지역시장은 부산 및 경남지역 소주시장이라고 판시하였다.[38] 위 법원은 기업결합심사기준상 관련시장의 획정방법은 위에서 설명한 'SSNIP Test'와 사실상 동일하다고 전제한 뒤, 위 기준이 관련 지역시장을 판단하기 위한 고려요소로서 규정하고 있는 것들을 검토하였다.

---

35) Elzinga & Hogarty, The Problem of Geographic Market Delineation in Antimerger Suits, 18 Antitrust Bull 45 (1973) 및 U.S. v. Rockford Mem'l Corp., 717 F.Supp. 1251 (N.D. Ill. 1989) aff'd, 898 F.2d 1278 (7th Cir.), cert. denied, 498 U.S. 920 (1990) 등 참고.

36) 공정거래위원회 의결 제2003-27호, 2003. 1. 31. 이에 반하여 피심인은 전국시장에서 다른 지배적 사업자가 존재하고, 1차적 수요자인 주류도매업체가 이 지배적 사업자로 용이하게 구매를 전환할 수 있으며, 이 사업자도 당해 지역으로 용이하게 진입할 수 있다는 등의 이유로 관련 지역시장을 전국시장으로 획정하여야 한다고 주장하였다.

37) 이 사건 기업결합은 소위 '적대적 인수'에 해당하는 것이었는데, 따라서 피취득회사인 대선주조는 위 소송에 피고보조참가인으로 참가하여 공정거래위원회의 판단이 정당하였음을 주장하였다.

38) 서울고법 2004. 10. 27. 선고 2003누2252 판결. 이 사건에서 당사자들은 당시로서는 전례없이 외부 경제전문가에 용역을 의뢰하여 매우 기술적인 경제분석보고서를 제출하였는데, 원고 측은 부산 및 경남지역 거주 음주경험자들을 대상으로 브랜드인지도, 구매영향요인, 가격탄력성 등을 조사한 결과를, 피고 측은 역시 부산 및 경남지역 소비자 및 소주판매업자들을 대상으로 선호도, 구매전향의사 등을 조사한 결과를 제출하였다.

우선, 부산 및 경남지역을 기준으로 가상의 독점사업자 무학/대선이 '작지만 의미 있고 비일시적인 가격인상'을 행하였을 때 어느 정도의 소비자들이 다른 소주업체의 제품으로 수요를 전환할 것인지, 즉 무학/대선의 이윤이 감소할 정도인지 여부에 대하여, 당해 시장은 가격에 민감한 일부 소비자집단과 지역제품에 충성도가 강한 다수의 소비자집단으로 구분되어 있으며, 따라서 가상의 독점사업자인 무학/대선은 충성도가 강한 다수의 집단을 상대로 '작지만 의미 있고 비일시적인 가격인상'을 행하여 이윤증대를 도모할 수 있는 등 독점력을 행사할 수 있다고 판시하였다.[39] 또한 소비자의 선호도와 관련하여 1996년 말 자도소주 의무구입제도가 폐지되었음에도 부산 및 경남지역의 경우에 지역업체인 대선/무학의 점유율이 오히려 비약적으로 증가하였고, 그 후 이들이 제품가격을 전국적 브랜드를 가진 경쟁사업자에 비하여 높은 수준으로 인상하였음에도 불구하고 여전히 비슷한 수준의 점유율을 유지하고 있다는 점 등에 비추어 볼 때 이들 지역의 소비자 및 유통업자들이 지역제품에 대한 강한 선호도를 나타내고, 따라서 지역제품의 가격인상에 따른 수요전환이 크지 않을 것이라고 판단하였다.[40]

역시 거대주류사업자 간 기업결합이 문제된 하이트맥주의 기업결합제한 위반 사건에서도 관련 지역시장이 다투어졌다. 당시 국내 맥주시장의 57.9%를 점유하고 있는 위 회사가 소위 '자도주'(自道酒)가 압도적인 부산 등 5개 지역을 제외한 전국 소주시장의 82.4%를 점유하고 있는 진로의 주식 52.1%를 취득한 사안에서 관련시장의 획정과 관련된 여러 가지 쟁점이 제기되었는데,[41] 소주의 관련 지역시장을 획정함에 있어서 하이트맥주의 계열 소주 제조회사인 하이트주조가 소재한 전북을 별도의 관련 지역시장으로 획정할 것인지 여부가 다투어졌다.[42]

이에 대하여 공정거래위원회는 (1) 소주회사들은 전국적으로 동일한 가격을 책정하여야 하므로 현실적으로 당사회사들이 전북지역에서만 소주상품의 가격을 인상할 수 없을 뿐만 아니라 특히 하이트주조의 경우 그와 같은 영업전략을 취할 여력

39) 같은 판결.

40) 같은 판결.

41) 위 사건에서는 관련 상품시장의 획정에 관해서도 맥주와 소주가 동일한 상품시장에 속하는지 여부가 다투어졌는데, 공정거래위원회는 양자는 상품의 특성 및 소비패턴이 상이하고, 양자에 대한 임계매출감소분석의 결과 역시 별개의 상품시장에 속하는 것으로 나타났으며, 외국의 경쟁당국도 주류의 관련 상품시장을 획정함에 있어서 알코올의 도수에 따라 별개의 상품시장을 획정한다는 점 등을 근거로 양자를 별개의 상품시장으로 획정하였다(공정거래위원회 의결 제2006-9호, 2006. 1. 24).

42) 하이트주조의 점유율은 전북지역에서만 40%를 상회할 뿐, 기타의 지역에서는 매우 미미하였으므로, 전북지역을 별도의 관련 지역시장으로 획정하지 않는다면 이 사건 기업결합이 소주시장에 미치는 영향은 별 문제가 될 수 없는 상황이었다.

도 없고, (2) 하이트주조와 진로가 소주 상품의 가격을 전북지역에서 동시에 인상할 경우에 대한 임계매출감소분석의 결과도 이윤이 감소하는 것으로 나타났으므로 지역시장을 더욱 확대하여야 하고, (3) 전북지역의 경우 상대적으로 자도주에 대한 소비자의 선호도가 크지 않아서 당사회사가 가격을 인상할 경우에 여타 지역의 소주 제품으로 소비전환이 발생할 것이고, (4) 소위 'Elzinga-Hogarty Test'의 결과도 독립적인 지역시장의 요건을 충족하지 못하므로 관련 지역시장을 전북지역으로 한정할 수 없다고 판단하고, 나아가 관련 지역시장을 어디까지 확대할 것인지에 대해서 (1) 당사회사는 자도주가 압도적인 우위를 차지하는 부산 등 5개 지역을 제외한 나머지 지역에서의 점유율이 높으므로 가격 결정시 주로 이들 지역을 고려할 것이고, (2) 전북지역의 경우에는 위 5개 지역에서 생산되는 소주의 판매가 사실상 이루어지지 않으므로 전북지역 소비자들이 소비전환을 할 경우 이들 지역에서 생산되는 소주는 선택대상에서 제외될 것이고, (3) 위 5개 지역은 유통망 확보 등 사실상의 진입장벽이 존재하는 상황에서 자도주가 독점적 지위를 누리고 있고, (4) Elzinga-Hogarty Test 결과를 보더라도 위 5개 지역은 각각 독립적인 지역시장으로 획정될 수 있는 것으로 나타났다는 점 등을 근거로 관련 지역시장을 '자도주가 압도적인 우위를 차지하고 있는 부산 등 5개 지역을 제외한 전국시장'으로 획정하였다.[43)]

한편, 법적·제도적 측면에서의 사업능력의 한계가 중요하게 고려된 경우로서 공정거래위원회는 종합유선방송사업자 간 기업결합 또는 IPTV 사업자와 복수종합유선방송사업자 간 기업결합을 심사하면서 일관되게 당해 사업자가 지역사업권을 부여받은 방송허가구역을 지역시장으로 획정하면서, 특히 비록 유료방송시장에서 종합유선방송사업자와 경쟁관계에 있는 IPTV나 위성방송이 전국을 방송구역으로 하고 있을지라도 각 종합유선방송사업자가 자신의 허가구역이 아닌 다른 방송구역의 유료방송사와 경쟁하는 것이 불가능하고 가입자 역시 다른 방송구역으로 이주하지 않는 이상 다른 방송구역의 케이블TV 상품으로 구매를 전환하는 것이 불가능하다는 점, 방송구역별로 각 사업자별 시장점유율, 요금수준 및 채널구성 등 경쟁상황이 차이가 있는 점 등을 그 근거로 들었다.[44)]

---

43) 공정거래위원회 의결 제2006-9호, 2006. 1. 24.

44) 공정거래위원회 의결 제2003-84호, 2003. 3. 24, 공정거래위원회 의결 제2004-254호, 2004. 8. 30, 공정거래위원회 의결 제2006-10호, 2006. 2. 3, 공정거래위원회 의결 제2006-256호, 2006. 11. 6, 공정거래위원회 의결 제2007-274호, 2007. 5. 7, 공정거래위원회 의결 제2011-209호, 2011. 11. 24, 공정거래위원회 의결 제2012-071호, 2012. 6. 29, 공정거래위원회 의결 제2013-046호, 2013. 3. 14, 공정거래위원회 의결 제2013-207호, 2013. 12. 12, 공정거래위원회 의결 제2016-213호, 2016. 7. 18, 공정거래위원회 의결 제2018-55호, 2018. 1. 22. 등 참고.

근래 국제적 수준에서 사업활동을 펼치는 사업자 간 기업결합이 활발하게 이루어지면서 이러한 기업결합 사건에서 관련 지역시장을 국내시장으로 획정하여야 할지, 아니면 세계시장으로 확대하여야 할지 여부가 다투어졌다. 먼저, 삼익악기 등의 기업결합제한 위반 사건에서 동 회사는 피아노에 대한 제도적 수입장벽이 없음을 근거로 관련 지역시장을 '세계시장'으로 획정하여야 한다고 주장하였는데, 공정거래위원회는 "지리적 시장획정은 국내 피아노 가격이 인상될 경우에 국내의 대표적 구매자가 이에 대응하여 구매를 외국으로 전환할 수 있는지를 기준으로 판단하여야" 한다고 전제한 뒤, (1) 현재 소비자가 실제로 외국 제품을 비교적 용이하게 구매할 수 있는 경우는 소수의 일본 제품에 한정되고 실제 기타 미국, 유럽 등으로부터의 수입실적은 거의 없고, (2) 외국 사업자가 피아노 완제품을 국내에 대량으로 공급하는 데 소요되는 운송비, 유통망 구축비, 관세 등 제반비용이 작지 않으며, (3) 각 국가별로 피아노 시장의 경쟁구조가 현저히 차이가 나고 있는 점 등을 고려할 때 국가별 소비자의 브랜드 선호도나 선호양식의 차이 및 제품가격의 차이 등 무형적인 무역장벽도 존재한다고 판단된다는 점 등을 근거로 위 주장을 배척하였다.[45)]

또한 동양제철화학 등의 기업결합제한 위반 사건에서도 관련 지역시장을 국내시장에 제한하지 말고 중국, 일본 등 아시아시장을 포함시켜야 한다는 주장이 제기되었으나 공정거래위원회는 문제가 된 고무용 카본블랙시장에서의 수입점유율은 판매량 기준 0.78%, 매출액 기준 0.69%로 수입실적이 극히 미미하고, 향후에도 제품특성, 수입 제반비용 등을 고려할 때 수입 증대 가능성이 낮아서 국내 제품 가격 인상시 적시성 있게 해외로 구매전환이 이루어지기는 어려울 것이라는 점 등을 근거로 관련 지역시장을 국내시장으로 획정하였다.[46)]

---

45) 공정거래위원회 의결 제2004-271호, 2004. 9. 24. 관련 행정소송에서 서울고법 및 대법원 역시 공정거래위원회가 제시한 근거를 그대로 수용하여 이 부분에 관한 원고의 주장을 배척하였다(서울고법 2006. 3. 15. 선고 2005누3174 판결 및 대법원 2008. 5. 29. 선고 2006두6659 판결). 또한 동 의결에서 공정거래위원회는 관련 지역시장의 획정에 대한 각국 경쟁당국의 일반적인 접근태도에 관하여, 일본 공정거래위원회의 기업결합심사기준은 "당사회사의 사업구역이 외국에 미치고 있더라도 법으로 보호해야 할 경쟁은 일본 내 경쟁이므로 국내 거래처의 사업활동 범위를 중심으로 판단하고 통상 수출국을 포함하지 않는다."라고 규정하고 있고, 미국이나 유럽 등 다른 경쟁당국에서도 지리적 시장을 세계시장으로 획정한 경우는 매우 예외적이며 소프트웨어와 같이 운송비용이나 제품 접근비용이 거의 들지 않거나 비행기나 비행기 엔진 등과 같이 제품의 특성상 전세계 구매자를 대상으로 판매할 수밖에 없는 제품에 한정되고 있다고 지적하였다.

46) 공정거래위원회 의결 제2006-173호, 2006. 8. 7. 관련 행정소송에서 서울고법 및 대법원 역시 동일한 이유로 관련 지역시장을 국내시장으로 획정하였다(서울고법 2008. 5. 28. 선고 2006누21148 판결 및 대법원 2009. 9. 10. 선고 2008두9744 판결).

이에 반하여 세계 2위와 3위 하드디스크 생산업체 간 기업결합으로 관심을 모았던 웨스턴 디지털의 기업결합제한 위반 사건에서 공정거래위원회는 하드디스크 공급자들이 전 세계적으로 제품을 제조·판매하고 있고, 운송비의 비중이 2~3%로 미미한 것으로 추정되며, 수요자의 경우 동 제품의 판매가격이 전 세계적으로 동일하게 형성되어 있다고 인식하고 이에 따른 구매형태를 보인다는 점 등을 이유로 관련 지역시장을 세계시장으로 획정하였다.[47] 또한 국내 TV 제조업체들이 디지털 TV용 SoC칩(System-on-Chips)을 절대적으로 의존하고 있는 세계 1위와 2위 생산업체 간 기업결합이 문제로 된 미디어텍과 엠스타 세미컨덕터의 기업결합제한 위반 사건에서 공정거래위원회는 당사회사로부터 제품을 구매하는 국내 TV 제조업체들은 대부분 수입시장에 의존하고 있으므로 관련 지역시장을 세계시장으로 획정하여야 한다고 하면서, 다만 관련 지역시장을 세계시장으로 획정하더라도 지역별로 경쟁환경의 차이가 존재하므로 경쟁제한성을 판단함에 있어서는 국내시장을 중심으로 판단한다고 하였다.[48]

그 밖에 반도체 생산장비인 리소그래피 시스템을 생산하는 사업자가 동 시스템에 사용되는 광원을 생산하는 사업자를 취득한 것이 문제가 된 ASMIL U.S.의 기업결합제한 위반 사건에서도 공정거래위원회는 광원 및 리소그래피 시스템 공급자들은 제품을 전 세계적으로 제조·판매하고 있고 운송비가 상품가격에서 차지하는 비중도 미미하며 실제로 거래가격이 나라별로 큰 차이가 없다는 점 등을 이유로 관련 지역시장을 세계시장으로 획정하였고,[49] 바이오 의약품을 연구, 개발, 제조하는 공정에 사용되는 장비 및 소모품 등('바이오 공정 제품')을 제조·판매하는 글로벌 사업자 간에 관련 사업부문을 양수도하는 것이 문제가 된 다나허의 기업결합제한 위반 사건에서도 바이오 공정 제품은 운송에 따른 부패나 변질의 우려가 없고 판매가격 대비 운송비가 차지하는 비중이 낮은 점 등을 고려하여 관련 지역시장을 세계시장으로 획정하였다.[50]

(다) 관련문제: 소매유통업 관련 기업결합의 관련시장 획정

근래 국내 소매유통사업자 간 기업결합이 활발하게 이루어졌는데, 이들이 문제가 된 기업결합 사건은 일반적인 기업결합 사건에서 관련시장의 획정을 위하여 흔

47) 공정거래위원회 의결 제2012-17호, 2012. 2. 3.
48) 공정거래위원회 의결 제2013-110호, 2013. 6. 10.
49) 공정거래위원회 의결 제2013-118호, 2013. 6. 26.
50) 공정거래위원회 의결 제2020-46호, 2020. 2. 24.

히 사용하는 임계매출감소분석 등을 통한 SSNIP Test를 그대로 적용하기 어려운 특징을 가지고 있어서, 공정거래위원회는 이들 방법을 엄밀하게 적용하지 않고 사안에 따라서 유연한 방법론을 적용하여 관련시장을 획정하기도 하였다.

먼저 관련 상품시장과 관련하여, 대규모유통사업자들의 기업결합으로 주목을 받았던 신세계의 기업결합제한 위반 사건('월마트코리아' 관련)과 삼성테스코 등의 기업결합제한 위반 사건('이랜드리테일' 관련)에서 할인점, 백화점, 슈퍼마켓 등을 포함한 소매유통업 전체를 단일한 상품시장으로 볼 것인가 아니면 '대형할인점' 또는 '대형마트'를 별도의 상품시장으로 볼 것인가에 대해 논란이 있었다. 전자의 기업결합과 관련하여 공정거래위원회는 (1) 통계법상 '한국표준산업분류'상 소매업은 종합소매점 및 전문소매점으로 구분되는데, 전자 중 매장면적이 3,000㎡ 이상인 경우는 '대형종합소매업'으로 구분되고, 이는 다시 '백화점'과 '기타 대형종합소매업'으로 구분이 되는데, 양자는 상이한 특성을 가지고 있을 뿐만 아니라, '유통산업발전법'상 대규모점포는 할인점, 전문점, 백화점, 쇼핑센터로 구분되는데, 할인점은 3,000㎡ 이상의 매장면적에서 통상의 소매가격보다 저렴한 가격으로 식품·가전·생활용품 등을 점원의 도움 없이 판매하는 곳으로 규정되어 있고, (2) 할인점은 다른 유통업태와 판매상품이 어느 정도 중복되는 측면이 있으나 상품가격, 상품구색, 서비스, 매장규모, 소비자접근도(입지), 이용편의성 등에서 뚜렷이 구별되며, (3) 할인점에 대한 소비자의 인식에 대한 조사결과 역시 할인점 소비자는 대부분의 소비활동을 할인점에서, 슈퍼마켓 소비자는 대부분의 소비활동을 슈퍼마켓에서 한다는 점 등에 비추어 '3,000㎡ 이상의 매장면적을 갖추고 식품·의류·생활용품 등 one-stop shopping이 가능한 다양한 구색의 일상 소비용품을 통상의 소매가격보다 저렴하게 판매하는 유통업태인 대형할인점 시장'을 관련 상품시장으로 획정하였다.[51)]

관련 행정소송에서 서울고법 역시 공정거래위원회의 관련 상품시장 획정은 정당하다고 판시하였다. 즉, 공정거래위원회가 관련시장을 획정하면서 SSNIP 방법에 의한 실증적인 경제분석방법을 사용하지 않은 것에 대하여, 유통시장의 경우와 같이 다수의 상품을 생산 또는 판매하는 기업의 경우에는 다양한 상품의 가격을 하나로 통합하여 지수화하기 어려우므로 SSNIP 방법론과 이를 실제 적용할 때 사용되는 임

51) 공정거래위원회 의결 제2006-264호, 2006. 11. 14. 또한 삼성테스코 등의 기업결합제한 위반 사건에서도 공정거래위원회는 동일한 근거로 3,000㎡ 이상의 매장면적을 갖추고 식품·의류·생활용품 등 다양한 구색의 일상 소비용품과 각종 문화·생활편의 서비스의 집합적 one-stop shopping이 가능한 유통업태인 '대형마트시장'으로 상품시장을 획정하되, 동 대형마트의 점포인 경우에는 위 면적 미만인 경우도 포함시켰다(공정거래위원회 의결 제2008-285호, 2008. 10. 27).

계매출손실분석법을 사용하는 데 어려움이 있다고 하면서, 이 경우 여러 상품을 묶어서 하나의 상품으로 취급하여 관련시장을 소위 '묶음시장'(Cluster Market)으로 획정할 수 있고, SSNIP 방법론을 엄밀하게 적용하기 어려워서 '거래적 보완성'(Transactional Complementarity)[52]의 유무와 강도를 간접적으로 확인하는 방법이 일반적으로 사용되므로 공정거래위원회의 관련 상품시장의 획정이 잘못되었다고 할 수 없다고 하였다.[53]

또한 소위 '기업형 슈퍼마켓'(SSM: Super Supermarket) 체인 간 기업결합으로 관심의 대상이 되었던 롯데쇼핑의 기업결합제한 위반 사건에서 SSM 시장과 대형마트 시장 또는 개인형 슈퍼마켓 시장이 동일한 상품시장에 속하는지 여부가 문제로 되었다. 이와 관련하여 공정거래위원회는 SSNIP Test의 대표적인 방법인 임계매출감소분석(Critical Loss Analysis)과 총전환율분석(Aggregate Diversion Ratio Analysis)을 실시한 결과 관련 상품시장이 SSM 시장보다 넓게 획정되어야 한다는 결론이 도출되었고, 대체가능성에 대한 소비자의 인식에 관한 조사결과 소비자가 대형마트를 SSM의 대체 구매처로 인식하고 있음이 나타났으며, 양자가 제공하는 서비스 역시 유사하고 양자 모두 PB상품을 저가로 판매하고 있다는 점을 근거로 SSM과 대형마트는 동일한 상품시장으로 획정할 수 있다고 한 데 반하여, 설문조사 결과 소비자는 개인형 슈퍼마켓을 SSM의 강한 대체적 구매채널로 인식하지 않고, 대부분의 SSM은 개인형 슈퍼마켓과는 달리 대형 유통업체의 막대한 투자비용을 기반으로 온라인 판매서비스 및 배송서비스, 동일한 SSM 내 포인트 공유 등 차별화된 서비스를 제공하며, 현재 대형마트의 포화상태로 인해 대형유통업체들이 SSM 성장에 주력하고 있어서 SSM은 계속 새로운 형태의 서비스를 제공할 가능성이 크므로 향후 SSM과 개인형 슈퍼마켓의 구분이 더욱 분명해질 것이라는 점을 근거로 SSM과 개인형 슈퍼마켓은 별개의 상품시장으로 획정된다고 하였다.[54]

더욱 최근에 백화점 사업자의 점포 인수를 통한 사실상의 영업양수가 문제로 된 롯데인천개발의 기업결합제한 위반 사건에서 공정거래위원회는 '3,000㎡ 이상의 매장면적을 갖춘 대규모 점포로서 다양한 상품구색을 갖추고 일괄 쇼핑(one-stop shopping)이 가능하고 고품질·고가의 제품을 취급하는 등 고소득 계층 위주의 마케팅을 전개하는 유통업태'인 백화점을 별개의 관련 상품시장으로 획정하였는데, 그 근거로서 (1) 백화점은 취급상품의 종류 및 매출비중 등에서 다른 소매업태와 구별

52) 소비자가 다수의 상품을 특정한 사업자에게 한꺼번에 구입하는 것이 각각의 상품을 서로 다른 별개의 사업자로부터 구입하는 것에 비하여 가지는 편의성 등의 유리함을 말한다.

53) 서울고법 2008. 9. 3. 선고 2006누30036 판결.

54) 공정거래위원회 의결 제2012-80호, 2012. 5. 14.

되며 이러한 백화점의 특성, 소비자의 이용현황 및 인식, 관련 사업자들의 인식 등을 종합적으로 고려할 때 다른 소매업태와 구별된 별개의 상품시장으로 볼 수 있고, (2) 인수 대상 점포를 대상으로 한 설문조사 결과 일반적으로 소비자는 대형마트 및 SSM, 대형쇼핑몰 및 아울렛을 백화점의 강한 대체 구매채널로 인식하지 않고 있으며, (3) 동일한 설문조사 결과를 바탕으로 총전환율분석을 시행한 결과 역시 가격을 각각 5%, 10% 인상할 경우 모두 총전환율이 임계전환율보다 크게 나타났다는 점을 들었다.[55]

그 밖에 오픈마켓시장에서 1위와 2위를 차지하고 있던 온라인 상거래 사업자들의 기업결합으로 관심을 모았던 eBay KTA(UK) 등의 기업결합제한 위반 사건('인터파크지마켓 관련')에서도 관련 상품시장의 획정이 다투어졌는데, 공정거래위원회는 오픈마켓의 양면시장(two-sided market)[56]으로서의 특성에 착안하여 소비자 측면에서는 '인터넷 쇼핑시장'을, 판매자 측면에서는 '오픈마켓시장'을 각각 관련 상품시장으로 획정하였다.[57] 즉, 소비자 측면에서는 오픈마켓과 일반쇼핑몰이 유사한 서비스를 제공하고 있고 소비자가 양자 사이에 손쉽게 거래를 전환할 수 있어 상호 대체관계가 있으므로 인터넷 쇼핑시장 전체를 관련시장으로 획정할 수 있지만, 판매자 측면에서는 서비스의 가격, 기능, 효용의 유사성, 판매자들의 시장경계에 대한 인식, 서비스구매자(판매자)의 전환가능성 및 그에 대한 인식 등을 고려할 때 오픈마켓시장을 일반쇼핑몰과 구별되는 별개의 시장으로 획정해야 한다고 하였다.[58]

한편, 소매유통사업자 간 기업결합의 관련 지역시장을 획정하기 위하여 독특한 방법론이 사용되기도 하였다. 위에서 살펴본 신세계의 기업결합제한 위반 사건에서 공정거래위원회는 관련 지역시장을 획정하면서 유통시장의 특성에 착안하여 소위 '중첩원의 합집합'(A Union of Overlapping Circles) 접근방법을 사용하였다. 즉, 당사회사들의 점포를 중심으로 일정한 반경(대도시권의 경우에는 5㎞, 지방도시의 경우에는 10㎞)의 원을 그리고, 이 원에 포함된 모든 할인점을 중심으로 다시 동일한 반경의 원을 중첩시켜서 이 중첩원에 포함된 지역을 동일한 지역시장으로 획정하되, 그 결과가 당해 지역의 지리적 특성에 부합하지 않는 경우에는 이를 합리적으로 조정하는 방식을 사용하여 7개의 상권을 관련 지역시장으로 획정하였다.[59] 관련 행정소송에서 서

55) 공정거래위원회 의결 제2013-78호, 2013. 4. 29. 공정거래위원회는 롯데백화점마산 등의 기업결합제한 위반 사건에서도 관련 상품시장을 '백화점 시장'으로 획정하였다(공정거래위원회 의결 제2015-210호, 2015. 6. 25).

56) 양면시장의 개념과 동 이론의 적용례에 대해서는 제1장 Ⅱ. 3. '관련시장' 부분 참고.

57) 공정거래위원회 의결 제2009-146호, 2009. 6. 25.

58) 같은 의결.

울고법은 위에서 상품시장에 관하여 설명한 것과 마찬가지로 다수의 상품으로 이루어진 상품군으로 관련시장을 획정하는 경우에는 지역시장 역시 SSNIP 방법론을 적용하기 어려워서 구매행위의 지역적 특성을 지역시장 획정의 출발점으로 중요하게 다루게 된다고 하면서, 공정거래위원회의 이 사건 지역시장 획정이 정당하다고 판시하였다.[60]

공정거래위원회는 기업형 슈퍼마켓(SSM) 체인 간 기업결합이 문제로 된 롯데쇼핑의 기업결합제한 위반 사건에서도 중첩원의 합집합 접근방법을 사용하였는데, 다만 대형마트의 경우에는 5㎞ 반경의 원을 그리는 데 반하여, SSM의 경우에는 소비자의 SSM 이용실태와 SSM 사업자의 인식, 유통산업발전법상 준대규모점포의 입점이 제한되는 전통상업보존지구로부터의 거리(1㎞) 및 중소기업청이 운영하는 사업조정제도상 수요 감소가 발생하는 시장으로 파악하는 SSM 주변 반경(1㎞) 등을 근거로 1㎞ 반경의 원을 그려서 그 중첩원을 지역시장으로 획정하였다.[61]

그 밖에도 공정거래위원회는 롯데인천개발의 기업결합제한 위반 사건에서 중첩원의 합집합 접근법을 채택하여 인수 대상 점포인 신세계 인천점을 중심으로 반경 10km 범위의 중첩원의 합집합에 의해 포함된 지역을 관련 지역시장으로 보되, 행정구역·자연지형·도로여건 등 인문지리적 특성 등을 감안하여 중첩원에 포함되는 서울지역을 제외하고 인천·부천지역을 관련 지역시장으로 획정하였고,[62] 롯데백화점마산 등의 기업결합제한 위반 사건에서도 양수대상인 점포를 중심으로 누적 매출액 비율 70% 이상이 발생하는 반경 8km 범위의 지역을 1차 지역시장으로 획정하고 다시 그 지역에 포함된 백화점 점포의 누적 매출액에 따른 일정 거리의 원을 중첩시켜서 이를 합한 지역을 지역시장으로 획정하였다.[63]

■ 토의 과제

[1] '관련시장'(일정한 거래분야)의 획정이 기업결합의 심사에 미치는 영향을 설명하고, 관련 상품시장(relevant product market)과 관련 지역시장(relevant

---

59) 공정거래위원회 의결 제2006-264호, 2006. 11. 14. 공정거래위원회는 역시 대규모할인점들 간 기업결합이 문제가 된 삼성테스코 등의 기업결합제한 위반 사건('이랜드리테일' 관련)에서도 사실상 동일한 방법을 사용하여 관련 지역시장을 획정하였다(공정거래위원회 의결 제2008-285호, 2008. 10. 27).

60) 서울고법 2008. 9. 3. 선고 2008누30036 판결.

61) 공정거래위원회 의결 제2012-80호, 2012. 5. 14.

62) 공정거래위원회 의결 제2013-78호, 2013. 4. 29.

63) 공정거래위원회 의결 제2015-210호, 2015. 6. 25.

geographic market)을 별도로 획정하는 이유를 설명해 보시오.

2 독점규제법 제2조 제4호의 "일정한 거래분야"의 정의 및 기업결합심사기준이 규정하고 있는 관련시장의 획정방법과 미국 수평형 기업결합지침(Horizontal Merger Guidelines)에서 규정하고 있는 소위 'SSNIP Test'를 비교해 보시오.

3 일반적으로 관련 '지역시장'의 획정이 중요한 쟁점이 되는 재화의 종류와 고려 요소를 설명해 보시오. 또한 정부의 인·허가에 의한 법률적·제도적 진입장벽이 지역시장의 획정에 미치는 영향을 설명해 보시오.

4 무학 등의 기업결합제한 위반 사건 등에서 공정거래위원회가 관련 지역시장을 획정함에 있어서 사용한 소위 'Elzinga-Hogarty Test'와 관련하여, 미국의 많은 법원과 학자들은 동 기준이 현재의 시장상황만을 반영한 정태적인 기준이라는 이유로 부정적인 입장을 취하고 있는데, 이에 관한 각자의 의견을 제시해 보시오.

5 삼익악기 등의 기업결합제한 위반 사건(공정거래위원회 의결 제2004-271호, 2004. 9. 24.)에서 당사회사가 주장한 바와 같이 무역장벽이 제거되고 국제거래가 확대되면서 기업결합심사를 위한 관련 지역시장을 국내시장에 한정하지 않고 세계시장으로 확대하여야 할 필요성이 제기된다. 이러한 주장의 정당성이 인정되기 위한 조건과 그 한계를 생각해 보시오.

3. 실질적 경쟁제한성의 판단

심사대상 기업결합에 대하여 관련시장이 획정되면 이제 실질적 경쟁제한성 여부를 판단하게 된다. 실제로 기업결합의 경쟁제한성을 판단하는 것은 어려운 작업으로서 해당 시장상황에 대한 폭넓은 분석이 필요하다. 이에 따라 독점규제법은 기업결합의 경쟁제한성과 관련하여 (1) 당사회사의 시장점유율의 합계가 법 제6조의 시장지배적사업자의 추정요건에 해당하고, 그 시장점유율의 합계가 해당 거래분야에서 제1위이고, 그 시장점유율의 합계와 시장점유율이 제2위인 회사(당사회사를 제외한 회사 중 제1위인 회사)의 시장점유율과의 차이가 그 시장점유율 합계의 25% 이상인 경우, (2) 대규모회사가 직접 또는 특수관계인을 통하여 한 기업결합으로서 중소기업기본법에 의한 중소기업의 시장점유율이 3분의 2 이상인 거래분야에서 해당 기업결합으로 5% 이상의 시장점유율을 가지게 되는 경우에는 실질적 경쟁제한성이 추정된다고 규정하고 있다(법 제9조 제3항).

이상과 같은 경쟁제한성의 추정요건 중 실무상 중요한 것은 전자인데, 이는 그 내용상 당사회사가 동일한 거래분야에서 활동하고 있는 수평형 기업결합에 대하여만 적용될 수 있을 뿐만 아니라 그 기준 역시 매우 높다고 할 수 있어서 경쟁제한성 여부가 논란이 되는 대부분의 기업결합에 대해서는 별도의 경쟁제한성 판단기준이 필요하다. 이에 따라 심사기준은 '경쟁을 실질적으로 제한하는 기업결합' 또는 '경쟁제한적 기업결합'이라 함은 당해 기업결합에 의해 일정한 거래분야에서 경쟁이 감소하여 특정한 기업 또는 기업집단이 어느 정도 자유로이 상품의 가격·수량·품질 기타 거래조건이나 혁신, 소비자선택가능성 등의 결정에 영향을 미치거나 미칠 우려가 있는 상태를 초래하거나 그러한 상태를 상당히 강화하는 기업결합을, '경쟁제한성' 또는 '경쟁을 실질적으로 제한한다'라고 함은 그러한 상태를 초래하거나 그러한 상태를 상당히 강화함을 말한다고 규정하고(심사기준 Ⅱ. 6), 기업결합의 경쟁제한성을 판단하는 기준 및 고려요소, 그리고 경쟁제한성을 완화하는 요인[64]을 아래와 같이 상세하게 규정하고 있다.

(가) 간이심사대상 기업결합

심사기준은 우선 일정한 요건에 해당하는 기업결합은 간이심사대상 기업결합으로서 원칙적으로 신고내용의 사실 여부만을 심사하도록 규정하고 있다. 우선, 기업결합 당사회사가 서로 법 시행령 제14조에 규정된 특수관계인(동 조 제1호 및 제2호에 규정된 자에 한함)에 해당하는 경우, 당해 기업결합으로 당사회사 간에 지배관계가 형성되지 아니하는 경우, 혼합형 기업결합의 경우로서 (1) 법 시행령 제15조 제3항의 규정에 의한 대규모회사(특수관계인 포함)가 아닌 자 간에 혼합형 기업결합을 하는 경우, (2) 관련시장의 특성상 보완성 및 대체성이 없는 혼합형 기업결합을 하는 경우(이때 보완성 및 대체성은 상품의 기능 및 용도, 생산기술, 유통경로, 구매계층 등의 동일 또는 유사성을 고려하여 판단함), 또는 (1) '자본시장과 금융투자업에 관한 법률' 제9조 제19항 제1호의 규정에 따른 기관참여형 사모집합투자기구의 설립에 참여하는 경우, (2) '자산

64) 종전의 심사기준은 기업결합의 각 유형별로 경쟁제한성을 판단하는 기준을 규정하면서, 수평형 기업결합에 관하여 시장의 집중상황, 단독의 경쟁제한성, 경쟁사업자 간의 공동행위의 가능성 이외에도 해외경쟁의 도입수준 및 국제적 경쟁상황, 신규진입의 가능성, 유사품 및 인접시장의 존재 등을 고려하도록 규정하고 있었는데, 2011. 12. 28. 개정을 통하여 '경쟁제한성 판단기준'과 별도로 모든 유형의 기업결합에 적용되는 '경쟁제한성 완화요인'으로서 해외경쟁의 도입수준 및 국제적 경쟁상황, 신규진입의 가능성, 유사품 및 인접시장의 존재, 강력한 구매자의 존재를 규정하였다.

유동화에 관한 법률' 제2조 제5호의 규정에 따른 유동화전문회사를 기업결합한 경우, (3) 기타 특정 사업의 추진만을 위한 목적으로 설립되어 당해 사업 종료와 함께 청산되는 특수목적회사를 기업결합한 경우, (4) '부동산투자회사법' 제2조 제1호의 부당산투자회사가 동법 제4조의 업무 범위 내에서 부동산 등을 투자·운용하기 위해 기업결합을 하는 경우로서 경영목적이 아닌 단순투자활동임이 명백한 경우에는 간이심사대상 기업결합에 해당한다(심사기준 Ⅲ 1. 내지 4). 그 밖에도 취득회사가 법 제11조 제9항에 따라 임의적 사전심사를 요청하여 공정거래위원회로부터 법 제9조 제1항에 위반되지 아니하는 것으로 통지받은 기업결합을 법 제11조 제1항에 따라 신고한 경우(다만, 임의적 사전심사를 요청한 이후 사실관계나 시장상황 등에 중대한 변경이 발생하는 경우는 제외함) 및 피취득회사가 외국회사(외국에 주된 사무소를 두고 있거나 외국법률에 의해 설립된 회사)이고 국내시장에 미치는 영향이 없는 경우 역시 간이심사대상 기업결합에 해당한다(심사기준 Ⅲ 5. 및 6).

(나) 시장의 집중상황

심사기준은 아래에서는 보는 바와 같이 기업결합의 각 유형별로 상이한 경쟁제한성 판단기준을 규정하고 있는데, 모든 유형의 기업결합에 대하여 우선 시장집중도 및 그 변화추이 등 시장의 집중상황을 고려하도록 규정하고 있다. 즉, 각 기업결합의 유형별로 기업결합 후 시장집중도 및 그 변화정도를 기준으로 소위 '안전지대'(safety harbor)를 설정하여 일정한 기준에 미달하면 경쟁을 실질적으로 제한하지 않는 것으로 추정하고, 기타의 경우에는 경쟁이 실질적으로 제한될 가능성이 있다고 규정하고 있다.[65] 다만, 이러한 시장집중도 분석은 기업결합이 경쟁에 미치는 영향을 분석하는 출발점으로서의 의미를 가질 뿐이며, 종국적으로 경쟁이 실질적으로 제한되는지 여부는 시장의 집중상황과 함께 아래에서 설명하는 유형별 판단기준 및 고려요소를 종합적으로 고려하여 판단해야 한다는 점을 유념해야 한다(심사기준 Ⅵ. 1. 가. 단서).

첫째, 수평형 기업결합으로서 (1) 허핀달-허쉬만지수(HHI: 일정한 거래분야에서 각

---

65) 이는 2006년 심사기준 개정으로 도입된 것인데, 그 취지는 사실상 경쟁제한의 우려가 없는 기업결합의 심사기간을 단축함으로써 기업의 부담을 줄이고, 국민경제적 비중이 큰 기업결합에 법집행역량을 집중하여 기업결합심사의 효율성을 제고하기 위한 것이다. 또한 당초에는 당사회사의 시장점유율을 기준으로 하였다가 2007년 심사기준 개정으로 미국의 예에 따라 해당 시장에서의 허핀달-허쉬만지수와 그 증가분을 기준으로 하도록 규정하였고, 다시 2011년 개정으로 종전에는 그 기준에 미달하는 경우에는 간이심사대상이라고 규정하였던 것을 경쟁제한성 판단기준의 일부로 규정하게 되었다.

경쟁사업자의 시장점유율의 제곱의 합)가 1,200에 미달하는 경우, (2) HHI가 1,200 이상이고 2,500 미만이면서 HHI 증가분이 250 미만인 경우, (3) HHI가 2,500 이상이고 HHI 증가분이 150 미만인 경우(다만 당사회사의 시장점유율 등이 법 제9조 제3항의 추정요건에 해당하는 경우에는 이를 적용하지 아니함), 둘째, 수직형 또는 혼합형 기업결합으로서 (1) 당사회사가 관여하고 있는 일정한 거래분야에서 HHI가 2,500 미만이고 당사회사의 시장점유율이 25/100 미만인 경우, (2) 일정한 거래분야에서 당사회사가 각각 4위 이하 사업자인 경우에는 경쟁을 실질적으로 제한하지 않는 것으로 추정되며, 그렇지 않은 경우에는 경쟁이 실질적으로 제한될 가능성이 있다(심사기준 Ⅵ. 1. 가).

나아가 시장집중도를 평가함에 있어서는 최근 수년간의 시장집중도의 변화추이를 고려하는데, 최근 수년간 시장집중도가 현저히 상승하는 경향이 있는 경우에 시장점유율이 상위인 사업자가 행하는 기업결합은 경쟁을 실질적으로 제한할 가능성이 높아질 수 있고, 이 경우 신기술개발, 특허권 등 향후 시장의 경쟁관계에 변화를 초래할 요인이 있는지 여부를 고려한다(심사기준 Ⅵ. 1. 나). 또한 혁신시장의 시장집중도를 산정할 경우에는 관련 상품의 매출액 등에 기반한 시장점유율을 산정할 수 없는 경우가 있으므로 연구개발비 지출 규모, 혁신활동에 특화된 자산 및 역량의 규모, 해당분야 특허출원 또는 피인용 횟수, 혁신경쟁에 실질적으로 참여하는 사업자의 수 등을 참고하여 시장집중도를 산정할 수 있다(심사기준 Ⅵ. 1. 다).[66]

(다) 수평형 기업결합

(1) 개　　설

실무상 가장 많이 문제가 되는 것은 수평형 기업결합인데, 그 실질적 경쟁제한성은 기업결합 전후의 시장집중상황, 단독효과, 협조효과, 해외경쟁의 도입수준 및 국제적 경쟁상황, 신규진입의 가능성, 유사품 및 인접시장의 존재 여부 등을 종합적으로 고려하여 심사한다. 위에서 살펴본 시장집중상황[67] 이외에 수평형 기업결합의

---

66) 이는 2019년 심사기준 개정으로 새로이 규정한 것이다.

67) 종래 공정거래위원회의 기업결합심사 실무상 수평형 기업결합의 경쟁제한성을 판단함에 있어서 우선 법 제9조 제3항의 실질적 경쟁제한성 추정 요건을 충족하는지 여부를 검토할 뿐만 아니라, 흔히 미국의 수평형 기업결합지침상 기업결합의 경쟁제한성을 판단하는 기준으로 사용되고 있는 '허핀달-허쉬만지수'(HHI)와 그 증감을 살펴본다. 참고로 2010년 개정된 미국의 수평형 기업결합지침에 따르면 HHI가 1,500 미만인 경우에는 비집중적 시장으로, HHI가 1,500~2,500인 경우에는 다소 집중된 시장으로, 그리고 HHI가 2,500을 초과하면 고도로 집중된 시장으로 분류한 뒤, HHI의 증가분이 100 미만인 경우나 기업결합 후 HHI가 1,500 미만인 경우에는 통상적으로 더 이상 시장을 분석할 필요가 없고, HHI가 1,500~2,500이고 기업결합으로 인한 HHI 증가분이 100 이상인 경우 또는 HHI가 2,500 이상이면서 기업결합에 의한 HHI의 증가분이 100~200인 경우 역

경쟁제한성을 판단하는 기준으로 중요한 것은 기업결합 후 당사회사가 단독으로 가격인상 등 경쟁제한행위를 하더라도 경쟁사업자가 당사회사 제품을 대체할 수 있는 제품을 적시에 충분히 공급하기 곤란한 등의 사정이 있는 경우에 해당하는지(단독효과), 기업결합에 따른 경쟁자의 감소 등으로 인하여 사업자 간의 가격·수량·거래조건 등에 관한 협조(공동행위뿐만 아니라 경쟁사업자 간 거래조건 등 경쟁유인을 구조적으로 악화시켜 가격인상 등이 유도되는 경우 포함)가 이루어지기 쉽거나 그 협조의 이행 여부에 대한 감시 및 위반자에 대한 제재가 가능한 경우에 해당하는지(협조효과),[68] 당사회사가 원재료 시장과 같은 상부시장에서 구매자로서의 지배력이 형성 또는 강화되어 구매량 축소 등을 통하여 경쟁이 실질적으로 제한될 수 있는지(구매력 증대에 따른 효과), 그리고 당사회사가 연구개발 등 혁신활동을 감소시킬 유인 및 능력을 보유함으로서 관련시장에서의 혁신경쟁을 실질적으로 제한할 수 있는지(혁신저해 효과)[69]를 평가하는 것이다(심사기준 Ⅵ. 2).

먼저, 단독효과와 관련하여 (1) 결합당사회사의 시장점유율 합계, 결합으로 인한 시장점유율 증가폭 및 경쟁사업자와의 점유율 격차, (2) 결합당사회사가 공급하는 제품 간 수요대체가능성의 정도 및 동 제품 구매자들의 타 경쟁사업자 제품으로의 구매 전환가능성, (3) 경쟁사업자의 결합당사회사와의 생산능력 격차 및 매출증대의 용이성 등을 종합적으로 고려하여 판단한다(심사기준 Ⅵ. 2. 가. (2)). 또한 위 판단기준의 적용에 있어서는 시장의 특성도 함께 감안하여야 하는데, 예컨대 차별적 상품시장에 있어서는 결합당사회사 간 직접경쟁의 정도를 측정하는 것이 보다 중요하고 그에 따라 시장점유율 보다는 결합당사회사 제품 간 유사성, 구매전환 비율 등을 보다 중요하게 고려한다(심사기준 Ⅵ. 2. 가. (3)).

협조효과와 관련해서는, 먼저 사업자 간의 협조가 용이해지는지의 여부는 (1) 시장상황, 시장거래, 개별사업자 등에 관한 주요 정보가 경쟁사업자간에 쉽게 공유될 수 있는지 여부, (2) 관련시장 내 상품 간 동질성이 높은지 여부, (3) 가격책정이나

시 잠재적으로 심각한 경쟁제한적 우려가 있어서 신중한 검토가 필요하고, 마지막으로 HHI가 2,500 이상이면서 HHI의 증가분이 200을 초과하는 경우에는 시장지배력을 강화하는 것으로 추정하되 시장지배력을 강화하지 않을 것이라는 설득력 있는 증거를 통해 그 추정을 전복할 수 있는 것으로 본다.

68) 이는 2007년 심사기준을 개정하면서 미국 및 EU의 예에 따라 소위 '단독효과'(unilateral effects)와 '협조효과'(coordinated effects)를 명시적으로 규정한 것인데, 특히 후자와 관련하여 종전에는 '공동행위의 가능성'이라고 하였던 것을 2011년 심사기준 개정을 통하여 반드시 공동행위에 해당되지 않더라도 경쟁자 간 경쟁유인을 구조적으로 약화시켜서 가격인상 등이 유도되는 경우를 포함하여 '협조효과'라고 규정하였다.

69) 이는 2019년 개정된 심사기준이 새로이 규정한 것이다.

마케팅의 방식 또는 그 결과가 경쟁사업자 간에 쉽게 노출될 수 있는지 여부, (4) 관련시장 또는 유사시장에서 과거 협조가 이루어진 사실이 있는지 여부, (5) 경쟁사업자, 구매자 또는 거래방식의 특성상 경쟁사업자 간 합의 내지는 협조가 쉽게 달성될 수 있는지 여부 등을 고려하여 판단한다(심사기준 Ⅵ. 2. 나. (1)).

나아가 그 협조의 이행감시 및 위반자 제재의 용이성 여부는 (1) 공급자와 수요자 간 거래의 결과가 경쟁사업자간에 쉽고 정확하게 공유될 수 있는지 여부, (2) 공급자에 대하여 구매력을 보유한 수요자가 존재하는지 여부, (3) 결합당사회사를 포함해 협조에 참여할 가능성이 있는 사업자들이 상당한 초과생산능력을 보유하고 있는지 여부 등을 고려하여 판단한다(심사기준 Ⅵ. 2. 나. (2)). 그 밖에도 결합상대회사가 결합 이전에 상당한 초과생산능력을 가지고 경쟁사업자들 간 협조를 억제하는 등의 경쟁적 행태를 보여 온 사업자인 경우에도 결합 후 협조로 인해 경쟁이 실질적으로 제한될 가능성이 높아질 수 있다(심사기준 Ⅵ. 2. 나. (3)).

또한 심사기준은 구매력 증대에 따른 효과와 혁신저해 효과를 판단하는 방법에 관하여도 다음과 같이 규정하고 있다. 전자를 판단함에 있어서는 위에서 설명한 단독효과 및 협조효과의 기준을 준용하도록 규정하고 있고(심사기준 Ⅵ. 2. 다), 후자는 (1) 결합당사회사가 관련 분야에서 중요한 혁신사업자인지 여부, (2) 과거 및 현재 결합당사회사가 수행한 혁신활동의 근접성 또는 유사성, (3) 기업결합 이후 실질적으로 혁신경쟁에 참여하는 사업자의 수가 충분한지 여부, (4) 결합당사회사와 경쟁사업자 간 혁신역량의 격차, (5) 결합당사회사 한 쪽이 혁신활동을 통하여 다른 쪽의 상품시장에 진입할 수 있는 잠재적 경쟁사업자인지 여부 등을 종합적으로 고려하여 판단한다고 규정하고 있다(심사기준 Ⅵ. 2. 라).

(2) 주요 심판결례

공정거래위원회가 실제로 수평형 기업결합의 실질적 경쟁제한성 여부를 판단하는 논리적인 순서와 그 과정에서 고려하는 요소를 시력교정용 안경렌즈 세계 및 국내 1위 기업이 국내 안경렌즈 2위 기업을 인수하려는 것으로 주목을 받았던 에실로아메라 인베스트먼트의 기업결합제한 위반 사건[70]의 경우를 예로 들어 살펴보면 다음과 같다. 이 사건에서 공정거래위원회는 국내 단초점렌즈 시장에서의 경쟁제한성을 판단하면서,[71] 먼저 시장집중도 및 그 변화추이와 관련하여 (1) 당사회사의 시

70) 공정거래위원회 의결 제2014-122호, 2014. 5. 29.

71) 이 사건에서 공정거래위원회는 국내 단초점렌즈 시장뿐만 아니라 당사회사의 사업영역이 중복되는 국내 누진다초점렌즈 시장에 대해서도 유사한 근거로 수평형 기업결합 측면에서 경쟁제한성을 인정하였고, 양 시장에 관한 혼합형 기업결합 측면의 경쟁제한성도 인정하였다.

장점유율 합계가 66.3%로서 2위 사업자와의 시장점유율 차이가 55.2%로서 구법 제7조 제4항에 따라 경쟁을 실질적으로 제한하는 것으로 추정되고, (2) 이 사건 기업결합으로 인한 HHI 변화가 2,490에서 4,613으로 상승하고 그 증가분이 2,000을 초과하므로 경쟁제한성이 추정되고, 국내에서 안경렌즈를 연간 100만개 이상 생산하는 업체 수가 2014년 17개에서 2012년 6개로 감소하였고 신규 진입 업체는 2006년 1개 업체에 불과했으며, 최근 5년간 시장점유율 변화 추이를 보더라도 시장집중도가 현저히 상승하고 있다고 하였다.

또한 단독효과와 관련하여, (1) 당사회사의 시장점유율 합계 및 증가폭, 경쟁사업자와의 점유율 격차 등을 고려할 때 당사회사가 단독으로 가격을 인상할 가능성이 매우 높다고 판단되고, 특히 당사회사의 제품은 제품 포지셔닝 측면, 상품 포트폴리오(상품 구색) 측면에서 다른 경쟁사업자의 상품에 비해 대체성이 높고, 당사회사는 수요자인 안경원이 선호하는 안경렌즈 제조업체로서 이들은 다른 경쟁사업자의 제품을 두 회사 제품의 대체재로 인식하고 있지 않았으며, 당사회사는 현재까지 실질적이고 직접적인 경쟁상대로서 국내 단초점렌즈 시장에서 가격경쟁을 사실상 주도해 왔으므로 이 사건 기업결합으로 인하여 직접적인 경쟁 상대 제거에 따른 가격인상 가능성이 크다고 할 수 있고, (2) 이에 대하여 경쟁사업자가 생산설비 전환을 통하여 대체 상품을 적시에 충분히 공급할 가능성이 낮고 이를 적시에 공급할 수 있는 국내 유통망 역시 확보하기 어려울 것으로 판단되며, 수출물량의 내수 전환 가능성 역시 실현가능성이 아주 낮고 당사회사의 가격인상을 억제하기에 충분하지 못할 것으로 판단되며 해외 브랜드 제품 역시 당사회사 제품과의 가격차이가 현저하여 당사회사를 견제하는 경쟁압력으로 작용하기에는 어려울 것으로 판단되므로 경쟁사업자의 대응능력은 미흡하다고 판단하였다.

나아가 협조효과와 관련하여, (1) 이 사건 기업결합으로 인하여 국내 단초점렌즈 시장에서 점유율이 5% 이상인 사업자 수가 5개에서 4개로 줄어들게 되는 점, HHI가 4,613으로 고집중 시장이 되고 그 증가분이 2,123에 이르는 점 등을 고려할 때 시장상황, 시장거래, 개별 사업자 등에 관한 주요 정보가 경쟁사업자 간에 쉽게 공유될 수 있는 환경이 조성되고, 유통망을 매개로 경쟁사업자 제품의 가격이나 거래조건 등에 관한 정보가 경쟁사업자 간에 쉽게 공유될 가능성이 높으므로 경쟁사업자 간 협조가 용이하게 되며, (2) 유통망을 매개로 공급자와 수요자 간 거래의 결과가 경쟁사업자 간에 쉽고 명확하게 공유될 수 있어서 협조적 행위에 대한 이행감시가 용이하고, 국내 단초점렌즈 시장은 수요측면에서도 강력한 구매력을 보유한 수요자가 존재하지 않아서 당사회사가 주도하는 협조적 행위를 견제하기 어려우며,

당사회사는 초과생산능력을 보유하고 있어서 경쟁사업자들과 협조에 참여했다가 이를 위반하는 사업자에 대해 용이하게 제재를 취할 수 있고, (3) 국내 단초점렌즈 시장은 이 사건 기업결합 이전에도 경쟁사업자들이 당사회사의 가격 조정에 동조한 사실이 확인되고 경쟁사업자 모두 수익성이 악화되어 있는 점 등을 고려하면 당사회사가 가격인상을 주도할 때 이에 동조하는 의식적 병행행위가 일어날 가능성은 더욱 높아질 것이라고 하였다.

수평형 기업결합의 실질적 경쟁제한성 판단에 관한 법원의 판결로서 기억할 만한 것은 신세계 등의 기업결합제한 위반 사건 판결을 들 수 있다. 당시 국내할인점 업계 1위인 이마트가 세계적 할인점 체인인 월마트의 국내 점포를 인수한 행위에 대하여 공정거래위원회는 경쟁제한성이 우려되는 7개 지역을 선정하여 경쟁제한성 심사를 실시하고, 그 중 인천·부천지역, 안양.평촌지역, 대구 시지·경산지역, 포항지역 등 4개 지역에서 실질적 경쟁제한성이 있다고 판단하였는데, 관련 행정소송에서 서울고법은 대구 시지·경산지역을 제외한 3개 지역에서의 경쟁제한성을 인정하지 않았다.

서울고법은 위 3개 지역의 경우 경쟁 할인점들의 신규 출점을 고려하면 경쟁사업자 또는 대형할인점의 수가 이 사건 기업결합 이전보다 증가하거나 동일한 수준으로 유지되고, 당사회사의 시장점유율 역시 증가하더라도 제2위에 머물거나 대폭감소하게 되며, 종래 대형할인점 업계는 상위 5개사가 계속 변경되어 온 반면, 상위 업체들의 매출액 증가율 및 영업이익률은 크게 변동하지 않았고, 대형할인점은 다른 소매업태에 비하여 평균가격이 가장 낮은 유형에 속하며, 종전에 대형할인점 업계가 독점규제법상 부당한 공동행위를 이유로 제재를 받은 적이 없고, 피취득기업인 월마트의 매출액 증가율은 감소추세를 보이고 영업이익률도 대부분 적자를 내고 있어 장래에 잠재적 독행기업으로서의 역할을 할 수 있을 것으로 보이지 않으며, 당사회사가 독점사업자의 지위에 있는 지역에 위치한 지점 11개의 평균 가격지수와 가장 경쟁적인 지역에 위치한 지점의 가격지수의 차이는 평균 2% 정도에 불과한 점에 비추어 보면 그동안 당사회사가 독점지역에서 시장지배력을 남용해 왔다고 단정하기 어렵다는 점 등을 근거로 경쟁제한성이 인정되지 않는다고 판시하였다.[72] 특히 포항지역의 경우 당사회사의 시장점유율이 구법 제7조 제4항 제1호의 경쟁제한성의 추정요건을 충족하였음에도 불구하고, 신규 출점으로 인하여 시장집중도가 상당한 정도로 완화되고, 위에서 본 시장상황에 비추어 공동행위의 가능성이 상당

72) 서울고법 2008. 9. 3. 선고 2006누30036 판결. 동 판결에 대해 공정거래위원회가 이례적으로 상고를 포기함으로써 동 판결이 확정되었다.

하다고 보기 어려우며, 그동안 당사회사가 독점지역에서 시장지배력을 남용해 왔다고 인정할 수 없는 점 등을 고려할 때, 이 사건 기업결합의 경쟁제한성의 추정이 복멸된다고 판시하였다.[73]

그 밖에 근래 공정거래위원회가 수평형 기업결합의 경쟁제한성을 인정한 사례 중 경쟁제한성 판단과 관련하여 특기할 만한 사건으로는 이동전화시장에서 지배적 지위를 가지면서 자회사를 통해 IPTV 사업을 영위하고 있는 SKT 등이 가입자 수 1위 복수종합유선방송사업자인 CJ헬로비전을 인수하는 기업결합을 심사한 SKT 및 CJ헬로비전 등의 기업결합제한 위반 사건,[74] 선복량 기준 세계 1위와 7위 해운선사 간 기업결합을 심사한 머스크 라인 및 함부르크 남아메리카 증기해운선사의 기업결합제한 위반 사건,[75] 그리고 국내 1위와 2위 배달앱 사업자 간 기업결합을 심사한 딜리버리히어로 등의 기업결합제한 위반 사건을 들 수 있다.[76]

먼저, SKT 및 CJ헬로비전 등의 기업결합제한 위반 사건에서 공정거래위원회는 CJ헬로비전이 종합유선방송사업을 영위하고 있는 23개 방송구역별 유료방송시장 중 21개 시장에 관하여 시장의 집중상황과 단독효과를 이유로 경쟁제한성을 인정하였는데, 단독효과를 인정한 근거로서 시장점유율 확대에 따른 효과, 당사회사의 제품 간 높은 수요대체성, 다른 경쟁사업자와의 생산능력 격차 및 그에 따른 매출증대 용이성 이외에, 소위 '가격인상압력'(UPP: Upward Pricing Pressure) 분석을 실시한 결과

73) 같은 판결. 그러나 동 법원은 대구 시지·경산지역의 경우에는 구법 제7조 제4항의 경쟁제한성 추정규정이 적용될 뿐만 아니라, 이 사건 기업결합으로 인하여 시장집중도가 100%가 되고 가까운 장래에 신규 출점이 예정되어 있지도 않은 점 등에 비추어 볼 때 경쟁제한성이 인정된다고 판시하였다. 또한 이 사건에서 위 규정상 경쟁제한성의 추정조항의 적용과 관련하여 흥미로운 쟁점이 제기되었다. 즉, 위 시지·경산지역과 포항지역의 경우 이 사건 기업결합 이전에 이미 위 규정상 경쟁제한성의 추정요건을 충족하고 있었는데, 이러한 경우에도 동 규정이 적용되는지 여부에 관해 논란이 있었으나, 서울고법은 원래 시장집중도가 높아서 경쟁제한성이 추정되던 시장에서의 기업결합에 대해서까지 위 추정규정을 적용할 경우 그 시장에서는 어떠한 기업결합도 모두 경쟁제한적인 것으로 추정된다는 점에서 불합리하다고 볼 여지가 전혀 없는 것은 아니지만, 이미 경쟁제한성의 추정요건이 충족된 시장에서 기업결합이 이루어지면 경쟁자가 줄어들어 시장이 더욱 집중화됨으로써 경쟁을 제한할 개연성이 더욱 높아진다고 보이고, 만약 이미 법상 경쟁제한성 추정요건을 충족하고 있는 시장점유율 제1위 사업자의 기업결합에 대하여 위 추정규정을 적용하지 않을 경우, 같은 시장에서 시장점유율 제2위 이하의 사업자가 기업결합을 하여 시장점유율 제1위 사업자가 되는 경우에만 위 추정규정이 적용되어 매우 불합리한 결과를 초래하는 점 등에 비추어 볼 때, 이미 경쟁제한성의 추정요건이 충족된 시장에서의 기업결합에 대해서도 추정규정이 적용된다고 설시하였다.

74) 공정거래위원회 의결 제2016-213호, 2016. 7. 18.

75) 공정거래위원회 의결 제2017-358호, 2017. 11. 28.

76) 공정거래위원회 의결 제2021-32호, 2021. 2. 2.

UPP 값이 일관되게 양(+)으로 나옴에 따라 당사회사들이 이 사건 기업결합 후 가격을 인상할 유인이 인정된다는 점을 제시하였다.[77] 가격인상압력 분석은 근래 공정거래위원회가 차별화된 시장에서 이루어지는 기업결합 후 당사회사의 가격인상 가능성을 평가하기 위해 종종 사용하는데, 기업결합 전 서로 경쟁하며 각자 자신의 이윤을 극대화하는 가격을 책정하던 당사회사들이 기업결합 후에는 공동의 이익을 극대화하려고 하기 때문에 일방 사업자의 가격 인상에 대응하여 구매를 전환하는 소비자 중 일부가 결합 상대회사의 제품을 선택함으로써 당사회사의 이윤으로 재흡수되므로 가격인상 유인을 갖게 되는지를 평가하는 것이다.[78]

나아가 위 사건에서 공정거래위원회는 SKT가 지배적 지위를 가지고 있고 CJ헬로비전 역시 가상이동통신망사업자(MVNO: Mobile Virtual Network Operator, 소위 '알뜰폰 사업자')[79]로서 참여하고 있는 이동통신 소매시장에서의 경쟁제한성도 인정하였는데, 특히 후자의 시장점유율이 1~2%에 불과하여 시장집중도의 증가분이 극히 작음에도 경쟁제한성이 인정되는지 여부가 다투어졌다. 이에 관하여 공정거래위원회는 MVNO가 이동통신 소매시장에서 이동통신망사업자(MNO)들에게 강한 경쟁압력으로 작용하고 있는 상황에서 CJ헬로비전은 사실상 유일한 대기업집단 소속 MVNO로서 적극적 마케팅·서비스 혁신을 통해 MVNO 중 가장 많은 가입자를 확보하는 등 이동통신 소매시장에서 소위 '독행기업'(maverick)[80]으로서 역할을 수행해오고 있음을 근거로 경쟁제한성을 인정하였다.[81]

---

77) 공정거래위원회 의결 제2016-213호, 2016. 7. 18.

78) 한편, 그 후에도 이동전화사업자로서 IPTV 사업도 영위하고 있는 SKT, LG유플러스 및 KT가 각각 복수종합유선방송사업자인 티브로드, CJ헬로 및 현대HCN을 인수하는 기업결합을 시도하였는데, 이들 사건에서도 공정거래위원회는 UPP 분석을 실시하고 그 결과를 중요한 근거로 삼아서 SKT 및 티브로드 등의 기업결합제한 위반 사건(공정거래위원회 의결 제2020-11호, 2020. 1. 10.)과 KT 및 현대HCN 등의 기업결합제한 위반 사건(공정거래위원회 의결 제2021-238호, 2021. 9. 29.)에서는 방송구역별 디지털 유료방송시장과 8VSB 시장의 경쟁제한성을 인정한 반면, LG유플러스 및 CJ헬로 등의 기업결합제한 위반 사건(공정거래위원회 의결 제2019-284호, 2019. 12. 11.)에서는 방송구역별 디지털 유료방송시장의 경쟁제한성은 인정하지 않고 8VSB 시장의 경쟁제한성만 인정하였다.

79) MVNO는 이동통신서비스를 제공하기 위해 필요한 이동통신망을 보유하지 않은 채, 이동통신망을 보유한 사업자(MNO: Mobile Network Operator)로부터 이동통신망을 빌려 이동통신서비스를 제공하는 사업자로서 이동통신 소매시장의 경쟁을 활성화하고 소비자의 선택권을 확대하기 위해 도입되었다.

80) 독행기업이란 시장점유율은 작지만 다른 사업자들의 기존 시장행동에 순응하지 않고 수요자의 이익을 위해 가격인하, 혁신 등을 주도하며 경쟁을 활성화하는 사업자로서, 기업결합으로 인하여 독행기업이 소멸되는 경우에는 설령 그로 인한 시장점유율 증가가 작다고 할지라도 경쟁제한성이 인정될 수 있다.

81) 공정거래위원회 의결 제2016-213호, 2016. 7. 18. 한편, 그 후 LG유플러스 및 CJ헬로 등

또한 머스크 라인 및 함부르크 남아메리카 증기해운선사의 기업결합제한 위반 사건에서 공정거래위원회는 각 항로별 컨테이너 정기선 운송업 시장을 관련시장으로 획정하고 그 중 '극동아시아 - 중미 · 카리브해 항로' 및 '극동아시아 - 남미 서해안 항로' 등 2개 항로의 경쟁제한성을 인정하였는데, 당사회사의 시장점유율을 산정함에 있어서 개별 사업자 단위의 시장점유율뿐만 아니라 정기선 운송업자들이 구성한 컨소시엄 단위로 시장점유율을 산정하여 이를 기반으로 경쟁제한성 분석을 실시하였다. 공정거래위원회는 그 이유로서 현재 컨테이너 정기선 운송업 시장에서 대부분의 컨테이너 정기선 운송업자들은 컨소시엄을 구성하고 이를 통해 대규모 선박을 투입하여 전세계 주요 항로에서 사업을 영위하고 있으며, 개별 사업자로서의 시장지위보다는 컨소시엄을 통한 시장지위가 더 영향력을 발휘하고 있다는 점, 컨소시엄은 그 자체로 독립적으로 운항하는 경우와 비교하여 수요자(화주)에게 제공될 수 있는 운송 서비스의 다양성을 감소시킬 수 있다는 점, 특정 항로에 속한 컨소시엄이 지배적인 시장점유율을 갖게 될 경우 컨소시엄 구성원 간의 합의를 통해 해당 항로에서 컨소시엄이 제공하는 운송 서비스 공급량을 조절함으로써 운임에 영향을 미칠 수 있다는 점, 현행 제도상 컨소시엄 구성원 간 경쟁에 영향을 미칠 수 있는 정보의 교환을 사전적으로 통제할 수 있는 제도적인 장치가 없다는 점 등을 제시하였다.[82]

마지막으로 딜리버리히어로 등의 기업결합제한 위반 사건에서 온라인 양면시장 플랫폼 간에 이루어진 기업결합의 경쟁제한성 판단 기준에 관한 주목할 만한 공정거래위원회의 결정이 내려졌다. 먼저, 시장집중도를 산정하는 기준에 관하여 양면시장 플랫폼인 배달앱 시장의 경우 음식점과 소비자 양 측면에 연결된 수요의 순환적 효과(feedback loop)를 고려하여 전체적으로 평가해야 하므로 배달앱이 음식점에게 부과하는 광고료 및 중개수수료 등의 매출액을 기반으로 한 시장점유율보다는 플랫폼을 통해 이루어진 음식점과 소비자 간의 음식주문 거래금액(GFV: Gross Food Value)

의 기업결합제한 위반 사건에서 위 사건 기업결합을 공정거래위원회가 금지함에 따라 SKT가 인수하지 못한 CJ헬로비전(이후 'CJ헬로'로 변경)을 LG유플러스가 인수하는 기업결합에 관해서도 독행기업을 소멸시키는 기업결합으로서 경쟁제한성이 인정되는지 여부가 다투어졌는데, 공정거래위원회는 종전과 달리 CJ헬로의 가입자 수 및 점유율 감소 추세, 매출액 둔화 추세, 영업적자 상태 등을 근거로 독행기업성이 크게 약화되었고, 설령 독행기업성이 인정된다고 할지라도 LG유플러스의 시장지위 등을 고려할 때 경쟁제한 우려가 크지 않다는 이유로 이동통신 소매시장에서의 경쟁제한성을 인정하지 않았다(공정거래위원회 의결 제2019-284호, 2019. 12. 11). 경쟁법상 독행기업의 법리 및 그 적용 사례에 관하여는 이호영, "공정거래법상 독행기업의 법리에 관한 연구", 「경쟁법연구」 제42권, pp. 87-115 참고.

82) 공정거래위원회 의결 제2017-358호, 2017. 11. 28.

을 기반으로 시장점유율을 산출하는 것이 적합하다고 하였다.[83)]

또한 단독의 경쟁제한 가능성과 관련하여, 배달앱은 소비자와 음식점이 서로 구별되는 고객으로서 그 양면을 구성하고 있는 양면시장 플랫폼에 해당하므로 첫째, 배달앱이 많은 소비자 수를 보유할수록 입점 음식점들의 효용이 증가하며, 배달앱 입점 음식점 수가 많아질수록 소비자들의 효용이 증가하는 양(+)의 간접적 네트워크 효과가 작동하고 이러한 효과가 양 측면을 순환(feedback loop)하는 점, 둘째, 배달앱이 배달음식 거래로부터 금전적인 수익을 얻는 대상은 음식점 그룹이므로 더 많은 소비자를 확보하여 거래가능성을 제고하기 위해 소비자에게는 무료로 서비스를 제공하거나 할인쿠폰 혜택 등을 제공하고, 음식점 그룹에게는 광고료 또는 거래 중개 수수료 등의 플랫폼 이용료를 부과하여 수익을 창출하는 모델로 운영되고 있는 점, 즉 배달앱 플랫폼은 소비자에 대한 할인 혜택 등을 음식점에 부과하는 수수료를 통해 보전하므로 소비자 그룹과 음식점 그룹을 동시에 고려하여 플랫폼의 가격구조 및 수준을 결정하게 된다는 점을 고려하고, 나아가 플랫폼의 각 면에서 나타나는 멀티호밍(multi-homing)의 정도 및 간접적 네트워크 효과의 크기 등 개별 면이 처한 경쟁 양상과 각 면의 상호 연결고리를 함께 고려할 필요가 있다고 하였다.[84)]

결국 공정거래위원회는 위와 같은 기준을 적용하여 이 사건 기업결합 당사회사의 시장점유율 확대로 인한 효과가 클 뿐만 아니라, 당사회사인 배달앱의 유사성이 높아 소비자들은 강한 대체성이 있는 것으로 인식하고 있고 소비자 및 음식점들은 대부분 당사회사의 배달앱을 이용하며 이를 서로의 차선으로 선택하고 있으므로 결합 후 다른 배달앱으로의 전환가능성이 낮아서 단독의 경쟁제한 행위의 가능성이 매우 크다고 판단하였다.[85)][86)]

---

83) 공정거래위원회 의결 제2021-32호, 2021. 2. 2.

84) 같은 의결.

85) 같은 의결.

86) 그 밖에 근래 공정거래위원회가 수평형 기업결합의 경쟁제한성을 인정한 주요 사례로서는 다국적 제약사의 국내 자회사 간 기업결합을 심사한 바이엘 코리아의 기업결합제한 위반 사건(공정거래위원회 의결 제2015-141호, 2015. 5. 4.), 글로벌 반도체 회사 간 기업결합을 심사한 NXP 및 프리스케일의 기업결합제한 위반 사건(공정거래위원회 의결 제2015-388호, 2015. 11. 25.), 글로벌 동물 의약품 제조사 간 기업결합을 심사한 베링거 인겔하임 인터내셔날의 기업결합제한 위반 사건(공정거래위원회 의결 제2016-336호, 2016. 12. 6.), 세계 및 국내 시장에서 심혈관 관련 의료기기 분야에서 상호 경쟁하고 있는 미국 사업자 간 기업결합을 심사한 애보트 래보라토리즈 및 세이트쥬드메디칼의 기업결합제한 위반 사건(공정거래위원회 의결 제2016-360호, 2016. 12. 22.), 글로벌 화학업체 간 기업결합을 심사한 다우 및 듀폰의 기업결합제한 위반 사건(공정거래위원회 의결 제2017-162호, 2017. 5. 10.), 세계 산업용가스 시장 2위와 3위 사업자 간 기업결합을 심사한 린데 및 플렉스에어 등의 기업결합제한 위반 사건(공정거래위원회 의결 제2018-300

(라) 수직형 기업결합

(1) 개 설

수직형 기업결합이 경쟁을 실질적으로 제한하는지 여부는 시장의 봉쇄효과(foreclosure), 협조효과 등을 종합적으로 고려하여 심사한다. 우선, 시장의 봉쇄효과와 관련하여, 수직형 기업결합을 통해 당사회사가 경쟁관계에 있는 사업자의 구매선 또는 판매선을 봉쇄하거나 다른 사업자의 진입을 봉쇄할 수 있는 경우에는 경쟁을 실질적으로 제한할 수 있는데, 시장의 봉쇄 여부는 (1) 원재료 공급회사(취득회사인 경우 특수관계인 등 포함)의 시장점유율 또는 원재료 구매회사(취득회사인 경우 특수관계인 등 포함)의 구매액이 당해 시장의 국내 총공급액에서 차지하는 비율, (2) 원재료 구매회사(취득회사인 경우 특수관계인 등 포함)의 시장점유율, (3) 기업결합의 목적, (4) 수출입을 포함하여 경쟁사업자가 대체적인 공급선·판매선을 확보할 가능성, (5) 경쟁사업자의 수직계열화 정도, (6) 당해 시장의 성장전망 및 당사회사의 설비증설 등 사업계획, (7) 사업자 간 공동행위에 의한 경쟁사업자의 배제가능성, (8) 당해 기업결합에 관련된 상품과 원재료의존관계에 있는 상품시장 또는 최종산출물 시장의 상황 및 그 시장에 미치는 영향, (9) 수직형 기업결합이 대기업 간에 이루어지거나 연속된 단계에 걸쳐 광범위하게 이루어져 시장진입을 위한 필요최소자금 규모가 현저히 증대하는 등 다른 사업자가 당해 시장에 진입하는 것이 어려울 정도로 진입장벽이 증대하는지 여부 등을 고려하여 판단한다(심사기준 Ⅵ. 3. 가).

또한 수직형 기업결합이 초래하는 협조효과와 관련하여, 기업결합의 결과로 경쟁사업자 간의 협조 가능성이 증가하는 경우에는 경쟁을 실질적으로 제한할 수 있는데, 이는 (1) 결합 이후 가격정보 등 경쟁사업자의 사업활동에 관한 정보입수가 용이해지는지 여부, (2) 결합당사회사 중 원재료구매회사가 원재료공급회사들로 하여금 협조를 하지 못하게 하는 유력한 구매회사였는지 여부, (3) 과거 당해 거래분야에서 협조가 이루어진 사실이 있었는지 여부 등을 고려하여 판단한다(심사기준 Ⅵ. 3. 나).

(2) 주요 심결례

종래 공정거래위원회가 수직형 기업결합의 경쟁제한성을 인정한 사례는 많지 않지만 근래 증가하는 추세라고 할 수 있는데,[87] 그 중 수직형 기업결합의 봉쇄효

호, 2018. 10. 5.), 바이오 공정 제품을 제조·판매하는 글로벌 사업자 간 기업결합을 심사한 다나허의 기업결합제한 위반 사건(공정거래위원회 의결 제2020-46호, 2020. 2. 24.), 전력 케이블용 반도전 제조업체 간 기업결합을 심사한 보레알리스 및 디와이엠솔루션의 기업결합제한 위반 사건(공정거래위원회 의결 제2020-133호, 2020. 5. 28.) 등을 들 수 있다.

87) 수직형 기업결합의 경쟁제한성이 인정된 사례는 SK의 기업결합제한 위반 사건(공정거래위원회 의결 제2001-90호, 2001. 6. 29.), CJ홈쇼핑 등의 기업결합제한 위반 사건(공정거

과 판단과 관련하여 주목할 만한 사례들을 소개하면 다음과 같다. 먼저, SK의 기업결합제한 위반 사건에서 원유정제업을 영위하는 동 회사는 정부의 민영화 방침에 따라 송유관을 통하여 석유제품을 수송하는 국내 유일의 사업자인 대한송유관공사의 정부지분 약 17%를 추가로 취득하여 결국 기존 지분과 합하여 약 34%를 보유하게 되었는데, 공정거래위원회는 원유정제업 시장의 경쟁자에 대한 봉쇄효과를 이유로 경쟁제한성을 인정하였다.[88]

공정거래위원회는 먼저 이 사건 기업결합을 석유제품을 생산·판매하는 사업자와 석유제품의 유통수단인 송유관에 의한 수송을 독점하는 기업 간의 수직적 기업결합으로 규정하고, (1) 피취득기업인 송유관공사가 '송유관에 의한 석유제품 1차 수송'의 공급을 독점하고 있고 취득기업인 SK 역시 송유관에 의한 석유제품 1차 수송 수요의 35.4%를 점유하는 1위 사업자이므로 당시 심사기준상의 경쟁제한성 인정기준을 충족하고, (2) 취득기업이 그 경쟁사인 타 정유사에 대하여 석유수송 신청의 거부, 물량의 제한, 수송요율의 차별 등 경쟁제한적 행위를 할 우려가 있고, (3) 송유관을 이용하는 경쟁 정유사의 판매물량, 고객정보 등 영업정보를 지득하게 됨으로써 석유제품시장의 경쟁에 부정적인 영향을 미칠 수 있고, (4) 송유관설비는 초기에 막대한 자본이 소요되는 장치산업의 성격을 지니고 있어서 다른 사업자가 송유관 수송시장에 신규로 진입할 가능성이 적다는 이유 등으로 실질적 경쟁제한성이 인정된다고 판단하였다.[89]

또한 포스코 등의 기업결합제한 위반 사건에서는 국내 유일의 전기강판 생산업체인 동 회사가 전기강판을 원재료로 하여 코어제품을 생산·판매하는 포스코아의

래위원회 의결 제2003-84호, 2003. 3. 24), CJ케이블넷양천방송 등의 기업결합제한 위반 사건(공정거래위원회 의결 제2004-251호, 2004. 8. 27), 포스코 등의 기업결합제한 위반 사건(공정거래위원회 의결 제2007-351호, 2007. 7. 3.), ASML U.S. 등의 기업결합제한 위반 사건(공정거래위원회 의결 제2013-118호, 2013. 6. 26.), 현대제철 등의 기업결합제한 위반 사건(공정거래위원회 의결 제2015-60호, 2015. 3. 3.), 마이크로소프트 및 노키아의 기업결합제한 위반 사건(공정거래위원회 의결 제2015-316호, 2015. 8. 24.), SKT 등 7개사의 기업결합제한 위반 사건(공정거래위원회 의결 제2019-234호, 2019. 9. 17.) 등이 있고, 그 밖에 용산화학의 기업결합제한 위반 사건(공정거래위원회 의결 제2003-154호, 2003. 9. 24.), 현대자동차 등의 기업결합제한 위반 사건(공정거래위원회 의결 제2005-231호, 2005. 11. 22.), 세아베스틸 등의 기업결합제한 위반 사건(공정거래위원회 의결 제2015-162호, 2015. 5. 18.), SKT 및 CJ헬로비전 등의 기업결합제한 위반 사건(공정거래위원회 의결 제2016-213호, 2016. 7. 18.), 그리고 에스메랄다 및 DS파워의 기업결합제한 위반 사건(공정거래위원회 의결 제2017-323호, 2017. 10. 18.)에서는 수직형 결합 이외에 수평형 결합의 측면에서도 경쟁제한성이 인정되었다.

88) 공정거래위원회 의결 제2001-90호, 2001. 6. 29.

89) 같은 의결.

주식 51%를 계열회사인 포스틸을 통하여 취득한 행위가 문제가 되었다. 이에 대하여 공정거래위원회는 (1) 이 사건 기업결합이 구법 제7조 제4항 제2호가 규정하는 대규모회사가 중소기업의 시장점유율이 3분의 2 이상인 시장에서 시장점유율 5% 이상을 가지게 되는 경우에 해당하므로 실질적 경쟁제한성이 추정되고, (2) 포스코는 국내 유일의 전기강판 생산업체로서 그 시장점유율이 98.24%(물량 기준)에 이르고, 포스코아의 전기강판 구매비중은 30~40%를 차지하며, 다시 동 회사의 국내 코어시장에서의 시장점유율은 약 35%에 이를 뿐만 아니라, 이 사건 기업결합으로 경쟁사업자의 대체공급선 및 판매선 확보가 어려워지고 국내 코어시장에서 유력 사업자 간 공동행위의 가능성이 높아진다고 판단되는 등 봉쇄효과가 인정되고, (3) 이 사건 기업결합으로 국내 전기강판시장이나 코어시장에서의 진입장벽이 증대될 것으로 예상되는 점 등을 근거로 실질적 경쟁제한성을 인정하였다.[90)]

그 밖에도 기업결합 사건 중 최초로 동의의결이 내려진 사례로 알려진 마이크로소프트 및 노키아의 기업결합제한 위반 사건에서 모바일 관련 특허기술을 보유한 마이크로소프트가 모바일 단말기를 생산하는 노키아를 인수하는 수직형 기업결합의 경쟁제한성이 문제가 되었다. 이에 대하여 공정거래위원회는 모바일 OS의 구동에 필수적으로 사용되는 특허를 다수 보유함으로써 모바일 특허시장에서 강력한 지위를 가진 마이크로소프트가 결합 이후 직접 휴대폰까지 생산할 경우 경쟁 휴대폰 제조사들을 대상으로 특허료를 인상하거나 차별하여 경쟁을 왜곡할 잠재적 우려가 있을 뿐만 아니라, 마이크로소프트가 휴대폰 제조사와 체결한 사업제휴계약을 통해 경영상 핵심정보를 공유하는 행위는 결합 이후에는 경쟁사 간 협력에 해당되어 경쟁을 제한할 잠재적 우려가 있다고 하였다.[91)]

마지막으로 위에서 소개한 바 있는 SKT 등 7개사의 기업결합제한 위반 사건에서 '방송콘텐츠 거래시장'(상류시장) 및 '유료구독형 OTT 동영상 서비스'(하류시장) 간 수직형 기업결합의 봉쇄효과가 문제가 되었다. 이에 대하여 공정거래위원회는 양 시장에서 당사회사가 가지는 높은 시장점유율을 제시하면서, 특히 당사회사가 보유한 지상파 콘텐츠는 다른 콘텐츠로 대체하기 어려운 핵심적 콘텐츠이므로 경쟁 OTT 동영상 서비스 사업자의 구매선을 봉쇄할 능력이 인정되고, 지상파 콘텐츠의 공급 중단이나 공급가격 인상 또는 거래조건 차별을 통한 봉쇄의 유인 역시 인정되며, 실제로 이 사건 기업결합 후 당사회사가 경쟁자의 구매선을 봉쇄할 경우 유료구독형 OTT 동영상 서비스 시장의 경쟁을 저해하고 소비자의 효용을 감소시킬 우

90) 공정거래위원회 의결 제2007-351호, 2007. 7. 3.

91) 공정거래위원회 의결 제2015-316호, 2015. 8. 24.

려가 있고, 이 사건 기업결합 후 통합된 OTT 동영상 서비스와 이동통신서비스 등을 묶음으로 판매할 경우 이동통신서비스 시장의 경쟁에도 영향을 미칠 우려가 있다고 하였다.[92)]

(마) 혼합형 기업결합

(1) 개 설

혼합형 기업결합이 경쟁을 실질적으로 제한하는지 여부는 잠재적 경쟁의 저해효과, 경쟁사업자 배제효과, 진입장벽 증대효과 등을 종합적으로 고려하여 심사한다. 먼저, 혼합형 기업결합이 잠재적 경쟁을 감소시키는지 여부는 (1) 상대방 회사가 속해 있는 일정한 거래분야에 진입하려면 특별히 유리한 조건을 갖출 필요가 있는지 여부, (2) 당사회사 중 하나가 상대방 회사가 속해 있는 일정한 거래분야에 대해 (가) 생산기술, 유통경로, 구매계층 등이 유사한 상품을 생산하는 등의 이유로 당해 결합이 아니었더라면 경쟁제한 효과가 적은 다른 방법으로 당해 거래분야에 진입하였을 것으로 판단될 것, 또는 (나) 당해 거래분야에 진입할 가능성이 있는 당사회사의 존재로 인하여 당해 거래분야의 사업자들이 시장지배력을 행사하지 않고 있다고 판단되어 잠재적 경쟁자에 해당하는지 여부, (3) 일정한 거래분야에서 결합당사회사의 시장점유율 및 시장집중도 수준, (4) 당사회사 이외에 다른 유력한 잠재적 진입자가 존재하는지 여부 등을 고려하여 판단한다(심사기준 Ⅵ. 4. 가).[93)]

또한 경쟁사업자의 배제 효과에 관하여, 당해 기업결합으로 당사회사의 자금력, 원재료 조달능력, 기술력, 판매력 등 종합적 사업능력이 현저히 증대되어 당해 상품의 가격과 품질 외의 요인으로 경쟁사업자를 배제할 수 있을 정도가 되는 경우에는 경쟁을 실질적으로 제한할 수 있고(심사기준 Ⅵ. 4. 나.), 진입장벽의 증대효과에 관해서는, 당해 기업결합으로 시장진입을 위한 필요최소 자금규모가 현저히 증가하는 등 다른 잠재적 경쟁사업자가 시장에 새로 진입하는 것이 어려울 정도로 진입장벽이

---

92) 공정거래위원회 의결 제2019-234호, 2019. 9. 17.

93) 2007년 개정되기 전 심사기준은 혼합형 기업결합의 잠재적 경쟁의 저해 효과와 관련하여, ⑴ 취득회사가 대규모회사일 것, ⑵ 취득회사가 유사한 상품을 생산하는 등의 이유로 당해 결합이 아니었더라면 경쟁제한 효과가 적은 다른 방법으로 당해 거래분야에 진입하였을 것으로 판단되거나 당해 거래분야에 진입할 가능성이 있는 취득회사 등의 존재로 인하여 당해 거래분야의 사업자들이 시장지배력을 행사하지 않고 있다고 판단되는 잠재적 진입자일 것, ⑶ 피취득회사의 시장점유율이 50% 이상인 경우 또는 3위 이내에 포함되고 상위 3사의 시장점유율의 합계가 70% 이상일 것, ⑷ 취득회사와 피취득회사의 대다수 경쟁사업자 간에 사업규모, 자금력 등의 측면에서 현저한 격차가 있을 것 등 4가지 요건 모두에 해당되는 경우에는 잠재적 경쟁을 제한함으로써 실질적 경쟁제한성이 인정될 수 있다고 규정하고 있었는데, 2007년 개정으로 위와 같이 포괄적으로 규정하였다.

증대하는 경우에는 경쟁을 실질적으로 제한할 수 있다(심사기준 Ⅵ. 4. 다).

(2) **주요 심결례**

종래 공정거래위원회를 포함한 각국의 경쟁당국은 혼합형 기업결합이 관련시장의 경쟁에 미치는 영향이 명확하지 않다는 이유로 혼합형 기업결합을 규제하는 데 상대적으로 소극적이었다. 현재까지 공정거래위원회가 혼합형 기업결합의 경쟁제한성을 인정하여 시정조치를 내린 사례는 이미 소개한 하이트맥주의 기업결합제한 위반 사건, SKT 및 하나로텔레콤 등의 기업결합제한 위반 사건, 에실로 아메라 인베스트먼트의 기업결합제한 위반 사건, SKT 및 티브로드 등의 기업결합제한 위반 사건, LG유플러스 및 CJ헬로 등의 기업결합제한 위반 사건, KT 및 현대HCN 등의 기업결합제한 위반 사건, 딜리버리히어로 등의 기업결합제한 위반 사건 이외에, 퀄컴 및 NXP 등의 기업결합제한 위반 사건[94]과 보레알리스 및 디와이엠솔루션의 기업결합제한 위반 사건[95]을 찾아볼 수 있을 뿐이다. 이들 중 에실로 아메라 인베스트먼트의 기업결합제한 위반 사건, 퀄컴 및 NXP 등의 기업결합제한 위반 사건 및 딜리버리히어로 등의 기업결합제한 위반 사건 이외에는 모두 공정거래위원회가 관련 상품시장을 획정한 결과 동일한 관련시장이 아닌 것으로 판단하긴 하였지만 상당한 정도로 대체성이 존재하는 상품이나 서비스를 공급하는 사업자 간 기업결합이었다.

대표적인 사례들을 살펴보면 다음과 같다. 먼저, 하이트맥주의 기업결합제한 위반 사건에서 취득회사인 하이트맥주는 맥주 이외에 먹는 샘물 제조업을 영위하고 있으며 그 계열회사인 하이트주조는 소주 제조사업자이고, 피취득회사인 진로가 소주와 먹는 샘물 제조업을 영위하고 있었으므로 수평형 기업결합과 혼합형 기업결합의 측면을 동시에 가지고 있었다. 특히 관련시장인 '국내 맥주시장' 및 '부산 등 5개 지역을 제외한 전국 소주시장'에서 각각 57.9% 및 82.4%의 점유율을 가지는 전국적 주류 제조회사 간의 기업결합이라는 측면에서 혼합형 기업결합에 관한 많은 논의가 이루어졌는데,[96] 공정거래위원회는 결국 경쟁을 실질적으로 제한한다고 인정하였지만, 시정조치로서 이 사건 기업결합을 전면적으로 금지하는 대신 향후 5년간 가격 인상의 제한 및 영업 관련 인력·조직의 분리운영, 그리고 거래강제나 거래상 지위의 남용과 같은 불공정거래행위의 금지를 명하는 데 그침으로써 거대 통합주류회사

94) 공정거래위원회 의결 제2018-56호, 2018. 1. 19.

95) 공정거래위원회 의결 제2020-133호, 2020. 5. 28.

96) 위 사건의 수평형 기업결합에 대하여는 당사회사의 시장점유율이 높지 않거나 당해 기업결합으로 인한 시장점유율 증가분이 미미하여 비교적 쉽게 경쟁제한성이 부정되었다.

의 탄생을 승인하였다.[97)]

위 사건에서 공정거래위원회는 동 혼합형 기업결합의 경쟁제한성을 심사하면서 (1) 경쟁사업자의 배제 가능성, (2) 진입장벽의 증대 가능성, (3) 잠재적 경쟁의 저해 가능성, (4) 가격인상의 가능성 등 네 가지 쟁점을 검토하였다. 먼저 경쟁사업자의 배제 가능성과 관련하여 당사회사들이 주류도매상에 대하여 가지는 외상 매출채권 및 주류도매상에 대한 매출기여 정도 등을 고려할 때, 동 기업결합으로 주류유통망에 대한 당사회사들의 영향력이 매우 커져서 향후 주류도매상과의 거래에 있어서 끼워팔기 등을 통해 판매력 등 종합적 사업능력이 현저히 증대될 우려가 존재하므로 지방 소주업체 등 경쟁사업자들을 배제할 우려가 있다고 판단하였다.[98)] 특히 1994년 소위 '거래약정서제도'가 폐지되고, 주류도매상이 다수의 주류 제조회사와 거래할 수 있는 소위 '혼판제도'가 도입되었다고 할지라도 당사회사들의 높은 시장점유율을 고려할 때 여전히 주류도매상들이 당사회사 이외의 주류 제조회사를 선택하는 데는 상당한 제약이 존재하고, 주류 수요의 주된 결정요인이 최종소비자의 선호라고 할지라도 여전히 주류도매상이 최종소비자의 주류선택에 상당한 영향을 미칠 수 있다고 하였다.[99)] 또한 진입장벽에 관하여, 역시 주류도매상에 대한 영향력이 사실상의 진입장벽으로 작용할 것이므로 동 기업결합으로 주류도매상에 대한 당사기업의 영향력이 커지면 신규진입업체의 진입이 더욱 곤란해질 것이라고 하였다.[100)]

기업결합심사기준뿐만 아니라 각국의 경쟁당국이 혼합형 기업결합을 심사하는 중요한 기준으로 사용하고 있는 잠재적 경쟁의 저해효과에 관하여, 공정거래위원회는 당시 심사기준상 잠재적 경쟁을 제한하는 것으로 인정하기 위한 네 가지 요건이 모두 충족된다고 하였다. 즉, (1) 취득회사인 하이트맥주가 계열회사를 포함하여 자산총액이 2조원을 초과하는 대규모회사에 해당하고, (2) 취득회사인 하이트맥주는 지속적으로 소주시장에 진입하려는 시도를 하고 있으며 진로가 소주 가격을 인상할 경우에 맥주 가격을 고려하는 등 위 회사는 소주시장의 가격선도업체인 진로가 가격인상 등 시장지배력을 행사하는 데 일정한 제약요인으로 작용하고 있는 잠재적 진입자로 볼 수 있고, (3) 피취득회사인 진로의 관련 소주시장에서의 점유율이 50%를 훨씬 상회하여 수평형 기업결합의 시장집중도 요건을 충족하고, (4) 취득회사인 하이트맥주가 피취득회사인 진로의 경쟁사업자인 두산, 대선주조, 무학, 보해양조 등

97) 공정거래위원회 의결 제2006-9호, 2006. 1. 24.

98) 같은 의결.

99) 같은 의결.

100) 같은 의결.

의 주류사업부문과 비교하여 자산총액, 매출액 등이 월등히 크다고 하였다.[101)]

마지막으로 결합기업의 가격인상 가능성에 관하여, 공정거래위원회는 동 기업결합의 당사회사는 각각 맥주시장 및 소주시장에서의 가격선도업체로서 가격 결정 시 상대방이 속한 시장에서의 가격인상률 등을 고려하는 등 상호 간에 가격인상 억지력을 발휘하고 있었으며, 특히 취득회사는 동 주식취득으로 말미암아 재무상황이 악화되어 가격을 인상할 유인이 충분하고, 향후 맥주와 소주 중 어느 한 주류에서 발생하는 가격인상요인을 다른 주류에 전가하는 등의 방법으로 가격인상을 용이하게 할 수 있을 것이라고 하였다.[102)]

한편, SKT 및 하나로텔레콤 등의 기업결합제한 위반 사건에서는 무선통신시장에서의 지배적 사업자인 동 회사가 후발 유선통신사업자인 하나로텔레콤의 주식 38.89%를 취득한 행위가 문제로 되었는데, 공정거래위원회는 유·무선 통신시장뿐만 아니라 당사회사 모두 또는 일방이 참여하고 있는 인터넷, DMB 및 다채널 유료방송시장을 포함하여 매우 다양한 관련시장을 획정하였다.[103)] 따라서 이 사건 기업결합은 수평형·수직형·혼합형 등 모든 유형의 기업결합이 문제가 되었는데, 특히 SKT의 이동전화사업과 하나로텔레콤의 유선통신사업 간 혼합형 기업결합이 문제가 되었다.[104)]

공정거래위원회는 우선, 이 사건 기업결합의 경쟁제한성을 판단함에 있어서, (1) 유·무선통신시장이 아직 하나의 시장으로 획정할 정도는 아니지만 상당히 밀접한 경쟁관계가 형성되어 가는 추세이고, 향후 유·무선 결합상품이 본격적으로 출시되면 이러한 경향은 더욱 커질 것이므로 결합상품 시장에서의 경쟁제한성 여부를 고려하여야 하고, (2) 통신산업은 '주파수' 등의 필수적 생산요소가 필요하고 네트워크 효과로 말미암아 쏠림현상이 매우 커서 일단 사업자 간 우열관계가 형성되면 기존 사업자의 지위가 고착화될 가능성이 큰 특징이 있으므로 이 사건 기업결합으로 향후 통신시장이 더욱 고착화하여 경쟁을 제한할 우려가 있는지 여부를 고려해야 한다고 하였다.[105)]

먼저, 경쟁사업자 배제 가능성에 관하여, 공정거래위원회는 800MHz 주파수의

101) 같은 의결.

102) 같은 의결.

103) 동 사건에서의 관련시장 획정에 대해서는 위 2. (가) '관련 상품시장' 부분 참고.

104) 결국 공정거래위원회는 이 사건에서 문제가 된 모든 수평형 기업결합과 수직형 기업결합은 실질적 경쟁제한성이 인정되지 않는다고 하였고, 다만 혼합형 기업결합에 대해서만 실질적 경쟁제한성을 인정하였다(공정거래위원회 의결 제2008-105호, 2008. 3. 13).

105) 같은 의결.

독점사용 및 초고속인터넷과 IPTV 시장 등에서의 선도적 지위 등의 요인으로 당사회사들은 각각 이동전화시장과 유선통신시장에서 자금력, 유통망 활용능력, 서비스 제공 능력 등에서 경쟁사에 비하여 높은 경쟁력을 확보하고 있고, 이 사건 기업결합을 통해 종합적 사업능력이 증대되어 이동전화시장에서의 지배력을 유선시장 및 결합상품시장으로 전이시키고 이동전화시장에서의 지배력을 더욱 확대함으로써 가격과 품질 이외의 요인으로 경쟁사업자를 배제할 가능성이 높다고 하였다.[106)]

또한 진입장벽 증대 가능성에 관하여, 주파수 한정, 대규모설비투자의 필요 등 통신산업의 특수성으로 현재도 통신시장의 신규진입은 어려운 형편이지만 (1) 이 사건 기업결합으로 국내 유선·이동전화시장은 3사 군으로 고착화·과점화됨과 동시에 SKT군 및 KT군의 확고한 2강 체제로 전환되고, 향후 신규 진입자는 결합상품시장에서의 수익성도 고려하여야 하므로 신규사업자가 진입하기 위한 필요최소자금 규모가 증가하고, (2) 향후 재판매사업자가 출현하더라도 기존 통신 3사 군에 비해 경쟁력을 확보하기는 매우 어려울 것이며, (3) 그동안 유·무선(융합)통신시장 내에서 경쟁의 촉매제 역할을 수행하던 하나로텔레콤이 소멸됨으로써 통신시장은 3사 군 또는 2강 간에 안정적인 시장유지 또는 신규진입을 곤란하게 하는 공조 또는 담합 가능성이 더욱 높아질 것으로 예상되는 점 등에 비추어, 이 사건 기업결합으로 인하여 진입장벽이 더욱 높아질 가능성이 크다고 하였다.[107)]

---

106) 같은 의결. 특히, (1) SKT는 결합상품의 제공을 통해 자사 이동전화 가입자의 이탈을 방지하고 가입자 유치를 위한 안정적이고 강력한 수단을 확보하게 되고, (2) 향후 결합상품 시장에서도 현재 독점적으로 사용하고 있는 800MHz 주파수가 비용우위와 소비자 선호도 측면에서 중요한 요소에 해당되는데, 이를 독점적으로 사용하면서 경쟁사업자에게 그 제공을 거부하거나 계열회사에 대하여 배타적으로 제공하거나, 유리한 조건을 적용하거나 또는 자금력을 활용하여 계열회사의 마케팅 비용을 지원하고 유통망에게 당사회사의 결합상품만을 판매하도록 강요하는 등의 방법으로 유선시장과 결합상품 시장에서의 점유율을 확대하고 이를 기반으로 이동전화시장에서의 시장지배력을 고착할 우려가 있으며, (3) 선호도 높은 결합상품의 제공 및 주파수 특성에 기인한 비용우위를 이용하여 결합상품의 가격을 낮게 책정함으로써 경쟁사업자의 비용 증대 또는 매출 감소를 초래하여 이를 배제하고, 기존의 당사회사의 이동전화가입자를 고착화시키며 타 사업자의 가입자까지 유치하여 이동전화시장에서의 지배력을 강화할 수 있고, (4) 이 사건 기업결합으로 국내 유선·이동전화시장에서 사실상 SKT군, KT군 및 LG군 3사의 계열사 간 결합상품만 출시되어 기타 경쟁사업자들은 배제될 가능성이 높으며, (5) 향후 IPTV 시장은 콘텐츠의 종류와 다양성이 고객확보에 매우 중요한데, 이 사건 기업결합으로 SKT 및 그 계열회사들이 보유하고 있는 다양한 콘텐츠를 하나로텔레콤의 IPTV와 연계시키면 경쟁사업자보다 현저히 월등한 지위를 확보하게 될 것이라고 하였다.

107) 같은 의결. 그러나 공정거래위원회는 잠재적 경쟁의 저해에 관해서는 통신시장의 현재 여건에 비추어 당사회사들은 서로의 시장에 신규진입이 가능한 잠재적 경쟁자에 해당되지 않고, 각 당사회사의 존재가 상대 당사회사의 지배력 행사를 억제하고 있다고 인정할 수도 없다고 하였다.

그 밖에 글로벌 반도체 제조사 간 기업결합을 심사한 퀄컴 및 NXP 등의 기업결합제한 위반 사건에서 공정거래위원회는 반도체 제품을 사용 용도에 따라 세분하여 관련시장을 획정한 뒤, 당사회사 중 퀄컴은 '세계 CDMA 베이스밴드 칩셋 시장', '세계 WCDMA 베이스밴드 칩셋 시장' 및 '세계 LTE 베이스밴드 칩셋 시장'에서 사업을 영위하고 있고, NXP는 '세계 NFC 칩 시장', '세계 보안요소 칩 시장' 및 '세계 보안요소 운영체제 시장'에서 사업을 영위하고 있으므로 혼합형 기업결합이 발생한다고 하였다.[108] 나아가 이 사건 혼합형 기업결합의 경쟁제한성에 관하여, 당사회사들은 각각 위 관련시장에서 지배적 지위를 차지하고 있다고 인정하고, 이 사건 기업결합 이후 퀄컴이 NXP가 보유한 NFC 특허에 대하여 종전과 달리 자신의 라이선스 정책을 적용할 경우[109] 경쟁사업자 또는 잠재적 경쟁사업자는 특허공격 위험으로 인해 사업중단 위험에 노출될 수 있고, 자신의 제품에 대하여 구축한 특허우산은 경쟁사업자의 비용을 상승시키거나 잠재적 경쟁사업자에 대한 진입장벽으로 기능하며, NXP가 보유한 NFC 특허가 퀄컴의 특허 포트폴리오에 포함될 경우 퀄컴의 모바일기기 제조업체에 대한 협상력이 높아져서 향후 로열티 인상 압력으로 작용할 것이라고 하였다.[110]

또한 이 사건 기업결합 후 퀄컴은 베이스밴드 칩셋과 NFC 칩, 보안요소 칩 판매를 계약적 또는 기술적으로 연계할 가능성이 높은데, 당사회사는 경쟁사업자를 배제하고 진입장벽 증대효과를 발생시킬 수 있는 높은 시장점유율을 보유하고 있을 뿐만 아니라, 이러한 행위가 상호호환성 저해행위 및 MIFARE 라이선스 거절행위와 결합될 경우에 NFC 칩, 보안요소 칩 및 보안요소 운영체제 시장의 경쟁사업자가 배제되고 해당 시장에서 진입장벽이 증대될 우려가 있으며, 이는 다시 베이스밴드 칩셋 시장에서의 경쟁사업자 배제 및 진입장벽 증대효과로 이어져 퀄컴의 베이스밴드 칩셋 시장에서의 시장지배력을 강화하게 되고, 경쟁사업자들의 투자유인을 감소시켜 베이스밴드 칩셋, NFC칩, 보안요소 칩 및 보안요소 운영체제 시장의 혁신을 저해하

108) 공정거래위원회 의결 제2018-56호, 2018. 1. 19.

109) 퀄컴은 종래 NXP와는 달리 독특한 특허 라이선스 정책을 실시하고 있었는데, 첫째, 자신으로부터 반도체를 구매하는 모바일 기기 제조사에 대해 반도체 공급과 특허 라이선스를 연계하면서 경쟁업체에게는 특허 라이선스를 제공하지 않고, 둘째, 반도체 구매자에 특허를 라이선스함과 동시에 라이선시가 보유한 특허를 교차 라이선스 형태로 제공받고 라이선시로 하여금 퀄컴의 다른 구매자에 대하여 특허권을 주장하지 않도록 함으로써 퀄컴 제품에 대한 광범위한 특허우산을 구축하였으며, 셋째, 자신이 보유한 특허를 이동통신과 비(非) 이동통신, 표준필수특허와 비(非) 표준필수특허를 구별하지 않고 포괄적 라이선스를 제공함으로써 개별 특허의 가치를 별도로 산정하지 않고 모바일 기기 판매가격의 일정 비율로 로열티를 책정하였다.

110) 공정거래위원회 의결 제2018-56호, 2018. 1. 19.

고 궁극적으로는 모바일 기기 시장의 혁신 감소로 이어질 수 있다고 하였다.[111)]

마지막으로 딜리버리히어로 등의 기업결합제한 위반 사건에서 배달앱시장과 음식배달대행시장 간 혼합결합 및 배달앱시장과 공유주방시장 간 혼합결합이 문제가 되었다. 먼저 전자에 관하여, 공정거래위원회는 배달앱시장에서 당사회사의 시장점유율 합계가 거래금액 기준 및 주문건수 기준 모두 1위이고 배달대행시장에서의 시장점유율 합계는 배달처리건수 기준으로 3위, 배달원 수 기준으로는 1위에 해당하고, 본 건 기업결합 후 당사회사들이 자체배달(OD: Own Delivery)을 확대할 가능성이 있을 뿐만 아니라 그 과도기적 방편으로 '주문중개(MP: Marketplace) + 배달서비스' 결합판매를 통하여 경쟁 배달업체를 배제시키고 이럴 경우 연쇄적으로 주문중개 모델의 배달앱과 음식점들의 배달대행업체 선택가능성도 감소될 우려가 있으며, 자체배달 모델이 더욱 확대되면 배달대행업체들의 주문확보가 더욱 어려워져 배달대행시장에 진입하기 위해서는 배달앱시장에도 같이 진입해야 하므로 양 시장 모두에서 진입비용이 증가하고 효율적인 경쟁사업자의 시장진입이 저지될 우려가 있다고 하면서 실질적 경쟁제한성을 인정하였다.[112)]

또한 후자에 관하여, 취득회사는 국내에서 공유주방 사업을 영위하지 않지만 향후 공유주방 사업을 확대해 나갈 계획을 가지고 있으며 피취득회사는 입점음식점 수 기준 공유주방시장 점유율 3위 사업자이고, 공유주방 중 상당수는 배달을 전문으로 하는 배달형 음식점을 위한 공유주방이므로 배달앱이 사실상 유일한 판매경로이자 필수생산시설에 해당하여 공유주방 입점음식점들의 당사회사에 대한 매출의존도는 더욱 높아질 것으로 예상되는데, 당사회사는 공유주방 사업에 진입하기에 특별히 유리한 조건을 갖추고 있고 취득회사는 국내 공유주방시장의 잠재적 경쟁자에 해당하고 이들에 비견할 정도의 유력한 잠재적 진입자는 존재하지 않으며, 당사회사는 배달앱에서 음식점이 노출되는 방식 및 주문 관련 모든 정보와 권한을 독자적으로 보유하고 있으므로 이러한 권한을 자사 공유주방 입점음식점들에게만 유리하게 변경할 경우 경쟁 공유주방 사업자들은 중대한 경쟁열위에 처하여 시장에서 배제될 우려가 크고, 배달앱 플랫폼과 공유주방 사업을 동시에 영위하는 사업자가 자신의 공유주방 입점음식점들에게 자신의 배달앱만 이용하도록 강요하거나 경쟁 공유주방 시설에 입점한 음식점들에게 배달앱 서비스의 일부 또는 전부를 제공하지 않는 등 불리한 거래조건을 설정할 경우 공유주방시장에 진입장벽으로 작용할 수 있다고 하면서 실질적 경쟁제한성을 인정하였다.[113)]

---

111) 같은 의결.

112) 공정거래위원회 의결 제2021-32호, 2021. 2. 2.

(바) 정보자산을 수반하는 기업결합의 경쟁제한성 판단

심사기준은 2019년 개정을 통하여 새로이 '정보자산'의 개념을 정의하고 기업이 보유한 정보자산의 이전을 초래하는 기업결합의 경쟁제한성을 판단함에 있어서 고려할 사항을 규정하였다. 이는 근래 인터넷 검색, SNS, 온라인 채팅, 온라인 상거래 등의 인터넷 서비스를 제공하는 데 대량의 이용자 관련 정보 등 소위 '빅데이터'(big data)의 활용이 중요한 의미를 가지게 됨에 따라, 이러한 정보자산의 이전이 수반되는 기업결합의 경쟁제한성을 판단하기 위한 추가적인 고려가 필요하기 때문이다.

먼저, 심사기준은 '정보자산'을 "다양한 목적으로 수집되어 통합적으로 관리, 분석, 활용되는 정보의 집합"이라고 정의하였다(심사기준 Ⅱ. 11). 나아가 정보자산을 수반하는 기업결합의 경쟁제한성 판단 기준에 관하여, 기업결합 후 결합당사회사가 정보자산을 활용하여 시장지배력을 형성·강화·유지하는 경우 관련시장에서의 경쟁이 실질적으로 제한될 가능성이 있다고 하고, 이 경우 기업결합 유형별 경쟁제한성 판단 요건을 고려하되, 추가적으로 (1) 결합을 통하여 얻게 되는 정보자산이 다른 방법으로는 이를 대체하기 곤란한 지 여부, (2) 해당 결합으로 인하여 결합당사회사가 경쟁사업자의 정보자산 접근을 제한할 유인 및 능력이 증가하는지 여부, (3) 결합 이후 정보자산 접근 제한 등으로 인하여 경쟁에 부정적 효과가 발생할 것이 예상되는지 여부, (4) 결합당사회사가 정보자산의 수집·관리·분석·활용 등과 관련한 서비스의 품질을 저하시키는 등 비가격경쟁을 저해할 가능성이 높아지는지 여부 등을 고려하여 판단할 수 있다고 하였다(심사기준 Ⅵ. 5).

위 심사기준의 태도는 경쟁상 중요한 의미를 가지는 정보자산의 이전을 초래하는 기업결합의 경쟁제한성을 판단함에 있어서도 기본적으로 일반적인 기업결합의 경쟁제한성 판단방법과 마찬가지로 어디까지나 경쟁에 미치는 영향에 초점을 맞추어 시장지배력을 형성·강화·유지하는지 여부를 기준으로 하되, 가격경쟁뿐만 아니라 비가격경쟁에 미치는 영향까지 고려할 수 있다는 취지로 이해된다.[114)]

현재까지 공정거래위원회가 명시적으로 정보자산을 수반하는 기업결합으로서 경쟁제한성을 인정한 사례는 딜리버리히어로 등의 기업결합제한 위반 사건이 유일하다. 이 사건에서 공정거래위원회는 본 건 기업결합을 통해 당사회사는 추가로 소비자정보, 음식점정보, 거래정보, 배달정보 등을 얻게 되는데, 이러한 정보가 당사회

113) 같은 의결.

114) 기업결합 규제를 포함한 경쟁법 집행상 빅데이터가 가지는 함의와 관련 국내외 사례에 관하여는 이호영, "빅데이터의 경쟁법적 함의에 관한 연구", 「법경제학연구」, 제15권 제3호, 2019, pp. 293-327 참고.

사로 집중되면 당사회사와 개별 음식점 간 정보의 비대칭성이 한층 심화되고 당사회사는 이를 이용하여 음식점에 제공하는 정보자산 관련 서비스의 품질을 저하시킬 가능성이 있고, 나아가 집중된 정보자산을 머신러닝 알고리즘 등을 통해 분석하여 고품질의 마케팅 정보로 가공한 후 이를 음식점들에게 유료서비스로 전환할 가능성도 존재한다고 하면서 경쟁제한성을 인정하였다.[115)]

(사) 경쟁제한성 완화요인

심사기준은 2011년 개정을 통하여 한편으로 위에서 살펴본 바와 같이 기업결합의 경쟁제한성을 판단하는 기준을 규정할 뿐만 아니라, 다른 한편으로 경쟁제한성을 완화하는 요인을 별도로 규정하였다. 즉, 기업결합이 초래하는 경쟁제한성을 완화하는 요인으로서 해외경쟁의 도입수준 및 국제적 경쟁상황, 신규진입의 가능성, 유사품 및 인접시장의 존재, 강력한 구매자의 존재 등을 규정하고 있다.

먼저, 해외경쟁의 도입수준 및 국제적 경쟁상황과 관련하여, 일정한 거래분야에서 상당기간 어느 정도 의미 있는 가격인상이 이루어지면 상당한 진입비용이나 퇴출비용의 부담 없이 가까운 시일 내에 수입경쟁이 증가할 가능성이 있는 경우에는 기업결합에 의해 경쟁을 실질적으로 제한할 가능성이 낮아질 수 있는데, 이 경우 해외경쟁의 도입가능성을 평가함에 있어서는 (1) 일정한 거래분야에서 수입품이 차지하는 비율의 증감 추이, (2) 당해 상품의 국제가격 및 수급상황, (3) 우리나라의 시장개방의 정도 및 외국인의 국내투자현황, (4) 국제적인 유력한 경쟁자의 존재 여부, (5) 관세율 및 관세율의 인하계획 여부, (6) 국내가격과 국제가격의 차이 또는 이윤율 변화에 따른 수입 증감 추이, (7) 기타 각종 비관세장벽을 고려한다(심사기준 Ⅶ. 1. 가). 또한 당사회사의 매출액 대비 수출액의 비중이 현저히 높고 당해 상품에 대한 국제시장에서의 경쟁이 상당한 경우에는 기업결합에 의해 경쟁을 실질적으로 제한할 가능성이 낮아질 수 있고, 경쟁회사의 매출액 대비 수출액의 비중이 높고 기업결합 후 당사회사의 국내 가격인상 등에 대응하여 수출물량의 내수전환 가능성이 높은 경우에도 경쟁을 제한할 가능성이 낮아질 수 있다(심사기준 Ⅶ. 1. 나 및 다).

신규진입의 가능성과 관련해서는, 당해 시장에 대한 신규진입이 가까운 시일 내에 충분한 정도로 용이하게 이루어질 수 있는 경우에는 기업결합으로 감소되는 경쟁자의 수가 다시 증가할 수 있으므로 경쟁을 실질적으로 제한할 가능성이 낮아질 수 있는데, 신규진입의 가능성을 평가함에 있어서는 (1) 법적·제도적인 진입장벽의 유무, (2) 필요최소한의 자금규모, (3) 특허권 기타 지적재산권을 포함한 생산

115) 공정거래위원회 의결 제2021-32호, 2021. 2. 2.

기술조건, (4) 입지조건, (5) 원재료조달조건, (6) 경쟁사업자의 유통계열화의 정도 및 판매망 구축비용, (7) 제품차별화의 정도 등을 고려한다(심사기준 Ⅶ. 2. 가 및 나). 또한 특히 신규진입이 용이한 것으로 볼 수 있는 경우로서 (1) 당해 시장에 참여할 의사와 투자계획 등을 공표한 회사, 또는 (2) 현재의 생산시설에 중요한 변경을 가하지 아니하더라도 당해 시장에 참여할 수 있는 등 당해 시장에서 상당기간 어느 정도 의미 있는 가격인상이 이루어지면 중대한 진입비용이나 퇴출비용의 부담 없이 가까운 시일 내에 당해 시장에 참여할 것으로 판단되는 회사가 존재하는 경우를 들 수 있고(심사기준 Ⅶ. 2. 다), 신규진입이 충분하기 위해서는 기업결합으로 인한 경쟁제한 우려가 억제될 수 있을 정도의 규모와 범위를 갖추어야 하며, 특히, 차별화된 상품 시장에서는 결합당사회사의 제품과 근접한 대체 상품을 충분히 공급할 수 있는 능력과 유인이 존재하는지를 고려한다(심사기준 Ⅶ. 2. 라).

유사품 및 인접시장의 존재와 관련해서는, 기능 및 효용측면에서 유사하나 가격 또는 기타의 사유로 별도의 시장을 구성하고 있다고 보는 경우에는 생산기술의 발달 가능성, 판매경로의 유사성 등 그 유사상품이 당해 시장에 미치는 영향을 고려하고, 거래지역별로 별도의 시장을 구성하고 있다고 보는 경우에는 시장 간의 지리적 근접도, 수송수단의 존재 및 수송기술의 발전가능성, 인접시장에 있는 사업자의 규모 등 인근 지역시장이 당해 시장에 미치는 영향을 고려한다(심사기준 Ⅶ. 3. 가 및 나).

마지막으로 강력한 구매자의 존재와 관련해서는, 결합당사회사로부터 제품을 구매하는 자가 기업결합 후에도 공급처의 전환, 신규 공급처의 발굴 및 기타 방법으로 결합기업의 가격인상 등 경쟁제한적 행위를 억제할 수 있는 때에는 경쟁을 실질적으로 제한할 가능성이 낮아질 수 있는데, 이 경우 그 효과가 다른 구매자에게도 적용되는지 여부를 함께 고려한다(심사기준 Ⅶ. 4).

공정거래위원회가 위와 같은 경쟁제한성 완화요인을 상세하게 평가한 사례로 딜리버리히어로 등의 기업결합제한 위반 사건을 들 수 있다. 공정거래위원회는 이 사건 기업결합이 배달앱시장에 미치는 경쟁제한적 효과를 인정한 뒤, 경쟁제한성을 완화시키는 요인 역시 상세히 분석하였다. 먼저, 신규진입의 가능성과 관련하여, 배달앱시장은 법적·제도적 진입장벽 등은 존재하지 않지만 일정 수준의 소비자 및 음식점을 확보하기 위한 초기 사업운영 자금의 투입이 필수적이고 상당한 규모의 자금이 필요할 것이므로 진입장벽으로 작용할 가능성이 있고, 신규진입자들이 가까운 시일 내에 용이하게 진입할 수는 있지만 전국시장에서 결합당사회사가 운영하는 배달앱 서비스에 대해 경쟁압력으로 작용할만한 수준의 충분한 규모와 범위를 갖추기는 쉽지 않을 것이라고 하였다.[116]

또한 유사품 및 인접시장의 존재와 관련하여, 기능 및 효용 측면에서 다소 차이가 있지만 전통적인 전화주문이나 프랜차이즈 음식점들의 자체 앱/웹 주문서비스, 네이버 간편주문 등을 유사서비스 및 인접시장으로 고려해 볼 수 있으나 이러한 서비스가 실제로 본 건 결합의 경쟁제한성 완화요인이 되기는 어려울 것으로 판단되고, 나아가 강력한 구매자의 존재와 관련하여, 본 건 결합 후 당사회사로부터 배달앱 서비스를 구매하는 주체는 소비자 및 지역 소재 일반음식점들이고 그 밖에 결합당사회사와 직접 광고 및 중개수수료 할인율 등을 협상하는 프랜차이즈 본부가 존재하나 이들의 거래비중이 미미하여 본 건 결합의 경쟁제한적 효과를 저지할 수 있는 강력한 구매자로 보기 어렵다고 하였다.[117]

토의 과제

1 독점규제법이 시장점유율을 기준으로 기업결합의 경쟁제한성을 추정하는 조항(법 제9조 제3항)을 둔 이유를 생각해 보고, 동 조항이 적용될 수 있는 범위와 그 기준의 합리성을 평가해 보시오.

2 기업결합심사기준이 기업결합의 경쟁제한성을 판단하는 기준을 수평형 기업결합, 수직형 기업결합 및 혼합형 기업결합으로 나누어 별도로 규정하고 있는 이유를 생각해 보시오.

3 SK의 기업결합제한 위반 사건에서 문제가 된 것과 같은 수직형 기업결합의 경쟁제한성을 판단함에 있어서 중점적으로 고려하는 소위 '시장봉쇄'(foreclosure) 효과를 설명하고, 그 밖에 수직형 기업결합의 경쟁제한성을 판단할 때 고려하는 요소들을 설명해 보시오.

4 하이트맥주의 기업결합제한 위반 사건이나 SKT 및 하나로텔레콤 등의 기업결합제한 위반 사건에서 문제가 된 기업결합은 혼합형 기업결합(conglomerate)으로서 기타 유형의 기업결합에 비하여 경쟁제한을 초래할 개연성이 적어서 각국의 경쟁당국은 이를 상대적으로 관대하게 다루고 있다. 그러나 이 사건에서 문제가 된 혼합형 기업결합은 '상품확장형 혼합결합'으로서 예컨대, 식품회사와 자동차회사 사이에 이루어지는 '순수 혼합결합'과 다른 측면이 있는데, 그 차이점과 그것이 경쟁제한성 판단에 미치는 영향에 대하여 생각해 보시오.

116) 공정거래위원회 의결 제2021-32호, 2021. 2. 2.

117) 같은 의결.

5 하이트맥주의 기업결합제한 위반 사건에서는 유럽 집행위원회가 GE/Honeywell 기업결합 등 혼합형 기업결합의 경쟁제한성을 인정하는 근거로 사용하였던 소위 '포트폴리오 효과'(portfolio effect)가 논의되었는데, 그 개념과 유용성을 설명해 보시오(이호영, "혼합결합의 경쟁제한성과 포트폴리오 효과", 「법학논총」, 제23집 제3호, 2006, pp. 245-265 참고).

6 2019년 개정된 기업결합심사기준이 빅데이터를 염두에 두고 규정하고 있는 사항을 말해보고, 그에 따를 경우 개인정보의 보호와 같은 비경쟁적 가치의 침해를 이유로 기업결합을 제한할 수 있을지 생각해 보시오(이호영, "빅데이터의 경쟁법적 함의에 관한 연구", 「법경제학연구」, 제15권 제3호, 2019, pp. 293-327 참고).

4. 금지의 예외

법상 경쟁을 실질적으로 제한하는 기업결합에 해당한다고 할지라도 해당 기업결합 외의 방법으로는 달성하기 어려운 효율성 증대효과가 경쟁제한의 폐해보다 큰 경우 또는 회생이 불가한 회사와의 기업결합으로서 일정한 요건을 충족한 경우에는 금지의 예외를 인정한다(법 제9조 제2항). 이때 그 요건의 충족 여부에 대한 입증책임은 당해 사업자에게 있다. 1999년 개정되기 전에는 '산업합리화 또는 국제경쟁력 강화'를 경쟁제한적 기업결합 금지의 예외 사유로 규정하고 있었던 것과 비교하면, 각국의 경쟁법 입법례 및 판례이론에 비추어 볼 때 그 범위와 한계가 합리적으로 축소되고 명확해졌다고 할 수 있다. 종전에 산업합리화 또는 국제경쟁력 강화라는 명목으로 경쟁제한성이 현저한 상당수의 기업결합이 허용된 것이 사실이고,[118] 이러한 이유로 종래 독점규제법상 기업결합규제의 실효성이 약하다는 비판이 제기되기도 하였다.

(가) 효율성 증대를 위한 기업결합

해당 기업결합 외의 방법으로는 달성하기 어려운 효율성 증대효과가 경쟁제한으로 인한 폐해보다 큰 경우에는 경쟁제한적 기업결합의 금지에 대한 예외가 인정된다(법 제9조 제2항 제1호). 심사기준에 따르면 금지의 예외사유가 되는 '효율성 증대

118) 한화기계의 삼미정공 주식취득에 따른 기업결합예외인정(1994. 12. 26), 창원특수강의 삼미종합특수강 영업양수에 따른 기업결합예외인정(1997. 3. 25.), 현대자동차의 기업결합제한 위반 사건(공정거래위원회 의결 제99-43호, 1999. 4. 7.) 등 참고.

효과'는 생산·판매·연구개발 등에서의 효율성 증대효과 또는 국민경제 전체에서의 효율성 증대효과를 말하는데, 먼저 생산·판매·연구개발 등에서의 효율성 증대효과는 (1) 규모의 경제·생산설비의 통합·생산공정의 합리화 등을 통해 생산비용을 절감할 수 있는지 여부, (2) 판매조직을 통합하거나 공동활용하여 판매비용을 낮추거나 판매 또는 수출을 확대할 수 있는지 여부, (3) 시장정보의 공동활용을 통해 판매 또는 수출을 확대할 수 있는지 여부, (4) 운송·보관시설을 공동사용함으로써 물류비용을 절감할 수 있는지 여부, (5) 기술의 상호보완 또는 기술인력·조직·자금의 공동활용 또는 효율적 이용 등에 의하여 생산기술 및 연구능력을 향상시키는지 여부, (6) 기타 비용을 현저히 절감할 수 있는지 여부 등을 고려하여 판단한다(심사기준 Ⅷ. 1. 가. (1)).

또한 국민경제 전체에서의 효율성 증대효과는 (1) 고용의 증대에 현저히 기여하는지 여부, (2) 지방경제의 발전에 현저히 기여하는지 여부, (3) 전후방 연관산업의 발전에 현저히 기여하는지 여부, (4) 에너지의 안정적 공급 등 국민경제생활의 안정에 현저히 기여하는지 여부, (5) 환경오염의 개선에 현저히 기여하는지 여부 등을 고려하여 판단한다(심사기준 Ⅷ. 1. 가. (2)).

그런데 기업결합의 효율성 증대효과로 인정받기 위해서는 다음의 요건을 모두 충족하여야 한다. 먼저, 해당 기업결합 외의 방법으로는 달성하기 어려운 효율성 증대효과, 즉 '기업결합 특유적인 효율성'(merger-specific efficiency)이어야 하는데, (가) 설비확장, 자체 기술개발 등 기업결합이 아닌 다른 방법으로는 효율성 증대를 실현시키기 어렵고, (나) 생산량의 감소, 서비스질의 저하 등 경쟁제한적인 방법을 통한 비용절감이 아니어야 한다(심사기준 Ⅷ. 1. 나. (1)). 또한 효율성 증대효과가 가까운 시일 내에 발생할 것이 명백하여야 하며, 단순한 예상 또는 희망사항이 아니라 그 발생이 거의 확실한 정도임이 입증될 수 있는 것이어야 하고,[119] 당해 결합이 없더라도 달성할 수 있었을 효율성 증대 부분은 포함하지 아니한다(심사기준 Ⅷ. 1. 나. (2) 및 (3)). 이상과 같은 효율성 증대효과가 기업결합에 따른 경쟁제한의 폐해보다 큰 경우에 한하여 경쟁제한적 기업결합이 예외적으로 허용된다(심사기준 Ⅷ. 1. 다).

그동안 공정거래위원회가 심사한 거의 모든 기업결합 사건에서 당사회사들은 해당 기업결합으로 다양한 효율성 증대효과가 기대된다고 주장하였지만, 동 위원회는 대부분의 사건에서 그러한 효과에 대한 입증책임은 당사회사들에게 있다는 점을 상기시키면서 이들이 주장한 효율성 증대효과의 실현 여부가 불확실하다거나 기업

119) 이는 2007년 심사기준 개정으로 당사회사가 주장하는 효율성 증대효과에 관하여 높은 수준의 입증이 요구된다는 점을 명시적으로 규정한 것이다.

결합 특유적인 효율성이 아니거나, 또는 효율성 증대효과가 경쟁제한적 폐해보다 크다는 점이 입증되지 않는다는 등의 이유로 금지의 예외를 인정하지 않았다.[120)]

재판상 다투어졌던 사례로서 무학 등의 기업결합제한 위반 사건에서도 원고들은 이 사건 기업결합을 통하여 당사회사 간 판매조직의 통합 및 공동활용을 통한 물류비용의 절감, 원재료의 대량구입에 따른 원재료비 절감, 기술의 공동활용 및 불필요한 마케팅비용 절감 등을 통하여 경쟁력을 향상시킬 수 있다고 주장하였으나, 관련 행정소송에서 서울고법은 그러한 효율성은 반드시 문제의 기업결합이 아니면 달성하기 어려운 것으로 볼 수 없고, 가까운 시일 이내에 발생할 것이 명백하다고 인정할 수도 없으며 마케팅비용의 절감 등은 경쟁 제거에 따른 반사적 이익에 불과하다는 이유로 그 주장을 배척하였다.[121)]

또한 삼익악기 등의 기업결합제한 위반 사건에서도 당사회사는 생산공정의 이전, 자재의 통합구매, 중복부문의 정리 및 규모의 경제 등을 통한 효율성 증대효과가 발생한다고 주장하였으나, 관련 행정소소에서 서울고법은 원고가 주장하는 효율성 증대효과는 법이 요구하는 기업결합 특유의 효과로 인정할 수 없거나 실현가능한지 의문스럽거나 단시일 내에 명백하게 발생할 것이라고 인정하기 부족하거나 또는 구체적인 주장 및 입증이 없다고 하였다.[122)] 그런데 이 사건에서 서울고법은 효율성 증대효과에 관한 몇 가지 흥미로운 사항을 언급하였다. 예컨대, 매출증대효과는 그 자체로 비용구조를 개선하는 등 기업내부의 경제성을 향상시키는 것과 직접적인 관련성이 없으므로 원칙적으로 효율성 증대효과로 인정할 수 없고, 통합구매

120) 한국케이블TV 천안방송 등의 기업결합제한 위반 사건(공정거래위원회 의결 제2004-254호, 2004. 8. 30. 특히 각 항목의 효율성 증대효과와 경쟁제한적 폐해를 계량적으로 비교한 뒤 후자가 더 크다고 함), 현대홈쇼핑 등의 기업결합제한 위반 사건(공정거래위원회 의결 제2006-10호, 2006. 2. 3. 5년간 결합기업의 이용요금 인상으로 인한 경쟁제한의 폐해의 현재가치와 효율성 증대효과의 현재가치를 산정하여 후자가 전자보다 크지 아니하다고 함), 동양제철화학 등의 기업결합제한 위반 사건(공정거래위원회 의결 제2006-173호, 2006. 8. 7. 당사회사들이 주장하는 효율성 증대효과 중 실제로 실현 가능한 것으로 판단되는 액수와 기업결합 후 관련시장에서 공동행위로 인하여 가격이 10% 인상될 경우의 경쟁제한적 폐해를 비교하여 전자가 후자보다 크지 않다고 함), 현대제철 등의 기업결합제한 위반 사건(공정거래위원회 의결 제2015-60호, 2015. 3. 3. 당사회사가 주장하는 효율성의 기업결합 특유성을 인정할 수 없고 추상적인 기대에 불과하다고 함), 에스메랄다 및 DS파워의 기업결합제한 위반 사건(공정거래위원회 의결 제2017-323호, 2017. 10. 18. 당사회사가 주장하는 효율성 증대효과가 경쟁제한 효과를 상쇄하지 못한다고 함), 딜리버리히어로 등의 기업결합제한 위반 사건(공정거래위원회 의결 제2021-32호, 2021. 2. 2. 당사회사가 주장하는 효율성 증대효과를 인정하기 어렵고 경쟁제한성이 더 적은 다른 방법으로도 달성할 수 있다고 함) 등 참고.

121) 서울고법 2004. 10. 27. 선고 2003누2252 판결.

122) 서울고법 2006. 3. 15. 선고 2005누3174 판결.

효과 역시 기본적으로 단순히 기업결합 당사회사의 협상력이 증가하여 구매단가가 내려가는 판매자와 구매자 간의 소득재분배에 불과하므로 경제전체의 효율성과는 관계가 없으나, 다만 구매단가의 하락으로 인하여 구매물량이 증가할 경우 최종품 생산의 증가와 가격인하로 이어질 수 있으므로 그 효율성 증대효과를 일부 인정할 수는 있다고 하였다.[123)]

또한 미국 현지법인을 통합 운영함에 따르는 급여, 사무실 임차료 등의 비용절감 효과와 관련해서, 이는 기업결합 이전에 현지법인의 경영이 비효율적이었다는 점을 반영하는 것으로서 위 비용절감효과 속에는 기업결합 특유의 효과와 경영개선 효과가 섞여 있는 것으로 판단되며, 이 중 경영개선효과는 효율성 증대효과가 아니고, 또한 위 효과 중 기업결합 특유의 효과가 있다고 하더라도 미국 현지법인에서 발생한 비용절감 효과가 국내의 원고 등의 비용구조에 영향을 미쳐서 국내 피아노 가격의 하락이나 생산량 증가 등을 통해 국내 피아노 시장의 경쟁구조를 보다 촉진시킬 가능성은 거의 없다고 판단된다고 하였다.[124)]

특기할 만한 사항은 위 사건에서 서울고법은 원고가 주장한 효율성 증대의 예외를 인정하지 아니한 근거 중 하나로서, 설령 해외 현지법인의 통합 운영으로 인하여 일부 기업결합 특유의 효과가 있다고 하더라도 그 비용절감 효과가 국내 원고 등의 비용구조에 영향을 미쳐서 국내 피아노 가격의 하락이나 생산량 증가를 통해 국내 피아노 시장의 경쟁구조를 촉진시킬 가능성이 없으므로 국내시장의 경쟁구조나 국내 소비자의 후생과 관련성이 없다는 점을 제시하였고, 대법원 역시 이 부분 원심의 판시사항을 그대로 수용하였다. 그런데 근래 공정거래위원회는 일련의 기업결합 사건에서 위 판시를 원용하면서 효율성 증대효과가 소비자 후생의 증대로 이어질 가능성, 즉 '소비자 이전'(pass on) 가능성을 추가적 요건으로서 충족할 것을 요구하였다.[125)]

그 밖에 동양제철화학 등의 기업결합제한 위반 사건에서도 당사회사는 이 사건 기업결합이 이루어질 경우 오일의 통합구매, 품종특화, 에너지절감, 연구소 등의 통합운영 등의 효율성 증대효과가 발생하고, 당해 시장에서의 경쟁이 촉진되어 국내

---

123) 같은 판결.

124) 같은 판결. 상고심에서 대법원 역시 이 부분에 관한 원심의 판시를 수용하였다(대법원 2008. 5. 29. 선고 2006두6659 판결).

125) 한화케미칼의 기업결합제한 위반 사건(공정거래위원회 의결 제2015-92호, 2015. 3. 30), 기업결합제한 위반 사건(공정거래위원회 의결 제2015-92호, 2015. 3. 30), 세아베스틸 등의 기업결합제한 위반 사건(공정거래위원회 의결 제2015-162호, 2015. 5. 18.), 롯데백화점마산 등의 기업결합제한 위반 사건(공정거래위원회 의결 제2015-210호, 2015. 6. 25.), 글로벌 텍스프리의 기업결합제한 위반 사건(공정거래위원회 의결 제2019-270호, 2019. 11. 7.) 등 참고.

총잉여가 증가할 것이라고 주장하였다. 그러나 관련 행정소송에서 서울고법은 당사자가 주장하는 효율성 증대효과의 각 항목별로 실제로 인정되는 효율성 증대금액을 산정한 뒤, 동 금액이 당시 국내 매출액 규모의 3.3% 정도에 불과하여 국내시장에서의 가격인하 효과가 크지 않고, 따라서 경쟁제한의 폐해보다 크다고 인정할 수 없다고 판시하였는데,[126] 특히 당사회사의 기술을 외국에 소재한 다른 당사회사의 공정에 적용할 경우 연료비를 절감할 수 있다는 주장에 대하여 외국에서 발생하는 효과이므로 효율성 증대효과로 인정할 수 없다고 하였다.[127]

(나) 회생이 불가한 회사와의 기업결합

상당 기간 대차대조표상의 자본총계가 납입자본금보다 작은 상태에 있는 등 회생이 불가한 회사와의 기업결합으로서 기업결합을 하지 않으면 회사의 생산설비 등이 해당 시장에서 계속 활용되기 어려울 뿐만 아니라 해당 기업결합보다 경쟁제한성이 적은 다른 기업결합이 이루어지기 어려운 경우에는 금지의 예외가 인정된다(법 제9조 제2항 제2호 및 법 시행령 제16조). 이와 관련하여 심사기준은 '회생이 불가한 회사'는 회사의 재무구조가 극히 악화되어 지급불능의 상태에 처해 있거나 가까운 시일 내에 지급불능의 상태에 이를 것으로 예상되는 회사를 말하며, 이를 판단함에 있어서 (1) 상당 기간 재무상태표상의 자본총액이 납입자본금보다 작은 상태에 있는 회사인지 여부, (2) 상당 기간 영업이익보다 지급이자가 많은 경우로서 그 기간 중 경상손익이 적자를 기록하고 있는 회사인지 여부, (3) '채무자 회생 및 파산에 관한 법률' 제34조 및 제35조의 규정에 따른 회생절차 개시의 신청 또는 동법 제294조 내지 제298조의 규정에 따른 파산신청이 있은 회사인지 여부, (4) 당해 회사에 대하여 채권을 가진 금융기관이 부실채권을 정리하기 위하여 당해 회사와 경영의 위임계약을 체결하여 관리하는 회사인지 여부 등을 고려하도록 규정하고 있다(심사기준 Ⅷ. 2. 가).

위와 같은 요건을 충족하기란 쉽지 않으므로 회생이 불가한 회사와의 기업결합은 매우 제한적인 예외사유라고 할 것인데, 실제로 공정거래위원회는 예컨대, 자본총계가 납입자본금에 미달하는 경우에도 그 원인이 일시적이고 상당한 영업이익이 발생하고 있는 경우,[128] 영업이익이 지급이자보다 커서 경상손익이 흑자를 기록하고

126) 서울고법 2008. 5. 28. 선고 2006누21148 판결.

127) 같은 판결. 상고심에서 대법원 역시 이 부분에 관한 원심의 판시를 수용하였다(대법원 2009. 9. 10. 선고 2008두9744 판결).

128) 한국케이블TV 천안방송 등의 기업결합제한 위반 사건(공정거래위원회 의결 제2004-254호, 2004. 8. 30).

재무상황이 개선되고 있는 경우,[129] 또는 다른 투자자나 유상증자를 통하여 자금을 공급받을 수 있거나 자금지출을 회사의 자금사정에 맞추어 조절할 수 있는 경우[130] 등에는 '회생이 불가한 회사'에 해당하지 않는다고 판단하였다. 또한 설령 피취득기업이 재무상태 측면에서 회생이 불가한 회사에 해당된다고 할지라도 당해 취득기업 이외에 덜 경쟁제한적인 기업결합이 가능한 제3자 인수의 가능성이 존재하는 경우나,[131] 국내·외 관련시장의 규모와 전망, 수출량 및 해외시장 점유율, 브랜드인지도 등에 비추어 볼 때 피취득기업의 퇴출 가능성이 낮아서 기업결합을 하지 않더라도 생산설비 등이 해당 시장에서 계속 활용될 개연성이 높은 경우[132]에는 금지의 예외를 인정하지 않았다.

법원도 회생이 불가한 회사와의 기업결합으로서 예외를 인정하는데 제한적인 입장을 취하고 있다고 할 수 있다. 예컨대, 무학 등의 기업결합제한 위반 사건 관련 행정소송에서 서울고법은 피취득기업이 상당 기간 자본총계가 납입자본금보다 작은 상태라고 하더라도 영업이익이 지급이자를 지속적으로 상회하고 영업이익 규모가 동종업계 2위를 기록한 점, 높은 영업이익률을 기록하는 등 활발한 영업활동을 벌이고 있는 점에 비추어 회생이 불가능한 회사로 단정할 수 없을 뿐만 아니라, 취득기업 스스로 자신 이외의 매수희망자가 있음을 인정하고 있는 점, 취득기업이 인수하지 않으면 경쟁자인 피취득기업이 시장에서 퇴출돼 자신에게 매우 유리한 영업상황이 전개될 것임에도 불구하고 거액의 비용과 노력을 들여 적대적 인수를 시도하는 점 등을 고려할 때 해당 기업결합이 없으면 피취득기업의 생산설비가 시장에서 계속 활용되기 어렵다거나 덜 경쟁제한적인 기업결합이 이루어지기 어려운 경우에 해당된다고 볼 수 없다고 판시하였다.[133]

또한 삼익악기 등의 기업결합제한 위반 사건 관련 행정소송에서 서울고법은 비록 기업결합 당시 피취득기업의 자본총계가 납입자본금보다 작은 부분자본잠식 상태였고 지급이자가 영업이익보다 컸으며, 결국 부도가 나서 회사정리절차개시결정을

129) CJ홈쇼핑의 기업결합제한 위반 사건(공정거래위원회 의결 제2003-84호, 2003. 3. 24).

130) 삼익악기 등의 기업결합제한 위반 사건(공정거래위원회 의결 제2004-271호, 2004. 9. 24).

131) 코오롱의 기업결합제한 위반 사건(공정거래위원회 의결 제2002-365호, 2002. 12. 23.), 삼익악기 등의 기업결합제한 위반 사건(공정거래위원회 의결 제2004-271호, 2004. 9. 24.), 아이앤아이스틸 등의 기업결합제한 위반 사건(공정거래위원회 의결 제2004-285호, 2004. 11. 17.), 에이치씨엔 등의 기업결합제한 위반 사건(공정거래위원회 의결 제2006-256호, 2006. 11. 6.), CJ케이블넷 등의 기업결합제한 위반 사건(공정거래위원회 의결 제2007-274호, 2007. 5. 7.), 포스코 등의 기업결합제한 위반 사건(공정거래위원회 의결 제2007-351호, 2007. 7. 3.) 등 참고.

132) 삼익악기 등의 기업결합제한 위반 사건(공정거래위원회 의결 제2004-271호, 2004. 9. 24.) 참고.

133) 서울고법 2004. 10. 27. 선고 2003누2252 판결.

받고 상장이 폐지되었지만, (1) 기업결합 당시 자금부족의 직접적인 원인은 대규모 인원감축 등 구조조정에 따른 일시적인 것으로서 오히려 장기적으로 경영개선을 가져올 수 있고, (2) 제3의 외부 평가기관에 의해 계속기업가치가 청산가치보다 훨씬 크고, 향후 흑자전환 및 경영정상화가 가능한 것으로 평가되었으며, (3) 취득기업 이외의 기업과 유상증자를 통하여 투자를 유치하기로 협의된 바 있고, (4) 회사정리 절차개시결정을 받았지만 정리계획안의 인가결정을 받았으며 향후 재건에 성공할 경우 피아노시장에서 유력한 경쟁사업자가 될 수 있다는 점 등에 비추어 회생이 불가능한 회사로 인정할 수 없다고 하였다.[134] 나아가 해당 기업결합이 없으면 피취득회사의 생산설비가 관련시장에서 퇴출될 수밖에 없다는 주장에 대해서도, (1) 향후 경기가 회복되면 국내 및 해외 피아노시장의 규모가 증가할 수 있고, (2) 피취득기업이 국내외에서 높은 브랜드 인지도를 보유하고 있고 상당한 판매실적을 기록하고 있을 뿐만 아니라 근래 대규모 구조조정을 완료하여 향후 그 효과가 나타날 것으로 예상되며, (3) 외부 평가기관도 경영정상화가 가능하다고 판단한 점 등을 근거로 그 주장을 배척하였다.[135]

토의 과제

1. 효율성 증대효과를 이유로 경쟁을 제한하는 기업결합을 예외적으로 허용하기 위해서는 그 효과가 경쟁제한으로 인한 폐해보다 커야 하는데, 양자를 비교하는 것이 용이할 것인지 생각해 보고, 공정거래위원회와 법원이 당사회사들이 주장하는 효율성 증대효과의 입증을 엄격하게 요구하는 이유를 생각해 보시오. 또한 예외 인정 여부를 판단하기 위해 고려해야 할 효율성 증대효과는 반드시 국내시장에서 발생하는 것만을 의미하는지에 대하여 생각해 보시오(삼익악기 등의 기업결합제한 위반 사건(공정거래위원회 의결 제2004-271호, 2004. 9. 24, 서울고법 2006. 3. 16. 선고 2005누3174 판결) 및 동양제철화학 등의 기업결합제한 위반 사건(공정거래위원회 의결 제2006-173호, 2006. 8. 7, 서울고법 2008. 5. 28. 선고 2006누21148 판결) 등 참고).

2. 경쟁제한적인 기업결합의 또 다른 예외 사유는 '회생이 불가한 회사와의 기업결합'인데, 실제로 삼익악기 등의 기업결합제한 위반 사건에서 해당 기업결합이 승인되지 못한 후 피취득회사인 영창악기제조는 결국 부도를 내고

134) 서울고법 2006. 3. 16. 선고 2005누3174 판결.

135) 같은 판결. 상고심에서 대법원 역시 이 부분에 관한 원심의 판시를 그대로 수용하였다(대법원 2008. 5. 29. 선고 2006두6659 판결).

> 법정관리절차가 개시되었는데, 이는 공정거래위원회의 판단이 오류였음을 의미하는가? 그렇지 않다는 주장의 근거를 제시해 보시오(서울고법 2006. 3. 16. 선고 2005누3174 판결 참고).

Ⅲ. 위법한 기업결합에 대한 시정조치 및 이행강제금

1. 개 설

독점규제법은 다른 유형의 법 위반행위와 마찬가지로 공정거래위원회에 대하여 동법을 위반한 기업결합에 대한 시정조치를 내릴 권한을 부여하고 있는데, 특기할 것은 기타 유형의 법 위반행위의 경우와는 달리 시정조치의 구체적인 유형을 열거하고 있다는 점이다. 즉, 경쟁제한적 기업결합의 당사회사나 특수관계인에 대하여 해당 행위의 중지, 주식의 전부 또는 일부의 처분, 임원의 사임, 영업의 양도, 시정명령을 받은 사실의 공표, 기업결합에 따른 경쟁제한의 폐해를 방지할 수 있는 영업방식 또는 영업범위의 제한, 그 밖에 법 위반상태를 시정하기 위하여 필요한 조치를 명할 수 있다(법 제14조 제1항). 특히, 1999년 법 개정 당시 추가된 '기업결합에 따른 경쟁제한의 폐해를 방지할 수 있는 영업방식 또는 영업범위의 제한'은 기업결합에 특유한 시정조치로서 독점규제법이 기타의 법 위반행위에 대한 시정조치로서 공통적으로 규정하고 있는 '기타 시정을 위하여 필요한 조치'의 범위에 속한다고 보기 어려운 것이다.

실제로 공정거래위원회는 그동안 문제가 된 기업결합의 경쟁제한성을 인정하는 경우에도 당해 기업결합을 금지하거나 이미 취득한 주식이나 자산의 전부를 매각하도록 하는 시정조치 이외에도 취득한 주식이나 자산의 일부의 양도, 경쟁사업자에 대한 거래거절이나 차별적 취급의 금지를 포함한 경쟁제한적 행위의 금지, 일정 기간 동안 가격인상의 제한 및 시장점유율의 제한, 특정 대역의 주파수에 대한 공동사용의 허용과 같은 다양한 시정조치를 명하였다.[136] 이들 시정조치 중 주식이나

136) 공정거래위원회의 심결례상 기업결합 시정조치에 대한 상세한 분석 및 평가는 이호영, "독점규제법상 기업결합에 대한 시정조치의 개선", 「저스티스」, 통권 90호, 2006. 4, pp. 59-65 참고. 그동안 공정거래위원회가 기업결합 사건에서 부과한 비정형적인 시정조치의 사례들을 살펴보면, 현대자동차의 기업결합제한 위반 사건에서 화물운송용 차량의 국내가격 인상률을 수출가격 인상률 이하로 유지하도록 하되 동종 차량에 대한 경쟁사업자

자산의 매각 또는 영업의 양도 등을 강학상 구조적 시정조치(structural remedies)라고

의 국내시장 점유율이 5%에 달하는 경우에는 동 가격인상제한을 적용하지 않기로 하였고(공정거래위원회 의결 제99-43호, 1999. 4. 7.), SKT의 기업결합제한 위반 사건에서 일정기간 이내에 시장점유율을 50% 이내로 축소하도록 명령하였고(공정거래위원회 의결 제2000-76호, 2000. 5. 16.), SK의 기업결합제한 위반 사건에서 동 회사의 대한송유관공사 주식의 취득은 허용하면서 시정조치로서 향후 송유관이용에 있어서 거래거절 등의 경쟁제한행위를 금지하는 내용 및 이에 관한 사항을 협의·결정하기 위한 협의회의 설치근거 등을 정관에 규정하기 위해 주주총회에서 의결권을 행사하도록 하였고(공정거래위원회 의결 제2001-90호, 2001. 6. 29.), 현대홈쇼핑 등의 기업결합제한규정 위반 사건에서는 향후 2년 동안 공정거래위원회가 제공하는 서울지역 종합유선방송사업자 및 위성방송사업자들의 상품별 이용요금 부과현황 자료를 가입자들에게 고지하도록 하였고(공정거래위원회 의결 제2006-10호, 2006. 2. 3.), 롯데칠성음료 등의 기업결합제한 위반 사건에서는 일정기간 동안 다른 음료업체들이 피취득회사에 대하여 주문자상표부착방식 등으로 과실음료제품의 공급을 요청하면 취득회사나 그 특수관계인보다 우선하여 공급하고, 이러한 거래에 적용되는 납품가격 및 납품시기 등의 거래조건을 결정·변경하고 이에 관한 분쟁을 해결하는 독립적 기구를 설치하도록 하였으며(공정거래위원회 의결 제2009-97호, 2009. 4. 15.), eBay KTA(UK) 등의 기업결합제한 위반 사건에서는 당사회사가 운영하는 인터넷 오픈마켓에 중소형판매사업자만의 리스팅을 위한 게이트웨이의 확보 등 중소형판매사업자 보호대책을 수립·시행하도록 하였고(공정거래위원회 의결 제2009-146호, 2009. 6. 25.), 신세계의 기업결합제한 위반 관련 시정조치 재처분 사건에서는 가격인상이 우려되는 점포에서 판매되는 상품이 다른 점포에서 판매되는 동일 상품의 가격보다 높다는 소비자신고가 접수되어 사실로 확인될 경우 당해 소비자에게 그 차액의 2배를 보상하는 제도를 도입하여 운용하도록 하였으며(공정거래위원회 의결 제2009-151호, 2009. 7. 2.), 미디어텍과 엠스타 세미컨덕터의 기업결합제한 위반 사건에서는 디지털 TV용 SoC칩 신제품 출시 후 3분기가 도래하는 시점에 칩가격을 신제품의 가격이 6달러 이하이었던 경우에는 6달러 미만 제품의 2010~2012년 평균 인하율만큼, 6달러 이상이었던 경우에는 6달러 이상 제품의 2010~2012년 평균 인하율만큼 인하하여 구매종료시까지 유지하도록 하고 당사회사와 수요사업자 간 가격·기술지원의 내용, 각종 하자보증 등의 사항을 포함한 서면계약체결 의무를 부과하였고(공정거래위원회 의결 제2013-110호, 2013. 6. 10.), ASML U.S.의 기업결합제한 위반 사건에서는 기업결합 후 문제로 된 리소그래피 시스템용 광원과 리소그래피 시스템의 판매활동 부서를 통합하지 않고 별도의 사업부서로 설치하여 독자적으로 운영하고 양자의 판매 및 개발과 관련하여 각각 리소그래피 시스템시장 및 리소그래피 시스템용 광원시장에서의 경쟁자와 계속적으로 공정하고 합리적이며 비차별적인(fair, reasonable and non-discriminatory) 조건으로 거래하도록 하고 정당한 이유 없이 거래물량을 축소하거나 거래를 거절하거나 차별하여 취급하는 등의 행위를 금지하였으며(공정거래위원회 의결 제2013-118호, 2013. 6. 26.), 머스크 라인 및 함부르크 남아메리카 증기해운선사의 기업결합제한 위반 사건에서는 경쟁제한성이 인정된 항로의 컨소시엄을 탈퇴하도록 하거나 계약기간 연장을 금지하고 기존 컨소시엄 구성원들이 참여하고 있는 컨소시엄에 대한 가입을 금지하였고(공정거래위원회 의결 제2017-358호, 2017. 11. 28.), 마지막으로 보레알리스 및 디와이엠솔루션의 기업결합제한 위반 사건에서는 향후 일정 기간 동안 수요자에게 통상적인 업계의 관행에 따라 반도전을 공정하고 합리적이며 비차별적인 조건으로 공급하도록 하고 피취득회사가 수요자와의 거래과정에서 취득한 정보를 취득회사와 공유하는 것을 금지하고, 피취득회사가 향후 일정 기간 동안 5년 이상의 연구개발 경력을 가진 인력과 일정 수준 이상의 개발비를 투입하고 공동개발 상대방에게 시제품을 안정적으로 공급하며 제품개발에 성공할 경우

하고, 경쟁을 제한하는 행위를 금지하거나 가격인상을 제한하는 등의 조치를 행태적 시정조치(behavioral remedies)라고 한다.

각국의 경쟁당국이 많은 경우에 경쟁제한적 기업결합을 전면적으로 금지하는 대신, 다양한 시정조치를 부과하면서 이를 허용하는 이유는 기업결합의 본질에서 비롯된 것이라고 할 수 있다. 즉, 기업결합은 당사회사의 기업구조에 변경을 가하여 규모의 경제나 범위의 경제 등 생산 또는 경영상 상당한 정도의 효율성 증대효과를 낳을 수 있으므로 일견 경쟁을 제한하는 기업결합이라고 할지라도 그 자체를 무위로 돌려서 원상으로 환원하는 것보다는 가능한 한 그 경쟁제한적 폐해를 방지하되 당사회사로 하여금 기업결합이 낳는 긍정적인 효과를 누릴 수 있도록 하는 것이 바람직하기 때문이다. 따라서 공정거래위원회는 기타의 법 위반행위와는 달리 기업결합에 대한 시정조치를 고안함에 있어서는 상당한 정도의 재량권을 행사할 수 있다. 그런데 이러한 재량권을 행사할 경우에는 기업결합의 경쟁제한적 폐해를 방지하면서도 가급적 해당 기업결합을 통하여 달성하고자 하는 효율성을 저해하지 않도록 신중을 기하여야 할 것이다. 이와 관련하여 2007년 법 개정으로 공정거래위원회가 경쟁제한적 기업결합에 대하여 시정조치를 부과하기 위한 기준을 정하여 고시할 수 있는 근거가 마련되었고(법 제14조 제3항), 이에 따라 2011년 '기업결합 시정조치 부과기준'을 제정하여 운용하고 있다.

공정거래위원회는 위에서 설명한 시정조치를 명하는 것 이외에도 회사의 합병 또는 설립의 방식으로 위법한 기업결합이 이루어진 경우에 해당 회사의 합병 또는 설립 무효의 소를 제기할 수 있으나(법 제16조 제2항), 실제로 동 규정에 따라 공정거래위원회가 합병 또는 설립무효의 소를 제기한 사례는 없다. 또한 독점규제법은 종전에 위법한 기업결합에 대하여 과징금을 부과할 수 있도록 규정하고 있었으나 1999년 7차 법 개정을 통하여 기업결합에 대한 과징금 조항을 삭제하고, 대신 이행강제금제도를 도입하였다. 즉, 기업결합에 대한 공정거래위원회의 시정조치의 실효성을 확보하기 위하여 시정조치를 받은 후 그 정한 기한 내에 이를 이행하지 아니하는 자에 대하여 기업결합 방식에 따라서 이행기한이 지난 날부터 1일당 취득 또는 소유한 주식의 장부가액과 인수하는 채무의 합계액(주식취득 또는 소유나 회사설립의 경우)이나 합병의 대가로 지급하는 주식의 장부가격과 인수하는 채무의 합계액(회사합병의 경우), 또는 영업양수금액(영업양수의 경우)의 1만분의 3을 초과하지 않는 범위에서

상대방이 요청하는 물량을 통상적인 업계의 관행에 따라 공정하고 합리적이며 비차별적인 조건으로 공급하고 상대방 등이 요청할 경우 관련 지식재산권을 제공하도록 하였다(공정거래위원회 의결 제2020-133호, 2020. 5. 28).

(임원겸임의 경우에는 1일당 200만원의 범위 이내에서) 이행강제금을 부과할 수 있다(법 제16조 제1항). 아울러 공정거래위원회로부터 주식처분명령을 받은 자는 그 명령을 받은 날부터 해당 주식에 대하여 의결권을 행사할 수 없다(법 제15조). 이는 위법한 기업결합으로 판단되어 그 시정조치로서 주식처분명령이 내려진 이후에도 계속하여 당해 주식을 이용하여 피취득회사에 대하여 지배력을 행사하는 것을 막기 위한 것이다.

2. 관련 판결례

그동안 공정거래위원회가 위법한 기업결합에 대하여 부과한 시정조치 등에 관한 판결례를 살펴보면 다음과 같다. 먼저, 동양제철화학 등의 기업결합제한 위반 사건에서 공정거래위원회가 기업결합에 대하여 시정조치를 부과함에 있어서 재량권의 범위를 일탈 또는 남용했는지 여부가 다투어졌다. 이 사건에서 공정거래위원회는 문제가 된 기업결합이 경쟁을 제한하는 것이라고 인정하고 그에 대한 시정조치로서 취득회사가 취득한 주식을 매각하여 원상회복하는 조치와, 피취득회사가 보유한 생산설비 중 일부를 제3자에게 매각하고 원료를 공급하는 조치 중 하나를 선택하도록 하였다.[137] 관련 행정소송에서 당사회사들은 공정거래위원회의 시정조치가 과도하여 재량권을 일탈 또는 남용하였다고 주장하였으나, 서울고법 및 대법원은 경쟁제한적 기업결합에 대하여 어떠한 시정조치를 명할 것인지에 관하여 공정거래위원회에게 비교적 넓은 재량이 부여되어 있고, 이 사건 기업결합으로 인하여 국내 관련시장의 경쟁사업자 수가 3개에서 2개로 감소하고 결합회사의 시장점유율 합계가 63%를 초과하게 되어 경쟁제한의 정도가 매우 크고 이로 인한 폐해도 매우 심각할 것으로 보이며, 이미 실현된 기업결합으로 인한 경쟁제한의 폐해를 시정하기 위해서는 결합 전의 상태로 원상회복하거나 일부 생산설비를 매각하는 등으로 새로운 경쟁사업자를 출현시키는 것이 가장 효율적인 수단이고, 공정거래위원회가 당사회사들에게 주식매각을 통한 원상회복 조치 이외에 설비 일부를 제3자에게 매각할 수 있도록 선택권을 부여하였으며, 당사회사는 자체 생산하는 원료를 사용하므로 주원료의 국제가격을 기준으로 한 가격상한 설정방식은 유효적절한 시정조치로 보이지 아니하고, 다른 행태적 시정조치도 기술발전 등 장래의 시장여건 변화에 따른 경제상황에 탄력적으로 대응할 수 없어 이 사건 기업결합으로 인한 경쟁제한성을 해소하기에 현저히 부족할 것으로 보이는 점 등에 비추어 볼 때, 공정거래위원회가 이 사건 기업결합으로 인한 경쟁제한성을 시정하기 위하여 부과한 구조적 시정조치는 적절하

137) 공정거래위원회 의결 제2006-173호, 2006. 8. 7.

다고 판시하였다.[138)]

이에 반하여 신세계의 기업결합제한 위반 사건 관련 행정소송에서 서울고법은 공정거래위원회의 지점 양도명령이 비례의 원칙에 위반되어 위법하다고 판시하였다. 이 사건에서 공정거래위원회는 경쟁제한성이 인정되는 4개 지역에 위치한 피취득회사의 지점을 백화점을 제외한 대형종합소매업에서 2005년도 매출액 기준 상위 3사에 속하지 않은 업체에 양도하도록 명령하였다. 이에 대하여 서울고법은 이 사건 공정거래위원회의 양도명령은 이 사건 기업결합으로 인한 실질적인 경쟁제한 효과를 배제하기 위한 것인데, 대구 시지·경산지역의 경우에는 당초부터 경쟁사업자가 당사회사밖에 없어서 매출액 기준 상위 3사에 속하는 업체가 존재하지 않았으므로 피취득회사의 지점을 누가 양수하든 간에 그로 인한 경쟁제한 배제효과는 동일하여 굳이 양도대상에서 매출액 기준 상위 3사를 제외하여야 할 합리적인 이유를 찾기 어려운 반면, 이미 4 내지 5개 업체가 과점체제를 형성하고 있는 우리나라의 할인점 업계 상황에서 매출액 기준 상위 3사를 제외하고 양도대상자를 물색하는 것은 그리 쉽지 않을 것으로 보이고, 매각기간이 정해져 있는 상황에서 그와 같이 양도대상자까지 제한하면 원고는 불리한 매각조건을 감수할 수밖에 없어 상당한 경제적 손실을 입을 가능성이 크다는 점에 비추어 보면, 이 사건 양도명령은 그로 인하여 당사회사가 입는 손해가 공정거래위원회가 의도하는 공익보다 크다고 인정되므로, 비례의 원칙에 위반되어 위법하다고 판시하였다.[139)]

또한 경쟁제한적 기업결합에 대하여 시정조치를 내릴 수 있는 대상과 관련하여 논란이 있었다. 즉, 공정거래위원회가 문제가 된 기업결합이 초래하는 경쟁제한의 폐해를 시정하기 위해서 당사회사 이외의 회사에 대해서도 시정조치를 내릴 수 있는가라는 문제가 제기되었는데, 결국 2007년 법 개정으로 당사회사에 대한 시정조치만으로는 경쟁제한으로 인한 폐해를 시정하기 어렵거나 당사회사의 특수관계인이 사업을 영위하는 거래분야의 경쟁제한으로 인한 폐해를 시정할 필요가 있는 경우에는 당사회사의 특수관계인에 대해서도 시정조치를 내릴 수 있도록 규정하였다(법 제14조 제1항 괄호).

이와 관련된 문제로서 신세계의 기업결합제한 위반 사건에서 기업결합에 대한

---

138) 서울고법 2008. 5. 28. 선고 2006누21148 판결 및 대법원 2009. 9. 10. 선고 2008두9744 판결.

139) 서울고법 2008. 9. 3. 선고 2006누30036 판결. 동 판결에 대하여 공정거래위원회는 이례적으로 상고를 포기함으로써 동 판결이 확정되었고, 그 후 동 위원회는 법원이 취소한 양도명령 대신, 당해 점포의 가격을 경쟁이 활발한 특정한 지역에 소재한 점포의 가격 이하로 유지하도록 하고, 이를 위반한 경우에 그 사실을 신고한 고객에게 그 차액의 2배를 보상하도록 하는 이례적인 시정조치를 명하였다(공정거래위원회 의결 제2009-151호, 2009. 7. 2).

시정조치로서 주식매각명령 등을 내릴 경우에 당사회사 중 누구에게 내려야 하는지의 문제도 제기되었다. 이 사건에서 공정거래위원회는 피취득회사의 지점을 양도하라고 명령하면서 피취득회사가 아닌 취득회사만을 처분의 상대방으로 삼았다. 관련 행정소송에서 취득회사는 양도대상인 지점의 법률상 소유자가 아닌 취득회사에 대해서만 양도명령을 내린 것은 위법하다고 주장하였으나, 서울고법은 취득회사는 이 사건 기업결합으로 피취득회사의 주식 100%를 취득함으로써 그 경영 전반을 실질적으로 지배하게 된 사실이 인정되는데, 비록 양도명령의 대상이 되는 각 지점의 법률상 소유자가 피취득회사라고 하더라도 양도 여부에 대한 결정은 피취득회사의 유일한 주주에 의해 좌우될 수밖에 없고, 기업결합에 대한 시정명령을 하면서 반드시 피취득회사도 함께 처분의 상대방으로 하여야 한다는 명문의 규정도 찾아볼 수 없으므로 공정거래위원회가 취득회사만을 양도명령의 상대방으로 하였다고 하여 위법한 것은 아니라고 판시하였다.[140]

또한 현대 HCN의 기업결합 시정조치 위반 사건에서 일단 공정거래위원회가 명한 시정조치를 이행하지 않은 사업자가 그 불이행을 중단한 후에도 이행강제금 납부명령을 내릴 수 있는지 여부 및 이행강제금 산정의 기준이 되는 시정조치 불이행 기간의 종기인 '시정조치 불이행 상태가 해소된 날'이 언제인지가 다투어졌다. 이 사건에서 종합유선방송업을 영위하는 위 회사 등이 다른 종합유선방송사를 인수한 것에 대하여 공정거래위원회가 수신료의 인상 제한 등을 시정조치로 명하였는데,[141] 위 회사가 이를 위반하여 수신료를 인상하는 등 시정조치를 위반하자 공정거래위원회는 이에 대한 심사절차를 개시하였고, 결국 동 회사가 수신료 인상을 중단하고 그 인상 금액을 환급한 후에 '수신료 인상 금액의 환급완료일'을 시정조치 불이행 상태가 해소된 날로 보아 그 일시까지를 시정조치 불이행기간을 정하고 이에 해당하는 이행강제금을 부과하였다.

관련 행정소송 상고심에서 대법원은 현행 법질서에서 행정의 새로운 의무이행 확보수단인 이행강제금에 관한 일반법이 존재하지 않는 상황에서 개별 법률에서 정한 이행강제금의 법적 성질은 해당 법률의 규정 형식과 내용, 체계 등을 종합적으로 고려하여 판단해야 하는데, 구법 제17조의3에 따른 이행강제금은 반복하여 부과할 수 있도록 규정하고 있지 않고 매 1일당 일정 금액을 불이행기간에 비례하여 부과할 수 있도록 규정하고 있고, 시정명령을 받은 자가 그 명령을 이행하는 경우에 새로운 이행강제금의 부과를 즉시 중지한다는 취지의 규정도 없으며, 부작위 의무

140) 같은 판결.

141) 공정거래위원회 의결 제2013-46호, 2013. 3. 14.

자가 시정조치를 위반한 이상 일정한 기간 동안의 부작위 의무 불이행 후 의무 불이행을 중단하다고 하더라도 시장에 미친 경쟁제한의 영향력이 없다고 보기도 어렵다고 하였다.142)

나아가 일정한 기간 동안 부작위 의무를 불이행한 후 의무 불이행을 중단하였다고 하여 불이행기간에 대하여 이행강제금을 부과할 수 없다고 해석한다면, 시정조치를 받은 사업자가 그 시정조치에 따른 부작위 의무를 이행하지 않고 있다가 공정거래위원회가 이행강제금 부과처분을 위한 심사에 착수하면 그때 불이행을 중단함으로써 이행강제금 부과를 면할 수 있다는 것이 되어 부작위 의무를 명하는 경우에 관하여 법상 이행강제금 규정은 실효성을 가지지 못하게 되므로 동 제도는 과거의 의무위반행위에 대한 제재와 장래 의무이행의 간접강제를 통합하여 시정조치 불이행기간에 비례하여 제재금을 부과하도록 하는 제도라고 보아야 한다고 하면서 이행강제금을 부과하기 전에 이미 부작위 의무를 명하는 시정조치의 불이행을 중단한 경우에도 이행강제금을 부과할 수 있다고 판시하였다.143)

또한 위 사건과 관련된 또 다른 행정소송에서 서울고법은 이 사건 공정거래위원회가 명한 시정조치의 내용은 원고가 시정조치 기간 동안 인상한 수신료의 보유를 금지하는 것이 아니라, 기업결합에 따른 경쟁제한의 폐해를 방지할 수 있도록 시정조치 기간 동안에 수신료를 인상하는 행위 자체를 막고자 하는 것이므로 '시정조치 불이행 상태가 해소된 날'은 수신료를 전부 환급한 날이 아니라 시정조치에서 명한 부작위 의무의 불이행을 중단한 때, 즉 수신료 인상을 중단한 때라고 보는 것이 타당하므로 일률적으로 '수신료 환급을 완료한 날'을 시정조치 불이행 상태가 해소된 날이라고 보고 이에 근거하여 이행강제금 부과의 기초가 되는 불이행기간을 산정한 것은 위법하다고 판시하였다.144)

토의 과제

1 독점규제법이 위법한 기업결합에 대한 시정조치와 관련하여 공정거래위원회에 광범위한 재량권을 부여한 취지를 생각해 보고, 동 위원회가 그와 같은 재량권을 행사함에 있어서 고려하여야 할 점들을 설명해 보시오(이호영, "독점규제법상 기업결합에 대한 시정조치의 개선", 「저스티스」, 통권 90호, 2006.

142) 대법원 2019. 12. 12. 선고 2018두63563 판결.
143) 같은 판결.
144) 서울고법 2017. 10. 11. 선고 2016누81255 판결. 동 판결에 대하여 상고가 제기되지 않아서 동 판결이 확정되었다.

4, pp. 194-217 참고).

2 그동안 공정거래위원회가 기업결합에 대하여 부과한 많은 비전형적 시정조치 중 일부는 독점규제법상 시정조치의 한계를 벗어난 것이라는 주장의 근거를 생각해 보고, 이에 대한 의견을 말해 보시오.

Ⅳ. 기업결합의 신고

1. 기업결합 신고의무

독점규제법은 공정거래위원회가 경쟁제한적 기업결합의 제한을 실효성 있게 집행할 수 있도록 일정한 범위의 기업결합을 행하는 자에 대하여 신고의무를 부과하고 있다. 즉, 자산총액 또는 매출액의 규모가 대통령령으로 정하는 기준(법 시행령 제18조 제1항은 3천억원 이상이라고 규정하고 있음)에 해당하는 회사(기업결합신고대상회사) 또는 그 특수관계인이 역시 자산총액 또는 매출액이 대통령령으로 정하는 기준(법 시행령 제18조 제2항은 300억원 이상이라고 규정하고 있음)[145]에 해당하는 다른 회사(상대회사)[146]에 대하여 (1) 다른 회사의 발행주식총수(상법상 의결권 없는 주식 제외)의 20%(상장법인의 경우에는 15%)[147] 이상을 소유하게 되는 경우,[148] (2) 위 (1)에 따른 비율 이상으로 다른 회사의 발행주식을 소유한 자가 당해 회사의 주식을 추가로 취득하여 최다출자자가 되는 경우,[149] (3) 임원겸임을 하는 경우(대규모회사에 한정되고, 계열회사의 임원을 겸

145) 기업결합신고대상회사 및 그 상대회사 여부를 결정하기 위한 자산총액 또는 매출액의 규모를 산정함에 있어서는 기업결합일 전부터 기업결합일 이후까지 계속하여 계열회사의 지위를 유지하고 있는 회사의 자산총액 등을 합산하여야 하고, 다만 영업양수에 의한 기업결합의 경우에 영업을 양도하는 회사의 자산총액 등의 규모를 산정함에 있어서는 계열회사의 자산총액 등을 합산하지 아니한다(법 제11조 제12항 및 제9조 제5항).

146) 종전에는 기업결합신고의무를 부과하기 위한 요건으로서 기업결합의 상대회사의 규모에 대해서는 아무런 규정이 없었으나 2004년 법 개정으로 기업결합신고대상회사뿐만 아니라 상대회사도 대통령령으로 정하는 일정한 규모에 해당하는 경우에만 신고의무를 부과하게 되었다.

147) 기업결합 신고의무의 요건이 되는 주식의 소유 또는 인수의 비율을 산정하거나 최다출자자가 되는지를 판단할 때에는 해당 회사의 특수관계인이 소유하고 있는 주식을 합산한다(법 제11조 제5항).

148) 이는 20% 미만의 소유상태에서 20% 이상의 소유상태로 되는 경우로 한다(법 시행령 제18조 제4항).

149) 이는 종전에는 기업결합신고대상으로 규정하지 않았으나 일단 기업결합신고대상에 해당

임하는 경우는 제외됨), (4) 다른 회사와 합병 또는 영업양수를 하거나, (5) 상대회사 또는 그 특수관계인과 공동으로 새로운 회사 설립에 참여하여 그 회사의 최다출자자가 되는 경우에는 공정거래위원회에 신고하여야 한다(법 제11조 제1항 제1문).

또한 기업결합신고대상회사 외의 회사로서 상대회사의 규모에 해당하는 회사 또는 그 특수관계인이 기업결합신고대상회사에 대하여 위의 (1) 내지 (4)의 기업결합을 하거나, 기업결합신고대상회사 또는 그 특수관계인과 공동으로 (5)의 기업결합을 하는 경우에도 신고의무가 부과된다(법 제11조 제1항 제2문). 다만, 기업결합신고대상회사와 상대회사가 모두 외국회사(외국에 주된 사무소를 두고 있거나 외국 법률에 따라 설립된 회사를 말함)이거나 기업결합신고대상회사가 국내 회사이고 상대회사가 외국회사인 경우에는 그 외국회사 각각의 국내 매출액의 규모가 300억원 이상인 경우에만 신고의 대상이 된다(법 시행령 제18조 제3항).

나아가 특기할 만한 것으로서 2020년 전부 개정된 법 제11조 제2항은 기업결합신고대상회사 또는 그 특수관계인이 위에서 설명한 상대회사의 규모에 미달하는 회사('소규모피취득회사')에 대하여 위 (1), (2) 또는 (4)의 기업결합을 하거나, 소규모피취득회사 또는 그 특수관계인과 공동으로 (5)의 기업결합을 하는 경우에도 다음의 두 가지 요건을 모두 충족하면 신고의무를 부과하고 있다(법 제11조 제2항). 첫째, 기업결합의 대가로 지급 또는 출자하는 가치의 총액(당사회사가 자신의 특수관계인을 통하여 지급 또는 출자하는 것 포함)이 대통령령으로 정하는 금액(법 시행령 제19조 제1항은 6천억원이라고 규정하고 있음) 이상이어야 하고, 둘째, 소규모피취득회사 또는 그 특수관계인이 국내 시장에서 상품 또는 용역을 판매·제공하거나, 국내 연구시설 또는 연구인력을 보유·활용하는 등 대통령령으로 정하는 상당한 수준(법 시행령 제19조 제2항은 ① 합병계약을 체결한 날 등이 속하는 월을 기준으로 직전 3년간 국내시장에서 월 100만 명 이상을 대상으로 상품·용역을 제공하고 있는 경우, ② 합병계약을 체결한 날 등이 속하는 사업연도를 기준으로 직전 3년간 국내 연구시설 또는 연구인력을 계속 보유·활용해 왔고, 국내 연구시설, 연구인력 또는 국내 연구활동 등에 대한 연간 지출액이 300억원 이상인 적이 있는 경우, 또는 ③ 그 밖에 ① 또는 ②에 준하는 경우로서 기업결합의 신고에 필요하다고 공정거래위원회가 정하여 고시하는 경우라고 규정하고 있음)으로 활동하여야 한다(법 제11조 제2항 각 호).

위 규정은 혁신적인 스타트업이나 벤처기업과 같이 당장은 자산총액이나 매출

하는 주식취득이 허용된 후 다시 추가적인 주식취득이 이루어져서 최다출자자가 되는 경우에 별도의 심사가 필요하다는 이유로 2004년 법 개정 당시 새로이 기업결합신고대상으로 추가되었다. 법 시행령은 그 의미에 관하여 '최다출자자가 되는 경우'라 함은 최다출자자가 아닌 상태에서 최다출자자가 되는 경우라고 명시적으로 규정하고 있다(법 시행령 제18조 제5항).

액을 기준으로 산정되는 규모가 작지만 향후 관련시장의 경쟁상황에 중요한 영향을 미칠 수 있는 기업에 대한 기업결합을 경쟁당국의 심사대상에 포함시켜서 장래의 혁신을 사전적으로 저해하고 혁신적인 기업으로부터 시장을 봉쇄하거나 신규진입을 억제하는 기업결합(소위 'killer acquisition')에 대한 규제상 흠결을 메우려는 취지이다.[150)]

그러나 이상과 같은 기업결합 신고의무 요건을 충족하더라도 (1) '벤처투자촉진에 관한 법률' 에 따른 중소기업창업투자회사 또는 벤처투자조합이 '중소기업창업지원법'에 따른 창업자 또는 '벤처기업육성에 관한 특별법'에 따른 벤처기업의 주식을 20%(상장법인의 경우에는 15%. 이하 같다) 이상 소유하게 되거나 창업자 또는 벤처기업의 설립에 다른 회사와 공동으로 참여하여 최다출자자가 되는 경우, (2) '여신전문금융업법'에 따른 신기술사업금융업자 또는 신기술사업투자조합이 '기술보증기금법'에 따른 신기술사업자의 주식을 20% 이상 소유하게 되거나 신기술사업자의 설립에 다른 회사와 공동으로 참여하여 최다출자자가 되는 경우, (3) 기업결합신고대상회사가 '자본시장과 금융투자업에 관한 법률'에 따른 투자회사, '사회기반시설에 대한 민간투자법'에 따라 사회기반시설 민간투자사업자시행자로 지정된 회사나 그와 같은 회사에 대한 투자목적으로 설립된 투자회사(법인세법 제51조의2 제1항 제6호에 해당하는 회사로 한정), 또는 부동산투자회사법에 따른 부동산투자회사에 해당하는 회사의 주식을 20% 이상 소유하게 되거나, 이에 해당하는 회사의 설립에 다른 회사와 공동으로 참여하여 최다출자자가 되는 경우에는 신고대상에서 제외한다(법 제11조 제3항).

그 밖에도 예컨대, 전기통신사업법 제18조(사업의 양수 및 법인의 합병 등) 제6항이 규정하고 있는 바와 같이 관계 중앙행정기관의 장이 다른 법률에 따라 미리 해당 기업결합에 관하여 공정거래위원회와 협의한 경우에는 법 제11조 제1항에 따른 공정거래위원회에 대한 기업결합 신고의무가 적용되지 않는다(법 제11조 제4항). 이는 다른 법률에 따라 이미 공정거래위원회와 협의절차를 거친 경우에는 공정거래위원회가 해당 기업결합의 존재를 이미 인지한 것이므로 별도로 기업결합 신고를 할 필요가 없다는 취지로서 1996년 법 개정 당시 도입된 것이다. 즉, 하나의 기업조직의 변경에 관하여 공정거래위원회에 대한 기업결합 신고의무와 다른 법령에 따른 관계 중앙행정기관에 대한 인가 등의 신청의무가 경합하는 경우에 신고의무자의 편의를 도모하기 위한 것이다.

---

150) 위 규정의 입법 취지 및 동 규정의 도입에 영향을 미친 독일 경쟁제한방지법상 거래금액 기반 기업결합 신고의무에 관한 입법 논의는 이봉의, "디지털경제와 기업결합 신고의무의 개선방향", 「경쟁법연구」, 제39권, 2019, pp. 238-260 참고.

이와 관련하여 다른 법률에 따라서 관계 중앙행정기관이 공정거래위원회에 협의를 한 경우에 공정거래위원회는 당해 중앙행정기관에 협의 의견을 제출할 수 있을 뿐인지, 아니면 이와는 별도로 독자적으로 당해 기업결합에 대하여 독점규제법상 기업결합규제 권한을 행사하여 시정조치 등을 명할 수 있는지가 문제로 될 수 있다. 실제로 위에서 살펴본 SKT 및 하나로텔레콤 등의 기업결합제한 위반 사건에서 이들 회사는 구 전기통신사업법 제13조 제1항에 따라 당시 정보통신부장관에 대하여 기간통신사업자의 주식소유 인가를 신청하였고, 이에 따라 정보통신부장관이 구 전기통신사업법 제13조 제7항에 따라 공정거래위원회에 대하여 동 인가에 대한 협의를 요청하였으므로 구 독점규제법 제12조 제4항에 따라 다시 공정거래위원회에 기업결합 신고를 하지 않았다. 그 후 당시 정보통신부장관의 협의 요청을 받은 공정거래위원회는 당해 기업결합을 심사하여 경쟁제한성이 인정된다고 판단하고 2008. 2. 18. 다양한 시정조치 방안을 정보통신부장관에게 통보하였음에도 불구하고 정보통신부장관이 2008. 2. 20. 동 시정조치 방안보다 상당한 정도로 완화된 인가조건만을 부과한 채 이 사건 주식소유를 인가하자, 다시 공정거래위원회는 2008. 3. 13. 별도의 의결을 통하여 당시 정보통신부장관의 인가조건보다 더 광범위한 시정조치를 명하였다.[151)]

2. 기업결합 신고시기 및 심사기한 등

독점규제법은 기업결합의 신고는 해당 기업결합일부터 30일 이내에 하도록 규정하고 있으므로(법 제11조 제6항) 원칙적으로 사후신고주의를 취하고 있다고 할 수 있다. 이때 '기업결합일'은 주식회사의 주식을 양수하는 경우에는 주권을 교부받은 날(다만, 주권이 발행되어 있지 않은 경우에는 주식대금을 지급한 날로 하고, 주권을 교부받기 전 또는 주식대금의 전부를 지급하기 전에 합의·계약 등에 따라 의결권이나 그 밖의 주식에 관한 권리가 실질적으로 이전되는 경우에는 해당 권리가 이전되는 날을 말함), 주식회사의 신주를 유상취득하는 경우에는 주식대금의 납입기일의 다음 날, 주식회사 외의 회사의 지분을 양수하는 경우에는 지분양수의 효력이 발생하는 날, 기타의 경우로서 감자 또는 주식의 소각

151) 공정거래위원회 의결 제2008-105호, 2008. 3. 13. 이 사건의 사실관계 및 공정거래위원회의 의결 내용에 대해서는 이 장의 Ⅱ. 3. (마) (2) '주요 심결례' 부분 참고. 동 의결과 관련하여 구 전기통신사업법 제13조가 규정하고 있는 방송통신위원회의 기간통신사업자에 대한 합병 등의 인가권한과 독점규제법상 공정거래위원회의 기업결합심사권한의 관계에 관한 논란이 있었다. 이에 관한 해석론의 대립과 비교법적·입법연혁적 분석은 이호영, "기간통신사업자에 대한 기업결합규제 관할권", 「경쟁법연구」, 제18권, 2008, pp. 3-31 참고.

또는 그 밖의 사유로 주식소유비율이 증가하는 경우에는 주식소유비율의 증가가 확정되는 날을 말한다(법 시행령 제17조 제1호). 또한 임원겸임의 경우에는 임원이 겸임되는 회사의 주주총회 또는 사원총회에서 임원의 선임이 의결된 날(동 조 제2호), 합병의 경우에는 합병등기일(동 조 제3호), 영업양수의 경우에는 영업양수대금의 지불을 완료한 날(다만, 계약체결일부터 90일을 지나 영업양수대금의 지불을 완료한 경우에는 그 계약체결일부터 90일이 지난 날을 말함)(동 조 제4호), 그리고 회사설립에 참여하는 경우에는 배정된 주식의 주식대금 납입기일의 다음 날(동 조 제5호)을 말한다.

그러나 법 제11조 제1항에 따른 신고대상 기업결합 중 주식의 취득 또는 소유, 합병이나 영업양수 또는 새로운 회사설립에 참여하는 방법으로 이루어지는 기업결합으로서 그 당사회사에 대규모회사(법 시행령 제15조 제3항은 자산총액 또는 매출액의 규모가 2조원 이상인 회사라고 규정하고 있음)가 포함되어 있는 경우 및 동 조 제2항에 따른 소규모피취득회사에 대한 기업결합의 경우에는 사전신고 의무가 부과되어 합병계약을 체결한 날 등 대통령령이 정하는 날(법 시행령 제20조 제3항은 주식의 취득 또는 소유의 경우에는 주식을 취득·소유하기로 계약·합의 등을 하거나 이사회 등을 통해 결정된 날, 합병이나 영업양수의 경우에는 합병 계약 또는 영업양수 계약을 체결한 날, 그리고 새로운 회사설립의 참여의 경우에는 이에 대한 주주총회, 사원총회나 이에 갈음하는 이사회의 의결이 있었던 날이라고 규정하고 있음)부터 기업결합일 전까지의 기간 내에 이를 신고하여야 한다(법 제11조 제6항 단서).[152]

또한 방송법 제15조 제1항 제1호에 따른 종합유선방송사업자인 법인을 합병하거나 또는 동법 제15조의2 제1항에 따라 종합유선방송사업자의 최다액출자자가 되려고 하거나 그 경영권을 실질적으로 지배하기 위한 법인의 설립이나 합병 또는 최다액출자자의 변경 등에 관한 승인·변경승인 등을 신청하는 자는 그 법인의 설립등이 위에서 설명한 법 제11조 제1항 및 제2항에 따른 신고대상 기업결합에도 해당하는 경우에는 방송통신위원회를 포함한 주무관청에 승인 등을 신청할 때 기업결합 신고서류를 함께 제출할 수 있는데(법 제12조 제1항), 이 경우 그 서류가 주무관청에

152) 종전에는 기업결합의 유형 중 합병이나 영업양수 또는 새로운 회사의 설립에 참여하는 주식 취득에 대해서만 대규모회사가 포함될 경우 사전신고의무를 부과하였는데, 2004년 법 개정으로 주식취득에 의한 기업결합에 대해서도 대규모회사가 포함된 경우에는 사전신고의무를 부과하게 되었다. 다만, 대규모회사가 다른 회사의 주식을 소유하게 되거나 최다출자자가 되는 경우로서 예컨대, 장내에서 주식을 경쟁매매를 통하여 취득하는 경우에는 사전신고기간의 기산점을 특정하는 것이 사실상 불가능하므로 사전신고의 대상에서 제외하고, 유상증자의 결과 실권주의 발생으로 주식소유비율이 증가하는 경우 또는 자기의 의사와 무관하게 다른 회사의 이사회 또는 주주총회의 결정을 통하여 행해지는 주식의 소각 또는 감자에 따라 주식소유비율이 증가하는 경우 등 역시 사전에 그 사정을 파악하기 곤란하므로 사전신고의 대상에서 제외된다(법 시행령 제20조 제2항).

접수된 날을 법 제11조 제1항 및 제2항에 따른 신고를 한 날로 보고(동 조 제2항), 기업결합 신고서류를 제출받은 주무관청은 지체 없이 공정거래위원회에 그 서류를 송부하여야 한다(동 조 제3항). 이와 마찬가지로 법 제11조 제6항 단서에 따라 기업결합 사전신고 의무가 부과되는 경우에 신고의무자는 공정거래위원회에 신고를 할 때에 다른 방송법에 따른 법인설립 등의 승인 등에 관한 서류를 함께 제출할 수 있고(법 제12조 제4항), 법인설립 등의 승인 등에 관한 서류를 제출받은 공정거래위원회는 지체 없이 그 서류를 주무관청에 송부하여야 한다(동 조 제5항). 이 규정은 독점규제법상 기업결합신고와 아울러 방송법상 승인·허가 신청을 해야 하는 경우에 그 신고 절차를 간소화하기 위한 소위 'one-stop' 조항으로서 2007년 법 개정으로 도입된 것이다.

공정거래위원회는 기업결합의 신고를 받으면 신고일부터 30일 이내에 법 제9조를 위반한 기업결합에 해당하는지 여부를 심사하여 그 결과를 해당 신고자에게 통지하여야 하고, 다만 필요하다고 인정할 경우에는 90일의 범위에서 그 기간을 연장할 수 있다(법 제11조 제7항). 법 제11조 제6항 단서에 따라서 사전신고를 하여야 하는 자는 공정거래위원회의 심사결과를 통지받기 전까지는 각각 주식소유, 합병등기, 영업양수계약의 이행행위 또는 주식인수행위를 할 수 없는데(동 조 제8항), 공정거래위원회 역시 법상 사전신고의무가 부과된 기업결합에 대하여 시정조치 등을 하고자 하는 경우에는 법 제11조 제7항에 따른 심사기간 이내에 이를 하여야 한다(법 제14조 제1항 제2문).

사전신고 의무자가 공정거래위원회의 심사결과를 통지받기 전까지 기업결합 이행행위를 할 수 없는 기간을 흔히 '대기기간'(소위 'waiting period')이라고 하는데 공정거래위원회가 문제가 된 기업결합이 경쟁제한적인지 여부를 판단하기 전에 당해 기업결합이 사실상 완료되어 추후에 경쟁제한적인 기업결합이라고 판명되더라도 그 경쟁제한적 폐해를 충분히 시정하거나 시장구조를 원상으로 회복하기 곤란하게 되는 것을 방지하기 위한 것이다. 만일 사전신고 의무자가 법 제11조 제8항을 위반하여 대기기간 동안에 기업결합 이행행위(소위 'gun-jumping')를 한 경우에는 기업결합의 신고를 하지 아니하거나 거짓의 신고를 한 자와 마찬가지로 과태료에 처하고(법 제130조 제1항 제1호), 특히 대기기간 동안에 회사의 합병 또는 설립을 행한 경우에 공정거래위원회는 해당 회사의 합병 또는 설립 무효의 소를 제기할 수 있다(법 제14조 제2항).

또한 기업결합을 하려는 자는 위에서 설명한 신고기간 전이라도 그 행위가 경쟁을 실질적으로 제한하는 행위에 해당하는지에 대하여 공정거래위원회에 심사를 요청할 수 있고(법 제11조 제9항), 이 경우에 공정거래위원회는 30일 이내에 그 심사결과를 통지하여야 하는데, 다만 필요하다고 인정할 경우에는 90일의 범위에서 그 기간을 연장할 수 있다(동 조 제10항). 이는 소위 '임의적 사전신고'로서, 기업결합을 시도하는 당사회사로 하여금 그 기업결합의 위법성 여부를 사전에 인지하여 이를 신속하게 포기하거나 실행할 수 있도록 하려는 것이다.

실제로 동양제철화학 등의 기업결합제한 위반 사건에서 사전신고의 대상인지 여부가 다투어졌다. 이 사건에서 취득회사는 2005. 11. 8. 이 사건 기업결합을 위해 100% 자회사를 설립하고, 동 자회사와 피취득회사를 합병하면서, 통상적인 경우와는 달리 존속회사의 기존 주식을 전부 소각하고 소멸회사의 100% 주주인 취득회사가 합병 이후 존속회사가 새로 발행하는 신주를 전부 취득하기로 약정하고 동 년 12. 5. 공정거래위원회에 기업결합신고서를 제출하였는데, 이에 대하여 동 위원회는 2006. 1. 4. 심사기간을 최대 90일 연장한다고 통보하고 2006. 1. 6. 추가적으로 자료의 제출을 요구하였으며, 취득회사는 2006. 1. 12. 및 동 년 1. 18. 관련 자료와 함께 취득회사가 위 잔존회사의 주식 100%를 취득하는 것을 내용으로 하는 주식취득신고서를 '임의적 사전신고'라고 표시하여 제출하였으나 동 위원회는 피취득회사의 국내 매출액이 기준에 미달하여 신고요건이 충족되지 못했음을 이유로 신고를 반려하였다. 그 후 2006. 3. 16. 당사회사들은 이 사건 기업결합에 따른 이행을 완료한 뒤, 동 년 3. 28. 위 위원회에 정식 기업결합신고서를 제출하였고, 이에 대하여 동 위원회는 2006. 8. 7.자로 이 사건 의결을 하고 동 의결서는 2007. 8. 11.경 당사회사에게 도달하였다.

관련 행정소송에서 당사회사는 위와 같은 사실관계를 바탕으로, 외국에 소재한 계열회사의 자산을 합산할 경우 취득회사는 대규모회사에 해당하고 이 사건 기업결합은 취득회사가 장외에서 합병 후 존속회사의 주식을 취득한 것이므로 구법 시행령상 소위 '구주의 장외취득'[153]으로서 사전신고대상에 해당하는데, 공정거래위원회가 당사회사가 제출한 사전신고에 대하여 구법 제12조 제7항의 대기기간이 만료한 후에 시정조치를 내렸으므로 위법하다고 주장하였다.

그러나 서울고법 및 대법원은 이 사건 기업결합은 취득회사의 자회사와 소외회사 사이에 이루어진 합병 후 존속회사의 기존 주식은 전부 소각되었고, 소멸회사인 자회사의 주주인 취득회사가 존속회사의 신주를 전부 취득하였으므로 위 합병은

153) 위 사건에 적용된 2007. 11. 2. 개정되기 전 구법 시행령 제18조 제8항은 대규모회사가 당사회사에 포함된 경우로서 다른 회사의 주식을 소유하게 되거나 최다출자자가 되는 경우에 구주를 장외에서 주식소유자와의 계약 등에 의하여 취득하는 기업결합은 계약일 등을 기준으로 사전신고를 하도록 규정하고, 공개매수나 장내매수 등 기타의 방법에 의한 기업결합은 주권교부일 등을 기준으로 사후신고를 하도록 규정하고 있었다.

취득회사가 존속회사의 신주를 취득하기 위한 수단에 불과하고, 이 사건 기업결합 신고의 대상도 동 합병 자체가 아니라 취득회사의 주식취득이며, 취득회사는 존속회사의 주식을 장외에서 취득한 것이 아니라 존속회사의 주식을 소멸된 자회사의 주식을 대신하여 취득한 것인 점 등에 비추어, 이 사건 기업결합은 구주의 장외취득이 아니고, 따라서 구법 시행령상 사전신고의 대상이 아니라고 판시하였다.[154)]

그 밖에 기업결합의 신고의무자가 둘 이상인 경우에는 원칙적으로 공동으로 신고하여야 하고, 다만 공정거래위원회가 신고의무자가 소속된 기업집단에 속하는 회사 중 하나의 회사의 신청을 받아 해당 회사를 기업결합신고 대리인으로 지정하는 경우에는 그 대리인이 신고할 수 있다(법 제11조 제11항).

한편, 공정거래위원회는 '기업결합의 신고요령'을 제정하여 구체적인 기업결합의 신고절차, 신고방법, 각종 신고서 및 신청서 양식 등을 고시하고 있는데, 신고대상 기업결합을 일반신고대상 기업결합과 간이신고대상 기업결합으로 구분하여 후자에 대해서는 간략한 신고절차를 규정하고 있다. 또한 2003년에는 국내시장에 영향을 미치는 외국회사의 기업결합에 대한 법집행을 강화하기 위해 위 고시를 개정하여 기업결합 당사자 중 외국회사가 포함되어 있는 경우의 신고요령을 별도로 정하였다.

토의 과제

방송통신위원회가 전기통신사업법 제18조의 인가 권한을 행사하면 독점규제법상 공정거래위원회의 기업결합규제 권한이 배제된다는 주장의 근거를 생각해 보고, 이를 인정할 경우에 경쟁정책적 측면에서 우려되는 문제점들을 말해 보시오(이호영, "기간통신사업자에 대한 기업결합규제 관할권", 「경쟁법연구」, 제18권, 2008, pp. 3-31 참고).

---

154) 서울고법 2008. 5. 28. 선고 2006누21148 판결 및 대법원 2009. 9. 10. 선고 2008두9744 판결.

제 4 장 경제력집중의 억제

Ⅰ. 개 설

1. 경제력집중의 의의 및 '재벌' 현상

독점규제법 제4장은 경제력집중의 억제 제도를 규정하고 있다. 이와 같이 경쟁법에 경제력집중을 억제하는 규정을 두는 것은 오직 일본 사적독점금지법에서 유사한 입법례를 찾아 볼 수 있을 뿐이고,[1] 기타 국가의 경쟁법제에서는 그 사례를 찾아볼 수 없는 독특한 입법이다. 경제력집중의 억제 제도를 이해하기 위하여 먼저 그 배경이 되는 경제력집중의 개념과 우리나라에 특유한 경제력집중 현상이라고 할 수 있는 '재벌'에 대하여 간략히 살펴보기로 한다.

경제력(economic power)의 집중은 구체적인 맥락에 따라서 다양한 의미로 사용되는데, 통상적으로 (1) 개개의 상품시장에서 각 기업이 갖는 지배력, 즉 시장지배력(market power, 가장 대표적인 예로서 독과점 기업이 개별시장에서 경쟁을 통하여 결정된 경쟁가격에 순응하는 것이 아니라 자유롭게 가격이나 거래조건을 결정할 수 있는 힘을 들 수 있음), (2) 여러 시장에 걸쳐 활동하는 기업이 그 총체적인 규모가 커지면서 개별시장에 국한되지 않고 여러 시장에 걸쳐 자신의 자원을 이동시켜 활용함으로써 다른 기업이나 기업집단에 대하여 총체적으로 우월한 경쟁력을 가지는 복합력(conglomerate power), (3) 개개인이 소유하는 경제적 자원의 크기를 말하는 富(wealth) 등 3가지 차원으로 이해할 수 있다. 이와 같은 세 가지 차원의 경제력집중 현상에 대하여 각국은 시장지배력에 대해서는 전형적으로 경쟁법상 기업결합의 규제나 시장지배적지위 남용행위 또는 부당한 공동행위와 같은 각종 경쟁제한행위의 규제로써 대처하고, 복합력에 대해서는 경

---

1) 일본의 '사적독점의 금지 및 공정거래의 확보에 관한 법률'은 종전에 사업지배력이 과도하게 집중되는 지주회사의 설립금지(동법 제9조), 대규모회사의 주식보유총액제한(동법 제9조의2), 금융회사의 의결권보유제한(동법 제11조) 등의 규정을 두고 있었는데, 실제로 그 집행실적이 미미하였고 당초 염두에 두었던 종합상사 등에 의한 경제력집중이 더 이상 큰 문제가 되지 않는다는 판단에 따라 2002년 5월 대규모회사의 주식보유총액제한 조항과 지주회사의 설립 금지 조항을 통합하여 '사업지배력이 과도하게 집중되는 회사의 설립 등의 제한 및 신고의무'를 규정하고 있을 뿐이다(동법 제9조).

쟁법상 혼합형 기업결합의 규제 또는 대기업의 시장진입을 직접 규제하거나 신규진입에 필요한 여신을 규제하는 등의 방법을 사용하고, 부의 집중에 대해서는 누진세제를 포함한 소득재분배 정책을 사용하되 각국의 특수 상황에 따라 다양한 형태의 비정형적 규제가 존재한다.

그런데 우리나라의 경제력집중 현상은 매우 독특한 형태를 띠고 있어서 전형적으로 1인 또는 소수의 친족집단이 자신들이 소유하고 있는 소수의 지분을 통하여 여러 시장에 걸친 다수의 대규모 독과점 기업들로 구성된 기업집단을 실질적으로 소유·지배하는 형태의 소위 '재벌'에 의한 경제적 자원 및 활동에 대한 지배력의 집중이라는 특성을 가지고 있는데, 결국 위에서 설명한 3가지 차원의 경제력집중이 중첩적으로 존재하는 것이라고 할 수 있다.[2] 이러한 '재벌' 현상은 1960년대 이후 정부주도의 불균형성장정책을 추진하는 과정에서 생겨난 대기업의 복합체인 대기업집단이 국민경제 전체의 인적·물적 자원을 사실상 독차지하고 경제력을 집중하면서 나타난 것이다.

위와 같이 형성된 기업집단은 경제성장기에 규모의 경제(economies of scale)나 범위의 경제(economies of scope)의 달성 및 위험분산 등 효율적인 측면도 있으나 재벌로 성장하면서 시장의 독과점화, 과도한 차입경영, 계열사 간 순환출자를 통한 무분별한 계열확장 및 선단식 경영에 따른 재무구조의 악화, 그리고 중복과잉투자로 인한 국민경제 전체의 비효율을 초래하는 등 적지 않은 폐해를 낳게 되었다. 이에 따라 재벌을 중심으로 하는 우리나라의 경제력집중 현상에 대하여 끊임없이 비판이 제기되었는데, 이를 요약하면, 첫째, 재벌 소속 계열회사들이 집단으로서 마치 하나의 기업처럼 자신들의 총체적 경쟁력을 바탕으로 계열회사가 속해 있는 개별시장에서 독과점 기업화함으로써 각종 경쟁제한 행위와 불공정거래행위를 일삼고, 잠재적 경쟁자의 진입을 봉쇄하여 결과적으로 자원의 합리적 배분을 왜곡시키고, 둘째, 재벌은 종래 이윤증대보다는 규모의 확대를 통한 사회적 영향력 증대를 중시하여 비

---

2) 우리나라의 경제력집중 실태를 개략적으로 살펴보면 다음과 같다. 먼저 시장력의 집중 정도를 나타내는 시장집중도를 살펴보면, 2019년 말 현재 광업·제조업에서 표준산업분류 품목분류(8단위)의 품목별 상위 3사의 시장점유율을 나타내는 CR3의 가중평균(제품출하액 기준)은 62.6%이고, 복합력의 집중 정도를 간접적으로 나타내는 일반집중도는 2019년 말 현재 10대 기업이 광업·제조업에서 차지하는 비중이 24.2%(100대 기업은 46.6%)(제품출하액 기준)로 나타났다(공정거래위원회 보도자료, "광·제조업 분야 「시장구조조사」 결과 공표－시장집중도와 대규모 기업집단 비중 근소하게 하락, 상위 산업·기업 집중도 증가 및 독과점구조 지속", 2021. 12. 17). 이와 같은 우리나라의 경제력집중도는 1990년대 말 외환위기 당시 급등한 뒤 점차 안정세를 보였다가 2002년 이후 다시 상승한 후 2013년 이후 소폭 하락 내지 유지되는 추세이다.

관련 분야로의 무리한 진출을 감행함으로써 직접적으로는 금융자원의 비효율적 배분을 낳고, IMF 외환위기에서 보았듯이 도태되어야 할 비효율적인 계열회사를 생존시킴으로써 우량 계열회사의 공동 부실화를 초래하고 나아가 국민경제 전체에 치명적인 악영향을 미칠 수 있고,[3)] 셋째, 소수의 개인에게 富가 집중되는 부의 불균형 현상으로 여러 가지 사회·경제적 병폐를 초래할 뿐만 아니라 정경유착 또는 재벌의 강력한 이익집단화를 통하여 정부의 정책결정의 합리성을 저해하고 경제성장의 방향을 왜곡시킬 수 있다는 점이다.

2. 경제력집중의 억제 제도의 도입 및 변천

독점규제법이 제정된 이후 경제력집중의 폐해를 규제하기 위해서는 전통적인 경쟁법 원리에 따라 개별시장에서의 독과점이나 경쟁제한행위 등을 규제하는 것만으로는 한계가 있고 직접적으로 대규모 기업집단을 대상으로 한 경제력집중의 억제 시책을 도입할 필요성이 제기되었다. 이에 따라 1986년 1차 법 개정을 통하여 외국의 입법례를 찾아보기 힘든 지주회사의 설립금지, 상호출자의 금지, 출자총액의 제한 및 금융·보험회사의 의결권 제한을 골자로 하는 독특한 경제력집중의 억제 제도가 도입되었다. 우선, 주식소유를 통하여 국내회사의 사업내용을 지배하는 것을 주된 사업으로 하는 지주회사의 설립 및 전환을 금지하고,[4)] 대규모 기업집단(동일인이 사실상 그 사업내용을 지배하는 2개 이상의 회사의 집단)의 개념을 도입하여 이러한 기업집단 소속 회사에 대하여 (1) 계열회사 간 상호출자를 금지하고,[5)] (2) 자기 순자산의 40%를 초과하여 국내 다른 회사의 주식을 취득할 수 없도록 하고,[6)] (3) 금융·보험사가 취득 또는 소유 중인 국내계열회사 주식의 의결권행사를 금지하였다.[7)]

---

3) 종전에 우리나라 대기업집단의 고질적인 기업구조상 취약성은 계열회사가 지나치게 많고 외부차입에 과도하게 의존하고 있다는 점으로 요약할 수 있는데, 예컨대 1997년 외환위기 당시에 그나마 재무구조가 건실한 편이라는 30대 그룹의 경우에도 평균계열사 수는 26.8개, 부채비율은 519%로 나타났다. 외환위기를 극복한 이후 우리나라 기업집단의 계열회사 수는 더욱 증가하였고 재무상황은 비교적 호전되었는데, 2021년 5월 자산총액 5조원 이상에 해당되어 공시대상기업집단으로 지정된 71개 기업집단의 경우 평균 계열회사의 수는 36.8개, 부채비율은 75.3%로 나타났다(공정거래위원회 보도자료, “2021년도 공시대상기업집단 71개 지정”, 2021. 4. 29).

4) 독점규제 및 공정거래에 관한 법률(법률 제3875호, 1986. 12. 31.) 제7조의2.

5) 독점규제 및 공정거래에 관한 법률(법률 제3875호, 1986. 12. 31.) 제7조의3.

6) 독점규제 및 공정거래에 관한 법률(법률 제3875호, 1986. 12. 31.) 제7조의4. 출자총액제한제도는 법상 다양한 경제력집중의 억제 수단 중에서도 특히 재계의 강한 반대의 대상이 되었는데, 아래에서 설명하는 바와 같이 결국 2009년 법 개정으로 폐지되었다.

또한 1992년 3차 법 개정을 통하여 계열회사 간 채무보증을 자기자본의 200% 이내로 제한하는 채무보증제한제도를 신규로 도입하고,[8] 1994년 4차 법 개정을 통하여 출자총액의 한도를 순자산액의 40%에서 25%로 축소하였으며,[9] 1996년 5차 법 개정을 통하여 계열회사 간 채무보증한도를 자기자본의 100%로 축소하였다.[10] 그 후 소위 'IMF 외환위기'를 겪고 난 후 1998년 6차 법 개정에서는 차입경영을 통한 무리한 기업확장이 기업집단 소속회사들의 동반부실화로 인한 연쇄도산을 초래하였다는 인식에 따라 채무보증을 전면금지하였으며,[11] 또한 출자총액제한제도가 당시 활발하게 행해지던 기업구조조정, 신규사업진출 및 적대적 M&A에 장애가 될 수 있다는 지적에 따라 동 제도를 폐지하였다.[12] 그러나 1999년 8차 법 개정에서는 출자총액제한제도의 폐지 이후 기업들이 무분별한 순환출자 등을 통해 중복된 사업영역에 진출하는 등의 폐해가 증가함에 따라 출자총액제도를 재도입하고,[13] 지주회사를 활용하여 기업의 효율적인 구조조정 및 경쟁력강화가 가능하다는 인식 하에 종래 금지되던 지주회사의 설립·전환을 허용하기에 이르렀다.[14]

그 후 2002년 10차 법 개정을 통하여 경제력집중의 억제 제도는 커다란 변화를 겪게 되었다. 즉, 종전에 자산총액 순위별로 대규모기업집단을 지정하고, 이들 대규모기업집단에 대하여 상호출자금지, 출자총액제한, 채무보증금지 등 경제력집중의 억제 조항들을 일괄적으로 적용하는 방식에서 각 조항별로 그 대상이 되는 기업집단을 지정하는 방식으로 변경하였다. 이제 법령상 '대규모기업집단'이라는 개념은 사용되지 않게 되었고, 대신 상호출자금지 조항이 적용되는 기업집단을 "상호출자제한기업집단", 출자총액제한 조항이 적용되는 기업집단을 "출자총액제한기업집단", 그

---

7) 독점규제 및 공정거래에 관한 법률(법률 제3875호, 1986. 12. 31.) 제7조의5.

8) 독점규제 및 공정거래에 관한 법률(법률 제4513호, 1992. 12. 8.) 제10조의2.

9) 독점규제 및 공정거래에 관한 법률(법률 제4790호, 1994. 12. 22.) 제10조 제1항.

10) 독점규제 및 공정거래에 관한 법률(법률 제5235호, 1996. 12. 30.) 제10조의2 제1항. 또한 5차 법 개정을 통하여 구법 제23조 제1항 제7호를 신설하여 불공정거래행위의 일 유형으로서 소위 '부당한 지원행위'를 규정하였다. 그 입법취지는 부실 계열회사 등의 지원객체에 대하여 자신이 속한 시장에서 부당하게 경쟁상 우위를 차지하도록 하여 비계열독립경쟁회사와의 공정한 경쟁을 제한하는 것을 방지하고 나아가 경제력집중을 유지·확대하는 것을 방지하기 위한 것이다. 부당한 지원행위에 대한 자세한 논의는 제7장 Ⅱ. '부당한 지원행위의 금지' 부분 참고.

11) 독점규제 및 공정거래에 관한 법률(법률 제5528호, 1998. 2. 24.) 제10조의2(계열회사에 대한 신규채무보증의 금지) 및 제10조의3(기존채무보증의 해소).

12) 독점규제 및 공정거래에 관한 법률(법률 제5528호, 1998. 2. 24.) 제10조 삭제.

13) 독점규제 및 공정거래에 관한 법률(법률 제6043호, 1999. 12. 28.) 제10조 신설. 단, 재도입된 출자총액제한제도는 2001. 4. 1.부터 시행되었다.

14) 독점규제 및 공정거래에 관한 법률(법률 제6043호, 1999. 12. 28.) 제8조.

리고 채무보증의 금지 조항이 적용되는 기업집단을 "채무보증제한기업집단"이라고 명명하고, 그 지정기준도 상이하게 규정하였다.[15)]

다시 2004년 법 개정에서는 우선, 지주회사의 설립·전환을 용이하게 하기 위하여 모든 유형의 지주회사로의 전환에 대하여 부채비율(100%)을 충족해야 할 유예기간을 1년에서 2년으로 연장하고, 사업 관련 손자회사의 국내계열회사 주식의 소유를 금지하되 일정한 유예기간을 두는 한편, 지주회사체제의 투명성을 제고하여 지주회사제도가 과도한 경제력집중을 유지하는 수단으로 악용되는 것을 막기 위해 지주회사가 계열회사가 아닌 국내회사의 주식을 5% 초과하여 소유하는 것을 원칙적으로 금지하였고, 자회사에 대해서도 지주회사와 마찬가지로 사업 관련 손자회사에 대한 지분율 요건을 부과하였으며, 종전에 허용되었던 자회사 간 출자를 금지하였다.[16)] 또한 2002년 법 개정시 외국인의 적대적 M&A에 대항하기 위하여 일정한 한도 내에서 허용한 계열 금융·보험회사의 의결권행사가 당초의 입법취지와는 달리 계열확장의 수단으로 악용되고 있다는 판단에 따라 그 행사한도를 종전의 30%에서 15%로 축소하였으며, 대기업집단의 경영의 투명성을 강화하기 위하여 일정규모 이상의 기업집단에 속하는 계열회사 중 비상장·비등록기업에 대하여 소유지배구조, 재무구조 및 경영활동과 관련된 중요사항을 공시하여야 할 의무를 부과하였다.[17)]

2007년 4월 법 개정에서도 경제력집중의 억제 제도에 수정이 가해졌다. 먼저, 지주회사체제로의 전환을 더욱 촉진하기 위해 지주회사의 부채비율 제한을 200%로 완화하였으며, 지주회사의 자회사에 대한 주식보유기준과 자회사의 손자회사에 대한 주식보유기준을 종전의 50%에서 40%(상장기업 등은 20%)로 완화하였고,[18)] 출자총액제한기업집단의 범위를 종전의 자산총액 6조원 이상에서 10조원 이상으로, 출자총액한도가 적용되는 기업의 출자한도액을 종전의 순자산액의 25%에서 40%로 상향 조정하였으며, 종전에는 출자총액제한기업집단에 속하는 모든 회사에 출자총액제한이 적용되었으나 일정한 규모 이상의 회사에만 적용되도록 하였다.[19)] 그 밖에도 대기업집단에 속한 내부거래공시대상회사가 공시해야 할 대상에 계열회사와의 상품 또는 용역의 거래를 추가하고, 공정거래위원회가 상호출자제한기업집단에 속하는 회사의

15) 독점규제 및 공정거래에 관한 법률(법률 제6651호, 2002. 1. 26.) 제9조 제1항, 제10조 제1항 및 제10조의2 제1항. 그 밖에도 2009년 폐지된 출자총액제한의 예외인정 범위를 확대하는 등 일부 제도를 개선하였다.

16) 독점규제 및 공정거래에 관한 법률(법률 제7315호, 2004. 12. 31.) 제8조의2 제2항 제1호 단서, 제4항, 제1항 제3호, 제3항 제1호 및 제3항 제2호.

17) 같은 법률 제11조 제3호 및 제11조의3.

18) 독점규제 및 공정거래에 관한 법률(법률 제8382호, 2007. 4. 13.) 제8조의2 제2항 및 제3항.

19) 같은 법률 제10조 제1항, 제7항 및 제8항.

현황 등에 관한 정보를 공개할 수 있는 근거를 마련하였다.[20]

2007년 8월 법 개정에서도 지주회사 관련 규제가 완화되었다. 즉, 지주회사는 계열회사가 아닌 다른 국내회사의 주식을 5% 초과하여 소유하는 것이 금지되었으나, 사회기반시설에 대한 민간투자를 촉진하기 위하여 '사회기반시설에 대한 민간투자법'에 따른 민간투자사업을 영위하는 회사에 대한 주식 소유는 동 금지의 대상에서 제외하였고, 자회사와 손자회사 간 사업관련성 요건을 폐지하여 자회사가 반드시 사업관련성이 없더라도 손자회사를 둘 수 있도록 허용하였으며, 손자회사가 완전증손회사를 소유하는 것 역시 허용하였다.[21]

그 후 2009년 법 개정에서 종래 논란이 많았던 출자총액제한제도가 기업의 투자유인을 높이기 위해서 사전적 총량규제를 없애야 한다는 명분으로 폐지되었고, 대신 시장참여자에 의한 자율적 감시기능을 강화하기 위해서 상호출자제한기업집단의 주식소유현황 등에 대한 공시제도가 도입되었고,[22] 2014년에는 계열회사 간 고리모양으로 출자관계를 형성하는 소위 '환상형 순환출자' 등 법상 상호출자제한을 우회하여 탈법적으로 경제력집중을 유지하는 수단으로 악용될 수 있다고 지적되어 온 순환출자를 금지하는 규정이 신설되었다.[23]

다시 2017년 법 개정을 통하여 법상 경제력집중 억제제도가 적용되는 기업집단을 자산 규모별로 차등하여 자산총액 5조원 이상인 공시대상기업집단과, 그 중 일정 규모 이상의 자산총액 등의 기준에 해당하는 상호출자제한기업집단으로 구분하고, 전자에 대해서 대규모 내부거래의 이사회 의결 및 공시, 비상장회사 등의 중요사항 공시, 기업집단의 현황 등에 관한 공시, 주식소유현황 등의 신고, 기업집단의 현황 등에 관한 정보공개, 특수관계인에 대한 부당한 이익제공 등 금지(구법 제23조의2)가 적용되도록 하고, 후자에 대해서는 이들 이외에 추가적으로 지주회사의 설립제한, 상호출자의 금지, 순환출자의 금지, 계열회사에 대한 채무보증의 금지, 금융회사 또는 보험회사의 의결권 제한이 적용되도록 하였다.[24]

마지막으로 2020년 전부 개정된 독점규제법 역시 경제력집중의 억제 제도에 상당한 변화를 가져왔다. 먼저, 종전에 법 제3장에서 '기업결합의 제한'과 함께 규정하

---

20) 같은 법률 제11조의2 제1항 및 제14조의5.

21) 독점규제 및 공정거래에 관한 법률(법률 제8631호, 2007. 8. 3.) 제8조의2 제2항 제3호, 제3항 및 제4항.

22) 독점규제 및 공정거래에 관한 법률(법률 제9554호, 2009. 3. 25.) 제11조의4.

23) 독점규제 및 공정거래에 관한 법률(법률 제12334호, 2014. 1. 24.) 제9조의2.

24) 독점규제 및 공정거래에 관한 법률(법률 제14813호, 2017. 4. 18.) 제9조, 제9조의2, 제10조의2, 제11조, 제11조의2, 제11조의3, 제11조의4, 제14조, 제14조의5, 제23조의2 등.

였던 것을 별도로 제4장(경제력집중의 억제)에서 규정하면서, 신규로 설립·전환된 지주회사이거나, 또는 기존 지주회사가 자회사나 손자회사를 신규로 편입하는 경우에 이들에 대한 의무 주식보유기준을 종전의 40%(상장사의 경우 20%)에서 50%(상장사의 경우 30%)로 상향하였고,[25] 일반지주회사의 중소기업창업투자회사 및 신기술사업금융전문회사 보유를 허용하였으며,[26] 벤처지주회사의 비계열사 주식 취득제한을 폐지하고 설립요건 및 행위제한 등을 대폭 완화하였다.[27] 또한 신규로 지정된 상호출자제한기업집단의 경우 순환출자를 형성하고 있는 계열출자 주식에 대한 의결권을 제한하였고,[28] 상호출자제한기업집단 소속 공익법인이 보유한 계열회사 주식에 대한 의결권 행사를 금융·보험계열회사에 준하여 원칙적으로 제한하고 공시대상기업집단 소속 공익법인의 내부거래 등을 계열회사의 경우에 준하여 이사회 의결을 거쳐 공시하도록 하였으며,[29] 공시대상기업집단의 특수관계인이 20% 이상의 지분을 보유하거나 국내 계열회사의 주식을 소유한 국외 계열회사에 관한 일정한 사항을 공시하도록 하였고,[30] 상호출자제한기업집단의 지정기준을 자산총액이 국내총생산액의 0.5% 이상인 경우로 변경하였다.[31]

토의 과제

1 소위 '재벌'이라고 부르는 우리나라 대기업집단의 특징과, 그동안 이들이 우리나라 경제에 미친 긍정적·부정적 영향을 설명해 보시오.

2 각국의 경쟁법은 본래 시장에서의 자유롭고 공정한 경쟁질서를 유지하는 것을 사명으로 하고 있는데, 독점규제법이 반드시 직접적으로 일정한 시장에서 경쟁을 제한하는 행위라고 볼 수 없는 기업의 출자행위 등을 규제하는 경제력집중의 억제 제도를 규정하고 있는 정책적 이유를 생각해 보고, 이에 대한 찬성 또는 반대의 입장에서 각자의 의견을 말해 보시오.

---

25) 독점규제 및 공정거래에 관한 법률(법률 제17799호, 2020. 12. 29.) 제18조 제2항 제2호 및 제3항 제1호.

26) 같은 법률 제20조. 이는 벤처기업에 대한 투자와 인수·합병이 활성화될 수 있도록 일반지주회사가 소위 '기업형 벤처캐피탈'(CVC: Corporate Venture Capital)을 보유하는 것을 허용하되, 타인자본을 통한 지배력 확대 등의 부작용이 발생하지 않도록 일정한 안전장치를 함께 규정한 것이다.

27) 같은 법률 제18조 제2항 제3호, 제3항 제1호 및 제4항 제5호.

28) 같은 법률 제23조.

29) 같은 법률 제25조 제2항 및 제29조.

30) 같은 법률 제28조 제2항.

31) 같은 법률 제31조 제1항.

Ⅱ. 지주회사의 규제

1. 지주회사의 의의

지주회사(holding company)란 다른 회사의 주식을 소유함으로써 그 사업활동을 지배하는 회사를 말한다. 이러한 지주회사는 다른 사업활동을 영위하지 않고 오직 주식소유를 통한 다른 회사의 지배만을 목적으로 하는 순수지주회사(pure holding company)와, 생산·판매 등 다른 사업활동을 영위하면서 동시에 주식소유를 통하여 다른 회사를 지배하는 사업지주회사(operating holding company)로 구분할 수 있다. 그러나 독점규제법은 지주회사의 개념을 "주식(지분을 포함한다. 이하 같다)의 소유를 통하여 국내회사의 사업내용을 지배하는 것을 주된 사업으로 하는 회사로서 자산총액이 대통령령이 정하는 금액 이상인 회사"(법 제2조 제7호)라고 정의하고 있을 뿐이고 순수지주회사 또는 사업지주회사를 구분하지 않는다. 따라서 법상으로는 순수지주회사나 사업지주회사 여부와 무관하게 법령상 지주회사의 요건을 충족하면 지주회사 관련 규정이 적용된다.

지주회사체제가 가지는 긍정적인 측면은 ① 비효율적인 사업부문의 분사를 통하여 용이하게 비주력사업을 분리·매각할 수 있으므로 시장진입 및 퇴출이 활발하게 되고, ② 지주회사체제를 활용하면 기업문화가 다른 기업들 사이의 합병에 따르는 비효율을 피할 수 있으므로 이들 사이의 M&A를 활성화시킬 수 있고, ③ 기업운영상 전략적 의사결정과 일상적 의사결정을 분리하여 후자를 자회사에 일임함으로써 신속한 의사결정이 가능하고, ④ 유사업종을 영위하는 계열사들을 지주회사를 통하여 통합적으로 관리하여 경영효율을 제고하는 등 기업구조조정의 유용한 수단으로 활용할 수 있다는 점 등이다. 특히, 이미 친족관계에 있는 특수관계인들이 소수의 지분을 통하여 복잡한 출자관계로 얽혀서 다수의 계열회사를 지배하고 있는 우리나라 경제력집중 현상을 개선하기 위해서는 우선 지주회사제도를 활용하여 기업집단의 지배구조를 투명하고 간명하게 만들고 경쟁력 있는 핵심 분야에 집중할 수 있는 구조조정의 길을 열어주면서, 지분규모에 비하여 과도하게 경제력을 확대하는 것을 규제하는 것이 현실적으로 유용한 대안이 될 수도 있다.

그러나 다른 한편으로 지주회사체제는 여전히 다수의 기업에 대한 지배력을 유지할 수 있는 수단으로서 경제력집중을 유지하는 데 악용될 우려가 있는 것도 사실이다. 즉, ① 다단계 지주회사구조를 통하여 적은 자본으로 대규모의 사업회사를 지배함으로써(미국의 Associated Gas and Electric System의 사례에서 지배주주들은 가장 상위의 지주회사에 단 30만 달러를 투자하여 10억 달러 이상의 대규모 전기가스회사를 지배하였음) 경제력집중을 초래할 수 있고, ② 지주회사가 자회사에 대한 지배력을 유지하기 위해 과도한 차입을 하는 경우 지주회사체제 전체가 부실화될 우려가 있으며, ③ 지주회사 소속 자회사들 사이에 불공정한 내부거래 또는 회계조작으로 소액주주나 소비자의 피해를 초래하는 등 심각한 문제점을 낳을 수 있다. 이에 따라 미국의 경우에는 전력 등 에너지산업을 영위하는 지주회사 소속회사들 사이에 발생하는 불공정한 내부거래 등의 폐해를 차단하기 위해 종전에 '공공산업지주회사법'(the Public Utility Holding Companies Act of 1935)을 제정하였고, 일본의 경우에도 전후 경제력집중의 폐해를 차단하기 위해 독점금지법을 통하여 지주회사의 설립을 금지한 바 있다.

2. 지주회사의 규제 내용

독점규제법은 지주회사의 설립 및 전환을 허용하되(법 제17조), 일정 규모의 자산총액 요건 및 일정 비율의 자회사주식 소유 요건(법 제2조 제7호, 법 시행령 제3조 제1항 및 제2항)을 부과하고, 나아가 지주회사에 대하여 부채비율 제한, 일정 비율 이상의 자회사지분 보유의무, 비계열회사주식 소유제한 및 자회사 외의 계열회사 주식소유의 금지, 금융지주회사[32]의 비금융회사주식의 소유 금지 및 일반지주회사[33]의 금융회사주식의 소유 금지 등의 행위제한을 규정하고 있다(법 제18조 제2항). 또한 일반지주회사의 자회사에 대해서도 일정 비율 이상의 손자회사지분 보유의무, 손자회사 외의 계열회사 주식소유의 금지 및 금융손자회사의 지배 금지 등의 행위제한을 규정하고(법 제18조 제3항), 나아가 손자회사에 대해서도 완전증손회사 등 일정한 경우를 제외하고 국내계열회사의 주식 소유를 금지하고 있다(법 제18조 제4항).

〔연 혁〕
종래 지주회사는 우리나라에 매우 생소한 기업지배 형태로서 경제력집중의 수단으로 악용될 현실적 우려가 존재하는 것은 아니었지만 1986년 경제력집중 억제시책을 도입할 때, 일본의 예에 따라 지주회사의 설립 및 전환을 금지하고 법률 등에 의하여 설립되는 경우에 한하여 극히 예외적으로 허용하였다.[34] 그 후 IMF 외환위기를 겪으면서 우리 기업이 세계시장을 무

32) 금융업 또는 보험업을 영위하는 자회사의 주식을 소유하는 지주회사를 말한다(법 제18조 제2항 제4호).

33) 금융지주회사 외의 지주회사를 말한다(법 제18조 제2항 제5호).

34) 독점규제 및 공정거래에 관한 법률(법률 제3875호, 1986. 12. 31.) 제7조의2.

대로 무한경쟁을 펼쳐서 생존하기 위해서 과거와 같은 선단식 경영방식을 지양하고 핵심역량에 집중함으로써 국제경쟁력을 확보하는 것이 중요한 과제가 되었다. 그런데 각 기업이나 기업집단이 핵심역량을 강화하기 위해서는 기업의 분사를 통한 비주력사업의 분리·매각, 외자유치 등을 통한 기업구조조정이 필수적이고, 이러한 기업구조조정의 수단으로 지주회사 제도가 유용한 대안으로 거론되었다. 이에 따라 1999년 법 개정을 통하여 종전에 금지되었던 지주회사의 설립 및 전환을 허용하되 경제력집중의 폐해가 발생하지 않도록 부채비율 및 자회사 지분율 요건 등 설립요건과 지주회사 및 자회사의 행위제한 등 엄격한 요건을 부과하였다. 또한 2001년 법 개정에서는 보다 자유로운 지주회사의 설립 및 전환을 위하여 기존의 사전신고를 사후신고로 전환하였다. 다시 2004년 법 개정에서는 지주회사의 설립·전환을 용이하게 하기 위하여 부채비율의 충족을 위한 유예기간을 연장하되, 지주회사체제의 투명성을 제고하기 위해 지주회사가 계열회사가 아닌 국내회사의 주식을 5% 초과하여 소유하는 것을 원칙적으로 금지하고, 자회사에 대해서도 지주회사와 마찬가지로 사업 관련 손자회사의 지분율 요건을 부과하였으며, 종전에 허용되었던 자회사 간 출자도 금지하였다. 그러나 1999년 지주회사를 허용한 이래 실제로 지주회사를 설립하거나 지주회사로 전환한 실적이 기대에 미치지 못하여 이를 허용한 입법취지를 충분히 달성하고 있지 못한 것으로 평가됨에 따라, 다시 지주회사관련 규제를 점차 완화하였다. 즉, 2007년 4월 법 개정에서 지주회사의 부채비율제한을 200%로 완화하였으며, 지주회사의 자회사에 대한 주식보유기준과 자회사의 손자회사에 대한 주식보유기준을 종전의 50%에서 40%(상장기업 등은 20%)로 완화하였고, 2007년 8월 법 개정에서도 사회기반시설에 대한 민간투자를 촉진하기 위하여 '사회기반시설에 대한 민간투자법'에 따른 민간투자사업을 영위하는 회사에 대한 주식 소유는 비계열회사의 주식 5% 초과 소유 금지에 대한 예외로 허용하였고, 자회사와 손자회사 간 사업관련성 요건을 폐지하여 자회사가 사업관련성이 없는 손자회사를 두는 것을 허용하였으며, 손자회사가 완전증손회사를 소유하는 것 역시 허용하였다. 또한 2009년 4월 정부는 독점규제법상 지주회사에 대한 규제를 더욱 완화하기 위해 지주회사의 부채비율 제한규정과 비계열회사의 주식보유 제한규정을 폐지하고, 금융지주회사의 비금융회사 소유금지 및 일반지주회사의 금융자회사 소유금지를 폐지하는 내용의 독점규제법 개정안을 국회에 제출한 바 있으나 결국 통과되지 못하였다.[35] 그 후 2020년 법 전부 개정으로 오히려 지주회사에 대한 규제를 강화하여 신규로 지주회사로 설립 · 전환하는 경우나 기존 지주회사가 자회사나 손자회사를 신규로 편입하는 경우에 자회사에 대한 주식보유기준과 자회사의 손자회사에 대한 주식보유기준을 50%(상장기업 등은 30%)로 상향하였고, 다만, 일반지주회사의 중소기업창업투자회사 및 신기술사업금융전문회사 보유를 허용하고, 벤처지주회사의 비계열사 주식 취득제한을 폐지하고 설립요건 및 행위제한 등을 완화하였다.

35) 위와 같은 지주회사에 대한 규제 완화에 따라 법상 지주회사의 수는 2016년까지 증가추세였다가 법 시행령 개정으로 지주회사의 자산요건이 종전의 1천억원에서 5천억원으로

(가) 지주회사의 설립·전환 및 신고

법상 지주회사는 주식(지분 포함)의 소유를 통하여 국내회사의 사업내용을 지배하는 것을 주된 사업으로 하는 회사로서 대통령령으로 정하는 자산총액 요건을 충족하여야 한다(법 제2조 제7호). 첫째, 지주회사의 자산총액 요건과 관련하여, 지주회사는 직전사업연도 종료일(해당 사업연도에 설립되었거나 합병·분할합병·물적분할을 한 경우에는 각각 설립등기일·합병등기일 또는 분할등기일) 현재 대차대조표상의 자산총액이 5,000억원 이상(벤처지주회사의 경우에는 300억원 이상)이어야 한다(법 시행령 제3조 제1항). 1986년 처음 지주회사 금지 규정을 도입할 당시에는 지주회사의 규모기준을 정하지 않았으나, 1999년 지주회사의 설립 및 전환을 허용하고 신고의무를 부과하면서 자산총액 100억원 이상인 회사를 대상으로 하였다가, 다시 2001년 300억원 이상, 2002년 1,000억원 이상, 2016년 5,000억원 이상으로 조정하였다. 이는 경제규모가 확대되어 규제대상이 과도하게 증가함에 따라 지주회사의 규모 기준을 상향조정한 것이다. 둘째, '주된 사업'의 기준과 관련하여, 해당 회사가 소유하고 있는 자회사의 주식가액의 합계액(위 자산총액 산정 기준일 현재의 대차대조표상에 표시된 가액을 합계한 금액)이 해당 회사 자산총액의 50% 이상이어야 한다(법 시행령 제3조 제2항).

또한 아래에서 설명하는 상호출자제한기업집단에 속하는 회사를 지배하는 동일인이나 그 특수관계인이 지주회사를 설립하거나 지주회사로 전환하려는 경우에는 위 자산총액 요건과 자회사주식 소유 요건 이외에도 추가적으로 채무보증해소 요건을 충족하여야 한다. 즉, 지주회사와 자회사 간의 채무보증, 지주회사와 다른 국내계열회사 간(그 지주회사가 지배하는 자회사 제외) 간의 채무보증, 자회사 상호 간의 채무보증, 자회사와 다른 국내계열회사(그 자회사를 지배하는 지주회사 및 그 지주회사가 지배하는 다른 자회사 제외) 간의 채무보증을 해소하여야 한다(법 제19조).

위와 같은 요건을 갖추어 지주회사를 설립하거나 지주회사로 전환하는 경우에는 일정한 기간 내에(지주회사를 설립하는 경우에는 설립등기일부터 30일 이내, 다른 회사와의 합병 또는 회사의 분할을 통하여 지주회사로 전환하는 경우에는 합병등기일 또는 분할등기일부터 30일 이내, '자본시장과 금융투자업에 관한 법률' 등 다른 법률의 규정에 따라 신고규정의 적용이 제외되는 경우에는 그 제외기간이 지난 날부터 30일 이내, 다른 회사의 주식취득, 자산의 증감 또는 그 밖의 사유로 지주회사로 전환하는 경우에는 위 자산총액 산정 기준일부터 4개월 이내) 신고인의 명칭 및

상향된 이후 2017년부터 감소하여 현재까지 유사한 수준을 유지하고 있는데, 2020년 12월 말 기준으로 일반지주회사는 154개, 금융지주회사는 10개이고, 평균 자회사, 손자회사 및 증손회사 수는 각각 5.5개, 6.2개, 0.7개로 집계되었다(공정거래위원회 보도자료, "2021년 공정거래법상 지주회사 현황 분석 결과 발표", 2021. 6. 10).

대표자의 성명과 지주회사, 자회사, 손자회사 및 증손회사의 명칭 및 대표자의 명칭 및 대표자의 성명, 자산총액 및 부채총액, 주주현황 및 주식소유현황, 사업내용 등을 기재한 신고서와 이를 입증하는 서류를 첨부하여 공정거래위원회에 제출하여 신고해야 한다(법 제17조 및 법 시행령 제26조 제1항 및 제2항).

(나) 지주회사의 행위제한 등

독점규제법은 원칙적으로 지주회사의 설립 및 지주회사로의 전환을 허용하면서도 지주회사체제를 이용한 경제력집중의 폐해를 방지하기 위해 지주회사에 대하여 일정한 작위 또는 부작위 의무를 부과하고 있다.

(1) **부채비율 200% 초과 금지**(법 제18조 제2항 제1호)

지주회사가 과도한 부채를 이용하여 지배력을 유지·확장할 경우 지주회사뿐만 아니라 그 자회사를 포함하여 지주회사체제 전체가 동반부실화되는 결과를 초래할 수 있으므로 지주회사가 자신의 자본총액(대차대조표상의 자산총액에서 부채액을 뺀 금액)의 2배를 초과하는 부채를 보유하는 것은 금지된다. 다만, 지주회사로 전환하거나 설립될 당시에 자본총액의 2배를 초과하는 부채액을 보유하고 있을 때에는 지주회사로 전환하거나 설립된 날부터 2년간은 자본총액의 2배를 초과하는 부채액을 보유할 수 있다(법 제18조 제2항 제1호 단서). 이러한 유예기간을 인정하는 취지는 기업이 지주회사 제도를 활용하여 구조조정을 추진하는 과정에서 계속적으로 부채비율을 유지해야 하는 부담을 경감시켜 줌으로써 지주회사 제도를 활성화하려는 것이다.

(2) **자회사주식 보유의무**(법 제18조 제2항 제2호)

지주회사는 자회사의 주식을 그 자회사 발행주식 총수의 50%(자회사가 상장법인, 공정거래위원회가 고시하는 국외 증권거래소에 상장된 국외상장법인, 또는 공동출자법인인 경우에는 30%, 벤처지주회사[36]의 자회사인 경우에는 20%) 미만으로 소유해서는 안 된다. 이는 지주회사의 목적이 국내 다른 회사의 지배라는 것을 감안한 것이다. 다만, 다음과 같은 경우에는 예외적으로 자회사주식 보유요건에 대하여 1년 또는 2년의 유예기간을 인정한다. 즉, 지주회사로 전환하거나 설립될 당시에 자회사의 주식을 위 기준 미만으

36) 지주회사 등의 행위제한 규정(법 제18조)은 2004년 법 개정을 통하여 '공동출자법인'과 '벤처지주회사'의 두 가지 새로운 개념을 도입하였다. 전자는 경영에 영향을 미칠 수 있는 상당한 지분을 소유하고 있는 2인 이상의 출자자(특수관계인의 관계에 있는 출자자 중 대통령으로 정하는 자 외의 자는 1인으로 봄)가 계약 등의 방법으로 출자지분의 양도를 현저히 제한하고 있어 출자자 간 지분변동이 어려운 법인을 말하고, 후자는 벤처기업 또는 대통령령으로 정하는 중소기업을 자회사로 하는 지주회사로서 대통령령으로 정하는 기준에 해당하는 회사를 말한다(법 제18조 제1항).

로 소유하고 있는 경우에는 그로부터 2년의 유예기간을, 상장법인 또는 국외상장법인이거나 공동출자법인이었던 자회사가 그에 해당하지 아니하게 되어 위 기준에 미달하게 된 경우, 벤처지주회사이었던 회사가 그에 해당하지 아니하게 되어 위 기준에 미달하게 된 경우 및 자회사가 주식을 모집하거나 매출하면서 '자본시장과 금융투자업에 관한 법률'에 따라 우리사주조합에 배정하거나 해당 자회사가 상법에 따라 발행한 전환사채 또는 신주인수권부사채의 전환이 청구되거나 신주인수권이 행사되어 위 기준에 미달하게 된 경우에는 그로부터 1년의 유예기간을 인정한다. 또한 자회사가 아닌 회사가 자회사에 해당하게 되어 위 기준에 미달하는 경우, 자회사를 자회사에 해당하지 아니하게 하는 과정에서 위 기준에 미달하게 된 경우(1년의 기간 내에 실제로 자회사에 해당하지 아니하게 된 경우에 한정함) 및 자회사가 다른 회사와 합병하여 위 기준에 미달하게 된 경우에는 그 미달하게 된 날부터 1년의 유예기간을 인정한다.

(3) 비계열회사주식 소유제한 및 자회사 외의 계열회사 주식소유의 금지(법 제18조 제2항 제3호)

지주회사는 계열회사가 아닌 국내회사('사회기반시설에 대한 민간투자법' 제4조 제1호부터 제4호까지의 규정에 정한 방식으로 민간투자사업을 영위하는 회사 제외)의 주식을 그 회사 발행주식 총수의 5%를 초과하여 소유할 수 없고(벤처지주회사 또는 소유하고 있는 계열회사가 아닌 국내회사의 주식가액의 합계액이 자회사의 주식가액의 합계액의 15% 미만인 지주회사에 대하여는 적용하지 아니함), 자회사 외의 국내계열회사의 주식을 소유하는 것도 금지된다. 다만, 지주회사로 전환하거나 설립될 당시에 이미 5%를 초과하여 소유하고 있는 비계열회사의 주식이나 소유하고 있던 자회사 외의 계열회사의 주식에 대해서는 지주회사로 전환하거나 설립된 날부터 2년의 유예기간이 인정된다. 또한 비계열회사를 자회사에 해당하게 하는 과정에서 그 주식을 5%를 초과하여 소유하는 경우(1년의 기간 내에 자회사에 해당하게 된 경우로 한정함), 주식을 소유하고 있지 아니한 국내 계열회사를 자회사에 해당하게 하는 과정에서 그 국내 계열회사 주식을 소유하게 된 경우(1년의 기간 내에 자회사에 해당하게 된 경우에 한정함) 및 자회사를 자회사에 해당하지 아니하게 하는 과정에서 발생하는 위반행위에 대해서는 그 자회사가 자회사에 해당되지 아니하게 된 날부터 각각 1년의 유예기간을 인정한다.

그동안 지주회사의 행위제한 위반이 문제가 되어 판결이 내려진 사례로서 대명화학의 지주회사 행위제한 위반 사건을 찾아볼 수 있는데, 이 사건에서 동 회사는 약 15개월 동안 자신의 손자회사의 주식 7.9%를 보유함으로써 위 규정을 위반하였다가 자신의 자회사를 흡수합병함으로써 위반상태를 해소하였다. 관련 행정소송에서 서울고법은 지주회사에 대하여 자회사 외의 국내계열회사 주식의 소유를 금지하는 취지는 지주회사의 자회사 지분율 요건의 실효성을 확보하는 한편, 지주회사의 지배가능한 범위가 확대되어 경제력 집중을 심화시키는 것을 방지하기 위한 것이라고 전제하고, 구법 제8조의2 제2항 제2호는 지주회사가 자회사의 주식을 그 자회사 발행주식총수의 100분의 40 미만으로 소유하는 행위를 금지하고 있는바, 지주회사로 하여금 자회사 아닌 국내계열회사의 주식 취득을 예외적으로 허용할 경우 위 지분율을 엄격히 정하는 규정의 실효성에 영향을 미치게 되므로 이 사건 지주회사의 행위제한 규정은 엄격하게 적용할 필요가 있고, 원고는 자회사 외의 국내계열회사 주식소유 금지 규정을 위반하여 이미 한 차례 경고처분을 받았음에도 같은 해에 재차 동종의 위반행위를 한 점에 비추어 그 제재의 필요성이 더 크다고 하면서 공정거래위원회의 과징금 납부명령이 적법하다고 하였다.[37)]

(4) 금융지주회사의 비금융회사주식의 소유 금지 및 일반지주회사의 금융회사주식의 소유 금지(법 제18조 제2항 제4호 및 제5호)

금융업이나 보험업을 영위하는 자회사를 보유한 금융지주회사는 금융업 또는 보험업을 영위하는 회사 또는 이와 밀접한 관련이 있는 등 대통령령이 정하는 기준에 해당하는 회사, 즉 금융·보험회사에 대한 전산·정보처리 등의 역무의 제공, 금융·보험회사가 보유한 부동산 그 밖의 자산의 관리, 금융업 또는 보험업과 관련된 조사·연구, 그 밖의 금융·보험회사의 고유업무와 직접 관련되는 사업을 영위하는 회사(법 시행령 제28조 제2항) 외의 국내회사의 주식을 소유해서는 안 된다. 이는 소위 '금산분리의 원칙'에 따라 산업자본과 금융자본의 결합에 따른 폐해를 방지하고, 지주회사의 사업관련성을 유지하여 효율성을 높이기 위한 것이다. 마찬가지로 금융지주회사가 아닌 일반지주회사는 금융업 또는 보험업을 영위하는 국내회사의 주식을 소유할 수 없다. 다만, 금융지주회사 또는 일반지주회사로 전환하거나 설립될 당시에 이미 소유하고 있던 주식에 대해서는 2년의 유예기간이 인정된다.

그런데 특히 우리나라 금융산업의 경쟁력 강화를 위해서 엄격한 금산분리의 원칙을 폐기하여야 한다는 주장이 제기되었고, 결국 2009. 7. 31. 금융지주회사법(법률 제9788호)이 개정되어 비금융주력자(산업자본)의 은행지주회사 주식 보유한도가 종전의 4%에서 10%로 상향 조정되었고, 보험지주회사가 직접 자회사로 비금융회사를 지배하는 것을 허용하고, 금융투자지주회사에 대해서는 직접 비금융자회사를 지배하는 것뿐만 아니라 금융투자업을 영위하는 자회사가 비금융손자회사를 지배하는 것도

---

37) 서울고법 2017. 8. 25. 선고 2017누31776 판결. 동 판결에 대하여 상고가 제기되지 않아서 동 판결이 확정되었다.

허용되었다. 따라서 현행 법령상 금융지주회사 중 보험지주회사나 금융투자지주회사는 비금융자회사나 손자회사를 지배할 수 있는 데 반하여, 일반지주회사는 아래에서 설명하는 중소기업창업투자회사 및 신기술사업금융전문회사를 제외하고는 금융업을 영위하는 자회사나 손자회사를 지배할 수 없는 불균형이 존재한다고 할 수 있다.[38)]

(다) 자회사의 행위제한 등

독점규제법상 자회사는 지주회사로부터 그 사업내용을 지배받는 국내회사(법 제2조 제8호)를 말하는데, 자회사에 해당하기 위해서는 ① 지주회사의 계열회사이어야 하고(중소기업창업투자회사 또는 신기술사업금융업자가 창업투자 목적 또는 신기술사업자 지원 목적으로 다른 국내회사의 주식을 취득하여 계열회사가 된 경우 그 계열회사는 제외함), ② 지주회사가 소유하는 주식수가 동일인 또는 동일인관련자 중 최다출자자가 소유하는 주식수와 같거나 그 보다 많아야 한다(법 시행령 제3조 제3항). 독점규제법은 금융지주회사가 아닌 일반지주회사의 자회사에 대하여 다음과 같은 행위제한을 규정하고 있다.[39)]

(1) 손자회사주식 보유의무(법 제18조 제3항 제1호)

일반지주회사의 자회사는 손자회사[40)]의 주식을 그 손자회사 발행주식총수의 50%(손자회사가 상장법인, 국외상장법인 또는 공동출자법인인 경우에는 30%, 일반지주회사의 자회사인 벤처지주회사의 자회사인 경우에는 20%) 미만으로 소유할 수 없다. 이는 지주회사에 대하여 자회사주식을 일정비율 이상 보유하도록 하는 것과 마찬가지로 자회사의 손자회사에 대한 과도한 지배를 통하여 간접적인 방법으로 계열을 유지하거나 확장하는 등 경제력집중을 유지·확장하는 것을 막기 위한 것인데, 2007년 개정되기 전에는 자회사는 사업내용이 당해 자회사와 밀접한 관련이 있는 소위 '사업관련 손자회사'만을 지배할 수 있고 그 경우에도 그 회사의 발행주식총수의 50%(상장법인이나 공동출자법인인의 경우에는 30%) 이상을 소유하도록 하였다가, 위에서 설명한 바와 같이 지주회사체제로의 전환을 촉진하기 위해 2007년 법 개정을 통하여 손자회사의 사업관련성을 요구하지 않고 손자회사주식 보유기준 역시 40%로 하향조정하였다가, 다시 2020년 법 전부 개정으로 현행과 같이 규정하게 되었다.

---

38) 2009년 이러한 불균형을 해소하기 위해 일반지주회사가 금융자회사를 지배하는 것을 허용하는 내용의 독점규제법 개정안이 국회에 제출된 바 있음은 위 연혁에서 언급한 바와 같다.

39) 금융지주회사의 자회사의 경우에는 금융지주회사법 제48조 등에서 일정한 행위제한을 규정하고 있다.

40) 자회사로부터 대통령령으로 정하는 기준에 따라 그 사업내용을 지배받는 국내회사를 말한다(법 제2조 제9호).

다만, 다음과 같은 경우에는 예외적으로 1년 또는 2년의 유예기간을 인정한다. 즉, 자회사가 될 당시에 손자회사의 주식을 위 기준 미만으로 소유하고 있는 경우에는 자회사에 해당하게 된 날부터 2년의 유예기간을 인정하고, 상장법인 또는 국외상장법인이거나 공동출자법인이었던 손자회사가 그에 해당하지 아니하게 되어 위 기준에 미달하게 된 경우, 일반지주회사의 자회사인 벤처지주회사였던 회사가 벤처지주회사에 해당하지 아니하게 되어 위 기준에 미달하게 된 경우, 손자회사가 주식을 모집 또는 매출하면서 '자본시장과 금융투자업에 관한 법률'에 따라 우리사주조합에 우선 배정하거나 그 손자회사가 상법에 따라 발행한 전환사채 또는 신주인수권부사채의 전환이 청구되거나 신주인수권이 행사되어 위 기준에 미달하게 된 경우, 손자회사가 아닌 회사가 손자회사에 해당하게 되면서 위 기준에는 미달하는 경우, 손자회사를 손자회사에 해당하지 아니하게 하는 과정에서 위 기준에 미달하게 된 경우(1년의 기간 내에 실제로 손자회사에 해당하지 아니하게 된 경우로 한정함) 및 손자회사가 다른 회사와 합병하여 위 기준에 미달하게 된 경우에는 1년의 유예기간이 인정된다.

(2) **손자회사 외의 계열회사 주식소유의 금지**(법 제18조 제3항 제2호)

일반지주회사의 자회사는 손자회사 외의 계열회사의 주식을 소유할 수 없다. 이는 2004년 법 개정으로 도입된 것인데, 당시 일반지주회사의 자회사는 '사업관련 손자회사'가 아닌 국내계열회사의 주식을 소유할 수 없다고 규정하고 있었으나 2007년 법 개정으로 현행과 같이 규정하였다.

다만, 다음과 같은 경우에는 예외적으로 1년 또는 2년의 유예기간이 인정된다. 즉, 자회사가 될 당시에 주식을 소유하고 있는 국내계열회사의 경우는 자회사에 해당하게 된 날부터 2년의 유예기간이 인정된다. 또한 비계열회사인 회사를 손자회사에 해당하게 하는 과정에서 그 회사가 계열회사에 해당하게 된 경우(1년의 기간 내에 실제로 손자회사에 해당하게 된 경우에 한정함), 주식을 소유하고 있지 아니한 국내계열회사를 손자회사에 해당하게 하는 과정에서 그 국내계열회사의 주식을 소유하게 된 경우(1년의 기간 내에 실제로 손자회사에 해당하게 된 경우에 한정함), 손자회사를 손자회사에 해당하지 아니하게 하는 과정에서 그 주식을 소유하고 있는 경우(1년의 기간 내에 실제로 계열회사에 해당하지 아니하게 된 경우에 한정함), 손자회사가 다른 자회사와 합병하여 그 다른 자회사의 주식을 소유하게 된 경우 및 자기주식을 보유하고 있는 자회사가 회사분할로 다른 국내계열회사의 주식을 소유하게 된 경우에는 1년의 유예기간을 인정한다.

(3) **금융손자회사의 금지**(법 제18조 제3항 제3호)

일반지주회사의 자회사는 금융업이나 보험업을 영위하는 회사를 손자회사로 지배할 수 없다. 이 역시 위에서 설명한 '금산분리의 원칙'에 따른 것인데, 다만 일반지주회사의 자회사가 될 당시에 금융업이나 보험업을 영위하는 회사를 손자회사로 지배하고 있는 경우에는 자회사에 해당하게 된 날부터 2년간 그 손자회사를 지배할 수 있다.

(라) 손자회사의 행위제한 등(법 제18조 제4항)

법상 손자회사는 자회사로부터 사업내용을 지배받는 국내회사를 말하는데(법 제2조 제9호), 손자회사에 해당하기 위해서는 (1) 자회사의 계열회사이어야 하고, (2) 자회사가 소유하는 주식수가 동일인이나 동일인관련자 중 최대출자자가 소유하는 주식수와 같거나 그 보다 많아야 한다(법 시행령 제3조 제4항). 일반지주회사의 손자회사는 국내계열회사의 주식을 소유하는 것이 금지된다. 다만, 손자회사는 다음과 같은 경우에는 예외적으로 국내계열회사 주식의 소유가 허용된다. 즉, 손자회사가 될 당시에 주식을 소유하고 있는 국내계열회사의 경우에는 손자회사에 해당하게 된 날부터 2년의 유예기간이 인정되고, 주식을 소유하고 있는 계열회사가 아닌 국내회사가 계열회사에 해당하게 된 경우 및 자기주식을 소유하고 있는 손자회사가 회사분할로 인하여 다른 국내계열회사의 주식을 소유하게 된 경우에는 1년의 유예기간이 인정된다.

또한 손자회사가 국내계열회사(금융업 또는 보험업을 영위하는 회사 제외)의 발행주식총수를 소유하는 것과 손자회사가 벤처지주회사인 경우 그 손자회사가 국내계열회사(금융업 또는 보험업을 영위하는 회사 제외)의 발생주식 50% 이상을 소유하는 것은 기간의 제한이 없이 허용되는데, 전자는 손자회사가 소위 '완전증손회사'를 두는 것이 허용됨을 의미하고, 후자는 손자회사 단계에서 설립하는 벤처지주회사의 경우 그 자회사주식 보유의무 기준을 50%로 완화한 것이다.

그동안 손자회사의 행위제한에 관한 법원의 판결이 내려진 사례로서 이수건설의 손자회사 행위제한 위반 사건을 찾아볼 수 있는데, 이 사건에서 일반지주회사 ㈜이수의 손자회사인 동 회사가 증손회사에 해당하지 않는 사회기반시설법상 임대형 민간투자사업(BTL 사업) 수행을 위하여 설립한 특수목적법인의 주식을 소유한 것이 문제가 되었다. 관련 행정소송에서 서울고법은 먼저, 법상 손자회사의 행위제한을 규정한 위 규정이 직업수행의 자유 및 재산권을 침해하고 평등의 원칙에 위배되어 위헌이라는 주장에 대하여, 지주회사체제를 가진 기업집단 내 손자회사의 경우, 국민경제의 균형적인 발전을 위하여 국내계열회사 주식의 보유를 제한할 사회적 필요성이 있고, 구체적 타당성을 추구하기 위해서 법상 위 조항의 예외규정들이 자세히 규정되어 있음에도 불구하고 손자회사에 대한 국내계열회사주식 보유금지의 예외규정으로 사회기반시설법상 BTL 사업에서 특수목적법인의 지분보유를 규정하지 않은 것은 입법의 불비가 아닌 입법자의 결단이라고 밖에 볼 수 없으며, 지주회사 체제를 가진 기업집단 내 손자회사의 지위를 가지는 건설사는 민간투자사업을 단독으로 수행하거나, 손자회사의 지위를 벗어나 사업에 참여하는 방법 등을 선택할 수 있으므로 헌법상 보장되는 재산권이나 직업행사 자유의 본질적인 부분을 침해하는 것이라고 볼 수도 없다고 하였다.[41)]

또한 이 사건 주식 보유행위가 법에 위반됨을 인지하지 못하였다는 항변에 대하여, 손자회사가 국내계열회사의 주식을 보유할 때 법에 위반된다는 사실을 인식하였는지 여부는 구법 제8조의2 제4항의 요건이 아니고, 동 규정의 위반행위는 손자회사가 국내계열회사의 주식을 보유하면 성립하는 것이므로, 고의·과실·유책을 요하는 것이 아니라고 하였다.[42)]

(마) 증손회사의 행위제한(법 제18조 제5항)

법 제18조 제4항 제4호 또는 제5호에 따라 손자회사가 주식을 소유하고 있는 증손회사는 국내계열회사의 주식을 소유하는 것이 금지된다. 지주회사체제의 지배관계를 이용하여 더 이상 경제력집중을 확장하는 것을 허용할 수 없다는 취지이다. 다만, 증손회사가 될 당시에 주식을 소유하고 있는 국내계열회사인 경우에는 2년의 유예기간이 인정되고, 주식을 소유하고 있는 비계열회사가 계열회사에 해당하게 된 경우 및 일반지주회사의 손자회사인 벤처지주회사였던 회사가 그에 해당하지 아니하게 되어 소유하고 있는 계열회사의 주식이 그 발행주식총수의 50%에 미달하게 된 경우에는 1년의 유예기간이 인정된다.

(바) 일반지주회사의 기업형 벤처캐피탈에 대한 제한적 보유 허용

이미 설명한 바와 같이 2020년 법 전부 개정으로 종전에 금산분리 원칙에 따라 엄격하게 지켜왔던 일반지주회사의 금융자회사 보유 금지를 완화하여 소위 '기업형 벤처캐피탈'(CVC: Corporate Venture Capital)을 보유하는 것을 허용하였다. 즉, 기업형 벤처캐피탈은 회사 법인이 대주주인 벤처캐피탈로서 주로 펀드를 결성하여 벤처기업 등에 투자를 하는데, 기업들이 유망한 벤처기업을 발굴하여 그 성장을 지원할

41) 서울고법 2017. 7. 19. 선고 2016누81576 판결.

42) 같은 판결. 상고심에서 대법원은 심리불속행 사유에 해당한다는 이유로 상고를 기각하였다(대법원 2017. 11. 23. 선고 2017두56230 판결).

수 있도록 일반지주회사가 금융회사인 기업형 벤처캐피탈을 설립·보유하는 것을 허용하되, 과도한 타인 자본을 통한 지배력 확대나 총수 일가의 사익편취 등의 부작용을 방지하기 위한 통제장치를 함께 도입하였다.

먼저, 일반지주회사는 원칙적으로 금융업 또는 보험업을 영위하는 국내회사의 주식을 소유할 수 없지만, '벤처투자 촉진에 관한 법률'에 따른 중소기업창업투자회사 및 '여신전문금융업법'에 따른 신기술사업금융전문회사의 주식을 소유할 수 있다(법 제20조 제1항). 그 경우 일반지주회사는 해당 중소기업창업투자회사 및 신기술사업금융전문회사의 발행주식총수를 소유하여야 한다(동 조 제2항 본문). 다만, (1) 계열회사가 아닌 중소기업창업투자회사 및 신기술사업금융전문회사를 자회사에 해당하게 하는 과정에서 그 회사의 주식을 발행주식총수 미만으로 소유하고 있는 경우(1년의 기간 내에 발행주식총수를 보유하게 되는 경우에 한정함), (2) 자회사인 중소기업창업투자회사 및 신기술사업금융전문회사를 자회사에 해당하지 아니하게 하는 과정에서 해당 회사의 주식을 발행주식총수 미만으로 소유하게 된 경우(1년의 기간 내에 모든 주식을 처분한 경우에 한정함)에는 그로부터 각각 1년의 유예기간을 인정한다(동 조 제2항 단서).

또한 위 규정에 따라 일반지주회사가 주식을 소유한 중소기업창업투자회사 및 신기술사업금융전문회사는 위에서 열거한 유예기간에 해당되지 않는 한 (1) 자본총액의 2배를 초과하는 부채액을 보유하는 행위, (2) 중소기업창업투자회사인 경우 '벤처투자 촉진에 관한 법률' 제37조 제1항 각 호 이외의 금융업 또는 보험업을 영위하는 행위, (3) 신기술사업금융전문회사인 경우 '여신전문금융업법' 제41조 제1항 제1호, 제3호부터 제5호까지의 규정 이외의 금융업 또는 보험업을 영위하는 행위, (4) 자신이 소속된 기업집단 소속 회사가 아닌 자가 출자금 총액의 40% 이내에서 대통령령으로 정하는 비율을 초과하여 출자한 투자조합, 자신이 소속된 기업집단 소속 회사 중 금융업 또는 보험업을 영위하는 회사가 출자한 투자조합, 또는 자신의 특수관계인(동일인 및 그 친족에 한정함)이 출자한 투자조합(동일인이 자연인인 기업집단에 한정함)을 설립하는 행위, (5) 자신이 소속된 기업집단 소속 회사, 자신의 특수관계인(동일인 및 그 친족에 한정함)이 출자한 회사, 또는 공시대상기업집단 소속 회사에 투자하거나 또는 총자산(운용 중인 모든 투자조합의 출자금액을 포함함)의 20%를 초과하는 금액을 해외 기업에 투자하는 행위(투자조합의 업무집행을 통한 투자를 포함함)가 금지되고, 유예기간과 무관하게 자신(자신이 업무를 집행하는 투자조합을 포함함)이 투자한 회사의 주식, 채권 등을 자신의 특수관계인(동일인 및 그 친족에 한정함) 및 특수관계인이 투자한 회사로서 지주회사 등이 아닌 계열회사가 취득 또는 소유하도록 하는 행위를 해서는 안 된다(법 제20조 제3항).

(사) 법 위반의 효과

법 제18조가 규정하고 있는 지주회사 등의 행위제한 등이나 법 제19조가 규정하고 있는 상호출자제한기업집단의 지주회사 설립제한 또는 법 제20조가 규정하고 있는 일반지주회사의 금융회사 주식 소유 제한에 관한 특례를 위반하는 경우에 공정거래위원회는 해당 행위의 중지 또는 주식의 전부 또는 일부의 처분 등의 시정조치를 명할 수 있고(법 제37조 제1항), 공정거래위원회는 상호출자제한기업집단의 지주회사 설립제한을 위반한 회사의 합병 또는 설립이 있는 경우에는 해당 회사의 합병 또는 설립무효의 소를 제기할 수도 있다(동 조 제2항).

또한 법 제18조 제2항부터 제5항까지 또는 법 제20조 제2항 또는 제3항을 위반하는 행위에 대해서는 각 행위 유형별로 법률이 정한 기준에 따라 산정된 위반금액의 20% 이내의 과징금을 부과할 수 있다(법 제38조 제3항). 뿐만 아니라 법 제18조 제2항부터 제5항까지, 법 제19조 또는 법 제20조 제2항 또는 제3항을 위반한 경우에는 3년 이하의 징역 또는 2억원 이하의 벌금에 처할 수 있다(법 제124조 제1항 제4호부터 제6호까지).

지주회사의 자회사의 행위제한(법 제18조 제3항)을 위반한 행위에 대한 과징금액의 산정에 관하여, 종전의 규정은 "소유하는 주식의 장부가액의 합계액"의 10%를 초과하지 않는 범위 내에서 과징금 부과가 가능하다고 규정하고 있었는데(구법 제17조 제4항 제3호), 이때 '소유하는 주식'의 의미와 관련하여 자회사가 취득·소유하고 있는 손자회사의 주식을 의미하는지 아니면 손자회사가 취득·소유하고 있는 소위 '증손회사'의 주식을 기준으로 해야 하는지에 대하여 다툼이 있었다.[43] 이에 따라 2004년 법 개정 시에 명시적으로 "손자회사 주식"이라고 규정하였고 현행법도 마찬가지이다(법 제38조 제3항 제4호).

---

43) 한국케이블TV 마포방송의 지주회사의 자회사 행위제한 위반 사건에서 공정거래위원회는 종전의 규정상 "소유하는 주식"의 의미에 대하여 자회사가 소유하는 손자회사의 주식으로 보아 과징금을 산정·부과하였다. 관련행정 소송에서 위 회사는 자회사에 대하여 다른 국내회사의 주식의 취득을 금지하는 취지는 자회사를 통한 연쇄적 계열확장을 금지하고자 하는 것이므로 과징금을 산정함에 있어서도 자회사가 보유한 손자회사의 주식을 기준으로 하지 말고 손자회사가 보유하고 있는 증손자회사의 주식을 기준으로 하여야 한다고 주장하였으나, 서울고법은 "법 제8조의2 제2항 위반에 대한 과징금의 산정기준이 되는 법 제17조 제4항 3호의 '소유하는 주식'은 법에서 금지를 하고 직접적으로 법 위반행위의 원인이 되는 자회사가 소유하는 손자회사의 주식을 의미한다."라고 판시하였다(서울고법 2004. 4. 28. 선고 2003누5336 판결).

■ 토의 과제

> 지주회사 제도 역시 경제력집중의 수단으로 악용될 우려가 있음에도 불구하고 독점규제법이 이를 허용하고 있는 이유와 지주회사 제도가 경제력집중을 유지하는 수단으로 악용되는 것을 방지하면서 동시에 이를 활성화할 수 있는 제도적 접근방법을 생각해 보시오.

Ⅲ. 상호출자제한기업집단 등[44]의 지정

1. 상호출자제한기업집단 등의 지정의 의의

상호출자제한기업집단 등의 지정제도는 공정거래위원회가 매년 5월 1일(부득이한 경우에는 5월 15일)까지 해당 기업집단에 속하는 국내 회사들의 직전 사업연도의 대차대조표상 자산총액이 대통령령이 정하는 기준에 해당하는 기업집단을 공시대상기업집단 또는 상호출자제한기업집단으로 지정하는 것이다(법 제31조 제1항 및 법 시행령 제38조 제1항부터 제3항까지). 이는 법상 각종 경제력집중 억제 조치가 적용되는 대상을 확정하여 법집행의 예측가능성과 효율성을 확보할 수 있다는 점에서 경제력집중 억제 제도의 출발점으로서 중요한 의미를 지닌다.

경제력집중 억제 조치가 적용되는 기업집단의 연도별 지정현황을 보면 아래 표와 같다.

〈표〉 연도별 대기업집단 지정현황 (단위 : 개)

연 도	'87	'88	'89	'90	'91	'92	'93-'01	'02	'03	'04	'05	'06	'07	'08	'09
집단수	32	40	43	53	61	78	30	43(19)	49(17)	51(18)	55(11)	59(14)	62(11)	79(14)	48
연 도	'10	'11	'12	'13	'14	'15	'16	'16.9	'17	'17.9	'18	'19	'20	'21	
집단수	53	55	63	62	63	61	65	28	31	57(31)	60(32)	59(34)	64(34)	71(40)	

* '02년도 이후 '08년까지: 상호출자제한 및 채무보증제한 기업집단(출자총액제한기업집단)
* '16년 9월: 지정기준을 자산 5조원에서 10조원으로 상향하고 공기업집단을 제외
* '17년 9월 이후: 공시대상기업집단(자산 5조원 이상)(상호출자제한기업집단)(자산 10조원 이상)

44) 2017년 법 개정에 따라 경제력집중 억제 조치의 적용을 받는 대기업집단을 '상호출자제한기업집단'과 '공시대상기업집단'으로 구분하였음은 이미 설명한 바와 같은데, 양자를 구분하지 않고 서술할 경우 '상호출자제한기업집단 등'으로 부르기로 한다.

〔연 혁〕
그동안 경제력집중의 억제 조항이 적용되는 기업집단을 지정하는 방식은 상당한 변화를 겪었다. 먼저 1987년 4월 경제력집중의 억제시책이 최초로 시행될 당시에는 자산총액의 합계액이 4,000억원 이상인 기업집단을 대규모기업집단으로 지정하는 방식을 채택하여 같은 해 최초로 32개 기업집단을 대규모기업집단으로 지정하였다. 그러나 1992년 4월 대규모기업집단의 수가 78개까지 급증하자 1993년 4월부터는 자산총액의 합계액을 기준으로 그 순위가 1위부터 30위까지인 기업집단을 대규모기업집단으로 지정하는 방식으로 전환하였다.[45] 다만, 대규모기업집단의 소유집중을 억제하고 재무구조의 개선촉진을 유도하기 위해 1994년 제4차 법 개정을 통하여 주식보유의 분산 및 재무구조가 우량한 기업집단(소유분산우량기업집단)에 대해서는 기업집단의 지정에서 제외하도록 하였다. 그런데 2002년 1월 지정방식의 전면적인 변화의 필요성이 제기됨에 따라 각 규제 조항별로 기업집단 소속회사들의 자산총액의 합계 등을 기준으로 그 적용대상 기업집단을 지정하기로 하였고, 당시 법 시행령은 자산총액 2조원 이상인 기업집단을 상호출자제한기업집단 및 채무보증제한기업집단으로, 자산총액 5조원 이상인 기업집단을 출자총액제한기업집단으로 규정하였다. 그 후 2005년 개정된 법 시행령은 출자총액제한기업집단의 지정기준을 자산총액 6조원 이상으로 조정하였고, 다시 2007년 개정 된 법 제10조 제1항은 출자총액제한기업집단의 지정기준을 자산총액 10조원 이상으로 조정하였으며, 또 다시 2008년 개정된 법 시행령은 상호출자제한기업집단 및 채무보증제한기업집단의 지정기준을 자산총액 5조원 이상으로 규정하였다. 또한 2009년 법 개정으로 출자총액제한을 규정하고 있던 법 제10조가 삭제되어 2009년 4월부터는 출자총액제한기업집단은 지정하지 않고, 상호출자제한기업집단 및 채무보증제한기업집단만을 지정하였다. 그 후 2016년 9월 법 시행령 개정으로 상호출자제한기업집단 및 채무보증제한기업집단의 지정기준을 10조원 이상으로 변경하고 공기업집단을 제외하였으며, 2017년 법 및 법 시행령 개정으로 자산총액 5조원 이상의 공시대상기업집단과 10조원 이상의 출자총액제한기업집단으로 구분하여 지정하였다. 마지막으로 2020년 법 전부 개정 및 이에 따른 2021년 법 시행령 개정으로 2022년부터는 출자총액제한기업집단의 지정기준을 국내총생산액의 0.5%로 변경하였다.

2. 지정대상·절차 및 효과

(가) 지정대상 및 절차

상호출자제한기업집단 등으로 지정하기 위해서는 우선 독점규제법상 '기업집단'에 해당하여야 한다. 동법은 기업집단을 동일인[46]이 "대통령령이 정하는 기준에 따

45) 독점규제 및 공정거래에 관한 법률시행령(대통령령 제13842호, 1993. 2. 20.) 제17조 제1항.
46) 독점규제법은 기업집단의 개념만 정의하고 있고, '동일인'의 개념은 명시적으로 정의하

라 사실상 그 사업내용을 지배하는 회사의 집단"이라고 정의하고 있는데(법 제2조 제11호),[47] 이때 각 회사의 사업내용을 지배하는지 여부는 지분율 또는 영향력을 기준으로 판단한다(법 시행령 제4조).[48] 우선 지분율을 기준으로 사업내용을 지배하는 계열회사로 인정되려면 동일인이 단독으로 또는 동일인관련자[49]와 합하여 해당 회사의 발행주식총수(의결권 없는 주식 제외)의 30% 이상을 소유하는 경우로서 최다출자자이어야 한다(법 시행령 제4조 제1호).

또한 지배적인 영향력을 기준으로 계열회사로 인정되기 위해서는 (1) 동일인이 다른 주요 주주와의 계약 또는 합의에 따라 대표이사를 임면한 회사 또는 임원의 50% 이상을 선임하거나 선임할 수 있는 회사, (2) 동일인이 직접 또는 동일인관련자를 통해 해당 회사의 조직변경 또는 신규사업에 대한 투자 등 주요 의사결정이나 업무집행에 지배적인 영향력을 행사하고 있는 회사, (3) 동일인이 지배하는 회사(동일인이 회사인 경우에는 동일인 포함)와 해당 회사 간에 임원의 겸임이 있거나, 동일인이

고 있지 않다. 다만, 기업집단의 개념에서 동일인의 개념을 추론한다면 동일인은 '기업집단을 사실상 지배하는 자'라고 할 수 있을 것이다.

47) 이때 둘 이상의 회사가 동일한 기업집단에 속하는 경우에 이들 각각의 회사를 서로 상대방의 계열회사라 한다(법 제2조 제12호).

48) 위 조항은 "다음 각 호의 회사"라고 규정하고 있는데, 지분율 요건과 영향력 요건의 관계는 선택적이므로 양자 중 하나만 충족하면 계열회사로 인정할 수 있다. 다만, 예외적으로 하나의 회사에 대하여 둘 이상의 동일인이 동시에 지분율 요건을 충족하는 경우에는 추가적으로 영향력 요소를 고려하여 판단하여야 할 것이다. 그러나 이러한 영향력 요소로 인하여 양자 중 하나의 동일인이 지배적인 영향력을 행사하고 있다고 인정할 수 없을 경우에는 동시에 2개 이상의 기업집단 소속으로 편입시킬 수도 있을 것이다.

49) 법 시행령 제4조 제1호는 계열회사인지 여부를 결정함에 있어서 동일인과 일정한 관계에 있는 개인이나 회사를 '동일인관련자'로 규정하여 이들이 소유하고 있는 지분이나 행사할 수 있는 영향력을 동일인 자신의 것과 동일하게 평가하고 있다. 동 규정상 동일인관련자의 범위는 (1) 배우자, 6촌 이내의 혈족, 4촌 이내의 인척, (2) 동일인이 단독으로 또는 동일인관련자와 합하여 총출연금액의 30% 이상을 출연한 경우로서 최다출연자가 되거나 동일인 및 동일인관련자 중 1인이 설립자인 비영리법인 또는 단체(법인격이 없는 사단 또는 재단으로 한정함), (3) 동일인이 직접 또는 동일인관련자를 통하여 임원의 구성이나 사업운용 등에 지배적인 영향력을 행사하고 있는 비영리법인 또는 단체, (4) 동일인이 법 시행령 제4조 제1호 또는 제2호에 따라 사실상 사업내용을 지배하는 회사(계열회사), (5) 동일인 및 동일인과 (2)부터 (4)까지의 관계에 있는 자의 사용인(법인의 경우는 임원, 개인의 경우는 상업사용인 및 고용계약에 의한 피용인)이다. 이러한 동일인관련자의 범위가 지나치게 넓어 사실상 동일인과 무관한 개인의 경제적 활동의 자유를 제한할 수 있다는 주장도 제기되고 있다. 특히, 과거 친족을 통하여 위장지분을 보유함으로써 사실상 회사를 지배하면서도 법 적용을 회피하는 것을 차단하기 위해 친족을 동일인관련자에 포함시켰으나, 오늘날 친족 간 교류가 감소한 상황에서 친족이라는 이유만으로 지나치게 경제적 활동의 자유를 제약하게 되므로 동일인관련자에 포함되는 친족의 범위를 축소하는 것이 타당하다는 주장이 제기되고 있다.

지배하는 회사의 임·직원이 해당 회사의 임원으로 임명되었다가 동일인이 지배하는 회사로 복직하는 경우이거나(동일인이 지배하는 회사 중 당초의 회사가 아닌 회사로 복직하는 경우를 포함함), 해당 회사의 임원이 동일인이 지배하는 회사의 임·직원으로 임명되었다가 해당 회사 또는 해당 회사의 계열회사로 복직하는 경우에 해당하는 인사교류가 있는 회사, (4) 동일인 또는 동일인관련자와 통상적인 범위를 초과하여 자금·자산·상품·용역 등의 거래 또는 채무보증이 있는 회사, 또는 (5) 그 밖에 해당 회사가 동일인의 기업집단의 계열회사로 인정될 수 있는 영업상의 표시행위를 하는 등 사회통념상 경제적 동일체로 인정되는 회사로서 동일인이 당해 회사의 경영에 대해 지배적인 영향력을 행사하고 있다고 인정되어야 한다(법 시행령 제4조 제2호).

공정거래위원회는 매년 5월 1일(불가피한 경우 5월 15일)까지 위와 같은 기준에 따라 확정된 각 기업집단에 속하는 국내회사들의 직전 사업연도의 대차대조표상 자산총액(금융업 또는 보험업을 영위하는 회사의 경우에는 자본총액 또는 자본금 중 큰 금액으로 하며, 새로 설립된 회사로서 직접 사업연도의 대차대조표가 없는 경우에는 지정일 현재의 납입자본금으로 함)의 합계액이 5조원 이상인 기업집단을 공시대상기업집단으로, 국내 총생산액의 0.5% 이상인 기업집단을 상호출자제한기업집단으로 지정한다(법 제31조 제1항 및 법 시행령 제38조 제1항부터 제3항까지).

다만, 해당 기업집단에 속하는 국내회사들의 자산총액의 합계액이 위 기준에 해당하는 기업집단이라고 하더라도 (1) 금융업 또는 보험업만을 영위하는 기업집단, (2) 금융업 또는 보험업을 영위하는 회사가 동일인인 기업집단, (3) 해당 기업집단에 속하는 회사 중 '채무자 회생 및 파산에 관한 법률'에 따른 회생절차나 '기업구조조정 촉진법'에 따른 관리절차가 진행 중인 회사의 자산총액 합계액이 기업집단 전체 자산총액의 50% 이상인 기업집단(단, 이들을 제외한 회사의 자산총액의 합계액이 법정 자산총액 기준에 해당하는 경우는 제외함), (4) '공공기관의 운영에 관한 법률'에 따른 공공기관, '지방공기업법'에 따른 지방직영기업, 지방공사 또는 지방공단이 동일인인 기업집단, (5) 해당 기업집단에 속하는 회사 모두가 '자본시장과 금융투자업에 관한 법률'에 따른 기관전용 사모집합투자기구이거나, 그 기관전용 사모집합투자기구가 투자한 '자본시장과 금융투자업에 관한 법률'에 따른 투자목적회사이거나, 그 투자목적회사가 투자한 투자목적회사이거나, 이들이 투자한 '자본시장과 금융투자업에 관한 법률'에 따른 투자대상기업이거나, 그 기업이 지배하는 회사, 또는 '자본시장과 금융투자업에 관한 법률'에 따라 금융위원회에 등록된 기관전용 사무집합투자기구의 업무집행사원에 해당하는 기업집단, (6) 해당 기업집단에 속하는 회사 모두가 금융업 또는 보험업을 영위하는 회사 또는 위 (5)에서 열거하는 어느 하나에 해당하는 회사(양자 중 각각 하나 이상 포함되어 있어야 함)인 기업집단은 지정대상에서 제외된다(법 시행령 제38조 제1항 단서).

공정거래위원회가 위 기준에 따라 공시대상기업집단 또는 상호출자제한기업집단을 새로 지정하거나 지정 제외하는 경우에는 즉시 그 사실을 해당 기업집단에 속하는 회사와 그 회사를 지배하는 동일인의 특수관계인인 공익법인에 서면으로 통지하여야 한다(법 제31조 제1항 제2문 및 법 시행령 제38조 제5항). 또한 공정거래위원회가 해당 기업집단을 공시대상기업집단으로 지정할 당시에는 그 기업집단의 국내계열회사에 해당하지 않는 회사라고 할지라도 추후에 국내계열회사로 편입하여야 할 사유가 발생하거나, 반대로 당초에는 그 기업집단의 국내계열회사에 해당한다고 인정된 회사가 추후에 국내계열회사에서 제외하여야 할 사유가 발생한 경우에는 공정거래위원회는 해당 회사(해당 회사의 특수관계인 포함)의 요청에 의하거나 직권으로 국내계열회사에 해당하는지 여부를 심사하여 국내계열회사로 편입하거나 그로부터 제외하고 그 내용을 해당 회사에 통지하여야 한다(법 제32조 제1항). 마찬가지로 공익법인을 공시대상기업집단에 속하는 회사를 지배하는 동일인의 특수관계인으로 편입하거나 제외하여야 할 사유가 발생한 경우에는 해당 공익법인(해당 공익법인의 특수관계인 포함)의 요청에 의하거나 직권으로 특수관계인에 해당하는지 여부를 심사하여 특수관계인으로 편입하거나 그로부터 제외하고 그 내용을 해당 공익법인에 통지하여야 한다(동조 제2항).

(나) 지정의 효과

공시대상기업집단으로서 지정 통지(편입 통지 포함)를 받게 되면 지정통지를 받은 날부터 대규모내부거래의 이사회 의결 및 공시(법 제26조), 비상장회사 등의 중요사항 공시(법 제27조), 기업집단현황 등에 관한 공시(법 제28조), 특수관계인인 공익법인의 이사회 의결 및 공시(법 제29조), 주식소유현황 등의 신고(법 제30조), 기업집단의 현황 등에 관한 정보공개(법 제35조), 특수관계인에 대한 부당한 이익제공 등 금지(법 제47조)의 적용을 받게 된다. 또한 상호출자제한기업집단으로 지정 통지를 받게 되면, 추가적으로 지주회사 설립제한(법 제19조), 상호출자의 금지 등(법 제21조), 순환출자의 금지(법 제22조), 순환출자에 대한 의결권 제한(법 제23조), 계열회사에 대한 채무보증의 금지(법 제24조), 금융회사 또는 보험회사 및 공익법인의 의결권 제한(법 제25조) 등의 적용을 받게 된다. 다만, 상호출자제한기업집단으로 신규로 지정될 당시 이에 속하는 국내회사로 통지를 받거나, 또는 상호출자제한기업집단의 국내 계열회사로 편입되어 이에 속하는 국내회사로 통지를 받은 당시 상호출자의 금지 등(법 제21조) 또는 계열회사에 대한 채무보증의 금지(제24조)를 위반하고 있는 경우에는 1년 또는 2년의 유예기간을 준다(법 제31조 제3항).

그 밖에도 공시대상기업집단에 속하는 국내회사(청산 중에 있거나 1년 이상 휴업 중인 회사는 제외함)는 공인회계사의 회계감사를 받아야 하고(법 제31조 제5항), 공정거래위원회는 대기업집단의 지정·통지 후 해당 기업집단에 속하는 회사에 변동이 있는 경우 해당 회사에 그 변동사실을 알려야 한다(법 시행령 제38조 제6항).

(다) 관련 판결례

그동안 공정거래위원회의 상호출자제한기업집단 등의 지정이나 계열 편입·제외가 재판상 다투어진 사례로서 다음 사건들을 찾아볼 수 있다. 먼저, 농협중앙회 등의 상호출자제한기업집단 지정 사건에서 동 사업자 등은 농업협동조합의 조직 목적 등에 비추어 볼 때 경제력집중 규제의 대상이 될 수 없으므로 상호출자제한기업집단 지정이 위법하다고 주장하였으나, 관련 행정소송에서 서울고법은 위 사업자 등은 독점규제법상 적용제외 사유에 해당하지 않을 뿐만 아니라 농협법상 독점규제법의 적용을 명시적으로 제한하는 규정도 없고, 상호출자제한기업집단 제도를 오로지 기업총수 내지 그 일가가 일정한 규모 이상인 기업집단 전체를 지배하는 것을 규제할 목적으로만 보는 것은 그 취지를 지나치게 협소하게 파악하는 것이고 실제로 당시 공정거래위원회가 상호출자제한기업집단으로 지정한 기업집단 중에는 공기업집단이 다수 포함되어 있으며, 농협중앙회 및 계열회사는 그 수익금이 농민들에게 일부 배분된다는 점에서 여타의 회사들과 차이가 있을 뿐, 기본적으로 영리를 추구하기 때문에 사업목적 및 사업방식 면에서 관련시장의 다른 경쟁사업자들과 크게 다를 바 없는 점에 비추어 볼 때, 공정거래위원회의 이 사건 지정처분은 적법하다고 판시하였다.[50)]

또한 기업집단 금호아시아나의 상호출자제한기업집단 지정 사건에서 공정거래위원회는 금호산업, 금호석유화학 등 26개 회사에 관하여 동일인을 박○○로 하는 2014년도 및 2015년도 상호출자제한기업집단 지정처분을 내렸는데, 동 처분에 대해 동일인 박○○ 및 금호석유화학이 제기한 불복의 소를 심리한 서울고법은 다음과 같은 이유로 박○○는 동 회사에 대하여 구법 시행령 제3조 제1호의 지분율 요건을 충족하지 못할 뿐만 아니라 동 조 제2호의 지배적 영향력 요건도 충족하지 못하였으므로 동 회사들을 박○○를 동일인으로 하는 기업집단 금호아시아나에 포함시킬 수 없다고 판시하였다.[51)]

---

50) 서울고법 2013. 1. 25. 선고 2012누12572 판결.

첫째, 지분율 요건에 관하여, 위 동일인은 지정 기준일 당시 금호석유화학의 주식을 전혀 소유하고 있지 않았고 동일인관련자 박△△가 소유한 주식 역시 지분율 30%에 미달할 뿐만 아니라, 주주와 회사는 별개의 독립한 법적 주체이고 구법 시행령 제3조 제1호는 '동일인이 단독 또는 동일인과 동일인관련자가 함께 소유하는 주식지분율'만을 기준으로 하고 있을 뿐 당해 회사가 소유하는 자기주식을 동일인 또는 동일인관련자 등의 소유 주식으로 볼 법적 근거가 없고, 구법 제7조의2에 따라 주식의 취득 또는 소유는 그 명의와 관계없이 실질적인 소유관계를 기준으로 하더라도 위 회사가 소유한 자기주식이 실질적으로는 동일인이나 동일인관련자 박△△ 등의 소유라고 인정할 만한 아무런 증거가 없으며, 동일인이 위 회사의 경영에 대하여 지배적인 영향력을 행사하여 사업내용을 사실상 지배한다고 볼 근거도 없으므로 위 회사의 자기주식을 '동일인과 동일인관련자가 함께 소유하는 주식'에 포함시킬 수 없고, 따라서 구법 시행령 제3조 제1호의 지분율 요건이 충족되지 않는다고 하였다.[52]

둘째, 지배적 영향력 요건에 관하여, 2010년 1월경 기업집단 금호아시아나의 주요 계열회사들이 워크아웃절차 내지 채권단 자율협약체제로 편입되자 동일인관련자 박△△가 경영정상화를 위한 합의 과정에서 금호석유화학 계열회사의 독립경영을 적극적으로 요구하자 채권단과 동일인이 금호석유화학 계열회사들에 대한 박△△의 경영권을 인정한 것으로 보이고, 2010년경 이후부터 금호석유화학 등 8개사는 나머지 기업집단 금호아시아나의 계열회사들과 신입사원 채용절차를 별도로 진행하였고, '금호'라는 상호는 사용하지만 기업집단 금호아시아나의 로고는 사용하지 않으며, 2012년경부터는 사옥을 분리하여 사용하고 금호석유화학 등 8개사는 기업집단 금호아시아나와는 별도로 기업집단현황을 공시하는 점 등의 사정을 고려하면, 금호석유화학 등 8개사는 기존의 기업집단 금호아시아나와는 사실상 경영을 분리하여 운영

51) 서울고법 2015. 7. 23. 선고 2014누3640 판결. 이 사건과 관련된 사안으로서 금호석유화학은 금호산업에 대한 워크아웃절차가 개시됨에 따라 금호산업과 그 자회사 등은 더 이상 기업집단 금호아시아나의 동일인의 지배를 받지 않으므로 동 기업집단에서 제외하여 줄 것을 신청하였으나 공정거래위원회는 이를 거절하였고, 관련 행정소송에서 서울고법은 구법 제14조의2 제1항의 계열제외 사유는 그 문언상 기업집단 지정 이후에 비로소 생긴 것에 한정되고 그 이전부터 존재하던 사유는 제외되는 것으로 해석되고, 기업집단의 지정 당시 사실상 지배력 요건이 충족되지 못하고 있었다면 그 회사는 기업집단의 계열회사로 지정되어서는 안 됨에도 지정이 이루어졌으므로 기업집단 지정처분이 위법함을 주장함이 타당하다고 하였고(서울고법 2012. 11. 15. 선고 2011누23308 판결), 상고심에서 대법원 역시 사실상 동일한 취지로 상고를 기각하였다(대법원 2015. 3. 20. 선고 2012두27176 판결).

52) 같은 판결.

되고 있다고 봄이 상당하며, 금호석유화학이 아시아나항공의 지분을 소유하고 있어 소유구조상 연결관계가 완전히 단절되지는 않았으나 그러한 사실만으로는 동일인이 금호석유화학의 경영에 대하여 지배적인 영향력을 행사한다고 인정하기는 부족하다고 하였다.53)

그 밖에도 유니플렉스 등의 기업집단 롯데 계열회사편입 사건에서도 구법 시행령 제3조 제2호의 지배적 영향력이 인정되는지 여부가 다투어졌는데, 공정거래위원회는 유니플렉스 등 4개 회사에 대한 기업집단 롯데 동일인의 자금대여, 동일인관련자가 보유한 지분, 동일인관련자 등이 대표이사 선임에 행사한 영향력 및 동일인관련자의 임원 취임 등을 근거로 이들 회사를 기업집단 롯데 소속 계열회사로 편입하였다. 관련 행정소송에서 서울고법은 이 사건 동일인의 자금대여만으로는 유니플렉스가 통상적인 범위를 초과하여 동일인 신○○와 '자금·자산·상품·용역 등의 거래를 하고 있는 회사'에 해당한다거나 나아가 '사회통념상 경제적 동일체로 인정되는 회사'에 해당한다고 보기 어렵고, 신△△ 등 일부 동일인관련자가 임원으로 취임하는 등의 사실만으로서 동 회사가 '동일인 신○○가 대표이사를 임면하거나 임원의 100분의 50이상을 선임하거나 선임할 수 있는 회사'에 해당한다거나 '동일인 신○○가 직접 또는 동일인관련자 신△△를 통하여 당해 회사의 조직변경 또는 신규사업에의 투자 등 주요 의사결정이나 업무집행에 지배적인 영향력을 행사하고 있는 회사'에 해당한다고 보기 어렵다고 판시하였다.54)

토의 과제

> 독점규제법이 각종 경제력집중의 억제 조치를 규정함에 있어서 사용하고 있는 '기업집단', '계열회사', '동일인', '동일인관련자' 및 '특수관계인'의 개념을 설명해 보시오.

53) 같은 판결. 상고심에서 대법원은 심리불속행 사유에 해당한다는 이유로 상고를 기각하였다(대법원 2015. 12. 10. 선고 2015두50078 판결).

54) 서울고법 2018. 8. 22. 선고 2016누60173 판결. 상고심에서 대법원은 심리불속행 사유에 해당한다는 이유로 상고를 기각하였다(대법원 2019. 1. 17. 선고 2018두57766 판결).

Ⅳ. 상호출자의 금지

1. 상호출자 금지의 취지 및 내용

상호출자의 금지란 상호출자제한기업집단에 속하는 국내계열회사에 대하여 계열회사 상호 간 직접적인 주식의 취득 및 소유를 금지하는 것이다(법 제21조). 이는 동일인이 계열회사들의 상호출자를 이용하여 실질적인 출자 없이 가공자본을 형성하여 다수의 계열회사를 지배함으로써 경제력집중을 유지·강화하고 계열회사들의 경영상 의사결정의 자율성 내지 독립성을 침해함과 아울러 채권자나 소액주주 등 이해관계자들의 권리를 침해하는 것을 막기 위한 것이다. 이와 같은 폐해를 시정하기 위하여 독점규제법은 모자회사[55] 관계가 아니면 사실상 상호출자가 가능하도록 규정하고 있는 상법의 태도와는 달리 상호출자제한기업집단 소속 국내계열회사들에 대하여 모자회사 관계에 없는 경우라고 할지라도 상호출자를 할 수 없도록 더욱 엄격하게 규정하고 있다.

상호출자의 금지 조항이 금지하는 것은 국내계열회사 상호 간에 직접 서로의 주식을 소유하는 행위이므로 계열회사와 비계열회사 간의 상호출자나 계열회사 간 순환출자는 동 조항의 규제대상이 아니다. 또한 상호출자의 원인에 대하여 제한을 두고 있지 아니하므로 매매 등 계약을 통한 특정승계뿐만 아니라 합병이나 영업양수와 같은 포괄승계에 의한 주식소유 역시 금지되는 상호출자에 해당한다. 다만, 회사의 합병 또는 영업전부의 양수나 담보권의 실행 또는 대물변제의 수령 등의 사유로 주식을 취득하여 상호출자가 발생한 경우에는 주식을 취득한 회사 또는 해당 회사의 주식을 취득 또는 소유하고 있는 계열회사가 그 주식을 취득 또는 소유한 날부터 6개월 이내에 이를 처분하면 상호출자 금지의 위반에 해당하지 않는다(법 제21조 제1항 단서 및 제2항).

또한 위에서 설명한 바와 같이 신규로 상호출자제한기업집단으로 지정되어 그 계열회사로 통지를 받은 회사가 통지를 받을 당시 이미 상호출자가 존재하는 경우에는 지정일로부터 1년의 경과기간 내에 상호출자를 해소하여야 한다(법 제31조 제3항 제1호).

위와 관련하여 상호출자의 해소로 인정되기 위한 주식의 '처분'의 의미가 다투

---

55) 상법상 다른 회사의 발행주식총수의 100분의 50을 초과하는 주식을 가진 회사를 모회사라고 하며, 모회사가 100분의 50을 초과하는 주식을 가진 회사를 자회사라고 한다(상법 제342조의2).

어진 사례가 있다. 즉, 상호출자에 해당하는 주식에 대한 권리를 어느 정도 이전하여야 구법 제9조 제2항의 '처분'으로 인정할 수 있는지의 문제이다. 종래 공정거래위원회는 독점규제법상 주식의 취득 또는 소유는 그 명의와 관계없이 실질적인 소유관계를 기준으로 한다고 규정하고 있는 구법 제7조의2의 취지에 따라 상호출자관계의 해소 여부를 판단함에 있어서도 명의의 이전이 아니라 실질적인 소유권한의 이전 여부를 기준으로 하였다.[56] 동양종금의 상호출자금지 위반 사건 관련 행정소송에서 서울고법 역시 "단지 상호출자된 주식의 의결권행사만을 잠정적으로 저지하거나 신탁계약을 체결하는 것만으로 부족하고, 상호출자의 상태를 완전히 해소하여 임의적 회복이 불가능하도록 상호 출자된 주식에 대한 완전한 소유권 이전이 된 상태를 의미하는 것으로 보아야 할 것"이라고 전제하고, 상호출자된 주식을 처분신탁하였다고 할지라도 당해 신탁계약의 내용이 법 개정 등의 사유로 적법하게 문제의 주식을 보유할 수 있게 되는 경우 당연히 신탁계약이 종료되고 위탁자가 주식의 처분가격, 처분상대방 등의 결정에 영향력을 행사할 수 있는 등의 사정이 있다면 구법 제9조 제2항의 '처분'으로 볼 수 없다고 판시하였다.[57]

2. 상호출자의 금지 위반의 효과

공정거래위원회는 상호출자의 금지를 위반한 경우에 해당 행위의 중지, 주식의 전부 또는 일부의 처분, 시정명령을 받은 사실의 공표 등의 시정조치를 명할 수 있고(법 제37조 제1항), 동 규정을 위반하여 취득 또는 소유한 주식의 취득가액의 20%를 초과하지 아니하는 범위에서 과징금을 부과할 수 있다(법 제38조 제1항). 또한 상호출자의 금지 규정을 위반한 자는 3년 이하의 징역 또는 2억원 이하의 벌금에 처할 수 있다(법 제124조 제7호).

상호출자의 금지를 위반하여 법 제37조 제1항에 따라 주식처분명령을 받은 자는 그 명령을 받은 날부터 해당 주식에 대하여 의결권을 행사할 수 없을 뿐만 아니라(법 제39조 제2항), 상호출자의 금지를 위반하여 상호출자를 한 주식에 대하여는 그 시정조치를 부과받은 날부터 법 위반상태가 해소될 때까지 해당 주식 전부에 대하

56) 예컨대, SK의 상호출자금지 위반 사건에서 공정거래위원회는 SK글로벌이 자사가 소유하고 있던 계열회사 SK의 주식을 해외금융회사들에게 매각하는 형식을 취하였으나 실제로는 위 회사들의 명의를 빌어 실질적으로 계속 소유하고 있다는 이유로 상호출자의 금지를 위반한 것으로 판단하였다(공정거래위원회 의결 2003-107호, 2003. 7. 5.).

57) 서울고법 2003. 10. 16. 선고 2002누18991 판결. 상고심에서 대법원 역시 사실상 동일한 이유로 상고를 기각하였다(대법원 2006. 5. 12. 선고 2004두312 판결).

여 의결권을 행사할 수 없다(법 제39조 제1항). 그런데 여기에서 말하는 "해당 주식 전부"의 범위와 관련하여, 이미 자신의 주식을 소유하고 있는 계열회사의 주식을 취득하여 상호출자는 하게된 회사가 보유하는 주식에 한정되는지 아니면 법 위반과 관련되어 상호출자된 모든 주식을 의미하는지에 관하여 다툼이 있을 수 있다. 생각건대, 법 제39조 제1항이 "제21조 또는 제22조를 위반하여 상호출자 또는 순환출자를 한 주식"이라고 규정한 것에 비추어 볼 때, 사후에 취득하여 위법한 상호출자를 발생하게 한 주식으로 한정하는 것으로 해석되고, 취득 당시에 상호출자를 발생시키지 않은 상대 계열회사의 주식까지 그 의결권을 제한하는 것은 비례의 원칙에 위반되는 것으로 볼 여지가 있다.

3. 중소기업창업투자회사의 계열회사 주식취득 금지

상호출자제한기업집단에 속하는 국내회사로서 '벤처투자촉진에 관한 법률'에 따른 중소기업창업투자회사는 단순히 계열회사와의 상호출자가 금지되는 데 그치지 않고 모든 국내계열회사의 주식을 취득·소유할 수 없다(법 제21조 제3항). 이는 벤처 등 중소기업의 창업을 지원할 목적으로 설립된 중소기업창업투자회사가 그 투자재원을 이용하여 중소기업분야에 참여하는 방법으로 경제력을 확장하는 것을 방지하고 중소기업 영역에서 독립적인 비계열기업 간 경쟁을 보호하려는 취지이다.

토의 과제

독점규제법이 상호출자를 금지하는 취지와 상법 제342조의2가 자회사의 모회사주식 취득을 금지하고 있는 취지를 비교·설명하고, 법상 상호출자의 금지만으로 대기업집단의 계열회사들 사이에 이루어지는 다양한 방식의 상호출자를 충분히 규제할 수 있는지 생각해보시오.

Ⅴ. 순환출자의 금지

이미 언급한 바와 같이 2014년 법 개정을 통하여 상호출자제한기업집단 소속 계열회사들이 상호출자를 통하지 않더라도 사실상 그와 동일한 효과를 거둘 수 있는 수단으로 악용될 수 있는 순환출자를 금지하는 규정이 신설되었고, 나아가 2020

년 법 전부 개정으로 신규로 지정된 상호출자제한기업집단 소속 계열회사가 기존에 순환출자를 형성하고 있을 경우 그 계열출자를 한 회사가 보유한 해당 계열회사 주식에 대하여 의결권 행사를 금지하는 규정이 추가되었다.

종전부터 금지된 상호출자는 계열회사 상호 간 직접적인 주식의 취득 및 소유에 국한되는데, 계열회사들이 직접적인 상호출자를 하지 않더라도 고리모양으로 순환출자관계(소위 '환상형 순환출자')를 형성하면 직접적인 상호출자와 마찬가지로 실질적인 출자 없이 가공자본을 형성하고 다수의 계열회사를 지배하여 기업집단을 확장할 수 있게 된다. 따라서 법상 순환출자의 금지는 상호출자의 금지를 보완하는 의미를 가진다고 할 수 있다. 다만, 2014년 법 개정 과정에서 이미 형성된 순환출자관계까지 해소하도록 할 것인지가 논란이 되었으나 결국 신규로 이루어지는 순환출자를 금지하는 데 그쳤고, 그 후 2020년 법 전부 개정을 통하여 신규로 지정된 상호출자제한기업집단이 이미 형성하고 있는 순환출자에 대한 보완장치를 마련한 것이다.

우선, 법 제2조 제13호 이하는 순환출자의 금지를 규정하기 위한 기본개념으로서 '계열출자(회사)', '계열출자대상회사', '순환출자' 및 '순환출자회사집단'을 정의하고 있다. 즉, '계열출자'란 기업집단 소속 회사가 계열회사의 주식을 취득 또는 소유하는 행위를, '계열출자회사'란 계열출자를 통하여 다른 계열회사의 주식을 취득 또는 소유하는 계열회사를, 그리고 '계열출자대상회사'란 계열출자를 통하여 계열출자회사가 취득 또는 소유하는 계열회사 주식을 발행한 계열회사를 말한다(법 제2조 제13호부터 제15호까지). 또한 '순환출자'란 세 개 이상의 계열출자로 연결된 계열회사 모두가 계열출자회사 및 계열출자대상회사가 되는 계열출자 관계를, '순환출자회사집단'은 기업집단 소속 회사 중 위와 같은 순환출자 관계에 있는 계열회사의 집단을 말한다(동 조 제16호 및 제17조).

상호출자제한기업집단에 속하는 국내회사가 순환출자를 형성하는 국내계열회사에 대한 계열출자를 하여서는 아니 되고, 이미 순환출자 관계에 있는 국내계열회사의 계열출자대상회사에 대한 추가적인 계열출자(계열출자회사가 상법에 따른 신주배정 또는 주식배당에 따라 취득 또는 소유한 주식 중에서 신주배정 등이 있기 전 자신의 지분율 범위의 주식이나 순환출자회사집단에 속하는 국내계열회사 간 합병에 따른 계열출자는 제외함) 역시 금지된다(법 제22조 제1항).

다만, (1) 회사의 합병·분할, 주식의 포괄적 교환·이전 또는 영업전부의 양수, (2) 담보권의 실행 또는 대물변제의 수령, (3) 계열출자회사가 신주배정 등에 따라 취득 또는 소유한 주식 중에서 다른 주주의 실권 등에 따라 신주배정 등이 있기 전 자신의 지분율 범위를 초과하여 취득 또는 소유한 계열출자대상회사의 주식이 있는 경우, (4) '기업구조조정 촉진법'에 따라 부실징후기업의 관리절차를 개시한 회사에 대하여 동법에 따라 금융채권자협의회가 의결하여 동일인(친족 포함)의 재산출연 또는 부실징후기업의 주주인 계열출자회사의 유상증자 참여(채권의 출자전환 포함)를 결정한 경우, (6) '기업구조조정 촉진법'에 따른 금융채권자가 동법에 따른 부실징후기업과 기업개선계획의 이행을 위한 약정을 체결하고 금융채권자협의회의 의결로 동일인(친족 포함)의 재산출연 또는 부실징후기업의 주주인 계열출자회사의 유상증자 참여(채권의 출자전환 포함)를 결정한 경우에는 순환출자의 금지를 적용하지 않는다(법 제22조 제1항 단서 및 각 호).

그러나 위와 같이 예외적으로 허용되는 계열출자를 한 경우에도, (1) 또는 (2)의 경우에는 해당 주식을 취득 또는 소유한 날부터 6개월, (3)의 경우에는 1년, (4) 및 (5)의 경우에는 3년 내에 취득 또는 소유한 해당 주식((3)부터 (5)까지의 경우에는 신주배정 등의 결정, 재산출연 또는 유상증자 결정이 있기 전 지분율 초과분을 말함)을 처분하여야 하고, 다만 순환출자회사집단에 속한 다른 회사 중 하나가 취득 또는 소유하고 있는 계열출자대상회사의 주식을 처분하여 계열출자에 의하여 형성 또는 강화된 순환출자가 해소된 경우에는 그럴 필요가 없다(법 제22조 제2항).

또한 상호출자제한기업집단에 속하는 국내회사로서 순환출자를 형성하는 계열출자를 한 회사는 상호출자제한기업집단 지정일 당시 취득 또는 소유하고 있는 계열출자대상회사 주식에 대하여 의결권을 행사할 수 없다(법 제23조 제1항). 이 경우에도 해당 순환출자회사집단에 속한 다른 국내회사 중 하나가 취득 또는 소유하고 있는 계열출자대상회사의 주식을 처분함으로써 기존에 형성된 순환출자를 해소한 경우에는 의결권 행사가 금지되지 않는다(동 조 제2항).

법상 순환출자의 금지를 위반한 회사나 위반행위자에 대한 시정조치, 과징금 및 벌칙 등은 상호출자의 경우와 동일하다. 다만, 법 제23조가 규정하고 있는 순환출자에 대한 의결권 제한을 위반한 경우에는 시정조치를 명할 수 있고 벌칙을 부과할 수 있지만, 과징금을 부과할 수는 없다.

Ⅵ. 계열회사에 대한 채무보증의 금지

1. 채무보증 금지의 내용

〔연 혁〕

계열회사에 대한 채무보증제한은 1986년 경제력집중 억제시책이 처음 도입될 시점에는 도입되지 않았으나 계열회사 간 채무보증이 대기업집단으로의 여신편중을 초래하여 경제력집중을 심화시키고, 경쟁력 없는 한계기업의 퇴출을 저해하여 결국 그룹 전체의 동반부실화를 초래하며 나아가 금융기관까지 부실하게 만드는 원인으로 지적되자 1992년 법 개정을 통하여 도입되어 1993. 4. 1.부터 시행되었다. 1992년 동 제도가 도입될 당시에는 자산순위 30위까지의 기업집단을 채무보증제한기업집단으로 지정하여 그 소속회사들에 대하여 자기자본의 200%까지만 채무보증을 할 수 있도록 하였으며, 금융·비금융 등의 업종을 구분하지 아니하고 채무보증제한기업집단에 속한 모든 회사에 대하여 채무보증제한이 적용되는 것으로 하였다. 또한 산업의 구조조정이나 국제경쟁력 강화 차원에서 불가피하게 발생하는 채무보증, 즉 '공업발전법' 또는 '조세감면규제법'에 의한 합리화계획 또는 합리화기준에 따라 인수되는 회사의 채무와 관련하여 행하는 보증, 국내 금융기관의 해외지점 여신에 대한 보증, 기업의 국제경쟁력 강화를 위하여 필요한 경우 등의 채무에 대한 보증은 채무보증제한의 대상이 되는 채무보증에 해당되지 아니하는 것으로 규정하였다. 그 후 1996년 법 개정을 통하여 그 한도를 자기자본의 100%로 축소하고, 금융업 또는 보험업을 영위하는 회사는 채무보증제한의 적용을 받지 않도록 하였다.

그 후 계열사 간 채무보증으로 인한 동반부실화가 1997년 IMF 외환위기의 주된 요인 중 하나로 지적되자 다시 1998년 법 개정을 통하여 일정한 예외적인 사유를 제외하고는 모든 채무보증을 전면적으로 금지하고 대규모기업집단의 지정 이전에 이미 행하였던 채무보증은 일정기간 이내에 해소하도록 하였다. 또한 각 경제력집중 억제 조치별로 그 적용대상이 되는 기업집단을 지정할 필요성이 제기됨에 따라 2002년 법 개정을 통하여 채무보증제한기업집단을 별도로 지정하도록 하였데, 당시 법 시행령은 채무보증제한기업집단을 상호출자제한기업집단과 마찬가지로 자산총액의 합계가 2조원 이상인 기업집단으로 지정하도록 하였고, 다시 2008년 개정된 법 시행령은 채무보증제한기업집단의 지정기준 역시 상호출자제한기업집단과 마찬가지로 자산총액 5조원 이상으로 규정하였으며, 2017년 법 및 법 시행령 개정으로 채무보증의 금지가 적용되는 기업집단을 상호출자제한기업집단으로 규정하고 그 기준을 자산총액 10조원 이상으로 정하였다. 2020년 전부 개정된 법 역시 채무보증 금지의 적용대상 기업집단을 상호출자제한기업집단으로 규정하고 있는데, 동법 시행령은 상호출자제한기업집단의 지정기준을 자산총액이 국민총생산의 0.5% 이상으로 정하고 있다.

(가) 적용대상

법상 계열회사에 대한 채무보증의 금지는 상호출자제한기업집단에 속한 국내회사 중 금융업 또는 보험업을 영위하는 회사를 제외한 회사를 적용대상으로 하고 있다(법 제24조). 금융업 또는 보험업을 영위하는 회사를 제외한 이유는 이들은 수탁자산의 운용과 금융관련 영업활동을 통한 수익창출을 목적으로 하고 있는데, 이에 필연적으로 수반되는 채무보증을 제한하는 것은 이들 회사의 사업활동에 불필요하게 과도한 제약을 초래하기 때문이다.

(나) 금지행위

법상 계열회사에 대한 채무보증의 금지에 따라 금지되는 행위는 채무보증인데. 여기에서 "채무보증"이란 기업집단에 속하는 회사가 국내 금융기관의 여신과 관련하여 국내계열회사에 대하여 하는 보증을 말한다(법 제2조조 제18호). 이때 "국내 금융기관"은 '은행법'에 따른 은행, 한국산업은행, 한국수출입은행, 중소기업은행, 보험업법에 따른 보험회사, '자본시장과 금융투자업에 관한 법률'에 따른 투자매매업자·투자중개업자 및 종합금융회사, '여신전문금융업법'에 따른 여신전문금융회사 또는 '상호저축은행법'에 따른 상호저축은행 중 자산총액이 3천억원 이상인 금융기관을 말하고(법 제2조 제18호 각 호 및 법 시행령 제7조), "여신"이란 국내 금융기관이 행하는 대출 및 회사채무의 보증 또는 인수를 말한다(법 제2조 제19호).

따라서 위에서 말하는 금융기관에 해당하지 아니하는 금융기관이 행하는 여신에 대한 채무보증이나 국내 금융기관이 매개되지 않은 계열회사 간 거래에 대한 보증 또는 계열회사에 대하여 부동산 등의 담보만을 제공하는 행위는 위 조항이 금지하는 채무보증이 아니다. 또한 예컨대, 계열회사가 자금을 조달하기 위해 발행한 사모사채를 금융기관이 직접 인수하고 이에 대해 다른 계열회사가 보증한 경우에는 채무보증에 해당하지만, 사모사채를 금융기관이 아닌 비금융회사가 직접 인수하는 경우에는 이에 대해 계열회사가 보증을 하더라도 채무보증에 해당하지 않고, 리스의 경우에도 금융리스는 여신에 해당하지만 운용리스의 경우에는 여신에 해당하지 않으므로 이에 대해 계열회사가 보증을 하더라도 금지되는 채무보증에 해당하지 않는다.[58]

독점규제법은 원칙적으로 계열회사에 대한 채무보증을 금지하고, 다만 예외적으로 불가피한 사유로 발생하는 채무보증을 소위 '제한제외대상채무보증'으로서 허

58) 공정거래위원회, 「채무보증제한제도 해설」, 2008. 4.

용하고 있다. 현재 예외적으로 금지대상에서 제외되고 있는 채무보증으로는 '조세특례제한법'에 따른 합리화기준에 따라 인수되는 회사의 채무와 관련된 채무보증 및 기업의 국제경쟁력 강화를 위하여 필요한 경우 등 대통령령으로 정하는 경우에 대한 채무보증이 있다(법 제24조 각 호). 그 구체적인 내역은 법 시행령 제30조가 규정하고 있는데 이를 정리하면 다음 표와 같다.

구 분	제외 대상사유
산업합리화 관련 보증	* 주식양도 또는 합병 등의 방법으로 인수되는 회사의 인수시점의 채무나 인수하기로 예정된 채무와 관련하여 인수하는 회사 또는 그 계열회사가 하는 보증 * 인수되는 회사의 채무를 분할인수함애 따라 인수하는 채무와 관련하여 인수하는 회사의 계열회사가 하는 보증
수출입제작 금융 관련 보증	* 한국수출입은행법 제18조 제1항 제1호 및 제2호에 따라 자본재나 그 밖의 상품의 생산 또는 기술의 제공과정에서 필요한 자금 지원을 위해 한국수출입은행이 하는 대출 또는 이와 연계하여 다른 국내 금융기관이 행하는 대출에 대한 보증
해외건설 등 관련 보증	* 해외에서의 건설 및 산업설비공사의 수행, 수출선박의 건조, 용역수출 그 밖에 기업의 경쟁력 강화를 위해 공정거래위원회가 인정하는 물품수출과 관련하여 국내 금융기관이 행하는 입찰보증(B-Bond)·계약이행보증(P-Bond)·선수금환급보증(AP-Bond)·유보금환급보증(RM-Bond)·하자보수보증(M-Bond) 또는 납세보증에 대한 보증
기술개발자금 관련 보증	* 국내의 신기술 또는 도입된 기술의 기업화와 기술개발을 위한 시설 및 기자재의 구입 등 기술개발사업을 위하여 국내 금융기관으로부터 지원받은 자금에 대한 보증
D/A, D/P, Local L/C 관련 보증	* 인수인도조건수출 또는 지급인도조건수출 어음의 국내 금융기관 매입 및 내국신용장 개설에 대한 보증
국내 금융기관의 해외지점 여신 관련 보증	* 국내 금융기관의 해외지점이 행하는 여신에 대한 보증 ① 외국환거래법에 따른 해외직접투자에 대한 보증 ② 해외건설 및 용역사업자가 하는 외국에서의 건설 및 용역사업에 대한 보증 ③ 그 밖에 기업의 국제경쟁력 강화를 위해 공정거래위원회가 인정하는 외국에서의 사업에 대한 보증
법정관리회사 3자인수 관련 보증	* 채무자 회생 및 파산에 관한 법률에 따른 회생절차개시를 법원에 신청한 회사의 제3자 인수와 직접 관련된 보증

SOC 관련 보증	* 사회기반시설에 대한 민간투자법 제4조(민간투자사업의 추진방식) 제1호부터 제4호까지의 규정에 따른 방식으로 민간투자사업을 영위하는 계열회사에 출자를 한 경우에 국내 금융기관이 해당 계열회사에 하는 여신에 대한 보증
공기업분할 관련 보증	* 공기업의 경영구조개선 및 민영화에 관한 법률 제2조에 따른 회사가 구조개편을 위하여 분할되는 경우에 그 회사가 계열회사가 아닌 회사에 한 보증을 분할로 인하여 신설되는 회사가 인수하는 것과 직접 관련하여 그 회사가 그 신설회사에 대해 하는 재보증

(다) 채무보증 해소의 유예기간

상호출자제한기업집단으로 지정 또는 그에 속하는 회사로 편입될 당시 위 예외에 해당되지 않는 채무보증을 하고 있는 회사는 지정일 또는 편입일부터 2년 내에 이를 해소하여야 한다(법 제31조 제3항 제2호). 다만, 지정일 또는 편입일 당시 채무보증을 하고 있는 회사에 회생절차가 개시된 경우에는 그 절차의 종료일까지, 지정되거나 편입된 회사가 회생절차가 진행 중인 회사에 대하여 채무보증을 하고 있는 경우에는 그 채무보증에 한정하여 채무보증을 받고 있는 회사의 회생절차의 종료일까지 해소의무가 유예된다. 이는 사실상 회사경영의 어려움으로 인하여 법원이나 채권자에 의한 경영통제가 이루어지고 있는 회사의 경우 해소기간 내에 채무보증을 용이하게 해소할 수 없음을 감안한 것이다.

(라) 채무보증의 금지 위반의 효과

채무보증의 금지를 위반하는 경우에는 해당 행위의 중지, 채무보증의 취소 등의 시정조치를 명할 수 있고(법 제37조 제1항), 법 위반 채무보증액의 20%를 초과하지 아니하는 범위에서 과징금을 부과할 수 있다(법 제38조 제2항). 또한 이상과 같은 행정적 제재 이외에 3년 이하의 징역 또는 2억원 이하의 벌금에 처할 수 있다(법 제124조 제1항 제8호). 이와 관련하여 현대자동차의 채무보증금지 위반 사건에서 채무보증의 금지를 위반한 행위에 대한 과징금을 법정 최고한도액인 채무보증 위반금액의 10%로 산정한 것이 적법한지 여부가 다투어졌다. 관련 행정소송에서 서울고법은 위 회사가 기아자동차가 서울보증보험으로부터 원상복구이행보증보험을 발급받는 과정에서 약 17억원의 연대보증을 해 준 행위는 그 위법성의 정도가 중하지 않고 동종 법위반행위가 없으며, 본 건 보증으로 별다른 경제적 이익이 없을 뿐만 아니라 그 이익의 정도가 경제력집중 등에 중대한 영향을 미칠 정도로 보이지 않는다는 등의 이유로 법정 최고한도액을 과징금으로 부과한 것은 재량권의 일탈·남용에 해당한다고 판시하였다.[59)]

2. 채무보증 금지의 운용실적 및 성과

그동안 계열회사에 대한 채무보증 금지의 운영실적을 살펴보면 대규모기업집단의 자기자본대비 제한대상채무보증의 비율은 1993년 342.4%에서 1998년 39.5%, 2002년 0.2%, 2008년 0.04%, 2014년 0.02%, 2018년 0.01%로, 제한대상채무보증액은 1993년 약 120조 6천억원에서 1998년 26조 9천억원, 2002년 약 6,758억원, 2008년 약 1,430억원으로 지속적으로 감소하다가 2009년 약 5,213억원, 2010년 약 4,490억원, 2011년 약 1조 8,476억원으로 다소 증가하였는데, 다시 2012년 이후 급격히 감소하여 2016년 약 107억원, 2020년 약 7억원에 불과하다.[60] 즉, 동 제도의 시행으로 대기업집단의 계열회사 간 채무보증은 대폭 감소하였고, 그 결과 채무보증으로 인한 계열회사 간 연계고리의 차단으로 대기업집단의 기업구조조정을 촉진하고 기업집단 전체의 공동부실화를 방지하여 시스템리스크를 완화하는 데 상당 부분 기여한 것으로 평가할 수 있다.

Ⅶ. 금융·보험회사 및 공익법인의 의결권 제한

1. 금융·보험회사 등의 의결권 제한의 의의

금융·보험회사 및 공익법인의 의결권 제한은 상호출자제한기업집단에 속하는 금융·보험회사이나 해당 기업집단을 지배하는 동일인의 특수관계인에 해당하는 공익법인에 대하여 동 회사나 공익법인이 취득 또는 소유하고 있는 국내계열회사 주식에 대한 의결권의 행사를 원칙적으로 금지하고, 예외적인 경우에 한하여 허용하는 것이다. 금융·보험회사가 다른 회사의 주식을 소유하는 주된 목적은 해당 회사를 지배하기 위한 것이라기보다는 고객으로부터 수탁 받은 자산의 수익성을 제고하기 위한 것이라고 할 것이다. 그런데 고객으로부터 수탁 받은 자산으로 취득·보유한 계열회사의 주식을 이용하여 동일인의 기업집단에 대한 지배력을 유지·확장할 우려가 있으므로 이를 방지하기 위한 것이다.

또한 종래 우리나라 대기업집단 중 다수가 공익법인을 설립·운영하고 있는

59) 서울고법 2005. 1. 19. 선고 2004누4149 판결. 동 법원은 공정거래위원회가 종전에 유사한 사례에서 평균적으로 법 위반 채무보증액의 약 1.6%를 과징금으로 부과하였음을 지적하였다.

60) 공정거래위원회, 「2021년판 공정거래백서」, 2021, p. 289.

데,[61] 이들 공익법인이 당초의 설립 취지와는 달리 동일인의 편법적 지배력 확대, 경영권 승계 또는 부당지원이나 사익편취의 수단으로 악용되고 있다는 비판이 제기되었고, 결국 2020년 법 전부 개정으로 상호출자제한기업집단 소속 공익법인이 보유한 계열회사 주식에 대한 의결권 행사를 금융·보험회사의 경우에 준하여 제한하게 되었다.

〔연 혁〕

금융·보험회사의 의결권 제한은 1986년 법 개정을 통하여 최초로 도입되었는데 당시에는 금융·보험회사가 보유하고 있는 국내계열회사 주식에 대한 의결권 행사는 일체 금지되었으며 이에 대한 예외조항이 없었다. 그 후 1992년 법 개정을 통하여 산업자본에 의한 금융지배의 우려가 적고 고객자산의 운용을 통한 수익성 증대라는 금융·보험사의 본래의 목적 실현을 위한 경우, 즉 금융업 및 보험업을 영위하기 위한 경우나 보험자산의 효율적인 운용·관리를 위하여 관계법령에 의한 승인 등을 얻어 주식을 취득 또는 소유한 경우에는 예외적으로 의결권을 행사할 수 있도록 하였다.

또한 1990년대 후반부터 국내 자본·주식시장의 개방으로 국내 상장회사에 대한 외국인들의 적대적 M&A의 위험이 증가함에 따라 계열회사의 경영권 방어를 위하여 금융·보험사의 의결권행사를 허용할 필요가 있다는 지적에 따라 2002년 법 개정 시 금융·보험회사가 보유하고 있는 상장계열회사의 주식에 대하여 경영권과 관련된 임원의 선임 또는 해임, 정관 변경, 합병 및 영업양도 등의 안건에 한하여 특수관계인과 합하여 당해 계열회사의 발행주식총수의 30%를 초과하지 않는 범위에서 의결권을 행사할 수 있도록 하는 예외조항을 신설하였다(구법 제11조 제3호). 그러나 의결권 제한이 완화된 이후에 당초의 개정 취지와는 달리 금융·보험회사의 고객자산이 대주주의 지배권을 유지·강화하는 수단으로 악용되었다는 지적에 따라 2004년 법 개정 시 예외적으로 행사할 수 있는 의결권의 한도를 종전의 30%에서 15%로 축소하였다. 그 후 2016년 법 개정으로 금융·보험사가 예외적으로 의결권을 행사할 수 있는 주식의 수를 산정하는 기준이 되는 계열회사 발행주식총수에서 의결권 없는 주식의 수가 제외됨을 명확하게 규정하였다(구법 제11조 제3호). 또한 2020년 법 전부 개정으로 대기업집단 소속 공익법인이 보유한 계열회사 주식에 대한 의결권 행사 역시 금융·보험회사의 경우에 준하여 제한하게 되었다(법 제25조 제2항).

61) 2017. 9. 1. 지정된 57개 공시대상기업집단 중 51개 기업집단이 165개 공익법인을 보유하고 있고 이들 중 40%에 해당하는 66개 공익법인이 총 119개 계열회사 주식을 보유중인데, 그에 대한 의결권 행사 시 모두 찬성한 것으로 나타났다(공정거래위원회 보도자료, "대기업집단 소속 공익법인 운영실태 분석 결과", 2018. 6. 29).

2. 금융·보험회사 등의 의결권 제한의 내용

(가) 적용대상 및 금지행위

금융·보험회사 등의 의결권 제한의 적용대상은 상호출자제한기업집단에 속하는 국내 회사로서 금융업 또는 보험업을 영위하는 회사 및 상호출자제한기업집단이 속하는 회사를 지배하는 동일인의 특수관계인에 해당하는 공익법인('상속세 및 증여세법'에 따른 공익법인을 말함)이다(법 제25조 제1항 및 제2항). 여기서 말하는 "금융업 또는 보험업"이란 통계법에 따라 통계청장이 고시하는 한국표준산업분류상 분류상 금융 및 보험업을 말하며(법 제2조 제10호), 다만, 법 제18조 제2항 제5호의 일반지주회사는 금융업 또는 보험업을 영위하는 회사로 보지 아니한다(동 호 단서).

위에 해당하는 회사 및 공익법인이 각각 취득 또는 보유하고 있는 국내계열회사 주식 및 해당 기업집단의 동일인이 지배하는 국내 계열회사 주식에 대하여 의결권을 행사할 수 없다(법 제25조 제1항 및 제2항). 이와 관련하여 동양카드의 의결권제한 위반 사건에서 주주총회에 참석하였으나 적극적으로 결의에는 참가하지 않은 경우에 의결권을 행사한 것으로 볼 수 있는지 여부가 다투어졌다. 이 사건에서 위 회사는 계열회사의 주주총회에 참석하여 적극적으로 표결에 참가하지는 않았지만 보유주식이 참석주식 수에 산입되었고 안건이 출석주주 전원의 찬성으로 가결되었다. 이에 대하여 공정거래위원회는 "'의결권행사'라 함은 주주로서 주주총회에 출석하여 상정안건에 대하여 적극적·명시적으로 가·부의 의사표시를 하는 경우뿐만 아니라 출석주주가 소극적·묵시적으로 행동할 경우 상정안건의 찬성 또는 반대 주식수에 산입될 것임을 알 수 있는 상황에서 자기의 출석주식수가 찬성 또는 반대 주식수에 산입되지 아니하도록 별다른 의사표시를 하지 아니하여 실제로 당해 출석주식이 상정안건의 찬성 또는 반대 주식수에 산입되었다면 당해 출석주주는 의결권을 행사한 것으로 보는 것이 타당하다."라고 하면서 의결권을 행사한 것으로 인정하였다.[62)]

(나) 의결권 행사의 예외적 허용

금융·보험회사나 공익법인이라고 하더라도 일정한 사유에 해당하는 경우 계열회사의 주주총회에 참석하여 의결권을 행사할 수 있다. 먼저, 금융·보험회사의 경우에는 (1) 금융업 또는 보험업을 영위하기 위하여 주식을 취득 또는 소유하는 경우, (2) 보험자산의 효율적인 운용·관리를 위하여 '보험업법' 등에 따른 승인 등을

62) 대규모기업집단 동양소속 동양카드의 의결권제한 규정 위반행위에 대한 건(공정거래위원회 의결 제2000-125호, 2000. 8. 5).

얻어 주식을 취득 또는 소유하는 경우, (3) 해당 국내계열회사(상장법인에 한함)의 주주총회에서 임원의 선임 또는 해임, 정관 변경, 그 계열회사의 다른 회사로의 합병, 영업의 전부 또는 주요 부분의 다른 회사(계열회사인 경우는 제외)로의 양도를 결의하는 경우(그 계열회사의 주식 중 의결권을 행사할 수 있는 주식의 수는 그 계열회사에 대하여 특수관계인 중 대통령령이 정하는 자를 제외한 자가 행사할 수 있는 주식수를 합하여 그 계열회사의 의결권 없는 주식의 수를 제외한 발행주식총수의 15%를 초과할 수 없음)에는 의결권을 행사할 수 있다(법 제25조 제1항 단서 및 법 시행령 제32조).

또한 공익법인의 경우에는 (1) 해당 국내계열회사의 발생주식총수를 소유하는 경우, (2) 해당 국내계열회사(상장법인에 한함)의 주주총회에서 임원의 선임 또는 해임, 정관 변경, 그 계열회사의 다른 회사로의 합병, 영업의 전부 또는 주요 부분의 다른 회사(계열회사인 경우는 제외)로의 양도를 결의하는 경우(그 계열회사의 주식 중 의결권을 행사할 수 있는 주식의 수는 그 계열회사에 대하여 특수관계인 중 경영을 지배하려는 공동의 목적을 가지고 기업결합에 참여하는 자를 제외한 자가 행사할 수 있는 주식수를 합하여 그 계열회사의 의결권 없는 주식의 수를 제외한 발행주식총수의 15%를 초과할 수 없음)에는 의결권을 행사할 수 있다(법 제25조 제2항 단서 및 법 시행령 제32조).[63)]

위 금융·보험회사에 대한 첫째 예외사유와 관련하여, '금융업 또는 보험업을 영위하기 위하여'의 의미가 금융·보험회사가 자신의 금융업 또는 보험업의 사업을 영위하기 위하여 금융회사 또는 비금융회사를 가리지 아니하고 다른 회사의 주식을 취득하는 것이 가능하다는 것인지, 아니면 금융·보험업 관련 사업을 영위하는 회사의 주식을 취득하는 것만 가능하다는 것인지가 다투어질 수 있는데, 동 규정이 동종 업종의 영위를 통한 금융·보험업의 시너지효과 등을 제고하기 위해 도입되었다는 점을 감안한다면 후자가 보다 합리적인 해석이라고 할 것이다.

둘째 예외사유와 관련해서도 '보험자산의 효율적인 운용·관리를 위하여'를 좁게 '사업내용 면에서 보험사업과 밀접하게 관련된 사업을 영위하기 위하여'를 의미하는 것으로 해석하는 견해와, 넓게 구 보험업법 시행령 제16조가 주식취득의 승인사유로 규정하고 있는 "보험사업자의 경영의 건전성과 그 자산운용의 효율성의 증진 기타 보험가입자의 이익보호를 위하여 필요한 경우"와 동일한 의미로 보아서 동 조항에 따라 승인관청의 승인을 얻어 취득한 주식은 당연히 예외가 인정된다고 해석하는 견해가 대립되었다. 삼성생명보험의 의결권제한 위반 사건에서 공정거래위원회는 전자의 입장을 취하여 동 회사가 당시 재무부 장관의 승인을 얻어 취득한 계열회사의 주식이

63) 공익법인이 보유한 계열회사 주식에 대한 의결권 제한은 2022. 12. 30.에 시행되어 2023년부터 3년에 걸쳐 단계적으로 30%에서 15%로 의결권 행사한도가 축소되도록 하였다.

라고 할지라도 사업내용 면에서 보험사업과 밀접한 관련이 없는 사업을 영위하는 계열회사의 주식은 의결권제한의 예외사유에 해당하지 않는다고 판단하였다.

그러나 관련 행정소송에서 서울고법은 구법 제11조 단서의 "보험자산의 효율적인 운용·관리를 위하여"의 의미는 사실상 구 보험업법 시행령 제16조의 승인사유와 동일한 의미로서 "보험자산의 운용으로 인한 이득은 증대시키고, 손실이나 위험의 발생은 감소시키는 것"을 의미하고, 반드시 '사업내용 면에서 보험사업과 밀접하게 관련된 사업을 영위하는 경우'로 제한하여 해석해야 할 근거는 없다고 하면서 위 회사가 구 보험업법 시행령 제16조에 의하여 승인을 얻어 주식을 취득한 경우에는 구법 제11조 단서의 예외사유에 해당된다고 판시하였다.64)

셋째 예외사유는 공익법인의 경우에도 동일하게 규정하고 있는데, 적대적 M&A로부터 국내 상장기업의 경영권을 보호하기 위해 2002년 법 개정을 통하여 도입되었다. 다른 계열회사 등 특수관계인과 해당 금융·보험회사가 동일한 계열회사에 대하여 주식을 소유하고 있는 경우에는 우선 특수관계인이 소유하고 있는 주식의 의결권을 행사하도록 한 후 금융·보험회사는 의결권 행사한도인 15% 범위 내에서 다른 특수관계인이 행사한 지분을 공제한 나머지 지분에 해당하는 주식의 의결권을 행사할 수 있을 뿐이다. 따라서 다른 특수관계인이 해당 계열회사에 대하여 15% 이상의 지분에 해당하는 주식을 소유하고 의결권을 행사하는 경우에는 금융·보험회사는 그 계열회사의 주식을 소유하고 있더라도 의결권을 전혀 행사할 수 없게 된다.

2002년 도입 당시에는 위 예외사유에 해당되어 금융·보험회사가 행사할 수 있는 의결권의 한도가 30%였으나 적대적 M&A로부터의 경영권방어라는 본래의 취지를 살리지 못하고 오히려 산업자본에 의한 금융지배의 수단으로 악용되고 있다는 지적에 따라 2004년 법 개정을 통하여 그 한도가 15%로 축소되었고, 2020년 법 전부 개정을 통하여 적대적 M&A에 대한 방어와는 무관한 계열회사 간 합병이나 영업양도에 대한 의결권 행사를 예외사유에서 제외하였다.

(다) 금융·보험회사 의결권제한 위반의 효과

금융·보험회사나 공익법인이 법상 의결권 제한을 위반한 경우에 공정거래위원회는 해당 행위의 중지 등의 시정조치를 명할 수 있으나(법 제37조 제1항), 지주회사 등의 행위제한, 상호출자의 금지, 순환출자의 금지나 채무보증의 금지를 위반한 경우와는 달리 과징금을 부과할 수는 없다(법 제38조 참고). 또한 동 규정을 위반하여 의결

64) 서울고법 2003. 7. 10. 선고 2001누2159 판결. 상고심에서 대법원도 사실상 동일한 취지로 상고를 기각하였다(대법원 2005. 12. 9. 선고 2003두10015 판결).

권을 행사한 자에 대하여 3년 이하의 징역 또는 2억원 이하의 벌금에 처할 수 있다(법 제124조 제1항 제3호).

한편 법 제25조의 규정을 위반하여 주주총회에서 의결권을 행사한 경우 해당 주주총회 결의의 효력에 대하여 의문이 있을 수 있다. 즉, 의결권행사가 제한되는 금융·보험회사가 계열회사의 주주총회의 결의에 참석하여 보유주식에 대한 의결권을 행사한 경우에 동 결의는 하자있는 결의로서 결의취소의 소의 원인이 될 수 있는지의 문제이다. 이에 대하여 현행 독점규제법상 아무런 규정이 없으나 주주 아닌 자의 결의참가[65] 또는 의결권 없거나 제한된 주주의 의결권행사[66]의 경우에 준하여 결의방법의 하자가 존재하는 경우로서 결의취소의 소의 원인이 된다고 보아야 할 것이다.

토의 과제

1 금융·보험회사나 공익법인의 의결권 제한의 예외사유로서 계열회사의 주주총회에서 임원의 선임, 정관변경, 합병 및 영업양도에 관한 사항을 결의하기 위한 경우를 규정한 취지를 생각해 보고, 이에 해당하는 경우 동일한 계열회사에 대하여 다른 계열회사 역시 주식을 보유하고 있을 때 당해 금융·보험회사가 보유하고 있는 주식 중 의결권을 행사할 수 있는 주식의 수를 산정하는 방법을 설명해 보시오.

2 2020년 전부 개정된 독점규제법은 대기업집단 소속 공익법인에 대하여 금융·보험회사의 경우에 준하여 의결권을 제한하고 있는데, 양자의 설립 목적 및 보유자산의 성격에 비추어 볼 때, 정책적으로 바람직한지에 대해 생각해 보시오.

Ⅷ. 대규모내부거래 및 특수관계인인 공익법인의 이사회 의결 및 공시

독점규제법은 대기업집단에 의한 경제력집중을 직접적으로 규제하는 방법 이외에도, 기업집단 내부의 거래를 통해 경제력집중을 유지·확장하는 것을 사전적으로

65) 대법원 1983. 8. 23. 선고 1983도748 판결 참고.
66) 대법원 1965. 11. 16. 선고 1965다1638 판결 참고.

억제하기 위하여 대기업집단에 속한 회사와 그 특수관계인 사이에 이루어지는 일정 규모 이상의 내부거래에 대하여 사전에 이사회의 의결을 거쳐서 공시하도록 규정하고 있다. 또한 2020년 법 전부 개정으로 대기업집단 소속 공익법인이 행하는 해당 기업집단 소속 국내계열회사 주식의 취득·처분이나 특수관계인과의 내부거래 역시 사전에 이사회의 의결을 거친 후 공시하도록 하였다.

즉, 공시대상기업집단에 속하는 국내회사는 특수관계인(국외 계열회사는 제외함)을 상대방으로 하거나 이를 위하여 그 거래금액이 50억원 이상이거나 그 회사의 자본총계 또는 자본금 중 큰 금액의 5% 이상인 가지급금 또는 대여금 등의 자금거래, 주식 또는 회사채 등의 유가증권거래, 부동산 또는 무체재산권 등의 자산거래, 또는 주주의 구성 등을 고려하여 대통령령으로 정하는 계열회사[67]를 상대방으로 하거나 이를 위하여 상품 또는 용역의 거래[68]를 하거나 그 주요 내용을 변경하려는 경우에는 미리 이사회의 의결을 거친 후 거래의 목적 및 대상, 거래의 상대방, 거래의 금액 및 조건, 해당 거래상대방과의 동일 거래유형의 총거래잔액 등을 공시하여야 한다(법 제26조 제1항부터 제2항까지 및 법 시행령 제33조 제1항부터 제3항까지).[69] 다만, 공시대상기업집단에 속하는 국내회사 중 금융업 또는 보험업을 영위하는 회사가 약관에 따라 정형화된 거래로서 금융업 또는 보험업을 영위하는 과정에서 발생하는 일상적인 거래를 하는 경우에는 이사회의 의결을 거칠 필요가 없지만, 이 경우에도 그 거래 내용은 공시하여야 한다(법 제26조 제4항 및 법 시행령 제33조 제4항).

또한 공시대상기업집단에 속하는 회사를 지배하는 동일인의 특수관계인인 공익법인 역시 해당 기업집단에 속하는 국내회사 주식의 취득 또는 처분, 해당 기업집단의 특수관계인(국외 계열회사는 제외함)을 상대방으로 하거나 이를 위하여 그 거래금액이 50억원 이상이거나 그 공익법인의 순자산총계 또는 기본순자산 중 큰 금액의 5% 이상인 가지급금 또는 대여금 등의 자금거래, 주식 또는 회사채 등의 유가증권거래, 부동산 또는 무체재산권 등의 자산거래, 또는 주주의 구성 등을 고려하여 대통령령으로 정하는 계열회사[70]를 상대방으로 하거나 이를 위한 상품 또는 용역 거

---

67) 자연인인 동일인이 단독으로 또는 동일인의 친족과 합하여 발행주식 총수의 20% 이상을 소유하고 있는 계열회사 또는 그 계열회사의 상법상 자회사인 계열회사를 말한다(법 시행령 제33조 제2항).

68) 종전에는 계열회사 간 상품 또는 용역의 거래는 이사회 의결 및 공시의 대상으로 삼지 않았으나, 이 역시 경제력집중의 유지·확장 수단으로 악용될 수 있다는 지적에 따라 2007년 법 개정으로 이를 포함시켰다.

69) 상장법인의 경우 상법에 따라 설치한 이사회 내 위원회(사외이사가 세명 이상 포함되고, 사외이사의 수가 위원총수의 3분의 2 이상인 경우로 한정함)에서 의결한 경우에는 이사회의 의결을 거친 것으로 본다(법 제25조 제5항).

래를 하거나 그 주요내용을 변경하려는 경우에는 미리 이사회의 의결을 거친 후 거래의 목적 및 대상, 거래의 상대방, 거래의 금액 및 조건, 해당 거래상대방과의 동일 거래유형의 총거래잔액 등을 공시하여야 한다(법 제29조 제1항부터 제2항까지 및 법 시행령 제36조 제1항부터 제2항까지).[71)]

대규모내부거래와 공익법인의 자본거래 및 내부거래에 대한 이사회 의결 및 공시 의무를 부과하는 취지는 경제력집중을 유지하거나 확대하는 방편으로 사용될 우려가 있는 대규모내부거래에 대하여 이사회의 의결을 거치도록 함으로써 내부의 견제장치로서 기능하도록 할 뿐만 아니라 그 책임소재를 명확하게 하고, 아울러 이를 공시하도록 하여 공정거래위원회 등 외부의 감시가 용이하도록 함으로써 부당한 내부거래를 억제하기 위한 것이다.

대규모내부거래와 공익법인의 이사회 의결 및 공시 의무를 위반한 경우에는 해당 행위의 중지 등의 시정조치를 명할 수 있으나(법 제37조 제1항) 과징금이나 벌칙을 부과할 수는 없고(법 제38조 및 법 제124조 참고), 동 규정을 위반하여 이사회의 의결을 거치지 아니하거나 공시를 하지 아니한 자 또는 주요 내용을 누락하거나 거짓으로 공시한 자에 대하여 과태료를 부과할 수 있다(법 제130조 제1항 제4호).

Ⅸ. 대기업집단에 관한 정보의 공시 및 공개

독점규제법은 대기업집단을 중심으로 한 경제력집중을 억제하기 위하여 이상에서 살펴본 규제들 이외에도, 대기업집단에 관한 중요한 정보를 당해 기업집단이 스스로 공시하거나 공정거래위원회가 공개할 수 있도록 규정하고 있다. 특히, 2009년 폐지된 출자총액제한제도에 관한 논란에서 보는 바와 같이 경제력집중의 억제를 위한 사전적·개입주의적 규제는 기업의 적극적인 경영활동에 장애가 될 수 있다는 지적에 따라 법상 경제력집중 억제 조치의 중점이 종전의 사전적 출자규제에서 시장의 자율적인 사후적 감시와 평가가 가능하도록 대기업집단에 관한 정보를 충분히 공시하도록 하거나 공개하는 방향으로 전환되고 있다고 할 수 있다.

---

70) 대규모내부거래의 경우와 마찬가지로 자연인인 동일인이 단독으로 또는 동일인의 친족과 합하여 발행주식 총수의 20% 이상을 소유하고 있는 계열회사 또는 그 계열회사의 상법상 자회사인 계열회사를 말한다(법 시행령 제36조 제2항).

71) 공정거래위원회는 법 제26조의 대규모내부거래의 이사회 의결 및 공시 및 법 제29조의 특수관계인인 공익법인의 이사회 의결 및 공시와 관련하여 '대규모내부거래 등에 대한 이사회 의결 및 공시에 관한 규정'을 제정하여 고시하고 있다.

먼저, 공시대상기업집단에 속하는 국내회사 중 일정규모 이상의 자산총액 등 대통령령이 정하는 기준에 해당하는 회사(금융업 또는 보험업을 영위하는 회사는 제외함)[72]로서 상장법인을 제외한 회사(비상장회사)는 (1) 최대주주와 주요주주(누구의 명의로 하든지 자기의 계산으로 회사의 의결권 있는 발행주식총수의 10% 이상의 주식을 소유하거나 임원의 임면 등 회사의 주요 경영사항에 대해 사실상 지배력을 행사하고 있는 주주를 말함)의 주식보유현황 및 그 변동사항, 임원의 구성현황 및 그 변동사항, (2) 자산·주식의 취득, 증여, 담보제공, 채무인수·면제 등 회사의 재무구조에 중요한 변동을 초래하는 사항으로서 대통령령이 정하는 사항, (3) 영업양도·양수, 합병·분할, 주식의 교환·이전 등 회사의 경영활동과 관련된 중요한 사항으로서 대통령령이 정하는 사항을 공시하여야 한다(법 제27조 및 법 시행령 제34조). 이는 2004년 법 개정 시 도입된 것으로서 대기업집단 소속 비상장회사들이 당해 기업집단 내 상장기업들과 복잡한 출자관계를 형성하여 경제력집중을 유지·확대함에도 불구하고 상장기업이나 등록기업과는 달리 그 소유지배구조나 경영상황이 시장에 노출되지 않아서 대기업집단의 불합리한 경영행태 및 소유지배구조에 대한 시장의 감시기능이 제대로 작동되지 않는다는 지적에 따른 것이다.

또한 공시대상기업집단에 속하는 국내회사 중 자산총액이 100억원 미만인 회사로서 청산절차가 진행 중이거나 1년 이상 휴업 중인 회사를 제외한 모든 회사는 그 기업집단의 일반현황, 주식소유현황, 지주회사 등이 아닌 계열회사 현황(지주회사 등의 자산총액 합계액이 기업집단 소속 회사의 자산총액 합계액의 50% 이상인 경우로 한정함), 2개의 국내계열회사가 서로의 주식을 취득 또는 소유하고 있는 상호출자 현황, 순환출자 현황, 채무보증 현황, 취득 또는 소유하고 있는 국내계열회사주식에 대한 의결권 행사(금융업 또는 보험업을 영위하는 회사의 주식에 대한 의결권 행사는 제외함) 여부 및 특수관계인과의 거래현황으로서 대통령령으로 정하는 사항을 공시하여야 한다(법 제28조 및 법 시행령 제35조 제1항). 이는 기존의 공시제도들이 주로 개별회사의 현황을 공시하도록 한 것에 반하여, 이해관계인이 해당 기업집단 전체의 현황을 일목요연하게 파악할 수 있도록 하기 위한 것으로서 2009년 법 개정으로 출자총액제한제도가 폐지되면서 새로이 도입되었다.

나아가 2020년 법 전부 개정으로 도입된 것으로서 공시대상기업집단에 속하는

---

72) 자산총액이 100억원 이상인 회사 또는 자산총액이 100억원 미만인 회사로서 특수관계인이 단독으로 또는 다른 특수관계인과 합하여 발행주식총수의 20% 이상의 주식을 소유한 회사 또는 그 회사가 단독으로 발행주식의 50%를 초과하는 주식을 소유하는 회사를 말한다(법 시행령 제34조 제1항).

회사를 지배하는 동일인은 의식불명, 실종선고, 성년후견 개시 결정 등의 사유로 공시할 수 없는 경우를 제외하고는 (1) 특수관계인(자연인인 동일인 및 그 친족만을 말함)이 단독으로 또는 다른 특수관계인과 합하여 발행주식총수의 20% 이상의 주식을 소유한 국외 계열회사의 주주 구성 등 대통령령으로 정하는 사항, (2) 공시대상기업집단에 속하는 국내회사의 주식을 직접 또는 대통령령으로 정하는 방법으로 소유하고 있는 국외 계열회사의 주식소유 현황 등에 관한 사항으로서 대통령령으로 정하는 사항 및 그 국외 계열회사가 하나 이상 포함된 순환출자 현황을 공시하여야 한다(법 제28조 제2항 및 법 시행령 제35조 제3항부터 제6항까지).[73)]

그 밖에도 공시대상기업집단에 속하는 국내회사는 해당 회사의 주주의 주식소유 현황·재무상황 및 다른 국내회사 주식의 소유현황을 공정거래위원회에 신고하고(법 제30조 제1항),[74)] 상호출자제한기업집단에 속하는 국내회사는 채무보증 현황을 국내 금융기관의 확인을 받아 공정거래위원회에 신고해야 한다(동조 제2항). 또한 공정거래위원회는 과도한 경제력집중을 방지하고 기업집단의 투명성을 제고하기 위하여 공시대상기업집단에 속하는 회사의 일반현황, 지배구조현황, 이들 회사 간 또는 이들 회사와 그 특수관계인 간의 출자, 채무보증, 거래관계 등에 관한 정보를 공개할 수 있다(법 제35조 제1항).

토의 과제

> 독점규제법이 대기업집단에 속하는 회사의 경우 상장회사뿐만 아니라 비상장회사에 대해서까지 그 소유지배구조와 관련된 중요사항, 재무구조에 중요한 변동을 초래하는 사항 및 경영활동에 중요한 변동을 초래하는 사항 등을 공시하도록 하는 취지를 설명해 보시오.

73) 공정거래위원회는 법 제27조의 비상장회사의 중요사항 공시 및 법 제28조의 기업집단현황 등에 관한 공시와 관련하여 '공시대상기업집단 소속회사 등의 중요사항 공시에 관한 규정'을 제정하여 고시하고 있다.

74) 호텔롯데 등의 주식소유현황 신고의무 위반 사건에서 구법 제13조에 따라 주식소유현황 등을 신고함에 있어서 포함시켜야 할 '계열회사가 소유한 주식'에 해외 주주사의 보유 주식도 포함되는지 여부가 문제가 다투어졌는데, 관련 행정소송에서 서울고법은 관계 법령의 문언, 법상 대기업집단 규제의 취지 등에 비추어 해외 주주사의 보유 주식도 포함된다고 판시하였다(서울고법 2017. 5. 24. 선고 2016누70279 판결). 동 판결에 대하여 상고가 제기되지 않아서 동 판결이 확정되었다.

제 5 장 부당한 공동행위의 제한

Ⅰ. 개 설

부당한 공동행위는 둘 이상의 사업자가 공동으로 상품 또는 용역의 가격 등의 거래조건, 거래량, 거래상대방 또는 거래지역 등을 제한하는 행위를 말하는데, 통상 '카르텔'(cartel) 또는 '담합'이라고 한다. 부당한 공동행위는 참여사업자들 사이의 경쟁을 직접적으로 소멸시킴으로써 통상 경쟁에 미치는 부정적 효과가 직접적이고 명백하므로 독점규제법을 포함한 각국의 경쟁법은 시장지배적사업자의 독점행위 및 경쟁제한적 기업결합과 함께 이를 가장 핵심적인 규제대상으로 삼고 있다.[1)]

독점규제법 제40조 제1항은 계약·협정·결의 또는 그 밖의 어떠한 방법으로도 다른 사업자와 공동으로 부당하게 경쟁을 제한하는 행위를 할 것을 합의하거나 다른 사업자로 하여금 이를 하도록 하는 것을 금지하고, 동 항 각 호에서 그 유형으로서 (1) 가격고정합의, (2) 거래조건합의, (3) 공급제한합의, (4) 거래지역·거래상대방제한합의, (5) 설비제한합의, (6) 종류·규격제한합의, (7) 영업의 공동수행·관리 합의 또는 회사설립, (8) 입찰·경매담합, (9) 기타 경쟁을 실질적으로 제한하는 사업활동방해·제한합의 및 정보교환합의[2)] 등 9가지를 열거하고 있다. 그런데 경쟁을 제한하는 공동행위라고 할지라도 때로는 경제정책 또는 산업정책적 고려에 따라 허용해야 할 경우가 있으므로, 법 제40조 제2항은 공동행위가 불황극복을 위한 산업구조조정, 연구·기술개발, 거래조건의 합리화, 또는 중소기업의 경쟁력향상을 위한 경우로서 법 시행령이 규정하는 요건을 충족하여 공정거래위원회의 인가를 받은 때에는 예외적으로 허용하고 있다.[3)]

---

1) 예컨대, 미국의 경우에 셔먼법 제1조의 '거래제한적 합의' 및 클레이튼법 제3조의 '끼워팔기'(tying arrangements)와 '배타적 거래'(exclusive dealings) 등이, EU의 경우에는 EU기능조약 제101조의 '경쟁을 제한하는 합의 및 동조적 행위'가, 일본의 경우에는 '사적독점의 금지 및 공정거래의 확보에 관한 법률' 제3조의 '부당한 거래제한'이 경쟁을 제한하는 공동행위를 규제하는 조항에 해당한다.

2) '정보교환합의'(법 제40조 제1항 제9호 후단)는 2020년 법 전부 개정에 따라 추가된 공동행위의 유형이다.

3) 그동안 부당한 공동행위의 인가는 극히 제한적으로 이루어졌는데, 1987년 동 제도가

한편, 부당한 공동행위에 대한 규제가 강화되면서 사업자 간 부당한 공동행위가 매우 은밀하게 이루어지게 되어 가장 중요한 성립요건인 '합의의 존재'를 입증할 수 있는 증거를 확보하는 것이 극히 곤란하게 되었다. 이는 우리나라뿐만 아니라 부당한 공동행위를 규제하는 각국의 경쟁당국이 공통적으로 직면하고 있는 문제이다. 이러한 문제에 대한 대응방식은 각국의 입법정책 및 법집행관행에 따라 상이한데, 미국·독일 등 선진국의 경쟁당국은 강력한 강제조사권한을 가지고 경쟁을 제한하는 합의의 입증 곤란을 극복하고 있으며 법원도 직접증거가 아닌 정황증거를 근거로 합의의 존재를 관대하게 인정하고 있다.

독점규제법 역시 경쟁을 제한하는 합의의 입증부담을 입법적으로 경감시키기 위해 법 제40조 제5항에서 일정한 요건이 충족되면 합의에 대한 직접적 입증이 없는 경우에도 이를 추정할 수 있는 조항을 두고 있다. 그러나 이와 같이 입법적으로 '합의의 추정'을 규정하는 것은 유사 입법례를 찾아 볼 수 없는 매우 이례적인 것으로서 종래 추정의 요건 및 효과와 관련하여 학설 및 판례상 많은 논란을 야기하였고, 결국 2007년 법 개정을 통하여 이러한 비판을 수용하여 합의를 추정할 수 있는 요건을 수정하였다. 또한 아래에서 설명하는 바와 같이 종래 공정거래위원회가 사업자 간 경영상 민감한 정보를 교환하는 행위를 근거로 합의의 존재를 인정한 사건들에서 법원은 합의의 존재를 인정하는 데 상대적으로 소극적인 태도를 보였고, 이에 대응하여 2020년 전부 개정된 독점규제법은 사업자 간 정보교환 행위(information exchange)를 근거로 합의의 존재를 추정할 수 있는 조항(법 제40조 제5항 제2호)을 추가하였다.

그 밖에 실무상 중요한 제도로서 공동행위 자진신고자 등에 대한 감면제도가 운영되고 있는데(법 제44조), 이는 소위 '리니언시 제도'(leniency policy)로서 부당한 공동행위에 참여한 사업자의 자발적인 신고나 조사협조를 유도하기 위하여 1996년 법 개정을 통해 도입되었다. 현재 우리나라뿐만 아니라 다수 국가의 경쟁당국이 경성 카르텔을 적발해 내기 위한 수단으로 동 제도를 적극적으로 활용하고 있다. 동 제도는 1996년 처음 도입된 이후 점차 개선되었는데, 특히 2005년 법 시행령 개정으

도입된 이래 이에 따라 공동행위가 허용된 사례는 모두 7건에 불과하고, 이 중 6건은 그 이전에 시행되던 공동행위 등록제도에 따라 등록되어 1987년 이후까지 계속된 사안이고, 1988년 이후 새롭게 인가된 사례는 단 한 건도 없다. 또한 위 7건의 공동행위 역시 1997년 한국선박대리점협회의 경쟁제한행위를 끝으로 모두 기한이 만료되었다. 다만, 2009년 30개 지역 388개 레미콘 사업자 및 한국레미콘공업협동조합연합회 등 11개 레미콘 사업자단체가 인가를 신청하였는데, 공정거래위원회는 인가 신청 행위 중 원재료 공동구매 및 물량 배분 등은 불허하고 공동 품질관리 및 연구개발만 허용하였다(공정거래위원회 보도자료, "레미콘 업계 신청 공동행위, 부분 인가", 2010. 1. 21).

로 공정거래위원회가 조사를 시작하기 전에 최초로 신고한 자로서 일정한 요건에 해당하는 경우에는 과징금 및 시정조치 모두를 반드시 면제하도록 하는 등(구법 시행령 제35조 제1항) 공정거래위원회의 재량의 여지를 대폭 축소함으로써 적극적으로 활용되었다. 또한 공정거래위원회는 위 법 시행령에 근거를 두고 '부당한 공동행위 자진신고자 등에 대한 시정조치 등 감면제도 운영고시'(공정거래위원회 고시 제2005-7호, 2005. 4. 1.)를 제정하여 감면제도의 세부 운영절차 및 과징금감면기준 등을 규정하였고 그 이후에도 법집행과정에서 제기된 문제점을 해결하기 위해 지속적으로 개선시켜왔는데,[4] 국제카르텔을 포함하여 다수의 중요한 경성카르텔의 적발에 크게 기여한 것으로 평가된다.

마지막으로 부당한 공동행위를 포함한 일정한 범위의 법 위반행위를 신고 또는 제보하고 이를 입증할 수 있는 증거자료를 최초로 제출한 자에 대하여 포상금을 지급할 수 있다(법 시행령 제91조).[5] 공동행위 신고자 등에 대한 감면제도가 직접 부당한 공동행위에 참여한 사업자, 즉 내부자의 협조를 유도하기 위한 것인 반면, 포상금제도는 법 위반행위에 직접 참여한 사업자 이외의 관련자나 외부자의 협조를 유도하기 위한 것이라는 점에서 차이가 있다. 부당한 공동행위의 입증과 관련된 이상의 다양한 제도와 조치들은 역설적으로 부당한 공동행위의 조사 및 입증이 매우 곤란하고, 실제로 수많은 경쟁제한적인 공동행위가 적발되지 않은 채 은밀하게 행해지고 있음을 나타낸다고 할 수 있다.

토의 과제

1 경쟁을 제한하는 것 이외에 사업자들이 카르텔이나 담합을 실행하는 동기는 어떤 것들이 있는지 생각해 보고, 경쟁정책적 관점에서 그것들에 대하여 정당성을 인정할 수 있는지 생각해 보시오.

4) 위 고시의 개정 연혁은 아래 Ⅳ. 1. '자진신고자 등 감면제도의 내용' 부분 참고.

5) 이는 당초 공정거래위원회가 2002년 제정하여 운영하던 '공동행위제보자에 대한 보상금 지급규정'의 내용을 2004년 법 개정을 통하여 법률에 규정하면서 그 적용대상을 공동행위 이외에 신문업에 있어서의 불공정거래행위, 대규모소매점업에 있어서의 거래상 지위의 남용행위, 부당한 지원행위 및 사업자단체의 금지행위 등으로 확대하였다가, 다시 2020년 전부 개정된 독점규제법은 해당 규정을 삭제하고 대신 법 시행령 제91조에서 사실상 동일한 내용을 규정하였다. 공정거래위원회는 동 제도의 운영에 필요한 세부기준을 정한 '공정거래법 등 위반행위 신고자에 대한 포상금 지급에 관한 규정'을 제정·운용하고 있다.

> [2] 각국의 경쟁법이 복수의 사업자들이 공동으로 행하는 경쟁제한적 행위만을 금지하고, 시장지배력이나 독점력을 가지지 않은 사업자가 단독으로 행하는 경쟁제한적 행위는 원칙적으로 금지하지 않는 이유를 설명해 보시오.

Ⅱ. 부당한 공동행위의 성립요건

독점규제법상 부당한 공동행위가 성립하기 위해서는 첫째, 둘 이상의 사업자가 참여해야 하고(복수성), 둘째, 법 제40조 제1항 각 호[6]가 열거하는 유형 중 하나에 해당하는 행위를 할 것을 합의하거나(합의) 다른 사업자가 이를 하도록 하여야 하고,[7] 둘째, 그 합의가 부당하게 경쟁을 제한하여야 한다(부당한 경쟁제한성).[8] 독점규제법은 종전에는 부당한 공동행위의 성립요건으로서 '경쟁을 실질적으로 제한하는 행위'(실행행위)를 요구하였으나, 1992년 법 개정을 통하여 '일정한 거래분야에서 경쟁을 실질적으로 제한하는 합의'만 있으면 공동행위가 성립되는 것으로 규정하였고, 다시 1999년 법 개정을 통하여 현행과 같이 '부당하게 경쟁을 제한하는 합의'를 금지하는 것으로 규정하였다. 따라서 현행법상 둘 이상의 사업자 간에 부당하게 경쟁을 제한하는 합의만 있으면 그것이 실행되지 않았다고 하더라도 부당한 공동행위가 성립하게 된다.

1. 둘 이상 사업자의 참여

부당한 공동행위의 성립요건 중 둘 이상 사업자의 참여, 즉 '복수성'(plurality) 요건은 대부분의 경우에 문제가 되지 않는다. 다만, 모회사와 자회사 또는 동일한 기업

---

6) 공동행위의 유형을 열거하고 있는 위 규정의 성격과 관련하여 한정적인 열거규정으로 이해하는 입장과 예시규정으로 이해하는 입장이 대립할 수 있으나, 해당 조항의 규정형식으로 보아 열거규정으로 해석하여야 할 것이다. 다만, 입법론으로서 한정적으로 열거하는 것은 바람직하지 않고 예시규정이나 포괄적 금지규정으로 개정하는 것이 바람직할 것이다.

7) 2004년 법 개정을 통하여 직접 경쟁을 제한하는 합의를 하는 행위뿐만 아니라 다른 사업자로 하여금 그와 같은 합의를 하도록 하는 것도 금지하였으나, 이 경우에도 우선 직접적인 참여사업자들을 기준으로 합의의 존재와 부당한 경쟁제한성의 두 가지 요건이 충족되어야 한다.

8) 일부 판결례는 위 요건을 '부당성'과 '경쟁제한성'으로 구분하여 각각 별도의 성립요건으로 다루고 있는데, 내용적인 차이는 없다.

집단에 속하는 계열회사가 법 제40조 제1항 각 호의 하나에 해당하는 행위를 할 것을 합의한 경우에 부당한 공동행위로 규율할 수 있는가라는 문제가 제기될 수 있다. 이는 미국 연방법원의 판례상 인정되는 소위 '기업 내 공모'(intraenterprise conspiracy)의 법리 및 이에 영향을 받은 EU 경쟁법상 '경제적 단일체'(single economic entity) 이론의 적용에 관한 문제인데, 미국 연방대법원은 1984년 Copperweld Corp. v. Independence Tube Corp. 사건[9]에서 모회사와 동 회사가 지분 전부를 소유하고 있는 완전자회사는 완전한 이해의 일치(complete unity of interest)를 가지므로 이들 사이의 공동행위는 셔먼법 제1조의 적용과 관련해서는 하나의 기업의 행위로 보아야 한다고 판시하였다. 그 후 유사한 기타의 상황에도 위 법리가 확대 적용될 수 있는지가 문제로 되었는데, 대부분의 연방 하급법원들은 동일한 모회사가 지분 전부를 소유하고 있는 자매회사 간 합의에 대해서는 동일한 법리를 적용하였으나 지분의 일부만을 소유하고 있는 자회사와의 합의에 대해서도 위 법리가 적용될 수 있는지 여부에 대해서는 상이한 태도를 취하고 있다.[10]

생각건대, 만일 합의에 가담한 사업자들 사이에 완전한 이해의 일치(complete unity of interest)가 존재한다면 논리적으로 이들 사이의 합의는 경쟁법적의미에서 둘 이상의 별도의 사업자 사이에 이루어지는 합의라고 볼 수 없으므로 공동행위로 인정할 수 없을 것이다. 이와 관련하여 공정거래위원회가 제정한 '공동행위심사기준'(공정거래위원회 예규 제390호, 2021. 12. 28. 개정)은 다수의 사업자를 실질적·경제적 관점에서 '사실상 하나의 사업자'로 볼 수 있는 경우에는 그들 간에 이루어진 법 제40조 제1항 각 호의 사항(입찰담합은 제외)에 관한 합의에는 법 제40조 제1항을 적용하지 아니하고, 다만 그 합의에 다른 사업자가 참여한 경우는 그러하지 아니한다고 규정하고 있다(심사기준 Ⅱ. 1. 나. (1)).

나아가 '사실상 하나의 사업자'로 인정하는 기준으로서 (1) 사업자가 다른 사업자의 주식을 모두 소유한 경우(법 제2조 제11호의 동일인 또는 시행령 제4조 제1호의 동일인 관련자가 소유한 주식 포함)에는 당해 사업자들 모두를 하나의 사업자로 보고, (2) 사업자가 다른 사업자의 주식을 모두 소유하지 아니한 경우라도 주식 소유 비율, 당해 사업자의 인식, 임원겸임 여부, 회계의 통합 여부, 일상적 지시 여부, 판매조건 등에 대한 독자적 결정 가능성, 당해 사안의 성격 등 제반 사정을 고려할 때, 사업자가 다른 사업자를 실질적으로 지배함으로써 이들이 상호 독립적으로 운영된다고 볼 수 없는 경우에는 사실상 하나의 사업자로 보되, 다만 관련시장의 현황, 당해 사업자의

---

9) 467 U.S. 752 (1984).

10) ABA Section of Antitrust, *Antitrust Law Developments*, 8th ed., 2017, pp. 32-33 참고.

활동 등을 고려할 때 경쟁관계에 있다고 인정되는 경우에는 그러하지 아니하다고 규정하고 있다(심사기준 Ⅱ. 1. 나. (2)).

실제로 모토로라코리아 등의 입찰담합 사건에서 직접 입찰담합에 가담한 국내 총판 3사 중 하나가 제기한 행정소송에서 이들 사업자들은 모토로라 제품의 판매에 관하여 경쟁관계 자체가 성립할 수 없는 '경제적 단일체'이므로 이들 사이의 합의는 부당한 공동행위에 해당하지 않는다고 주장하였다. 그러나 서울고법은 이들은 모토로라코리아와는 완전히 별개의 법인격을 가진 별개의 거래주체이고, 이들이 공급하는 제품의 부품 중 모토로라의 제품이 차지하는 비중이 50%에 미치지 못하는 등 독자적으로 영업활동을 수행하고 있으며, 기존 대법원의 입장 역시 모회사가 주식의 100%를 소유하고 있는 자회사라고 하더라도 법률적으로는 별개의 독립된 거래주체로 보는 점 등을 근거로 위 주장을 배척하였다.[11)]

2. 합의 또는 '이를 하도록 하는 행위'

(가) 합의의 개념

부당한 공동행위의 성립요건인 합의는 둘 이상의 사업자가 경쟁을 제한하는 행위를 하기로 하는 '의사의 합치' 또는 '의사의 연락'을 말한다.[12)] 여기서 의사의 합치는 넓은 의미에서의 합의를 말하는 것으로서 반드시 청약과 승낙으로 이루어지는 법률적으로 유효한 계약일 필요가 없고, 당사자들 사이에 일정한 내용에 대하여 명시적으로 합의한 경우뿐만 아니라 의사가 일치되었다는 상호인식이나 이해, 즉 묵시적 합의까지 포함하는 넓은 개념이다. 따라서 법 제40조 제1항도 합의의 방법으로서 '계약·협정·결의 또는 그 밖의 어떠한 방법'으로도 합의가 성립될 수 있다고 규정하고 있다.

법원 역시 일관되게 부당한 공동행위의 성립요건인 합의의 의미를 폭넓게 해석하고 있다. 예컨대, 제주지역 7개 렌터카 사업자들의 부당한 공동행위 사건에서 서

---

11) 서울고법 2009. 9. 10. 선고 2008누15277 판결. 상고심에서 대법원은 심리불속행 사유에 해당한다는 이유로 상고를 기각하였다(대법원 2009. 12. 24. 선고 2009두18059 판결).

12) 합의의 개념에 대하여 흔히 사업자 간의 '의사의 합치 또는 연락'(meeting of minds)이라고 표현하는데, 이는 미국 법원들이 셔먼법 제1조에 관한 판결에서 사용한 문구에서 비롯된 것이다. 또한 미국 법원들은 동 조항의 "contract, combination … or conspiracy"의 의미에 대하여 "a unity of purpose or common design and understanding, or a meeting of minds in an unlawful arrangement"{American Tobacco Co. v. United States, 328 U.S. 781(1946)}, "a conscious committment to a common scheme designed to achieve an unlawful objective" {Monsanto Co. v. Spray-Rite Service Corp., 465 U.S. 752 (1984)} 등이라고 설시하였다.

울고법은 부당한 공동행위의 성립요건인 '합의'를 구성하는 사업자들 사이의 의사의 연락은 반드시 모든 참여사업자들이 일회적으로 모여서 의사결정에 참여하는 회의와 같은 명시적 형태일 것이 요구되지 않고, 수회에 걸친 부분적인 의사교환을 통해 사업자들 사이에 공동으로 의사결정을 한다는 암묵적인 요해가 형성된 정도로도 충분하다고 하였다.[13]

명시적 합의 또는 묵시적 합의의 의미는 사용하는 맥락에 따라서 반드시 동일하지 않은데, 통상 명시적 합의는 구두의 합의나 문서에 의한 합의와 같이 상징적 수단을 통하여 이루어지는 합의를 말하고 명시적 합의가 인정되는 경우에는 대개 그 실행행위에 대한 증거가 수반될 필요가 없는 반면, 묵시적 합의는 언어나 문자와 같은 상징적 수단이 아닌 다른 수단, 예컨대 거동과 같은 물리적 수단에 의하여 이루어지고 그 과정에서 그 물리적 수단에 배태된 의사소통적 요소나 그 맥락에 비추어 합의가 이루어졌다고 인정될 수 있는 경우로서 통상 실행행위에 대한 증거가 수반된다.[14]

합의를 입증하는 데 필요한 증거는 통상 합의서나 합의사실에 관한 증언과 같이 합의사실을 직접 보여주는 직접증거와, 의사소통 및 접촉증거, 시장의 구조, 사업자들의 시장행동 등의 경제적 증거와 같이 합의사실을 간접적으로 보여주는 정황증거(간접증거)로 나눌 수 있는데, 명시적 합의는 직접증거 또는 정황증거를 사용하여 입증할 수 있지만 묵시적 합의의 경우에는 성질상 사업자들의 비상징적 행동이나 그러한 행동이 이루어지는 맥락으로부터 합의의 존재를 추단하는 것이므로 직접증거와 정황증거의 구분은 정도의 차이에 불과하고 별다른 의미가 없다고 할 수 있다.[15]

이처럼 종래 학설 및 판례상 부당한 공동행위의 성립요건인 합의의 개념은 넓은 의미로 이해되었지만 그 한계가 어디까지인지의 문제가 제기될 수 있다. 이는 흔히 명시적 합의는 인정되지 않고 묵시적 합의의 존재 여부가 다투어지는 경우에 문제가 되는데, 근래 대법원은 묵시적 합의의 유무가 다투어진 일련의 사건에서 일관되게 합의의 핵심적 징표로서 소위 '의사연결의 상호성'을 요구하고 있다. 예컨대, 대법원은 13개 음원유통사업자들의 부당한 공동행위 사건에서 구법 제19조 제1항이 금지하는 부당한 공동행위에서 합의는 둘 이상의 사업자 간 의사의 연락을 본질로

13) 서울고법 2016. 10. 7. 선고 2014누70442 판결.

14) 홍대식, "합의 증명의 요소로서의 사업자 간 의사연결의 상호성-정보교환을 중심으로", 「경쟁법연구」, 제30권, 2014, pp. 121-122 참고. 따라서 묵시적 합의는 명시적 합의와는 달리 그 실행행위에 의하여 합의를 구성하는 의사가 표시된 것으로 간주되는 경우가 많은데, 이러한 경우에는 합의의 요소와 그 실행행위가 혼재되어 있다고 할 수 있다.

15) 같은 논문, 122면.

하므로 명시적 합의뿐 아니라 묵시적 의사의 일치까지도 포함되나, 구법 제19조 제1항 각 호에 해당하는 행위의 외형상 일치가 있다고 하더라도 그러한 사정만으로 당연히 합의의 존재를 인정할 수는 없고 사업자 간 '의사연결의 상호성'을 인정할 수 있을 만한 사정이 증명되어야 하며, 그에 대한 증명책임은 그러한 합의를 이유로 시정조치 등을 명하는 공정거래위원회에 있다고 판시한 이래,[16] 다수의 공동행위 사건에서 동일한 취지로 판시하였다. 결국 판례에 따르면 묵시적 합의의 존재를 인정하기 위해서는 사업자들이 동일한 수준으로 가격을 인상하는 것과 같은 소위 '외형상 일치'만으로는 부족하고 사업자 간 '의사연결의 상호성'이 인정되어야 하는데, 이를 인정할 만한 정황증거를 확보하여 제시할 책임은 공정거래위원회 등 합의의 존재를 주장하는 측에 있다.

묵시적 합의의 유무와 관련된 쟁점으로서 부당한 공동행위가 이루어지고 있는 동안에 해당 영업 부문이 양수도 된 경우에 그 양수인에 대해서도 합의의 존재를 인정할 수 있는지 여부가 문제가 된다. 이에 관하여 대법원은 6개 온라인음악서비스사업자들의 부당한 공동행위 사건에서 부당한 공동행위가 이루어지고 있는 영업을 양수한 사업자가 기존의 합의 사실을 알면서도 이를 받아들여 양도인과 동일하게 기존 합의를 실행하는 행위를 하였고 기존의 합의 가담자들도 양수인의 영업을 기존 합의에서 배제하는 등의 특별한 사정이 없이 종전과 마찬가지로 양수인과 함께 합의를 실행하는 행위를 계속하였다면, 양수인도 기존 합의 가담자들 사이의 '부당한 공동행위'에 가담하여 그들 사이에서 종전과 같은 부당한 공동행위를 유지·계속한다는 묵시적 의사의 합치가 있다고 봄이 타당하다고 판시하였다.[17]

(나) 부당한 공동행위를 하도록 하는 행위

2004년 독점규제법 개정을 통하여 직접 경쟁을 제한하는 행위를 할 것을 합의하는 것뿐만 아니라 다른 사업자로 하여금 이를 하도록 하는 행위도 금지하였다. 그런데 종래 법원은 '부당한 공동행위를 하도록 하는 행위'의 의미에 관하여 일관되게 부당한 공동행위를 하도록 '교사하는 행위 또는 이에 준하는 행위'라고 하였다. 실제로 모토로라코리아 등의 입찰담합 사건에서 동 사업자가 자신의 국내 총판 3사에 대

16) 대법원 2013. 11. 28. 선고 2012두17421 판결, 대법원 2013. 11. 14. 선고 2012두20212 판결, 대법원 2013. 11. 14. 선고 2012두18844 판결 등.

17) 대법원 2013. 11. 28. 선고 2012두17773 판결. 동일한 취지의 판결로서 대법원 2013. 11. 28. 선고 2012두18769 판결 참고. 또한 대법원은 부당한 공동행위가 이루어지고 있는 사업 부문이 분할되어 설립된 회사가 부당한 공동행위에 가담하였는지 여부를 판단하는 기준 역시 영업양수의 경우와 동일하다고 판시하였다(대법원 2014. 6. 26. 선고 2012두19687 판결).

하여 주파수공용통신장치의 거래처를 미리 지정해주고 실제 입찰에 필요한 가격정보를 지정된 총판에게만 제공하고 다른 총판에게는 들러리로 입찰할 수 있도록 관련 서류를 제공한 행위가 '다른 사업자로 하여금 부당한 공동행위를 행하도록 하는 행위'에 해당되는지 여부가 다투어졌다. 관련 행정소송 상고심에서 대법원은 위 조항의 입법취지 및 개정경위, 관련 법률조항의 체계, 동 조항이 시정명령과 과징금 납부명령 등 침익적 행정행위의 근거가 되므로 가능한 한 이를 엄격하게 해석할 필요가 있는 점 등을 근거로 이는 다른 사업자로 하여금 부당한 공동행위를 하도록 교사하는 행위 또는 이에 준하는 행위를 의미하고, 다른 사업자의 부당한 공동행위를 단순히 방조하는 행위는 여기에 포함되지 않는다고 판시하였다.[18)]

또한 메르세데스벤츠코리아 및 8개 메르세데스벤츠 승용차 딜러사들의 부당한 공동행위 등 사건에 메르세데스벤츠 승용차를 수입하는 메르스데스벤츠코리아와, 이로부터 승용차를 공급받아 판매하는 딜러사들이 협의를 통하여 공동으로 해당 승용차의 수리 등에 소요되는 공임비를 인상한 것이 문제가 되었다. 관련 행정소송 상고심에서 대법원은 위 딜러사들 사이에 공임 인상에 대한 묵시적 합의가 존재하였음을 인정하면서도, 메르세데스벤츠코리아에 대하여는 딜러사들이 공임 인상방법, 시기, 인상폭 등에 관하여 동 사업자와 협상을 한 것일 뿐이고 일방적으로 동 사업자가 제시하는 공임에 따라 딜러사들이 공임을 인상하였다고 볼 수 없으므로 '부당한 공동행위를 하도록 하는 행위'에 해당하지 않는다고 하였다.[19)]

(다) 합의의 유형

법 제40조 제1항 각 호는 부당하게 경쟁을 제한하는 합의의 유형으로서 9가지를 열거하고 있는데, 이는 각국의 경쟁법 집행과정에서 문제가 되었던 경쟁제한적 합의의 전형적 유형들이라고 할 수 있다. 예컨대, 제1호의 가격고정합의는 미국 판례법상 'price fixing'에 준하는 것이고, 제4호의 거래지역·거래상대방 제한합의는 'market division'과 유사한 유형이라고 할 것이다. 다만, 입법형식과 관련하여 유독 제9호의 '사업활동방해·제한합의' 및 '정보교환합의'에 대해서만 다시 "일정한 거래분야에서 경쟁을 실질적으로 제한하는 행위"라고 규정하고 있는데,[20)] 이로 말미암아

18) 대법원 2009. 5. 14. 선고 2009두1556 판결. 물론 실제 입찰담합을 행한 국내 총판 3사는 별도로 부당한 공동행위로 의율되었다(서울고법 2009. 9. 10. 선고 2008누15277 판결 참고).
19) 대법원 2019. 3. 14. 선고 2018두59670 판결.
20) 법 제40조 제1항 제9호는 종전에는 다른 호의 규정형식과 마찬가지로 "다른 사업자의 사업활동이나 사업내용을 방해하거나 제한하는 행위"라고 규정하였으나, 1996년 법 개정 당시 "기타 다른 사업자의 사업활동 또는 사업내용을 방해하거나 제한함으로써 일정

동 조 제1항 본문의 "부당하게 경쟁을 제한하는"이라는 요건과의 관계가 불명확하게 되고 다른 유형의 공동행위에 대해서 요구되는 '경쟁제한성'과의 상이성에 관한 불필요한 혼란을 초래하게 된다.

그동안 실제로 부당한 공동행위로 인정된 공동행위의 유형별 사례들을 살펴보면 다음과 같다. 먼저 제1호의 가격고정합의로 인정된 사례로서 공동으로 제품의 판매가격을 책정하고나 서비스의 이용요금, 이자율, 수수료, 관람료 등을 인상하거나 또는 자신들이 지불해야 할 수수료 등을 일률적으로 인하한 행위 이외에도, 가격마진을 합의한 행위,[21] 구매가격이나 수수료의 가이드라인 또는 수수료 산출의 기초가 되는 요율을 합의한 행위,[22] 평균가격의 인상 . 인하율 수준을 합의한 행위,[23] 행정기관 등에 대한 신고요금을 합의한 행위,[24] 운송비를 동일하게 책정하기로 합의한 행위,[25] 승용차 수리에 적용되는 시간당 공임비를 인상한 행위,[26] 제품대금의 결제조건을 합의한 행위,[27] 대리점을 대상으로 할인판매를 금지하는 가격표시제를 실시하기로 합의한 행위,[28] 건설공사나 관수물품의 입찰에 있어서 입찰가격이나 유찰여부 또는 낙찰예정자 등을 합의한 행위 등을 들 수 있다.

종래 부당한 공동행위로 인정된 가격고정합의는 대부분 공동으로 가격을 인상하거나 종전의 가격수준을 유지한 행위이지만 할부금리를 공동으로 인하한 행위를

한 거래분야에서 경쟁을 실질적으로 제한하는 행위"라고 규정한 것인데, 그 입법취지는 포괄적인 유형을 규정함으로써 보충적 일반조항으로 활용하려는 것이라고 이해할 수 있으나 규정의 형식상 그와 같은 취지를 달성할 수 있을지 의문이다. 참고로 부산·경남지역 7개 의약품도매상들의 부당한 공동행위 사건 관련 행정소송에서 서울고법은 위 제9호는 각 관련 규정의 체계 및 문언의 취지 등에 비추어 볼 때 제1호 내지 제8호를 보완하면서 다른 사업자(그 행위를 한 사업자를 포함한다)의 사업활동 또는 사업내용을 방해하거나 제한하는 행위를 금지하는 구성요건이라고 설명하였다(서울고법 2012. 12. 7. 선고 2012누11043 판결).

21) 두원냉기의 부당한 공동행위 사건(대법원 2003. 1. 10. 선고 2001두10387 판결).

22) 고철수요업체들의 부당한 공동행위 사건(대법원 2002. 7. 12. 선고 2000두10311 판결), 감정평가법인들의 부당한 공동행위 사건(서울고법 2005. 1. 26. 선고 2003누21642 판결) 및 10개 손해보험회사들의 부당한 공동행위 사건(대법원 2011. 5. 26. 선고 2008두20741 판결 등).

23) 9개 농약사업자들의 부당한 공동행위 사건(서울고법 2013. 8. 23. 선고 2013누1104 판결).

24) 신선대컨테이너터미널 등의 부당한 공동행위 사건(서울고법 2003. 10. 2. 선고 2002누12757 판결), 20개 증권사들의 부당한 공동행위 사건(서울고법 2014. 8. 21. 선고 2013누3469 판결) 및 5개 농기계 사업자들의 부당한 공동행위 사건(대법원 2017. 3. 30. 선고 2015누46666 판결).

25) 석도강판업체들의 부당한 공동행위 사건(대법원 2001. 5. 8. 선고 2000두6503 판결 등) 및 화물운송사업자들의 부당한 공동행위 사건(서울고법 2007. 11. 14. 선고 2007누1783 판결).

26) 메르세데스벤츠코리아 및 8개 메르세데스벤츠 승용차 딜러사들의 부당한 공동행위 사건(대법원 2019. 3. 14. 선고 2018두59687 판결 등).

27) 강관제조업체들의 부당한 공동행위 사건(서울고법 2000. 12. 12. 선고 98누12293 판결).

28) 침대제조업체들의 부당한 공동행위 사건(대법원 2011. 9. 8. 선고 2010두344 판결).

가격고정합의로 인정한 사례도 있다.[29] 또한 입찰가격이나 낙찰예정자 등을 합의하는 입찰담합은 종전에 주로 제1호의 가격고정합의로 규율되었고, 그 구체적인 모습에 따라 제3호의 공급제한합의 또는 제4호의 거래지역·거래상대방제한합의로 규율된 사례도 있었는데, 아래에서 설명하는 바와 같이 2007년 법 개정을 통하여 별도의 유형(제8호)으로 규정됨에 따라 이제 별도의 공동행위 유형으로 규율되고 있다.

가격고정합의에서 말하는 '가격'의 의미가 6개 온라인음악서비스사업자들의 부당한 공동행위 사건에서 다투어졌다. 이 사건에서 위 사업자들이 Non-DRM 월정액 다운로드상품의 가격 및 곡수, 가격 인상시기와 인상폭, 복합상품의 가격, 자동연장 결제할인 적용 여부, 단품 다운로드상품의 가격, 온라인 무료체험 이벤트 적용 여부 등에 대하여 합의한 것이 문제가 되었다. 관련 행정소송 상고심에서 대법원은 구법 제19조 제1항 제1호의 '가격'은 당해 상품이나 용역의 특성, 거래 내용 및 방식 등에 비추어 거래상대방이 상품 또는 용역의 대가로 지급하는 일체의 것을 의미하므로 이 사건에서 문제로 된 Non-DRM 월정액 다운로드상품의 가격은 물론이고 소비자들이 실제 거래에서 주요한 판단요소로 고려하는 1곡당 가격 역시 가격에 포함된다고 할 것이므로 위 상품에 포함되는 곡수를 제한하는 내용의 합의는 단순히 새로운 상품의 규격을 정하는 것이 아니라 가격에 관한 합의라고 하였다.[30]

제2호의 거래조건합의로 인정된 사례로는 손해보험회사들이 종전에 무료로 제공되던 서비스를 폐지하고 유료화하기로 합의한 행위,[31] 세제제조업체들이 공동으로 판촉물이나 샘플의 제공을 금지한 행위[32] 등이 있고, 제3호의 공급제한합의로 인정된 사례는 각 가담자들의 생산수량을 합의한 행위 이외에도 구매비율을 합의한 행위,[33] 입찰수량을 합의한 행위,[34] 사업자 간 시장점유율을 합의한 행위,[35] 수급조절을 위해 일정 수량의 비축을 합의한 행위[36] 등이 있다. 제4호의 거래지역·거래상대방제한합의로 인정된 사례는 각 가담사업자들의 영업지역을 분할하여 자신의 분담

29) 삼성캐피탈 등의 부당한 공동행위 사건(대법원 2004. 10. 18. 선고 2002두7456 판결).
30) 대법원 2013. 11. 28. 선고 2012두1773 판결 등 참고.
31) 손해보험협회 및 10개 손해보험회사들의 부당한 공동행위 사건(대법원 2006. 11. 23. 선고 2004두8323 판결).
32) 세제제조업체들의 부당한 공동행위 사건(대법원 2009. 6. 25. 선고 16339 판결 등).
33) 고철수요업체들의 부당한 공동행위 사건(대법원 2002. 7. 12. 선고 2000두10311 판결).
34) PC제조업체들의 부당한 공동행위 사건(서울고법 1996. 2. 13. 선고 94구36751 판결).
35) 석도강판업체들의 부당한 공동행위 사건(대법원 2001. 5. 8. 선고 2000두6503 판결 등) 및 7개 시멘트제조사들의 부당한 공동행위 사건(서울고법 2017. 10. 25. 선고 2016누53441 판결 등).
36) 닭고기 도계육 사업자들의 부당한 공동행위 사건(서울고법 2008. 7. 24. 선고 2006누26563 판결).

지역에서만 영업활동을 수행하기로 합의한 행위,[37] 상대방의 거래처를 침범하지 않기로 합의한 행위,[38] 공동으로 판매회사를 설립하여 독점판매대행 계약을 체결한 행위[39] 등이 있고 입찰과정에서 낙찰예정자를 합의한 행위를 제4호의 거래상대방의 제한으로 인정한 사례도 있으며,[40] 그 밖에 신인선수에 대한 각 프로야구구단의 지명권을 인정하는 드래프트제도를 규정하고 있는 한국야구위원회규약을 거래지역·거래상대방제한합의로서 무효라고 판시한 민사소송 판결례도 있다.[41]

또한 학습교재의 규격, 체계 등을 공동으로 결정한 행위, 건설회사들이 건축공사입찰에 참가하면서 설계상 특정한 공법 및 설비를 제외 또는 포함하기로 합의한 행위, 위에서 소개한 온라인음악서비스사업자들이 Non-DRM 월정액 다운로드상품의 가격 및 곡수, 복합상품의 가격 이외에 변칙상품 출시금지 및 신규업체의 출시에 대한 대응, 신규 상품의 출시일정, 온라인 무료체험 이벤트 적용 여부 등을 합의한 행위를 제6호의 상품의 종류·규격제한합의로 인정한 바 있고,[42] 입찰과정에서 저가낙찰자에 대하여 공급을 중단하기로 합의한 행위,[43] 경쟁사업자들이 공동구매입찰에 참가하지 못하도록 하고 대리점들에 대하여 고객에게 사은품·판촉물을 제공하는 것을 금지하고 대리점의 백화점 입점 여부 및 수수료율을 공동으로 결정하도록 한 행위,[44] 자신들의 사업영역과 경쟁관계에 있는 사업에 진출하고자 시도하는 사업자에 대하여 공동으로 공급량을 제한한 행위,[45] 종합유선방송사업자들이 공동으로 방송채널사용사업자(Program Provider)들로 하여금 유료방송시장에 신규로 진입한 인터넷 멀티미디어방송사업자(IPTV 사업자)에게 방송프로그램을 공급하지 못하도록 한 행위,[46] 의약품 도매상들이 대형병원이 발주한 의약품 구매입찰에 참가하면

37) 아이엠씨의 부당한 공동행위 사건(서울고법 2008. 10. 8. 선고 2008누8514 판결).

38) 닭고기 도계육 사업자들의 부당한 공동행위 사건(서울고법 2008. 7. 24. 선고 2006누26563 판결).

39) SM엔터테인먼트 등의 부당한 공동행위 사건(서울고법 2003. 6. 9. 선고 2002누13903 판결).

40) 전기공사업체들의 부당한 공동행위 사건(서울고법 2001. 12. 11. 선고 2000누16830 판결).

41) 서울지법 남부지원 1995. 12. 28.자 95카합4466 결정(야구선수 임선동 관련 지명권 효력정지).

42) 동아출판사 등의 부당한 공동행위 사건(서울고법 1992. 4. 22. 선고 1991구3248 판결), 대우건설의 부당한 공동행위 사건(서울고법 2005. 9. 28. 선고 2004누22093 판결), 6개 온라인음악서비스사업자들의 부당한 공동행위 사건(대법원 2013. 11. 28. 선고 2012두1773 판결 등).

43) 두원냉기의 부당한 공동행위 사건(대법원 2003. 1. 10. 선고 2001두10387 판결).

44) 교복제조회사들의 부당한 공동행위 사건(대법원 2006. 11. 9. 선고 2004두14564 판결 등).

45) 시멘트제조업체들의 레미콘사업자에 대한 공동행위 사건(대법원 2008. 1. 31. 선고 2006두10764 판결 등).

서 낙찰 의약품목에 대하여 상호간 낙찰인하율대로 낙찰자에게 공급하고 사후 대금을 정산하기로 합의한 행위[47] 등을 제9호 전단의 기타 사업활동방해·제한합의로 인정한 사례가 있다.

그 밖에 제9호 후단은 '가격, 생산량, 그 밖에 대통령령으로 정하는 정보를 주고받는 행위', 즉 '정보교환합의'(information exchange agreement)를 규정하고 있고, 이에 관하여 법 시행령 제44조 제2항 각 호는 '원가, 출고량, 재고량 또는 판매량, 거래조건 또는 대금·대가의 지급조건'을 열거하고 있다. 이는 2020년 전부 개정된 독점규제법이 추가한 유형으로서 사업자 간 경쟁상 민감한 정보를 교환함으로써 부당하게 경쟁을 제한하는 행위를 금지하기 위한 것이다. 공정거래위원회는 '공동행위 심사기준'(공정거래위원회 예규 제390호, 2021. 12. 28.) 및 '사업자 간 정보교환이 개입된 부당한 공동행위 심사지침'(공정거래위원회 고시 제2021-33호, 2021. 12. 28.)에서 정보교환합의의 법 위반 여부를 판단하는 기준을 비교적 상세하게 제시하고 있다.

마지막으로 제8호는 입찰담합을 "입찰 또는 경매를 할 때 낙찰자, 경락자, 입찰가격, 낙찰가격 또는 경락가격, 그 밖에 대통령령으로 정하는 사항을 결정하는 행위"라고 규정하고 있고, 이에 관하여 법 시행령 제44조 제1항 각 호는 '낙찰 또는 경락의 비율, 설계 또는 시공의 방법, 그 밖에 입찰 또는 경매의 경쟁 요소가 되는 사항'을 열거하고 있다. 이는 2007년 법 개정으로 추가된 것으로서 법집행 실무상 대표적인 경성카르텔인 입찰담합에 대하여, 그 본질이 같음에도 불구하고 그 구체적인 모습에 따라서 제1호의 가격고정합의, 제3호의 공급제한합의, 제4호의 거래지역·거래상대방제한합의 또는 제9호 전단의 기타 사업활동방해·제한합의을 적용함에 따라 초래되는 혼란을 막기 위한 것이다.

이와 관련된 쟁점으로서 인천도시철도 2호선 입찰담합 사건에서 사업자들이 합의를 통해 사전에 각 공구별로 낙찰사업자와 들러리 사업자를 정하고 이를 실행한 것이 문제가 되었는데, 관련 행정소송에서 사업자들은 들러리 합의는 구법 제19조 제1항 제3호의 공급제한합의에 해당하고 동 항 제8호의 입찰담합에 해당하지 않는다고 주장하였다. 이에 대하여 서울고법과 대법원은 들러리 합의가 공구배분 합의를 실행하기 위한 수단으로 이루어졌다고 하더라도 이는 별개의 부당한 공동행위에

---

46) 5개 종합유선방송사업자 등의 부당한 공동행위 사건(서울고법 2012. 9. 19. 선고 2011누30566 판결 등). 또한 종전의 법 해석상 제9호의 '사업활동방해·제한합의'에 당해 합의에 참여한 사업자에 대한 방해나 제한이 포함되는지 여부에 대하여 논란이 제기됨에 따라 2007년 법 개정을 통하여 명시적으로 '그 행위를 한 사업자'를 포함시켰다.

47) 서울고법 2012. 12. 7. 선고 2012누11043 판결, 서울고법 2013. 1. 9. 선고 2012누10569 판결 등.

해당하고, 하나의 공사에 관하여 공구별로 입찰이 실시되는 경우에 사전에 공구별 낙찰예정자를 선정함으로써 상품이나 용역의 거래 등을 제한하는 행위를 할 것을 합의한 경우에는 구법 제19조 제1항 제3호의 공급량제한합의가 성립하는 외에 동항 제8호의 입찰담합 역시 함께 성립하므로 양자의 규정이 중첩적으로 적용되며 전자만 적용된다고 볼 수 없다고 판시하였다.[48)]

또한 군부대 발주 LPG 입찰담합 사건에서 입찰담합이 사업자별로 거래지역을 제한하거나 물량을 배분하는 합의를 포함하고 있는 경우에 제3호나 제4호가 적용될 수 있을 뿐이고 제8호의 입찰담합으로 의율할 수 없는지가 다투어졌다. 관련 행정소송에서 서울고법은 구법 제19조 제1항 각 호는 부당한 공동행위의 유형을 구체화한 것일 뿐 상호 배타적 규정이 아니라고 전제하고, 이 사건에서 각 사업자의 영업지역을 기준으로 낙찰자 또는 수의계약자, 들러리, 투찰가격의 수준을 서로 협의하여 결정하거나, 각 사업자별로 입찰물량을 배분한 것은 입찰담합에 해당하고 이 사건 공동행위에 거래지역을 제한하거나 물량을 배분하는 합의가 포함되어 있다고 하더라도 입찰담합으로서의 성질이 부정되는 것은 아니라고 판시하였다.[49)]

우리나라의 경우 종래 공공기관이 발주하는 공사나 물자조달과 관련하여 이루어지는 입찰담합이 심각한 것으로 알려졌는데, 이에 따라 2007년 법 개정 당시 공공부문의 입찰과 관련된 공동행위를 실효성 있게 방지할 수 있는 장치를 함께 마련하였다. 즉, 공정거래위원회는 국가·지방자치단체 또는 공기업이 발주하는 입찰과 관련된 부당한 공동행위를 적발하거나 방지하기 위하여 이들 공공기관의 장에게 입찰관련 자료의 제출과 그 밖의 협조를 요청할 수 있고(법 제41조 제1항), 일정한 범위의 공공기관의 장은 입찰공고를 하거나 낙찰자가 결정되었을 때에는 입찰 관련 정보를 공정거래위원회에 제출하도록 하였다(동 조 제2항).

(라) 관련문제 1: 진의 아닌 의사표시에 의한 합의

부당한 공동행위의 성립요건인 '합의'와 관련하여 참여자 중 일부가 '진의 아닌 의사표시'[50)]로써 합의에 가담한 경우에 이들 사업자에 대하여도 부당한 공동행위의

48) 서울고법 2016. 1. 14. 선고 2014누46463 판결 및 대법원 2017. 4. 26. 선고 2016두32688 판결.

49) 서울고법 2018. 10. 25. 선고 2018누42384 판결. 상고심에서 대법원은 심리불속행 사유에 해당한다는 이유로 상고를 기각하였다(대법원 2019. 3. 14. 선고 2018두63600 판결).

50) '진의(眞意) 아닌 의사표시'란 표의자가 자기가 하는 표시행위의 객관적인 의미가 자신의 내심의 진의와는 다르다는 것을 알면서 한 의사표시이다. 민법상 이는 원칙적으로 유효이고, 다만 그 사실을 상대방이 알거나 알 수 있었을 때에 한하여 무효인데, 이 경우에도 선의의 제3자에게는 대항하지 못한다(민법 제107조).

책임을 물을 수 있는가라는 문제가 제기된다. 부당한 공동행위는 합의에 참여한 자들 사이에서만 성립하고 이에 가담하지 않은 자에 대하여는 성립할 수 없음은 당연하다. 그런데 예컨대, 부당한 공동행위를 도모하는 모임에 참여한 사업자들 중 일부가 여러 가지 이유로 내심의 의사와 달리 외견상 경쟁을 제한하는 행위를 하기로 합의한 경우에 동 사업자에 대하여도 부당한 공동행위의 책임을 물을 수 있는지가 문제된다.

이와 관련하여 공동행위심사기준은 어느 한 쪽의 사업자가 당초부터 합의에 따를 의사도 없이 진의 아닌 의사표시에 의하여 합의한 경우라고 하더라도 다른 쪽 사업자는 당해 사업자가 합의에 따를 것으로 신뢰하고 당해 사업자는 다른 사업자가 위와 같이 신뢰하고 행동할 것이라는 점을 이용한 경우에는 당해 합의가 경쟁을 제한하는 행위가 되는 것은 마찬가지이므로 진의 아닌 의사표시라 하여 부당한 공동행위의 성립에 방해가 되는 것은 아니라고 규정하고 있다(심사기준 Ⅱ. 2. 가. (2)).

실제로 벤토나이트매트 구매 입찰담합 사건에서 참여사업자 중 하나인 세트코코리아는 문제가 된 모임이 업계 간담회인 줄 알고 참석하였으나 담합논의가 행해지는 것을 안 후 담합의 증거를 수집하여 신고하기 위해 모임에 참석한 것일 뿐이라고 주장하였다. 이에 대하여 공정거래위원회는 "세트코코리아(유)가 이 사건 모임에 최초로 참석하기 전에 이미 모임의 목적이 담합 협의를 위한 것임을 사전에 인지하고 있었던 점, 세트코코리아(유)가 모임에 참석하여 담합에 찬성하는 취지의 발언을 한 점, 세트코코리아(유)가 이 사건 담합에 관한 증거를 수집한 후에도 상당기간을 신고하지 않고 있었던 점, 세트코코리아(유)가 다른 피심인들이 합의한 대로 낙찰이 되도록 자신은 입찰에 참가하지 않음으로써 합의가 실행되도록 협조하였던 점, 이 사건 모임에서 피심인들 간에 분배금에 관한 논의가 있었으나 세트코코리아(유)는 이를 거절하는 의사표시를 하지 않은 점, 다른 4개 피심인들이 세트코코리아(유)가 담합에 참여하는 것으로 인지하고 있었던 점 등을 종합적으로 고려할 때, 세트코코리아(유)도 이 사건 부당한 공동행위에 가담하였던 것으로 판단된다."라고 하였다.[51)]

법원도 진의 아닌 의사표시에 의한 합의 역시 부당한 공동행위에 해당한다고 판시한 사례가 있다. 예컨대, 정부종합청사 신축공사 입찰담합 사건에서 국제종합토

---

51) 공정거래위원회 의결 제2002-039호, 2002. 1. 17. 그러나 공정거래위원회는 위 사업자가 부당한 공동행위에 가담한 점은 인정되지만, 공정거래위원회가 이 사건 부당한 공동행위에 대한 정보를 입수하지 못한 상태에서 신고인으로서 이를 입증하는 데 필요한 증거를 최초로 제공하였고, 조사가 완료될 때까지 협조하였다는 점 등을 고려하여 구법 제22조의2 및 구법 시행령 제35조 제1항의 규정에 따라 시정조치를 면제하였다.

건은 조달청이 발주한 정부종합청사신관 신축공사 입찰에 참여하면서 미리 특정한 건설회사가 낙찰 받을 수 있도록 그 회사의 응찰가격보다 높은 금액으로 응찰하기로 합의하였으나 이를 어기고 자신이 최저가로 응찰하여 낙찰을 받았다. 관련 행정소송 상고심에서 대법원은 "독점규제법 제19조 제1항의 부당한 공동행위는 사업자가 다른 사업자와 공동으로 일정한 거래분야에서 경쟁을 실질적으로 제한하는 같은 항 각 호의 1에 해당하는 행위를 할 것을 합의함으로써 성립하는 것이므로, 합의에 따른 행위를 현실적으로 하였을 것을 요하는 것이 아니고, 또 어느 한쪽의 사업자가 당초부터 합의에 따를 의사도 없이 진의 아닌 의사표시에 의하여 합의한 경우라고 하더라도 다른 쪽 사업자는 당해 사업자가 합의에 따를 것으로 신뢰하고 당해 사업자는 다른 사업자가 합의를 위와 같이 신뢰하고 행동할 것이라는 점을 이용함으로써 경쟁을 제한하는 행위가 되는 것은 마찬가지이므로 부당한 공동행위의 성립에 방해가 되지 않는다."라고 판시하였다.[52)]

(마) 관련문제 2 : 수직적 합의에 의한 공동행위

종래 실무적으로 문제가 된 공동행위의 가장 전형적인 모습은 상호 경쟁관계에 있는 사업자들 사이에 이루어지는 소위 '수평적 합의'(horizontal agreements)에 의한 것이라고 할 수 있으나, 경우에 따라서는 제조업자와 판매업자, 또는 도매업자와 소매업자와 같이 유통단계상 수직적인 관계에 있는 사업자들 사이에 이루어질 수도 있다. 이와 같은 소위 '수직적 합의'(vertical agreements)에 의한 공동행위 역시 독점규제법상 부당한 공동행위로 규제할 수 있는가라는 문제가 제기된다.

공정거래위원회는 종전에 수직적 관계에 있는 사업자들 간의 합의에 대해서는 부당한 공동행위의 금지 조항을 적용하지 않았다가 비교적 근래에서야 몇몇 사건에서 이에 관한 명확한 입장을 밝히지 않은 채 부당한 공동행위의 성립을 인정하였고, 2011년 글락소그룹 및 동아제약의 부당한 공동행위 사건에서 명시적으로 수평적 관계에 있지 않은 사업자 간 합의에도 부당한 공동행위 조항을 적용할 수 있다고 하였다.[53)] 종전에 공정거래위원회가 수직적 합의에 의한 부당한 공동행위의 성립을 인정하는 데 소극적이었던 이유는 추측건대, 수직적 관계에서 발생하는 부당한 공동행위 중 대부분을 법 제46조의 재판매가격유지행위 또는 법 제45조의 불공정거래행위 유형 중 끼워팔기 등의 거래강제, 구입강제 등의 거래상 지위의 남용, 배타조

52) 대법원 1999. 2. 23. 선고 98두15849 판결. 동일한 취지의 판결로서 서울고법 2006. 9. 14. 선고 2005누25587 판결 참고.

53) 공정거래위원회 의결 제2011-300호, 2011. 12. 23.

건부거래나 거래지역 또는 거래상대방의 제한과 같은 구속조건부거래 등으로 규율하였기 때문으로 보인다.

그러나 위와 같은 종전의 법집행 태도는 부당한 공동행위에 대하여 독특한 성립요건을 규정하고 있는 일본의 법집행관행에 영향을 받은 것으로서, 법적용상 공백의 우려가 있을 뿐만 아니라 미국이나 EU를 포함한 대부분의 경쟁법제에서 수직적 합의에 의한 공동행위를 인정하고 있는 사정에 비추어 볼 때, 바람직하지 않다고 생각된다.54) 만일 수직적 합의를 부당한 공동행위로 규율한다면 특히 양 당사자의 자발적 합의에 의한 재판매가격유지행위나 끼워팔기 또는 배타조건부 거래 등의 위법성 판단기준에 중요한 변화를 가져올 것으로 예상된다.

종전에 공정거래위원회가 묵시적으로 수직적 합의에 의한 공동행위의 성립을 인정한 것으로 볼 수 있는 사례로서 7개 영화배급·상영사업자들의 부당한 공동행위 사건을 들 수 있다. 이 사건에서 위 위원회는 5개 영화배급업자와 3개 상영업자(1개 사업자는 양 사업을 모두 영위함)가 가격할인의 금지 등에 합의한 행위에 대하여, 가담사업자들을 상류시장(upstream market)과 하류시장(downstream market)으로 구분하지 않고 구법 제19조를 위반한 부당한 공동행위에 해당한다고 인정하였고,55) 관련 행정소송에서 서울고법 역시 수평적 관계에 있지 아니한 사업자도 수평적 관계에 있는 다른 사업자와 공동하여 부당한 공동행위를 할 수 있다고 판시하면서, 영화배급업자도 수직적 관계에 있는 상영업자와 공동으로 부당한 공동행위를 한 것으로 인정하였다.56)

또한 13개 음원유통사업자들의 부당한 공동행위 사건에서도 공정거래위원회는 CP(음원유통사업자)와 OSP(온라인음악서비스사업자)가 음원의 가격 등의 거래조건을 합의한 것을 부당한 공동행위에 해당한다고 인정하였는데,57) 관련 행정소송에서 원고들은 수직적 관계에 있는 사업자 간 합의는 부당한 공동행위가 성립할 수 없다고 주

---

54) 독점규제법상 수직적 합의에 의한 공동행위에 대한 규제에 적극적인 입장으로서 이호영, "공정거래법상 수직적 공동행위의 규제에 관한 연구", 「경영법률」, 21집 4호, 2011, pp. 563-593 참고.

55) 공정거래위원회 의결 제2008-168호, 2008. 6. 10.

56) 서울고법 2009. 10. 7. 선고 2009누2483 판결. 그런데 동 법원은 공정거래위원회의 시정명령은 적법하지만 과징금액의 산정이 위법하다는 이유로 과징금 납부명령을 취소하였고, 이에 대하여 피고 공정거래위원회만 상고를 제기하였는데, 대법원은 심리불속행기각 판결을 내림으로써 위 쟁점에 관한 입장을 밝히지 않았다(대법원 2010. 1. 28. 선고 2009두19700 판결). 다만, 다른 참여사업자가 제기한 행정소송 상고심에서 대법원은 명시적으로 수직적 합의에 의한 공동행위의 성립 가부를 논하지 않은 채, 이 사건 행위가 구법 제19조 제1항의 부당한 공동행위에 해당한다고 판시하였다(대법원 2010. 2. 11. 선고 2009두11485 판결).

57) 공정거래위원회 의결 제2011-85호, 2011. 6. 29.

장하였으나 서울고법은 구법 제19조 제1항의 문언에 비추어 볼 때 반드시 수평적 경쟁관계에 있는 사업자들뿐만 아니라 수직적 관계에 있는 사업자들 사이에서도 부당한 공동행위가 성립할 수 있다고 하였다.58)

그 밖에 글락소그룹과 동아제약의 부당한 공동행위 사건에서도 공정거래위원회는 항구토제를 제조·판매하는 다국적 제약사인 글락소그룹(GSK)과 그 복제약을 제조·판매하는 국내 제약사인 동아제약이 양 사업자 사이의 특허분쟁을 화해로 종결하기로 하면서, 전자의 항구토제의 국내 공동판매권과 함께 이와 전혀 관련이 없는 미출시 신약의 국내 독점판매권을 상당한 수준의 판매 인센티브와 함께 후자에 제공하기로 하는 한편, 후자는 그 반대급부로서 이미 출시한 복제약의 생산 및 판매를 중단하고 향후에도 GSK가 공급하는 항구토제나 위 신약과 동일한 성분의 복제약을 개발하지 않고 이와 약리유효성분을 달리하는 새로운 경쟁제품의 개발·생산·판매까지도 포기할 것을 합의한 행위가 구법 제19조 제1항 제4호의 '거래지역·거래상대방제한합의' 및 동 항 제9호의 '기타 사업활동방해·제한합의'에 해당한다고 인정하였다.59)

관련 행정소송에서 서울고법은 구법 제19조 제1항 본문은 '다른 사업자'와 공동으로 부당하게 경쟁을 제한하는 행위를 할 것을 합의하여서는 아니 된다고 규정할 뿐, 그들 사이에 수평적 경쟁관계에 있을 것을 요건으로 하지 않으며, 수평적 경쟁관계에 있지 않은 사업자들의 공동행위라고 할지라도 부당하게 경쟁을 제한할 우려가 있다면 규제의 필요성이 인정되므로 법상 부당한 공동행위가 성립하기 위해서 반드시 참여자들 사이에 수평적 경쟁관계가 있어야 한다고 볼 수 없다고 하였다.60)

---

58) 서울고법 2012. 7. 11. 선고 2011누25717 판결. 상고심에서 대법원은 이 사건 합의는 동일한 거래단계에 있는 음원유통사업자들 사이에서 성립한 것이므로 법상 부당한 공동행위에 해당하고 수직적 담합의 금지 여부에 관하여 나아가 판단할 필요가 없다고 판시하였다(대법원 2013. 11. 28. 선고 2012두18479 판결).

59) 공정거래위원회 의결 제2011-300호, 2011. 12. 23. 이 사건에서 문제가 된 합의는 각국 경쟁법상 소위 '역지불합의'(reverse payment agreement)로 논의되는 것으로서 이와 관련된 쟁점에 대한 판시는 제1장 Ⅲ. 2. (나) '무체재산권의 정당한 행사행위' 부분 참고.

60) 서울고법 2012. 10. 11. 선고 2012누3028 판결. 동 법원은 나아가 GSK와 동아제약은 모두 국내시장에서 각종 의약품의 개발·제조·판매 및 그에 관련된 각종 사업을 수행하고 있으므로 후자가 비록 전자가 생산하는 의약품을 실제 개발 중이라거나 판매하고 있지 않더라도 이들은 잠재적으로나마 경쟁관계에 있다고 봄이 타당하다고 하였다. 또한 상고심에서 대법원은 명시적으로 수직적 합의를 근거로 부당한 공동행위가 성립될 수 있는지 여부를 판단하지 않은 채, 동아제약이 종전에 GSK의 항구토제의 경쟁제품을 출시하였다가 이 사건 합의 후에 시장에서 철수하였고 이 사건 합의는 그 경쟁제품에 대한 연구·개발의 금지도 포함하고 있으므로 이 사건 합의는 잠재적 경쟁관계에 있는 사업자의 사업내용을 제한하는 합의로서 부당한 공동행위에 해당할 수 있다고 하였다(대법원 2014. 2. 27. 선고

그 후 5개 종합유선방송사업자 등의 부당한 공동행위 사건에서도 법상 부당한 공동행위가 성립하기 위해서는 반드시 참가사업자들 사이에 경쟁관계가 존재하여야 하는지 여부가 다투어졌는데, 비로소 대법원이 명시적으로 부당한 공동행위가 성립되기 위하여 반드시 참여자들 사이에 수평적 경쟁관계에 있어야 하는 것은 아니라고 판시하였다. 이 사건에서 5개 종합유선방송사업자들이 유료방송서비스시장에 신규 진입한 IPTV 사업자에게 방송프로그램을 공급한 방송채널사용사업자(PP)의 방송채널을 축소하고 다른 방송채널사용사업자에게는 IPTV 사업자에게 방송프로그램을 공급하지 않는다는 조건으로 금전적 지원을 하기로 합의하고 실행한 행위가 문제로 되었는데,[61] 관련 행정소송에서 위 사업자들은 자신들의 방송권역이 상이하여 서로 경쟁관계에 있지 않으므로 부당한 공동행위가 성립할 수 없다고 주장하였다.

그러나 서울고법은 구법 제19조 제1항의 문언상 다른 사업자와 공동으로 부당하게 경쟁을 제한하는 행위를 할 것을 합의하여서는 아니 된다고 규정할 뿐, 그들 사이에 수평적 경쟁관계가 있을 것을 요건으로 하지 않으며, 수평적 경쟁관계에 있지 않은 사업자들의 공동행위라고 할지라도 그것이 부당하게 경쟁을 제한하거나 제한할 우려가 있다면 규제의 필요성은 인정된다고 하면서 반드시 수평적 경쟁관계를 요구하지 않는다고 하였고,[62] 상고심에서 대법원 역시 명시적으로 법상 공동행위가 성립하기 위하여 반드시 참여자들 사이에 수평적 경쟁관계가 있어야 하는 것은 아니라고 판시하였다.[63]

마지막으로 온나라시스템 구축사업 입찰담합 사건에서도 3개 SI업체와 이들에 대하여 시스템 구축에 필요한 구성물품을 제공하는 IT 장비업체가 회합을 갖고 위 시스템 구축사업 입찰건별 낙찰예정자와 들러리 입찰자를 정한 것이 문제가 되었는데, 공정거래위원회는 상호 경쟁관계에 있으면서 직접 입찰에 참가한 SI업체들뿐만 아니라 이들 간 합의가 성사되도록 지원한 IT 장비업체 LG엔시스에 대해서도 부당한 공동행위의 성립을 인정하고 시정명령 및 과징금 납부명령을 내렸다.[64] 관련 행정소송에서 서울고법은 LG엔시스가 이 사건 입찰에 참여한 3개 SI업체와 수평적 경쟁관계에 있지 않고 수직적 관계에 있다고 하더라도 경쟁자를 배제하고 이 사건 입찰의 구성물품의 독점공급 내지 안정적 매출을 통한 최대한의 이윤확보를 위해 이 사건 합의에 참여할 경제적 유인이 충분히 존재하고, 실제로 이 사건 합의가 성

2012두24498 판결).

61) 공정거래위원회 의결 제2011-153호, 2011. 8. 24.

62) 서울고법 2012. 9. 19. 선고 2011누32470 판결.

63) 대법원 2015. 4. 23. 선고 2012두24191 판결.

64) 공정거래위원회 의결 제2014-4호, 2014. 1. 7.

사되도록 합의의 장소를 제공하는 등 적극적으로 지원하여 이 사건 합의가 공고하게 유지될 수 있었으므로 이 사건 합의에 대하여 부당한 공동행위의 책임을 진다고 판시하였다.65)

토의 과제

1 현행 독점규제법이 부당한 공동행위의 성립요건으로서 '실행행위'를 규정하지 않은 이유를 설명해 보시오.

2 예컨대, 삼성캐피탈 등의 부당한 공동행위 사건에서와 같이 사업자들이 공동으로 가격을 인하한 행위는 직접적으로 오히려 소비자에게 유리함에도 불구하고 부당한 공동행위에 해당한다고 인정한 이유를 설명해 보시오(서울고법 2002. 6. 27. 선고 2001누2579 판결 및 대법원 2004. 10. 18. 선고 2002두7456 판결 참고).

3 모토로라코리아 등의 입찰담합 사건에서 서울고법은 원고들 사이의 합의가 부당한 공동행위에 해당된다고 판시하면서 그 근거 중 하나로서 구법 제23조 제1항 제7호의 부당한 지원행위 사건에서 대법원은 모회사가 주식의 100%를 소유하고 있는 자회사라고 하더라도 법률적으로는 별개의 독립된 거래주체로 보았다는 점(대법원 2004. 11. 12. 선고 2001두2034 판결 등 참고)을 제시하였는데, 그와 같은 논거가 부당한 공동행위 사건에서도 동일하게 사용될 수 있는지 생각해 보시오.

4 종전에 공정거래위원회는 미국이나 EU의 경우와는 달리 일본의 예에 따라서 구법 제19조의 부당한 공동행위 조항을 '수평적 합의'(horizontal agreements)에 대해서만 적용하고 '수직적 합의'(vertical agreements)에 대하여는 적용하지 않았는데, 그와 같은 법집행 관행의 법적 근거를 찾아보고 경쟁정책적으로 타당한지 생각해 보시오(이호영, "공정거래법상 수직적 공동행위의 규제에 관한 연구", 「경영법률」, 21집 4호, 2011, pp. 563-593 참고).

3. 합의의 추정

(가) 입법취지 및 법적 성격

독점규제법은 부당한 공동행위의 성립 요건인 합의의 입증 곤란을 입법적으로

65) 서울고법 2015. 1. 30. 선고 2014누1521 판결. 상고심에서 대법원은 심리불속행 사유에 해당한다는 이유로 상고를 기각하였다(대법원 2015. 5. 29. 선고 2015두38955 판결).

경감시키기 위해 일정한 요건이 충족되는 경우에 합의의 존재를 추정하는 조항을 두고 있다. 즉, 부당한 공동행위는 '사업자들 간 합의'라는 무형적 요소를 핵심적 요건으로 하는데, 이러한 합의는 통상 은밀하게 행해지고 증거를 남기지 않는 경우가 대부분이다. 특히 공동행위에 대한 규제가 강화됨에 따라 부당한 공동행위가 더욱 지능화되고 은밀하게 행해지고 있어 충분한 증거를 수집하여 합의의 존재를 직접 입증하는 것은 현실적으로 매우 어렵게 되었다. 이에 따라 법 제40조 제5항은 "제1항 각 호의 어느 하나에 해당하는 행위를 하는 둘 이상의 사업자가 다음 각 호의 어느 하나에 해당하는 경우에는 그 사업자들 사이에 공동으로 제1항 각 호의 어느 하나에 해당하는 행위를 할 것을 합의한 것으로 추정한다."라고 규정하고, 나아가 동 항 제1호는 "해당 거래분야, 상품 · 용역의 특성, 해당 행위의 경제적 이유 및 파급효과, 사업자 간 접촉의 횟수 · 양태 등 제반 사정에 비추어 그 행위를 그 사업자들이 공동으로 한 것으로 볼 수 있는 상당한 개연성이 있을 때", 동 항 제2호는 "제1항 각 호의 행위(제9호의 행위 중 정보를 주고받음으로써 일정한 거래분야에서 경쟁을 실질적으로 제한하는 행위를 제외한다)에 필요한 정보를 주고받은 때"라고 규정하고 있다.

위 두 가지 추정 요건 중 전자는 종전부터 존재하던 것이고, 후자는 이미 언급한 바와 같이 2020년 법 전부 개정에 따라 추가된 것인데, 추후 구체적인 법 적용상 양자의 관계가 혼란스러울 수 있을 뿐만 아니라 후자와 법 제40조 제1항 제9호가 규정하고 있는 정보교환합의의 관계 역시 명확하지 않다.

합의 추정 조항은 당초 1986년 제1차 법 개정으로 공동행위에 대한 등록제를 폐지하고 공동행위를 원칙적으로 금지하면서 함께 도입되었는데, 2007년 개정되기 이전에는 "2 이상의 사업자가 일정한 거래분야에서 경쟁을 실질적으로 제한하는 제1항 각 호의 1에 해당하는 행위를 하고 있는 경우 동 사업자 간에 그러한 행위를 할 것을 약정한 명시적인 합의가 없는 경우에도 부당한 공동행위를 하고 있는 것으로 추정한다."라고 규정함으로써 법문에 따를 경우 아무런 정황증거나 제반사정을 고려할 필요 없이 외형상 부당한 공동행위에 해당하는 행위가 존재하고 당해 행위의 경쟁제한성이 인정되면 합의가 존재하는 것으로 추정할 수 있도록 하였다.

위와 같이 경쟁법상 합의를 추정하는 명문의 조항을 두고 있는 입법례는 그 유례를 찾아볼 수 없는데, 한편으로 은밀하게 이루어지는 공동행위에 관한 입법자의 단호한 의지의 표현이라고 평가할 수 있지만, 다른 한편으로는 법해석상 많은 논란을 야기하였고 부당한 공동행위라는 위법행위의 핵심적 요건사실에 대한 입증책임을 법집행기관이 아니라 규제대상인 사업자에게 부과함으로써 가혹한 결과를 가져올 수 있다는 비판을 받았다.[66] 이러한 문제의식에 바탕을 두고 위 조항의 해석에 관하여 다양한 학설 및 판례이론이 제시되었으나 오랫동안 명쾌한 해결이 이루어지지 않고 논란이 지속되다가 결국 2007년 법 개정을 통하여 현행법 제40조 제5항 제1호의 내용과 같이 단순히 외형상 부당한 공동행위에 해당하는 행위가 존재할 뿐만 아니라 다양한 정황증거와 제반사정을 고려하여 합의의 개연성이 있는 경우에 한하여 합의의 존재를 추정할 수 있도록 규정하게 되었다.

합의 추정 조항의 입법취지가 경쟁당국 등이 법집행상 합의를 입증하는 부담을 경감시키기 위한 것이라는 데에는 이론이 없는데, 위 조항은 첫째, '둘 이상의 사업자가 제1항 각 호의 어느 하나에 해당하는 행위를 한 사실'과, 둘째, '해당 거래분야, 상품·용역의 특성, 해당 행위의 경제적 이유 및 파급효과, 사업자 간 접촉의 횟수·양태 등 제반 사정에 비추어 인정되는 합의의 상당한 개연성'으로부터 '합의의 존재'라는 사실을 추정하도록 규정하고 있는데, 이는 법률의 규정에 따라 일정한 사실로부터 다른 사실(또는 권리)의 존재를 추인하는 '법률상의 추정'이라고 할 수 있다. 대법원도 예컨대, 커피제조사들의 부당한 공동행위 사건에서(이하 '커피판결'이라 한다)에서 구법 제19조 제5항의 추정을 '정황사실에 의한 합의 내지 암묵적인 양해의 추정'(사실상의 추정)과 구별되는 '법률상의 추정'이라고 하였다.[67]

그런데 법 제40조 제5항 제1호에 따라 합의를 추정하기 위해서는 외형상 부당한 공동행위에 해당하는 사실뿐만 아니라 다양한 제반 사정에 비추어 사업자들이 합의한 것으로 볼 수 있는 상당한 개연성이 있어야 하는데, 이는 정황사실을 근거로 한 경험칙에 의한 추정, 즉 사실상의 추정과 사실상 동일하고 일반적으로 별도

66) 실제로 7개 철근제조사의 부당한 공동행위 사건에서 위 조항에 대하여 위헌법률심판제청신청이 제기되었는데, 대법원은 합의의 추정을 받는 사업자는 소송과정에서 외부적으로 드러난 동일 또는 유사한 행위가 독자적인 경영판단의 결과라는 사실 등을 입증하여 그 적용을 배제할 수 있으므로 자기책임의 원리에 반하지 않는 점, 또한 각 사업자의 경제활동에 관한 증거자료는 사업자의 영역 안에 있어서 추정을 복멸할 수 있는 정황에 대한 자료도 사업자가 더 잘 제출할 수 있으므로 위 조항이 방법의 적절성을 위반한 것으로 보기 어려운 점, 위 조항이 추구하는 공익이 합의의 추정으로 인하여 입증책임이 전환됨으로써 입게 되는 입증상의 곤란과 같은 불이익보다 크다고 할 수 있는 점 등에 비추어 헌법상 과잉금지의 원칙에 위배된다고 할 수 없다고 하였다(대법원 2008. 8. 25.자 2006아35 결정). 또한 위 조항에 따라 합의가 추정된 경우에도 벌칙조항이 적용될 수 있다는 전제에서, 동 조항이 죄형법정주의 또는 무죄추정의 원칙에 반하고 기업의 경제적 자유를 과도하게 침해하는 위헌적인 규정이라는 주장이 제기된 바 있다. 그러나 대법원은 동 조항 자체가 형벌규정이 아닐 뿐만 아니라 이를 위반하였다고 하여 형사처벌을 한다는 규정도 없으므로 죄형법정주의나 무죄추정원칙에 반한다고 할 수 없고, 합의의 추정을 받는 사업자들은 '합의의 존재'와 반대되는 사실을 입증하여 그 추정을 복멸시킬 수 있으므로 위와 같은 주장은 이유 없다고 판시하였다(대법원 2004. 10. 28. 선고 2002두7456 판결).

67) 대법원 2002. 3. 15. 선고 99두6514, 99두6521 판결.

의 법률의 규정이 없더라도 사실상의 추정이 가능함은 당연하다. 따라서 법 제40조 제5항 제1호는 단지 법집행상 합의의 입증곤란에 비추어 정황증거 등을 근거로 합의의 존재를 추정할 수 있다는 점에 주의를 환기시키고 이를 입법적으로 확인하는 의미를 가진다고 할 수 있다.

한편, 법 제40조 제5항 제2호는 외형상 부당한 공동행위에 해당하는 행위가 존재함과 아울러 그에 필요한 정보를 주고받은 사실이 존재할 경우에 합의의 존재를 추정할 수 있도록 규정하고 있는데, 사업자들이 가격, 생산량, 원가 등 경쟁상 민감한 정보를 교환하는 행위(information exchange)는 그 자체로 경쟁을 제한할 우려가 있을 뿐만 아니라 흔히 가격고정합의 등 다른 경쟁제한적 합의를 이루거나 그 실행을 위한 수단으로 사용될 수 있으므로 이를 근거로 합의의 존재를 추정할 수 있도록 규정한 것이다. 그런데 이러한 사업자 간 정보교환 행위는 사안에 따라서는 합의의 존재를 입증할 수 있는 중요한 정황증거에 해당하므로 구태여 이러한 추정 조항이 없다고 하더라도 사업자 간 정보교환 행위 등 제반 사정에 비추어 합의의 개연성을 인정할 수 있다면 법 제40조 제5항 제1호에 따라 합의의 존재를 추정할 수 있다고 할 것이다. 따라서 법 제40조 제5항 제2호는 동 항 제1호와 전혀 다른 성격의 새로운 합의 추정 요건을 규정한 것이라기보다는 입법적으로 사업자 간 민감한 정보를 교환하는 행위가 합의의 존재를 나타내는 중요한 정황증거임을 강조하고 그에 근거한 합의의 추정이 가능함을 확인하는 의미를 가질 뿐이라고 할 수 있다.

또한 위에서 살펴본 바와 같이 법 제40조 제1항 제9호는 경쟁을 제한하는 합의의 유형으로서 정보교환합의를 규정하고 있는데, 법 적용상 동 조항과 정보교환 행위에 기초한 합의 추정을 규정하고 있는 법 제40조 제5항 제2호의 관계가 문제될 수 있다. 이와 관련하여 법 제40조 제5항 제2호 괄호는 "제9호의 행위 중 정보를 주고받음으로써 일정한 거래분야에서 경쟁을 실질적으로 제한하는 행위를 제외한다."라고 규정하고 있는데, 법 제40조 제1항 제9호에 따라 경쟁을 제한하는 정보교환합의로 인정되는 경우에는 다시 그 실행행위인 사업자 간 정보교환 행위를 근거로 법 제40조 제5항 제2호를 적용하여 가격고정합의 등 다른 경쟁제한적 합의의 존재를 추정할 수 없다는 취지로 이해된다. 추후 구체적인 법 집행과정을 통하여 양자의 관계가 정립될 것으로 보이는데, 전자는 후자와 달리 가격고정합의와 같은 다른 경쟁제한적 합의에 수반되는 것이 아닌 독립적 정보교환 행위(stand-alone information exchange)에 적용될 것으로 생각된다.

(나) 합의 추정의 요건

법 제40조 제5항은 합의를 추정할 수 있는 요건으로서 우선, 둘 이상의 사업자가 제1항 각 호의 어느 하나에 해당하는 행위를 할 것을 규정하고(법 제40조 제5항 본문), 나아가 해당 거래분야, 상품·용역의 특성, 해당 행위의 경제적 이유 및 파급효과, 사업자 간 접촉의 횟수·양태 등 제반 사정에 비추어 그 행위를 그 사업자들이 공동으로 한 것으로 볼 수 있는 상당한 개연성이 있거나(법 제40조 제5항 제1호), 또는 제1항 각 호의 행위에 필요한 정보를 주고받을 것(동 항 제2호)을 규정하고 있다. 아래에서 순서대로 살펴보기로 한다.

(1) 공동행위의 외관(소위 '외형상 일치')[68]

먼저 합의의 존재를 추정하기 위해서는 둘 이상의 사업자가 법 제40조 제1항 각 호의 하나에 해당하는 행위를 하여야 한다. 문제는 실제로 이루어지는 공동행위의 모습을 살펴보면, 참여사업자별로 구체적인 합의의 실행 시기나 내용을 다소 상이하게 하는 경우가 많은데, 과연 그 실행행위가 어느 정도 상이한 경우까지 공동행위의 외관이 존재하는 것으로 인정할 것인가이다. 예컨대, 사업자들이 가격인상에 합의하여 이를 실행하는 경우를 상정할 때, 경쟁당국이 쉽게 적발하지 못하도록 그들이 의도하는 경쟁제한적인 목적을 달성하는 데 지장이 없는 범위 내에서 그 실행의 시기나 내용을 달리하는 경우에, 가격인상의 시기나 정도가 완전히 동일한 경우에 한하여 외관의 존재를 인정한다면 법상 합의 추정 조항은 사실상 그 실효성을 상실하는 결과를 초래할 수밖에 없을 것이다.

이는 결국 위 조항의 입법취지에 비추어 각 사안에 따라 구체적·개별적으로 판단할 수밖에 없는데, 동 조항이 은밀하게 행해지는 공동행위의 특성을 감안하여 법 집행기관의 처분 요건을 완화함으로써 부당한 공동행위에 대한 규제의 실효성을 제고하기 위하여 제정된 것이라는 점과 통상적으로 공동행위가 실행되는 외관을 고려할 때, 부당한 공동행위의 성립을 인정할 수 있는 객관적 요소를 갖춘 것으로 평가할 수 있는가를 기준으로 판단해야 할 것이다. 즉, 관찰할 수 있는 외관으로부터 공

---

68) 대법원은 일명 '커피판결'(대법원 2002. 3. 15. 선고 99두6514·6521 판결)에서 위 요건을 편의상 '행위의 외형상 일치'라고 표현하였고, 그 이후 이 문제를 논의하는 학자나 법원도 흔히 이러한 용어 사용례에 따르고 있다. 그러나 이러한 용어 사용례는 반드시 각 공동행위 참여자들의 행위가 외형상 동일하여야 한다는 오해를 초래할 우려가 있으므로 바람직하지 않고, 결국 합의를 추정하기 위해서 우선 공동행위가 존재하는 것과 같은 외관을 갖추어야 한다는 것이므로 오히려 '공동행위의 외관'이라고 표현하는 것이 바람직하다고 생각된다. 다만 아래에서는 판결례를 인용하는 경우에 그 사용례에 따라서 '외형상 일치'라는 표현을 함께 사용하기로 한다.

동행위의 존재를 논리적으로 추론해낼 수 있는지, 또는 합리적으로 판단할 때 외부적으로 나타난 객관적 요소가 공동행위의 결과라고 일견 인정될 수 있는지를 기준으로 판단하여야 할 것이다. 예컨대, 복수의 사업자가 유사한 시점에, 유사한 정도로 가격인상을 단행한 경우에 합의 추정을 위한 외관의 존재 여부는 이들 사업자들의 실행이 같은 계기에 의해 이루어진 것으로 평가될 수 있을 정도로 시기적으로 근접하였는지, 부당한 공동행위의 목적을 달성할 수 있을 정도로 유사한 수준의 가격인상이 있었는지, 당해 시장의 특성상 합의가 없더라도 흔히 발생할 수 있는 정도의 유사한 가격책정인지 등을 종합적으로 고려하여 판단하여야 할 것이다.

법원도 종래 구법 제19조 제5항이 적용된 사건에서 대체로 합의의 추정 요건인 외관의 존재를 비교적 폭넓게 인정하였다. 예컨대, 서울고법은 시멘트제조업체들의 부당한 공동행위 사건에서 "공정거래법상 가격관련 부당한 공동행위는 일정한 거래분야에서 경쟁을 실질적으로 제한하는 가격을 결정·유지·변경하는 행위를 할 것을 합의함으로써 성립하는데 이러한 합의의 내용에는 가격을 일정한 시차를 두고 순차적으로 변동시키는 형태, 변동액이나 변동률에 차이를 두는 형태, 최고가격·최저가격·평균가격을 설정하는 형태 등 사업자의 독자적 결정에 의한 것으로 볼 수 없는 다양한 경우가 포함되며 반드시 같은 시기에, 같은 액 또는 같은 율만큼 변동시키는 경우에 한정되는 것은 아니라 할 것이다."라고 판시하면서, 사업자별 가격인상률이 13.4~14.8%의 범위 내에서 상이하고 인상시기가 3주간에 걸쳐 있는 경우에도 외관의 존재를 인정하였다.[69] 또한 신용카드회사들의 부당한 공동행위 사건에서 법원은 수수료율 인상 시기에 1개월 내지 1.5개월가량 차이가 있고 인상률에 1% 내외의 차이가 있는 경우에도 외관의 존재를 인정하였는데, 특히 이러한 인상률 및 인상시기의 차이는 고객이 카드회사를 선택 또는 변경하는 데 거의 영향을 주지 않을 것이라는 점을 중요한 근거로 삼았다.[70]

또한 공동행위의 외관의 존재와 관련하여, 예컨대 건설업체들이 동시에 또는 순차적으로 2개 이상의 건설공사에 입찰함에 있어서 각 공사별로 낙찰예정업체를 미리 정하고, 다른 사업자(소위 '들러리')는 유찰을 막기 위하여 낙찰 가능성이 없는 조건으로 각 공사의 입찰에 교차참가해 주는 경우에도 이를 인정할 수 있는가라는 문제가 제기된다. 이에 관하여 서울시 지하철 9호선 입찰담합 사건에서 대법원은

---

69) 서울고법 2000. 12. 5. 선고 99누5247 판결.

70) 서울고법 2004. 2. 3. 선고 2002누17295 판결, 서울고법 2004. 5. 20. 선고 2002누8482·16377 판결. 상고심에서 대법원 역시 이 부분에 대한 원심의 판시를 그대로 수용하였다(대법원 2006. 9. 22. 선고 2004두7184, 대법원 2006. 10. 12. 선고 2004두9371, 대법원 2006. 10. 27. 선고 2004두3366, 2004두7160 판결).

입찰과정상 참여회사들이 취한 일련의 행위들을 근거로 이들의 행위는 외형상 각 공사별로 유찰을 방지하고 낙찰예정업체가 응찰한 가격으로 낙찰되도록 한 행위로 인정함이 상당하므로 부당한 공동행위를 할 것을 합의한 것으로 추정된다고 판시함으로써 외관의 존재를 인정하였다.71)

외관의 존재와 관련하여 제기되는 또 다른 문제는 다양한 요소에 의하여 차별화된 상품에 대한 가격책정에 대하여도 공동행위의 외관의 존재를 인정할 수 있는가이다. 예컨대, 아파트와 같이 건설회사의 브랜드, 입지조건, 단지 내 위치, 근린생활시설, 마감자재, 평형별로 상품의 가치가 차별적으로 결정되는 상품의 경우에도 공동행위의 외관의 존재를 인정하는 것이 가능한지 여부와, 만약 가능하다면 각 사업자의 행위가 어느 정도 유사할 경우에 이를 인정할 수 있는지의 문제이다.

실제로 용인 죽전지구 및 동백지구 아파트 분양가 담합 사건에서 공정거래위원회는 위 지구들의 신규아파트 분양에 참여한 건설회사들이 아파트의 평당 분양가를 일정 액수에 근접하게 책정한 행위에 대하여 합의를 입증할 수 있는 직접증거를 확보하지 못하고 구법 제19조 제5항을 적용하여 합의를 추정하였다. 관련 행정소송에서 이 사건 원고들의 행위에 대하여 합의를 추정할 수 있는 외관의 존재를 인정할 수 있는지 여부가 다투어졌는데, 상고심에서 대법원은 죽전지구 사건에서는 이를 인정한 반면, 동백지구 사건에서는 인정하지 않았다. 즉, 전자에서 대법원은 합의의 대상이 되는 상품이 그 특성상 개별성이 강하여 사업자들이 공동행위를 하더라도 그 객관적 외관이 엄밀히 일치할 것을 기대하기 어려운 경우에 외관의 존부를 판단함에 있어서는, 그 개별특성에 따른 외관상 차이를 배제한 다음 행위의 외형이 실질적으로 일치하는지 여부를 판단하여야 한다고 판시하고, 이 사건 사실관계에 비추어 외형상 일치가 있다고 판단한 원심 판결을 유지하였다.72)

이에 반하여 후자에서 대법원은 구법 제19조 제5항의 취지와 구조에 비추어 볼 때 행위의 외형상 일치 여부를 판단함에 있어서 각 사업자가 가격결정 등의 행위에 이르게 된 과정과 경위에 관한 정황사실을 고려할 수는 있지만 단지 사업자들의 합의 내지 암묵적인 양해를 추정케 할 정황사실에 불과한 것은 이를 고려하여서는 안 된다고 전제한 뒤, 이 사건 사실관계에 비추어 외형상 일치가 인정되지 않는다고 판시하였다.73)

---

71) 대법원 2006. 12. 7. 선고 2004두3045 및 대법원 2006. 12. 8. 선고 2004두9661 판결.

72) 대법원 2009. 4. 9. 선고 2007두6793 판결 등.

73) 대법원 2009. 4. 23. 선고 2007두6809 판결 등.

(2) 합의의 상당한 개연성을 나타내는 정황증거 및 제반 사정

법 제40조 제5항 제1호는 합의의 존재를 추정하기 위한 요건으로서 정황증거 및 제반사정에 비추어 합의의 상당한 개연성이 인정될 것을 규정하고 있다. 이는 반드시 법상 합의 추정 규정을 적용하는 경우뿐만 아니라 법 제40조 제1항을 적용하면서 경험칙에 따라 합의의 존재를 사실상 추정하는 경우에도 동일하게 요구된다고 할 수 있는데, 구체적으로 어떠한 정황증거 또는 사정이 존재할 경우에 합의에 의한 행위로 볼 수 있는 상당한 개연성이 인정되는지는 결국 사안에 따라서 경험칙과 합리적인 추론에 입각하여 개별적·구체적으로 판단할 수밖에 없다.

다만, 종래 국내·외 경쟁법 집행례 및 판례상 주로 다음과 같은 정황증거나 사정들이 합의의 존재를 추정할 수 있는 근거로 인정되어왔다. 즉, 합의를 입증할 수 있는 다양한 증거에는 합의의 존재나 그 내용 및 참여사업자 등을 기술한 문건이나 증언과 같이 합의의 존재를 직접 보여주는 직접증거(direct evidence)와 간접적인 추론을 통하여 합의가 존재하였을 개연성을 보여주는 간접증거(indirect evidence) 또는 정황증거(circumstantial evidence)가 존재하는데, 후자는 다시 의사연락증거(communication evidence) 또는 접촉증거(contact evidence)와, 경제적 증거(economic evidence)로 분류할 수 있다.[74] 의사연락증거 또는 접촉증거는 직접 합의의 존재나 내용을 보여주는 것은 아니지만 합의가 형성될 기회가 존재하였음을 나타내는 당사자 간 의사연락 또는 접촉 사실을 말하고, 경제적 증거는 다시 (1) 병행적 가격책정과 같은 행위증거(firm conduct evidence), (2) 비정상적으로 높은 이윤율, 안정적 시장점유율 및 과거의 경쟁법 위반사실과 같은 성과증거(industry performance), (3) 높은 시장집중도, 높은 진입장벽, 높은 정도의 수직적 통합 및 표준화되거나 동질적인 제품과 같은 시장구조증거(market structure evidence), (4) 정보교환, 가격신호, 운송비균등화(인도가격방식 또는 기점가격방식), 최저가격보장제, 최우대고객조항(Most-Favored-Nation clause) 등과 같은 담합조장행위(facilitating practices) 등을 포함한다.[75]

이상과 같은 다양한 정황증거 중 각국의 경쟁법 집행사례에 비추어 일반적으로 가장 중요하게 평가되는 것은 합의가 형성될 기회가 존재하였음을 나타내는 참여사업자 간 의사연락증거 또는 접촉증거와, 인위적인 제품의 표준화나 초과공급기에 이루어진 가격인상행위와 같이 단독으로 행할 경우에는 스스로의 이익에 반하지만 공동으로 행할 경우에는 모두의 이익에 부합하는 시장행동 등이고, 이에 반하여 해

---

74) OECD Global Forum on Prosecuting Cartels without Direct Evidence of Agreement (2006), pp. 7-10 참고.

75) Id.

당 산업에서의 성과증거나 시장구조증거는 상대적으로 제한적인 의미를 가질 뿐이고 담합조장행위 역시 주로 다른 정황증거에 대한 보충적인 의미를 가진다.[76)]

한편, 공동행위 심사기준 역시 법 제40조 제5항 제1호에 따른 합의의 추정을 위한 정황증거에 관하여 유사한 내용을 규정하고 있다. 즉, (1) 직·간접적인 의사연락 등의 증거가 있는 경우, (2) 공동으로 수행되어야만 당해 사업자들의 이익에 기여할 수 있고 개별적으로 수행되었다면 당해 사업자 각각의 이익에 반하리라고 인정되는 경우, (3) 당해 사업자들의 행위의 일치를 시장상황의 결과로 설명할 수 없는 경우, (4) 당해 산업구조상 합의가 없이는 행위의 일치가 어려운 경우 등을 열거하고 있다(심사기준 Ⅱ. 2. 나. (2) (가)).

(3) **공동행위의 외관 창출에 필요한 정보의 교환**

법 제40조 제5항 제2호는 합의의 존재를 추정하기 위한 요건으로서 법 제40조 제1항 각 호의 행위에 필요한 정보를 주고받은 것, 즉 '공동행위의 외관 창출에 필요한 정보의 교환'을 규정하고 있다. 동 조항은 아래에서 소개하는 바와 같이 종래 공정거래위원회가 주로 사업자 간 경영상 민감한 정보를 교환하는 행위를 근거로 합의의 존재를 인정한 일련의 사건에서 법원이 상대적으로 소극적인 태도를 취함에 따라 이에 대응하여 마련된 것인데, 정보를 '주고받은 행위'의 의미가 무엇인지, 그리고 그 정보가 공동행위의 '외관 창출에 필요한 정보'인지 여부를 판단하는 기준이 문제가 된다.

이는 향후 법집행과정에서 구체화될 수밖에 없는데, 공정위가 제정한 '사업자 간 정보교환이 개입된 부당한 공동행위 심사지침'(공정거래위원회 고시 제2021-33호, 2021. 12. 28. 제정)은 다음과 같이 규정하고 있다. 먼저, 사업자 간 정보를 주고받는 행위는 "사업자가 다른 사업자에게 가격, 생산량, 원가 등의 경쟁상 민감한 정보를 알리는 행위"를 의미하고 사업자단체(협회, 협동조합 등), 제3의 사업자 등 중간매개자를 거쳐 간접적으로 알리는 행위도 포함되는데, 이때 특정 사업자의 정보가 중간 매개자를 거쳐 다른 경쟁사업자에게 전달되어야 하고 사업자단체 등 중간 매개자에게 일방적으로 전달되기만 한 경우에는 정보교환이 이루어진 것으로 보지 아니한다고 규정하고 있다(동 심사지침 Ⅲ). 한편, 사업자가 불특정 다수에게 정보를 공개적으로 공표 또는 공개하는 행위는 정보교환 행위로 보지 않는데, 이에 해당하는지 여부는 공표

76) 종전에 공정거래위원회가 정황증거를 근거로 사실상의 추정을 사용하여 합의의 존재를 인정한 사례에 대해서는 이호영·이봉의, 「합의의 입증 및 추정을 위한 증거수준 분석 등 국내외 카르텔 사건 심결례 및 판례 분석」(공정거래위원회 연구용역보고서), 2006, pp. 66-72 참고.

또는 공개매체의 성격 및 이용자의 범위, 접근 비용의 유무·수준 및 경제주체별 차등 여부, 공표 또는 공개의 양태 및 의도 등을 종합적으로 고려하여 판단하고, 사업자 간 비공개적으로 정보교환 행위를 한 후 그 정보를 사후적으로 공개적으로 공표 또는 공개하였다고 하여 선행된 비공개적인 정보교환 행위까지 규율 범위에서 제외되는 것은 아니라고 규정하고 있다(동 심사지침 Ⅲ).

또한 위 지침은 공동행위의 외관 창출에 필요한 정보의 교환인지 여부를 판단하는 기준에 관하여, 교환된 정보의 종류 및 성격, 정보가 교환된 시점 및 외형상 일치의 내용과 교환된 정보의 내용 간의 관계를 종합적으로 고려하여 판단한다고 규정하고 있다. 즉, 가격, 생산량 등 교환되면 경쟁을 제한할 가능성이 높은 정보가 교환된 경우 이에 해당할 가능성이 큰 반면, 인사동정, 소비자 성향 분석자료 등 경쟁에 큰 영향을 미치지 않는 정보가 교환된 경우에는 이에 해당되지 않을 가능성이 크고, 사업자의 의사결정 시점에 임박하여 정보가 교환된 경우 이에 해당될 가능성이 크며, 교환된 정보의 내용과 동일 또는 유사한 내용으로 가격 등 경쟁변수에 외형상 일치가 나타난 경우에는 이에 해당할 가능성이 크다고 규정하고 있다(동 심사지침 Ⅴ. 3).

(다) 추정의 복멸

법 제40조 제5항에 따라 합의의 존재가 추정된 경우에도 합의의 존재를 부정하고자 하는 측이 반대사실 또는 합의의 부존재를 나타내는 정황증거 등을 제시하여 추정을 복멸할 수 있다. 추정의 복멸에 필요한 입증의 수준에 대해서는 법 제40조 제5항의 합의 추정은 위에서 살펴본 바와 같이 추정의 요건이라는 측면에서는 본질상 '사실상의 추정'과 다를 것이 없지만, 여전히 법률의 규정에 의한 '법률상 추정'이므로 일단 추정 요건이 충족되어 추정력이 발생하면 상대방은 법관이 합의의 존재 사실에 대하여 의심을 가지게 하는 반증으로는 부족하므로 합의가 존재하지 않았다는 점을 입증하는 본증으로써 추정을 복멸시켜야 한다.[77] 상대방이 해당 행위가 합의에 의한 것이 아님을 나타내는 반대사실이나 정황증거를 제시하여 추정을 복멸시키려 하면 다시 공정거래위원회 등 합의의 존재를 주장하는 측에서 정황증거들을 바

77) 2007년 개정되기 전 구법 제19조 제5항의 문언 및 이에 대한 법원의 확립된 해석과는 달리 현행 법 제40조 제1항 제1호는 명시적으로 합의의 추정 단계에서 정황증거 등 제반 사정을 고려하여 합의가 존재하였을 상당한 개연성 유무를 판단하도록 규정하고 있으므로 실제 법 적용상 합의의 존재가 없었음을 나타내는 반대사실이나 정황증거 역시 합의의 추정 여부를 판단하는 단계와 추정의 복멸 여부를 판단하는 단계 모두에서 검토될 수 있을 것이다.

탕으로 복멸을 저지함으로써 합의의 존재를 입증할 수 있다.

그런데 일단 법률상 합의가 추정된 경우에 반대사실을 들어서 그 추정을 복멸하기는 쉽지 않을 것이고 실제로 판례상 구법 제19조 제5항에 의한 합의의 추정이 복멸된 예는 그리 많지 않다. 특히 2007년 개정되기 전 구법과는 달리 법 제40조 제5항 제1항은 정황증거나 제반 사정을 검토하여 합의의 추정 여부를 판단하도록 규정하고 있으므로 일단 양 당사자가 제출한 정황증거 등을 근거로 합의가 추정되었다면 새로운 반대사실이나 정황증거가 없는 한 이를 복멸하기가 더욱 곤란할 것이다.

구체적으로 어떤 반대사실이나 정황증거가 존재하는 경우에 합의의 추정을 복멸할 수 있는지는 기본적으로 법관의 증거판단의 문제로서 구체적인 기준을 제시하기 곤란하다. 이와 관련하여 대법원은 합의의 추정을 복멸시킬 수 있는 사정을 판단함에 있어서는, 당해 상품 거래분야 시장의 특성과 현황, 상품의 속성과 태양, 유통구조, 가격결정 구조, 시장가격에 영향을 미치는 제반 내·외부적 영향, 각 개별업체가 동종 거래분야 시장에서 차지하고 있는 지위, 가격의 변화가 개별사업자의 영업이익·시장점유율 등에 미치는 영향, 사업자의 개별적 사업여건에 비추어 본 경영판단의 정당성, 사업자 상호 간의 회합 등 직접적 의사교환의 실태, 협의가 없었더라도 우연의 일치가 이루어질 수도 있는 개연성의 정도, 가격모방의 경험과 법 위반 전력, 당시의 경제정책적 배경 등을 종합적으로 고려하여 거래 통념에 따라 합리적으로 판단하여야 한다고 반복적으로 판시하였다.[78]

또한 서울고법은 대법원이 위와 같은 기준을 판시하기 이전부터, 시멘트제조업체들의 부당한 공동행위 사건 판결 이래 다수의 판결에서 구법 제19조 제5항에 의한 합의의 추정을 복멸할 수 있는 사유 3가지를 다음과 같이 상세하게 설명하였다.[79]

① 외부적으로 드러난 동일 유사한 가격책정행위가 실제로는 아무런 명시적, 묵시적 합의나 상호 간의 요해 없이 각자의 경영판단에 따라 독자적으로 이루어졌음에도 마침 우연한 일치를 보게 된 경우

② 경쟁관계에 있는 사업자와 공통적으로 관련된 외부적 요인(예컨대 원가인상 요인

78) 대법원 2003. 12. 12. 선고 2001두5552 판결, 대법원 2006. 11. 23. 선고 2004두8323 판결, 대법원 2008. 2. 15. 선고 2006두11583, 대법원 2009. 4. 9. 선고 2007두6793 판결, 대법원 2009. 4. 23. 선고 2007두6809 판결 등 참고.

79) 서울고법 2000. 12. 5. 선고 99누5247 판결, 서울고법 2000. 12. 12. 선고 98누12293·98누12637 판결, 서울고법 2000. 12. 21. 선고 98누12668·12651 판결, 서울고법 2001. 6. 5. 선고 99누10898 판결 등.

등)이 각자의 가격결정 판단에 같은 정도의 영향을 미침으로써 부득이 동일·유사한 시기에 동일·유사한 행동을 할 수밖에 없었던 경우. 그러나 이 경우 그 외부적 요인이 각 사업자에게 미치는 영향은 차이가 있음에도 불구하고 그 요인에 영향을 받은 사업자 상호 간에 유사한 행동을 할 것이라는 암묵적 요해가 이루어져 그러한 기회를 이용하여 동일·유사한 공동행위로 나아간 것이라면 여기서 제외되어야 할 것이다.

③ 특히 과점시장의 경우 가격선도업체가 독자적인 판단에 따라 가격결정을 하자 후발업체가 이에 동조하여 일방적으로 선도업체의 가격을 단순히 모방한 경우. 그러나 이 경우에도 선도업체가 종전의 관행 등 시장현황에 비추어 가격선도를 하면 이어 후발업체들이 여기에 동조할 것이라고 예견하고 가격선도를 하였다고 보이는 때에는 당연히 이 범위에서 제외되어야 할 것이고, 후발업체들 상호 간의 명시, 묵시의 합의나 요해에 따라 선도업체의 가격을 모방한 경우에는 그 후발업체들 상호 간의 공동행위만이 문제로 될 것이며 이때 후발업체 상호 간의 공동행위는 그들의 시장점유율 등 가격결정 영향력을 기초로 한 실질적 경쟁제한성 유무에 따라 판단한다.

합의 추정의 복멸과 관련하여 이론적·실무적으로 특히 문제가 되는 것은 위 3가지 사유 중 세 번째의 것, 즉 과점시장에서 흔히 볼 수 있는 가격선도 및 모방행위(price leadership)의 경우이다. 이는 소위 '의식적 병행행위'(conscious parallelism)의 문제인데, 특히 소수의 사업자만이 존재하는 과점시장에서 각 사업자가 자신의 시장행동을 결정함에 있어서 경쟁사업자의 행위를 의식하여 서로 유사한 행위를 하지만 합의에 이르지는 않는 것을 말한다. 이러한 행위는 합의에 의한 경우와 사실상 동일한 외관과 경제적 효과를 가지는 반면, 각국의 경쟁법이 위법한 공동행위의 요건으로 규정하고 있는 '합의'의 존재를 인정하기 곤란하므로 이를 공동행위로 규제할 수 있는가에 대하여 논란이 있다. 이에 관한 미국 연방법원의 판례는 다소간 변천이 있었으나, 일반적으로 의식적 병행행위 자체는 독점금지법 위반이 아니고 추가적으로 합의의 존재를 추단할 수 있는 정황증거, 소위 '추가적 요소'(plus factor)가 있는 경우 한하여 독점금지법 위반으로 판단하고 있다.[80)]

---

80) 의식적 병행행위에 관한 미국 연방대법원의 주요 판례들을 간략히 살펴보면 다음과 같다.

① Interstate Circuit. v. United States, 306 U.S. 208 (1939)에서 연방대법원은 사업자들 모두가 타 사업자들 역시 동일한 행위를 하고 있음을 인지하고 있었던 점, 공동행위에 대한 강력한 동기가 있었던 점 및 사업자들이 합의된 공동행위로 보는 것 이외에 그와 같이 특이한 행위의 일치를 설득력 있게 설명할 수 있는 근거를 제시하지 못하는 점 등을 들어 의식적 동조에 기한 합의의 존재를 추인하기에 충분하다고 판시하였다.

미국의 경우와는 달리 법률상 합의의 추정을 인정하고 있는 우리나라 독점규제법의 경우에도 마찬가지로 '의식적 병행행위'임을 이유로 법률상 추정을 복멸시킬 수 있는가라는 문제가 제기될 수 있다. 대법원은 화장지제조회사들의 부당한 공동행위 사건에서 이에 관한 중요한 사항을 판시하였다. 이 사건에서 국내 두루마리 화장지 시장의 78%를 점유하고 있는 4개 회사들이 시장점유율이 높은 선발업체의 가격선도행위(price leadership)에 따라 한 차례의 가격인하와 세 차례의 가격인상을 통하여 공장도가격을 동일하게 유지한 행위가 문제가 되었는데, 공정거래위원회는 이들 사업자 간 합의의 존재를 입증할 만한 직접증거를 확보하지 못하고, 대신 구법 제19조 제5항을 적용하여 합의를 추정하고 부당한 공동행위의 성립을 인정하였다.[81)]

관련 행정소송 상고심에서 대법원은 종전에 서울고법이 제시한 위 3가지 복멸기준 중 세 번째 기준을 그대로 수용하여 "과점적 시장구조 하에서 시장점유율이 높은 선발업체가 독자적인 판단에 따라 가격을 결정한 뒤 후발업체가 일방적으로 이를 모방하여 가격을 결정하는 경우에는, 선발업체가 종전의 관행 등 시장의 현황에 비추어 가격을 결정하면 후발업체들이 이에 동조하여 가격을 결정할 것으로 예견하고 가격결정을 하였다는 등의 특별한 사정이 없는 한, 법 제19조 제5항에 따른 공동행위의 합의 추정은 번복된다. 다만, 이때 후발업체들이 서로 간의 명시적이거나 묵시적인 합의 또는 양해에 따라 선발업체의 가격을 모방한 경우에는 그 후발업체들 상호 간의 공동행위가 문제되나, 후발업체들 상호 간의 공동행위 성립 여부는 그들의 시장점유율 등 가격결정 영향력 등에 따라 별도로 판단되어야 한다."라고 판시하였다.[82)]

---

② Theatre Enterprises v. Paramount Film Distributing Corp., 346 U.S. 537 (1954)에서 연방대법원은 문제의 사업자들이 독립적으로 동일한 결정을 내릴 경제적 이유를 제시하였음을 지적하면서, "의식적인 동조적 행위에 대한 정황증거가 담합에 대한 법원의 전통적인 태도에 중요한 변화를 가져온 것은 사실이지만 '의식적 병행행위'라고 해서 셔먼법상의 '합의'요건을 완전히 무시할 수 있는 것은 아니다"라고 판시하였다.

그 후 하급심 법원들은 일관되게 의식적 병행행위 자체만으로는 합의를 인정할 수 없고 공동행위를 인정하기 위해서는 '의식적 동조'와 기타의 사실과 정황들, 즉 추가적 요소(plus factor)가 결합되어야 한다는 입장을 취하였다(ABA Section of Antitrust Law, *Antitrust Law Developments*, 8th ed., 2017, pp. 9-11 참고).

81) 공정거래위원회 의결 제98-63호, 1998. 4. 10.

82) 대법원 2002. 5. 28. 선고 2000두1386 판결. 대법원은 위 기준을 이 사건 사실관계에 적용하여 선발업체의 가격인하 및 가격인상을 후발업체가 일방적으로 모방한 것으로 인정되는 1차 가격인하 및 1차 가격인상에 대해서는 합의의 추정이 번복되지만, 이러한 가격모방에 따른 가격동조화현상의 경험이 누적된 상황, 가격인상의 내부품의와 실제 인상시기의 완전한 일치, 유통업체를 통하여 가격정보를 쉽게 교환할 수 있는 유통구조의 특성 등을 감안할 때 2차 및 3차 가격인상에 대하여는 합의의 추정이 번복되지 않는다

대법원의 위 판시사항 중 특히 “선발업체가 종전의 관행 등 시장의 현황에 비추어 가격을 결정하면 후발업체들이 이에 동조하여 가격을 결정할 것으로 예견하고 가격결정을 하였다는 등의 특별한 사정이 없는 한”이라고 언급한 부분은 이론적으로 매우 중요한 의미를 갖는다. 즉, 선발업체의 가격선도 및 후발업체의 가격모방도 ‘특별한 사정’이 존재한다면 부당한 공동행위로 인정할 수 있다는 것인데, 이는 결국 구체적인 합의가 입증되지 않는 의식적 병행행위도 일정한 요건을 충족하면 경쟁기업들의 상호의존성(interdependency)을 근거로 부당한 공동행위에 해당할 수 있는 여지를 인정한 것으로 해석된다.[83)]

7개 철근제조사의 부당한 공동행위 사건에서 서울고법 역시 유사한 취지로 판시하였다. 즉, 위 법원은 원고가 제출한 반대사실 및 정황증거 등을 검토한 후 이 사건 가격인상행위가 실제로는 아무런 합의나 상호 간의 양해 없이 각자의 경영판단에 따라 독자적으로 이루어진 것이거나 선도업체의 가격 인상을 후발업체가 단순히 모방한 것이라는 등 추정의 복멸사유를 인정하기에 부족하고 오히려 이 사건 회사들 사이에 가격인상에 대한 합의가 있었음을 추단할 수 있고, 설사 구체적이고도 명시적인 합의의 정도에 이르지는 않았다고 하더라도 5회에 걸친 가격인상 요인이 각 사업자에게 미치는 영향에 다소간의 차이가 있었을 것임에도 불구하고 이 사건 회사들은 종전부터 각 회사별 실무자들 사이에 직접 의견교환을 하거나 간접적으로 상대방의 가격인상정보를 수집하는 등의 방법으로 가격인상요인이 발생하면 다른 사업자도 자사와 유사한 시기에 같은 정도의 가격인상을 단행할 것이라는 ‘암묵적 양해’가 바탕이 되어 그러한 기회를 이용하여 부당한 공동행위로 나아간 것이라고 할 것이므로, 이 사건 회사들에 대한 합의 추정은 유지된다고 판시하였다.[84)]

고 판단하였다.

83) 참고로 위 대법원 판시를 아래 정보교환 행위와 관련하여 설명하는 6개 LPG 사업자들의 부당한 공동행위 사건 대법원 판시와 비교할 필요가 있다. 즉, 이 사건은 구법 제19조 제1항이 적용된 경우로서 외형상 일치와 경쟁자 간 정보교환 행위 등을 근거로 묵시적 합의를 사실상 추정할 수 있는지 여부가 문제로 된 사안이었는데, 대법원은 과점시장에서 시장점유율이 높은 업체가 독자적으로 가격을 먼저 결정한 뒤, 경쟁사업자들이 그 가격을 추종하고 있고, 그와 같은 가격결정 관행이 상당한 기간 누적되어 사업자들이 이러한 사정을 모두 인식하고 있는 경우에, 가격결정과 관련된 의사연락이 증명되거나 추가적인 여러 사정에 비추어 그 의사연락을 추인할 수 있다면 부당하게 경쟁을 제한하는 행위에 대한 합의의 존재를 인정할 수 있다고 판시하였다(대법원 2014. 6. 26. 선고 2012두23075 판결, 대법원 2014. 6. 26. 선고 2012두4104 판결, 대법원 2014. 6. 26. 선고2012두5015 판결). 아래 (라) ‘관련문제 1 : 경쟁자 간 정보교환 행위와 합의의 입증’ 부분 참고.

84) 서울고법 2006. 6. 21. 선고 2004누14696 판결. 상고심에서 대법원 역시 위 판시를 그대로 수용하였다(대법원 2008. 11. 13. 선고 2006두13145 판결).

(라) 관련문제 1: 경쟁자 간 정보교환 행위와 합의의 입증

(1) 개 설

2010년경부터 공정거래위원회는 다수의 부당한 공동행위 사건에서 경쟁사업자 간 경영상 민감한 정보를 교환하는 행위와 그 이후 공동으로 유사한 수준으로 가격을 인상하는 행위를 근거로 부당한 공동행위의 성립요건인 합의의 존재를 인정하였다. 즉, 공정거래위원회는 종전에는 경쟁사업자 간 정보교환의 증거를 주로 위에서 살펴본 2007년 개정되기 전 구법 제19조 제5항에 따른 합의의 추정을 보강하거나 그 복멸을 저지하기 위한 정황증거로 사용하였으나, 2007년 동 규정이 개정된 이후에는 대부분 구법 제19조 제1항을 적용하여 직접 명시적·묵시적 합의를 입증하기 위한 증거로 사용하고 있다. 실제로 2007년 법 개정으로 구법 제19조 제5항을 적용하여 합의의 존재를 추정하기 위하여 합의의 상당한 개연성을 나타내는 제반 사정이 필요하게 된 이후에 공정거래위원회가 동 조항을 적용한 사례를 찾아보기 어렵고,[85] 대신 직접증거를 통하여 명시적 합의의 존재를 입증하기 곤란한 사안에서 경쟁사업자 간 정보교환 행위를 포함한 관련 정황증거를 근거로 묵시적 합의의 존재를 인정하였다.[86]

예컨대, 5개 음료제조업자들의 부당한 공동행위 사건(공정거래위원회 의결 제2009-249호, 2009. 11. 9.), 6개 LPG 사업자들의 부당한 공동행위 사건(공정거래위원회 의결 제2010-45호, 2010. 4. 23.), 11개 소주제조사업자들의 부당한 공동행위 사건(공정거래위원회 의결 제2010-59호, 2010. 6. 16) 및 12개 유제품사업자들의 부당한 공동행위 사건(공정거래위원회 의결 제2011-51호, 2011. 5. 2.), 3개 두유제조사업자들의 부당한 공동행위 사건(공정거래위원회 의결 제2011-67호, 2011. 6. 9.), 5개 치즈제조사업자들의 부당한 공동행위 사건(공정거래위원회 의결 제2011-143호, 2011. 8. 9.), 5개 석유제품사업자들의 부당한 공동행위 사건(소위 '원적사 담합')(공정거래위원회 의결 제2011-161호, 2011. 9. 16.), 16개 생명보험회사들의 부당한 공동행위 사건(공정거래위원회 의결 제2011-284호, 2011. 12. 15.) 및 4개 라면 제조·판매 사업자들의 부당한 공동행위 사건(공정거래위원회 의결 제2012-107호, 2012. 7. 12.)

---

85) 공정거래위원회가 2007년 개정된 구법 제19조 제5항을 사실상 적용하지 않았던 이유는 한편으로 동 조항에 관한 종래의 해석상 논란과 비판에 영향을 받은 것이기도 하고, 다른 한편으로 합의의 개연성을 나타내는 정황증거가 존재하는 경우에는 구태여 동 조항을 적용할 필요 없이 직접 동 조 제1항을 적용하여 합의의 존재를 사실상 추정할 수 있기 때문이라고 이해된다.

86) 일부 사례에서 공정거래위원회는 구법 제19조 제1항을 적용하면서 예비적으로 동법 제19조 제5항의 합의 추정 조항을 적용하기도 하였다. 예컨대, 19개 건설사업자들의 4대강 1차 턴키공사 입찰담합 사건(공정거래위원회 의결 제2012-199호, 2012. 8. 31.) 참고.

등에서 공정거래위원회는 합의의 존재를 인정하면서 경쟁사업자 간 정보교환 행위를 그 중요한 근거로 삼았고, 관련 행정소송에서 법원이 순차적으로 이에 관한 법리를 제시하였다.

위와 같은 경쟁사업자 간 정보교환 행위에 대한 공정거래위원회의 접근은 EU 및 미국 등 경쟁법 선진국의 논의를 반영한 것으로 보이는데, 예컨대 EU의 경쟁당국인 집행위원회는 2010년 개정한 '수평적 협력 약정에 대한 EU기능조약 제101조의 적용 지침'(Guidelines on the applicability of Article 101 of the Treaty on the Functioning of the European Union to horizontal cooperation agreements, 2011/C 11/01)에서 정보교환 행위가 경쟁에 미치는 영향을 분석하는 원칙을 별도의 장으로 상세히 규정하였다. 동 지침은 정보교환 행위와 관련된 그간의 법집행례 및 판례이론을 충실하게 반영한 것으로 평가할 수 있는데, 정보교환 행위가 초래할 수 있는 경쟁제한적 우려로서 (1) 공모적 결과(collusive outcome), (2) 경쟁제한적 봉쇄(anti-competitive foreclosure)를 제시하고, 특히 사업자의 가격이나 생산량에 관한 장래의 행동에 대한 개별적인 의도를 교환할 경우 공모적 결과를 초래할 개연성이 크다고 할 수 있으므로 EU기능조약 제101조 제1항의 '목적상 경쟁제한적인 것'으로 간주되고(para. 73-74), 기타의 정보교환 행위가 경쟁에 미치는 영향은 각 사안에 따라 개별적으로 판단하여야 하는데 (1) 관련시장의 경제적 조건, (2) 교환된 정보의 성격 등 다양한 요소를 종합적으로 고려하여야 한다고 규정하고 있다(para. 75-94).

미국 연방 독점금지법상 경쟁사업자 간 정보교환 행위에 대한 접근방법 역시 법문상 차이에도 불구하고 EU의 경우와 매우 유사하다고 할 수 있다. 즉, 미국 셔먼법 제1조는 EU조약 101조와는 달리 '합의'와 구분되는 '동조적 행위'(concerted practices)의 개념을 별도로 규정하고 있지 않지만, 법집행례 및 판례이론을 통하여 합의의 개념을 확장하여 사실상 EU 경쟁법상 '동조적 행위'를 포섭하고 있다고 할 수 있다.

그런데 경쟁사업자 간 정보교환 행위에 관한 선진국의 논의와 관련하여 주의할 것은 정보교환 행위가 문제되는 사안을 (1) 정보교환 행위가 그와 별개로 존재하는 가격고정합의 등에 직접 연결되는 경우 또는 가격고정합의 등에 부수되어 이를 형성·유지하기 위한 수단으로 사용되는 경우와, (2) 별개의 가격고정합의 등이 존재하는지 여부와 무관하게 정보교환 행위 자체(stand-alone)가 해당 시장의 특성이나 정보의 성격 또는 교환방식에 비추어 경쟁을 제한하는 효과를 초래하게 되는 경우의 양자로 구분하고, 전자는 문제가 된 가격고정합의 등과 결합되어 '당연위법'(per se illegal) 또는 '목적상 경쟁제한적인 것'으로 간주하는 데 반하여, 후자는 소위 '합리성의 법리'(rule of reason)를 적용하거나 이에 준하는 분석방법을 적용하여 해당 시장의 특성, 정보의 성격, 교환의 방식 등에 비추어 문제가 된 정보교환 행위가 경쟁에 미치는 영향을 구체적으로 따져서 판단하고, 경쟁제한적 효과뿐만 아니라 경쟁촉진적 효과와 사업상 정당화 사유 역시 고려하여 그 위법성을 판단하고 있다는 점이다.[87)]

(2) **관련 판결례**

그동안 공정거래위원회가 주로 경쟁사업자 간 정보교환 행위를 근거로 합의의 존재를 인정한 사례들은 대부분 정보교환 행위 자체가 아니라, 그와는 별개의 가격고정합의 등을 성립시키거나 유지하거나 그 준수를 감시하는 수단으로서 정보교환 행위가 수반된 경우 또는 그 정보교환 행위의 성격에 비추어 당해 정보교환 행위가 가격인상 등으로 직접 연결되어 그 자체를 가격고정합의로 인정할 수 있는 경우라고 할 수 있고, 별개의 가격고정합의 등의 존재를 상정하지 않고 정보교환 행위 자체가 초래하는 경쟁제한적 효과를 문제로 삼은 경우는 찾아보기 어렵다.

예컨대, 5개 음료제조업자들의 부당한 공동행위 사건에서 공정거래위원회는 동 사업자들이 3차례 유사한 수준으로 가격을 인상한 것과 관련하여 청량음료협의회(사장급 모임)나 청실회(실무자급 모임) 등의 모임 및 영업담당 실무자나 시장조사담당 직원들의 의사연락을 통하여 가격인상에 대한 공감대를 형성하고 가격인상 방법, 시기, 품목, 인상수준 등의 정보를 긴밀히 교환한 사실 등을 근거로 합의의 존재를 인정하였는데, 이 사건 정보교환 행위를 가격인상의 합의를 나타내는 정황증거로 평가한 것으로 이해된다.[88)]

---

87) 미국 및 EU 경쟁법상 경쟁자 간 정보교환행위에 관한 법리에 관한 상세한 설명은 이호영, "공정거래법상 경쟁자 간 정보교환행위의 평가에 관한 연구", 「상사법연구」, 제33권 1호, 2014, pp. 344-354 참고.

88) 이 사건 행정소송에서 서울고법 제7 행정부는 문제로 된 행위를 평가함에 있어서 상호의존성(interdependence)이 강한 과점시장에서 흔히 볼 수 있는 소위 '의식적 병행행위'(conscious parallelism)와 '동조적 행위'(concerted practices)를 대비시키면서 가격정보의 교환을 통하여 각자의 행위내용을 조정하게 되면 단순한 의식적 병행행위가 아니라 동조행위로서 합의의 존재가 인정된다고 하고, 시장의 구조와 성격, 정보의 대상, 정보의 내용, 정보교환의 시기 및 방법, 정보교환의 주체 등을 판단기준으로 제시하면서 결국 공정거래위원회와 마찬가지로 각종 회합 및 정보교환 사실을 포함한 정황증거들을 평가하여 가격인상의 합의가 존재하였다고 인정하였다(서울고법 2010. 11. 25. 선고 2009누38390 및 2009누38406 판결). 한편, 역시 동일한 사건의 행정소송을 심리한 서울고법 제6 행정부는 공정거래위원회와 마찬가지로 가담사업자들이 정보교환 행위를 수단으로 음료제품의 인상에 대하여 명시적인 합의를 하였다고 인정하였다(서울고법 2012. 4. 25. 선고 2009누38383 판결). 상고심에서 대법원은 정보교환 행위에 관한 쟁점에 대하여 아무런 설시를 하지 않은 채 원심의 관련시장 획정의 오류를 이유로 모두 파기·환송하였다(대법원 2013. 2. 14. 선고 2011두204 판결, 대법원 2013. 2. 14. 선고 2010두28939 판결 및 대법원 2013. 4. 11. 선고 2012두11829 판결).

또한 6개 LPG 사업자들의 부당한 공동행위 사건에서도 공정거래위원회는 (1) 수입 2개사들이 매월 말경 전화, 모임 등을 통하여 LPG 기준가격과 판매가격에 대한 정보를 교환한 뒤 서로 동일 또는 유사한 수준으로 판매가격을 결정한 행위, (2) 수입 2개사가 매월 말경 정유사에게 '충전소에 판매할 때 적용하는 가격 - 국내 수송비 상당의 금액'으로 판매가격을 결정하여 통보하면 정유사들이 수입사의 충전소에 대한 판매가격과 동일 또는 유사한 수준으로 자신의 판매가격을 결정하는 행위 양자에 대하여 합의의 존재를 인정하였다. 그런데 전자의 경우 한편으로 정보교환 행위가 합의를 성립시키고 유지하는 수단으로 사용되었을 뿐만 아니라 교환된 정보의 성격에 비추어 볼 때 가격고정합의에 직접적으로 연결되는 것으로서 그 자체가 가격고정합의로 평가될 수 있는 것이고, 후자 역시 공정거래위원회가 인정한 사실과 같이 수입 2개사가 가격을 협의하여 통지하면 정유사가 이와 동일 또는 유사한 수준으로 가격을 결정한다는 공감대가 확고하게 형성되었다면, 그러한 상황에서 이루어진 가격정보의 통보는 그 자체로서 가격고정합의에 직접 연결될 수 있는 것으로서 그 자체를 가격고정합의와 동일하게 평가할 수 있을 것이다.

관련 행정소송에서 서울고법 역시 이 사건 판매가격의 통보 및 이에 따른 가격결정은 독자적인 가격결정이 아니라 묵시적 합의 또는 암묵적 요해에 해당한다고 판시하였고,[89] 상고심에서 대법원은 다음과 같이 수입사와 다른 정유사들에 대해서는 합의의 존재를 인정하였으나 후순위 정유사인 현대오일뱅크에 대해서는 합의의 존재를 인정하지 않았는데, 특히 과점시장에서 경쟁자 간 정보교환과 묵시적 합의의 입증에 관하여 매우 중요한 판시를 내렸다.

대법원은 먼저 과점시장에서 시장점유율이 높은 업체가 독자적인 판단에 따라 가격을 먼저 결정한 뒤 경쟁사업자들이 그 가격을 추종하는 가격결정 관행이 상당한 기간 누적되어 사업자들이 이러한 사정을 모두 인식하고 있는 경우에, 가격결정과 관련된 의사연락이 증명되거나 추가적인 여러 사정에 비추어 그 의사연락을 추인할 수 있다면 합의의 존재를 인정할 수 있다고 전제하고, 사업자가 경쟁자들에 대하여 자신의 판매가격을 개별적으로 사전 통지하는 것은 사업자가 일방적으로 가격을 결정한 후 구체적인 판매과정을 통하여 이를 공표하였는데 다른 사업자들이 스스로의 판단으로 그 가격을 모방한 것과는 다르고, 수입사가 매월 충전소 판매가격을 통보하고 있는 상황에서 여러 차례의 모임을 통하여 각 사업자들이 LPG 시장안정화, 경쟁 자제 및 고가 유지 등을 논의하였다면 그 판매가격을 직접 논의하지 않았더라도

89) 서울고법 2011. 8. 18. 선고 2010누15058 판결, 서울고법 2012. 1. 1. 선고 2010누32084 판결, 서울고법 2012. 9. 13. 선고 2010누13670 판결.

가격담합의 효과를 충분히 거둘 수 있었다고 할 것이므로 수입 2개사가 먼저 충전소 판매가격을 결정하면, 정유사들은 이와 같거나 거의 유사한 수준으로 충전소 판매가격을 정하기로 하는 취지의 묵시적 합의가 있었다고 판단할 수 있다고 하였다.[90)]

한편, 후순위 정유사인 현대오일뱅크가 제기한 행정소송에서 대법원은 과점시장에서는 경쟁사업자가 가격을 책정하면 다른 사업자는 이에 적절한 방법으로 대처하기 마련이고 이때 어느 사업자가 경쟁사업자의 가격을 모방하는 것이 자신의 이익에 부합할 것으로 판단되면 명시적 합의나 암묵적인 양해 없이도 독자적으로 실행에 나아갈 수 있는 것이므로, 과점시장에서 외형상의 일치가 상당한 기간 동안 지속되고 사업자들이 이러한 사정을 모두 인식하고 있다고 하더라도, 이에 더하여 사업자들 사이에 가격결정과 관련된 명시적·묵시적 연락이 있다고 볼 만한 추가적 사정이 증명되지 아니하면 가격결정에 관한 합의가 있다고 인정할 수 없다고 하였다.[91)] 나아가 대법원은 위와 같은 법리를 이 사건 사실관계에 적용하여, 원고와 다른 사업자들 사이에 가격결정에 관한 의사연락을 추인할 만한 사정은 제한적인 반면, 주어진 시장상황에서 자신의 이익을 극대화하기 위하여 독자적으로 행동하였거나 담합을 한 것과는 양립하기 어려운 행동을 하였다고 볼 만한 사정이 상당한 기간 동안 지속되었으므로 원고가 다른 사업자와 상호 의사연락을 함으로써 합의에 가담하였다는 점이 증명되었다고 볼 수 없다고 판시하였다.[92)]

그 후 대법원은 16개 생명보험회사들의 부당한 공동행위 사건에서 독점규제법상 정보교환 행위의 평가방법에 관하여 중요한 판시를 내렸다. 이 사건에서는 위 회사들이 개인생명보험상품의 예정이율과 공시이율에 관한 정보를 교환하고 이를 반영하여 각자의 예정이율 등을 결정한 것이 부당한 가격고정합의에 해당하는지가 문제로 되었다. 관련 행정소송에서 대법원은 경쟁사업자들이 가격 등 주요 경쟁요소에 관한 정보를 교환한 것은 가격결정 등의 의사결정에 관한 불확실성을 제거하여 담합을 용이하게 하거나 촉진할 수 있는 수단이 될 수 있으므로 사업자 사이의 의사연결의 상호성을 인정할 수 있는 유력한 자료가 될 수 있지만, 그렇다고 하더라도 그 정보교환 사실만으로 부당하게 경쟁을 제한하는 행위에 대한 합의가 있었다고 단정할 수는 없고, 관련시장의 구조와 특성, 교환된 정보의 성질·내용, 정보교환의 주체 및 시기와 방법, 정보교환의 목적과 의도, 정보교환 후의 가격·산출량 등의 사업자 간 외형상 일치 여부 내지 차이의 정도 및 그에 관한 의사결정 과정·

---

90) 대법원 2014. 6. 26. 선고 2012두23075 판결, 대법원 2014. 6. 26. 선고 2012두4104 판결, 대법원 2014. 6. 26. 선고2012두5015 판결.

91) 대법원 2014. 5. 29. 선고 2011두23085 판결.

92) 같은 판결.

내용, 그 밖에 정보교환이 시장에 미치는 영향 등의 모든 사정을 종합적으로 고려하여 합의의 존재 여부를 판단하여야 한다고 하면서, 이 사건 사실관계에 비추어볼 때 공동으로 예정이율 등을 결정하기로 하는 합의의 존재를 인정할 증거가 부족하다고 판단한 원심의 판단은 정당하다고 하였다.[93]

그 밖에 4개 라면 제조사들의 부당한 공동행위 사건 및 7개 대형 화물상용차 제조사들의 부당한 공동행위 사건에서도 대법원은 위 법리를 그대로 적용하여 사업자 간 정보교환 행위에도 불구하고 의사연결의 상호성을 인정할 수 없으므로 가격고정합의의 존재를 인정할 수 없다고 하였다. 먼저, 전자의 사건에서 대법원은 정보교환만으로는 부족하고 의사연결의 상호성이 증명되어야 묵시적 합의를 인정할 수 있는데 공정거래위원회가 제시한 증거만으로는 의사연결의 상호성을 추단하기에는 부족하다고 하면서, 가격정보 등 다양한 정보를 서로 교환하고 각자의 의사결정에 반영해온 행위는 경쟁제한의 효과가 있었다고 볼 수도 있겠지만, 법상 정보교환의 합의를 부당한 공동행위로 의율할 수 있는지는 별론으로 하고 정보교환 행위 자체를 곧바로 가격을 결정·유지하는 행위에 관한 합의로 인정할 수는 없다고 하였다.[94]

또한 후자의 사건에서 대법원은 위 16개 생명보험회사들의 부당한 공동행위 사건에서 제시한 정보교환 행위의 평가기준을 그대로 반복한 뒤, 비록 이 사건 사업자들이 대형 화물상용차의 판매가격, 판매실적 등에 관한 정보를 교환하기는 하였으나, 공동으로 판매가격을 결정하려는 목적으로 정보교환을 하였다거나, 가격담합의 수단으로 정보교환을 이용하였다고 단정하기 어렵고 가격결정에 관한 의사연결의 상호성을 뒷받침할 만한 외형상의 일치가 있었다고 보기에도 부족하다고 하였다.[95]

이상에서 살펴본 경쟁자 간 정보교환 행위에 관한 판례 법리를 요약하면, 비록 경쟁자 간 정보교환이 의사연결의 상호성을 인정할 수 있는 유력한 자료이지만 정보교환 행위만을 이유로 합의의 존재를 인정할 수는 없고, 관련시장의 구조와 특성 등과 같은 경제적 증거, 교환된 정보의 성질·내용 등의 정보교환 관련 증거, 정보교환

93) 대법원 2014. 7. 24. 선고 2013두16401 판결, 대법원 2014. 7. 24. 선고 2013두16395 판결, 대법원 2014. 7. 24. 선고 2013두16951 판결, 대법원 2014. 7. 24. 선고 2014두3853 판결, 대법원 2014. 7. 24. 선고 2014두3655 판결 등.

94) 대법원 2015. 12. 24. 선고 2013두25924 판결, 대법원 2016. 1. 14. 선고 2013두26309 판결 및 대법원 2016. 1. 14. 선고 2014두939 판결.

95) 대법원 2016. 12. 29. 선고 2016두31098 판결, 대법원 2016. 12. 19. 선고 2016두50921 판결, 대법원 2016. 12. 19. 선고 2016두51061 판결 및 대법원 2016. 12. 19. 선고 2016두50914 판결.

후의 외형상 일치 관련 증거 및 사업자들의 의사결정 과정 · 내용 등 제반 사정에 비추어 합의의 유무를 판단하여야 하는데, 특히 과점시장에서 선발사업자의 가격결정을 경쟁사업자들이 추종하는 가격결정 관행이 누적되어 사업자들이 인식하고 있는 경우에 가격결정과 관련된 의사연락이 인정되면 합의의 존재를 인정할 수 있다는 것이다.

(마) 관련문제 2 : 행정지도와 합의 추정의 복멸

부당한 공동행위의 성립요건 중 하나인 합의의 존재가 법 제40조 제5항에 따라 법률상 추정되거나, 또는 동 조항이 적용되지 않더라도 경험칙에 비추어 사실상 추정된 경우에 그와 같은 공동행위의 외관이 발생한 이유가 행정기관의 행정지도 때문임을 들어서 합의의 추정을 복멸시킬 수 있는지 여부가 문제가 된다. 종래 특히, 금융회사나 통신회사 또는 주류제조업자 등이 금융감독기관이나 통신규제기관 또는 국세청과 같은 행정기관이 행하는 '행정지도'에 따른 결과 외관상 마치 부당한 공동행위를 행한 것과 유사한 행위를 행하는 경우가 종종 발생하는데, 이와 관련하여 다음과 같은 2가지 쟁점이 제기된다. 첫째, 이러한 행위가 법 제116조의 '법령에 따른 정당한 행위'로서 독점규제법의 적용이 제외되는 것인지 여부와, 둘째, 그 행위에 대하여 합의가 추정되었을 때 행정지도가 있었음을 근거로 그 추정을 복멸할 수 있는지 여부의 문제이다. 전자에 관하여는 이미 제1장 III. 3. '관련문제 : 행정지도에 따른 행위와 적용제외' 부분에서 설명한 바 있으므로 아래에서는 후자에 대해서만 살펴보기로 한다.

종래 법원은 종종 행정지도의 존재를 근거로 합의의 추정을 복멸하였는데,[96] 실제로 행해지는 행정지도의 내용과 수단 및 이에 대응하는 사업자들의 행위의 양태는 극히 다양하여 구체적으로 어떠한 경우에 추정의 복멸을 인정할 것인지를 판단하기는 쉽지 않다. 예컨대, 대법원은 맥주회사들의 부당한 공동행위 사건에서 맥주가격을 인상하는 경우에 법령상 사전협의를 하거나 사전승인을 받아야 한다는 명문의 규정은 없더라도 사실상 당시 재정경제원과 국세청이 맥주가격 인상에 관여하였고, 문제의 가격인상과 관련하여 맥주회사들의 가격인상 요구에 훨씬 못 미치는 인상률을 허용함으로써 이들은 허용된 인상률 전부를 가격인상에 반영할 수밖에 없게 되어 사실상 인상률이 유사해질 수밖에 없었다는 등의 이유로 공동행위의 추정이 복멸된다고 판시하였다.[97]

---

96) 대법원 2003. 2. 28. 선고 2001두946, 2001두1239 판결 및 대법원 2003. 3. 14. 선고 2001두939 판결 및 대법원 2005. 1. 28. 선고 2002두12052 판결 등.

또한 11개 손해보험회사들의 부당한 공동행위 사건에서 동 회사들이 보험료 인상률을 동일하게 유지하거나 변경한 행위가 문제로 되었는데, 대법원은 보험사업자의 보험료산출방법 변경에 대한 인가권은 금융감독원이 아닌 금융감독위원회가 가지고 있지만, 그 신고과정에서 금융감독원이 보험료의 산정, 인상률 및 적용시기 등에 관하여 폭넓은 행정지도를 행하였고, 위 사업자들 사이에 행정지도와 별도의 합의가 존재하였거나 행정지도를 기화로 별도의 합의가 이루어지지 않았다면 공동행위의 추정이 복멸된다고 하였다.[98)]

그 밖에 9개 소주제조사들의 부당한 공동행위 사건에서도 이들 사업자들이 상호 의사연락을 통하여 지속적으로 가격정보를 교환하고 협의하여 1위 사업자를 선두로 순차적으로 소주가격을 유사한 수준으로 인상한 것이 문제로 되었다. 관련 행정소송에서 대법원은 국세청이 가장 지배적인 영향력을 가진 진로에 대해서만 가격을 규제하면 나머지 소주 업체들은 그 가격인상 승인내용을 국세청의 의사로 파악하여 그 범위 내에서 인상률과 인상 시기를 결정하게 될 것이라고 판단하고 진로에 대해서만 소주 출고가격 인상률 등을 사전에 협의하고 승인을 받도록 하였고, 실제로 진로가 가격을 인상하면 다른 업체들도 곧바로 유사한 수준으로 가격을 인상한 사실이 인정되므로, 마치 가격인상에 관한 합의가 있었던 것처럼 보이는 외형이 존재하지만 각 지역별로 진로와 해당 지역업체가 시장을 과점하는 시장구조에서 국세청이 진로를 통하여 전체 소주업체의 출고가격을 실질적으로 통제·관리하고 있는 소주시장의 특성에 따라 나머지 소주업체들이 국세청의 방침과 시장상황에 대처한 것에 불과하므로 합의의 존재를 인정하기 어렵다고 판시하였다.[99)]

이에 반하여 위에서 살펴본 화장지제조사들의 부당한 공동행위 사건에서 서울고법은 원고들의 1차 가격인하는 당시 재정경제원이 수입원자재가격의 인하로 인한 제조원가 하락요인을 제품가격에 자율적으로 반영하도록 행정지도를 하였기 때문이라는 주장에 대하여, 재정경제원이 구체적인 가격인하율이나 인하시기를 정해주는 등의 관여를 한 것은 아니고, 가격변동요인이 각 회사제품의 가격 인하시기나 금액에 미치는 영향이 각 회사별로 상이할 것임에도 불구하고 동일한 시기에 동일한 비

---

97) 대법원 2003. 2. 28. 선고 2001두946, 2001두1239 판결 및 대법원 2003. 3. 14. 선고 2001두939 판결.

98) 대법원 2005. 1. 28. 선고 2002두12052 판결. 이 사건 원심에서 서울고법은 보험료산출방법 변경에 대한 인가권이 금융감독원에 있다는 전제 아래 금융감독원이 인가권을 근거로 행한 행정지도에 따라 보험료 변경이 이루어졌으므로 공동행위의 추정이 복멸된다고 하였다(서울고법 2002. 10. 17. 선고 2001누10716 판결).

99) 대법원 2014. 2. 13. 선고 2011두16049 판결.

율로 인하하였다는 점에 비추어 볼 때 공동행위의 추정이 복멸되지 않는다고 판시하였다.100)

또한 단체상해보험상품의 보험요율에 관한 공동행위 여부가 문제로 된 14개 생명보험회사 및 10개 손해보험회사의 부당한 공동행위 사건에서 동 회사들은 문제로 된 행위가 행정지도에 따른 행위이므로 구법 제58조의 법령에 따른 정당한 행위로서 적용제외되어야 한다는 항변 이외에도, 이 사건 행위를 논의한 T/F팀 모임은 금융감독원이 주관한 자리로서 이미 제도개선안이 마련된 후 업계의 의견을 듣는 자리에 불과하므로 합의가 존재하지 않는다는 주장도 제기하였다. 관련 행정소송에서 서울고법은 모임의 공식성, 공개성이나 금융감독원의 참가 여부가 공동행위성을 부인하는 근거가 될 수 없다고 하면서 특히 사업자들이 별도의 모임을 가져서 이 사건 행위를 논의한 사실을 중요한 근거로 삼아서 합의의 존재를 인정하였다.101)

따라서 현재까지의 판례의 태도를 요약하면, 행정지도에 따른 법 위반행위가 법 제116조의 '법령에 따른 정당한 행위'로서 적용제외되는지 여부가 문제된 경우와는 달리, 행정지도에 따른 행위임을 이유로 합의의 추정이 복멸되기 위해서는 해당 행위가 엄격하게 '자유경쟁의 예외를 구체적으로 인정하는 법령의 범위 내에서 행하는 필요최소한의 행위'일 것을 요구하지 않고, 실제로 행정지도에 따른 결과 마치 공동행위를 행한 것과 같은 외관이 발생하였고 나아가 행정지도와 별개의 사업자간 합의가 존재하였거나 행정지도를 기화로 별도의 합의가 이루어지지 않았다면 합의의 추정이 복멸된다는 것이다.

토의 과제

1. 2007년 개정되기 전 구법 제19조 제5항의 합의 추정의 요건과 현행 법 제40조 제5항 제1호의 합의 추정 요건을 비교하고, 실제 법집행상 어떤 변화를 초래하였는지 설명해 보시오. 또한 현행법상 합의 추정 요건이 사실상의 추정과 동일함에도 불구하고 이를 규정하는 실익이 무엇인지 생각해 보시오.

100) 서울고법 2000. 1. 20. 선고 98누10822 판결. 상고심에서 대법원은 1차 가격인하 및 인상행위에 대해서만 공동행위의 추정이 복멸된다고 하였는데, 그 이유는 위에서 살펴본 바와 같이 행정지도에 의한 것이기 때문이 아니라 과점시장에서의 단순한 가격선도 및 모방행위로 보았기 때문이다(대법원 2002. 5. 28. 선고 2000두1386 판결).

101) 서울고법 2009. 11. 18. 선고 2008누34476 판결. 한편 상고심에서 대법원은 합의의 존부에 관한 쟁점에 대해서는 별다른 언급을 하지 않았는데, 구법 제58조 관련 쟁점과 통합하여 다룬 것으로 이해된다(대법원 2012. 6. 14. 선고 2010두405 판결).

2 법 제40조 제5항 제1호에 따라 합의의 존재를 추정하기 위하여 검토하여야 할 다양한 정황증거 또는 제반 사정과 그것들을 평가하는 방법을 설명해 보시오.

3 구체적인 법집행상 사업자 간 정보교환 행위가 존재하는 경우에 법 제40조 제5항 제1호에 따라 합의를 추정하는 경우와 동 항 제2호에 따라 합의를 추정하는 경우의 차이점을 설명해 보시오.

4 미국을 비롯한 각국의 독점금지법이 소위 '의식적 병행행위'를 부당한 공동행위로서 금지하지 않는 이유를 살펴보고, 독점규제법상 합의 추정 조항이 적용되는 경우에도 반드시 동일하게 해석하여야 하는지 생각해 보시오(이호영, "독점규제법상 과점기업의 묵시적 사업조정의 규제", 「인권과 정의」, 통권 348호, 2005, pp. 42-67 참고).

5 6개 LPG 사업자들의 부당한 공동행위 사건에서 대법원이 다른 사업자들에 대하여는 합의의 존재를 인정한 반면, 후순위 정유사에 대해서만 합의의 존재를 인정하지 않은 이유를 설명해 보시오.

6 독점규제법과 미국 및 EU 경쟁법상 경쟁을 제한하는 공동행위를 금지하는 조항의 문언을 비교하고, 그 차이점이 해석상 어떤 의미를 가지는지 설명해 보시오(이호영, "공정거래법상 경쟁자 간 정보교환 행위의 평가에 관한 연구", 「상사법연구」, 제33권 1호, 2014 참고).

7 합의가 추정되는 경우에 행정지도에 따른 것이라는 이유로 추정을 복멸하기 위하여 그 행정지도가 반드시 구체적인 법적 근거가 있는 정당한 것이어야 하는지 생각해 보시오. 또한 제1장에서 살펴본 바와 같이 행정지도에 따른 행위가 법 제116조의 '법령에 따른 정당한 행위'로서 독점규제법의 적용이 배제되기 위한 요건과 비교해 보시오.

4. 부당한 경쟁제한성

(가) 개 설

법 제40조 제1항의 부당한 공동행위에 해당하기 위해서는 둘 이상의 사업자 간에 동 항 각 호 중 하나를 하기로 하는 합의가 존재할 뿐만 아니라 그 합의가 '부당하게 경쟁을 제한'하여야 한다(법 제40조 제1항 본문). 동 조항은 당초에는 "일정한 거래분야에서 경쟁을 실질적으로 제한하는"이라고 규정하고 있었는데, 1999년 법 개정시

"부당하게 경쟁을 제한하는"이라고 규정하였다.102) 일반적으로 공동행위는 기업결합의 경우와는 달리 경쟁에 미치는 영향이 직접적이고 명백하다. 특히, 가격고정합의(price fixing), 물량분할합의(quoter agreement), 입찰담합(bid-rigging) 및 시장분할합의(market division) 등 소위 '경성카르텔'(hardcore cartels)은 경쟁제한적 효과가 뚜렷하고 직접적이고 이를 상쇄할 만한 경쟁촉진적 효과를 기대하기 어려워서 미국이나 EU 등 각국의 경쟁법 판례나 실무상 문제가 된 행위가 경쟁에 미치는 효과를 구체적으로 따지지 않고 경쟁을 제한하는 공동행위로 인정하고 있다.

참고로 미국의 경우에 공동행위의 위법성(경쟁제한성)을 심사함에 있어서 공동행위의 성격이나 유형에 따라 당연위법의 법리(per se rule)와 합리성의 법리(rule of reason)라는 두 가지 법리를 적용하고 있다. 즉, 어떤 유형의 합의가 경쟁을 제한할 개연성이 높고 의미 있는 경쟁촉진적 효과를 발생시키지 않기 때문에 그 효과에 대한 상세한 검증에 소요되는 시간과 비용이 정당화되지 못하는 경우에는 당연위법으로 간주하고, 그 밖의 다른 유형의 합의들은 합리성의 법리에 따라 판단한다. 합리성의 법리를 적용하여 위법성을 판단할 경우 문제가 된 합의가 경쟁에 미치는 전반적인 효과를 실제적이고 신축적으로 조사하게 되고, 그 합의의 특성이나 시장상황에 따라 분석의 초점 및 구체적인 내용이 달라진다.103)

우리나라의 경우에 종래 부당한 공동행위에 관한 논의가 주로 위에서 살펴본 '합의'의 의미와 그 입증의 문제에 집중되었고, 상대적으로 '부당한 경쟁제한성'에 관한 논의는 충분하지 못하였다고 할 수 있다. 그러나 최근 국내·외적으로 경쟁사업자들 사이에 전략적 제휴를 체결하여 외형상 공동행위에 해당하지만 경쟁제한적 효과와 함께 경쟁을 촉진하거나 소비자의 편익을 증대시키는 효과를 기대할 수 있는 사례가 상당수 발생하게 되어 공동행위의 경쟁제한성에 대한 깊이 있는 분석이 요구되고 있다. 공정거래위원회도 2002년 이러한 문제의식에서 미국 경쟁당국의 '경쟁자간 협력행위에 대한 독점금지지침'(Antitrust Guidelines for Collaborations Among Competitors, 2000. 4.) 및 EU 집행위원회의 '수평적 협력에 대한 EC조약 제81조의 적용에 관한 지침'(Guidelines on the applicability of Article 81 of the EC Treaty to Horizontal Cooperation, 2001. 6.)104) 등의 예에 따라서 '공동행위심사기준'을 제정하여 공동행위의

---

102) 공정거래위원회는 위 개정 취지를 가격담합, 입찰담합 등 소위 '경성 공동행위'의 경우에 경쟁에 미치는 해악이 크고 명백하므로 이를 미국이나 EU 등 국제적 기준에 부합하게 당연위법으로 간주하여 강력하게 규제하기 위한 것이라고 설명하였다(공정거래위원회, 「공정거래위원회 20년사 - 시장경제 창달의 발자취」, 2001, p. 174 참고).

103) U.S. Department of Justice and Federal Trade Commission, Antitrust Guidelines for Collaborations among Competitors (2000), 1.2 ('Overview of Analytical Framework') 참고.

경쟁제한성에 대한 세부적인 판단기준을 제시하고 있다.

(나) 공동행위심사기준상 부당한 경쟁제한성 판단기준

공동행위심사기준(공정거래위원회 예규 제390호, 2021. 12. 28. 개정)상 공동행위의 위법성을 판단하는 방법을 개략적으로 살펴보면 다음과 같다. 공동행위의 위법성 심사는 그 성격에 대한 분석으로부터 출발하는데, 성격상 경쟁제한 효과만 생기는 것이 명백한 경우에는(예컨대, 가격·산출량의 결정·제한이나 시장·고객의 할당 등) 특별한 사정이 없는 한 구체적인 경쟁제한성에 대한 심사 없이 부당한 공동행위로 판단할 수 있고, 다만 이 경우에도 당해 공동행위와 관련되는 시장의 구조, 거래형태, 경쟁상황 등 시장상황에 대한 개략적인 분석은 하여야 한다고 규정하고 있다(동 심사기준 Ⅴ).[105] 그러나 성격상 경쟁제한 효과와 효율성 증대효과를 함께 발생시킬 수 있는 경우(예컨대, 공동마케팅, 공동생산, 공동구매, 공동연구·개발, 공동표준개발 등)에는 당해 공동행위의 위법성을 판단하기 위해 경쟁제한 효과와 효율성 증대효과를 종합적으로 심사함을 원칙으로 한다고 규정하고 있다(동 심사기준 Ⅴ).

즉, 공동행위의 위법성을 심사하기 위한 제1 단계로서 공동행위의 성격 및 시장분석을 행한 결과 공동행위의 성격상 경쟁제한 효과만 발생시키는 것이 명백한 경우에는 당해 행위 자체가 직접적으로 경쟁을 제한하여 가격상승·산출량 감소를 초래하기 때문에 구체적인 경제분석이 없더라도 시장상황에 대한 개략적인 분석을 통하여 위법한 공동행위로 판단할 수 있다. 이에 반하여 공동행위의 성격상 효율성 증대효과와 경쟁제한 효과가 동시에 생길 수 있는 경우에는, 우선 당해 공동행위의 성격분석만으로 경쟁제한 효과가 발생하지 않는 것이 명백한 경우에는 심사를 종료할 수 있지만, 그렇지 않은 경우에는 경쟁제한 효과와 효율성 증대효과의 비교형량이 필요

104) EU 집행위원회는 2010년 위 지침을 대폭 개정하였다(European Commission, Guidelines on the applicability of Article 101 of the Treaty on the Functioning of the European Union to horizontal cooperation agreements, 2011/C 11/01).

105) 위 심사기준의 내용은 2012년 개정 시 대폭 수정된 것인데, 아래 (마) '관련문제 2: 경성카르텔의 경쟁제한성 판단과 관련시장의 획정' 부분에서 소개하는 수입차딜러들의 부당한 공동행위 사건 대법원 판결(대법원 2012. 4. 26. 선고 2010두18703 판결 및 대법원 2012. 4. 26. 선고 2010두11757 판결)에 영향을 받은 것이라고 할 수 있다. 즉, 심사기준은 그 이전에는 미국 및 EU 등 선진국의 예에 따라서 공동행위를 그 성격에 따라 '경성 공동행위'와 '연성 공동행위'로 구분하고, 전자의 경우에는 통상 구체적인 시장상황에 대한 심사 없이 부당한 공동행위로 인정하고, 연성 공동행위의 경우에 비로소 관련시장을 획정하고 참여사업자들의 시장점유율 등의 요소를 고려하여 경쟁제한성 여부를 판단하도록 규정하였으나, 현재는 '경성 공동행위'와 '연성 공동행위'의 명시적 구분을 포기하고 '성격상 경쟁제한 효과만 생기는 것이 명백한 경우'에도 시장상황에 대한 개략적인 분석을 하도록 규정하고 있다.

하므로 추가적인 심사를 진행한다(동 심사기준 Ⅴ. 1. 가).

즉, 제2 단계로서 관련시장을 획정하고 시장점유율을 산정하여 참여사업자들의 시장점유율 합계가 20% 이하인 경우에는 특별한 사정이 없는 한 경쟁제한 효과를 발생시키지 않는 것으로 판단하고(소위 'safety harbor').[106] 만일 참여사업자들의 시장점유율 합계가 20%를 초과하면, 다시 시장점유율, 해외경쟁 도입수준, 신규진입의 가능성 등을 분석하여 참여사업자가 보유한 시장지배력을 평가하고, 참여사업자 간 경쟁제한의 수준을 심사한 뒤, 제3 단계로서 당해 공동행위의 효율성증대 효과를 분석하고, 마지막으로 양자를 비교형량하여 최종적으로 해당 공동행위의 위법성을 판단하게 된다(동 심사지침 Ⅴ. 1. 나 및 2~4).

(다) 관련 판결례

1999년 법 개정이 이루어지기 이전 규정이 적용된 사건에서 공동행위의 경쟁제한성은 특히 구법 제19조 제5항의 합의 추정 조항이 적용되기 위한 요건으로 간주되던 '실질적 경쟁제한성'의 의미와 판단기준과 관련하여 논의되었다. 이들 사건에서 법원은 구법 제2조 제8호의2가 정의하고 있는 '실질적 경쟁제한성'의 개념에 따라 해당 공동행위가 관련시장에서 가격 등의 거래조건의 결정에 영향을 미치거나 미칠 우려가 있는 상태를 초래하는지 여부에 초점을 맞추었다. 예컨대, 커피제조사들의 부당한 공동행위 사건 관련 행정소송 상고심에서 대법원은 어떤 행위가 경쟁제한성을 가지는지 여부는 "당해 상품의 특성, 소비자의 제품선택 기준, 당해 행위가 시장 및 사업자들의 경쟁에 미치는 영향 등 여러 사정을 고려하여 당해 행위로 인하여 일정한 거래분야에서의 경쟁이 감소하여 특정 사업자 또는 사업자단체의 의사에 따라 어느 정도 자유로이 가격·수량·품질 기타 거래조건 등의 결정에 영향을 미치거나 미칠 우려가 있는지를 개별적으로 판단하여야 한다."라고 판시하였다.[107]

또한 화장지제조회사들의 부당한 공동행위 사건 관련 행정소송 상고심에서 대법원은 "사업자들이 공동으로 공장도가격을 동일하게 유지하는 행위가 전체 시장의 가격결정에 영향을 미치거나 미칠 우려가 있는 상태를 초래하는 이상 '경쟁을 실질적으로 제한하는 행위'에 해당한다."라고 하면서, 동 사업자들 중 모나리자와 대한펄프가 행한 1차 가격인하와 1차 가격인상은 비록 동일한 가격을 유지하는 행위이지

---

106) 미국의 경우에도 특별한 상황이 존재하지 않는 한 참가자의 시장점유율 합계가 20% 미만인 연성 공동행위는 위법한 것으로 보지 않는다(U.S. Department of Justice and Federal Trade Commission, Antitrust Guidelines for Collaborations among Competitors, 4.2).

107) 대법원 2002. 3. 15. 선고 99두6514 판결.

만 이들의 작은 시장점유율을 고려할 때[108] 경쟁을 실질적으로 제한하는 행위에 이른다고 볼 수 없다고 판시함으로써[109] 특히 참여자들의 시장점유율을 중요하게 고려하여 평가한 시장지배력의 형성 여부를 기준으로 경쟁제한성을 판단하였다.

1999년 법 개정으로 구법 제19조 제1항 본문이 "부당하게 경쟁을 제한하는"으로 변경된 이후의 규정이 적용된 사건들에서도 대다수의 법원은 사실상 종전과 동일한 기준을 적용하였다. 예컨대, BC카드 및 회원은행들의 가맹점수수료 공동행위 사건에서 동 사업자들이 발급사보전수수료율을 공동으로 인상하기로 한 행위가 문제로 되었다. 관련 행정소송에서 법원은 당해 행위가 순수한 의미의 발급사보전수수료율에 관한 합의가 아니라 매입사수수료를 합한 가맹점수수료율에 관한 합의라고 인정하고, 그 경쟁제한성과 관련하여 이 사건 합의가 가격담합 행위에 해당한다는 점과 아울러 신용카드업 분야 국내 결제서비스 시장에서의 원고들의 시장점유율, 당해 관련시장의 특성, 당해 행위가 관련시장 및 사업자들의 경쟁에 미치는 영향 등에 비추어 이 사건 합의로 인하여 관련시장에서 경쟁이 감소하여 가맹점수수료의 결정에 영향을 미치거나 미칠 우려가 있는 상태를 초래하였으며, 나아가 원고들 사이의 업무제휴 및 가맹점의 공동 관리와 같은 BC카드의 구조적 특성과 이 사건 합의가 원고들 사이의 제휴업무 수행에 필요한 경제적 효율성이나 통일성을 달성하는데 유용한 점이 있다는 등의 사정을 감안한다 하더라도 이 사건 합의의 경쟁제한성이 부정될 수는 없다고 판시하였다.[110]

또한 세제제조업체들의 부당한 공동행위 사건 관련 행정소송에서 서울고법은 문제가 된 행위의 경쟁제한성과 관련하여 세제시장은 참여업체 및 품목 수가 많고 제품의 차별성이 없어서 사실상 가격이 유일한 경쟁수단인 점, 상위 4사의 시장점유율이 75%를 초과하는 과점적 구조에서 담합이 곧바로 시장에 영향을 미칠 수 있다는 점 등을 근거로 경쟁제한성을 인정하였다.[111] 그 밖에도 10개 손해보험회사들의 부당한 공동행위 사건에서 보험료의 산출의 기초가 되는 순율, 부가율, 할인할증률을

108) 당시 위 사업자들의 시장점유율은 각각 12%, 11%에 불과하였다.

109) 대법원 2002. 5. 28. 선고 2000두1386 판결.

110) 서울고법 2007. 1. 25. 선고 2005누21233 판결 및 대법원 2008. 8. 21. 선고 2007두4919 판결. 동일한 판시내용으로서 대법원 2009. 3. 26. 선고 2008두21058 판결, 대법원 2009. 7. 9. 선고 2007두26117 판결 등 참고. 이 사건을 미국이나 EU 경쟁법상 인정되는 소위 '부수적 거래제한의 법리'(ancillary restraints doctrine)의 관점에서 분석한 문헌으로 주진열, "가격담합과 조인트벤처의 부수적 제한 법리: 대법원 2008. 8. 21. 선고 2007두4919 판결을 중심으로", 「경제법판례연구」, 제6권, 2010, pp. 102-123 참고.

111) 서울고법 2008. 8. 20. 선고 2007누2939, 서울고법 2008. 8. 28. 선고 2007누2502, 2007누15621 판결. 상고심에서 대법원은 경쟁제한성의 판단과는 무관한 이유로 원심 판결을 파기·환송하였다.

합의한 행위가 문제로 되었는데, 관련 행정소송에서 서울고법 및 대법원은 이 사건 합의는 일반 손해보험 계약자들의 상품선택의 기준이 되는 보험료를 일정수준으로 유지한 것으로서 경쟁제한효과가 매우 큰 반면, 보험회사의 재무건전성 확보 등 원고가 주장하는 효율성 증대효과가 경쟁제한효과보다 우월하다고 볼 수 없다고 판시하였다.[112)]

특기할 만한 쟁점으로서 12개 농업용 광폭필름제조사들의 부당한 공동행위 사건에서 소위 '수요독점'(monopsony)에 대항하기 위한 공동행위의 부당한 경쟁제한성이 다투어졌다. 관련 행정소송에서 서울고법은 설령 수요독점사업자를 대상으로 하는 공동행위라고 할지라도 장기적으로 원가절감을 위한 기술개발 유인을 약화시키고 산업경쟁력을 저하시킬 수 있으므로 반드시 경제적 효율성을 증진한다고 보기 어렵다고 하면서 그 경쟁제한성을 인정하였다.[113)]

또한 여수·광양항 11개 예선업체들의 부당한 공동행위 사건에서 동 예선업체들이 특정 사업자와 예선용역 공급조건에 관한 계약을 체결하지 말 것 등을 합의한 것이 문제가 되었는데, 관련 행정소송에서 이들 예선업체들은 해당 사업자의 불법행위에 대응하기 위한 것이었다고 항변하였다. 이에 대하여 서울고법은 문제가 된 사업자의 영업 형태가 해운법상 해운대리점업에 해당한다고 단정하기 어렵고, 설령 해운대리점업에 해당한다고 하더라도 그와 같은 불법행위는 해운법 등 관련 법령에 의하여 제재되어야 할 것이지 그 이전 단계에서 원고들 나름대로 불법이라고 단정하여 거래상대방을 제한하는 공동행위에 이른 것은 타당하지 아니하며, 예선업의 공공재적 성격을 감안하더라도 안전의 문제는 별도로 논의되어야 할 것이지 가격경쟁을 막을 것은 아닌 점 등에 비추어보면, 이 사건 공동행위가 원고들이 주장하는 위와 같은 목적을 위한 것으로서 적합하거나 불가피한 수단이었다고 볼 수 없다고 하면서 부당한 경쟁제한성을 인정하였다.[114)]

한편, 법원이 공동행위의 부당한 경쟁제한성을 부정한 기억할 만한 사례로서 산림조합들의 임도구조개량사업 입찰담합 사건을 들 수 있다. 이 사건에서 산림조합들이 입찰에 참여하면서 낙찰확률을 높이기 위해 서로 합의한 입찰금액으로 입찰

112) 서울고법 2008. 10. 8. 선고 2007누26553, 2007누26546, 2007누26560, 2007누26515, 2007누26539, 2007누28207, 2007누30033, 2007누26508 판결, 대법원 2011. 5. 26. 선고 2008두20741, 2008두20376, 2008두20352, 2008두22013, 2008두23979 판결, 대법원 2011. 6. 9. 선고 2008두22068, 2008두22020 판결, 대법원 2011. 6. 10. 선고 2008두21416 판결 등.

113) 서울고법 2012. 9. 19. 선고 2011누29641 판결. 상고심에서 대법원은 심리불속행 사유에 해당한다는 이유로 상고를 기각하였다(대법원 2013. 1. 24. 선고 2012두24207 판결). 동일한 취지의 판결로서 서울고법 2017. 7. 12. 선고 2016누57788 판결 참고.

114) 서울고법 2017. 8. 25. 선고 2016누62100 판결.

에 참여한 것이 문제로 되었다. 관련 행정소송에서 서울고법은 입찰담합의 존재가 인정되지 않는다고 하면서 방론으로 설령 담합사실이 인정된다고 할지라도 원고들이 예정가격을 알 수 없어서 원고가 낙찰 받을 것을 의도하거나 예상할 수는 없고 원고가 낙찰자가 된 것도 우연일 뿐이므로 이 사건 담합의 경쟁제한성을 인정할 수 없다고 판시하였다.115)

위 판결례들에 비추어 볼 때 공동행위의 부당한 경쟁제한성 판단에 관한 종래 법원의 입장을 다음과 같이 요약할 수 있다. 첫째, 법원은 '부당한 경쟁제한성' 유무를 판단하면서, 1999년 법 개정 이전 구법 제19조 제1항의 '실질적 경쟁제한성'의 경우와 사실상 동일한 판단기준을 적용하고 있다. 즉, 위 사건들에서 문제가 된 행위들은 대체로 경쟁제한적 효과가 명백한 경성 공동행위라고 할 수 있는데, 법원은 원칙적으로 경성 공동행위인지 여부를 가리지 않고 특히 참여자들의 시장점유율을 중요한 요소로 검토하고, 실제로 관련시장에서의 경쟁에 영향을 미쳤거나 미칠 우려가 있는 상태를 초래하였는지 여부를 판단하였다. 둘째, 법원은 부당한 경쟁제한성 여부를 판단함에 있어서 당해 행위가 가지는 경쟁촉진 효과까지 고려하여 이를 경쟁제한 효과와 비교형량하고, 후자가 전자보다 큰 경우에 경쟁제한성을 인정하였다. 이는 반드시 사전에 법 제40조 제2항이 규정하고 있는 인가사유에 해당하여 공정거래위원회로부터 인가를 받지 않았다고 할지라도 해당 행위가 초래하는 경쟁제한적 효과보다 경쟁촉진적 효과가 큰 경우에는 부당한 경쟁제한성이 부정될 수 있다는 것을 의미한다.

(라) 관련문제 1 : 가격고정합의의 부당한 경쟁제한성 판단

대법원은 일련의 판결례를 통하여 특히 구법 제19조 제1항 제1호의 가격고정합의의 부당한 경쟁제한성 판단기준에 관하여 주목할 만한 법리를 제시하였다. 예컨대, 시외전화사업자들의 부당한 공동행위 사건 관련 행정소송 상고심에서 대법원은 구법 제19조 제1항이 부당하게 경쟁을 제한하는 가격고정합의를 부당한 공동행위로서 금지하고 있는 점, 제2항은 제1항의 부당한 공동행위에 해당하더라도 일정한 목적을 위한 경우로서 공정거래위원회의 인가를 받은 경우에는 제1항의 적용을 배제하고 있는 점, 구법 제19조 제1항이 부당한 공동행위를 금지하는 입법취지가 직접적으로는 공정하고 자유로운 경쟁을 촉진하고 궁극적으로는 소비자를 보호함과 아울러 국민경제의 균형 있는 발전을 도모하고자 함에 있는 점 등에 비추어 보면, 사

115) 서울고법 2008. 10. 23. 선고 2008누3465 판결. 상고심에서 대법원은 심리불속행 사유에 해당한다는 이유로 상고를 기각하였다.

업자들의 공동 가격결정 행위로 인하여 일정한 거래분야의 경쟁이 감소하여 사업자들의 의사에 따라 어느 정도 자유로이 가격결정에 영향을 미치거나 미칠 우려가 있는 상태가 초래된 이상, 이로 인하여 경쟁이 제한되는 정도에 비하여 구법 제19조 제2항 각 호에 정해진 목적 등에 이바지하는 효과가 상당히 커서 소비자를 보호함과 아울러 국민경제의 균형 있는 발전을 도모한다는 법의 궁극적인 목적에 실질적으로 반하지 않는다고 인정되는 예외적인 경우에 해당하지 않는 한, 위와 같은 가격결정행위는 부당하다고 볼 수밖에 없다고 판시하였다.[116]

그러나 대법원이 가격고정합의의 경우에도 부당한 경쟁제한성이 없는 것으로 보아 허용할 수 있는 '예외적인 경우' 또는 '특별한 사정'이 무엇인지는 명확하지 않다. 실제로 화물운송사업자들의 부당한 공동행위 사건 관련 행정소송 상고심에서 대법원은 이 사건 가격고정합의가 경쟁제한적 효과를 초래하지만 '특별한 사정'이 존재한다는 이유로 부당성이 인정되지 않을 수 있다고 판시하였는데,[117] 이 사건의 배경을 간략히 살펴보면 다음과 같다. 2003년 화물차주들의 조직인 전국운송하역노동조합 화물운송특수고용직연대(이하 '화물연대')가 주도하여 운송사업자가 차주들에게 지급하는 하불료의 인상 등을 요구하면서 파업을 하자, 하불료의 인상을 위해서는 운송료의 인상이 불가피하므로 화물연대와 화주들 사이에 협상이 필요하게 되었으나 다수의 화주들이 직접 협상에 참여할 수 없어서 정부가 운송사업자들로 하여금 화물연대의 상대방으로서 협상에 임하도록 행정지도를 하였다. 그런데 운송사업자들이 이를 기화로 화주들로부터 받을 운송료율(컨테이너 운임적용율)을 인상하고 자가운송업자들로부터 종전에는 징수하지 않았던 운송관리비를 징수하기로 합의한 행위가 문제가 되었다.

관련 행정소송 상고심에서 대법원은 운송관리비 징수에 관한 행위는 부당한 공동행위에 해당한다고 인정하였으나, 컨테이너 운임적용율의 인상행위는 정부의 행정지도에 의한 것으로 볼 여지가 있고 하불료를 인상해주기 위해서는 운송료의 인상

116) 대법원 2008. 12. 24. 선고 2007두19584 판결. 이 판결에서 동일한 취지의 선판결례로 제시하고 있는 부산시 치과의사회의 사업자단체 금지행위 사건에서 대법원은 법의 궁극적 목적에 근거한 예외를 인정할 수 있다고 설시하면서 당해 사건에서는 그러한 예외에 해당되지 않으므로 부당한 경쟁제한성이 인정된다고 하였다(대법원 2005. 8. 19. 선고 2003두9251 판결). 그 밖에 신용카드회사들의 DDC 수수료 공동행위 사건과 시내전화사업자들의 부당한 공동행위 사건에서도 대법원은 사업자들이 공동으로 가격을 결정하거나 변경하는 행위는 '특별한 사정이 없는 한' 부당하다고 판시함으로써 가격고정합의는 원칙적으로 부당한 경쟁제한성이 인정된다고 하였다(대법원 2009. 3. 26. 선고 2008두21058 판결 및 대법원 2009. 6. 23. 선고 2007두19416 판결).

117) 대법원 2009. 7. 9. 선고 2007두26117 판결.

등이 필요하며, 우리나라 육상화물 운송시장의 특성상 컨테이너 운임의 덤핑을 방치할 경우 출혈가격경쟁이 발생하여 전국적인 산업분규, 물류의 차질 및 교통안전의 위해 등의 문제가 발생할 수 있는데, 이를 해결하기 위한 추가적 사회적 비용이 육상화물 운송시장에서의 가격경쟁으로 인한 소비자 후생증대효과에 비교하여 적지 않다는 점 등을 근거로 친경쟁적 효과가 매우 커서 공동행위의 부당성이 인정되지 않을 여지가 있다고 하였다.[118)]

또한 서울가락농수산물도매시장 7개 도매시장법인의 부당한 공동행위 사건에서도 유사한 쟁점이 다투어졌는데, 이 사건에서 이들 도매시장법인들이 표준하역비[119)] 대상 품목에 대한 위탁수수료를 거래금액의 4%에 정액 표준하역비를 더한 금액으로 결정하고, 중도매인에게 지급하는 판매장려금[120)] 요율을 거래금액의 0.55%에서 0.6%로 인상하기로 합의하고 실행한 행위가 문제가 되었다. 관련 행정소송에서 서울고법은 후자에 관하여 도매시장법인은 우수한 중도매인을 확보하여 최대한 높은 가격으로의 낙찰을 유도하는 것이 수익을 올리는 지름길이고 판매장려금은 우수한 중도매인 유치에 중요한 경쟁요소인데, 각 도매시장법인이 판매장려금 요율을 공동으로 인상한 것은 거래조건을 공동으로 결정한 것으로 봄이 타당하다고 하면서 부당한 경쟁제한성을 인정하였지만, 전자에 관하여는 표준하역비 제도 도입에 따른 시장의 불완전성을 사전에 제거함으로써 소비자 후생의 증대에 기여했고 그 증대 정도가 위탁수수료 관련 공동행위로 감소한 소비자 후생보다 훨씬 크다고 볼 여지가 충분하다고 하면서 부당한 경쟁제한성을 인정하지 않았다.[121)]

그러나 상고심에서 대법원은 판매장려금 요율 인상행위에 대하여 원심의 판시를 그대로 수용하여 부당한 경쟁제한성을 인정하였을 뿐만 아니라, 위탁수수료 결정행위에 대해서도 다음과 같이 설시하면서 부당한 경쟁제한성이 인정된다고 하였다. 먼저, 사업자들이 공동으로 가격을 결정하거나 변경하는 행위는 가격경쟁을 감

---

118) 같은 판결. 그러나 환송 후 판결에서 서울고법은 컨테이너 운임적용율의 인상행위에 대하여도 가담사업자들의 시장점유율 등을 근거로 이들이 화물운송시장에서 상당한 가격결정력을 가진다고 보고 그 행위의 부당한 경쟁제한성을 인정하였다(서울고법 2010. 4. 29. 선고 2009누21019 판결).

119) 2000년 농수산물 유통 및 가격 안정에 관한 법률 개정으로 2002년부터 출하자가 아닌 도매시장법인이 '표준하역비'를 부담하도록 하는 표준하역비 제도가 도입되었는데, 이는 농산물 출하품 중 규격출하품의 하역과정인 상품의 하차 · 선별 · 진열까지의 과정에서 발생하는 비용을 말한다.

120) '판매장려금'이란 도매시장법인이 출하자로부터 판매를 위탁 받은 농산물에 대하여 중도매인들의 구매를 장려하기 위해 중도매인에게 지급하는 금전을 말한다.

121) 서울고법 2020. 1. 29. 선고 2018누64223 판결 및 서울고법 2020. 1. 29. 선고 2018누64858 판결.

소시킴으로써 그들의 의사에 따라 어느 정도 자유로이 가격 결정에 영향을 미치거나 미칠 우려가 있는 상태를 초래하게 되므로 원칙적으로 부당하고, 다만 그 공동행위가 법령에 근거한 정부기관의 행정지도에 따라 적합하게 이루어진 경우라든지 경제 전반의 효율성 증대로 인하여 친경쟁적 효과가 매우 큰 경우와 같이 특별한 사정이 있는 경우에는 부당하다고 할 수 없다고 전제하였다.[122] 나아가 원고 등 도매시장법인들은 법령이 정한 한도 내에서 자율적으로 위탁수수료를 결정할 수 있었음에도 이 사건 합의를 통해서 출하자로부터 지급받을 전체 위탁수수료를 서로 동일 또는 유사한 수준으로 유지하기로 합의하고 실행함으로써 그 범위 내에서 도매시장법인들 사이의 가격경쟁을 직접적으로 감소시킨 것이 분명하므로 경쟁제한성을 인정할 수 있고, 특별한 사정이 없는 한 원칙적으로 부당하다고 할 것이며, 또한 표준하역비 제도의 도입으로 도매시장법인에 위탁수수료 인상의 유인이 있었다는 이유만으로 원가나 비용구조가 서로 다르고 관계 법령이 정한 상한 내에서 위탁수수료율에 관한 경쟁이 가능한 원고가 다른 도매시장법인들과 사이에서 경쟁을 회피하기 위하여 이를 공동하여 일률적으로 결정한 것이 필요하고 적절한 수단으로서 소비자 후생 증진에 기여하였다고 단정할 수 없고, 경쟁제한적 가격 담합에 따른 소비자 후생 감소를 능가하는 경제적 효율성 증진효과가 발생하였다고 보기도 어렵다고 하면서 부당한 경쟁제한성이 인정된다고 하였다.[123]

판 례 화물운송사업자들의 부당한 공동행위 사건[124]

(중략)

어떠한 공동행위가 공정거래법 제19조 제1항이 정하고 있는 경쟁제한성을 가지는지 여부는 당해 상품의 특성, 소비자의 제품선택 기준, 당해 행위가 시장 및 사업자들의 경쟁에 미치는 영향 등 여러 사정을 고려하여, 당해 공동행위로 인하여 가격·수량·품질 기타 거래조건 등의 결정에 영향을 미치거나 미칠 우려가 있는지를 살펴, 개별적으로 판단하여야 한다. 한편, 사업자들이 공동으로 가격을 결정하거나 변경하는 행위는 그 범위 내에서 가격경쟁을 감소시킴으로써 그들의 의사에 따라 어느 정도 자유로이 가격 결정에 영향을 미치거나 미칠 우려가 있는 상태를 초래하게 되므로 원칙적으로 부당하고(대법원 2009. 3. 26. 선고 2008두21058 판결 참조), 다만 그 공동행위가 법령에 근거한 정부기관의 행정지도에 따라 적합하게 이루어진 경우라든지 또는 경제전반의

122) 대법원 2021. 12. 30. 선고 2020두34797 판결 및 대법원 2021. 12. 30. 선고 2020두36182 판결.

123) 같은 판결.

124) 대법원 2009. 7. 9. 선고 2007두26117 시정조치 등 취소.

효율성 증대로 인하여 친경쟁적 효과가 매우 큰 경우와 같이 특별한 사정이 있는 경우에는 부당하다고 할 수 없다.

(중략)

그러나 이 사건 합의 중 컨테이너 운임적용률에 관한 부분은 이 사건 기록에 의하여 알 수 있는 다음과 같은 사정들, 즉 2003. 5.경 화물연대가 전면 파업에 돌입하자 정부가 이를 수습할 목적으로 2003. 5. 15. 화물연대의 주요 요구안을 수용하여 '화물운송노동자 단체와 운수업 사업자단체간에 중앙교섭이 원만히 이루어질 수 있도록 적극 지원하고, 화주업체의 협조가 필요한 부분이 있는 경우에는 적극 참여하도록 지원한다'는 내용의 '노·정합의문'을 발표한 데 이어, 2003. 8. 22.에는 원고들 및 소외 회사 임원들로 하여금 '화물연대 관련 컨테이너운송업자 임원 대책회의'를 개최하게 하였고, 2003. 8. 25.에는 '하불료 13% 인상' 등의 후속조치를 취하도록 촉구하는 등 강력한 행정지도를 펼친 사실이 인정되는바, 그 과정에서 원고들 및 소외 회사들이 화주로부터 지급받는 컨테이너 운임의 적용률을 인상하는 내용의 이 사건 합의에 대하여도 위와 같은 정부의 행정지도가 있었다고 볼 여지가 있는 점, 화물연대의 요구사항 중의 하나인 하불료를 인상해 주기 위하여는 원고들이 화주들로부터 받는 운송료가 인상되어야 하는 등 어느 정도의 수익 증가가 원고들에게 필요하다고 보이는 점, 피고는 원고들이 화주들로부터 지급받는 운임적용률을 공동으로 결정한 행위만을 문제삼고 있고, 화물차주들에게 지급할 하불료를 공동으로 결정한 행위에 대하여는 아무런 문제를 제기하고 있지 아니한 점, 원고들 및 소외 회사들이 이 사건 합의를 하게 된 경위는 위와 같이 하불료를 인상하는 데 필요한 재원 마련에 있었는데, 우리나라 육상 화물운송시장의 특성상 하불료는 지입차주들의 소득과 직결되어 있어 정부가 컨테이너 운임의 덤핑을 방치할 경우 출혈가격경쟁이 발생하여 이로 인한 전국적인 산업 분규, 물류의 차질 및 교통안전 위해 등의 문제가 발생할 수 있고, 이를 해결하기 위하여 추가되는 사회적 비용은 육상화물 운송시장에서의 가격경쟁으로 인한 소비자 후생 증대효과에 비교하여 적다고 볼 수 없는 점 등에 비추어 볼 때, 친경쟁적 효과가 매우 커 공동행위의 부당성이 인정되지 않을 여지가 있다.

그렇다면 원심으로서는 정부기관의 위와 같은 행정지도가 이 사건 합의 중 컨테이너 운임적용률을 인상한 부분에 대하여도 있었는지 여부, 원고들이 화물연대에게 하불료를 인상해 주기 위하여는 화주들로부터 받는 운송료가 얼마만큼 인상되었어야 하는지, 원고들이 이 사건 합의로 인상한 운송료에 비하여 화물차주들에게는 실제로 얼마만큼 하불료를 인상해 주었는지 등을 심리하여 본 다음 공동행위의 부당성 부분을 판단하였어야 할 것임에도 이에 이르지 아니한 채 그 판시와 같은 사유만으로 이 사건 합의 중 컨테이너 운임적용률에 관한 부분이 부당하게 경쟁을 제한하였다고 판단하였으니, 이러한 원심판결에는 공동행위의 부당성에 관한 법리를 오해하여 심리를 충분히 하지

아니한 위법이 있고, 이러한 위법은 판결에 영향을 미쳤음이 분명하다. (이하 생략)

(마) 관련문제 2: 경성카르텔의 경쟁제한성 판단과 관련시장의 획정

근래 법원이 전형적인 경성카르텔 사건들에서 국제적으로 일반적으로 수용되는 경쟁법 이론이나 미국 및 EU 등 주요 국가의 법집행례 및 판례와는 동떨어진 법리를 제시하여 논란이 제기되었다. 즉, 수입차 딜러들의 부당한 공동행위 사건에서 공정거래위원회는 유력한 수입승용차 브랜드인 BMW를 취급하는 7개 딜러 및 Lexus를 취급하는 9개 딜러들이 각각 판매가격 할인율을 일정 비율 이하로 제한하기로 합의하고 실행한 행위를 구법 제19조 제1항 제1호의 가격고정합의로 인정하여 시정명령 및 과징금 납부명령을 내렸다.[125] 그 후 위 사업자들은 각각 공정거래위원회의 처분에 대하여 불복의 소를 제기하였는데, 특히 이 사건 행위의 경쟁제한성 판단과 관련하여 공정거래위원회가 해당 브랜드의 수입자동차와 다른 브랜드의 수입자동차 또는 국내 고급승용차와의 수요대체성을 고려하는 등 관련시장을 구체적으로 획정하는 절차를 거치지 아니 한 채 관련시장을 '해당 단일브랜드 자동차 판매시장'으로 좁게 획정함으로써 경쟁제한성을 지나치게 크게 판단한 오류를 범하였다고 주장하였다.

그런데 위 불복의 소를 심리한 서울고법 제6 행정부와 제7 행정부는 모두 독점규제법상 공동행위의 경쟁제한성을 판단하기 위해서는 당해 공동행위가 경성 공동행위인지 여부와 무관하게 그 전제로서 '관련시장'을 획정해야 한다고 하면서도, 공동행위의 경우에도 기업결합 등 기타의 경우와 마찬가지로 일반적인 관련시장 획정 방법을 적용하여야 하는지, 그리고 참가사업자들의 시장점유율의 합계가 이들이 '시장지배력'을 가질 수 있는 정도에 이르러야 하는지 여부에 관하여 상이한 입장을 취하였고, 결국 서로 다른 결론을 내렸다.[126]

---

125) 공정거래위원회 의결 제2008-323호, 2008. 12. 15.

126) BMW 딜러들이 제기한 소송에서 서울고법 제7 행정부는 관련시장의 획정은 사업자들 사이에 경쟁의 경계를 특정하고 획정하는 수단이므로 문제로 된 행위가 무엇인지에 따라 달리 취급되어야 한다고 하면서, 기업결합의 경우에는 이로 인하여 발생할 장래의 경쟁 상황의 변화를 예측하기 위한 전제로서 관련시장의 획정이 문제되고 기업결합 자체가 규모의 경제 등 효율성을 수반하기 때문에 잠재적인 경쟁압력을 폭넓게 반영하여 관련시장을 획정하게 되는 것과 비교하여, 부당한 공동행위의 경우에는 이미 발생한 담합에 대하여 위법성을 사후에 판단하는 것으로서, 관련시장을 획정함에 있어 행위자의 의도와 목적, 공동행위로 이미 경쟁제한 효과가 발생한 영역 내지 분야 등을 일차적인 판단기준으로 삼는다는 점에서 차이가 난다고 하고, 결국 이 사건 공동행위의 관련시장은 공동행위의 대상 및 사업자의 의도, 공동행위가 이루어진 영역 또는 분야, 공동행위의 수단 및 방법, 공동행위

그 후 BMW 딜러들이 제기한 행정소송 상고심에서 대법원은 법상 부당한 공동행위에 해당하는지 여부를 판단함에 있어서는 먼저 그 전제가 되는 관련시장을 획정하여야 하고, 관련시장을 획정함에 있어서는 거래대상인 상품의 기능 및 효용의 유사성, 구매자들의 대체가능성에 대한 인식 및 그와 관련한 경영의사 결정형태 등을 종합적으로 하여야 한다고 전제하고, 원심이 관련시장을 획정함에 있어서 고려한 요소들은 주로 관련시장 획정 그 자체를 위한 고려요소라기보다 관련시장 획정을 전제로 한 부당한 공동행위의 경쟁제한성을 평가하는 요소들에 해당하므로, 만약 그와 같은 방식으로 관련시장을 획정하게 되면 관련시장을 획정한 다음 경쟁제한성을 평가하는 것이 아니라 거꾸로 경쟁제한 효과가 미치는 범위를 관련시장으로 보게 되는 결과가 되어 부당하다는 이유로 원심 판결을 파기하였다.[127]

그 이후에도 대법원은 경성카르텔이 문제로 된 사건들에서 사실상 동일하게 판시하였다. 예컨대, 음료제조사업자들이 다양한 종류의 음료제품의 가격을 인상한 것이 문제된 5개 음료제조사업자들의 부당한 공동행위 사건 관련 행정소송에서 서울고법은 동 사업자들이 합의의 대상으로 삼은 모든 음료제품을 포함한 '전체 음료(제품)시장'을 관련 상품시장으로 획정하였으나,[128] 대법원은 분석대상이 되는 행위가

의 영향 내지 파급효과 등의 측면에서 비추어 볼 때 '국내에서 판매되는 BMW 자동차 신차 전 차종'이라고 하면서 참가사업자들의 관련시장에서의 시장점유율의 합계가 사실상 100%에 이르게 된다는 점 등을 근거로 부당하게 경쟁을 제한하는 것이라고 인정하였다(서울고법 2010. 7. 22. 선고 2009누9873 판결). 이에 반하여 Lexus 딜러들이 제기한 소송을 심리한 서울고법 제6 행정부는 기업결합의 관련시장의 획정 방법을 그대로 적용하여 Lexus 자동차와 대체관계에 있는 다른 브랜드의 수입자동차가 상당수 존재하고 이들 수입자동차 사이의 브랜드 간 경쟁이 치열하다는 사실 등을 근거로 이 사건 관련시장은 최소한 'Lexus 자동차와 대체관계에 있는 수입승용차 및 국산 고급승용차 시장 전체'로 보아야 한다고 하고, 따라서 참가사업자들의 관련시장에서의 시장점유율의 합계는 이들의 수입승용차 시장에서의 시장점유율 합계인 약 15% 보다 훨씬 낮은 수준에 불과해서 이들이 '시장지배'를 할 수 있는 정도에 달하였다고 보기 어려우므로 부당하게 경쟁을 제한하는 행위에 해당되지 아니한다고 판시하였다(서울고법 2010. 5. 19. 선고 2009누1930 판결).

127) 대법원 2012. 4. 26. 선고 2010두18703 판결. 한편, Lexus 딜러들이 제기한 행정소송의 상고심에서 대법원은 법상 부당한 공동행위에 대한 관련시장의 획정과 관련하여 사실상 동일한 취지로 판시하면서도 원심이 채택한 증거만으로는 이 사건 행위의 관련시장을 원심이 인정한 바처럼 최소한 'Lexus 자동차와 대체관계에 있는 수입승용차 및 국산 고급승용차 시장 전체'라고 볼 수 없다고 판시하면서 역시 원심 판결을 파기하였다(대법원 2012. 4. 26. 선고 2010두11757 판결). 그 후 BMW 딜러 사건의 환송 후 판결에서 서울고법은 공정거래위원회가 제출한 임계매출손실분석 결과 등을 근거로 여전히 관련시장을 '국내 BMW 신차종 판매시장'으로 획정하고 그 경쟁제한성을 인정하였고(서울고법 2014. 4. 18. 선고 2012누15380 판결), 다시 동 판결에 대하여 상고가 제기되었으나 대법원은 심리불속행 사유에 해당한다는 이유로 기각하였다(대법원 2014. 8. 26. 선고 2014두7237 판결).

128) 서울고법 2010. 11. 25. 선고 2009누38390 판결, 서울고법 2010. 11. 25. 선고 2009누38406 판결, 서울고법 2012. 4. 25. 선고 2009누38383 판결.

무엇인지에 따라서 관련시장 획정의 기준이 달라진다고 볼 수 없다고 전제하고, 이 사건 합의의 대상이 된 음료제품 중에는 먹는 샘물부터 두유류, 기능성음료, 스포츠음료, 차류를 비롯하여 탄산음료, 과실음료, 커피까지 포함되어 있는데, 이들은 기능과 효용 및 구매자들의 대체가능성에 대한 인식의 면 등에서 동일한 관련시장에 포함된다고 쉽사리 인정하기 어렵고, 거기에는 각 제품의 가격이 상당기간 어느 정도 의미 있는 수준으로 인상 또는 인하될 경우 그 제품의 대표적 구매자 또는 판매자가 이에 대응하여 구매 또는 판매를 전환할 수 있는 상품에 해당하는지 여부가 분명하지 아니한 여러 상품들이 포함되어 있음을 쉽게 알 수 있으므로 이 사건 공동행위의 대상인 음료제품의 기능 및 효용의 유사성, 구매자들의 대체가능성에 대한 인식 및 그와 관련된 경영의사 결정행태 등을 종합적으로 고려하여 관련 상품시장이 제대로 획정되었는지 여부를 살펴보아야 한다고 하면서 원심 판결을 파기하였다.[129)]

위 대법원의 판시를 문언 그대로 이해한다면, 실제로 가격인상의 효과를 초래한 가격고정합의와 같은 소위 '경성카르텔'의 경우에도 그 경쟁제한성 여부를 판단하기 위해서는 항상 마치 제3장에서 살펴본 기업결합을 심사하는 경우와 마찬가지로 우선 관련시장을 엄밀하게 획정하고 해당 시장에서 가담사업자들의 시장점유율 등을 고려하여 경쟁제한성을 평가해야 한다는 취지라고 할 수 있다. 그러나 이러한 법리는 경쟁법 이론상 관련시장의 획정이 가지는 의미를 지나치게 강조하고 경쟁법 집행실무상 관련시장의 획정이 가지는 한계를 충분히 이해하지 못한 견해일 뿐만 아니라 미국 및 EU 등 주요 국가의 경쟁법 집행례 및 판례와 동떨어진 것으로서, 실제 경쟁제한성이 명백한 경성 공동행위에 대한 법집행상 많은 시간과 비용이 소요되고 오류 가능성 역시 낮지 않은 엄밀한 관련시장 획정을 요구함으로써 상당한 '과소집행의 오류'(false negative)가 우려된다.[130)]

다만, 그 이후 각급 법원은 경성카르텔이 문제로 된 사건들에서 경쟁제한성을 판단하기 위한 전제로서 관련시장의 획정을 요구하면서도 반드시 위에서 우려한 바와 같이 방법론적으로 엄격한 관련시장의 획정을 요구하지는 않는 경향을 보이고 있다. 예컨대, 12개 벽지제조사들의 부당한 공동행위 사건 관련 행정소송에서 서울

129) 대법원 2013. 2. 14. 선고 2011두204 판결, 대법원 2013. 2. 14. 선고 2010두28939 판결, 대법원 2013. 4. 11. 선고 2012두11829 판결.

130) 위 대법원 판시에 대한 비판적 분석으로서 이호영, "공정거래법상 경성카르텔의 경쟁제한성 판단방법 - 서울고법 2010. 5. 19. 선고 2009누1930 판결 및 서울고법 2010. 7. 22. 선고 2009누9873 판결", 「법조」, 통권 657호, 2011. 6, pp. 283-321 및 이호영, "독점규제법상 '관련시장' 획정의 의미와 입법적 개선", 「법조」, 통권 692호, 2014. 5, pp. 64-98 참고.

고법은 관련시장과 관련하여 별다른 엄밀한 분석 없이, 문제가 된 시판용 일반실크 벽지와 장폭합지벽지는 동일한 기능과 용도를 갖고 가격 중 일부가 중첩되기도 할 뿐만 아니라 비용 차이 역시 크지 않고 소비자들이 개별적 사정에 따라 양자 중 선택할 수 있으며, 이 사건 공동행위의 가담사업자들 역시 양자를 동일한 시장으로 인식하고 있었다는 점 등을 근거로 단일한 관련시장에 속한다고 보았고,[131] 상고심에서 대법원 역시 간략히 관련시장의 획정에 관한 원심의 판단이 정당하다고 판시하였다.[132]

또한 13개 비료제조사들의 입찰담합 사건에서 동 사업자들이 농협중앙회가 발주하는 총 8종의 비료군 입찰에 참여하면서 각 비종에 따른 입찰 참가자 및 수량과 가격을 합의한 것이 문제가 되었는데, 관련 행정소송에서 위 사업자들은 각 비종은 서로 대체가능성이 없어서 비종별로 별도의 관련시장을 획정하여야 하므로 별개의 공동행위로서 분석해야 한다고 주장하였다. 그러나 서울고법은 화학비료 입찰시장은 구매자, 거래대상 및 거래조건 등이 처음부터 특정되어 거래구조가 제한되어 일반적인 거래시장과 구별되는 특징이 있고 관련시장의 획정은 경쟁제한성 판단을 위한 전제로서 필요한 것인데, 이 사업자들의 시장점유율 합계는 100%이므로 비종별로 관련시장을 획정하더라도 경쟁제한성 판단에 영향을 미치지 아니하므로 비종별로 별도로 관련시장을 획정하지 아니하였다고 하더라도 공정거래위원회의 처분이 위법하다고 볼 수 없다고 판시하였다.[133]

상고심에서 대법원 역시 원심과 유사한 근거로 이 사건 관련시장을 화학비료 전체로 획정한 것은 정당하다고 판시하였는데, 그 근거 중 하나로서 사업자들이 자신이 취급하는 비종 전부를 대상으로 합의를 하면서 다만 그 합의의 내용에 따라 각자 다른 비종의 입찰에 참가한 것일 뿐이고, 따라서 경쟁제한의 효과는 비종별 시장에 국한되는 것이 아니라 화학비료 시장 전체에 미칠 수밖에 없고 사업자들이 이를 의도한 것임을 지적하였다.[134] 나아가 대법원은 부당한 공동행위 사건에서의 관련시장 획정의 필요성에 관하여 주목할 만한 내용을 설시하였는데, 부당한 공동행위의 다양성과 그 규제의 효율성 및 합리성 등을 고려하면 공정거래위원회가 어느 공동행위의 관련 상품시장을 획정함에 있어서 반드시 실증적인 경제분석을 거칠 것이 요구되는 것은 아니며, 그 내용 자체에서 추론할 수 있는 경제적 효과, 공동행

131) 서울고법 2012. 8. 16. 선고 2011누45650 판결.
132) 대법원 2014. 6. 26. 선고 2012두19687 판결.
133) 서울고법 2013. 10. 18. 선고 2012누15632 판결 및 서울고법 2013. 12. 19. 선고 2012누25936 판결.
134) 대법원 2014. 11. 27. 선고 2014두24471 판결 및 대법원 2014. 12. 24. 선고 2014두1871 판결.

위의 대상인 상품이나 용역의 일반적인 거래현실 등에 비추어 관련 상품시장을 획정할 수 있다고 하였다.[135)]

(바) 관련문제 3 : 입찰담합의 부당한 경쟁제한성 판단

법 제40조 제1항 제8호의 입찰담합은 가격고정합의, 물량분할합의 및 시장분할합의와 함께 대표적인 경성 공동행위에 해당하므로 다수의 판결례에서 관련시장이나 가담 사업자의 시장점유율 등을 구체적으로 따지지 않고 쉽게 부당한 경쟁제한성을 인정하였다. 예컨대, 서해안고속도로 건설공사 입찰담합 사건 관련 행정소송에서 서울고법은 별도의 시장분석을 행하지 않고 입찰참가 업체들이 특정 회사가 낙찰될 수 있도록 모두 높은 가격으로 응찰하였다면 "이러한 행위로 인하여 입찰에서의 경쟁이 실질적으로 제한되었음은 행위의 성격상 명백하다."라고 판시하였다.[136)]

그런데 근래 공정거래위원회가 다수의 입찰담합 사건을 처리함에 따라 입찰담합의 부당한 경쟁제한성 판단에 관한 새로운 쟁점들이 제기되었다. 먼저, 상수도 옥외자동검침시스템 입찰담합 사건에서 입찰에 참여하는 사업자가 단독입찰에 따른 유찰을 방지하기 위해 자신이 실질적으로 지배하는 자회사를 들러리로 입찰에 참여시킨 경우에도 입찰담합의 경쟁제한성을 인정할 수 있는지 여부가 다투어졌다. 관련 행정소송에서 서울고법은 이 사건에서 입찰에 참여한 두 사업자가 투찰가격과 낙찰예정자를 사전에 합의한 사실은 인정하면서도 이들 중 한 사업자가 다른 사업자를 실질적으로 지배하여 양자가 상호 독립적으로 운영된다고 볼 수 없어서 사실상 하나의 사업자에 해당하고, 이 사건 합의는 주로 유찰을 방지하기 위한 것이어서 동 합의가 없었더라고 할지라도 이들이 독자적인 경영판단 아래 실질적인 경쟁을 하였을 것이라고 인정되지 않으므로 경쟁제한성이 인정되지 않는다고 판시하였다.[137)]

그러나 상고심에서 대법원은 입찰담합을 금지하는 구법 제19조 제1항 제8호는 입찰 자체의 경쟁뿐만 아니라 입찰에 이르는 과정에서의 경쟁도 함께 보호하려는 데 그 취지가 있다고 전제하고, 가담자들이 이 사건 공동행위를 통해 경쟁입찰의 외형을 작출함으로써 유찰을 방지하지 않았다면 유찰 후 재입찰, 재공고 입찰 또는

---

135) 대법원 2014. 12. 24. 선고 2014두1871 판결. 동일한 취지의 판결로서 대법원 2015. 4. 9. 선고 2014두762 판결, 대법원 2016. 5. 27. 선고 2013두1126 판결 등 참고.

136) 서울고법 2000. 11. 9. 선고 99누9287 판결. 상고심에서 대법원도 가담사업자들의 시장점유율 등을 분석하지 않은 채 당해 행위의 경쟁제한성에 관한 원심의 판단을 수용하였다 (대법원 2002. 8. 27. 선고 2000두9779 판결).

137) 서울고법 2015. 7. 16. 선고 2014누70367 판결.

수의계약 과정에서 계약금액이 낮아졌을 가능성을 배제할 수 없고, 이 사건 공동행위를 통해 가담자들이 실질적인 경쟁 없이 투찰금액으로 낙찰을 받은 반면, 다른 사업자들은 유찰 후 재입찰 등의 절차에 참가하여 경쟁을 할 기회를 제한받은 것이므로 결국 이 사건 각 입찰에서의 경쟁이 감소하여 가격·수량·품질 기타 거래조건 등의 결정에 영향을 미치거나 미칠 우려가 있었고, 나아가 입찰에 이르는 과정에서의 경쟁 자체도 제한되었다고 봄이 상당하다고 하면서 원심 판결을 파기하였다.[138)]

유사한 쟁점으로서 잠수함 탑재 장비개발 입찰담합 사건에서 입찰 참여사업자들이 사전에 협약을 체결하여 사업자별로 입찰에 참여할 분야를 정하고 그에 따라 실행한 행위가 문제가 되었는데, 관련 행정소송에서 동 사업자들은 애초에 협약에서 정한 것과 다른 분야의 개발 사업을 독자적으로 수행할 기술력이 부족하고 해당 분야에 입찰하였더라도 낙찰자로 선정될 가능성이 없으므로 부당한 경쟁제한성을 인정할 수 없다고 주장하였다. 상고심에서 대법원은 경쟁입찰에서는 특정한 사업자에게 입찰참가 의사가 있었다는 점만으로도 상대방에게 경쟁압력으로 작용할 수 있으므로 단순히 특정한 사업자의 수주가능성이 낮다는 사정만을 근거로 하여 그의 경쟁의사를 부정하거나 그 입찰에서 경쟁관계가 성립하지 않는다고 쉽사리 단정할 수는 없다고 전제하고, 사업자들이 이 사건 각 입찰에 대한 참가의사가 있었던 것으로 볼 수 있는 이상 단순히 수주가능성이 낮다거나 기술력이 일부 부족하다는 사정만으로 서로 경쟁의사가 없다거나 경쟁관계가 존재하지 않는다고 볼 수 없고, 더욱이 수주가능성이 낮다고 하더라도 그 입찰참가는 향후 동종 입찰에 참가하는 데에 대한 대비로서의 의미를 가지거나 경쟁사에게 낙찰가격을 낮추도록 강제하는 효과가 있을 수 있어 이를 두고 경쟁전략적 차원에서 무의미하다고 볼 수도 없으므로 이 사건 사업자들은 경쟁을 제한하는 합의를 하고 그에 따라 위와 같이 입찰참가를 포기하게 된 것으로 봄이 타당하다고 하였다.[139)]

또한 아파트 옥상 방수공사 입찰담합 사건에서 입찰참가가 예상되는 다른 사업자들에게 들러리입찰 참가를 요청하여 낙찰을 받은 것이 문제가 되었다. 관련 행정소송에서 해당 사업자는 과도한 출혈경쟁을 방지하기 위한 것이었다고 항변하였는

---

138) 대법원 2016. 4. 12. 선고 2015두50061 판결. 동일한 취지의 판결로서 대법원 2015. 7. 9. 선고 2013두20493 판결, 서울고법 2017. 1. 18. 선고 2016누39445 판결, 서울고법 2018. 6. 1. 선고 2017누66178 판결, 서울고법 2018. 8. 16. 선고 2018누39524 판결, 서울고법 2018. 8. 16. 선고 2018누38071 판결, 서울고법 2019. 12. 12. 선고 2019누45793 판결, 서울고법 2020. 9. 9. 선고 2019누60846 판결 등 참고.

139) 대법원 2016. 2. 18. 선고 2013두19004 판결. 동일한 취지의 판결로서 대법원 2016. 2. 18. 선고 2013두21281 판결 참고.

데, 서울고법은 낙찰금액이 공사원가 또는 그 이하에서 형성되는 구조라고 하더라도 사업자들은 독자적으로 판단한 입찰가격으로 경쟁입찰의 정상과정을 통하여 어려움을 해소해야 한다고 하면서, 과도한 출혈경쟁으로 인한 원가 이하 낙찰을 방지할 목적으로 이 사건 공동행위를 하였다고 하여 그로 인한 경쟁제한 효과를 정당화할 수는 없다고 하였다.140)

그 밖에도 원주-강릉 철도건설 입찰담합 사건에서 입찰참가자 중 일부가 사전에 각 공구별 낙찰예정 사업자와 들러리 사업자를 정하고 투찰가격을 협의하는 방식으로 이를 실행한 것이 문제가 되었는데, 관련 행정소송에서 사업자들은 입찰금액 적정성 심사제도가 도입되어서 다른 입찰참여자들의 실제 투찰행태에 따라서 결과가 달라질 수 있으므로 경쟁제한성이 없다고 주장하였다. 이에 대하여 서울고법은 다른 입찰참가자들의 실제 투찰행태에 따라 그 결과가 달라질 수도 있어 성공확률이 100%라고 보기는 어려우나, 낙찰자 또는 투찰율을 사전에 정하는 합의 자체가 경쟁을 제한하는 행위로서 특별한 사정이 없는 한 부당한 공동행위에 해당하고 실제 낙찰 여부는 부당한 공동행위가 성립한 이후에 발생한 사정에 불과하다고 하면서, 투찰가격 등 가격에 관한 공동행위를 금지하는 이유는 합의된 가격의 고저 및 이로 인한 소비자들의 일시적인 이익의 유무를 불문하고 사업자가 자의적으로 가격을 지배하는 힘을 발휘하는 것을 허용하지 아니한다는 것인데, 이 사건 공동행위는 사업자들이 자의적으로 낙찰가격을 지배하는 힘을 발휘하는 것으로서 위법하다고 하였다.141)

토의 과제

1 대법원이 공동행위의 부당한 경쟁제한성 판단기준에 관하여, 시외전화사업자들의 부당한 공동행위 사건에서 판시한 내용과 화물운송사업자들의 부당한 공동행위 사건에서 판시한 내용을 비교해 보고, 특히 법 제1조가 법의 궁극적 목적으로 규정하고 있는 소비자보호나 국민경제의 균형발전을 근거로 경쟁제한적 공동행위의 위법성을 부정하는 해석론의 장·단점을 평가해

140) 서울고법 2018. 8. 29. 선고 2018누42330 판결.

141) 서울고법 2018. 10. 12. 선고 2017누62695 판결. 상고심에서 대법원은 심리불속행 사유에 해당한다는 이유로 상고를 기각하였다(대법원 2019. 2. 28. 선고 2018두63579 판결). 또한 한전발주 물자수송용역 입참담합 사건 관련 행정소송에서도 서울고법은 예정가격이 복수 예비가격의 중앙값인 예비가격 기초금액에 가깝게 결정되는 입찰의 특성상 입찰참가자들이 예정가격을 사전에 정확하게 알 수 없었다는 사정만으로 경쟁제한성이 없거나 미미하다고 볼 수 없다고 판시하였다(서울고법 2020. 9. 9. 선고 2019누60846 판결).

보시오.

2 대법원은 화물운송사업자들의 부당한 공동행위 사건에서 컨테이너 운임의 덤핑을 방치할 경우에 예상되는 전국적인 산업분규, 물류의 차질 및 교통안전 위해 등의 문제가 초래하는 사회적 비용 등과 육상화물 운송시장에서의 가격경쟁으로 인한 소비자 후생 증대효과를 비교형량하면서 전자의 친경쟁적 효과가 매우 크다고 하였다. 과연 대법원이 예시한 전국적인 산업분규, 물류의 차질 및 교통안전 위해 등의 문제가 초래하는 사회적 비용을 회피하는 이익이 가격경쟁이 낳는 소비자 후생 증대효과와 동일한 수준에서 용이하게 비교·형량할 수 있는 친경쟁적 효과(pro-competitive effects)인지, 만약 용이하게 비교·형량할 수 있다고 할지라도 헌법상 법원의 조직구성원리에 비추어 볼 때 법원이 그와 같은 비교·형량을 하는 것이 바람직한지에 대하여 생각해 보시오.

3 정당한 사업활동을 수행하기 위한 합작사업(Joint Ventures)의 내용에 경쟁을 제한하는 내용의 합의가 부수하는 경우를 종종 볼 수 있다. 이러한 경우에 문제가 된 경쟁제한적 합의의 위법성을 판단하는 기준에 관하여 종래 경쟁법 이론상 논의가 전개되었고, 미국 및 EU 등에서는 소위 '부수적 거래제한의 법리'(ancillary restraints doctrine)가 정립되었다. 이 법리의 내용을 살펴보고 우리나라의 경우에도 동일하게 원용될 수 있는지에 대하여 생각해 보시오(오승한, "독점규제법상 공동행위에 대한 위법성 판단 방법의 문제", 「경쟁법연구」, 제20권, 2009, pp. 185-234 참고).

4 대법원은 시외전화사업자들의 부당한 공동행위 사건에서 공동행위의 부당성 판단기준에 관한 선판결례로서 부산시 치과의사회의 사업자단체 금지행위 사건 판결(대법원 2005. 8. 19. 선고 2003두9251 판결)을 들고 있다. 그 밖에도 대법원은 제주도관광협회의 사업자단체 금지행위 사건에서 문제가 된 가격결정행위는 경쟁을 제한하는 행위에 해당하지만 소비자를 보호함과 아울러 국민경제의 균형 있는 발전을 도모한다는 법의 궁극적인 목적에 실질적으로 반하지 아니하는 예외적인 경우에 해당하므로 부당한 가격제한 행위라고 할 수 없다고 판시한 바가 있다(대법원 2005. 9. 9. 선고 2003두11841 판결). 다만 전자는 1999년 법 개정으로 구법 제19조 제1항 본문의 해당 부분이 '부당하게 경쟁을 제한하는'으로 변경된 이후의 규정이 적용된 사건인데 반하여, 후자는 그와 같은 개정이 이루어지기 전 규정이 적용된 사건이므로 전자의 판결은 적어도 구법 제19조 제1항 본문의 '부당한'에서 법문상 근거를 찾는 것이 가능한 반면에, 후자의 판결은 법 제1조의 목적 조항 이

외에 법문상 명시적 근거를 찾을 수 없는 불문의 예외사유를 인정한 것이라고 설명할 수 있다. 위 조항의 개정 취지에 비추어 이러한 설명이 타당한지에 대해 생각해 보시오.

5 수요자가 단 하나의 사업자뿐인 수요독점시장(monopsony)에서 공급자들이 가격 등의 거래조건을 공동으로 책정하는 등의 공동행위가 이루어진 경우에, 이러한 공동행위는 독점적 수요자의 독점력 행사에 대항하기 위한 것으로서 오히려 경제적 효율성을 증진시킨다는 이유로 위법성을 부정할 수 있는지에 대하여 생각해 보시오(서울고법 2007. 11. 8. 선고 2005누19759 판결, 서울고법 2012. 9. 19. 선고 2011누29641 판결, 서울고법 2017. 7. 12. 선고 2016누57788 판결 등 참고).

6 '공동행위심사기준'상 공동행위의 경쟁제한성을 판단하는 방법과 종래 법원들이 사용한 방법을 비교하여 그 차이를 설명해 보시오. 또한 경성 공동행위를 포함한 모든 유형의 공동행위에 대하여 구체적으로 관련시장을 획정하는 등 엄밀한 시장분석을 통해 경쟁제한성을 판단할 경우에 우려되는 점을 생각해 보시오.

7 경쟁사업자들이 합의에 따라 공동으로 결정한 가격 수준이 가격인상요인 등에 비추어 볼 때 과도하지 않고 적정하다고 인정되는 경우에도 부당한 공동행위에 해당하는 것으로 보아야 하는지 생각해 보시오(서울고법 2012. 12. 6. 선고 2012누18402 판결, 서울고법 2018. 10. 12. 선고 2017누62695 판결 등 참고).

Ⅲ. 부당한 공동행위의 법률적 효과

부당한 공동행위에 해당하는 것으로 인정되면 우선 해당 행위를 하기로 하는 계약은 사업자 간에 있어서 그 효력이 부인되고, 공정거래위원회로부터 각종 시정조치 명령과 과징금 납부명령을 받을 수 있으며, 나아가 형사처벌이 부과될 수 있다.

1. 합의의 사법적 효력

부당한 공동행위를 할 것을 약정하는 계약 등은 사업자 간에는 그 효력을 무효로 한다(법 제40조 제4항). 이는 공동행위의 참여사업자 간에 상대적으로 무효가 된다는 의미이고, 해당 계약에 기초하여 다시 제3자와 체결한 계약의 효력에는 영향이 없다. 따라서 예컨대, 가격고정합의로 인하여 인상된 가격으로 상품을 구매한 소비자 등 제3자는 부당한 공동행위를 이유로 자신이 공동행위에 참여한 사업자와 체결한 매매계약의 무효를 주장할 수 없고, 다만 독점규제법 또는 민법상 손해배상을 청구할 수 있을 뿐이다. 이에 반하여 당해 사업자 간에는 가격을 인상하기로 하는 약정은 당연히 무효이므로 이행을 청구할 수 없음은 물론이고 불이행을 이유로 손해배상을 청구할 수도 없다.[142)]

2. 시정조치

법 제40조 제1항이 금지하는 부당한 공동행위가 있을 때에는 공정거래위원회는 그 사업자에게 해당 행위의 중지, 시정명령을 받은 사실의 공표, 또는 그 밖에 필요한 시정조치를 명할 수 있다(법 제42조 제1항). '그 밖에 필요한 시정조치'로서는 합의의 파기, 입찰참가자격제한요청 등이 포함된다. 이와 관련하여, 예컨대 가격고정합의가 이루어진 경우에 그와 같은 합의가 있기 이전의 가격 또는 정상가격으로 인하할 것을 명할 수 있는지에 대하여 논란이 있을 수 있는데, 시정조치의 본질이 위법상태의 제거와 가까운 장래에 위법행위가 재발하는 것을 방지하는 데 그치는 것이고,[143)] 부당한 공동행위가 없었을 경우에 책정되었을 가상의 '정상가격'을 산정하는 것이 사실상 불가능하다고 할 것이므로 특정한 가격수준으로 인하할 것을 명할 수는 없다고 보아야 할 것이다.[144)]

한편, 공정거래위원회가 제정한 '공정거래위원회의 시정조치 운영지침'은 각 유형의 독점규제법 위반행위에 대한 시정조치로서 해당 행위의 중지나 금지를 명하는 부작위명령뿐만 아니라 이용강제·거래개시·거래재개명령, 합의파기명령, 계약조항의 수정 또는 삭제명령 등의 작위명령을 내릴 수 있다고 규정하고 있는데, 그 중 한 유형으로서 소위 '독자적 가격재결정명령'을 열거하고 있다. 이는 예컨대, (1) 부당한 공동행위에 해당하는 명백한 합의가 있고, (2) 최종 심의일까지 그 합의가 종료되지 않아 부당한 공동행위가 유지되고 있으며, (3) 공동행위가 관행화되어 있거

142) 대법원 1987. 7. 7. 선고 86다카706 판결.

143) 대한의사협회의 사업자단체 금지행위 사건(Ⅰ) 판결(대법원 2003. 2. 20. 선고 2001두5347). 이 판결의 상세한 판시사항은 제8장 Ⅳ. 3. '구성사업자의 사업내용·활동 제한행위' 부분 참고.

144) 같은 의견 : 권오승·홍명수, 「경제법」, 제14판, 법문사, 2020, pp. 304-305.

나 시장구조가 과점화되어 있어 향후 공동행위의 재발가능성이 크며, (4) 가격공동행위의 기간이 장기간에 걸쳐 있어, (5) 합의에 의한 가격결정·유지·변경행위의 중지를 구체적인 작위명령으로 명할 필요가 있는 경우에 행위중지명령 또는 합의파기명령과 함께 피심인에게 합의에 의해 결정한 가격을 철회하고 새로이 독립적인 판단에 따라 각자 가격을 결정하여 공정거래위원회에 서면으로 보고하도록 하는 것이다(동 지침 Ⅶ. 2. 라). 이러한 독자적 가격재결정명령은 본질상 합의에 의한 가격결정을 시정하는 것이고 특정한 가격수준으로의 인하를 명하는 가격인하명령과는 다른 것으로서 법상 '그 밖에 필요한 시정조치'에 포함된다고 할 것이다.

3. 과 징 금

종래 독점규제법상 부당한 공동행위에 대한 가장 중요한 제재 및 재발억제 수단은 공정거래위원회가 법 위반자에 대하여 내리는 과징금 납부명령이라고 할 수 있다.[145] 법령상 부당한 공동행위에 대한 과징금액을 산정하는 방법을 간략히 설명하면 다음과 같다. 공정거래위원회는 부당한 공동행위가 있을 때에는 그 사업자에게 대통령령으로 정하는 매출액에 100분의 20을 곱한 금액을 초과하지 아니하는 범위에서 과징금을 부과할 수 있다. 다만, 매출액이 없는 경우 등에는 40억원을 초과하지 아니하는 범위에서 과징금을 부과할 수 있다(법 제43조).[146] 한편, 위 규정상 과징금 한도의 기준이 되는 매출액은 각각의 위반사업자가 위반기간 동안 일정한 거래분야에서 판매한 관련 상품이나 용역의 매출액 또는 이에 준하는 금액으로서 공정거래위원회가 정하여 고시하는 바에 따라 산정한 금액('관련매출액')이고, 이 경우 위반행위가 상품이나 용역의 구매와 관련하여 이루어진 경우에는 관련 상품이나 용역의 매입액을 말하고, 입찰담합 및 이와 유사한 행위인 경우에는 계약금액을 말한다(법 시행령 제50조 및 제13조 제1항).[147]

법 시행령 제84조 관련 [별표 6](위반행위의 과징금 부과기준)은 구체적으로 법 위반행위 유형별로 과징금을 산정하는 방법을 규정하고 있는데, 그 중 부당한 공동행

---

145) 독점규제법상 과징금의 법적 성질 및 그 산정방법에 관한 일반적인 설명은 제10장 Ⅲ. '과징금' 부분 참고.

146) 종전에는 법상 부당한 공동행위에 대하여 부과할 수 있는 과징금의 한도가 매출액의 10% 또는 20억원이었으나 각종 법 위반행위에 대한 과징금이 충분한 억제력을 가지지 못한다는 지적에 따라 2020년 독점규제법 전부 개정으로 일률적으로 2배로 상향 조정되었다.

147) 종전에는 법 위반행위 유형별 과징금 한도액의 기준을 위반사업자의 연평균매출액으로 규정하고 있었으나 2007년 법 개정으로 현행과 같이 법 위반행위와 관련된 매출액으로 규정하게 되었다.

위에 대한 과징금을 산정하는 방법에 관하여 법률에서 정한 한도액인 관련매출액의 20%의 범위에서 이에 중대성의 정도별로 정하는 부과기준율을 곱한 금액 또는 40억원의 범위에서 중대성의 정도를 고려하여 산정한 금액을 기본 산정기준으로 하고, 다시 이 금액에 대하여 위반행위의 기간 및 횟수 등에 따른 조정과 위반사업자의 고의·과실 등에 따른 조정을 거치고 나아가 현실적 부담능력이나 그 밖에 시장 또는 경제여건 및 위반행위로 취득한 이익의 규모 등을 고려하여 최종적으로 부과과징금을 결정하도록 하고 있다.

4. 관련문제 1: 공동행위의 관련매출액 산정

(가) 개 설

위에서 설명한 방식으로 부당한 공동행위에 대한 과징금액을 산정할 경우 통상 최종적으로 부과되는 과징금의 액수에 가장 큰 영향을 미치는 것은 관련매출액이다. 입찰담합 또는 이와 유사한 행위의 경우에는 '계약금액'을 관련매출액으로 산정하는데 이에 대하여는 아래에서 별도로 설명하기로 하고, 그 밖의 유형의 공동행위의 관련매출액을 산정하는 방법은 다음과 같다. 법 시행령 제84조 관련 [별표 6](위반행위의 과징금 부과기준)은 관련매출액을 산정함에 있어서 관련상품의 범위는 위반행위에 따라 직접 또는 간접적으로 영향을 받는 상품의 종류와 성질, 거래지역, 거래상대방, 거래단계 등을 고려하여 정하고, 위반기간은 위반행위의 개시일부터 종료일까지의 기간으로 정하며, 매출액은 사업자의 회계자료 등을 참고하여 정하되, 각각의 범위는 행위유형별로 개별적·구체적으로 판단하도록 규정하고 있다.

나아가 공정거래위원회가 제정한 '과징금부과 세부기준 등에 관한 고시'는 관련매출액을 산정하기 위한 관련상품의 범위에 관하여 위 법 시행령의 규정에 준하여, "1) 관련상품은 위반행위로 인하여 직접 또는 간접적으로 영향을 받는 상품의 종류와 성질, 거래지역, 거래상대방, 거래단계 등을 고려하여 행위유형별로 개별적·구체적으로 판단한다. 관련상품에는 해당 위반행위로 인하여 거래가 실제로 이루어지거나 이루어지지 아니한 상품이 포함된다. 2) 위 1)에 의하여 관련상품의 범위를 정하기 곤란한 경우에는 해당 위반행위로 인하여 직접 발생하였거나 발생할 우려가 현저하게 된 다른 사업자(사업자단체를 포함한다. 이하 같다)의 피해와 연관된 상품을, 다른 사업자의 직접적 피해가 없는 경우에는 소비자의 직접적 피해와 연관된 상품을 관련상품으로 볼 수 있다."라고 규정하고 있다(동 고시 Ⅱ. 5. 나).

또한 위 고시는 부당한 공동행위의 관련매출액 산정과 관련하여, "관련상품의 범위는 참가사업자들이 맺은 합의를 기준으로 판단하되, II. 5. 나.의 원칙에 따른다. 다만, 합의에 포함되지 아니한 경우에도 실질적 거래관계와 시장상황 등에 비추어 보아 일정한 거래분야에서 경쟁제한 효과가 미친 상품이 있을 경우에는 이를 포함할 수 있다."라고 규정하고 있다(동 고시 Ⅳ. 1. 라. 1) 나)).

위 규정의 내용에 비추어 볼 때, 결국 부당한 공동행위에 대한 과징금 산정의 전제인 관련매출액의 기준이 되는 '관련상품'의 범위는 원칙적으로 '참가사업자들의 합의에 포함된 상품'을 의미하고, 예외적으로 문제가 된 합의로 인하여 경쟁제한의 효과가 발생한 상품이 포함될 수 있는데, 법 시행령이 관련상품의 범위를 정함에 있어서 고려하도록 규정하고 있는 요소들 중 특히 '위반행위로 인하여 간접적으로 영향을 받는 상품'의 판단이 논란이 될 수 있다.[148]

(나) 관련 판결례

종래 재판상 부당한 공동행위의 '관련상품'의 범위에 관하여 많이 다투어졌는데, 중요한 판결례를 살펴보면 다음과 같다. 먼저 두원냉기의 부당한 공동행위 사건에서 에어컨을 제조·공급하는 사업자들의 패키지에어컨의 소비자판매가격을 인상하기로 합의를 한 경우에 패키지에어컨 이외에 OEM부문을 포함한 매출액을 기준으로 과징금을 산정할 수 있는지 여부가 다투어졌는데, 대법원은 "과징금 산정의 기준이 되는 매출액을 산정함에 있어서 그 전제가 되는 부당한 공동행위와 관련된 상품 또는 용역의 범위는 부당한 공동행위를 한 사업자 간의 합의의 내용에 포함된 상품 또는 용역의 종류와 성질·거래 지역·거래상대방·거래단계 등을 고려하여 개별적·구체적으로 판단하여야 한다."라고 하면서,[149] 위 회사가 OEM생산방식에 의하여 납품하는 패키지에어컨의 납품가격 인상 등에 관하여 논의 또는 합의하였다는 점을 인정할 수 없는 이상 OEM부문 매출액을 포함한 매출액을 기준으로 과징금을 산정한 것은 위법하다고 판시하였다.[150]

또한 시외전화사업자들의 부당한 공동행위 사건에서 이들 사업자들이 동일한 내용의 시외전화 맞춤형 정액요금제상품을 공동으로 출시하기로 합의하고, 이와 더불어 시외전화 사전선택제 가입자 수를 분할하고 번들상품의 출시를 금지하기로 합

148) 참고로 일본의 경우에는 부당한 공동행위에 대한 과징금 산정의 기준이 되는 매출액의 물적 범위에 대하여 "당해 상품 또는 용역의 매출액"이라고 규정하고 있어서 논란의 소지가 없다(일본 사적독점금지법 제7조의2).

149) 대법원 2003. 1. 10. 선고 2001두10387 판결.

150) 같은 판결.

의를 한 것이 문제가 되었는데, 관련 행정소송에서 특히 후자의 합의에 관한 관련상품의 범위와 관련하여 '시외전화 1대역 요금'으로 인한 매출액이 제외되어야 하는지 여부가 다투어졌다. 상고심에서 대법원은 이 사건 합의가 시외전화 2대역 요금의 공동결정이 아니라 '시외전화' 요금 공동결정에 관한 것이라는 점, 시외전화요금의 일정 부분에 한정되지 않고 전체 시외전화 시장의 경쟁에 직접 영향을 미칠 뿐만 아니라 그에 따른 실행행위도 존재한 점, 시외전화 1대역 및 2대역 요금은 가입자가 서비스를 이용하는 과정에서 통화권 간의 거리에 따라 요금을 구분한 것에 불과하고 이에 따라 가입자가 구분되어 있지 아니한 점, 사업자들이 상호협력을 하지 않았더라면 전체 시외전화 매출액이 영향을 받게 되었을 것이라는 점 등을 고려할 때 시외전화 1대역 요금에 따른 매출액도 관련매출액에 포함된다고 판시하였다.[151)]

그 후 세제제조업체들의 부당한 공동행위 사건에서도 이들 사업자들이 3개 브랜드의 세탁세제 제품과 3개 브랜드의 주방세제 제품의 가격을 합의한 경우에 합의의 대상에 직접 포함되지 않은 나머지 12개 브랜드 제품들의 매출액도 과징금 산정의 기준이 되는 관련매출액에 포함시켜야 하는지 여부가 다투어졌다. 관련 행정소송 상고심에서 대법원은 이 사건 담합의 대상이 되지 않은 나머지 12개의 브랜드 제품들도 그 주요 성분 등이 담합의 대상으로 된 제품들과 같은 것으로 보이는 점, 원고를 포함한 세제 4사가 세제제품의 브랜드별로 가격을 달리 책정하고 있기는 하나 세탁·주방세제라는 동질성으로 인하여 위와 같이 대표성 있는 브랜드 제품에 대하여 기준가격을 결정하고 나면 나머지 제품들도 그 가격의 영향을 받지 않을 수 없는 점, 실제로 관련 문건에 가격담합에 따른 가격인상의 대상이 전 품목이라고 볼 수 있는 내용이 기재되어 있는 점, 통상 대형 할인점에 대한 판매가격이 원고를 포함한 세제 4사가 공급하는 제품의 최저가이므로 그 외의 유통채널들도 대형 할인점에 대한 판매가격에 영향을 받지 않을 수 없는 점 등에 비추어 볼 때 담합의 대상에 직접적으로 포함되지 아니한 나머지 12개 브랜드 제품들의 매출액도 관련매출액의 범위에 포함되어야 할 것이라고 판시하였다.[152)]

특히 주목할 만한 사례로서 합성수지제조사들이 다양한 품목 및 규격의 제품별로 가격을 담합한 행위가 문제된 합성수지제조사들의 부당한 공동행위 사건에서 과

151) 대법원 2008. 10. 23. 선고 2007두2586 판결, 대법원 2008. 12. 24. 선고 2007두19584 판결. 또한 이 사건에서 서울고법은 'dial-up 상품'의 매출액 역시 그 요금이 이용약관에 별도로 규정되어 있지 않아서 사전선택제 여부와 무관하게 동일한 요금이 적용되고, 이 사건 합의의 효과가 dial-up 상품 이용자에게도 미치므로 관련매출액에 포함되어야 한다고 판시한 바 있다(서울고법 2006. 12. 7. 선고 2006누1663 판결).

152) 대법원 2009. 6. 25. 선고 2008두17035 판결.

징금 산정의 기준이 되는 관련상품의 범위에 관한 다양한 쟁점이 다루어졌고, 대법원이 각각의 쟁점에 대하여 순차적으로 판시를 내렸다. 먼저, 참여사업자들이 범용상품의 가격에 대하여 합의한 경우에 특수규격제품 등 범용제품과 차별화된 제품을 관련상품에 포함시킬지 여부에 대하여, 원고가 그 차별성을 입증하면 원칙적으로 제외하되, 이를 포함시키기 위해서는 이들 제품시장에서 경쟁이 제한되는 효과가 발생하였거나 발생할 우려가 있었다는 점을 공정거래위원회가 입증하여야 한다고 하였다.[153] 대법원은 위 법리를 적용하여 일부 사건에서 특수규격제품이 범용제품에 대한 가격고정합의의 대상에 포함되지 않았고 원고가 국내에서 단독으로 생산하여 독점적으로 공급하고 있는 경우에 동 제품들의 가격 형성이 이 사건 공동행위에 영향을 받았거나 이 사건 공동행위로 인하여 차별화제품의 시장에 다른 경쟁자가 진입하는 데 장애를 겪었다거나 그 대체재를 생산·판매하는 데 지장을 받았음이 입증되지 않는다면 관련상품에서 제외하여야 한다고 판시하였다.[154]

또한 대법원은 수요처와의 거래상 가격을 결정하는 데 사용하는 특정한 포뮬라 방식에 따라 외부적으로 결정되는 참고가격에 수요처와의 개별협상을 통해 ±α의 형태로 가격이 책정되는 경우에는 공동행위가 그 가격결정에 영향을 줄 수 없으므로 이로 인하여 포뮬라방식에 따른 제품들의 시장에 다른 경쟁자가 진입하는 데 장애를 겪었다거나 그 대체재를 생산·판매하는 데 지장을 받았음이 인정되지 않는다면 관련상품에 포함시킬 수 없다고 판시하였다.[155]

이에 반하여, 대법원은 문제가 된 공동행위의 대상이 된 범용제품에 특수 수요처를 위해 약간의 변형 등 공정을 거쳐 생산한 차별화제품은 이 사건 공동행위로 인하여 이들 제품시장에서 경쟁이 제한되는 효과가 발생하였거나 발생할 우려가 있으므로 관련상품에 포함시킨 것은 정당하다고 판시하였고,[156] 공동행위를 통하여 다양한 제품의 대표규격의 가격(기준가격)을 정한 후 이를 기준으로 개별규격의 원가, 인지도, 특화정도, 할인율 등을 감안하여 가격을 결정한 경우에 이 사건 공동행위로 인하여 기준가격의 인상이 이루어지면 특수규격제품의 가격에도 기준가격의 변동폭만큼 영향이 미치도록 실행되었고 특수규격제품에 관해서도 다른 유화사의 경쟁제품이 있거나 반드시 독점적으로 공급하지 않았다면, 원고만이 독자적으로 개발하여 단독으로 제조·판매하는 제품들로서 수요처와의 개별협상에 의하여 가격이 결정되

153) 대법원 2011. 5. 26. 선고 2009두12082 판결, 대법원 2011. 9. 8. 선고 2009두14880 판결 등.

154) 대법원 2011. 6. 30. 선고 2009두12631 판결, 대법원 2011. 7. 24. 선고 2009두263 판결, 대법원 2011. 7. 28. 선고 2009두12280 판결, 대법원 2012. 3. 29. 선고 2010두27110 판결 등.

155) 대법원 2011. 6. 30. 선고 2009두12631 판결, 대법원 2011. 7. 28. 선고 2009두12280 판결 등.

156) 대법원 2011. 5. 25. 선고 2009두12082 판결.

는 완전하게 차별화된 제품이라고 볼 수 없으므로, 이 사건 가격담합으로 인하여 그 가격의 결정에 직접적 또는 간접적으로 영향을 받았던 관련상품에 포함된다고 판시하였다.157)

또한 항공화물운송사업자들의 국제카르텔 사건에서 동 사업자들이 공동으로 항공화물운송서비스에 부과하는 유류할증료를 도입한 행위에 대한 과징금을 산정함에 있어서 직접적인 합의의 대상인 유류할증료를 기준으로 하지 않고 총운임을 기준으로 관련매출액을 산정한 것이 적법한 것인지 여부가 다투어졌다. 관련 행정소송 상고심에서 대법원은 (1) 법 시행령 문언상 관련매출액은 '위반사업자가 위반기간 동안 일정한 거래분야에서 판매한 관련 용역의 매출액'으로 규정함으로써 '판매한 관련 용역'을 전제로 하고 있으므로 사업자들이 판매한 용역인 항공화물운송의 매출액이 기준이 될 수밖에 없고 독립적으로 판매되는 용역으로 상정하기 어려운 유류할증료를 기준으로 삼기 어려우며, (2) 이 사건 합의가 비록 유류할증료만을 대상으로 삼고 있지만 그로 인하여 항공화물운송의 가격에 직접 또는 간접적인 영향을 준 이상 이를 기준으로 관련매출액을 산정할 수 있고, (3) 부당한 공동행위에 대한 과징금은 행정상 부당이득 환수적 성격에 제재적 성격을 겸유하고 있어서 설령 원고의 부당이익이 유류할증료 부분에 국한된다고 하더라도 총운임을 기준으로 관련매출액을 산정할 수 있으며, (4) 이 사건 합의의 관련시장은 각 항공화물운송시장이고 이 사건 합의의 본질도 가격할인의 대상이 되지 않는 유류할증료를 통하여 사업자들의 총운임에 대한 가격통제력을 높이려는 데 있으므로 총운임을 기준으로 관련매출액을 산정할 수 있다고 판시하였다.158)

그 밖에 아연도강판 제조사들의 부당한 공동행위 사건에서 등급 외 제품의 매출액과 운송비를 관련매출액에서 제외하여야 하는지가 다투어졌다. 먼저, 등급 외 제품에 관하여, 대법원은 이는 정상제품과 비교하여 품질이 떨어지는 것에 불과할 뿐 동일한 원료를 가지고 같은 공정을 거쳐 생산되고 그 거래가격은 아연도강판의 기준가격에 대하여 일정한 할인율을 적용하는 방법으로 책정되는 점을 근거로 등급 외 제품 역시 이 사건 공동행위로 인하여 직·간접적으로 영향을 받는 관련상품에

157) 대법원 2011. 6. 30. 선고 2010두28915 판결 등.

158) 대법원 2014. 5. 23. 선고 2012두25132 판결. 이와 유사하게 서울고법은 입찰 대상 하역작업 용역에 경쟁대상과, 항만구역 인가요금이 적용된 비경쟁대상이 밀접하게 결합되어 있고, 그 인가요금과 입찰요율이 적용된 하역작업 용역 전제가 입찰의 대상인 경우에 인가요금이 적용되는 하역작업 용역을 관련매출액 산정에 필요한 관련 용역에 포함시킨 것은 적법하다고 판시한 바 있다(서울고법 2020. 9. 16. 선고 2019누60983 판결 및 서울고법 2021. 5. 6. 선고 2020누45386 판결).

포함된다고 하였다.[159)]

또한 운송비에 관해서도, 운송비가 특정 상품판매와 별개의 관련상품 또는 매출액을 구성한다고 보기 위해서는 그 상품 판매대금의 구체적 구성, 거래 당사자들의 인식이나 거래관행에 비추어 그 상품의 운송서비스가 상품판매와는 전혀 별개의 것으로 볼 수 있어야 한다고 전제하고, 원고가 아연도강판의 판매대금에 관한 세금계산서를 발행하면서 매출액에 운송비를 포함하고 운송비를 아연도강판 매출액으로 회계처리한 사실, 구매자 스스로가 아연도강판을 운반하는 것이 원칙적인 거래관행이라고 볼 자료가 없고, 오히려 원고 등 철강업체가 운송비의 일부 또는 전부를 지원해주어 운송비 지원을 실질적인 판매가격 할인의 방편으로 사용한 것으로 보이는 점, 구매자 스스로 아연도강판을 운반하거나 별개의 운송업체를 이용하는 사례가 있다고 하여 아연도강판 운송비 일반이 관련매출액에서 당연히 제외되어야 한다고 볼 수 없고, 아연도강판 판매대금과 별개로 회계처리되어야 하는 것도 아닌 점 등을 근거로 운송비를 포함한 관련매출액을 기초로 과징금을 산정한 것은 적법하다고 하였다.[160)]

위에서 설명한 관련상품의 판단기준에 관한 대법원의 태도를 요약하면, 원칙적으로 합의의 대상인 제품을 관련상품에 포함시키고, 그 밖에 합의의 대상이 아닌 제품을 관련상품의 범위에 포함시키기 위해서는 공동행위로 인하여 다른 경쟁사업자들이 이들 제품시장에 새로이 진입하는 데 장애를 겪었거나 위 제품들의 대체재를 생산·판매하는 데 지장을 받았다는 등 이들 제품시장에서 경쟁이 제한되는 효과가 발생하였거나 발생할 우려가 있었다는 점을 공정거래위원회가 입증하여야 한다는 것이다. 또한 독립적으로 거래의 대상이 되지 않는 상품이나 용역의 일정 부분에 대하여 합의를 한 경우 이로 인하여 전체 상품이나 용역의 가격에 영향을 주었다면 전체 상품이나 용역의 가격을 기준으로 관련매출액을 산정할 수 있다는 것이다.

관련된 쟁점으로서 금융자동화기기사업자들의 부당한 공동행위 사건에서 계약의 이행은 가격인상의 합의가 이루어진 이후에 비로소 이루어졌지만, 합의가 이루어지기 이전에 체결된 계약에 따라 발생한 매출액을 관련매출액에서 제외해야 하는지 여부가 다투어졌다. 관련 행정소송 상고심에서 대법원은 합의의 대상이 된 상품 또는 용역의 매출액이 위반기간 중에 발생하였다고 하더라도, 그 매출액 발생의 원인이 된 상품 또는 용역 공급계약 등이 합의일 전에 체결되고 그 계약에서 정해진 가격, 물량, 기한 등에 따라 상품 또는 용역의 실제 공급만 위반기간 중에 이루어졌다는 등의 특별한 사정이 드러난다면, 그 부분에 해당하는 매출액은 합의로 인하여 직접

159) 대법원 2016. 11. 10. 선고 2015두53794 판결.

160) 같은 판결. 동일한 취지의 판결로서 대법원 2016. 10. 27. 선고 2015두35864 판결 참고.

또는 간접적으로 영향을 받은 상품 또는 용역이라고 보기 어려우므로 관련매출액에서 제외되어야 한다고 판시하였다.161)

5. 관련문제 2 : 공동행위의 시기(始期)와 종기(終期) 및 개수

(가) 공동행위의 시기

부당한 공동행위의 '시기'와 '종기'를 정하는 문제는 실무상 매우 중요한 의미를 가진다. 위에서 설명한 바와 같이 부당한 공동행위에 대해 과징금액을 산정하기 위해서는 우선 '관련매출액'을 산정해야 하는데, 이를 위해서는 관련상품(또는 용역)의 범위를 결정해야 할 뿐만 아니라 위반행위의 시기(개시일)와 종기(종료일)를 정하여 '위반기간'을 결정하고, 동 기간 중 판매하거나 매입한 관련상품의 매출액을 산정해야 한다.

먼저, 공동행위의 시기는 합의를 실행하기 시작한 날이 아니라 합의가 있은 날로 본다. 법 시행령 제84조 관련 [별표 6]은 관련매출액을 산정하기 위한 전제로서 '위반기간'을 "위반행위의 개시일부터 종료일까지의 기간"이라고 규정하고 있는데, 법상 부당한 공동행위가 성립하기 위해서 경쟁을 제한하는 행위를 할 것을 합의하는 것만으로 족하고 그 합의를 실행할 것을 요구하지 않음은 명백하므로 부당한 공동행위의 시기는 문제가 된 합의의 실행을 개시한 날이 아니라 합의를 한 날이라고 보아야 할 것이다.162) 따라서 합의에 참여한 사업자 중 일부가 그 합의를 실행하지 않았다고 할지라도 참여사업자 전부에 대하여 합의한 날에 위반기간이 개시된다.

다만, 법 제40조 제5항을 적용하여 합의를 추정하거나 또는 사실상 추정을 통하여 합의의 존재가 인정되는 경우에는 합의를 한 날을 특정하기 어렵다. 이에 관하여 '공동행위 심사기준'은 "합의일을 특정하기 어려운 경우에는 사업자별로 실행개시일을 위반행위의 개시일로 본다."라고 규정하고 있다(동 심사기준 Ⅲ. 2. 가. (2)).

재판상 공동행위의 시기가 다투어진 사례로서 7개 폐석면 처리사업자들의 부당한 공동행위 사건을 들 수 있다. 이 사건에서 동 사업자들은 관련 제도의 변경으로 인한 가격경쟁 격화에 따른 이윤감소를 회피할 목적으로 일련의 회합을 통하여 특정 일시부터 적용할 폐석면의 매립 기준가격을 정한 것이 문제가 되었다. 공정거래

161) 대법원 2016. 5. 27. 선고 2013두1126 판결. 다만, 대법원은 이 사건에서 공정거래위원회가 산정한 관련매출액 중 합의가 이루어지기 이전에 체결된 계약내용에 따라 합의가 이루어진 이후에 납품되어 발생한 매출액이 포함되었다고 인정되지 않으므로 그 관련매출액 산정이 위법하지 않다고 하였다.

162) 공동행위 심사기준 역시 동일하게 규정하고 있고(동 심사기준 Ⅲ. 2. 가. (1)), 대법원도 이를 확인한 바 있다(대법원 2008. 9. 25. 선고 2007두3756 판결 참고).

위원회는 사업자들이 매립 기준가격을 협의한 첫 모임 일시를 공동행위의 시기로 보았으나, 관련 행정소송에서 서울고법은 사업자들이 부당한 공동행위를 합의함에 있어 명시적으로 장래의 특정일을 공동행위 개시일로 정한 경우 특정일이 도래하기 전에는 부당한 공동행위가 이루어지지 않으므로 합의된 공동행위 개시일을 위반행위의 개시일로 보아 과징금 산정이 이루어져야 한다고 하였다.[163]

(나) 공동행위의 종기

(1) 개 설

공동행위의 종기는 과징금 산정을 위한 전제로서 정해야 하는 위반기간의 종기가 될 뿐만 아니라 시정조치나 과징금 납부명령 등을 내릴 수 있는 처분기간의 기산점이 되고, 법령의 개정이 있는 경우에는 경과규정상 적용법령의 판단기준이 되기도 한다. 즉, 법 제80조 제5항은 부당한 공동행위에 대한 처분기간을 공정거래위원회가 해당 위반행위에 대하여 조사를 개시한 경우에는 조사 개시일부터 5년(동 항 제1호), 조사를 개시하지 아니한 경우에는 해당 위반행위의 종료일부터 7년으로(동 항 제2호) 각각 규정하고 있고, 법 위반행위에 대한 과징금의 부과한도 등을 정한 법령이 개정될 경우에는 흔히 경과규정을 두어 개정된 조항이 시행되기 전의 위반행위에 대해서는 종전의 규정에 의하도록 하는데, '개정 조항이 시행되기 전의 위반행위인지' 여부 역시 위반행위의 종료시점을 기준으로 판단한다.[164]

종래 대법원은 일관되게 실행행위가 있었던 부당한 공동행위의 종기는 합의에 기한 실행행위가 종료한 날을 의미한다고 판시하였다.[165] 따라서 문제로 된 합의를 한 날을 기준으로 법이 정한 처분기간이 경과하였더라도 그 합의의 실행행위가 지속되어 실행행위의 종료시점을 기준으로 처분기간이 경과하지 않았다면 법상 시정조치나 과징금 납부명령을 내릴 수 있고, 설령 합의가 성립된 시점 이후에 법령이 개정되었다고 할지라도 실행행위가 개정된 법령이 시행된 이후까지 계속되었다면 경과규정에 따라 일반적으로 개정된 법령이 적용된다.

그런데 구체적으로 어떠한 사정이 존재하는 경우에 이미 실행된 공동행위가 종료되었다고 볼 수 있는지가 문제가 된다. 이와 관련하여 '공동행위 심사기준'은 합의에 기한 실행행위가 종료한 것으로 볼 수 있는 경우를 (1) 합의에 정해진 조건이

163) 서울고법 2015. 5. 14. 선고 2013누51352 판결. 상고심에서 대법원은 심리불속행 사유에 해당한다는 이유로 상고를 기각하였다(대법원 2015. 9. 10. 선고 2015두44035 판결).

164) 대법원 2007. 12. 13. 선고 2007두2852 판결, 대법원 2008. 9. 25. 선고 2007두3756 판결 등.

165) 대법원 2006. 3. 24. 선고 2004두11275 판결, 대법원 2007. 12. 13. 선고 2007두2852 판결, 대법원 2008. 9. 25. 선고 2007두3756 판결, 대법원 2009. 6. 23. 선고 2007두19416 판결 등.

나 기한이 있는 경우로서 그 조건이 충족되거나 기한이 종료된 경우, (2) 공동행위의 구성사업자가 합의 탈퇴의사를 명시적 내지 묵시적으로 표시하고 실제 그 합의에 반하는 행위를 한 경우(다만, 합의에 반하는 행위를 하는 것이 현저히 곤란한 객관적이고 구체적인 사유가 인정되는 경우에는 합의탈퇴의 의사표시로 부당한 공동행위가 종료한 것으로 볼 수 있음),[166] (3) 공동행위가 심의일까지 지속되는 경우에는 심의일이라고 규정하고 있다(동 심사기준 Ⅲ. 2. 나). 또한 '과징금부과 세부기준 등에 관한 고시'는 일반적으로 법 위반행위의 종료일에 관하여, (1) 위반행위가 과징금 부과처분을 명하는 공정거래위원회의 심의일까지 종료되지 아니한 경우에는 해당 사건에 대한 심의일을, (2) 위반행위가 2일 이상 행하여지되 불연속적으로 이루어진 경우에는 해당 위반행위의 유형·성격·목적·동기, 연속되지 아니한 기간의 정도와 이유, 위반행위의 효과, 시장상황 등 제반사정을 고려하여 경제적·사회적 사실관계가 동일하다고 인정되는 범위 내에서 이를 하나의 위반행위로 보아 마지막 위반행위의 종료일을, (3) 위반행위의 실행은 종료되었으나 사업자가 그 실행의 결과를 유지하면서 그로 인하여 지속적으로 이익을 취득하거나 손해를 발생시키고 있는 경우에는 이익의 취득 혹은 손해의 발생이 종료된 날을 각각 위반행위의 종료일로 본다고 규정하고 있다(동 고시 Ⅱ. 6. 나).

(2) **관련 판결례**

대법원은 가성소다제조사들의 부당한 공동행위 사건에서 공동행위의 종기에 관하여 중요한 내용을 판시하였다. 즉, 부당한 공동행위에 해당하는 합의가 실행된 경우에 첫째, 합의에 참가한 일부 사업자가 부당한 공동행위를 종료하기 위해서는 다른 사업자에 대하여 합의에서 탈퇴하였음을 알리는 명시적 내지 묵시적인 의사표시를 하고 독자적인 판단에 따라 담합이 없었더라면 존재하였을 가격 수준으로 인하하는 등 합의에 반하는 행위를 하여야 하며, 둘째, 합의에 참가한 사업자 전부에 대하여 부당한 공동행위가 종료되었다고 하기 위해서는 합의에 참가한 사업자들이 명시적으로 합의를 파기하고 각 사업자가 각자의 독자적인 판단에 따라 담합이 없었더라면 존재하였을 가격 수준으로 인하하는 등 합의에 반하는 행위를 하거나, 또는 합의에 참가한 사업자들 사이에 반복적인 가격경쟁을 통하여 담합이 사실상 파기되었다고 인정할 수 있을 만한 행위가 일정 기간 계속되는 등 합의가 사실상 파기되었다고 볼 수 있을 만한 사정이 있어야 한다고 판시하였다.[167]

166) 위 판단기준은 아래에서는 설명하는 공동행위의 종기에 관한 판례이론을 반영한 것이다.
167) 대법원 2008. 10. 23. 선고 2007두12774 판결 등. 이 사건 원심에서 서울고법은 참여사업자들의 전체적인 평균가격이 인하되어 이 사건 공동행위에 의해 형성된 가격이 붕괴된 때에 공동행위가 종료한 것으로 보아야 한다고 판시하였는데(서울고법 2007. 5. 16. 선고 2005누29411 판결), 대법원은 그 이유 설시가 부적절하지만 결론은 정당하다고 하였다.

위 판시는 종전에 논란이 되었던 부당한 공동행위의 종기를 판단하는 기준을 참가사업자 일부에 대한 경우와 참가사업자 전부에 대한 경우로 나누어 명확하게 정하였다는 점에서 의의가 있는데, 이를 구체적으로 적용한 사례들을 살펴보면 다음과 같다. 대법원은 위 가성소다제조사들의 부당한 공동행위 사건에서 참가사업자들이 공동행위의 종기라고 주장하는 각 시점에서 원고들은 가격을 일부 인하하기 시작한 데 불과하여 그 실행행위를 종료하였다고 보기는 어렵고 달리 그들 사이에 합의가 사실상 파기되었다고 볼 만한 사정도 없다고 하였고,[168] 7개 철근제조사들의 부당한 공동행위 사건에서도 참가사업자 중 시장선도업체가 일부 철근제품의 가격을 소폭으로 인하 내지 인상하여 업체 간에 가격차이가 나기 시작하였다고 하더라도 공동행위가 종료되었다고 할 수 없다고 판시하였으며,[169] 굴삭기제조사들의 부당한 공동행위 사건에서도 사업자들이 가격인상을 합의한 후 일부의 사업자가 단순히 그 합의를 이행하지 아니하였다는 사정만으로는 부당한 공동행위가 종료되었다고 볼 수 없다고 판시하였다.[170]

그 후 통신사업자들의 요금담합 사건에서도 부당한 공동행위의 종료 시기가 다투어졌는데, 먼저 시외전화사업자들의 부당한 공동행위 사건 관련 행정소송 상고심에서 대법원은 참여사업자 중 하나가 요금을 인하하는 내용의 약관변경을 신고하거나 요금경쟁 및 가입자 유치경쟁을 위하여 요금을 인하한 사실은 당해 사업자가 아닌 다른 사업자가 합의에서 탈퇴한 것으로 볼 수 있는지 여부와는 별다른 관련이 없으며, 참가사업자들이 합의를 파기하고 각자의 독자적인 판단에 따라 합의가 없었더라면 존재하였을 수준으로 가격을 인하하는 등 합의의 목적에 반하는 행위를 하였다는 사실이 인정되지 않는 이상 합의의 탈퇴를 인정할 수 없다고 판시하였다.[171]

또한 지배적 시내전화사업자가 후발 시내전화사업자에 대하여 일정한 시장점유율을 이관하고 합의한 비율에 미달할 경우에는 부족분을 보상하기로 하고, 후발 시

168) 같은 판결.

169) 대법원 2008. 9. 25. 선고 2004두12685 및 대법원 2008. 11. 13. 선고 2006두13145 판결.

170) 대법원 2008. 9. 25. 선고 2007두3756, 2007두12699 판결.

171) 대법원 2008. 10. 23. 선고 2007두2586 판결 및 대법원 2008. 12. 24. 선고 2007두19584 판결. PC방 인터넷전용회선사업자들의 부당한 공동행위 사건에서도 대법원은 원심의 판시와 마찬가지로 설령 참가사업자 중 일부가 합의에 따른 이용약관과 달리 요금면제 및 할인행위를 행하였다고 할지라도 합의에 따른 약관요금을 적용한 이후 별도로 이용약관상 요금을 변경하지 아니한 점, 일시적인 요금면제 행위는 면제기간이 종료되면 이용약관에 따른 요금이 그대로 적용되는 점, 사업자들이 약관과 달리 요금면제 및 할인행위를 하는 것은 합의에 따른 약관요금을 유지한 채 유인책으로 활용한 것으로 볼 수 있어서 합의의 파기로 보기 어려운 점 등에 비추어 위반기간의 종기로 인정할 수 없다고 판시하였다(대법원 2008. 12. 11. 선고 2007두2593 판결).

내전화사업자는 시내전화요금을 인상하는 등의 방법으로 일정한 범위 내에서 요금을 유지하기로 합의한 행위가 문제가 된 시내전화사업자들의 부당한 공동행위 사건에서도 공동행위의 종기가 다투어졌다. 이 사건에서 공정거래위원회는 양자가 본격적으로 공격적인 마케팅을 시작한 시점에 합의가 파기되었다고 보았으나, 위 사업자들은 지배적 사업자가 시장점유율 이관 부족분에 대한 보상을 거부한 시점 또는 후발 사업자가 독자적으로 이용약관을 변경하여 요금할인제를 부활한 시점에 공동행위가 종료되었다고 주장하였다.

관련 행정소송 상고심에서 대법원은 이 사건 합의의 주요 내용이 시내전화요금에 관한 것이고, 후발 사업자가 이 사건 합의사항에 포함된 정기계약요금 할인제도의 일부를 부활시켰으나 자신의 시내전화 매출액 중 큰 비중을 차지하는 다른 시내전화요금은 인하하지 아니한 채 그대로 유지한 사실 등에 비추어 보면, 후발 사업자가 시내전화요금에 관한 대부분의 합의사항을 준수한 채 다량회선요금 할인제도를 시행하였다는 사정만으로는 이 사건 합의가 파기되었다고 보기 어렵다고 판시하였다.[172)]

이에 반하여, 법원이 실행행위의 종료 시점에 관한 공정거래위원회의 판단을 수용하지 않은 사례로서 7개 베어링 제조사들의 부당한 공동행위 사건을 들 수 있다. 관련 행정소송 상고심에서 대법원은 원고 등 3개사가 가담한 이 사건 제1 공동행위는 가담사업자들 모두 비교적 오랜 기간 동안 상당한 정도의 가격 차이를 두고 가격경쟁을 하는 상황이 계속되었고, 이들이 합의의 계속적 유지·실행을 위한 구체적 조치를 취하였다거나, 합의를 준수하지 아니한 사업자들에 대한 제재 조치를 논의·실행하였다는 등의 사정도 인정되지 않으므로 가담사업자들 사이의 반복적인 가격경쟁 등을 통하여 사실상 파기되었다고 봄이 타당하다고 판시하였다.[173)]

또한 합의에 참여한 사업자 중 한 사업자를 제외한 모든 사업자들이 합의에서 탈퇴한 경우에 나머지 한 사업자에 대해서도 공동행위가 종료되었다고 보아야 하는지와, 공정거래위원회의 현장조사나 가담사업자의 자진신고 등이 이루어진 경우에 공동행위가 종료된 것으로 볼 수 있는지가 재판상 다투어졌다. 전자와 관련하여 대법원은 설탕제조업체들의 부당한 공동행위 사건 관련 행정소송 상고심에서 담합에 참여한 3개 회사 중 2개 회사가 담합에서 탈퇴한 경우에 남아 있는 회사는 1개뿐이고, 이 경우 공동행위의 성립요건인 '2인 이상의 사업자들 사이의 의사의 합치'라는 요건을 충족하지 못하게 되므로 그 담합은 종료되었다고 보아야 한다고 판시하였다.[174)]

---

172) 대법원 2009. 6. 23. 선고 2007두19416 판결.
173) 대법원 2019. 1. 31. 선고 2016두46687 판결.
174) 대법원 2010. 3. 11. 선고 2008두15176 판결.

후자와 관련하여 12개 벽지제조사들의 부당한 공동행위 사건 관련 행정소송에서 서울고법 및 대법원은 공정거래위원회의 현장조사가 이루어지고 가담사업자가 공동행위에 참여한 다른 사업자 중 일부에게 자신은 공동행위에 가담하지 않았다는 취지의 회신을 하였지만, 그 이후 공정거래위원회의 조사과정에서 공동행위에 가담한 사실을 부인하였고 위 회신을 합의파기를 통지한 사업자들에게만 보내고 합의파기를 통지하지 않은 사업자들에게는 보내지 않은 점 등을 근거로 위 시점에 공동행위가 종료된 것으로 볼 수 없다고 판시하였다.[175)]

그 후 3개 두유제조사업자들의 부당한 공동행위 사건에서 대법원은 공동행위에 가담한 사업자의 자진신고가 있는 경우에 공동행위가 종료된 것으로 볼 수 있는지에 관하여 명확한 법리를 제시하였다. 즉, 부당한 공동행위에 가담한 사업자가 구법 제22조의2가 정하는 자진신고자 등에 대한 감면조치를 받기 위하여 공정거래위원회에 적법하게 자진신고를 하였다면, 신고 후에 정당한 사유 없이 공동행위를 중단하지 아니하거나 조사에 성실하게 협조하지 아니하는 등으로 인하여 자진신고자 지위확인이 취소되는 등의 특별한 사정이 없는 이상, 부당한 공동행위에서 탈퇴하는 의사표시와 함께 합의에 반하는 행위가 있었던 경우에 준하여 볼 수 있으므로 적법한 자진신고 사업자에 대하여는 감면대상 순위에 해당하는지 여부와 상관없이 자진신고일 시점이 공동행위의 종기가 된다고 보아야 한다고 판시하였다.[176)]

또한 서울도시철도공사 SMRT Mall 구축 입찰담합 사건에서 입찰담합의 경우에 그 종기를 입찰참여일로 보아야 할지, 아니면 그 후 실제로 계약을 체결한 일시로 보아야 할지가 다투어졌다. 관련 행정소송 상고심에서 대법원은 부당한 공동행위의 실행행위가 종료되었는지 여부는 해당 합의 내용을 기초로 하여 그에 따라 예정된 실행행위의 구체적 범위 및 태양, 합의 등에 따른 경쟁제한효과의 확정적 발생 여부 등 여러 요소를 종합적으로 고려해 각 사안 별로 개별적·구체적으로 판단하여야 한다고 전제하고, 이 사건의 경우 합의의 내용이 투찰함으로써 입찰에 참여하는 것일 뿐, 추가적으로 경쟁제한 우려가 있는 다른 행위를 예정하고 있지 않고, 실제로 가담사업자들이 이 사건 입찰에 참여함으로써 이 사건 합의는 최종적으로 실현

175) 서울고법 2012. 8. 16. 선고 2011누32494 판결 및 대법원 2014. 6. 26. 선고 2012두19687 판결.

176) 대법원 2015. 2. 12. 선고 2013두987 판결. 동일한 취지의 판결로서 서울고법 2016. 5. 27 선고 2015누50797 판결 및 서울고법 2016. 6. 17. 선고 2015누42529 판결 참고. 또한 공동행위에 가담한 사업자가 자진신고를 한 경우에 그 진정성이 인정되고 그 이후 적극적으로 조사에 협조하였다면, 설령 그 사실을 알지 못하던 직원이 계속하여 관련 회의에 참석하였더라도 자진신고일에 공동행위가 종료되었다고 보아야 한다는 취지의 판결로서 서울고법 2014. 2. 13. 선고 2011누46417 판결 참고. 상고심에서 대법원은 심리불속행 사유에 해당한다는 이유로 상고를 기각하였다(대법원 2014. 6. 26. 선고 2014두5521 판결).

되었고 예정된 경쟁제한효과도 확정적으로 발생하였으므로 이 사건 입찰담합의 종기는 입찰참여일로 보아야 한다고 판시하였다.177)

마지막으로 항공화물운송사업자들의 국제카르텔 사건에서 부당한 공동행위의 합의에 참가한 사업자가 그 후 해당 영업을 제3자에게 양도하여 자신은 더 이상 그 영업을 영위하지 아니한 경우에 영업양도인에 대한 처분기간의 기산점이 되는 부당한 공동행위의 종료 시점을 언제로 보아야 하는지가 다투어졌다. 관련 행정소송 상고심에서 대법원은 부당한 공동행위가 종료한 날이라 함은 가격결정 등의 합의 및 그에 따른 실행행위가 있었던 경우 그 합의에 따른 실행행위가 종료한 날이라 할 것이므로 합의에 참가한 일부 사업자가 당해 영업을 제3자에게 양도하여 더 이상 그 영업을 영위하지 아니하였다면, 양수인이 영업을 양수한 이후 그 합의에 가담하여 이에 따른 실행행위를 하였다고 하더라도 양도인이 양수인의 위반행위를 교사하였다거나 또는 양수인의 행위를 양도인의 행위와 동일시할 수 있는 등 특별한 사정이 없는 한 양도인의 실행행위는 영업양도 시점에 종료되었다고 할 것이고, 양도인에 대한 처분시효도 그때로부터 진행된다고 보아야 한다고 판시하였다.178)

(다) 공동행위의 개수

위에서 살펴본 부당한 공동행위의 종기를 결정하는 것은 공동행위의 개수를 결정하는 문제와 밀접한 관련성을 가진다. 둘 이상의 합의가 상당한 기간에 걸쳐서 불연속적으로 이루어진 경우에 이들 합의 전체를 하나의 부당한 공동행위로 볼 것인지, 아니면 각각의 합의를 별개의 부당한 공동행위로 볼 것인지에 따라서 공동행위의 개수와 종기가 좌우된다. 즉, 수개의 합의가 불연속적으로 이루어진 경우에 이들 전체를 하나의 공동행위로 본다면 수개의 합의의 실행행위 중 가장 늦게까지 지속된 실행행위가 종료한 시점을 기준으로 법 제80조 제5항이 규정하고 있는 처분기간의 기산점과 경과규정에 따른 적용 법령을 결정하게 되고, 반대로 각각의 합의를 별도의 공동행위로 본다면 각각의 합의의 실행행위가 종료된 시점을 기준으로 이를 판단하게 될 것이다.

이와 관련하여 '공동행위 심사기준'은 사업자들이 일정한 기간에 걸쳐 수차례의 합의를 하는 경우 부당한 공동행위의 수는 그 개별적인 합의들의 기본원칙을 담거나 토대가 되는 기본합의가 있었는지의 여부 또는 그 개별합의들이 사실상 동일한 목적을 위해 단절됨 없이 계속 실행되어 왔는지의 여부 등을 종합적으로 살펴서 판단하여

---

177) 대법원 2015. 5. 28. 선고 2015두37396 판결.
178) 대법원 2014. 12. 24. 선고 2012두6216 판결.

야 한다고 규정하고 있다(동 심사기준 Ⅲ. 1). 이러한 기준은 대법원이 일련의 판결들에서 부당한 공동행위의 개수를 판단하는 기준으로 제시한 것을 그대로 반영한 것이다.

먼저, 흑연전극봉 생산업자들의 국제카르텔 사건 관련 행정소송 상고심에서 대법원은 장기간에 걸쳐 내용을 다소 수정해가면서 수회(數回)의 합의를 행한 경우에 이를 별도의 합의로 보아야 할 것인지 여부에 대하여, "사업자들이 경쟁을 제한할 목적으로 공동하여 향후 계속적으로 가격의 결정, 유지 또는 변경행위 등을 하기로 하면서, 그 결정주체, 결정방법 등에 관한 일정한 기준을 정하고, 향후 이를 실행하기 위하여 계속적인 회합을 가지기로 하는 등의 기본적 원칙에 관한 합의를 하고, 이에 따라 위 합의를 실행하는 과정에서 수회에 걸쳐 회합을 하고 구체적인 가격의 결정 등을 위한 합의를 계속하여 온 경우, 그 회합 또는 합의의 구체적인 내용이나 구성원에 일부 변경이 있더라도 그와 같은 일련의 합의는 전체적으로 하나의 부당한 공동행위로 봄이 상당하다."라고 판시하였다.[179]

또한 굴삭기제조사들의 부당한 공동행위 사건 관련 행정소송 상고심에서 대법원은 "사업자들이 장기간에 걸쳐 수회의 합의를 한 경우 그 수회의 합의가 단일한 의사에 기하여 동일한 목적을 수행하기 위한 것으로서 그것이 단절됨이 없이 계속 실행되어 왔다면, 그 합의의 구체적인 내용 등에 일부 변경이 있었다고 하더라도, 그와 같은 일련의 합의는 특별한 사정이 없는 한 이를 전체적으로 1개의 부당한 공동행위로 봄이 상당하다."라고 판시하였다.[180]

그런데 대법원이 위 흑연전극봉 생산업자들의 국제카르텔 사건 판결에서 말한 '기본적 원칙에 관한 합의'의 의미와 이것이 수회의 합의를 하나의 부당한 공동행위로 보기 위한 필수불가결한 요건인지 여부에 대해 논란이 제기되었고, 실제로 하급심 판결 중 기본적 원칙에 관한 합의가 없었다는 이유로 각 합의를 각각 별개의 공동행위로 판단한 사례가 있었다.[181] 결국 대법원은 합성고무제조사들의 부당한 공동행위 사건 관련 행정소송 상고심에서 반드시 부당한 공동행위의 기본적 원칙에 관한 합의를 하고 이를 실행하는 과정에서 수차례의 합의를 해야 하는 것은 아니라는 점을 분명하게 밝혔다. 즉, 대법원은 기본적 원칙에 관한 합의 없이 장기간에 걸쳐 여러 차례의 합의를 해 온 경우에도 그 각 합의가 단일한 의사에 기하여 동일한 목적을 수행하기 위한 것으로서 단절됨이 없이 계속 실행되어 왔다면, 각 합의의 구

179) 대법원 2006. 3. 24. 선고 2004두11275 판결 등.

180) 대법원 2008. 9. 25. 선고 2007두3756, 2007두12699 판결.

181) 서울고법 2008. 8. 28. 선고 2007누19081, 2007누27105 판결(합성고무제조사들의 부당한 공동행위 사건), 서울고법 2008. 8. 28. 선고 2007누15621 판결(세제제조업체들의 부당한 공동행위 사건) 등 참고.

체적인 내용이나 구성원 등에 일부 변경이 있었다고 할지라도 특별한 사정이 없는 한 전체적으로 1개의 부당한 공동행위로 봄이 상당하다고 판시하였다.[182)]

관련된 쟁점으로서 다수의 사례에서 동일한 발주처가 매년 실시하는 구매입찰에 대하여 사업자들이 장기간에 걸쳐서 반복적으로 입찰담합을 한 경우에, 이들 수회의 입찰담합을 1개의 공동행위로 다루어야 할지, 아니면 이들 간 단절을 인정하여 수개의 별도의 공동행위로 다루어야 할지가 다투어졌다. 대표적으로 한국전력 발주 전력선 입찰담합 사건에서 35개 전선제조사들이 1998년 8월 이후 수차례의 회합을 통하여 1998년도부터 2006년도까지 한국전력이 매년 실시하는 전력선 구매입찰과 관련하여 대기업군과 중소기업군 간 물량배분비율(기본배분비율), 품목별 실행배분비율, 각 기업군 내 각 업체별 낙찰물량의 재배분, 중소기업군에 속한 사업자들의 수주예정사 선정, 투찰가, 낙찰 받은 중소기업들 간 낙찰물량의 재배분 등을 합의하고 실행한 것이 문제되었다. 다만, 1999년도 구매입찰의 경우에는 사업자들이 입찰담합을 시도하였으나 일부 품목에 대해서만 합의가 이루어지고 나머지 품목에 대해서는 합의에 이르지 못하여 경쟁입찰이 이루어졌고, 결과적으로 예정가격 대비 낙찰률이 전년도에 비하여 현저하게 낮아졌다.[183)]

관련 행정소송 상고심에서 대법원은 1999년도 입찰에 관하여 경쟁입찰이 이루어진 것을 근거로 공동행위의 단절을 인정하였을 뿐만 아니라, 1998년 입찰담합의 합의와 2000년 이후의 합의가 단일한 의사에 기하여 동일한 목적을 수행하기 위한 것이라고 볼 수 없으므로 전체적으로 하나의 공동행위로 볼 수 없다고 판시하였다. 즉, 일반적으로 가격담합의 경우 수회의 합의 중에 일시적으로 사업자들의 가격인하 등의 조치가 있더라도 사업자들의 명시적인 담합파기 의사표시가 있었음이 인정되지 않는 이상 합의가 파기되거나 종료되어 합의가 단절되었다고 보기 어렵다고 전제하고, 다만 이 사건에서는 수회의 입찰담합 중 1999년도 구매계약 입찰에서 합의에 이르지 못하여 경쟁입찰이 이루어졌고 그 이후 한 달간 있었던 일련의 입찰에서도 계속적으로 경쟁입찰이 이루어졌으므로 이를 일시적인 가격인하의 경우와 같이 볼 수는 없다고 하였다.[184)] 나아가 2000년 합의는 1998년 합의와 비교하여 그

182) 대법원 2009. 1. 30. 선고 2008두16179 판결. 또한 대법원은 세제제조업체들의 부당한 공동행위 사건에서도 사실상 동일한 취지로 판시하였다(대법원 2009. 6. 25. 선고 2008두17035 판결 등). 흥미롭게도 이 사건 원고와 함께 합성고무제품 가격합의에 가담한 다른 사업자가 이 사건 원심 판결(서울고법 2008. 8. 28. 선고 2007누19081)과 동일한 취지의 서울고법 판결(서울고법 2008. 8. 28. 선고 2007누27105 판결)에 대하여 제기한 상고는 심리불속행 사유에 해당한다는 이유로 기각되었다(대법원 2009. 1. 15. 선고 2008두16421 판결).

183) 공정위 의결 제2012-72호, 2012. 5. 4.

184) 대법원 2015. 2. 12. 선고 2013두6169 판결.

내용상 상당한 변화가 있었고, 이처럼 합의 내용이 변한 이유는 종전의 취약했던 합의의 구조를 개선하여 새로운 담합을 시작하려는 취지의 것으로 볼 수 있으므로 1998년의 합의와 2000년 이후의 합의가 단일한 의사에 기하여 동일한 목적을 수행하기 위한 것이었다고 볼 수 없다고 판시하였다.[185)][186)]

한편, 각 입찰별로 발주기관은 다르지만 동일한 입찰시장에서 이루어진 수회의 입찰담합을 하나의 공동행위로 인정한 사례도 찾아볼 수 있다. 즉, 동보장치 구매설치 입찰담합 사건에서 7개 동보장치 업체들이 약 5년에 걸쳐 다수의 지자체 또는 조달청이 발주한 14건의 동보장치 구매설치 입찰에서 사전에 낙찰자, 들러리 참여자 및 투찰가격을 합의하여 입찰에 참여한 행위가 문제가 되었는데, 관련 행정소송에서 서울고법은 개별 발주기관이 다르다고 하더라도 모두 공공기관이 발주하는 동보장치 구매설치 입찰시장에서 선영업활동을 한 사업자가 가격경쟁을 피하고 낙찰 받기 위하여 다른 동보장치 업체들을 들러리 사업자로 정하여 투찰가격을 합의한 것으로 단일한 의사와 동일한 목적에 기해 이루어졌고 이와 같은 의도나 목적에 변화가 있었다고 보기 어려우므로 하나의 공동행위에 해당하고, 이 사건 공동행위가 이루어진 기간 중 일부 정상적인 경쟁입찰이 있었더라고 하더라도 그와 같은 경쟁입찰 이후로도 동일한 방식에 의하여 이 사건 공동행위가 지속된 이상 합의가 단절되었거나 파기되었다고 보기 어렵다고 판시하였다.[187)]

---

185) 같은 판결. 한편, 이 사건 원심에서 서울고법은 1999년의 경우에는 합의가 이루어지지 않았다고 판단하면서도, 1998년과 2000년 이후의 각 입찰담합이 경쟁으로 인한 가격하락을 막기 위한 목적에서 이루어졌다는 점 및 2000년의 합의도 1998년의 합의에 바탕을 두고 있다는 점 등을 근거로 1998년과 2000년 이후의 합의가 단일한 의사에 기하여 동일한 목적을 수행하기 위한 것으로서 전체적으로 하나의 공동행위를 구성하고 1999년 합의의 불성립에 의하여 단절됨이 없이 계속되었다고 하였다(서울고법 2013. 2. 7. 선고 2012누16529 판결). 또한 동일한 입찰담합 사건에 참여한 다른 사업자가 제기한 불복의 소를 심리한 서울고법은 수회의 합의 중 명시적인 합의가 성립되지 아니한 기간이 있었다는 사정만으로는 공동행위의 단절을 인정하기 어렵지만, 수회의 입찰담합 중에 실질적인 경쟁입찰이 이루어졌다면 이는 일반적인 거래시장에서 각 사업자가 각자의 독자적인 판단에 따라 담합이 없었더라면 존재하였을 수준으로 가격을 인하하는 행위에 준하는 것으로서 수회의 합의 사이의 단절을 인정할 수 있는 특별한 사정이라고 볼 수 있다고 판시하였고(서울고법 2012. 12. 20. 선고 2012누36868 판결), 상고심에서 대법원 역시 이 부분에 관한 별다른 설시 없이 원심의 판단이 정당하다고 판시하였다(대법원 2015. 1. 29. 선고 2014두1819 판결).

186) 부당한 공동행위의 개수 결정에 관한 판결례의 상세한 분석 및 판례상 소위 '포괄적 단일 공동행위' 법리에 관한 평가는 이호영, "공정거래법상 소위 포괄적 단일 공동행위 법리에 관한 연구", 「사법」, 제39호, 2017, pp. 123-155 참고.

187) 서울고법 2019. 8. 29. 선고 2019누34403 판결 및 서울고법 2019. 9. 26. 선고 2019누34410 판결.

6. 관련문제 3 : 입찰담합에 대한 과징금액의 산정

(가) 개 설

경쟁제한성이 현저한 경성카르텔에 해당하는 입찰담합에 대한 과징금액을 산정하는 방법과 관련하여 실무상 독특한 쟁점이 제기되었다. 즉, 사업자들이 행하는 입찰담합의 실제 모습을 살펴보면 낙찰이 되어 정상적으로 계약이 체결된 경우뿐만 아니라 낙찰은 되었으나 계약이 체결되지 아니한 경우나 아애 낙찰이 되지 않은 경우도 발생하고, 물량이 확정되지 않고 예상물량만 규정된 납품단가 입찰의 경우도 존재한다. 또한 입찰담합에 참여한 사업자 모두가 낙찰을 받는 경우는 오히려 드물고, 참여사업자 중 하나 또는 일부 사업자만 낙찰을 받아 계약을 체결하고 다른 사업자는 유찰을 방지할 목적 등으로 소위 '들러리'로서 형식적으로 입찰에 참여하는 경우를 흔히 볼 수 있다. 그 밖에도 대규모 입찰의 경우에 흔히 둘 이상의 사업자가 '컨소시엄'이라고 부르는 공동수급체를 구성하여 참여하는데, 이들이 입찰담합에 가담한 경우에 각 구성사업자들에 대한 과징금액을 산정하는 방법 역시 문제가 된다.

위와 같은 다양한 경우에 각 사업자에 대한 과징금액 산정방법에 관하여 종래 법집행 실무상 상당한 논란이 있었는데, '과징금부과 세부기준 등에 관한 고시'(공정거래위원회 고시 제2021-50호, 2021. 12. 29.)는 그동안의 법집행례 및 판례를 반영하여 비교적 상세하게 규정하고 있다.

먼저, 위 고시는 과징금 산정의 기초가 되는 관련매출액에 관하여, 입찰담합 및 이와 유사한 행위인 경우에는 '계약금액'을 말한다고 규정하고 있다(동 고시 Ⅱ. 5. 가). 나아가 "(1) 낙찰(경락을 포함한다. 이하 같다)이 되어 계약이 체결된 경우에는 계약금액을, 낙찰은 되었으나 계약이 체결되지 아니한 경우에는 낙찰금액을, 낙찰이 되지 아니한 경우에는 예정가격(예정가격이 없는 경우에는 낙찰예정자의 응찰금액)을, 예상물량만 규정된 납품단가 입찰에 대해서는 낙찰이 되어 계약이 체결된 경우에는 심의일 현재 실제 발생한 매출액을, 낙찰은 되었으나 계약이 체결되지 아니한 경우에는 낙찰단가에 예상물량을 곱한 금액을, 낙찰이 되지 아니한 경우에는 예정단가(예정가격이 없는 경우에는 낙찰예정자의 응찰금액)에 예상물량을 곱한 금액을 해당 입찰담합에 차여한 각 사업자의 관련매출액으로 본다."라고 규정하고 있다(동 고시 Ⅳ. 1. 라. 1) 다) (1)).

또한 공동수급체의 구성원인 사업자에 대하여는 "2분의 1 범위 내(지분율 70% 이상인 사업자에 대해서는 10분의 1 이내, 지분율 30% 이상 70% 미만 사업자에 대해서는 10분의 3 이

내, 지분율 30% 미만 사업자에 대해서는 2분의 1 이내)에서 산정기준을 감액할 수 있다."라고 규정하고(동 고시 Ⅳ. 1. 라. 1) 다) (1)), 들러리 사업자에 대해서는 "탈락하였거나 응찰하지 아니한 자(들러리 사업자)에 대하여는 들러리 사업자의 수가 4 이하인 경우에는 2분의 1 범위 내에서, 들러리 사업자의 수가 5 이상인 경우에는 N분의 (N-2)(N은 들러리 사업자의 수를 말하며, 공동수급체로 참여한 경우에는 공동수급체의 수를 말한다) 범위 내에서 감액할 수 있다."[188]라고 규정하고 있다(동 고시 Ⅳ. 1. 라. 1) 다) (2)).

위 고시 규정 중 공동수급체 구성사업자나 들러리 사업자에 대하여 일정한 기준에 따라 계약금액을 감액할 수 있도록 한 부분은 종전에 공동수급체의 구성원에 대해서도 그 지분과 무관하게 단독 낙찰자와 동일하게 전체 계약금액 등을 기준으로 하는 것은 지나치게 가혹하고, 들러리 사업자의 경우에도 그 수와 무관하게 일률적으로 2분의 1을 감액하는 것 역시 합리성을 결여한 것이라는 비판을 수용한 것이다.

(나) 관련 판결례

입찰담합에 대한 과징금액의 산정방법에 관한 중요한 판결례를 살펴보면 다음과 같다. 먼저, 2004. 4. 1. 개정되기 전 구법 시행령 제61조 제1항 관련 [별표 2]는 입찰담합에 대한 과징금 부과기준을 별도로 규정하여, '입찰계약이 체결된 경우에는 계약금액의 5/100 이내, 입찰계약이 체결되지 아니한 경우에는 10억원 이하'라고 규정하고 있었다. 그런데 이때 "계약금액"이 구체적으로 무엇을 의미하는지, 그리고 구 고시가 들러리 사업자에 대하여도 낙찰자의 계약금액을 기준으로 과징금을 산정하도록 규정한 것이 정당한지가 재판상 다투어졌다.

즉, 5개 정유사들의 군납유류 입찰담합 사건에서 동 회사들이 국방부가 실시한 군납유류 구매입찰에 참가하면서 사전에 유종별 낙찰예정 업체, 낙찰예정 업체 및 들러리 업체의 투찰가격, 투찰물량 등에 대하여 합의를 거쳐 정한 내용대로 낙찰을 받은 것이 문제가 되었는데, 관련 행정소송에서 이들은 법 시행령상 '계약금액'은 각 업체별 계약금액을 말하는 것이고, 낙찰을 받지 못한 가담자들은 법 시행령상 "입찰계약이 체결되지 않은 경우"에 해당하므로 동법 시행령상 정액기준인 10억원의 범위 내에서 과징금을 산정하여야 한다고 주장하였다.

그러나 상고심에서 대법원은 법 시행령상 "계약이 체결되지 않은 경우"란 담합은 있었으나 유찰 등으로 인하여 어느 담합업체도 낙찰을 받지 못한 경우를 의미하

188) 종전에는 들러리 사업자에 대한 과징금 산정기준을 2분의 1 범위 내에서 감액할 수 있도록 규정하고 있었는데, 2015년 위 고시 개정(공정거래위원회 고시 제2015-14호, 2015. 10. 7.)을 통하여 들러리 사업자의 수에 따라 차등하여 감액할 수 있도록 규정하였다.

며, 입찰담합의 본질상 낙찰자가 아닌 가담자도 법 위반행위의 공동주체인 점, 당시 법 시행령이 입찰계약이 체결되지 않는 경우에 관하여 별도로 규정을 둔 이유는 유찰 등으로 담합업체들이 낙찰을 받지 못했다고 하더라도 입찰담합이 경쟁질서에 미치는 악영향을 감안하여 실패한 담합에 대하여도 엄정 대처하려는 취지라는 점, 입찰담합에 대한 효과적인 제재라는 정책적 고려를 할 필요가 있는 점 등을 근거로 입찰담합이 수 개의 입찰과 관련된 경우에 '계약금액'은 모든 가담업체들의 낙찰금액의 합계액을 의미하는 것이라고 판시하였다.[189)]

그 후 대법원은 이에 관한 더욱 상세한 법리를 제시하였다. 즉, 호남고속철도 노반신설 입찰담합 사건에서 수개의 입찰에 대하여 다수의 사업자가 각 사업자가 참여할 입찰 부문을 정한 뒤, 각 개별 입찰별로 낙찰예정자 또는 들러리로 참여할 사업자를 정하여 실행한 경우 각 사업자별 과징금 산정의 기준이 되는 계약금액의 범위가 다투어졌다. 관련 행정소송 상고심에서 대법원은 사업자들이 수개의 입찰방식 거래와 관련하여 각자 참가할 입찰부문을 크게 나누는 등으로 상품이나 용역의 거래를 제한하는 합의를 한 경우, 그러한 거래제한 합의가 있다는 사정만으로 곧바로 관련된 모든 입찰방식 거래의 '계약금액' 합계액을 기준으로 과징금을 산정할 수 있는 것은 아니고, 다만 위와 같은 거래제한 합의를 실행하기 위하여 개별 입찰에 관한 입찰담합에까지 나아간 경우에 각 사업자가 입찰담합의 당사자로 가담한 개별 입찰에서의 계약금액을 기초로 하여 과징금을 산정할 수 있을 뿐이고 해당 사업자가 형식적으로라도 입찰담합에 가담하지 않은 개별 입찰의 계약금액까지 합산하는 방식으로 과징금을 산정할 수 있는 것은 아니라고 하였다.[190)]

그 후 군부대 발주 액화석유가스 입찰담합 사건에서 7개 LPG 사업자들이 군부대가 발주한 4개 입찰지역의 총 28건의 입찰에서 지역별로 낙찰예정 사업자, 들러리 사업자, 낙찰가격 수준 등을 합의하여 실행한 것이 문제가 되었다. 관련 행정소송 상고심에서 대법원은 사업자가 특정한 개별 입찰에 관하여 입찰담합으로 나아갔는지 여부는 해당 입찰에 관하여 낙찰자, 투찰가격, 낙찰가격, 그 밖의 경쟁요소가 되는 사항을 미리 정하는 합의에 참여하였는지 여부에 따라 판단하여야 하는데, 만일 사업자가 특정 개별 입찰에서 경쟁입찰의 외형을 가장하고자 형식적인 응찰을

189) 대법원 2004. 10. 27. 선고 2002두6842 판결, 대법원 2004. 11. 12. 선고 2002두5627 판결 등. 다만, 대법원은 가담사업자 중 일부에 대하여 과징금을 산정함에 있어서 위반행위로 인하여 취득한 이익의 규모나 자금사정 등 현실적인 부담능력을 고려하지 아니함으로써 재량을 일탈·남용하였다는 이유로 이 부분에 관한 원심을 파기·환송하였다. 동일한 취지의 대법원 판결로서 대법원 2008. 2. 15. 선고 2006두4226 판결 참고.

190) 대법원 2017. 4. 27. 선고 2016두33360 판결.

한 사실이 인정된다면 특별한 사정이 없는 한 그 자체로 담합에 참여한 것으로 볼 수 있지만, 부당한 공동행위는 합의로써 성립하고 구체적인 실행행위를 요하는 것이 아니며 입찰담합은 응찰하지 아니하는 방법으로도 가담할 수 있으므로 형식적인 응찰을 하지 않았다고 하여 그러한 사정만으로 담합에 참여하지 않은 것으로 볼 수는 없다고 하면서, 원고가 지역분할에 합의한 후 특정 지역의 개별 입찰에 관한 담합에 참여하는 외에 다른 지역의 개별 입찰에 관한 담합에도 참여하였는지 여부를 살펴서 관련매출액을 산정해야 한다고 판시하였다.[191)]

또한 위에서 설명한 바와 같이 종래 공정거래위원회의 법집행례 및 판례에 따르면 공동수급체를 구성하여 입찰에 참여하면서 입찰담합을 한 경우에는 그 구성원에 대하여 과징금을 부과하되, 일정한 기준에 따라 그 산정기준을 감액하는데, 관수원심력 콘크리트파일 구매입찰 사건에서 소위 '적격조합'을 구성하여 입찰에 참여한 경우에도 구성원에게 과징금을 부과하는 것이 타당한지 여부 및 공동수급체의 경우에 준하여 감경하여야 하는지 여부가 다투어졌다. 관련 행정소송에서 서울고법은 공동수급체의 경우 구성원을 과징금 부과대상으로 삼는데 반하여, 이 사건 조합에게 공동행위로 인한 책임을 모두 귀속시키고 그 구성원사는 과징금 부과대상에서 제외하는 것은 형평에 맞지 않고, 공동수급체의 구성원으로 참여하는 경우와 적격조합의 구성원으로 참여하는 경우 해당 비율만큼 계약을 이행하고 대금을 수령하는 점에서 그 실질에 큰 차이가 없으며, 양자의 경우 담합에 가담하여 이익을 보는 자에 대한 과징금 부과의 필요성에 차이가 있다고 보기 어려우므로 이 사건 조합이 아닌 구성원사에 과징금을 부과하여야 한다고 판시하였다.[192)]

그 밖에 위 입찰담합 사건과 관련된 또 다른 행정소송에서 공동수급체를 구성하여 들러리로 입찰에 참여한 경우에 들러리 사업자임을 이유로 한 감경과 공동수급체 구성원임을 이유로 한 감경을 중첩적으로 해야 하는지 여부도 다투어졌다. 이에 대하여 서울고법은 들러리로 참가한 공동수급체 구성원의 경우 들러리 감경과 공동수급체 감경을 중복해야 하는지에 관하여 관련 규정상 구체적으로 정하고 있지는 않지만 과징금 감경 여부 및 감경 비율 등은 공정거래위원회의 재량에 속

191) 대법원 2020. 10. 29. 선고 2019두37233 판결. 원심에서 서울고법은 해당 사업자가 응찰하지 않은 지역의 계약금액을 포함하여 관련매출액을 산정한 것은 위법하다고 판시하였으나(서울고법 2019. 3. 6. 선고 2018누42476 판결) 이 사건 대법원 판결에 따라 파기·환송되었다.

192) 서울고법 2020. 12. 2. 선고 2020누44765 판결. 또한 동 법원은 이 사건 적격조합이 공동수급체의 실질을 가지고 있다면 공동수급체 감경 규정의 취지를 고려하여 과징금 산정기준을 감액해야 한다고 하였다. 상고심에서 대법원은 심리불속행 사유에 해당한다는 이유로 상고를 기각하였다(대법원 2021. 4. 15. 선고 2020두57325 판결).

하고, 공동수급체 감경 규정의 취지는 공동수급체를 구성하여 응찰하였을 경우 실제 이익의 규모를 과징금 산정과정에서 고려하고자 함인데 공동수급체를 구성하여 들러리로 참여하기로 하는 경우 담합의 내용에 따른 직접적인 유형의 이익이 발생할 여지가 없으며, 하나의 업체가 들러리로 참여한 경우와 여러 업체가 하나의 공동수급체를 구성하여 들러리로 참여한 경우를 경쟁제한성의 정도에 있어 달리 평가할 이유가 없으므로 양자를 중복하지 않은 것이 불합리하거나 자의적이라고 볼 수 없고 사실을 오인하였거나 비례·평등의 원칙을 위반한 것으로 보이지도 않는다고 하였다.[193)]

근래 다수의 입찰담합 사건에서 입찰에 따라 체결한 전체 계약금액 중 일정한 부분을 과징금 산정의 기준이 되는 계약금액에서 제외해야 하는지가 다투어졌는데, 기억할 만한 판시 내용을 소개하면 다음과 같다. 먼저, 입찰에 따라 체결된 공사의 계약금액 중 관급자재 금액에 해당하는 부분에 관하여, 대법원은 계약금액 중 관급자재 금액에 해당하는 부분은 입찰 당시부터 추후 공제될 것이 당연히 전제된 잠정적 성격의 것으로서 계약금액에 임시적으로 포함된 것에 불과하고, 낙찰을 받은 사업자가 제공한 역무에 대한 반대급부로서의 성격을 가지는 것으로 보기 어려워서 규범적 관점에서 이 부분까지 이 사건 합의의 대상이었다고 평가할 수 없으므로 과징금의 기본 산정기준인 '계약금액'에서 공제되어야 한다고 하였다.[194)]

이에 반하여 특정 납품업자가 독점적으로 공급하는 사급자재 구매비용에 관하여, 서울고법은 사급자재에 대한 매매계약의 주체는 발주처가 아닌 낙찰자이며 그 구매비용 역시 낙찰자와 납품업자 간의 자유로운 계약에 의해 결정되고, 원고 등은 사급자재 구매비용을 포함한 전체 공사금액을 기준으로 낙찰자 및 투찰가격을 정하

---

193) 서울고법 2021. 7. 8. 선고 2020누56201 판결. 상고심에서 대법원은 심리불속행 사유에 해당한다는 이유로 상고를 기각하였다(대법원 2021. 11. 25. 선고 2021두48311 판결). 동일한 취지의 판결로서 서울고법 2021. 4. 22. 선고 2020누45133 판결, 서울고법 2021. 4. 22. 선고 2020누44468 판결, 서울고법 2021. 4. 22. 선고 2020누44758 판결 및 서울고법 2021. 8. 18. 선고 2020누45010 판결 참고.

194) 대법원 2017. 9. 7. 선고 2016두48447 판결, 대법원 2017. 9. 7. 선고 2016두49307 판결, 대법원 2017. 9. 12. 선고 2016두55551 판결, 대법원 2017. 9. 26. 선고 2016두59416 판결, 대법원 2017. 9. 12. 선고 2014두35416 판결, 대법원 2017. 9. 12. 선고 2014두35423 판결, 대법원 2017. 10. 12. 선고 2014두35355 판결, 대법원 2018. 12. 27. 선고 2015두44028 판결, 대법원 2019. 1. 17. 선고 2018두32460 판결 등 참고. 또한 법원은 폐기물 처리비와 문화재 조사비 역시 관급자재비와 마찬가지로 추후 공제할 것을 전제로 포함된 것이므로 과징금의 기본 산정기준인 계약금액에서 공제해야 한다고 하였다(대법원 2019. 1. 27. 선고 2018두32460 판결, 대법원 2019. 7. 25. 선고 2016두54688 판결, 서울고법 2018. 8. 24. 선고 2015두65560 판결 등).

는 내용의 공동행위를 하였고 이러한 투찰가격을 토대로 계약금액이 결정되었으므로 계약금액 전체가 이 사건 공동행위의 영향을 받았으며, 발주처 역시 전체 투찰가격을 기준으로 낙찰 여부를 결정하였고 이 사건 사급자재 구매비용 부분만을 공제한 가격을 기준으로 낙찰 여부를 결정한 것이 아니므로 계약금액에 포함시켜야 한다고 하였다.[195)]

또한 당초 입찰에 따른 계약이 종료된 후 계약기간을 연장한 경우에 연장계약 부분을 포함하여 관련매출액을 산정할 수 있는지 여부가 다투어졌다. 먼저, 포스코건설 등 발주 컨베이어벨트 입찰담합 사건 관련 행정소송에서 서울고법은 입찰을 통해 체결된 연간단가계약의 계약기간이 종료된 이후 단가의 변경 없이 계약기간만을 연장하였다고 하더라도 기존 계약 이후 체결한 변경계약이 입찰 없이 체결된 이상 입찰담합이 존재한다고 볼 수 없다고 전제하고, 별도의 입찰공고나 입찰행위가 없는 이상 원고 등이 낙찰예정자와 들러리를 결정하고 낙찰예정자가 낙찰을 받을 수 있도록 서로 협력하여 단가를 공유하는 내용의 합의 또한 존재하였다고 볼 수 없으며, 입찰을 통한 연간단가계약의 기간이 종료한 후 새로운 계약체결을 위하여 원고 등이 발주처에 요청할 단가인상률에 대하여 협의한 후 단가인상을 요청하였고, 발주처가 이를 검토한 후 입찰절차를 진행하지 않고 계약조건의 변경 없이 기존 연간단가계약의 기간만을 변경하는 것으로 결정하여 이를 원고 등에게 통보하고 원고 등이 이를 승인하는 방식으로 계약기간이 연장되었으므로 이러한 원고 등의 합의는 입찰을 전제로 하지 않은 것으로서 입찰담합과 다른 별개의 합의로서 계약기간이 연장된 부분의 계약금액은 관련매출액에서 공제해야 한다고 판시하였다.[196)]

한국중부발전 발주 유연탄 하역용역 입찰담합 사건 관련 행정소송에서도 서울고법은 입찰담합에 대한 과징금의 기본 산정기준인 계약금액의 경우에도 입찰담합에 기초하여 체결된 계약금액에 해당되어야 한다는 의미의 '관련성'이 있을 것이 요구된다고 전제하고, 원고는 입찰공고에 따른 용역계약이 체결될 것을 예상하고 공동행위를 한 것이므로 용역계약의 기간과 물량을 변경한 부속합의는 이 사건 공동행위와는 관련이 없는 별개의 합의이고, 계약기간 연장을 고려하여 계약을 체결한 것이라고 하더라도 이 사건 공동행위의 대상이나 내용에 포함되었다고 보기 어려우

195) 서울고법 2018. 10. 5. 선고 2017누90621 판결. 상고심에서 대법원은 심리불속행 사유에 해당한다는 이유로 상고를 기각하였다(대법원 2019. 2. 28. 선고 2018두62416 판결).

196) 서울고법 2018. 1. 18. 선고 2017누68464 판결. 상고심에서 대법원은 심리불속행 사유에 해당한다는 이유로 상고를 기각하였다(대법원 2018. 5. 15. 선고 2018두34527 판결). 동일한 취지의 판결로서 서울고법 2018. 1. 18. 선고 2016누75342 판결, 서울고법 2018. 7. 25. 선고 2017누68457 판결 및 서울고법 2020. 12. 10. 선고 2019누61368 판결 참고.

며, 입찰공고나 용역계약의 자동갱신이나 연장에 관한 내용 역시 없고 그러한 관행이 있다는 점도 인정할 수 없으므로 연장된 계약기간 동안 발생한 매출액은 관련매출액에 포함시킬 수 없다고 판시하였다.[197)]

이와 관련된 쟁점으로서 현대중공업 발주 조선부품 운송용역 입찰담합 사건에서 사업자들이 해당 입찰을 유찰시켜 합의된 낙찰예정자(우선협상자)가 수의계약을 체결할 수 있도록 유도하기 위해 사전에 유찰, 우선협상자 및 투찰가격을 합의하여 실행한 행위가 문제가 되었다. 관련 행정소송에서 서울고법은 이 사건 수의계약은 원고 등 6개 사업자들의 담합에 기초하여 체결된 것으로서 수의계약 체결과정에서 발주처와 낙찰예정자 간 추가적인 협상과정이 있었다고 하더라도 이는 합의 당시 이미 예견된 것이거나 합의의 내용에 포함된 것으로 보아야 하므로 이 사건 수의계약에 따른 매출액을 관련매출액에 포함시킨 것은 적법하다고 판시하였다.[198)]

마지막으로 조달청 발주 포스팜 액제 입찰담합 사건에서 입찰 참여사업자들이 사전에 낙찰자를 정하고 입찰물량을 나누기로 합의한 것에 대하여 공정거래위원회가 구법 제19조 제1항 제8호(입찰담합)를 적용하지 않은 경우에도, 그에 대한 과징금을 산정함에 있어서 입찰담합의 경우와 마찬가지로 입찰을 통하여 체결된 '계약금액'을 기준으로 하는 것이 적법한지 여부가 다투어졌다. 관련 행정소송에서 서울고법 및 대법원은 이 사건 행위는 낙찰가격과 낙찰물량의 결정에 영향을 준 것으로서 그 실질이 입찰담합인 이상, 설령 공정거래위원회가 구법 제19조 제1항 제3호(공급제한합의)를 적용하였더라도 구법 시행령 제19조 제1항 단서의 "입찰담합 및 이와 유사한 행위"에 해당하므로 계약금액을 기준으로 과징금을 산정한 것은 정당하다고 판시하였다.[199)]

---

197) 서울고법 2018. 1. 18. 선고 2017누68464 판결. 상고심에서 대법원은 심리불속행 사유에 해당한다는 이유로 상고를 기각하였다(대법원 2018. 5. 15. 선고 2018두34527 판결). 동일한 취지의 판결로서 서울고법 2018. 1. 18. 선고 2016누75342 판결, 서울고법 2018. 7. 25. 선고 2017누68457 판결 및 서울고법 2020. 12. 10. 선고 2019누61368 판결 참고.

198) 서울고법 2020. 9. 23. 선고 2020누33710 판결. 상고심에서 대법원은 심리불속행 사유에 해당한다는 이유로 상고를 기각하였다(대법원 2021. 2. 4. 선고 2020두51679 판결). 동일한 취지의 판결로서 서울고법 2021. 6. 10. 선고 2020누44895 판결 및 서울고법 2021. 6. 10. 선고 2020누45119 판결 참고.

199) 서울고법 2013. 12. 4. 선고 2013누1340 판결 및 대법원 2014. 11. 27. 선고 2014두1291 판결. 동일한 취지의 판결로서 대법원 2014. 11. 27. 선고 2014두24471 판결, 대법원 2014. 12. 11. 선고 2014두2324 판결 및 대법원 2014. 12. 24. 선고 2014두1871 판결 참고.

■ **토의 과제**

1 부당한 공동행위에 대한 시정조치로서 가격인하를 명할 수 있다는 견해와 이를 부정하는 견해의 논거를 각각 열거하고, 양자를 평가해 보시오.

2 법 시행령 및 '과징금부과 세부기준 등에 관한 고시'에 따라 부당한 공동행위에 대한 과징금을 산정하기 위해 '관련매출액'을 산정하는 방법을 설명하고, 특히 관련상품의 범위에 관한 판결례로부터 일관된 원칙을 도출할 수 있는지 생각해 보시오.

3 대법원이 수개의 합의를 1개의 공동행위로 보기 위한 요건으로 제시한 '단일한 의사'와 '동일한 목적'을 실제로 어떻게 입증할 수 있을지 생각해 보시오.

4 만일 일괄입찰에 대한 입찰담합에 가담한 사업자가 일단 실시설계적격자로 선정된 후 낙찰결정 이전에 당해 입찰이 무효라는 이유로 실시설계적격자로서의 지위를 박탈당하였다면 '과징금부과 세부기준 등에 관한 고시'의 관련 규정상 '입찰계약이 체결되지 아니한 경우'라고 해석해야 하는지 생각해 보시오(대법원 2006. 12. 7. 선고 2004두3045 판결 참고).

Ⅳ. 공동행위 자진신고자 등에 대한 감면제도

1996년 독점규제법 개정을 통하여 미국 및 EU 등 각국의 예에 따라 은밀하게 이루어지는 부당한 공동행위를 효과적으로 적발·시정하기 위하여 이를 자진하여 신고하거나 조사에 협조한 자 등에 대하여 시정조치나 과징금을 감면해 주는 제도를 도입하였음은 이미 설명한 바와 같다. 특히 이 제도는 최근 경성 카르텔에 대한 제재수준이 높아지고 동 제도에 대한 인식이 높아짐에 따라 실제 부당한 공동행위를 적발하고 예방하는 데 매우 큰 역할을 수행하고 있는 것으로 평가되고 있다.

1. 자진신고자 등 감면제도의 내용

공동행위 자진신고자 등에 대한 감면제도의 내용을 법 및 법 시행령의 내용을 중심으로 간략히 살펴보면 다음과 같다.[200] 우선 법 제44조 제1항은 (1) 부당한 공

200) 또한 공정거래위원회는 '부당한 공동행위 자진신고자 등에 대한 시정조치 등 감면제도 운영고시'(이하 '자진신고자 감면고시'라 한다, 현재 시행 중인 것은 공정거래위원회 고시

동행위의 사실을 자진신고한 자, (2) 증거제공 등의 방법으로 공정거래위원회의 조사 및 심의·의결에 협조한 자(소속 전·현직 임직원 포함)에 대하여 시정조치나 과징금을 감경 또는 면제할 수 있고, 법 제129조에 따른 고발까지 면제할 수 있다고 규정하고 있는데,[201] 구체적으로 감경 또는 면제되는 자의 범위와 감경 또는 면제의 기준·정도 등 세부적인 사항은 대통령령으로 정하고 있다(동 조 제5항). 또한 자진신고자 등의 신원이나 제보내용 등이 제3자에게 누설될 우려가 동 제도의 활성화를 막는 요인이라는 지적에 따라 (1) 사건처리를 위해 필요한 경우, (2) 자진신고자 등이 법 제44조 제4항에 따른 정보 및 자료의 제공에 동의한 경우, (3) 해당 사건과 관련된 소의 제기 또는 그 수행에 필요한 경우를 제외하고는 자진신고자 또는 공정거래위원회의 조사 및 심의·의결에 협조한 자의 신원·제보 내용 등 자진신고나 제보와 관련된 정보 및 자료를 사건 처리와 관계없는 자에게 제공하거나 누설하는 것을 금지하고(동 조 제4항 및 법 시행령 제51조 제4항), 공정거래위원회는 자진신고자 등의 요청이 있으면 법 제44조 제4항에 따라 그 자의 정보가 공개되지 않도록 해당 사건을 분리·심리하거나 분리·의결할 수 있도록 규정하고 있다(법 시행령 제51조 제5항).

한편, 법 시행령은 공정거래위원회가 조사를 시작하기 전에 자진신고를 한 '자진신고자'와 조사를 시작한 후에 조사 등에 협조한 '조사협조자'를 구분하여 각각 1순위자와 2순위자의 요건과 감면기준을 정하고 있다. 먼저, 1순위 자진신고자의 경우 (1) 부당한 공동행위임을 입증하는 데 필요한 증거를 단독으로 제공한 최초의 자일 것(그 부당한 공동행위에 참여한 둘 이상의 사업자가 공동으로 증거를 제공하는 경우에도 이들이 실질적 지배관계에 있는 계열회사이거나 회사의 분할 또는 영업양도의 당사회사로서 공정거래위원회가 정하여 고시하는 요건에 해당하면 단독으로 제공한 것으로 봄), (2) 공정거래위원회가 부당한 공동행위에 대한 정보를 입수하지 못하였거나 부당한 공동행위임을 입증하는 증거를 충분히 확보하지 못한 상태에서 자진신고했을 것, (3) 부당한 공동행위와 관련된 사실을 모두 진술하고, 관련 자료를 제출하는 등 조사 및 심의·의결이 끝날 때까지 성실하게 협조했을 것, (4) 그 부당한 공동행위를 중단했을 것 등 4가지 요건을 모

제2021-36호, 2021. 12. 28. 개정)를 통하여 동 제도의 세부적인 운영절차 및 감면기준을 정하고 있는데, 대법원은 그 법적 성격에 관하여 공정거래위원회의 재량권 행사의 기준으로 마련된 행정청 내부의 사무처리준칙, 즉 재량준칙이라고 하였다(대법원 2013. 11. 14. 선고 2011두28783 판결).

201) 종전에는 구법 제22조의2 자체는 자진신고자 등에 대하여 공정거래위원회가 부과하는 과징금 및 시정조치를 감면하도록 규정하는 데 그치고, 자진신고자 감면고시에서 법 위반 행위자의 형사소추를 위하여 필요한 공정거래위원회의 고발도 면제할 수 있도록 규정하고 있었으나(동 고시 제16조), 2013년 법 개정으로 구법 제22조의2에서 고발까지 면제할 수 있도록 규정하였다(법률 제11937호, 2013. 7. 16 개정).

두 충족시키는 경우에는 과징금 및 시정조치를 모두 면제한다(법 시행령 제51조 제1항 제1호).[202] 또한 1순위 조사협조자의 경우에는 (1) 공정거래위원회가 부당한 공동행위에 대한 정보를 입수하지 못했거나 부당한 공동행위임을 입증하는 증거를 충분히 확보하지 못한 상태에서 조사 등에 협조하고, (2) 위 자진신고자로서의 면제요건 (1), (3) 및 (4)에 해당하는 경우에는 과징금을 면제하고, 시정조치를 감경하거나 면제한다(법 시행령 제51조 제1항 제2호).

또한 2순위 자진신고자나 조사협조자의 경우에는 (1) 부당한 공동행위임을 입증하는 증거를 단독으로 제공한 두 번째의 자이고(부당한 공동행위에 참여한 사업자가 2개이고,[203] 그 중 한 사업자인 경우는 제외) (2) 위 자진신고자로서의 면제요건 (3) 및 (4)에 해당하고, (3) 1순위 자진신고자나 조사협조자가 자진신고하거나 조사 등에 협조한 날부터 2년 이내에 자진신고하거나 조사 등에 협조한[204] 경우에는 과징금의 50%를 감경하고, 시정조치를 감경할 수 있다(법 시행령 제51조 제1항 제3호).

그 밖에도 부당한 공동행위로 과징금 부과 또는 시정조치의 대상이 된 자가 그 부당한 공동행위 외에 그 자가 관련되어 있는 다른 부당한 공동행위에 대해 위 1순위 자진신고자 또는 조사협조자의 요건을 모두 충족하는 경우에는 그 부당한 공동행위에 대하여 다시 과징금을 감경하거나 면제하고, 시정조치를 감경할 수 있다(법 시행령 제51조 제1항 제4호). 이는 소위 'Amnesty Plus' 제도로서 현재 조사 중인 공동행위에 관해서는 자진신고자 등의 감면요건을 충족하지 못하였으나 자신이 관련된 다른 공동행위에 관하여 1순위 자진신고자나 조사협조자의 요건을 충족한 경우에 당연히 그 다른 공동행위에 대하여 시정조치나 과징금을 면제받는 이외에, 조사 중인 그 공동행위에 대해서도 추가적으로 시정조치 및 과징금을 감면받는 제도이다.[205]

---

202) 위 규정에 따르면 이상의 요건을 모두 충족하면 공정거래위원회는 반드시 시정조치 및 과징금을 면제하여야 하는데, 2005년 개정되기 전 법 시행령은 그와 같은 경우에 과징금의 75% 이상을 감면한다고 규정함으로써 명확성이 떨어진다는 지적을 받았다.

203) 2개 사업자가 부당한 공동행위에 참여하였는지 여부는 당해 공동행위 종료일을 기준으로 판단한다(자진신고자 감면고시 제6조의4 제1항).

204) 위 규정상 "자진신고하거나 조사 등에 협조한 날"은 공정거래위원회에 감면신청서를 접수한 시점을 기준으로 판단한다(자진신고자 감면고시 제6조의4 제2항).

205) 자진신고자 감면고시에 따르면, 조사 중인 공동행위에 대한 과징금의 추가적 감면의 정도는 그 공동행위와 다른 공동행위의 상대적 규모(관련매출액에 의해 판단하는데, 입찰담합의 경우 계약금액에 의해 판단하되 들러리 사업자에 대한 관련매출액은 제외함)에 따라 결정되는데, 다른 공동행위의 규모가 그 공동행위보다 작거나 같은 경우에는 20% 범위 내 감경, 다른 공동행위의 규모가 당해 공동행위보다 크고 2배 미만인 경우에는 30% 감경, 다른 공동행위의 규모가 당해 공동행위의 2배 이상 4배 미만인 경우에는 50% 감경, 그리고 다른 공동행위의 규모가 당해 공동행위보다 4배 이상인 경우에는 전부 면제한다(동 고시 제13조 제2항).

그러나 위와 같은 감경 또는 면제 요건에 해당하는 경우라고 할지라도 (1) 다른 사업자에게 그 의사에 반하여 해당 부당한 공동행위에 참여하도록 강요하거나 이를 중단하지 못하도록 강요한 사실이 있는 경우,[206] (2) 일정 기간 동안 반복적으로 법 제40조 제1항을 위반하여 부당한 공동행위를 한 경우에는 시정조치 및 과징금을 감경하거나 면제하지 않는다(법 시행령 제51조 제2항).

자진신고자 감면고시는 강요자의 판단기준에 관하여, (1) 다른 사업자에게 그 의사에 반하여 당해 부당한 공동행위에 참여하도록 하기 위하여 또는 이를 중단하지 못하도록 하기 위하여 폭행 또는 협박 등을 가하였는지 여부, (2) 다른 사업자에게 그 의사에 반하여 당해 부당한 공동행위에 참여하도록 하기 위하여 또는 이를 중단하지 못하도록 하기 위하여 당해 시장에서 정상적인 사업활동이 곤란할 정도의 압력 또는 제재를 가하였는지 여부를 종합적으로 고려하여 판단한다고 규정하고 있고(동 고시 제6조의2), 부당한 공동행위를 반복한 경우에 관하여 법 제40조 제1항을 위반하여 시정조치와 과징금 납부명령을 받은 자가 시정조치를 받은 날로부터 5년 이내에 다시 당해 시정조치에 위반되는 부당한 공동행위를 한 경우라고 규정하고 있다(동 고시 제6조의3).

또한 법 제40조 제1항을 위반하는 부당한 공동행위를 하고 법 제44조 제1항에 따라 시정조치 또는 과징금을 감경 또는 면제 받은 자가 그 감경 또는 면제받은 날부터 5년 이내에 새롭게 법 제40조 제1항을 위반하는 부당한 공동행위를 하는 경우에는 다시 법 제44조 제1항에 따라 감면 또는 면제를 하지 아니한다(법 제44조 제2항).

그 밖에도 2020년 법 전부 개정으로 자진신고자 등의 진술번복을 이유로 한 감면취소 제도가 도입되었다. 즉, 자진신고 등으로 시정조치나 과징금을 감경 또는 면제받은 자가 공정거래위원회가 그 부당한 공동행위와 관련하여 내린 처분에 대해 불복하여 제기된 재판에서 (1) 공정거래위원회의 조사 등의 과정에서 한 진술이나 제출했던 자료의 중요한 내용을 전부 또는 일부 부정하는 경우, (2) 공정거래위원회

206) 이는 2005년 법 시행령 개정 당시 자진신고 감면제도의 활성화를 위하여 종전에 감면요건으로 규정하였던 '주도·강요자가 아닐 것'이라는 요건을 삭제하였으나, 관련 조항의 집행과정에서 법 위반행위를 강요한 주요 사업자가 자진신고를 하였다는 이유로 시정조치 등을 감면받는 부당한 결과가 초래될 수 있다는 지적에 따라 2007년 법 시행령 개정으로 다시 강요자를 감면대상에서 배제하도록 규정한 것이다. 이에 반하여 '주도자'는 여전히 감면대상에서 배제되지 않았는데, 이는 '주도'의 개념이 가지는 불명확성과 입증곤란 등 실무상 난점 때문이었다. 한편, 대법원은 구 '공동행위 신고자 등에 대한 감면제도 운영지침'상 '주도적 역할'의 개념을 "다른 사업자를 설득·종용하거나 거부하기 어렵도록 회유함으로써 공동으로 당해 행위에 나아가도록 이끄는 역할을 말하는 것"이라고 하였다(대법원 2010. 3. 11. 선고 2008두15169 판결).

의 조사 등의 과정에서 진술한 내용이나 제출했던 자료가 거짓인 것으로 밝혀진 경우, (3) 정당한 이유 없이 공동행위 사실에 대한 진술을 하지 않는 경우, 또는 (4) 정당한 이유 없이 출석하지 않는 경우에는 시정조치나 과징금의 감경 또는 면제를 취소할 수 있다(법 제44조 제3항, 법 시행령 제51조 제3항 및 자진신고자 감면고시 제15조).

마지막으로 자진신고자 감면고시는 종래 실무상 논란이 되었던 '감면신청 순위의 승계'에 관하여 다음과 같이 규정하고 있다. 즉, 2인 이상의 감면신청이 있는 경우 그 중 선순위 신청인이 감면신청의 취하나 감면요건의 불충족 또는 감면배제 사유에 해당하여 그 지위가 인정되지 않는 경우에 그 다음 순위 신청인이 선순위 신청인의 접수 순서를 승계한다(동 고시 제12조 제4항). 그러나 1순위 신청인의 신청 시점에 공정거래위원회가 공동행위를 입증하는 데 충분한 증거를 확보하지 못하였으나 2순위 신청인의 신청 시점에는 이미 그 증거를 확보한 상태였다면 1순위 신청인이 감면요건 불충족 등의 사유로 그 지위가 인정되지 않는 경우에는 2순위 신청인은 1순위를 승계하지 아니하고 2순위 신청인의 지위를 유지한다(동 조 제5항). 그 취지는 법령상 2순위 자진신고자 등의 요건을 충족한 신청인이 1순위 신청인이 감면요건 불충족 등의 사유로 그 지위가 인정되지 않아서 1순위 신청인의 지위를 자동적으로 승계할 경우에는, 그간 1순위 신청인이 부당한 공동행위에 관한 증거를 제공함으로써 1순위 자진신고자 등의 요건 중 '공정거래위원회가 부당한 공동행위임을 입증하는 증거를 충분히 확보하지 못하였을 것'(법 시행령 제51조 제1항 제1호 나목 또는 동 항 제2호 가목) 요건을 충족하지 못하여 1순위 자진신고자 등으로서 감면을 받지 못하는 것은 물론이고 2순위 자진신고자 등으로서도 감면을 받지 못하게 되는 불합리한 결과가 발생하는 것을 막기 위한 것이다.

〔연 혁〕

자진신고자 감면고시는 2005년 제정된 이래 그 집행과정에서 제기된 문제점을 보완하고 판례 법리를 반영하기 위해 지속적으로 개정되었다. 먼저, 2006년 개정으로 구두 감면신청을 허용하고 공정거래위원회가 이미 일부 증거를 확보한 경우에 이루어진 감면신청에 대해서도 과징금을 면제할 수 있도록 규정하였고(공정거래위원회 고시 제2006-7호, 2006. 7. 1. 개정), 다시 2007년 개정으로 공동행위의 입증에 필요한 증거, 성실한 조사협조의 내용 및 강요의 판단기준을 구체화하고 감면제도가 적용되지 않는 조사협력자에 대한 과징금 감경비율을 상향 조정하였으며(공정거래위원회 고시 제2007-13호, 2007. 12. 27. 개정), 또 다시 2009년 개정으로 계열회사 등 둘 이상의 사업자가 공동으로 감면을 신청하더라도 단독으로 신청한 것으로 보는 경우 등을 새로이 규정하였다(공정거래위원회 고시 제2009-9호, 2009. 5. 19. 개정). 또한 2011년 개정으로 자진신고 지위확인의 취소사유를 명확하게 규정하고 제출해야 할 자료의 종류 및 범위를 확대하고 국제카르텔에 대한 자료보정기한을 연장하는 등 관련된 절차를 대폭 보완하였고(공정거래위원회 고시 제2011-6호, 2011. 7. 20. 개정), 다시 2012년 개정으로 법 시행령상 감면배제사유인 '반복적으로 위반한 경우'를 구체적으로 규정하였다(공정거래위원회 고시 제2011-11호, 2012. 1. 3. 개정). 그 후 특히 2015년 개정으로 자진신고자 등에 대한 감면절차에 대폭적인 변화가 있었는데 종전에 사무처장이 행하던 잠정적인 지위확인제도를 폐지한 것 이외에, 법 시행령상 감면배제사유인 '2개 사업자가 부당한 공동행위에 참여하였는지 여부' 및 '1순위 자진신고 또는 조사협조가 있은 날부터 2년이 경과하여 자진신고하거나 조사협조한 경우인지 여부'를 판단하는 기준시점을 규정하고 '공동행위의 입증에 필요한 증거'에 관한 규정을 보완하였고(공정거래위원회 고시 제2014-19호, 2015. 1. 2. 개정), 다시 2016년 개정으로 소속 임직원이 심판정에 출석하도록 최선을 다하였는지를 여부를 '성실하게 협조하였는지' 여부를 판단하기 위한 고려요소로 포함시키고 감면신청 및 행위사실을 제3자에게 누설한 경우 성실하게 협조하지 않은 것으로 간주하도록 규정하였으며(공정거래위원회 고시 제2016-3호, 2016. 4. 15. 개정), 또 다시 2017년 개정으로 접수순위의 승계 요건을 명확하게 정하고 감면신청의 접수 시점을 세부적으로 규정하였다(공정거래위원회 고시 제2017-20호, 2017. 11. 14. 개정). 그 후 2021년 개정으로 1순위 자진신고자의 감면신청이 기각되는 경우 2순위 자진신고자가 1순위 요건을 충족하지 못하는 경우 1순위를 자동승계하지 않고 2순위자로서 감면을 받을 수 있도록 하고 추가감면제도 관련 규정을 명확하게 정하고 자진신고 보정제도의 악용을 막기 위해 보정범위를 제한하였다(공정거래위원회 고시 제2021-72호, 2021. 6. 10. 개정). 마지막으로 2021년 12월 개정으로 자진신고자 감면고시의 규정체계를 전부 개정된 법 및 법 시행령에 맞추었다(공정거래위원회 고시 제2021-36호, 2021. 12. 28. 개정).

2. 관련 판결례

근래 사업자들이 자진신고자 감면제도를 활발하게 이용함에 따라 실무상 동 제도의 운영과 관련된 다양한 쟁점들이 제기되었다. 예컨대, 굴삭기제조사들의 부당한 공동행위 사건에서 구법 시행령(2005. 3. 31. 개정되기 전의 것)에 따라 공정거래위원회의 조사가 개시된 이후에 그에 대한 협조자로서 과징금을 50% 이상 감경 받기 위해서는 '공정거래위원회가 부당한 공동행위임을 입증하는 데 필요한 증거를 충분히 확보하지 못한 상태'에서 이에 필요한 증거를 제공해야 하는데, 이 요건의 충족 여부가 다투어졌다. 관련 행정소송 상고심에서 대법원은 원고가 조사에 협조하기 전에 공정거래위원회가 이미 확보하고 있던 서류들은 '가격'에 대한 언급이나 가격 관련 공동행위에 참여하였다는 언급이 전혀 없어서 이들만으로는 이들 사이에 언제 어떠한 조건으로 가격합의가 성립되었는지를 알기 어려우므로 단지 부당한 공동행위의 단서에 관한 기초자료에 불과한데 반하여, 원고가 제출한 것은 각 가격인상 시점별로 일시, 장소, 주체, 객체 등에 관한 상세한 진술과 각 가격인상과 관련한 구체적인 논의내용이 명기된 자료로서 위 기초자료에 더하여 이 사건 부당한 공동행위를 입증하는 데 필요한 최초의 증거가 될 수 있다고 판시하였다.[207)]

한편, 공공분야 전용회선 입찰담합 사건 관련 행정소송에서 서울고법은 조사협조자 감면제도의 취지에 비추어 보면, 이 사건 공동행위 전부가 빠짐없이 증명되어야만 감면배제요건인 필요한 증거를 충분히 확보한 경우에 해당한다고 할 수는 없고 공동행위의 핵심적이고 중요한 내용에 관한 증거를 확보하였는지 여부에 따라 판단하여야 하는데, 특정 참여사업자의 들러리 입찰 참여 여부는 이 사건 공동행위의 구도는 파악하는 데 중요한 요소에 해당하는 것으로 볼 수 없고 이에 관한 증거 확보 여부는 공정거래위원회가 이 사건 공동행위 입증에 필요한 증거를 충분히 확보하였는지 여부에 관한 판단에 영향을 주는 것이라고 할 수 없다고 판시하였다.[208)]

또한 '부당한 공동행위임을 입증하는 데 필요한 증거'에 해당하는지에 관하여, 위 굴삭기제조사들의 부당한 공동행위 사건 관련 행정소송 상고심에서 대법원은 구법 시행령상 '부당한 공동행위임을 입증하는 데 필요한 증거'라 함은 부당한 공동행위를 직접적 또는 간접적으로 입증할 수 있는 증거를 의미하므로 문서 이외에 진술도 포함된다고 하면서, 원고의 직원이 이 사건 부당한 공동행위에 대하여 구두 진술을 통해 조사에 협조한 사실이 있으므로 동법 시행령상 증거의 제출순서 등에 관하여 아무런 제한이 없는 이상 이들에 대해서도 기타의 요건 충족 여부를 따져서 과징금 등을 감경해야 한다고 판시하였다.[209)]

그 후 대구시 죽곡 2지구 입찰담합 사건에서도 2순위 조사협조자가 직접증거를 제출하지 않고 기술(記述)자료와 함께 제출한 진술서 등의 추가자료가 공동행위의 입증에 필요한 증거에 해당하는지 여부가 다투어졌다. 관련 행정소송 상고심에서

---

207) 대법원 2008. 9. 25. 선고 2007두12699 판결. 또한 GS건설 발주 통신공사 입찰담합 사건에서도 서울고법은 공정거래위원회가 원고의 감면신청 이전에 확보한 자료만으로는 참여사업자 중 한 사업자의 요청에 다른 사업자들이 응하여 합의가 성립하였는지 여부, 그 합의 성립의 구체적인 경위, 그 합의의 성립을 뒷받침할 만한 합의 조건이나 실행방법, 이 사건 공동행위에 원고가 가담한 경위 내지 동기, 실제 입찰내역과 결과 등을 확인할 수 없었으므로 공동행위의 존재를 의심하게 할 만한 단서가 되는 기초자료에 불과하다고 하였고(서울고법 2019. 8. 28. 선고 2018누73975 판결), 상고심에서 대법원은 심리불속행 사유에 해당한다는 이유로 상고를 기각하였다(대법원 2019. 12. 27. 선고 2019두54504 판결).

208) 서울고법 2020. 8. 20. 선고 2019누55189 판결.

209) 대법원 2008. 9. 25. 선고 2007두3756 판결 및 대법원 2008. 10. 23. 선고 2007두2920 판결 등.

대법원은 부당한 공동행위의 입증에 필요한 증거로서 기술자료를 제출하였을 경우 그와 함께 제출해야 하는 추가자료에는 확인서나 진술서 등 당해 공동행위 관련자들의 진술을 담은 서류 등도 포함되고, 이미 다른 자진신고자 등에 의하여 제출된 증거들의 증명력을 높이거나 조사단계에서 밝혀진 사실관계의 진실성을 담보하는 데 이바지하는 증거들도 모두 포함되므로, 추가자료가 부당한 공동행위를 증명하는 협약서 등 물증이 아니라 관련자의 진술 등 진술증거일 뿐이어서 결국 기술자료에서 육하원칙에 따라 이미 제시된 내용을 확인하거나 보강하는 데 지나지 않는다고 하더라도 그 이유만으로 당연히 추가자료의 적격성이 배제된다고 볼 수 없고, 단순한 진술증거나 기존 자료에 대한 보강증거라고 하더라도 과징금 등 부과의 원인사실에 대한 증명자료로서의 가치가 없다고 쉽게 단정할 수 없다고 판시하였다.[210)]

그 밖에도 자진신고자 또는 조사협조자로서 과징금 등을 감면받기 위해서는 조사가 끝날 때까지 '성실협조 의무'를 지는데, 다양한 사실관계에 비추어 성실협조 의무를 위반한 것으로 볼 수 있는지 여부가 다투어졌다. 먼저, 2개 산업용 화약제조사들의 부당한 공동행위 사건에서 자진신고 이전에 공동행위 관련 자료가 저장되어 있는 PC를 포맷하는 등 증거인멸 행위를 한 경우에 이를 근거로 2순위 조사협조자의 성실협조 의무를 불이행한 것으로 볼 수 있는지 여부가 다투어졌다.

관련 행정소송 상고심에서 대법원은 성실협조 의무는 원칙적으로 자진신고 시점 또는 조사에 협조하기 시작한 시점부터 발생한다고 봄이 논리상 당연하고 자진신고자 등이 위반행위와 관련된 사실을 모두 진술하고 관련 자료를 제출해야 함을 당연한 전제로 하는데, 증거인멸 행위 등이 자진신고나 조사협조 개시 이전에 이루어졌다고 하더라도 이는 공정거래위원회에 제출될 자료나 진술할 내용에 영향을 미치게 되고 특별한 사정이 없는 한 자진신고 또는 조사협조 행위의 성실성 여하에도 영향을 미칠 수밖에 없으므로, 자진신고 또는 조사협조 이전에 이루어진 증거인멸 행위 등으로 인하여 자진신고 또는 조사협조 개시 시점에 불충분한 증거를 제출한 것으로 평가할 수 있다면 자진신고 또는 조사협조 그 자체가 불성실한 것으로 판단될 수 있다고 설시하고, 이 사건 원고의 직원이 공동행위 관련 증거인멸 행위 등을 한 것은 향후 가까운 시일 내에 조사협조를 할지 구체적으로 고려할 수밖에 없는 시점에서 이루어졌고 이후 근접한 시기에 실제로 원고의 자진신고가 있었으며, 나

---

210) 대법원 2013. 5. 23. 선고 2012두8724 판결. 동 판결이 내려진 후 공정거래위원회는 자진신고자 감면고시를 개정하여 공동행위의 입증에 필요한 증거로서 "관련 사실을 입증할 수 있는 구체적인 자료가 없는 경우라도 진술서 등 신청사실을 충분히 인정할 수 있는 자료"를 추가하였다(동 고시 제4조 제1항 제3호).

아가 그 증거인멸 행위 등으로 인하여 자진신고를 하면서 불충분한 증거를 제출한 것으로 볼 수 있어서 자진신고 또는 조사협조 행위 그 자체가 불성실한 것으로 평가될 수 있으므로 원고가 '이 사건 공동행위와 관련된 사실을 모두 진술하고 관련 증거를 제출하는 등 조사가 끝날 때까지 성실하게 협조한 것'으로 보기 어렵다고 판시하였다.[211)]

또한 BCTC 건설공사 입찰담합 사건에서 자진신고자가 공정거래위원회의 조사가 종료되어 피조사인들에게 심사보고서가 송부되기 전에 다른 피조사인에게 감면신청 사실을 누설한 경우에 이를 근거로 성실협조 의무를 위반한 것으로 볼 수 있는지 여부가 다투어졌다. 관련 행정소송 상고심에서 대법원은 심사보고서가 송부되기 전에 자진신고자가 다른 사람에게 감면신청 사실을 누설하면 이를 알게 된 담합 가담자들은 공정거래위원회의 조사에 대한 대응방안을 보다 쉽게 수립할 수 있게 되고, 경우에 따라 관련 증거를 은닉·변조하거나 자진신고 자체를 담합할 여지가 생기게 되므로 공정거래위원회의 실효적 조사에 대한 방해요인으로 작용할 수 있게 되고, 그에 따라 담합 가담자 사이에 불신구조를 형성함으로써 담합의 형성·유지를 어렵게 하려는 자진신고 제도의 도입 취지를 몰각시키는 결과를 가져올 수 있다고 설시하고, 자진신고자 등의 지위 인정은 조사협조 과정에 대한 종합적인 판단에 따라 이루어질 수밖에 없고 자진신고자 등의 성실협조 의무는 감면제도의 남용을 방지하는 효과가 있으므로, 성실협조 의무 위반으로 볼 수 있는 사정이 일부 있을 때 종국적으로 성실협조 의무 위반으로 자진신고자 등의 지위를 부인할지 여부에 대해서는 공정거래위원회에 일정한 재량이 인정되고 감면고시가 다수의 고려요소 중 하나로 규정하고 있는 감면신청 사실 누설행위가 존재한다는 사정을 중요한 고려요소로 보아 성실협조 의무를 위반한 것으로 인정할 수 있다고 판시하였다.[212)]

나아가 최근 2순위 조사협조자의 감면요건에 관한 주목할 만한 대법원의 판시가 내려졌다. 즉, 법 시행령은 1순위 조사협조자의 감면요건 중 하나로서 '공정거래위원회가 부당한 공동행위임을 입증하는 증거를 충분히 확보하지 못하였을 것'(법 시행령 제51조 제1항 제2호 가목)을 규정하고 있지만 2순위 조사협조자에 대하여는 그와 같은 감면요건을 규정하고 있지 않는데, 1순위 신청인의 신청 시점에 이미 공정거래위원회가 외부자의 제보에 따라 부당한 공동행위임을 입증하는 증거를 충분히 확보하였을 경우에 해당 사업자에게 1순위 조사협조자의 지위를 인정할 수 없음은 규

211) 대법원 2018. 7. 11. 선고 2016두46458 판결.

212) 대법원 2018. 7. 26. 선고 2016두45783 판결. 동일한 취지의 판결로서 대법원 2018. 7. 26. 선고 2016두48010 판결 참고.

정상 당연하지만 2순위 조사협조자의 지위도 인정할 수 없는지 여부가 민간발주사연도 및 건식에어덕트 공사 입찰담합 사건에서 다투어졌다.

관련 행정소송 상고심에서 대법원은 자진신고자 등 감면제도의 취지와 목적에 비추어 보면, 공정거래위원회가 이미 부당한 공동행위에 대한 정보를 입수하고 이를 증명하는 데 필요한 증거를 충분히 확보한 이후에는 조사협조자가 성립할 수 없고 이는 1순위는 물론이고 2순위의 경우에도 마찬가지라고 전제하고, 법 시행령이 1순위와 2순위 조사협조자를 구분하여 규정하고 있으나 이는 '최초로 증거를 제공한 자'뿐만 아니라 '두 번째로 증거를 제공한 자'까지 감면을 허용하고자 하는 취지일 뿐, 이로써 1순위와 관계없는 별개의 독립적인 2순위라는 지위가 만들어져 1순위 조사협조자가 없는데도 2순위 조사협조자가 성립할 수 있게 되는 것은 아니라고 판시하였다.[213] 나아가 구법 시행령 제35조 제1항 제3호는 2순위 조사협조자에 관하여 1순위 조사협조자와는 달리 '공정거래위위원회가 부당한 공동행위임을 증명하는 데 필요한 증거를 충분히 확보하였을 것'이라는 요건을 규정하고 있지 않지만, 이는 공정거래위원회가 1순위 조사협조자의 증거 제공으로 필요한 증거를 충분히 확보한 경우에는 예외를 인정하여 2순위 조사협조자도 성립할 수 있도록 함으로써 신고나 담합의 와해를 유도하고 추가적인 증거의 확보를 용이하게 하기 위한 것이라고 설시하였다.[214]

마지막으로 엘리베이터제조사들의 입찰담합 사건에서 자진신고자 등에 대하여 과징금을 감면하는 구체적인 방법이 다투어졌다. 이 사건에서 공정거래위원회는 각 사업자들에 대하여 과징금을 산정하면서 2순위로 감면신청을 한 사업자에 대하여, 먼저 자진신고를 이유로 한 감면을 적용한 다음, 그 과징금액이 법상 한도액을 초과하자 그 한도액을 과징금으로 부과하였다. 그러나 관련 행정소송 상고심에서 대법원은 법령상 관련 조문의 체계, 자진신고자 감면제도의 취지 및 침익적 제재규정에 대한 엄격해석의 원칙 등에 비추어 볼 때, 자진신고자에 대하여 과징금을 감경할 때에는 먼저 법상 한도액을 초과하지 않는 범위 안에서 과징금을 산정한 다음, 그와 같이 산정된 과징금을 감경 또는 면제하여야 한다고 판시하였다.[215]

---

213) 대법원 2020. 10. 29. 선고 2017두54746 판결. 이 사건 원심에서 서울고법은 원고가 부당한 공동행위임을 증명하는 데 필요한 증거를 제공하였으나 이미 공정거래위원회가 부당한 공동행위임을 증명하는 데 필요한 증거를 충분히 확보한 상태였다면 1순위 조사협조자가 될 수는 없다고 하더라도 2순위 조사협조자는 될 수 있다고 판시하였으나(서울고법 2017. 7. 6. 선고 2017누31431 판결), 동 판결로 파기되었다.

214) 같은 판결.

215) 대법원 2010. 1. 14. 선고 2009두15043 판결.

3. 관련문제 : 공동 자진신고 및 자진신고의 효력 범위

실무상 자진신고의 구체적 절차 및 범위에 관한 쟁점들이 상당수 제기되었다. 먼저, 공동행위에 참여한 2 이상의 사업자들이 공동으로 자진신고를 할 수 있는지 여부가 다투어졌다. 자진신고는 원칙적으로 단독으로 해야 하지만 법 시행령은 예외적으로 "그 부당한 공동행위에 참여한 둘 이상의 사업자가 공동으로 증거를 제공하는 경우에도 이들이 실질적으로 지배관계에 있는 계열회사이거나 회사의 분할 또는 영업양도의 당사회사로서 공정거래위원회가 정하여 고시하는 요건에 해당하면 단독으로 제공한 것으로 본다."라고 규정하고 있다(법 시행령 제51조 제1항 제1호 가목 괄호). 또한 자진신고자 감면고시는 '실질적 지배관계'는 감면신청시 사업자가 다른 사업자의 주식을 모두 소유한 경우 또는 주식소유비율, 당해 사업자의 인식, 임원겸임 여부, 회계 등의 통합 여부, 일상적 지시 여부, 판매조건 등에 대한 독자적 결정 가능성, 사안의 성격 등 제반사정을 고려할 때 이들이 상호 독립적으로 운영된다고 볼 수 없는 경우(다만, 관련시장 현황, 경쟁사업자의 인식, 당해 사업자의 활동 등을 고려할 때 경쟁관계에 있다고 인정되는 경우는 제외함)를 말하고(동 고시 제4조의2 제1항), 공동으로 증거를 제공하는 사업자가 분할 또는 영업양도 당사회사인 경우 그들이 함께 당해 공동행위에 참여한 사실이 없어야 한다고 규정하고 있다(동 조 제2항).

실제로 엘리베이터제조사들의 입찰담합 사건에서 담합에 참여한 두 사업자 상호 간에 엘리베이터부문의 영업양수도가 이루어졌고 그 중 한 사업자가 자진신고를 하였는데, 이를 양 사업자가 공동으로 자진신고한 것으로 인정할 수 있는지 여부가 다투어졌다. 관련 행정소송 상고심에서 대법원은 공동의 자진신고가 허용되는 경우는 구법 시행령 및 구 고시의 규정에 따라서 2 이상의 사업자가 실질적으로 지배관계에 있는 계열회사이거나 회사의 분할 또는 영업양도의 당사회사로서 그들이 함께 당해 공동행위에 참여한 사실이 없는 경우 등과 같이 공동의 자진신고를 허용하더라도 감면제도의 취지에 어긋나지 않는다고 볼 만한 사정이 있는 경우라고 전제하고, 문제가 된 두 사업자들은 영업양도의 당사회사이지만 영업양도 이전까지 두 건의 부당한 공동행위에 함께 참여하여 신고 우선순위에 이해관계가 대립되는 지위에 있고, 양 사업자 사이에 실질적 지배관계가 인정되거나 이해관계가 일치한다고 볼 수도 없으므로 공동의 자진신고를 인정할 수 없다고 판시하였다.[216)]

또한 6개 LPG 사업자들의 부당한 공동행위 사건에서 계열회사 관계에 있는 2

---

216) 대법원 2010. 9. 9. 선고 2010두2584 판결.

개 사업자가 구법 시행령 규정상 '실질적 지배관계에 있는 계열회사'에 해당한다고 주장하면서 공동으로 감면신청을 하였으나, 공정거래위원회는 이를 인정하지 않고, 다만 각각 1순위 및 2순위 조사협조자의 지위를 인정하였다.[217] 관련 행정소송 상고심에서 대법원은 관련 법령의 내용과 공동 자진신고제도의 취지에 비추어 볼 때, '실질적 지배관계'에 있다고 함은 둘 이상의 사업자 간에 한 사업자가 나머지 사업자들을 실질적으로 지배하여 나머지 사업자들에게 의사결정의 자율성 및 독자성이 없고 각 사업자들이 독립적으로 운영된다고 볼 수 없는 경우를 뜻하는 것으로 한정하여 해석해야 한다고 하면서, 각 사업자들 간 주식지분 소유의 정도, 의사결정에서 영향력의 행사 정도 및 방식, 경영상 일상적인 지시 여부, 임원겸임 여부 및 정도, 당해 사업자들의 상호관계에 관한 인식, 회계의 통합 여부, 사업영역·방식 등에 대한 독자적 결정 가능성, 공동 감면신청에 이르게 된 경위 등 여러 사정을 종합적으로 고려할 때, 이 사건 원고와 공동 감면신청인은 상호 독립적으로 운영되고 있어서 실질적 지배관계가 인정되지 아니한다고 하였다.[218]

그 후 8개 고밀도폴리에틸렌 제조사들의 부당한 공동행위 사건에서도 가담사업자 중 호남석유화학의 자진신고가 다른 가담사업자인 씨텍과 공동으로 이루어진 것인지 여부가 다투어졌다. 관련 행정소송 상고심에서 대법원은 위 6개 LPG 사업자들의 부당한 공동행위 사건 판결에서 제시한 판단 기준을 원용한 후, 호남석유화학과 엘지화학은 원고 씨텍의 사업부 분할 전 법인인 현대석유화학의 지분 50%씩을 각각 인수하고 각자 동등한 권리의무를 보유하고 동등하게 원고의 이사를 선임할 수 있으며, 호남석유화학이 엘지화학 측과의 협의 없이 독자적으로 원고 사업에 대한 의사결정을 할 수 있게 되었음이 입증되지 않으므로 호남석유화학과 원고 간에 실질적 지배관계를 인정할 수 없으므로 원고에 대하여 호남석유화학과 같은 감면율을 적용할 수는 없다고 판시하였다.[219]

한편, 합성수지제조사들의 부당한 공동행위 사건에서 장기간에 걸친 일련의 합의를 하나의 부당한 공동행위로 볼 수 있을 때 도중에 가담한 사업자가 자진신고를

217) 공정거래위원회 의결 제2010-45호 및 제2010-46호, 2010. 4. 23.

218) 대법원 2015. 9. 24. 선고 2012두13962 판결.

219) 대법원 2016. 10. 27. 선고 2014두633 판결. 또한 대법원은 자진신고자가 자진신고를 하면서 자신이 지배하는 회사에 대하여도 대리하여 자진신고한다는 사실을 명기하지 않았다고 하더라도, 그 회사에 대한 과징금도 감면받기 위해 자진신고할 필요성이 인정되고 그 회사 역시 자진신고의 효과를 자신에게 귀속시키려는 의사가 인정되는 등 그 회사의 부당한 공동행위에 대해서도 자진신고하였다고 볼 수 있는 사정이 충분히 나타난 경우에는 그 회사에 대하여도 대리에 의한 자진신고를 인정할 수 있다고 하였다(대법원 2013. 7. 25. 선고 2012두29042 판결).

한 경우에 그 효력이 당해 부당한 공동행위 전체에 미치는지, 아니면 자신이 가담한 이후의 공동행위에 대해서만 미치고 그 이전의 공동행위에 대해서는 별도로 자진신고자의 지위를 판단하여야 하는지 여부가 다투어졌다. 관련 행정소송 상고심에서 대법원은 자진신고자 감면제도의 취지에 비추어 볼 때, 사업자들의 장기간에 걸친 일련의 합의를 전체적으로 하나의 부당한 공동행위로 볼 수 있는 경우에는 부당한 공동행위의 입증에 필요한 증거를 최초로 제공한 사업자만이 그 참여시기와 관계없이 당해 부당한 공동행위 전체에 대하여 자진신고자의 지위가 인정되고, 그 후 다른 사업자가 최초 자진신고자인 사업자가 가담하지 아니한 기간에 해당하는 부당한 공동행위에 대하여 조사에 협조하였다고 하더라도 그 일부 기간에 대해서만 별도의 최초 조사협조자로서의 지위를 획득한다고 볼 수 없다고 판시하였다.220)

■ 토의 과제

1 독점규제법상 자진신고자 감면제도는 미국의 경우와는 달리 사업자에 대한 감면제도 이외에 임직원 개인에 대한 감면제도를 별도로 인정하지 않는다. 이러한 제도적 차이가 실제 감면제도의 운영에 어떠한 영향을 미칠 수 있는지 생각해 보시오.

2 독점규제법은 광범위한 법 위반행위에 대하여 형사벌칙을 규정하고 있고(법 제124조부터 법 제126조까지 참고), 이 중 부당한 공동행위를 포함한 중요한 유형의 법 위반행위에 대하여 공소를 제기하기 위해서는 공정거래위원회의 고발이 있어야 한다(법 제129조 제1항). 그런데 부당한 공동행위에 참여한 사업자가 자진신고 등을 할 경우에는 시정조치나 과징금 납부명령 등의 행정제재 이외에 형사고발까지 감면할 수 있는데(법 제44조 제1항), 자진신고자 등에 대한 고발 면제가 가지는 장점과 단점을 생각해 보시오.

220) 대법원 2011. 6. 30. 선고 2010두28915 판결 및 대법원 2011. 9. 8. 선고 2009두15005 판결. 동일한 취지의 판결로서 대법원 2015. 2. 12. 선고 2013두987 판결, 서울고법 2016. 5. 13. 선고 2015누38148 판결 등 참고.

제 6 장 불공정거래행위 및 재판매가격유지행위의 금지

Ⅰ. 개 설

독점규제법은 제6장에서 불공정거래행위의 금지(법 제45조)와 재판매가격유지행위의 금지(법 제46조) 및 특수관계인에 대한 부당한 이익제공 등 금지(법 제47조)를 규정하고 있다. 그런데 재판매가격유지행위는 아래에서 설명하는 바와 같이 그 성격상 불공정거래행위에 준하는 것으로 이해되는데 반하여, 1996년 법 개정으로 불공정거래행위의 한 유형으로 추가된 부당한 지원행위(법 제45조 제1항 제9호)는 다른 유형의 불공정거래행위와는 매우 차별적이고, 오히려 2013년 법 개정으로 신설된 특수관계인에 대한 부당한 이익제공 등 금지는 외형상 그 금지행위의 범위가 부당한 지원행위의 경우와 대부분 중첩될 뿐만 아니라 그 입법 취지 역시 부당한 지원행위의 법집행과정에서 제기된 규제상 공백을 메우기 위한 것이었다. 따라서 이 장에서는 부당한 지원행위를 제외한 나머지 유형의 불공정거래행위의 금지와 재판매가격유지행위의 금지에 관하여 살펴보고, 제7장에서 불공정거래행위의 금지와 특수관계인에 대한 부당한 이익제공 등 금지에 관하여 함께 살펴보기로 한다.

먼저, 불공정거래행위와 관련하여 법 제45조 제1항은 본문에서 사업자의 “공정한 거래를 해칠 우려가 있는 행위”를 금지하고, 동 항 각 호에서 (1) 거래거절, (2) 차별적 취급, (3) 경쟁사업자 배제, (4) 부당한 고객유인, (5) 거래강제, (6) 거래상 지위의 남용, (7) 구속조건부거래, (8) 사업활동 방해, (9) 부당한 지원행위, (10) 그 밖의 행위로서 공정한 거래를 해칠 우려가 있는 행위 등 10가지 유형의 불공정거래행위를 열거하고 있다. 또한 동 조 제3항은 불공정거래행위의 유형 또는 기준을 대통령령으로 정하도록 규정하고 있고, 이에 따라 법 시행령 제52조 관련 [별표 2]는 법 제45조 제1항 각 호가 규정하고 있는 각 유형의 불공정거래행위에 대하여 그 세부유형 및 기준을 구체적으로 규정하고 있다.

나아가 법 제45조 제4항은 공정거래위원회가 불공정거래행위를 예방하기 위해 필요한 경우 사업자가 준수해야 할 지침을 제정 · 고시할 수 있다고 규정하고 있고, 법 시행령 [별표 2] 비고는 공정거래위원회는 효율적인 법집행을 위해 필요하다고 인정하는 경우에는 불공정거래행위의 세부 유형 또는 기준을 정하여 고시할 수 있다고 규정하고 있는데, 이에 따라 현재 공정거래위원회는 '병행수입에 있어서의 불공정거래행위의 유형고시', '계속적 재판매거래 등에 있어서의 거래상 지위 남용행위 세부유형 지정고시' 및 '신문업에 있어서의 불공정거래행위 및 시장지배적지위 남용행위의 유형 및 기준'을 제정 · 고시하고 있고, 그 밖에도 '불공정거래행위 심사지침' 및 '특수형태 근로종사자에 대한 거래상 지위남용행위 심사지침' 등을 제정하여 시행하고 있다.[1)]

법상 불공정거래행위 조항의 계수 과정을 살펴보면, 동 조항은 직접적으로 일본의 '사적독점의 금지 및 공정거래의 확보에 관한 법률'(이하 '사적독점금지법'이라 함)의 예를 따른 것이고, 동법은 1947년 제정 당시 미국 연방거래위원회법(Federal Trade Commission Act, 1914) 제5조를 계수한 것으로 이해되고 있다. 미국 연방거래위원회법은 셔먼법 등의 독점금지법과 기타의 소비자보호법령을 효율적으로 집행하기 위한 독립적 행정규제위원회를 설치하기 위해 제정되었는데, 동 위원회의 집행권한의 범위를 정한 동법 제5조는 당초에는 '불공정한 경쟁방법'(unfair methods of competition)만을 위법한 것으로 규정하고 있었다. 그런데 연방거래위원회는 동 조항을 근거로 셔먼법 등의 독점금지법에 위배되는 경쟁제한행위 이외에 반드시 경쟁제한적 효과가 입증되지 않는 다양한 기만적인(deceptive) 영업행위도 경쟁자를 경쟁상 부당하게 불리한 위치에 처하게 한다는 이유로 동 조항의 규율대상에 포함되는 행위로 간주하여 법집행을 하였고, 실제로 초기 각급 연방법원의 판결도 대체로 그와 같은 법해석을 승인하였다.

그러나 그 후 FTC v. Raladam Co. 판결[2)]에서 연방대법원은 연방거래위원회법

1) 종전에는 위 고시들 이외에 (1) '표시·광고에 관한 공정거래지침', (2) '가맹사업에 있어서의 불공정거래행위의 기준', (3) '경품류제공에 관한 불공정거래행위의 유형 및 기준', (4) '대규모소매업에 있어서의 특정불공정거래행위의 유형 및 기준 지정고시'가 독점규제법에 근거를 두고 제정되어 고시된 바 있다. 그 밖에도 공정거래위원회(당초에는 경제기획원)는 1981년부터 '국제계약상의 불공정거래행위 등의 유형 및 기준'을 제정 · 고시하였으나, 2000년대 이후 사실상 집행실적이 없고, 특히 우리나라를 포함한 각국이 경쟁법의 '역외적용'(extraterritorial application)을 일반적으로 인정하게 됨에 따라 독자적인 의미가 없다는 지적에 따라 2009. 8. 20. 폐지되었고, 그 후 2016년 법 개정으로 동 고시의 법률상 근거인 '국제계약의 체결제한'(구법 제8장) 규정도 삭제되었다.

2) 283 U.S. 643 (1931). 이 사건에서 Raladam 사는 자사가 판매하는 비만치료제를 광고하면서 그것이 인체에 위험한 성분을 포함하고 있음에도 불구하고 인체에 아무런 위험이 없는 안전한 제품인 것처럼 허위광고를 하였다는 이유로 연방거래위원회로부터 시정명령을 받았다.

제5조에 따라 위법한 행위로 판단하기 위해서는 반드시 '경쟁에 대한 부정적인 영향'(adverse impact on competition)이 입증되어야 한다고 판시함으로써 경쟁에 대한 부정적인 영향이 입증되지 않는 기만적인 행위 등은 동 조항에 따라 규율할 수 없게 되었다. 그러자 1938년 연방의회는 연방거래위원회법 제5조를 좁게 해석하는 연방대법원의 Raladam 판결상의 해석을 입법적으로 변경하기 위해 Wheeler-Lea 개정법을 통하여 위 조항의 금지대상에 '불공정하거나 기만적인 행위 또는 거래관행'(unfair or deceptive acts or practices)을 포함시켰고, 그 후 연방거래위원회법 제5조는 반드시 경쟁에 대한 부정적인 영향이 입증되지 않더라도 소비자의 이익을 해치는 불공정하거나 기만적인 행위에 대하여 폭넓게 적용되어 왔다.

또한 1947년 제정된 일본 사적독점금지법 제19조는 미국 연방거래위원회법 제5조를 계수하여 '불공정한 거래방법'(법 제정 당시에는 '불공정한 경쟁방법'이었으나 1953년 개정을 통하여 변경되었음)을 금지하고 있는데, 불공정한 거래방법의 개념을 정의하고 있는 동법 제2조 제9항은 2009년 대폭 개정되기 전에는 차별적 취급, 부당염매, 부당한 고객유인·거래강제, 구속조건부거래, 우월적 지위의 남용 및 경쟁회사 내부교란행위 등 6개의 행위유형(법 제정 당시에는 5개 유형이었는데, 1953년 개정을 통하여 배타조건부거래는 법률에서 제외하여 공정거래위원회가 제정한 일반지정에 포함시키고, 대신 우월적 지위의 남용 및 경쟁회사에 대한 내부교란행위를 추가하였음)을 열거하고 있었고,[3] 우리나라 독점규제법 제45조 제1항은 종전 일본 사적독점금지법 제2조 제9항의 규정 형식과 마찬가지로 본문에서 공정한 거래를 해칠 우려가 있는 행위를 금지하고, 각 호에서 구체적인 행위 유형을 열거하고 있다.

한편, 법 제46조는 재판매가격유지행위를 원칙적으로 금지하고 동 조 각 호에

---

3) 불공정한 거래방법을 규정하고 있는 일본 사적독점금지법 제2조 제9항은 2009년 대폭적인 개편이 이루어졌는데, 우선 동 항 본문에서 종전에 모든 유형의 불공정거래방법에 공통적으로 적용되는 위법성 요건으로서 규정하고 있었던 '공정경쟁저해성'을 삭제하고 단지 다음 각 호의 하나에 해당하는 행위라고 규정하였고, 또한 불공정거래행위의 유형에 관하여 종전에는 각 호에서 열거하는 행위에 해당하는 것으로서 공정거래위원회가 지정한 것이라고 하였던 것을, 개정법은 각 호에서 일부 유형을 직접 열거하고 추가적으로 일정한 유형에 해당하는 것으로서 공정한 경쟁을 저해할 우려가 있는 것 중 공정거래위원회가 지정하는 것이라고 하였다. 즉, 개정법은 불공정거래행위의 유형으로서 각 호에서 공동의 거래거절(제한), 차별적 취급, 부당염매, 구속조건부거래, 우월적 지위의 남용을 직접 열거하고, 추가적으로 기타 공정한 경쟁을 저해할 우려가 있는 다음(차별적 취급, 부당염매, 부당한 고객유인·강제, 구속조건부거래, 거래상 지위의 남용, 경쟁자의 거래방해 및 경쟁회사에 대한 내부교란행위) 중 하나에 해당하는 행위로서 공정거래위원회가 지정한 것이라고 규정하였다. 개정법이 위와 같이 이례적인 규정 형식을 취하게 된 이유는 2009년 법 개정을 통하여 불공정거래행위 중 일부 유형에 대하여 과징금을 부과할 수 있도록 하면서 과징금 부과의 대상이 되는 불공정거래행위의 근거를 법률에 직접 규정하기 위한 것이었다.

서 재판매가격유지행위가 허용되는 예외적인 사유로서 (1) 효율성 증대로 인한 소비자후생 증대효과가 경쟁제한으로 인한 폐해보다 큰 경우 등 정당한 이유가 있는 경우와 (2) '저작권법'에 따른 저작물 중 관계 중앙행정기관의 장과의 협의를 거쳐 공정거래위원회가 고시하는 출판된 저작물(전자출판물을 포함함)인 경우를 들고 있다. 또한 법 제2조 제20호는 재판매가격유지행위의 개념을 "사업자가 상품이나 용역을 거래할 때 거래상대방인 사업자 또는 그 다음 거래단계별 사업자에 대하여 거래가격을 정하여 그 가격대로 판매 또는 제공할 것을 강제하거나 그 가격대로 판매 또는 제공하도록 그 밖의 구속조건을 붙여 거래하는 행위"라고 정의하고 있다.

각국 경쟁법의 규제대상이 되는 재판매가격유지행위(resale price maintenance)는 제조업자나 도매업자 등 '상류시장(upstream market) 사업자'가 유통업자나 소매업자 등 '하류시장(downstream market) 사업자'에 대하여 상품 등을 공급하면서 그 재판매가격을 지정하거나 일정한 수준 이상 또는 이하로 유지하도록 하는 것을 말한다. 이는 경쟁법 이론상 동일한 상표의 제품을 판매하는 사업자 간 경쟁, 즉 '상표 내 경쟁'(intrabrand competition)을 제한한다는 의미에서 소위 '상표 내 경쟁제한행위'의 일종이고, 그 중에서도 가격경쟁을 제한한다는 의미에서 '상표 내 가격경쟁제한행위'라고 한다.[4)]

독점규제법은 미국이나 일본의 경우와는 달리[5)] 재판매가격유지행위에 대하여 법 제40조의 부당한 공동행위나 법 제45조의 불공정거래행위와는 별도의 규정을 두고 있어서 그 성격에 관한 논란이 있을 수 있다. 생각건대, 재판매가격유지행위는 '강제성'이나 '구속성'을 성립요건으로 할 뿐만 아니라 독점규제법의 편제상 불공정거래행위와 같은 장(제6장)에 포함되어 있고, 또한 사업자단체의 금지행위를 규정하고 있는 법 제51조 제1항 각 호에서도 부당한 경쟁제한행위는 제1호에 규정되어 있는데 반하여 재판매가격유지행위는 불공정거래행위와 함께 제4호에 규정되어 있음을 고려하면 불공정거래행위에 준하는 것으로 보는 것이 타당할 것이다.

---

4) 상표 내 경쟁제한행위의 유형, 경제적 효과 및 미국의 학설·판례이론 등에 대해서는 이호영, "독점규제법상 상표 내 경쟁제한행위의 규제에 관한 연구", 「서울대 박사학위논문」, 2003 참고.

5) 미국이나 EU의 경우에는 재판매가격유지행위를 일반적으로 경쟁제한적 합의를 금지하는 셔먼법 제1조나 EU 기능조약 제101조 위반으로 다루고 있으며, 일본 사적독점금지법 역시 재판매가격유지행위를 별도의 법 위반행위 유형으로 규정하지는 않고, 종전에는 불공정한 거래방법의 세부 유형을 정하는 일본 공정거래위원회의 고시에서 구속조건부거래의 한 유형으로서 '재판매가격의 구속'을 규정하였다가(구 '불공정한 거래방법 지정고시' 제12항), 2009년 개정으로 법상 불공정한 거래방법의 한 유형으로 규정하였다(법 제2조 제9항 제4호). 미국 독점금지법상 재판매가격유지행위에 관한 상세한 판례이론은 아래 Ⅲ. 2. '미국 독점금지법상 재판매가격유지행위에 관한 판례 및 학설' 부분 참고.

아래에서 부당한 지원행위(법 제45조 제1항 제9호)를 제외한 불공정거래행위의 금지와 재판매가격유지행위의 금지, 그리고 공정거래위원회가 제정 · 고시한 불공정거래행위 관련 고시들의 내용을 순서대로 살펴보기로 한다.

Ⅱ. 불공정거래행위의 금지

먼저, 법상 불공정거래행위의 성립요건 중 법 제45조 제1항 본문의 "공정한 거래를 해칠 우려"(소위 '공정거래저해성') 또는 동 항 각 호의 "부당하게"의 의미와 판단기준을 살펴보고, 나아가 이와 관련된 문제로서 불공정거래행위의 세부유형과 기준을 정하고 있는 법 시행령 제52조 관련 [별표 2]는 일부 유형의 불공정거래행위에 대해서는 법 제45조 제1항 각 호의 법문과는 달리 "부당하게"라고 규정하지 않고 "정당한 이유 없이"라고 규정하고 있는데, 이를 어떻게 해석하여야 하는지, 그리고 공정거래위원회가 불공정거래행위의 유형 또는 기준에 관하여 제정하여 운용하고 있는 다수의 고시 또는 지침의 법적 효력을 살펴본 뒤에, 각 불공정거래행위의 유형에 관하여 살펴보기로 한다.

〔연 혁〕
독점규제법 제정 당시 불공정거래행위의 금지 조항은 위 10가지 불공정거래행위의 유형 중 거래거절, 사업활동 방해, 부당한 지원행위 및 기타의 불공정거래행위는 포함하고 있지 않았다가 1986년 1차 법 개정 당시 제5호에 구속조건부거래와 함께 사업활동 방해를, 1990년 2차 법 개정 당시 제1호에 차별적 취급과 함께 거래거절을, 1996년 5차 법 개정 당시 제7호에 부당한 지원행위를, 1999년 7차 법 개정 당시 제8호를 신설하여 기타의 불공정거래행위를 규정하였다. 또한 법 제정 당시부터 불공정거래행위의 유형으로 규정되었던 허위·과장광고행위는 1999년 표시·광고의 공정화에 관한 법률(법률 제5814호)이 별도로 제정됨에 따라 1999년 7차 법 개정 당시 불공정거래행위의 유형에서 제외되었다. 그 후 2014년 법 개정을 통하여 불공정거래행위와 관련하여 분쟁조정을 신청하거나 공정거래위원회에 신고한 것 등을 이유로 불이익을 주는 보복조치를 금지하는 규정(구법 제23조의3)을 신설하였고, 2020년 법 전부 개정을 통하여 불공정거래행위의 유형을 규정하는 법 제45조 제1항 각 호의 구분을 더욱 세분화하였다.

1. 공정거래저해성 및 부당성

법 제45조 제1항 본문은 불공정거래행위를 "공정한 거래를 해칠 우려가 있는 행위"라고 규정하고, 동 항 각 호는 불공정거래행위의 유형을 열거하면서 그 행위가 부당할 것, 즉 '부당하게'라고 규정하고 있는데, 이러한 '공정거래저해성' 또는 '부당성'의 의미에 관하여 종래 상당한 논의가 이루어졌다.

먼저, '공정거래저해성'에 대하여 살펴보면, 첫째, 위에서 본 바와 같이 독점규제법상 불공정거래행위는 각국의 입법례 및 입법 연혁상 단지 경쟁을 제한하는 행위만을 의미하는 것이 아니고, 둘째, 법상 기타의 금지행위 규정들을 살펴보더라도 법 제9조 제1항은 위법한 기업결합에 관하여 "일정한 거래분야에서 경쟁을 실질적으로 제한하는 행위"라고 규정하고 법 제40조 제1항은 부당한 공동행위에 관하여 "부당하게 경쟁을 제한하는"이라고 규정하고 있는 데 반하여, 법 제45조 제1항은 "공정한 거래를 해칠 우려"라고 규정하고 있고, 셋째, 동 항 각 호 및 법 시행령 [별표 2]에 열거된 불공정거래행위의 유형을 살펴보면, 부당한 지원행위, 부당한 고객유인이나 거래상 지위의 남용과 같이 그 성질상 반드시 경쟁제한성을 요구하지 않음이 명백한 행위 유형들이 다수 포함되어 있는 점에 비추어 볼 때, '공정거래저해성'이 단지 '경쟁제한성'만을 의미하는 것은 아니며 폭넓게 경쟁수단이나 거래내용의 불공정성 및 이를 통한 경쟁사업자나 거래상대방 또는 소비자 이익에 대한 부당한 침해까지 포함하는 것으로 해석해야 할 것이다.

실제로 법 제45조 제1항 본문의 '공정거래저해성'이 '경쟁제한성'보다 넓은 개념이라는 점에 대하여 학자들 사이에 이론이 없고,[6] 공정거래위원회가 제정한 '불공

---

6) 참고로 '공정거래저해성'의 의미에 대한 국내 학자들의 견해를 소개하면, 권오승 교수는 '공정한 거래'란 '공정한 경쟁'보다 넓은 개념으로서 경쟁의 수단이나 방법, 그 거래의 내용이나 조건이 부당하거나 불공정한 경우 또는 거래를 위한 교섭이나 정보제공에 있어서 상대방의 합리적인 선택을 방해하는 행위까지를 포함하는 아주 폭넓은 개념이라고 하였고(권오승 · 홍명수, 「경제법」, 제14판, 법문사, 2021, p. 314), 원용수 · 정호열 교수도 공정거래저해성은 "경쟁수단의 경쟁제한성과 거래내용의 불공정성, 그리고 소비자의 오인을 유발하는 남용성 등을 포함하는 개념"이라고 하였으며(원용수 · 정호열, 「불공정거래행위에 대한 합리적 규제방안 연구」(공정거래 위원회 연구용역보고서), 1999, pp. 124-128), 윤세리 변호사도 '공정한 거래'는 "공정한 경쟁보다 넓은 개념으로서 공정거래저해성은 경쟁수단이나 방법의 경쟁제한성과 거래내용이나 조건의 불공정성, 그리고 소비자의 오인을 유발하는 남용성 등을 포함하는 개념"이므로 "공정거래저해성과 공정경쟁저해성을 동일한 의미로 해석하는 것은 곤란"하며, 이는 "불공정거래행위를 규정한 공정거래법 제23조가 명문으로 공정한 거래를 저해할 우려를 위법성 판단기준으로 삼고 있는데다 불공정거래행위의 개별 유형에 있어 경쟁제한적 효과와는 무관한 유형이 일부 있기 때문"이라고 하였다(윤세리, "불공정거래행위 규제의 개선방향", 「공정경쟁」, 제66

정거래행위 심사지침' 역시 공정거래저해성의 의미를 경쟁제한성과 불공정성을 포함하는 개념이라고 설명하고 있다(동 지침 Ⅲ. 1. 가. (2) (나)).

불공정거래행위의 위법성 요건인 '공정거래저해성'이 '경쟁제한성'보다 넓은 개념이라는 점에는 의견이 일치되지만, 법 제45조 제1항 각 호가 불공정거래행위의 유형별로 규정하고 있는 '부당성'의 구체적 의미에 관해서는 여전히 불명확한 점이 많다. 이에 대하여 공정거래위원회의 심결례와 법원의 판례 및 대체적인 학설은 각 불공정거래행위의 유형별로 해당 행위의 성격, 거래당사자의 지위나 시장상황에 따라 개별적으로 판단하는 방식을 취하고 있다. 즉, 법상 불공정거래행위 조항은 그 규제근거가 상이한 다양한 유형의 행위들을 포함하고 있어서 모든 유형의 불공정거래행위의 부당성을 판단하는 단일한 기준을 마련할 수는 없고, 구체적으로 문제가 된 불공정거래행위의 유형별로 그 부당성을 판단하는 개별적 기준을 정립해야 된다는 것이다.[7]

실제로 종래 법원은 각 불공정거래행위 유형별로 그 부당성의 판단기준을 정립하여 왔는데, 각 유형별 부당성 판단기준은 아래에서 살펴보기로 하고, 불공정거래행위 일반의 부당성 판단기준에 관한 몇 가지 판결을 살펴보기로 한다. 먼저, 비교적 일찍이 정산실업의 불공정거래행위 사건 관련 민사소송에서 대법원은 독점규제법상 불공정거래행위에 해당하기 위해서는 '부당성'이 인정되어야 하며, 당해 행위에 대한 '정당한 이유'가 인정되면 불공정거래행위의 해당성이 조각된다고 판시함으로써 정당한 이유의 존재를 불공정거래행위 해당성의 조각사유라고 보았으며, 나아가 '정당한 이유'의 판단은 전적으로 공정한 경쟁질서 유지라는 관점에서 평가되어야 하고 단순한 사업경영상 필요 또는 거래상의 합리성 내지 필요성만으로는 '정당한 이유'가 인정되지 않는다고 하였다.[8] 이러한 대법원의 견해는 불공정거래행위의 해당성을 조각하는 '정당한 이유'의 범위를 좁게 인정하려는 입장이라고 할 수 있는데, 과연 대법원이 정당한 이유로 인정할 수 없다고 한 '사업경영상 필요 또는 거래상의 합리성 내지 필요성'의 구체적 의미가 무엇인지에 대해서는 별다른 언급을 찾을 수 없다.

호, 2001).

7) '불공정거래행위 심사지침' 역시 불공정거래행위의 위법성을 판단하는 기준을 설명하면서 법 시행령 [별표 2]에서 규정하고 있는 각 불공정거래행위의 세부유형별로 (1) 경쟁제한성 유무를 위주로 판단하는 유형, (2) 경쟁제한성 또는 경제력 집중 우려를 위주로 판단하는 유형, (3) 불공정한 경쟁수단에 해당되는지 여부를 위주로 판단하는 유형, 또는 (4) 거래내용의 공정성을 침해하거나 합리성이 없는 행위인지 여부 등을 기준으로 판단하는 유형으로 구분하고 있다(동 지침 Ⅴ).

8) 대법원 1990. 4. 10. 선고 89다카29075 판결.

그 후 한국생필체인의 불공정거래행위 사건에서 동 회사가 다수의 소매상과 가맹계약을 맺어 상품의 공동구매와 알선 및 배송을 담당하고 수수료를 받으면서, 각 가맹점에 대하여 공급하는 주류와 일반잡화의 공급비율을 일정하게 유지하고, 그 구입비율을 위반하는 가맹점에 대하여 거래를 중단하는 등의 제재를 가한 것이 문제가 되었다. 관련 행정소송에서 서울고법은 유통근대화라는 연쇄화사업의 취지와 위 회사의 설립목적 및 그 정관과 가맹규약상의 제 규정, 문제의 행위가 회사의 존립을 위해 필요할 뿐만 아니라 행정기관의 행정지도 등을 통하여 사실상 강제되고 있다는 점, 연쇄화산업의 발전과 건전한 유통질서의 확립을 위해 필요한 점 등을 이유로 그 정당성을 인정하였는데,[9] 이러한 견해는 위 정산실업 사건 대법원 판결보다는 그 정당성을 폭넓게 인정하는 입장이라고 할 수 있다.

다시 대법원은 쌍용정유의 불공정거래행위 사건에서 불공정거래행위의 '부당성'의 판단기준에 대하여 판시하였는데, 부당성이 인정되기 위해서는 우선 독점규제법의 목적에 비추어 부당한 것이어야 하고, 거래당사자의 거래상의 지위 내지 법률관계, 상대방의 선택가능성·사업규모 등의 시장상황, 그 행위의 목적 및 효과, 관련 법규의 특성 및 내용 등 여러 사정을 고려하여 그 행위가 공정하고 자유로운 경쟁을 저해할 우려가 있는지 여부를 고려하여야 한다고 판시하였다.[10] 이 판결에서 대법원이 제시한 부당성 판단기준은 그 후 각급 법원이 다양한 유형의 불공정거래행위의 부당성을 판단함에 있어서 일관되게 채용하고 있는 것으로서 현재 법원의 확립된 입장이라고 볼 수 있다.

다만, 이러한 부당성 판단기준이 정산실업 사건 판결의 판시내용과 동일한 견해라고 볼 수 있는지, 아니면 부당성을 판단함에 있어서 더욱 넓은 범위의 다양한 요소를 고려할 수 있다는 취지인지에 대하여 다툼의 여지가 있으나, 실제 대다수의 법원은 문제가 된 행위와 관련된 모든 규범적·사실적 관계를 고려한다는 점에서 후자의 견해가 법원의 태도를 보다 정확하게 이해한 것이라고 할 것이다. 예컨대, SKT의 차별적 취급 사건에서 대법원은 "불공정거래행위의 한 유형인 '계열회사를 위한 차별'의 위법성을 평가함에 있어서 단순한 사업경영상 또는 거래상의 필요성 내지 합리성이 인정된다는 사정만으로 곧 그 위법성이 부인되는 것은 아니지만, 차별적 취급의 원인이 된 사업경영상의 필요성 등은 다른 사유와 아울러 공정한 거래질서의 관점에서 평가하여 공정거래저해성의 유무를 판단함에 있어서 고려되어야

9) 서울고법 1993. 6. 24. 선고 92구20257 판결.

10) 대법원 1998. 9. 8. 선고 96누9003 판결. 동일한 취지의 판결로서 대법원 2001. 6. 12. 선고 2001두1628 판결 등 참고.

하는 요인의 하나가 될 수 있다"고 판시하였다.[11)]

2. 관련문제 1: '부당하게'와 '정당한 이유 없이'

법 제45조 제1항 각 호는 10가지 불공정거래행위의 유형을 열거하고 있는데, 제10호의 '기타 공정한 거래를 해칠 우려가 있는 행위'를 제외한 모든 유형에 대하여 그 실질적 위법성 요건으로서 '부당하게'라고 규정하고 있다. 그런데 불공정거래행위의 세부유형 및 기준을 정하고 있는 법 시행령 제52조 관련 [별표 2]는 유독 '공동의 거래거절', '계열회사를 위한 차별' 및 '계속거래상의 부당염매'에 대해서는 법률상 문언과는 달리 '정당한 이유 없이'라고 규정하고 있다. 이와 관련하여 첫째, 과연 양자의 의미가 다른 것인지, 만일 다른 것이라면 그 차이는 무엇인지, 둘째, 상위규범인 법률에서는 그 판단기준으로서 모두 "부당하게"라고 규정하고 있는 행위 유형 중 일부에 대하여 하위규범인 법 시행령에서 상이한 판단기준을 규정할 수 있는가라는 문제가 제기될 수 있다.

전자와 관련하여 법원은 양자는 당연히 다른 판단기준이라는 전제 아래 법령상 문언을 축자적으로 해석·적용하고 있다. 예컨대, 현대정보기술의 부당염매행위 사건 관련 행정소송 상고심에서 대법원은 계속거래상의 부당염매는 행위의 외형상 그에 해당하는 행위가 있으면 '정당한 이유가 없는 한' 공정한 거래를 저해할 우려가 있지만, 기타의 부당염매는 그 자체로 공정한 거래를 저해할 우려가 있다고 보기 어려우므로 '부당하게' 행하여진 경우에만 공정한 거래를 저해할 우려가 있다고 하였다.[12)]

이에 반하여 미국 독점금지법 판례이론상 정립된 당연위법의 법리(per se rule)와 합리성의 법리(rule of reason)의 구분을 원용하여 '부당하게'라는 요건이 규정된 행위에 대해서는 후자를 적용하여 당해 행위의 경쟁제한적 효과와 경쟁촉진적 효과 등을 구체적으로 평가하여 그 위법성을 판단하는 데 반하여, '정당한 이유 없이'라고 규정된 행위는 전자를 적용하여 그와 같은 평가과정을 거치지 않고 위법한 것으로 판단하여야 한다는 견해도 찾아볼 수 있는데,[13)] 이는 양자가 입증책임상의 차이가 있다는 점을 지적하는 면에서 일리가 있을 뿐 현행법상 아무런 근거가 없는 해석으

11) 대법원 2004. 12. 19. 선고 2002두12076 판결. 동 사건의 사실관계 및 기타 판시사항은 아래 4. (나) '차별적 취급' 부분 참고.

12) 대법원 2001. 6. 12. 선고 99두4686 판결.

13) 공정거래위원회, 「1997년도 공정거래백서」, 1998, p. 199 참고.

로서 수용될 수 없다.

대법원 역시 대한주택공사의 불공정거래행위 사건 관련 행정소송 상고심에서 법 시행령이 계열회사를 위한 차별에 대하여는 다른 유형의 차별과는 달리 '정당한 이유 없이'라고 규정한 취지는 계열회사를 위한 차별이 경쟁력 없는 계열회사들을 유지시켜 경제의 효율을 떨어트리고 경제력집중을 심화시킬 소지가 커서 다른 차별적 취급보다 공정한 거래를 저해할 우려가 많으므로 외형상 그러한 행위유형에 해당하면 일단 공정한 거래를 저해할 우려가 있는 것으로 보되 공정한 거래를 저해할 우려가 없다는 점에 대한 입증책임을 행위자에게 부담시키겠다는 것이라고 판시함으로써[14] 양자의 차이를 입증책임의 문제로 보았다. 그러나 구체적인 소송과정, 특히 직권주의적 요소가 강한 행정소송에서 법원은 당사자의 입증책임과 무관하게 관련 사실을 적극적으로 검토하려는 경향이 강하므로 당사자로서는 두 가지 기준의 입증책임상의 차이에도 불구하고 여전히 자신에게 유리한 증거를 모두 제출하는 것이 바람직하고, 실무의 관행 또한 그렇다고 볼 수 있다.

후자의 쟁점과 관련하여, SKT의 차별적 취급 사건에서 동 회사는 다른 주장과 함께 구법 제23조 제1항은 '공정한 거래를 저해할 우려가 있는'이라고 규정하고 있고, 동 항 제1호는 '부당하게 … 차별하여 취급하는 행위'라고 규정함으로써 그 부당성의 입증책임을 공정거래위원회에 지우고 있음에도 하위법령인 법 시행령에서 '계열회사를 위한 차별'을 규정하면서 '정당한 이유 없이'라는 표현을 사용함으로써 입증책임을 전도시키는 것은 모법의 위임한계를 넘은 것이라고 주장하였다. 그러나 관련 행정소송에서 서울고법은 "법에서는 불공정거래행위의 기준으로 '부당성'이라는 기준을 설정하여 이를 하위 법령에 위임하였고, 하위 법령인 시행령에서는 '부당성'의 정도와 종류에 따른 행위를 유형별로 규정하였음을 알 수 있는바, 행위 유형에 따라 부당성의 정도가 각각 다를 것이고 어떤 행위 유형은 그 자체로 부당성을 내포하거나 부당성의 정도가 심하여 사실상 원고가 그 정당함을 입증하지 못하는 한 부당성을 면하지 못하는 경우도 있을 수 있어 이를 유형별로 분류하여 규정한 데 불과하므로 행위 유형에 따라 원고에게 사실상 입증책임이 전환된다고 하더라도 하위 법령이 '부당성'을 기준으로 행위 유형을 규정하고 있는 한에는 모법의 위임한계를 일탈하였다고 보기는 어렵다."라고 판시하였다.[15]

14) 대법원 2001. 12. 11. 선고 2000두833 판결.

15) 서울고법 2002. 10. 10. 선고 2001누16073 판결. 상고심에서 대법원은 이 부분에 관한 별다른 판시 없이 상고를 기각하였다(대법원 2004. 12. 9. 선고 2002두12076 판결).

3. 관련문제 2: 불공정거래행위 관련 고시 및 지침 등

구체적으로 문제가 된 각양각색의 거래관계에서 다양한 의도와 목적을 가지고 행하는 사업자의 행위가 과연 불공정거래행위에 해당하는지 여부를 판단할 수 있는 기준을 사전에 설정하는 것은 매우 어려운 문제라고 할 것이다. 특히, 법률의 일반성 및 추상성을 고려할 때 법률로써 불공정거래행위의 구체적인 유형 및 기준을 정하는 것은 부적합하고, 결국 위임을 통하여 하위 법령인 대통령령이나 법집행기관의 고시 또는 지침 등으로 정하는 것이 불가피할 것이다.[16] 따라서 법 제45조 제3항은 불공정거래행위의 유형과 기준을 법 시행령으로 정하도록 규정하고 있을 뿐만 아니라,[17] 동 조 제4항은 공정거래위원회가 불공정거래행위를 예방하기 위하여 필요할 경우 사업자가 준수하여야 할 지침을 제정·고시할 수 있도록 규정하고 있고, 이에 따라 불공정거래행위에 관한 다수의 지침과 고시가 제정·시행되고 있다.

그런데 문제는 특히 그 자체로서 대외적인 구속력을 가질 수 없는 행정규칙에 불과한 고시나 지침이 사업자들의 권리·의무에 직접적인 영향을 미치거나, 법집행과 관련하여 중요한 사항을 규정하는 것이 과연 법치행정 또는 법률유보의 원칙에 비추어 어느 범위까지 용인될 수 있는가라는 점이다. 종래 이와 관련된 대법원의 확립된 입장은 행정규칙이라고 할지라도 법령의 규정이 행정기관에게 그 법령 내용의 구체적 사항을 정할 수 있는 권한을 부여하면서 그 권한행사의 절차나 방법을 특정하고 있지 아니하여 당해 행정기관이 행정규칙의 형식으로 그 법령의 내용이 될 사항을 구체적으로 정한 경우에는 그와 같은 행정규칙은 행정규칙이 가지는 일반적 효력으로서가 아니라, 행정기관에 법령의 구체적 내용을 보충할 권한을 부여한 법령 규정의 효력에 의해 그 내용을 보충하는 기능을 갖게 되므로 법령의 위임한계를 벗어나지 않는 한 그것들과 결합하여 대외적인 구속력을 가지는 법규명령으

16) 이러한 설명은 특히 독점규제법과 같이 그 집행이 주로 행정기관인 경쟁당국의 법집행에 의해 이루어지는 행정규제주의적 경쟁법제에 적용되는 설명이고, 미국과 같이 경쟁법의 집행이 주로 법원의 판결에 의해 이루어지는 사법주의적 경쟁법제의 경우에는 행정기관의 준입법작용이 상대적으로 덜 중요할 것이다. 그러나 미국의 경우에도 독점금지법 집행의 전문성과 수범자의 예측가능성을 고려하여 연방거래위원회(Federal Trade Commission)와 같이 준입법적 및 준사법적 권한을 가진 전문적이고 독립적인 규제기관을 설립하고, 이 기관이 법 위반행위의 구체적인 기준을 정하는 다양한 지침, 즉 소위 '가이드라인'(guidelines)을 제정하여 시행하고 있다.

17) 불공정거래행위의 유형 및 기준은 종래 공정거래위원회(또는 경제기획원장관)가 지정·고시하였으나 사업자의 권리·의무에 중요한 영향을 미치는 것이므로 법령에 규정하는 것이 바람직하다는 이유로 1996년 5차 법 개정을 통하여 법 시행령에 규정하게 되었다.

로서의 효력을 가진다는 것이다(소위 '법률보충적 행정규칙').[18]

법원은 공정거래위원회의 고시나 지침의 적법성을 심사함에 있어서도 이상과 같은 법리를 적용하고 불공정거래행위의 특성 및 동 위원회가 가지는 전문성을 고려하여 대체로 관대한 입장을 취하고 있다고 할 수 있지만, 법령의 위임범위를 일탈하였다고 판단되는 경우에는 그 효력을 부인하였다. 예컨대, 대법원은 파스퇴르유업의 부당한 광고행위 사건에서 법률상 "허위 또는 소비자를 기만하거나 오인시킬 우려가 있는 표시·광고를 하는 행위"라고 규정된 행위를 구 '불공정거래행위의 유형 및 기준에 관한 고시'에서 허위뿐만 아니라 "사실을 과장하여 표시·광고하는 행위"까지 포함하여 규정한 것에 대하여, 위 고시가 위임입법의 한계를 벗어난 것이라고 할 수 없다고 하였으나,[19] 교차로의 부당한 광고행위 사건에서는 공정거래위원회의 구 '표시·광고에 관한 공정거래지침'(1991. 12. 11. 제정, 1999. 7. 1. '부당한 표시·광고행위의 유형 및 기준 지정고시'에 의해 폐지되기 전의 것)은 그 근거가 되는 위임법률의 규정과 결합하여 법규적 효력을 가진다고 하면서도, 다만 입증책임의 전환과 같이 사업자에게 중대한 불이익을 부과하는 사항을 지침으로 정하기 위해서는 법령상 뚜렷한 위임근거가 있어야 한다고 판시하였다.[20]

또한 한국전력공사의 거래상 지위의 남용 사건에서도 '불공정거래행위 심사지침'에 반하는 것으로 보이는 공정거래위원회의 법적용이 다투어졌다. 이 사건에서 공정거래위원회는 위 회사가 토건공사를 시공업체에게 발주하면서 자신의 책임 있는 사유로 인하여 공사가 중단되었음에도 계약상 정해진 지연배상금을 지급하지 않은 행위를 거래상 지위의 남용행위로 인정하였는데, 관련 행정소송에서 동 회사는 당시 시행 중이던 '불공정거래행위 심사지침'(공정거래위원회 예규 제26호, 2005. 5. 11.)이 "양당사자 간 권리의무 귀속관계, 채권채무관계(예: 채무불이행, 손해배상청구, 담보권 설정·해지, 지체상금 등) 등과 관련하여 계약서 및 관련 법령 내용 등의 해석에 대해 다툼이 있는 경우에는 공정거래법 적용대상이 되지 아니한다."라고 규정하고 있으므로 이 사건 행위는 독점규제법의 적용대상이 아니라고 주장하였다. 그러나 서울고법은 위 지침은 공정거래위원회에 대한 내부적인 효력을 가지는 것에 불과하여 이를 이유로 공정거래법의 적용을 배제할 수는 없고, 계약서 및 관련 법령 내용 등의 해석에 관하여 다투는 것 자체가 정상적인 거래관행 등에 비추어 정당하여 순수한 민사상의

18) 대법원 1987. 9. 29. 선고 86누484 판결, 대법원 2003. 9. 26. 선고 2003두2274 판결, 대법원 2008. 3. 27. 선고 2006두3742 판결, 대법원 2008. 4. 10. 선고 2007두4841 판결 등 참고.

19) 대법원 1998. 3. 27. 선고 96누5636 판결.

20) 대법원 2000. 9. 29. 선고 98두12772 판결.

분쟁에 불과하다고 인정되는 경우가 아닌 한 그러한 다툼은 공정거래법의 적용대상이 된다고 판시하였다.[21)]

이와 관련하여 제기되는 또 다른 쟁점은 법 제45조 제1항 제10호의 소위 '기타 공정한 거래를 저해할 우려가 있는 행위'에 관한 것이다. 즉, 법 제45조 제1항은 본문에서 공정한 거래를 해칠 우려가 있는 행위를 금지한다고 규정하면서 제1호부터 제9호까지 다양한 유형의 불공정거래행위를 열거한 뒤, 제10호에서 "그 밖의 행위로서 공정한 거래를 해칠 우려가 있는 행위"라고 규정하고,[22)] 나아가 동 조 제3항에서 그 유형 또는 기준을 대통령령에서 정하도록 위임하고 있다. 그런데 동 조항에 따라 제정된 법 시행령 [별표 2]는 제1호 내지 제9호에 규정된 불공정거래행위의 유형에 대해서는 각각 그 세부유형 및 기준을 정하고 있지만 제10호의 행위에 대해서는 아무런 규정을 두고 있지 않다. 이와 같이 법 시행령이 그 세부유형이나 기준에 관하여 아무런 규정을 두지 않은 행위에 대하여 직접 법 제45조 제1항 제10호를 근거로 규제할 수 있는가라는 문제가 제기되었다.

이에 관하여 대법원은 텐커뮤니티 등의 불공정거래행위 사건 관련 행정소송 상고심에서 구법 제23조 제1항 제8호는 제1호 내지 제7호와는 달리 그 기본적 행위유형이나 이를 가늠할 대상의 기준조차도 전혀 제시되어 있지 아니하여 수범자인 사업자의 입장에서 구체적으로 통상의 사업활동 중 행하여지는 어떤 행위가 동 조항에 해당하는 것으로서 금지되는지 여부를 예측하기가 매우 어렵고, 동 조항은 행위의 작용 내지 효과 등이 제1호 내지 제7호와 유사한 유형의 불공정거래행위에 대한 규제가 필요한 경우에 이를 대통령령으로 정하여 규제하도록 한 수권규정이라고 해석하는 것이 타당하므로 법 시행령상 이에 관한 유형 및 기준이 정하여져 있지 아니한 이상 이를 적용할 수 없다고 판시하였다.[23)] 따라서 향후 법 시행령에서 법 제45조 제1항 제10호의 '그 밖에 공정한 거래를 해칠 우려가 있는 행위'에 대한 구체적인 유형 및 기준을 규정하지 않는 한, 동 조항을 직접 적용하여 불공정거래행위로 규율할 수는 없다고 할 것이다.

---

21) 서울고법 2007. 9. 5. 선고 2007누9046 판결. 상고심에서 대법원은 심리불속행 사유에 해당한다는 이유로 상고를 기각하였다(대법원 2007. 12. 13. 선고 2007두20287 판결).

22) 이는 불공정거래행위에 대한 규제의 공백을 방지하기 위해 1999년 법 개정으로 신설된 것이다.

23) 대법원 2008. 2. 14. 선고 2005두1879 판결. 원심에서는 위 조항의 적용을 인정하였으나(서울고법 2004. 10. 21. 선고 2003누12693 판결), 대법원은 이 부분에 관한 원심을 파기·환송하였다.

토의 과제

1 독점규제법 제45조의 불공정거래행위는 단일한 위법성 판단기준을 설정하기 어려운 다양한 유형의 행위를 포괄하고 있어서 그 행위유형에 따라서는 법 적용상 다른 금지행위 조항과 중복될 여지가 있다. 특히 불공정거래행위를 행한 사업자가 시장지배적사업자일 경우에는 법 제45조의 불공정거래행위 조항과 법 제5조의 시장지배적지위 남용행위 조항이 적용상 경합될 여지가 많다. 이와 같은 경우에 양자의 관계를 어떻게 이해하여야 할 것인지 생각해 보시오. 또한 (1) 양자를 일반법과 특별법의 관계로 이해하는 견해, (2) 전자는 기업결합과 마찬가지로 시장지배력의 형성을 방지하는 것인데 반하여, 후자는 경쟁이 제대로 기능하지 않는 시장에서 시장지배적사업자가 그 지위를 남용하여 그나마 존재하는 소위 '잔존경쟁'을 제한하는 행위를 금지하는 것이라고 보는 견해(예컨대, 이봉의, "불공정거래행위의 위법성-계약질서의 관점에서", 「공정거래와 법치」, 법문사, 2004, pp. 662-664 참고), (3) 불공정거래행위의 유형에 따라서 일반법과 특별법의 관계에 있는 경우와 상이한 위법성 판단기준을 적용하여야 할 행위가 있다는 견해가 있을 수 있는데, 이러한 입장들의 차이가 구체적으로 문제가 된 사업자의 행위의 위법성을 판단함에 있어서 실제로 낳을 수 있는 차이점을 설명해 보시오(제2장 Ⅱ. '시장지배적지위의 남용행위와 불공정거래행위의 관계' 부분 참고).

2 불공정거래행위의 성립요건인 '공정거래저해성'의 판단기준에 관한 대법원의 견해를 설명하고, '사업경영상 또는 거래상의 필요성 내지 합리성'이 공정거래저해성의 판단에 어떠한 영향을 미칠 수 있는지 설명해 보시오.

3 미국 독점금지법 판례상 정립된 소위 '당연위법의 법리'(per se rule)와 '합리성의 법리'(rule of reason)를 설명하고, 법 시행령상 불공정거래행위의 기준으로 규정하고 있는 "부당하게" 및 "정당한 이유 없이"의 구분과 비교해 보시오.

4. 불공정거래행위의 유형

(가) 거래거절

법 제45조 제1항 제1호는 불공정거래행위의 한 유형으로서 "부당하게 거래를 거절"하는 행위를 규정하고 있고, 법 시행령 [별표 2]는 그 세부유형으로서 '공동의 거래거절'과 '그 밖의 거래거절' 두 가지를 규정하고 있다. 즉, 법 시행령은 거래거절을 "특정사업자에 대하여 거래의 개시를 거절하거나 계속적인 거래관계에 있는 특정사업자에게 거래를 중단하거나 거래하는 상품 또는 용역의 수량이나 내용을 현저히 제한하는 행위"라고 정의하고 있는데(법 시행령 [별표 2] 제1호 가목 및 나목), 그 중 공동의 거래거절은 그와 같은 행위를 "자기와 경쟁관계에 있는 다른 사업자와 공동으로" 하는 경우로서 미국 독점금지법상 소위 'Group Boycotts' 또는 'Concerted Refusals to Deal'에 해당하고,[24] 그 밖의 거래거절은 소위 '단독의 거래거절'(Unilateral Refusals to Deal)에 해당하는 것으로서 공동의 거래거절에서 요구하는 '공동성'이 존재하지 않는 경우를 말한다.[25] 또한 법 시행령은 거래거절의 위법성 요건으로서 공동의 거래거절의 경우에는 '정당한 이유 없이'라고 규정하고 그 밖의 거래거절의 경우에는 '부당하게'라고 규정하고 있어서 전자의 위법성이 상대적으로 더 큰 것으로 간주하고 있음을 알 수 있다.

(1) 공동의 거래거절

법상 '공동의 거래거절'과 관련하여 먼저, 법체계상의 문제를 제기할 수 있다. 공동의 거래거절은 그 본질이 둘 이상의 사업자가 공동으로 경쟁을 제한하는 행위이므로 해석상 법 제40조(부당한 공동행위의 금지)를 적용할 수도 있어서 규제상 중복이 존재하고, 나아가 성질상 불공정거래행위으로 규율하기보다는 부당한 공동행위로 규율하는 것이 바람직하다고 할 수 있다.

그동안 공동의 거래거절이 문제된 사건은 극히 드문데, 7개 시중은행들의 공동의 거래거절 사건에서 동 은행들이 삼성카드가 회원들에게 현금서비스를 제공함에 있어서 하나은행과 업무협약을 체결하여 마치 삼성카드의 회원들이 하나은행의 계좌를 가지는 것과 동일하게(일종의 '가상계좌') 자신들이 구축한 CD 공동망을 이용하는 것을 금지한 것이 문제가 되었다. 관련 행정소송에서 서울고법은 이 사건 시중은행들의 행위는 외형상 공동의 거래거절에 해당하나, 이 사건 삼성카드의 행위를 허용할 경우 동 회사가 카드사업을 영위하고 있는 위 은행들에 비하여 부당하게 경쟁상

24) 이는 미국 연방독점금지법상으로는 셔먼법 제1조가 금지하는 경쟁을 제한하는 합의 중 수평적 거래제한(horizontal restraints of trade)의 한 유형으로 다루어진다. 이에 반하여 거래거절에 대한 합의가 존재하지만 상호 경쟁관계, 즉 수평적 관계에 있는 사업자들이 아니라 제조·유통단계상 상이한 위치, 즉 수직적 관계에 있는 사업자들 사이에 형성된 합의(vertical agreement)에 따라 거래거절이 이루어진 경우에 미국 연방독점금지법상으로는 역시 셔먼법 제1조를 위반하는 수직적 거래제한(vertical restraints of trade)의 한 유형인 소위 'vertical refusals to deal'에 해당할 수 있지만, 독점규제법상 '공동의 거래거절'은 오직 '수평적 공동성'이 존재하는 경우에만 해당되므로 '수직적 공동성'이 존재하는 거래거절은 사실관계에 따라서 '그 밖의 거래거절'에 해당될 수 있을 뿐이다.

25) 이는 미국 독점금지법 판례상 독점적 지위에 있는 사업자가 행할 경우에 한하여 셔먼법 제2조를 위반하는 독점화(monopolization)의 한 유형으로 다루어지고 있다.

우위에 설 수 있을 뿐만 아니라, 동 회사는 종전과 같이 개별 참가은행들과 이용계약을 체결하는 방법을 통하여 현금서비스를 제공할 수도 있으므로 거래기회가 박탈되었다고 볼 수도 없는 점에 비추어 '정당한 이유'가 인정되므로 불공정거래행위가 성립하지 않는다고 판시하였다.[26)]

(2) 그 밖의 거래거절

㉮ 개 설

'그 밖의 거래거절'에 관해서도 법체계상 문제를 지적할 수 있는데, 행위자가 시장지배적사업자인 경우에는 법 제5조(시장지배적지위의 남용 금지) 제1항 제3호의 사업활동방해 규정이 적용될 수도 있고, 아래에서 보는 바와 같이 그 밖의 거래거절이 위법한 것으로 인정되기 위해서는 상대방의 경영에 상당한 부정적인 효과를 초래할 수 있어야 하므로 거래거절을 행하는 대부분의 경우에 행위자는 일정한 정도의 시장력을 가질 것이다. 따라서 실제로 많은 경우에 기타의 거래거절과 시장지배적지위의 남용행위 사이에 규제상 중복이 발생할 수 있다.[27)]

실무상 논란이 많은 것은 '그 밖의 거래거절', 즉 공동성이 존재하지 않는 단독의 거래거절인데, 이는 계약의 자유에 기반을 둔 시장경제를 채택하는 이상 원칙적으로 적법한 것이고, 다만 특히 '부당성'이 인정되는 경우에 한하여 위법하다고 할 수 있다. 따라서 문제는 거래거절의 '부당성'을 판단하는 기준인데, 각국의 경쟁법상 단독의 거래거절에 대한 위법성 판단은 대체로 해당 행위가 초래하는 '경쟁제한성'에 초점을 두고 있다. 예컨대, 미국의 경우에는 단독의 거래거절에 대하여 독점적 지위를 가진 사업자가 그 지위를 남용하는 행위나 이를 유지·강화하기 위한 수단으로 사용하는 경우에 한하여 셔먼법 제2조를 적용하여 규율하고 있고, EU나 독일의 경우에도 시장지배적지위의 남용행위로서 규제하고 있다. 따라서 이들 외국의 사례에 따르면 단독의 거래거절이 위법한 것으로 인정되기 위해서는 그 전제조건으로서 행위자의 독점적 지위 또는 시장지배적지위가 인정되어야 한다. 이에 반하여 독점규제

---

26) 서울고법 2003. 10. 23. 선고 2002누1641 판결. 상고심에서 대법원도 원심의 판시를 그대로 수용하여 상고를 기각하였다(대법원 2006. 5. 12. 선고 2003두14253 판결).

27) 시장지배적지위의 남용행위와 불공정거래행위의 관계에 관한 논의는 제2장 Ⅱ. '시장지배적지위의 남용행위와 불공정거래행위의 관계' 부분 참고. 특히, 대법원이 시장지배적지위의 남용행위의 부당성에 관하여 중요한 판시를 내린 POSCO의 시장지배적지위 남용사건에서 문제된 행위는 단독의 거래거절이었는데, 이 사건에서 대법원은 시장지배적지위 남용행위로서의 거래거절과 불공정거래행위로서의 거래거절의 부당성의 차이를 비교적 명확하게 설시한 바 있지만(대법원 2007. 11. 22. 선고 2002두8626 판결), 이는 아래에서 설명하는 바와 같이 불공정거래행위로서의 거래거절에 관한 종래의 판례 법리와 반드시 부합한다고 보기 어렵다는 점을 유의할 필요가 있다.

법은 그 밖의 거래거절에 대하여 행위자의 시장지배적지위 등을 명시적으로 요구하지 않는데, 그럼에도 불구하고 단독의 거래거절의 부당성을 판단함에 있어서 행위자의 시장지배력이 어떠한 의미를 갖는지의 문제가 제기된다.

㈏ **관련 판결례**

종래 그 밖의 거래거절에 해당하는지 여부를 심리한 법원의 판결례를 살펴보면, 해당 사안의 구체적 사실관계에 따라서 상당히 차별적인 결론을 내렸다고 할 수 있다. 먼저, 한일사의 거래거절 사건에서 의약품 도매상이 약품공급 입찰경쟁 상대방에 대하여 종전에 계속적으로 공급해오던 자신의 독점취급 약품의 공급을 중단한 행위에 대하여, 서울고법과 대법원은 독점취급 품목에 대한 시장가격을 원고의 의도대로 유지하겠다는 경쟁저해적인 목적을 위한 수단으로 거래거절을 한 것이고, 결국 경쟁업체로서는 거래처와의 납품계약이 해지되어 거래기회를 박탈당함으로써 사업활동이 곤란하게 되어, 경쟁업체를 "경쟁에서 제압 또는 배제할 목적으로 이루어진 것"으로 인정되므로 자유경쟁체제 하에서 거래처 선택의 자유의 범위를 벗어난 행위로서 부당한 거래거절이라고 판단하였다.[28)]

현재까지 그 밖의 거래거절에 관한 가장 중요한 판결은 코카콜라의 거래거절 사건에서 내려진 대법원 판결이라고 할 수 있다. 이 사건에서 위 회사는 소외 회사에 대하여 자신의 제품 생산에 필요한 음료원제를 공급하고, 소외 회사는 제품을 제조·포장하여 일정지역 내에서 독점적으로 판매할 권리를 갖는 소위 '보틀러계약'을 체결한 뒤 약 22년여 동안 계약을 갱신해가며 거래해오다가, 위 회사가 한국 내 사업구조를 개편하기 위해 소외 회사와 진행하던 자산매수협상이 결렬되자 음료원제의 공급을 중단하였다.

관련 행정소송 상고심에서 대법원은 거래거절의 부당성을 인정하기 위한 요건을 제시하면서, 이 사건 행위는 부당한 그 밖의 거래거절에 해당하지 않는다고 하면서 원심[29)]을 파기하였다. 즉, 대법원은 그 밖의 거래거절의 위법성 판단기준과 관련

28) 서울고법 1995. 12. 14. 선고 94구34120 판결 및 대법원 1996. 6. 25. 선고 96누2019 판결.

29) 서울고법은 우선, 원고와 소외 회사와의 계속적 거래관계의 존재 및 그 거절사실을 인정하고, 그 부당성 판단기준에 대하여 "거래거절행위가 공정하고 자유로운 경쟁이라는 법의 목적에 비추어 경쟁을 제한하거나 배제하는 효과를 갖는 경우, 거래거절행위의 목적이 공정하고 자유로운 경쟁이라는 법의 취지에 비추어 부당하고 그것이 그 목적달성을 위한 수단으로서 실효성을 갖고 있다고 판단되는 경우 또는 독점력의 남용에 해당하는 경우 등에 해당할 때"라고 판시한 뒤, 이 사건의 경우 소외 회사가 원고 회사의 제품을 생산하기 위한 특화된 시설과 조직을 위해 지속적으로 투자를 해온 상황에서 원고가 자신이 일방적으로 결정한 조건과 가격에 의한 매수를 제안하면서 이에 응하지 않을 경우에 거래를 중단하겠다고 통보한 것은 우월적 지위를 이용하여 자산인수 협상과정에서 자신이 일방적으로 결정한 인수가격과 조건을 관철함으로써 소외 회사의 계약상 선택의

하여 "특정 사업자의 거래기회를 배제하여 그 사업활동을 곤란하게 할 우려가 있거나 오로지 특정 사업자의 사업활동을 곤란하게 할 의도를 가진 유력 사업자에 의하여 그 지위 남용행위로서 행하여지거나 혹은 법이 금지하고 있는 거래강제 등의 목적달성을 위하여 그 실효성을 확보하기 위한 수단으로 부당하게 행하여진 경우"라야 불공정거래행위에 해당한다고 판시하고, 나아가 본 사건의 사실관계에 대하여 거래거절의 상대방인 소외 회사에게 원고 회사에게로 자산을 매각하는 것 이외에 달리 선택의 여지가 없었다고 단정할 수 없고, 오로지 소외 회사의 사업활동을 곤란하게 할 의도로 거래거절행위를 하였다거나 그로 인하여 소외 회사의 거래기회가 배제되었다고 단정할 수 없으므로 부당한 거래거절행위라고 인정할 수 없다고 하였다.30)

그 후 SKC의 거래거절 사건에서 다시 단독의 공급중단 행위의 부당성이 다투어졌다. 이 사건에서 위 회사는 제품의 원재료를 제조·판매업자들에 대하여 공급할 뿐만 아니라 직접 당해 제품을 제조하여 수출하였는데, 대리점 및 거래처로 하여금 수출시장에서 자신과 경쟁관계에 있던 제조·판매업자에 대하여 원재료의 공급을 중단하도록 지시한 것이 문제가 되었다. 관련 행정소송에서 서울고법은 당해 행위의 부당성은 "당해 행위의 의도와 목적, 효과와 영향 등과 같은 구체적인 태양은 물론 법에서 거래거절을 규제하는 목적에 비추어 거래거절의 결과 거래상대방이 입게 되는 영업상의 이익의 침해 또는 자유로운 영업활동의 제약의 내용과 정도, 상대방의 선택가능성 등과 같은 제반사정을 두루 고려하여 그 행위가 정상적인 거래관행을 벗어난 것으로서 공정하고 자유로운 거래를 저해할 우려가 있는지 여부를 판단하여 결정하여야 할 것이며, 만일 거래거절 행위에도 불구하고 거래상대방이 더 유리한 조건으로 다른 거래처와 거래할 수 있다면 그와 같은 경우는 거래거절이 있었다고 하여도 이를 법에서 규제하는 거래거절에 해당한다고 할 수 없다."라고 하면서, 이 사건의 경우 거래거절의 상대방은 원재료의 공급중단 이후에도 여전히 종전 거래량 이상으로 공급을 받았고, 다른 원재료 생산자의 생산규모 및 시장상황 등을 고려할 때, 당해 공급중단이 정상적인 거래관행을 벗어나 상대방의 영업에 실질적인 침해를 준 것은 아니므로 부당성을 인정할 수 없다고 하였다.31)

자유를 실질적으로 제한하려는 경쟁제한적인 목적이 인정되고, 그와 같은 목적을 달성하기 위한 수단으로서 그 실효성도 인정되므로 부당한 거래거절행위에 해당한다고 판단하였다(서울고법 1998. 10. 14. 선고 97구53139 판결).

30) 대법원 2001. 1. 5. 선고 98두17869 판결.

31) 서울고법 2001. 1. 30. 선고 2000누1494 판결. 상고심에서 대법원은 원고가 대리점 등에 대하여 공급을 중단하도록 지시하였음이 인정되지 않는다는 이유로 이 사건 공급중단행위의 부당성 여부를 검토하지 않은 채 상고를 기각하였다(대법원 2001. 6. 12. 선고 2001두1628 판결).

또한 현대오일뱅크의 거래거절 사건 관련 민사소송에서는 1995년 경 당시 한화에너지플라자가 자가소비 또는 산하 주유소, 부판점 및 기타 고객에게 판매할 석유류 제품의 전 수요량을 당시 계열회사인 한화에너지(SK인천정유의 전신)로부터 매입하기로 하는 석유류 제품 판매대리점계약을 체결하고 판매대리점거래를 하다가, 1999년 정부 방침에 따른 정유업계의 구조조정의 일환으로 현대오일뱅크에 흡수합병된 이후 동 회사가 2002년경 누적된 적자로 인한 경영위기를 맞아 위 판매대리점계약을 계약상 정한 바에 따라 만료시킨 것이 법상 거래거절에 해당하는지 여부가 다투어졌다. 대전고법과 대법원은 위 코카콜라 사건에서 대법원이 제시한 기타의 거래거절에 관한 법리를 재확인하면서, 이 사건 피고의 행위로 인하여 원고 인천정유가 현대오일뱅크 산하 주유소 등에 석유류 제품을 공급할 수 없게 되어 거래기회가 어느 정도 제한되는 효과가 발생하기는 하였으나, 오히려 영업이익이 증가하고 피고와의 판매대리점계약이 유지되지 않아도 향후 지속적인 판매망의 확충 등을 통하여 지속적인 영업이익을 실현할 수 있는 등 원고의 사업활동을 곤란하게 할 우려가 있는 정도는 아닐 뿐만 아니라, 피고는 당시 경영위기를 극복하기 위한 자구책의 일환으로 이 사건 계약갱신을 거절하게 된 점 등에 비추어 볼 때, 부당한 행위로 볼 수 없다고 판시하였다.[32]

그 밖에도 근래 법원이 그 밖의 거래거절의 성립을 부정한 사안으로서 한국항공우주산업의 거래거절 사건과 벨벳의 거래거절 사건을 들 수 있다. 전자에서는 위 사업자가 한국항공우주연구원이 발주한 다목적실용위성 본체 주관개발 사업자선정 입찰에서 우선협상대상자로 선정된 쎄트렉아이에 대하여, 입찰 제안요청서상 자신이 부분체 제작기업으로 명시된 부분체의 공급을 거절한 것이 문제가 되었다. 관련 행정소송에서 서울고법은 그 밖의 거래거절에 관한 종래의 판례 법리를 제시한 후, 이 사건의 경우 자유시장경제체제 하에서 거래처 선택의 자유가 있으므로 해당 사업에 참여할 의무의 존부가 거래거절의 부당성 판단에 참작사유가 될 수 있는데,

32) 대전고법 2004. 6. 24. 선고 2003나4974 판결 및 대법원 2008. 2. 14. 선고 2004다39238 판결. 이 사건과 관련하여 흥미로운 절차법적 쟁점이 제기되었다. 즉, 원고는 동 민사소송을 제기하기 전에 먼저 이 사건 행위가 부당한 거래거절에 해당한다고 주장하면서 공정거래위원회에 신고하였으나, 동 위원회는 이에 해당하지 않는다고 판단하여 무혐의결정을 내렸고, 이에 대하여 원고는 다시 헌법재판소에 헌법소원을 제기함과 아울러 이 사건 민사소송을 제기하였는데, 헌법재판소는 이 사건 행위가 독점규제법상 부당한 거래거절에 해당한다고 판단하고 공정거래위원회의 이 사건 무혐의결정은 자의적인 공권력행사로서 청구인의 헌법상 권리를 침해한다고 결정하였으나(헌법재판소 2004. 6. 24. 2002헌마496 결정), 관련 민사소송 사건에서 대전고법 및 대법원은 위와 같이 헌법재판소와는 상반된 취지로 판시하였다. 공정거래위원회의 무혐의결정에 대한 불복절차로서의 헌법소원에 대해서는 제9장 Ⅵ. '무혐의결정 등에 대한 신고인의 불복방법' 부분 참고.

제안요청서에 부분체 제작기업으로 기재된 것이 부분체 제작업체로 참여할 의무를 부과한 것이라고 보기 어렵고, 거래중단이 아닌 신규 거래개시 거절은 거래처 선택의 자유가 더 보장되어야 한다고 볼 여지가 있으며, 위 사업자가 이 사건 부분체 개발에 참여하지 않더라도 쎄트렉아이가 자체적으로 부분체를 개발하여 이 사건 사업을 계속할 수 있었고 이 사건 사업 이외에 기존에 하던 사업을 계속하는 데 아무런 장애가 없었으며, 나아가 위 사업자가 이 사건 위성본체 주관개발사업자로 선정되지 않을 경우 부분체 개발에만 참여하는 것이 곤란하다는 경영판단을 한 것 역시 수긍이 간다는 이유로 부당한 거래거절에 해당하지 않는다고 판시하였다.[33)]

또한 후자에서는 위 사업자가 자신이 판매하는 심장사장충 예방제를 동물병원에만 공급한 반면에 동물약국의 공급요청을 거절하고, 비표 표시나 대조작업과 같은 수단을 통하여 동물약국에 제품이 유출되는 것을 방지한 것이 문제가 되었다. 관련 행정소송에서 서울고법은 다른 사업자로부터 심장사상충 예방제의 오리지널 제품이나 복제약을 공급받을 수 있으므로 위 사업자의 거래거절로 동물약국이나 도매상이 동물병원에 비해 경쟁상 열위에 처하게 되었다고 보기 어렵고, 심장사상충 예방제의 판매가 동물약국이나 도매상의 매출에 큰 영향을 주어 사업활동을 곤란하게 할 정도로 이들의 사업영위에 필수적인 것으로 보이지는 않는다는 이유 등으로 부당한 거래거절에 해당하지 않는다고 판시하였다.[34)]

이에 반하여 법원이 법상 그 밖의 거래거절에 해당한다고 인정한 사례들을 살펴보면 다음과 같다. 먼저, 듀폰의 거래거절 사건에서 동 회사가 자신의 모회사와 공동으로 모회사의 주요 거래처인 회사의 요청을 받아들여 동 거래처의 경쟁사업자에 대한 코팅재료 공급을 갑자기 중단한 행위가 문제가 되었다. 관련 행정소송에서 서울고법 및 대법원은 이 사건 행위는 국내 및 아시아 코팅도관시장에서 경쟁사업자를 배제하기 위한 목적으로 행해진 것으로서 동 경쟁사업자가 다른 대체품으로 필요한 인증을 받기 위해서는 최소한 1년 이상의 기간이 소요된다는 사정 등에 비추어 볼

33) 서울고법 2017. 8. 18. 선고 2015누778 판결. 상고심에서 대법원은 심리불속행 사유에 해당한다는 이유로 상고를 기각하였다(대법원 2018. 2. 8. 선고 2017두503 판결).

34) 추가적으로 위 사건에서 법 시행령은 '특정사업자'라고 규정하고 있는데 사업자가 단독으로 생산 및 판매 정책상 적정한 기준을 설정하고 그 기준에 부합하지 않는 '불특정다수의 사업자'와의 거래를 거절하는 행위를 구법상 기타의 거래거절로 볼 수 있는지 여부에 대하여, 서울고법은 원칙적으로 그러한 행위는 구법상 기타의 거래거절에 해당하지 않고 당시 시행 중이던 '불공정거래행위 심사지침'에서 '특정한 유형의 판매업자'에 대한 거래거절을 기타의 거래거절에 해당할 수 있다고 한 것(동 심사지침 Ⅴ. 1. 나. (5) (사))의 타당성은 의문이라고 하였다(서울고법 2018. 1. 19. 선고 2017누39862 판결). 상고심에서 대법원은 심리불속행 사유에 해당한다는 이유로 상고를 기각하였다(대법원 2018. 6. 15. 선고 2018두36080 판결).

때 경쟁사업자의 거래기회를 배제하여 그 사업활동을 곤란하게 할 우려가 있는 구법상 '기타의 거래거절'에 해당한다고 판시하였다.[35)]

또한 유케이케미팜의 거래거절 사건에서는 키트주사제품을 독점적으로 공급하고 있는 동 회사가, 산재의료관리원에서 시행한 의약품 구매입찰에 참여하여 당해 제품을 낙찰 받은 유통업자의 공급요청에 대하여, 동 유통업자가 덤핑낙찰하여 계약을 체결하였음을 이유로 공급을 거절한 행위가 문제가 되었다. 관련 행정소송에서 서울고법은 먼저 유통업자의 거듭된 공급요청을 거부한 사실이 인정되므로 거래의 개시를 거절한 행위가 존재하였음을 인정하고, 이는 입찰에서 탈락한 소외 한송약품이 낙찰을 받은 유통업자에 대한 제품의 공급을 저지함으로써 이 사건 계약이 해지되도록 한 다음 자신에게 유리한 사업기회를 얻고자 하는 데 원고가 동조한 것으로 보이고, 원고는 당해 제품에 대하여 독점적 지위를 가지고 있어서 유통업자로서는 원고로부터 제품을 공급받지 않을 수 없으므로 이 사건 행위는 특정 사업자의 거래기회를 배제하여 그 사업활동을 곤란하게 한 행위에 해당하고 공정하고 자유로운 경쟁을 저해할 우려가 있으므로 부당성도 인정된다고 판시하였다.[36)]

위에서 살펴본 사건들에서 문제가 된 거래거절을 행한 사업자들은 관련시장에서 독점적 지위를 가지거나 적어도 해당 제품에 관하여 높은 시장지위를 가지는 사업자였다. 즉, 법원은 명시적으로 거래거절 행위자의 시장지배력을 부당한 거래거절의 성립요건으로 논하지는 않았지만, 적어도 묵시적으로 부당성을 판단하기 위한 고려요소, 특히 거래거절로 말미암아 상대방이 겪는 사업상 곤란이나 거래거절 행위의 실효성을 평가하는 요소로서 중요하게 고려하였다.

또한 거래거절의 부당성에 관한 각 판결의 태도는 적지 않은 차이점을 발견할 수 있는데, 특히 코카콜라의 거래거절 사건의 경우에 원심이 해당 행위가 경쟁제한적 목적을 가지고 있고 이를 달성하기 위한 수단으로서 실효성이 인정된다는 이유로 부당성을 인정한 데 반하여, 대법원은 거래거절의 상대방이 겪는 사업상의 곤란성에 집중함으로써 그 증거판단의 타당성 여부는 차치하고라도 상대적으로 거래거절의 부당성의 근거를 자유롭고 공정한 경쟁에 대한 침해보다는 거래상대방의 이익의 침해에 치중한 것으로 보인다. 그 후 내려진 서울고법의 SKC의 거래거절 사건 판결 역시 다분히 코카콜라 사건 대법원 판결의 영향을 받은 것으로 보이는데, 이 사건에서 거래거절을 행한 SKC가 거래거절의 상대방인 삼본제업과 수출시장에서

35) 서울고법 2004. 11. 25. 선고 2003누1709 판결 및 대법원 2005. 5. 27. 선고 2005두746 판결.

36) 서울고법 2007. 12. 20. 선고 2006누30777 판결. 상고심에서 대법원은 심리불속행 사유에 해당한다는 이유로 상고를 기각하였다(대법원 2008. 5. 15. 선고 2008두1474 판결).

직접적으로 경쟁관계에 있었고, 거래거절이 이루어질 즈음에 동 회사가 수출시장에서 대폭적인 신장세를 보이고 있었다는 사정을 고려하면, 거래거절의 경쟁제한적 의도와 효과가 비교적 쉽게 인정될 수 있음에도 상대방의 영업에 실질적인 침해를 준 것으로 보기 어렵다는 이유로 부당성을 인정하지 않았다. 그 밖에 듀폰의 거래거절 사건 판결과 유케이케미팜의 거래거절 사건 판결에서는 자신 또는 자신과 계약관계에 있는 회사의 경쟁사업자를 배제하기 목적이 존재함을 강조하여 거래거절의 성립을 적극적으로 인정하였다.

추가적인 쟁점으로서 거래거절을 행한 사업자가 사업경영상의 필요성에 따른 부득이한 행위라고 항변하는 경우에 거래거절의 위법성을 부인할 수 있는가라는 쟁점이 동일한 유력 맥주회사의 공급거절이 문제로 된 두 개의 사건에서 다루어졌다.[37] 먼저, 하이트맥주의 불공정거래행위 사건에서는 동 회사가 종전에는 개별적으로 거래하던 6개 주류판매회사가 공동으로 영업하기 위해 만든 주류판매체인에 대하여 맥주공급의 요청을 거절하고 거래를 중단한 것이 문제가 되었는데, 관련 행정소송에서 서울고법 및 대법원은 이 사건 거래거절행위는 거래대금을 지급하지 않는 거래상대방에 대하여 채권회수 및 손해확대를 방지하기 위한 것으로서 위 코카콜라 사건에서 대법원이 열거한 바 있는 그 밖의 거래거절이 성립하는 3가지 경우에 해당하지 않으므로 불공정거래행위가 성립하지 않는다고 판시하였다.[38]

또한 하이트맥주의 거래거절 및 거래개시거절 사건에서는 동 회사가 염가판매전략을 구사하는 신규 주류도매업자에게 제품공급을 중단한 행위가 문제가 되었는데, 관련 행정소송에서 서울고법은 거래거절에 대한 항변으로 주장된 사업경영상의 필요성을 심사하는 독특한 기준을 제시하였다. 즉, 위 법원은 거래거절이 상대방의 사업활동에 미치는 영향의 정도는 '상대방의 사업활동의 원활한 수행이 방해되는 경우'로부터 '상대방의 사업활동이 현저히 제약되는 경우' 및 '상대방의 사업활동의 계속이 곤란하게 되는 경우'까지 여러 단계가 있을 수 있는데, 거래거절행위가 정당하다고 판단하기 위해 요구되는 사업경영상의 필요성은 위와 같이 단계적으로 구분되는 상대방의 영업활동에 대한 영향의 정도에 따라 달라진다고 하면서, 이 사건의

37) 이미 설명한 바와 같이 대법원은 SKT의 차별적 취급 사건에서 '계열회사를 위한 차별'의 위법성을 평가함에 있어서 단순한 사업경영상 또는 거래상의 필요성 내지 합리성이 인정된다는 사정만으로 곧 그 위법성이 부인되는 것은 아니지만, 차별적 취급의 원인이 된 사업경영상의 필요성 등은 다른 사유와 아울러 공정한 거래질서의 관점에서 평가하여 공정거래저해성의 유무를 판단함에 있어서 고려되어야 하는 요인의 하나가 될 수 있다고 판시하였다(대법원 2004. 12. 19. 선고 2002두12076 판결). 이 사건의 사실관계 및 기타 판시사항은 아래 (나) '차별적 취급' 부분 참고.

38) 서울고법 2002. 9. 26. 선고 2001누4971 판결 및 대법원 2004. 7. 9. 선고 2002두11059 판결.

경우 원고는 문제가 된 부산 및 경남지역 맥주시장에서 각각 80% 이상의 점유율을 차지하는 독과점사업자이고, 신규 주류도매업자는 원고로부터 제품을 공급받지 못하면 그 지역에서 사실상 영업활동이 현저히 제약되거나 사업의 계속이 곤란하게 되는 경우에 이르므로 원고의 거래거절이 정당하기 위해서는 해당 거래거절을 하지 않으면 원고가 곧 도산할 것이 확실하다고 판단되는 등의 사업경영상의 긴절한 필요성이 인정되어야 하는데, 그와 같은 사정이 존재하지 않으므로 부당한 거래거절에 해당한다고 판시하였다.39)

토의 과제

1 7개 시중은행들의 공동의 거래거절 사건 관련 행정소송에서 서울고법이 '부당성'을 부정한 중요한 근거는 삼성카드가 하나은행 계좌를 통하여 CD 공동망을 이용하는 것을 허용할 경우 다른 은행들에 비하여 경쟁상 우위에 설 수 있다는 점이었다(서울고법 2003. 10. 23. 선고 2002누1641 판결 참고). 그런데 이러한 사정이 대법원이 이미 설명한 정산실업의 불공정거래행위 사건 관련 민사소송(대법원 1990. 4. 20. 선고 89다카29075 판결), 쌍용정유의 불공정거래행위 사건(대법원 1998. 9. 8. 선고 96누9003 판결) 및 SKT의 차별적 취급 사건(대법원 2004. 12. 19. 선고 2002두12076 판결)에서 제시한 불공정거래행위의 '부당성' 판단기준에 부합하는 것인지 평가해 보시오.

2 종래 법원이 '공동성'이 존재하지 않는 '그 밖의 거래거절' 사건들에서 부당한 거래거절의 성립을 인정하는 데 상대적으로 소극적인 태도를 취한 이유를 생각해 보고, 대법원이 코카콜라의 거래거절 사건에서 판시한 '그 밖의 거래거절'에 해당할 수 있는 세 가지 경우를 구체적으로 설명해 보시오.

(나) 차별적 취급

법 제45조 제1항 제2호는 "부당하게 거래의 상대방을 차별하여 취급하는 행위", 즉 '차별적 취급'을 불공정거래행위의 한 유형으로 규정하고 있고, 법 시행령은 차별적 취급의 세부유형으로서 가격차별, 거래조건차별, 계열회사를 위한 차별 및 집단적 차별 등 네 가지를 규정하고 있다. 즉, 법 시행령은 각 유형의 차별적 취급 행위를

39) 서울고법 2006. 4. 27. 선고 2005누2744 판결. 상고심에서 대법원은 심리불속행 사유에 해당한다는 이유로 상고를 기각하였다(대법원 2006. 8. 31. 선고 2006두9924 판결). 위와 같은 판단기준은 앞에서 소개한 현대오일뱅크의 거래거절 사건과 관련된 인천정유의 무혐의결정취소 헌법소원 사건(헌법재판소 2004. 6. 24. 2002헌마496 결정)에서 헌법재판소가 제시한 것을 원용한 것이다.

'가격 또는 수량·품질 등의 거래조건이나 거래내용에 관하여 현저하게 유리하거나 불리하게 하는 행위'라고 규정하고 있고, 또한 그 실질적 위법성 요건으로 가격차별, 거래조건차별 및 집단적 차별의 경우에는 "부당하게", 계열회사를 위한 차별의 경우에는 "정당한 이유 없이"라고 규정하여 후자의 위법성이 상대적으로 큰 것으로 간주하고 있음을 알 수 있다(법 시행령 [별표 2] 제2호 가목부터 라목까지).

법상 차별적 취급의 금지와 관련하여, 먼저 거래거절의 경우와 마찬가지로 법 체계상의 문제를 제기할 수 있다. 첫째, 계열회사를 위한 차별의 경우에는 다른 나라의 입법례를 찾아볼 수 없는 우리나라의 독특한 경쟁법 조항으로서, 계열회사에 대하여 다른 거래상대방과 비교하여 유리한 조건으로 거래하는 것을 금지함으로써 계열회사가 부당하게 경쟁상 우위를 갖는 것을 금지하고 이를 통한 경제력집중을 억제하기 위한 것이다. 계열회사를 위한 차별 조항은 1986년 1차 법 개정을 통하여 구법 제3장의 경제력집중의 억제 조항들을 도입할 때 불공정거래행위의 한 유형으로서 함께 도입되었고, 그 후 1996년 5차 법 개정으로 유사한 입법취지를 달성하기 위해 구법 제23조 제1항 제7호의 '부당한 지원행위' 조항이 신설됨에 따라 법적용상 양자의 관계에 관하여 문제가 제기되었는데, 이에 대해서는 제7장에서 부당한 지원행위를 설명할 때 살펴보기로 한다.

둘째, 법 시행령상 차별적 취급의 세부유형 중 '집단적 차별'은 공동의 거래거절과 마찬가지로 '공동성'을 요건으로 하고 있어서 법 제40조의 '부당한 공동행위'로서의 성질을 가지고 있으므로 실제 법적용상 부당한 공동행위와 구분하기 어려운 경우가 많을 것이다. 이러한 이유로 그동안 공정거래위원회의 심결례상 집단적 차별 조항을 적용한 사례를 찾을 수 없다. 그 밖에도 가격은 가장 중요한 거래조건의 하나임에도 불구하고 법 시행령상 '거래조건차별'과 별도로 '가격차별'을 규정한 것이 바람직한 것인가라는 문제를 제기할 수 있다. 실제로도 과연 행위자가 차별을 두고 있는 거래조건이 '가격'인지 여부가 불명확한 경우에 아무런 실익이 없이 적용법조에 관한 논란이 제기될 수 있으므로 입법적 정비가 필요하다고 생각된다.

계약의 자유를 바탕으로 하는 시장경제에 있어서 원칙적으로 거래 여부 및 거래상대방을 선택할 자유가 있듯이 거래내용을 결정할 자유가 인정되므로 원칙적으로 가격 등의 거래조건을 자유로이 결정할 수 있음은 당연한 것이다. 따라서 차별적 취급 여부를 판단함에 있어서 가장 중요한 쟁점은 과연 어떠한 경우에 '차별의 존재'를 인정할 수 있는가, 그리고 만일 차별이 존재한다면 어떠한 경우에 '부당한' 차별로 인정할 수 있는가라는 문제이다. 그동안 차별적 취급에 관한 법원의 판결은 많지 않고 그나마 아래에서 설명하는 신용카드사들의 차별적 취급 사건 이외에는 모두 계열회사를 위한 차별과 관련된 것이어서, 실제로 종래 법상 차별적 취급은 주로 계열회사와 거래하면서 유리한 조건을 적용하여 계열회사를 지원하는 행위를 규제하는 기능을 수행하였다고 할 수 있다. 아래에서는 실제로 재판상 다투어진 가격차별 및 계열회사를 위한 차별에 대하여 살펴보기로 한다.

(1) 가격차별 및 거래조건차별

㉮ 개 설

법상 가격차별 금지의 전범은 미국 연방독점금지법상 '가격차별'(price discrimination)의 금지라고 할 수 있다. 그런데 이는 그 근거규정이나 위법성 판단기준이라는 측면에서 미국 독점금지법 체계상 독특한 위치를 차지하고 있다. 또한 종래 시장에서 이루어지는 사업자의 가격결정에 영향을 미치는 다양한 요소와 그 과정의 역동성을 고려할 때, 과연 가격차별을 규제하는 것이 타당한가 또는 타당한 규제가 가능한가에 대하여 적지 않은 논란이 제기되었고, 현재 실제로 적극적인 법집행이 이루어지지 않고 있는 영역이라고 할 수 있다.

우선, 미국 연방독점금지법제상 다른 유형의 불공정거래행위(unfair methods of competition)는 주로 연방거래위원회법(Federal Trade Commission Act) 제5조가 적용되는데 반하여 가격차별의 경우에는 직접적으로 로빈슨패트만법(Robinson-Patman Act, 1936) 제2조에 의해 규제되고 있다.40) 이에 따르면 위법한 가격차별에 해당하기 위해서는 (1) 가격의 차이가 존재하여야 하고, (2) 적어도 둘 이상의 구매자에 대한 상품의 판매가 이루어져야 하며, (3) 각각의 판매의 대상인 상품이 동일 등급 및 품질이어야 하고, (4) 가격의 차이로 말미암아 경쟁제한적 효과가 발생하여야 한다.

위 요건 중 특히 가격차별의 '경쟁제한성'과 관련하여 연방법원의 판례는 상품을 부당하게 염가로 공급함으로써 자신과 자신의 경쟁자 간 경쟁에 부정적인 영향을 미치는 제1선 가격차별(primary line injury case)과, 구매자에 따라서 공급가격을 달리함으로써 우대받은 구매자와 차별받은 구매자 간 경쟁에 부정적인 영향을 미치는

40) 가격차별은 당초 1914년에 제정된 클레이튼법 제2조에 의해 규제되었는데 1936년 로빈슨패트만법의 제정으로 그 규제내용이 강화되었다. 동 조항은 "동일 등급 및 품질을 가진 상품의 가격을 구매자에 따라서 차별하는 것"(to discriminate in price between different purchasers of commodities of like grade and quality)을 금지하면서, 그 위법성 요건으로 "그와 같은 차별의 결과가 일정한 거래상 경쟁을 상당한 정도로 약화시키거나 독점을 형성시키는 경향이 있거나, 또는 차별의 이득을 부여하거나 의식적으로 이득을 받는 사람이나 이들의 고객과의 경쟁을 제한·파괴 또는 봉쇄하는 것"(the effect of such discrimination may be substantially to lesson competition or tend to create a monopoly in any line of commerce, or to injure, destroy, or prevent competition with any person who either grants or knowingly receives the benefit of such discrimination, or with customers of either of them)일 것을 요구하고 있다.

제2선 가격차별(secondary line injury case)로 나누어 설명하고 있다. 먼저, 전자와 관련하여 초기에 연방법원들은 판매자와 그 경쟁자 간 경쟁에 미치는 부정적인 영향을 직접적인 시장분석을 통하여 인정하기도 하지만 오히려 많은 경우에 판매자의 주관적인 약탈적 의도(predatory intent)로부터 추정할 수 있다는 입장을 취하였다.[41] 그러나 현재 연방법원들은 대체로 1993년 연방대법원이 Brooke Group Ltd. v. Brown & Williamson Corp. 사건[42]에서 판시한 내용에 따라서 제1선 가격차별이 성립하기 위해서는 단지 주관적인 약탈적 의도만 존재해서는 안 되고, 기본적으로 셔먼법 제2조가 금지하는 독점화(monopolization)[43]에 해당하는 행위 유형 중 하나인 약탈적 가격책정(predatory pricing)의 경우와 마찬가지로 (1) 문제가 된 가격이 일정한 방법으로 산정된 비용보다 낮고, (2) 행위자가 염가판매에 소요된 비용을 회수할 합리적인 개연성(reasonable prospect of recouping its investment)이 입증되어야 한다는 입장을 취하고 있다.

한편, 후자의 제2선 가격차별은 직접적으로 가격차별을 행한 판매자와 그의 경쟁자 간 경쟁에 영향을 미치는 것이 아니라 차별적인 가격에 구매를 한 구매자와 그의 경쟁자 간 경쟁에 영향을 미치는 경우로서 현실적으로 문제가 된 가격차별행위가 구매자들 사이의 경쟁에 끼친 영향을 직접적으로 입증하는 것이 매우 곤란하므로 연방대법원은 상당한 기간 동안 상당한 정도의 가격차이가 존재하면 경쟁관계에 있는 구매자 간 경쟁을 제한하는 것으로 추정할 수 있다고 판시함으로써 비교적 폭넓게 위법성을 인정한 사례를 찾아볼 수 있다.[44]

나아가 일부 연방항소법원들은 1936년 로빈슨패트만법 제정 당시 추가된 법문[45]과 당시의 입법자료를 근거로 그 입법의도는 경쟁 자체를 보호하는 것보다는 직접적으로 당시 급속하게 판매망을 확장하던 체인유통업자로부터 개별 판매업자를 보호하기 위한 것이므로 제2선 가격차별의 경우에는 반드시 경쟁에 대한 부정적인 영향을 실제로 입증할 필요가 없으며, 특정한 구매자에 대하여 손해가 발생하면 족하다고 판시하기도 하였다.[46] 그러나 그 후 2006년 연방대법원이 Volvo Trucks N.

---

41) 이러한 입장의 대표적인 것으로 Utah Pie Co. v. Continental Baking Co., 386 U.S. 685 (1967) 판결을 들 수 있다. 동 판결의 해설 및 평가는 홍명수, "독점규제법상 차별적 취급", 「비교사법」, 제12권 제2호, 2005, pp. 657-658 참고.

42) 509 U.S. 209 (1993). 동 판결은 위 Utah Pie 판결을 묵시적으로 변경한 것으로 평가된다.

43) 셔먼법 제2조가 금지하는 행위들의 성립요건에 대해서는 제2장 Ⅲ. '입법례' 부분 참고.

44) FTC v. Morton Salt, 334 U.S. 37 (1948).

45) 당시 추가된 문구는 "to injure, destroy, or prevent competition with any person who either grants or knowingly receives the benefit of such discrimination, or with customers of either of them"이다.

Am., Inc. v. Reeder-Simco GMC, Inc. 사건[47]에서 로빈슨패트만법을 경쟁을 촉진하기 위한 것이라기보다 경쟁자를 보호하기 위한 것으로 해석하는 것에 반대한다고 설시한 이래, 상당 수 연방항소법원들이 개별 경쟁자에게 손해가 발생한 것만으로는 불충분하다는 견해를 취한 바 있다.[48]

또한 로빈슨패트만법은 명시적으로 가격차별에 대한 항변사유로서 소위 '경쟁대응항변'(meeting competition defense)과 '비용정당화항변'(cost justification defense)을 규정하고 있는데, 전자는 그 가격격차가 경쟁자의 가격할인정책에 대응하기 위한 경우를 말하고, 후자는 해당 상품을 판매 또는 제공하는 방법이나 용량에 따라 발생하는 비용의 격차 때문인 경우를 말한다. 이러한 가격차별의 항변사유는 독점규제법 및 법 시행령상 명시적으로 규정되어 있지는 않지만 여전히 가격차별의 '부당성'을 판단하는 요소로서 중요하게 검토되고 있다.

가격차별 등의 차별적 취급에 대한 외국의 입법례와 관련하여 제기되는 또 다른 쟁점은 차별적 취급이 성립하기 위해서 그 행위자의 시장지배적지위 또는 거래상 지위가 존재해야 하는가라는 것이다. 이를 긍정하는 견해는 독일이나 EU의 경우에 차별적 취급을 시장지배적지위의 남용행위로 파악하고 있고, 실제로 행위자가 시장지배적지위를 가지지 못한 경우에는 거래상대방이 손쉽게 거래처를 전환할 것이라는 점에 근거를 두고 있다. 그러나 첫째, 독점규제법은 시장지배적사업자가 행하는 차별적 취급행위를 법 제5조가 금지하는 시장지배적지위의 남용행위로 규율할 수 있음에도 이와는 별도로 불공정거래행위의 유형으로서 규정하고 있고, 둘째, 현실적으로 시장지배적사업자 여부의 판단이 쉽지 않은 상황에서 반드시 시장지배적사업자로 판정하기 곤란한 사업자에 의한 부당한 가격차별이 얼마든지 행해질 수 있고, 셋째, 현행 독점규제법 및 법 시행령의 문언상 명시적 근거가 없음에도 구태여 '행위자의 시장지배력'을 요구할 필요 없이 구체적으로 문제가 된 차별적 취급의 부당성을 판단함에 있어서 행위자의 시장지위가 고려될 수 있으므로 타당하지 않다고 생각되고, 공정거래위원회의 실무도 동일한 입장을 취하고 있다.

㈏ 관련 판결례

현재까지 재판상 계열회사를 위한 차별 이외에 차별적 취급이 다투어진 사건으

---

46) 예컨대, J. F. Feeser, Inc. v. Serv-A-Portion, Inc., 909 F.2d 1524 (3d Cir. 1990) 참고.

47) 546 U.S. 164 (2006). 그 밖에도 동 판결에서 연방대법원은 우대받은 구매자와 차별받은 구매자 사이에 실재적 경쟁이 존재하여야 하고, 그 차별의 정도가 상당하지 않으면 경쟁에 대한 부정적 영향을 추정할 수 없다고 하였다.

48) 예컨대, Toledo Mack Sales & Serv. v. Mack Trucks, Inc., 530 F.3d 204 (3d. Cir. 2008); Native Am. Distrib. v. Seneca-Cayuga Tobacco Co., 546 F.3d 1288 (10th Cir. 2008) 등 참고.

로는 다음과 같은 사례들을 찾아 볼 수 있다. 먼저, 5개 신용카드회사들의 차별적 취급 사건에서 동 회사들이 업종별로 가맹점 수수료율을 획일적으로 결정하고 백화점들에 대하여 일률적으로 할인점보다 약 60~70% 높은 수수료율을 적용한 행위가 문제로 되었다. 관련 행정소송 상고심에서 대법원은 법상 '가격차별'은 (1) 거래지역이나 거래상대방에 따라 현저한 가격의 차이가 존재하고, (2) 그러한 가격의 차이가 부당하여 시장에서의 공정한 거래를 저해할 우려가 있는 경우에 성립한다고 하고, 가격차별이 부당한지 여부를 판단함에 있어서는 가격차별의 정도, 가격차별이 경쟁사업자나 거래상대방의 사업활동 및 시장에 미치는 경쟁제한의 정도, 가격차별에 이른 경영정책상의 필요성, 가격차별의 경위 등 여러 사정을 종합적으로 고려하여 가격차별로 인하여 공정한 거래가 저해될 우려가 있는지 여부에 따라 판단하여야 한다고 하였다.49)

대법원은 위와 같은 법리를 이 사건에 적용하여 원심의 판단을 수용하였는데, 백화점과 할인점은 양 업종의 최근 영업전략, 특히 할인점의 영업범위 확대로 인하여 취급품목이 중복됨에 따라 제한적 경쟁관계에 있고 거래상대방에 따른 현저한 가격차이가 존재하는 경우로 볼 수 있으나, 이윤율이 높고 수요의 가격탄력성이 상대적으로 낮은 백화점에 높은 수수료율을 적용하는 것은 경영정책에 따른 현상으로 볼 수 있고, 발전 가능성이 큰 할인점을 선점하려는 경영상의 필요성이 인정되며, 이러한 가격차별이 오히려 다른 카드업자들과 사이에 할인점 선점을 둘러싼 경쟁을 촉진하는 측면이 있는 점 등을 근거로 이 사건 행위의 부당성을 인정할 수 없다고 하였다.50)

또한 한국토지공사의 거래강제 등 사건에서는 동 공사가 건축사업자들에 대하여 공동주택지를 판매하기 위한 선수협약을 체결하면서, 대한주택공사에 대해서만 공급가격이 10% 이상 상승할 경우 협약의 해제를 청구할 수 있는 권한을 부여하고 이에 따라 협약이 해제될 경우 수납한 선수금에 법정이자를 가산하여 반환한다는 조항을 설정한 반면, 다른 민간건축사업자들에 대해서는 그와 같은 경우에 협의해제권만을 규정한 것이 거래조건차별에 해당하는지 여부가 문제가 되었다. 관련 행정소송에서 서울고법 및 대법원은 이 사건 행위는 외견상으로는 특정 사업자를 유리하게 취급하는 것으로서 거래조건에서 차별취급을 한 것으로 보이기는 하지만, 원고의 내부지침 등에 따르면 공급가격이 10% 이상 상승하는 경우에 다른 매수인 역시 요청

49) 대법원 2006. 12. 7. 선고 2004두4703 판결 및 대법원 2006. 12. 8. 선고 2004두4697 판결.
50) 같은 판결 및 서울고법 2004. 4. 7. 선고 2003누195, 2003누416 판결, 서울고법 2004. 6. 3. 선고 2003누249 판결 참고.

하면 협약은 해제될 것으로 보이고, 이 경우 원고가 선수금 및 이에 대한 법정이자를 가산하여 반환해 줄 의무가 있다고 할 것이므로 이 사건 행위는 특정 사업자를 현저하게 유리하거나 불리하게 하는 행위에 해당하지 않는다고 판시하였다.[51)]

그 밖에 근래 법원이 차별적 취급을 다룬 사안으로서 롯데쇼핑의 차별적 취급 등 사건, 골프존의 차별적 취급 사건과 지멘스 등의 시장지배적지위 남용 등 사건을 들 수 있다. 먼저, 롯데쇼핑의 차별적 취급 등 사건에서는 동 사업자의 사업부인 롯데시네마가 자사가 롯데엔터테인먼트라는 명칭으로 배급하는 영화와 다른 배급사의 영화에 대하여 스크린 수, 상영기간, 상영관 크기 등 상영조건을 차별적으로 적용한 행위 등이 문제가 되었다. 관련 행정소송에서 서울고법은 공정거래위원회가 제시한 증거만으로 상영회차, 상영관 규모, 선전행위물 배치와 관련된 차별행위의 존재가 충분히 증명되었다고 보기 어렵고, 나아가 설령 롯데엔터테인먼트가 배급한 영화에 높은 비중을 두었다고 할지라도 문제로 된 영화들에 관한 상영회차와 상영관 규모 등 편성 경위, 실제 흥행실적에 따른 대응 내역 등에 비추어 보면, 이 사건 행위는 개별 영화의 구체적 흥행실적 등을 분석하여 자신의 경제적 이익을 극대화하기 위한 것으로 볼 수 있고 영화산업의 추세와 전반적인 경쟁상황, 상영관들의 영업전략 등에 비추어 볼 때 공정한 거래를 저해할 우려가 있는 행위라고 보기 어렵다고 하였다.[52)] 나아가 독립된 사업자가 아닌 자사 소속 사업부 또는 내부 조직에게 유리한 거래조건을 적용하였다는 것임에도 차별적 취급에 해당할 수 있는지 여부가 다투어졌는데, 위 법원은 롯데엔터테인먼트는 위 사업자에 소속된 하나의 사업부 또는 그 내부 조직에 불과하므로 독자적인 거래상대방이 된다고 볼 수 없으므로 법상 거래조건 차별의 요건을 충족한다고 보기 어렵다고 하였다.[53)]

또한 골프존의 차별적 취급 사건에서 동 사업자가 가맹 스크린골프장에 제공하는 신규 GS시스템을 비가맹점에는 제공하지 않은 것이 문제가 되었다. 관련 행정소송에서 서울고법은 거래조건차별 규정이 적용되기 위해서는 대상 사업자의 범위가 특정되어야 하는데 이는 차별이 문제되는 거래조건이나 거래내용이 아니라 그 외 다른 기준으로 그 범위가 획정되어야 하므로 가맹제품을 비가맹점에 제공하지 않은

---

51) 서울고법 2004. 2. 10. 선고 2001누16288 판결 및 대법원 2006. 5. 26. 선고 2004두3014 판결.

52) 서울고법 2017. 2. 15. 선고 2015누39165 판결. 상고심에서 대법원은 심리불속행 사유에 해당한다는 이유로 상고를 기각하였다(대법원 2017. 7. 11. 선고 2017두39372 판결).

53) 같은 판결. 참고로 아래 (2) '계열회사를 위한 차별' 부분에서 소개하는 CJ CGV의 차별적 취급 등 사건에서도 위 사건과 사실상 동일한 행위가 문제가 되었는데, 다만 CJ CGV의 계열회사로서 별개의 사업자인 CJ ENM을 유리하게 하는 행위에 해당하는지 여부가 문제로 되었다는 점에서 차이가 있다.

것을 문제삼는 이 사건에서 비가맹점사업자를 특정사업자로 규정하는 것은 적절하지 않고, 나아가 비가맹점사업자와의 거래는 일회적·단발적 계약으로서 가맹점용 신규 제품을 출시하는 경우 비가맹점에게 그와 같은 거래조건이나 거래내용으로 공급할 의무를 부담하는 것은 아니며 가맹점과 경쟁할 수 있는 제품을 개발하여 비가맹점에 제공하는 것은 가맹사업의 본질에 반하는 것이므로 부당성을 인정할 수 없다고 판시하였다.[54]

마지막으로 지멘스 등의 시장지배적지위 남용 등 사건에서 공정거래위원회는 동 사업자들이 자사의 CT나 MRI를 구입한 병원에 대하여 독립 유지보수 사업자(ISO: Independent Service Organization)와 거래하였는지 여부에 따라서 장비의 안전관리 및 유지보수에 필수적인 서비스키의 발급가격, 기능, 소요시간 등을 차별적으로 적용한 행위가 시장지배적지위의 남용행위에 해당할 뿐만 아니라 불공정거래행위의 유형 중 차별적 취급에도 해당한다고 하였다. 관련 행정소송에서 서울고법은 위 회사들이 ISO와 거래한 병원에 대하여 불리하게 차별취급하였다고 볼 수 없다고 하면서, 설령 차별취급에 해당하더라도 이는 저작권 행사의 일환으로서 부당하다고 볼 수 없고 ISO를 견제하고자 하는 의도가 있었다고 하더라도 저작권자가 자신의 저작권을 보호하기 위해 이를 배타적으로 행사하는 과정에 수반되어 나타나는 것으로서 그 정도가 지나쳐서 저작권의 남용에 해당한다고 보기 어렵다고 하였다.[55]

(2) 계열회사를 위한 차별

계열회사를 위한 차별의 금지는 그 입법취지가 법 제4장에서 규정하고 있는 각종 경제력집중의 억제 조치들과 마찬가지로 경쟁력이 없는 계열회사가 유지되도록 하거나 경쟁상 우위를 가지도록 함으로써 해당 시장에서의 공정한 경쟁을 저해하는 것을 막고, 계열회사의 유지·확장을 통한 경제력집중을 억제하기 위한 것이다. 이와 관련하여 우선 계열회사를 지원할 목적으로 부당하게 계열회사와 유리한 조건으로 거래하거나 계열회사의 경쟁자와 불리한 조건으로 거래하는 행위는 부당한 가격차별 또는 거래조건차별로 규율할 수 있음에도 굳이 별도의 유형으로 규제하는 이유가 무엇인가라는 문제를 제기할 수 있다. 이에 대하여 계열회사를 위한 차별의 경우 경제력집중을 유지·확대할 수 있는 수단으로서 통상의 차별적 취급보다 그 폐해가 명백하므로 법 시행령은 그 위법성 판단기준을 완화하여 다른 유형의 차별적

54) 서울고법 2019. 10. 2. 선고 2018누76721 판결. 상고심에서 대법원은 심리불속행 사유에 해당한다는 이유로 상고를 기각하였다(대법원 2020. 2. 27. 선고 2019두57923 판결).

55) 서울고법 2020. 2. 6. 선고 2018누43110 판결. 동 판결에 대하여 상고가 제기되어 대법원에 계속 중이다. 이 사건 행위가 시장지배적지위의 남용행위에 해당하는지 여부에 관한 판시 내용은 제2장 Ⅳ. 2. (다) (8) '지멘스 유지보수 서비스 사건 판결' 부분 참고.

취급과는 달리 "정당한 이유 없이"라고 규정한 것(법 시행령 [별표 2] 제2호 다목)이라고 할 수 있다.[56)]

법원은 계열회사를 위한 차별적 취급에 해당하는지 여부를 판단함에 있어서 통상 (1) 차별적 취급행위의 존재, (2) 차별의 현저성, (3) 계열회사를 유리하게 할 목적, (4) 정당한 이유의 유무의 논리적 순서에 따라 관련 사실을 검토하였다. 먼저, 대한주택공사의 불공정거래행위 사건 관련 행정소송에서 서울고법은 동 공사가 계열회사와 건설공사계약을 체결함에 있어서 비계열회사에 대해서는 지급하지 않는 선급금을 지급한 행위에 대하여, 당해 행위가 부실 계열회사의 경영정상화의 촉진을 위한 정부의 수의계약 승인과 금융지원명령의 범위 내에 속하는 행위이고, 이들 계열회사가 도산할 경우 우려되는 아파트건설의 공사중단·종업원의 실직사태·하도급업체의 연쇄도산 등을 방지하기 위한 공익적 목적이 존재하고, 위 회사가 계열회사에 대하여 1조원이 넘는 전대 및 지급보증을 한 상황에서 동반도산을 예방하기 위한 것이라는 점 등을 고려할 때 정당한 이유가 존재한다고 하였다.[57)]

또한 SKT의 차별적 취급 사건에서 법원은 계열회사를 위한 차별과 관련된 여러 가지 쟁점에 관하여 주목할 만한 결정을 내렸다. 이 사건에서 SKT는 계열회사인 SK글로벌이 단말기제조업체들로부터 구입하여 자사의 대리점들에게 공급하는 휴대전화 단말기(사업자모델)를 구입하는 고객에 대해서만 무이자할부판매를 실시하도록 하여 이에 대한 할부채권을 매입해주고, 삼성전자 등 단말기제조업체가 직접 자사의 대리점에 공급하는 단말기(유통모델)는 채권매입대상에서 제외함으로써 상대적으로 불리하게 취급하였다. 관련 행정소송에서 (1) 법상 차별적 취급은 부당하게 '거래의 상대방'을 차별하여 취급하는 행위라고 규정하고 있으므로 계열회사를 위한 차별이 성립하기 위해서 반드시 계열회사가 실제로 거래관계에 있는 거래상대방이어야 하는지 여부, (2) 약 40만원 상당의 단말기를 12개월 무이자할부판매를 할 경우에 계열회사가 얻게 되는 이익을 '현저한 차별'로 볼 수 있는지 여부, (3) 문제가 된 행위가 계열회사를 유리하게 할 목적이 아니라 주로 자사의 이익을 위한 것이었는지 여부, (4) 당시 경쟁업체도 유사한 판촉활동을 하고 있었고, 문제가 된 행위의 결과 계열회사뿐만 아니라 동일한 모델을 제조·납품하는 그 경쟁사업자도 이익을 얻게 되는 등의 사정이 있음에도 불구하고 부당성을 인정할 수 있는지 여부 등이 다투어졌다.

---

56) 대법원 2001. 12. 11. 선고 2000두833 판결 참고.

57) 서울고법 1999. 12. 15. 선고 99누1177 판결. 상고심에서 대법원도 원심의 판시사항을 수용하였다(대법원 2001. 12. 11. 선고 2000두833 판결).

서울고법은 첫째 쟁점에 대하여, 원고와 계열회사 사이에 직접적인 거래관계는 존재하지 않지만 다른 사업자(대리점)를 통하여 그 거래의 상대방(계열회사)을 차별하여 취급하게 하였으므로 구법 제23조 제1항의 "다른 사업자로 하여금" 불공정거래행위를 행하도록 한 것에 해당하고, 이와 같이 다른 사업자로 하여금 거래상대방을 차별하여 취급하게 하는 경우에 차별적인 거래조건은 반드시 다른 사업자(대리점)가 그 거래상대방(계열회사)에 대하여 직접 설정하는 경우뿐만 아니라 원고가 다른 사업자와 거래조건을 설정하여 그 다른 사업자가 원고와의 거래조건을 이행함으로써 간접적으로 그 경제적 효과가 원고의 계열회사인 그 거래의 상대방에게 차별적으로 귀속되는 경우도 포함된다고 하였다.[58]

다만, 위 법원은 차별의 '현저성'을 부정하였다. 즉, 차별의 현저성은 단순히 할인율이나 할인금액의 다과만을 기준으로 획일적으로 결정할 사항이 아니라 독점규제법의 독자적인 입법목적을 고려하여 행위 당시의 시장상황과 그러한 거래조건으로 인한 시장변동의 추이, 소비자들의 구매심리에 미치는 영향, 거래의 당사자에게 귀속되는 이익의 규모와 그 경쟁상대방에게 주는 손해의 정도 등 제반 요소를 종합적으로 감안하여 판단할 상대적 개념이라고 하면서, 그 행위로 말미암아 원고의 계열회사의 경쟁사업자인 단말기제조업자들은 유통모델의 매출감소를 겪었으나, 동 계열회사에 납품하는 사업자모델의 상당한 매출액 증가가 있었으므로 어느 일방에 불리한 것이 아니므로 현저한 차별이라고 볼 수 없다고 판시하였다.[59]

그러나 상고심에서 대법원은 차별의 현저성을 판단하기 위한 관련시장의 범위는 원고의 행위에 의한 경제적 효과의 귀속으로 차별이 발생한 거래분야, 즉 대리점과 계열회사 및 그 경쟁상대인 단말기제조업자와의 거래분야(사업자모델 단말기거래 및 유통모델 단말기거래)에 국한되어야 하고, 이를 넘어서서 원고와 관련 없이 차별적 효과의 범위 밖에서 일어난 별도의 거래분야(단말기제조업자의 사업자모델단말기 판매증가)까지 포함할 수 없다고 하면서 원심의 이 부분 판단을 배척하였다.[60]

하지만 대법원은 '계열회사를 유리하게 할 의도'가 인정되지 않는다고 하였다. 즉, 계열회사를 유리하게 할 의도는 "사업자가 자기의 이익을 위하여 영업활동을 한 결과가 계열회사에 유리하게 귀속되었다는 사실만으로는 인정하기에 부족하고, 차별행위의 동기, 그 효과의 귀속주체, 거래의 관행, 당시 계열회사의 상황 등을 종합적으로 고려하여 사업자의 주된 의도가 계열회사가 속한 일정한 거래분야에서 경쟁을

58) 서울고법 2002. 10. 10. 선고 2001누16073 판결.

59) 같은 판결.

60) 대법원 2004. 12. 9. 선고 2002두12076 판결.

제한하고 기업집단의 경제력집중을 강화하기 위한 것이라고 판단되는 경우에 한하여 인정된다."고 하였다.[61] 나아가 이 사건 원고의 행위는 신세기통신과의 기업결합 승인 조건을 이행하기 위하여 시장점유율을 낮추면서도 그 하락속도를 완화하기 위한 원고의 필요에서 비롯되었고, 이 사건 판촉활동으로 원고 역시 계열회사가 얻은 이익을 훨씬 초과하는 이익을 얻었으며, 사업자모델에 무이자할부채권 양수대상을 한정한 것도 제품 특성 및 유통구조의 차이에 비추어 효과적인 영업활동으로 인정되고, 당시 계열회사에 이익을 주어야 할 긴급한 경영상의 필요도 인정되지 않으므로 계열회사를 유리하게 할 의도가 인정되지 않는다고 하였다.[62]

그 후 현대자동차 등의 차별적 취급 사건에서 차별적 취급행위의 유무 판단에 관한 어려운 쟁점이 제기되었다. 이 사건에서는 동 회사들이 (1) 계열 금융회사인 현대캐피탈과 자동차 구매고객 사이에 적용되는 할부판매금리를 자신들이 직접 결정하면서, 현대캐피탈에 대해서는 당시 회사채금리에 일정한 부가금리를 가산한 기준금리로 사후에 정산하기로 하는 내용의 '오토할부약정'을 체결하고, 2002년 초 당시 회사채금리를 기준으로 한 정산금리보다 낮은 수준으로 인하하고, (2) 각 신용카드회사와 별도로 제휴카드 발급을 위한 약정을 체결하면서 각 카드별 결제한도를 200만~600만원으로 제한하여 운영하는 것에 반하여, 계열회사인 현대카드와 자동차 전용카드 제휴약정을 체결하면서 동 카드를 단독으로 사용하는 경우에는 결제한도를 1,000만원으로 책정한 것이 문제가 되었다.

관련 행정소송에서 서울고법은 위 할부판매금리 인하행위에 관하여 원고들과 비계열 할부금융사와의 사이에는 아무런 거래관계가 존재하지 아니하므로 이들을 차별취급의 대상이 되는 거래상대방으로 볼 수 없고, 다만 원고들은 계열사인 현대캐피탈과의 오토할부약정을 통하여 동 회사가 원고의 자동차 구매고객에게 제공하는 오토할부의 할부금리를 결정하고 있으므로 원고들의 자동차 구매고객은 일응 차별적 취급의 대상이 될 수 있는 거래상대방이라고 할 수 있으나 원고들이 할부금리를 인하한 행위는 원고의 자동차를 할부로 구매하는 고객들에게 유리한 거래조건을 선택할 수 있도록 한 것에 불과하므로 차별적 취급 자체가 존재하지 않는다고 판시

61) 같은 판결.

62) 같은 판결. 또한 대법원은 단말기시장 전체로 보면 단말기제조업자들 역시 사업자모델의 제조업자로서 이익을 얻게 된 점, 당시 원고의 경쟁사업자들도 유사한 판촉활동을 하고 있었던 점, 점유율 하락속도를 둔화시키기 위하여 한 행위의 결과로 단말기 유통회사인 계열회사의 매출증가로 이어지게 된 점, 무이자할부채권의 양수대상을 사업자모델로 한정하더라도 단말기제조업자들의 유통모델에 대한 경쟁을 유발하게 되어 합리적으로 이동통신서비스 가입자 수의 증가를 가져올 수 있는 점 등을 근거로 이 사건행위의 공정거래저해성 역시 인정하지 않았다.

하였다.[63)]

그러나 상고심에서 대법원은 원심의 이 부분 판시사항을 배척하여 차별적 취급의 존재를 인정하되, 다만 계열회사를 유리하게 하기 위한 의도 및 부당성이 인정되지 않는다고 하였다.[64)] 즉, 자동차 할부금융사들은 원고들이 제조·판매하는 자동차를 할부로 구매하려는 고객들을 상대로 자신들의 할부금융상품을 판매하는 것이므로 원고들과 자동차 할부금융상품을 취급하는 현대캐피탈 및 비계열 할부금융사 사이에는 위 고객들을 매개로 하는 실질적 거래관계가 존재하고, 원고들이 현대캐피탈과의 오토할부약정에 기하여 오토할부의 할부금리를 인하하는 것은 원고들이 제조·판매하는 자동차를 할부로 구매하려는 고객들 중 현대캐피탈을 이용하는 고객과 다른 비계열 할부금융사를 이용하는 고객들을 차별하는 행위로서 이러한 차별로 인하여 현대캐피탈에게 고객의 증가라는 차별효과가 귀속되게 되므로 이 사건 행위는 일응 계열회사를 유리하게 하는 차별적 취급행위에 해당한다고 판시하였다.[65)] 하지만 원고들은 거래비용의 감소 및 영업정보의 누설 방지 등과 같은 사업경영상의 필요에 의하여 계열사인 현대캐피탈과만 오토할부약정을 체결하였으며, 이 사건 할부금리의 조정 과정에 비추어 계열회사를 유리하게 할 의도가 인정되지 않고, 자동차 할부금리 인하의 사회적 요구, 경쟁업체의 할부금리 인하 등과 같은 사회적 여건 및 영업환경 변화에 대처하고자 이 사건 행위가 이루어졌다고 볼 수 있으므로 공정한 거래를 저해할 우려가 있는 행위라고 하기 어렵다고 판시하였다.[66)]

근래 법원이 계열회사를 위한 차별적 취급에 해당하는지 여부를 검토한 사안으로서 CJ CGV의 차별적 취급 등 사건을 찾아볼 수 있다. 이 사건에서 위 사업자가 계열회사인 CJ ENM이 배급하는 영화를 상영회차, 상영관 규모, 예고편 편성, 현장마케팅 등의 측면에서 다른 배급사가 공급하는 영화에 비하여 유리하게 취급하였는지 여부 등이 문제가 되었다. 관련 행정소송에서 서울고법은 계열회사를 위한 차별적 취급에 관한 종전의 판례 법리를 원용한 뒤, 공정거래위원회가 제시한 증거만으로 상영회차, 좌석비중, 상영기간, 상영관 규모, 현장마케팅 등과 관련된 차별행위의 존재 및 그 현저성이 인정되기 어렵고, 나아가 설령 CJ ENM이 배급한 영화에 높은

63) 서울고법 2004. 10. 28. 선고 2002누16827 판결. 다만, 동 법원은 계열회사의 결제한도를 차별적으로 유리하게 책정한 행위에 대해서는, 각 카드회사들과의 거래가 존재하고, 그 차별 정도가 현저하며, 계열회사를 유리하게 할 목적이 인정되므로 계열회사를 위한 차별에 해당한다고 판시하였다.

64) 대법원 2007. 2. 23. 선고 2004두14052 판결. 다만, 계열회사의 결제한도를 차별적으로 유리하게 책정한 행위에 대해서는, 원심의 판시사항을 그대로 수용하였다.

65) 같은 판결.

66) 같은 판결.

비중을 두었다고 할지라도 문제로 된 영화들에 관한 상영회차와 상영관 규모 등 편성 경위, 실제 흥행실적에 따른 대응 내역 등에 비추어 보면, 이 사건 행위는 개별 영화의 구체적 흥행실적 등을 분석하여 자신의 경제적 이익을 극대화하기 위한 차원에서 이루어진 것으로 볼 수 있고, 영화산업의 추세와 전반적인 경쟁상황, 상영관들의 영업전략 등에 비추어 볼 때 공정한 거래를 저해할 우려가 있는 행위라고 보기도 어렵다고 하였다.[67)]

토의 과제

1 법상 부당한 가격차별이 성립하기 위한 요건을 설명하고, 우리나라뿐만 아니라 미국의 경우에도 가격차별의 규제가 적극적으로 이루어지지 않는 이유를 생각해 보시오.

2 계열회사를 위한 차별적 취급이 성립하기 위하여 기타 유형의 차별적 취급과 마찬가지로 경쟁제한 효과가 입증되어야 하는지 설명해 보시오.

(다) 경쟁사업자 배제

(1) 개 설

법 제45조 제1항 제3호는 "부당하게 경쟁자를 배제하는 행위", 즉 경쟁사업자 배제를 불공정거래행위의 한 유형으로 규정하고 있고, 법 시행령은 그 세부유형으로서 부당염매와 부당고가매입의 두 가지를 규정하고 있다. 먼저, 부당염매는 공급자가 공급에 소요되는 비용보다 현저히 낮은 가격으로 공급하여 경쟁자를 배제시킬 우려가 있는 행위를 말하는데, 다시 '정당한 이유 없이' 그 공급에 소요되는 비용보다 현저히 낮은 대가로 계속하여 공급하거나('계속거래상의 부당염매') 그 밖에 '부당하게' 낮은 가격으로 공급하여('그 밖의 부당염매') 자기 또는 계열회사의 경쟁사업자를 배제시킬 우려가 있는 행위를 말한다(법 시행령 [별표 2] 제3호 가목). 이에 대하여 부당고가매입은 수요자가 부당하게 상품 또는 용역을 '통상거래가격'에 비해 높은 대가로 구입하여 자기 또는 계열회사의 경쟁사업자를 배제시킬 우려가 있는 행위를 말한다(법 시행령 [별표 2] 제3호 나목).

67) 서울고법 2017. 2. 15. 선고 2015누44280 판결. 상고심에서 대법원은 심리불속행 사유에 해당한다는 이유로 상고를 기각하였다(대법원 2017. 7. 11. 선고 2017두39303 판결).

〔연　　혁〕

경쟁사업자 배제는 법 제정 당시로부터 줄곧 불공정거래행위의 한 유형으로 규정되었지만, 그 구체적인 유형을 정한 고시 또는 법 시행령의 규정은 상당한 변화를 겪었다. 당초 1981년 제정된 불공정거래행위지정고시(경제기획원 고시 제40호)는 '부당염매 및 부당고가매점'이라는 제목으로 "경쟁자를 배제하기 위하여 부당하게 낮은 대가를 가지고 상품 또는 용역을 공급하거나 부당하게 높은 대가를 가지고 상품 또는 용역의 공급을 받는 행위"라고 규정함으로써 '경쟁자배제의 목적'이라는 주관적 요건을 규정하면서, 부당염매가 성립되기 위한 가격의 기준에 관해서는 아무런 언급이 없었다. 그 후 1986년 개정된 고시(경제기획원 고시 제86-4호)에서는 경쟁사업자 배제가 성립하기 위한 가격의 기준에 대하여 부당염매의 경우에는 "상품 또는 용역의 제조나 제공에 소요되는 비용보다 현저히 낮은 대가", 부당고가매입의 경우에는 "통상거래가격에 비하여 현저히 높은 대가"라고 하였으며, 또한 종전에는 요구되지 않았던 '거래의 계속성'을 요구하였다. 다시 1990년 개정된 불공정거래행위의유형및기준고시(공정거래위원회 고시 제90-7호)에서는 종전에는 규정하지 않았던 부당성 판단기준을 규정하여 부당염매에 대해서는 "정당한 이유 없이", 부당고가매입에 대해서는 "부당하게"라고 규정하고, 주관적 요건을 삭제하였으며 당해 행위의 결과 '자기 또는 계열회사의 경쟁사업자를 배제시킬 우려가 있을 것'을 요건으로 규정하였다. 그 후 1995년 개정된 불공정거래행위의유형및기준고시(공정거래위원회 고시 제95-6호)는 경쟁사업자 배제의 유형과 관련하여 특이한 규정을 두었는데, 우선 (1) 계속거래상의 부당염매, (2) 장기거래계약상의 부당염매, (3) 부당고가매입이라는 세 가지 유형을 규정하였다. 그 중 계속거래상의 부당염매의 요건에 대해서는 종전의 부당염매와 동일하게 규정하고, 장기거래계약상의 부당염매에 대해서는 "장기납품계약, 운송계약 등 장기간 동안의 상품 또는 용역을 거래하는 계약에 있어서 부당하게 낮은 대가로 계약함으로써 자기 또는 계열회사의 경쟁사업자를 배제시킬 우려가 있는 행위"라고 규정하였다. 또한 종래 부당고가매입의 요건으로 요구하였던 '거래의 계속성' 요건을 삭제하였다. 그런데 경쟁사업자 배제의 성립요건과 관련하여 실무상 '계속거래' 또는 '장기납품거래계약' 여부에 대한 논란이 제기되었고, 반드시 이들의 경우에만 부당염매를 금지하는 합리적 근거가 없다는 비판이 제기되어 1997년 개정된 법 시행령의 '일반불공정거래행위의 유형 및 기준'에서 부당염매의 요건을 정하면서 현행과 같이 규정하였다.

부당염매 등을 통한 경쟁사업자 배제에 관해서는 미국 독점금지법 이론 및 판례상 풍부한 논의가 이루어졌다. 부당염매는 미국 연방독점금지법상 소위 '약탈적 가격책정'(predatory pricing)에 해당하는 것으로서, 위에서 살펴본 로빈슨패트만법(Robinson-Patman Act)에 위배되는 가격차별의 유형 중 제1선 가격차별(primary line injury case)이나 셔먼법 제2조에 위배되는 독점화(monopolization) 또는 독점화기도(attempt to monopolize)로 다루어지는데, 양자의 위법성 판단기준은 사실상 동일하다. 즉, 연방법원의 판례상 약탈적 가격책정이 성립하기 위해서는 (1) 문제의 가격이 적절하게 산정된 공급비용보다 낮은 수준이어야 하고, (2) 부당염매를 통하여 경쟁자를 배제한 후에 염매로 인한 손해를 만회할 합리적 개연성(로빈슨패트만법 사건) 또는 위험한 개연성(셔먼법 제2조 사건)이 존재하여야 한다.[68]

구체적으로 과연 어떤 가격수준을 기준으로 부당염매 여부를 판단할 것인가에 대하여 미국 독점금지법 학설 및 판례상 다양한 견해가 존재하고, 현재까지 확립된 기준은 없다고 할 것이다. 다만, 학설상으로는 Areeda 교수와 Turner 교수가 제시한 소위 'Areeda-Turner Test'가 대표적이라고 할 수 있는데, 이에 따르면 합리적으로 예측되는 한계비용(reasonably anticipated marginal cost)을 기준으로 하되, 현실적으로 이를 측정하기 어려우므로 대신 평균가변비용(average variable cost)을 기준으로 하여 이에 미달하는 가격은 약탈적이라고 한다.[69] 그러나 각 연방항소법원들은 구체적인 사건에서 가격의 약탈성을 판단함에 있어서 다양한 기준을 적용하고 있는 실정이다.[70]

현행 법 시행령 역시 '계속거래상의 부당염매'와 관련하여 염매의 기준으로서 "그 공급에 소요되는 비용보다 현저히 낮은 가격"이라고 규정함으로써 입법적으로 Areeda-Turner 기준과 유사하게 공급비용을 바탕으로 한 기준을 채택하였다고 할 수 있으나, 그 구체적인 산정방법에 대해서는 여전히 의문이 남는다. 또한 '그 밖의 부당염매'에 대해서는 그나마 법 시행령상 아무런 기준도 제시되지 않았는데, 이를 구별할 근거가 없으므로 일응 계속거래상의 염매와 동일한 기준을 적용하여야 할 것으로 보인다.

(2) 관련 판결례

경쟁사업자 배제에 관한 판결례를 살펴보면 현재까지 부당고가매입에 대한 것은 찾을 수 없고, 저가입찰행위가 부당염매에 해당하는지 여부를 검토한 것이 있을 뿐이다. 캐드랜드의 부당염매 사건 관련 행정소송에서 서울고법은 동 회사가 한국전력공사의 배전지리정보시스템 구축용 컴퓨터소프트웨어 구매입찰에 응찰하면서

---

68) Brooke Group Ltd. v. Brown & Williamson Corp., 509 U.S. 209 (1993).

69) 경제학적으로 합리적인 공급자는 이익을 극대화하기 위해서는 한계비용과 일치하는 수준에서 상품의 가격(한계수입)을 결정할 것이고, 손실이 예상되는 경우에도 그 손실을 최소화하기 위해서 가격이 평균가변비용 이상에서 책정되는 한 공급을 계속할 것이므로 평균가변비용 수준을 생산중단점(shut-down point)이라고 한다.

70) 그 중 특기할 만한 것으로서 제5 연방항소법원은 설령 평균가변비용보다 높은 가격을 책정하였다고 하더라도 단기 이윤극대화 수준보다 낮고 당해 시장에서의 진입장벽이 매우 높아서 행위자가 새로운 경쟁자의 진입이 이루어지기 전에 염매로 인한 손실을 만회할 수 있는 경우에는 위법한 약탈적 가격책정으로 볼 수 있다고 판시하였다(International Air Industries v. American Excelsior Co., 517 F.2d 714 (5th Cir. 1975) 참고).

응찰가격 1원을 제시하여 낙찰받은 행위에 대하여, 우선 당해 계약이 당시 시행 중이던 '불공정거래행위의 유형 및 기준고시'(공정거래위원회 고시 제95-6호) 소정의 장기거래계약임을 인정한 뒤, 1원에 응찰한 행위는 설령 기술습득, 인지도 제고, 기술인력의 활용과 기술개발 도모 및 시장개척기에서의 과감한 투자를 위한 것일 뿐만 아니라 그러한 응찰가격이 자신이 공급받은 가격과 동일하다는 사정이 존재한다고 할지라도 원고 자신이 당초 훨씬 높은 가격을 제시한 점, 원고에 대한 공급가격은 비정상적인 점 및 국내 시중판매가격을 고려할 때 법 시행령 소정의 "낮은 대가"임이 명백하다고 판시하였다.[71]

또한 해당 염매행위의 부당성에 대해서도 원고가 관련시장인 지리정보시스템용 소프트웨어 시장에서 경쟁사업자와 거의 대등한 시장점유율을 보유하고 있는 이상 문제의 행위가 존립을 위하여 부득이한 소위 '대항염매'에 해당한다고 볼 수 없으므로 무상과 다름없는 응찰행위는 부당하다고 하였으며, 나아가 경쟁사업자를 배제시킬 우려의 존재에 관하여도 위 고시 규정상 반드시 현실적으로 경쟁사업자가 배제되는 결과를 야기하여야 하는 것은 아니고 그러한 우려가 있으면 족하므로 장기간의 거래를 예정하고 있는 입찰에 부당하게 낮은 가격으로 응찰한 이상 경쟁사업자를 배제할 우려가 있음을 부인할 수 없다고 하였다.[72]

그 후 현대정보기술의 부당염매 사건 관련 행정소송에서 서울고법은 다시 염매행위의 부당성 여부를 판단하였는데, 사실관계가 위 캐드랜드 사건의 경우와 유사함에도 불구하고 상반된 결론을 내렸다. 즉, 현대정보기술은 인천광역시 시스템통합용역 입찰에서 예정가의 2.98%에 해당하는 금액에 응찰하여 낙찰자로 선정되었다. 우선, 위 법원은 원고의 저가 응찰행위가 염매에 해당하는지 여부에 대해서 구법 시행령상 요건에 따라 "공급에 소요되는 비용"을 기준으로 판단할 때[73] 인건비를 반영하지 않았으므로 염가에 해당한다고 하였다.[74]

하지만 위 법원은 이 사건 행위의 부당성을 부정하였는데, 그 판단을 위해서

---

71) 서울고법 1997. 7. 31. 선고 96구21388 판결. 이 사건에 적용된 '불공정거래행위의 유형 및 기준고시'(공정거래위원회 고시 제95-6호)는 계속거래상 부당염매의 가격기준에 대해서 "공급에 소요되는 비용"이라고 하였으나 '장기거래계약상 부당염매'의 경우에는 "낮은 대가"라고만 규정하고 있었다.

72) 같은 판결.

73) 실제로 구법 시행령 [별표 1의2] 제3호 가목의 문언을 살펴보면, 그 전단은 '계속거래상 부당염매'의 기준으로서 "공급에 소요되는 비용보다 현저히 낮은 대가"라고 규정하고 있는 데 반하여, 그 후단은 '기타의 부당염매'를 규정하면서 염매의 기준에 대하여 아무런 언급이 없음에도 불구하고 법원은 이 점에 대한 아무런 논의 없이 동일한 기준을 적용하였다.

74) 서울고법 1999. 2. 11. 선고 98누9181 판결.

고려하여야 할 요소로서 "염가의 의도·목적, 염가의 정도, 염가판매의 기간, 반복계속성, 대상 상품·용역의 특성과 수량, 행위자의 사업규모 및 시장에서의 지위, 염매의 영향을 받는 사업자의 수 및 사업규모, 시장에서의 지위 등"을 열거한 뒤, 이 사건 원고의 행위는 (1) 시장에의 신규진입 및 기술과 경험의 축적이라는 목적이 있었고, (2) 원고가 다른 저가 입찰을 한 적이 없었으며, (3) 경쟁사업자들이 이 사건 용역 저가 입찰행위로 말미암아 시장에서 배제될 우려가 없었던 점 등에 비추어 부당하지 않다고 하였다.[75] 특히, 원고의 행위로 말미암아 경쟁사업자가 배제될 우려가 있는지 여부에 대해서 위에서 설명한 캐드랜드 사건 판결과는 다른 입장을 취하였다. 즉, 법 시행령상의 '우려'는 추상적인 우려가 아니라 어느 정도 구체성을 지닌 우려를 가리킨다고 하면서 이 사건의 경우에 인천광역시가 입찰참가자격을 제한함으로써 경쟁사업자가 소수의 사업자들로 제한되었는데, 이들이 모두 대규모기업집단 소속 계열회사로서 자금, 규모, 인력 등의 측면에서 원고에 뒤떨어지지 않았고, 이 사건 용역이 1회성의 것인 점에 비추어 이 경쟁사업자들이 관련시장에서 배제될 우려가 없으므로 결국 부당염매에 해당하지 않는다고 판시하였다.[76]

그런데 위 서울고법의 판결은 우선, 경쟁사업자를 배제시킬 우려 유무를 판단함에 있어서 현재의 특정한 경쟁사업자들에 대한 영향만을 고려함으로써 부당염매가 불특정한 잠재적 경쟁자들에 대해 초래할 수 있는 경쟁제한 효과를 무시한 것이라고 할 수 있다. 따라서 원고의 행위에 대한 관련시장의 분석 등을 통하여 '경쟁사업자를 배제시킬 우려'가 인정될 수 있을 것이고, 또한 다른 근거로 제시된 '원고가 과거에 염매행위를 한 전력이 없다는 점'은 부당성을 판단함에 있어서 중요한 근거로 삼을 수 없다고 할 것이다. 그렇다면 결국 원고의 행위가 '시장에의 신규진입 및 기술과 경험의 축적'이라는 목적을 가진 것이라는 점이 부당성을 부인할 수 있는 유일한 근거라고 할 것인데, 이러한 사정은 캐드랜드의 부당염매행위 사건에서도 마찬가지로 존재하였을 뿐만 아니라, 그러한 이유가 존재하는 염매라고 할지라도 합리적 범위 내에서만 허용될 수 있다는 점을 고려할 때 양 판결을 조화시키기는 쉽지 않을 것이다.

그 후 상고심에서 대법원은 먼저 문제가 된 행위가 계속거래상 부당염매가 아니라 '기타의 부당염매'임을 지적하고, 후자의 경우에는 전자와 달리 그 자체로서 공정한 거래를 저해할 우려가 있다고 보기 어려우므로 그것이 부당하게 행해진 경우라야 공정거래저해성을 인정할 수 있다고 하였다. 나아가 구법 시행령상 '경쟁사

---

75) 같은 판결.
76) 같은 판결.

업자를 배제시킬 우려'와 관련하여 부당염매를 규제하는 취지가 시장지배적지위의 남용을 사전에 예방하는데 있으므로 시장진입이 예상되는 잠재적 사업자도 경쟁사업자의 범위에 포함되고, '경쟁자를 배제시킬 우려'가 충족되기 위해서 실제로 경쟁자를 배제할 필요는 없고 그러한 결과가 초래될 위험성이 '추상적'으로 인정되면 족하다고 하면서 원심 판결의 견해를 배척하였다.

그러나 정작 경쟁사업자를 배제시킬 우려 유무에 대하여, 염매행위의 의도, 목적, 염가의 정도, 행위자의 사업규모 및 시장에서의 지위, 염매의 영향을 받는 사업자의 상황 등을 종합적으로 살펴서 개별적으로 판단하여야 한다고 하면서, 원고의 입찰목적과 이 사건 입찰행위의 1회성 등을 고려할 때 경쟁사업자를 배제시킬 위험성이 없다고 하였다.[77] 나아가 문제가 된 행위의 부당성에 대해서도 신규시장에 진입하여 기술과 경험을 축적할 목적이었다는 점, 이 사건 용역사업이 1회성 사업이었으므로 같이 응찰한 경쟁사업자들이 향후 당해 시장에서 배제될 우려가 없다는 점 등에 비추어 볼 때 부당한 행위라고 볼 수 없다고 판시하였다.[78]

토의 과제

1 독점규제법상 부당염매와 미국 연방독점금지법상 약탈적 가격책정의 성립요건을 비교하고, 그 차이점을 설명해 보시오.

2 대법원이 현대정보기술의 부당염매 사건에서 '경쟁자를 배제시킬 우려'에 관하여 판시한 내용을 설명하고, 이 사건과 캐드랜드의 부당염매 사건의 사실관계를 비교하여 양자 간 차이점을 설명해 보시오.

(라) 부당한 고객유인

(1) 개 설

법 제45조 제1항 제4호는 "부당하게 경쟁자의 고객을 자기와 거래하도록 유인하는 행위", 즉 부당한 고객유인을 불공정거래행위의 한 유형으로 규정하고 있고, 법 시행령은 그 세부유형으로서 (1) 부당한 이익에 의한 고객유인, (2) 위계에 의한 고객유인, (3) 그 밖의 부당한 고객유인 등 세 가지를 열거하고 있다. 이들은 각각 "정상적인 거래관행에 비추어 부당하거나 과대한 이익을 제공하거나 제공할 제의를 하여", "부당한 표시·광고 외의 방법으로 자기가 공급하는 상품 또는 용역의 내용

77) 대법원 2001. 6. 12. 선고 1999두4686 판결.

78) 같은 판결.

이나 거래조건 및 그 밖의 거래에 관한 사항을 실제보다 또는 경쟁사업자의 것보다 현저히 우량 또는 유리한 것으로 고객이 잘못 알게 하거나 경쟁사업자의 것이 실제보다 또는 자기의 것보다 현저히 불량 또는 불리한 것으로 고객을 잘못 알게 하여", 그리고 "경쟁사업자와 그 고객의 거래를 계약성립의 저지, 계약불이행의 유인 등의 방법으로 거래를 부당하게 방해하여" 경쟁사업자의 고객을 자기와 거래하도록 유인하는 행위를 말한다(법 시행령 [별표 2] 제4호 가목부터 다목까지).

〔연 혁〕
독점규제법 제정 이래 지속적으로 불공정거래행위지정고시 또는 법 시행령은 부당하거나 과대한 이익의 제공을 통하여 경쟁자의 고객을 유인하는 행위 및 허위 또는 과장의 표시·광고 등을 통하여 경쟁자의 고객을 유인하는 행위를 불공정거래행위의 한 유형으로 금지해 왔다. 그 중 허위 또는 과장 표시·광고에 의한 고객유인은 그 특수성을 고려하여 줄곧 다른 유형의 고객유인과는 별도로 규정되었는데, 1999. 2. '표시·광고의 공정화에 관한 법률'(법률 제5814호)이 제정됨에 따라 이제 허위 또는 과장 표시·광고행위는 독점규제법의 규제대상에서 제외되었고, 그 밖의 부당한 고객유인행위는 여전히 독점규제법상 불공정거래행위으로 규제되고 있다. 당초 불공정거래행위지정고시는 부당한 표시·광고 이외에 '부당한 이익에 의한 고객유인'을 규정하고 있었고, 1986년 추가적으로 '위계에 의한 고객유인'을 별도의 유형으로 규정하였으며, 다시 1995년 개정된 '불공정거래행위의 유형 및 기준고시' 및 그 후 개정된 법 시행령 별표에서는 '부당한 이익에 의한 고객유인'과 '위계에 의한 고객유인' 이외에 경쟁사업자와 그 고객 사이의 거래에 대한 계약성립의 저지 또는 계약불이행의 유인 등의 방법에 의한 '기타의 부당한 고객유인'을 별도로 규정하였다. 또한 부당한 이익에 의한 고객유인의 특수한 형태라고 할 수 있는 경품류제공을 통한 고객유인행위 등에 대해서는 이미 언급한 바와 같이 1982년 이래 별도로 흔히 '경품고시'라고 부르는 고시로 규제해오다가 2016년 폐지되었다.

사업자가 고객을 유인하는 행위는 그 자체가 경쟁의 본질이라고 할 수 있고, 특히 이익제공을 통한 고객유인은 그 성질상 소비자에게 편익을 제공하는 것으로서 가격을 인하하는 것과 유사한 결과를 낳으며, 흔히 시장에 신규로 진입하는 사업자가 사용하는 판촉전략으로서 오히려 경쟁을 촉진할 수 있으므로 이러한 행위를 통하여 경쟁사업자나 해당 시장의 경쟁질서에 미치는 부정적인 영향이 소비자가 받는 편익이나 경쟁을 촉진하는 효과보다 큰 경우에 한하여 위법하다고 할 수 있다. 또한 이를 규제한다고 하더라도 과연 독점행위나 경쟁제한행위를 규율대상으로 삼는 경쟁법으로 규제해야 하는지에 대하여 논란의 여지가 있다.

미국의 경우를 살펴보면 경품 등의 이익제공을 통한 고객유인은 경쟁사업자를 배제하는 효과가 있는 약탈적 가격책정(predatory pricing)으로 인정되지 않는 한, 직접적으로 독점금지법이 적용되지 않고 사안에 따라 기타의 소비자보호 관련 법령 등에 의해 별도로 규제된다. 그 밖에 기만적 표시·광고를 포함한 위계에 의한 고객유인 등은 '불공정한 경쟁방법 및 불공정하거나 기만적 행위 또는 관행'(unfair methods of competition and unfair or deceptive acts or practices)을 포괄적으로 금지하는 연방거래위원회법 제5조에 의해 규제되고 있다.79)

(2) 관련 판결례

그동안 부당한 고객유인을 다룬 판결례를 살펴보면, 먼저 부당한 이익에 의한 고객유인의 사례는 근래 주목을 받았던 제약회사들의 부당한 고객유인 사건 등을 제외하고는 대부분 경품류제공에 관한 것이었고, 위계에 의한 고객유인의 사례 역시 대부분 표시·광고행위에 의한 것이었으며, 그 밖의 부당한 고객유인에 관한 판결례는 찾아볼 수 없다. 아래에서는 경품류제공 이외의 부당한 이익에 의한 고객유인행위와, 별도의 법률로 규제되고 있는 표시·광고행위 이외의 방법에 의한 위계에 의한 고객유인행위에 관한 판결례들을 살펴보기로 한다.

먼저, 한국오라클의 부당한 고객유인 사건에서, 동 사업자가 대학병원의 통합의료정보시스템 재구축사업에 소요되는 DBMS 사업을 수주하기 위해 해당 병원 관계자 및 위 사업의 응용프로그램 개발업체로 내정된 소프트웨어 개발업체의 직원에게 경쟁사업자의 경영현황 등과 관련하여 사실에 근거하지 않고 경쟁사업자에게 불리한 내용만을 수록하고, 객관적인 검증이나 근거 없이 경쟁사업자의 제품이 원고 제품에 비해 열등한 것과 같이 비교한 자료를 제공한 행위가 '위계에 의한 고객유인'에 해당하는지 여부가 다투어졌다.

관련 행정소송에서 서울고법 및 대법원은 먼저, 부당한 고객유인행위의 대상이 되기 위한 '고객'은 경쟁사업자와 계속적인 거래관계가 유지되고 있는 상대방만을 말한다는 원고의 주장을 배척하면서, 부당한 고객유인행위를 금지하는 취지가 기만적인 경쟁수단을 통하여 고객의 구매에 관한 자유로운 선택과 결정을 왜곡함으로써 품질과 가격에 따른 공정한 경쟁을 저해하는 것을 방지하기 위한 것이므로 그 객체가 되는 상대방은 반드시 기존에 경쟁사업자와 거래관계를 유지하고 있는 상대방에

79) 위 조항은 당초에 '불공정한 경쟁방법'(unfair methods of competition)만을 금지대상으로 규정하였으나 연방대법원이 1931년 Raladam Co. 사건 판결에서 경쟁에 미치는 부정적인 영향을 입증하지 못하면 동 조항을 적용할 수 없다고 판시한 것에 대한 대응으로서, 1938년 의회가 Wheeler-Lea 개정법으로 '불공정하거나 기만적인 행위나 관행'(unfair or deceptive acts or practices)이라는 문구를 추가하였음은 이미 설명한 바와 같다. 위 Ⅰ. '개설' 부분 참고.

한정되지 아니하고 장래에 경쟁사업자의 고객이 될 수 있는 상대방을 포함한다고 판시하였다.[80)]

나아가 '오인의 우려'에 관하여, 부당한 고객유인행위를 금지하는 독점규제법의 취지는 고객의 자유로운 판단과 선택을 왜곡하는 위계 내지 기만적 방법에 따른 유인행위 자체를 금지하려는 것이므로 문제의 행위로 인하여 고객이 오인될 우려가 있으면 충분하고 반드시 고객에게 오인의 결과가 발생함을 요하지 않으며 '오인의 우려'라 함은 고객의 상품 또는 용역에 대한 선택에 영향을 미칠 가능성 또는 위험성을 말한다고 하면서, 이러한 기준을 이 사건에 적용하면 문제의 비교자료가 구매기관의 의사결정과정에 영향을 미쳤을 가능성이 존재하므로 오인의 우려가 인정된다고 판시하였다.[81)]

또한 제약회사들의 부당한 고객유인 사건에서 제약회사들이 병원이나 전문의약품 처방권한이 있는 의사 등에 대하여 현금이나 물품을 지급하고 각종 경비를 지원하는 행위(소위 '리베이트지급 관행')가 '부당한 이익에 의한 고객유인'에 해당하는지 여부가 다투어졌다. 일성신약의 부당한 고객유인 사건 등 일련의 사건 관련 행정소송에서 서울고법은 부당한 이익에 의한 고객유인 여부를 판단함에 있어서, '정상적인 거래관행'이란 바람직한 경쟁질서에 부합하는 해당 업계의 통상적인 거래관행을 의미하는 것으로서 현실의 거래관행과 항상 일치한다고 볼 수는 없고, '부당하거나 과대한 이익'이란 관계 법령에 의하여 금지되거나 정상적인 거래관행에 비추어 통상적인 수준을 넘어서는 이익을 의미한다고 하면서, 각국의 의약품 마케팅과 관련된 규제 현황과 국내 제약업체의 공정경쟁규약의 내용, 의약품에 관한 판촉활동의 상대방이 직접적인 소비자가 아니라 약품의 오남용을 막기 위해 면허제도를 통해 처방권을 부여받은 의료전문 종사자이고 생명 관련 사업이라는 특성 등으로 인하여 다른 업종보다 높은 규범성이 요구되는 점, 위 회사가 의료기관 등에 대하여 행한 이 사건 각종 지원행위의 의도와 그 규모 등을 종합해 볼 때, 부당한 이익에 의한 고객유인에 해당한다고 판시하였다.[82)]

---

80) 서울고법 2001. 4. 24. 선고 99누14098 판결 및 대법원 2002. 12. 26. 선고 2001두4306 판결.

81) 같은 판결.

82) 서울고법 2008. 11. 19. 선고 2008누2868 판결, 서울고법 2008. 11. 5. 선고 2008누2462 판결, 서울고법 2009. 1. 5. 선고 2008누15260 판결, 서울고법 2009. 1. 22. 선고 2008누2875 판결 등. 상고심에서 대법원 역시 이 부분에 관한 원심 판결을 그대로 수용하여 상고를 기각하였다(대법원 2010. 12. 9. 선고 2008두23504 판결, 대법원 2010. 12. 23. 선고 2008두22815 판결, 대법원 2010. 11. 25. 선고 2009두3285 판결, 대법원 2010. 12. 9. 선고 2009두3507 판결 등). 또한 이들 사건에서는, 특히 과징금을 산정함에 있어서 당해 제약회사의 전문의약품 전체의 모든 거래처에 대한 매출액을 '관련매출액'으로 인정할 것인지, 아니

나아가 위 법원은 부당한 이익의 제공이 경쟁사업자의 고객을 자기와 거래하도록 유인할 가능성이 있는지 여부에 관하여, 위 한국오라클의 부당한 고객유인 사건 판시와 마찬가지로 객관적으로 고객의 의사결정에 상당한 영향을 미칠 가능성이 있으면 유인가능성이 인정된다고 할 것인데, 의약품의 경우에는 최종 소비자인 환자가 의약품을 선택하는 것이 아니라 보건의료 전문가인 의사가 환자를 위하여 의약품을 구매 또는 처방하는 특수성이 있으므로 의사나 의료기관의 의약품에 대한 의사결정은 곧바로 최종 소비자인 환자의 의약품 구매로 연결될 수밖에 없고(전문의약품의 경우에는 특히 그러하다), 이 사건에서 문제된 구체적인 개개의 지원행위는 모두 의사나 의료기관 등을 상대로 의약품의 처방증대 또는 판매증진을 위한 의도로 행해진 점 등에 비추어 보면, 이 사건 지원행위는 경쟁사업자의 고객을 유인할 가능성이 있다고 판시하였다.[83)]

또한 근래 KNN 라이프의 부당한 고객유인 사건에서 대법원이 부당한 이익에 의한 고객유인에 관한 중요한 판시를 내렸다. 이 사건에서 상조회사인 위 사업자가 경쟁 상조회사와 이미 계약을 체결한 소비자를 대상으로 기존에 가입한 상조회사에 기 납입한 불입금을 최대 36회차까지 인정하는 방법으로 다수의 이관할인계약을 체결한 것이 문제가 되었는데, 관련 행정소송 상고심에서 대법원은 다음과 같은 근거로 위 행위가 부당한 고객유인에 해당한다고 판시하였다.

먼저, 독점규제법이 부당한 이익에 의한 고객유인행위를 금지하는 취지는 이로 인하여 가격, 품질, 서비스 비교를 통한 소비자의 합리적인 상품선택을 침해하는 것을 방지하는 한편, 사업자 간의 가격 등에 관한 경쟁을 통하여 공정한 경쟁질서 내지 거래질서를 유지하기 위한 데에 있다고 전제하고, 따라서 이에 해당하는지 여부를 판단할 때에는, 그 행위로 인하여 소비자의 합리적인 선택이 저해되거나 다수 소비자들이 궁극적으로 피해를 볼 우려가 있게 되는 등 널리 거래질서에 대해 미칠 파급효과의 유무 및 정도, 문제된 행위를 영업전략으로 채택한 사업자들의 수나 규

면 지원행위와 직접적으로 관련이 있는 약품에 한하여 지원행위의 직접적인 대상이 된 의료기관에 대한 매출액만을 관련매출액에 포함시킬 것인지가 다투어졌는데, 대법원은 본사 차원에서 계획적인 지원행위를 한 것으로 인정되는 경우에는 해당 의약품 전체 매출액을 관련매출액으로 산정하는 것이 정당하고, 그와 같은 사정이 인정되지 않는 경우에는 지원행위가 이루어진 개개의 의료기관에 대한 매출액만을 관련매출액으로 산정하여야 한다고 판시하였다(대법원 2010. 11. 25. 선고 2009두3286 판결, 대법원 2010. 11. 25. 선고 2009두9543 판결, 대법원 2010. 12. 9. 선고 2008두23504 판결, 대법원 2010. 12. 9. 선고 2009두3507 판결, 대법원 2013. 11. 14. 선고 2011두16667 판결 등). 이 부분 판시사항에 관한 설명은 제10장 Ⅲ. 3. (가) (3) '관련 판결례' 부분 참고.

83) 같은 판결.

모, 경쟁사업자들이 모방할 우려가 있는지, 관련되는 거래의 규모 등에 비추어 해당 행위가 널리 업계 전체의 공정한 경쟁질서나 거래질서에 미치게 될 영향 등과 함께 사업자가 제공하는 경제적 이익의 내용과 정도, 그 제공의 방법, 제공기간, 이익제공이 계속적·반복적인지 여부, 업계의 거래관행 및 관련 규제의 유무 및 정도 등을 종합적으로 고려하여야 한다고 하였다.[84]

또한 이 사건 행위와 같은 이관할인방식의 영업으로 인한 경제적·재정적 부담으로 유발될 수 있는 원고의 장래 의무이행 능력 및 신뢰성 저하는 결국 아직 상조용역 등을 현실적으로 제공받지 않은 다른 고객들에게 직접 또는 간접적인 부담이 되며, 이와 같은 상조거래의 특성을 고려할 때, 이관할인방식에 의한 고객유인 행위를 일반적인 가격할인 거래와 같다고 보기는 어렵다고 하였다.[85] 나아가 위와 같은 법리를 이 사건 행위에 적용하면, 원고가 경쟁 상조회사의 고객과 체결한 계약 중 고객이 기존의 상조회사로부터 해약환급금을 받지 않거나 적게 받은 경우처럼 '과대한' 이익을 얻었다고 보기 어려운 경우도 일부 포함된 것으로 보이기는 하지만, 다수의 사업자가 시장 전반에 걸쳐 이러한 고객유인행위를 시행하고 있는 상황에서, 이관할인방식에 의한 고객유인행위에 따른 부담은 결국 상조용역시장 전체의 부담으로 돌아갈 수밖에 없고, 시장 전체의 비효율성을 초래할 수 있으며, 일반 고객들은 물론 이관할인방식에 따라 원고와 상조계약을 체결한 고객 역시 그에 따른 직·간접적인 부담을 지게 되고, 나아가 고객들이 상조용역 등의 내용과 질, 상조회사의 신뢰성 등을 기초로 한 합리적인 선택을 하는 데 상당한 지장을 초래할 수 있으므로 상조시장 전체의 경쟁질서나 거래질서에 미치는 부정적 영향을 고려할 때, 이 사건 고객유인행위는 정상적인 거래관행에 비추어 '부당한' 이익을 제공 또는 제공할 제의를 하여 경쟁사업자의 고객을 자기와 거래하도록 유인하는 행위에 해당하는 것으로 볼 여지가 상당하다고 하였다.[86]

근래 위계에 의한 고객유인행위가 문제가 된 주목할 만한 사례로서 이동통신단말기제조사 및 이동통신사업자의 부당한 고객유인 사건을 들 수 있다. 이 사건에서 공정거래위원회는 이동통신단말기제조사와 이동통신사가 협의하여 소비자에게 지급하는 이동전화단말기 보조금(사전장려금)을 미리 반영하여 이동전화단말기의 공급가 또는 출고가를 부풀려서 높게 책정하고, 이를 재원으로 이동통신서비스에 가입하는 소비자에게 지급하도록 함으로써 소비자가 이동통신서비스에 가입할 때 이동전화단말

84) 대법원 2018. 7. 12. 선고 2017두51365 판결.
85) 같은 판결.
86) 같은 판결.

기를 할인받아 실제보다 저렴하게 구입하는 것처럼 오인시켜 자기와 거래하도록 유인하였다고 인정하고, 시정명령과 과징금 납부명령을 내렸다.[87)]

관련 행정소송 상고심에서 대법원은 위 한국오라클의 부당한 고객유인 사건에서 제시한 부당한 고객유인행위의 성립요건에 관한 설명을 반복한 뒤, 위계에 의한 고객유인을 금지하는 취지는 위계 또는 기만행위로 소비자의 합리적인 상품선택을 침해하는 것을 방지하는 한편, 해당 업계 사업자 간의 가격 등에 관한 경쟁을 통하여 공정한 경쟁질서 내지 거래질서를 유지하는 데에 있으므로 사업자의 행위가 불공정거래행위로서 위계에 의한 고객유인에 해당하는지를 판단할 때에는, 그 행위로 인하여 보통의 거래경험과 주의력을 가진 일반 소비자의 합리적인 선택이 저해되거나 다수 소비자들이 궁극적으로 피해를 볼 우려가 있게 되는 등 널리 업계 전체의 공정한 경쟁질서나 거래질서에 미치게 될 영향, 파급효과의 유무 및 정도, 문제된 행위를 영업전략으로 채택한 사업자의 수나 규모, 경쟁사업자들이 모방할 우려가 있는지 여부, 관련되는 거래의 규모, 통상적 거래의 형태, 사업자가 사용한 경쟁수단의 구체적 태양, 사업자가 해당 경쟁수단을 사용한 의도, 그와 같은 경쟁수단이 일반 상거래의 관행과 신의칙에 비추어 허용되는 정도를 넘는지, 계속적·반복적인지 여부 등을 종합적으로 살펴보아야 한다고 설시하였다.[88)]

나아가 위와 같은 법리를 이 사건 행위에 적용하여, 결국 이 사건 행위로 인하여 소비자는 실질적인 할인혜택이 없음에도 불구하고 할인을 받아 출고가가 높은 단말기를 저렴하게 구매하였고, 그 할인이 특정 이동통신 서비스에 가입하였기 때문에 이루어짐에 따라 할인의 재원이 단말기 출고가 자체에 이미 포함되었던 것이 아니라 자신이 이동통신 서비스에 가입함에 따라 이동통신사가 얻게 되는 수익 중 일부였다고 오인할 우려가 크고, 단말기 유통시장의 경우 통상 단말기와 이동통신 서비스가 결합되어 판매되고 이동통신 서비스의 가입에 대한 조건으로 보조금을 지급하는 관행이 형성되어 있는 상황에서 이동통신 3사와 단말기제조 3사가 출시 단계에서부터 장려금을 반영하여 출고가를 높게 책정한 후 장려금을 재원으로 한 보조금을 지급하여 단말기를 할인해 주는 방식으로 마케팅 효과를 누리는 행위는 소비자를 오인시켜 소비자의 합리적 선택을 방해하고 정상적인 단말기 출고가 및 이동통신 요금에 대한 경쟁촉진을 저해하는 행위라고 판시하였다.[89)]

---

87) 공정거래위원회 의결 제2012-104호, 제2012-105호 및 제2012-106호, 2012. 7. 10, 공정거래위원회 의결 제2012-122호 및 2012-123호, 2012. 7. 13.

88) 대법원 2019. 9. 26. 선고 2014두15047 판결.

89) 같은 판결. 동일한 취지의 판결로서 대법원 2019. 9. 26. 선고 2014두4702 판결, 대법원 2019. 9. 26. 선고 2014두15740 판결, 대법원 2019. 10. 18. 선고 2014두4801 판결 및 대법

그 밖에 이미 소개한 바 있는 지멘스 등의 시장지배적지위 남용 등 사건에서 공정거래위원회는 동 사업자가 자사의 CT 및 MRI를 구입한 병원에 공문을 발송하여 독립 유지보수 사업자(ISO: Independent Service Organization)와 거래할 경우 발생할 수 있는 안전 업데이트 및 저작권 침해 문제를 실제보다 현저히 과장한 행위는 '위계에 의한 고객유인'에 해당한다고 인정하였다. 관련 행정소송에서 서울고법 역시 이 사건 공문을 수령한 병원은 ISO와 거래할 경우 안전 관련 업데이트를 제공받을 수 없고 저작권 관련 민사·형사적 분쟁에 휘말릴 위험성을 감수해야 하는 것으로 오인할 가능성이 크고, 그 오인의 대상은 CT와 MRI에 필수적인 유지보수 서비스 선택에 영향을 미치는 중요한 요소이므로 이는 ISO와의 거래조건이 실제보다 또는 원고들의 거래조건보다 현저히 불리한 것으로 오인하도록 하는 것에 해당한다고 판시하였다.[90]

토의 과제

> 1999년 표시·광고의 공정화에 관한 법률이 제정된 이후 독점규제법은 '위계에 의한 고객유인' 중 표시·광고행위가 아닌 방법에 의한 고객유인만을 규정하고 있으므로, 현재 표시·광고행위에 의한 부당한 고객유인과 기타의 방법에 의한 고객유인은 본질상 동일함에도 불구하고 별도의 법률에 따라 규제되고 있다. 양자에 대한 규제내용을 비교하고 그 차이점을 설명해 보시오.

(마) 거래강제

법 제45조 제1항 제5호는 "부당하게 경쟁자의 고객을 자기와 거래하도록 강제하는 행위", 즉 거래강제를 불공정거래행위의 한 유형으로 규정하고, 법 시행령은 거래강제의 세부유형으로서 (1) 끼워팔기, (2) 사원판매, (3) 그 밖의 거래강제 등 세 가지를 규정하고 있다. 끼워팔기는 자기의 상품이나 용역을 공급받는 거래상대방에게 정상적인 거래관행에 비추어 부당하게 다른 상품 또는 용역을 자기 또는 자기가 지정하는 사업자로부터 구입하도록 하는 행위를, 사원판매는 자기 또는 계열회사의 임직원에게 자기 또는 계열회사의 상품이나 용역을 구입 또는 판매하도록 강제하는 행위를, 그리고 그 밖의 거래강제는 정상적인 거래관행에 비추어 부당한

원 2019. 10. 18. 선고 2015두370 판결 참고.

90) 서울고법 2020. 2. 6. 선고 2018누43110 판결. 동 판결에 대하여 상고가 제기되어 대법원에 계속 중이다. 이 사건에서 문제가 된 다른 행위가 시장지배적지위의 남용행위 또는 차별적 취급에 해당하는지 여부에 관한 판시 내용은 각각 제2장 Ⅳ. 2. (다) (8) '지멘스 유지보수 서비스 사건 판결' 부분 및 위 (나) (1) ㉯ '관련 판결례' 부분 참고.

조건 등 불이익을 거래상대방에게 제시하여 자기 또는 자기가 지정하는 사업자와 거래하도록 강제하는 행위를 말한다(법 시행령 [별표 2] 제5호 가목부터 다목까지).

1990년 개정되기 전 '불공정거래행위지정고시'는 '부당한 거래강제'라는 제목으로 현행 법 시행령상 '그 밖의 거래강제'와 동일한 요건의 행위를 규정하였다가, 1990년 개정을 통하여 '끼워팔기'와 '사원판매'를 거래강제의 유형으로 포함시키고, 종전에 부당한 거래강제로 규정하였던 행위를 '기타의 거래강제'로 규정하였다. 이와 관련하여 우선 법 시행령 별표의 규정체계에 관한 문제를 지적할 수 있다. 즉, 법 시행령상 '부당한 거래강제'의 유형으로 규정되어 있는 행위들과 '거래상 지위의 남용'의 유형으로 규정되어 있는 '구입강제' 또는 '불이익제공' 등은 실제 적용상 중복될 여지가 커 보인다. 예컨대, 특정한 상품에 대하여 시장지배력을 가지고 있거나 특정한 고객과 계속적 거래관계를 맺고 있는 공급자가 자신이 공급하는 제품 중 선호도가 떨어지는 일부 품목을 이를 구입할 의사가 없는 거래상대방에 대하여 구입하도록 강제하고, 그와 같은 요구에 응하지 않을 경우에는 선호도가 높은 상품의 공급을 중단하거나 불리한 조건으로 공급하는 행위는 '끼워팔기'에 해당될 수 있을 뿐만 아니라 '그 밖의 거래강제' 또는 거래상 지위남용의 한 유형인 '구입강제'에도 해당할 수 있을 것이다.

또한 거래강제의 유형과 기준을 규정한 법 시행령 [별표 2] 제5호의 구조를 살펴보면, 다목의 '그 밖의 거래강제'의 행위요건이 일반조항적 성격을 띠고 있고, 그 중 대표적인 유형인 끼워팔기와 사원판매를 각각 가목과 나목으로 별도로 규정하고 있다. 끼워팔기의 경우에는 미국을 비롯한 일본 및 독일 등 각국 경쟁법이 규제하고 있는데 반하여, 사원판매는 그 입법례를 찾을 수 없는 유형으로서 우리나라의 독특한 비합리적 유통관행을 금지하기 위한 것이다.

현재까지 공정거래위원회의 규제실적을 살펴보면 거래강제에 대한 규제가 그다지 활발하게 이루어졌다고 볼 수 없다. 그 중 근래 미국이나 EU에서 IT 산업 등 첨단산업과 관련하여 많이 논의되고 있는 끼워팔기가 종전에 우리나라에서는 주로 혼례식장이나 장례식장 시설을 임대하면서 부수적인 서비스의 구입을 강요한 행위에 적용되었는데 최근에는 그와 같은 법집행례를 찾아볼 수 없고, 끼워팔기에 관한 중요한 법집행 사례로서 마이크로소프트 등의 시장지배적지위 남용 등 사건을 들 수 있다. 한편, 거래강제에 관한 법원의 판결은 현재는 법집행례가 드문 사원판매에 관한 것을 일부 찾아 볼 수 있고, 끼워팔기와 그 밖의 거래강제에 관한 것 역시 소수만을 찾아볼 수 있다. 아래에서는 끼워팔기에 관한 미국 연방독점금지법 판례이론과 우리나라의 판결례 및 심결례를 살펴보고 난 후, 사원판매 및 그 밖의 거래강제에 관한 판결들을 살펴보기로 한다.

(1) 끼워팔기

종래 미국 독점금지법상 끼워팔기에 대한 논의가 활발하게 이루어졌다. 미국 연방독점금지법상 끼워팔기를 내용으로 하는 계약(tying arrangements)은 셔먼법 제1조를 위반하는 경쟁제한적 합의, 클레이튼법 제3조를 위반하는 경쟁을 제한하는 상품의 리스나 판매, 또는 연방거래위원회법 제5조를 위반하는 불공정한 경쟁방법으로서 규율되고 있고,[91] 독점사업자가 끼워팔기를 통하여 독점을 유지하거나 독점화할 우려가 존재하는 경우에는 셔먼법 제2조의 위반으로 규율되기도 한다. 요컨대, 미국 독점금지법상 끼워팔기는 그 행위가 '관련시장에서 경쟁을 제한하는지 여부'를 기준으로 위법성 여부가 결정된다.

종래 연방대법원은 끼워팔기에 대하여 계속하여 '당연위법의 법리'가 적용되는 행위 유형이라고 말하고 있으나, 이에 대해 당연위법의 법리를 적용할지 여부를 결정하는 단계에서 그 행위에 대한 사업상의 해명(business justifications)을 기꺼이 검토하고, 때로는 그 경제적 효과를 분석함으로써 점차 사실상 합리성의 법리와 유사한 기준을 적용하고 있다.[92] 특히 연방대법원은 초기부터 끼워팔기에 당연위법의 법리를 적용하기 위해서는 판매자가 주된 상품(tying product) 시장에서 상당한 정도의 시장력을 가지고 있고, 그 행위로 말미암아 종된 상품(tied product) 시장에서 상당량(not insubstantial)의 거래에 영향을 미쳐야 한다고 판시하였다.

예컨대, Northern Pacific Railway v. United States 사건 판결[93]에서 연방대법원은 끼워팔기에 대해 당연위법의 법리를 적용하기 위해서 과연 어느 정도의 시장력이 요구되는지와 관련하여, 그 기준은 '일방 당사자가 종된 상품 시장에서 자유로운 경쟁을 상당한 정도로 제한할 수 있을 정도로 주된 상품 시장에서 충분한 시장력(sufficient market power)을 가지고 있는지' 여부라고 하였고, Jefferson Parish Hospital District No. 2 v. Hyde 사건 판결[94]에서는 요구되는 시장력은 높은 시장점유율, 특허권, 또는 경쟁자가 공급할 수 없는 특이한 상품을 공급할 수 있는 능력을 가지는 경우에 인정될 수 있다고 하면서 30%의 시장점유율은 충분하지 않다고 하였다. 또

91) 클레이튼법 제3조는 상품의 리스나 판매 등에만 적용되므로 용역에 관한 끼워팔기에는 동법이 적용되지 않고, 대신 셔먼법이나 연방거래위원회법이 적용된다.

92) 미국 연방대법원은 가장 최근에 끼워팔기의 위법성을 심사한 Illinois Tool Works v. Independent Ink, 547 U.S. 28 (2006) 사건 판결에서 시간이 흐르면서 끼워팔기 약정에 관한 연방대법원의 강한 부정적 평가가 상당한 정도로 감소되었음을 상기시키면서 끼워팔기 약정이 항상 또는 거의 항상 경쟁제한적인 것은 아니라고 하였다.

93) 356 U.S. 1 (1958).

94) 466 U.S. 2 (1984).

한 그 끼워팔기로 인하여 영향을 받는 종된 상품 시장에서의 거래가 어느 정도이어야 하는지에 대하여 연방대법원은 United States Steel Corp. v. Fortner Enterprises (Fortner Ⅰ) 사건 판결[95]에서 그 기준은 '끼워팔기에 의해 경쟁자들이 절대 액수로 볼 때 단지 미미할 뿐이라고(de minimis) 판단할 수 없는 정도로 상당한 거래량에 대하여 접근할 수 없게 되었는지'의 여부라고 하였다. 이 경우에 중요한 것은 문제가 된 행위에 의해 영향을 받는 '절대 판매량'이지 '상대적 비율'이 아니라고 하였다.

현재까지 대법원이 불공정거래행위로서의 끼워팔기에 관하여 명시적으로 의미 있는 판시사항을 내놓은 유일한 사례는 한국토지공사의 거래강제 등 사건이다. 이 사건에서 위 공사가 건축사업자들에게 공동주택지를 공급하면서 분양이 저조한 비인기지구 공동주택지의 매입자에게 분양실적이 양호한 인기지구 공동주택지의 매입 우선권을 부여한 행위가 문제되었다. 관련 행정소송 상고심에서 대법원은 끼워팔기는 자기가 공급하는 상품 또는 용역 중 거래상대방이 구입하고자 하는 상품 또는 용역을 상대방에게 공급하는 것과 연계하여 상대방이 구입하고자 하지 않거나 상대적으로 덜 필요로 하는 상품 또는 용역을 정상적인 거래관행에 비추어 부당하게 자기 또는 자기가 지정하는 다른 사업자로부터 상대방이 구입하도록 하는 행위라고 하면서, 끼워팔기의 부당성 여부는 종된 상품을 구입하도록 한 결과가 상대방의 자유로운 선택의 자유를 제한하는 등 가격과 품질을 중심으로 한 공정한 거래질서를 저해할 우려가 있는지 여부에 따라 판단하여야 한다고 판시하였다.[96]

나아가 이 사건에서 위 공사가 종된 상품인 비인기지구 토지의 매입시 주된 상품인 인기지구 토지에 대한 매입우선권을 부여한 행위는 주된 상품을 매입하기 위해서는 사실상 종된 상품을 매입할 수밖에 없는 상황 등에 비추어 끼워팔기에 해당하고, 이때 주된 상품 공급사업자는 주된 상품을 공급하는 것과 연계하여 거래상대방이 그 의사에 불구하고 종된 상품을 구입하도록 하는 상황을 만들어낼 정도의 지위를 가지면 족하고 반드시 시장지배적지위를 가질 필요는 없다고 하였다.[97]

그 밖에 법원이 끼워팔기에 해당하는지 여부를 판단한 사안으로서 골프존의 거래강제 등 사건과 EBS의 거래강제 등 사건을 들 수 있다. 먼저, 전자에서 위 사업자가 골프존판매계약서에 특정 프로젝터를 기본품목으로 지정하여 자신이 공급하는 GS시스템과 묶음상품으로 판매한 행위 등이 문제가 되었다. 관련 행정소송에서 서울고법은 법 시행령이 규정한 끼워팔기는 구법 제23조 제1항 제3호의 위임을 받아

95) 394 U.S. 495 (1969).

96) 대법원 2006. 5. 26. 판결 2004두3014 판결.

97) 같은 판결.

그 내용을 구체화한 것으로 보아야 하므로 동 조항에서 규정한 바와 같이 "부당하게 경쟁자의 고객을 자기와 거래하도록 강제하여야" 하는데, 원고는 프로젝터를 별도로 판매하거나 프로젝터 시장에 참여한 것도 아니므로 원고가 지정하지 않은 다른 프로젝터 판매업체를 원고의 경쟁자라고 볼 수도 없고, 원고의 GS시스템을 이용하여 스크린골프를 하기 위해서는 프로젝터, 스크린, 컴퓨터 등이 필수적으로 구비되어야 하므로 이들은 밀접불가분한 구성요소에 해당하고 프로젝터를 거래상대방이 구입하고자 하지 않거나 상대적으로 덜 필요로 하는 종된 상품에 해당한다고 볼 수 없으며, 대부분의 스크린골프 연습장 점주들이 신규 GS시스템을 도입하면서 프로젝터 역시 이에 맞추어 원고가 권장하는 프로젝터를 자발적으로 선택하였으므로 법상 끼워팔기에 해당한다고 볼 수 없다고 하였다.[98)]

또한 후자에서는 자신이 발행하는 교재를 취급하는 도서총판을 평가함에 있어서 수학능력시험 비연계 교재의 매출에 대한 배점을 상향 조정하고, 그 평가결과가 부진한 총판에게는 경고, 실적개선계획 제출요청, 계약종료 등의 조치를 시행한 행위 등이 문제가 되었다. 관련 행정소송에 서울고법은 원고의 학습참고서 시장에서의 점유율 및 지위, 총판의 원고에 대한 거래의존도 등을 고려할 때 원고가 총판에 대하여 거래상 우월한 지위에 있었음이 인정되고, 이 사건 행위는 별다른 부적격사유가 없으면 계약을 갱신하거나 매출규모를 반영한 평가지표를 설정하여 계약갱신 여부를 평가해온 학습참고서 시장에서의 통상적인 거래관행에 반하는 행위로서, 수능 연계 교재의 경우 정부의 EBS-수능 연계정책에 따라 높은 판매량이 사실상 보장되고 있었던 반면, 수능 비연계 교재의 경우 시장점유율이나 매출액이 크게 떨어지던 상황에서 수능 연계 교재 시장에서의 우월한 지위를 이용하여 수능 비연계 교재의 판매를 확대하기 위한 것임이 인정되며, 결과적으로 총판의 자유로운 선택권이 제약되어 공정거래의 기반이 침해될 우려가 있었다고 봄이 타당하다고 하였다.[99)]

한편, 끼워팔기에 관한 공정거래위원회의 의결 중 주목할 만한 것으로서 이미 소개한 마이크로소프트 등의 시장지배적지위 남용 등 사건을 들 수 있다. 이 사건에서 공정거래위원회는 위 회사의 세 가지 결합판매행위, 즉 (1) 윈도우서버 운영체제와 미디어 서버 프로그램(Windows Media Service)을 결합하여 판매한 행위, (2) 윈도

98) 서울고법 2016. 11. 23. 선고 2014누62052 판결. 상고심에서 대법원은 심리불속행 사유에 해당한다는 이유로 상고를 기각하였다(대법원 2017. 4. 13. 선고 2016두64999 판결).

99) 서울고법 2016. 11. 30. 선고 2016누44744 판결. 상고심에서 대법원은 심리불속행 사유에 해당한다는 이유로 상고를 기각하였다(대법원 2017. 3. 30. 선고 2016두64352 판결).

우 PC 운영체제(Windows XP 등)와 미디어 플레이어 프로그램(Windows Media Player)을 결합하여 판매한 행위, (3) 윈도우 PC 운영체제와 메신저 프로그램(MSN 메신저 및 윈도우 메신저)을 결합하여 판매한 행위 등이 시장지배적지위의 남용행위에 해당함과 동시에 전자의 주된 상품을 공급하면서 후자의 종된 상품을 부당하게 구입하도록 한 끼워팔기에도 해당한다고 하였다.[100] 즉, 이 사건 결합판매의 종된 상품인 미디어 서버 프로그램 또는 미디어 플레이어 프로그램 및 메신저프로그램은 주된 상품인 윈도우서버 운영체제 또는 윈도우 PC 운영체제의 밀접불가분한 구성요소가 아니고, 양자는 독립하여 거래의 대상이 될 수 있으며 통상적으로 양자를 짝지어 하나의 단위로 판매되지도 않으므로 각각 별개의 제품임에도 불구하고, 거래상대방에 대하여 그 구입을 강제하여 결과적으로 종된 상품시장에서의 경쟁을 제한하고, 그 거래조건 또는 수단 역시 불공정한 데 반하여, 그 효율성 증대효과는 미약하므로 구법 제23조의 불공정거래행위 중 거래강제의 끼워팔기에 해당한다고 하였다.[101]

위 사건의 공정거래위원회 심의과정에서 피심인은 특히 문제의 결합판매행위는 유통비용 등의 거래비용을 감소시키고, 기타 응용프로그램의 개발편의를 제공할 뿐만 아니라 서비스제공업자나 PC 제조업체의 편익 또는 소비자의 이익을 증대시키는 등의 효율성 증대효과가 커서 그것이 야기하는 경쟁제한적 효과를 능가한다는 주장을 제기하였다. 그러나 공정거래위원회는 첫째, PC 운영체제에 Windows Media Player 및 윈도우 메신저 등의 응용프로그램을 사전에 탑재하여 판매함으로써 발생하는 거래비용 감소효과는 어떤 미디어 플레이어나 메신저 프로그램을 PC에 기본적으로 탑재하더라도 동일하게 발생하는 것이므로 자사의 응용프로그램을 탑재할 경우에 고유하게 발생하는 효과가 아닐 뿐만 아니라, 오늘날 소프트웨어 공급과정에서 소요되는 유통비용은 미미하므로 결합판매를 통하여 기대되는 유통비용의 절감효과 역시 미미하고, 둘째, 응용프로그램의 개발편의 역시 다른 사업자의 응용프로그램을 탑재하더라도 동일하게 제공될 수 있으므로 자사의 응용프로그램을 탑재할 경우에 고유하게 발생하는 효과가 아니라고 하였고, 마지막으로 그동안 서비스제공업자가 윈도우 메신저 등에 의존하여 서비스를 제공한 사례가 없고, PC 제조업체는 스스로 PC 수요자의 선호를 충족하기 위하여 미디어 플레이어 등의 응용프로그램을 탑재할 의사와 능력이 있으며 실제로 다른 응용프로그램을 탑재하고 있으므로 PC 제조업체에 대하여 편익을 준다고 할 수 없고, PC 초보자인 소비자의 경우

100) 위 행위가 시장지배적지위의 남용행위에 해당하는지 여부에 관한 공정거래위원회의 판단은 제2장 Ⅳ. 2. (다) (9) '기타 주요 심결례' 부분 참고.

101) 공정거래위원회 의결 제2006-42호, 2006. 2. 24.

에도 이들에게 제공되는 편익은 부가되는 다른 사업자가 제공하는 응용프로그램에서도 동일하게 제공되는 것이므로 자사의 응용프로그램을 탑재할 경우에 고유하게 발생하는 효과가 아니며, 또한 PC 제조업체가 소비자의 선호를 더욱 잘 파악할 수 있으므로 소비자의 선호를 반영한 제품의 구성은 PC 제조업체가 더 효율적으로 할 수 있다는 점 등을 근거로 그 효율성 증대효과는 미약하여 경쟁제한적 효과를 능가하지 못한다고 하였다.[102)]

(2) **사원판매 및 그 밖의 거래강제**

사원판매에 관한 법원의 판결을 살펴보면 주로 언론사의 판촉활동에 대한 것과 자동차판매회사의 판촉활동에 관한 것들을 찾아볼 수 있다. 먼저, 조선일보사의 불공정거래행위 사건에서 동 회사는 다양한 불공정거래행위를 행하였다는 이유로 공정거래위원회로부터 시정조치를 받았는데, 그 중 '창간기념 가족확장대회'라는 이름으로 자사 및 계열회사의 전직원을 대상으로 1인당 5부 이상 신규구독자를 확보하도록 촉구하고 그 실적에 따라 상품을 수여하는 등의 신규구독자 확장계획을 실시한 행위가 문제되었다. 관련 행정소송에서 서울고법은 법상 사원판매에 해당하려면 사업자가 그 임직원에 대하여 직접 자기회사 상품 등을 구입하도록 강제하거나 적어도 이와 동일시할 수 있을 정도의 강제성을 가져야 하고, 이를 판매하지 못한 경우에는 그 목표미달 임직원에게 그 상품의 구입부담을 지우는 등의 행위가 있어야만 할 것이라고 하면서, 당해 사건에서는 임직원들에 대하여 판매목표를 설정하고 개인별 실적을 기록하여 이를 독려한 사실은 인정되지만, 판매실적이 부진한 임직원에 대하여 어떠한 불이익을 주거나 자사의 발행물의 구입을 강제하거나 목표에 미달하는 부수의 신문구독을 강제하는 등의 조치가 없었으므로 사원판매가 성립하기 위한 '강제성'이 존재하지 않는다고 판시하였다.[103)]

또한 한겨레신문의 불공정거래행위 사건에서 동 회사는 위 조선일보 사건과 사실상 동일한 내용의 신문판매부수 확장계획을 수립하고 판매목표를 달성하는 임직원에 대하여 그 실적에 따라 휴가를 부여하거나 상금을 지급한 행위가 문제되었다. 관련 행정소송에서 서울고법은 조선일보 사건 판결에서와 동일한 기준을 적용하여, 판매실적이 부진한 임직원에 대하여 어떠한 형태의 불이익을 주는 방안이 고려된 바 없고 실제로 불이익을 준 바도 없으며, 단지 임직원들을 상대로 자기회사 상품의 구매자 확대를 위하여 목표초과 달성 임직원을 포상한 것만으로는 부족하다고

---

102) 같은 의결.

103) 서울고법 1996. 11. 14. 선고 95구 28993 판결. 상고심에서 대법원도 동일한 근거로 원심 판결을 수용하였다(대법원 1998. 3. 27. 선고 96누18489 판결).

판시하였다.[104] 특기할 만한 점은 조선일보 사건에서는 전 임직원을 대상으로 문제가 된 구독자확장계획을 실시하였던 것에 반하여, 이 사건의 경우 확장계획에 참여한 임직원이 전 사원의 35.6%에 불과하였는데, 법원은 이 점을 문제가 된 행위의 강제성을 부인하는 중요한 근거로 삼았다.[105]

그 후 사원판매에 관한 중요한 판결이 대우자동차판매의 사원판매 사건에서 내려졌다. 이 사건에서 위 회사는 1998년 2월경 특정 차종의 차량판매활성화방안을 마련하고 그 일환으로 자사의 임직원 중 관리직 대리급 이상에 대하여 차량을 1인 1대 이상 구입할 것을 지시하여 그 결과 대상 임직원 중 상당수가 실제로 원고의 판매 차량을 구입하였고, 일부 전입사원들은 차량강매를 수용할 수 없다는 이유로 퇴사하기까지 하였다. 관련 행정소송에서 서울고법은 우선 사원판매를 금지하는 취지에 관하여, 회사에 소속된 사원도 선택의 자유를 가지는 고객이라는 전제 아래 사원판매행위는 고객의 선택의 자유를 왜곡하는 경쟁수단으로서 이는 상품의 가격, 품질, 서비스 등에 의한 정당한 경쟁이 아니라 회사의 지시를 거부할 수 없는 임직원에 대한 회사의 우월한 지위를 바탕으로 임직원의 의사에 반하여 이루어진다는 점, 즉 경쟁수단의 불공정성에 그 위법성의 근거가 있다고 하였다.[106]

또한 사원판매가 성립하기 위해서는 실제로 공정한 경쟁을 저해한 사실이 있어야 할 필요는 없고 그 우려가 있는 것만으로 충분하며, 그 우려의 정도는 추상적인 위험성(가능성)만으로 충분하고 구체적인 위험성을 필요로 하지 않으므로 문제의 행위로 말미암아 객관적으로 공정한 거래질서를 침해할 우려가 있는 이상 구체적으로 차량구입이라는 결과에 이르지 않았거나 그 지시를 위반한 경우에 대하여 구체적 불이익을 준 바 없는 경우 또는 이로 인하여 회사가 어떠한 이익을 얻은 바 없다고 하더라도 사원판매에 해당함에는 지장이 없다고 판시함으로써 사원판매의 성립을 넓게 인정하는 입장을 취하였다.[107]

위 법원은 이상과 같은 기준을 이 사건 사실관계에 적용하여, 우선 강제성과 관련하여 구체적 판매목표를 정하고 판매현황을 별도로 집계함으로써 일반적인 기업풍토와 관련하여 구체적인 신분상의 불이익이 발생하지 않더라도 심리적인 압박

104) 서울고법 1997. 7. 11. 선고 95구30798 판결. 상고심에서 대법원도 동일한 기준을 적용하여 원심 판결을 수용하였다(대법원 1998. 5. 12. 선고 97누14125 판결).

105) 같은 판결. 그 밖에도 인천일보의 사원판매 사건에서 서울고법은 동 회사가 자사의 직원인 경기지역 주재기자들에게 신문판매 부수와 지대납부액을 설정하여 수취한 행위가 사원판매에 해당한다고 인정하였다(서울고법 2019. 12. 5. 선고 2019누43414 판결).

106) 서울고법 2000. 6. 13. 선고 99누4077 판결.

107) 같은 판결.

감을 느낄 수밖에 없었을 것이고, 특히 당시가 외환위기 이후 고용조정이 진행되던 때로서 직장인들의 신분박탈에 대한 불안감이 고조되던 때이어서 심리적 압박감이 더욱 강화될 수밖에 없었고, 실제 당해 행위의 결과로 대상자의 78.9%가 차량을 구입하였으며 그 중 상당수는 내구연한이 지나지 않은 차량을 보유하고 있음에도 다시 차량을 구입하였고, 전입사원의 경우에는 합병에 의하여 원고 회사에 전입하게 된 것으로서 그 신분상의 지위가 더욱 열악하였고 이들 중 일부는 차량강제 구입에 불응하여 퇴사까지 한 점 등을 고려할 때, 임직원의 임의적 의사에 반하여 이들의 차량 구입 여부 및 차종에 대한 선택의 기회를 제한하여 자사 차량의 구입을 강제한 것이라고 인정하였다.[108]

상고심에서 대법원도 원심의 논리를 그대로 채용하여 사원판매가 성립하기 위해서는 행위의 태양과 범위, 대상 상품의 특성, 행위자의 시장에서의 지위, 경쟁사의 수효와 규모 등과 같은 구체적인 상황을 종합적으로 고려하여 당해 행위가 임직원의 선택의 자유를 제한함으로써 가격과 품질을 중심으로 한 공정한 거래질서를 침해할 우려가 있다고 인정되어야 하지만, 그 행위에 의하여 구입, 판매와 같은 거래가 반드시 현실적으로 이루어져야 하거나 혹은 공정한 거래질서에 대한 침해의 우려가 구체적일 것까지 요구되는 것은 아니며, 공정한 거래질서에 대한 침해의 우려가 있는 한 단순한 사업경영상의 필요나 거래상의 합리성 또는 필요성의 유무는 불공정거래행위의 성립에 영향을 미칠 수 없다고 하면서 사원판매에 해당한다고 판시하였다.[109]

마지막으로 대우건설의 불공정거래행위 사건에서 '그 밖의 거래강제'의 성립 여부가 다투어졌다. 이 사건에서 동 회사가 아파트를 분양하면서 특정 법무사를 등기업무에 대한 업무대행 법무사로 지정하고, 가계성 집단대출을 이용하는 대출세대의 경우에는 반드시 위 지정법무사에게만 등기업무를 위임하도록 강제한 행위가 문제가 되었다. 관련 행정소송에서 서울고법은 이를 업계의 관행으로 인정할 수 없을 뿐만 아니라 설령 업계의 관행으로 인정하더라도 대출세대의 법무사 선택권을 원천적으로 제한하고 다른 법무사는 당해 부동산 등기서비스 시장에의 참여가 제한되므

---

108) 같은 판결.

109) 대법원 2001. 2. 9. 선고 2000두6206 판결. 대법원은 사원판매의 성립은 인정하면서도 이 사건 공정거래위원회의 과징금 부과처분에 대한 원심 판결을 파기하면서 독점규제법 위반행위에 대한 과징금과 관련된 중요한 법리를 설시하였는데, 요컨대, 과징금 부과처분이 비록 제재적 성격을 가진 것이기는 하더라도 기본적으로는 불법적인 경제적 이익을 박탈하기 위한 것이므로 위반행위로 인하여 취득한 이득의 규모와 상호균형을 이루어야 한다고 하였다. 제10장 Ⅲ. 2. '과징금의 법적 성질' 부분 참고.

로 사실상 거래강제 행위라고 하였으나, 원고가 대출세대의 중도금대출에 대하여 소유권 이전등기가 경료되는 시점까지 연대보증채무를 부담하는 등 원고 및 금융기관이 등기의 당사자로서 자신의 이익이 침해되지 않도록 자신이 신뢰하는 법무사를 선임할 권리가 있고, 지정법무사의 등기비용은 협회가 정한 수수료의 60%를 초과하지 못하도록 하여 대출세대는 등기수수료 비용을 절약하게 되는 점 등을 근거로 당해 행위의 부당성이 인정되지 않는다고 판시하였다.110)

토의 과제

1 대법원이 한국토지공사의 거래강제 등 사건에서 법상 끼워팔기의 요건에 관하여 판시한 사항을 끼워팔기에 관한 미국의 판례이론과 비교하고, 양자의 차이를 양 법제가 끼워팔기를 규율하는 방식의 측면에서 설명해 보시오. 또한 인기지구와 비인기지구의 토지가 각각 별개의 상품인지, 그리고 행위자가 주된 상품과 관련하여 시장지배력을 가져야 하는지에 대하여 각자의 의견과 근거를 말해 보시오.

2 공정거래위원회는 마이크로소프트 등의 시장지배적지위 남용 등 사건에서 결합판매에서 발생하는 효율성 증대효과는 문제가 된 사업자가 제공하는 특정한 종된 상품과의 결합을 통해서만 창출할 수 있는 것, 즉 당해 결합판매에 '고유한'(specific) 것이어야 한다고 하였는데, 그 근거가 무엇인지 생각해 보고, 그러한 견해의 정당성을 평가해 보시오.

3 사원판매는 외국의 경쟁법제에서는 찾아볼 수 없는 특수한 유형의 불공정거래행위라고 할 수 있는데, 독점규제법이 이를 별도의 불공정거래행위의 유형으로 규정하고 있는 취지와 이를 통하여 보호하려는 것이 무엇인지 생각해 보시오.

(바) 거래상 지위의 남용

(1) 개 설

법 제45조 제1항 제6호는 "자기의 거래상의 지위를 부당하게 이용하여 상대방과 거래하는 행위", 즉 거래상 지위의 남용을 불공정거래행위의 한 유형으로 금지하고 있고, 법 시행령은 그 세부유형으로서 (1) 구입강제, (2) 이익제공강요, (3) 판매목표강제, (4) 불이익제공, (5) 경영간섭 등 다섯 가지를 들고 있다. 이상과 같은 거

110) 서울고법 2007. 9. 13. 선고 2006누27900 판결. 상고심에서 대법원은 심리불속행 사유에 해당한다는 이유로 상고를 기각하였다(대법원 2007. 12. 23. 선고 2007두20492 판결).

래상 지위의 남용행위들은 모두 '자기의 거래상의 지위를 부당하게 이용하여' 상대방에게 불이익을 초래하는 행위들로서, 그 불이익의 내용에 따라 유형화한 것이다. 즉, 구입강제의 경우에는 거래상대방이 구입할 의사가 없는 상품 또는 용역을 구입하도록 강제하는 행위이고, 이익제공강요는 금전 · 물품 · 용역 및 그 밖의 경제상 이익을 제공하도록 강요하는 행위이고, 판매목표강제는 자기가 공급하는 상품 또는 용역과 관련하여 거래상대방의 거래에 관한 목표를 제시하고 이를 달성하도록 강제하는 행위이고, 불이익제공은 이상과 다른 방법으로 거래상대방에게 불이익이 되도록 거래조건을 설정 또는 변경하거나 그 이행과정에서 불이익을 주는 행위이며, 마지막으로 경영간섭은 거래상대방의 임직원의 선임 · 해임하는 경우에 자기의 지시 또는 승인을 얻게 하거나 거래상대방의 생산품목 · 시설규모 · 생산량 · 거래내용을 제한하여 경영활동을 간섭하는 행위를 말한다(법 시행령 [별표 2] 제6호 가목부터 마목까지).

이 유형들 간 관계를 살펴보면 그 중 '불이익제공'이 일반조항적 성격을 가진 것이고, 그 밖의 유형들은 제공하는 불이익의 형태에 따라 유형화한 것으로 볼 수 있다. 그런데 거래의 실제에서 거래상 지위를 이용하여 상대방에게 불이익을 초래하는 행위는 지극히 다양한 모습을 띨 수 있으므로 공정거래위원회나 법원의 실무상으로도 일반조항적 성격을 가진 불이익제공 조항이 적용되는 경우가 가장 많다. 이때 불이익의 내용이 구입할 의사가 없는 상품 또는 용역을 강제로 구입하도록 하는 구입강제의 경우에는 본질적으로 끼워팔기와 같은 거래강제라고 할 수 있으므로 법적용상 중복의 여지가 있음은 이미 지적한 바와 같다.

예컨대, 한국미니스톱의 거래상 지위의 남용 사건에서 동 사업자가 밴(VAN) 서비스 거래를 일방적으로 중단한 행위가 거래상 지위의 남용행위 유형 중 불이익제공에 해당할 수 있는지가 다투어졌다. 관련 행정소송에서 서울고법은 시행령은 '불이익제공'이란 '구입강제', '이익제공강요', '판매목표강제'에 해당하는 행위 외의 방법으로 거래상대방에게 불이익이 되도록 거래조건을 설정 또는 변경하거나 그 이행과정에서 불이익을 주는 행위라고 규정하고 있는데, 일견 문언상으로는 거래를 계속하고 있는 것을 전제로 하는 우월적 지위의 남용행위를 포괄적으로 정하고 있는 것으로 보이기는 하나, 거래를 계속하고 있는 중의 행위를 규제의 대상으로 하고 있으면서도 거래를 해소하는 행위 자체가 규제의 대상에서 제외된다고 하는 법해석은 거래의 일방적 해소 자체가 거래상대방에게 주는 불이익을 감안하면 균형에 맞지 않고, 나아가 문언상으로 '그 이행과정에서 불이익을 주는 행위'라고 정해져 있다고 하더라도 우월적 지위에 있는 원고가 계약의 이행과정에서 거래상대방에게 불이익한 방향으로 거래조건의 변경을 강요하면서 그 실효성 확보 수단으로서 거래중단을 이용한 것이라면, 이 또한 거래의 이행과정에서 불이익을 주는 행위에 충분히 포섭될 수 있다고 하였다.[111)]

한편, 거래상 지위의 남용행위와 시장지배적지위의 남용행위는 개념적으로 유사하고, 다만 거래상 지위는 시장지배적지위에 미치지는 못하지만 상대방의 거래활동에 상당한 영향을 미칠 수 있는 지위를 가리킨다. 또한 거래상 지위의 남용 금지는 그 자체로서 직접적으로 관련시장에서 경쟁을 제한하는 행위를 규제하는 것이라기보다는 거래상 열위에 놓인 거래상대방의 이익을 보호함으로써 자유경쟁의 기반을 보호하기 위한 것으로 설명하고 있다. 그 밖에 거래강제와의 구별에 대해서도 거래강제는 경쟁수단 그 자체가 불공정하다는 점에서 공정거래저해성이 인정되지만 거래상 지위의 남용은 거래상대방의 경쟁여건을 불리하게 하여 자유경쟁의 기반을 침해하는 점에 공정거래저해성의 근거가 있다.

독점규제법이 시장지배적지위에 이르지 못한 거래상 지위의 남용을 불공정거래행위로 금지하는 것은 일본 사적독점금지법의 예에 따른 것이고, 미국의 경우에는 독점금지법에서 이를 별도로 금지하지는 않는다.[112)] 독점규제법상 거래상 지위의 남용의 모델이 된 2009년 개정되기 전 일본 사적독점금지법상 거래상 지위의 남용에 관하여 간략히 살펴보면, 동법 제2조 제9항 제5호는 우리나라 독점규제법과 사실상 동일하게 "자기의 거래상의 지위를 부당하게 이용하여 상대방과 거래하는 것"을 금지하고, 다시 구 '불공정한 거래방법에 관한 고시' 제14호는 그 구체적 유형으로서 (1) 계속거래상의 구입강제, (2) 계속거래상의 이익제공강요, (3) 불이익한 거래조건의 설정 또는 변경, (4) 기타 불이익제공, (5) 임원선임 간섭 등을 규정하고 있었다.

이에 관한 일반적인 해석론을 살펴보면, 우선 '우월적 지위'는 시장에서 독점적·지배적 지위에 있다는 의미의 '절대적 우월성'을 말하는 것은 아니고 개별적 거래의 상대방에 대한 우월적인 지위에 있다는 의미에서의 '상대적 우월성'을 말하는 것이지만, 실제의 거래관계에서는 당사자 간에 거래상의 지위에 격차가 존재하는 것이 통상적이므로 당사자 간에 힘(power)의 차이가 있다는 이유만으로는 우월적 지위가 인정되지는 않는다고 한다.[113)] 우월적 지위의 유무를 판단하는 기준에 대하여 일본

111) 서울고법 2016. 9. 2. 선고 2015누51547 판결. 상고심에서 대법원은 심리불속행 사유에 해당한다는 이유로 상고를 기각하였다(대법원 2016. 12. 27. 선고 2016두52996 판결).

112) 물론 구체적으로 문제가 된 행위가 다시 경쟁을 제한하는 합의에 해당하는 경우에는 셔먼법 제1조가 적용되고, 독점화기도 또는 독점화의 수단으로 사용되는 경우에는 셔먼법 제2조가 적용될 수 있으며, 불공정한 경쟁방법 또는 불공정하거나 기만적인 거래관행에 해당하는 경우에는 연방거래위원회법 제5조가 적용될 수 있다.

113) 谷原修身, 「条解独占禁止法」, 弘文堂, 1999, p. 212.

공정거래위원회 및 학자들은 대체로 '거래필요성' 여부를 기준으로 삼고 있다. 즉, 거래상대방이 행위자와 거래를 하지 않으면 안 되는 상황에 있는 경우에 우월적 지위가 있다고 한다.[114] 구체적으로 우월적 지위 여부를 판단하기 위해서는 당사자가 처한 시장상황, 당사자 간의 종합적 사업능력의 격차, 거래의 대상이 되는 상품 및 서비스의 특성 등을 고려하여야 하는데, 일반적으로 (1) 행위자가 과점적 사업자인 반면에 거래상대방은 중소기업이어서 행위자가 제시한 조건을 거절할 수 없는 경우, (2) 행위자와의 거래를 위해서 상대방이 특별한 생산체제를 갖춘 경우, (3) 계열화가 진행된 경우, (4) 상품 및 서비스의 특성상 거래의 상대방을 변경할 수 없는 경우, (5) 행위자가 유력한 사업자이고 상대방은 그 행위자와 계속적으로 거래를 하는 것에 의해서만 사업의 계속이 가능한 경우 등으로 분류하고 있으며, 결국 행위자에 대한 상대방의 의존도가 높아서 거래관계를 해소하는 것이 실질적으로 불가능한 경우를 말한다.[115]

구체적으로 법원의 판결이나 일본 공정거래위원회의 심결례에서 우월적 지위가 인정된 사례를 예로 들면, (1) 금융기관이 자신의 융자처에 대하여 융자조건 등에 관하여 구속을 가한 경우, (2) 대규모제조업자가 일반 소매업자에 부당하게 불이익한 조건을 부과한 경우, (3) 대규모소매업자가 자신의 납품업자에 대하여 부당하게 비용을 부담시킨 경우, (4) 대규모제조업자가 자신과 전속적인 하청관계에 있지는 않지만 자기의 상품을 계속적으로 위탁제조시키는 제조업자에 대하여 부당한 조건을 강요한 경우 등이 있다.[116]

또한 '부당한 불이익'의 의미에 관해서는 우월적 지위의 남용의 결과로서 상대방이 공정하고 자유로운 경쟁을 할 수 없는 것으로부터 생기는 불이익이라고 설명한다.[117] 그런데 우월적 지위에 있는 사업자가 실제로 상대방에 대하여 불이익을 가하는 형태는 워낙 다양하기 때문에 그 구체적인 부당성을 판단하는 기준은 당해 업계의 거래관행, 불이익의 정도, 남용행위의 범위 등을 고려하여야 하는데, 구체적으로 판결 및 심결에서 부당한 불이익으로 인정된 것들을 유형화해 보면 다음과 같다. (1) 금융기관이 자신의 융자처에 대하여 자기의 채권보전을 위한 목적을 초과하여 융자처의 임원선임에 개입하는 등의 경영권을 지배한 경우, (2) 대규모제조업자가 가맹점(franchisee)에 대하여 배타적 특약점계약의 체결을 강요하는 등의 불이익을

114) 白石忠志, 「独禁法講義」, 有斐閣, 2005, p. 49.
115) 谷原修身, 前掲書, p. 212.
116) 上掲書, pp. 212-213.
117) 上掲書, p. 215.

부과하는 경우, (3) 과점적 지위에 있는 대규모제조업자가 일반 소매업자에 대하여 판매가격을 지정하고 이에 따르도록 리베이트(rebate)를 조작하는 경우, (4) 백화점이 납입업자에 대하여 각종 비용의 부담을 강요하는 경우, (5) 대규모제조업자가 자기의 제품의 제조를 위탁한 중소기업에 대하여 경쟁사의 제품을 제조하지 못하도록 하는 계약의 체결을 강요하는 경우 등이다.[118)]

그동안 공정거래위원회의 규제실적을 살펴보면, 다양한 유형의 불공정거래행위 중 거래상 지위의 남용금지 조항을 압도적으로 많이 적용하였고, 그 중에서도 불이익제공에 관한 것이 많다. 따라서 거래상 지위의 남용을 다룬 법원의 판결 역시 불이익제공에 관한 것이 많고, 구입강제나 판매목표강제 또는 경영간섭에 관한 것은 소수를 찾아볼 수 있을 뿐이다. 개괄적으로 말하면 법원은 상대적으로 거래상 지위는 넓게 인정하는 경향을 보여주고 있으나,[119)] 문제가 된 행위의 '부당성' 또는 '부당한 불이익'인지 여부에 관하여는 엄격한 입장을 취하고 있다고 할 수 있다.

(2) 불이익제공

현재까지 내려진 불이익제공에 관한 법원의 판결의 대부분은 공정거래위원회가 사업자들 사이에 이루어진 거래관계에 있어서 계약내용 자체 또는 계약이행 과정상 일방 당사자가 취한 행위를 거래상 지위의 남용으로 인정하여 내린 시정조치가 적법한지 여부를 검토한 것들이다. 법원이 불이익제공의 성립요건 및 각 요건의 판단기준에 관한 법리를 형성해 온 과정을 간략히 살펴보면 다음과 같다. 먼저, 대법원은 서울시 지하철공사의 거래상 지위의 남용 사건에서 불이익제공이 성립되기 위해서는 (1) 사업자 간 거래에 있어, (2) 사업자가 자기의 거래상의 지위가 우월함을 이용하여, (3) 정상적인 관행에 비추어 부당하게, (4) 상대방에게 불이익이 되도록 거래조건을 설정 또는 변경하거나 그 이행과정에서 불이익을 주는 행위로서, (5) 공정한 거래를 저해할 우려가 있어야 한다고 하였다.[120)]

118) 上揭書.

119) 공정거래위원회가 거래상 지위의 남용으로 인정한 사안에서 법원이 거래상 지위의 존재를 부정한 드문 사례로서 서울시 지하철공사의 거래상 지위의 남용 사건과 경기도시공사의 거래상 지위의 남용 사건을 찾아볼 수 있다. 전자에서 대법원은 위 공사가 자신과 전동차 납품계약을 체결한 한진중공업에 대하여 거래상 지위를 가진다고 볼 수 없다고 하였고(대법원 1993. 7. 27. 선고 93누4984 판결), 후자에서 서울고법은 위 공사의 거래상대방인 대형 건설사들은 경제력과 전체적인 사업능력에서 동 공사보다 우위에 있고, 전국을 사업지역으로 하고 있어서 다른 거래처를 선택할 충분한 기회가 있으며 실제로 그에 대한 거래의존도도 낮다는 점을 근거로 거래상 우월적 지위를 인정할 수 없다고 하였다(서울고법 2016. 9. 28. 선고 2016누34563 판결).

120) 대법원 1993. 7. 27. 선고 93누4984 판결. 이 사건에서 서울시 지하철공사는 한진중공업과 전동차 구매계약을 체결하면서 납기 경과 1일당 총계약금의 0.1%를 지체상금으로 공

그 후 대법원은 조선일보사의 불공정거래행위 사건에서 법상 불이익제공에 해당하기 위해서는 "그 행위의 내용이 상대방에게 다소 불이익하다는 점만으로는 부족하고, 제1호 내지 제3호 소정의 구입강제, 이익제공강요, 판매목표강제 등과 동일시할 수 있을 정도로 일방 당사자가 우월적 지위를 남용하여 그 거래조건을 설정한 것으로 인정이 되고, 그로써 정상적인 거래관행에 비추어 상대방에게 부당하게 불이익을 주어 공정거래를 저해할 우려가 있어야" 한다고 하고, 또한 상대방에게 부당하게 불이익을 주는 행위인지 여부에 대해서, "문제가 되는 거래조건에 의하여 상대방에게 생길 수 있는 불이익의 내용과 불이익 발생의 개연성, 당사자 사이의 일상 거래과정에 미치는 경쟁제약의 정도, 관련 업계의 거래관행과 거래형태, 일반 경쟁질서에 미치는 영향, 관계 법령의 규정 등 여러 요소를 종합하여 판단하여야 할 것"이라고 판시하였다.[121)]

다시 대법원은 2000년 파스퇴르유업의 거래상 지위의 남용 사건에서 거래상 지위의 남용에 관한 법리를 확립하는 중요한 판결을 내렸다. 이 사건에서 유제품 제조 및 판매 회사인 위 회사가 계약기간이 만료된 전속판매대리점에 대하여 대리점 장회의 및 공장견학 불참 등을 이유로 계약갱신 및 대리점양도에 대한 승인을 거절한 행위가 문제되었다. 관련 행정소송 상고심에서 대법원은 독점규제법이 불이익제공 행위를 금지하는 취지는 현실의 거래관계에서 경제력에 차이가 있는 거래주체 간에도 상호 대등한 지위에서 법이 보장하고자 하는 공정한 거래를 할 수 있게 하기 위하여, 상대적으로 우월적 지위에 있는 사업자에 대하여 그 지위를 남용하여 상대방에게 거래상 불이익을 주는 행위를 금지시키고자 하는 데 있다고 하면서, 우월적 지위 여부를 판단하는 기준에 대하여 "당사자가 처하고 있는 시장의 상황, 당사자 간의 전체적인 사업능력의 격차, 거래의 대상인 상품의 특성 등을 모두 고려

제할 것을 약정하고, 계약상 납기일로부터 인도시기가 아니라 최종합격판정을 받은 시기까지 지체상금을 산정하여 물건대금에서 공제하였다는 이유로 공정거래위원회로부터 시정조치를 받았는데, 대법원은 문제가 된 지체상금의 약정은 정상적인 거래관행에 속하는 것으로서 그 산정방법에 관한 다툼이 있어서 대금의 일부지급을 거부하는 것을 '부당하게 불이익을 주는 행위'로 볼 수 없다고 하였다.

121) 대법원 1998. 3. 27. 선고 96누18489 판결. 이 사건에서 조선일보사는 부당한 경품제공행위 및 사원판매행위 이외에 각 지국과의 약정서에서 해당 계약으로 발생하는 일체의 소송은 자신의 관할법원에서 행함을 원칙으로 한다고 규정하였다는 등의 이유로 공정거래위원회로부터 시정조치를 받았는데, 서울고법은 위 시정조치를 취소하였고, 상고심에서 대법원은 원심 판결 중 경품제공 관련 시정조치 부분만을 파기하고 나머지 상고를 기각하였다. 특히 거래상 지위의 남용 부분에 관하여 약정서상 그러한 조항이 지국장에게 다소 불이익한 것이지만, 그 불이익이 반드시 부당한 것이라거나 자유경쟁의 기반을 약화시키는 등 공정한 거래를 저해할 우려가 있다고 단정할 수 없다고 하였다.

하여 판단하여야" 한다고 하였다.[122)]

나아가 거래상 지위를 부당하게 이용하여 상대방에게 불이익을 준 행위인지 여부를 판단하는 기준에 관하여 "당해 행위의 의도와 목적, 효과와 영향 등과 같은 구체적인 태양과 상품의 특성, 거래의 상황, 해당 사업자의 시장에서의 우월적 지위의 정도 및 상대방이 받게 되는 불이익의 내용과 정도 등에 비추어 볼 때 정상적인 거래관행을 벗어난 것으로서 공정한 거래를 저해할 우려가 있는지 여부를 판단하여 결정하여야" 한다고 하였다.[123)] 위 두 사건에서 대법원이 제시한 법리는 그 이후 현재까지 대부분의 법원이 불이익제공에 해당하는지 여부가 문제가 된 사건에서 이를 판단하는 기준으로 사용하고 있다.

그 후 서울시 도시철도공사의 거래상 지위의 남용 사건에서는, 특히 거래상 우월적 지위에 있는 사업자가 계약상대방에 대하여 자신의 계약상 책임을 부인하거나 그 이행을 거절하는 행위가 '불이익제공'에 해당하는지에 관한 중요한 판시가 내려졌다. 이 사건에서 위 공사가 광고대행업체와 서울지하철 5호선 역구내 및 차내광고대행계약을 체결하여 이를 이행하는 과정에서 이루어진 4가지 행위가 문제가 되었는데, 그 중 하나는 위 대행계약의 대상인 지하철 5호선의 개통이 당초 공고된 개통예정일보다 상당기간 지연되었음에도 이에 따른 추가비용을 지급하지 않았다는 것이었다.

관련 행정소송에서 서울고법은 우선 위 공사가 이 사건 지하철 관련 광고대행사업의 허용 여부에 관하여 독점적 권한을 가지고 있는 점, 이 사건 광고대행계약의 비중이 보조참가인의 전체 광고수주물량에서 차지하는 비중, 각자의 사업규모, 이 사건 광고대행계약 체결 및 그 이행과정상의 당사자의 지위, 시장의 여건 및 당시의 경제적 상황, 광고사업의 속성 등을 근거로 거래상 우월적 지위가 있음을 인정한 뒤, 문제가 된 각각의 행위에 대하여 원고가 자신의 우월적 지위를 부당하게 이용하여 상대방에게 불이익을 준 행위인지 여부를 판단하였다. 그 중 개통지연 등에 따른 추가비용 미지급에 대하여, 이 사건 계약상 광고대행업체에게 최초 개통일로부터 3년간의 영업기간이 보장되어 있으므로 개통지연으로 인하여 참가인의 영업기간이 단축되지 않고, 따라서 그로 인하여 어떠한 손해를 입었다고 볼 수 없고, 그 밖에 즉시 영업개시가 되지 아니함으로써 최초의 지연기간 중에 별도로 특별히 입게 된 손해가 입증되지 않는다고 하였다.[124)]

---

122) 대법원 2000. 6. 9. 선고 97누19427 판결.

123) 같은 판결.

124) 서울고법 2000. 6. 13. 선고 99누1238 판결.

위 법원은 나아가 더욱 중요한 내용을 판시하였는데, 설사 원고에게 일정한 손해배상책임이 인정된다고 하더라도 당사자 사이의 민사상 채무불이행의 영역에 속하는 손해배상책임의 존부와 범위를 가리는 것은 행정법원이나 공정거래위원회의 권능 범위 밖에 놓인 사항으로서 궁극적으로 민사법원이 해결하는 것이 원칙이며, 이러한 민사분쟁의 문제가 그 차원을 넘어서 불공정거래행위로 다루어지는 경우에는 "민사책임을 부담하여야 하는 것으로 보이는 사업자가 마침 우월적 지위에 놓여 있다는 사정 또는 그러한 우월적 지위에 있는 사업자가 소극적으로 책임을 부인하면서 단순히 이행을 거절하고 있다는 사정만을 가지고 언제나 불공정거래행위에 해당한다고 보기에는 부족하다."라고 하였다.[125)]

따라서 이러한 경우에 불공정거래행위가 성립하기 위해서는, "① 그 손해배상책임의 존재와 범위가 객관적, 명시적으로 특정되어 있거나 용이하게 확지되거나 또는 사업자 스스로도 이를 인정하고 있어서 그 책임의 존부와 범위에 관하여는 더 이상 아무런 논란의 여지가 없고, ② 통상의 거래관념에 비추어 볼 때 사업자에게 적시의 임의 이행을 기대하기 곤란하거나 또는 이를 거절함에 상당한 다른 특별한 사정이 없음에도 불구하고, ③ 사업자가 자신의 우월적 지위에 터잡아 거래상대방의 의사를 굴복시킬 목적으로 유무형의 영향력 등 제반 수단을 이용하여 외부적으로 인식 가능한 구체적 행위를 하고, ④ 그로써 자신의 이행의무를 면하거나 이를 장래로 지연시킨 결과 약자인 거래상대방에게 경제적 불이익이 초래된 점이 입증되어야 할 것이며, ⑤ 공공복리와 국가경제질서의 유지 측면에서 볼 때에도 아무런 시정조치 없이 단순히 그 상태를 방치해 두는 것 자체가 사회상규에 반할 뿐더러 앞으로도 동일한 사안에서 같은 상황의 반복이 예견됨으로써 공정한 거래질서를 해하고 종국적으로는 정의로운 자유경쟁시장의 기본이념을 교란할 우려가 있어 더 이상 사회적으로 용인될 수 없다고 하는 평가를 받을 수 있어야" 함에도 불구하고, 이 부분 원고의 행위는 애당초 원고의 손해배상책임의 존부와 범위가 특정되지도 아니한 상태에서 이루어진 것이므로 불이익제공에 해당하지 않는다고 판시하였다.[126)]

계약당사자가 계약상 책임을 부인하거나 그 이행을 거절하는 행위가 불이익제공에 해당되는지 여부의 판단기준에 관한 위 서울고법의 판시사항은 실제로 민사분쟁의 성격이 강한 사안과 관련된 행위가 불이익제공으로 인정될 수 있는 범위를 상

125) 같은 판결.

126) 같은 판결. 서울고법은 그 밖에 문제가 된 행위들 중 계약금액의 감액조정 없이 계약이행보증금 전액을 귀속시킨 행위와 차내 모서리형 광고물량 증가분 상당의 광고대행료를 협의 없이 부과한 행위는 불이익제공에 해당하고, 매립형 광고틀의 제작 및 설치비용을 협의 없이 전가한 행위는 불이익제공에 해당되지 않는다고 판시하였다.

당한 정도로 제한하는 결과를 가져오게 되는데, 이 점에 대한 대법원의 접근도 기본적으로 동일한 것으로 보인다. 즉, 상고심에서 대법원은 불이익제공으로 인정되기 위해서는 "거래상대방에게 발생한 불이익의 내용이 객관적으로 명확하게 확정되어야 하고, 여기에서의 불이익이 금전상의 손해인 경우에는 법률상 책임 있는 손해의 존재는 물론 그 범위(손해액)까지 명확하게 확정되어야" 한다고 하면서 공정거래위원회의 상고를 기각하였다.[127)]

그 후 민사분쟁의 성격이 강한 사실관계를 다룬 판결례들을 살펴보면, 아래에서 보는 바와 같이 불이익제공의 성립을 인정하는 데 대체로 소극적인 입장을 취하였다. 먼저, 대한주택공사의 불공정거래행위 사건에서 동 공사가 물품납품업자들과 물품구매계약을 체결하면서 일부 품목에 대하여는 대금지급방법을 납품검수 및 설치검사시 계약금액의 80%만을 지급하고, 나머지 20%는 해당 건축물 등의 옥외 전기공사가 완료된 후 실시하는 종합성능시험이 완료된 후에 지급하는 것으로 규정하고 이에 따라 대금지급을 유보하였고, 건설공사 도급계약 이후 공사 과정에서의 여건 변동으로 인해 설계변경 및 변경계약 체결을 기다릴 수 없는 시급한 공사의 경우에 시공자가 원고의 승인을 받아 설계변경을 하지 아니한 상태에서 선시공한 부분에 대하여 설계변경시까지는 기성분으로 인정하지 아니하고 설계변경 및 계약금액 조정 이후에야 기성분으로 인정하여 대가를 지급하였으며, 소위 '중간공정관리제도'를 도입하여 중간공정의 하나인 옥탑층 골조공사 완료일을 준수하지 못한 계약상대방에 대하여 1일 지연시 10만원의 위약금을 부과한 행위가 문제가 되었다.

관련 행정소송 상고심에서 대법원은 이 행위가 상대방에게 다소 불이익하게 거래조건을 설정하거나 그 이행과정에서 불이익을 준 사실을 인정할 수 있으나, 상대방에게 생길 수 있는 불이익의 내용과 불이익 발생의 개연성, 당사자 사이의 일상 거래과정에 미치는 경쟁제약의 정도, 관련 업계의 거래관행과 거래형태, 일반 경쟁질서에 미치는 영향, 관계법령의 규정 등 기록에 나타난 여러 요소를 종합하여 볼 때, 원고의 이 사건 행위가 구입강제, 이익제공강요, 판매목표강제 등과 동일시할 수 있을 정도로 자기의 거래상의 지위를 부당하게 이용하여 그 거래조건을 설정 또는 변경하거나 그 이행과정에서 불이익을 주었다거나, 그로써 정상적인 거래관행에 비추어 상대방에게 부당하게 불이익을 주어 공정거래를 저해할 우려가 있는 것이라고는 볼 수 없다고 판시하였다.[128)]

---

127) 대법원 2002. 5. 31. 선고 2000두6213 판결.

128) 대법원 2001. 12. 11. 선고 2000두833 판결. 유사한 사실관계에 대한 사실상 동일한 취지의 판결로서 농업기반공사의 거래상 지위의 남용 사건 판결(대법원 2005. 1. 28. 선고

또한 하이트맥주의 불공정거래행위 사건에서는 동 회사가 전북지역 주류판매회사들이 공동으로 설립한 주류유통회사와 거래함에 있어서 동 유통회사가 어음금을 지급하지 못하는 등 자력이 악화되어 종전에 어음으로 교부받던 맥주공급대금을 현금이나 당좌수표로만 지급받는 것으로 거래조건을 변경한 행위가 문제로 되었다. 관련 행정소송 상고심에서 대법원은 거래조건을 변경하게 된 경위, 동 행위가 당사자 사이의 거래관계에 미치는 경쟁제약의 정도 및 관련 업계의 관행, 일반경쟁질서에 미치는 영향 및 관계 법령의 규정 등을 종합하여 볼 때, 거래상대방의 자력 악화에 따른 채권확보를 위한 경영상의 정당한 이유가 있는 행위로 보이고, 구입강제, 이익제공강요, 판매목표강제 등과 동일시할 수 있을 정도로 거래상의 지위를 부당하게 이용하여 그 이행과정에서 불이익을 주었다거나, 그로써 정상적인 거래관행에 비추어 상대방에게 부당하게 불이익을 주어 공정거래를 저해할 우려가 있는 것으로 볼 수 없다고 판시하였다.[129)]

한국토지공사의 거래상 지위의 남용 사건에서도 계약의 체결 및 이행 과정에서의 행위가 불이익제공에 해당하는지 여부가 다투어졌다. 즉, 동 공사는 건설회사와 택지분양을 위한 선수계약을 체결하면서 특약사항으로 환경영향평가 등에 따른 변경사항을 수인·이행하여야 한다는 거래조건을 설정하였는데, 추후 환경영향평가 등의 결과에 따라 공급할 토지면적이 선수협약상의 면적보다 49% 가량 감소될 것으로 예상되자 건설회사가 계약해제 및 위약금의 배상을 주장하였으나 특약사항의 수인의무를 근거로 이를 거절하였고, 결국 양자는 선수협약을 합의해제하고 위 회사는 건설회사가 기지급한 계약금을 반환하였다.

관련 행정소송 상고심에서 대법원은 이 사건 선수협약은 체결 후 원고가 책임질 수 없는 사정으로 토지 면적이 변경될 수 있음을 예정하고 있으며 건설회사 역시 계약 체결시 이를 인지하고 있었고, 가변적인 선수협약의 특성상 이 사건 선수협약은 부득이하고 수인의무의 범위도 해석에 의해 합리적인 범위 내로 한정할 수 있으므로 부당하게 불리한 약정으로 볼 수 없으며, 이 사건 토지면적이 감소된 것은 원고의 귀책사유라고 할 수 없으므로 원고가 계약해제 및 배상을 거절한 것은 선수협약의 정당한 해석에 근거한 것으로서 원고가 부당하게 수인의무를 부과한 것이라고 볼 수 없다고 판시하였다.[130)]

그 밖에 법상 불이익제공의 성립을 인정하지 않은 하급심 판결로서 골프존의

2002두9940 판결) 참고.

129) 대법원 2004. 7. 9. 선고 2002두11059 판결.

130) 대법원 2006. 12. 21. 선고 2004누5119 판결.

거래강제 등 사건 판결과 인천국제공항공사의 거래상 지위의 남용 사건 판결을 찾아볼 수 있다. 먼저, 전자에서 위 사업자가 시스템 장애로 인한 스크린골프연습장 점주들의 영업손실을 제대로 보상하지 않은 행위, GL이용료를 점주들에게 대신 징수하도록 하고 점주들에게 캐시 적립금을 환불하면서 10%를 공제한 행위, GS시스템을 이용하여 상업광고를 하면서 점주들에게 광고수익을 분배하지 않은 행위, 보상판매를 실시하면서 중고 GS시스템을 구매한 점주들에게는 자신으로부터 직접 구매한 점주들보다 적게 보상해준 행위 등이 문제가 되었다. 관련 행정소송에서 서울고법은 원고가 점주들에게 준 불이익이 금전상 손해임에도 그 손해의 존재와 범위가 확정되지 않았다거나, 문제로 된 행위로 인하여 경제적 불이익을 입었다고 볼 수 없다거나, 다소 불이익한 면이 있을지 몰라도 법이 금지하는 구입강제, 이익제공강요, 판매목표강제 등과 동일시할 정도의 불이익제공에 해당한다고 볼 수 없다거나, 점주들이 동의한 약관에 따른 것이고 해당 약관조항을 불공정한 것으로 볼 수도 없다거나, 또는 경영상 합리적 이유가 있는 행위로서 일반적인 거래관행에 부합한다는 이유로 불이익제공에 해당하지 않는다고 하였다.[131)]

또한 후자에서는 발주자인 위 공사가 입찰참여자가 제시한 감액제한 사항을 채택하지 않고 최초 입찰공고시 제시된 원안설계대로 시공하도록 하면서도 공사대금은 상대방이 제시한 감액제한 금액을 적용한 행위, 공사계약 이행 중 설계서의 누락·오류 및 설계서 간 상호모순으로 인한 설계변경청구를 금지하는 조항을 포함시킨 행위, 입점한 식음료업체들에 대하여 특별 가격점검을 실시하여 판매가격과 매장위치를 변경하도록 한 행위 등이 문제가 되었다. 관련 행정소송에서 서울고법은 이 사건 공사대금은 수의계약을 체결하기 위한 수의시담을 통하여 결정되었으므로 공사대금 감액이라고 볼 수 없고, 설계변경제한 조항은 도급계약 체결 후 설계서의 누락·오류 및 설계서 간 상호모순 등을 주장하는 분쟁을 방지하기 위한 것이므로 합리성이 인정되고 입찰자에게 설계도서를 충분히 검토할 시간을 주었으며, 이 사건 특별점검은 임대차계약상 근거가 있는 행위로서 공항의 이미지 유지와 이용객의 편의를 증진시키기 위한 합리성이 인정되고 가격조정이 강제로 이루어진 것으로 보기 어려우며 매장위치의 변경 역시 충분한 협의를 거쳤다는 이유로 부당한 불이익제공에 해당하지 않는다고 하였다.[132)]

---

131) 서울고법 2016. 11. 23. 선고 2014누62052 판결. 상고심에서 대법원은 심리불속행 사유에 해당한다는 이유로 상고를 기각하였다(대법원 2017. 4. 13. 선고 2016두64999 판결).

132) 서울고법 2017. 8. 16. 선고 2016누41967 판결. 상고심에서 대법원은 심리불속행 사유에 해당한다는 이유로 상고를 기각하였다(대법원 2018. 1. 17. 선고 2017두61362 판결).

이에 반하여 법원이 부당한 불이익제공에 해당한다고 인정한 사례들을 살펴보면, 계약상 근거 없이 또는 이를 정당화할 수 있는 특별한 사정이 없음에도 상대방에게 불리한 사항을 일방적으로 강제한 경우들이라고 할 수 있다. 먼저, 국민은행의 거래상 지위의 남용 사건에서 동 은행은 당시 신용카드업 시장에서 16.7%의 시장점유율을 가지고 있었고 동 은행의 가맹점이 자신 및 제휴은행들의 총 가맹점 중 91.2%를 차지하고 있었는데, 제휴은행들에 대하여 자신의 가맹점에 적용되는 수수료율 등을 일괄적으로 제휴은행의 가맹점에게도 동일하게 적용하도록 하고, 이에 따르지 않을 경우에 업무제휴계약을 해지할 수 있다고 통보한 행위가 문제되었다.

관련 행정소송 상고심에서 대법원은, 우선 원고가 비록 전체적인 사업능력에 있어서 제휴은행들에 비하여 반드시 우월하다고 하기 어렵다 하더라도 신용카드업 시장의 상황과 특성을 감안하면 신용카드업 시장에서 원고가 제휴은행들과의 거래활동에 상당한 영향을 미칠 수 있는 지위에 있음을 인정하였다.[133] 나아가 제휴은행들이 신용카드업을 영위하는 데 핵심적인 경쟁수단인 가맹점 수수료율 등을 제한하는 것은 이들의 경쟁력을 크게 제한한다는 점에서 불이익제공에 해당하고, 이 사건 행위와 같이 가맹점 수수료 등을 제한하지 않더라도 원고의 가맹점이 잠식될 우려가 크지 않고, 원고의 이 사건 업무제휴계약의 주된 목적은 제휴은행의 신용카드 회원들이 원고의 가맹점에서 일으킨 매출에 대한 가맹점 수수료 중 회원사 보전수수료를 공제한 나머지 30%의 수익을 확보하기 위한 것으로 판단되는데, 제휴은행들의 가맹점 수수료율 인하로 인한 회원사 보전수수료의 차이는 이 사건 행위와 같이 제휴은행들의 경쟁력을 근본적으로 제한하는 방법 이외의 방법을 통해서 해소할 수도 있음을 근거로 이 사건 행위는 제휴은행들의 경쟁력을 필요 이상으로 제한하는 것으로서 정상적인 거래관행을 벗어나 공정한 거래를 저해할 우려가 있는 행위에 해당한다고 판시하였다.[134]

또한 한국전력공사의 거래상 지위의 남용 사건에서 동 회사가 변전소 토건공사를 발주하여 시행하면서 동 회사의 책임 있는 사유로 공사가 중단되었음에도 계약상 정해진 지연배상금을 지급하지 않은 행위가 문제되었다. 관련 행정소송에서 서울고법은 위 회사가 송배전시설공사의 대량수요자이고 이 사건 시공업체인 중소 건설사는 향후 거래관계를 위해서도 동 회사의 요구를 쉽게 거절하기 힘든 점 등에 비추어 거래상 지위가 인정되고, 자신에게 귀책사유가 있고 공사중지를 합의하면서

133) 대법원 2006. 6. 29. 선고 2003두1646 판결.

134) 같은 판결. 사실상 동일한 사실관계에 대한 동일한 취지의 판결로서 외환신용카드의 거래상 지위의 남용 사건 판결(대법원 2006. 9. 8. 선고 2003두7859 판결) 참고.

지연배상 약정을 배제하기로 약정하지도 않았으므로 계약상 지연배상금을 지급하지 않은 행위는 부당한 불이익제공에 해당한다고 판시하였다.135)

그 밖에도 동일리조트의 거래상 지위의 남용 사건에서는 동 회사가 합동회로부터 유기시설을 위탁받아 운영하다가 인건비 등의 상승을 이유로 운영관리비를 인상해줄 것을 요구하였으나, 합동회가 이에 응하지 아니하자 위탁료 전액의 지급을 중단한 행위가 문제되었다. 관련 행정소송에서 서울고법은 위 회사는 합동회에 비하여 매출액의 규모가 현격하게 차이가 있고, 유기시설은 그 목적과 고정성에 의하여 합동회가 다른 제3자와 유기시설에 관한 위탁계약을 체결하기 곤란한 사정에 비추어 거래상 지위가 인정되고, 위탁료 전액을 지급하지 않은 행위는 운영관리비의 인상을 목적으로 하는 것으로서 위탁료 이외에 별다른 수입이 없는 합동회는 동 행위로 말미암아 존립이 좌우될 정도로 큰 영향을 받게 될 것으로 보이므로 이 사건 행위는 민사상 채무불이행을 넘어 정상적인 거래관행을 벗어나 공정한 거래를 저래할 우려가 있는 행위라고 판시하였다.136)

또한 LG전자의 거래상 지위의 남용 사건에서 동 사업자가 건설사에 대한 빌트인 가전제품 납품을 알선하는 영업전문점들에게 납품대금의 20% 내지 100%에 해당하는 금액을 연대보증하도록 요구하고 이에 응하지 않은 업체에게는 알선수수료를 지급하지 않거나 계약을 환수한 행위가 문제가 되었는데, 관련 행정소송에서 서울고법은 기존에 없던 연대보증의무를 수수료 지급조건으로 설정한 것은 거래조건의 불이익 변경으로서 건설사의 납품대금 미지급으로 인한 거래상 위험을 영업전문점에게 전가시킨 것은 부당하고, 영업전문점이 취득하는 이익에 비하여 지나치게 과다한 불이익으로서 이를 상쇄할 수 있는 어떠한 이익이 발생하였다고 볼 수 없다는 이유 등으로 부당한 불이익제공에 해당한다고 하였다.137) 마지막으로 한국철도시설공단의 거래상 지위의 남용 사건 관련 행정소송에서 서울고법은 동 공단이 호남고속철도 노반신설 기타 공사 등 공사·용역계약과 관련하여 자신에게 책임이 있는 사유로 공사기간을 연장하는 설계변경계약을 체결하면서 계약상대방인 건설사들에 대하여 공사기간의 연장으로 인하여 추가적으로 발생할 수 있는 간접비 등을 요구하지 않겠다는 내용의 동의서를 징구한 행위는 부당한 불이익제공에 해당한다고 판

135) 서울고법 2007. 9. 5. 선고 2007누9046 판결. 상고심에서 대법원은 심리불속행 사유에 해당한다는 이유로 상고를 기각하였다(대법원 2007. 12. 13. 선고 2007두20287 판결).

136) 서울고법 2007. 12. 5. 선고 2007누5976 판결. 상고심에서 대법원은 심리불속행 사유에 해당한다는 이유로 상고를 기각하였다(대법원 2008. 3. 13. 선고 2008두259 판결).

137) 서울고법 2015. 10. 21. 선고 2014누49790 판결. 상고심에서 대법원은 심리불속행 사유에 해당한다는 이유로 상고를 기각하였다(대법원 2016. 3. 10. 선고 2015두57383 판결).

시하였다.[138)]

(3) 구입강제

현재까지 구입강제를 다룬 판결은 소수만을 찾아볼 수 있는데, 먼저 조흥은행의 거래상 지위의 남용 사건 관련 민사소송에서 동 은행이 자사를 주거래은행으로 하여 신용장 거래를 하는 신진금속 등에 대하여 신용장개설 약정을 위반하여 선적서류를 제때 교부하지 않고, 구속성예금(고객의 해약 및 인출의 자유가 제한된 예금)을 강요하여 독점규제법을 위반하였다는 이유로 소가 제기되었다.[139)] 항소심에서 부산고법은 구속성예금과 관련된 피고의 행위가 독점규제법상 구입강제에 해당하는지 여부에 대하여, 원고 회사들이 피고 은행에 제공할 담보물이 불충분한 상황에서 더 많은 대출을 받기 위해 문제의 예금을 가입하고 이를 활용한 것으로 보이므로 피고의 강요에 의해 가입하였다고 볼 수 없다고 판시하였다.[140)]

상고심에서 대법원은 더욱 상세한 법리를 전개하여, 금융기관이 여신제공과 관련하여 구속성예금을 하게 하였다는 이유만으로 독점규제법상 구입강제가 성립한다고 할 수 없고, ① 고객의 신용도, 영업상태, 금융기관과의 종전의 거래관계, ② 당해 예금 이외 물·인적 담보의 내용과 정도, ③ 총 여신액 대비 구속성예금액의 비율, ④ 총 실질여신액의 실질금리 수준(특히 예금 당시의 이자제한법을 고려한), ⑤ 예금 및 인출 제한의 경위, ⑥ 금융환경과 상관습 등을 종합하여 그 해당 여부를 결정하여야 한다고 판시하면서, 피고의 행위가 당시의 상관습상 허용되는 범위를 초과하여 거래상의 지위를 부당하게 이용한 것이라고 볼 수 없다고 하였다.[141)]

대법원이 구입강제의 성립요건을 본격적으로 논의한 최초의 사안은 부관훼리의 거래상 지위의 남용 사건이라고 할 수 있다. 이 사건에서 위 회사는 부산과 일본 시모노세끼 간 해상운송을 영위하는 해상운송사업자로서 특정 회사를 자신의 육상운송업체로 지정한 다음 화주들에게 이들을 통하여 육상운송을 해 줄 것을 요청하고, 이에 불응하는 경우에는 자기 소유 컨테이너의 배정을 거부한 행위가 문제되었다. 관련 행정소송에서 서울고법은 먼저 위 회사가 위 운송구간의 해상운송시장의 45%를 점유하고 있는 1위의 과점사업자이고, 운송 여건이 우수하여 타 경쟁업체에

138) 서울고법 2017. 1. 18. 선고 2016누37241 판결. 상고심에서 대법원은 심리불속행 사유에 해당한다는 이유로 상고를 기각하였다(대법원 2017. 5. 16. 선고 2017두35998 판결).

139) 공정거래위원회는 이 사건 행위에 대해 별도의 조사를 실시하지 않은 상태에서 은행감독원의 조사결과를 근거로 구입강제에 해당된다고 판단하였으나, 법 위반 정도가 경미하고 기업자금조달의 편의성 등을 고려하여 시정조치 대신 경고를 내렸다.

140) 부산고법 1998. 8. 21. 선고 97나1501 판결.

141) 대법원 1999. 12. 10. 선고 98다46587 판결.

비하여 경쟁력이 있으므로 화주들에 대하여 우월적 지위를 가지고 있음을 인정하고, 나아가 해상운송과 육상운송은 별개의 상품으로서 별도의 운송계약을 통하여 이루어지고 각 운송구간에서의 운송위험도 개별적으로 인수되는 것이므로 육상운송업체의 지정은 운송료 및 필요한 서비스의 내용 등을 종합적으로 고려한 화주의 자유로운 의사에 따라 이루어져야 할 것이고 특별한 사정이 없는 한 해상운송업체에서 이를 제한할 수는 없으므로 이 사건 행위는 합리적 이유 없이 자신이 지정한 육상운송업체를 이용하지 않는 화주들에 대해서는 컨테이너를 배정하지 않음으로써 화주들이 어쩔 수 없이 지정육상운송업체를 이용하도록 사실상 강요한 구입강제 행위라고 판시하였다.[142)]

상고심에서 대법원은 상고를 기각하면서, 독점규제법상 구입강제에 관한 중요한 법리를 설시하였는데, 구법 시행령이 구입강제의 요건으로 규정하고 있는 "거래상대방이 구입할 의사가 없는 상품 또는 용역"이라 함은 행위자가 공급하는 상품이나 역무뿐만 아니라 행위자가 지정하는 사업자가 공급하는 상품이나 역무도 포함하는 것이고, '구입하도록 강제하는 행위'라 함은 상대방이 구입하지 않을 수 없는 객관적인 상황을 만들어 내는 것을 포함하는 것이라고 판시하였다.[143)]

또한 유력한 종합유선방송사업자가 자신과 거래관계에 있는 홈쇼핑사업자들에게 자신의 계열회사가 운영하는 골프장의 회원권을 구입할 것을 요구한 것이 문제로 된 티브로드홀딩스의 거래상 지위의 남용 사건 관련 행정소송에서 서울고법은 동 사업자의 거래상 지위는 인정하였지만, 동 사업자가 홈쇼핑사업자들에게 골프장 회원권의 구입을 요청한 사실은 인정되지만 구입하지 않을 경우 방송채널 또는 송출수수료 책정 등에서 어떤 불이익을 주겠다고 적어도 묵시적으로라도 표시하거나 암시하였다고 인정할 만한 증거가 없고, 실제로 회원권을 구입하지 않은 홈쇼핑사업자 불이익을 받은 사실도 인정되지 않으므로 설령 계열회사를 지원할 목적이 있었고 사전예치금이 골프장 회원모집 승인 이전에 지급되었다는 사정만으로 통상적인 거래관행에 반한다고 볼 수 없다고 하였다.[144)]

그러나 상고심에서 대법원은 위 부관훼리의 거래상 지위의 남용행위 사건에서 제시한 구입강제에 관한 법리를 재확인하면서, 이 사건 행위는 계열회사에 대하여 자금을 지원할 목적에서 비롯된 것으로서 그 거래의 성질상 방송채널 송출계약과는 아무런 관련이 없는 것이어서 홈쇼핑사업자로서는 거래상 예측할 수 없었던 사항에

142) 서울고법 2000. 10. 31. 선고 99누17257 판결.

143) 대법원 2002. 1. 25. 선고 2000두9359 판결.

144) 서울고법 2012. 12. 12. 선고 2011누42491 판결.

속하는 것이므로 방송채널 거래시장에서의 정상적 거래 관행과는 거리가 멀고, 회원권 구입 요청을 하면서 서로 경쟁관계에 있던 다른 홈쇼핑사업자에게도 같은 요구를 하였다고 알려줌으로써 홈쇼핑사업자로 하여금 사실상 그 요구를 거부할 수 없는 상황을 만들었으며, 만일 이에 응하지 아니할 경우 어떠한 불이익을 주겠다고 묵시적으로 표시하거나 암시하지 아니하였다고 하더라도 홈쇼핑사업자로서는 거래상 우월적 지위에 있는 원고의 요청을 거부할 경우 입게 될지도 모르는 불이익을 고려하지 아니할 수 없었다고 할 것이므로 객관적으로 회원권을 구입하지 아니할 수 없는 사정이 인정된다고 하고, 아울러 이 사건 회원권 구입 요청을 받아들이지 아니한 다른 홈쇼핑사업자가 채널배정 및 수수료 책정에 있어서 상대적으로 불이익을 입지 아니한 사정이 인정된다고 하더라도 구입강제행위 자체의 존부와 구입강제를 물리치고 그 강제된 구입을 하지 아니한 다른 사업자가 있다는 것은 직접적인 관련이 없는 문제라고 하였다.[145)]

이에 반하여, 역시 유력한 종합유선방송사업자가 자신과 거래관계에 있는 방송채널사용사업자(PP)에 대하여 자신의 광고방송시간을 구입하도록 한 것이 문제가 된 C&M의 거래상 지위의 남용 사건과, 자신이 발행하는 잡지의 광고지면을 구입하도록 한 것이 문제로 된 CJ헬로비전의 거래상 지위의 남용 사건(Ⅰ)에서 법원은 이들 사업자의 거래상 지위를 인정하면서도 구입 요청에 불응할 경우 채널 편성에서 불이익을 주겠다고 언급한 사실이 없는 점, 실제로 그에 응하지 않아 불이익을 받은 PP사업자가 있었음이 인정되지 않는 점, 이 사건 행위로 인하여 해당 사업자가 얻은 이득이 거의 없는 점, PP사업자로서도 광고방송시간을 구매하거나 잡지를 통한 공동마케팅을 실시할 필요가 있었음이 인정되는 등 이 사건 광고방송시간이나 광고지면을 구매할 의사가 없었다고 단정하기 어려운 점 등을 근거로 구입하지 않을 수 없는 객관적 상황을 만들어 내는 등으로 구입강제를 하였다고 인정할 수 없다고 판시하였다.[146)]

---

145) 대법원 2013. 11. 28. 선고 2013두1188 판결. 그 밖에도 대림자동차의 거래상 지위의 남용 사건 관련 행정소송에서 서울고법은 동 사업자의 사업소들이 자기의 판매목표 달성을 위해 대리점들에게 계약해지나 제품 및 부품 공급중단 등을 거론하며 판매목표 수량만큼 이륜차를 구입하도록 강요한 행위가 구입강제에 해당한다고 인정하였고(서울고법 2017. 8. 18. 선고 2015누45528 판결), 상고심에서 대법원 역시 심리불속행 사유에 해당한다는 이유로 상고를 기각하였다(대법원 2018. 1. 25. 선고 2017두62327 판결).

146) 서울고법 2012. 4. 26. 선고 2011누11862 판결 및 대법원 2014. 2. 13. 선고 2012두10772 판결(C&M의 거래상 지위의 남용 사건), 서울고법 2012. 2. 12. 선고 2011누15369 판결 및 대법원 2014. 3. 27. 선고 2012두5589 판결(CJ헬로비전의 거래상 지위의 남용 사건(Ⅰ)).

(4) 판매목표강제

판매목표강제에 해당하는지 여부가 재판상 다투어진 사례로서 CJ헬로비전의 거래상 지위의 남용 사건(Ⅱ)과 쌍용자동차의 거래상 지위의 남용 사건 등을 들 수 있다. 전자에서는 종합유선방송사업자인 위 사업자가 유지보수협력업체에 대하여 매월 디지털방송 700건과 인터넷 300건의 신규가입자 유치목표를 부여하고, 매월 이에 대한 협력업체 평가를 실시하여 미달성 협력업체에 대해서는 수수료를 감액하여 지급하고 평가결과 평가기준에 부합되지 아니하는 협력업체에 대해서는 계약을 해지할 수 있도록 강요한 행위가 문제가 되었다. 관련 행정소송 상고심에서 대법원은 이 사건 행위가 위 사업자의 거래상 지위를 남용한 부당한 판매목표강제에 해당한다고 인정하면서, 특히 판매목표강제에 있어서 '목표를 제시하고 이를 달성하도록 강제하는 행위'에는 상대방이 목표를 달성하지 않을 수 없는 객관적인 상황을 만들어 내는 것이 포함되고, 사업자가 일방적으로 상대방에서 목표를 제시하고 이를 달성하도록 강제하는 경우뿐만 아니라 사업자와 상대방의 의사가 합치된 계약의 형식으로 목표가 설정되는 경우도 포함된다고 판시하였다.[147]

후자에서는 완성차제조사인 동 사업자가 판매대리점 업주들에 대하여 분기별 및 연간 일정한 판매목표를 부여하고 공문 및 휴대전화 문자메시지 등을 통하여 판매목표의 달성을 독려하고, 매출을 취소하는 대리점 업주에 대해서는 경과이자를 부과하였고 판매목표의 달성이 부진한 대리점 업주와는 대리점계약을 해지한 행위가 문제가 되었다. 관련 행정소송 상고심에서 대법원은 거래상 지위를 부당하게 이용하여 판매목표의 달성을 강제한 행위인지 여부는 그 판매목표가 당해 상품 또는 용역의 특성과 거래의 상황 등을 고려하여 합리적이고 차별 없이 결정·적용되었는지 여부와 해당 행위의 의도 및 목적, 효과 및 영향 등 구체적 태양, 해당 사업자의 시장에서의 우월한 지위의 정도, 상대방이 받게 되는 불이익의 내용과 불이익 발생의 개연성 등에 비추어 정상적인 거래관행을 벗어난 것으로서 공정한 거래를 저해할 우려가 있는지 여부를 판단하여 결정하여야 하고, 단지 자기가 공급하는 상품 또는 용역의 구매자 확대를 위하여 노력하도록 상대방에게 촉구 또는 독려하는 것만으로는 부족하다고 하였다.[148] 대법원은 위 판단기준을 적용하여 이 사건 행위의 경우 판매목표의 달성을 강제하였다고 인정할 증거가 부족하고, 위 사업자가 대리점에 판매목표의 달성을 촉구하거나 차량의 선출고를 요청하는 공문 등을 보낸 행위는 대리점의 판매목표의 달성을 독려한 것에 불과하다고 하였다.[149]

---

147) 대법원 2011. 5. 13. 선고 2009두24108 판결.

148) 대법원 2011. 6. 9. 선고 2008두13811 판결.

(5) **경영간섭**

그동안 경영간섭에 해당하는지 여부가 재판상 다투어진 사례로서는 한국도로공사와 한국수자원공사가 민간업체에게 주유소나 휴게소 등을 임대하면서 일정한 경영사항에 관여한 행위에 관한 것들이 있다. 먼저, 한국도로공사의 거래상 지위의 남용 사건 관련 민사소송에서 동 공사가 고속도로상 주유소에 대한 경영권을 임대하면서 자신과 사전에 석유제품공급협약을 체결한 특정한 정유회사를 지정하고, 동 정유회사로부터 유류를 공급받도록 한 행위가 문제가 되었다. 서울고법은 위 공사가 고속도로 각 노선별로 유류공급사를 지정한 행위는 고속도로 이용객들의 선택권을 보장하기 위한 것이고, 공급정유사의 지정과 관련된 사항을 사전에 명시한 상태에서 주유소 임대계약을 체결한 사정 등을 고려할 때 경영간섭에 해당하지 않는다고 판시하였다.[150] 상고심에서 대법원 역시 고속도로상 주유소가 가지는 진출입제한이라는 장소적 특성과 유류라는 거래상품 및 그 관련시장의 상황과 특성, 고속도로상 주유소의 설치 및 관리주체인 피고가 각 개별 주유소에 관한 운영계약을 체결하게 된 경위 등을 고려할 때, 경영간섭 또는 경쟁제한적인 구속조건부 거래행위에 해당하지 않는다고 하였다.[151]

또한 한국수자원공사의 거래상 지위의 남용 사건에서는 다양한 기타의 행위와 함께 동 공사가 관리하는 댐 및 하구둑의 휴게소나 매점을 민간업체에 임대하면서 계약상 임차인은 가격 결정시 판매량이 많은 품목에 대해서는 원고와 협의하여 결정된 가격을 가격표시판에 부착하도록 요구한 행위가 문제가 되었다. 관련 행정소송 상고심에서 대법원은 이 사건 행위는 운영업체들의 독점적 지위의 남용을 사전에 방지하여 소비자를 보호하기 위한 행위로서 법상 경영간섭에 해당하지 않는다고 판시하였다.[152]

(6) **관련문제 : B2C 거래상 지위의 남용**

거래상 지위의 남용행위의 세부유형 중 특히 부당한 불이익제공이 문제로 된 일부 사건에서 다음과 같은 독특한 쟁점이 제기되었다. 예컨대, 할부금융회사들의 거래상 지위의 남용 사건에서 동 회사들은 승용차 등의 매수인에게 구매대금을 대여하고 매수인들로부터 그 원리금을 분할하여 상환 받는 할부금융업을 영위하는 사업자들로서 IMF 사태가 발생하여 조달금리가 급격히 인상되자 당초 고정금리를 적

149) 같은 판결.
150) 서울고법 1999. 5. 18. 선고 98나62031, 98나62048 판결.
151) 대법원 2000. 10. 6. 선고 99다30817 · 30824 판결.
152) 대법원 2007. 1. 11. 선고 2004두3304 판결.

용하기로 약정하였던 매수인들에 대하여 대출금리를 인상하고, 이에 대하여 일정한 기간 이내에 이의를 제기한 매수인들에 대하여는 종전 금리를 적용하여 대출금을 상환할 수 있도록 조치하였다가 조달금리가 안정되자 다시 매수인들에 대한 대출금리를 인하하였다. 이 사건에서 거래의 상대방은 사업자가 아닌 소비자였는데 이와 같은 경우에도 법상 불이익제공에 해당할 수 있는지 여부가 다투어졌다.

위에서 소개한 바 있는 서울시 지하철공사의 거래상 지위의 남용 사건에서 대법원은 법상 불이익제공의 성립요건으로서 '사업자 간 거래일 것'을 열거한 바 있지만, 할부금융회사들의 거래상 지위의 남용 사건 관련 행정소송에서 서울고법은 별다른 근거를 제시하지 않은 채 불이익제공은 거래상대방이 소비자인 경우에도 성립할 수 있다고 하였고,[153] 이 사건의 환송 후 판결에 대한 상고심에서 대법원도 법상 거래상 지위의 남용행위의 대상을 사업자로 한정하고 있지 않은 점 및 이를 규제하는 취지가 현실의 거래관계에서 경제력에 차이가 있는 거래주체 간에도 상호대등한 지위에서 법이 보장하고자 하는 공정한 거래를 할 수 있도록 하기 위한 것인 점 등을 감안할 때 그 대상이 되는 거래가 사업자 간 거래에 한정되는 것은 아니라고 판시하였다.[154]

그 밖에 법원은 대학병원이 선택진료서비스의 제공과 관련하여 환자에게 불이익을 가한 행위 역시 거래상 지위의 남용에 해당할 수 있음을 전제로 그 공정거래저해성 유무를 검토하였다. 즉, 서울대병원의 거래상 지위 남용 사건 관련 행정소송에서 서울고법 및 대법원은 이러한 행위가 거래상 지위의 남용에 해당할 수 있음을 전제로 환자 등의 의사에 따라 주진료과 의사에게 진료지원과목에 대한 선택진료를 지정할 수 있도록 위임하는 방식으로 선택진료제도를 운용함으로써 환자 등의 의사

153) 서울고법 2000. 4. 27. 선고 98누10792 판결. 동 법원은 금융기관인 원고들이 개인인 매수인들에 대하여 우월한 지위에 있음이 인정되지만 원고의 금리인상 통보의 효력 유무는 민사재판에 의해 최종적으로 결정되어야 할 사항으로서 개별적 사안에 따른 유·무효를 떠나서 원고 회사들의 조치가 도산위험을 피하기 위한 것이라는 점, 합리적 조치가 병행된 점 등을 고려할 때 정상적인 거래관행에 비추어 부당한 것이라고 볼 수 없다고 판시하였다. 그러나 상고심에서 대법원은 원고들과 매수인들 사이에 체결된 개개의 약정 내용 및 개개의 금리인상 내용 등을 확정하지 않고 금리인상의 불가피성 및 상당성 등을 심리하지 않은 것은 심리미진이라는 이유로 원심 판결을 파기·환송하였다(대법원 2002. 9. 27. 선고 2000두3801 판결).

154) 대법원 2006. 11. 9. 선고 2003두15225 판결. 사실관계가 유사한 한국씨티은행의 거래상 지위의 남용 사건에서도 대법원은 금융기관이 개인에 대한 대출거래에 있어서 시장금리가 상당한 정도로 하락하였음에도 불구하고 정당한 이유 없이 대출금리를 인하하지 않은 행위가 불이익제공에 해당한다고 판시한 바 있다(대법원 2009. 10. 29. 선고 2007두20812 판결).

선택권을 의료현실에 맞게 보장함과 아울러 보다 좋은 의료서비스를 받을 수 있는 법적 지위를 보장하려고 노력하였다고 봄이 타당하고, 선택진료 포괄위임의 의도와 목적, 효과와 영향, 의료서비스의 특성 및 거래상황, 위 병원의 우월적 지위의 정도 및 환자 등이 받게 되는 불이익의 내용과 정도 등에 비추어 볼 때, 정상적인 거래관행을 벗어난 것으로서 공정한 거래를 저해할 우려가 있다고 볼 수 없다고 판시하였다.[155)]

그 후 ㈜금보의 거래상 지위의 남용 사건에서 대법원이 사업자와 소비자 간 거래에서 거래상 지위의 남용이 성립하기 위한 요건에 관한 새로운 법리를 제시하여 주목을 받았다. 이 사건에서 회원제 골프장을 운영하는 위 사업자가 그 회칙을 개정하여 평일회원의 회원 자격기간을 기존의 5년에서 1년으로 제한하고 평일회원에 대하여 소멸성 연회비 3백만 원을 부과하는 조항을 신설한 행위 등이 문제가 되었다. 관련 행정소송 상고심에서 대법원은 원고가 회원의 골프장 이용에 관한 정보와 골프장 이용 배정권한을 사실상 독점하고 있는 점, 골프장 이용자는 회원권 구입 소요비용 때문에 회원권을 여러 개 보유하기 어려운데 다른 골프장을 이용할 경우 할인 등의 혜택이 없어 이용이 곤란하거나 추가비용이 발생하는 점, 평일회원들이 해당 골프장을 탈회하고 그에 버금가는 골프장의 평일회원권을 구입하는 것 역시 쉽지 않고 그 거래비용 또한 적지 않은 점 등을 이유로 우월한 지위가 인정된다고 하면서도 아래와 같은 근거로 부당한 불이익제공에 해당하지 않는다고 하였다.

즉, 이 사건 행위로 인해 평일회원들에게 다소 불이익하다고 볼 수는 있지만, 거래상 지위의 남용에서 '거래'란 통상의 매매와 같은 개별적인 계약 자체가 아니라 사업활동을 위한 수단 일반 또는 거래질서를 뜻하는 것임을 고려할 때, 구법 제23조 제1항은 단순히 불공정한 계약내용이나 사법상 권리의무를 조정하기 위한 것이 아니라 공정한 거래질서 또는 경쟁질서의 확립을 위하여 경제에 관한 규제와 조정이라는 공법적 관점에서 불공정한 거래행위를 금지하는 규정이라고 보아야 하므로 법상 거래상 지위의 남용행위에 해당하기 위해서는 적어도 거래질서와의 관련성이 필요하다고 보아야 하고, 따라서 거래상 지위의 남용행위의 상대방이 일반 소비자

---

155) 서울고법 2011. 2. 24. 선고 2010누8326 판결 및 대법원 2013. 1. 10. 선고 2011두7854 판결. 다만, 동 법원은 선택진료의사로서의 요건을 갖추지 못한 의사 또는 부재중이거나 선택진료의사로 지정되지 않은 의사를 선택진료의사로 운용하는 행위는 부당한 불이익제공에 해당한다고 인정하였다. 동일한 취지의 판결로서 대법원 2013. 1. 10. 선고 2011두7885 판결, 대법원 2013. 1. 31. 선고 2011두8456 판결, 대법원 2013. 2. 14. 선고 2011두17950 판결, 대법원 2013. 6. 13. 선고 2011두18137 판결, 대법원 2013. 6. 13. 선고 2010두7861 판결, 대법원 2013. 6. 14. 선고 2010두8463 판결, 대법원 2013. 6. 29. 선고 2011두18151 판결 등 참고.

인 경우에는 단순히 거래관계에서 문제될 수 있는 형태 그 자체가 아니라, 널리 거래질서에 미칠 수 있는 파급효과라는 측면에서 거래상 지위를 가지는 사업자의 불이익 제공행위 등으로 인하여 불특정 다수의 소비자에게 피해를 입힐 우려가 있거나, 유사한 위반행위 유형이 계속적·반복적으로 발생할 수 있는 등 거래질서와의 관련성이 인정되는 경우에 한하여 공정한 거래를 저해할 우려가 있는 것으로 해석함이 타당하다고 하면서, 이 사건의 경우 거래질서와의 관련성이 인정되지 않는다는 이유로 원심을 파기하였다.[156)]

토의 과제

1 독점규제법상 '거래상 지위의 남용 금지'와 '시장지배적지위의 남용 금지'의 공통점과 차이점을 설명해 보고, 전자와 후자가 수행하는 기능의 상호관계를 생각해 보시오(제2장 Ⅱ. '시장지배적지위의 남용행위와 불공정거래행위의 관계' 부분 참고).

2 서울시 도시철도공사의 거래상 지위의 남용 사건에서 서울고법 및 대법원이 거래상 우월적 지위에 있는 사업자가 계약상 책임을 부인하거나 그 이행을 거절하는 행위가 거래상 지위의 남용에 해당하는지 여부에 관한판단 기준으로 제시한 것을 설명하고, 이에 따를 경우 실제로 민사분쟁의 성격이 강한 사안에서 거래상 지위의 남용에 해당할 수 있는 행위들을 예시해 보시오.

3 예컨대, 손해보험회사들이 대물사고의 피해차주가 대차료나 시세하락손해보험금 등을 청구하지 않는다는 이유로 이를 지급하지 않는 행위는 동 회사들과 피해차주와의 사이에 직접적인 거래관계가 없으므로 거래상 지위의 남용으로 볼 수 없다는 주장이 타당한지에 대하여 각자의 의견을 말해 보시오(대법원 2010. 1. 14. 선고 2008두14739 판결 참고).

4 법 제45조 제1항 제5호의 '거래강제'의 세부유형 중 '끼워팔기'와 동 항 제6호의 '거래상 지위의 남용'의 세부유형 중 '구입강제'의 성립요건을 비교하고, 부관훼리의 거래상 지위의 남용 사건에서 문제가 된 행위를 '끼워팔기'

156) 대법원 2015. 9. 10. 선고 2012두18325 판결. 이 사건 원심뿐만 아니라 종전에 유사한 사실관계가 문제가 된 ㈜관악의 거래상 지위의 남용 사건 관련 행정소송에서 서울고법은 골프장업체가 '회원의 날'에 비회원팀을 입장시키고 3인 플레이를 금지하는 등 회원들의 골프장 이용기회를 과도하게 제한한 행위가 법상 부당한 불이익제공에 해당한다고 판시한 바 있다(서울고법 2008. 8. 20. 선고 2008누5713 판결).

로 규율할 수 있는지 생각해 보시오.

(사) 구속조건부거래

(1) 개 설

법 제45조 제1항 제7호는 "거래의 상대방의 사업활동을 부당하게 구속하는 조건으로 거래하는 행위", 즉 구속조건부거래를 불공정거래행위의 한 유형으로 규정하고, 법 시행령은 그 세부유형으로서 '배타조건부거래'와 '거래지역 또는 거래상대방의 제한'을 열거하고 있다. 전자는 부당하게 거래상대방이 자기 또는 계열회사의 경쟁사업자와 거래하지 않는 조건으로 그 거래상대방과 거래하는 행위를 말하고, 후자는 상품 또는 용역을 거래하는 경우에 그 거래상대방의 거래지역 또는 거래상대방을 부당하게 구속하는 조건으로 거래하는 행위를 말한다(법 시행령 [별표 2] 제7호 가목 및 나목).

〔연 혁〕
구속조건부거래는 법 제정 당시부터 불공정거래행위의 유형에 포함되었지만 구속조건부거래의 세부유형과 기준을 정한 '불공정거래행위지정고시'의 내용은 상당한 변화를 겪었다. 당초 1981년 제정된 고시(경제기획원고시 제40호)는 '부당배타조건부거래'와 '부당구속조건부거래'를 별개로 규정하고, 후자의 세부유형으로서 (1) 거래상대방에게 상품 또는 용역을 공급하는 자와 거래상대방의 거래관계를 구속하는 경우, (2) 자기의 상품 또는 용역을 공급함에 있어서 거래상대방의 판매지역이나 판매상대방 등의 거래관계를 구속하는 경우, (3) 거래상대방과 경쟁관계에 있는 자와의 거래관계를 구속하는 경우 등을 열거하고 있었다. 위 고시에 나타난 구속조건부거래의 내용은 거래상대방이 행위자 또는 그 계열회사의 경쟁사업자와 거래하지 않는 조건으로 거래하는 배타조건부거래 이외에 첫째, 거래상대방이 수요자로 기능하는 거래관계에서 거래상대방과 그에 대한 공급자와의 거래관계를 구속하는 행위, 둘째, 거래상대방이 공급자로 기능하는 거래관계에서 거래상대방과 그로부터 공급을 받는 자와의 거래관계를 구속하는 행위, 셋째, 행위자로부터 공급받은 동일한 상품이나 용역을 판매하는 다수의 재판매업자(reseller)들 사이의 경쟁, 즉 상표 내 경쟁(intrabrand competition)을 제한하는 행위를 포함하고 있다.[157]

157) 셋째 유형의 구속조건부거래는 실제로 둘째 유형에 포함시킬 수 있으나 그 특수성을 고려하여 별도로 규정한 것으로 보이고, 규정의 문언상으로도 둘째 유형에는 거래상대방이 1인에 불과한 경우도 포함되지만 셋째 유형은 반드시 거래의 상대방이 복수이어야 한다는 점에서 구분된다.

다시 1990년에 개정된 고시에서는 배타조건부거래와 종래 구속조건부거래로 규율하던 것을 통합하여 함께 구속조건부거래로 규정하였는데, 그 유형으로서 '거래지역·거래상대방 제한' 이외에 '기타 거래상대방의 거래구속'을 열거하여 구속조건부거래를 포괄적으로 규정하였다. 그 후 1993년 개정된 고시부터는 더욱 단순화하여 현행과 같이 '배타조건부거래'와 '거래지역·상대방 제한'의 2가지 유형만 규정하고 있다.

그런데 법 시행령상 구속조건부거래의 세부유형에 대하여 다음과 같은 문제점을 지적할 수 있다. 첫째, 배타조건부거래나 거래지역 또는 거래상대방의 제한 이외에 수직적 관계에서 발생하는 다양한 유형의 거래제한에 대한 규제상 공백이 생길 수 있고, 둘째 거래지역 또는 거래상대방의 제한 속에는 경쟁법적으로 다른 관점에서 분석하여야 할 이질적인 성격의 행위들이 함께 포함되어 있다는 점이다. 우선 전자와 관련하여 제조업자와 판매업자 또는 도매업자와 소매업자 사이의 수직적 관계에서 무수히 다양한 형태의 거래제한행위(vertical restraints)가 발생할 수 있음을 고려하지 않은 태도라고 할 것이다. 또한 후자와 관련해서는 법 시행령상 거래지역 또는 거래상대방의 제한에는 행위자가 거래상대방에 대하여 자신이 공급하는 상품이나 용역의 재판매에 대하여 구속조건을 부과하는 경우뿐만 아니라, 예컨대 거래상대방이 구입하는 원재료의 구입처에 구속조건을 부과하는 경우도 포함되게 된다. 그 중 자신이 공급하는 상품이나 용역에 구속조건을 부과하는 경우는 소위 '수직적 유통제한'(vertical restraints on distribution)으로서 아래에서 보는 바와 같이 미국 독점금지법 학설 및 판례상 다양한 논의가 전개되었다. 이에 대하여 자신이 공급하는 상품이나 용역에 대한 것이 아닌 구속조건부거래는 단순히 거래상의 지위를 이용하여 상대방의 경영상 의사결정의 자율성을 침해하는 것이다.

우리나라의 경우 종전에 구속조건부거래에 관한 이론적 논의가 미미하였고 판결례 역시 드문 상황이었지만, 근래 이에 관한 논의가 활발하게 진행되고 특히 거래지역 또는 거래상대방의 제한에 관한 판결례가 상당수 나오고 있다. 아래에서는 우선 미국의 학설 및 판례상 관련된 논의를 간략히 살펴보고 근래 나온 우리나라의 주요 판결례들을 소개하기로 한다.

(2) 미국 독점금지법상 구속조건부거래의 규제

미국 독점금지법상 배타조건부거래(exclusive dealings)는 공급업자가 자신과 거래하는 상대방에 대하여 자신 이외의 공급자로부터 상품이나 용역을 구입하지 못하도록 하는 것을 말하는데,[158] 끼워팔기와 마찬가지로 셔먼법 제1조 또는 클레이튼법

158) 배타조건부거래의 특수한 유형인 소위 '전량공급계약'(requirement contracts)은 일정 기간

제3조가 적용되고, 보충적으로 연방거래위원회법 제5조가 적용될 수 있으며, 행위자의 지위에 따라 셔먼법 제2조의 위반이 문제될 수도 있다.[159] 연방법원은 전통적으로 배타조건부거래를 끼워팔기와 같은 다른 유형의 수직적 거래제한행위에 비하여 상대적으로 관대하게 취급하였는데, 그 이유는 경쟁촉진적 효과를 가질 수 있고 공급업자의 경쟁제한적 의도 이외에 경쟁촉진적 동기에 따라 이루어질 개연성이 있기 때문이다.

연방대법원은 1949년 Standard Oil Co. v. United States 사건 판결에서 배타조건부거래가 경쟁을 촉진할 개연성에 대해서 "매수인의 입장에서는 공급원을 확보하고, 가격상승에 대비할 수 있고, 확정된 비용에 입각하여 장기적인 계획을 수립하고, 수요가 유동적인 상품의 대량저장에 소요되는 비용과 위험을 회피할 수 있는 반면, 매도인의 입장에서 전량공급계약(requirement contracts)은 판매비용을 상당 부분 감소시키고, 가격변화에 대비하며, 시장에서의 예측가능성을 확보할 수 있도록 하는데, 이는 어느 정도의 자본을 투자하여야 할지를 파악하는 것이 중요한 신규진입자에게 특히 유리하다"고 하였다.[160]

배타조건부거래를 금지하는 근거는 공급업자나 판매업자가 거래상대방에게 배타적 조건을 부과함으로써 이들의 경쟁자들이 거래상대방과의 거래에서 배제됨으로써 해당 부분의 시장이 봉쇄되는 결과(foreclosure)를 낳게 되기 때문인데, 특히 문제가 되는 것은 과연 어느 정도의 봉쇄효과가 존재하는 경우에 위법성을 인정할 것인가이다. 법원은 배타조건부거래가 가지는 봉쇄효과의 상당성을 판단하는 기준으로서 소위 '양적 상당성 기준'(quantitative substantiality test) 또는 '질적 상당성 기준'(qualitative substantiality test)을 사용하였다. 전자는 위 Standard Oil 사건 판결에서 연방대법원이 채택한 것으로서 봉쇄효과의 상당성 여부를 문제가 된 배타조건부거래에 의해 봉쇄되는 부분이 관련시장에서 차지하는 비율을 기준으로 결정하는 것이고, 후자는 Tampa Electric Co. v. Nashiville Coal Co. 사건 판결에서[161] 연방대법원이 채택한

동안 거래상대방이 수요로 하는 전부를 자신으로부터 구입하도록 하는 것을 말한다. 또한 독점판매권(exclusive dealerships)은 배타조건부거래와 구별되는데, 후자는 공급업자의 관점에서 상대방으로 하여금 자신으로부터만 상품 등을 공급받도록 하는 제한을 가하는 데 반하여, 전자는 공급을 받는 상대방의 관점에서 당해 공급업자의 제품을 일정한 지역 내에서 독점적으로 판매할 수 있는 권한을 부여받는 것이다. 따라서 독점판매권은 대리점 등 거래의 상대방이 공급업자에 대하여 당해 지역에 대한 판매권을 자신 이외의 다른 판매업자에게 부여해서는 안 된다는 조건을 부과하는 구속조건부거래라고 할 수 있다.

159) 이 장의 Ⅱ. 4. (마) (1) '끼워팔기' 부분 참고.

160) 337 U.S. 293, 306-307 (1949).

161) 365 U.S. 320 (1961).

방법으로서 봉쇄되는 부분이 시장에서 차지하는 비율이 아니라 관련시장과 문제의 행위와 관련된 특수한 상황에 대한 상세한 분석을 통하여 당해 행위가 유효한 경쟁에 미치는 영향을 고려하여 그 상당성을 판단하는 것이다. 그 후 연방대법원은 Jefferson Parish Hospital District No. 2 v. Hyde 사건 판결에서[162] 후자의 기준을 더욱 상세히 발전시켰는데, 이에 따르면 배타조건부거래의 위법성 여부를 판단하기 위해서는 문제의 상품이나 용역에 대한 시장의 구조, 즉 매도인과 매수인의 수와 그 사업의 크기, 그리고 이들이 자신의 거래처를 바꿀 수 있는 용이성 등을 고려하여야 한다고 하면서 "배타조건부거래는 그로 말미암아 상당한 범위의 매도인이나 매수인이 시장에서 배제되는 경우에만 불합리한 거래제한"이라고 판시하였다.

또한 미국 독점금지법상 거래지역제한(territorial restraints) 또는 거래상대방의 제한(customer restrictions)은 제조업자나 도매업자가 판매업자나 소매업자에 대하여 자신이 공급하는 상품이나 용역의 재판매행위를 제한하는 소위 '수직적 유통제한행위'(vertical restraints on distribution) 중 재판매가격유지행위(resale price maintenance)[163]를 제외한 '비가격 수직적 유통제한행위'(vertical nonprice restraints on distribution)로 논의된다. 학설 및 판례상 거래지역 또는 거래상대방의 제한을 포함한 비가격 수직적 유통제한행위는 직접적으로는 동일한 상표의 제품을 판매하는 대리점 등 판매업자 사이의 상표 내 경쟁(intrabrand competition)을 제한하지만, 동시에 적극적인 판촉활동을 유도하는 등 다른 상표의 제품과의 상표 간 경쟁(interbrand competition)을 촉진시킬 개연성을 가지고 있으므로 종래 당연위법으로 간주되지 않고 합리성의 법리(rule of reason)가 적용되어 상대적으로 관대한 취급을 받아 왔다.

비가격 수직적 유통제한행위에 대한 연방대법원의 판례의 변화를 간략히 살펴보면, 1963년 White Motor v. United States 사건 판결에서 연방대법원은 재판매가격유지행위가 수반되지 않은 거래지역 및 거래상대방의 제한은 그 행위가 실제로 경쟁에 미치는 영향과 경제적, 사업적 배경에 대하여 충분히 알고 있지 못하므로 당연위법의 법리를 적용할 수 없고 합리성의 법리를 적용하여 문제의 행위가 경쟁에 미치는 효과를 상세히 검토하여 판단해야 한다고 하였다.[164] 그러나 1967년 United States v. Arnold, Schwinn & Co. 사건에서 연방대법원은 재판매업자들에 대하여 할당된 지역 이외의 지역에서의 판매활동과 비가맹사업자에 대한 판매를 금지하는 행위에 대하여 판매업자의 사업상 의사결정의 자율성을 보호하여야 한다는 논거로 당

162) 466 U.S. 2 (1984).

163) 재판매가격유지행위에 대해서는 이 장의 Ⅲ. '재판매가격유지행위의 금지' 부분 참고.

164) 372 U.S. 253 (1963).

연위법이라고 하였다.[165] 이 판결에 대하여 특히 시카고학파를 비롯한 많은 학자와 실무가들의 비판이 제기되었고, 결국 연방대법원은 1977년 Continental T.V., Inc. v. GTE Sylvania Inc. 사건에서 위 Schwinn 판결의 법리를 폐기하고 비가격 수직적 유통제한행위에 대하여 합리성의 법리를 적용하여야 한다고 판시하였다.[166]

연방대법원의 Sylvania 사건 판결은 여러 가지 면에서 매우 중요한 의미를 갖는 것으로 평가된다. 연방대법원은 위 판결에서 수직적 유통제한행위는 상표 내 경쟁을 제한하지만 동시에 제조업자로 하여금 자신이 공급하는 제품을 효율적으로 유통시킬 수 있도록 함으로써 상표 간 경쟁을 촉진시킬 수 있으므로 경쟁에 미치는 효과가 복잡하다고 하였다. 특히 제조업자들 사이의 상표 간 경쟁이 활발하면 구매자들이 유통제한행위에 대항하여 손쉽게 다른 상표의 제품으로 전환할 수 있기 때문에, 수직적 유통제한행위를 통하여 상표 내 경쟁이 감소하더라도 재판매업자가 시장지배력을 악용하는 것이 상당한 정도로 제한된다는 점을 강조하였다. 이 판결이 내려진 이후로 법원들은 수직적 유통제한행위 중 재판매가격유지행위를 제외한 대부분의 비가격 유통제한행위들에 대하여 합리성의 법리를 적용하여 당해 행위의 목적, 시장에 미치는 효과, 행위자의 시장점유율, 당해 행위가 가지는 경쟁촉진적 효과를 감안하여 경쟁에 미치는 순효과를 평가한 뒤 결국 위법하지 않은 것으로 판단하였다.

(3) **관련 판결례**

대법원이 배타조건부거래에 관한 중요한 판시를 내린 사안으로서 S-Oil의 구속조건부거래 사건을 들 수 있다. 이 사건에서 정유회사인 동 사업자가 독립적 사업자인 자영주유소들에 대하여 이들이 소요로 하는 석유제품 전량을 자신으로부터만 공급받도록 하고 이를 위반할 경우에는 계약해지나 손해배상 등의 제재를 할 수 있는 내용의 계약을 체결한 행위 등이 문제로 되었다. 관련 행정소송 상고심에서 대법원은 법상 시장지배적사업자의 지위남용행위로서의 배타조건부거래행위(구법 제3조의2 제1항 제5호 전단)와 불공정거래행위로서의 배타조건부거래행위(구법 제23조 제1항 제5호 전단)의 차이에 대하여, 양자는 그 규제목적 및 범위를 달리하고 있으므로 부당성의 의미는 각각 별도로 독자적으로 평가·해석되어야 하는데, 전자와는 달리 후자의 부당성은 경쟁사업자를 관련시장에서 배제할 우려가 있는지 여부를 비롯한 경쟁제한성을 중심으로 그 유무를 평가하되, 거래상대방인 특정 사업자가 당해 행위로 인하여 거래처 선택의 자유 등이 제한됨으로써 자유로운 의사결정이 저해되었거나 저해될 우

165) 388 U.S. 365 (1967).
166) 433 U.S. 36 (1977).

려가 있는지 여부 등도 아울러 고려할 수 있다고 전제하고, 여기서 배타조건부거래행위가 부당한지 여부를 판단함에 있어서는 대체적 물품구입처 또는 유통경로가 차단되는 정도, 경쟁사업자의 경쟁수단이 침해받는지 여부, 행위자의 시장점유율 및 업계순위, 행위의 대상이 되는 상대방의 수와 시장점유율, 행위의 실시기간 및 대상이 되는 상품 또는 용역의 특성, 행위의 의도 및 목적과 아울러 배타조건부거래계약을 체결한 거래당사자의 지위, 계약내용, 계약체결 당시의 상황 등을 종합적으로 고려하여야 한다고 하였다.[167)]

나아가 위 판단기준을 이 사건 사실관계에 적용하여 자영주유소 중 전량공급계약을 체결하고 있는 비율이 86%에 이르러 수입사 등 잠재적 경쟁사업자들은 경질유제품 공급시장에서 가장 중요한 유통수단인 주유소를 통한 진입이 거의 차단되는 점, 수입사 등 잠재적 경쟁사업자들은 전량공급조건 거래로 인해 자영주유소를 통한 유통경로 이외의 대체적인 유통경로 확보가 실질적으로 곤란한 점, 원고 등 4개 정유사의 시장점유율이 상당한 기간 동안 큰 변화 없이 유지됨으로써 사실상 고착되어 유통경로에 대한 봉쇄효과가 큰 점, 가장 중요한 경쟁수단이 되는 유통경로인 주유소에 대한 공급량을 최대한 확보함으로써 시장점유율 확대 및 경쟁사업자의 시장진입을 봉쇄하기 위한 목적으로 전량공급계약을 체결한 것으로 보이는 점 등을 근거로 경질유제품시장에서 경쟁사업자에 대한 봉쇄효과가 발생하여 경쟁제한성이 인정되고, 거래상대방인 주유소의 의사에 반하지 않았다고 볼 수도 없으므로 이 사건 전량공급조건 거래행위는 배타조건부거래행위에 해당된다고 판시하였다.[168)]

구속조건부거래 중 거래지역 또는 거래상대방의 제한에 관한 근래의 판결례에서 찾아볼 수 있는 특기할 점은 법원이 명시적으로 문제가 된 행위가 상표 내 경쟁(intrabrand competition)을 제한하는 효과와 이를 상쇄할 만한 경쟁촉진적 효과를 비교·형량하여 그 부당성 여부를 판단하고 있다는 점이다. 먼저, 거래상대방의 제한과 관련하여, 선별적 유통시스템의 사례로 관심을 모았던 필립스전자의 재판매가격유지

167) 대법원 2013. 4. 25. 선고 2010두25909 판결.

168) 같은 판결. 다만, 대법원은 이 사건에서 전량공급계약과 함께 문제가 된 사후정산행위는 거래상 지위의 남용 중 부당한 불이익제공에 해당되지 않는다고 판시하였다. 또한 특히 이 사건에서 제기된 항변으로서 원고의 시장점유율이 낮고 다른 정유사들의 행위에 비하여 미미한 봉쇄효과만을 초래하므로 원고에게 책임을 물을 수 없다는 주장에 대하여, 원심인 서울고법은 독점규제법 및 그 하위법령은 누적적 봉쇄효과의 판단에 관한 EU의 가이드라인과 같이 시장점유율이 낮은 사업자에 대해서 책임을 묻지 않는 태도를 취하지 않고 있고, 국내 경질류제품시장은 시장점유율이 오랫동안 고착되어 있어서 잠재적 경쟁자가 진입하기 거의 불가능한 특징이 있으므로 비록 원고가 시장점유율이나 봉쇄비율이 상대적으로 낮다고 하더라도 경쟁제한적 효과가 적다고 할 수 없다고 하였다(서울고법 2010. 10. 21. 선고 2009누6959 판결).

행위 등 사건에서 동 사업자가 대리점에 대하여 최저재판매가격유지행위를 시행한 것 이외에도 자신이 제공하는 일정한 제품의 인터넷 오픈마켓 판매를 금지한 것이 문제가 되었다. 관련 행정소송에서 서울고법은 이 사건 구속조건부거래는 대리점의 자유로운 영업활동을 제한하고 인터넷 오픈마켓에서의 브랜드 내 경쟁을 근본적으로 차단하고 오프라인, 인터넷 종합쇼핑몰 등 다른 유통채널과의 가격경쟁도 제한되었고, 특히 원고가 높은 시장점유율을 가지고 있으므로 브랜드 내 경쟁을 제한할 경우 전체 시장에서의 경쟁을 제한하고 소비자후생을 저해하는 효과가 더욱 큰 반면, 소형가전제품의 특성상 사용법 설명이나 시연의 필요성이 크지 않고 온라인 동영상 등을 통해 사용법 설명이 가능하고, 원고가 온라인 종합쇼핑몰에 대한 공급은 허용한 점에 비추어 볼 때 신규 제품의 원활한 시장진입이나 무임승차 방지를 위한 합리적인 유통채널 선별전략이라고 볼 수 없다고 하면서 부당성을 인정하였다.[169)]

한편, 고어텍스 등의 구속조건부거래 사건에서도 일견 위 사건에서와 유사한 행위가 문제가 되었는데, 서울고법은 상반된 판단을 내렸다. 이 사건에서 위 회사 등이 자신과 거래하는 국내 완제품 아웃도어 제조업체들에 대하여 자신이 공급하는 고어텍스(GORE-TEX) 소재 완제품을 대형마트에서 판매하는 것을 금지하고 이를 위반하는 업체에게 공급중단이나 계약해지 등의 불이익을 주는 행위가 문제가 되었는데, 동 회사들은 이 사건 행위는 자신의 브랜드 가치를 유지하기 위한 행위라고 주장하였다.

관련 행정소송에서 서울고법은 기업이 자신의 상품을 판매할 유통채널을 자신의 브랜드 전략에 맞게 선택하는 것 역시 기업의 자유 영역에 속한다고 전제하고, 실제로 원고들은 품질과 서비스 측면에서 고어텍스 원단이 고급 브랜드로 인식되도록 투자와 노력을 진행하였고 중간재 제조업체로서 완제품이 어떤 유통채널로 판매되는지가 자신의 브랜드 전략에 중요한 영향을 준다고 볼 수 있어서 완제품의 유통경로에 일정한 제한을 둘 것을 요청하는 것이 필요했던 것으로 보이는데, 대형마트는 일반적으로 저가의 대량판매가 이루어지는 곳이므로 대형마트에서 고어텍스 제품을 판매하는 것은 원고들의 고급 브랜드 전략에 반하는 것이라고 볼 수 있고, 또한 원고들의 입장에서는 자신들이 제공한 고어텍스 원단이 고급 제품에 맞는 가격수준에서 거래되는 것을 희망하는 것이 자연스럽고, 대형마트에서 고어텍스 소재

---

169) 서울고법 2013. 7. 17. 선고 2012누29228 판결. 상고심에서 대법원 역시 이 사건 행위가 오픈마켓에서의 가격경쟁으로 인한 제품가격 하락을 방지하려는데 그 의도와 목적이 있다는 점을 강조하면서 원심의 이 부분 판시를 그대로 수용하여 상고를 기각하였다(대법원 2017. 6. 19. 선고 2013두17435 판결).

완제품이 저가로 판매됨으로써 기존의 소매가격 구조가 무너지고 결국 자신의 브랜드 가치에 부정적인 영향을 미칠 수 있는 점을 우려하는 것이 부당하다고 볼 수 없다고 하였다.170)

또한 SKT의 구속조건부거래 사건에서 이동통신시장에서 지배적 지위에 있는 동 사업자가 이동통신단말기제조사에 대하여 대리점이나 양판점 등 유통채널에 직접 공급하는 단말기(유통모델단말기)의 비율을 각 개별 모델별로 총 공급대수의 20% 이내로 제한하는 조건으로 거래하면서 그 수단으로서 20% 초과분에 해당하는 단말기의 단말기식별번호인 ESN(Electronic Serial Number)의 등록을 보류한 행위가 거래상대방의 제한에 해당하는지 여부가 다투어졌다. 관련 행정소송에서 서울고법은 이 사건 행위의 공정거래저해성을 판단함에 있어서 당해 상품시장에서의 브랜드 내 경쟁제한효과와 브랜드 간 경쟁촉진효과를 비교·형량하여 결정하여야 한다고 하면서, 이 사건 행위로 S사가 제조하는 원고용 사업자 모델과 유통모델 간 치열한 브랜드 내 경쟁에 의한 단말기 가격의 하락 가능성이 완전히 제한되었으므로 브랜드 내 경쟁제한성은 매우 강력한 반면, S사의 유통모델 비율이 제한됨으로써 다른 제조사들이 원고의 대리점에 대한 공급을 확대하는 경쟁촉진적 측면이 일부 있지만 국내 이동통신단말기 공급시장은 시장집중도가 높으므로 경쟁촉진적 효과는 제한적이고 S사의 판촉노력으로 촉발될 수 있는 유통모델에서의 브랜드 간 경쟁의 가능성을 차단하는 측면도 있으므로 경쟁촉진적 효과는 제한적이라고 하였다.171)

한편, 거래지역의 제한이 문제된 사건들을 살펴보면 다음과 같다. 먼저, 제2장에서 살펴본 현대모비스의 시장지배적지위 남용 사건에서 자동차정비용 부품시장에서 지배적 지위를 가지고 있는 동 사업자가 대리점에 대하여 순정품 이외의 경쟁부품을 판매하지 않을 것을 조건으로 거래한 행위 이외에도, 품목지원센터와 거래하면서 책임공급지역을 지정하고 그 지역 내의 대리점에게만 부품을 판매하도록 한 행위가 문제가 되었다. 관련 행정소송 상고심에서 대법원은 전자가 시장지배적지위의 남용행위에 해당한다고 인정함과 아울러, 후자에 대하여 지역별 부품사업소 등을 통해 품목지원센터가 이를 준수하는지를 감시·통제하고 위반할 경우에 각종 불이익을 주는 등 구속력이 매우 강한 제한행위로서 상표 내 경쟁이 제한되어 자동차정비용 부품시장에서 경쟁제한 효과가 발생되므로 구속조건부거래(거래지역제한)에 해당된다고 하였

170) 서울고법 2020. 1. 23. 선고 2017누76786 판결. 동 판결에 대하여 상고가 제기되어 대법원에 계속 중이다.

171) 서울고법 2014. 2. 6. 선고 2012누23749 판결. 상고심에서 대법원 역시 원심의 이 부분 판시를 그대로 수용하여 상고를 기각하였다(대법원 2017. 5. 31. 선고 2014두4689 판결).

다.[172)]

또한 샘표식품의 구속조건부거래 사건에서 동 사업자가 자사의 제품을 취급하는 대리점이나 특약점에 대해 영업구역을 설정하고 이를 위반할 경우 실적이관, 장려금 미지급, 계약해지 등의 제재를 가한 행위가 문제가 되었다. 관련 행정소송에서 서울고법은 간장시장은 상위 3개사의 점유율이 85%에 이르는 독과점적 구조를 가지고 브랜드 간 경쟁이 활성화되어 있지 않은 상황에서 원고의 시장점유율이 2위 및 3위 업체보다 월등하게 높고 경쟁사업자의 수가 많지 않아서 브랜드 내 경쟁제한의 효과가 큰데 반하여, 이 사건 행위로 인하여 2차 판매점은 가격과 서비스를 비교하여 거래할 대리점을 선택할 수 있는 기회를 상실하는 등 2차 판매점에 대한 대리점의 서비스 향상이 나타난다고 보기 어렵고 그 의도가 대리점을 통제하여 궁극적으로 원고의 시장에서의 입지와 수익률을 높이려는 데 있다고 인정되므로 정상적인 거래관행을 벗어난 것으로서 공정한 거래를 저해할 우려가 있는 행위에 해당한다고 하였다.[173)]

그 밖에 EBS의 거래강제 등 사건에서는 동 사업자가 도서총판을 평가함에 있어서 수능 비연계 교재의 매출배점을 상향하고 평가결과가 부진할 경우 다양한 방법으로 불이익을 가한 행위 이외에도, 총판의 판매지역 및 거래상대방 등을 사전에 정해주고 이를 위반할 경우 확인서를 징구하거나 경고문을 발송한 행위가 문제가 되었다. 관련 행정소송에서 서울고법은 원고는 학습참고서 시장에서 19%의 시장점유율을 차지하는 사업자로서 이 사건 행위로 인하여 총판들은 자신의 거래상대방과 거래지역의 선택에 제한을 받게 되어 브랜드 내 경쟁이 축소되었고, 학습참고서 시장이 브랜드 간 경쟁만 유의미한 시장이라고 볼 수 없고 오히려 브랜드 내 경쟁과 브랜드 간 경쟁이 모두 활성화되어야 할 시장이라고 할 것인데, 이 사건 행위로 인하여 브랜드 간 경쟁이 촉진되었거나 소비자후생이 증가되었다고 인정할 수도 없으므로 공정한 거래를 저해할 우려가 인정된다고 하였다.[174)]

마지막으로 의료기기 수입업체인 메드트로닉코리아의 거래상 지위의 남용 등 사건에서 동 업체가 대리점들에 대하여 판매지역을 정해주고 대리점계약서에서 각 대리점의 판매지역 외에서 제품을 판매할 권리를 자신이 배타적으로 보유하는 것으로 규정하고 대리점이 판매지역을 위반할 경우 자신의 배타적인 제품 판매권을 침

172) 대법원 2014. 4. 10. 선고 2012두6308 판결.

173) 서울고법 2016. 8. 19. 선고 2015누45931 판결. 상고심에서 대법원은 심리불속행 사유에 해당한다는 이유로 상고를 기각하였다(대법원 2016. 12. 29. 선고 2016두52590 판결).

174) 서울고법 2016. 11. 30. 선고 2016누44744 판결. 상고심에서 대법원은 심리불속행 사유에 해당한다는 이유로 상고를 기각하였다(대법원 2017. 3. 30. 선고 2016두64357 판결).

해한 것으로 취급하여 판매지역 외의 주문이 있을 경우 대리점은 이를 수락하지 말고 자신에게 전달하도록 한 행위가 문제되었다. 관련 행정소송에서 서울고법은 이 사건 행위는 대리점들의 거래지역 또는 거래상대방을 제한함으로써 이들의 사업활동을 부당하게 구속하는 조건으로 거래한 것으로 봄이 타당하다고 하면서, 실제로 대리점이 거래지역 제한 규정을 위반하여 제재된 사례는 보이지 않으나 거래조건의 구속성을 인정하기 위해서 반드시 실제로 거래상대방을 제재한 사례가 존재해야 하는 것은 아니고 거래상대방의 사업활동을 구속하는 것으로 인정되기만 하면 충분한데, 이 사건 대리점계약서의 제재조항은 그 존재만으로도 거래조건의 준수에 대하여 그 실효성을 확보할 수 있다고 하였다.[175]

토의 과제

1 소위 '수평적 거래제한'(horizontal restraints)과 '수직적 거래제한'(vertical restraints)의 개념을 구분하여 설명하고, 후자를 다시 '상표 간 경쟁제한행위'(interbrand restraints)와 '상표 내 경쟁제한행위'(intrabrand restraints)로 나눌 때 각각에 포함되는 행위 유형들을 열거해 보시오. 또한 '배타조건부거래'와 '거래지역 또는 거래상대방의 제한'은 각각 어디에 속하는지 말해 보시오(이 장의 Ⅲ. '재판매가격유지행위의 금지' 및 이호영, "독점규제법상 상표 내 경쟁제한행위의 규제에 관한 연구", 「서울대 박사학위논문」, 2003, pp. 1-4, 12-15 참고).

2 거래지역 또는 거래상대방의 제한이나 아래에서 살펴보는 재판매가격유지행위와 같은 상표 내 경쟁제한행위가 오히려 경쟁을 촉진하는 효과를 발생시킬 수 있는 경우를 설명해보시오.

(아) 사업활동방해

(1) 개 설

법 제45조 제1항 제8호는 "부당하게 다른 사업자의 사업활동을 방해하는 행위", 즉 사업활동 방해를 불공정거래행위의 한 유형으로 규정하고, 법 시행령은 그 세부유형으로서 (1) 기술의 부당이용, (2) 인력의 부당유인·채용, (3) 거래처 이전 방해, (4) 그 밖의 사업활동방해 등 네 가지를 들고 있다. 이는 다른 사업자가 보유한 기술의 부당이용 또는 인력의 부당유인·채용 등을 통하여 다른 사업자의 사업활동을

175) 서울고법 2021. 8. 25. 선고 2020누53264 판결.

상당히 곤란하게 할 정도로 방해하거나,[176] 거래처 이전 방해 또는 그 밖의 부당한 방법으로 다른 사업자의 사업활동을 심히 곤란하게 할 정도로 방해하는 행위를 말한다(법 시행령 [별표 2] 제8호 가목부터 라목까지).

〔연 혁〕
독점규제법 제정 당시부터 시장지배적지위 남용행위의 한 유형으로서 '다른 사업자의 사업활동을 방해하는 행위'를 금지하고 있었다가, 1986년 1차 법 개정 당시 추가적으로 불공정거래행위의 유형으로서 사업활동 방해를 규정하였다. 또한 종전에는 법률상 사업활동 방해의 대상을 "거래상대방"이라고 규정하였다가, 거래상대방 이외의 사업자의 사업활동을 방해하는 행위는 규제하기 곤란하다는 지적에 따라 1996년 5차 법 개정을 통하여 "다른 사업자"라고 규정하였다. 그런데 '불공정거래행위지정고시'는 당초 사업활동 방해를 별도의 불공정거래행위의 유형으로 열거하지 않아서 이는 구속조건부거래에 포함되는 것으로 파악되었다가, 1993년 개정된 '불공정거래행위의 유형 및 기준고시'(공정거래위원회 고시 제1993-20호, 1993. 11. 19.)에서 처음으로 별도의 불공정거래행위의 유형으로 규정하였다.

사업활동방해와 관련된 입법례를 살펴보면, 시장지배적지위의 남용행위로서 규제하는 것 이외에 현행법과 같이 경쟁법에서 널리 다른 사업자에 대한 사업활동방해를 금지하는 입법례는 찾을 수 없고, 다만 일본 사적독점금지법상 '경쟁자에 대한 거래방해'의 경우를 참고할 만하다. 일본의 경우에는 2009년 개정되기 전 사적독점금지법 제2조 제9항 제6호 전단에서 "자기 또는 자기가 주주 또는 임원인 회사와 국내에 있어서 경쟁관계에 있는 다른 사업자와 그 거래상대방과의 거래를 부당하게 방해"하는 행위를 금지하고, 불공정거래행위 지정고시에서 '경쟁자에 대한 거래방해'라는 제목 아래 "자기 또는 자기가 주주 또는 임원인 회사와 국내에 있어서 경쟁관계에 있는 다른 사업자와 그 거래의 상대방과의 거래에 대하여 계약 성립의 저지, 계약불이행의 유인 기타 어떠한 방법을 취하든지 불문하고, 그 거래를 부당하게 방해하는 것"이라고 규정하고 있었다.

이를 독점규제법상 사업활동 방해와 비교하면, 일본의 경우에는 우선 방해행위의 대상이 '경쟁사업자'에 국한되어 있고, 방해의 수단이 경쟁사업자와 그 거래상대방 간 거래에 있어서 계약의 성립을 저지하거나 계약의 불이행을 유인하는 등의 방

176) 종전에는 위 네 가지 유형의 사업활동 방해 모두에 대하여 다른 사업자의 사업활동을 '심히' 곤란하게 할 정도로 방해할 것을 요건으로 규정하고 있었으나, 2017년 9월 법 시행령 개정으로 '기술의 부당이용'과 '인력의 부당유인·채용'의 경우에는 다른 사업자의 사업활동을 '상당히' 곤란하게 할 정도로 방해할 것이라고 규정함으로써 그 요건을 완화하였다.

법을 사용하는 경우로 제한되어 있어서 독점규제법상 사업활동 방해보다 적용범위가 좁다고 할 수 있다. 실제로 독점규제법상 사업활동방해는 이를 법문 그대로 해석할 경우 그 적용범위가 매우 넓다고 할 수 있다. 즉, 법 시행령의 규정상 반드시 경쟁관계에 있지 않은 모든 다른 사업자에 대하여 그 사업자의 기술을 부당하게 이용하거나, 인력을 부당하게 유인하여 채용하거나 또는 거래처 이전을 부당하게 방해하는 등의 방법을 사용하여 그 사업활동을 상당하게 또는 심히 곤란하게 할 정도로 방해하는 행위는 그 행위가 경쟁에 미치는 영향을 묻지 않고 금지된다.

(2) 관련 판결례

그동안 법원이 직접적으로 법상 사업활동방해에 해당하는지 여부를 판단한 사례는 많지 않다. 우선, 공정거래위원회의 처분에 대하여 제기된 불복의 소가 아닌 사건으로서 대구도시가스엔지니어링 등의 사업활동방해 사건에서 서울고법은 신축 아파트에 대한 가스보일러 공급 및 설치계약을 맺은 동 회사가 아파트건축 회사의 부도로 말미암아 가스보일러대금을 받지 못하게 되자 가스보일러의 설치공사를 시행한 회사에 대하여 위 아파트에 설치한 보일러의 애프터서비스를 하지 말도록 한 행위에 대하여, 분양대금을 완납하고 입주한 피분양자들은 입주와 함께 보일러의 소유권을 취득하였고 위 시행회사는 이들에 대하여 보일러의 시운전과 애프터서비스 의무를 지는 것이므로, 보일러대금 지급의무와는 관련이 없는 입주민들로부터 보일러대금채권을 회수하기 위한 목적으로 애프터서비스를 수행하지 못하도록 한 것은 거래상대방(보일러설치 시행회사)이 애프터서비스 부문에서 자유로운 경쟁을 할 수 없도록 사업활동을 방해하는 행위에 해당한다고 판시한 바 있다.[177)]

그 후 사업활동방해에 관한 주목할 만한 판시가 미건의료기의 사업활동방해 사건에서 내려졌다. 이 사건에서 위 사업자가 경쟁사 및 그 대리점을 상대로 산업재산권 침해금지 가처분 신청을 하여 가처분결정을 받았고, 이에 대하여 경쟁사 및 그 대리점은 이의신청 및 본안 소송을 제기하여 심리가 진행 중이었는데, 동 사업자는 경쟁사의 대리점들에게 위 가처분결정 사실을 통보하면서 마치 경쟁사가 자신의 산업재산권을 침해하여 그 책임으로 인해 도산에 이를 것이고 그 경우에 그 피해가 각

177) 서울고법 1997. 12. 26. 선고 97구8375 판결. 또한 비제바노시계의 부정경쟁행위 사건에서 동 회사가 금강제화가 상표권을 소유하고 있는 상표와 동일 또는 유사한 상표를 등록하여 사용한 행위에 대하여, 대법원은 동 상표의 주지성(周知性)과 오인·혼동할 가능성 및 이로 인하여 영업상 이익이 침해될 우려를 인정하여 부정경쟁행위라고 판시한 원심을 확정하면서, 금강제화가 위 회사에 대하여 부정경쟁행위의 중지와 이에 필요한 조치를 구하는 소송을 제기함으로써 영업활동에 지장을 초래한 행위는 권리남용 또는 독점규제법상 사업활동방해에 해당한다는 항변을 배척한 것을 찾아볼 수 있다(대법원 2000. 5. 12. 선고 98다49142 판결).

대리점에게 전가될 것인데, 자신과의 대리점계약 체결을 원할 경우 이에 대하여 상의할 용의가 있다는 내용을 함께 통보한 것이 문제가 되었다.

관련 행정소송에서 서울고법은 법원의 가처분결정은 금전채권 이외의 특정물의 급부, 인도를 보전하기 위한 절차이며 소송이 계류 중에 있는 권리관계에 대하여 임시적 지위를 정하여 주는 데 불과한 것으로서 가처분결정을 받았다고 하더라도 경쟁사가 위 회사의 산업재산권을 침해한 것으로 확정되는 것은 아니므로, 본안사건이 계류 중임에도 경쟁사의 대리점들에게 위 가처분결정 사실을 통보하면서, 마치 경쟁사가 자신의 산업재산권을 침해하여 그 책임으로 인해 도산에 이르게 될 것이고, 그 경우에 그 피해가 각 대리점에게 전가될 것이라는 부분은 아무런 근거 없는 과장된 추측이라고 하였다.[178] 나아가 그 피해를 방지하기 위하여 자신과의 대리점계약 체결에 대하여 상의할 용의가 있다는 부분은 위와 같은 과장된 추측을 이용하여 자신의 시장지배력을 증가시키려는 의도가 있다고 보이므로, 그 목적이 자신의 산업재산권을 보호하고 선량한 대리점의 피해를 예방하기 위한 것이며 산업재산권은 그 보호가치가 높다고 하더라도, 위와 같은 행위는 사업자 간의 경쟁에 있어서 부당한 방법을 사용한 행위라고 판시하였다.[179]

그 밖에 대법원이 사업활동방해에 해당하는지 여부를 심리한 사안으로서 다음과 같은 것들을 찾아 볼 수 있다. 먼저, 세방의 사업활동방해 사건과 국보 외 10의 사업활동방해 사건에서 해상운송회사의 컨테이너를 보관·관리하는 시설인 컨테이너 전용장치장(CY: Container Yard)을 운영하는 CY보유 운송사들이 자신의 CY에 보관되어 있는 컨테이너를 다른 운송업자가('자가운송업자')가 출입·반출하는 경우에 자가운송업자로부터 상하차비, 운송관리비 등의 명목으로 비용을 징수하는 행위가 문제로 되었다. 관련 행정소송 상고심에서 대법원은 이 사건 행위의 경우 원고가 해상운송회사(船社)들로부터 지급받는 CY조작료와 자가운송업자들로부터 징수하는 운송관리비 등이 중복되는 것이라고 보기 어렵고, CY의 설치에 투자된 비용과 운영·관리비용을 회수하기 위하여 자가운송업자로부터 운송관리비를 징수하는 행위는 비용발생의 원인자가 비용을 부담하여야 한다는 시장경제의 원리인 수익자부담원칙에 부합하는 것으로서 법상 부당한 사업활동방해에 해당하지 않는다고 판시하였다.[180]

178) 서울고법 2001. 4. 17. 선고 2000누16472 판결.

179) 같은 판결. 위 법원은 특히 온열치료기 시장의 특성에 비추어 볼 때 생산회사에 대한 신뢰는 사업수행에 있어 큰 의미를 차지하는 것이어서 경쟁사는 대리점의 계약해지, 판매량 감소 등 큰 손실을 입을 것이 예상되므로 이 사건 행위는 경쟁자의 사업활동을 심히 곤란하게 할 정도로 방해하는 행위에 해당된다고 하였다.

180) 대법원 2012. 4. 26. 선고 2010두4858 판결 및 대법원 2012. 5. 10. 선고 2010두4896 판결.

또한 한국MSD의 부당한 고객유인 등 사건에서 동 사업자가 자사 의약품의 판매촉진·처방증대를 위하여 병·의원 및 의사들에게 과도한 지원을 한 행위 이외에 경쟁사 제품의 문제점이나 생물학적 동등성 시험에서 문제가 발생한 사실 등을 의료인들에게 알린 행위가 문제가 되었는데, 관련 행정소송에서 서울고법 및 대법원은 위 행위는 공정하고 자유로운 거래를 저해할 우려가 있는 행위로서 그 부당성은 인정될 수 있으나, 이로 인하여 경쟁사의 사업활동이 심히 곤란하게 되었다고 볼 수 없으므로 부당한 사업활동방해에 해당하지 않는다고 판시하였다.[181)]

마지막으로 근래 대법원은 하이트진로의 사업활동방해 사건에서 경쟁자의 거래상대방에 대하여 경제적 이익 등을 제공함으로써 경쟁자와 거래를 중단하고 자신과 거래하도록 유도한 행위가 부당한 사업활동방해에 해당하는지 여부를 판단하는 기준에 관한 중요한 법리를 제시하였다. 이 사건에서 전국 먹는 샘물 제품시장에서 상당한 지위를 가진 위 사업자가 천안지역에서 먹는 샘물 제품을 공급하는 소규모 지역사업자 M사와 거래 중인 대리점들에 대하여, 분쟁발생 시 법률비용 지원, 제품의 공급단가 할인 등 경제적 이익을 제공하는 방법으로 M사와의 거래를 중단하고 자신과 거래하도록 한 행위가 문제가 되었다.

관련 행정소송 상고심에서 대법원은 구법상 '기타의 사업활동방해'의 부당성 유무는 해당 사업자의 시장에서의 지위, 사용된 방해수단, 그 의도와 목적, 관련 법령의 규정 내용, 문제된 시장의 특성, 통상적인 거래관행, 방해행위의 결과 등을 종합적으로 고려하여 판단해야 한다고 전제하고, 특히 사용된 방해수단이 더 낮은 가격의 제시에 그칠 경우에는 그것만으로 부당성을 인정하는 데에는 신중해야 하지만, 제시된 거래조건이나 혜택 자체가 경쟁사업자와 기존에 전속적 계약관계를 맺고 있는 대리점에 대한 것이고, 그 혜택이나 함께 사용된 다른 방해수단이 통상적인 거래관행에 비추어 이례적이거나 선량한 풍속 기타 사회질서에 반하는 등으로 관련 법령에 부합하지 않는다면, 단순히 낮은 가격을 제시한 경우와 똑같이 취급할 수는 없고, 그 방해수단을 사용한 사업자가 단순히 경쟁사업자와 대리점의 기존 거래계약 관계를 알고 있었던 것에 불과한지, 아니면 더 나아가 경쟁사업자와 기존 대리점 계약관계의 해소에 적극 관여하거나 그 해소를 유도하였는지 여부, 그로 인하여 경쟁사업자의 사업활동이 어려워지게 된 정도 역시 중요하게 고려하여 판단해야 한다고 하였다.[182)]

---

181) 서울고법 2011. 6. 2. 선고 2009누15557 판결 및 대법원 2013. 11. 14. 선고 2011두16667 판결.

182) 대법원 2018. 7. 11. 선고 2014두40227 판결.

나아가 위와 같은 법리를 이 사건 행위에 적용하여 원고는 8개 대리점과 대리점 계약을 체결하는 과정에서 경쟁사업자와 이들 대리점 사이의 기존 계약관계 해소에 적극 관여하거나 더 나아가 그 해소를 유도하였다고 평가할 수 있고, 이들과 대리점 계약을 체결하면서 변호사비용 중 일부를 지원하기로 한 것은 통상적인 거래관행으로 보기는 어려우며, 전국시장 단위에서 상당한 지위를 점하고 있는 원고가 천안 지역시장에 진입하기 위하여 특정한 경쟁사업자를 표적으로 삼아 그와 기존에 거래하던 대리점들에게 유리한 거래조건을 선별적으로 제시한 의도와 목적 역시 고려해야 하고, 먹는 샘물 제품의 판매사업을 영위하는 데 있어서 대리점이 필수적인 유통채널로 기능하는데 M사는 총 11개 대리점들 중 8개와 한꺼번에 거래가 끊겨 사업활동이 심히 곤란하게 되었으므로 부당성이 인정된다고 하였다.[183]

Ⅲ. 재판매가격유지행위의 금지

1. 재판매가격유지행위의 개념

법은 재판매가격유지행위의 개념을 "사업자가 상품 또는 용역을 거래할 때 거래상대방인 사업자 또는 그 다음 거래단계별 사업자에 대하여 거래가격을 정하여 그 가격대로 판매 또는 제공할 것을 강제하거나 그 가격대로 판매 또는 제공하도록 그 밖의 구속조건을 붙여 거래하는 행위"라고 정의하고 있다(법 제2조 제20호). 그 구체적인 개념 요소는 아래에서 살펴보기로 하고 우선 유념할 것은 법상 재판매가격유지행위에 해당하기 위해서는 재판매구조가 존재하여야 한다. 즉, 제조업자나 도매업자 등 상류시장 사업자가 유통업자나 소매업자 등 하류시장 사업자에게 상품을 판매하거나 용역을 제공하고, 다시 그 하류시장 사업자가 해당 상품을 재판매하거나 용역을 제공하는 수직적 거래관계가 전제되어야 한다.

〔연 혁〕
독점규제법 제정 당시에는 재판매가격유지행위를 "상품을 생산 또는 판매하는 사업자가 그 상품을 판매함에 있어서 재판매하는 사업자에게 거래단계별 가격을 미리 정하여 그 가격대로 판매할 것을 강제하는 규약 기타 제한조건을 붙여 거래하도록 하는 행위"라고 하였다가 1986년

183) 같은 판결.

1차 법 개정을 통하여 " … 판매할 것을 강제하거나 이를 위하여 규약 기타 구속조건을 붙여 거래하는 행위"라고 규정하여 반드시 '규약 등의 거래상 조건'을 붙이는 경우뿐만 아니라 기타 다양한 방식으로 사실상 강제하는 경우도 포함시켰다. 다시 2001년 9차 법 개정으로 최고재판매가격유지행위의 경쟁촉진적 효과를 인정하여 이를 당연위법으로 다루었던 종래의 판례를 변경하여 합리성의 법리를 적용하여야 한다고 판시한 미국 연방대법원의 State Oil Co. v. Khan, 118 S.Ct. 275 (1997) 판결 및 최고재판매가격유지행위의 경쟁촉진적 개연성을 강조한 많은 국내외 이론의 영향을 받아서 정당한 이유가 있는 최고재판매가격유지행위를 허용하였다. 또한 명시적으로 상품거래뿐만 아니라 용역제공에 있어서 행해지는 재판매가격유지행위를 포함시키고, 직접적으로 거래관계에 있는 상대방뿐만 아니라 다음 단계의 사업자에 대하여 재판매가격을 정하는 행위를 포함하는 것으로 규정하였다. 그 후 2020년 법 전부 개정으로 재판매가격유지행위의 개념을 "… 강제하거나 … 그 밖의 구속조건을 붙여 거래하는 행위"라고 규정하여 반드시 강제를 요구하는 것이 아님을 명확하게 하였고, 최저재판매가격유지행위의 '정당한 이유'에 관한 판례이론을 반영하여 최고재판매가격유지행위인지 또는 최저재판매가격유지행위인지 여부를 따지지 않고 효율성 증대로 인한 소비자후생 증대효과가 경쟁제한의 폐해보다 큰 경우를 예외적 허용사유로 규정하였고, 사실상 사문화된 '재판매가격유지 지정제도'를 폐지하였다.[184)]

실제로 메르세데스벤츠코리아 및 8개 메르세데스벤츠 승용차 딜러사들의 부당한 공동행위 등 사건에 메르세데스벤츠 승용차를 수입하는 메르스데스벤츠코리아와, 이로부터 승용차를 공급받아 판매하는 딜러사들이 협의를 통하여 딜러사들이 제공하는 승용차 수리 등에 소요되는 공임비를 인상한 것이 문제가 되었다. 공정거래위원회는 이 사건 행위가 구법 제19조 제1항이 금지하는 부당하게 경쟁을 제한하는 합의 및 이를 '행하게 하는 행위'에 해당한다고 판단하였으나, 관련 행정소송에서 위 딜러들은 이 사건 행위는 수입사인 메르스데스벤츠코리아가 딜러들을 대상으로 행한 재판매가격유지행위라고 주장하였다. 이에 대하여 상고심에서 대법원은 메르스데스벤츠코리아와 딜러들 사이에 수직적 거래관계나 재판매구조가 성립한다고 볼 수 없으므로 이 사건 행위는 재판매가격유지행위에 해당하지 않는다고 하면서 원고의 주장을 배척하였다.[185)]

---

184) 위 제도는 일정한 요건을 갖춘 상품으로서 사전에 공정거래위원회의 지정을 받은 상품 등에 대하여 재판매가격유지행위를 허용하는 것인데, 실제로 공정거래위원회는 1981년 화장품 14개 유형 1,654개 품목과 1983년 의약품 13개 품목을 재판매가격유지 지정 품목으로 고시하였으나, 1984년 12월 모두 지정이 해제되었고 그 이후 지정된 품목은 없다.

185) 대법원 2019. 3. 14. 선고 2018두60984 판결. 이 사건 대법원의 판시내용은 제5장 Ⅱ. 2. (나) '부당한 공동행위를 하도록 하는 행위' 부분 참고.

또한 재판매가격유지행위는 상법상 위탁판매에 부수되는 판매가격의 지시와 구별된다. 즉, 상법상 위탁판매는 상품·용역의 소유권과 매매대금을 대가적으로 교환하는 매매와는 달리 위탁자가 상품의 소유권과 거래상의 위험 일체를 부담하고 수탁자는 위탁자의 계산으로 상품을 판매하면서 그 대가로 단순히 수수료를 받는 형태의 거래관계를 말한다. 따라서 위탁자로부터 수탁자로의 매매가 존재하지 않는 위탁판매의 경우에 위탁자가 판매가격을 지정하더라도 재판매가격유지에 해당하지 않는다. 다만, 위탁판매를 가장한 탈법적 재판매가격유지행위를 규제하기 위하여 계약의 실질을 따져서 구체적인 거래관계가 위탁판매에 해당하는지 여부를 판단하여야 하는데, 특히 상품이나 용역의 실질적인 소유권의 귀속주체 및 실질적인 위험의 부담주체를 기준으로 수탁자가 상품의 소유권과 거래상의 위험을 실질적으로 부담하고 있는 경우에는 위탁판매가 아닌 매매라고 보아야 할 것이다.[186)]

2. 미국 독점금지법상 재판매가격유지행위에 관한 판례 및 학설

미국 연방독점금지법상 재판매가격유지행위는 주로 셔먼법 제1조의 '경쟁제한적 합의'로서 규율되고 있는데, 이에 관한 판례이론은 재판매가격유지행위에 대하여 소위 '당연위법의 법리'를 적용할 것인가 또는 '합리성의 법리'를 적용할 것인가와 관련하여 전개되었다. 재판매가격유지행위에 대한 법원의 입장은 아래에서 보는 바와 같이 당초의 엄격한 당연위법적 입장에서 합리성의 법리를 적용하는 것으로 전환되었다.

연방대법원은 1911년 Dr. Miles Medical Co. v. John D. Park & Sons Co. 사건 판결[187)]에서 최초로 제약회사가 자신이 제조·공급한 일반의약품의 소매가격을 고정시키는 계약을 체결한 것은 셔먼법 제1조의 당연위법이라고 하여 판시하였는데, 이는 재판매가격유지행위를 본질적으로 수평적 가격책정과 동일한 것으로 간주한 것이다.[188)] 그 후 1980년대에 들어서서 재판매가격유지행위에 대한 연방대법원의 태도는 종래 당연위법의 법리를 적용하던 상표 내 비가격 경쟁제한행위인 입지조항(location clause)에 대하여 합리성의 법리를 적용하도록 판시한 1977년 Continental T.V., Inc. v. GTE Sylvania Inc. 사건 판결[189)]로부터 큰 영향을 받아서, 여전히 당연위법의 법리를

186) '재판매가격유지행위 심사지침' 2. 라. '매매와 위탁판매의 구분기준' 부분 참고.

187) 220 U.S. 373, 31 S.Ct. 376 (1911).

188) Id. at 407.

189) 433 U.S. 36, 97 S.Ct. 2549 (1977). 이 판결의 판시 내용은 이 장의 Ⅱ. 4. (사) (2) '미국 독점금지법상 구속조건부거래의 규제' 부분 참고.

적용하면서도 현격하게 완화된 모습을 보였다.

예컨대, 1984년 Monsanto Co. v. Spray-Rite Service Corp. 사건 판결[190)]에서 연방대법원은 셔먼법 제1조를 위반하는 거래제한적 공모의 존재를 인정하기 위해서는 제조업자나 판매업자가 독립하여 행동하였을 가능성을 배제하는 증거, 즉 제조업자와 판매업자 간에 불법적인 목적을 달성하기 위한 공동의 계획에 대한 의식적인 참여가 있음을 합리적으로 입증할 수 있는 직접적 또는 상황적 증거가 있어야 한다고 판시하여 당연위법의 법리가 적용되는 수직적 거래제한의 범위를 협소하게 만들었다. 또한 연방대법원은 1988년 Business Electronics Corp. v. Sharp Electronics Corp. 사건 판결[191)]에서 설령 경쟁 판매업자가 제조업자에게 다른 판매업자의 염가판매에 대하여 불평을 제기하고 이에 대해 제조업자가 염가판매를 이유로 해당 판매업자와의 거래를 중단하였다고 하더라도 제조업자와 판매업자 간에 '재판매가격을 유지하려는' 합의나 공동의 계획이 없는 한 이를 재판매가격유지행위라고 볼 수 없다고 판시하였다. 즉 당연위법인 재판매가격유지행위로 간주하기 위해서는 제조업자와 판매업자 간에 염가 판매업자와의 거래를 단절하겠다는 합의가 요구되는 것이 아니라 제조업자와 판매업자 간에 재판매가격을 일정 수준으로 유지하려는 합의가 있어야 한다는 것이다.

이러한 판례의 경향은 결국 연방대법원이 2007년 Leegin Creative Leather Products v. PSKS, Inc. 사건 판결에서 최저재판매가격유지행위(minimum resale price maintenance) 역시 경쟁제한적 효과뿐만 아니라 상당한 경쟁촉진적 효과를 가진다는 점을 인정하고, 합리성의 법리를 적용하여 양자를 비교·형량해야 한다고 판시하는 것으로 귀결되었다.[192)]

또한 재판매가격을 일정한 수준 이하로 유지하도록 하는 소위 '최고재판매가격유지행위'(maximum resale price maintenance)에 대해서는 최저재판매가격유지행위의 경우

---

190) 465 U.S. 752, 104 S.Ct. 1464 (1984).

191) 485 U.S. 717, 108 S.Ct. 1515 (1988).

192) 127 S.Ct. 2705 (2007). 동 사건의 심리과정에서 경쟁당국인 연방거래위원회 및 법무부 독점금지국조차도 당연위법의 법리를 적용하는 것은 더 이상 바람직하지 않다는 의견을 제시하였다. 그러나 그 후 오바마 대통령이 집권할 당시 법무부 독점금지국은 종전의 입장과는 달리 독점금지법의 집행을 강화해야 한다는 입장을 표명하였는데, 당시 독점금지국을 관장하는 법무부 차관인 Christine A. Varney는 최저재판매가격유지행위에 대해서 일반적인 합리성의 법리가 아니라 원고(경쟁당국)가 일정한 사실을 입증하면 피고가 그에 대한 정당화 사유에 대한 입증책임을 부담하도록 하는 것이 바람직하다는 견해를 제시하기도 하였다(Christine A. Varney, Assistant Attorney General, Antitrust Federalism: Enhancing Federal/State Cooperation, Remarks as Prepared for the National Association of Attorneys General (Oct. 7, 2009)).

보다 먼저 당연위법의 법리가 포기되고 합리성의 법리가 적용되었다. 즉, 연방대법원은 1951년 Kiefer-Stewart Co. v. Joseph E. Seagram & Sons, Inc. 사건 판결[193]에서 위 Dr. Miles 판결의 영향을 받아서 최고재판매가격유지행위도 당연위법이라고 하였고, 1968년 Albrecht v. Herald Co. 사건 판결[194]에서도 신문사가 신문배달업자들에 대하여 권장최고가격을 정하여 준 것에 대하여 당연위법이라고 판시하였다. 그러나 최고재판매가격유지행위에 대하여 최저재판매가격유지행위와 마찬가지로 당연위법의 법리를 적용한 연방대법원의 결정에 대해서는 많은 비판이 제기되었고, 결국 연방대법원은 1997년 State Oil Co. v. Khan 사건 판결[195]에서 종전의 입장을 버리고 최고재판매가격유지행위에 대하여 합리성의 법리를 적용하였다. 연방대법원은 위 판결의 주된 근거로서 최고재판매가격유지행위에 대하여 당연위법의 법리를 적용하는 근거들은 많은 경우에 비현실적이고, 최고재판매가격유지행위가 초래할 수 있는 경쟁제한적 위험성은 합리성의 법리를 통해서도 충분히 제어할 수 있으며, 이를 당연위법으로 금지할 경우에 공급업자들이 판매업자를 수직적으로 통합하여 오히려 독립적인 판매업자의 존립을 위태롭게 하는 결과를 낳을 수 있다는 점 등을 들었다.

위에서 보는 바와 같이 미국 독점금지법상 재판매가격유지행위와 같은 상표 내 경쟁제한행위에 대하여 엄격한 규제를 주장하는 견해와 그 완화를 주장하는 견해가 대립되었는데, 특히 재판매가격유지행위의 경쟁촉진적 효과를 강조하는 견해는 재판매가격유지행위가 판매업자 간 무임승차(free riding)를 방지하여 판매업자로 하여금 판촉활동에 대한 적극적인 투자와 고객에 대한 충분한 서비스를 제공하도록 유도하여 상표 간 경쟁을 촉진한다고 주장하였다. 즉, 동일한 상표의 상품을 판매하는 판매업자들 사이에 상표 내 경쟁이 존재할 때, 판매업자들은 자신이 판촉활동에 대하여 투자할 경우 다른 판매업자는 그와 같은 투자를 하지 않고 비용을 절감하여 낮은 가격으로 판매함으로써 무임승차할 것을 두려워하여 판촉활동에 대한 투자를 꺼리게 되는데, 상표 내 경쟁제한행위는 판매업자들 사이의 경쟁을 제거함으로써 판매업자가 적극적인 판촉활동을 실시하도록 유도하여 다른 상표의 상품을 판매하는 판매업자와의 상표 간 경쟁을 촉진한다는 것이다.[196]

---

193) 340 U.S. 211, 71 S.Ct. 259 (1951).

194) 390 U.S. 145, 88 S.Ct. 869 (1968).

195) 522 U.S. 3, 118 S.Ct. 275 (1997).

196) 판매업자 간 무임승차의 가설은 시카고학파 경제학자인 Telser 교수가 그의 논문 Why Should Manufacturers Want Fair Trade?, 3 J.L. & Econ. 347 (1960)에서 소개한 이래 상표 내 경쟁제한행위를 다루는 거의 모든 문헌에서 상표 내 경쟁제한행위를 합리화하는 중요한 근거로서 제시되고 있다.

이에 대하여 과연 상표 내 경쟁제한행위가 판매업자의 판촉활동을 유도하는 현실적이고 효과적인 방법으로 일반적으로 통용될 수 있는가, 그리고 그러한 목적을 달성하기 위하여 반드시 상표 내 경쟁을 제한할 필요가 있는지에 대하여 의문이 제기된다.[197] 먼저, 제조업자가 상표 내 경쟁을 제한함으로써 판매업자에게 추가적인 이윤을 확보하도록 하면 판매업자는 제조업자의 의도대로 그 추가적인 이윤을 판촉활동에 투자한다는 전제에 대하여 의문을 제기할 수 있는데, 해당 시장에서 이루어지고 있는 경쟁이 불완전할 경우, 즉 과점상황 또는 상당한 정도로 제품의 차별화가 이루어져 있는 경우 또는 판매업자들이 별도로 담합을 형성할 수 있는 경우에는 상표 내 경쟁제한행위를 통해서 얻은 추가적인 이윤의 전부 또는 일부를 판촉활동에 투자하지 않고 스스로 취할 개연성이 높다.[198] 둘째, 위 주장은 제조업자가 상표 내 경쟁제한행위를 통하여 유도하는 고객서비스 등이 자신이 제공하는 상품에 대해서만 배타적으로 제공된다고 가정한다. 그러나 예컨대 배달서비스나 신용판매서비스와 같이 고객서비스가 해당 판매업자의 매장에서 판매되는 수천 개의 상품과 관련되고 해당 제조업자가 공급하는 상품은 그 중 하나에 불과할 때, 개별 상품에 대한 이윤율 증가가 고객서비스를 제공하려는 판매업자의 결정에 미치는 영향은 미미할 것이므로 특정 제조업자가 자신의 상품에 대한 판매업자의 이윤율을 증가시키는 것은 어리석은 행동일 수 있다.[199] 셋째, 거래현실에 비추어 볼 때 제조업자의 입장에서 자신의 상품을 판매하는 판매업자가 적합한 종류와 수준의 판촉활동을 펼칠 것이라는 기대 하에 추가적인 이윤을 확보하도록 한다는 것은 비현실적이라는 등의 비판이 제기되었다.[200]

3. 재판매가격유지행위의 성립요건

법상 재판매가격유지행위가 성립되기 위해서는 법 제2조 제20호가 규정하고 있는 바와 같이 첫째, 거래상대방 또는 그 다음 거래단계별 사업자에 대하여 재판매가격이 지정되고(재판매가격의 지정), 둘째, 지정된 가격대로 판매할 것이 강제되거나

197) Pitofsky, The Sylvania Case : Antitrust Analysis of Non-price Vertical Restrictions, 78 Colum. L. Rev. 1, 20 (1978).

198) Id. Pitofsky는 위 논문에서 당시 미국 유통업계의 경쟁은 대체로 활발한 편이지만 대부분의 상품의 경우에 소비자들이 구매를 위해 장거리를 여행하는 것을 꺼리고 대규모소매유통망이 발달함에 따라 실제로 많은 소매시장이 고도로 집중되어 있다고 판단하였다.

199) Id. at 21.

200) Id.

이를 위하여 그 밖의 구속조건이 붙은 거래가 이루어져야 한다(강제력 또는 구속력). 나아가 법 제46조를 위반하는 재판매가격유지행위에 해당되기 위하여 다른 법 위반행위의 경우와 마찬가지로 '부당성'이나 '경쟁제한성' 등이 인정되어야 하는지가 문제된다.

이에 대하여 종전에 2020년 전부 개정되기 전 구법 제29조 제1항의 문리해석상 이를 별도의 성립요건으로 인정할 근거를 찾을 수 없으므로 위 두 가지 요건만 충족되면 일응 위법한 재판매가격유지행위가 성립하고, 다만 최고재판매가격유지행위의 경우에는 동 항 단서에 따라 '정당한 이유'가 있는 경우에 한하여 허용된다고 해석하는 것이 일반적이었다. 그러나 아래에서 살펴보는 바와 같이 대법원은 일련의 판결을 통하여 법문상 예외적 허용사유가 없는 최저재판매가격유지행위의 경우에도 정당한 이유가 있으면 허용될 수 있다고 판시하였다. 이에 따라 2020년 법 전부 개정을 통하여 법 제46조 각 호에서 최저재판매가격유지행위인지 또는 최고재판매가격유지행위인지를 묻지 않고 양자 모두에 적용되는 두 가지 예외적 허용사유를 규정하였다. 따라서 법 제46조의 해석상 재판매가격유지행위가 성립하기 위해서 위 두 가지 요건과 별도로 부당성이나 경쟁제한성 등이 요구되는 것은 아니지만, 법상 재판매가격유지행위에 해당한다고 할지라도 동 조 각 호 중 하나에 해당하면 예외적으로 허용된다.

재판매가격의 지정은 당사자 간의 계약이나 합의에 의할 수도 있고 제조업자 등 일방 당사자의 강요에 의할 수도 있다. 법 제2조 제20호의 해석상 상류시장 사업자가 하류시장 사업자의 의사에 반하여 재판매가격을 유지하도록 강요한 경우에 한하여 재판매가격유지행위가 성립하는 것으로 해석할 여지가 있으나, 각국의 입법례에서 이를 요구하고 있지 않은 점, 합의에 의한 경우와 그렇지 않은 경우의 재판매가격유지행위가 경쟁에 미치는 효과가 다르다고 볼 수 없는 점, 그리고 종래 부당한 공동행위에 대한 법 집행 실무상 거래단계를 달리하는 사업자 사이에 이루어지는 공동행위, 즉 수직적 공동행위를 원칙적으로 규제하고 있지 않는 점 등을 고려할 때 당사자들 간 합의에 의한 재판매가격유지행위를 규제대상에서 제외할 정책적 이유도 없다고 할 것이다.[201]

또한 재판매가격유지행위가 성립하기 위해서는 강제력 또는 구속력이 인정되어

201) '재판매가격유지행위 심사지침'은 재판매가격유지행위가 성립하기 위해서는 '강제성'이 존재하여야 한다고 규정하고 있는데, 직접적인 강제행위가 없더라도 약정서나 계약서에 위반시 계약을 해지하거나 제재조치를 취할 수 있는 조항이 있으면 강제성이 인정된다고 규정하고 있으므로(동 지침 2. 다. (2)) 결국 동일한 견해를 취하고 있다고 할 수 있다.

야 하므로 제조업자나 도매업자가 단순히 유통업자나 소매업자에 대하여 희망하는 판매가격을 표시하는 소위 '추천가격'이나 '권장가격' 등은 실제로 구속력이 인정되지 않는 한 재판매가격유지행위에 해당하지 않는다. 대법원은 남양유업의 재판매가격유지행위 사건 관련 행정소송 상고심에서 사업자가 "재판매가격을 지정하여 그 가격대로 판매할 것을 지시·통지하는 행위는, 그것이 단지 참고가격 내지 희망가격으로 제시되어 있는 것에 그치는 정도인 경우에는 이를 위법하다 할 수 없고, 거기에서 그치지 아니하고 재판매업자로 하여금 그 지시·통지에 따르도록 하는 것에 대하여 현실로 그 실효성을 확보할 수 있는 수단이 부수되어 있는 경우에만"[202] 재판매가격유지행위에 해당한다고 판시하였다.

그런데 나아가 과연 어느 정도의 강제력 또는 구속력이 요구되는가, 즉 지정된 재판매가격의 실효성을 확보하기 위해서 어떠한 수단들이 사용되면 법상 재판매가격유지행위가 성립하는지의 문제가 제기된다.[203] 이와 관련하여 법원은 구체적 사실관계에 따라 판단한다고 할 수 있다. 먼저 위 남양유업 사건 판결에서 대법원은 원고가 자사 제품을 판매하는 매장에 대하여 권장소비자가격을 통보하고 실제로 그 판매가격을 조사·점검하였으나 그 조사목적이 재판매가격의 준수를 확보하기 위한 것이라고 볼 수 없고, 지점의 영업사원을 통하여 판매가격 인상을 요청하고 그 불응시에는 공급을 중단하겠다고 통지·시사한 사실이 인정되지만 실제로 상품공급은 지점이 아니라 본사가 담당하고 있고, 본사는 매출액이 큰 대형할인매장에 대하여 염매를 이유로 함부로 공급중단을 결정할 수 없는 입장이었으며 실제로 공급중단을 실시한 사례도 없었고, 또한 지점의 영업사원이 독자적으로 공급중단을 결정할 권한도 없었으며 매장의 담당직원들이 영업사원의 언동에 크게 개의치 않았다는 등의 근거로 위 권장소비자가격은 실효성을 확보할 수 있는 수단이 부수되어 있다고 보기 어렵다고 판시하였다.[204]

---

202) 대법원 2001. 12. 24. 선고 99두11141 판결.

203) 일본의 경우에는 최고재판소가 소위 '제1차 분유사건'에서 "구속이 있다고 하기 위해서는 반드시 그 거래조건에 따르는 것이 계약상의 의무로서 정해져 있는 것을 요하지 않고, 이에 따르지 않을 경우에는 경제상 어떤 불이익을 수반함으로써 현실로 그 실효성이 확보되고 있으면 족하다."라고 판시한 것과 관련하여, 구속조건의 불준수에 대하여 어떤 불이익이 준비되어 있는 것이 필요하다는 '불이익처분설'과 반드시 불이익이 부과되지 않더라도 현실적으로 실효성을 갖는 것이면 족하다는 '실효성확보설'이 대립하는데 점차 불이익을 수반하는 것은 실효성이 있음을 증빙하는 의미를 가질 뿐이라고 해석하는 후자의 입장이 지지를 얻어서 1990년에 제정된 일본 공정거래위원회의 가이드라인에서 명백히 '실효성확보설'을 채용하였다. 이동신, "재판매가격유지행위의 규제와 가격표시제의 문제점", 「경제법의 제문제」, 재판자료 제87집, 법원도서관, 2000, pp. 545-547.

204) 대법원 2001. 12. 24. 선고 99두11141 판결.

또한 제약회사가 도매상에 대하여 재판매가격유지행위를 한 것인지 여부가 다투어진 글락소스미스클라인의 재판매가격유지행위 사건 관련 행정소송 상고심에서도 대법원은 사업자가 재판매업자에게 상품을 판매함에 있어서 일방적으로 재판매가격을 지정하여 그 가격대로 판매할 것을 지시·통지하는 행위는 그것이 단지 참고가격 내지 희망가격으로 제시되어 있는 것에 그치는 정도인 경우에는 위법하다고 할 수 없고, 거기에 그치지 않고 재판매업자로 하여금 그 지시·통지에 따르도록 하는 것에 대하여 그 실효성을 확보할 수 있는 수단이 부수되어 있는 경우에 한하여 위법하다고 하면서, 이 사건의 경우 도매상과의 거래계약서의 문언상 기준약가와 동일한 가격으로 판매할 의무를 부과한 것으로 보기 어려울 뿐만 아니라 기타 묵시적·간접적 방법으로 재판매가격을 지정·강제하는 정도에까지 이르렀다고 볼 수 없다고 판시하였다.[205)]

이에 반하여 매일유업의 재판매가격유지행위 사건 관련 행정소송에서 서울고법은 재판매가격유지행위에 사업자가 상품을 판매함에 있어서 미리 정한 가격대로 판매하지 않는 경우 거래를 중단하거나 또는 공급량을 줄이거나 공급조건을 불리하게 하는 등의 물리적 강요행위가 포함됨은 물론, 단지 사업자가 거래 중단을 시사하였거나 혹은 사업자의 행위가 가격유지의 권장 또는 협조요청의 형식을 취하였다고 하더라도 재판매가격의 유지가 실효성이 확보된 수단을 통하여 이루어지는 경우에는 이는 가격을 통제하는 행위로서 재판매사업자 사이의 자유로운 가격경쟁을 저해하는 것이므로 법상 '재판매가격유지행위'에 해당한다고 판시하였다.[206)] 이러한 기준을 적용하여 본사나 지점을 통하여 각 거래처에 소비자가격을 미리 정하여 통보하고, 소속 직원들에 대한 사원교육 및 분임토의 등을 통하여 거래처의 소비자가격 준수 여부를 조직적으로 감시·감독하게 하고, 거래처에 대하여 소비자가격의 준수를 적극적으로 종용함과 아울러 일부 거래처에 대하여 그 미준수에 대하여 공급중단 등의 경제상 불이익을 과하겠다는 뜻을 통지·시사하였다면 문제의 소비자가격은 실효성이 확보된 수단이 부수된 것으로 인정된다고 하였다.[207)]

---

205) 대법원 2011. 5. 13. 선고 2010두28120 판결.

206) 서울고법 2000. 1. 28. 선고 98누14947 판결.

207) 같은 판결. 상고심에서 대법원도 동일한 취지로 원심판결을 수용하였다(대법원 2002. 5. 31. 선고 2000두1829 판결). 또한 영원아웃도어의 재판매가격유지행위 사건 관련 행정소송에서도 서울고법은 동 사업자가 판매계약서에서 소비자판매가격 준수 조항을 두고 이를 준수하지 않을 경우 출하를 중지하거나 시정을 요구할 수 있고 계약을 해지할 수 있는 조항을 두고, 실제로 가격준수 모니터링 등을 통하여 전문점이 소비자가격을 준수하는지 점검하고 준수하지 않는 전문점에 대하여 판매계약서에 따라 사유서를 징구하거나 경고장을 발송하거나, 또는 가격정책준수 담보보증금을 수령하고 출하정지와 계약해지

4. 재판매가격유지행위의 예외적 허용사유

(가) 정당한 이유가 존재하는 경우

법 제46조 제1호는 "효율성증대로 인한 소비후생 증대효과가 경재제한으로 인한 폐해보다 큰 경우 등 재판매가격유지행위에 정당한 이유가 있는 경우"를 재판매가격유지행위가 예외적으로 허용되는 사유로 규정하고 있다. 구체적으로 어떠한 경우에 그러한 정당한 이유를 인정할 수 있는지가 문제가 되는데, 최고재판매가격유지행위와 최저재판매가격유지행위의 경우를 나누어 살펴본다.

먼저, 최고재판매가격유지행위의 정당한 이유가 인정되는 경우에 관하여, 법원이 구체적으로 설시한 사례는 찾아볼 수 없다. 다만, '재판매가격유지행위 심사지침'은 법 제46조 제1호의 예외적 허용사유를 서술하면서 정당한 이유가 존재한다고 인정되는 경우로서 (1) 제조업자가 유통업자와 전속적 판매계약을 체결하면서 유통업자가 지나치게 높은 이윤을 추구하는 행위를 방지하기 위하여 가격을 일정한 수준 이상으로 올리지 못하도록 하는 경우, (2) 제조업자가 자사상품을 판매하는 유통업체가 소수이고 유통업체 간 담합 등을 통해 가격인상 가능성이 높아 경쟁사에 비해 자사상품의 경쟁력이 저하될 것을 우려하여 일정한 범위 내에서 최고가격을 결정하는 경우를 예시하고 있는데(동 지침 3. 다), 이들은 모두 최고재판매가격유지행위에 적용될 수 있는 것이다.

한편, 이미 설명한 바와 같이 2020년 전부 개정된 법 제45조 제1호는 판례 법리를 수용하여 최고재판매가격유지행위뿐만 아니라 최저재판매가격유지행위의 경우에도 효율성증대로 인한 소비후생 증대효과가 경쟁제한으로 인한 폐해보다 큰 경우 등 정당한 이유가 있는 경우에는 허용되도록 규정하였는데, 그 계기가 된 판결례를 살펴보면 다음과 같다. 대법원은 제약회사와 골프채 제조사들의 재판매가격유지행위가 문제된 일련의 사건에서 구법 제29조의 입법취지 등을 근거로 최저재판매가격유지행위의 경우에도 정당한 이유가 있는 경우에는 예외적으로 허용될 수 있고 다만, 그 입증책임은 행위자인 사업자에 있다고 반복적으로 판시하였다.

예컨대, 한미약품의 부당한 고객유인 등 사건에서 고객유인행위 이외에 동 회사가 도매상에 대하여 의약품을 공급하면서 보험약가 수준으로 재판매가격을 유지하도록 한 행위가 문제가 되었다. 관련 행정소송 상고심에서 대법원은 독점규제법

등의 불이익을 가한 점 등을 근거로 재판매가격유지행위에 해당한다고 판시하였다(서울고법 2013. 8. 22. 선고 2012누28867 판결). 상고심에서 대법원은 심리불속행 사유에 해당한다는 이유로 상고를 기각하였다(대법원 2014. 1. 24. 선고 2013두20783 판결).

의 목적은 경쟁을 촉진하여 소비자 후생을 증대하기 위한 것이고 재판매가격유지행위를 금지하는 취지도 사업자가 상품 등에 관한 거래가격을 미리 정하여 거래함으로써 유통단계에서의 가격경쟁을 제한하여 소비자 후생을 저해함을 방지하기 위한 것이라고 전제하고, 이러한 입법 목적과 취지에 비추어 볼 때, 최저재판매가격유지행위가 해당 상표 내 경쟁을 제한하는 것으로 보이는 경우라고 할지라도 시장의 구체적인 상황에 따라 그 행위가 관련 상품시장에서의 상표 간 경쟁을 촉진하여 결과적으로 소비자 후생을 증대하는 등 정당한 이유가 있는 경우에는 이를 예외적으로 허용하여야 할 필요가 있고, 그와 같은 정당한 이유 유무는 관련시장에서 상표 간 경쟁이 활성화되어 있는지 여부, 그 행위로 인하여 유통업자들의 소비자에 대한 서비스경쟁이 촉진되는지 여부, 소비자의 상품선택이 다양화되는지 여부, 신규 사업자로 하여금 유통망을 원활히 확보함으로써 관련 상품시장에 쉽게 진입할 수 있도록 하는지 여부 등을 종합적으로 고려하여야 할 것이며, 이에 대한 증명책임은 관련 규정의 취지상 사업자에게 있다고 판시하였다.[208)]

위와 같은 대법원의 판시는 위에서 소개한 미국 독점금지법 판례 및 학설에 영향을 받은 것으로서 추측되는데, 경쟁법 이론상 타당하다고 할 수 있다.[209)] 그 후 최저재판매가격유지행위를 심리한 법원들은 위 대법원의 판시 취지에 따라 문제가 된 최저재판매가격유지행위에 정당한 이유가 있는지 여부를 따져서 위법성을 판단하였다. 예컨대, 유력한 골프채 제조사들의 재판매가격유지행위가 문제로 된 한국캘러웨이골프의 재판매가격유지행위 사건 및 테일러메이드코리아의 재판매가격유지행위 사건 관련 행정소송 파기환송 후 사건에서 서울고법은 골프채 시장이 상표 간 경쟁이 활성화되어 있는 시장임은 인정되지만, 이 사건 행위가 대리점의 판매 전 서비스(pre-sale service)를 활성화하는 등 가격 이외의 서비스경쟁 및 소비자의 다양한 상품선택을 촉진하고 신규 상표의 시장진입을 용이하게 하여 결과적으로 상표 간 경쟁을 촉진함으로써 소비자후생을 증대시켰다고 인정하기에 부족하고, 설령 일부 경쟁촉진효과 및 소비자후생 증대효과가 있다고 하더라도 이 사건 행위로 인한 대

---

208) 대법원 2010. 11. 25. 선고 2009두9543 판결. 동일한 취지의 판결로서 대법원 2010. 12. 23. 선고 2008두22815 판결(동아제약의 재판매가격유지행위 사건), 대법원 2011. 3. 10. 선고 2010두9976 판결(한국캘러웨이골프의 재판매가격유지행위 사건) 및 대법원 2011. 7. 14. 선고 2010두13753 판결(테일러메이드코리아의 재판매가격유지행위 사건) 등 참고. 그러나 대법원은 위 사건에서 문제가 된 재판매가격유지행위는 보험약가의 인하를 막는 결과를 초래하여 그 부담을 소비자에게 전가시키는 점 등에 비추어 볼 때 이를 허용할 만한 정당한 사유가 인정되지 않는다고 하였다.

209) 이호영, "공정거래법상 재판매가격유지행위 규제의 입법적 개선－최저재판매가격유지행위의 위법성 판단기준을 중심으로", 「비교사법」, 제19권 1호, 2012, pp. 255-303 참고.

리점 사이의 가격인하 제한효과나 대리점의 자율성을 침해하는 부정적 효과보다 크다고 할 수 없으므로 '정당한 이유'가 인정되지 않는다고 판시하였다.[210)]

또한 아모레퍼시픽의 재판매가격유지행위 사건 관련 행정소송에서도 서울고법은 위 대법원 판시의 취지에 충실하게, 문제가 된 최저재판매가격유지행위에 정당한 이유가 있는지 여부를 상세하게 평가한 후, 결국 정당한 이유가 있는 경우로 볼 수 없다고 하였다. 즉, 원고가 소속 방문판매원이 판매하는 제품에 소비자판매가격을 표시하면서 그 가격보다 낮은 가격으로 판매하지 못하게 하고, 이를 위반한 경우에는 경고나 장려금 미지급 등의 제재를 가한 행위로 인하여 방문판매원 간의 가격경쟁뿐만 아니라 당해 제품을 판매하는 원고 직영의 백화점 매장과의 가격경쟁도 없어짐에 따라 소비자후생이 감소한 반면, 이 사건 화장품 방문판매시장 또는 백화점 판매시장의 상표 간 경쟁이 충분하다고 단정할 수 없고, 이 사건 행위가 방문판매원 간 서비스경쟁을 촉진하여 소비자후생을 증대하는 효과가 충분하다고 인정하기 어려우며, 이 사건 행위가 원고의 화장품이 시장에 안정적으로 진입하여 다른 고가의 화장품과 경쟁할 수 있게 된 데 기여하였다거나 방문판매원 간 부가서비스에 관한 '무임승차' 문제를 해결하기 위해 필요하였다고 인정할 수 없다고 하였다.[211)]

그 후 영원아웃도어의 재판매가격유지행위 사건에서 최저재판매가격유지행위의 위법성 판단기준과 관련된 다양한 쟁점이 다투어졌는데, 관련 행정소송에서 서울고법은 각각의 쟁점에 대하여 상세하게 판단하였다. 먼저, 공정거래위원회가 최저재판매가격유지행위의 위법성을 증명함에 있어서 반드시 관련시장을 획정하여야 하는지에 관하여, 서울고법은 최저가격유지행위는 원칙적으로 위법하고 예외적으로 허용되는 정당한 이유의 존재와 이를 뒷받침하는 요소의 하나로서 관련시장에서 상표 간 경쟁이 활성화되어 있는지 여부를 원고가 증명하여야 하고, 이때 원고가 상표 간 경쟁이 일어나는 관련시장의 범위에 대하여 증명할 책임이 있으므로 최저재판매가격유지행위의 위법성을 증명함에 있어서 관련시장의 획정에 다툼이 있는 경우에는 당해 사업자가 이를 증명할 책임이 있다고 하였다.[212)]

나아가 정당한 이유가 있는지 여부에 관하여, 이 사건 행위로 인하여 해당 제품에 관한 전문점 간 경쟁뿐만 아니라 전문점과 본사, 직영점, 온라인쇼핑몰, 백화

---

210) 서울고법 2012. 4. 19. 선고 2011누10777 판결 및 서울고법 2012. 4. 19. 선고 2011누24141 판결.

211) 서울고법 2012. 8. 22. 선고 2011누12728 판결. 상고심에서 대법원은 심리불속행 사유에 해당한다는 이유로 상고를 기각하였다(대법원 2013. 1. 10. 선고 2012두21284 판결).

212) 서울고법 2013. 8. 22. 선고 2012누28867 판결.

점 등 다른 유통망과의 가격경쟁 가능성이 없어졌는데, 이는 가격경직화 및 소비자가격 상승 위험을 초래하고 판매업자에 대한 마진보장으로 유통효율을 저해하며 비용절감 노력을 방해하여 그 이익이 소비자에게 환원되지 않을 수 있고, 소비자는 가격할인이 없지만 서비스 수준이 높은 제품과 가격할인이 있으나 서비스 수준이 낮은 제품 사이에 선택할 수 있는 기회를 상실하였으므로 소비자후생 감소효과는 명백한데 반하여, 원고가 제출한 증거들만으로는 상표 간 경쟁의 활성화 여부도 알 수 없고, 국내 아웃도어브랜드 시장에 경쟁이 비교적 활성화되어 있는 것처럼 보이지만 이 사건 재판매가격유지행위로 인해 그 경쟁이 제한 또는 왜곡되지 않을 정도로 충분히 이루어지고 있다고 단정할 수는 없으며, 이 사건 행위로 인하여 가격 이외의 서비스 경쟁이 촉진되었을 가능성을 배제할 수는 없으나 그 존재 여부 및 그로 인하여 증대되는 효과가 어느 정도인지 파악할 수 없고, 오히려 원고로서는 서비스를 제공하는 전문점에게 판촉장려금 등 경제적 인센티브를 부여하는 등 재판매가격유지행위를 하지 않고도 서비스 증진을 유도할 수도 있었을 것으로 판단된다고 하였다.[213)]

그 밖에 필립스전자의 재판매가격유지행위 등 사건, 존슨앤존스의 재판매가격유지행위 등 사건 및 금호타이어의 재판매가격유지행위 등 사건에서도 법원은 문제가 된 최저재판매가격유지행위가 상표 내 경쟁을 제한하였고 이에 대한 정당한 이유가 존재하지 않는다고 하면서 위법한 재판매가격유지행위에 해당한다고 하였다. 먼저, 필립스전자의 재판매가격유지행위 등 사건에서 동 사업자가 대리점들에 대하여 출고정지, 공급가격 인상 등의 수단을 사용하여 자신이 공급하는 소형가전제품을 인터넷 오픈마켓에서 권장소비자가격 대비 50% 이상 할인판매하지 못하도록 한

213) 같은 판결. 또한 이 사건 행위로 인하여 높은 가격-높은 서비스, 낮은 가격-낮은 서비스 간 선택의 기회가 높아졌다는 주장에 대해서도 실제로 높은 수준의 서비스가 제공되었다고 할 수 없는 이상 이유 없다고 하였고, 비인기제품에도 판매마진을 보장해주어 상품선택이 다양해진다는 주장 역시 비인기제품이 무엇인지, 소비자후생 증진 정도가 어느 정도인지 명확하지 아니하여 받아들일 수 없으며, 원고가 국내시장에 진입하던 해에 이미 다른 신규브랜드에 비하여 상대적으로 인지도가 있었고 첫 해부터 백화점에 진입하였던 점 등에 비추어 보면 원고가 유통망 확보를 위해 이 사건 행위를 할 필요가 있었다고 보기 어렵고, 오히려 원고의 일관된 최저재판매가격유지행위로 인하여 다른 사업자의 신규진입 및 유통망 확장이 어려워졌을 가능성이 있으며, 가격할인이 성행할 경우 제품정보는 서비스가 제공되는 전문점에서 얻고 실제 구입은 가격이 낮은 전문점에서 하는 무임승차의 가능성은 원고의 제품에서만 발생하는 것이 아닐 뿐만 아니라 원고가 제출한 증거만으로 무임승차 방지를 위하여 이 사건 재판매가격유지행위가 반드시 필요하였다고 단정하기 어려우므로 정당한 이유를 인정할 수 없다고 판시하였다. 상고심에서 대법원은 심리불속행 사유에 해당한다는 이유로 상고를 기각하였다(대법원 2014. 1. 24. 선고 2013두20783 판결).

행위 등이 문제가 되었다. 관련 행정소송에서 서울고법은 원고는 온라인 유통채널에서의 가격경쟁으로 제품 가격이 하락하자 이 사건 판매정책을 수립하고 대리점들에 대하여 강제한 것으로서 그 경쟁제한 효과가 인정되고, 나아가 이 사건 행위가 할인행사용 제품이 그 목적에 맞지 않게 오픈마켓에서 판매되는 것을 방지하기 위한 것임을 인정할 수 없을 뿐만 아니라, 상표 간 경쟁을 촉진하여 결과적으로 소비자 후생을 증대한다고 인정하기도 어려우므로 법상 최저재판매가격유지행위에 해당한다고 하였다.[214)]

또한 존슨앤존스의 재판매가격유지행위 등 사건에서는 동 사업자가 안경원에 공급하는 아큐브 콘택트렌즈의 최저판매가격을 사전에 결정하고 이를 위반한 안경원에 대하여 제품의 공급을 중단한 행위가 문제가 되었다. 관련 행정소송에서 서울고법은 원고가 국내 소프트렌즈 소매시장에서 압도적인 1위를 차지하고 있고 원고와 거래하는 안경원들은 원고가 지정한 소비자 판매가격을 준수하지 않을 경우 불이익을 받을 수 있음을 인지한 상태에서 이를 준수하였으므로 이 사건 행위가 이들 안경원 사이에 아큐브 제품에 관한 가격경쟁을 제한하는 효과를 발생시켰음이 인정되고, 나아가 이 사건 행위가 이루어진 시기는 원고가 이미 시장점유율 1위를 차지하고 상당 기간이 경과한 후이므로 원활한 유통망을 확보하고 시장에서 안착하기 위하여 그 행위를 할 필요성이 있었다고 보이지 아니하고, 이 사건 행위로 인하여 소비자의 선택이 다양화되고 신규 사업자가 시장에 쉽게 진입할 수 있게 되었다는 점 역시 인정할 수 없으므로 정당한 이유의 존재를 인정할 수 없다고 하였다.[215)]

마지막으로 금호타이어의 재판매가격유지행위 등 사건에서 동 사업자가 온라인 판매대리점에게 최저판매가격 기준을 통보하고 이를 위반할 경우 불이익을 부과하거나 부과할 것을 통보한 행위가 문제가 되었다. 관련 행정소송에서 서울고법은 이 사건 행위로 인하여 원고의 대리점 사이 경쟁이 직접적으로 제한되었으며 온라인 판매가격이 인위적으로 상승하는 등 소비자이익이 상당한 수준으로 저해된 반면, 원고가 주장하는 경쟁촉진 효과 등은 확인되지 않고 설령 긍정적 효과가 있었다고 하더라도 가격인하 제한 효과나 대리점의 자율성을 침해하는 효과를 상회한다고 인

214) 서울고법 2013. 7. 17. 선고 2012누29228 판결. 상고심에서 대법원 역시 원심의 판시를 그대로 수용하여 상고를 기각하였다(대법원 2017. 6. 19. 선고 2013두17435 판결). 이 사건에서는 최저재판매가격유지행위뿐만 아니라 위 사업자가 대리점들에 대하여 일부 품목의 제품에 대하여 인터넷 오픈마켓 판매를 금지한 행위도 문제가 되었는데, 법원은 이 역시 불공정거래행위 중 구속조건부거래에 해당한다고 인정하였다(이 장의 Ⅱ. 4. (사) (3) '관련 판결례' 부분 참고).

215) 서울고법 2015. 5. 14. 선고 2014누5141 판결. 상고심에서 대법원 역시 원심의 판시를 그대로 수용하여 상고를 기각하였다(대법원 2015. 11. 12. 선고 2015두44066 판결).

정하기는 부족하며, 대리점의 자율성 침해 및 소비자후생 감소를 감수하면서까지 영세한 오프라인 대리점을 보호할 필요성이 인정되지 않는다고 하였다.[216)]

(나) 일정 범위의 출판 저작물

법 제46조 제2호는 "저작권법 제2조 제1호에 따른 저작물 중 관계 중앙행정기관의 장과의 협의를 거쳐 공정거래위원회가 고시하는 출판된 저작물(전자출판물을 포함한다)"을 재판매가격유지행위가 예외적으로 허용되는 사유로 규정하고 있다. 이에 따라 공정거래위원회는 2002년부터 '재판매가격유지행위가 예외적으로 허용되는 저작물의 범위'를 고시하고 있는데, 현재 시행 중인 고시(공정거래위원회 고시 제2021-21호, 2021. 12. 30.)는 '출판문화산업진흥법' 적용대상 간행물과 '신문 등의 진흥에 관한 법률'상 일반일간신문 및 특수일간신문에 대한 재판매가격유지행위를 허용하고 있다.

저작물의 경우에는 본래 학문적·예술적 창작물로서 무체재산권의 대상이 되므로 저작권의 정당한 행사행위는 법 제117조에 따라 독점규제법의 적용이 원천적으로 제외되고 있으나, 저작물에 대한 재판매가격유지행위를 저작권법에 의한 정당한 권리행사라고 볼 수 없으므로 별도로 예외적 허용사유로 규정하고 있다. 그 취지는 입법정책상 저작물의 판매업자에게 일정한 이윤을 보장해줌으로써 다양한 저작물들이 일반 소비자에게 충분히 제공될 수 있도록 유도하려는 것이다. 특히 저작물은 통상 다품종소량생산의 형태를 띠게 되고 저작물 내용의 개성이 중요한 상품으로서 가격경쟁에는 익숙하지 않으며,[217)] 또한 문화상품으로서의 특성을 가지므로 시장성이 불투명한 도서의 시장진입을 도움으로써 출판활동을 활성화할 필요가 있기 때문이다.[218)]

---

216) 서울고법 2020. 8. 26. 선고 2019누53442 판결. 이 사건에서는 위 사업자가 자사 대리점에게 온라인 최저판매가격을 준하지 않는 온라인 판매업체에는 제품을 공급하지 말 것을 통보하고 이를 위반할 경우 불이익을 부과하거나 부과할 것을 통보하는 행위도 문제가 되었는데, 위 법원은 이 역시 불공정거래행위 중 구속조건부거래에 해당한다고 판시하였다. 상고심에서 대법원은 심리불속행 사유에 해당한다는 이유로 상고를 기각하였다(대법원 2020. 12. 30. 선고 2020두48987 판결).

217) 이동규, 「독점규제 및 공정거래에 관한 법률개론」, 개정판, 행정경영자료사, 1997, pp. 644-645.

218) 이동신, "재판매가격유지행위의 규제와 가격표시제의 문제점", 「경제법의 제문제」, 재판자료 제87집, 법원도서관, 2000, p. 580 참고.

토의 과제

1 소위 '수직적 거래제한'(vertical restraints)과 '상표 내 경쟁제한행위'(intra-brand restraints)의 개념을 구분하여 설명하고, 그 중 재판매가격유지행위가 차지하는 위치를 설명해 보시오(이 장의 Ⅱ. 4. (사) '구속조건부거래' 부분 및 이호영, "독점규제법상 상표 내 경쟁제한행위의 규제에 관한 연구", 「서울대 박사학위논문」, 2003, pp. 1-4, 12-15 참고).

2 재판매가격유지행위가 성립하기 위해 요구되는 '구속력'의 정도를 설명하고, 남양유업의 재판매가격유지행위 사건의 사실관계와 매일유업의 재판매가격유지행위 사건의 사실관계를 비교해 보시오.

3 재판매가격유지행위 중 최고재판매가격유지행위를 예외적으로 허용할 수 있는 '정당한 이유'와, 대법원이 한미약품 사건 판결 등에서 최저재판매가격유지행위를 허용할 수 있는 근거로 제시한 '정당한 이유'를 비교해 보시오.

4 독점규제법이 일정한 범위의 저작물에 대해서 예외적으로 재판매가격유지행위를 허용하는 취지를 설명해 보시오.

Ⅳ. 특수 불공정거래행위의 규제

1. 서 론

독점규제법상 불공정거래행위를 금지하는 규정체계를 정리해 보면 다음과 같다. 먼저, 법 제45조 제1항 본문은 "공정한 거래를 해칠 우려가 있는 행위"를 불공정거래행위로서 금지하면서 동 항 각 호에서 그 유형을 열거하고, 다시 동 조 제3항은 불공정거래행위의 유형 또는 기준을 대통령령으로 정하도록 하고 있다. 이에 따라 법 시행령 제52조는 [별표 2]('불공정거래행위의 유형 또는 기준')에서 각 불공정거래행위 유형별로 그 세부유형 및 기준을 정하고, 나아가 동 별표 비고에서 "공정거래위원회는 효율적인 법집행을 위해 필요하다고 인정하는 경우에는 위 표에 따른 불공정거래행위의 세부 유형 및 기준을 정하여 고시할 수 있다. 이 경우 불공정거래행위가 발생할 우려가 높은 분야로서 공정거래위원회가 정하여 고시하는 분야에서의 불공정거래행위의 세부 유형 또는 기준에 대해서는 미리 관계행정기관의 장의 의견을 들어야 한다."라고 규정하고 있다. 이에 따라 공정거래위원회는 특수한 분야에만 적용되는 불공정거래행위 관련 고시를 제정하여 운용하고 있는데, 이를 흔히 '특수 불공정거래행위 고시'라고 한다.[219)]

현재 시행 중인 특수 불공정거래행위 고시로서는 특정한 행위에 관한 것으로서 '병행수입에 있어서의 불공정거래행위의 유형고시'와 '계속적 재판매거래 등에 있어서의 거래상 지위 남용행위 세부유형 지정고시'[220)]가 있고, 특정한 사업 분야에 관한 것으로서 '신문업에 있어서의 불공정거래행위 및 시장지배적지위 남용행위의 유형 및 기준'을 들 수 있다.[221)]

2. 병행수입에 있어서의 불공정거래행위

(가) 개 설

'병행수입'이란 특정 수입업자가 해당 외국상품을 독점적으로 수입하고 있는 경우에 제3자가 그 국내 독점수입권자의 허락 없이 다른 유통경로를 통하여 진정상

219) 2020년 전부 개정되기 전 구법 시행령 제36조 제1항은 [별표 1의2]에서 거래분야나 행위의 유형을 가리지 않고 일반적으로 적용되는 불공정거래행위의 유형 및 기준을 규정하는 한편, 동 조 제2항에서 공정거래위원회가 '특정 분야 또는 특정 행위'에 적용하기 위한 불공정거래행위의 유형 또는 기준을 정하여 고시할 수 있도록 규정하고 있었고, 이에 근거를 두고 공정거래위원회가 특정한 거래분야나 행위에만 적용되는 불공정거래행위의 유형 및 판단기준 등을 정하여 고시하였는데, 종래 강학상 전자를 '일반 불공정거래행위', 후자를 '특수 불공정거래행위'라고 하였다.

220) 위 고시와는 별도로 2015. 12. 22. '대리점거래의 공정화에 관한 법률'이 제정되어 2016. 12. 23.부터 시행되고 있는데, 동 법률은 법 시행 후 공급업자와 대리점 사이에 최초로 체결하거나 갱신한 계약부터 적용되므로(동법 부칙 제2조), 설령 동 법률의 규제대상인 대리점거래에 해당한다고 할지라도 여전히 위 고시가 적용될 여지가 있다.

221) 종전에는 위 고시들 이외에 (1) '표시·광고에 관한 공정거래지침', (2) '가맹사업에 있어서의 불공정거래행위의 기준', (3) '경품류제공에 관한 불공정거래행위의 유형 및 기준', (4) '대규모소매업에 있어서의 특정불공정거래행위의 유형 및 기준 지정고시'가 독점규제법에 근거를 두고 제정되어 시행된 바 있으나, (1)은 1999년 '표시·광고의 공정화에 관한 법률'(법률 제5814호, 1999. 2. 5.)이 별도로 제정됨에 따라 폐지되었고, (2)는 2002년 '가맹사업거래의 공정화에 관한 법률'(법률 제6704호, 2002. 5. 13.)이 별도로 제정됨에 따라 폐지되었으며, (3)은 그간 소비자의 인식이 제고되고 실시간 상품 비교가 가능하고 다양한 유통채널 간 경쟁이 촉진되는 등 유통분야 경쟁환경이 급격히 변화함에 따라 2016. 6. 30. 폐지되었고, (4) 역시 2011. 11. 14. '대규모유통업에서의 거래 공정화에 관한 법률'이 별도로 제정됨에 따라 이제 더 이상 적용될 여지가 사실상 없어졌다. 그 밖에도 공정거래위원회(당초에는 경제기획원)는 1981년부터 '국제계약상의 불공정거래행위 등의 유형 및 기준'을 제정 · 고시하였으나, 2000년대 이후 사실상 집행실적이 없고, 특히 우리나라를 포함한 각국이 경쟁법의 '역외적용'(extraterritorial application)을 일반적으로 인정하게 됨에 따라 독자적인 의미가 없다는 지적에 따라 2009. 8. 20. 폐지되었고, 그 후 2016년 법 개정으로 동 고시의 법률상 근거인 '국제계약의 체결제한'(구법 제8장) 규정도 삭제되었다.

품[222]을 수입하는 것을 말한다. 종전에는 이와 같은 병행수입행위는 구 관세청고시 '지적재산권보호를 위한 수출입통관사무처리에 관한 고시'(1995. 11. 3. 개정되기 전의 것, 현재의 명칭은 '지식재산권 보호를 위한 수출입통관 사무처리에 관한 고시') 제1-3조 제5호[223]에 따라 상표권을 침해하는 것으로 간주되었으나, 1995. 11. 3. 동 고시의 개정으로 위 조항에 단서가 추가되어 일정한 조건을 갖춘 진정상품을 수입하는 경우에는 국내 독점수입권자의 상표권을 침해하는 것이 아닌 것으로 인정되었다.[224]

주의할 것은 병행수입되는 상품이 진정상품이 아니고 '위조상품' 등인 경우에는 상표권의 침해를 이유로 독점수입권자가 그 판매를 중지시킬 수가 있고, 그 외에도 상품의 사양이나 품질이 다른 상품인데도 불구하고 허위의 출처표시를 하는 등의 방법으로 일반소비자에게 독점수입권자가 취급하는 상품과 동일한 것이라고 오인

---

222) 여기서 '진정상품'이란 해당 상표를 외국에서 적법하게 사용할 수 있는 권리가 있는 자에 의하여 상표가 부착되어 배포된 상품을 말하고, '독점수입권자'라 함은 ① 외국상표권자와 국내상표권자가 동일인이거나 계열회사관계(주식 또는 지분의 30% 이상을 소유하면서 최다출자자인 경우)이거나, 수입대리점관계에 있는 자, ② 외국 상표권자와 ①의 관계에 있는 자로부터 전용사용권을 설정받은 자를 말한다(병행수입에 있어서의 불공정거래행위의 유형 고시 제2조 제1항 및 제2항).

223) 위 조항은 "상표권을 침해하는 물품이라 함은 타인의 등록상표와 동일한 상표를 그 지정상품과 동일 또는 유사한 상품에 사용하거나 타인의 등록상표와 유사한 상표를 그 지정상품과 동일 또는 유사한 상품에 사용하여 수출입되는 물품을 말한다."라고 규정하고 있었다.

224) 동 단서는 일정한 요건에 해당하는 물품은 상표권을 침해하지 아니하는 것으로 본다고 규정하였는데, 특히 "상표법에 의하여 등록된 상표와 동일한 상표가 부착된 물품을 당해 상표에 대한 권리가 없는 자가 수입신고한 물품으로서 당해 상표가 외국에서 적법하게 사용할 수 있는 권리가 있는 자에 의하여 부착되고 국내 상표권자 또는 전용사용권자와 외국의 상표권자가 다음 각 호의 어느 하나에 해당되는 경우에는 상표권을 침해하지 아니하는 것으로 본다.

1. 국내외 상표권자가 동일인이거나 계열회사 관계(주식의 30% 이상을 소유하면서 최다 출자자인 경우), 수입대리점 관계 등 동일인으로 볼 수 있는 관계가 있는 경우(이하 "동일인 관계"라 한다) 다만, 외국의 상표권자와 동일인 관계에 있는 국내 상표권자로부터 전용사용권을 설정받은 국내 전용사용권자가 외국의 상표권자와 동일인 관계가 아니고, 당해 상표가 부착된 지정상품을 제조만 하는 경우에는 그러하지 아니하다.
2. 국내외 상표권자가 동일인 관계에 있는 경우는 아니지만, 국내 상표권자 또는 국내 상표권자로부터 전용사용권을 설정받은 자가 외국의 상표권자가 생산한 진정상품(외국 상표권자의 허락을 받아 생산된 진정상품 포함)을 수입하거나 판매하는 경우
3. 외국 상표권자의 요청에 의해 주문제작하기 위하여 견본품을 수입하면서 그에 관한 입증자료를 제출하는 경우"라고 규정하였다(위 고시 제1-4조 제1항).

현재는 '지식재산권 보호를 위한 수출입통관 사무처리에 관한 고시'(관세청고시 제2021-28호, 2021. 2. 26. 개정) 제5조 제1항에서 위와 사실상 동일한 내용을 포함하여 규정하고 있다.

될 우려가 있는 경우 상표의 사용을 보지하기 위하여 필요한 조치를 취하는 것은 원칙적으로 법상 문제가 되지 아니한다(병행수입에 있어서의 불공정거래행위의 유형 고시 제4조 제2항).

진정상품의 병행수입을 허용한 취지는 국내 시장이 개방되더라도 특정한 사업자가 당해 상품에 대한 독점수입권을 획득하여 이를 바탕으로 병행수입을 막는 경우에는 국내 시장에서 당해 상품에 대한 독점력을 행사하는 것과 같은 결과를 초래하므로 국내 시장에서의 경쟁이 촉진될 수 없기 때문이다. 이상과 같이 진정상품의 병행수입이 허용되었지만 여전히 국내 독점수입권자가 다양한 방법을 사용하여 병행수입을 저지할 우려가 존재하므로 공정거래위원회는 이의 효과적인 규제를 위해 1997년 신설된 독점규제법 시행령 제36조 제2항에 따라 '병행수입에 있어서의 불공정거래행위의 유형고시'(이하 '병행수입고시'라고 함)를 제정하여 운용하고 있다.[225]

병행수입고시의 내용을 간략히 살펴보면 다음과 같다. 우선 동 고시는 위 관세청 고시에 따라서 상표권을 침해하지 않는 것으로 보는 경우에 해당되어 수입이 허용되는 상품을 국내에 수입하여 판매하는 병행수입업자의 행위를 부당하게 저해하는 독점수입권자 및 그 판매업자의 불공정거래행위를 규제대상으로 한다(동 고시 제3조). 위 고시는 금지되는 독점수입권자의 병행수입 저지행위의 유형으로서 다음의 다섯 가지를 규정하고 있다.

먼저, 독점수입권자가 부당하게 (1) 병행수입업자가 진정상품을 구입하고자 하는 경우 외국상표권자의 해외거래처에 대하여 외국상표권자로 하여금 제품공급을 하지 못하게 하거나, (2) 병행수입품의 제품번호 등을 통하여 그 구입경로를 알아내어 동 제품을 취급한 외국상표권자의 해외거래처에 대하여 외국상표권자로 하여금 제품공급을 하지 못하게 하는 행위는 법상 구속조건부거래의 유형 중 '거래지역 또는 거래상대방의 제한'(법 제45조 제1항 제7호 및 법 시행령 [별표 2] 제7호 나목) 또는 '그 밖의 사업활동 방해'(법 제45조 제1항 제8호 및 시행령 [별표 2] 제8호 라목)에 해당된다(해외 유통경로로부터의 진정상품 구입방해)(동 고시 제5조). 둘째, 독점수입권자가 독점수입상품을 판매함에 있어 부당하게 병행수입품을 취급하지 않는 조건으로 자기의 판매업자와 거래하는 등 판매업자에 대하여 병행수입품을 취급하지 않도록 하는 행위는 법상 구속조건부거래의 유형 중 '배타조건부거래'(법 제45조 제1항 제7호 및 법 시행령 [별표 2] 제7호 가목)에 해당된다(판매업자에 대한 병행수입품의 취급제한)(동 고시 제6조). 셋째, 독점수입권자가 독점수입상품을 판매함에 있어 자기의 판매업자 중 병행수입품을 취급하는 판

225) 위 고시는 1997년 처음 제정된 이래 네 차례의 개정 및 폐지·제정을 거쳐 현재 시행되고 있는 것은 공정거래위원회 고시 제2021-20호(2021. 12. 30. 개정)이다.

매업자에 대하여는 타 판매업자에 비하여 현저하게 불리한 가격으로 거래하거나, 수량·품질 등 거래조건이나 거래내용에 관하여 부당하게 차별적 취급을 하는 행위는 법상 '차별적 취급'(법 제45조 제1항 제2호, 법 시행령 [별표 2] 제2호 가목 및 나목)에 해당한다(병행수입품을 취급한 판매업자에 대한 차별적 취급)(동 고시 제7조).

넷째, 독점수입권자가 독점수입상품을 판매함에 있어 병행수입품을 취급하는 사업자와는 거래개시를 거절하거나 그동안 계속 거래하여 오던 자기의 판매업자 중 병행수입품을 취급한 사업자에 대하여 병행수입품을 취급하였다는 이유만으로 부당하게 제품의 공급을 중단하는 행위는 법상 거래거절의 유형 중 '그 밖의 거래거절'(법 제45조 제1항 제1호 및 법 시행령 [별표 2] 제1호 나목)에 해당한다(병행수입품을 취급한 판매업자에 대한 제품공급거절 및 중단)(동 고시 제8조). 마지막으로 독점수입권자가 자기의 판매업자(도매업자)로 하여금 부당하게 병행수입품을 취급하는 소매업자에게는 독점수입품을 판매하지 못하게 하는 행위는 법상 구속조건부거래의 유형 중 '거래지역 또는 거래상대방의 제한'(법 제45조 제1항 제7호 및 법 시행령 [별표 2] 제7호 나목)에 해당되거나 거래상 지위의 남용의 유형 중 '경영간섭'(법 제45조 제1항 제6호 및 법 시행령 [별표 2] 제6호 마목)에 해당한다(병행수입품을 취급하는 소매업자에 대한 독점수입품의 판매제한)(동 고시 제9조).

(나) 관련 판결례

현재까지 병행수입과 관련된 불공정거래행위로서 재판상 다루어진 사례로는 한성자동차의 불공정거래행위 사건을 찾아볼 수 있는데, 그 사실관계를 요약하면 다음과 같다. 위 회사는 독일 메르세데스벤츠사의 한국 내 독점수입판매대리점으로서 위 상표의 한국 내 전용사용권등록권자인데, 다른 자동차수입업자인 오토월드가 벤츠사의 캐나다판매법인으로부터 벤츠자동차를 병행수입하여 국내에 판매하자, 차대번호를 추적하여 위 사실을 확인하고 벤츠사로부터 독점수입판매대리점계약의 위반을 이유로 약정된 커미션을 지급받았다. 이에 벤츠사는 벤츠캐나다사에 대하여, 다시 동 벤츠캐나다사는 위 캐나다판매법인에 대하여, 또 다시 동 캐나다판매법인은 오토월드에 대하여 벤츠사가 한성자동차에 지급한 커미션 해당액을 청구하였으나 오토월드가 지급을 거절하자 위 캐나다판매법인은 동 회사와의 거래를 중단하였다. 이에 대하여 공정거래위원회는 한성자동차가 차대번호를 추적하여 벤츠사에 통보하고 커미션을 청구한 행위가 병행수입고시를 위반하는 '해외유통경로로부터의 진정상품 구입방해'라고 인정하여 시정명령 등을 내렸다.[226)]

관련 행정소송에서 원고인 한성자동차는 먼저 오토월드의 병행수입행위가 벤

226) 공정거래위원회 의결 제98-110호, 1998. 6. 5.

츠 차량의 상표에 대한 자신의 국내전용사용권을 침해한 행위이므로 이를 저지하는 행위는 구법 제59가 규정하고 있는 '무체재산권의 행사행위'로서 동법의 적용으로부터 제외된다고 주장하였다. 이에 대하여 서울고법은 오토월드가 캐나다판매법인으로부터 수입한 벤츠차량은 벤츠캐나다사에 의하여 적법하게 생산, 판매된 진정상품이므로 비록 원고가 벤츠상표에 대한 국내 전용사용권자라고 하더라도 이러한 진정상품의 병행수입행위가 원고의 상표전용사용권을 침해하는 것은 아니므로 이에 대응한 행위에 대해 독점규제법의 적용이 배제되는지 여부를 따질 여지가 없다고 판시하였다.[227] 나아가 이 사건 한성자동차의 행위가 불공정거래행위에 해당하는지에 대하여, 동 회사의 "커미션 수령은 원고와 벤츠사 사이에 체결된 대리점계약상의 약정에 따른 적법한 권리행사로서 사적 자치의 원칙상 마땅히 허용되어야 할 것이다."라고 하면서, 비록 원고의 차대번호 조사 및 그 통보로 말미암아 캐나다판매법인에게 커미션이 전가되고 병행수입업자인 오토월드와의 분쟁이 야기되어 결과적으로 동 회사가 벤츠차량을 수입할 수 없게 되었다고 하더라도, "이러한 결과는 오토월드가 커미션 지불과 관련된 캐나다판매법인의 청구를 거절하여 오토월드와 캐나다판매법인 간의 계약이 결렬됨에 기인한 것이지, 이러한 결과와 원고의 벤츠사에 대한 커미션청구 및 그에 수반된 차대번호 조사행위 사이에 상당인과관계가 있다고 할 수 없다."라고 판시하였다.[228] 다만, 위 법원은 원고가 대리점계약을 근거로 "적극적으로 벤츠사로 하여금 해외거래처인 캐나다판매법인에게 영향력을 행사하여 병행수입업자인 오토월드에 대한 벤츠차량의 공급을 거절하게 하였다면" 원고의 행위를 부당한 병행수입저지행위로 볼 여지가 있다고 언급하였다.[229]

토의 과제

1 '지식재산권보호를 위한 수출입통관사무처리에 관한 고시'가 진정상품의 병행수입을 허용하게 된 취지를 설명해 보시오.

2 한성자동차의 불공정거래행위 사건 서울고법 판결의 취지를 정확히 설명해 보시오. 또한 동 판결의 취지에 따를 경우 국내 독점수입판매대리점이 외국 상표권자와 대리점계약을 체결하면서 만약 병행수입이 이루어질 경우 무

227) 서울고법 2000. 4. 6. 선고 99누389 판결. 무체재산권의 행사에 대한 독점규제법의 적용 제외에 관해서는 제1장 Ⅲ. 2. (나) '무체재산권의 정당한 행사행위' 부분 참고.

228) 같은 판결. 상고심에서 대법원은 원심의 판시사항을 그대로 수용하여 상고를 기각하였다(대법원 2002. 2. 5. 선고 2000두3184 판결).

229) 같은 판결.

> 거운 손해배상책임을 지도록 규정함으로써 사실상 진정상품의 병행수입을 저지하는 결과를 초래할 경우 불공정거래행위에 해당할 수 있는지에 대하여 각자의 생각을 말해 보시오.

3. 계속적 재판매거래 등에서의 거래상 지위의 남용

(가) 개 설

2012년 제18대 대통령 선거과정과 박근혜정부가 들어선 이후 우리 사회 전반에 걸쳐 진행된 소위 '경제민주화' 논의에 힘입어 다양한 거래분야에서 거래상 우월적 지위를 가진 사업자가 상대적으로 열악한 지위에 놓인 사업자에 대하여 그 지위를 악용하여 다양한 형태의 불이익을 가하는 행위에 대한 규제의 필요성이 강력히 제기되었다. 특히, 대규모 제조업자 등이 상대적으로 열악한 지위에 있는 대리점 등의 판매업자에 대하여 불공정한 내용의 거래를 요구하고 이에 불응할 경우에 상품의 공급이나 영업지원을 중단하는 등의 불이익을 가하는 행위가 만연되어 있다는 지적에 따라, 이러한 유형의 불공정거래행위에 대한 더욱 적극적인 법집행의 필요성이 제기되었고, 결국 2014년 공정거래위원회는 '계속적 재판매거래 등에 있어서의 거래상 지위 남용행위 세부유형 지정고시'(이하 '대리점고시'라고 함)를 제정하였다.[230)]

대리점고시는 다양한 형태의 대리점거래를 포섭하기 위하여 '계속적 재판매거래 등'이라는 개념을 설정하여, 상품의 재판매·위탁판매 등을 위하여 일정한 기간 동안 약정을 하고 공급업자가 판매업자에게 계속적으로 상품을 매입거래, 위·수탁거래 등의 방법으로 공급하는 거래에서 공급업자가 판매업자에 대해 거래상 우월한 지위를 가지는 경우에 적용하도록 규정하고(동 고시 제2조 제1항), 대리점거래에서 발생할 수 있는 다양한 유형의 거래상 지위의 남용행위를 법 시행령 [별표 2] 제6호 각목이 규정하고 있는 거래상 지위 남용행위의 세부유형 체계에 따라서 규정하고 있다(동 고시 제4조 이하).

---

230) 현재 시행 중인 것은 공정거래위원회 고시 제2021-23호(2021. 12. 30. 개정)이다. 이미 언급한 바와 같이 동 고시와는 별도로 2015. 12. 22. '대리점거래의 공정화에 관한 법률'이 제정되어 시행되고 있는데, 동 법률은 위 고시의 '계속적 재판매거래 등' 및 '판매업자'의 개념을 각각 '대리점거래' 및 '대리점'으로 바꾸고 대리점 분쟁조정절차를 마련한 것 이외에 금지행위에 관해서는 동 고시의 내용을 사실상 그대로 담고 있다고 할 수 있고, 독점규제법상 거래상 지위의 남용 규정에 우선하여 적용된다(동법 제4조).

(나) 대리점고시상 거래상 지위 남용행위의 규제

대리점고시는 상품의 재판매 · 위탁판매 등을 위하여 일정한 기간 동안 약정을 하고 공급업자가 판매업자에게 계속적으로 상품을 매입거래, 위·수탁거래 등의 방법으로 공급하는 거래에서 공급업자가 판매업자에 대해 거래상 우월한 지위를 가지는 경우에 적용되는데(동 고시 제2조 제1항), 공급업자가 판매업자에 대해 거래상 우월한 지위를 가지고 있는지 여부는 상품시장 및 유통시장의 구조, 공급업자와 판매업자간의 사업능력의 격차, 판매업자의 공급업자에 대한 거래 의존도, 거래의 대상이 되는 상품의 특성 등을 종합적으로 고려하여 공급업자가 판매업자의 거래활동에 상당한 영향을 미칠 수 있는 지위에 있는지에 따라서 판단하도록 규정하고 있다(동 조 제2항).[231]

나아가 대리점고시는 계속적 재판매거래 등과 관련하여 공급업자가 판매업자에게 해서는 안 될 거래상 지위의 남용행위를 6가지 유형으로 구분하고 각각에 대하여 그 세부유형을 규정하고 있다. 첫째, 구입강제 행위로서 (1) 판매업자가 청약 또는 주문하지 않은 상품을 일방적으로 공급하고 이를 구입한 것으로 정산하거나 이에 준하여 회계처리하는 행위, (2) 합리적 이유 없이 판매업자로 하여금 유통기한이 임박한 상품, 신제품, 판매가 부진한 비인기 제품, 재고품 등을 일정 수량 이상 반드시 구입 또는 인수하도록 하는 행위, (3) 기타 구입할 의사가 없는 상품 또는 용역을 구입하도록 강제하는 행위 등을 금지하고 있다(동 고시 제4조). 둘째, 경제상이익 제공 강요행위로서 (1) 공급업자가 자기의 필요에 의해 판매촉진행사를 실시하면서 판매촉진행사에 소요되는 비용의 부담 등을 사전에 판매업자와 약정하지 아니하고 판매업자에게 부담하도록 강요하는 행위, (2) 공급업자가 실질적으로 채용·관리하는 자의 인건비의 전부 또는 일부를 판매업자에게 부담하도록 강요하거나 판매업자에게 고용된 인원을 파견받아 자기의 사업장 또는 자기가 지정하는 사업장에서 근무하도록 강요하는 행위, (3) 판매업자에게 거래와 무관한 기부금, 협찬금 등 경제상 이익을 공급업자를 위하여 제공하도록 강요하는 행위 등을 금지하고 있다(동 고시 제5조).

셋째, 판매목표 강제행위로서 공급업자가 공급하는 상품과 관련하여 거래상대방의 거래에 관한 목표를 제시하고 이를 달성하지 못하였다는 이유만으로 판매업자에게 (1) 판매업자와의 계약을 중도에 해지하는 행위, (2) 제품의 공급을 중단하는 행위, (3) 판매업자에게 지급할 의무가 있는 금원의 전부 또는 일부를 지급하지 아

231) 다만, '가맹사업거래의 공정화에 관한 법률'에 따른 가맹사업에 해당하는 경우에는 위 고시를 적용하지 않는다(동 고시 제2조 제3항).

니하는 등 불이익을 제공하는 행위 중 어느 하나에 해당하는 불이익을 주거나 줄 것을 나타내어 판매목표를 강제하는 것을 금지하고 있다(동 고시 제6조).

넷째, 불이익 제공행위로서 먼저, 거래조건의 설정 및 변경과 관련하여, (1) 계약 유효기간 중에 정상적인 거래관행에 비추어 부당한 거래조건을 추가한 새로운 계약을 일방적으로 체결하는 행위, (2) 계약의 전부 또는 일부를 해지하더라도 손해배상을 청구할 수 없도록 하는 행위, (3) 공급업자가 판매업자에 임대한 장비, 비품이 판매업자의 귀책사유에 의하여 손실, 훼손된 경우 감가상각을 고려하지 않은 당초 구입가격에 근거하여 변상하도록 하는 등 부당한 변상기준을 일방적으로 설정하는 행위, (4) 계약서 내용에 관한 해석이 일치하지 않을 경우 공급업자의 일방적인 해석에 따라야 한다는 조건을 설정하는 행위를(동 고시 제7조 제1항), 반품과 관련하여, (1) 공급업자의 귀책사유로 인해 상품이 파손 또는 훼손되었음에도 불구하고 반품을 거부하는 행위, (2) 공급업자의 귀책사유로 인해 반품이 발생하였음에도 불구하고 운송비 등 반품에 소요되는 비용을 판매업자에게 전가시키는 행위를(동 조 제2항), 그리고 거래과정상 불이익과 관련하여, (1) 상품의 공급 또는 영업의 지원 등을 부당하게 중단 또는 거절하거나 현저히 제한하는 행위, (2) 판매장려금 지급 제한 사유와 무관하게 판매장려금을 부당하게 삭감하거나 지급하지 않는 행위(동 조 제3항) 등을 금지하고 있다.

또한 대리점고시는 공급업자가 위에서 열거한 행위 외의 방법으로 부당하게 거래상대방에게 불이익이 되도록 거래조건을 설정 또는 변경하거나 그 이행과정에서 불이익을 주는 행위를 금지하고(동 고시 제7조 제4항), 판매업자가 이 고시를 위반한 공급업자의 행위에 대하여 공정거래위원회 등 관계기관에 신고하거나 알리는 행위를 한 것을 이유로 부당하게 해당 판매업자에게 불이익이 되도록 거래조건을 설정 또는 변경하거나 그 이행과정에서 불이익을 주는 행위 역시 금지하고 있다(동 조 제5항).

다섯째, 경영활동 간섭으로서 (1) 합리적 이유 없이 공급업자가 자기의 필요에 의해 실시하는 판매촉진행사에 판매업자가 반드시 참여하도록 요구하는 행위, (2) 판매업자에게 소속된 임직원의 선임·해임·근무지역·근무조건이나 판매원의 계약체결·해지·영업지역·거래조건 등을 일방적으로 정하여 이행을 요구하는 행위, (3) 합리적 이유 없이 판매업자의 거래처 현황, 매출 내역, 자금출납 내역 등 판매업자의 사업상 비밀에 해당하는 정보를 제공하도록 요구하는 행위, (4) 판매업자의 거래상대방, 영업시간, 거래지역 등을 공급업자가 일방적으로 정하여 이행을 요구하는 등 경영활동에 간섭하는 행위 등을 금지하고, 다만 위·수탁거래에 있어 공급업자가 판매업자에게 동의를 얻은 경우 등 정당한 이유가 있는 경우에는 적용되지 아니한다고 규정하고 있다(동 고시 제8조).

마지막으로 주문내역 확인요청 거부 또는 회피로서 판매업자가 청약 또는 구입 의사를 표시한 제품, 수량 등 주문내역의 정당한 확인요청에 대하여 공급업자가 이를 거부 또는 회피하는 것을 금지하고 있다(동 고시 제9조).

그런데 대리점고시는 2014년 5월 제정·시행되었고, 동 고시가 시행된 지 불과 1년여가 지난 2015년 12월 대리점거래의 공정화에 관한 법률이 제정되어 이듬해 12월 시행되면서 시행일 이후 최초로 체결하거나 갱신한 대리점계약에 적용하도록 하였다. 따라서 2014년 5월 이전에 체결된 대리점계약과 관련하여 문제가 된 행위에 대하여는 대리점고시가 아닌 독점규제법 및 동법 시행령상 거래상 지위의 남용 조항이 직접 적용되고, 2016년 12월 이후 새로이 체결하거나 갱신한 대리점계약과 관련하여 문제가 된 행위에 대하여는 대리점거래의 공정화에 관한 법률이 적용되는데, 현재까지 위 고시 자체를 적용한 판결례를 찾아볼 수 없다.

4. 신문업에 있어서의 불공정거래행위 등

(가) 개 설

우리나라의 신문유통시장은 전통적으로 대규모신문발행업자가 영세한 신문판매업자를 통하여 독자에게 신문을 공급하는 형태를 취하고 있다. 따라서 신문발행업자가 신문판매업자와의 관계에서 자신의 거래상 지위나 시장지배적지위를 남용할 우려가 있고, 나아가 종래 신문발행업자나 신문판매업자가 과도한 무가지나 경품류를 제공하는 행위가 문제가 되기도 했다. 이러한 행위들은 법 제45조의 불공정거래행위 또는 법 제5조의 시장지배적지위의 남용행위에 해당할 수 있는데, 공정거래위원회는 이들 행위를 효과적으로 규제하기 위하여 '신문업에 있어서의 불공정거래행위 및 시장지배적지위 남용행위의 유형 및 기준'(이하 '신문고시'라고 함)을 제정하여 운용하고 있다.[232] 신문고시상 불공정거래행위 및 시장지배적지위의 남용행위에 대한 규제를 간략히 살펴보면 다음과 같다.

먼저, 과도한 무가지 및 경품류의 제공이 금지된다. 즉, (1) 신문발행업자가 신문판매업자에게 1개월 동안 제공하는 무가지와 경품류를 합한 가액이 같은 기간에 당해 신문판매업자로부터 받는 유료신문대금의 20%를 초과하는 경우, (2) 신문판매

232) 신문고시는 1997년 처음 제정되었는데(공정거래위원회 고시 제1997-25호, 1997. 5. 27.), 그 후 언론사에 대한 정부규제를 완화하려는 취지에서 1999. 1. 1. 폐지되었다가, 다시 신문시장의 불공정거래행위를 적극적으로 규제하여야 할 필요성이 제기되어 2001. 7. 1. 제정되었고, 현재 시행중인 것은 공정거래위원회 고시 제2021-22호(2021. 12. 31. 개정)이다.

업자가 독자에게 1년 동안 제공하는 무가지와 경품류를 합한 가액이 같은 기간에 당해 독자로부터 받는 유료신문대금의 20%를 초과하는 경우(구독기간이 1년 미만인 때에도 같음), 또는 (3) 신문발행업자가 직접 독자에게 1년 동안 제공하는 무가지와 경품류를 합한 가액이 같은 기간에 당해 독자로부터 받는 유료신문대금의 20%를 초과하는 경우는 법 제45조 제1항 제4호의 "부당하게 경쟁자의 고객을 자기와 거래하도록 유인하는 행위"에 해당되어 금지된다(동 고시 제3조 제1항).

그런데 실제로 신문판매업자가 행하는 경품류의 제공은 직·간접적으로 신문발행업자의 지원으로 이루어지는 경우가 많다. 따라서 신문고시는 신문판매업자의 과도한 무가지 및 경품류제공행위를 효과적으로 규제하기 위하여 (1) 신문발행업자가 경품류제공행위에 대한 계획을 수립하고 경품류 비용의 전부 또는 일부를 지원하여 경품류를 일괄 구입한 후 신문판매업자에게 배정하는 경우, 또는 (2) 신문발행업자가 경품류제공행위에 대한 구체적인 계획을 수립하거나 직접적으로 경품류 구입비용을 지원하지 않더라도 신문판매업자에 대하여 경품류제공의 독려, 권유 등의 행위를 하는 경우와 같이 신문발행업자가 신문판매업자의 경품류 제공행위에 직·간접적으로 관여한 경우에는 신문발행업자의 경품류제공행위로 본다고 규정하고 있다(동 고시 제3조 제4항).

또한 경품류제공 이외의 방법으로 부당하게 경쟁자의 고객을 자기와 거래하도록 유인하는 행위도 금지된다. 즉, (1) 신문판매업자가 구독계약기간이 종료된 후, 구독중지의사를 표시한 자에게 신문을 7일 이상 계속 투입하는 행위, (2) 신문발행업자 또는 신문판매업자가 직접 또는 제3자를 통하여 신문대금 대신지급, 다른 간행물 끼워주기, 과도한 가격할인 등 경품류제공 이외의 방법으로 정상적인 상관행에 비추어 과도한 대가지급을 전제로 경쟁사업자의 고객을 자기와 거래하도록 유인하는 행위, (3) 신문발행업자가 실제로는 독자에게 배포되지 않고 폐기되는 신문부수도 독자에게 배포되는 신문부수에 포함·확대하여 광고주를 오인시킴으로써 자기에게 광고게재를 의뢰하도록 유인하는 행위, 또는 (4) 신문발행업자가 고객에게 자기의 신문에 그 고객에게 유리한 기사를 게재하는 등의 이익을 주겠다고 하여 광고게재의뢰를 유인하는 행위 역시 법 제45조 제1항 제4호의 "부당하게 경쟁자의 고객을 자기와 거래하도록 유인하는 행위"에 해당되어 금지된다(동 고시 제4조).

그 밖에도 신문고시는 신문발행업자의 신문판매업자, 원재료구입처, 광고주 등에 대한 거래상 지위의 남용행위의 금지(동 고시 제5조), 신문판매업자 등에 대한 차별적 취급행위의 금지(동 고시 제6조), 임직원, 고객, 신문판매업자 등에 대한 거래강제행위의 금지(동 고시 제7조), 신문판매업자에 대한 배타조건부거래행위의 금지(동 고시 제8

조) 및 거래거절행위의 금지(동 고시 제9조) 등을 규정하고 있다.

또한 시장지배적지위를 가진 신문발행업자가 (1) 신문판매가격이나 광고대가를 원가변동요인 등에 비하여 현저히 높은 수준으로 결정·유지 또는 변경하는 행위, (2) 신문판매업자들에게 지나치게 낮은 가격으로 신문을 공급함으로써 다른 신문발행업자를 배제시킬 우려가 있는 행위, (3) 광고주 등 거래상대방이 다른 신문발행업자와 거래하지 아니하는 조건으로 거래하는 행위, 또는 (4) 허위 또는 근거 없는 내용으로 광고주 등 거래상대방을 비방하는 기사를 게재함으로써 사업활동을 어렵게 하는 행위는 법 제5조의 시장지배적지위의 남용행위에 해당하여 금지된다(동 고시 제10조).

마지막으로 신문고시와 사업자단체가 자율적으로 정한 공정경쟁규약의 관계가 문제될 수 있다. 이와 관련하여 공정거래위원회는 사업자단체가 동 위원회의 심사를 거쳐 신문고시의 내용에 저촉되지 아니하는 공정경쟁규약을 시행하는 경우에는 그 사업자단체가 동 규약을 적용하여 사건을 처리하게 할 수 있고, 다만 공정거래위원회가 사업자단체에서 처리하는 것이 효과적이라고 인정하여 사업자단체와 협의한 경우에는 그 사업자단체가 동 규약을 적용하여 사건을 처리하도록 한다(동 고시 제11조).[233)]

(나) 관련 판결례

신문고시가 시행되기 전에 발생한 신문발행업자나 신문판매업자의 불공정거래행위에 대하여는 2016년 폐지된 구 '경품고시'가 적용되거나 구법 제23조 및 동법 시행령 또는 '불공정거래행위의 유형 및 기준고시'[234)]상 '사원판매' 조항 등이 적용되었다. 따라서 그동안 재판상 신문발행업자 등의 불공정거래행위가 문제가 된 경우는 구 경품고시나 불공정거래행위의 유형 및 기준고시를 위반했는지 여부가 다투어진 사례 이외에, 신문고시의 위반 여부가 다투어진 사례로서는 소수의 하급심 판

233) 2003년 신문고시가 개정되기 전에는 사업자단체가 공정경쟁규약을 시행하는 경우에는 사업자단체가 '우선적으로' 동 규약을 적용하여 처리하도록 규정하였으므로(구 신문고시 제11조) 공정거래위원회가 신문발행업자 등의 불공정거래행위에 대하여 적극적으로 조사 및 시정조치를 하는 것이 곤란하다는 지적이 제기되었다. 이에 따라 2003년 위 고시를 현행과 같이 개정하여 원칙적으로 공정거래위원회가 신문발행업자들의 고시위반행위를 처리하고, 다만 사업자단체가 공정거래위원회의 심사를 받아 공정경쟁규약을 제정·시행하는 경우에는 그 사업자단체가 이를 적용하여 사건을 처리하도록 할 수 있되, 특히 사업자단체가 처리하는 것이 효과적인 경우에는 협의를 통하여 사업자단체가 공정경쟁규약을 적용하여 처리하도록 규정하였다.

234) 1996년 5차 법 개정으로 불공정거래행위의 유형 및 기준이 동법 시행령에 규정되기 전에는 당시 공정거래위원회(또는 경제기획원장관)의 고시로 정하고 있었다.

결을 찾아볼 수 있을 뿐이다. 또한 신문구독자와 신문판매업자가 신문고시상 무가지 및 경품류제공의 제한 조항(동 고시 제3조) 및 신문발행업자의 시장지배적지위 남용 금지 조항(동 고시 제10조) 등이 위헌이라고 주장하면서, 해당 조항들의 위헌확인을 구하는 헌법소원이 제기된 사례가 있다.

먼저, 위 헌법소원 사건에서 신문구독자와 신문판매업자들이 구 신문고시상 신문발행업자 및 판매업자가 제공할 수 있는 무가지와 경품을 제한하는 규정과 시장지배적지위를 가진 신문발행업자가 신문판매가격을 현저히 높게 혹은 낮게 책정하여 공급하는 행위 등을 금지하는 규정이 모법인 독점규제법의 위임을 벗어난 것이고, 헌법상 보장된 재산권을 제한함에 있어서 헌법 제37조 제2항에서 정한 기본권 제한의 한계를 벗어난 것으로서 위헌이라고 주장하였지만, 헌법재판소는 다음과 같은 근거로 구 신문고시상 신문판매업자의 무가지 및 경품류제공의 제한(동 고시 제3조 제1항 제2호)은 합헌이라고 판시하였다.[235]

첫째, 이 사건 신문고시 규정이 '위임입법 금지의 원칙'에 위반되는지에 관하여, 각종의 경쟁적 거래에서 복잡 다양하게 이루어지며 그 형태도 부단히 변동되는 불공정거래의 특징에 비추어 볼 때 이에 효과적으로 대처하기 위해서는 불공정거래행위의 유형과 기준을 미리 법률로서 자세히 정하지 아니하고 명령에 위임하는 것이 부득이하고, 구 신문고시의 수권규정인 구법 제23조에서 위임한 '불공정거래행위의 유형 또는 기준'의 내용은 동 조항에서 열거하고 있는 대표적 불공정거래행위의 내용 및 동법 제1조의 목적에 비추어 그 대강을 예측할 수 있으므로 이 사건 신문고시 규정은 법률의 수권사항을 그 위임의 범위 내에서 구체화하고 있을 뿐 위임입법의 헌법적 한계를 초과하지 아니한다고 판시하였다.[236]

---

235) 헌법재판소는 이 사건의 본안을 검토하기 전에 그 적법요건을 판단하였는데, 그 중 하나인 '자기관련성'과 관련하여 이 사건 신문고시 규정 중 제3조 제1항 제1호 및 제3호와 제10조 제1항 및 제2항의 규정은 모두 '신문발행업자'를 규율대상으로 하는 조항들이고, 나머지 제3조 제1항 제2호의 규정도 '신문판매업자'를 규율대상으로 하는 조항이므로 청구인 중 신문구독자는 위 규정 모두의 적용을 받지 아니하며, 신문판매업자도 제3조 제1항 제2호의 규정을 제외한 규정들의 적용을 받지 아니하고, 단지 "간접적, 사실적, 경제적 이해관계"만을 가질 뿐이므로 이들 조항들을 대상으로 한 헌법소원은 청구인의 자기관련성이 없다는 이유로 그 청구를 각하하였고(헌법재판소 2002. 7. 18. 2001헌마605 결정), 다만, 무가지 및 경품의 한도를 규정하는 구 신문고시 제3조 제1항 제2호만 신문판매업자의 자기관련성이 인정되므로 이에 대해서만 본안을 판단하였다.

236) 헌법재판소 2002. 7. 18. 2001헌마605 결정. 또한 헌법재판소는 재위임의 헌법적 한계를 일탈하여 위임입법 금지의 원칙에 위반하였는지 여부에 대하여 독점규제법의 위임을 받은 동법 시행령이 불공정거래행위의 유형과 기준을 상세히 구체화하였고, 다시 특정 행위나 특정 분야의 불공정행위의 유형과 기준을 정하기 위한 세부기준만을 하위 법령인 공정거래위원회 고시에 재위임하고 있을 뿐이므로 재위임의 헌법적 한계를 준수하였다

둘째, 이 사건 신문고시 규정이 '과잉금지의 원칙'에 위배되는지에 대하여 아래와 같은 근거로 동 원칙에 위배되지 않는다고 하였다.[237] 먼저 '입법목적의 정당성'에 관하여, 동 규정의 입법목적은 "우월적 지위를 가진 신문공급업자가 그 경제력을 남용하는 것을 금지하여 시장경제가 제대로 기능하기 위한 전제조건으로서의 가격과 경쟁의 기능을 유지하고 촉진하려고 하는 것"으로서 신문업에서의 과당경쟁사례에 비추어 그 정당성이 인정된다고 하였다. 또한, '수단의 적합성'에 관하여, 위와 같은 입법목적을 달성하기 위하여 무가지의 살포와 경품류의 제공에 대하여 일정한 제한을 가하는 것은 신문시장의 판매경쟁의 경험을 고려할 때 필요한 적절한 수단으로 인정된다고 하였다. 다시 '최소침해성의 원칙'과 관련하여, 위 규정이 무가지와 경품을 유료신문대금의 20% 이하로 제한하는 것은 신문공급업자들이 자율적으로 시행하고 있는 신문협회의 자율규약의 규제내용보다 오히려 완화하여 정한 점, 기타의 산업에 일반적으로 적용되는 '경품고시'는 경품의 한도를 거래되는 상품이나 용역의 거래가액의 10%로 하고 있는 점, 무가지 등의 활용을 완전히 봉쇄한 것이 아니고 상당한 정도의 예비지의 활용을 허용하고 있는 점 등을 근거로 이 사건 신문고시의 조항은 입법목적의 달성을 위하여 필요한 최소한의 제한임이 인정된다고 판시하였다.

마지막으로 '법익의 균형성'에 관해서도 위 규정에 의하여 침해되는 사익은 신문판매업자가 발행업자로부터 공급받은 신문을 무가지로 활용하고 구독자들에게 경품을 제공하는 데 있어서 누리는 사업활동의 자유와 재산권행사의 자유라고 할 수 있는 반면, 동 규정이 보호하고자 하는 공익은 경제적으로 우월적 지위를 가진 신문발행업자를 배경으로 한 신문판매업자가 무가지와 경품등의 살포를 통하여 경쟁상대신문의 구독자들을 탈취하는 신문업계의 과당경쟁상황을 완화시키고 신문판매 구독시장의 경쟁질서를 정상화하여 민주사회에서 신속·정확한 정보제공과 올바른 여론형성을 주도하여야 하는 신문의 공적 기능을 유지하고자 하는 것이므로 이러한 공익과 사익을 서로 비교할 때, 이 사건 규정은 그 보호하고자 하는 공익이 침해하는 사익에 비하여 크다고 판단되므로 동 규정은 양쪽의 법익교량의 측면에서도 균형을 유지하고 있다고 하였다.

셋째, 이 사건 신문고시 규정이 헌법 제119조 제1항의 '자유경제질서 원칙'에 위배되는 것인지에 관하여, 동 규정이 신문판매업자의 사업활동의 자유와 재산권행사의 자유를 제한하는 측면이 있지만 신문업계의 과당경쟁을 완화하고 신문시장의 경쟁질서를 정상화하여 민주사회에서의 신문의 공적 기능을 유지하는 것이 주 목적이

고 판시하였다.

237) 같은 결정.

고, 과도한 무가지 살포와 경품제공에 의해 신문구독자가 신문을 자유로이 선택할 권리를 침해당하는 것을 억지하고자 하는 목적도 가지고 있음을 고려할 때, 이는 "신문업에 있어서의 시장의 지배와 경제력의 남용을 방지하기 위한 경제적 규제로서 헌법 제119조 제2항에 의하여 정당화될 수 있는 정도의 것"이라고 판시하였다.[238)]

그 후 신문발행업자들의 불공정거래행위 사건에서 신문고시에 관한 다양한 쟁점이 다투어졌다. 이 사건에서 주요 신문발행업자들이 자신의 신문판매업자들에 대하여 신문고시가 정하는 한도인 당해 신문판매사업자로부터 받은 유료 신문대금의 20%를 초과하는 가액의 무가지를 제공한 행위가 문제가 되었다. 관련 행정소송에서 위 사업자들은 (1) 구 신문고시 제3조 제1항 제1호의 무가지는 신문발행업자들이 신문판매업자들로부터 그 대가를 수취하는지 여부에 따라 구별해야 하고 신문판매업자가 구독자들로부터 그 대가를 수취하는지 여부에 따라 구별해서는 안 되고, (2) 신문발행업자의 신문판매업자에 대한 무가지 제공행위를 부당한 고객유인행위로 규정하고 있는 구 신문고시 제3조 제1항 제1호 및 무가지와 유료신문의 개념을 정의하고 있는 동 고시 제2조 제2항,[239)] 제3항[240)]은 신문판매업자의 고객유인행위와 직접적인 인과관계가 인정되지 않는 신문발행업자의 행위를 금지하거나 또는 신문판매업자의 행위에 대한 인식을 요건으로 규정하지 않은 채 신문발행업자의 행위를 금지하므로 자기책임의 원칙에 반하고, 기증지나 예비지 등도 유료신문에 해당하는 것으로 규정함으로써 부당한 고객유인행위를 불공정거래행위로서 금지하는 구법 제23조 제1항 및 제2항의 위임취지나 한계를 일탈한 것이며, (3) 이 사건에 적용되는 구 신문고시 제11조는 사업자단체가 공정거래위원회의 심사를 거쳐 공정경쟁규약을 시행하는 경우에는 그 사업자단체가 우선적으로 동 규약을 적용하여 사건을 처리하도록 규정하고 있음에도 동 위원회가 이 사건을 처리한 것은 처분권한 없는 자가 행한 처분이라고 주장하였다.

그러나 서울고법은 위와 같은 모든 주장을 배척하면서 그 청구를 기각하였다. 먼저, 구 신문고시상 관련 규정의 해석상 동 고시 제3조 제1항 제1호에서 말하는 무가지는 '신문발행업자가 신문판매업자의 유료부수를 초과하여 지국에 제공한 신문'

---

238) 같은 결정.

239) 위 조항은 '무가지'를 "신문발행업자 또는 신문판매업자가 신문판매업자 또는 구독자에게 공급하는 유료신문을 제외한 신문을 말하며 판촉용 신문과 예비용 신문 등을 포함한다. 다만, 공익목적으로 낙도, 군부대 등에 무료로 제공하는 신문이나 호외로 제공하는 신문은 제외한다."라고 정의하고 있다.

240) 위 조항은 '유료신문'을 "신문발행업자 또는 신문판매업자가 신문대금을 받고 배포하는 호별배달신문, 우송신문, 가판신문, 기타판매신문을 말한다. 이에 관한 구체적인 사항은 한국에이비씨협회의 관련기준에 따른다."라고 정의하고 있다.

을 의미한다고 해석할 수밖에 없고, 동 고시 제2조 제3항은 유료신문의 개념을 정의하면서 독자에 대한 배포만을 상정하고 있어서 신문발행업자가 신문판매업자에게 공급하는 것을 유료신문에 포함시킬 수 없으므로 위 고시 규정에서 말하는 무가지는 신문판매업자의 유료부수를 기준으로 신문발행업자가 이를 초과하여 신문판매업자에 제공한 신문을 의미한다고 해석할 수밖에 없으며, 신문발행업자가 제공할 수 있는 무가지 등의 범위를 유료신문대금의 20% 이하로 제한하는 위 고시 규정의 취지는, 신문발행업자가 신문판매업자에게 그 영업활동의 수단이 되는 무가지를 과다하게 제공하는 것을 제한함으로써 신문판매업자가 독자에 대하여 과다한 무가지 제공을 할 수 없도록 하기 위한 것으로서, 신문발행업자의 과다한 무가지 제공으로 인하여 발생하게 되는 다음 거래단계에서의 과다한 무가지 제공행위를 억제하기 위해 신문판매업자가 독자에게 제공할 수 있는 무가지의 총량을 사전에 제한하려는 데에 있다고 할 것인데, 만약 본사 유료부수의 개념을 인정할 경우에는 신문발행업자가 신문판매업자에게 적용하는 유료신문의 단가를 실제보다 낮추어 계산하는 등의 방법으로 무가지 제공비율을 임의로 조정함으로써 위 규정의 취지를 잠탈하는 것이 가능하게 되므로 부당하며, 동 고시 제2조 제2항이 판촉용 신문과 예비용 신문은 무가지의 범위에 포함하면서도 공익목적으로 낙도, 군부대 등에 무료로 제공하는 신문이나 호외로 제공하는 신문은 무가지에서 제외하고 있는 점, 허용되는 무가지의 비율이 20%나 되는 점, 신문발행업자가 신문판매업자에게 제공하는 무가지의 수량을 제한하는 취지는 결국 신문판매업자가 독자에게 제공할 수 있는 무가지의 총량을 사전에 제한하려는 데에 있는 점 등에 비추어 보면, 신문발행업자가 지국에게 제공할 수 있는 무가지의 수량과 지국이 독자에게 제공할 수 있는 무가지의 수량이 같다고 해석한다고 하더라도 이를 두고 과잉금지의 원칙에 어긋난다고 볼 수는 없다고 판시하였다.[241)]

또한 구법 제23조 제1항 제3호가 부당한 고객유인행위를 불공정거래행위의 하나로 규제하는 취지는, 사업자들이 가격·품질·서비스경쟁과 그에 대한 정확한 정보를 전달하는 방법으로 고객을 유인하는 것이 아니라 자금력을 바탕으로 부당한 이익을 제공하는 등의 방법으로 고객유인행위를 함으로써 시장의 자유롭고 공정한 경쟁이 저해되는 것을 막고자 하는 것으로서, 고객유인행위의 객체가 되는 상대방, 즉 경쟁사업자의 고객은 경쟁사업자와 기존의 거래관계가 유지되고 있는 상대방에 한정되지 아니하고 새로운 거래관계를 형성하는 과정에서 경쟁사업자의 고객이 될 가능성이 있는 상대방까지도 포함되며(대법원 2002. 12. 26. 선고 2001두4306 판결 등 참조), 소비자는 물론 사업자도 상대방이 될 수 있는 점, 앞서 본 바와 같이 지국 유료부수를 기

241) 서울고법 2008. 9. 24. 선고 2007누25673 판결.

준으로 하여 20%를 초과하는 신문발행업자의 지국에 대한 무가지의 제공행위를 제재하는 것이 자기책임의 원칙에 반한다고 볼 수 없고, 구 신문고시 제2조 제2항이 판촉용 신문과 예비용 신문은 무가지의 범위에 포함하면서도 공익목적으로 낙도, 군부대 등에 무료로 제공하는 신문이나 호외로 제공하는 신문은 무가지에서 제외하고 있는 점 등에 비추어 보면, 구 신문고시 제2조 제2항, 제3항 및 제3조 제1항 제1호가 구법 제23조 제1항 제3호 및 제2항의 위임취지나 한계를 일탈한 것으로 볼 수 없다고 하였다.[242)]

마지막으로 구 신문고시 제11조는 "이 고시를 집행함에 있어서 사업자단체가 공정거래위원회의 심사를 거쳐 이 고시의 내용에 저촉되지 아니하는 공정경쟁규약을 시행하는 경우에는 그 사업자단체가 우선적으로 동 규약을 적용하여 사건을 처리한다."라고 규정하고 있었으나, 2003년 개정된 신문고시 제11조는 사업자단체의 우선적인 사건처리에 관한 부분을 삭제하였는바, 위 제11조는 처분의 요건이나 내용 등 실체적 사항을 규정한 것이 아닌 점, 구 신문고시 제11조에 의하더라도 신문고시 위반행위에 대한 사건처리권한이 공정거래위원회로부터 사업자단체에게 무조건적으로 영구히 위임되는 것이 아니라 단지 '우선적인' 사건처리권한만이 위임된 것일 뿐이므로, 우선적인 처리권한이 있는 사업자단체가 사건처리를 게을리하여 사건처리가 지나치게 지연되는 등의 특별한 사정이 있는 경우에는 동 위원회에게 종국적인 사건처리권한이 있다고 봄이 타당한 점, 원고의 이 사건 무가지 제공행위가 있은 후 그에 대한 사건처리가 이루어지지 않고 있던 상태에서 위 제11조가 개정되었고, 그 후로도 장기간 사건처리가 이루어지지 않고 있었던 점 등에 비추어 보면, 구 신문고시 제11조가 적용될 당시에 행해진 이 사건 무가지 제공행위에 대하여 동 위원회가 개정된 신문고시 제11조의 규정에 따라 이 사건 처분을 하였다고 하여 이를 두고 처분권한이 없는 자에 의하여 행해진 것이거나 신의칙에 위반된 것으로서 위법하다고 할 수는 없다고 판시하였다.[243)]

토의 과제

신문고시가 규정하고 있는 각종 규제들이 헌법상 높은 가치를 가지는 '언론의 자유'를 과도하게 제약하는 것이라는 주장에 대하여 각자의 생각을 말해 보시오(헌법재판소 2002. 7. 18. 2001헌마605 결정 참고).

---

242) 같은 판결.

243) 같은 판결. 상고심에서 대법원 역시 원심의 판시를 그대로 수용하여 상고를 기각하였다(대법원 2010. 6. 24. 선고 2008두18311 판결).

제 7 장 부당한 지원행위 및 특수관계인에 대한 부당한 이익제공 등의 금지

Ⅰ. 개 설

독점규제법 제45조 제1항 제9호는 불공정거래행위의 한 유형으로서 부당한 지원행위를 금지하고 있고, 동법 제47조는 특수관계인에 대한 부당한 이익제공 등을 금지하고 있다. 그런데 양자의 적용대상 행위가 외형상 상당 부분 중첩될 뿐만 아니라, 아래에서 설명하는 바와 같이 후자의 입법 취지는 주로 전자의 집행과정에서 나타난 규제상 공백을 메우기 위한 것이므로 양자는 매우 밀접한 관계에 있다.

먼저, 1996년 법 개정을 통하여 불공정거래행위의 유형으로 부당한 지원행위가 추가되었다(구법 제23조 제1항 제7호). 즉, 법 제45조 제1항 각 호는 불공정거래행위의 유형을 열거하고 있는데, 그 중 제9호는 부당한 지원행위를 "부당하게 다음 각 목의 어느 하나에 해당하는 행위를 통하여 특수관계인 또는 다른 회사를 지원하는 행위"라고 규정하고, 동 호 각 목에서 "특수관계인 또는 다른 회사에 가지급금·대여금·인력·부동산·유가증권·상품·용역·무체재산권 등을 제공하거나 상당히 유리한 조건으로 거래하는 행위"와 "다른 사업자와 직접 상품·용역을 거래하면 상당히 유리함에도 불구하고 거래상 실질적인 역할이 없는 특수관계인이나 다른 회사를 매개로 거래하는 행위"(소위 '통행세 관행')를 차례로 규정하고 있다. 이에 따라 법 시행령 [별표 2]는 부당한 지원행위의 유형과 기준에 대하여, 부당한 자금지원, 부당한 자산·상품 등 지원, 부당한 인력지원 및 부당한 거래단계 추가 등의 각 거래유형별로 상당히 낮거나 높은 대가로 제공 또는 거래하거나 상당한 규모로 제공 또는 거래하는 행위를 통하여 과다한 경제상 이익을 제공함으로써 특수관계인 또는 다른 회사를 지원하는 행위라고 규정하고 있다(법 시행령 [별표 2] 제9호 가목부터 라목까지).

또한 법 제45조 제2항은 "특수관계인 또는 회사는 다른 사업자로부터 제1항 제9호에 해당할 우려가 있음에도 불구하고 해당 지원을 받는 행위를 하여서는 아니된다."라고 규정하고, 이를 위반할 경우에는 지원객체에 대하여 지원주체와 마찬가지로 시정조치 및 과징금을 부과할 수 있도록 규정하고 있다(법 제49조 제1항 및 제50조 제2항). 이는 종전에는 부당한 지원행위에 대한 시정조치 및 과징금 등 모든 제재가 지원주체에 대해서만 부과되었고 정작 그 지원행위에 따라 경제상 이익을 얻는 지원객체에 대하여는 아무런 제재수단이 마련되지 않아서 규제의 실효성이 미흡하다는 지적이 제기됨에 따라 2013년 법 개정으로 추가된 것이다.[1]

한편, 법 제47조는 특수관계인에 대한 부당한 이익제공행위를 금지하고 있는데, 이는 2013년 법 개정으로 신설된 것이다(구법 제23조의2). 이는 대기업집단들이 계열회사에 대한 소위 '물량 몰아주기'를 통하여 수익성이 높은 거래기회로부터 비계열 독립회사들을 배제하는 관행에 대한 강력한 규제 필요성이 제기되었고, 또한 재벌 2·3세에 대한 비상장계열회사 주식의 저가양도나 이들이 대주주로 있는 비상장계열회사에 대한 물량 몰아주기 등을 통하여 대기업집단의 경영권을 세습하는 데 필요한 재원을 마련하는 관행이 문제가 되었는데, 아래에서 소개하는 삼성SDS의 부당한 지원행위 사건 대법원 판결[2]을 비롯하여 회사가 아닌 자연인인 특수관계인에 대한 지원행위에 대하여 법원이 그 부당성(공정거래저해성)의 입증을 엄격하게 요구함에 따라 이러한 행위를 부당한 지원행위로 규율하는 것이 사실상 불가능하게 되었으므로 이를 규제할 수 있는 별도의 입법적 근거를 마련한 것이다. 따라서 특수관계인에 대한 부당한 이익제공 등 금지는 부당한 지원행위의 금지와 사실상 동일한 입법취지를 가지면서 이를 달성하기 위한 규제수단을 보완·확장하는 의미를 가진다고 할 수 있다.[3]

법상 특수관계인에 대한 부당한 이익제공 등 금지의 상세한 내용은 아래에서 설명하기로 하고, 우선 법 제47조 제1항 각 호가 열거하고 있는 부당한 이익제공행위의 유형들은 대부분 법 제45조 제1항 제9호의 부당한 지원행위에도 해당될 수 있는 것들이어서 양자의 법적용상 관계가 문제될 수 있다. 부당한 지원행위와 비교할 때, 부당한 이익제공의 금지가 가지는 가장 큰 차이점은 한편으로 그 적용대상이 공시대상기업집단 소속 계열회사와 동일 기업집단 소속 계열회사 중 일정한 요건을 갖춘 회사나 특수관계인 간 거래로 제한되고, 다른 한편으로 부당한 지원행위의 성

1) 다만, 부당한 지원행위의 지원객체에 대한 형사처벌을 규정한 벌칙조항은 도입되지 않았다.

2) 대법원 2004. 9. 24. 선고 2001두6364 판결.

3) 다만, 입법과정에서 논란을 거치면서 사후·행태적 규제인 불공정거래행위의 금지와 같은 장에 위치시키면서도 정작 내용적으로는 아래에서 보는 바와 같이 일정한 범위의 대기업집단에 속한 계열회사와, 해당 기업집단에 속한 일정한 요건을 갖춘 계열회사나 특수관계인 간 거래에 대하여만 적용되도록 하는 등 법 제4장의 경제력집중의 억제 조치와 유사한 규제형식을 취하게 되었다.

립요건 중 '부당성'(공정거래저해성)을 요구하지 않는다는 점이다. 따라서 양자는 단순히 적용범위가 다른 것에 그치지 않고 그 위법성 요건이 상이하므로 일반법과 특별법의 관계에 있는 것으로 볼 수 없어서 중첩적으로 적용될 수 있는데, 실제 공정거래위원회의 법 집행상 동일한 행위에 대하여 양자를 중첩적으로 적용한 사례를 상당수 찾아볼 수 있다.

공정거래위원회는 부당한 지원행위에 대한 객관적이고 구체적인 심사기준을 마련하기 위해 1997년 이래 '부당한 지원행위의 심사지침'(이하 '지원행위 심사지침')[4)]을 제정하여 운용하고 있다. 이 심사지침은 상위 법령의 위임이 없을 뿐만 아니라 그 실제 내용이나 성질에 비추어 볼 때, 공정거래위원회 내부의 사무처리준칙에 불과하므로 대외적으로 법원이나 일반 국민을 기속하는 법규명령의 성질을 가지지 못하지만,[5)] 공정거래위원회의 법 집행 실무상 중요한 의미를 가진다. 또한 공정거래위원회는 특수관계인에 대한 부당한 이익제공 등 금지에 관해서도 '특수관계인에 대한 부당한 이익제공행위 심사지침'(이하 '이익제공행위 심사지침')[6)]을 제정하여 운용하고 있다.

〔연 혁〕

1996년 5차 독점규제법 개정 당시 구법 제23조 제1항 제7호의 부당한 지원행위를 신설하였다. 그 후 2013년 법 개정으로 특수관계인에 대한 부당한 이익제공 등 금지(구법 제23조의2)가 신설되었을 뿐만 아니라 부당한 지원행위의 금지 규정에 상당한 변화가 이루어졌다. 먼저, 거래조건형 지원행위의 요건에 관하여 종전에는 '현저히' 유리한 조건의 거래라고 규정하였던 것을 '상당히' 유리한 조건이라고 규정하였고, 또한 부당한 지원행위의 유형을 둘로 구분하여 종전과 같은 일반적인 유형(구법 제23조 제1항 제7호 가목) 이외에 거래상 실질적인 역할이 없

---

4) 위 심사지침은 법집행과정에서 새롭게 제기된 문제에 대한 집행기준을 마련하고 법원의 관련 판시사항을 추가하기 위하여 그동안 2021년 12월 31일 현재까지 14차례에 걸쳐서 개정되었는데, 현재 시행 중인 것은 공정거래위원회 예규 제396호(2021. 12. 30. 개정)이다. 이 지침은 자금거래, 자산거래, 부동산 임대차, 상품·용역거래, 인력제공, 거래단계 추가 등 각 유형별 지원행위의 구체적 기준과 지원금액을 산정하는 원칙 및 지원행위의 부당성을 판단함에 있어서 고려할 사항을 열거하고, 구체적으로 이러한 기준을 적용하여 부당한 지원행위에 해당되는 경우와 해당되지 않는 경우를 예시하고 있다.

5) 대법원 2004. 4. 23. 선고 2001두6517 판결.

6) 현재 시행 중인 것은 공정거래위원회 예규 제397호(2021. 12. 30. 개정)이다. 이 지침은 상당히 유리한 조건의 거래, 사업기회의 제공, 현금, 그 밖의 금융상품의 상당히 유리한 조건의 거래, 합리적 고려나 비교 없는 상당한 규모의 거래 등 각 이익제공행위 유형별로 이익제공행위의 판단기준, 적용제외의 기준, 부당성 판단기준 등을 규정하고, 구체적인 적용례를 제시하고 있다.

는 특수관계인 등을 매개로 거래하는 유형(소위 '통행세 관행')을 별도로 규정하였다(동 호 나목). 전자는 종래 부당한 지원행위에 대한 공정거래위원회의 법집행 경험 및 법원의 해석에 비추어 볼 때, '현저히 유리한 조건'임을 입증하는 것이 쉽지 않아서 부당한 지원행위에 대한 적극적인 법집행에 장애가 되고 있다는 지적에 따라 그 요건을 '상당히 유리한 조건'이면 족한 것으로 완화한 것이고, 후자는 종전에도 해석상 부당한 지원행위로 규율하지 못할 것은 아니었지만 법적용상 불필요한 논란을 피하기 위하여 명확하게 법적 근거를 마련한 것이다. 또한 부당한 지원행위를 통하여 이득을 얻는 행위(수혜행위)를 금지하는 규정을 신설하였다(구법 제23조 제2항). 그 후 2017년 법 개정 시 특수관계인에 대한 부당한 이익제공 등 금지가 적용되는 기업집단을 공시대상기업집단으로 명시하였다(구법 제23조의2 제1항). 마지막으로 2020년 법 전부 개정으로 특수관계인에 대한 부당한 이익제공 등 금지가 적용되는 공시대상기업집단 소속 계열회사의 범위를 종전의 '총수 일가의 지분율이 30% 이상인 상장계열회사(비상장계열회사의 경우 20% 이상)'에서 상장 · 비상장 여부와 무관하게 '총수 일가의 지분율이 20% 이상인 계열회사 및 이들 회사가 50%를 초과하는 지분을 보유하고 있는 자회사'로 확대하였다(법 제45조 제1항).

Ⅱ. 부당한 지원행위의 금지

1. 부당한 지원행위 금지의 취지 및 법집행 경과

부당한 지원행위의 금지는 이미 언급한 바와 같이 1996년 5차 법 개정을 통해 신설되어 1997. 4. 1.부터 시행된 것인데, 다른 나라의 입법례를 찾을 수 없는 매우 독특한 입법으로서 도입 당시부터 많은 논란이 제기되었다. 주된 입법취지는 계열회사에 대하여 부당하게 유리한 조건의 내부거래(internal dealings)가 '재벌'이라고 불리는 우리나라 대기업집단에 의한 경제력집중의 유지 및 강화에 중요한 수단으로 기능하고 있으며, 이러한 행위는 아래에서 보는 바와 같이 지원객체인 계열회사가 활동하고 있는 개별시장에서 공정한 경쟁을 저해할 뿐만 아니라 당사자인 지원주체 및 당해 기업집단, 나아가 국민경제 전체에 심각한 폐해를 초래할 수 있기 때문이다.[7)] 특히 구법 제3장에서 규정하고 있던 상호출자금지나 채무보증금지 등의 경제력집중의 억제 조치들은 주로 계열회사 간 지분소유 또는 외부차입을 통한 과도한

7) 우영수, "부당내부거래 규제의 필요성과 공정거래위원회의 정책과제", 「공정경쟁」, '99. 4월호, 공정거래위원회, 「시장경제 창달의 발자취 - 공정거래위원회 20년사」, 2001, pp. 330-331, 공정거래위원회, 「부당내부거래 규제에 관한 자료」, 2000, pp. 8-9 참고.

다각화를 억제하기 위한 조치인데, 이들만으로는 계열회사 또는 특수관계인에 대한 자금, 자산·상품 또는 인력 등의 거래를 통한 직·간접적인 지원을 바탕으로 친족 위주의 비효율적 지배구조를 유지해 나가거나 계열회사의 우월적 지위를 유지·강화하는 현상을 효과적으로 규제할 수 없다는 정책적 판단에 따라 도입된 것이다.

부당한 지원행위가 초래하는 폐해는 계열회사 등이 속해 있는 개별 시장, 당해 기업집단 및 국민경제 등 세 가지 차원에서 다음과 같이 요약할 수 있다.[8] 우선 계열회사가 속한 개별 시장 차원에서 계열회사는 부당한 지원행위를 통하여 비계열 독립기업에 대하여 기술력이나 경영능력과 무관한 경쟁상 우위를 차지하게 된다. 따라서 부당한 지원행위가 없었다면 시장에서 도태되어 퇴출되었어야 할 부실 계열기업이 존속하게 되거나, 계열회사가 부당한 지원행위를 통하여 확보한 우월한 자금력을 바탕으로 경쟁자인 비계열 독립기업을 시장에서 부당하게 배제시켜 공정한 경쟁을 저해한다. 또한 부당한 지원행위가 만연하면 새로이 당해 시장에 진입하고자 하는 기업은 경쟁상대방의 경영능력을 판단함에 있어서 당해 기업이 속해있는 기업집단 전체의 자금동원능력, 영업능력 등을 고려하여야 하므로 시장진입을 주저하게 되어 활발한 시장진입이 억제되고, 결국 이는 시장경합성(市場競合性, Market Contestability)을 떨어뜨려서 대기업집단 소속 계열회사들의 독점력을 유지·강화시킨다.

또한 부당한 지원행위는 부실 계열회사뿐만 아니라 기업집단 전체가 동반 부실화되는 결과를 초래할 수 있다. 즉, 부당한 지원행위를 통하여 우량 계열회사의 핵심역량이 부실 계열회사로 분산·유출되어 그 경쟁력이 저하됨에 따라 기업집단 전체가 부실해지고, 총수 중심의 불합리한 기업소유·지배구조의 유지 및 2, 3세로의 경영권 세습이 가능해진다. 나아가 부당한 지원행위는 국민경제적 차원에서도 심각한 해악을 끼치는데, 특히 여러 가지 병폐를 낳는 경제력집중의 주요 원인이 된다. 즉, 대기업집단은 부당한 지원행위를 통하여 기존 시장의 독점력을 유지·강화하는데 그치지 않고, 수익성 없는 분야에까지 무분별하게 사업영역을 확대함으로써 비합리적인 경제력집중을 심화시키게 되는데, 과도한 비관련 다각화 또는 소위 '선단식 경영'은 국민경제 전체의 균형적 발전을 훼손하게 된다. 특히 대기업집단이 계열기업을 지원하기 위하여 우량 계열사를 동원하여 금융자원을 독점함에 따라 중견·중소기업은 자금경색이 심화되어 우수한 기술과 경영능력을 가지고 있음에도 정상적인 발전이 불가능하게 된다. 결국 부실 계열회사에 대한 지원은 한정된 자원의 비효율적 배분을 의미하며, 궁극적으로 사회적 후생의 감소와 국가경쟁력의 약화로 귀결된다. 더욱 심각한 것은 IMF 외환위기에서 보는 바와 같이 부실 계열회사가 시

8) 공정거래위원회, 「시장경제 창달의 발자취 - 공정거래위원회 20년사」, 2001, p. 331 참고.

장기능에 의해 적시에 도태되지 않고 부당한 지원행위에 의해 생존하는 경우에 개별 기업의 도산이 계열회사의 연쇄도산으로 이어지고, 나아가 당해 기업집단이 국민경제에서 차지하는 비중에 따라서는 국민경제 전체의 위기로도 연결될 수 있다.[9)]

위와 같이 부당한 지원행위의 금지는 그 입법취지상 경제력집중의 억제 조치의 일환으로서 주로 대기업집단의 특수관계인 또는 계열회사에 대한 지원행위를 염두에 둔 것이다. 그러나 입법과정상 여러 가지 논의 끝에 결국 구법 제3장 '기업결합의 제한 및 경제력집중의 억제'에 두지 않고 구법 제23조의 불공정거래행위의 한 유형으로 규정하게 되었는데, 이는 부당한 지원행위가 반드시 대기업집단 소속 기업 사이에서만 발생하는 것이 아니라 형식적으로 계열관계에 있지 않은 기업들 사이에서도 다양한 목적으로 행해질 수 있다는 지적에 따른 것이었으나, 이와 같은 입법적 부조화는 결국 아래에서 보는 바와 같이 동 조항의 해석과 관련하여 많은 논란을 야기하게 되었다.

특히 IMF 외환위기를 전후로 우리나라의 대기업집단들은 외부적 경기변동 요인에 극히 취약한 모습을 노출하게 되었는데, 공정거래위원회는 그 주된 원인 중 하나가 부당한 지원행위라는 국민적 공감대를 바탕으로 대기업집단의 부당한 지원행위에 대한 강력한 조사를 실시하여 거액의 과징금을 부과하였고,[10)] 대기업집단들은 이에 불복하여 다수의 행정소송을 제기하였다. 그런데 당시 법원은 1996년 신설

---

9) 또한 IMF 외환위기를 맞아 대기업집단 소속 계열회사 간 부당한 지원행위가 외국인의 투자를 가로막는 요인으로 지적되기도 하였다. 즉, 부당한 지원행위를 통한 계열회사 간 자의적인 자원의 이전은 대부분 정당한 경영권행사를 일탈하여 기업집단의 총수를 비롯한 극소수인의 폐쇄적 의사결정에 의하여 이루어지므로 주주, 이사회 또는 감사 등의 통제가 사실상 불가능하다. 이는 기업경영의 투명성을 중요한 투자판단의 근거로 삼고 있는 외국인으로 하여금 국내 회사에 대한 투자를 주저하게 만든다.

10) 공정거래위원회는 IMF 외환위기를 맞아 국내 주요 대기업집단들이 부실 계열회사에 대한 지원행위를 적극적으로 실행한 1998년부터 2003년 말까지 주요 대기업집단 및 공기업 등을 대상으로 14회에 걸쳐 직권으로 대규모의 부당한 지원행위 조사를 실시하여 연 383개 회사에 대하여 3,615.3억원의 과징금을 부과하였다(대규모직권조사 이외에 개별 처리된 사건에서 부과된 부당한 지원행위에 대한 과징금 제외). 그 후 2004년 2월부터 공정거래위원회가 부당한 지원행위에 대한 법집행에 있어서 종전의 그룹규모에 따른 순위별 기획조사방식에서 혐의가 있는 기업에 대한 선별적 직권조사방식으로 전환함에 따라 동 위원회가 처리한 부당한 지원행위 사건의 수와 이에 대해 부과된 과징금액이 현격하게 감소하였다. 다만, 공정거래위원회는 2007년에도 기업집단 현대자동차의 계열 물류회사인 현대글로비스에 대한 소위 '물량몰아주기'를 포함한 다수의 지원행위에 대하여 직권조사를 실시하여 약 623억원의 과징금을 부과하였고, 다시 2010년대 중반 이후 소위 '물량몰아주기'에 대한 법집행을 강화하고 아래에서 서술하는 특수관계인에 대한 부당한 이익제공행위에 대한 법집행이 개시됨에 따라 2015년 이후 대기업집단의 내부거래에 대한 법집행 실적이 증가하고 있다.

된 부당한 지원행위 조항과 관련된 사건을 심리한 경험이 전혀 없을 뿐만 아니라 참고할 외국의 입법례도 찾을 수 없는 상황에서 빠른 시일 안에 합리적인 법리를 형성하여 법집행기관에 환류해 주기가 어려운 상황이었다. 이에 더하여 2001년 9월 기업집단 SK의 제1차 부당내부거래 사건 관련 행정소송[11)]을 심리하던 서울고법이 부당한 지원행위에 대한 과징금부과의 근거가 되는 구법 제24조의2에 대하여 직권으로 위헌법률심판을 제청하자, 당시 법원에 계류 중이던 모든 부당한 지원행위 관련 소송의 심리가 중지되었다가 결국 헌법재판소가 2003. 7. 24. 위 조항에 대하여 합헌 결정[12)]을 내린 이후에서야 다시 진행되었다. 그 이후 대법원은 부당한 지원행위에 관한 일련의 판결을 통하여 그동안 제기되었던 다수의 쟁점에 대하여 법리를 제시하였는데, 아래에서는 부당한 지원행위가 성립하기 위한 요건 및 이와 관련하여 재판상 다투어졌던 주요 쟁점에 대하여 대법원 판결례를 중심으로 살펴보기로 한다.

2. 지원행위

법상 부당한 지원행위에 해당하기 위해서는, 우선 특수관계인이나 다른 회사에 대하여 가지급금·대여금·인력·부동산·유가증권·상품·용역·무체재산권 등을 '상당히 유리한' 조건, 즉 상당히 낮거나 높은 대가로 제공또는 거래하거나 '상당한 규모'로 제공 또는 거래하거나, 또는 직접 상품·용역을 거래하면 상당히 유리함에도 불구하고 거래상 역할이 없거나 미미한 특수관계인이나 다른 회사를 거래단계에 추가하거나 거쳐서 거래하거나, 그 거래상 역할에 비하여 과도한 대가를 지급함으로써 과다한 경제상 이익을 제공하여야 한다(법 제45조 제1항 제9호 및 법 시행령 [별표 2] 제9호). 이와 관련하여 지원행위 심사지침은 "지원행위라 함은 지원주체가 지원객체에게 직접 또는 간접으로 제공하는 경제적 급부의 정상가격이 그에 대한 대가로 지원객체로부터 받는 경제적 반대급부의 정상가격보다 높거나(무상제공 또는 무상이전의 경우를 포함한다. 이하 이 심사지침에서 같다) 상당한 규모로 거래하여 지원주체가 지원객체에게 과다한 경제상 이익을 제공하는 작위 또는 부작위"[13)]라고 규정하고 있다

11) 서울고법 98누13159 사건.

12) 헌법재판소 2003. 7. 24. 2001헌가25 결정. 동 결정의 내용은 제10장 Ⅲ. 2. '과징금의 법적 성질' 부분 참고.

13) 위 심사지침상 지원행위의 정의에 관한 위 규정 중 상당한 '규모로 거래하여 지원주체가 지원객체에게 과다한 경제상 이익을 제공하는 것'이라고 한 부분은 2010. 10. 22. 개정으로 추가된 것인데, 종전의 규정이 상위 법령인 법 시행령상 규정과는 달리 마치 반드시

(동 심사지침 Ⅱ. 4.).

우선 법상 부당한 지원행위를 규제하는 주된 목적은 이미 살펴본 바와 같이 대기업집단을 중심으로 한 경제력집중의 억제이지만 지원주체가 반드시 법상 상호출자제한 등이 적용되는 일정한 규모 이상의 대기업집단에 소속될 필요가 없고,[14] 지원객체 역시 반드시 계열회사 등 특수관계인일 필요가 없다. 또한 지원수단은 위 조항에서 규정하고 있는 가지급금·대여금·인력·부동산·유가증권·상품·용역·무체재산권의 거래 등 경제상의 이익을 이전하는 모든 거래방법이 포함된다.[15]

지원행위가 존재하는지 여부가 다투어진 사례로서 기업집단 현대의 제3차 부당내부거래 사건을 들 수 있는데, 이 사건에서 공정거래위원회는 기타의 다양한 행위와 함께 자신들이 보유하고 있던 자금난에 처한 계열회사의 전환사채를 장부가액에 훨씬 미달하는 금액에 주식으로 전환한 행위를 부당한 지원행위로 인정하였다. 이

실제 거래대가와 정상가격의 차이가 입증되는 경우에만 지원행위가 성립하는 것처럼 규정하고 있다는 지적에 따른 것이었다. 또한 위 심사지침의 규정은 2005. 8. 17. 개정을 통하여 그러한 작위 또는 부작위의 결과 지원객체가 얻게 되는 이익은 지원행위의 경제상 효과에 불과하므로 부당한 지원행위의 금지 규정이 시행(1997. 4. 1.)되기 이전에 지원행위가 있었던 경우에는 그로 인한 경제상 이익의 제공이 동 규정의 시행시점 이후에까지 계속되었다고 하여도 변제기를 연장하거나 금리를 변경하는 것 등과 같이 새로운 지원행위라고 볼만한 특별한 사정이 없는 한 지원행위에 해당하지 아니한다고 규정하였는데, 이는 아래에서 설명하는 대법원 2004. 4. 9. 선고 2001두6197 판결의 취지를 반영하기 위한 것이었다.

14) 대법원 2006. 10. 27. 선고 2004두3274 판결.

15) 구법(2007. 4. 13. 개정되기 전의 것) 제23조 제1항 제7호는 부당한 지원행위의 거래객체로서 "가지급금, 대여금, 인력, 부동산, 유가증권, 무체재산권 등"이라고 규정하고, 법 시행령 역시 부당한 지원행위의 유형으로서 부당한 자금지원, 부당한 자산지원 및 부당한 인력지원 등 세 가지로만 구분하여 규정하고 있었을 뿐, 상품이나 용역의 거래에 의한 지원행위는 명시적으로 규정하고 있지 않아서 이에 관한 다툼이 있었다. 이에 따라 실제로 서울고법은 2003년 9월부터 10여 건의 행정소송에서 계열회사로부터 '상품이나 용역'을 구입하면서 그 대가를 정상가격에 비하여 유리하게 책정하여 지급하거나 계열회사에 대하여 상품이나 용역을 정상가격에 비하여 저렴하게 공급하는 행위는 당시 법 시행령이 규정하고 있는 자금지원, 자산지원 또는 인력지원 중 그 어떤 것에도 해당하지 않으므로 부당한 지원행위 조항을 적용할 수 없다는 취지의 판결을 내렸다(동 판결들에 대한 비판적인 분석으로는 이호영, "상품·용역거래를 통한 계열회사 지원의 규제", 「경제법판례연구」, 제1권, 2004, pp. 220-250 참고). 그 후 대법원은 기업집단 대우의 제2차 부당내부거래 사건에서 부당한 지원행위 금지의 입법취지, 구법 제23조 제1항 제7호의 포괄적 규정 형식 등을 근거로 상품·용역의 제공 또는 거래라는 이유만으로 부당한 지원행위의 규제대상에서 제외되는 것은 아니라고 판시한 이래(대법원 2004. 10. 14. 선고 2001두2935 판결), 일관되게 상품·용역거래에 의한 지원행위 역시 부당한 지원행위로 의율하였고, 마침내 2007년 법 개정을 통하여 구법 제23조 제1항 제7호는 명시적으로 부당한 지원행위의 거래객체에 '상품·용역'을 포함시켜 규정하였고, 법 시행령 역시 부당한 지원행위의 유형 중 종전의 '부당한 자산지원'을 '부당한 자산·상품 등 지원'으로 개정하였다(구법 시행령 제36조 제1항 관련 [별표 1의2] 제10호 나목).

에 대하여 관련 행정소송 상고심에서 대법원은 전환 당시 주가가 전환사채의 장부가액을 실현해주는 이익주가보다 낮고 대부분 전환금액이 전환사채의 취득원가에도 미치지 못하였고, 당해 계열회사는 재무구조가 열악하여 향후 주가의 상승이 기대되기 어려웠으며 주식전환으로 말미암아 상당한 손실을 입은 점 등에 비추어 이 사건 행위가 전환사채권자의 이익의 극대화나 주가의 상승을 예측하여 이루어진 것이 아니라 계열회사의 부채비율 축소 및 자금상환 부담의 완화를 위하여 이루어진 것으로서 부당한 지원행위에 해당한다고 판시하였다.[16] 나아가 전환사채의 저가전환을 통한 지원효과는 그 시기 및 경쟁제한의 효과에 있어서 이에 앞선 전환사채의 인수를 통한 지원행위의 경우와 전혀 별개의 것이므로 양자를 별개의 위반행위로 판단할 수 있다고 판시하였다.[17]

또한 법상 부당한 지원행위가 성립하기 위해서 반드시 직접적인 지원행위일 필요가 없고, 간접적이고 우회적인 지원행위일지라도 '경제적 이익'의 이전이 인정되면 족하다. 대법원도 우회적이고 간접적인 지원행위를 부당한 지원행위로 인정하였는데, 예컨대 SK C&C의 부당한 지원행위 사건에서 동 회사가 제3의 금융회사가 발행한 기업어음을 정상이율보다 낮은 할인율로 매입(고가매입)하고, 다시 동 금융회사로 하여금 최근에 계열분리한 전 계열회사가 발행한 기업어음을 낮은 할인율로 인수하도록 한 행위에 대하여 지원행위의 성립을 인정하였다.[18]

기업집단 대우의 제1차 및 제2차 부당내부거래 사건에서도 자동차제조업체가 계열회사인 자동차판매회사와 아무런 직접적인 거래행위 없이, 다만 자사의 임직원들에 대하여 자동차구입대금을 파격적인 조건으로 무이자 대출해 줌으로써 결과적으로 계열 자동차판매회사에게 상당한 경제적 이익을 이전한 행위가 문제가 되었다. 관련 행정소송 상고심에서 대법원은 이 사건 행위는 "지원주체가 지원객체의 자동차판매에 따른 경제적 이익을 주기 위하여 지원주체와 지원객체 사이의 직접적이고 현실적인 자동차거래행위라는 형식을 회피하기 위한 방편으로 제3자인 지원주체의 임직원들을 매개하여 그 임직원에게 무이자대출행위가 이루어지고 그로 인하여 지원객체에게 자동차판매에 따른 경제상 이익이 귀속되었으므로 자금지원행위에 해당"한다고 한 원심 판결을 그대로 수용하였다.[19]

그 밖에도 기업집단 현대의 제4차 부당내부거래 사건 관련 행정소송 상고심에

16) 대법원 2007. 1. 25. 선고 2004두7610 판결.
17) 같은 판결.
18) 대법원 2004. 3. 12. 선고 2001두7220 판결.
19) 대법원 2004. 10. 14. 선고 2001두2881 및 2001두2935 판결.

서 대법원은 현대전자가 캐나다 소재 금융기관인 CIBC에 국민투자신탁(이후 현대투자신탁증권으로 상호 변경됨)의 주식을 매도하고, 다시 현대중공업이 CIBC와 3년 후에 위 주식을 매입가격을 훨씬 상회하는 가격으로 환매하겠다는 계약을 체결하여 실제로 3년 후 당시 1주당 가치가 '0'에 가까운 위 주식을 약정된 가격으로 매입한 행위에 대하여, 이 사건 일련의 행위는 전체적으로 보아 위 주식을 우회적으로 고가에 매입하여 계열회사인 현대전자를 지원한 행위로 인정하였다.[20]

나아가 대법원은 '부작위에 의한 지원행위'도 인정하였다. 예컨대, 대한주택공사의 부당한 지원행위 사건에서 자회사와 '주택임대 및 관리업무 위·수탁약정'을 체결하고 동 회사에 대하여 약정상 지급일에 위탁수수료를 지급한 반면, 동 회사로부터 지급받아야 할 정산금의 입금을 1월씩 유예해 준 행위에 대하여 유예기간만큼 당해 정산금을 운용토록 함으로써 그 이자 상당의 수익을 얻게 하는 것과 동일하므로 자금지원행위라고 판시하였고,[21] 기업집단 대우의 제3차 부당내부거래 사건에서도 계열회사로부터 공사대금 등을 지연수령 또는 미수령한 행위는 부당한 지원행위에 해당한다고 판시하였다.[22]

이에 반하여, 기업집단 현대의 제1차 및 제2차 부당내부거래 사건에서 대법원은 납품회사에 대하여 거액의 선급금을 지급한 후 이를 회수하거나 상품대금과 상계처리하지 않은 행위에 대하여, 부작위에 의한 자금지원행위가 성립될 수 있음을 인정하면서도 "부당한 자금지원행위의 규제대상은 지원의도에 기한 자금의 제공 또는 거래행위나 자금을 회수하지 아니하는 행위 그 자체이므로 자금지원의 의도로 자금의 제공 또는 거래나 자금을 회수하지 아니하는 행위가 있으면 그 즉시 자금지원행위가 성립하는 것이고, 그로 인하여 지원객체가 얻게 되는 이익은 이러한 행위로 인한 경제상 효과에 불과한 것이므로" 당해 부작위가 부당한 지원행위의 금지조항이 시행되기 이전에 존재하였고, 당해 조항이 시행된 이후에도 단순히 그러한 부작위가 계속되는데 불과한 경우에는 다른 특별한 사정이 없는 한 자금지원행위에 해당한다고 볼 수 없다고 판시하였다.[23]

---

20) 대법원 2006. 7. 13. 선고 2004두3007 판결.

21) 대법원 2003. 9. 5. 선고 2001두7411 판결.

22) 대법원 2004. 10. 14. 선고 2001두6012 판결. 또한 현대중공업의 부당한 지원행위 사건에서도 계열회사인 현대석유화학으로부터 스팀 및 전기공급 물품대금을 약정서상 입금일보다 20~91일 지연수령하면서 지연이자를 지급받지 않은 행위가 부작위에 의한 자금지원행위에 해당한다고 하였지만, 과징금을 산정하기 위해 지원금액을 산정함에 있어서 상사이율 또는 지원객체인 현대석유화학의 대출금리를 기준으로 산출하여야 함에도 대출연체금리를 기준으로 산출한 것은 위법하다고 판시하였다(대법원 2006. 4. 14. 선고 2004두3298 판결).

한편, 2013년 법 개정으로 별도의 부당한 지원행위의 세부 유형으로 규정된 부당한 거래단계 추가 등(소위 '통행세 관행')이 재판상 다루어진 사례는 많지 않고, 대부분 법 개정 이전의 행위가 문제된 사건에서 내려진 하급심 판결을 찾아볼 수 있을 뿐이다. 예컨대, 통행세 관행이 문제가 된 최초의 사례로 알려진 롯데피에스넷의 부당한 지원행위 사건에서 동 회사가 ATM을 대량으로 구매하는 과정에서 전문 제조업체로부터 직접 구매하지 않고 계열회사인 롯데알미늄을 거쳐서 구매함으로써 동 계열회사가 상당한 매출이익을 실현하도록 한 행위가 문제되었다. 관련 행정소송에서 서울고법 및 대법원은 금융자동화기기는 그 특성상 설치 후 유지보수가 반드시 필요하므로 제조업체와 직접 거래하는 통상적인 거래관행이나 원고의 과거 구매형태에 비추어 볼 때 이 사건 거래는 이례적일 뿐만 아니라 해당 계열회사의 역할이 미미하여 원고는 전문 제조업체가 계열회사에 공급한 가격 이하로 가격을 구매하는 것이 가능하였을 것으로 보이므로 지원행위에 해당한다고 판시하였다.[24)]

그 밖에 삼양식품의 부당한 지원행위 사건(Ⅰ), 하이트진로 등의 부당한 지원행위 등 사건 및 기업집단 LS 소속 계열회사들의 부당한 지원행위 사건에서도 부당한 거래단계 추가가 문제가 되었다. 먼저, 삼양식품의 부당한 지원행위 사건(Ⅰ)에서 동 사업자가 이마트에 라면 등 NB(제조업자 브랜드)제품을 공급하면서 별다른 역할이 없는 계열회사 내츄럴삼양을 중간에 끼워 넣어 판매한 것이 문제가 되었는데, 관련 행정소송에서 서울고법은 공정거래위원회의 정상가격 산정이 합리적이지 못하다는 이유로 지원행위에 해당하지 않는다고 하였다.[25)]

또한 하이트진로 등의 부당한 지원행위 등 사건에서는 문제가 된 다양한 행위 중 동 회사가 제조사로부터 직접 구매하던 맥주용 공캔을 서영이앤티를 거쳐서 구매한 행위에 대하여, 서울고법은 동 회사의 공캔 매수과정에서 서영이앤티의 실질적인 역할은 없어서 그 중간 매개가 없이도 공캔 제조사와 직접 거래가 가능하다고 하면서 부당한 지원행위에 해당한다고 하였으며,[26)] 기업집단 LS 소속 계열회사들의

---

23) 대법원 2004. 4. 9. 선고 2001두6197 및 2001두6203 판결. 동일한 취지의 판결로서 기업집단 대우의 제1차 부당내부거래 사건 판결(대법원 2004. 10. 14. 선고 2001두2881 판결) 및 기업집단 엘지의 제1차 부당내부거래 사건 판결(대법원 2004. 11. 12. 선고 2001두2034 판결) 참고.

24) 서울고법 2013. 7. 18. 선고 2012누30730 판결 및 대법원 2014. 2. 13. 선고 2013두17466 판결.

25) 서울고법 2015. 10. 16. 선고 2014누5615 판결. 상고심에서 대법원은 심리불속행 사유에 해당한다는 이유로 상고를 기각하였다(대법원 2016. 3. 10. 선고 2015두5657 판결).

26) 서울고법 2020. 2. 12. 선고 2018누44595 판결. 동 판결에 대하여 상고가 제기되어 대법원에 계속 중이다.

부당한 지원행위 사건에서 동 계열회사들이 자신이 생산한 국산 전기동을 판매하거나 수입 전기동을 트레이더로부터 구매하면서 LS 글로벌을 중간 유통단계로 추가하여 거래한 것이 문제가 되었는데, 관련 행정소송에서 서울고법은 실질적 역할이 없거나 미미한 계열회사를 거래단계에 추가한 행위에 해당한다고 하면서도 국산 전기동 거래의 경우 공정거래위원회의 정상가격 산정이 적법하다고 볼 수 없다고 하였고, 수입 전기동의 경우에는 공정거래위원회의 정상가격 산정 역시 적법하여 부당한 지원행위에 해당한다고 하였다.[27)]

3. 관련문제 : 지원의도

법상 '지원행위'로 인정되기 위해서는 단순히 특수관계인이나 다른 회사에 경제상 이익이 이전되는 것만으로는 부족하고, '지원의도'[28)]가 입증되어야 한다.[29)] 종래 법원이 모든 부당한 지원행위 사건에서 명시적으로 지원의도 유무를 검토한 것은 아니었고, 해당 사업자가 계열회사 등을 지원할 의도가 아닌 나름의 다른 정당한 이유가 존재한다고 주장하는 경우에 명시적으로 지원의도 유무를 검토한 반면에, 그렇지 못한 경우에는 묵시적으로 지원의도를 인정하였다.

예컨대, 두산건설의 부당한 지원행위 사건 관련 행정소송 상고심에서 대법원은 '지원의도'는 지원행위를 하게 된 동기와 목적, 거래의 관행, 당시 지원객체의 상황, 지원행위의 경제상 효과와 귀속 등을 종합적으로 고려하여 지원주체의 주된 의도가

27) 서울고법 2021. 7. 22. 선고 2018누64353 판결. 동 판결에 대하여 상고가 제기되어 대법원에 계속 중이다.

28) 여기서 말하는 '지원의도'(intent to subsidize)란 아래에서 설명하는 바와 같이 판례가 지원행위의 '부당성'(공정거래저해성)을 판단하기 위한 고려요소 중 하나로 제시한 '지원행위의 목적과 의도'(purpose and intention of subsidization)와는 구별되는 개념이다. 즉, '지원의도'는 해당 거래행위가 계열회사 등을 지원하려는 의도에 따른 것인지, 아니면 분업과 전문화나 범위의 경제와 같은 효율성 증진 또는 보안성 유지와 같은 정당한 사유에 의한 것인지를 따지는 쟁점인데 반하여, '지원행위의 목적과 의도'는 지원의도에 따른 지원행위임이 인정된다는 전제에서 '왜, 계열회사를 지원하려 한 것인지'를 따지는 것이다.

29) 종래 공정거래위원회는 통상 지원의도를 지원행위의 구성요소가 아니라 지원행위의 부당성을 판단하기 위해 고려할 요소 중 하나로 파악하였는데, 근래에는 지원행위의 구성요소로 파악한 사례도 찾아볼 수 있다. 공정거래위원회 의결 제2021-170호(2021. 6. 17.)(롯데칠성음료의 부당한 지원행위 사건) 및 공정거래위원회 의결 제2021-228호(2021. 8. 27.)(기업집단 삼성 소속 계열회사들의 부당한 지원행위 사건) 참고. 다만, 지원의도를 지원행위의 구성요소로 파악하든지, 아니면 부당성 판단 시 고려요소 중 하나로 파악하든지 공정거래위원회나 법원이 지원의도가 인정되지 않음에도 불구하고 부당한 지원행위로 인정한 사례는 찾아볼 수 없다.

지원객체가 속한 관련시장에서의 공정한 거래를 저해할 우려가 있는 것이라고 판단되는 경우에 인정되는 것이고, 이러한 지원의도는 위에서 열거한 여러 상황을 종합하여 객관적으로 추단할 수 있다고 판시하였다.[30] 나아가 이 사건 지원행위의 지원객체는 설립 당시부터 기업집단 두산에 편입된 원고의 계열회사이고, 원고는 자금사정이 별로 좋지 않았음에도 불구하고 금융기관으로부터 대출받으면서까지 그 대출받은 자금으로 지원객체가 발행한 기업어음을 현저히 낮은 할인율로 매입해 주었으며, 지원객체가 이 사건 자금지원으로 인하여 창업투자 및 기업 구조조정 시장에서 경쟁의 우위를 점하여 그 지위를 유지·강화할 수 있었던 것으로 보인다는 점 등을 근거로 원고가 이 사건 어음할인행위에 의하여 이 사건 지원객체를 지원하려는 의도가 있었음을 추단할 수 있다고 하였다.[31]

한편, 기업집단 현대의 제4차 부당내부거래 사건과 삼성생명보험의 부당한 지원행위 사건에서 법원은 지원의도가 인정되지 않는다는 이유로 부당한 지원행위가 성립하지 않는다고 하였다. 먼저, 전자 관련 행정소송 상고심에서 대법원은 계열회사로부터 받아야 할 운송대금을 지연수령하면서도 지연손해금을 징수하지 않은 행위는 제반사정 및 기록에 비추어 살펴보면 해당 계열회사에 대하여 자금을 지원할 의도에서 비롯된 지원행위라고 할 수 없으므로 부당지원행위에 해당하지 않는다고 하였고,[32] 후자 관련 행정소송에서 서울고법은 은행에 상당한 액수의 특정금전신탁을 가입하고 이를 이용하여 계열회사가 발행한 기업어음을 매입하도록 한 행위에 대하여, 공정거래위원회의 해당 기업어음에 대한 정상할인율 산정에 잘못이 있을 뿐만 아니라, 제반사정을 고려하면 이 사건 기업어음 매입행위는 가사 그 할인율이 정상할인율보다 낮다고 하더라도 이는 통상적인 영업활동의 일환으로 한 행위로서 이로써 계열회사를 관련시장에서 현저하게 유리하게 할 목적으로 한 행위라고 볼 수 없으므로 부당한 지원행위에 해당하지 않는다고 하였다.[33]

---

30) 대법원 2009. 9. 24. 선고 2008두9485 판결. 동일한 취지의 판시로서 대법원 2005. 5. 27. 선고 2004두6099 판결 등 참조.

31) 같은 판결. 또한 대법원은 설령 원심이 지원의도에 관한 명시적인 판단을 하지 않았더라도 판결 결과에 영향이 없다는 이유로 이 부분 상고를 기각하였다.

32) 대법원 2006. 12. 7. 선고 2004두2226 판결.

33) 서울고법 2004. 9. 16. 선고 2002누1061 판결. 상고심에서 대법원은 공정거래위원회의 정상할인율 산정이 잘못되었다는 이유로 상고를 기각하였다(대법원 2006. 11. 9. 선고 2004두12049 판결). 그 밖에 근래 기업집단 LS 소속 계열회사들의 부당한 지원행위 사건 관련 행정소송에서 서울고법은 지원의도가 없었다는 원고의 주장에 대하여, 해당 거래가 이루어진 제반사정을 검토한 후 지원객체를 지원할 의도나 목적으로 이루어진 거래로 인정하였다(서울고법 2021. 7. 22. 선고 2018누64353 판결).

4. 지원행위의 상당성

법상 부당한 지원행위에 해당하기 위해서는 지원주체가 지원객체에 대하여 경제상 이익을 제공할 뿐만 아니라, 그 거래조건이 '상당히' 유리하거나 그 거래규모가 '상당'하거나, 또는 다른 사업자와 직접 거래하면 '상당히' 유리하여야 한다. 이미 설명한 바와 같이 법집행상 종전 규정이 요구하였던 '현저성'을 입증하는 것이 쉽지 않아서 그 요건을 완화하려는 취지로 2013년 법 개정을 통하여 '상당히'라고 규정한 것이다. 그런데 과연 실제 법 해석·집행과정에서 현행 규정상 '상당성'이 종전의 현저성과 어떻게 달리 해석될 것인지는 미지수라고 할 수 있는데, 결국 구체적인 법 집행과정에서 공정거래위원회의 법집행례와 법원의 판결례를 통하여 기준이 형성될 수밖에 없지만 여전히 종전의 '현저성'에 관한 법해석이 중요한 기준으로 기능할 것이다.

종래 법상 부당한 지원행위로 문제된 행위는 그 성격에 따라 유리한 거래대가 등 유리한 거래조건으로 인한 '대가형 지원행위', 반드시 거래대가가 유리하지 않더라도 큰 거래규모에 의한 '규모형 지원행위', 그리고 거래단계를 추가하는 방법에 의한 '거래단계 추가형 지원행위'(소위 '통행세 관행')로 나눌 수 있다. 그 중 대가형 지원행위와 거래단계 추가형 지원행위에 해당한다고 인정하기 위해서는 그 거래조건이 상당히 유리하거나 또는 다른 사업자와 직접 거래하면 상당히 유리함이 입증되어야 하므로 그 전제로서 소위 '정상가격'을 산정하여야 한다. 또한 규모형 지원행위의 경우에도 아래에서 설명하는 바와 같이 단지 거래규모가 크다는 것 자체로 지원객체에게 과다한 경제상 이익이 제공되었다고 인정되는 예외적인 경우를 제외하고는 통상적으로 정상가격을 산정하여 과다한 경제상 이익이 제공되었음을 입증해야 한다.

실제로 구법상 지원행위의 현저성과 관련하여 대법원은 일관되게 "급부와 반대급부 사이의 차이는 물론 거래규모와 지원행위로 인한 경제상 이익, 지원기간, 지원횟수, 지원시기, 지원행위 당시 지원객체가 처한 경제적 상황 등을 종합적으로 고려하여 구체적·개별적으로 판단하여야 한다."라고 판시하였다.[34] 따라서 지원행위의 상당성 여부를 판단하기 위해서는, 통상 문제가 된 거래의 대상이 된 급부의 '정상

34) 대법원 2004. 4. 9. 선고 2001두6197 및 2001두6203 판결, 대법원 2004. 10. 14. 선고 2001두2935 판결, 대법원 2006. 2. 10. 선고 2003두15171 판결, 대법원 2006. 7. 27. 선고 2004두1186 판결, 대법원 2007. 1. 25. 선고 2004두1490 판결, 대법원 2008. 6. 26. 선고 2006두8792 판결, 대법원 2009. 5. 28. 선고 2008두7885 판결 및 대법원 2009. 9. 24. 선고 2008두9485 판결, 대법원 2012. 10. 25. 선고 200두15494 판결 등.

가격'(정상금리, 시가, 정상임대(차)료, 정상급여)을 산정하여 당사자 간 거래에 적용된 '실제가격'(실제적용금리, 실제임대(차)료, 실제지급급여)과 비교해야 한다. 아래에서는 지원행위의 상당성을 판단하기 위한 전제로서 정상가격의 산정과 실제가격과의 비교방법에 관한 판결례를 소개한 뒤, 규모형 지원행위에 관한 지원행위 심사지침의 내용을 설명하고 관련 판결례를 소개하기로 한다.

(가) 정상가격의 산정

거래의 대상이 된 급부의 '정상가격'을 산정하는 것은 지원행위의 상당성 여부를 판단하기 위해 가장 중요하면서도 어려운 문제이다. 지원행위 심사지침은 정상가격을 "지원주체와 지원객체 간에 이루어진 경제적 급부와 동일한 경제적 급부가 시기, 종류, 규모, 기간, 신용상태 등이 유사한 상황에서 특수관계가 없는 독립된 자 간에 이루어졌을 경우 형성되었을 거래가격 등"이라고 정의한 뒤(동 심사지침 Ⅱ. 5.), 각 거래유형별로 이를 산정하는 방법을 규정하고 있다. 또한 대법원 역시 예컨대, 자금거래의 경우 정상금리는 "지원주체와 지원객체 사이의 자금거래와 시기, 종류, 규모, 기간, 신용상태 등의 면에서 동일 또는 유사한 상황에서 그 지원객체와 그와 특수관계가 없는 독립된 금융기관 사이에 자금거래가 이루어졌다면 적용될 금리, 또는 지원주체와 지원객체 사이의 자금거래와 시기, 종류, 규모, 기간, 신용상태 등의 면에서 동일 또는 유사한 상황에서 특수관계 없는 독립된 자 사이에 자금거래가 이루어졌다면 적용될 금리"를 의미한다고 판시하였다.[35)]

그런데 실제로 이루어지는 지원행위의 형태나 거래의 객체가 극히 다양하고, 이와 비교할 만한 동일 또는 유사한 상황에서 이루어진 거래를 찾을 수 없는 경우가 일반적이어서 '정상가격'을 산정하는 것은 쉽지 않은데, 대법원은 일관되게 정상가격의 존재를 입증할 책임은 당연히 시정명령 등 처분의 적법성을 주장하는 공정거래위원회에 있고,[36)] 특히 이미 발생한 거래에 대하여 그 정상가격을 산정하는 작업에 신중을 기해야 한다는 태도를 취하고 있다. 예컨대, 대한주택공사의 부당한 지원행위 사건 관련 행정소송 상고심에서 대법원은 정상가격이 시정명령이나 과징금

---

35) 대법원 2004. 10. 14. 선고 2001두2935 판결, 대법원 2006. 2. 10. 선고 2003두15171 판결, 대법원 2006. 7. 27. 선고 2004두1186 판결, 대법원 2006. 12. 7. 선고 2004두11268 판결, 대법원 2007. 1. 25. 선고 2004두1490 판결, 대법원 2008. 2. 14. 선고 2007두1446 판결, 대법원 2008. 3. 27. 선고 2005두9972 판결, 대법원 2008. 6. 26. 선고 2006두8792 판결 및 대법원 2009. 5. 28. 선고 2008두7885 판결 등.

36) 대법원 2008. 2. 14. 선고 2007두1446 판결, 2008. 6. 26. 선고 2006두8792 판결 및 대법원 2009. 5. 28. 선고 2008두7885 판결 등 참고.

부과 등 제재적 행정처분의 근거가 되는 점이나 독점규제법이 부당한 지원행위를 금지하는 취지 등을 고려할 때, 문제가 된 거래 당시의 실제 사례를 찾을 수 없어 부득이 여러 가지 간접적인 자료에 의해 정상가격을 추단할 수밖에 없는 경우에는, 통상의 거래당사자가 당해 거래 당시의 일반적인 경제 및 경영상황과 장래 예측의 불확실성까지도 모두 고려하여 보편적으로 선택하였으리라고 보이는 현실적인 가격을 규명해야 할 것이고, 단순히 제반 상황을 사후적, 회고적인 시각으로 판단하여 거래 당시에 기대할 수 있었던 최선의 가격 또는 당해 거래가격보다 더 나은 가격으로 거래할 수도 있었을 것이라 하여 가벼이 이를 기준으로 정상가격을 추단해서는 안 된다고 하였다.[37)]

또한 기업집단 신세계 소속 계열회사들의 부당한 지원행위 사건 관련 행정소송 상고심에서 대법원은 정상가격은 부당한 지원행위에 해당하는지 여부의 판단요소가 되어 시정명령이나 과징금부과 등 제재적 행정처분과 형사처벌의 근거가 되므로 당해 거래와 동일한 실제 사례를 찾을 수 없어 부득이 유사한 사례에 의해 정상가격을 추단할 수밖에 없는 경우에는, 단순히 제반 상황을 사후적, 회고적 시각에서 판단하여 거래 당시에 기대할 수 있었던 최선의 가격이나 당해 거래가격보다 더 나은 가격으로 거래를 할 수 있었을 것이라 하여 가벼이 이를 기준으로 정상가격을 추단하여서는 안 되고, 먼저 당해 거래와 비교하기에 적합한 유사한 사례를 선정하고 그 사례와 당해 거래 사이에 가격에 영향을 미칠 수 있는 거래조건 등의 차이가 존재하는지를 살펴 그 차이가 있다면 이를 합리적으로 조정하여야 한다고 판시하였다.[38)]

한편, 지원행위 심사지침은 각 거래의 유형별로 정상가격을 산정하는 방법을 규정하고 있는데, 예컨대, 자금거래에 대하여 해당 자금거래와 시기, 종류, 규모, 기간, 신용상태 등의 면에서 동일 또는 유사한 상황에서 특수관계가 없는 독립된 자 사이에 자금거래가 이루어졌다면 적용될 금리('개별정상금리')를 산정하는 방법을 순차적으로 규정하고 있다(동 심사지침 Ⅲ. 1. 라). 또한 그와 같은 방법으로 개별정상금리를 산정하기 어렵고, 지원객체의 재무구조, 신용상태, 차입방법 등을 감안할 때 개별정상금리가 한국은행이 발표하는 시중은행의 매월 말 평균 당좌대출금리('일반정상금리')보다 낮지 않을 것으로 보는 것이 합리적인 경우에는 해당 자금거래의 실제적용금리와 일반정상금리를 비교하여 지원행위 여부를 판단하도록 규정하고 있다(동 심사지침 Ⅲ. 1. 사).[39)]

37) 대법원 2008. 2. 14. 선고 2007두1446 판결.

38) 대법원 2015. 1. 29. 선고 2014두36112 판결.

위와 같은 지원행위 심사지침의 상세한 규정에도 불구하고 종래 다수의 부당한 지원행위 사건에서 공정거래위원회의 정상가격 산정의 적법성에 관하여 많은 논란이 제기되었다. 대법원은 특히 자금거래의 경우 지원행위 심사기준이 '일반정상금리'로 규정하고 있는 '평균 당좌대출금리'를 정상금리로 적용하여 지원행위의 현저성을 판단하는 것에 대하여 신중한 입장을 취하였다. 예컨대, SKC&C의 부당한 지원행위 사건에서 공정거래위원회는 문제가 된 기업어음의 정상가격을 산정함에 있어서 당해 거래와 시기, 종류, 규모, 기간, 신용상태 등이 유사한 상황에서 이루어진 자금거래를 발견할 수 없어서 심사지침상 "개별정상금리를 산정하기 어려운 경우"에 해당한다고 보아, '일반정상금리', 즉 당시의 심사지침에 따라 한국은행이 발표한 시중은행의 매 월말 평균 당좌대출금리를 정상금리로 적용하였다. 이에 대하여 관련 행정소송 상고심에서 대법원은 문제가 된 거래가 이루어진 기간(1999년 5월 및 6월)을 전후로 한 지원객체 회사에 대한 개별정상금리가 계속하여 하락하고 있었던 추이를 고려하면 당해 기간 동안의 개별정상금리는 그 이전의 개별정상금리보다 낮은 수준이어야 한다고 하면서 특별한 사정이 없는 한 공정거래위원회가 종전의 개별정산금리보다 높은 일반정상금리로써 정상금리를 산정한 것은 위법하다고 하였다.[40)]

이에 반하여 기업집단 현대의 제1차 및 제2차 부당내부거래 사건 관련 행정소송 상고심에서 대법원은 "시중은행의 매 월말 평균 당좌대출금리(이는 해당 월말 현재 시중은행의 당좌대출계약에 의하여 실행한 대출액 잔액 전부를 가중평균하여 산출한다. 이하 '일반정상금리'라 한다)는 당좌대출계약을 기초로 한 일시적 단기성 대출금리로서 정상적인 기업어음 대출금리 등 일반대출금리보다 일반적으로 높기 때문에 개별정상금리를 산정하기 어렵다는 이유만으로 바로 일반정상금리를 정상금리로 적용할 수는 없다."라고 하고, 다만 "개별정상금리가 일반정상금리를 하회하지 않을 것으로 인정되는 특별한 사정이 있는 경우에는 비록 개별정상금리를 구체적으로 확정할 수 없다고 하더라도 일반정상금리를 정상금리로 적용할 수 있다."라고 하였다.[41)]

---

39) 아울러 위 심사지침은 유가증권·부동산·무체재산권 등 자산거래의 정상가격 및 부동산 임대차의 정상임대료를 산정하는 방법을 정하고, 상품·용역거래의 정상가격 산정방법은 자금거래에 관한 개별정상금리 산정방법을 준용하도록 규정하고 있다.

40) 대법원 2004. 3. 12. 선고 2001두7220 판결.

41) 대법원 2004. 4. 9. 선고 2001두6197 및 2001두6203 판결. 동일한 취지의 판결로서 대법원 2004. 11. 12. 선고 2001두2034 판결 참고. 이 사건들에 적용된 종전의 지원행위 심사지침은 개별정상금리를 산정하기 어려울 경우에 곧바로 일반정상금리를 기준으로 지원행위 여부를 판단할 수 있도록 규정하고 있었으나, 공정거래위원회는 동 대법원 판결의 판시내용을 반영하기 위하여 2005년 동 심사지침을 개정하여 개별정상금리가 일반정상금리를 하회하지 않을 것으로 보는 것이 합리적인 경우에 한하여 일반정상금리를 적용할 수 있도록 규정하였다(동 심사지침 Ⅲ. 1. 사).

또한 대법원은 현대중공업의 부당한 지원행위 사건 관련 행정소송 상고심에서 동 회사가 계열회사인 현대울산종금이 발행한 5년 만기 무보증 후순위사채를 약 8%의 금리를 적용하여 매입한 행위에 대하여 당시 현대울산종금의 재무구조가 매우 좋지 않았고, 5년 만기 금융채의 수익률이 10% 내외였으며 현대울산종금보다 신용등급이 높은 현대중공업이 발행한 3년 만기회사채의 수익률 역시 10%를 상회하였고, 장기금리가 단기금리보다 훨씬 높았음을 근거로 개별정상금리가 일반정상금리를 하회하지 않을 것으로 인정되는 특별한 사정이 존재하므로 일반정상금리를 정상금리로 적용하여 지원금액을 산정한 것은 정당하다고 판시하였다.[42)]

그 밖에 푸르덴셜자산운용의 부당한 지원행위 사건 관련 행정소송 상고심에서 대법원은 공정거래위원회가 산정한 정상가격이 부당하다고 판단하였다. 즉, 위 회사는 계열회사가 발행한 91일물, 199일물 및 364일물 기업어음을 각각 매입한 행위가 문제가 되었는데, 공정거래위원회는 동 회사와 특수관계 없는 제3의 금융기관이 같은 날 위 계열회사의 90일물 및 4일물 기업어음을 매입할 때 적용한 할인율을 개별정상금리로 산정하였다. 이에 대하여 대법원은 "발행기업 및 매입일자가 같은 기업어음들 사이에도 만기의 장·단에 따라 시장에서 매입할인율에 차이가 있고 특히 위 각 어음의 매입 당시에는 비정상적인 고금리상태로부터 전반적으로 금리가 하향하는 추세에 있어 장기금리는 단기금리보다 낮게 책정되었던 점" 등을 고려하면 "발행회사가 같고 매입일자가 같거나 유사하다는 이유만으로 만기까지의 기간이 상당한 차이가 있는 90일물과 4일물 기업어음의 각 매입 할인율을 정상금리로 적용할 수는 없다."라고 판시하였다.[43)]

또한 특히 자금난에 빠진 계열회사가 실시한 유상증자에 참여하여 실권주를 인수한 경우에 당해 주식의 정상가격을 평가하는 것이 어려운 문제로 제기되었다. 예컨대, 기업집단 삼성의 제4차 부당내부거래 사건 관련 행정소송 상고심에서 대법원은 삼성카드 및 삼성캐피탈이 당시 자본잠식상태에 있는 등 자금사정이 매우 열악하였던 계열회사인 삼성상용차가 실시한 유상증자에서 발생한 실권주를, 객관적 자료 없이 동 회사가 제공한 자료만을 근거로 향후 매출액이 대폭 증가할 것을 전제로 미래현금흐름할인법에 따라 평가한 1주당 가치를 기준으로 취득한 행위는 부당한 지원행위에 해당한다고 판시하였다.[44)]

---

42) 대법원 2006. 4. 14. 선고 2004두3298 판결.

43) 대법원 2004. 4. 23. 선고 2001두6517 판결. 또한 기업집단 삼성의 제2차 부당내부거래 사건에서 대법원은 기업어음매입행위와 관련하여 매입할인율과 정상할인율과의 금리차이가 1.6%에 불과한 경우는 현저한 지원행위에 해당하지 않고, 8.58% 내지 16.5%에 달하는 경우는 해당한다고 판시하였다(대법원 2006. 7. 27. 선고 2004두1186 판결).

한편, 구 지원행위 심사지침은 자산거래의 경우 거래의 대상이 된 자산의 정상가격인 시가를 산정하는 것이 어려운 경우에 당해 자산의 종류, 규모, 거래상황 등을 참작하여 '상속세 및 증여세법' 제4장(재산의 평가) 및 동법 시행령 제4장(재산의 평가)에서 정하는 방법을 준용할 수 있도록 규정하고 있는데(구 심사지침 Ⅲ. 2. 나), 재판상 자산거래의 정상가격 산정이 다투어진 기억할 만한 사례로서 삼호의 부당한 지원행위 사건을 들 수 있다. 이 사건에서 동 회사가 자사가 보유하고 있는 비상장 계열회사(대림정보통신)의 주식의 가격을 미래의 추정이익이 아닌 순자산가치를 기준으로 평가하여 동 계열회사에게 매각한 행위가 문제되었는데, 공정거래위원회는 동 계열회사의 주식의 정상가격을 산정함에 있어서 상속세 및 증여세법 및 동법 시행령을 준용하여 '미래의 추정이익'에 따라 산정하였지만, 동법 시행령이 규정한 대로 신용평가전문기관 또는 회계법인에 의뢰하는 대신 이를 스스로 행하였다. 관련 행정소송 상고심에서 대법원은 심사지침은 공정거래위원회 내부의 사무처리준칙에 불과하므로 동 위원회가 상속세 및 증여세법 시행령이 규정한 대로 평가기관에 의뢰하지 않고 스스로 주식을 평가하였다고 하더라도 그것만으로 그 평가를 부적절한 것이라고 할 수 없고, 문제가 된 계열회사는 급속히 발전할 것으로 전망되는 정보통신관련사업을 영위하면서 장래에도 계속 성장할 것으로 예상되므로 동 기업의 주식가격은 당해 기업의 순자산가치 또는 과거의 순손익가치를 기준으로 하는 방법보다는 미래의 추정이익을 기준으로 산정하는 방법이 더욱 적절한 방법이라고 판시하였다.[45)]

그 밖에 판매수수료나 용역보수 등을 계열회사에게 유리하게 산정하였는지 여부가 문제가 된 사안에서도 법원은 공정거래위원회가 정상가격을 산정한 방법이 적절한지 여부를 엄격하게 검토하였다. 예컨대, 기업집단 신세계 소속 계열회사들의 부당한 지원행위 사건에서 동 기업집단 소속 유통 계열회사들이 자신의 매장에 입점한 신세계 SVN 및 조선호텔로부터 지급받는 판매수수료를 다른 유사 브랜드에 비해 과소 책정하였는지 여부가 다투어졌다. 관련 행정소송 상고심에서 대법원은 문제가 된 베이커리 빵 매장, 피자 매장, 고급 식음료 매장과 관련하여 공정거래위원회가 제시한 비교대상 거래는 이 사건 거래와 인지도, 매출액, 거래시기, 거래조건, 취급품목, 서비스, 매장 규모, 종업원 수, 투자비 등의 측면에서 차이가 있어서 비교대상 거래로 인정하기 곤란하므로 공정거래위원회가 산정한 정상판매수수료율을 이 사건 거래의 정상판매수수료율로 인정할 수 없다고 하였다.[46)]

---

44) 대법원 2006. 8. 24. 선고 2004두541 판결.
45) 대법원 2005. 6. 9. 선고 2004두7153 판결.

또한 기업집단 SK 소속 계열회사들의 부당한 지원행위 사건에서 동 계열회사들이 계열 SI 업체인 SK C&C와 IT 아웃소싱 계약을 체결하고 그 인건비를 산정함에 있어서 비계열사의 경우에는 정부고시단가에서 상당한 비율을 할인하여 적용하는 관행이 있음에도 불구하고 정보고시단가를 그대로 적용한 것이 문제가 되었다. 관련 행정소송에서 서울고법은 이 사건 인건비 산정이 현저히 유리한 조건인지 여부를 판단함에 있어서는 일괄적 아웃소싱 거래인 이 사건 계약과 동일하거나 유사한 서비스가 제공되는 거래와 비교해야 하는데, 공정거래위원회가 제출한 증거는 하도급계약에 관한 것이거나 이 사건에서 제공하는 서비스와는 그 수준이나 범위가 다른 거래에 관한 것으로 일괄적 아웃소싱 거래에 있어서 정부고시단가보다 낮은 금액이 인건비 단가의 정상가격이라고 인정하기 어렵다고 하였다.[47]

(나) 실제 거래가격과의 비교

문제가 된 거래의 대상이 된 급부의 정상가격이 산정되었다면, 이를 해당 거래에 적용된 실제 거래가격과 비교하여 그 지원행위의 상당성 여부를 판단하게 된다. 그런데 예컨대, 정상금리와 실제적용금리 사이에 어느 정도의 격차가 존재하는 경우에 지원행위의 상당성을 인정할 것인가라는 문제가 제기된다. 종래 법원과 지원행위 심사지침은 구법상 '현저성'을 인정할 수 있는 정상가격과 실제가격의 격차에 관한 일의적이고 통일적인 기준을 제시하지 못한 채, 위에서 소개한 바와 같이 다양한 요소들을 고려하여 사안에 따라 구체적·개별적으로 판단한다고 설명하였다. 다만, 지원행위 심사지침은 특히 자금거래의 경우에 실제적용금리와 개별정상금리 또는 일반정상금리의 차이가 정상금리의 7% 미만으로서 개별 지원행위 또는 일련의 지원행위로 인한 지원금액이 1억원 미만인 경우에는 지원행위가 성립하지 아니하는 것으로 판단할 수 있다고 규정하고 있을 뿐이다(동 심사지침 Ⅲ. 1. 타).[48]

이는 천차만별인 상황에서 다양 다기한 형태로 이루어지는 지원행위의 속성에 비추어 불가피한 측면이 있다고 할 수 있는데, 씨티은행의 부당한 지원행위 사건에서 대법원이 이에 관하여 의미 있는 판시를 내렸다. 이 사건에서 위 은행이 계열회사에 금원을 대여하면서 적용한 금리가 정상금리에 비하여 현저히 낮은지 여부가

46) 대법원 2015. 1. 29. 선고 2014두36112 판결.

47) 서울고법 2014. 5. 14. 선고 2012누30440 판결. 상고심에서 대법원은 원심의 판시를 그대로 수용하여 상고를 기각하였다(대법원 2016. 3. 10. 선고 2014두8568 판결).

48) 구법이 '현저히' 유리한 조건이라고 규정하고 있을 당시의 지원행위 심사지침은 양 금리의 차이가 10% 미만으로서 지원금액이 1억원 미만인 경우에는 지원행위가 성립하지 않는 것으로 판단할 수 있다고 규정하고 있었다.

문제로 되었는데, 관련 행정소송에서 서울고법은 이 사건 개별정상금리를 구체적으로 특정할 수는 없다고 하더라도 동 은행이 종전에 동일한 계열회사에 금원을 대여하면서 적용하였던 금리를 하회하지는 않을 것으로 인정되고, 동 금리와 실제적용금리 사이의 차이가 실제적용금리의 20% 이상에 해당하는 저리의 금리라는 이유로 현저한 지원행위라고 인정하였다.[49]

그러나 상고심에서 대법원은 먼저 원심이 산정한 개별정상금리가 오류라고 지적한 뒤,[50] 설령 원심이 개별정상금리라고 판단한 것을 이 사건 대여행위의 개별정상금리로 본다고 하더라도, 개별정상금리와 실제적용금리 사이의 차이가 1.26~1.31%에 불과하는 등 현저히 유리한 조건의 거래에 해당하지 않는다고 하면서, 원심은 위 차이가 비율적으로 실제적용금리의 20% 이상이므로 이 사건 각 대여행위가 현저히 유리한 조건의 거래에 해당한다고 보았으나, 이러한 경우의 부당한 지원행위란 원래 정상적으로 받아야 할 금리 중 일정 부분 이상을 받지 아니한 행위를 말하는 것이므로, 위 차이가 비율적으로 현저한지 여부는 실제적용금리가 아닌 정상금리를 기준으로 판단하였어야 하므로 이 사건 처분은 부적법하다고 판시하였다.[51]

또한 자금거래 또는 기업어음이나 회사채와 같은 금융자산의 거래에 있어서 정상금리(또는 정상할인율)와 비교할 실제적용금리(또는 실제할인율)를 산정할 때 중개기관에 지급하는 수수료 등의 경비를 포함시켜야 하는가라는 문제가 제기된다. 예컨대, 기업어음을 중개기관을 통하여 인수한 경우에 정상할인율과 비교할 실제할인율을 산정할 때, 실제로 지원객체에게 제공되는 자금의 실제할인율인 해당 기업어음의 '발행할인율'을 기준으로 할 것인가 아니면 발행금액에 중개기관에 지급하는 수수료 등 경비를 포함한 지원주체의 '매입할인율'을 기준으로 할 것인가라는 문제이다. 이

49) 서울고법 2008. 4. 16. 선고 2006누25096 판결.

50) 대법원 2009. 5. 28. 선고 2008두7885 판결. 대법원은 원심이 개별정상금리로 본 금리는 기존에 원고가 계열회사로서 특수관계에 있는 자에게 금원을 대여하면서 적용하였던 금리로서 특수관계가 없는 독립된 자 사이의 자금거래에 적용되는 금리로 볼 수 없을 뿐만 아니라, 당해 대여행위에 대한 금리가 개별정상금리의 범위 내에 있다고 볼 아무런 자료가 없으므로, 이를 이 사건 대여행위에 대한 개별정상금리로 보기는 어렵고, 나아가 당시 거래객체가 된 계열회사의 신용도가 장기자금을 차용할 수 없고 당좌대출과 같은 고율의 단기대출에 의하지 아니하고는 자금을 조달할 수 없을 정도에 이르렀다고 볼 자료도 없으므로, 이 사건 대여행위의 실제적용금리가 종전에 적용된 금리보다 소폭으로 하향 조정되었다고 하여 그러한 사정만으로 개별정상금리보다 현저히 낮아진 것으로 단정하기는 어렵다고 하면서, 따라서 이 사건 지원객체와 동일 또는 유사한 신용등급을 가진 회사가 행한 이 사건 각 대여행위와 시기, 규모, 만기 등의 면에서 동일 또는 유사한 대출행위의 금리를 정상금리로 보고 이 사건 대여행위의 실제적용금리가 현저히 낮은 것인지 여부를 판단하였어야 한다고 판시하였다.

51) 같은 판결.

에 대하여 대법원은 일관되게 실제할인율은 지원객체에 제공되는 자금의 실제할인율인 기업어음의 발행할인율을 기준으로 하여야 하며, 부당한 지원행위에 대한 과징금을 산정하기 위한 '지원금액'도 지원주체가 지출한 금액 중 지원객체가 속한 시장에서 경쟁을 제한하거나 경제력 집중을 야기하는 등으로 공정한 거래를 저해할 우려가 있는 '지원객체가 받았거나 받은 것과 동일시할 수 있는 경제상 이익'만을 의미하는 것이지, 지원과정에서 부수적으로 제3자에게 지출한 비용은 포함되지 않는다고 판시하였다.[52)]

(다) 상당한 규모에 의한 지원행위

2010년 경 이후 공정거래위원회는 특히 '대·중소기업 간 상생협력'이라는 국정목표의 달성에 기여하기 위해 대기업집단 소속 계열회사들이 특정 계열회사에 대하여 물류, 광고, 시스템통합(System Integration) 등의 일감을 수의계약을 통하여 대량으로 몰아주는 행위를 상당한 규모에 의한 지원행위 즉, '규모형 지원행위'로 규율하고자 시도하였다. 그런데 위와 같은 행위를 법상 부당한 지원행위로 의율하기 위해서는 먼저, 상당한 규모의 지원행위에 해당함을 입증하고 나아가 이를 통하여 과다한 경제상 이익을 제공하였음을 입증하여야 하는데, 이를 판단하는 기준이 모호하여 실제 법집행상 난점이 존재한다.

이에 따라 지원행위 심사지침은 상품·용역의 거래를 통한 지원행위에 관하여 위에서 살펴본 '거래대가의 차이로 인한 지원행위'와 별도로 '상당한 규모에 의한 지원행위'의 판단기준을 규정하고 있다.[53)] 즉, 상당한 규모의 거래로 인하여 과다한 경제상 이익을 제공한 것인지 여부는 지원성 거래규모 및 급부와 반대급부의 차이, 지원행위로 인한 경제상 이익, 지원기간, 지원횟수, 지원시기, 지원행위 당시 지원객체가 처한 경제적 상황, 지원객체가 속한 시장의 구조와 특성, 여타 경쟁사업자의 경쟁능력 등을 종합적으로 고려하여 구체적·개별적으로 판단한다고 전제하고,[54)] 상

---

52) 대법원 2004. 3. 12. 선고 2001두7220 판결, 대법원 2004. 4. 9. 선고 2001두6197 및 2002두6203 판결 등.

53) 지원행위 심사지침의 위 내용은 2010년 개정을 통하여 '현저한 규모에 의한 지원행위'를 포함시킨 것을 2013년 법 개정으로 '상당성' 기준이 채택됨에 따라 2014년 '상당한 규모에 의한 지원행위'라고 바꾼 것이고, 다시 2020년 9월 개정으로 그 내용에 수정을 가하였는데, '상당한 규모'의 판단기준을 삭제하고 '상당한 규모의 거래로 인하여 과다한 경제상 이익을 제공한 것인지 여부'에 관한 기준만을 규정하였다.

54) 지원행위 심사지침의 위 내용은 아래에서 소개하는 기업집단 현대의 제4차 부당내부거래 사건 관련 행정소송 상고심에서 대법원이 판시한 것(대법원 2007. 1. 25. 선고 2004두7610 판결)을 반영한 것이다.

당한 규모에 의한 지원행위 여부는 다음과 같은 사항을 고려하여 판단할 수 있다고 규정하고 있다(동 심사지침 Ⅲ. 4. 나. 2) 및 3)). 즉, (1) 거래대상의 특성상 지원객체에게 거래물량으로 인한 규모의 경제 등 비용 절감효과가 있음에도 불구하고, 동 비용 절감효과가 지원객체에게 과도하게 귀속되는지 여부, (2) 지원주체와 지원객체 간의 거래물량만으로 지원객체의 사업개시 또는 사업유지를 위한 최소한의 물량을 초과할 정도의 거래규모가 확보되는 등 지원객체의 사업위험이 제거되는지 여부를 고려하여 판단하되, 위 사항을 고려하여 지원행위 여부를 판단할 때에는 해당 지원객체와의 거래에 고유한 특성에 의하여 지원주체에게 비용절감, 품질개선 등 효율성 증대효과가 발생하였는지 여부 등 해당 행위에 정당한 이유가 있는지 여부를 고려하여야 한다고 규정하고 있다.

그동안 규모형 부당한 지원행위에 해당하는지 여부가 재판상 다투어진 사례들을 살펴보면 다음과 같다. 먼저, 기업집단 현대의 제3차 부당내부거래 사건에서 공정거래위원회는 현대투신운용이 자신이 운용 중인 펀드의 신탁재산으로 계열회사인 현대투신증권에 대하여 법령상 거래한도를 초과하여 대규모자금을 대출한 행위가 부당한 지원행위에 해당한다고 인정하였는데, 관련 행정소송 상고심에서 대법원은 규모형 지원행위의 판단기준에 관하여 다음과 같은 중요한 판시를 내렸다. 대법원은 경우에 따라서는 유동성의 확보 자체가 긴요한 경우가 있으므로 현저한 규모로 거래하는 것 자체가 현저히 유리한 조건의 거래가 되어 법상 부당한 지원행위에 해당될 수 있으나, 현저한 규모의 거래가 바로 과다한 경제상 이익을 준 것이라고 할 수는 없고, 지원성 거래규모 및 급부와 반대급부의 차이, 지원행위로 인한 경제상 이익, 지원기간, 지원횟수, 지원시기, 지원행위 당시 지원객체가 처한 경제적 상황 등을 종합적으로 고려하여 구체적·개별적으로 판단하여야 한다고 하였다.[55] 나아가 위 기준을 이 사건의 사실관계에 적용하여, 이 사건 대출은 투신사의 부실을 보전하기 위해 금융당국의 승인 하에 이루어졌고 대출규모가 당해 투신사가 정상적으로 제공받을 수 없는 정도의 규모로 보기 어렵고 경쟁사업자인 다른 투신사의 대출규모에 비하여 대규모라고 인정할 수도 없으므로 현저한 규모로 거래하여 과도한 경제상 이익을 제공하였다고 인정되지 않는다고 하였다.[56]

규모형 지원행위에 관한 위와 같은 판시는 지원객체가 유동성 위기에 처한 경우와 같이 예외적으로 상당한 규모로 거래한 것 자체를 과다한 경제상 이익을 준 것으로 볼 수 있는 경우를 제외하고는, 규모형 지원행위의 경우에도 통상 정상가

55) 대법원 2007. 1. 25. 선고 2004두7610 판결.
56) 같은 판결.

격을 산정하여 급부와 반대급부의 차이를 보임으로써 상당히 유리한 조건의 거래임을 입증하고, 그 밖에 지원성 거래규모, 지원기간, 지원객체가 처한 경제적 상황 등을 함께 고려하여 과다한 경제상 이익이 제공되었음을 입증해야 한다는 취지로 이해된다.

실제로 그 이후 공정거래위원회는 규모형 지원행위 사건에서도 통상 대가형 지원행위의 경우와 마찬가지로 정상가격을 산정하여 현저히(상당히) 유리한 조건의 거래임을 입증한 뒤, 기타의 요소를 함께 고려하여 과다한 경제상 이익이 제공되었음을 인정하였고, 동 위원회의 처분에 대한 불복의 소를 심리한 법원 역시 정상가격 산정의 적법성을 면밀히 검토하였다. 예컨대, 삼양식품의 부당한 지원행위 사건(Ⅰ)에서 동 사업자가 대형마트에 라면 등 NB(제조업자 브랜드)제품을 직접 공급할 수 있음에도 불구하고 별다른 역할이 없는 계열사인 내츄럴삼양을 중간에 끼워넣어 공급한 행위가 문제가 되었는데, 관련 행정소송에서 서울고법은 내츄럴삼양이 원고로부터 공급받아 대형마트에 공급한 제품의 매출액이 해당 기간 동안 동 사업자의 전체 매출액의 약 60%에 이르지만 그 정상가격이 증명되지 않아서 이러한 사정만으로 해당 거래의 규모가 현저하여 과다한 경제상 이익을 제공하였다고 인정하기 어렵다고 하였다.[57]

또한 현대자동차 외 4의 부당한 지원행위 사건에서 동 회사, 기아자동차, 현대모비스 및 현대제철 등이 계열 물류회사인 글로비스에 대하여 자사 제품의 생산 및 판매에 부수하는 완성차 배달탁송, 철강운송 등 각종 물류업무를 비경쟁적인 사업양수도 또는 수의계약의 방식으로 몰아주어(위 사업자별로 80~100%) 그 거래금액이 국내 화물운송주선업시장 1위 사업자 매출액의 34.6%, 동 시장 전체매출액의 6.8%에 달하게 된 것이 문제가 되었다. 이에 대하여 공정거래위원회는 명시적으로 정상가격을 산정하지는 않았지만, 시장가격을 기준으로 삼아 거래단가를 시장가격의 인상률에 비해 높게 인상하여 높은 매출이익률을 시현하였음을 근거로 현저한 규모의 거래를 함에 있어서 시장가격보다 상당히 유리한 조건으로 거래하였다고 인정하였고,[58] 관련 행정소송에서 서울고법 역시 현저한 규모의 거래에 의한 부당한 지원행위에 해당한다고 판시하였다.[59]

---

57) 서울고법 2015. 10. 16. 선고 2014누5615 판결. 상고심에서 대법원은 심리불속행 사유에 해당한다는 이유로 상고를 기각하였다(대법원 2016. 3. 10. 선고 2015두5657 판결).

58) 공정거래위원회 의결 제2007-504호, 2007. 10. 24.

59) 서울고법 2009. 8. 19. 선고 2007누30903 판결. 동 판결에 대하여 상고가 제기되었으나 원고가 이 부분에 관한 상고를 취하함으로써 대법원은 이 쟁점에 대하여 판시를 하지 않았다(대법원 2012. 10. 25. 선고 2009두15494 판결). 그 밖에도 공정거래위원회가 규모형

5. 지원행위의 부당성

부당한 지원행위는 법 제45조 제1항이 금지하는 불공정거래행위의 한 유형이므로 설령 상당히 유리한 조건이나 상당한 규모의 지원행위, 또는 거래상 실질적인 역할이 없는 거래단계를 추가하는 지원행위가 존재한다고 하더라도, 법상 부당한 지원행위에 해당하기 위해서는 그 지원행위의 부당성(공정거래저해성)이 인정되어야 한다. 실제로 발생하는 부당한 지원행위의 모습은 극히 다양하여 그 부당성을 판단하는 구체적 기준을 설정하는 것은 매우 어려운 문제라고 할 것이다.

한편, 지원행위 심사지침은 지원행위의 부당성 판단기준에 대하여 "원칙적으로 지원주체와 지원객체의 관계, 지원행위의 목적과 의도, 지원객체가 속한 시장의 구조와 특성, 지원성거래규모와 지원행위로 인한 경제상 이익, 지원기간, 지원횟수, 지원시기, 지원행위 당시 지원객체의 경제적 상황, 중소기업 및 여타 경쟁사업자의 경쟁능력과 경쟁여건의 변화 정도, 지원행위 전후의 지원객체의 시장점유율의 추이 및 신용등급의 변화 정도, 시장개방의 정도 등을 종합적으로 고려하여 해당 지원행위로 인하여 지원객체가 직접 또는 간접적으로 속한 시장(따라서 지원객체가 일정한 거래분야에서 시장에 직접 참여하고 있는 사업자일 필요는 없다)에서 경쟁이 저해되거나 경제력 집중이 야기되는 등으로 공정한 거래를 저해할 우려가 있는지 여부에 따라 판단한다."라고 기본원칙을 제시하고,[60] 다시 "이러한 지원행위의 부당성은 공정한 거래질서라는 관점에서 판단되어야 하며, 지원행위에 단순한 사업경영상의 필요 또는 거래상의 합리성 내지 필요성이 있다는 사유만으로는 부당성이 부정되지 아니한다."라고 규정하고 있다(동 심사지침 Ⅳ. 1).

나아가 전형적으로 부당성이 인정되는 경우로서 (1) 지원객체가 해당 지원행위로 인하여 일정한 거래분야에 있어서 유력한 사업자의 지위를 형성·유지 또는 강화할 우려가 있는 경우, (2) 지원객체가 속하는 일정한 거래분야에 있어서 해당 지

지원행위에 대하여 정상가격을 산정하여 부당한 지원행위에 해당한다고 판단하고 법원이 그 정상가격 산정의 적법성을 인정한 사례로서 CJ CGV의 부당한 지원행위 사건(공정거래위원회 의결 제2016-293호, 2016. 10. 21. 및 서울고법 2017. 10. 25. 선고 2017누37675 판결) 참고.

60) 지원행위 심사지침의 위 내용 중 괄호를 제외한 부분은 2005년 심사지침을 개정하면서 종래 대법원이 부당한 지원행위 사건에서 반복적으로 판시한 사항을 그대로 옮겨 놓은 것이다. 대법원 2004. 3. 12. 선고 2001두7220 판결, 대법원 2004. 4. 9. 선고 2001두6197 판결, 대법원 2004. 4. 9. 선고 2001두6203 판결, 대법원 2004. 4. 23. 선고 2001두6517 판결, 대법원 2006. 2. 10. 선고 2003두15171 판결, 대법원 2006. 7. 27. 선고 2004두1186 판결, 대법원 2008. 6. 12. 선고 2006두7751 판결 및 대법원 2008. 6. 26. 선고 2006두8792 판결 등 참고.

원행위로 인하여 경쟁사업자가 배제될 우려가 있는 경우, (3) 지원객체가 해당 지원행위로 인하여 경쟁사업자에 비하여 상당히 유리하게 되는 경우, (4) 지원객체가 속하는 일정한 거래분야에 있어서 해당 지원행위로 인하여 지원객체의 퇴출이나 타 사업자의 신규진입이 저해되는 경우, (5) 관련법령을 면탈 또는 회피하는 등 불공정한 방법, 경쟁수단 또는 절차를 통해 지원행위가 이루어지고, 해당 지원행위로 인하여 지원객체가 속하는 일정한 거래분야에서 경쟁이 저해되거나 경제력 집중이 야기되는 등으로 공정한 거래가 저해될 우려가 있는 경우 등을 열거하고 있다(동 심사지침 Ⅳ. 2).[61]

그러나 위와 같은 기준에도 불구하고 여전히 실제로 문제가 된 지원행위의 부당성을 판단하기 위한 명확한 기준을 설정하는 것은 쉽지 않다. 그동안 대법원은 구체적인 사건들에서 위 심사지침이 규정하고 있는 것과 사실상 동일한 기준을 적용하여 지원행위의 부당성을 판단해 왔다. 대법원이 지원행위의 부당성을 인정한 중요한 사례들을 살펴보면 다음과 같다. 먼저, 대한주택공사의 부당한 지원행위 사건 관련 행정소송 상고심에서 대법원은 자회사로부터 지급받아야 할 정산금의 지급을 유예한 행위에 대하여, 지원객체인 자회사의 매출액 및 순이익과 비교하여 지원성 거래규모 및 지원금액이 현저한 점[62]과 자회사가 속한 주택관리 시장은 대부분 영세사업자들로 구성되어 있는 상황에서 문제의 지원행위는 자회사의 자금사정을 개선시켜 당해 시장에서 유력한 사업자로서의 지위를 유지·강화시킬 수 있다는 점을 근거로 부당성을 인정하였다.[63]

또한 SK C&C의 부당한 지원행위 사건 관련 행정소송 상고심에서 대법원은 친족독립경영회사인 지원객체의 기업어음을 금융기관을 통하여 고가에 매입한 행위에 대하여, 지원주체와 지원객체 사이에 아무런 업무관련성이 없는 점, 문제의 지원행위가 행해질 당시 지원객체의 재무구조가 부실하고 자금사정이 악화된 점, 매입한 기업어음의 수량이 지원객체의 자본금 및 매출액에 비추어 현저한 규모라는 점 등을 근거로 지원객체의 자금사정을 개선시켜 경쟁사업자에 비해 경쟁조건을 유리하게 하고 지원객체의 관련시장에서 유력한 사업자의 지위를 유지 또는 강화시킬 우려가 있으므로 부당성이 인정된다고 판시하였다.[64]

61) 또한 지원행위 심사지침은 부당성이 인정되지 않는 경우로서 대규모기업집단 계열회사가 기업구조조정을 하는 과정에서 구조조정 대상회사나 사업부문에 대하여 손실분담을 위해 불가피한 범위 내에서 지원하는 경우 등 8가지를 열거하고 있다(동 심사지침 Ⅳ. 3).

62) 위 사건에서 지원성거래규모 및 지원금액은 각각 281억 9,600만원, 2억 2,600만원이었고, 지원객체의 당해 연도 매출액 및 순이익은 각각 302억 9,100만원, 2억 5,000만원이었다.

63) 대법원 2003. 9. 5. 선고 2001두7411 판결.

그 밖에도 기업집단 현대의 제1차 및 제2차 부당내부거래 사건에서 다양한 유형의 지원행위가 문제되었는데, 대법원은 무보증전환사채나 기업어음의 인수 등을 통한 계열회사의 지원행위에 대하여 당시 지원객체들의 자금조달이 지극히 곤란하였던 점, 당해 지원행위로 부도를 면하거나 부도가 유예된 점, 현저한 규모의 경제적 이익이 제공된 점, 특정한 계열회사에 대하여 다수의 계열회사들이 조직적으로 지원한 점, 이에 따라 지원객체가 관련업계에서 종전의 지위를 계속 유지할 수 있게 된 점 등을 근거로 지원행위의 부당성을 인정하였다.[65] 또한 기업집단 대우의 제2차 부당내부거래 사건에서는 자동차제조업체가 자사의 임직원들에 대하여 자동차구입대금을 파격적인 조건으로 무이자 대출해 줌으로써 결과적으로 계열회사인 자동차판매회사에게 경제적 이익을 이전한 행위가 문제가 되었는데, 대법원은 해당 행위가 지원객체의 요청에 따라 그를 지원하기 위한 것이라는 점, 대출조건이 파격적이고 이를 통하여 구입한 자동차가 대규모라는 점, 이에 따라 지원객체의 경영실적이 호전되고 다른 경쟁회사에 비하여 유리한 조건으로 사업을 영위하게 한 점 등을 근거로 부당성을 인정하였다.[66]

이에 반하여, 법원이 지원행위의 존재를 인정하면서도 그 부당성을 인정하지 않은 사례들을 살펴보면 다음과 같다. 위에서 소개한 대한주택공사의 부당한 지원행위 사건 관련 행정소송 상고심에서 대법원은 정부의 지시로 인수한 부실계열회사에 대하여 자금을 차입하여 전대하거나 채무의 지급을 보증하고 정부의 승인 하에 수의계약을 체결하여 자신이 발주하는 사업을 위 계열회사들이 수주하도록 하고 선급금을 지급한 행위에 대해서는, 당해 행위가 정부가 승인한 수의계약집행 및 금융지원 권한의 범위 내에 속한 행위로서 공익적 목적이 있고, 거액의 전대 및 지급보증을 한 자신의 동반도산을 막기 위한 불가피한 필요가 있다는 이유로 부당성을 인정하지 않았다.[67]

---

64) 대법원 2004. 3. 12. 선고 2001두7220 판결. 이 사건에서 지원객체 회사는 문제의 지원행위에도 불구하고 약 4개월 후에 결국 회사정리절차개시결정을 받았는데, 대법원은 이러한 사정 때문에 지원행위의 부당성을 부인할 수는 없다고 하였다.

65) 대법원 2004. 4. 9. 선고 2001두6197 및 2001두6203 판결. 대법원은 푸르덴셜자산운용(변경전 상호 : 현대투자신탁운용)의 부당한 지원행위 사건 및 기업집단 대우의 제2차 부당내부거래 사건에서도 계열회사의 어음이나 기업어음을 고가로 매입한 행위에 대하여 동일한 근거로 부당한 지원행위의 성립을 인정하였다(대법원 2004. 4. 23. 선고 2001두6517 판결 및 대법원 2004. 10. 14. 선고 2001두2935 판결).

66) 대법원 2004. 10. 14. 선고 2001두2935 판결.

67) 대법원 2003. 9. 5. 선고 2001두7411 판결. 또한 대법원은 한국도로공사의 부당한 지원행위 사건에서도 동 회사가 한국건설관리공사에게 수의계약에 의해 책임감리용역을 발주하면서 현저히 높은 가격으로 계약한 행위에 대하여, 민영화를 달성하기 위한 공익적 목적

또한 중앙일보사의 부당한 지원행위 사건 관련 행정소송 상고심에서도 대법원은 동 회사가 계열회사인 중앙방송에게 자신이 또 다른 계열회사로부터 임차하여 사용하고 있던 건물의 일부를 저가(자신이 지불하는 임차료의 53.7~57% 수준)로 전대한 행위에 대하여, 당시 지원객체의 재무구조가 건실하고, 방송서비스시장에서의 시장점유율이 미미하였으며, 지원금액이 지원객체의 자산총액이나 매출액의 1%에 불과한 점 등을 근거로 부당성을 인정하지 않았다.[68] 다시 조선일보 등의 부당한 지원행위 사건에서도 대법원은 동 회사가 자신에 관한 지하철벽면광고를 하면서 계열회사인 디지틀조선일보에 관한 콘텐츠를 삽입하고, 동 계열회사가 부담하여야 할 광고비 900만원을 대신 지급한 행위에 대하여, 동 행위로 계열회사의 인지도 향상 등 경영여건이 개선되었고 계열회사를 지원할 의도가 인정되지만 지원금액이 지원객체의 자산총액, 매출액 등에 비하여 극히 미미한 수준에 불과하므로 관련시장에서 공정한 경쟁을 저해할 우려가 인정되지 않는다고 판시하였다.[69]

그 밖에도 대법원은 위에서 살펴본 기업집단 현대의 부당내부거래 사건 등에서 지원행위의 부당성 판단과 관련하여 또 다른 중요한 내용을 판시하였는데, "지원행위가 부당성을 갖는 유무는 오로지 공정한 거래질서라는 관점에서 평가되어야 하는 것이고, 공익적 목적, 소비자 이익, 사업경영상 또는 거래상의 필요성 내지 합리성 등도 공정한 거래질서와 관계없는 것이 아닌 이상 부당성을 갖는지 유무를 판단함에 있어 고려되어야 하는 요인의 하나라고 할 것이나, 지원행위에 단순한 사업경영상의 필요 또는 거래의 합리성 내지 필요성이 있다는 사유만으로는 부당지원행위의 성립요건으로서의 부당성 및 공정거래저해성이 부정된다고 할 수는 없다."라고 하였다.[70] 실제로 상당수의 부당한 지원행위 사건에서 사업자들은 문제가 된 행위가 거래처의 재무구조를 튼튼하게 하여 안정적인 원재료의 납품을 보장받는 등 사업경영상 필요한 행위이므로 '부당성'이 없다고 주장하였는데, 대법원은 그와 같은 이유만으로는 부당성이 부인되지 않는다는 입장을 명확히 한 것이다.

마지막으로 삼양식품의 부당한 지원행위 사건(Ⅱ) 관련 행정소송에서 서울고법은 지원행위의 '부당성'의 의미와 판단기준에 관하여 주목할 만한 내용을 설시하였

으로 동 회사에게 부여된 수의계약집행권한의 범위 내에 속하는 행위이고, 이 사건 발주행위의 규모 및 그로 인한 경제상 이익이 그다지 크지 않은 점을 근거로 부당성을 부인하였다(대법원 2006. 6. 2. 선고 2004두558 판결).

68) 대법원 2005. 5. 13. 선고 2004두2233 판결.

69) 대법원 2005. 9. 15. 선고 2003두12059 판결.

70) 대법원 2004. 4. 9. 선고 2001두6197, 6203 판결. 동일한 판시사항으로 대법원 2004. 10. 14. 선고 2001두2935 판결, 대법원 2005. 9. 15. 선고 2003두12059 판결 참고.

다. 즉, 구법 제23조 제1항 제7호에서 '부당하게'라고 함은 사회통념이나 사법적인 관점에서 부당성을 말하는 것이 아니라 공정경쟁의 저해를 말하는 것으로서 공정한 경쟁을 저해할 우려가 있으면 충분하고 구체적으로 경쟁을 저해하는 효과가 발생하고 있다거나 그러한 고도의 개연성이 있을 것까지 요구하는 하는 것은 아니고 추상적인 위험만으로 충분하며, 일정한 거래분야에서 경쟁을 실질적으로 제한하는 행위로 인정될 수 있을 정도까지는 필요하지 아니하고 어느 정도 공정한 자유경쟁을 방해하거나 거래주체의 자유롭고 자주적인 판단에 의하여 거래가 이루어진다는 자유로운 경쟁의 기반을 침해하는 행위로 인정될 수 있을 정도로도 충분하다고 하였다.[71)]

6. 관련문제 : 특수관계인에 대한 지원행위의 부당성

법 제45조 제1항 제9호는 부당한 지원행위의 객체로서 '특수관계인 또는 다른 회사'라고 규정하고 있다. 종전에 공정거래위원회는 이 법문에 근거를 두고 계열회사나 기타 관련 회사에 대한 지원행위뿐만 아니라 사업자가 아닌 특수관계인,[72)] 특히 대기업집단을 사실상 지배하고 있는 소위 '재벌 총수'의 친인척에 대하여 비상장 계열회사의 주식이나 이와 연계된 금융상품 등을 현저히 싼 가격으로 양도하는 행위를 부당한 지원행위로 규제해왔다. 대표적으로 특수관계인에 대한 부당한 이익제공 등 금지(법 제47조)의 도입을 촉발한 것으로 알려진 삼성SDS의 부당한 지원행위 사건에서 공정거래위원회는 동 회사가 1999년 신주인수권부사채(BW)를 대량으로 발행한 뒤, 비계열 증권회사와 계열 증권회사를 순차적으로 거치는 은밀한 거래를 통하여 기업집단 삼성을 실질적으로 지배하고 있는 동일인(총수)의 자녀를 포함한 6인의 특수관계인에게 정상가격보다 현저히 낮은 가격으로 매각한 행위를 부당한 지원

71) 서울고법 2016. 10. 14. 선고 2015누70074 판결.

72) 법상 '특수관계인' 개념은 기업결합의 제한을 규정하고 있는 법 제9조 제1항에 처음 나타나는데, 법 시행령에서 그 구체적인 범위를 규정하고 있다. 즉, 법 시행령 제14조 제1항은 특수관계인이란 회사 또는 회사 외의 자와 다음 각 호의 관계에 있는 자를 말한다고 규정하고, 동 항 각 호는 (1) 해당 회사를 사실상 지배하고 있는 자, (2) 동일인관련자(제6조 제1항 또는 제2항에 따라 동일인관련자에서 제외된 자는 제외), (3) 경영을 지배하려는 공동의 목적을 가지고 기업결합에 참여하는 자를 열거하고, 다시 법 시행령 제4조 제1호 각 목은 동일인관련자로서 (1) 일정 범위의 친족, (2) 동일인 등이 총출연금액의 30% 이상을 출연한 최다출연자이거나 동일인 및 동일인관련자 중 1인이 설립자인 비영리법인 또는 단체, (3) 동일인이 임원의 구성이나 사업운용 등에 대하여 지배적인 영향력을 행사하고 있는 비영리법인 또는 단체, (4) 동일인이 사실상 사업내용을 지배하는 회사, (5) 동일인이나 동일인관련자의 사용인(법인인 경우 임원, 개인인 경우 상업사용인 및 피고용인) 등을 열거하고 있다.

행위로 인정하여 시정명령과 과징금 납부명령을 내렸다.[73)]

위 사건 관련 행정소송 상고심에서 대법원은 법상 사업자가 아닌 특수관계인에 대한 부당한 지원행위에 관한 법리를 제시하였는데, 결국 지원행위의 부당성에 관하여 매우 제한적인 태도를 취하였다.[74)] 즉, 대법원은 비록 부당한 지원행위 금지의 취지가 '지원객체가 속한 시장에서의 경쟁저해' 또는 '경제력집중의 억제'라고 하더라도 (1) 기타의 경제력집중의 억제 조항과는 달리 구법 제3장에 규정되어 있지 않고 구법 제5장의 불공정거래행위의 한 유형으로 따로 다루고 있고, (2) 변칙적인 부의 세대 간 이전 등을 통한 소유집중의 직접적인 규제는 공정거래법의 목적이 아니고, (3) 기업집단 내 부당지원행위를 통하여 발생하는 경제력집중의 폐해는 지원행위로 인하여 직접 발생하는 것이 아니라 지원을 받은 특수관계인이나 다른 회사가 자신이 속한 관련시장에서의 경쟁을 저해하게 되는 결과 발생할 수 있는 폐해라는 점을 강조하면서, 이 사건 지원행위로 인하여 "부(富)의 세대 간 이전이 가능해지고 특수관계인들을 중심으로 경제력이 집중될 기반이나 여건이 조성될 여지가 있다는 것만으로는" 공정거래저해성을 인정할 수 없고, 위 특수관계인들이 "지원받은 자산을 계열회사에 투자하는 등으로" 관련시장에서의 공정한 거래를 저해할 우려가 있다는 사실이 입증되지 않았으므로 이 사건 지원행위의 부당성을 인정할 수 없다고 판시하였다.[75)]

---

73) 공정거래위원회 의결 제99-212호, 1999. 10. 28.

74) 원심에서 서울고법 역시 이 사건 지원행위의 부당성을 인정하지 않았는데, 그 법리적 근거는 대법원과 상이하다. 즉, 서울고법은 부당한 지원행위 금지의 입법취지는 "경제력집중방지와 공정한 거래질서의 확립"에 있음을 인정하면서도 그 '부당성'을 판단함에 있어서 매우 협소한 견해를 취하였다. 먼저, 독점규제법 체계상 부당한 지원행위는 어디까지나 구법 제23조의 불공정거래행위의 일환으로 금지되고 있는데, 부당한 지원행위는 지원주체의 지원객체에 대한 경제적 이익의 이전에 그 본질이 있으므로 기타 유형의 불공정거래행위와는 달리 직접 경쟁사업자의 이익을 침해하지 아니하므로 불공정거래행위로 성립하기 위해서는 나아가 공정한 거래를 저해할 우려, 즉 '공정경쟁저해성'이 있어야 한다고 전제하고, 따라서 지원행위의 부당성을 인정하기 위해서는 지원객체가 소속된 시장에서 경쟁사업자를 배제하거나 새로운 경쟁자의 진입을 저지할 우려가 있어야 하는데, 이 사건의 경우 비록 특수관계인에 대하여 상당한 경제적 이익이 제공되었다고 하더라도 특수관계인이 사업자가 아니므로 '특수관계인이 속한 시장'에서 경쟁자를 배제하거나 공정한 거래를 저해할 우려가 있을 수 없다고 판시하였다(서울고법 2001. 7. 3. 선고 2000누4790 판결). 이는 결국 사업자가 아닌 특수관계인에 대한 지원행위는 그 속성상 어떠한 경우도 부당성을 인정할 수 없다는 것인데, 이에 대해서는 법상 불공정거래행위의 금지가 가지는 법체계적 의미를 제대로 이해하지 못하였을 뿐만 아니라, 구법 제23조 제1항 제7호가 지원행위의 객체로서 '사업자'라고 하지 않고 '특수관계인'이라고 규정한 점을 무시하는 해석이라는 비판이 가능할 것이다.

75) 대법원 2004. 9. 24. 선고 2001두6364 판결. 다만, 대법원은 부당한 지원행위의 객체와 관련해서는 원심과는 달리 부당한 지원행위의 '부당성'은 법의 목적과 부당한 지원행위의

결국 대법원은 특수관계인에 대한 지원행위에 있어서 '부(富)의 세대 간 이전'이나 '특수관계인들을 중심으로 경제력이 집중될 기반이나 여건이 조성되는 것'만으로는 부당성이 인정되지 않고, 나아가 지원받은 경제적 이익이 특정한 시장에 투입되는 등의 방법으로 실제로 공정한 거래에 영향을 미친 사실이 입증되는 경우에 한하여 그 '부당성'을 인정할 수 있다는 제한적인 태도를 취하였다.[76)]

그 후 위 대법원의 판시사항과 관련하여, 과연 구체적으로 어떠한 경우에 사업자가 아닌 특수관계인에 대한 지원행위가 대법원이 말하는 '실제로 공정한 거래에 영향을 미친 것'으로 인정될 수 있는가라는 문제가 재판상 다투어졌다. 예컨대, 기업집단 현대의 제4차 부당내부거래 사건(현대택배 관련) 관련 행정소송 상고심에서 대법원은 처음으로 사업자가 아닌 특수관계인에 대한 지원행위의 부당성이 인정될 여지가 있다고 판시하였다.

위 사건에서 현대택배는 유상증자를 실시하면서 발생한 실권주를 사업자가 아닌 특수관계인에게 저가로 배정하였고, 동 특수관계인은 취득한 주식을 다시 당시 경영상 어려움에 처해있던 다른 계열회사에 현물로 출자하였는데, 대법원은 동 실권주 저가배정행위로 말미암아 위 특수관계인이 위 회사에 대한 지배력을 가지게 되었고, 또한 동 특수관계인을 매개로 다른 계열회사를 지원할 의도에 따른 것으로 볼 여지가 있다고 판시하면서 부당성이 없다고 판단한 원심을 파기하였다.[77)] 그러나 환송 후 사건에서 서울고법은 이 사건 실권주인수행위와 현물출자 사이에 상당한 시간적 간격이 존재하고, 실권주인수의 규모가 계열회사의 자본잠식 규모에 비하여 미미하여 실질적 경쟁제한을 초래할 가능성이 거의 없다는 이유로 이 사건 행위가 특수관계인을 매개로 계열회사를 지원할 의도에 기한 것이라고 볼 수 없다고 판시하였다.[78)]

입법취지에 비추어 "지원객체가 직접 또는 간접적으로 속한 시장에서 경쟁이 저해되었거나 경제력이 집중되는 등으로 공정한 거래를 저해할 우려가 있다는 의미로 해석하여야" 하므로 "지원객체가 일정한 거래분야에서 시장에 직접 참여하고 있는 사업자일 것을 요건으로 하는 것은 아니라고 할 것이다."라고 판시하였다.

76) 위 판결에 대한 비판적 분석으로는 이호영, "공정거래법상 특수관계인에 대한 부당지원행위의 규제", 「행정법연구」, 제12호, 2004, pp. 381-401 참고.

77) 대법원 2005. 1. 17. 선고 2004두2219 판결.

78) 서울고법 2006. 5. 25. 선고 2005누4924 판결. 그 밖에 그동안 대법원이 사업자가 아닌 특수관계인에 대한 지원행위의 부당성을 부정한 사례를 살펴보면 다음과 같다. 먼저, 서울증권의 부당한 지원행위 사건에서 동 회사가 특수관계인에게 계열회사인 대림정보통신의 주식을 저가에 양도한 행위에 대하여, 지원행위의 객체가 사업자가 아닌 특수관계인일 경우 부당성이 인정되려면 그가 당해 행위로 인하여 일정한 거래분야에 진입하거나 다른 사업자를 지원할 개연성에 대한 입증이 있어야 하는데 그와 같은 개연성을 인정할 만한 입증자료가 없으므로

Ⅲ. 특수관계인에 대한 부당한 이익제공 등 금지

1. 이익제공주체 및 이익제공객체

법 제47조 제1항은 "공시대상기업집단(동일인이 자연인인 기업집단으로 한정한다)에 속하는 국내 회사는 특수관계인(동일인 및 그 친족에 한정한다. 이하 이 조에서 같다), 동일인이 단독으로 또는 다른 특수관계인과 합하여 발행주식총수의 100분의 20 이상의 주식을 소유한 국내 계열회사 또는 그 계열회사가 단독으로 발행주식총수의 100분의 50을 초과하는 주식을 소유한 국내 계열회사와 다음 각 호의 어느 하나에 해당하는 행위를 통하여 특수관계인에게 부당한 이익을 귀속시키는 행위를 하여서는 아니 된다."라고 규정하고 있다.

따라서 법 제47조의 특수관계인에 대한 부당한 이익제공 등 금지가 적용되기 위해서는 우선, 이익제공주체가 법 제31조 제1항에 따라 공정거래위원회가 공시대상기업집단으로 지정한 기업집단 소속 국내 계열회사이어야 하고, 이익제공객체는 동일인 및 그 친족인 특수관계인이거나, 동일인이 단독으로 또는 다른 특수관계인과 합하여 발행주식총수의 20% 이상을 소유한 국내 계열회사이거나, 또는 그 계열회사가 단독으로 발행주식총수의 50% 이상을 소유한 국내 계열회사이어야 한다.

위에서 살펴본 부당한 지원행위의 경우와는 달리 이익제공행위의 주체를 일정한 규모 이상의 대기업집단 소속 국내 계열회사에 한정하고, 이익제공행위의 객체를 해당 대기업집단의 특수관계인 또는 동일인 등이 일정한 비율 이상의 지분을 보유한 국내 계열회사 및 그 자회사로 한정한 것은 법상 특수관계인에 대한 이익제공 등 금지는 상법상 이사나 집행임원 등의 선관주의의무나 충실의무와는 달리, 단순히 회사의 소수주주나 채권자의 이익을 보호하려는 것이 아니라 대기업집단을 지배하는 총수 일가의 사익편취를 금지함으로써 국민경제 차원의 경제력집중 유지·강화

부당성이 인정되지 않는다고 판시하였고(대법원 2006. 4. 14. 선고 2004두3298 판결), LG 등의 부당한 지원행위 사건에서도 동 회사가 보유하고 있던 계열회사의 주식을 사업자가 아닌 특수관계인에게 저가에 매도한 행위에 대하여, 동 특수관계인들이 지원받은 자산을 계열회사에 투자하는 등으로 관련시장에서의 공정한 거래를 저해할 우려가 인정되지 않으므로 부당성을 인정할 수 없다고 판시하였으며(대법원 2007. 10. 26. 선고 2005두1862 판결), 두산건설의 부당한 지원행위 사건에서도 동 회사가 사업자가 아닌 특수관계인들의 대출금 이자를 대신 납부한 행위에 대하여, 동 특수관계인들이 지원받은 자금으로 계열회사의 유상증자에 참여하거나 주식을 매입한 사실이 인정되지만 동 계열회사들의 관련시장에서의 점유율이 미미하거나 이자대납 약정 당시에는 계열회사에 대한 지원의도가 인정되지 않으므로 부당성이 인정되지 않는다고 하였다(대법원 2009. 9. 24. 선고 2008두9485 판결).

를 억제하려는 취지이기 때문이다.

2. 이익제공행위의 유형

법 제47조 제1항 각 호는 이익제공행위의 유형으로서 (1) 정상적인 거래에서 적용되거나 적용될 것으로 판단되는 조건보다 상당히 유리한 조건으로 거래하는 행위(상당히 유리한 조건의 거래), (2) 회사가 직접 또는 자신이 지배하고 있는 회사를 통하여 수행할 경우 회사에 상당한 이익이 될 사업기회를 제공하는 행위(사업기회 제공), (3) 특수관계인과 현금, 그 밖의 금융상품을 상당히 유리한 조건으로 거래하는 행위(상당히 유리한 조건의 현금 및 금융상품 거래), (4) 사업능력, 재무상태, 신용도, 기술력, 품질, 가격 또는 거래조건 등에 대한 합리적인 고려나 다른 사업자와의 비교 없이 상당한 규모로 거래하는 행위(합리적 고려나 비교 없는 상당한 규모의 거래) 등 네 가지를 열거하고 있다. 또한 법 시행령 제54조 제1항 관련 [별표 3]은 위 네 가지 유형의 부당한 이익제공행위 각각에 대하여 그 세부유형과 기준을 규정하고 있다.

위와 같은 부당한 이익제공행위의 유형들은 이미 설명한 바와 같이 종래 공정거래위원회의 법집행상 전형적으로 부당한 지원행위로 의율하였던 행위 유형을 열거한 것이라고 할 수 있는데, 상당히 유리한 조건의 거래(법 제47조 제1항 제1호)와 상당히 유리한 조건의 현금 및 금융상품 거래(동 항 제3호)는 '대가형 지원행위'에, 합리적 고려나 비교 없는 상당한 규모의 거래(동 항 제4호)는 '규모형 지원행위'(소위 '물량몰아주기')에 대응하는 것이고, 사업기회 제공(동 항 제2호)은 부당한 지원행위에 포섭되기 어려운 행위 유형이지만 입법과정에서 이 역시 특수관계인에게 부당한 이익을 이전시키는 데 이용될 수 있다는 지적이 제기되어 포함된 것이다.

(가) 상당히 유리한 조건의 거래 또는 현금 · 금융상품 거래

상당히 유리한 조건의 거래(법 제47조 제1항 제1호)와 상당히 유리한 조건의 현금 및 금융상품 거래(동 항 제3호)는 거래의 객체가 다를 뿐 사실상 동일한 유형의 이익제공행위이다. 먼저, 법 시행령은 상당히 유리한 조건의 거래와 관련하여, 그 세부유형으로서 (1) 가지급금·대여금 등 자금을 정상적인 거래에서 적용되는 대가보다 상당히 낮거나 높은 대가로 제공하거나 거래하는 행위(상당히 유리한 조건의 자금 거래), (2) 부동산·유가증권·무체재산권 등 자산 또는 상품·용역을 정상적인 거래에서 적용되는 대가보다 상당히 낮거나 높은 대가로 제공하거나 거래하는 행위(상당히 유리한 조건의 자산·상품·용역 거래), (3) 인력을 정상적인 거래에서 적용되는 대가보다 상당히 낮거나 높은 대가로 제공하거나 거래하는 행위(상당히 유리한 조건의 인력 거래) 등 3가지를 열거하고, 다만, 시기, 종류, 규모, 기간, 신용상태 등이 유사한 상황에서 특수관계인이 아닌 자와의 정상적인 거래에서 적용되거나 적용될 것으로 판단되는 조건과의 차이가 7% 미만이고, 거래당사자간 해당 연도 거래총액이 50억원(상품·용역의 경우에는 200억원) 미만인 경우에는 상당히 유리한 조건에 해당하지 않는 것으로 본다고 규정하고 있다(법 시행령 [별표 3] 제1호).

또한 법 시행령은 상당히 유리한 조건의 현금 및 금융상품 거래와 관련하여, "특수관계인과 현금이나 그 밖의 금융상품을 정상적인 거래에서 적용되는 대가보다 상당히 낮거나 높은 대가로 제공하거나 거래하는 행위"라고 하고, 다만, 시기, 종류, 규모, 기간, 신용상태 등이 유사한 상황에서 특수관계인이 아닌 자와의 정상적인 거래에서 적용되거나 적용될 것으로 판단되는 조건과의 차이가 7% 미만이고, 거래당사자간 해당 연도 거래총액이 50억원 미만인 경우에는 상당히 유리한 조건에 해당하지 않는 것으로 본다고 규정하고 있다(법 시행령 [별표 3] 제3호).

그동안 공정거래위원회가 법상 특수관계인에 대한 부당한 이익제공에 해당한다고 인정한 사례 중 다수는 법 제47조 제1항 제1호(상당히 유리한 조건의 거래)가 적용된 것이었다.[79] 상당히 유리한 조건의 거래나 상당히 유리한 조건의 현금 및 금융상품 거래로서 특수관계인에 대한 부당한 이익제공에 해당한다고 인정하기 위해서는, 아래에서 설명하는 바와 같이 '부당성'(공정거래저해성)을 입증할 필요가 없다는 점 이외에는 위에서 설명한 대가형 지원행위의 경우와 마찬가지로 원칙적으로 우선 정상적인 거래에 적용되는 대가, 즉 '정상가격'을 산정한 뒤, 이를 그 거래에 실제로 적용된 대가와 비교하여 상당이 유리한 조건임이 입증되어야 한다.[80]

---

79) 기업집단 현대 소속 계열회사들의 부당한 지원행위 및 특수관계인에 대한 부당한 이익제공 사건(공정거래위원회 의결 제2016-189호, 2016. 7. 7.), 기업집단 한진 소속 계열회사들의 부당한 지원행위 및 특수관계인에 대한 부당한 이익제공 사건(공정거래위원회 의결 제2017-2호, 2017. 1. 10.), 하이트진로 등의 부당한 지원행위 등 사건(공정거래위원회 의결 제2018-110호, 2018. 3. 26.), 기업집단 효성 소속 계열회사들의 부당한 지원행위 및 특수관계인에 대한 부당한 이익제공 사건(공정거래위원회 의결 제2018-40호, 2018. 5. 21.), 기업집단 태광 소속 계열회사들의 특수관계인에 대한 부당한 이익제공 사건(공정거래위원회 의결 제2019-201호, 2019. 8. 23.) 및 기업집단 금호아시아나 소속 계열회사들의 부당한 지원행위 및 특수관계인에 대한 부당한 이익제공 사건(공정거래위원회 의결 제2020-294호, 2020. 11. 6.) 참고.

80) '특수관계인에 대한 부당한 이익제공행위 심사지침'은 각 이익제공행위 유형별로 그 판단기준을 정하고 있는데, 상당히 유리한 조건의 거래, 자금거래, 자산·상품·용역거래 및 인력거래로 구분하여 대가형 지원행위의 경우와 사실상 동일하게 규정하고 있다.

(나) 사업기회 제공

법 시행령은 사업기회 제공(법 제47조 제1항 제2호)과 관련하여, "회사가 직접 또는 자신이 지배하고 있는 회사를 통해 수행할 경우 회사에 상당한 이익이 될 사업기회로서 회사가 수행하고 있거나 수행할 사업과 밀접한 관계가 있는 사업기회를 제공하는 행위"라고 하고, 다만, 회사가 해당 사업기회를 수행할 능력이 없는 경우, 회사가 사업기회 제공에 대한 정당한 대가를 지급받은 경우 및 그 밖에 회사가 합리적인 사유로 사업기회를 거부한 경우는 제외한다고 규정하고 있다(법 시행령 [별표 3] 제2호).

특수관계인에 대한 부당한 이익제공행위의 유형 중 '사업기회 제공'은 종래 부당한 지원행위 관련 법집행례에서 찾아볼 수 없는 생소한 행위 유형으로서 2011년 상법 개정으로 신설된 '회사의 기회 및 자산의 유용 금지'(상법 제397의2)의 영향을 받은 것으로 알려졌다. 그러나 현재까지 법 제47조 제1항 제2호 관련 판결례는 물론이고 상법상 회사의 기회 및 자산의 유용 금지에 관한 판결례 역시 찾을 수 없는 상황에서 사업기회 제공에 의한 특수관계인에 대한 이익제공행위의 성립요건 및 그 판단기준에 관하여 불명확한 점이 많다.[81)]

그동안 공정거래위원회가 사업기회 제공으로서 특수관계인에 대한 부당한 이익제공에 해당한다고 인정한 사례는 기업집단 대림 소속 계열회사들의 특수관계인에 대한 부당한 이익제공 사건과 SK㈜의 특수관계인에 대한 부당한 이익제공 사건을 찾아볼 수 있을 뿐이다. 공정거래위원회는 전자에서 기업집단 대림 소속 계열회사인 대림산업이 호텔산업 진출을 추진하면서 자체 브랜드인 GLAD를 개발하여 특수관계인이 100% 출자하여 설립한 APD로 하여금 동 브랜드에 대한 상표권을 출원·등록하게 하고, 동 브랜드를 적용하여 호텔을 시공한 뒤 자신의 자회사이자 호텔 운영사인 오라관광이 APD와 유리한 조건으로 브랜드 사용거래를 하게 한 행위가,[82)] 후자에서는 SK㈜가 구 LG실트론을 인수하면서 그 주식 70.6%만을 취득하고 잔여주식 29.4%를 취득하지 않은 것이 법상 사업기회 제공에 의한 특수관계인에 대한 부당한 이익제공에 해당한다고 인정하였다.[83)]

---

81) '특수관계인에 대한 부당한 이익제공행위 심사지침'은 사업기회 제공의 판단기준을 규정하고 있는데, 다분히 추상적인 내용으로서 별다른 도움이 되지 못하고 향후 심결례 및 판례의 축적을 기다려서 더욱 구체화되어야 할 것으로 생각된다.

82) 공정거래위원회 의결 제2019-217호, 2019. 9. 9.

83) 공정거래위원회 보도자료, "에스케이(주)의 특수관계인에 대한 사업기회 제공행위 제재", 2021. 12. 22. 이 사건에서 제공객체인 특수관계인이 제공주체가 아닌 제3자로부터 입찰을 통하여 위 잔여주식을 취득하였다는 점에서 매우 이례적인 법적용이라고 할 수 있다.

(다) 합리적 고려나 비교 없는 상당한 규모의 거래

법 시행령은 합리적 고려나 비교 없는 상당한 규모의 거래(법 제23조의2 제1항 제4호)와 관련하여, "거래상대방 선정 및 계약체결 과정에서 사업능력, 재무상태, 신용도, 기술력, 품질, 가격, 거래규모, 거래시기 또는 거래조건 등 해당 거래의 의사결정에 필요한 정보를 충분히 수집·조사하고, 이를 객관적·합리적으로 검토하거나 다른 사업자와 비교·평가하는 등 해당 거래의 특성상 통상적으로 이루어지거나 이루어질 것으로 기대되는 거래상대방의 적합한 선정과정 없이 상당한 규모로 거래하는 행위"라고 하고, 다만, 거래당사자 간 상품·용역의 해당 연도 거래총액(둘 이상의 회사가 동일한 거래상대방과 거래하는 경우에는 각 회사의 거래금액의 합계액)이 200억원 미만이고, 거래상대방의 평균매출액의 12% 미만인 경우에는 상당한 규모에 해당하지 않는 것으로 본다고 규정하고 있다(법 시행령 [별표 3] 제4호).

이는 대기업집단 소속 계열회사들이 특정한 계열회사에 대하여 일감을 대량으로 몰아주는 소위 '물량 몰아주기'를 염두에 둔 것으로서 규모형 지원행위에 대응되는 이익제공행위 유형이다. 다만, 위에서 설명한 부당한 지원행위 관련 판결례가 지적한 바와 같이 규모형 지원행위의 경우에도 과다한 경제상 이익이 제공되었음을 입증하기 위하여 원칙적으로 정상가격을 입증해야 하는데, 그와 같은 법집행상 난점을 감경시키기 위해 반드시 정상가격을 산정할 필요 없이 거래상대방 선정이나 계약체결 과정에서 통상적으로 기대되는 합리적 고려나 비교가 없었다는 점이 입증되면 법위반에 해당하도록 규정한 것이다.[84)]

그러나 계열회사와 상당한 규모로 거래하는 행위라고 할지라도 정당한 이유가 인정되는 경우에는 허용되어야 할 것이다. 따라서 법 제47조 제2항은 "기업의 효율성 증대, 보안성, 긴급성 등 거래의 목적을 달성하기 위하여 불가피한 경우로서 대통령령으로 정하는 거래"에는 위 규정을 적용하지 않는다고 규정하고 있고, 이와 관련하여 법 시행령 제54조 제2항 관련 [별표 4]는 효율성 증대효과가 있는 거래, 보안성이 요구되는 거래 및 긴급성이 요구되는 거래 등 위 규정의 적용이 배제되는 세 가지 사유 각각에 대하여 상세히 규정하고 있다.

그동안 공정거래위원회가 합리적 고려나 비교 없는 상당한 규모의 거래로서 특수관계인에 대한 부당한 이익제공에 해당한다고 인정한 사례는 기업집단 태광 소속 계열회사들의 특수관계인에 대한 부당한 이익제공 사건과 기업집단 미래에셋 소속

84) 다만, 여전히 문제가 된 이익제공행위로 인하여 특수관계인에게 부당한 이익이 귀속되었음이 입증되어야 함은 당연하다.

계열회사들의 특수관계인에 대한 부당한 이익제공 사건을 찾아 볼 수 있다. 공정거래위원회는 전자에서 기업집단 태광 소속 계열회사들이 복리후생비 등 회사의 비용으로 가격 등 거래조건에 대한 합리적 고려나 다른 사업자와의 비교 없이 특수관계인이 100% 출자하여 설립한 와인유통업체로부터 와인을 대량으로 구매하여 임직원 등에게 지급한 행위가,[85] 후자에서는 기업집단 미래에셋 소속 계열회사들이 합리적 고려나 다른 사업자와의 비교 없이 특수관계인 지분이 91.86%인 비상장계열회사가 운영하는 골프장과 호텔을 상당한 규모로 이용한 행위가[86] 합리적 고려나 비교 없는 상당한 규모의 거래에 해당한다고 인정하였다.

3. 이익의 부당성

이미 설명한 바와 같이 법 제47조 제1항 각 호에서 열거하고 있는 이익제공행위의 유형들은 '사업기회 제공'을 제외하고는 대부분 법 제45조 제1항 제7호의 부당한 지원행위에 포섭될 수 있는 것들이라고 할 수 있는데, 양자의 근본적인 차이점은 특수관계인에 대한 부당한 이익제공은 부당한 지원행위의 경우와는 달리 부당성(공정거래저해성)을 요구하지 않는다는 점이다. 이는 양자의 법문 및 특수관계인에 대한 부당한 이익제공 등 금지의 입법취지에 비추어 볼 때, 비교적 명백하다고 할 수 있다. 그런데 법 제47조 제1항 본문은 여전히 특수관계인에게 '부당한 이익'을 귀속시키는 행위라고 규정하고 있어서 법상 부당한 이익제공행위의 경우에도 동 항 각 호에서 규정하고 있는 이익제공행위에 해당하는 것 이외에 별도로 '부당성' 요건을 충족하여야 하는지, 만일 그렇다면 그 내용은 무엇인지가 재판상 다투어졌다.

먼저, 최초로 법원이 법상 특수관계인에 대한 부당한 이익제공에 해당하는지 여부를 심리한 기업집단 한진 소속 계열회사들의 부당한 지원행위 및 특수관계인에 대한 부당한 이익제공 사건 관련 행정소송에서 서울고법은 다음과 같이 판시하였다. 즉, 구법 제23조의2의 입법과정, 최종적인 법률의 문언내용, 입법취지 및 입법목적 등에 비추어 보면, 동 조 제1항을 해석함에 있어서도 각 호에서 정한 행위의 충족 여부와는 별도로 그러한 행위가 특수관계인에게 "부당한 이익"을 귀속시키는 것인지 여부에 대한 규범적 평가가 아울러 이루어져야 하고, "특수관계인에게 부당한 이익을 귀속시키는 행위"인지 여부를 판단하기 위해서는 행위의 목적, 행위 당시 행위 주체·객체들이 처한 경제적 상황, 귀속되는 이익의 규모 등을 종합적으로 고려하여

85) 공정거래위원회 의결 제2019-201호, 2019. 8. 23.
86) 공정거래위원회 의결 제2020-262호, 2020. 9. 18.

사익편취를 통한 경제력집중이 발생할 우려가 있는지를 구체적 · 개별적으로 판단하여야 할 것이고, 특히 동 항 제1항 제1호의 "정상적인 거래에서 적용되거나 적용될 것으로 판단되는 조건보다 상당히 유리한 조건으로 거래하는 행위"에 해당하는지 여부를 판단하는 데에는 "정상가격"이 위 요건의 충족 여부를 결정하는 잣대가 되므로, 구법 제23조 제1항 제7호의 정상가격에 관한 해석론을 참작하되 공정거래저해성이 아니라 경제력집중의 맥락에서 이를 조명해야 한다고 하였다.[87]

생각건대, 우선 법 제47조 제1항 각 호가 열거하고 있는 이익제공행위의 유형들은 가치중립적인 행위들이 아니라 종래 부당한 지원행위에 대한 법집행례를 통하여 전형적으로 계열회사나 특수관계인을 지원하기 위해 이용된 것으로 밝혀진 비정상적인 내부거래행위에 해당한다. 또한 법 제47조 제1항 각 호와 부당한 이익제공행위의 유형과 기준을 규정하고 있는 법 시행령 [별표 3]을 살펴보면, 단순히 '이익의 제공'이라는 행위 요소뿐만 아니라 그에 대한 규범적 평가로 볼 수 있는 요소들을 상당수 포함하고 있어서 그 자체로 완결적인 금지규정이라고 볼 수 있으며, 각 행위 유형별로 소위 '안전항'(safe harbor)을 설정하거나 예외적 허용사유를 규정하기도 하고, 특히 법 제47조 제2항에서 '합리적 고려나 비교 없는 상당한 규모의 거래'에 대하여 별도의 예외적 허용사유를 규정하고 있음을 고려할 때, 문제가 된 행위가 법 제47조 제1항 각 호에서 규정하고 있는 이익제공행위의 유형 중 하나에 해당하면 일견 '부당한 이익'을 귀속시키는 이익제공행위라고 보아야 하고, 다만 사안에 따라서 동 조 제2항이 열거하고 있는 "기업의 효율성 증대, 보안성, 긴급성 등 거래의 목적을 달성하기 위하여 불가피한 경우"나 이에 준하는 사유로 그 행위가 객관적으로 정당화될 수 있는 경우 또는 제공된 이익이 미미한 수준에 불과한 경우에 한하여 예외적으로 '부당한 이익'이 아닌 것으로 볼 수 있다고 해석하는 것이 타당할 것이다.

한편, 종래 공정거래위원회 역시 법상 특수관계인에 대한 부당한 이익제공 등 금지의 입법취지에 비추어 볼 때 별도로 부당성을 입증할 필요 없이 합리적인 이유가 없음에도 불구하고 특수관계인에게 이익이 귀속되었고, 그 이익의 규모가 미미한 수준이 아니라면 이익이 부당성이 인정된다는 입장을 취하고 있는데,[88] 기업집단 효성 소속 계열회사들의 부당한 지원행위 및 특수관계인에 대한 부당한 이익제

87) 서울고법 2017. 9. 1. 선고 2017누36153 판결. 동 판결에 대하여 상고가 제기되어 대법원에 계속 중이다.

88) 공정거래위원회 의결 제2018-148호, 2018. 5. 21., 공정거래위원회 의결 제2019-201호, 2019. 5. 23. 및 공정거래위원회 의결 제2019-217호, 2019. 9. 9. 등 참고.

공 사건 관련 행정소송에서 서울고법 역시 공정거래위원회의 견해를 수용하여 다음과 같이 판시하였다.

즉, 구법 제23조 제1항 제7호의 경우 지원행위의 부당성이 문제되는 것임에 반하여 구법 제23조의2 제1항은 부당성이 문제되는 것이어서 이를 구법 제23조 제1항 제7호의 위법성 판단기준과 동일한 평면에서 논의할 수는 없고, 부당이라는 개념은 특수관계인에게 귀속되는 이익의 허용 여부에 대한 규범적 가치판단을 가능하게 하는 기능을 수행한다는 점에서 특수관계인에게 귀속되는 이익의 부당성은 특수관계인에 대한 이익의 귀속에 합리적인 이유가 있는지 여부를 기준으로 판단되어야 할 것이며, 이를 판단함에 있어서 특수관계인에게 귀속되는 이익이 거의 없거나 과소하다고 평가될 수 있을 정도까지 부당한 이익으로 평가하는 것은 과징금지의 원칙에 위배될 소지가 있다는 점에서 부당한 이익을 판단함에 있어서 이익의 규모도 고려되어야 한다고 하였다.[89)]

나아가 구법 제23조의2의 입법취지 및 목적, 규정체계, 법문의 내용, 구법 제1조와의 관계 등에 비추어 보면, 특수관계인에게 부당한 이익을 귀속시키는 행위인지 여부는 지원주체 및 지원객체와 특수관계인의 관계, 거래 당시 지원객체가 처한 경제적 상황, 거래의 경위, 거래의 목적과 의도, 거래의 규모, 특수관계인에게 귀속되는 이익의 규모 등을 종합적으로 고려하여 특수관계인에 대한 이익의 귀속에 합리적인 이유가 있는지를 기준으로 판단되어야 할 것이라고 하였다.[90)]

4. 부당한 이익의 수령 및 부당한 이익제공 등의 지시 · 관여

법 제47조 제3항은 부당한 지원행위의 경우와 마찬가지로 부당한 이익제공에 해당하는 거래 또는 사업기회 제공의 상대방이 되는 제공객체가 부당한 이익제공에 해당할 우려가 있음에도 불구하고 해당 거래를 하거나 사업기회를 제공받는 행위를 금지하고(동 조 제3항), 이에 위반할 경우에는 부당한 이익제공행위를 행한 회사와 마찬가지로 해당 특수관계인 또는 회사에 대하여 시정명령과 과징금 납부명령을 내릴 수 있도록 규정하고 있다(법 제49조 제1항 및 제50조 제2항).[91)]

또한 특수관계인이 부당한 이익제공 또는 부당한 이익의 수령에 해당하는 행위

89) 서울고법 2021. 1. 28. 선고 2018누52497 판결.

90) 같은 판결. 동 판결에 대하여 상고가 제기되어 대법원에 계속 중이다.

91) 다만, 부당한 이익제공의 제공객체에 대한 형사처벌을 규정한 벌칙조항은 도입되지 않았다.

를 하도록 지시하거나 이에 관여하는 것 역시 금지되는데(법 제47조 제4항), 이를 위반한 특수관계인에 대해서 시정조치를 명할 수 있고(법 제49조 제1항), 나아가 형사처벌까지 부과할 수 있다(법 제124조 제1항 제10호).[92)]

토의 과제

1 독점규제법이 부당한 지원행위와 특수관계인에 대한 부당한 이익제공을 금지하는 취지를 각각 설명해 보시오. 또한 부당한 지원행위를 불공정거래행위의 한 유형으로 규정한 것과 특수관계인에 대한 부당한 이익제공 등 금지를 불공정거래행위와 함께 법 제6장에서 규정한 것이 독점규제법의 체계 또는 동법의 해석상 야기할 수 있는 문제점을 말해 보시오.

2 대법원이 종전에 일련의 부당한 지원행위 사건들에서 지원행위의 '현저성' 여부를 판단함에 있어서 적용하였던 기준을 설명하고, 이를 현행법상 지원행위의 '상당성' 여부를 판단함에 있어서 적용할 수 있을지에 대하여 각자의 의견을 말해 보시오.

3 대법원이 지원행위의 존재를 인정하면서도 그 '부당성'을 인정하지 않은 사례들에서 그와 같은 판단의 근거로 제시한 것들을 설명해 보시오. 또한 해당 기업의 '사업경영상의 필요'가 지원행위의 부당성 판단에 미치는 영향을 설명해 보시오.

4 대법원이 삼성SDS의 부당한 지원행위 사건 판결 등에서 사업자가 아닌 특수관계인에 대한 지원행위의 부당성이 인정되기 위한 요건으로 판시한 것을 설명하고, 이러한 입장이 부당한 지원행위를 금지한 입법취지를 달성하는데 미치는 영향을 평가해 보시오(이호영, "공정거래법상 특수관계인에 대한 부당지원행위의 규제", 「행정법연구」, 제12호, 2004, pp. 381-401 참고).

5 특수관계인에 대한 부당한 이익제공 등은 독점규제법이 아닌 세법이나 회사법으로 규율하여야 한다는 주장에 대하여 각자의 의견을 말해 보시오.

6 법상 특수관계인에 대한 부당한 이익제공행위의 '부당성' 요건에 관한 기업집단 한진 소속 계열회사들의 부당한 지원행위 및 특수관계인에 대한 부당한 이익제공 사건과, 기업집단 효성 소속 계열회사들의 부당한 지원행위 및 특수관계인에 대한 부당한 이익제공 사건 관련 행정소송에서 각각 서울고법이 내린 판시를 비교해 보고, 이에 대한 각자의 의견을 말해 보시오.

---

92) 다만, 부당한 이익제공행위나 그 수령행위를 지시하거나 이에 관여한 특수관계인에 대하여 과징금을 부과할 수 있는 근거 조항은 도입되지 않았다.

제 8 장 사업자단체의 금지행위

Ⅰ. 개 설

독점규제법상 각종 금지행위 규정의 적용대상은 원칙적으로 개별 사업자이다. 그런데 동법은 제정 당시부터 개별 사업자에 대한 규제와는 별도로 사업자단체의 일정한 행위를 금지하고 있다. 즉, 사업자단체는 (1) 법 제40조(부당한 공동행위의 금지) 제1항 각 호의 행위로 부당하게 경쟁을 제한하는 행위, (2) 일정한 거래분야에서 현재 또는 장래의 사업자 수를 제한하는 행위, (3) 구성사업자(사업자단체의 구성원인 사업자)의 사업내용 또는 활동을 부당하게 제한하는 행위, (4) 다른 사업자에게 법 제45조 제1항에 따른 불공정거래행위 또는 법 제46조에 따른 재판매가격유지행위를 하게 하거나 이를 방조하는 행위를 하여서는 아니 된다(법 제51조 제1항). 또한 사업자단체가 행하는 법 제40조 제1항 각 호의 부당한 경쟁제한 행위에 대해서는 부당한 공동행위에 대한 인가 규정(법 제40조 제2항 및 제3항)을 준용하고 있다(법 제51조 제2항).[1]

사업자단체가 위 규정에 따른 금지행위를 행한 경우에는 다른 법 위반행위의 경우와 마찬가지로 해당 행위의 중지 등의 시정조치를 명할 수 있고(법 제52조), 사업자단체에 대해서는 10억원의 범위에서, 그리고 사업자단체의 위반행위에 참가한 사업자에 대해서도 본질상 법 제40조 제1항이 금지하는 '부당한 공동행위'와 유사한 법 제51조 제1항 제1호의 '부당한 경쟁제한행위'의 경우에는 부당한 공동행위의 경우와 마찬가지로 관련매출액의 20% 또는 40억원(매출액이 없는 경우 등)을 초과하지 않는 범위에서, 법 제51조 제1항 제2호부터 제4호까지를 위반하는 행위의 경우에는 관련매출액의 10% 또는 20억원(매출액이 없는 경우 등)을 초과하지 않는 범위에서 과징금을 부과할 수 있다(법 제53조).[2]

---

1) 당초에는 일본 사적독점금지법의 예에 따라 사업자단체에 대하여 위와 같은 금지행위 이외에도 설립신고 의무를 부과하였다. 즉, 사업자단체를 설립할 경우에는 일정한 기간 이내에 경제기획원장관(추후 공정거래위원회)에게 설립신고를 하고 그 신고사항이 변경되거나 해산된 경우에도 신고하도록 하였으나(법률 제3320호, 제17조), 사업자단체에 대하여 불필요한 부담을 초래한다는 지적에 따라 1999년 7차 법 개정을 통하여 신고의무를 폐지하였다.

독점규제법이 사업자단체에 대하여 별도로 위와 같은 금지행위 규정을 두고 있는 이유는 사업자단체가 구성사업자들에 대하여 기술이나 경영에 관한 유익한 정보를 제공하고, 필요한 경우에 사업자들이 판매·홍보 등의 사업활동을 공동으로 수행하는 매개체의 역할을 수행하며, 동종 사업자들의 의사를 결집하여 입법기관이나 정책당국에 대하여 우호적인 정책을 건의하는 등 바람직한 기능을 수행할 수 있는 반면, 그 통제력을 바탕으로 구성사업자 간의 자유롭고 공정한 경쟁활동을 제약하고, 비구성사업자의 신규진입을 방해하거나 이들의 영업활동을 방해하기 위하여 거래를 거절하는 등의 불공정거래행위를 할 우려가 있기 때문이다.

그런데 각국의 입법례를 살펴보면 실제로 경쟁법에 사업자단체에 대한 규제 조항을 별도로 두는 것은 이례적인 것이다. 예컨대, 미국의 경우에는 무수히 많은 각종 사업자조합(trade association)이나 전문가단체(professional society)가 존재하고 이들에 의한 경쟁제한의 우려가 크지만 이를 규제하는 별도의 규정을 두지는 않고, 이들의 행위가 경쟁제한적 효과를 낳는 경우에는 셔먼법 제1조의 '경쟁제한적 합의' 또는 연방거래위원회법 제5조의 '불공정한 경쟁방법'(unfair methods of competition) 등으로 다루고 있다. 다만, 그 위법성을 판단하는 기준에 대해서는 사업자단체가 사업자 간 유익한 정보교환이나 자율규제의 창구로 활용되는 등 긍정적 기능도 수행할 수 있다는 점을 고려하여 일반적으로 수평적 가격담합과 같은 경성카르텔에 적용되는 당연위법의 법리를 적용하지 않고 합리성의 법리를 적용한다.

이에 반하여 일본의 경우에는 제2차 세계대전 당시에 국가가 기업에 대한 군국주의적 통제의 수단으로 사업자단체를 이용한 역사적 경험을 배경으로 사업자단체의 통제력이 지나치게 커서 전쟁 후에도 구성사업자의 자유로운 영업활동을 제약하거나 자유롭고 공정한 경쟁을 침해하는 행위를 효과적으로 실행할 수 있는 수단으로 악용될 우려가 제기되었다. 일본 사적독점금지법은 이러한 역사적 특수성을 배경으로 동법 제정 당시부터 사업자단체에 대한 적절한 규제를 중요한 과제로 삼고, 사업자단체에 대하여 별도의 규제 조항을 두게 되었다. 독점규제법상 사업자단체의 금지행위 조항은 바로 일본의 예에 따른 것이라고 할 수 있고, 이에 관한 논의 역

---

2) 사업자단체의 금지행위 규정 위반에 대한 과징금 부과조항은 1990년 2차 법 개정을 통하여 도입되었다. 그러나 당시에는 사업자단체에 대하여 과징금을 부과할 수는 없고, 사업자단체의 위반행위에 참가한 사업자에 대해서만 과징금을 부과할 수 있도록 규정하였다가, 1996년 5차 법 개정을 통하여 사업자단체에 대해서도 과징금을 부과하되, 다만 사업자단체의 경우에는 성격상 매출액이 있을 수 없으므로 그 한도를 정함에 있어서 매출액을 기준으로 하지 않고 5억원을 상한으로 정하였으며, 다시 2012년 법 개정 및 2020년 법 전부개정으로 사업자단체 및 그 금지행위에 참가한 사업자에 대한 과징금의 한도를 인상·조정하였다.

시 일본의 심결례나 판례의 논의를 그대로 원용하고 있는 실정이다.

독점규제법이 사업자단체의 행위를 별도로 규제하는 이유는 동법상 그 밖의 금지행위 조항이 개별 사업자의 행위를 전제로 하고 있어서 사업자단체 자체의 조직적 행위에 적용하는 데 법리적 문제가 있기 때문이다. 특히, 사업자단체의 금지행위는 많은 경우에 구성사업자 간의 공동행위로서 부당한 공동행위로 볼 여지가 있으므로 양자의 관계에 대한 의문이 있을 수 있다. 이는 (1) 부당한 공동행위 조항의 적용대상을 사업자에 한정할 경우 사업자단체는 그 적용대상에서 제외되고,[3] (2) 사업자단체의 통제력에 근거한 '행위의 일치'는 일상적·지속적 성격을 띠므로 특정한 경우에 부당한 공동행위 조항을 적용할 수 있는 구체적인 합의의 존재를 입증하기 곤란한 경우가 많으며, (3) 사업자단체가 행하는 공동적 행위는 그 조직력을 바탕으로 하여 기타의 경우보다 구속력이 강하므로 그 자체로서는 아직 경쟁제한성이 충분히 발현되지 않은 행위, 예컨대 장래의 사업자의 수를 제한하는 행위나, 아직 엄밀한 의미에서 경쟁제한적 효과는 인정되지 않더라도 구성사업자의 사업활동을 제한하는 행위 또는 다른 사업자에 대하여 불공정거래행위를 행하도록 하는 행위까지 예방적으로 규제할 필요가 있기 때문이다.

Ⅱ. 사업자단체의 개념

법 제2조 제2호는 사업자단체의 개념을 "그 형태가 무엇이든 상관없이 둘 이상의 사업자가 공동의 이익을 증진할 목적으로 조직한 결합체 또는 그 연합체"라고 정의하고 있다. 그러나 이 조항만으로 사업자단체의 범위를 명확하게 도출하기는 어렵고, 법 제51조의 규율대상을 확정하기 위해서는 해석을 통하여 사업자단체의 개념을 명확하게 할 필요가 있다.

우선, 사업자단체는 그 구성원이 제1장에서 살펴본 '사업자'이어야 하는 것은 당연하지만, 반드시 동종의 업종에 종사하는 사업자일 필요는 없고 구성원 중 일부가 사업자가 아니더라도 무방하다.[4] 또한 법상 '사업자'의 개념을 정의하고 있는 법

3) 이에 반하여 예컨대, 미국의 독점금지법은 그 적용대상을 반드시 사업자에 한정하고 있지 않다.

4) 예컨대, 약사의 미래를 준비하는 모임의 사업자단체 금지행위 사건 관련 행정소송에서 서울고법은 동 모임의 전체 회원 중 약 7%가 사업자가 아닌 약대생 회원이라고 하더라도 법상 사업자단체라고 인정하는데 어떠한 영향을 미친다고 보기 어렵다고 하였고(서울고법 2017. 7. 6. 선고 2017누31516 판결), 상고심에서 대법원은 심리불속행 사유에 해

제2조 제1호는 그 단서에서 "사업자의 이익을 위한 행위를 하는 임원, 종업원(계속하여 회사의 업무에 종사하는 사람으로서 임원 외의 사람을 말한다. 이하 같다), 대리인 및 그 밖의 자는 사업자단체에 관한 규정을 적용할 때에는 사업자로 본다."라고 규정하고 있으므로 예컨대, 동종 회사의 영업부장들의 모임 등도 법 제51조의 적용대상이 되는 사업자단체가 될 수 있다.

사업자단체의 목적은 공동의 이익 증진이어야 하는데, 여기서 '공동의 이익'은 구성사업자의 경제활동상 이익을 말하므로 순수하게 구성원 사이의 친목이나 종교, 학술, 조사, 연구, 사회활동만을 목적으로 하는 단체는 제외된다.[5] 이러한 목적은 반드시 정관 등에 명시된 경우가 아니더라도 사실상의 목적이면 족하다. 또한 그 형태 여하를 불문하므로 법인격을 가질 필요도 없고 사단의 실체를 가질 필요도 없다. 다만, 사업자단체의 구성사업자는 독립적 사업자이어야 하므로 개별 사업자들이 그 단체에 흡수되어 독자적인 활동을 하지 않는 경우에는 이들로 구성된 단체를 사업자단체라고 할 수 없고, 사업자단체로 인정되기 위해서는 이를 구성하는 개별 사업자와는 구별되는 단체성 및 조직성을 갖추어야 한다.[6]

이와 관련하여 특정한 사업자단체의 지부, 분회, 지회 등이 별도로 법상 사업자단체로서 법 제51조의 적용대상이 될 수 있는가라는 문제가 제기될 수 있는데, 별도로 독자적인 규정 또는 임직원을 두고 시설을 갖추는 등 '독립적인 사회적 실체'를 인정할 수 있다면 별도의 사업자단체로 볼 수 있을 것이다. 마찬가지로 '사업자단체의 연합체' 역시 독립적인 명칭이나 정관을 갖고 임직원이나 사무국과 같이 어느 정도 상설적인 조직을 유지하는 등 객관적으로 구성 사업자단체와 별개로 인식될 수 있는 사회적 실체가 인정되면 그 자체가 사업자단체에 해당된다.

실제로 부산시 치과기공사회의 사업자단체 금지행위 사건에서 동 협회가 하부조직인 대표자회의를 통해 기공요금을 인상하기로 합의하고 그 결과로서 치과보철물 수가표를 작성하여 배포한 행위가 문제로 되었는데, 관련 행정소송에서 동 협회는 공정거래위원회의 처분의 대상은 자신이 아닌 대표자회가 되어야 한다고 주장하였다. 이에 대하여 서울고법은 대표자회의 회원과 임원은 모두 위 협회의 회원으로서 대표자회는 동 협회의 하부조직이고 동 협회의 회장단회의에서 이 사건 기공요금 인상안을 발의하고 시행일시를 정했을 뿐만 아니라 위 대표자회의 회의결과 역시 회장단회의에서 확정하였고, 그 수가표의 작성 및 배부 역시 동 협회에 의해 이루어진

당한다는 이유로 상고를 기각하였다(대법원 2017. 11. 9. 선고 2017두53972 판결).

5) 대법원 2008. 2. 14. 선고 2005두1879 판결.

6) 같은 판결.

점 등에 비추어볼 때, 대표자회가 아닌 동 협회가 공정거래법 소정의 사업자단체로서 이 사건 행위를 실질적으로 주도하였다고 판시하였다.[7)]

사업자단체에 해당하는지 여부를 판단한 판결례들을 살펴보면 다음과 같다. 먼저, 서울마주협회의 사업자단체 금지행위 사건 관련 행정소송에서 서울고법은 사단법인 형태로 조직된 마주협회에 대하여 마주는 경마와 관련하여 독립하여 경주마의 조달·소유와 경주출주를 업으로 하여 공공·사회서비스업 또는 축산관련서비스업을 영위하는 사업자이므로 마주협회는 법상 사업자단체라고 하였다.[8)] 또한 한국관세사회의 사업자단체 금지행위 사건(Ⅰ)에서 서울고법은 "그 단체의 구성이 법률의 규정에 의한 것이든 사업자들 간의 임의의 결합에 의한 것이든 상관이 없다."라고 하면서, "원고는 관세법의 규정 자체에 의하더라도 관세사의 품위향상 및 사무개선과 건전한 통관질서의 확립을 목적으로 설립된 단체이므로 이는 위 공정거래법상의 사업자단체에 해당한다고 할 것이고, 따라서 원고가 법률의 규정에 의하여 결성된 단체이기 때문에 그 행위에 대하여는 공정거래법에 의한 시정명령을 할 수 없다는 취지의 주장 역시 이유 없다."라고 하였다.[9)]

그 밖에도 대구유치원연합회의 사업자단체 금지행위 사건 관련 행정소송에서 서울고법은 동 협회가 유아교육이라는 공익적 업무를 수행하는 사업자들로 구성된 비영리적 성격의 단체라고 하더라도 입학금 등을 받고 그 대가로 교육에 임하는 기능 및 행위와 관련해서는 사업자 및 사업자단체로서의 특성을 가진다고 판시하였다.[10)] 마지막으로 대한의사협회의 사업자단체 금지행위 사건(Ⅰ) 관련 행정소송 상고심에서 대법원은 의료법에 따라 설립된 동 협회에 대하여 "그 정관에서 사회복지와 국민건강증진 및 보건향상에 기여하기 위한 의도의(醫道義) 앙양, 의학·의술의 발전보급 외에도 '의권 및 회원권익옹호' 등을 그 목적으로 내세우는 한편, 의도의 앙양과 의권신장에 관한 사항 등을 그 사업내용으로 규정하고 있음을 알 수 있으므로, 이러한 정관의 규정과 원고의 활동내용을 종합하여 보면, 원고는 서비스업 기타 사업을 행하는 사업자인 의사들이 구성원이 되어 공동의 이익을 증진할 목적 등을 가지고 의료법에 의하여 조직된 사단법인이므로 공정거래법의 적용대상인 사업자단체에 해당한다."라고 판시하였다.[11)]

---

7) 서울고법 2009. 5. 28. 선고 2008누25403 판결. 상고심에서 대법원은 심리불속행 사유에 해당한다는 이유로 상고를 기각하였다(대법원 2009. 9. 10. 선고 2009두9888 판결).

8) 서울고법 1996. 7. 9. 선고 95구32169 판결.

9) 서울고법 1997. 1. 9. 선고 96구7030 판결.

10) 서울고법 2007. 1. 11. 선고 2006누653 판결. 상고심에서 대법원은 심리불속행 사유에 해당한다는 이유로 상고를 기각하였다(대법원 2007. 4. 30. 선고 2007두3985 판결).

Ⅲ. 사업자단체의 행위

법 제51조의 사업자단체의 금지행위 규정을 적용하여 해당 사업자단체에 책임을 묻기 위해서는 법상 사업자단체로 인정되는 사회적 실체의 일정한 '행위'가 존재해야 함은 당연하다. 예컨대, 사업자단체의 총회 등 공식적 권한을 가진 기관이 정관이나 회칙에 규정된 의결절차에 따라서 해당 사업자단체의 의사를 결정하고, 이를 공식적인 기구나 대표권한이 있는 자를 통하여 통지하거나 공표하고 실행하였다면, 이를 사업자단체의 행위로 인정하는데 아무런 문제가 없을 것이다. 그러나 종래 실제로 사업자단체의 금지행위 여부가 문제가 된 사례 중 해당 사업자단체의 임·직원 중 일부가 정관 등에 규정된 공식적 의결절차를 거치지 않은 채 구성사업자 중 일부와 의사를 규합하여, 공식적인 기구나 대표권한이 있는 자를 통하지 않고 그 결정사항을 구성사업자들에게 통지하거나 그 실행을 독려하는 등의 행위를 하는 경우가 흔히 있다. 과연 이러한 경우에 해당 사업자들 사이에 법 제40조 제1항이 금지하는 부당한 공동행위가 성립하는 것과는 별개로 법 제51조를 적용할 수 있는 사업자단체의 행위가 존재한다고 볼 수 있는가라는 문제가 제기된다.

법원은 종래 사업자단체의 행위를 폭넓게 인정하고 있다고 할 수 있다. 먼저, 전국학생복발전협의회 등의 사업자단체 금지행위 사건에서 동 협의회가 구성사업자 중 특히 유력한 3개 사업자의 지원 아래, 협의회 임원 및 지역별 대표, 주요 대리점들이 참석하는 회의를 개최하여 학생복의 가격을 일정수준으로 유지하기로 결의하고 이를 이행하기 위해 수시로 지역별협의회의 진행상황 및 성과를 점검하였으며, 학부모들의 공동구매활동에 공동으로 대처하여 이를 저지하거나 방해할 것을 결의하여 실행한 행위 등이 문제가 되었다. 관련 행정소송에서 위 협의회 등은 구법 제26조(사업자단체의 금지행위) 제1항의 위반으로 의율하기 위해서는 구법 제19조 제1항(부당한 공동행위의 금지)과는 달리 일부 구성사업자들이 부당한 공동행위를 할 것을 '합의'한 것만으로는 부족하고 부당하게 경쟁을 제한하는 '행위'가 존재해야 하는데, 이 사건의 경우 사업자단체의 행위가 존재하지 않는다고 항변하였다.

이에 대하여 서울고법은 구법 제26조 제1항의 사업자단체의 금지행위에 해당하기 위해서는 구성사업자 간 '합의'만으로는 부족하고 사업자단체의 '행위'가 있어야 한다는 점은 수긍하면서도, 여기서 말하는 '사업자단체의 행위'가 성립하기 위해서는 총회, 이사회, 간부회 등의 결의, 결정과 같은 단체 전체로서의 의사결정이라고

11) 대법원 2003. 2. 20. 선고 2001두5347 판결.

구성사업자에게 인식될 정도의 의사결정이 있고, 그것이 구성사업자에 의하여 준수될 것이라는 인식이 있으면 충분하며, 그러한 결정이 반드시 실시될 필요는 없다고 하면서, 위 협의회의 이 사건 결의와 그에 따른 점검행위는 사업자단체로서의 행위에 해당됨이 명백하다고 판시하였다.[12] 상고심에서 대법원 역시 원심 판결을 그대로 수용하여, 구법 제26조 제1항 제1호의 '사업자단체의 금지행위'는 사업자단체가 부당하게 경쟁을 제한하는 구법 제19조 제1항 각 호에 규정된 행위를 할 것을 결정하고 사업자단체의 구성원 간에 그 사업자단체의 의사결정을 준수하여야 한다는 공동인식이 형성됨으로써 성립한다고 할 것이고, 사업자단체의 구성원이 사업자단체의 의사결정에 따른 행위를 현실적으로 하였을 것을 요하는 것은 아니라고 판시하였다.[13]

그 후 한국양회공업협회 등의 사업자단체 금지행위 사건에서 사업자단체의 행위 유무에 관한 더욱 어려운 문제가 제기되었다. 이 사건에서 위 협회의 구성사업자인 7개 시멘트사업자들은 일부 레미콘사업자들이 자신들의 사업영역과 경쟁관계에 있는 슬래그분말사업에 진출하려 하자 동 협회의 부회장과 협의하여 이를 저지하기로 의견을 모으고, 협회를 매개로 위 레미콘사업자들에 대한 시멘트의 공급을 줄이는 등 사업활동을 방해한 행위가 문제가 되었다. 관련 행정소송에서 위 협회는 자신은 회원사의 경영활동에 관여할 권한이 없고, 어떤 단체의 임원의 행위가 단체의 행위로서 평가받기 위해서는 단체의 공식적인 의사결정 기구를 통해 결정되어 내부적인 수임을 받아야 하지만, 이 사건의 경우 협회 차원에서 이와 관련한 어떠한 결정과정을 거치지 않았으므로 위 부회장의 행위는 협회의 행위로 볼 수 없다고 주장하였다.

그러나 서울고법 및 대법원은 위 협회가 자신들의 구성사업자인 시멘트사업자들의 시장점유율이 90%에 달하고 있어 위 레미콘사업자들이 이들을 통해 시멘트를 공급받을 수밖에 없음을 기화로 슬래그분말사업 추진의 중단 요구에 따르게 함으로써 단체의 힘을 빌려 위 사업자들의 사업을 방해한 것이므로, 비록 동 협회의 정관에 따른 의결절차에 부합하지 아니하고 동 협회의 법률상 대표자가 아닌 부회장을 통하여 위 사업자들에게 요청 또는 종용을 하였다고 하더라도, 그 실질은 여전히 구법 제26조 제1항 제1호에서 정하는 사업자단체가 구법 제19조 제1항 제8호의 부당한 공동행위를 한 것에 해당한다고 하였다.[14]

---

12) 서울고법 2004. 8. 18. 선고 2001누17717 판결.

13) 대법원 2006. 11. 24. 선고 2004두10319 판결. 동일한 취지의 판결로서 서울고법 2016. 11. 11. 선고 2016누40414 판결 참고.

Ⅳ. 사업자단체 금지행위의 유형

법 제51조 제1항 각 호는 사업자단체의 금지행위의 유형으로서 (1) 법 제40조 제1항 각 호의 행위를 통한 부당한 경쟁제한행위, (2) 현재 또는 장래의 사업자 수 제한행위, (3) 구성사업자의 사업내용 또는 활동 제한행위, (4) 불공정거래행위 또는 재판매가격유지행위를 하게 하거나 방조하는 행위를 규정하고 있는데, 공정거래위원회는 동 조 제3항에 따라 '사업자단체활동지침'을 통하여 구체적으로 금지되는 사업자단체의 행위와 허용되는 행위의 판단기준 및 세부적인 유형과, 법률의 적용이 제외되는 사업자단체의 행위 등을 고시하고 있다.[15] 각 유형의 사업자단체의 금지행위의 성립요건에 대해서 살펴보면 다음과 같다.

1. 부당한 경쟁제한행위

(가) 개 설

법 제51조 제1항 제1호가 규정하고 있는 사업자단체의 부당한 경쟁제한행위에 관하여는 법 제40조가 금지하는 부당한 공동행위에 관한 논의가 그대로 적용된다. 다만, 사업자단체의 부당한 경쟁제한행위가 성립하기 위하여 부당한 공동행위의 경우와 마찬가지로 반드시 사업자 간에 합의가 존재하여야 하는 것은 아니고 공동의 단체적 의사결정이 존재하면 족하다. 또한 이러한 공동의 의사결정은 묵시적인 것으로 족하고 반드시 정관 등에 정해진 절차에 따라 명시적으로 이루어질 필요는 없다. 이와 관련하여 한국관세사회의 사업자단체 금지행위 사건(Ⅰ) 관련 행정소송에서 동 협회는 구법 제26조 제1항 제1호의 규정은 복수의 사업자 상호 간의 담합에 의한 공동행위를 금지하기 위한 것이므로 사업자단체가 단순히 회칙으로 구성사업자의 행위를 제한하는 행위에 대해서는 적용할 수 없다고 주장하였으나, 서울고법

---

14) 서울고법 2006. 5. 24. 선고 2004누4903 판결 및 대법원 2008. 2. 29. 선고 2006두10443 판결. 또한 서울시 자동차검사정비사업조합의 사업자단체 금지행위 사건에서도 동 협회는 문제가 된 검사수수료 준수의 각서를 받은 행위는 이사장의 독단적인 행위로서 동 협회의 행위가 아니라고 주장하였으나, 서울고법은 이 사건 행위는 긴급이사회의 결의에 따라 개최된 간담회에서 결정된 것이고 구성원 사이에 위 각서의 내용대로 준수하여야 할 공동인식이 형성되었다고 보아야 하므로 이사장의 독단적인 행위로 볼 수 없다고 판시하였고(서울고법 2008. 12. 18. 선고 2008누8705 판결), 상고심에서 대법원은 심리불속행 사유에 해당한다는 이유로 상고를 기각하였다(대법원 2009. 4. 9. 선고 2009두2375 판결).

15) 현재 시행되고 있는 것은 공정거래위원회 고시 제2021-35호(2021. 12. 28. 개정)이다.

은 위 규정은 사업자단체의 경쟁제한행위를 규제하기 위한 것임이 명백하고 사업자 상호 간의 공동행위만을 규제하기 위한 것이 아니라고 판시하였다.[16)]

또한 법 제51조 제1항 제1호의 규정은 본래 사업자단체 내부의 단체적 의사결정에 따라 이루어지는 경쟁제한행위를 규제하는 데에 그 취지가 있는데, 사업자단체가 다른 사업자단체와 경쟁제한적 합의를 한 경우에도 동 규정을 적용할 수 있는가라는 문제가 제기된다. 사업자단체가 다른 사업자단체나 사업자와 경쟁제한적 합의를 체결한 경우에는 당해 사업자단체 자체가 사업자로 인정되지 않는 한 법 제40조의 부당한 공동행위의 금지를 직접 적용할 수는 없고, 법 제51조 제1항 제1호의 적용 가능성이 문제될 것이다. 이는 결국 독점규제법이 대부분의 법 위반행위의 주체로서 '사업자'일 것을 요건으로 규정하고 있는 것에서 비롯되는 문제인데, 사업자단체를 통하여 행하는 다양한 경쟁제한행위를 규제하기 위한 동 규정의 취지에 비추어볼 때, 사업자단체가 다른 사업자단체나 사업자와의 합의를 통하여 경쟁을 제한하는 경우에도 적용된다고 보아야 할 것이다.[17)]

그 밖에 사업자단체의 부당한 경쟁제한행위의 경우에도 법 제40조 제5항의 합의의 추정 조항을 적용할 수 있는지에 대하여 논의의 여지가 있으나, 법 제51조 제1항 제1호에 대한 추정조항을 두고 있지 않을 뿐만 아니라 동 조항은 일차적으로 단체적 의사결정을 통하여 경쟁제한행위를 행한 사업자단체를 규제하기 위한 것으로서 경험칙상 구성사업자들의 행위의 외형상 일치 등을 이유로 사업자단체의 단체적 의사결정의 존재를 추정할 근거도 인정하기 어려우므로 사업자단체의 경쟁제한행위에 합의의 추정 조항을 적용할 수는 없다고 보아야 할 것이다.

(나) 관련 판결례

종래 법원이 외견상 경쟁을 제한하는 사업자단체의 행위가 존재하는 경우에 구체적으로 그 부당성을 판단한 사례들을 살펴보면 다음과 같다. 먼저, 한국여신전문금융업협회 등의 사업자단체 금지행위 사건에서 동 협회 소속 사업자(신용카드회사)들은 공동으로 출자하여 신용카드 가맹점 공동망을 구축하여 운영하고 있었는데, 신

16) 서울고법 1997. 1. 9. 선고 96구7030 판결.

17) 부산시 치과의사회의 사업자단체 금지행위 사건 관련 행정소송에서 서울고법 역시 동 의사회와 부산시 치기공사회가 사업자단체 차원의 협의를 거쳐 치기공물 수가의 가이드라인을 작성한 후 이를 회원 의사들에게 안내문 형식으로 배포한 행위에 대하여 구법 제26조 제1항 제1호를 적용한 것은 적법하다고 판시하였고(서울고법 2003. 6. 26. 선고 2001누12378 판결), 상고심에서 대법원도 이 부분에 관한 별다른 판시 없이 원심의 판시를 수용하였다(대법원 2005. 8. 9. 선고 2003두9251 판결).

한은행이 당시 재정경제원이 추진한 신용카드 가맹점 공동이용정책에 따라 사실상 위 공동망 이용이 강제되어 이에 대한 가입을 신청하자, 위 협회 및 소속 사업자들은 가입비를 위 공동망 내의 가맹점과 유사한 가맹점망을 구축하는 데 소요되는 비용으로 산정하여, 신한은행이 공동망을 통하여 새롭게 이용할 수 있는 가맹점의 수 중 유효가맹점을 독자적으로 확보하기 위하여 필요한 가맹점 유치비용 및 그동안의 가맹점 유지비용을 합산하여 약 247억원의 가입비를 요구한 행위가 문제되었다. 관련 행정소송 상고심에서 대법원은 위 가입비 산정방법이 정당하므로 이 사건 행위가 구법 제19조 제1항 제8호의 사업활동방해를 통한 사업자단체 등의 경쟁제한행위에 해당되지 않는다고 한 원심 판결[18)]을 파기하였다.

즉, 대법원은 '필수설비적 성격을 가진 시설'의 보유자들에 대하여 경쟁상대방에게 그 시설의 이용을 허용하도록 강제하는 것은 공정한 경쟁을 촉진하고 불필요한 중복투자를 방지하여 소비자후생을 기하고 국민경제의 균형 있는 발전을 도모하고자 함에 있는 것이므로 이러한 시설은 그 독점적 이익이 배제된 적정한 가격에 이용할 수 있도록 해줄 필요가 있다고 전제하고, 적정한 가입비는 (1) 가맹점 공동이용시스템 자체를 구축하는 데 소요되는 비용과 유사한 가맹점망을 구축하는데 소요되는 비용을 합한 금액 중 신청인의 시설이용 정도, 신청인의 자체 가맹점이 그 시설 내의 가맹점망 형성에 기여할 것으로 예상되는 정도 등을 고려한 적정한 분담액, (2) 신청인도 그 시설을 구축한 사업자들과 공동으로 시설을 이용할 수 있도록 하는데 소요되는 추가비용을 합산한 금액을 기준으로 산정하여야 한다고 판시하였다.[19)]

또한 사업자단체의 부당한 경쟁제한행위의 성립요건에 관한 주목할 만한 사례로서 부산시 치과의사회의 사업자단체 금지행위 사건을 들 수 있는데, 이 사건에서 동 의사회와 부산시 치기공사회가 사업자단체 차원의 상호 협의를 거쳐 치의기공물의 기준가격을 정한 가이드라인을 작성하여 회원 의사들에게 배포한 행위가 문제가 되었다. 관련 행정소송 상고심에서 대법원은 다음과 같이 사업자단체의 경쟁제한행위의 부당성을 판단하는 기준을 제시하였다. 대법원은 구법 제19조 제1항은 부당하게 경쟁을 제한하는 부당한 공동행위를 금지하고, 동 조 제2항은 부당한 공동행위

18) 서울고법 2003. 4. 17. 선고 2001누5851 판결.

19) 대법원 2005. 8. 19. 선고 2003두5709 판결. 이 사건 원심 판결 및 대법원 판결이 위 가맹점 공동이용망을 소위 '필수설비적' 성격을 가진 설비라고 판시하였음은 주목할 만하다. 이는 소위 '필수설비이론'(essential facilities doctrine)을 원용한 것으로 보이는데, 법 시행령 제9조 제3항 및 제4항과 '시장지배적지위 남용행위의 심사기준'은 "필수적인 요소의 사용 또는 접근을 거절·중단하거나 제한하는 행위"를 시장지배적지위의 남용행위로 규정함으로써 동 이론을 반영하고 있다. 제2장 Ⅳ. 2. (다) '부당한 사업활동 방해' 부분 참고.

에 해당하더라도 일정한 목적을 위한 경우로서 공정거래위원회의 인가를 받은 경우에는 동 조 제1항의 적용을 배제하고 있는 점, 부당한 공동행위를 금지하는 입법취지는 직접적으로는 공정하고 자유로운 경쟁을 촉진하고, 궁극적으로는 소비자를 보호함과 아울러 국민경제의 균형있는 발전을 도모하고자 함에 있는 점 등에 비추어 보면, 사업자단체에 의한 가격결정행위로 인하여 일정한 거래분야의 경쟁이 감소하여 사업자단체의 의사에 따라 어느 정도 자유로이 가격의 결정에 영향을 미치거나 미칠 우려가 있는 상태를 초래하는 행위에 해당하는 이상, "이로 인하여 경쟁이 제한되는 정도에 비하여 법 제19조 제2항 각 호에 정해진 목적 등에 이바지하는 효과가 상당히 커서 소비자를 보호함과 아울러 국민경제의 균형있는 발전을 도모한다는 법의 궁극적인 목적에 실질적으로 반하지 않는다고 인정되는 예외적인 경우에 해당하지 않는 한, 위와 같은 가격결정행위는 부당하다."라고 판시하고, 이 사건 경쟁제한행위의 경우 "국민구강보건의 향상 등에 이바지하는 효과가 상당히 커서 소비자를 보호함과 아울러 국민경제의 균형 있는 발전을 도모한다는 법의 궁극적인 목적에 실질적으로 반하지 아니하는 예외적인 경우"에 해당하지 않는다고 하였다.[20]

위 대법원 판시는 외견상 사업자단체의 경쟁제한행위라고 인정되는 행위라고 할지라도 '법의 궁극적 목적에 실질적으로 반하지 않는 경우'에는 예외적으로 부당성이 부정된다는 의미로서 법 제51조 제1항 제1호뿐만 아니라 부당한 공동행위를 금지하는 법 제40조 제1항의 해석상 중요한 의미를 가진다.[21] 실제로 제주도관광협회의 사업자단체 금지행위 사건에서 대법원은 그러한 예외적인 경우에 해당한다고 인정하였다. 이 사건에서는 위 협회가 '판매가격 및 송객수수료율 협약'을 통하여 구성사업자인 제주지역의 관광사업자들이 관광객을 유치해주는 여행사·안내원·운전사에게 지급하는 송객수수료가 관광상품 판매가격에서 차지하는 비율을 하향조정하기로 결의하고 이를 준수하도록 구성사업자들에게 통보한 행위가 문제로 되었다.

관련 행정소송 상고심에서 대법원은 동 행위는 관광객 유치시장 및 관광상품 판매시장에서 경쟁이 감소하여 위 협회의 의사에 따라 어느 정도 자유로이 가격의 결정에 영향을 미치거나 미칠 우려가 있는 상태를 초래하는 행위에 해당하지만, (1) 동 협회의 구성사업자가 제주지역 내의 전체 관광산업에서 차지하는 비중이 높지

20) 대법원 2005. 8. 19. 선고 2003두9251 판결. 동 판결은 또한 '제재조치'의 유무에 관하여 문제의 가이드라인을 기준으로 하여 기공료를 결정하여야 한다는 공동인식이 형성되었다면 동 가이드라인에 위반할 경우에 징계를 하는 등의 제재조치를 취할 것을 예정하거나 실제 제재조치를 취한 바 없다고 하더라도 경쟁제한행위가 성립한다고 판시하였다.

21) 법 제40조 제1항이 규정하고 있는 부당한 공동행위의 성립요건으로서 '부당한 경쟁제한성'에 관한 판례이론에 관한 설명은 제5장 Ⅱ. 4. '부당한 경쟁제한성' 부분 참고.

않을 뿐만 아니라 구성사업자의 탈퇴에 특별한 제한이 없고, 결의사항 위반에 대한 효과적인 제재수단이 없는 점에 비추어 경쟁제한의 정도가 크지 않고, (2) 관련 행정기관과 위 협회의 관계자들로 구성된 관광사범수사지도협의회의 수수료 실태조사 및 협의에 따라 과다한 송객수수료의 지급으로 인한 관광부조리를 방지하고 관광상품의 인하를 유도하기 위하여 행해진 행위로서 그로 인한 혜택이 최종소비자인 관광객들에게 귀속될 뿐만 아니라 제주도 관광산업 발전에도 이바지하는 것이므로 "소비자를 보호함과 아울러 국민경제의 균형 있는 발전을 도모한다는 법의 궁극적인 목적에 실질적으로 반하지 아니하는 예외적인 경우"에 해당한다고 판시하였다.22)

특히, 건축사, 법무사, 공인회계사, 의사 등 법적으로 해당 사업을 수행하기 위해 요구되는 자격을 갖춘 소위 '전문자격사'들로 구성된 사업자단체의 경쟁제한행위가 문제가 된 사례들을 상당수 찾아볼 수 있다. 먼저, 다수의 지역건축사회 등이 회칙 등을 통하여 구 건축법 제19조의3에 따라 국토교통부장관이 국가나 공공기관 등이 건축공사 감리업무 등을 발주함에 있어서 적용할 기준을 정한 고시의 내용을 기준으로 삼아서 감리비의 기준가격이나 최저가격 등을 정한 행위가 문제되었다. 예컨대, 대전광역시 건축공사감리위원회의 사업자단체 금지행위 사건 관련 행정소송에서 서울고법은 위 고시는 참고자료에 불과하고 법규범으로서의 효력이 있다거나 건축사가 이를 준수해야 하는 것이 아님에도 불구하고 이에 기하여 감리비를 결정한 것은 원고가 새로 감리비 결정행위를 한 것으로 볼 있고, 구성사업자가 이를 위반할 경우 회칙에 의하여 제재가 가해질 수 있고 구성사업자들로서는 원고의 결정사항을 준수해야 하는 것으로 인식하였을 가능성이 높다는 점을 고려할 때, 구성사업자들의 감리비 가격결정에 영향을 미쳤다고 볼 수 있으며, 결국 원고의 감리비 결정행위는 구성사업자들의 자유로운 감리비 결정권을 침해함으로써 부당하게 경쟁을 제한하는 행위에 해당한다고 하였다.23)

---

22) 대법원 2005. 9. 9. 선고 2003두11841 판결. 부산시 치과기공사회의 사업자단체 금지행위 사건에서도 동 협회와 그 구성사업자들인 치과기공사들이 기공요금을 인상하기로 합의하고 치과보철물 수가표를 작성하여 배포한 행위는 '지도치과의사제도'로 인해 치과의사들에 비하여 경제적으로 현저히 불리한 지위에 놓인 치과기공사들이 생존권을 지키기 위해 행한 부득이한 행위로서 위법성이 없다고 주장하였으나, 관련 행정소송에서 서울고법은 지도치과의사제도로 인해 치과기공사가 경제적으로 불리한 지위에 있어서 공동으로 대응할 유인이 있다고 하더라도, 그와 같은 사정만으로 이 사건 행위로 인해 오히려 소비자의 후생이 증가하는 등으로 법의 궁극적 목적에 실질적으로 반하지 않는 것으로 볼 수 없다고 판시하였고(서울고법 2009. 5. 28. 선고 2008누25403 판결), 상고심에서 대법원은 심리불속행 사유에 해당한다는 이유로 상고를 기각하였다(대법원 2009. 9. 10. 선고 2009두9888 판결).

23) 서울고법 2017. 4. 26. 선고 2016누31243 판결. 동일한 취지의 판결로서 서울고법 2017.

또한 경남지방법무사회의 사업자단체 금지행위 사건에서 동 법무사회가 업무처리지침을 통하여 구성사업자의 보수책정 하한을 정하고, 또한 외지 법무법인 등이 집단등기사건을 수임하는 경우 철수요구, 방문항의, 단체행동, 검찰고발 등의 조치를 하도록 규정하고 이를 실행한 행위가 문제가 되었다. 관련 행정소송에서 서울고법은 전자는 법무사 보수의 하한을 원고가 결정함으로써 원고 소속 법무사들의 보수결정에 영향을 미쳐서 법무사보수에 관한 경쟁이 감소하고 결국 원고의 의사에 따라 법무사보수의 결정에 영향을 미치거나 미칠 우려가 있는 상태를 초래한 행위에 해당하고, 후자는 경남지역 내에서 원고의 구성사업자가 아닌 자의 자유로운 사업활동을 위축시키는 것으로 다른 사업자의 사업활동 또는 사업내용을 방해하거나 제한함으로써 경쟁을 실질적으로 제한하는 행위에 해당하고 특별한 사정이 없는 한 부당하다고 하고, 나아가 집단등기사건에서 이 사건 하한보수액보다 낮은 보수로 사건을 수임한다고 하여 모두 법상 불공정거래행위로 금지되는 부당염매에 해당한다고 단정할 수 없고, 가사 부당염매의 문제가 발생한다 하더라도 이는 공정거래위원회나 법원이 관련 법령에 따라 해당 사안을 개별적·구체적으로 살펴 판단해야 할 사항이라고 하였다.[24)]

이에 반하여 한국공인회계사회의 사업자단체 금지행위 사건에서 동 사업자단체가 공동주택 회계·감사제도 개선 T/F를 구성하여 공동주택에 대한 최소감사시간을 정하고, 이를 소속 회계법인 및 감사반 등에게 통지하고 향후 감사보고서를 심리할 때 최소감사시간 준수 여부를 중점적으로 심리할 예정임을 통지하는 등의 방법으로 그 준수를 유도한 것이 문제가 되었는데, 법원은 사업자단체의 부당한 경쟁제한행위에 해당하지 않는다고 판단하였다. 즉, 관련 행정소송에서 서울고법은 원고가 최소감사시간을 결정·통지하였다는 사실만으로 가격결정의 기준을 제시하였다거나 그 구성사업자들 사이에 원고가 정한 기준을 준수하여 가격을 결정하여야 한다는 공동의 인식이 형성되어 구성사업자들의 가격결정에 영향을 미쳤다고 보기 어렵다고 판시하였다.[25)]

또한 최근 대한의사협회의 사업자단체 금지행위 사건(Ⅱ)에서 전문자격사단체가 정부정책에 영향을 미치고자 하는 집단적 행위가 법상 사업자단체의 부당한 경

4. 26. 선고 2016누31236 판결, 서울고법 2016. 6. 16. 선고 2016누31861 판결, 서울고법 2016. 6. 16. 선고 2016누31250 판결 등 참고.

24) 서울고법 2016. 9. 29. 선고 2016누45792 판결. 상고심에서 대법원은 심리불속행 사유에 해당한다는 이유로 상고를 기각하였다(대법원 2017. 2. 15. 선고 2016두55902 판결).

25) 서울고법 2019. 8. 22. 선고 2018누63855 판결. 상고심에서 대법원은 심리불속행 사유에 해당한다는 이유로 상고를 기각하였다(대법원 2020. 1. 16. 선고 2019두52058 판결).

쟁제한행위에 해당하는지 여부에 관한 주목할 만한 판시가 내려졌다. 이 사건에서 위 협회가 정부의 원격의료 및 영리의료법인 허용 정책에 반대하기 위해 소속 의사들에게 특정 일시에 휴업을 하도록 결의하고 이를 실행한 것이 문제가 되었다. 관련 행정소송 상고심에서 대법원은 이 사건 휴업은 헌법상 결사의 자유를 향유하는 원고가 구성사업자들을 대표하여 정부의 정책에 반대하기 위한 목적에서 이루어진 것으로서 의료수가 인상 등 구성사업자들의 이익을 추구하거나 경쟁을 제한하여 가격 등의 거래조건의 결정에 영향을 미치기 위한 목적에서 이루어진 것으로 보기 어렵고, 이 사건 휴업기간, 참여율 등에 비추어 보면 휴업 당일 의료서비스 공급량이 일부 감소하였더라도 의료소비자의 의료서비스 이용에 있어서 대체가능성에 영향을 미쳤다고 볼 정도에 이르지 않았으며, 달리 의료서비스의 품질 기타 거래조건 등에 영향을 미쳤다고 보기 어렵다고 하였다.[26] 나아가 이 사건 행위의 목적이나 경위, 경쟁제한성의 정도 등을 종합적으로 고려할 때, 원고의 이 사건 행위가 소비자를 보호함과 아울러 국민경제의 균형 있는 발전을 도모하고자 하는 법의 궁극적 목적에 반하는 행위로 볼 수 없으므로 그 부당성을 인정하기도 어렵다고 하였다.[27]

그 밖에도 전라북도 신자동차매매사업조합의 사업자단체 금지행위 사건과 한국자동차해체재활용업협회의 사업자단체 금지행위 사건에서 사업자단체의 부당한 경쟁제한행위 여부가 다투어졌다. 먼저, 전자에서 위 조합이 이사회를 개최하여 구성사업자가 중고자동차 매수자로부터 받는 관리비용, 등록신청대행수수료, 매매알선수수료 등을 인상하기로 결정하고 각 구성사업자에게 통지한 것이 문제가 되었다. 관련 행정소송에서 서울고법은 원고가 결정한 등록신청대행수수료 및 관리비용이 당시 전북지역에 형성되어 있던 해당 가격의 평균적 수준을 반영한 것이라고 하더라도 이 사건 행위로 인하여 구성사업자들의 자유로운 가격경쟁이 제한된 이상 사업자단체의 금지행위에 해당한다고 할 것이고, 구성사업자들 사이에서 원고가 제시한 수수료 등을 준수하여야 한다는 공동인식이 일반적으로 형성되었고, 이러한 공동인식이 원고의 강제가 아니라 구성사업자들 사이에서 자발적으로 형성된 것이라거나, 일부 구성사업자가 원고가 제시한 수수료 등 기준을 따르지 않았다고 하더라도 이 사건 행위가 사업자단체의 부당한 가격결정행위에 해당하는데 지장이 없다고 하였다.[28]

---

26) 대법원 2021. 9. 9. 선고 2019두36345 판결.

27) 같은 판결. 또한 대법원은 이 사건 행위가 법 제51조 제1항 제3호(구성사업자의 사업내용 · 활동 제한)에 해당한다고 볼 수도 없다고 하였는데, 이에 관하여는 아래 3. '구성사업자의 사업내용 · 활동 제한행위' 부분 참고.

28) 서울고법 2016. 6. 15. 선고 2015누51943 판결. 상고심에서 대법원은 심리불속행 사유에

또한 후자에서 위 협회가 이사회를 통해 폐차매입가격을 결정하고 이를 적시하여 신문광고를 하거나 구성 폐차업자들에게 공문을 발송하여 그 가격을 공지하고 그 가격의 준수 여부에 대한 감시활동을 한 것이 문제가 되었다. 관련 행정소송 상고심에서 대법원은 이 사건 광고와 공문 통보는 폐차업자들 사이의 경쟁을 제한하여 폐차가격의 상한을 사실상 설정하려는 의도에서 이루어진 것으로서 폐차가격을 결정 또는 변경하는 행위라고 봄이 타당하고, 원고는 폐차업계의 유일한 사업자단체이고 구성사업자는 원고의 회원으로서 그 총회와 이사회의 의결사항을 준수할 의무가 있으므로 이들은 이 사건 광고와 공문에 제시된 폐차가격을 원고의 의사결정으로 받아들여 이를 준수해야 한다는 공동인식이 있었다고 봄이 타당하며, 나아가 이 사건 광고와 공문을 통해 폐차가격을 결정하거나 낮추려는 행위는 폐차소유자를 보호한다거나 국민경제의 균형 있는 발전을 도모한다고 볼 만한 합리적인 사정이 없으므로 부당하게 가격경쟁을 제한하는 행위에 해당한다고 하였다.[29]

2. 사업자 수 제한행위

사업자단체의 사업자 수 제한행위를 금지하는 취지는 사업자단체가 단체로서의 영향력을 행사하여 일정한 관련시장에서 활동 중인 사업자나 장래에 당해 시장에 진입하려는 사업자의 수를 제한함으로써 시장의 경합성(contestability)을 저해하는 행위를 금지하기 위한 것이다. 따라서 사업자단체가 자신의 구성사업자의 수를 제한하는 행위 자체가 이 조항을 위반하는 것은 아니지만, 특정한 사업자단체의 구성원이 되는 것이 일정한 관련시장에서 정상적인 사업활동을 영위하는 데 필수적인 경우에는 사업자단체의 구성사업자 수를 제한하는 행위가 위법한 사업자 수 제한행위에 해당할 수 있다.

실제로 사업자단체의 사업자 수 제한행위로 시정조치를 받은 사례는 많지 않은데, 법원이 다룬 사례를 살펴보면 다음과 같다. 먼저, 전라북도사진앨범인쇄협동조합의 사업자단체 금지행위 사건에서 동 조합이 각 학교의 졸업사진앨범의 제작을 수주함에 있어서 조합원들의 개별계약을 지양하고 조합 명의의 단체수의계약이나 조달요청방식에 의한 계약을 추진·실행하여 오던 중, 특정 조합원이 월 회비를 한 번도 납부하지 아니하고 조합을 통한 단체계약에 응하지 않았을 뿐 아니라 조합을 비난하는 폭언을 하고 이사장을 비롯한 조합원을 정당한 이유 없이 수사기관에 고발하였다는

해당한다는 이유로 상고를 기각하였다(대법원 2016. 10. 27. 선고 2016두45080 판결).

29) 대법원 2019. 10. 18. 선고 2019두44118 판결.

이유로 제명한 것이 문제가 되었다. 관련 행정소송 상고심에서 대법원은 위와 같은 조합원의 행위는 조합의 정관에 의하면 형식상 제명사유가 된다고 할 것이지만, 조합의 설립 시로부터 1년 이상 단체수의계약이나 조달물자구매방식의 계약에 의한 물량 배정을 받지 못하여 납품실적이 전혀 없는 조합원이 상당수 존재하고, 동 조합원이 조합으로부터 제명되는 경우 졸업사진앨범에 대한 단체수의계약에 따른 물량배정과 정부 조달물자의 구매 대상에서 제외되어 앞으로의 사업활동에 있어서 큰 불이익을 입게 되는 사실 등을 감안하면 조합의 제명조치는 너무 가혹하여 부당하므로 이 사건 행위는 사업자단체의 사업자 수 제한행위에 해당한다고 하였다.[30)]

또한 대전시자동차매매사업조합의 사업자단체 금지행위 사건 관련 행정소송에서 서울고법은 동 조합이 이사회의 결의로 신규사업자의 가입비를 대폭 인상하고, 신규사업자에 대하여 신규가입 시 납부하는 가입비를 반환받지 않겠다는 각서를 받는 등의 방법으로 신규가입자의 부담을 가중시키고, 비조합원에 대해서는 자동차매매업에 필요한 자동차양도증명서의 교부를 거부함으로써 사업활동을 할 수 없도록 한 행위는 대전지역 자동차매매업 분야에서의 현재 또는 장래의 사업자 수를 제한하는 행위라고 판시하였다.[31)]

마지막으로 경남자동차매매조합의 사업자단체 금지행위 사건에서도 동 조합이 신규가입비를 과도하게 인상한 행위가 문제로 되었는데, 관련 행정소송에서 서울고법은 동 조합에 가입하지 않은 비구성사업자는 자동차거래와 관한 업무처리에 불편이 있으며, 위 조합은 경남지역에서 유일한 매매조합으로서 비구성사업자의 신규가입을 제한할 목적으로 신규가입비를 인상하기로 결의하고 이를 구성사업자에게 통지한 점 등을 고려할 때, 이 사건 행위는 신규 매매업자의 시장진입을 제한하여 경상남도지역의 자동차매매업 시장에서 현재 또는 장래의 사업자 수를 제한하는 행위에 해당한다고 판시하였다.[32)]

3. 구성사업자의 사업내용 · 활동 제한행위

법이 사업자단체가 구성사업자의 사업내용 또는 활동을 부당하게 제한하는 행위를 금지하는 직접적인 취지는 사업자단체가 그 단체적 통제력을 바탕으로 구성사

30) 대법원 1991. 2. 12. 선고 90누6248 판결.

31) 서울고법 1999. 7. 22. 선고 98누14084 판결.

32) 서울고법 2014. 7. 10. 선고 2014누44658 판결. 상고심에서 대법원은 심리불속행 사유에 해당한다는 이유로 상고를 기각하였다(대법원 2014. 10. 30. 선고 2014두39524 판결).

업자의 사업활동의 자유를 부당하게 침해하는 것을 막기 위한 것이다. 그런데 법상 구성사업자의 사업내용·활동 제한에 해당하기 위하여 단순히 구성사업자의 사업내용이나 활동을 제한하는 행위 이외에 그 행위의 '경쟁제한성'이 입증되어야 하는지 여부가 문제가 된다. 즉, 법 제51조 제1항 제3호의 법문은 동 항 제1호와는 달리 '경쟁을 제한하는 행위'라고 하지 않고, 단지 "사업내용 또는 활동을 부당하게 제한하는 행위"라고 하고 있는데, 그 성립요건으로서 제1호와 마찬가지로 경쟁제한성을 요구하는 것인가, 그리고 동 조항이 말하는 '부당성'의 판단기준이 무엇인가 등이 재판상 다투어졌다.

종전에 대법원은 구성사업자의 사업내용·활동 제한행위 금지의 취지를 설명하면서 "원래 사업자단체는 구성사업자의 공동의 이익을 증진하는 것을 목적으로 하는 단체이므로 그 목적 달성을 위하여 단체의 의사결정에 의하여 구성사업자의 사업활동에 대하여 일정한 범위의 제한을 하는 것이 어느 정도 예정되어 있다고 하더라도 그 결의의 내용이 구성사업자의 사업내용이나 활동을 과도하게 제한하여 구성사업자 사이의 공정하고 자유로운 경쟁을 저해할 정도에 이른 경우에는 이를 허용하지 않겠다는 데에 있다."라고 판시함으로써[33) '공정하고 자유로운 경쟁의 저해'를 그 성립요건으로 간주하였다. 그런데 대한의사협회의 사업자단체 금지행위 사건(Ⅰ)에서 공정거래위원회는 동 협회가 정부의 의약분업정책에 항의하기 위하여 소속 의사들에 대하여 그 의사에 반하여 휴업·휴진하도록 사실상 강요하였다는 이유로 구성사업자의 사업내용·활동 제한행위로 인정하여 시정조치를 내렸고, 이에 대하여 동 협회는 불복의 소를 제기하면서 해당 행위는 구성사업자인 의사들 사이의 공정하고 자유로운 경쟁을 저해하지 않았으므로 법상 구성사업자 사업내용·활동 제한에 해당하지 않는다고 주장하였다.

이에 대하여 대법원 전원합의체는 다수의견(대법관 6인), 별개의견(대법관 3인) 및 반대의견(대법관 5인) 등 세 가지 판시를 내놓았다. 먼저, 다수의견은 법상 구성사업자의 사업내용·활동 제한행위가 성립하기 위해서는 구성사업자들 사이의 '공정하고 자유로운 경쟁을 저해하여야 한다.'라는 전제 하에 원고 협회의 행위가 강제성이 있었다면 구성사업자인 의사들의 자유의 영역에 속하는 휴업 여부 판단에 사업자단체가 개입한 것으로서, 그 결과 사업자 각자의 판단에 의하지 아니한 집단휴업사태가

33) 대법원 2001. 6. 15. 선고 2001두175 판결(한국관세사회의 사업자단체 금지행위 사건(Ⅱ)). 동일한 취지의 판결로서 대법원 1997. 5. 16. 선고 96누150 판결(대한법무사협회의 사업자단체 금지행위 사건), 대법원 2002. 9. 24. 선고 2002두5672 판결(한국재생유지공업협동조합의 사업자단체 금지행위 사건) 등 참고.

발생하였고 소비자의 의료기관 이용에 큰 지장을 초래하였으므로 경쟁을 저해하였다고 판시하였다.34)

이에 대하여 반대의견은 다수의견과 마찬가지로 구법 제26조 제1항 제3호의 '부당성'을 '공정하고 자유로운 경쟁을 저해하는 것'이라고 이해하면서도, 이 사건 원고 협회의 행위는 그 목적이 정부의 의료정책에 대한 항의를 위한 것이었지 구성사업자들 사이의 경쟁을 제한하여 이윤을 더 얻겠다는 것이 아니었으므로 의료법 등에 의한 별도의 제한 또는 제재조치를 가하는 것은 별론으로 하더라도 공정하고 자유로운 경쟁을 저해한 것으로 볼 수 없다고 하였다.35)

또한 별개의견은 구성사업자의 사업내용 · 활동 제한행위를 규정하고 있는 구법 제26조 제1항 제3호의 문언을 살펴보면, 경쟁과 직접적인 관계없이 구성사업자의 사업내용 또는 활동을 부당하게 제한하는 행위를 금지하는 것으로 이해해야 하므로 '부당한 제한행위' 이외에 '자유 · 공정한 경쟁의 제한'을 요구하지 않는다고 하면서 이 사건 원고 협회의 행위가 구성사업자의 사업내용 · 활동 제한행위에 해당한다고 하였다. 특히, '경쟁제한성'은 사업자와 소비자 사이의 거래관계에서 문제될 수 있는데 사업자단체의 구성사업자의 사업활동 제한행위는 사업자단체와 사업자와의 관계에서 이루어지는 것이므로 경쟁제한성을 요건으로 삼아야 할 근거나 필요가 없다고 하였다.36)

그 이후 의사단체의 유사한 행위가 문제가 된 대한의사협회의 사업자단체 금지행위 사건(Ⅱ)과 대한소아청소년과의사회의 사업자단체 금지행위 사건에서 법원은 구체적인 사실관계의 차별성을 근거로 상반된 판단을 내렸다. 먼저, 전자에서 위 위 협회가 정부의 원격의료 및 영리의료법인 허용 정책에 반대하기 위해 소속 의사들에게 특정 일시에 휴업을 하도록 결의하고 이를 실행한 것이 문제가 되었는데, 관련 행정소송 상고심에서 대법원은 동 협회가 구성사업자들에게 휴업 참여를 강요하거나 불참에 따른 불이익을 사전 고지한 바 없고 사후에 불이익을 가한 것으로 보이지도 않으며, 실제로 휴업 찬성률보다 더 낮은 휴업 참여율을 기록한 점 등을 종합하면, 휴업 실행은 구성사업자인 의사들의 자율적 판단에 맡긴 것이고 이들의 휴업 여부 판단에 간섭하였다고 볼 수 없다고 하면서 구성사업자의 사업내용 · 활동 제한에 해당하지 않는다고 하였다.37)

---

34) 대법원 2003. 2. 20. 선고 2001두5347 판결. 유사한 사안에 대한 동일한 취지의 판결로서 서울고법 2015. 10. 8. 선고 2015누1115 판결 참고.

35) 같은 판결.

36) 같은 판결.

37) 대법원 2021. 9. 9. 선고 2019두36345 판결. 또한 대법원은 이 사건 행위가 법 제51조

이에 반하여 후자에서 위 의사회가 보건복지부가 주관하는 달빛병원사업에 참가하고 있는 구성사업자들에 대하여 동 사업지정 취소신청을 할 것을 요구하고, 이들에 대한 징계(안)을 결의하여 이에 따른 징계방침을 통지한 것이 문제가 되었는데, 관련 행정소송 상고심에서 대법원은 동 의사회는 구성사업자에 대해 상당한 영향력을 행사할 수 있는 지위에 있으며, 이 사건 행위는 구성사업자들의 자유의 영역에 속하는 달빛병원사업 참여 여부에 관한 의사형성에 영향을 미쳐서 동 사업에 참여하지 않을 것을 사실상 강요함으로써 그 사업활동을 과도하게 제한하는 행위로 볼 수 있다고 하고, 나아가 이 사건 행위는 그 주된 목적이나 의도가 원고가 상호 경쟁관계에 있는 원고의 구성사업자로 하여금 위 사업에 참여하지 않도록 직접적으로 방해함으로써 야간·휴일 진료서비스의 공급에 관한 경쟁의 확대를 제한하기 위한 것으로 보는 것이 타당하므로 부당한 사업내용·활동 제한에 해당한다고 하였다.[38)]

그 동안 구성사업자의 사업내용·활동 제한에 해당하는지 여부를 다룬 중요한 판결례들을 살펴보면 다음과 같다. 먼저, 좀 오래된 판결례로서 대한법무사협회의 사업자단체 금지행위 사건 관련 행정소송 상고심에서 대법원은 동 협회가 일정한 범위의 집단등기사건에 대해서 그 위촉기관과 협의를 거쳐 그 추천의뢰에 따라 소속 법무사로 하여금 순차적으로 집단등기사건을 수임하도록 할 뿐만 아니라, 동 협회와 협의를 거치지 아니한 입주자 대표회의 등이 자체 법무사 선임을 원하는 경우에도 소속 법무사가 이를 임의로 수임할 수 없도록 하고, 지방법무사회가 운영경비 조달의 범위를 넘어서 집단등기사건의 보수액 중 일부를 징수하여 공동 분배한 행위는 소속 법무사들의 집단등기사건의 자유로운 수임을 제한함으로써 공정하고 자유로운 경쟁을 저해하는 구성사업자의 사업활동 제한행위에 해당한다고 판시하였다.[39)]

또한 한국관세사회의 사업자단체 금지행위 사건(Ⅱ)에서는 동 단체가 복무규정을 개정하여 "직무보조자는 다른 관세사무소의 소속으로 채용되어 옮겨갈 때에는 옮기기 전에 근무한 관세사무소의 거래처의 통관업무를 가지고 가거나, 유인하거나, 자기가 사무소를 옮긴 것을 알려서 그 사무소로 유치하는 행위를 하여서는 아니된다."라고 규정하고 이를 시행한 것이 문제가 되었다. 관련 행정소송 관련 상고심에서 대법원은 위 협회가 그와 같은 복무규정을 둔 이유는 관세사에 고용된 직무보조

제1항 제1호(부당한 경쟁제한행위)에 해당한다고 볼 수도 없다고 하였는데, 이에 관하여는 위 1. '부당한 경쟁제한행위' 부분 참고.

38) 대법원 2021. 9. 15. 선고 2018두41822 판결.

39) 대법원 1997. 5. 16. 선고 96누150 판결.

자의 부조리를 방지하여 건전한 통관질서를 확립하고자 하는 것이었고, 관세사와 관세사 직무보조자의 직무내용, 관세사 업무의 특성, 관세사 업계의 현실, 위 복무규정의 제정 경위에 비추어 위 복무규정은 다른 관세사 사무소로 소속을 옮긴 직무보조자의 활동 중 일부를 제한하는 것일 뿐 그를 고용한 관세사의 활동에 의한 사건유치까지 금지하는 것은 아니므로 관세사의 사업활동에 대한 직접적인 제한은 아니었고, 기존의 거래업소에 대하여 이러한 방식에 의하여 사건을 유인·유치하는 행위가 금지되면 소속을 옮긴 직무보조자의 능력이나 활동에 의하여서가 아니라 그를 고용한 관세사 자신의 능력이나 활동에 의하여 통관사건을 수임할 수 있게 되므로 오히려 관세사들 사이의 공정하고 자유로운 경쟁을 촉진하는 면이 있는 점 등을 근거로, 위 복무규정은 "건전한 통관질서를 확립하고 직무보조자의 부조리를 방지하여 불공정한 거래행위를 예방하고자 하는 것으로 긍정적으로 이해되어야 할 것이므로 위 복무규정이 관세사의 사업내용 또는 활동을 과도하게 제한하여 관세사들 사이의 공정하고 자유로운 경쟁을 저해하는 것이라고는 할 수 없다."라고 판시하였다.[40)]

그 밖에도 일정 지역에서 사업을 수행하는 부동산중개업자들로 구성된 단체가 이들 사업자들에 대하여 사업상 다양한 제한을 가한 행위가 문제되었다. 즉, 군포회의 사업자단체 금지행위 사건에서는 동 단체가 윤리규정 등을 제정하여 비회원과의 공동중개 및 일요일 영업활동을 제한하고 중개수수료의 인하를 금지한 것이 문제가 되었고, 평촌신도시부동산중개업친목회의 사업자단체 금지행위 사건에서도 동 단체가 윤리규정을 통하여 비회원과의 공동중개를 제한하고 하기휴가기간 동안 휴무를 강제한 행위가 문제되었다. 전자 관련 행정소송에서 서울고법은 공동중개를 제한하는 것은 공동중개의 비중이 크게 증가하고 있는 상황에서 구성사업자의 사업활동 범위를 제한하고 비회원 중개업소를 시장에서 배제하는 결과를 초래하고, 일요일 영업활동을 제한하는 것은 개별 구성사업자가 자신의 영업방침 및 영업여건에 따라 휴무일을 결정할 수 있는 자유를 제한한 것이며, 중개수수료의 할인을 금지하는 것은 구성사업자 간 가격경쟁을 제한하는 부당한 사업내용·활동 제한행위에 해당한다고 판시하였다.[41)]

후자 관련 행정소송에서도 서울고법은 공동중개를 제한하는 행위는 최근 공동중개의 비중이 크게 증가하고 있는 상황에서 구성사업자의 사업활동의 범위를 제한하고 비회원 중개업소를 시장에서 배제하는 결과를 가져올 것으로 예상되고, 휴무

40) 대법원 2001. 6. 15. 선고 2001두175 판결.

41) 서울고법 2007. 5. 16. 선고 2006누22998 판결. 상고심에서 대법원은 심리불속행 사유에 해당한다는 이유로 상고를 기각하였다(대법원 2007. 8. 23. 선고 2007두11443 판결).

강제 행위 역시 개별 중개업자가 독립된 사업자로서 시장상황이나 자신의 영업여건을 감안하여 영업활동의 방법이나 영업시간을 자유롭게 결정하여야 함에도 이를 부당하게 제한한 행위라고 판시하였다.[42)]

또한 대한펌프카협회의 사업자단체 금지행위 사건에서 법원은 구성사업자의 사업내용·활동 제한이 성립하기 위한 '공정하고 자유로운 경쟁 저해'의 정도에 관하여 의미 있는 판시를 하였다. 즉, 이 사건에서 위 협회가 구성사업자들에 대하여 비구성사업자와의 거래를 금지하고 이를 위반하는 회원들에 대하여 벌금을 부과하는 등의 행위를 한 것이 문제가 되었는데, 관련 행정소송에서 서울고법은 법상 구성사업자의 사업활동 제한의 폐해요건인 '부당하게'라고 함은, 경쟁정책상 간과할 수 없는 영향을 경쟁에 미치는 것을 말하고, 구체적으로는 행위가 경쟁에 미치는 영향의 정도, 의도·목적의 정당성, 목적 달성을 위하여 선택한 수단과 방법의 합리성 등을 종합적으로 판단한 다음, 일정한 거래분야에서 경쟁에 대한 영향이 문제로 삼을 정도에 이른 경우인지 여부를 기준으로 판단해야 한다고 설시하면서 이 사건 행위가 구성사업자의 사업내용·활동 제한에 해당한다고 하였다.[43)]

마지막으로 충북건축공사감리위원회의 사업자단체 금지행위 사건과 문경지역건축사회의 사업자단체 금지행위 사건에서 부실감리 및 부실시공을 방지하기 위하여 구성사업자의 사업활동에 대하여 일정한 제한을 가한 행위가 부당한 구성사업자의 사업내용·활동 제한에 해당하는지 여부가 다투어졌다. 먼저, 전자에서 위 위원회가 회칙 등을 통해 건축주로부터 설계용역을 의뢰받은 구성사업자는 해당 건축물의 감리용역을 수행할 수 없도록 한 행위 등이 문제가 되었는데, 관련 행정소송에서 동 위원회는 아직 시행되지 않았지만 당시 개정된 건축법 제25조 제2항이 부실감리 및 위법·부실시공을 방지하기 위해 소규모 건축물에 대한 설계와 감리의 분리를 규정한 취지에 따른 것이라고 항변하였다. 이에 대하여 서울고법은 비록 위 개정 건축법의 시행일이 이 사건 처분 이후이기는 하지만 개정 건축법의 입법취지를 고려함이 상당하다고 하면서, 설계와 감리가 분리되지 않을 경우 실질적인 감리가 이루어지지 못하는 문제가 있고 부실시공이 은폐될 수 있는 우려가 있는데, 설계·감리의 분리로 이러한 문제가 완화될 가능성이 있는 점 등에 비추어 보면 이 사건 행위가 구성사업자의 사업내용이나 활동을 과도하게 제한하여 공정하고 자유로운 경쟁을 저해할 정도에 이르렀다고 볼 수 없다고 판시하였다.[44)]

---

42) 서울고법 2007. 12. 5. 선고 2007누19579 판결.

43) 서울고법 2016. 11. 11. 선고 2016누40414 판결.

44) 서울고법 2016. 6. 16. 선고 2016누31250 판결. 상고심에서 대법원은 심리불속행 사유에

이에 반하여 후자에서도 위 건축사회는 문제가 된 행위가 부실감리를 방지하기 위한 것이라고 항변하였지만 법원이 이를 배척하였다. 즉, 이 사건에서 위 건축사회가 구성사업자의 감리용역 수주실적이 일정 금액에 도달하는 경우 해당 사업자의 신규 수주를 제한하는 감리용역 수주총액 상한제를 실시하고, 신규로 가입한 구성사업자에 대해서는 가입 후 일정 기간 동안 감리용역의 수주를 제한하기로 하고 이를 시행한 것이 문제가 되었는데, 관련 행정소송에서 동 건축사회는 부실감리를 예방하기 위한 것이라고 주장하였다.

이에 대하여 서울고법은 원고가 구성사업자가 수행하는 감리용역의 수주총액을 제한하는 것은 경쟁을 통한 효율성의 증대라는 경제적 효과를 원천적으로 봉쇄하는 것이어서 그 성격상 부당한 제한에 해당하고, 신규 감리사업자도 건축사 자격증을 보유하고 있어 감리업무를 수행할 능력이 있고 신규 사업자를 감리용역 수행자로 선정할 것인지 여부는 전적으로 감리용역의 수요자가 결정할 사항이며, 부실감리는 관련 법령에 따라 관리할 사항으로 원고의 이 사건 행위가 부실감리 방지를 위해 필수적이라고 인정할 수 없다고 하면서 이 사건 사업활동 제한은 공공목적 달성을 위한 정당한 제한의 범위를 넘어섰으므로 원고의 주장은 이유 없다고 하였다.[45]

4. 불공정거래행위 등을 하게 하거나 방조하는 행위

법 제51조 제1항 제4호는 사업자단체가 사업자에게 법 제45조 제1항에 따른 불공정거래행위나 법 제46조에 따른 재판매가격유지행위(이하 '불공정거래행위 등'이라고 함)를 하게 하거나 이를 방조하는 행위를 금지하고 있다. 이러한 행위는 사업자단체의 통제력을 이용하여 구성사업자에 대하여 행하는 경우가 대부분이겠지만, 사업자단체의 유력한 지위를 이용하여 구성사업자가 아닌 사업자로 하여금 불공정거래행위 등을 행하도록 하는 경우도 포함된다고 할 것이다.[46]

사업자단체가 사업자에 대하여 불공정거래행위 등을 '하게 하는 행위'의 의미에 관하여, 이와 별도로 '방조하는 행위'도 함께 금지하고 있음을 고려할 때, 반드시 당

해당한다는 이유로 상고를 기각하였다(대법원 2016. 10. 13. 선고 2016두44360 판결). 같은 취지의 판결로서 서울고법 2017. 4. 26. 선고 2016누31243 판결 참고.

45) 서울고법 2017. 9. 28. 선고 2017누58603 판결. 동일한 취지의 판결로서 서울고법 2016. 11. 11. 선고 2016누31403 판결, 서울고법 2018. 2. 2. 선고 2017누58610 판결 및 서울고법 2018. 2. 2. 선고 2017누58627 판결 참고.

46) 아래에서 설명하는 부산청주류도매업협회 경남·울산지회의 사업자단체 금지행위 사건(서울고법 2005. 8. 25. 선고 2004누17657 판결)의 사실관계 참고.

해 행위를 물리적으로 강요하는 경우뿐만 아니라 형법상의 교사에 준하여 불공정거래행위 등을 할 의사가 없는 사업자로 하여금 그러한 위법행위의 의사를 가지게 하는 행위를 포함하는 것으로 해석하되, 사실상 강요하는 것에 준하는 상당한 영향력을 행사한 사실이 입증되어야 할 것이다.

이와 관련하여 대한출판문화협회의 사업자단체 금지행위 사건에서 동 협회가 출판사들의 위임을 받아 서적상들의 사업자단체인 전국서적상조합연합회와 포괄적인 출판물재판매가격유지행위 계약을 체결하여 회원출판사들로 하여금 소위 '비재판서적상'(재판매가격을 준수하지 않는 서적상)에 대해서는 출판물을 공급하지 않도록 하고, 서적상연합회는 서적상들의 재판매가격 위반행위를 감시하여 발견된 위반사실을 위 협회에 통보하면 동 협회는 위반서적상 및 동 서적상에 출판물을 공급하는 회원출판사에 대하여 위반사실을 통고하고, 출판사는 위반서적상에 경고, 거래정지 등의 제재를 취하도록 한 행위가 문제가 되었다.

관련 행정소송에서 서울고법은 구법 제26조 제1항 제4호의 불공정거래행위 등을 '하게 하는 행위'는 "그 취지상 개별사업자에게 상당한 영향력을 행사할 수 있는 지위에 있는 사업자단체로 하여금 부당한 공동행위 또는 경쟁제한행위를 금지하고자 하는 것으로 단순히 물리적으로 이를 강요하는 것만을 의미하는 것이 아니라 그러한 지위를 이용하여 이러한 재판매가격유지행위를 권장하거나 협조를 요청하는 등 어떠한 방법으로든 이를 사실상 강요하는 결과를 가져오는 모든 행위를 말하는 것"이라고 하면서, 위 협회가 실제로 회원출판사에 대하여 도서정가제 확립에 관한 협조공문을 보내자 일부 출판사가 통보를 받은 후 바로 위반서적상에 대한 출판물의 공급을 중단하였고 12개 출판사 대부분이 위 협조요청에 적극 협조할 것을 확인하였다면, 위 협회가 개별사업자에 대하여 상당한 영향력을 행사하고 있음이 인정되고 그 요구에 불응하는 경우 업계에서 도태되는 등의 불이익을 감수하여야 함에 따라 그 요구상황에 따를 수밖에 없는 사정이 인정되므로 비록 문언상 협조공문의 형식을 취하였지만 그 실질상 재판매가격유지행위를 하게 하는 행위에 해당한다고 하였다.[47)]

또한 부산청주류도매업협회 경남·울산지회의 사업자단체 금지행위 사건에서는 동 지회가 주류제조사들에 대하여 기존 주류도매업체보다 저렴하게 주류를 공급하는 신규 주류도매업체에 대하여 공급을 중단해 줄 것과 이에 불응하는 주류제조사

---

47) 서울고법 1996. 3. 19. 선고 95구24779 판결. 상고심에서 대법원도 이 부분에 관하여 별다른 판시사항 없이 원심 판시사항을 수용하였다(대법원 1997. 6. 13. 선고 96누5834 판결). 동일한 취지의 판결로서 서울고법 2016. 11. 11. 선고 2016누40414 판결 참고.

에 대하여 불매운동을 하기로 결의하고, 경남지역의 주류제조사들을 방문하여 이를 통보한 행위가 문제가 되었다. 관련 행정소송에서 서울고법은 위 출판문화협회 사건 판결에서와 마찬가지로 단순히 물리적으로 이를 강요하는 것만을 의미하는 것이 아니라 그러한 지위를 이용하여 불공정거래행위를 권장하거나 협조를 요청하는 등 어떠한 방법으로든 사실상 강요하는 결과를 가져오는 모든 행위를 말한다고 전제하고, 이 사건 행위는 원고 지회의 구성사업자가 경남지역 업소용 주류도매시장의 100%를 차지하고 있고 주세법령상 주류제조사들은 주류도매업체를 통해서만 업소용 주류를 판매할 수 있음을 이용하여 주류제조사들로 하여금 불공정거래행위를 하게 하는 행위에 해당한다고 하였다.[48)]

또 다른 쟁점으로서 법 제51조 제1항 제4호에 해당하기 위해서 사업자단체가 하게 하거나 방조한 불공정거래행위나 재판매가격유지행위가 반드시 실행되어야 하는지 여부가 문제가 되는데, 다른 유형의 사업자단체의 금지행위와 마찬가지로 반드시 실제로 실행될 필요는 없다고 보아야 할 것이다.[49)] 이와 관련된 쟁점으로서 사업자단체가 하게 하거나 방조한 행위가 반드시 위법한 행위이어야 하는가라는 문제가 제기된다. 불공정거래행위의 경우에는 현실적으로 '적법한' 불공정거래행위를 상정하기 곤란하겠지만 재판매가격유지행위는 법 제46조 제2호에 따라 일정한 범위의 저작물에 대한 재판매가격유지행위가 허용되는데, 사업자단체가 그 구성사업자나 기타의 사업자에 대하여 이러한 저작물에 대한 재판매가격유지행위를 하게 한 경우에도 법 제51조 제1항 제4호에 해당되는가라는 문제이다.

위에서 소개한 대한출판문화협회의 사업자단체 금지행위 사건 관련 행정소송 상고심에서 대법원은 "법 제29조 제2항에 의하여 저작물에 대한 재판매가격유지행위가 허용되는 사업자는 반드시 재판매가격유지행위를 하여야만 하는 것은 아니고 자유경쟁가격제도를 택할 수도 있는 것이며, 한편 법은 사업자의 부당한 공동행위 및 불공정행위 등에 대하여 규제하면서 이와는 별도로 사업자단체에 대하여 제6장에서 설립신고, 금지행위, 시정조치 등에 관한 규정을 따로 두어 사업자와 사업자단체를 명확히 구분하고 있는 점에 비추어, 법 제26조 제1항 제4호에서 사업자단체가 사업자에게 법 제29조에 의한 재판매가격유지행위를 하게 하는 행위를 금지하는 취지는 사업자의 재판매가격유지행위를 규제하는 법 제29조의 그것과는 전혀 별개의

48) 서울고법 2005. 8. 25. 선고 2004누17657 판결. 상고심에서 대법원도 이 부분에 관하여 별다른 판시사항 없이 원심 판시사항을 수용하였다(대법원 2006. 6. 27. 선고 2005두11531 판결).

49) 같은 의견 : 이남기 · 이승우, 「경제법」, 제3개정판, 2001, p. 308.

것이므로, 개개의 사업자 사이에 저작물에 관한 재판매가격유지행위를 할 수 있다고 하더라도 사업자단체가 자유경쟁가격제도를 택하려는 사업자에게 재판매가격유지행위를 하게 하는 행위는 법 제26조 제1항 제4호에 위반되는 것"이라고 판시하였다.[50)]

그 밖에 법원이 법 제51조 제1항 제4호에 해당하는지 여부를 심리한 사건으로서 서울동북지역정보운영위원회의 사업자단체 금지행위 사건과 전국의사총연합회의 사업자단체 금지행위 사건을 들 수 있다. 먼저, 전자에서 공정거래위원회는 전국부동산중개업협회의 일정 지역 지회 소속 분회장들과 해당 지역 부동산 관련 친목단체의 단체장들로 구성된 위 결합체가 부동산 정보망 운영회사에 대하여 해당 친목단체 또는 협회의 회원이 아닌 부동산중개업자들의 정보망 신규가입을 거부하거나 이용을 정지시킬 것을 지시한 행위가 구법 제23조 제1항 제1호 및 구 법 시행령 [별표 1] 제1호 나 목의 '기타의 거래거절'을 하게 하는 행위에 해당하여 구법 제26조 제1항 제4호에 위반된다고 판단하였다.[51)]

그러나 관련 행정소송에서 서울고법은 구법 제23조의 불공정거래행위로서 금지되는 '기타의 거래거절'에 관한 종래 대법원의 판시사항에 따라,[52)] '기타의 거래거절'은 특정 사업자의 거래기회를 배제하여 그 사업활동을 곤란하게 할 우려가 있거나 오로지 특정 사업자의 사업활동을 곤란하게 할 의도를 가진 유력 사업자에 의하여 그 지위 남용행위로서 행하여지거나 혹은 법이 금지하고 있는 거래강제 등의 목적 달성을 위하여 그 실효성을 확보하기 위한 수단으로 부당하게 행하여진 경우라야 공정한 거래를 저해할 우려가 있는 거래거절행위로서 법이 금지하는 불공정거래행위에 해당한다고 한다고 전제하고, 당해 지역의 부동산중개업자들이 문제의 부동산거래정보망에 가입하지 않더라도 다른 부동산정보망 사업자에 가입하여 중개업을 수행할 수 있으므로 이를 부동산중개업을 영위하기 위하여 반드시 이용하여야 하는 '필수설비'라고 할 수 없고, 이 사건 거래거절의 경위에 비추어 볼 때 원고 사업자단체 및 그 회원의 이익을 침해할 우려에 따른 것이며, 거래거절을 당한 자들이 다른 부동산정보망에 가입하여 정상적인 영업을 영위하고 있다는 사실 등에 비추어 볼 때 문제가 된 거래거절이 법상 '기타의 거래거절'에 해당하지 않고, 따라서 이 사건 거래거절 강요행위는 구법 제26조 제1항 제4호의 '불공정거래행위를 하게 하

---

50) 대법원 1997. 6. 13. 선고 96누5834 판결.

51) 공정거래위원회 의결 제2001-120호, 2001. 8. 22.

52) 대표적으로 코카콜라의 거래거절 사건 대법원 판결(대법원 2001. 1. 5. 선고 98두17869 판결) 참고. 동 사건의 사실관계 및 판시내용은 제6장 Ⅱ. 4. (가) (2) '그 밖의 거래거절' 부분 참고.

는 행위'에 해당하지 않는다고 판시하였다.[53)]

또한 후자에서 위 사업자단체가 진단검사업체들에 대하여 공문 등을 통하여 한방 병·의원들과 진단검사 수탁거래를 중단하거나 개시하지 않도록 요구하고 이에 응하지 않으면 의사들에게 전파하여 해당 업체와 거래를 중단할 것처럼 알린 행위가 문제되었는데, 관련 행정소송에서 동 사업자단체는 이 사건 행위는 한방 병·의원들의 불법의료행위를 저지하고 국민의 건강권을 지키고 소비자의 이익을 위한 정당한 행위라고 항변하였다. 이에 대하여 서울고법은 설령 원고의 주장처럼 한방 병·의원이 혈액검사 등 진단검사를 전문수탁기관에 위탁하는 것이 위법하다고 하더라도 의료법 등 관련 법령이 사업자단체인 원고에게 의료법 위반을 이유로 이 사건 행위를 할 수 있는 권한을 부여하였다고 볼 수 없고, 원고가 소관 행정기관에 의료법 위반 사실을 신고하는 등 행정권 발동을 촉구하거나 해당 전문수탁기관에 의료법 위반 주장을 전달하는 것을 넘어 원고의 요구를 따르지 아니하면 다수의 의사들이 거래를 중단할 것이라는 사실을 알려 이를 따를 수밖에 없도록 하는 행위를 '정당한 행위'라고 볼 수도 없다고 하면서 이 사건 행위는 구법 제26조 제1항 제4호의 '불공정거래행위를 하게 하는 행위'에 해당한다고 하였다.[54)]

Ⅴ. 적용제외 및 예외인정

제1장의 III. '적용제외' 부분에서 살펴본 바와 같이 독점규제법 제116조부터 제118조에서 정한 사유가 존재하는 경우에는 사업자단체가 법 제51조 제1항이 금지하는 행위를 하더라도 동법의 적용이 배제된다. 그런데 특히 사업자단체의 금지행위의 경우에는 문제가 된 행위가 일정한 법령상의 근거를 갖거나 주무부처 등 관련 행정기관이 개입되어 법 제116조의 '법령에 따른 정당한 행위'에 해당하는지 여부가 문제되는 경우가 많고, 비교적 규모가 작은 사업자들로 구성된 조합이 행한 경우에는 추가적으로 법 제118조의 '일정한 조합의 행위'에 해당될 수도 있다.

위와 같은 쟁점에 대해서는 제1장에서 이미 상세히 설명하였으므로 다시 서술

---

53) 서울고법 2004. 6. 24. 선고 2001누15209 판결. 상고심에서 대법원 역시 원심의 판시사항을 그대로 수용하여 상고를 기각하였다(대법원 2007. 3. 30. 선고 2004두8514 판결).

54) 서울고법 2017. 8. 17. 선고 2017누45232 판결. 상고심에서 대법원은 심리불속행 사유에 해당한다는 이유로 상고를 기각하였다(대법원 2017. 11. 9. 선고 2017두53972 판결). 유사한 사실관계에 대한 동일한 취지의 판결로서 서울고법 2018. 2. 7. 선고 2017누37057 판결 참고.

하지 않기로 하되, 이와 관련된 문제로서 사업자단체가 그 행위를 한 목적이 직접적으로 구성사업자들의 경제적 이익을 도모하는 것이 아니라 정부정책에 영향을 미치는 등의 정치적 목적을 달성하려는 수단으로서 집단휴업 등을 결의한 후 그 구성사업자에 대하여 이를 강제한 경우에 법 제51조의 적용이 배제될 수 있는가라는 문제가 제기된다. 이 쟁점은 미국 독점금지법 판례상 '입법과정 등 국가기관에 영향을 미쳐서 경쟁제한적 정책을 유도하려는 행위에 대하여는 독점금지법의 적용을 면제한다.'라는 소위 '노어 면제'(Noerr Immunity)의 법리와 관련된 것이다.[55] 실제로 위에서 살펴본 대한의사협회의 사업자단체 금지행위 사건(Ⅰ)에서 동 협회는 자신의 행위는 정부의 의료정책에 대한 항의에 그 목적이 있을 뿐이고 구성사업자들 사이의 경쟁을 제한하여 이윤을 더 얻겠다는 것이 아니므로 위법하지 않다고 주장하였다.

이에 대하여 서울고법은 "비록 사업자단체가 그 구성사업자들의 지지 및 요청에 따라 구성원들의 공동의 이익을 위해 입법개정운동을 벌이는 과정에서 불가피하게 파생된 휴업행위라고 할지라도 이를 사실상 강제함으로써 내심으로나마 휴업·휴진에 반대하는 구성사업자들에게 결과적으로 자기의 의사에 반하여 휴업·휴진하도록 하는 행위는 기타 공정한 경쟁질서를 해치는 부당한 단체적 구속으로서 공정거래법의 규율대상이 된다."라고 판시하였고,[56] 상고심에서 대법원의 다수의견 역시 이 사건 원고의 행위는 "'개업' 내지 '영업방법'에 관한 제한이거나 이에 준하는 제한으로 보아야 할 것이고, 또 그 제한의 내용이 의료기관의 내부운영방법에 국한된 것이 아니라 고객인 일반 국민에 대한 의료서비스의 중단을 포함하고 있는 이상 그 제한이 경쟁제한적 요소와 관련된 것이라고 보지 않을 수 없다. 이 사건 집단휴업 조치의 목적이나 경위 등에 비추어 볼 때 그 집단휴업이 사업자 또는 사업자단체의 이익 증진과 무관한 순수한 공익적 활동이라고 보기도 어렵다."라고 판시하면서 원심을 확정하였다.[57]

위와 같은 법원의 입장은 미국 연방대법원이 FTC v. Superior Court Trial Lawyers Ass'n. 사건 판결[58]에서 자신에게 유리한 정책을 얻어내기 위한 수단으로

---

55) 이는 Eastern Railroad Presidents Conference v. Noerr Motor Freight, Inc., 365 U.S. 127 (1961) 판결에서 비롯된 것이다. 동 법리에 대한 상세한 설명은 제1장 Ⅲ. 1. '개설' 부분 참고.

56) 서울고법 2001. 5. 17. 선고 2000누3278 판결.

57) 대법원 2003. 2. 20. 선고 2001두5347 판결. 이에 반하여 반대의견은 원고의 주장을 받아들여 그 행위의 목적이 정부의 의료정책에 대한 항의에 있는 것이지 구성사업자들 사이의 경쟁을 제한하여 이윤을 더 얻겠다는 데 있는 것이 아니므로 구성사업자 사이의 자유롭고 공정한 경쟁을 부당하게 제한하는 행위로 단정할 수 없다고 하였다.

58) 493 U.S. 411 (1990). '법령에 따른 정당한 행위'에 관한 상세한 논의는 제1장 Ⅲ. 3.

사용된 행위라고 할지라도 그 자체로써 경쟁을 제한하는 경우에는 최종적으로 얻어낸 정책의 내용과 무관하게 그 과정에서 이미 경쟁을 제한하는 것이므로 독점금지법의 적용이 배제되지 않는다고 판시한 것과 동일한 취지라고 할 수 있다.

판 례 **대한의사협회의 사업자단체 금지행위 사건(II)**[59)]

(중략)

나. 원고가 공정거래법의 적용대상인 사업자단체인지 여부

공정거래법 제2조 제1호, 제4호, 제26조의 각 규정을 종합하여 보면, 공정거래법의 적용대상인 사업자단체는 2이상의 제조업, 서비스업, 기타 사업을 행하는 자가 공동의 이익을 증진할 목적으로 조직한 결합체 또는 그 연합체를 말한다 할 것인바, 기록에 의하면, 원고는 의료법 제26조 제1항에 의하여 설립된 의사회의 중앙회로서, 그 정관에서 사회복지와 국민건강증진 및 보건향상에 기여하기 위한 의도의(醫道義) 앙양, 의학·의술의 발전보급 외에도 '의권 및 회원권익옹호' 등을 그 목적으로 내세우는 한편 의도의 앙양과 의권신장에 관한 사항 등을 그 사업내용으로 규정하고 있음을 알 수 있으므로, 이러한 정관의 규정과 원고의 활동내용을 종합하여 보면, 원고는 서비스업 기타 사업을 행하는 사업자인 의사들이 구성원이 되어 공동의 이익을 증진할 목적 등을 가지고 의료법에 의하여 조직된 사단법인이므로 공정거래법의 적용대상인 사업자단체에 해당한다 할 것이다.

같은 취지에서, 원심이 원고를 공정거래법의 적용대상인 사업자단체로 본 조치는 정당하고, 거기에 상고이유에서 지적하는 바와 같은 법리오해 등의 잘못은 없다. 이 점에 관한 상고이유의 주장은 받아들일 수 없다.

다. 원고의 행위가 구성사업자의 사업내용 또는 활동을 부당하게 제한하는 행위인지 여부

(1) 원래 사업자단체는 구성사업자의 공동의 이익을 증진하는 것을 목적으로 하는 단체로서, 그 목적 달성을 위하여 단체의 의사결정에 의하여 구성사업자의 사업활동에 대하여 일정한 범위의 제한을 하는 것은 예정되어 있다고 할 것이나, 그 결의가 구성사업자의 사업활동에 있어서 공정하고 자유로운 경쟁을 저해하는 경우에는 공정거래법 제26조 제1항 제3호에 규정된 "구성사업자의 사업내용 또는 활동을 부당하게 제한하는 행위"에 해당한다고 할 것이다(대법원 1997. 5. 16. 선고 96누150 판결 참조).

'적용제외' 부분 참고.

59) 대법원 2003. 2. 20. 선고 2001두5347 의결처분취소. 동일한 취지의 판결로 대법원 1995. 5. 12. 선고 94누13794 판결 참고.

(2) 원심은 그 채택한 증거를 종합하여, 원고가 법령에 의하여 구성사업자들에 대하여 가지는 보수교육권 등의 권한과 정관위배나 질서문란의 경우 내려질 수 있는 징계의 내용 및 원고가 2000. 7. 1. 의약분업 시행을 앞두고 실시된 '약품 실거래가 상환제'를 둘러싸고 의약분업제도의 보완과 의료수가의 현실화 등 의료계의 주장을 관철하기 위하여 의권쟁취투쟁위원회(이하 '의쟁투'라 한다)의 설립을 승인하고 대정부투쟁에 따른 전권을 위임함에 따라 의쟁투가 중심이 되어 2000. 2. 17. 이 사건 의사대회를 개최하기로 하고 당일 전체 의료기관의 1일 휴업을 기본방침으로 하되 의사대회 참석에 따른 휴진신고 문제는 각 의사회 단위로 처리하기로 하는 한편, 참석서명과 아울러 불참자에 대해서는 불참사유서를 받기로 결의하여 소속 회원들에게 통보한 결과 전국의 14,847개 의원이 이 사건 의사대회 참석을 위해 관할 보건소에 휴업신고를 함으로써 전체 병·의원의 75.8%, 개인의원의 79.7%가 대회 당일 휴업하였고, 구성사업자인 의사 등 약 3만 명이 이 사건 의사대회에 참석한 사실 등 그 판시와 같은 사실을 인정한 다음, 의사면허를 취득한 자는 의료법의 규정에 따라 관련 사업자단체인 원고의 당연회원으로 가입되고 그 정관을 준수하여야 하며, 원고는 그 회원이 '정관위배 및 본회 질서문란행위'를 한 때에는 회원권리정지 등의 징계를 할 수 있는 권한이 있는데다가, 사업자단체의 구성사업자들은 단체의 구성원으로서 그 단체의 의사결정에 따라야 하는 것이 일반적인 조직체의 속성인 점에 비추어 볼 때, 원고는 그 구성사업자들에 대하여 상당한 영향력을 행사할 수 있는 지위에 있다고 보인다고 전제하고 나서, 원고가 이 사건 의사대회와 관련하여 특별기구로 설치한 의쟁투 등에 전권을 위임하고, 그들이 수차의 회의를 통해 대회 당일 휴업·휴진할 것과 참석서명 및 불참자에 대한 불참사유서를 징구할 것을 결의하고, 그 결의내용을 문서, 인터넷 홈페이지 및 신문광고 등을 통해 자신의 구성사업자들에게 통보하여 대회 당일 휴업·휴진을 하도록 한 행위는, 이른바 단체적 구속으로서, 내심으로나마 휴업·휴진에 반대하는 구성사업자들에게 자기의 의사에 반하여 휴업·휴진하도록 사실상 강요함으로써 구성사업자들의 공정하고 자유로운 경쟁을 저해하는 결과를 가져온다고 할 것이므로, 이는 공정거래법 제26조 제1항 제3호에 규정된 "구성사업자의 사업내용 또는 활동을 부당하게 제한하는 행위"에 해당한다고 판단하였다.

(3) 기록에 의하여 살펴보면, 원심의 사실인정은 정당한 것으로 수긍할 수 있고, 거기에 채증법칙 위배의 위법은 없다.

(4) 나아가 위에서 본 법리와 사실관계에 비추어 이 사건 집단휴업 조치가 '부당한 제한행위'에 해당하는지를 본다.

의료 업무는 그 공익적 성격으로 인하여 여러 가지 공법적 제한이 따르고 있으나, 그 제한 외의 영역에서 개업, 휴업, 폐업, 의료기관의 운영방법 등은 의료인의 자유에 맡겨져 있는 것이고, 그와 같은 자유를 바탕으로 한 경쟁을 통하여 창의적인 의료활동이 조장되고 소비자인 일반 국민의 이익도 보호될 수 있는 것이다.

이 사건에서, 원고가 비록 구성사업자인 의사들 모두의 이익을 증진하기 위한 목적에서라고 하더라도 구성사업자들에게 본인의 의사 여하를 불문하고 일제히 휴업하도록 요구하였고 그 요구에 어느 정도 강제성이 있었다고 한다면, 이는 구성사업자인 의사들의 자유의 영역에 속하는 휴업 여부 판단에 사업자단체가 간섭한 것이고, 그 결과 사업자 각자의 판단에 의하지 아니한 사유로 집단휴업 사태를 발생시키고 소비자 입장에 있는 일반 국민들의 의료기관 이용에 큰 지장을 초래하였으니, 그와 같은 집단휴업 조치는 의사들 사이의 공정하고 자유로운 경쟁을 저해하는 것이라고 보지 않을 수 없고, 따라서 원고의 행위는 위 법 제26조 제1항 제3호 소정의 '부당한 제한행위'에 해당한다고 할 것이다.

같은 취지의 원심 판단은 정당하고, 거기에 상고이유로 주장하는 바와 같이 공정거래법 제26조 제1항 제3호에 대한 해석을 그르친 위법이 있다고 할 수 없다.

라. 고발의결 부분에 관한 판단유탈 주장에 대하여(생략)

3. 그러므로 원심판결 중 법 위반사실의 공표명령 부분을 파기하되, 이 법원이 재판하기에 충분하므로 직접 판결하기로 하여 이 부분에 대한 소를 각하하고, 그 나머지 부분에 관한 상고를 기각하기로 하여 주문과 같이 판결한다.

이 판결에는 위 2의 다항의 판단에 관하여 대법관 조무제, 대법관 유지담, 대법관 배기원의 별개의견과 대법관 송진훈, 대법관 변재승, 대법관 윤재식, 대법관 이용우, 대법관 이규홍의 반대의견이 있는 외에는 관여 법관의 의견이 일치되었었으며, 대법관 손지열의 다수의견에 대한 보충의견이 있다.

4. 위 판시 2의 다항의 판단에 관한 대법관 조무제, 대법관 유지담, 대법관 배기원의 별개의견

가. 법률조항의 해석에 있어서 같은 조항에 규정된 다른 규정과 비교 고찰할 때 그 조항에 사용된 문언이 일상생활 중에서 사용되고 있는 통상의 용어의 의미로 사용되고 있다고 해석하여야 할 경우에는 그 문언의 통상적인 의미가 입법목적에 반하는 등의 사정이 없는 이상 그 문언에 따라 해석하여야 할 것이다.

공정거래법의 규정도 기본적으로 그 법률조항에서 사용된 문언의 통상적인 의미와 그 법률조항 상호의 관계, 법이 그 규정에 의하여 달성하려고 하는 목적 등을 종합하여 합리적으로 판단하여야 할 것이다.

그러한 관점에서 사업자단체의 금지행위 조항인 공정거래법 제26조 제1항 제1호 및 제3호를, 그에 사용된 문언의 통상적 의미로 해석할 때, 동조 제1항 제1호는 사업자 단체가 가격, 거래조건, 고객, 설비, 개업, 영업방법 등에 관하여 동법 제19조 제1항 각 호의 행위에 의하여 구성사업자에 대하여 부당하게 경쟁을 제한하는 행위를 금지하는 내용인 데 반하여, 동법 제26조 제1항 제3호는 사업자단체가 경쟁과 직접적인 관계없이 구성사업자의 사업내용 또는 활동을 부당하게 제한하는 행위를 금지하는 내용으로 이해함이 자연스럽다.

뿐만 아니라 경쟁 제한행위를 금지한 동조 제1항 제1호와 별개로, 그 제3호에 경쟁제한과 직접 관계없이 사업자단체가 구성사업자의 활동을 부당하게 제한하는 행위를 금지하고 이를 위반한 때 행정제재를 가하도록 규정한 것으로 해석한다 하여, 그러한 해석이 입법목적에 반한다고 볼 것은 아니다.

나. 나아가, 공정거래법 관련조항의 합목적적 해석상 동법 제26조 제1항 제3호(이하 제3호라 한다)의 해당요건으로 '부당한 제한행위' 외에 '자유공정경쟁제한'이란 사정이 필요한지에 관하여 본다.

공정거래법은 제1조에서 사업자의 시장지배적지위의 남용을 방지하고 과도한 경제력의 집중을 방지하며 부당한 공동행위 및 불공정거래행위의 규제라는 구체적 수단을 통하여 공정하고 자유로운 경쟁을 촉진하는 방법에 의하여, 창의적인 기업활동을 조장하고 소비자를 보호함과 아울러 국민경제의 균형있는 발전을 도모하는 목적을 이루려는 것임을 밝히고 있다.

또, 동법 제2조 8호의2에서는 '경쟁을 실질적으로 제한하는 행위'라 함은 '거래의 객체별, 단계별, 지역별로 경쟁관계에 있거나 경쟁관계가 성립될 수 있는 일정한 거래분야에서의 경쟁이 감소하여 특정사업자 또는 사업자 단체의 의사에 따라 어느 정도 자유로이 가격, 수량, 품질, 기타 거래조건 등의 결정에 영향을 미치거나 미칠 우려가 있는 상태를 초래하는 행위'라 정의한다.

한편, 공정거래법이 예정하는 법률관계의 주체는 각 소비자, 각 사업자, 각 사업자단체 그리고 공정거래위원회가 있으니, 그에 따른 법률관계로는 각 소비자와 각 사업자간의 관계, 각 소비자와 사업자의 지위에 선 각 사업자단체 간의 관계, 각 구성사업자와 사업자단체 간의 관계, 각 사업자와 공정거래위원회 간의 관계, 각 사업자단체와 공정거래위원회 간의 관계를 예상할 수 있다.

앞서 본 동법 제2조 8호의2의 규정에서 분명하듯이 경쟁을 실질적으로 제한하는 행위는 '거래분야'에서 금지되는 것이므로, 그 법률관계들 중 그 법의 목적달성을 위한 공정경쟁제한방지라는 입법취지가 직접 적용되어야 할 법률관계는 각 소비자와 각 사업자 간 그리고 소비자와 사업자의 지위에 선 각 사업자단체 간의 관계에 한정된다 할 것이다.

그리고 사업자단체가 하는 행위 중 사업자단체의 구성사업자에 대한 행위는 그 단체가 사업자와 같은 지위에서 대(對) 소비자 관계에서 하는 행위와는 달라서 그 행위자체가 바로 경쟁제한의 결과를 가져오는 것이 아니라 그 행위로 영향을 받은 구성사업자가 소비자에 대한 관계에서 경쟁을 저해하는 행위를 할 때 비로소 경쟁제한의 결과가 초래되는 것이므로, 구성사업자나 사업자단체의 대 소비자 관계의 규율에서 항상 직접 경쟁저해행위를 방지할 근거와 필요가 있는 것과는 달리, 제3호와 같이 소비자와 직접 관련됨이 없는 사업자단체의 구성사업자들만에 대한 행위의 규율에서는 반드시 경쟁저해방지를 요건으로 삼아야 할 근거도 필요도 없는 것이다. 제3호가 시정명령의 요건으로서 구성사업자의 사업내용 또는 활동을 부당하게 제한하는 행위로 한정명시할 뿐 같은 조항 제1호의 법문언과 달리 '부당하게 경쟁을 제한하는'이란 요건을 덧붙이지 아니한 까닭은 여기에 있다고 하겠다.

더구나, 사업자단체가 구성사업자만을 대상으로 한 행위에 대하여는 직접적인 이해관계를 가진 구성사업자가 그 행위를 다툴 지위에 있는 외에 공정거래위원회만이 감독자 지위에서 규제할 수 있을 뿐이며 일반소비자가 그 행위에 대하여 직접 다툴 수 있는 이해관계를 갖지 못한다고 볼 것이다.

그러한 사정들까지 감안하여 제3호는 공정거래위원회가 시정명령을 함에 있어 사업자단체의 제3호 해당행위가 경쟁제한을 초래한다는 사정을 주장·입증할 것을 요건으로 규정하지 않았던 것이어서 그 규정은 주장·입증책임 분배의 측면에서도 정당한 것으로 수긍된다. 아울러 생각해 볼 때, 법문에 명정되지 아니한 경쟁제한금지를 위한 요건을 해석상 부가한다고 하면 심리의 실제에 있어서 혼란이 생길 수 있을 것이다.

'경쟁을 제한할 목적으로' 하는 행위를 규제할 것인지, '경쟁제한의 결과가 되는 행위'가 규제되어야 할 것인지, '경쟁이 제한될 우려가 있는 행위'까지도 규제해야 할 것인지 등 부가될 수 있는 요건이 다양하게 상정될 수 있어서 그에 따른 적용범위에서 차이가 나게 될 터인바, 그 결과는 사업자단체의 행위를 규제하는 주체인 공정거래위원회에게 법문에도 없는 막연하고 부당한 주장·입증책임을 지우는 것으로서 법적 안정성의 측면에서도 바람직하지 못한 것이다. 요컨대, 제3호의 요건으로서 경쟁저해방지에 관련된 요건은 부가할 것은 아니라고 하겠다.

다. 다수의견은 제3호의 요건으로서 법문에는 없어도 경쟁의 저해방지라는 요건이 부가되어야 한다고 풀이하면서 이 사건에서의 영업제한행위의 성질상 경쟁이 저해된 것이 주장·입증된 것처럼 판단하고 있다.

그러나 소속 사업자인 의사들에게 함께 일시 폐문할 것을 요구한 대한의사협회의 행위에 있어서 경쟁제한이 내심적 동기였을지는 몰라도 그 행위의 목적이었다거나 또는 그 행위로써 '가격, 수량, 품질 기타 거래조건 등의 결정에 영향을 미치거나 미칠 우려가 있는 상태가 초래되었다'고 보기는 어려운 이 사건 사실관계에서는 의사들 상호간에 경쟁이 저해된 점에 대한 입증이 되었다거나 그 사정이 추인된 것으로 보기는 어렵다고 하겠다.

또, 반대의견처럼 이 사건 원고의 행위가 정부의 의료정책에 대한 항의에 그 목적이 있을 뿐 의사들 사이의 경쟁을 제한하여 이윤을 더 얻겠다는 데 있는 것이 아니었다고 하더라도, 의사들의 집단휴업은 공정거래법 제26조 제1항 제3호에 의하여 금지되는 사업자단체의 행위에 해당한다고 보는 데 아무런 장애가 되지 아니한다 할 것이다.

따라서 본 견해는 다수의견과 논거를 달리하며 반대의견에 동조하지 않는 것이다. 결국, 이 사건 시정명령의 당부 판단에서는 법문 그대로 구성사업자의 사업내용 또는 활동을 부당하게 제한하는 행위임을 입증하면 충분하다고 하겠으므로, 원심판결이 이 유설시에 부적절한 바가 없지는 않으나 그 결론은 옳고 거기에는 판결 결과에 영향을 준 증거법칙 위반, 법리오해 등의 위법사유가 없으며, 또한 반대의견이 지적하는 대법원 1995. 5. 12. 선고 94누13794 판결은 변경될 것이 아니라 하겠다.

5. 위 판시 2의 다항의 판단에 관한 대법관 송진훈, 대법관 변재승, 대법관 윤재식, 대법관 이용우, 대법관 이규홍의 반대의견

가. (1) 다수의견은, 원심이 그 판시와 같은 사실을 인정한 다음, 원고의 판시행위는 이른바 단체적 구속으로서, 내심으로나마 휴업·휴진에 반대하는 구성사업자들에게 자기의 의사에 반하여 휴업·휴진을 하도록 사실상 강요함으로써 구성사업자들의 공정하고 자유로운 경쟁을 저해하는 결과를 가져온다고 할 것이므로, 이는 공정거래법 제26조 제1항 제3호에 규정된 '구성사업자의 사업내용 또는 활동을 부당하게 제한하는 행위'에 해당한다고 판단한 조치를 정당하다고 수긍하였다. 그러나 다수의견은 다음과 같은 이유로 위 규정에 관한 해석을 그르쳤다 할 것이어서 그대로 받아들일 수 없다.

(2) 공정거래법의 목적은 공정하고 자유로운 경쟁을 촉진함으로써 창의적인 기업활동을 조장하려는 등에 있고(제1조), 한편 공정거래법 제26조 제1항 제3호에서 사업자단체의 금지행위로서 '구성사업자의 사업내용 또는 활동을 부당하게 제한하는 행위'를 규정하고 있는 취지는 원래 사업자단체는 구성사업자의 공동의 이익을 증진하는 것을 목적으로 하는 단체로서 그 목적 달성을 위하여 단체의 의사결정에 의하여 구성사업자의 사업활동에 대하여 일정한 범위의 제한을 하는 것이 어느 정도 예정되어 있다고 하더라도, 그 결의의 내용이 구성사업자의 사업내용이나 활동을 과도하게 제한하여 구성사업자 사이의 공정하고 자유로운 경쟁을 저해할 정도에 이른 경우에는 이를 허용하지 않겠다는 데에 있는 것인바(대법원 2001. 6. 15. 선고 2001두175 판결 참조), 사업자단체의 행위가 '구성사업자의 사업내용 또는 활동을 부당하게 제한하는 행위'에 해당하는지 여부는 위와 같은 공정거래법의 목적과 사업자단체의 일정한 행위를 금지하는 취지, 당해 사업자단체의 설립목적과 성격, 구성사업자의 지위, 당해 행위의 목적과 의도 및 태양, 효과와 영향, 구성사업자에게 미치는 구속력의 정도 등을 종합하는 한편 외부적으로 드러나는 직접적인 이윤동기까지 아울러 고려하여 그것이 구성사업자 사이의 '공정하고 자유로운 경쟁을 저해하는 경우'에 해당하는지 여부에 따라 합리적으로 판단하여야 할 것이고, 일반적으로 여기에 해당되는 행위 유형으로는 경쟁관계에 있는 사업자들을 구성원으로 하는 사업자단체에 의하여 행하여지는 가격, 고객, 설비, 개업, 영업방법 등에 대한 제한 등을 들 수 있다.

그런데 원심이 적법하게 확정한 사실과 기록에 의하면, 원고가 그 구성사업자인 의사들에게 휴업을 하도록 통보한 것은 2000. 7. 1. 의약분업 시행을 앞두고 실시된 '약품 실거래가 상환제'를 둘러싸고 의약분업제도의 보완과 의료수가의 현실화 등 의료계의 주장을 관철하기 위하여 열리는 이 사건 의사대회에 다수의 의사들이 참가하도록 독려하기 위하여 행하여진 것임을 알 수 있는바, 원고의 행위의 목적은 정부의 의료정책에 대한 항의에 있는 것이지 구성사업자인 의사들 사이의 경쟁을 제한하여 이윤을 더 얻겠다는 데 있는 것이 아님이 분명하므로, 위 '부당성의 판단기준에 비추어 볼 때 원고가 정부의 정책에 대하여 항의의사를 표시하는 과정에서 구성사업자 상당수로 하여금 영업의 기회를 포기하게 하였다는 점을 들어 바로 원고의 행위를 구성사업자 사이의 공정하고 자유로운 경쟁을 저해하는 행위로서 허용될 수 없는 행위라고 단정하기는 어렵다 할 것이고, 나아가 이는 사업자단체에 의하여 행하여지는 가격, 고객, 설비, 개업, 영업방법 등에 대한 제한 등에도 해당하지 아니한다 할 것이어서, 원고의 행위는 공정거래법 제26조 제1항 제3호에 의하여 금지되는 사업자단체의 행위에 해당한다고 할 수 없다.

(3) 다수의견은 위 규정의 취지에 대하여서는 견해를 같이하면서도, 비록 구성사업자 모두의 이익을 증진하기 위한 목적에서라고 하더라도 구성사업자들에게 본인의 의사여하를 불문하고 일제히 휴업하도록 요구하였고 그 요구에 어느 정도 강제성이 있었다고 한다면 그와 같은 집단휴업조치로 인하여 의사들 사이의 공정하고 자유로운 경쟁이 저해되었다고 보지 않을 수 없으므로 공정거래법 위반행위에 해당한다고 판단하고 있으나, 원고가 구성사업자인 의사들로 하여금 휴업을 하게 한 목적은 정부의 의료정책에 대한 항의집회에 참석하도록 하는 데 있었던 것이지 담합하여 직접적으로 진료비를 인상하려는 데 있었던 것이 아님을 앞서 본 바와 같으므로, 그러한 목적의 휴업이 구성사업자 사이의 공정하고 자유로운 경쟁을 저해하였다고는 할 수 없고, 나아가 원고가 그 구성사업자인 의사들에게 휴업을 하도록 통보하고, 이 사건 의사대회 참석자에 대한 참석서명 및 불참자에 대한 불참사유서 징구결의를 한 것은 구성사업자 공동의 이익 내지 공익의 증진이라는 목적을 위한 집단적인 의사표시를 함에 있어 구성사업자들의 이탈을 방지하기 위한 조치에 불과하였다 할 것이므로 그것을 의료법 등에 의하여 제한 또는 제재조치의 대상으로 삼는 것은 별론으로 하더라도 이를 두고 의사들 사이의 공정하고 자유로운 경쟁을 저해하는 행위라고 할 수는 없다.

(4) 따라서 이와 같이 공정거래법 제26조 제1항 제3호에 규정된 '부당성'의 의미를 '공정하고 자유로운 경쟁을 저해하는 것'으로 이해하는 한, 경쟁저해라는 개념을 전혀 상정하지 아니한 채 '구 독점규제및공정거래에관한법률(1994. 12. 22. 법률 제4790호로 개정되기 전의 것) 제26조 제1항 제3호의 취지는 사업단체의 구성사업자도 그 개개인은 모두 개별사업자이므로 그들의 휴업 여부 결정 등의 사업활동은 그들의 경영방침에 따라 자유롭게 보장되어야 한다는 데에 있음'을 전제로, '사업자단체가 집단휴업 결의내용을 그 구성사업자들에게 통보하여 그들의 자유의사에 불문하고 휴업을 실행하도록 한 행위는 이른바 단체적 구속으로서 개별 구성사업자의 사업내용 또는 활동을 부당하게 제한하는 행위에 해당한다'고 본 대법원 1995. 5. 12. 선고 94누13794 판결의 견해는 위 반대의견에 배치되는 범위 내에서 변경되어야 한다고 본다.

나. 한편, 다수의견이 별개의견은 공정거래법 제26조 제1항 제1호가 '부당하게 경쟁을 제한하는'으로 규정하고 있는 것과는 달리 제3호가 '부당하게 제한하는'으로만 규정하고 있는 점 등에 착안하여, 제3호는 사업자단체가 경쟁과 직접적인 관계없이 구성사업자의 사업내용 또는 활동을 부당하게 제한하는 행위를 금지하는 내용으로 이해함이 자연스러우므로 제3호의 해당요건으로서 '부당한 제한행위' 외에 '자유공정경쟁제한'이라는 요건은 필요하지 않고, 따라서 집단휴업을 하게 한 원고의 행위는 그 자체로 위 제3호에 의하여 금지되는 행위에 해당하므로 원심판결의 이유설시에 부적절한 바가 없지 않으나 그 결론은 옳다고 판단하고 있다.

그러나 위 제1호가 '부당하게 경쟁을 제한하는'이라는 요건을 규정하고 있는 것과는 달리 제3호가 '부당하게 제한'이라고만 규정하여 경쟁에 미치는 영향이나 효과를 위법요건으로 명기하지 않고 있는 것은, 제3호는 경쟁의 실질적 제한에는 이르지 않더라도 경쟁정책상 문제가 있는 행위를 규제하겠다는 취지의 규정이어서 그렇게 규정하고 있는 데 불과한 것이지 별개의견의 해석처럼 이러한 요건을 완전히 배제한 규정이라고는 할 수 없고, 또한 앞서 본 공정거래법의 직접적인 목적 등에 비추어 볼 때 제3호에서 말하는 '부당성'이란 '경쟁저해성'에 다름 아니라 할 것이어서 이를 기준으로 행위의 위법성 여부를 판단하여야 할 것이므로, '부당하게'라는 법문의 의미를 '공정하고 자유로운 경쟁을 저해하는'으로 해석한다고 하여 법문에 없는 새로운 요건을 부가하는 것이라고 할 수 없다. 별개의견의 제3호에 관한 해석도 받아들이기 어렵다.

다. 그럼에도 불구하고, 원심은 원고의 행위가 공정거래법에 의하여 금지되는 사업자단체의 행위에 해당하는 것으로 판단하였으니, 여기에서 제3호에 규정된 '부당한 사업내용 또는 활동 제한'에 관한 법리오해 등으로 판결의 결과에 영향을 미친 위법이 있다 할 것이고, 이 점을 지적하는 취지의 상고이유의 주장은 이유 있어, 원심판결은 그대로 유지될 수 없다 할 것이다.

그러므로 원심판결은 파기되어 원심법원으로 환송됨이 마땅하다.

6. 위 판시2의 다항의 판단에 관한 대법관 손지열의 보충의견

가. 공정거래법의 목적이 '사업자의 시장지배적지위의 남용과 과도한 경제력의 집중을 방지하고, 부당한 공동행위 및 불공정거래행위를 규제하여 공정하고 자유로운 경쟁을 촉진함'에 있음에 비추어(제1조), 동법 제26조 제1항의 사업자단체에 대하여 일정한 행위를 금지하는 것은 그와 같은 행위가 사업자 사이의 공정하고 자유로운 경쟁을 저해하거나 저해할 우려가 있기 때문인 것으로 이해하여야 할 것이고, 따라서 제3호의 '구성사업자의 사업내용 또는 활동을 부당하게 제한하는 행위'도 공정하고 자유로운 경쟁의 저해와 관련된 사항에 관한 것임을 당연한 전제로 하는 것으로 보아야 할 것이다. 공정거래법의 목적과는 아무런 관련이 없는 사항에 관한 제한, 예컨대 경쟁제한적 요소가 전혀 없는 회비징수, 회의참석, 영업내부의 경영방식(회계방법, 노무관리 등) 등에

관한 제한은, 다른 법에 의한 규제는 별론으로 하고, 그 본질상 공정거래법의 규제대상이 될 수 없다.

다수의견이 사업자단체의 결의가 '구성사업자의 사업활동에 있어서 공정하고 자유로운 경쟁을 저해하는 경우에' 위 법규정의 부당제한행위에 해당한다고 설시한 것은, 사업자단체의 구성사업자에 대한 제한이 부당하다고 하더라도 그 내용이 사업자 사이의 경쟁제한과 아무런 관련이 없는 것이라면 공정거래법이 발동될 필요도 없고 발동될 수도 없다는 자명한 이치를 표현하는 것일 뿐, 별개의견이 이해하는 것처럼 법이 정하는 요건에 경쟁저해방지라는 별도의 요건을 부가하는 것이 아니다.

나. 한편, 반대의견은 제3호의 취지에 관하여 대체로 다수의견과 견해를 같이하면서도, 이 사건 원고의 행위의 목적은 정부의 의료정책에 대한 항의에 있는 것이지 구성사업자인 의사들 사이의 경쟁을 제한하여 이윤을 더 얻겠다는 데 있는 것이 아님이 분명하므로 이를 구성사업자 사이의 공정하고 자유로운 경쟁을 저해하는 행위라고 단정하기 어렵고, 나아가 이는 사업자단체에 의하여 행하여지는 가격, 고객, 설비, 개업, 영업방법 등에 대한 제한 등에도 해당하지 아니한다고 하여, 그 행위가 위 법규정에 의하여 금지되는 사업자단체의 행위에 해당하지 아니한다고 한다.

그러나 이 사건에서와 같은 집단휴업 조치는 구성사업자의 의사에 불구하고 의료기관을 폐문하고 의료활동을 중지할 것을 요구하는 것으로서, 반대의견 스스로 설시하는 '개업' 내지 '영업방법'에 관한 제한이거나 이에 준하는 제한으로 보아야 할 것이고, 또 그 제한의 내용이 의료기관의 내부운영방법에 국한된 것이 아니라 고객인 일반 국민에 대한 의료서비스의 중단을 포함하고 있는 이상 그 제한이 경쟁제한적 요소와 관련된 것이라고 보지 않을 수 없다. 이 사건 집단휴업 조치의 목적이나 경위 등에 비추어 볼 때 그 집단휴업이 사업자 또는 사업자단체의 이익 증진과 무관한 순수한 공익적 활동이라고 보기도 어렵다.

반대의견은 위와 같은 판단의 전제로, '사업자단체의 결의의 내용이 구성사업자의 사업내용이나 활동을 과도하게 제한하여 구성사업자 사이의 공정하고 자유로운 경쟁을 저해할 정도에 이른 경우에는 이를 허용하지 않는 것'이라고 함으로써, 비록 제한행위의 내용이 경쟁제한과 관련된 것이라고 하더라도 제한행위의 구체적인 목적이나 효과, 구속력의 정도 등에 비추어 '공정하고 자유로운 경쟁을 저해하는 정도에 이르지 않은 경우'에는 위 법규정에서의 제한행위에 해당하지 않는 것으로 될 여지를 남겨두고 있으나(다만 반대의견도 별개의견에 대한 반론 부분에서는, '위 제3호는 경쟁의 실질적 제한에는 이르지 않더라도 경쟁정책상 문제가 있는 행위를 규제하겠다는 취지의 규정'이라고 설시한다), 다수의견은 제한행위의 내용이 경쟁제한과 관련된 것이라면, 즉 반대의견의 표현을 빌린다면 '경쟁정책상 문제가 있는 행위'라면, 그 제한의 정도 여하를 불문하고 일단 위 법규정의 규제대상이 되는 것으로 보고, 그 제한행위의 '부당'여부를 판단함에 있어서 제한행위의 구체적인 목적이나 효과, 공정하고 자유로운 경쟁을 저해하거나 저해할 우려를 발생시킨 정도 등을 고려하되, 이 경우에도 경쟁의 저해여부를 유일의 판단요소로 하는 것이 아니고 공정거래법의 목적은 물론 사회통념상 요청되는 여러 판단요소들과 더불어 하나의 판단요소로서 경쟁저해의 정도를 고려하게 된다는 점에서, 위 견해와는 약간 취지를 달리한다.

다. 그리고 다수의견의 입장에서는, 대법원 1995. 5. 12. 선고 94누13794 판결이, '공정거래법 제26조 제1항 제3호 규정의 취지는 사업자단체의 구성사업자도 그 개개인은 모두 개별사업자이므로 그들의 폐문(휴업) 여부 결정 등의 사업활동은 그들의 경영방침에 따라 자유롭게 보장되어야 한다는 데에 있는 것이고, 따라서 이 사건의 경우 원고 약사회가 집단폐문 결의내용을 그 구성사업자들에게 통보하여 그들의 자유의사에 불문하고 폐문을 실행하도록 한 행위는 이른바 단체적 구속으로서 개별 구성사업자의 사업내용 또는 활동을 부당하게 제한하는 행위에 해당한다고 할 것이다'라고 판시한 것은, 위 법규정에서의 제한행위는 공정하고 자유로운 경쟁을 제한하는 것과 관련된 것에 한한다는 당연한 법리를 생략하였을 뿐 이 판결 2의 다.항 첫머리에서 인용한 대법원 1997. 5. 16. 선고 96누150 판결의 법리 내용과 다를 바 없는 것으로 이해하고 (위 96누150 판결도 위와 같은 법리를 판시함에 있어서 판례변경의 절차를 밟지 아니하였다) 그 판결에서의 사안 또한 이 사건에서와 유사한 집단휴업 조치에 관한 것으로서 경쟁제한과 관련된 것으로 보이므로, 이 판결에서 구태여 위 94누13794 판결을 변경할 필요는 없다고 본다. (이하 생략)

토의 과제

1 독점규제법이 부당한 공동행위 또는 불공정거래행위를 금지하는 것과 별도로 사업자단체의 금지행위를 규정하고 있는 취지를 설명해 보시오.

2 대법원이 부산시 치과의사회의 사업자단체 금지행위 사건이나 제주도관광협회의 사업자단체 금지행위 사건 등에서 판시한 바와 같이, 외견상 경쟁제한행위에 해당하는 사업자단체의 행위라고 할지라도 법 제40조 제2항이 규정하고 있는 공동행위의 인가사유 등에 기여하는 효과가 그 경쟁제한 효과보다 더 커서 '소비자보호' 및 '국민경제의 균형 있는 발전'과 같은 법의 궁극적인 목적에 실질적으로 반하지 않는 경우에는 위법하다고 볼 수 없다는 상대적으로 관대한 입장을 취한 이유를 설명해 보시오.

3 대한의사협회의 사업자단체 금지행위 사건(Ⅰ)에서 대법원의 다수의견, 별개의견 및 반대의견이 각각 구성사업자의 사업내용·활동 제한의 성립요건으로 제시한 것을 설명해 보시오.

4 법 제51조 제1항 제4호가 규정하고 있는 '하게 하는 행위'로 인정되기 위해서는 사업자단체가 사업자에 대하여 어느 정도의 영향력을 행사하여야 하는지 설명해 보시오.

5 대한의사협회의 사업자단체 금지행위 사건(Ⅰ)의 대법원 판결에 비추어 볼 때, 정부의 정책에 영향을 미치거나 이에 항의하고자 하는 사업자단체의 단체적 행동이 사업자단체 금지행위에 해당하지 않도록 하기 위하여 고려해야 할 사항을 설명해 보시오.

제 9 장 공정거래위원회 등의 사건처리 및 불복절차

Ⅰ. 공정거래위원회의 구성 및 사건처리절차

1. 공정거래위원회의 구성 및 운영

경쟁법을 집행하는 경쟁당국(competition authorities)의 조직과 운영방식은 각 나라에 따라 다양한 모습을 보여주고 있다.[1] 우리나라의 경우에는 독점규제법의 집행기구로서 국무총리 소속의 합의제 행정기관인 공정거래위원회(이하 '위원회'라 함)가 설치·운영되고 있다. 위원회는 위원장, 부위원장 각 1인을 포함한 9인의 위원(4인은 비상임위원)으로 구성되어 있으며, 일정한 자격을 갖춘 사람 중에 위원장과 부위원장은 국무총리의 제청으로, 나머지 위원은 위원장의 제청으로 대통령이 임명하거나 위촉한다(법 제57조). 위원장 및 부위원장을 포함한 위원은 임기 3년(1차에 한하여 연임 가능) 동안 법관에 준하는 신분보장을 받으며, 정치운동이 금지되어 있다(법 제61조부터 제63조). 이는 시장에서의 자유롭고 공정한 경쟁질서를 유지하기 위한 규제를 담당하는 위원회의 준사법기관적 성격을 고려하여 그 독립성을 보장하기 위한 것이다.[2]

---

1) 미국의 경우에는 연방법무부의 독점금지국(Antitrust Division, Department of Justice)과, 행정부에 속하지 않은 독립규제위원회인 연방거래위원회(Federal Trade Commission)가 연방독점금지법의 공적 집행을 나누어 담당하고 있고, 독일의 경우에는 행정부 내의 독임제(법 위반행위에 대한 심결은 합의제 심결부가 담당) 행정기관인 연방카르텔청(Bundeskartellamt)이, 일본의 경우에는 우리나라와 마찬가지로 행정부 내의 합의제 행정기관인 공정거래위원회(公正取引委員會)가 담당하고 있다.

2) 그럼에도 불구하고 위원회는 선진국의 경쟁당국과 비교할 때 그 구성의 독립성 및 사건처리절차의 중립성 등의 측면에서 미흡한 점이 있는 것이 사실이다. 예컨대, 미국 연방거래위원회(Federal Trade Commission)의 경우 대통령이 연방상원의 동의를 얻어 5인의 위원을 임명하며, 위반행위의 심의단계에서는 연방인사관리처(Office of Personnel Management)가 파견한 법률전문가인 소위 '행정법판사'(administrative law judge)가 당사자 간 엄격한 대심적 구조로 심리를 진행하고 있다. 이와 관련하여 헌법재판소는 부당한 지원행위에 대한 과징금 조항(구법 제24조의2)의 위헌성 여부를 판단하면서 미국과 우리나라는 법률체계, 사법과 행정의 관계, 경제현실 등 여러 가지 점에서 차이가 있을 뿐만 아니라, 행정목적의

〔연　혁〕

1980년 독점규제법 제정 당시에는 동법상 결정이나 처분의 권한은 경제기획원 장관이 가지고, 다만 이를 사전에 심의하기 위한 기구로 경제기획원 내에 공정거래위원회를 두었다. 그 후 직무상의 독립성을 확보하기 위하여 1994년 4차 법 개정을 통하여 현행과 같이 국무총리 소속하에 공정거래위원회를 두되 법률상 그 사무를 독립적으로 수행함을 명시하였다(구법 제35조 제1항).

위원의 수와 임명절차에 관해서도 1980년 법 제정 당시에는 5인(상임 3인, 비상임 2인)으로 구성하되 경제기획원장관의 제청으로 대통령이 임명하도록 하였다가, 1990년 2차 법 개정을 통하여 위원수를 7인(상임 5인, 비상임 2인)으로 하되 위원장과 부위원장은 경제기획원장관의 제청으로 대통령이 임명하고 기타 위원은 위원장의 제청으로 대통령이 임명하도록 하였다. 그 후 다시 1994년 4차 법 개정으로 위원장과 부위원장의 임명제청권자를 국무총리로 바꾸었고, 1996년 5차 법 개정을 통하여 현행과 같이 위원 수를 9인(상임 5인, 비상임 4인)으로 늘렸다. 마지막으로 2012년 법 개정을 통하여 위원장의 경우 국회의 인사청문을 거쳐서 임명하도록 규정하였다.

위원회의 구체적인 운영과 사건처리절차에 관하여 법 및 법 시행령 이외에 '공정거래위원회 회의운영 및 사건절차 등에 관한 규칙'(공정거래위원회 고시 제2021-51호, 2021. 12. 30. 개정, 이하 '절차규칙'이라 한다)이 상세히 규정하고 있다. 위원회는 합의제 행정기관이므로 그 의사는 위원회의 회의를 통하여 결정해야 하는데, 위원회의 회의는 전원회의와, 상임위원 1명을 포함하여 위원 3명으로 구성되는 소회의로 구분된다(법 제58조). 또한 사건심리의 신속과 효율을 기하기 위하여 소회의중심주의를 채택하고 있어서 전원회의가 심의·의결하여야 할 사항을 열거하고, 그 밖에 모든 사항은 소회의에서 심의·의결하도록 하고 있다. 전원회의에서 의결해야 하는 사항은 (1) 위원회 소관 법령이나 규칙·고시 등의 해석 적용에 관한 사항, (2) 이의신청, (3) 소회의에서 의결되지 아니하거나 소회의가 전원회의에서 처리하도록 결정한 사항, (4) 규칙 또는 고시의 제정 또는 변경, (5) 경제적 파급효과가 중대한 사항, (6) 그 밖에 전원회의에서 스스로 처리하는 것이 필요하다고 인정하는 사항 등이다(법 제59조 제1항). 전원회의는 위원장이 주재하며 재적위원 과반수의 찬성으로 의결하고, 소회의는 상임위원이 주재하며 구성위원 전원의 출석과 출석위원 전원의 찬성으로 의

실현을 위하여 취해지는 규제수단에 대하여 사법적 체계나 요소를 어느 정도로 적용할 것인지는 기본적으로 제도형성의 문제로서 입법자의 선택에 달려 있다고 설시하였다(헌법재판소 2003. 7. 24. 2001헌가25 결정). 동 결정에 대해서는 제10장 Ⅲ. 2. '과징금의 법적 성질' 부분 참고.

결한다(법 제64조). 또한 위원회의 심리와 의결은 공개하되, 다만 사업자 또는 사업자단체의 사업상의 비밀을 보호할 필요가 있다고 인정할 때에는 비공개로 하고(법 제65조 제1항), 심리는 구술심리를 원칙으로 하되, 필요한 경우 서면심리로 할 수 있으며(동 조 제2항), 위원들 사이에 이루어지는 사건에 관한 의결의 합의는 공개하지 않는다(동 조 제3항). 그 밖에 사건처리의 공정성을 기하기 위하여 위원의 제척·기피·회피 제도가 마련되어 있다(법 제67조).

종전에 위원회의 사건처리과정의 공개 여부 및 그 범위가 재판상 다투어졌다. 먼저, 언론인권센터는 위원회가 '15개 언론사에 대한 과징금 납부명령의 직권취소의 건'(공정거래위원회 의결 제2000-371호, 2002. 12. 30.)을 의결한 전원회의 회의록을 공개하지 않자, 동 비공개결정취소의 소를 제기하였다. 이에 대하여 서울행정법원 및 서울고법은 관계 법령의 취지상 회의록의 공개가 공정거래위원회의 업무수행에 현저한 지장을 초래할 수 있고, 이를 공개하지 않음으로써 얻어지는 공익이 공개함으로써 얻어지는 이익보다 크므로 이 사건 회의록은 의사결정과정에 준하는 사항으로서 '공공기관의 정보공개에 관한 법률' 제9조 제1항 제5호의 '공개될 경우 업무의 공정한 수행에 현저한 지장을 초래한다고 인정할 만한 상당한 이유가 있는 정보'에 해당하므로 위 비공개처분은 정당하다고 판시하였다.[3)]

또한 회의록은 아니지만 신고에 대하여 무혐의결정이 내려진 경우에 신고인이 무혐의결정의 근거서류 일체를 공개할 것을 청구한 사건에서, 대법원은 '공공기관의 정보공개에 관한 법률'상 비공개 사유인 '영업상 비밀에 관한 사항' 등에 해당하지 않는 이상 이를 공개하여야 한다고 판시하였고,[4)] 2009년 폐지된 출자총액제한제도와 관련하여 출자총액제한기업집단 소속 회사의 적용제외 출자의 피출자회사 및 출자금액 등 구체적인 출자내역의 공개를 청구한 사건에서 서울행정법원은 문제가 된 정보는 이미 상당부분 일반에 공개되었고, 공개될 경우 당해 회사의 영업경쟁력이 상실되거나 적대적 M&A가 이루어질 우려 등이 인정되지 않으므로 구 공공기관의 정보공개에 관한 법률 제9조 제1항 제7호의 '경영·영업상 비밀에 관한 사항으로서 공개될 경우 정당한 이익을 현저히 해할 우려가 있는 정보'에 해당하지 않는다고 판시하였다.[5)]

3) 서울행정법원 2004. 4. 22. 선고 2003구합16648 판결 및 서울고법 2005. 3. 25. 선고 2004누9229 판결.

4) 대법원 2003. 3. 28. 선고 2000두9212 판결.

5) 서울행정법원 2007. 10. 5. 선고 2007구합2296 판결.

2. 공정거래위원회의 사건처리절차

(가) 조사 및 심사

위원회의 사건처리절차는 크게 조사 및 심사와 심의 및 의결의 두 단계로 구분할 수 있다. 위원회의 위반행위에 대한 조사는 원칙적으로 직권주의를 취하고 있으나(법 제80조 제1항), 경쟁자나 거래상대방을 포함하여 누구든지 법 위반사실을 신고할 수 있으므로(동 조 제2항) 신고에 의한 경우가 상당수를 차지하고 있다.[6] 법 위반 혐의사실을 직권으로 인지하거나 신고가 접수되면 사무처장이 심사관[7]으로 하여금 심사절차의 개시에 앞서 사실에 관한 조사와 사전심사를 하게 할 수 있고(절차규칙 제10조 제1항), 심사관은 사실조사 및 사전심사를 통하여 법상 '사업자' 요건의 충족 여부, 적용제외 해당 여부, 법 제80조 제4항 또는 제5항의 처분기간 만료 여부, 보완요청이 불가능하거나 보완요청을 받고도 이에 응하지 아니한 경우 또는 보완내용이 분명하지 아니하거나 허위로 기재된 경우에 해당하는지 여부, 신고인의 신고취하 여부, 사망, 해산, 폐업 또는 이에 준하는 사유가 발생한 사업자를 신고한 경우인지 여부, 이미 처리한 사건과 동일한 위반사실에 대한 것인지 여부, 그 밖에 법 적용대상 여부, 법 위반행위로 인정되지 아니하는 것이 명백한 경우인지 여부 등을 판단하여 심사절차의 개시 여부를 결정하게 된다(절차규칙 제15조 제1항).

특히, 해당 사안이 독점규제법의 적용대상에 해당하더라도 (1) 부당한 공동행위 이외의 법 위반행위의 경우 해당 위반행위의 종료일부터 7년, (2) 부당한 공동행위의 경우 위원회가 해당 공동행위에 대하여 조사를 개시한 경우에는 조사개시일(직권조사의 경우 위원회 또는 그 소속 공무원이 법상 각종 조사처분 또는 조사를 한 날 중 가장 빠른 날, 자진신고를 포함한 신고로 조사를 개시한 경우 신고를 접수한 날을 말하고, 조사개시일에 법 위반행위가 계속되고 있는 경우에는 해당 법 위반행위가 종료된 날을 말함)부터 5년, 조사를 개시하지 아니 한 경우에는 해당 공동행위의 종료일부터 7년을 경과한 경우에는 시정조치

6) 독점규제법을 포함한 모든 위원회 소관 법률 관련 사건접수 실적을 살펴보면, 2000년 이전에는 신고가 압도적인 다수를 차지하였으나 2001년도 이후에는 오히려 직권인지가 다수를 점하였다가, 다시 2007년 이후 특히 부당한 고객유인을 비롯한 불공정거래행위에 대한 신고 건수가 급증하여 신고가 다수를 차지하였고, 또 다시 2016년 이후에는 직권인지가 더 많아서 2018년의 경우 신고는 1,721건, 직원인지는 1,747건이었는데, 2019년 이후에는 신고에 의한 조사가 더 많은 상황이다(공정거래위원회, 「2020년도 통계연보」, 2021, p. 10 참고). 신고의 법적 성격에 대하여는 이 장의 Ⅵ. '무혐의결정 등에 대한 신고인의 불복방법' 부분 참고.

7) 심사관은 공정거래위원회의 직제상 해당 사건이 속하는 업무를 관장하는 국장, 심판관리관, 시장구조개선정책관, 유통정책관 또는 지방사무소장이 된다(절차규칙 제10조 제6항).

를 명하거나 과징금을 부과할 수 없으므로 심사절차를 개시하지 아니하되, 다만, 법원의 판결에 의하여 시정조치 또는 과징금부과처분이 취소된 경우로서 그 판결이유에 따라 새로운 처분을 하는 경우에는 그러하지 아니하다(법 제80조 제4항부터 제6항까지 및 법 시행령 제72조).[8)]

심사관은 위와 같은 심사절차 불개시사유가 존재하지 않는다고 인정되는 경우 위원장에게 사건심사 착수보고를 한 뒤, 해당 사건에 대한 조사를 실시한다. 위원회의 조사는 기본적으로 상대방의 동의를 전제로 하는 임의조사이므로 피조사인이 조사를 거부하는 경우에 조사대상인 개인의 체포·구금, 조사대상 사무소의 압수·수색 등과 같은 강제조사는 불가능하다. 다만, 정당한 사유 없이 위원회의 출석요구에 불응하여 출석을 하지 아니한 자에 대하여 과태료를 부과할 수 있고(법 제130조 제1항 제6호), 특히 사업자 또는 사업자단체가 위원회나 그 소속 공무원의 원가 및 경영상황에 관한 보고 또는 자료나 물건의 제출 명령을 이행하지 아니한 경우에 그 보고 또는 자료나 물건이 법 위반 여부를 확인하는데 필요하다고 인정할 때에는 소회의의 결정으로 이행기한을 정하여 이를 다시 명령할 수 있으며, 이를 이행하지 아니한 자에게는 이행기간이 지난 날부터 1일당 1일 평균매출액의 0.3%의 범위에서 이행강제금을 부과할 수 있다(법 제86조 제1항).

나아가 법 제81조 제1항 또는 제6항에 따라 위원회나 그 소속 공무원이 행하는 조사에 불응하여 보고 또는 필요한 자료나 물건을 제출하지 아니하거나 거짓의 보고 또는 자료나 물건을 제출하거나, 또는 법 제81조 제2항에 따라 위원회 소속 공무원이 행하는 조사 시 자료의 은닉·폐기, 접근 거부 또는 위조·변조 등을 통하여 조사를 거부·방해 또는 기피한 자는 2년 이하의 징역 또는 1억5천만원 이하의 벌금에 처하고(법 제125조 제6호 및 제7호), 동 규정에 따라 위원회 소속 공무원이 행하는 조사 시 폭언·폭행, 고의적인 현장진입 저지·지연 등을 통하여 조사를 거부·방해 또는 기피한 자는 3년 이하의 징역 또는 2억원 이하의 벌금에 처한다(법 제124조 제1항 제13호).[9)]

법상 위원회가 행사할 수 있는 조사권한은 당사자, 이해관계인 또는 참고인의

8) 2012년 법 개정 전에는 법 위반행위에 대하여 공정거래위원회가 처분을 내릴 수 있는 기간은 '위반행위 종료일로부터 5년'이었으나, 2012년 법 개정을 통하여 위원회가 조사를 개시한 경우에는 조사개시일부터 5년, 조사를 개시하지 아니한 경우에는 해당 위반행위의 종료일부터 7년이라고 규정하였다가, 다시 2020년 5월 법 개정으로 위와 같이 규정하게 되었다. 그 개정 취지 및 해석에 관하여는 제10장 Ⅲ. 4. '과징금 부과처분 등의 처분기간' 부분 참고.

9) 위 '조사방해죄'는 2012년 법 개정으로 도입되었고, 2017년 법 개정으로 그 범위를 확대하였다.

출석요구 및 의견청취, 감정인의 지정 및 감정의 위촉, 사업자나 사업자단체 또는 그 임직원에 대한 원가 및 경영상황에 관한 보고요구, 그 밖에 필요한 자료나 물건의 제출 명령 또는 제출된 자료나 물건의 일시 보관이고(법 제81조 제1항), 위원회 소속 공무원이 행사할 수 있는 조사권한은 사업자 또는 사업자단체의 사무소 또는 사업자에 출입하여 행하는 업무 및 경영상황, 장부·서류, 전산자료·음성녹음자료·화상자료 등에 대한 조사(소위 '현장조사'), 당사자나 이해관계인 또는 참고인의 진술 청취, 사업자나 사업자단체 또는 그 임직원에 대한 자료 및 물건의 제출명령 또는 제출된 자료나 물건의 일시 보관 등이다(동 조 제2항, 제3항 및 제6항). 또한 법 제84조는 명시적으로 조사권의 남용을 금지하고 있는데, "조사공무원은 이 법의 시행을 위하여 필요한 최소한의 범위 안에서 조사를 행하여야 하며, 다른 목적 등을 위하여 조사권을 남용하여서는 아니 된다."라고 규정하고 있다.[10)]

근래 위원회가 행하는 조사의 적법절차를 강화하고 위원회나 그 소속 공무원이 행사하는 조사권한의 재량을 축소함으로써 피조사인의 절차적 권리를 보호하기 위한 규정들이 대폭 추가되거나 강화되었다. 먼저, 현장조사를 실시하는 위원회 소속 공무원은 그 권한을 표시하는 증표를 관계인에게 제시하고, 조사목적, 조사기간, 조사대상, 조사방법, 조사의 거부·방해·기피 시 그 제재에 관한 사항 및 법 제81조 제10항에 따른 피조사인의 의견제출 또는 진술에 관한 사항이 기재된 문서를 발급하여야 한다(법 제81조 제9항 및 법 시행령 제75조 제5항). 또한 위원회나 그 소속 공무원이 사업자 등으로부터 조사에 필요한 자료나 물건을 제출받아 일시 보관할 때에는 보관조서를 작성·발급하여야 하고, 보관한 자료나 물건을 검토한 결과 해당 조사와 관련이 없다고 인정되거나 해당 조사 목적의 달성 등으로 자료나 물건을 보관할 필요가 없어진 경우에는 즉시 반환하여야 하고(법 제81조 제7항 및 제8항), 위원회나 그 소속 공무원의 조사처분 또는 조사와 관련된 당사자, 이해관계인 또는 참고인은 심의과정뿐만 아니라 조사과정에서도 의견을 제출하거나 진술할 수 있다(동 조 제10항).

그 밖에 조사시간 및 조사기간에 관하여도, 증거인멸의 우려 등으로 정규 근무시간 내의 조사로는 조사의 목적을 달성하기 불가능한 경우 이외에는 조사를 받는 사업자 등의 정규 근무시간 내에 조사를 진행하도록 하였고(법 제82조 제1항), 원칙적으로 당초에 사업자 등에 발급한 조사공문에 기재된 조사기간 내에 조사를 종료하도록 하고 그 기간 내에 충분한 조사가 이루어지지 못한 경우에는 사업자 등의 업무 부담을 최소화할 수 있는 범위 내에서 조사기간을 연장하되, 사업자 등에게 연장된 조사기간이 명시된 공문서를 발급하도록 하였다(동 조 제2항 및 제3항). 마지막으

10) 위 규정은 2004년 법 개정으로 신설되었다.

로 법 제83조는 명시적으로 위원회로부터 조사 및 심의를 받는 사업자, 사업자단체 또는 이들의 임직원은 변호사 등 변호인으로 하여금 조사 및 심의에 참여하게 하거나 의견을 진술하게 할 수 있다고 규정함으로써 변호인의 조력을 받을 권리를 선언하고 있다.

한편, 위원회의 조사권한의 범위와 한계가 재판상 다투어진 사례로서 임○○의 조사방해 사건을 들 수 있다. 이 사건에서 '하도급거래 공정화에 관한 법률'에 위반되는 부당한 하도급단가 결정 혐의를 조사하기 위하여 위원회 소속 조사공무원이 해당 사업자의 내부전산망에 대한 접근권한을 얻어서 이를 열람할 권한을 가지는지 여부가 다투어졌다.[11] 관련 과태료 소송에서 대법원은 위원회의 조사공무원이 스스로 서류 등을 찾기 위하여 내부전산망에 대한 접근권한을 얻어 무제한적으로 이를 열람할 권한까지 부여되어 있지는 않고, 다만 서류 내지 전산자료에 대한 제출을 요구하여 조사하는 것은 가능하다고 판시하였는데, 그 근거로서 내부전산망에 대한 열람권의 부여로 회사의 영업비밀이나 관련 직원의 개인정보가 노출될 우려가 있어서 구법 제50조의2에 규정된 '필요한 최소한의 범위 안의 조사'라고 볼 수 없기 때문이라고 하였다.[12]

심사관은 조사결과(법 위반사실의 유무 및 정도)에 따라 위원회에 심사보고서를 제출할 것인지 여부를 결정하는데, 제출할 경우에는 사건의 개요, 시장구조 및 실태, 제도개선사항의 유무, 사실의 인정, 위법성 판단 및 법령의 적용, 자율준수 프로그램 또는 소비자불만 자율관리 프로그램 운용상황의 조사 여부, 심사관의 조치의견, 피심인의 수락 여부(전원회의 소관사건은 제외) 등을 기재한 심사보고서를 작성하여 위원회의 각 회의에 제출함과 동시에, 피심인에게도 심의절차의 개시 사실을 고지하고 심사보고서와 그 첨부자료의 목록 및 첨부자료를 송부하고 이에 대한 의견을 4주(소회의에 제출되는 심사보고서의 경우 3주) 내에 심판관리관에게 문서로 제출할 것을 통지하여야 한다(절차규칙 제25조 제1항 및 제10항).

(나) 심의 및 의결

위원회는 심사관이 심사보고서와 그 첨부자료를 전원회의 또는 소회의에 제출하였을 때 심의절차를 개시하고 전원회의의 의장은 상임위원 1인을 해당 사건의 주심위원으로 지정하는데, 전원회의의 주심위원 또는 소회의 의장은 사건의 심의부의

---

11) '하도급거래 공정화에 관한 법률'은 동법을 시행하기 위한 위원회의 조사 등에 관하여 독점규제법의 관련 조항을 준용하도록 규정하고 있다(동법 제27조).

12) 대법원 2014. 10. 30. 선고 2010마1362 판결.

가능 여부를 사전 검토하고 미비점을 발견한 경우 담당 심사관에게 이를 보완하도록 지시할 수 있다(절차규칙 제28조 제1항 및 제2항).

특기할 만한 것으로서 2005년 위원회 심의의 효율성과 집중적인 진행을 위하여 '심의준비절차'를 도입하였으나, 그 절차가 복잡하여 실제로 활용이 미미하다는 지적에 따라 2017년 심의준비절차를 폐지하고 대신 그 절차를 대폭 간소화한 '의견청취절차'를 신설하였다. 즉, 주심위원 또는 소회의 의장(이하 '주심위원 등'이라고 함)은 (1) 피심인이 심사보고서의 사실관계, 위법성 판단 등을 다투는 경우, (2) 사실 관계가 복잡하거나 쟁점이 많은 경우, (3) 전원회의 의안의 경우, (4) 피심인이 의견청취절차 진행을 요청한 의안으로서 피심인의 방어권 보장, 심의의 효율적 진행을 위해 필요하다고 인정되는 경우에 의견청취절차를 실시할 수 있다(절차규칙 제29조 제1항). 의견청취절차의 진행은 주심위원 등이 담당하는데(동 조 제2항), 심사보고서에 대한 피심인의 의견서가 제출된 이후의 날로 의견청취절차를 진행할 일시 및 장소를 정하여 기일의 5일 전까지 해당 사건의 상임위원, 심사관 및 피심인에게 통지하여야 한다(절차규칙 제30조 제1항). 의견청취절차는 원칙적으로 해당 사건의 주심위원 등, 심사관, 피심인, 심의·의결 업무를 보좌하는 공무원이 모두 참석하여야 진행할 수 있지만, 의견청취절차 기일의 통지를 받은 후 정당한 사유의 소명 없이 심사관 또는 피심인의 일방이 불출석한 경우에는 출석한 일방과 심의·의결 업무를 보좌하는 공무원의 출석만으로 의견청취절차를 진행할 수 있다(절차규칙 제31조 제1항 및 제2항).

의견청취절차의 진행은 구술로 심사관과 피심인의 의견을 청취하고 질의하는 방식을 원칙으로 하되, 주심위원 등이 필요하다고 판단하는 경우 의견청취절차 기일에 진술할 내용을 기재한 요약 서면을 제출하도록 할 수 있고, 주심위원 등은 의견청취절차를 중립적 입장에서 공평하게 진행하여야 하며, 심사관과 피심인에게 주장의 기회를 동등하게 부여하여야 한다(절차규칙 제32조 제1항 및 제2항).

각 회의의 의장은 원칙적으로 심사보고서에 대한 피심인의 의견서가 제출된 날이나 의견청취절차를 종료한 날 또는 의견서가 제출되지 아니한 경우에는 그 정한 기간이 경과한 날부터 30일 이내에 해당 사건을 심의에 부쳐야 한다(절차규칙 제35조). 위원회의 각 회의는 심의절차를 거쳐 법 위반사실이 인정될 경우에는 시정명령, 과징금 또는 과태료 납부명령, 고발, 입찰참가자격제한요청 등을 의결할 수 있다(절차규칙 제59조 및 제60조).

또한 각 회의는 사실의 오인이 있거나 법령의 해석 또는 적용에 착오가 있는 경우 또는 심사관의 심사종결이 있은 후 그 사유와 관련이 있는 새로운 사실 또는 증거가 발견된 경우 등에는 재심사명령을(절차규칙 제52조), 이미 설명한 심사절차 불개시사유에 해당하는 경우, 재신고 사건으로 원사건에 대한 조치와 같은 내용의 조치를 하는 경우, 사건의 사실관계에 대한 확인이 곤란하여 법 위반 여부의 판단이 불가능한 경우, 새로운 시장에서 시장상황의 향방을 가늠하기가 매우 어렵거나 다른 정부기관에서 처리함이 바람직하여 위원회 판단을 유보할 필요가 있는 등 심의절차종료가 합리적이고 타당하다고 인정하는 경우에는 심의절차종료를(절차규칙 제53조), 법 위반행위로 인정되지 않거나 위반행위에 대한 증거가 없는 경우에는 무혐의를(절차규칙 제54조 제1항), 피심인에게 사망·해산·파산·폐업 또는 이에 준하는 사유가 발생함으로써 시정조치 등의 이행확보가 사실상 불가능한 경우 또는 피심인이 채무자회생 및 파산에 관한 법률에 의하여 보전처분 또는 회생절차개시결정을 받았고 법 위반 혐의가 재산상의 청구권과 관련된 경우 등에는 종결처리를(절차규칙 제55조 제1항), 피심인에게 부도, 일시적인 폐업, 법인의 실체가 없는 경우, 도피 등에 의한 소재불명, 국외에 소재하는 외국인 사업자를 신고한 경우로서 조사 등이 현저히 곤란한 경우 등의 사유가 발생하여 심의를 계속하기가 곤란한 경우에는 그 사유가 해소될 때까지 심의중지를(절차규칙 제56조 제1항), 법 위반사실이 인정되지 않더라도 장래의 법위반 예방 등에 필요한 경우에는 주의촉구를(절차규칙 제54조 제2항), 그리고 위반의 정도가 경미하거나, 피심인이 사건의 심사 또는 심의과정에서 해당 위반행위를 스스로 시정하여 시정조치의 실익이 없다고 인정하는 경우 또는 피심인이 시정조치 또는 금지명령에 응하지 않아 심사절차를 개시하였으나 사건의 심사 또는 심의과정에서 시정조치 또는 금지명령을 이행한 경우에는 경고를(절차규칙 제57조) 의결할 수 있다.

그 밖에도 (1) 심결을 거쳐 위반행위를 시정하기에는 시간적 여유가 없거나 시간이 경과되어 위반행위로 인한 피해가 크게 될 우려가 있는 경우, (2) 위반행위자가 위반사실을 인정하고 해당 위반행위를 즉시 시정할 의사를 명백히 밝힌 경우, (3) 위반행위의 내용이 경미하거나 일정한 거래분야에서 경쟁을 제한하는 효과가 크지 않은 경우, (4) 공정거래자율준수 프로그램(CP)을 실질적으로 도입·운용하고 있는 사업자가 동 제도 도입 이후 최초 법 위반행위를 한 경우에는 시정방안을 정하여 이에 따를 것을 권고할 수 있다(법 제88조 제1항 및 절차규칙 제58조 제1항).[13] 시정권고가 내려진 경우에 권고를 받은 자는 통지받은 날부터 10일 이내에 권고를 수락하는지 여부에 관하여 공정거래위원회에 통지하여야 하는데, 이를 수락한 때에는

13) 종전에는 심의·의결을 거쳐 위반행위를 시정할 수 없는 경우에 한하여 시정권고를 할 수 있었으나 2005년 절차규칙의 개정을 통해 시정권고의 적극적 활용을 위하여 그 사유가 위와 같이 대폭 확대되었다.

법에 따른 시정조치가 명하여진 것으로 보고(법 제88조 제2항 및 제3항), 수락하지 아니하기로 통지하거나 시정권고를 받은 날부터 10일 이내에 그 수락 여부를 서면으로 통지하지 아니한 경우에는 심사관은 해당 사건에 대한 심사보고서를 작성하여 각 회의에 제출하여야 한다(절차규칙 제58조 제4항).[14)]

3. 관련문제 : 공정거래위원회의 사실인정과 형사절차의 관계

위에서 설명한 바와 같이 공정거래위원회가 독점규제법 위반 여부를 판단하고 법 위반자에게 시정조치를 명하거나 과징금을 부과하는 등의 사건처리절차는 법이 위원회에 부여한 행정적 권한을 발동하기 위한 행정절차로서 형벌권을 발동하기 위한 형사절차와는 엄격하게 구분된다. 그런데 법 제124조 및 제125조는 법상 광범위한 실체법 규정 위반행위에 대하여 형벌을 부과할 수 있도록 규정하고 있다. 따라서 예컨대, 사업자가 법 제5조 제1항을 위반하는 시장지배적지위의 남용행위, 법 제40조 제1항을 위반하는 부당한 공동행위, 또는 법 제45조 제1항을 위반하는 일정한 유형의 불공정거래행위를 한 것으로 의심이 되면, 공정거래위원회가 위에서 설명한 사건처리절차를 통하여 법 위반사실이 존재함을 인정하고 시정조치나 과징금 등의 행정제재를 부과하는 것과는 별도로, 검사가 공소를 제기하여 형사소송절차를 통하여 해당 사업자 및 이를 직접 실행한 임직원에 대하여 위 규정에서 정한 형벌을 부과할 수 있다.

그런데 동일한 독점규제법 규정의 위반이 문제된 경우에도 위원회의 행정절차와 형사소송절차에서 요구되는 법 위반사실의 입증 정도는 상이하다고 할 수 있다. 따라서 위원회의 사건처리절차상 법 위반사실의 존재를 인정하기 위한 입증의 정도와 형사절차상 범죄사실로서의 법 위반사실의 존재를 인정하기 위한 입증 정도는 어떻게 다른지, 그리고 양자 중 하나의 절차에서 이루어진 법 위반사실 유무의 판단이 다른 절차상 법 위반사실 유무의 판단에 어떤 영향을 미치는지에 대하여 의문이 제기될 수 있는데, 이들 쟁점을 다룬 판결례를 살펴보면 다음과 같다.

먼저, 한국수력원자력 발주 원자력발전소용 고압가스 입찰담합 사건에서 공정거래위원회는 3개 사업자가 2007년부터 2014년까지 약 7년 동안 23건의 구매입찰에 참여하면서 낙찰 예정자와 투찰가격 등을 합의하여 실행하였다고 인정하고 시정명

14) 또한 절차규칙은 소회의 사건으로서 피심인이 심사보고서상의 행위사실을 인정하고 심사관의 조치의견을 수락하는 경우 등에 적용되는 약식절차를 규정하고 있다(절차규칙 제67조 이하).

령 및 과징금 납부명령을 내렸다.[15] 그런데 그 후 관할 검찰청은 동일한 사안에 대하여 법 위반사실을 인정하고 위 사업자들에게 약식명령을 내리면서 공정거래위원회가 인정한 입찰담합 사실 중 2011년도 입찰에 관한 부분을 약식명령의 근거가 되는 범죄사실에서 제외하였다. 관련 행정소송에서 사업자들은 2011년도 입찰에 관한 담합 사실을 부정하였는데, 서울고법은 민사소송이나 행정소송에서 사실의 증명은 추호의 의혹도 없어야 한다는 자연과학적 증명이 아니고, 특별한 사정이 없는 한 경험칙에 비추어 모든 증거를 종합적으로 검토하여 볼 때 어떤 사실이 있었다는 점을 시인할 수 있는 고도의 개연성을 증명하는 것이면 충분하다고 전제하고, 공정거래위원회가 제시한 증거에 비추어 볼 때 2011년도 입찰에 관한 담합사실이 인정되고, 행정소송과 형사소송의 입증의 정도 및 증거능력 인정 여부에 차이가 있으므로 관할 검찰청이 이 사건 각 입찰과 관련하여 독점규제법 위반을 이유로 약식명령을 청구하면서 2011년도 입찰에 대한 부분을 범죄사실에서 제외하였다고 하여 2011년도 입찰에 관한 합의가 없었다고 볼 것은 아니라고 하였다.[16]

또한 공정거래위원회가 사업자 간 합의의 존재를 인정하여 부당한 공동행위에 해당한다고 인정한 사안과 관련하여 해당 사업자와 그 임직원에 대하여 공소가 제기된 용인 동백지구 아파트 분양가 담합 사건 관련 형사소송 상고심에서, 대법원은 위원회의 사실인정과 무관하게 일반적인 형사절차에 적용되는 높은 수준의 입증이 요구됨을 명확하게 하였다. 즉, 대법원은 형사재판에서 범죄사실은 검사가 입증하여야 하고, 법관은 합리적인 의심을 할 여지가 없을 정도로 공소사실이 진실한 것이라는 확신을 가지게 하는 증명력을 가진 증거를 가지고 유죄로 인정하여야 하므로, 법상 부당한 공동행위의 '합의'는 그 행위의 속성상 직접증거의 확보가 어렵기 때문에 간접사실이나 정황사실을 입증함으로써 그 범죄행위를 입증하는 방법을 취할 수 밖에 없지만 그 입증의 정도는 법관으로 하여금 합리적 의심을 할 여지가 없을 정도로 엄격한 증명을 요한다고 하면서 검사의 상고를 기각하였다.[17]

그 후 방위사업청 발주 패티류 등 입찰담합 사건에서 공정거래위원회가 입찰담합에 가담하였다고 인정하여 내린 시정명령 및 과징금 납부명령에 대하여 제기된 불복의 소를 심리한 서울고법은, 공정거래위원회의 처분이 내려진 후 검찰이 해당 사업자와 그 임직원에 대하여 혐의 없음을 이유로 불기소처분을 내렸음에도 불구하

15) 공정거래위원회 의결 제2017-143호, 2017. 4. 12.

16) 서울고법 2018. 6. 1. 선고 2017누66178 판결.

17) 대법원 2008. 5. 29. 선고 2006도6625 판결. 이 사건 사실관계 및 관련 행정소송에서 내려진 판결의 내용은 제5장 Ⅱ. 3. (나) (1) '공동행위의 외관(소위 '외형상 일치')' 부분 참고.

고 다음과 같이 설시하면서 관련 증거에 비추어 볼 때 입찰담합 사실이 인정된다고 하였다. 즉, 동일한 사실관계에 관한 확정된 형사판결은 유력한 증거자료가 되므로 특별한 사정이 없는 한 이와 반대되는 사실을 인정할 수 없지만 검찰의 무혐의 결정에 대해 확정된 형사판결과 동일한 증거가치를 부여할 수는 없는바, 검찰의 이 사건 불기소처분은 검찰에서 관련자들이 일부 진술을 번복한 결과로서 위 사정만으로 이 사건 공동행위가 존재한다는 사실인정을 뒤집기에 부족하다고 하였다.[18)]

마지막으로 상조회사의 이관할인방식의 영업이 문제가 된 KNN 라이프의 부당한 고객유인 사건에서 동 사업자는 법상 불공정거래행위의 성립요건인 '공정거래저해성'과 관련하여, 법이 부당한 고객유인에 대하여 형사처벌 조항도 함께 두고 있는데 이러한 불확정개념을 사용하는 것은 엄격해석의 원칙이나 죄형법정주의에 위배된다고 주장하였다. 이에 대하여 관련 행정소송 상고심에서 대법원은 행정제재 처분의 취소를 구하는 소송에서 그 공정거래저해성을 판단할 때에도 엄격해석의 원칙을 관철할 필요성이 있기는 하지만, 독점규제법의 입법목적을 달성하기 위하여 다양한 행위 유형에 대하여 실효적인 행정제재 처분을 하기 위해서는 불가피하게 일정한 불확정개념을 사용할 필요성 역시 인정된다고 전제하고, '공정거래저해성' 역시 형벌의 객관적 구성요건에 해당하므로 행위자가 인식해야 할 대상으로서 '고의'의 내용을 구성하므로 경쟁질서 내지 거래질서 전반에 미치는 파급효과까지 종합적으로 고려해야 하는 경우 등 복잡한 규범적·경제적 분석과 판단이 필요한 경우에는 행위자에게 '고의'를 인정하는데 신중해야 한다고 하면서, 그러나 형사처벌과 달리 행정제재적 처분의 경우에는 원칙적으로 행위자에게 그 임무 해태를 정당화할 사정이 없는 이상 그 처분이 가능하므로 불공정거래행위를 원인으로 한 제재 처분을 다투는 행정소송에서는 거래질서 전반에 미치는 영향 등 다양한 사정을 종합적으로 고려하여 공정거래저해성을 판단할 수 있고, 이를 제재적 처분에 관한 엄격해석의 원칙이나 책임주의원칙, 죄형법정주의에 어긋난다고 볼 수는 없다고 판시하였다.[19)]

---

18) 서울고법 2017. 12. 21. 선고 2017누46150 판결 및 서울고법 2017. 12. 21. 선고 2017누45607 판결. 상고심에서 대법원은 심리불속행 사유에 해당한다는 이유로 상고를 기각하였다(대법원 2018. 4. 26. 선고 2018두33081 판결 및 대법원 2018. 4. 26. 선고 2018두32910 판결).

19) 대법원 2018. 7. 12. 선고 2017두51365 판결. 이 사건의 사실관계 및 부당한 고객유인의 성립 여부에 관한 대법원의 판시내용은 제6장 Ⅱ. 4. (라) (2) '관련 판결례' 부분 참고.

토의 과제

1. 독점규제법상 공정거래위원회의 직무상 독립성과 전문성을 확보하기 위한 제도적 장치들을 열거해 보고, 개선할 사항들을 말해 보시오.
2. 미국 연방거래위원회가 활용하고 있는 '행정법판사'(administrative law judge) 또는 일본 공정거래위원회가 활용한 바 있는 '심판관' 제도에 관하여 알아보고, 이를 도입할 경우의 장점 및 단점을 생각해 보시오.
3. 법이 공정거래위원회에 대하여 부여한 위반행위 조사권한을 열거해 보고, 그 한계를 지적해 보시오.

Ⅱ. 피심인 등의 방어권 보장

1. 개 설

법치행정의 이념에 비추어 행정처분은 그 실체적 내용이 적법·타당해야 할 뿐만 아니라 법령에 규정된 절차를 준수해야 하고, 행정처분의 절차적 하자는 해당 처분의 독립적 위법사유가 된다는 것이 대법원의 확립된 태도이다.[20] 더욱이 위원회는 행정부 내에 편제되어 있으나, 그 업무의 성질상 준사법기관의 성격을 띠고 있으므로 위에서 설명한 바와 같이 심의·의결절차상 기본적으로 심사관과 피심인 사이에 대심적 구조를 취하는 등 상당한 정도로 사법절차적 요소를 도입하고 있다.

특히, 근래 피조사인 및 피심인의 방어권 보장을 위한 절차적 권리의 보호 필요성이 강조되고 있고, 이에 따라 법 및 절차규칙은 위원회의 사건처리과정상 피조사인 및 피심인의 절차적 권리에 관한 규정들을 두고 있다. 위원회의 조사와 관련하여 피조사인에게 부여된 절차적 권리들은 이미 설명한 바 있고, 위원회의 심의 및 의결과 관련하여 법 및 절차규칙상 피심인의 방어권 보장을 위한 규정들을 개략적으로 살펴보면 다음과 같다.

먼저, 위원회는 직권으로 또는 신고로 법위반 혐의에 대한 조사한 결과 법에 따른 처분을 하거나 하지 아니하는 경우에는 그 근거, 내용 및 사유 등을 기재한 서면(법 위반 여부에 관한 사항을 심의·의결하여 의결서를 작성하는 경우에는 해당 의결서 정본)을

---

20) 대법원 1985. 5. 28. 선고 84누289 판결, 대법원 1991. 7. 9. 선고 91누971 판결 등.

해당 사건의 당사자에게 통지하여야 하고(법 제80조 제3항), 특히 법에 위반되는 사항에 대하여 시정조치를 명하거나 과징금을 부과하기 전에 당사자 또는 이해관계인에게 의견을 진술할 기회를 주어야 하며(법 제93조 제1항), 당사자 등은 위원회의 회의에 출석하여 그 의견을 진술하거나 자료를 제출할 수 있다(동 조 제2항). 또한 심의절차에서 당사자는 위원회에 대하여 사건을 심의하기 위하여 필요한 증거조사를 신청할 수 있는데(법 제94조 제1항), 각 회의의 의장이 당사자의 증거조사 신청을 채택하지 아니하는 경우 그 이유를 당사자에게 고지하여야 한다(동 조 제2항).

특히, 피심인이 자신의 방어권을 실효적으로 행사하기 위해서는 심사관이 조사를 통해 확보한 자료 등을 열람할 필요가 있으므로 법 제95조는 당사자 등은 동법에 따른 처분과 관련된 자료의 열람 또는 복사를 요구할 수 있고,[21)]이 경우 위원회는 영업비밀에 해당하거나 법 제44조 제4항에 따른 부당한 공동행위 자진신고 등과 관련된 자료 또는 다른 법률에 따른 비공개 자료를 제외하고는 이에 따라야 한다고 규정하고 있다. 또한 위에서 설명한 바와 같이 심사관은 심사보고서를 각 회의에 제출함과 동시에 피심인에게도 심사보고서와 그 첨부자료의 목록 및 첨부자료(신고인의 인적사항 및 신고인임을 미루어 알 수 있는 사실을 제외하되, 신고인이 동의한 경우는 그러하지 아니함)를 송부하여야 하는데, 법 제95조가 열람 또는 복사 요구를 거부할 수 있는 자료로 규정하고 있는 것을 제외하고는 모두 피심인에게 송부하여야 한다(절차규칙 제25조 제10항 및 제12항).[22)]

또한 각 회의의 의장은 피심인의 의견서가 제출된 후 해당 사건을 심의에 부의하게 되는데(절차규칙 제35조 제1항), 원칙적으로 심의개최 10일 전까지 피심인에게 심의개최의 일시·장소 및 사건명, 심리 공개 여부 등을 서면으로 통지하여야 한다(절차규칙 제37조 제1항). 피심인은 심의기일에 출석하여 심사보고서에 대한 의견을 진술할 수 있고(절차규칙 제40조 제1항), 상대방의 진술의 취지가 명백하지 아니할 때에는 의장의 허락을 얻어 직접 상대방에게 질문할 수 있으며(절차규칙 제45조 제2항), 의장은

21) 위 규정에 따라 당사자 등이 열람 또는 복사를 요구할 수 있는 '이 법에 따른 처분과 관련된 자료'는 심사보고서의 첨부자료에 포함된 것에 한정되는 것은 아니다(서울고법 2020. 8. 27. 선고 2020누37644 판결 참고).

22) 종전에는 심사관이 피심인에게 송부하는 심사보고서에 심사관이 산정한 과징금액 등 심사관의 조치의견을 포함시키지 않았으나, 특히 과징금의 산정내역 및 그 액수를 피심인이 사전에 알 수 있어야 방어권을 충분히 행사할 수 있다는 주장이 제기되어, 결국 2009년 절차규칙 개정으로 원칙적으로 심사관의 조치의견도 포함시켜 피심인에 송부하도록 규정하였고, 다만 심사관의 조치의견을 사전 송부할 경우 이로 인하여 각 회의의 독립적 판단을 저해할 우려가 있거나 기타 불가피한 사유가 있는 경우 심사관이 그 조치의견을 심의기일에 피심인에게 배포할 수 있도록 하였다(절차규칙 제25조 제11항).

심의를 종결하기 전에 심사관에게 시정조치의 종류 및 내용, 과징금 부과, 고발 등에 관한 의견을 진술하게 한 뒤, 피심인에게 마지막으로 진술할 기회를 주어야 한다(절차규칙 제50조). 그 밖에도 일단 조사가 완료되어 위원회의 심의·의결 절차가 진행 중에 다시 그 소속 공무원이 현장조사나 진술 청취와 같은 조사권한을 발동할 수 없고, 다만 조사공무원 또는 당사자의 신청에 대하여 전원회의나 소회의가 필요하다고 인정하는 경우에만 예외적으로 가능하다(법 제81조 제4항).

피심인의 절차적 권리와 관련하여 또 다른 특기할 만한 사항은 2004년 법 개정으로 위원회의 사건처리 과정에서 이루어지는 문서송달에 관한 일반규정이 도입되었다는 것이다. 종전에 위원회의 조사과정에서 당사자 등에게 출석요구서를 발부하거나, 위원회의 회의에 상정하기 전에 피심인에게 심사보고서를 송부하거나 또는 회의 개최를 통보하고, 최종적으로 의결서나 고지서를 송부하는 등의 송달절차에 관한 사항은 법률에 아무런 규정이 없이 위원회의 고시에 불과한 절차규칙이 정하는 바에 따라 이루어졌다. 이와 관련하여 당사자의 권리·의무관계에 중요한 영향을 미칠 수 있는 사건처리과정에서의 송달이 아무런 법률적 근거 없이 이루어지고 있다는 지적이 제기되었고, 이에 따라 현행법은 명시적으로 문서의 송달에 관하여는 행정절차법 제14조부터 제16조까지의 규정을 준용한다고 규정하고 있다(법 제98조 제1항).

따라서 우편, 교부 또는 정보통신망 이용 등의 방법으로 송달받을 자(대표자 또는 대리인 포함)의 주소·거소·영업소·사무소 또는 전자우편주소로 송달할 수 있는데(송달받을 자가 동의하는 경우에는 만나는 장소에서도 가능), 교부에 의한 송달은 수령확인서를 받고 문서를 교부함으로써 하며, 송달하는 장소에서 송달받을 자를 만나지 못한 경우에는 그 사무원·피용자 또는 동거인으로서 사리를 분별할 지능이 있는 사람에게 문서를 교부할 수 있고(문서를 송달받을 자 또는 그 사무원 등이 정당한 사유 없이 송달받기를 거부하는 때에는 그 사실을 수령확인서에 적고, 문서를 송달할 장소에 놓아둘 수 있음), 정보통신망을 이용한 송달은 송달받을 자가 동의하는 경우에만 할 수 있으며(이 경우 송달받을 자는 송달받을 전자우편주소 등을 지정하여야 함), 송달받을 자의 주소 등을 통상의 방법으로 확인할 수 없는 경우 또는 송달이 불가능한 경우에는 송달받을 자가 알기 쉽도록 관보, 공보, 게시판, 일간신문 중 하나 이상에 공고하고 인터넷에도 공고하여야 한다(행정절차법 제14조). 또한 국외에 주소·영업소 또는 사무소를 두고 있는 사업자 또는 사업자단체에 대해서는 국내에 대리인을 지정하도록 하여 그 대리인에게 송달하도록 하고, 만일 국내에 대리인을 지정하여야 하는 사업자 또는 사업자단체가 국내에 대리인을 지정하지 아니한 경우에는 위 행정절차법 규정에 따르도록 규정하고 있다(법 제98조 제2항 및 제3항).[23]

2. 관련 판결례

근래 공정거래위원회의 사건처리절차상 당사자의 방어권 및 절차적 권리의 보장에 대한 요구가 증가함에 따라 위원회의 사건처리절차상 법이 보장하고 있는 피심인의 방어권과 절차적 권리가 침해되었는지 여부가 재판상 다투어지고 있다. 먼저, 포스틸의 부당한 공동행위 사건에서 대법원은 위원회의 사건처리절차상 피심인의 의견진술기회에 관하여 중요한 판시를 내렸다. 이 사건에서 위원회는 당초 피심인에게 송부한 심사보고서에서 위 회사가 운임비 및 시장점유율에 관하여 공동행위를 하였다는 사실을 적시하였고, 동 회사 역시 위 두 가지 사항에 대해서만 의견서를 제출하였으나, 그 후 위원회의 전원회의 의결과정에서 동 회사가 위 두 가지 사항 이외에 판매가격에 대해서도 담합한 사실을 인정하여 판매가격 담합의 시정을 포함한 시정조치를 내렸다.

관련 행정소송 상고심에서 대법원은 법령상 위원회에 대하여 조사결과의 사전통지의무 등을 부과하고 피심인의 의견진술권 및 자료제출권 등의 절차적 권리를 보장한 취지는, "공정거래위원회의 시정조치 또는 과징금 납부명령으로 말미암아 불측의 피해를 받을 수 있는 당사자로 하여금 공정거래위원회의 심의에 출석하여 심사관의 심사결과에 대하여 방어권을 행사하는 것을 보장함으로써 심사절차의 적정을 기함과 아울러, 공정거래위원회로 하여금 적법한 심사절차를 거쳐 사실관계를 보다 구체적으로 파악하게 하여 신중한 처분을 하게 하는 데 있다."라고 하고, 따라서 이러한 절차적 요건을 갖추지 못한 시정조치 등은 설령 실체법적 사유를 갖추고 있다 하더라도 위법하므로 취소를 면할 수 없다고 판시하였다.[24] 나아가 설사 위 회사의 판매가격 합의 부분에 대한 시정조치 등에 행정절차법이 정하는 의견청취절차의 생략사유가 존재한다고 하더라도 위원회의 의결·결정에는 행정절차법의 적용이 제외되므로(행정절차법 제3조 제2항 및 동법 시행령 제2조 제6호) 위원회는 행정절차법을 적용하여 의견청취절차를 생략할 수 없고, 나아가 추후에 이의신청 과정에서 의견진술의 기회가 부여되었다 하더라도 이로써 그 처분 전에 발생한 절차적 하자가 치유된다고 볼 수도 없다고 하였다.[25]

---

23) 국외에 주소를 둔 사업자에 대한 송달은 특히 독점규제법을 역외적용하는 경우에 문제가 되는데, 이에 관한 판결례에 대하여는 제11장 Ⅳ. '독점규제법의 역외적용' 부분 참고.

24) 대법원 2001. 5. 8. 선고 2000두10212 판결.

25) 같은 판결. 또한 충북지역 3개 레미콘조합의 관수레미콘 입찰담합 사건에서도 심사보고서에 기재된 법 위반사실은 '투찰물량 합의'뿐이었고 원고들 역시 이에 대한 의견만을 제출하였는데, 그 후 위원회의 전원회의에서 비로서 '투찰가격 합의' 사실까지 인정

그러나 당초 심사관이 작성한 심사보고서에서 행위사실에 적용된 법 조항과 최종적으로 위원회가 처분의 근거로 삼은 법 조항이 반드시 동일할 것을 요구하는 것은 아니다. 예컨대, 산림조합들의 임도구조개량사업 입찰담합 사건에서 당초 심결과정에서 심사관은 이 사건 담합은 구법 제19조 제1항 제8호의 다른 사업자의 사업활동을 방해하는 행위에 해당한다고 주장하였으나 위원회가 최종적으로 이 사건 처분의 근거로 구법 제19조 제1항 제1호(가격고정합의)를 제시한 것이 피심인의 방어권을 침해한 것인지 여부가 다투어졌다. 관련 행정소송에서 서울고법은 위원회의 심결절차가 준사법절차의 성격을 갖고 있다고 하더라도 기본적으로 행정절차이고, 독점규제법은 위원회의 심결절차상 피심인들의 방어권을 보장하기 위하여 불고불리(不告不理)의 원칙을 채택하고 있다고 인정되지 않으므로, 동 위원회가 이 사건 심결절차에서 심사관이 주장한 것과 다른 조문을 적용하여 이 사건 처분을 하였다고 하더라도 피심인들의 방어권이 침해되었다고 볼 수 없다고 판시하였다.[26)]

또한 뱅커스 유산스 인수수수료 공동행위 사건에서 당초 심사관이 작성한 심사보고서는 이 사건 위반행위를 '뱅커스 유산스 인수수수료를 신설하기로 합의하였다'는 취지로 기재되어 있었는데, 정작 위원회의 심결단계에서는 '뱅커스 유산스 인수수수료 0.4% 신설을 합의하였다'고 인정하여 처분을 한 것이 당사자의 의견진술기회를 박탈하고 방어권을 본질적으로 침해한 것인지 여부가 다투어졌다. 관련 행정소송에서 서울고법은 심사관의 조사과정에서 이 사건 은행들이 동일한 인수수수료를 부과하기로 합의하였음을 나타내는 증거가 다수 확보되어 있었고, 실제로 심사보고서에도 피심인들이 신설한 뱅커스 유산스 인수수수료율이 대부분 0.4%인 것으로 기재되어 있었으며, 위원회의 전원회의 과정에서도 이 사건 공동행위의 내용에 수수료율 합의가 포함되어 있는지 여부에 대하여 피심인들이 충분히 의견진술을 하였고, 이에 대하여 심사관이 이 사건 공동행위의 내용에는 뱅커스 유산스 인수수수료의 수수료율에 관한 합의도 포함되어 있다는 취지의 의견진술이 있었던 점 등에

하여 이를 근거로 처분을 내린 것이 문제가 되었다. 관련 행정소송에서 서울고법은 투찰가격 합의 사실 부분에 대하여 사전통지 및 의견진술기회를 부여하지 아니한 절차적 위법이 존재한다고 판시하였다(서울고법 2018. 12. 19. 선고 2018누40531 판결).

26) 서울고법 2008. 10. 23. 선고 2008누3465 판결. 또한 울산대병원 의약품 입찰담합 사건에서도 심사보고서에서는 문제가 된 입찰담합 행위에 대하여 구법 제19조 제1항 제8호(입찰담합)를 적용하였지만 최종적으로 위원회는 동 항 제9호(사업활동방해·제한합의)를 적용하여 처분을 내렸는데, 관련 행정소송 상고심에서 대법원은 심사보고서에 입찰 전 합의사실뿐만 아니라 입찰 후 도매거래에 관한 합의사실이 기재되어 있었고, 원고 역시 위원회에 제출한 의견서에서 이 두 가지 점에 대해 의견을 충분히 개진하였으므로 원고의 방어권을 침해한 절차적 위법이 없다고 판시하였다(대법원 2015. 6. 11. 선고 2013두1638 판결).

비추어 보면, 위원회가 이 사건 공동행위의 내용에 수수료율에 대한 합의도 포함되어 있다고 판단한 것은 조사과정과 피심인 등의 의견진술 등을 통하여 드러난 이 사건 합의의 성격을 최종적으로 확정한 것일 뿐 새로운 사실관계를 추가한 것이라고 볼 수는 없으므로 법이 보장하는 피심인의 의견진술권과 방어권을 본질적으로 침해한 절차적 위법이 있다고 볼 수 없다고 판시하였다.[27)]

나아가 법 제80조 제3항 및 제93조가 규정하고 있는 사전통지 및 의견진술기회의 구체적인 대상이 무엇인지가 문제될 수 있다. 이에 관하여 한국가스공사 발주 강관 입찰담합 사건 관련 행정소송에서 서울고법은 당사자에게 의견진술의 기회를 부여하여야 할 대상은 행위사실의 인정 여부(사실행위 자체 및 그 사실행위가 법상 특정 조항 위반임을 인정하는지 여부) 및 심사관의 조치의견 수락 여부라고 할 것이고, 이를 넘어서는 법해석이나 법적용에 관한 부분까지 사전에 통지하거나 의견진술의 기회를 부여하여야 한다고는 보기 어렵다고 전제하고, 부당한 공동행위에 대한 조사협조자 감면신청의 경우 감면신청 사실 및 그 내용, 제출된 증거 및 조치의견(감면신청 인용 여부)은 사전통지 및 의견진술기회 부여의 대상이 될 수 있을 것이나, 감면신청 기각의 전제가 되는 법적 판단에 대해서까지 의견진술의 기회가 부여되어야 한다고 보기는 어려우므로 위원회가 심사보고서 송부 및 이에 대한 의견진술의 단계에서와 다른 사유로 감면신청을 기각하였다고 하더라도 원고의 방어권이 침해되었다고 보기 어렵다고 하였다.[28)]

그 밖에 근래 위원회가 피심인에게 심사보고서를 송부할 때 관련 증거 등 첨부자료를 함께 송부하지 않은 것이 법이 규정하는 사전통지 및 의견진술권을 침해한 절차적 위법에 해당하는지 여부가 재판상 다투어졌다. 예컨대, 대구 서부하수처리장 등 총인처리시설 입찰담합 사건에서 위원회가 심사보고서를 송부하면서 의견서 제출기간을 당시 시행되던 구 사건처리절차규칙이 정한 3주에 미달하게 부여하고 첨부자료 목록 이외에 그에 기재된 자료를 송부하지 않은 것이 문제가 되었다.

관련 행정소송 상고심에서 대법원은 법상 당사자에게 부여된 절차적 권리와 방어권에 관하여 중요한 내용을 판시하였다. 먼저, 독점규제법에 대하여 행정절차법의 적용을 배제하는 취지는 동법의 적용을 받는 당사자에게 행정절차법이 정한 것보다 더 약한 절차적 보장을 하려는 것이 아니라, 오히려 그 의결절차상 인정되는 절차적 보장의 정도가 일반 행정절차와 비교하여 더 강화되어 있기 때문이고, 피심인은

27) 서울고법 2009. 2. 4. 선고 2008누16980 판결.

28) 서울고법 2018. 11. 21. 선고 2018누35263 판결. 상고심에서 대법원은 심리불속행 사유에 해당한다는 이유로 상고를 기각하였다(대법원 2019. 4. 25. 선고 2019두31143 판결).

위원회의 처분과 관련된 자료의 열람 또는 복사를 요구할 수 있는데 적어도 다른 법령에 따라 공개가 제한되는 경우 등 특별한 사정이 없는 한 이러한 요구를 거부할 수 없음이 원칙이며, 법 및 절차규칙상 관련 규정이 심사보고서 첨부자료의 송부 및 자료 열람 등을 규정하고 있는 취지는 위원회의 시정조치 또는 과징금 납부명령으로 말미암아 불측의 피해를 받을 수 있는 '당사자'로 하여금 심의에 출석하여 효과적으로 방어권을 행사하도록 보장함으로써 심사절차의 적정을 기함과 아울러 동 위원회로 하여금 적법한 심사절차를 거쳐 사실관계를 보다 구체적으로 파악하게 하여 신중하게 처분을 하게 하는 데 있다고 설시하였다.[29)]

나아가 피심인이 심의·의결절차에서 방어권 행사를 위해 필요한 심사보고서의 첨부자료 열람·복사를 신청하였으나, 위원회가 절차규칙에서 정한 거부사유에 해당하지 않음에도 이에 응하지 아니하였다면, 동 위원회의 심의·의결의 절차적 정당성이 상실되므로 그 처분은 그 절차적 하자로 인하여 원칙적으로 취소되어야 하는데, 다만 그 절차상 하자로 인하여 피심인의 방어권 행사에 실질적으로 지장이 초래되었다고 볼 수 없는 예외적인 경우에는 심의·의결의 절차적 정당성이 상실되었다고 볼 수 없으므로 그 처분을 취소할 것은 아니며, 첨부자료의 제공 또는 열람·등사가 거절되는 등으로 인하여 피심인의 방어권이 실질적으로 침해되었는지 여부는 송부 내지 열람·복사를 거부한 자료의 내용, 범위, 정도, 그 자료의 내용과 처분요건 등과의 관련 정도, 거부의 경위와 거부사유의 타당성, 심사보고서에 기재된 내용, 피심인이 심의·의결절차에서 의견을 진술하고 변명하는 등 방어의 기회를 충분히 가졌는지 여부 등을 종합하여 판단해야 한다고 하였다.[30)]

대법원은 위와 같은 법리를 이 사건 사실관계에 적용하여, 이 사건 원고가 의견서 제출기한의 연장을 신청하여 결국 실질적으로 의견서 제출기간을 약 한 달 이상 부여받았고, 위원회가 송부하지 않은 자료들의 내용 중 이 사건 공동행위에 관련된 부분이 심사보고서에 적시됨으로써 원고는 관련 직원들이 진술한 내용을 알 수 있었고, 실제로 의견서를 통하여 심사보고서 본문에 발췌되어 공개된 각 증거자료들을 일일이 반박하였으며, 비록 의견서 제출기한이 종료된 이후이기는 하나 위원회가 원고에게 심사보고서 교부 당시 첨부되지 않은 일부 자료들을 제공함으로써 원고는 전원회의 심의일까지 이를 검토할 충분한 시간이 있었던 점 등에 비추어 볼 때, 구법 제49조 제3항, 제52조 제1항 등에서 정한 원고의 의견진술권과 방어권을 본질적으로 침해한 절차적 위법이 있다고 할 수 없다고 판시하였다.[31)]

---

29) 대법원 2018. 12. 27. 선고 2015두44028 판결.

30) 같은 판결.

그 밖에도 기업집단 하림 소속 계열회사들의 부당한 지원행위 사건 관련 열람복사거부처분취소청구의 소에서 법상 자료 열람·복사 요구에 관한 다양한 쟁점이 다투어졌다. 이 사건에서 심사관은 심사보고서 첨부자료 중 일부를 영업비밀 보호를 이유로 피심인에 송부하지 않았고 그 후 피심인들이 심사보고서 중 비공개 부분과 미송부 첨부자료에 대하여 열람·복사를 신청하였으나, 위원회는 그 중 일부에 대하여 비공개결정을 하였고, 이에 대하여 피심인들이 열람복사거부처분 취소청구의 소를 제기하였다. 서울고법은 아직 종국처분이 내려지지 않은 상태에서 피심인이 열람·복사거부처분의 취소를 소구할 이익이 인정되고, 법상 처분과 관련된 자료의 열람·복사를 거부할 수 있는 요건에 대한 증명책임은 위원회에 있다고 전제하였다.[32] 나아가 해당 자료들에 대하여 구법 제52조의2(2020. 5. 19. 개정되기 전)가 열람·복사거부요건으로 규정하고 있는 제출자의 부동의 또는 공익상 필요의 부재가 입증되었는지 여부를 구체적·개별적으로 판단하였는데, 영업비밀이나 조사협조자의 신원 및 제보내용 등에 관한 정보 등은 공익상의 필요가 없어서 열람·복사를 거부할 수 있는 데 반하여, 원고 자신의 거래가격을 바탕으로 작성된 가격자료나 자료제출자가 부동의한 경우라고 할지라도 이미 공개가 된 자료에 대하여는 열람·복사를 거부할 수 없으며, 특히 신원자료의 경우 공급업체명을 삭제하고 제출된 증거자료만으로는 자료제출자의 부동의 의사가 입증되었다고 볼 수 없다고 하였다.[33]

토의 과제

> 현행 독점규제법, 동법 시행령 및 절차규칙상 피심인의 방어권을 보장하기 위한 조치들을 열거해 보고, 피심인의 방어권 보장과 갈등관계에 있는 가치들을 설명해 보시오.

31) 같은 판결. 같은 취지의 판결로서 서울고법 2021. 2. 4. 선고 2019누33325 판결, 서울고법 2021. 2. 4. 선고 2019누33318 판결, 서울고법 2021. 2. 4. 선고 2019누33233 판결 및 서울고법 2021. 6. 2. 선고 2019누33301 판결 참고.

32) 서울고법 2019. 5. 16. 선고 2019누30500 판결.

33) 같은 판결. 상고심에서 대법원은 심리불속행 사유에 해당한다는 이유로 상고를 기각하였다(대법원 2019. 10. 17. 선고 2019두44736 판결). 또한 그 후 위 사건과 관련하여 다시 제기된 별개의 열람복사거부처분취소청구의 소에서 서울고법은 원고들에게 이미 공개한 자료를 통해 도출해 낼 수 있는 자료는 비공개함으로써 보호할 이익이 크지 않고 위반행위의 정도를 판단하는 자료 역시 원고들이 방어권 행사를 위해 확인할 필요가 있으므로 이를 비공개하는 것은 위법하다고 하였다(서울고법 2021. 1. 13. 선고 2020누31035 판결).

Ⅲ. 동의의결절차

독점규제법은 2011. 12. 2. 개정(법률 제11119호)으로 소위 '동의의결제도'(consent order)를 도입하였다. 이는 미국 및 EU 등 주요 국가의 경쟁당국이나 법원이 법 위반혐의를 받는 행위자와의 합의를 통하여 법 위반의 우려가 제기된 상태를 자발적으로 시정하도록 함으로써 신속하고 효율적인 시정이 가능하고, 소비자 등의 피해 역시 효과적으로 구제할 수 있어서 경쟁법 위반 사건에서 적극적으로 활용하고 있는 제도이다.

법 제89조 이하에서 동의의결절차에 관하여 규정하고 있다. 먼저, 위원회의 조사나 심의를 받고 있는 사업자 또는 사업자단체(이하 '신청인'이라 함)는 해당 조사나 심의의 대상이 되는 행위로 인한 경쟁제한상태 등의 자발적 해소, 소비자 피해구제, 거래질서의 개선 등을 위하여 동의의결을 하여 줄 것을 위원회에 신청할 수 있고, 다만 해당 행위가 (1) 법 제40조(부당한 공동행위의 금지) 제1항을 위반하는 행위인 경우, (2) 법 제124조 및 제125조의 벌칙이 규정된 위반행위로서 그 위반의 정도가 객관적으로 명백하고 중대하여 경쟁질서를 현저히 해친다고 인정하는 경우(법 제129조 제2항), (3) 동의의결이 있기 전에 신청인이 신청을 취소하는 경우에는 동의의결을 하지 않고 위에서 설명한 심의절차를 진행하여야 한다(법 제89조 제1항). 그 취지는 경쟁제한의 효과가 명백하고 심각한 부당한 공동행위 등의 법 위반행위에 대해서는 동의의결절차가 아니라 위에서 설명한 정식의 심의절차에 따라 엄중한 제재를 부과하려는 것이라고 할 수 있다.

동의의결을 신청하는 신청인은 (1) 해당 행위를 특정할 수 있는 사실관계, (2) 해당 행위의 중지, 원상회복 등 경쟁질서의 회복이나 거래질서의 적극적 개선을 위하여 필요한 시정방안, (3) 소비자, 다른 사업자 등의 피해를 구제하거나 예방하기 위하여 필요한 시정방안 등을 기재한 서면으로 하여야 하는데(법 제89조 제2항), 동의의결의 신청이 있으면 공정거래위원회는 해당 행위의 사실관계에 대한 조사를 마친 후 위 (2) 및 (3)에 따른 시정방안이 (1) 해당 행위가 이 법을 위반한 것으로 판단될 경우에 예상되는 시정조치, 그 밖의 제재와 균형을 이룰 것, (2) 공정하고 자유로운 경쟁질서나 거래질서를 회복시키거나 소비자, 다른 사업자 등을 보호하기에 적절하다고 인정될 것의 요건을 모두 갖추었다고 판단되는 경우에는 해당 행위 관련 심의절차를 중단하고 시정방안과 같은 취지의 의결을 할 수 있다(이 경우 신청인과의 협의를 거쳐 시정방안을 수정할 수 있음)(동 조 제3항). 유의할 것은 위원회의 동의의결은 해당 행위가 법에 위반된다고 인정한 것을 의미하는 것은 아니며, 누구든지 신청인이 동의의결을 받은 사실을 들어 해당 행위가 법에 위반된다고 주장할 수 없다는 점이다(동 조 제4항).

또한 공정거래위원회가 동의의결절차의 개시 여부를 결정함에 있어서 신속한 조치의 필요성, 소비자 피해의 직접 보상 필요성 등을 종합적으로 고려하여야 하고(법 제90조 제1항), 특히 동의의결을 하기 전에 30일 이상의 기간을 정하여 (1) 해당 행위의 개요, (2) 관련 법령 조항, (3) 시정방안(신청인과의 협의를 거쳐 수정된 경우에는 그 수정된 시정방안), (4) 해당 행위와 관련하여 신고인 등 이해관계인의 이해를 돕는 그 밖의 정보(다만, 사업상 또는 사생활의 비밀 보호나 그 밖에 공익상 공개하기에 적절하지 아니한 것은 제외함)를 신고인 등 이해관계인에게 통지하거나 관보 또는 공정거래위원회의 인터넷 홈페이지에 공고하는 등의 방법으로 의견을 제출할 기회를 주어야 하며, 또한 위 사항을 관계 행정기관의 장에게 통보하고 그 의견을 듣고 법상 벌칙의 대상이 되는 행위에 대해서는 검찰총장과는 협의하여야 한다(동 조 제2항 및 제3항). 이는 동의의결절차상 신고인 등 이해관계인의 의견을 충분히 수렴함으로써 법집행의 효율을 제고한다는 명분으로 이들의 이익이 부당하게 침해되지 않도록 하기 위한 것이다.

그 밖에 공정거래위원회가 동의의결을 하거나 이를 취소하는 경우에도 일반적인 심의절차와 마찬가지로 법 제59조(전원회의 및 소회의 관장사항)의 구분에 따른 회의의 심의·의결을 거쳐야 하고(법 제90조 제4항), 동의의결을 받은 신청인은 위 의결에 따라 동의의결의 이행계획과 이행결과를 공정거래위원회에 제출하여야 한다(동 조 제5항). 동의의결이 내려진 경우에도 (1) 동의의결의 기초가 된 시장상황 등 사실관계의 현저한 변경 등으로 시정방안이 적정하지 아니하게 된 경우, (2) 신청인이 제공한 불완전하거나 부정확한 정보로 동의의결을 하게 되었거나, 신청인이 거짓 또는 그 밖의 부정한 방법으로 동의의결을 받은 경우, 또는 (3) 신청인이 정당한 이유 없이 동의의결을 이행하지 아니하는 경우에는 위원회는 동의의결을 취소할 수 있는데(제91조 제1항), 특히 (1)의 사유에 따라 취소한 경우 신청인이 다시 법상 요건을 갖추어 동의의결을 하여줄 것을 신청하면 다시 동의의결을 할 수 있고(동 조 제2항), 기타의 사유에 따라 취소한 경우 중단된 해당 행위 관련 심의절차를 계속하여 진행할 수 있다(동 조 제3항).

마지막으로 공정거래위원회는 정당한 이유 없이 동의의결 시 정한 이행기한까지 동의의결을 이행하지 아니한 자에게 동의의결이 이행되거나 취소되기 전까지 1일당 200만원 이하의 이행강제금을 부과할 수 있다(법 제92조 제1항). 공정거래위원회는 '동의의결제도 운영 및 절차 등에 관한 규칙'을 제정하여 동의의결절차상 구체

적인 서면의 신청 방법, 의견 조회 방법, 심의·의결 절차 등을 정하여 고시하고 있다.[34)]

Ⅳ. 공정거래분쟁조정협의회에 의한 공정거래분쟁조정

독점규제법은 2007. 8. 3. 개정(법률 제8631호)을 통하여 사적 분쟁의 성격이 강한 불공정거래행위의 당사자들이 조정을 통해 합의할 경우에 별도로 공정거래위원회가 시정조치 등을 하지 않고 사건을 종료하는 제도를 도입하였다. 즉, 사적 분쟁의 성격이 강한 불공정거래행위의 경우에는 공정거래위원회가 법 위반행위자에 대하여 시정명령이나 과징금 납부명령 등을 내리더라도 피해자에 대한 실질적인 권리구제는 미흡하므로 전문가나 각계의 대표자로 구성된 중립적이고 독립적인 기구에 의한 조정을 통하여 당사자 간 자율적인 합의를 유도함으로써 중소기업 등이 피해를 신속히 구제받을 수 있도록 하고, 공정거래위원회의 입장에서는 시정조치나 과징금 부과 등 제재 위주의 법집행방식을 개선하고 사적 분쟁의 성격이 강한 신고사건의 처리부담이 완화되어 시장경쟁에 미치는 영향이 큰 중요한 사건에 법집행역량을 집중하기 위한 것이다.[35)]

법은 불공정거래행위와 관련된 분쟁을 조정하기 위하여 한국공정거래조정원에 공정거래분쟁조정협의회를 설치하도록 하고 그에 의한 분쟁조정절차를 규정하고 있다. 즉, 한국공정거래조정원(이하 '조정원'이라 함)은 (1) 법 제45조(불공정거래행위의 금지) 제1항을 위반한 혐의가 있는 행위와 관련된 분쟁의 조정, (2) 다른 법률에서 조정원으로 하여금 담당하게 하는 분쟁의 조정, (3) 시장 또는 산업의 동향과 공정경쟁에 관한 조사 및 분석, (4) 사업자의 거래 관행과 행태의 조사 및 분석, (5) 공정거래위원회로부터 위탁받은 동의의결의 이행관리, (6) 공정거래와 관련된 제도와 정책의 연구 및 건의, 그 밖에 공정거래위원회로부터 위탁받은 사업 등의 업무를 수행하기 위하여 설립되었는데(법 제72조 제1항), 특히 법 제45조 제1항을 위반한 혐의가

34) 공정거래위원회가 최초로 동의의결을 내린 사례는 네이버 등의 시장지배적지위 남용행위 등 관련 동의의결 사건(공정거래위원회 의결 제2014-103호, 2014. 5. 8.) 및 다음커뮤니케이션의 시장지배적지위 남용행위 등 관련 동의의결 사건(공정거래위원회 의결 제2014-104호, 2014. 5. 8.)인데, 현재까지 당초 기대한 만큼 동의의결제도가 적극적으로 활용되지 않고 있다.

35) 공정거래위원회 보도자료, "공정위, 신속한 분쟁해결을 위한 조정제도 본격 시행", 2008. 2. 1. 실제로 2002년부터 2006년까지 공정거래위원회에 신고가 접수된 독점규제법 위반 사건 중 68.1%가 불공정거래행위에 관한 것이었다고 한다.

있는 행위와 관련된 분쟁을 조정하기 위하여 조정원에 공정거래분쟁조정협의회(이하 '협의회'라 한다)를 두었다(법 제73조 제1항).

협의회는 조정원의 장이 겸임하는 위원장을 포함하여 일정한 요건을 갖춘 사람으로서 조정원의 장의 제청으로 공정거래위원회 위원장이 임명 또는 위촉하는 7인 이내의 위원으로 구성되는데(법 제73조 제2항부터 제4항까지), 그 임기는 3년이고(동 조 제5항) 공정거래위원회의 위원에 준하는 제척 · 기피 · 회피사유가 적용된다(법 제75조).

법 제45조 제1항(불공정거래행위의 금지)에 위반한 혐의가 있는 행위로 피해를 입은 사업자는 일정한 사항을 기재한 분쟁조정신청서를 협의회에 제출함으로써 분쟁조정을 신청할 수 있고(법 제76조 제1항), 공정거래위원회 역시 신고가 접수된 경우 협의회에 그 행위 또는 사건에 대한 분쟁조정을 의뢰할 수 있다(동 조 제2항). 이러한 분쟁조정의 신청은 시효중단의 효력이 있는데, 다만 신청이 취하되거나 각하된 경우에는 시효중단의 효력이 인정되지 않는다(동 조 제4항).[36]

분쟁조정 신청이나 의뢰를 받은 협의회는 (1) 조정신청의 내용과 직접적인 이해관계가 없는 자가 조정신청을 한 경우, (2) 독점규제법의 적용대상이 아닌 사안에 관하여 조정신청을 한 경우, (3) 위반혐의가 있는 행위의 내용 · 성격 및 정도 등을 고려하여 공정거래위원회가 직접 처리하는 것이 적합한 법 제45조 제1항 제9호(부당한 지원행위)를 위반한 혐의가 있는 경우, (4) 조정신청이 있기 전에 공정거래위원회가 법 제80조(위반행위의 인지 · 신고 등)에 따라 조사를 개시한 사건에 대하여 조정신청을 한 경우(공정거래위원회로부터 시정조치 등의 처분을 받은 후 분쟁조정을 신청한 경우는 제외함)에는 조정신청을 각하하여야 한다(법 제77조 제3항 및 법 시행령 제69조 제1항).

협의회는 분쟁당사자에게 분쟁조정사항에 대하여 스스로 합의하도록 권고하거나 조정안을 작성하여 제시할 수 있는데, 해당 분쟁조정사항에 관한 사실을 확인하기 위하여 필요한 경우 조사를 하거나 분쟁당사자에게 관련 자료의 제출이나 출석을 요구할 수 있다(법 제77조 제1항 및 제2항). 또한 협의회는 (1) 분쟁당사자가 협의회의 권고 또는 조정안을 수락하거나 스스로 조정하는 등 조정이 성립된 경우, (2) 분쟁조정의 신청을 받은 날 또는 공정거래위원회로부터 분쟁조정의 의뢰를 받은 날부터 60일(분쟁 당사자 쌍방이 기간연장에 동의한 경우에는 90일로 함)이 지나도 조정이 성립하지 아니한 경우, (3) 분쟁당사자의 어느 한쪽이 조정을 거부하거나 해당 분쟁조정

36) 위 규정에 따라 중단된 시효는 분쟁조정이 이루어져 조정조서를 작성한 때 또는 분쟁조정이 이루어지지 아니하고 조정절차가 종료된 때부터 새로이 진행하고(법 제76조 제6항), 신청이 취하되거나 각하된 경우에 6개월 내에 재판상의 청구, 파산절차 참가, 압류 또는 가압류, 가처분을 하였을 때에는 그 시효는 최초의 분쟁조정의 신청으로 중단된 것으로 본다(법 제76조 제5항).

사항에 대하여 법원에 소를 제기하는 등 조정절차를 진행할 실익이 없는 경우에는 조정절차를 종료하여야 한다(동 조 제4항). 한편, 공정거래위원회는 조정절차 개시 전에 시정조치 등의 처분을 하지 아니한 분쟁조정사항에 관하여 조정절차가 종료될 때까지 해당 분쟁당사자에게 법상 시정조치나 시정권고를 할 수 없다(동 조 제6항).

협의회는 분쟁조정사항에 대하여 조정이 성립된 경우 조정에 참가한 위원과 분쟁당사자가 기명날인하거나 서명한 조정조서를 작성하여야 하고, 또한 분쟁당사자가 조정절차를 개시하기 전에 분쟁조정사항을 스스로 조정하고 조정조서의 작성을 요청하는 경우에도 그 조정조서를 작성하여야 하는데(법 제78조 제1항 및 제2항), 이 경우 조정조서는 재판상 화해와 동일한 효력을 갖는다(동 조 제5항). 조정이 성립되면 분쟁당사자는 조정에서 합의된 사항을 이행하고 그 결과를 공정거래위원회에 제출하여야 하는데(동 조 제3항), 공정거래위원회는 조정절차 개시 전에 시정조치 등의 처분을 하지 아니한 분쟁조정사항에 대하여 조정을 통하여 분쟁당사자 간에 합의가 이루어지고 그 합의된 사항을 이행한 경우에는 법상 시정조치나 시정권고를 하지 아니한다(동 조 제4항).

Ⅴ. 시정조치 등에 대한 피심인의 불복방법

1. 이의신청 및 불복의 소

공정거래위원회가 사업자나 사업자단체의 행위에 대하여 심의한 결과 법 위반에 해당한다고 판단될 경우에는 시정명령, 시정명령을 받은 사실의 공표명령(소위 '수명사실 공표명령'), 과징금 납부명령 등을 내릴 수 있는데, 이에 대하여 해당 피심인이 불복할 수 있는 방법은 이의신청과 불복의 소가 있다. 먼저, 독점규제법은 위원회의 자기반성에 의한 신속한 권리구제의 기회를 부여하기 위해 이의신청절차를 규정하고 있다. 즉, 법에 따른 위원회의 처분에 대하여 불복하는 자는 그 처분의 통지를 받은 날부터 30일 내에 그 사유를 갖추어 위원회에 이의신청을 할 수 있고, 이 경우 위원회는 60일 이내(부득이한 사정으로 그 기간 내에 재결을 할 수 없을 경우에는 30일의 범위에서 결정으로 그 기간을 연장할 수 있음)에 재결을 하여야 하며(법 제96조), 이의신청에 대해서는 전원회의가 심의 · 의결한다(법 제59조 제1항 제2호).

이의신청에 대하여 공정거래위원회가 재결을 내린 경우에 행정심판의 경우와 마찬가지로 소위 '불가변력'이 발생하여 이제 재심 기타 특별한 규정이 없는 한 동 위원회가 직권으로 재결을 취소하거나 변경할 수 없는지 여부가 재판상 다투어졌다. 7개 시멘트제조사의 부당한 공동행위 사건 재결 직권취소 관련 행정소송에서 서울고법은 공정거래위원회가 준사법기관인지 여부와 동 위원회가 행하는 이의신청에 대한 재결에 불가변력이 인정되는지 여부는 별개의 문제라고 전제하고, 위원회의 일반적인 의결과 이의신청에 대한 재결은 양자 모두 그 처분의 주체가 동일하고, 관여 위원도 동일하지는 않으나 과반수 위원이 중복되어 이의신청에 대한 재결이 독립적인 제3의 기관에 의한 판단이 아닌 점, 구 절차규칙 제65조는 이의신청 제기 이후의 절차에 관하여 의결 절차에 관한 규정을 대부분 준용하도록 규정하고 있어 양자의 절차에 본질적인 차이가 없는 점, 의결과 이의신청에 대한 재결 모두 '행정처분'의 요소와 '그 절차의 준사법적' 요소가 혼재되어 있는 점 등을 종합하면 위원회가 행하는 일반적인 의결과 달리 이의신청에 대한 재결에만 불가변력이 존재한다고 볼 수 없고, 나아가 독점규제법의 취지 및 그 취지를 실현하기 위해 위반사업자에 대한 적법한 제재가 필요한 점 등을 고려하면 위반사업자에 대한 제재처분의 감경 여부에 관한 당해 행정청의 결정에 불과한 이의신청 재결에 대하여 불가변력을 부여할 논리 필연적인 이유가 없으며, 오히려 그 재결에 위법사유가 있다면 직권취소를 통하여 법의 취지를 실현하고 법적 정의를 확립할 수 있도록 하여야 한다고 봄이 타당하다고 하였다.[37)]

또한 공정거래위원회로부터 처분을 받은 피심인은 그 밖의 행정처분과 마찬가지로 법원에 불복의 소를 제기할 수 있음은 당연한데,[38)] 독점규제법은 동법에 따른 위원회의 처분에 대한 불복의 소의 제소기간 및 관할법원에 관한 특칙을 두고 있다. 즉, 법에 따른 위원회의 처분에 대한 불복의 소는 처분의 통지를 받은 날 또는 이의신청에 대한 재결서의 정본을 송달받은 날부터 30일 이내에 서울고등법원에 제기하여야 한다(법 제99조 제1항 및 제100조). 30일의 제소기간은 불변기간이며(법 제99조 제2항), 제소기간을 위반한 소는 소송요건 미비를 이유로 각하의 대상이 된다.[39)]

---

37) 서울고법 2017. 10. 25. 선고 2017누40084 판결. 상고심에서 대법원은 심리불속행 사유에 해당한다는 이유로 상고를 기각하였다(대법원 2018. 3. 15. 선고 2017두71970 판결).

38) 공정거래위원회의 처분에 대하여 이의신청을 거친 경우에는 이를 기각한 재결을 취소하는 소를 제기할 수도 있는데, 다만 재결 자체에 고유한 위법이 있는 경우에 한한다. 행정소송법 제19조 단서, 서울고법 2014. 12. 24. 선고 2013누303355 판결 및 서울고법 2017. 4. 27. 선고 2016누31441 판결 등 참고.

39) 과거에는 구 행정소송법상 행정심판을 제기할 수 있는 경우에는 반드시 먼저 재결을 거친 후에 소를 제기하도록 하는 소위 '재결전치주의'에 따라 위원회(또는 경제기획원장관)의 처분에 대하여 소를 제기하는 경우 반드시 "이의신청에 대한 재결의 고지를 받은 날부터 30일 이내"에 제기하도록 규정하였으나, 당사자의 선택에 따라 신속한 사법적 권리구제를 받을 수 있도록 1994년 행정소송법이 개정되어 재결전치주의가 폐지되자(법률

한편, 법에 따른 위원회의 처분에 대한 불복의 소를 일반적인 행정소송의 경우와는 달리 행정법원이 아닌 서울고등법원의 전속관할로 규정하고 있는 취지는 (1) 위원회는 독립적 합의제기관으로서 그 의결절차가 당사자의 절차적 참여권이 인정되는 등 법원의 제1심 절차에 준하는 성격을 가지고 있고,[40] (2) 관할권을 서울고등법원에 집중함으로써 심리의 전문성을 향상시킬 수 있고, (3) 일반적인 심급제도의 단축을 통하여 당사자 등의 권리관계를 신속히 확정하려는 것이라고 할 수 있다. 전속관할을 위반한 소가 제기되었을 경우에는 각하하지 않고 관할법원에 이송하게 된다.

그런데 이상과 같은 법상 이의신청절차 또는 제소기간이나 관할에 관한 특칙이 적용되는 것은 '이 법에 따른 처분'이므로 기타의 행정처분, 예컨대 정보공개거부처분 등과 같이 독점규제법에 따른 것이 아닌 처분에 대하여는 동법상 이의신청을 할 수 없으며, 이에 불복하는 경우에는 행정심판법에 의한 일반 행정심판절차와 행정소송법에 의한 일반적 제소기간 및 관할에 관한 규정이 적용된다. '위원회의 처분'이 아닌 위원장의 소속 직원에 대한 해임처분과 같은 인사상의 처분의 경우도 마찬가지이다.

실제로 대우건설의 과징금납부 고지처분 사건 관련 행정소송에서 이미 부과된 과징금에 대하여 공정거래위원장이 다시 구법 제55조의6 제2항 및 국세기본법 제25조 제2항에 따라 위원회의 회의를 거치지 않고 단독으로 내린 과징금납부 고지처분이 '독점규제법에 따른 공정거래위원회의 처분'인지 여부가 다투어졌다.[41] 이에 대하여 서울고법은 구법 제54조의 '법에 의한 공정거래위원회의 처분'은 '공정거래위원회가 회의체로서 한 처분'만을 의미하고 회의체가 아닌 기관 또는 기관장이 한 처분까지도 포함된다고 볼 수 없다고 하면서 이 처분을 다투는 소송은 서울고법의 전속관할이 인정되지 않는다고 판시하였다.[42] 그러나 상고심에서 대법원은 위 조항의 '법

제4770호, 1994. 7. 27. 개정, 1998. 3. 1. 시행) 독점규제법 역시 1999년 7차 개정을 통하여 불복의 소를 제기할 수 있는 기간을 "처분 또는 이의신청에 대한 재결서의 정본을 송달받은 날부터 30일 이내"라고 규정하였다.

40) 서울고법 2004. 2. 4.자 2003루156 결정.

41) 위 사건에서 원고는 구법 제54조 제1항이 정하고 있는 단기 제소기간이 도과한 후 행정소송법상 일반적인 제소기간이 경과하기 전에 일반적 행정소송절차에 따라 서울행정법원에 소송을 제기하였고, 동 법원은 위 처분이 구법상 '법에 의한 공정거래위원회의 처분'에 해당한다는 이유로 이에 관한 전속관할권을 갖는 서울고법에 이송하였다. 그런데 만일 위 처분이 '법에 의한 공정거래위원회의 처분'으로 인정된다면, 별다른 사유가 없는 한 이 사건 청구는 법상 단기 제소기간을 도과한 것으로서 각하의 대상이 될 것이므로 원고는 위 이송결정을 다투기 위해 항고를 제기하였다.

42) 서울고법 2004. 2. 4.자 2003루156 결정.

에 의한 공정거래위원회의 처분'인지 여부는 소송을 제기한 원고의 청구원인사실에 따라 판단하여야 하는데, 이 사건 원고의 청구원인은 구법 제55조의6 제2항의 '공정거래위원회의 독촉처분'에 대한 것이므로 '법에 의한 공정거래위원회의 처분'에 대한 것으로 보아야 한다고 하면서 원심을 파기하였다.43)

그 밖에도 공정거래위원회의 과징금 부과처분에 대하여 불복의 소가 제기되어 과징금부과 자체는 적법하지만 그 액수의 산정에 있어서 재량권의 일탈·남용이 인정되는 경우에 법원은 그 전부를 취소하여야 하는지, 아니면 적정하다고 인정되는 액수를 초과한 부분만을 취소할 수 있는지가 문제된다. 이에 대하여 법원은 일관되게 해당 행위에 대해 공정거래위원회가 부과한 과징금의 전부를 취소하여야 하고 한도액이나 법원이 적정하다고 인정되는 액수를 초과한 부분만을 취소할 수는 없다고 하였다.44) 법원은 과징금 부과처분에 대하여 재량권의 일탈 여부만을 판단할 수 있고 과징금을 재산정하여 부과할 권한을 가지고 있지 않기 때문이다.

다만, 해당 사건에서 인정된 법 위반행위의 유형이 수개이고, 공정거래위원회가 과징금을 위반행위의 유형별로 나누어 산정한 경우에 어느 하나의 행위에 대한 과징금의 산정에 위법이 있고, 소송상 위반행위별 과징금액을 별도로 산정할 수 있는 경우에는 과징금 부과처분 중 당해 부분만을 취소해야 한다. 예컨대, 생명보험회사들의 부당한 공동행위 사건에서 공정거래위원회는 동 회사들의 유배당 퇴직보험 확정금리형 상품의 예정이율, 유배당 퇴직보험 금리연동형 상품의 공시이율 및 무배당 퇴직보험 금리연동형 상품의 공시이율에 관한 부당한 공동행위에 대하여 하나의 과징금 납부명령을 하였는데, 관련 행정소송에서 서울고법은 그 중 무배당 퇴직보험 금리연동형 상품의 공시이율에 관한 과징금부과만이 위법하다고 판단하면서도 이 사건 과징금 부과처분 전체를 취소하였다.45) 그러나 상고심에서 대법원은 공정거래위원회가 여러 개의 위반행위에 대하여 하나의 과징금 납부명령을 하였으나 여러 개의 위반행위 중 일부의 위반행위에 대한 과징금부과만이 위법하고 소송상 그 일부의 위반행위를 기초로 한 과징금액을 산정할 수 있는 자료가 있는 경우에는, 하나의 과징금 납부명령일지라도 그 일부의 위반행위에 대한 과징금액에 해당하는 부분만을 취소해야 한다고 판시하였다.46)

---

43) 대법원 2004. 7. 14.자 2004무20 결정.

44) 서울고법 2000. 1. 27. 선고 98누12620 판결 및 대법원 2009. 6. 23. 선고 2007두18062 판결 등.

45) 서울고법 2009. 6. 10. 선고 2008누33909 판결.

46) 대법원 2009. 10. 29. 선고 2009두11218 판결. 동일한 취지의 판결로서 서울고법 2001. 6. 21. 선고 98누13098 판결, 대법원 2006. 12. 22. 선고 2004두1483 판결 등 참고.

2. 관련문제 : 처분사유의 추가 · 변경 및 처분의 변경

법에 따른 위원회의 처분에 대한 불복의 소와 관련하여 소송 계속 중에 이루어진 처분사유의 추가나 변경 또는 처분의 변경이 문제가 된다. 먼저, 위원회의 시정명령 등의 취소를 구하는 불복의 소가 제기된 후, 동 위원회가 당초 처분의 근거로 삼은 사유 이외의 사유를 추가하거나 그 사유를 변경할 수 있는지 여부가 재판상 다투어졌다. 먼저, 한국공항공사의 거래상 지위의 남용 사건에서 위원회는 당초 동 사업자의 공항청사 임대료책정행위가 구법 제23조 제1항 제4호의 거래상 지위의 남용행위의 한 유형인 '불이익제공'에 해당한다는 이유로 시정조치를 명하였는데, 동 처분에 대한 행정소송 과정에서 설령 이 사건 행위가 불이익제공에 해당하지 않는다고 하더라도 구법 제23조 제1항 제1호의 '가격차별'에 해당한다고 예비적으로 주장하였다. 상고심에서 대법원은 '불이익제공'과 '가격차별'은 그 요건이 되는 사실이 다르고 양자를 불공정거래행위로 규정한 근거와 입법취지, 요건 및 처분의 내용이 다른 점 등을 고려할 때 가격차별을 사유로 하는 시정조치와 불이익제공을 사유로 하는 이 사건 시정조치는 별개의 처분이라 할 것이므로 가격차별의 사유를 이 사건 처분의 적법성의 근거사유로 삼을 수는 없다고 하였다.[47]

또한 기업집단 현대의 제1차 부당내부거래 사건에서 위원회는 당초 현대자동차가 1995년 12월 계열회사인 현대종합금속에 대하여 선급금 100억원을 지급한 후 1998년 3월까지 이를 회수하지 않은 행위를 부당한 지원행위로 인정하여 시정명령 및 과징금 납부명령을 내렸는데, 동 처분에 대한 행정소송이 진행되는 도중에 법상 부당한 지원행위의 금지가 시행되기 전에 이미 자금의 제공 또는 거래가 존재하였거나 자금을 회수하지 않은 부작위가 존재하였고 위 규정이 시행된 이후에는 단순히 그러한 부작위가 계속되는 것에 불과한 경우에는 다른 특별한 사정이 없는 한 자금지원행위에 해당되지 않는다는 취지의 대법원 판결[48]이 내려짐에 따라 위 행위에 해당하는 과징금 납부명령을 직권취소하고, 다만 1997년 12월 현대종합금속이 위 선급금에 대한 상환연기를 문서로 요청하고 현대자동차가 이를 수락한 행위를 처분사유로 추가하여 동 행위는 별도의 자금지원행위로 볼 수 있다는 이유로 동 기간 이후에 해당하는 과징금 납부명령은 취소하지 않았다.

관련 행정소송 상고심에서 대법원은 행정처분의 취소를 구하는 항고소송에 있

47) 대법원 2005. 12. 8. 선고 2003두5327 판결.

48) 대법원 2004. 4. 9. 선고 2001두6197 판결. 동 판결의 자세한 판시내용은 제7장 Ⅱ. 2. '지원행위' 부분 참고.

어서 처분청은 당초 처분의 근거로 삼은 사유와 기본적 사실관계에 있어서 동일성이 인정되는 한도 내에서만 다른 사유를 추가하거나 변경할 수 있고, 여기서 기본적 사실관계가 동일하다는 것은 처분사유를 법률적으로 평가하기 이전의 구체적인 사실에 착안하여 그 기초적인 사회적 사실관계가 기본적인 점에서 동일한 것을 말한다고 하면서, 이 사건에서 문제가 된 1997년 12월에 행해진 선급금 상환연기는 원처분의 사유인 1995년 12월에 이루어진 선급금의 미회수행위와는 기본적 사실관계에 있어서 동일성이 인정되지 않는 별개의 사실관계이므로 새로운 처분사유로서 추가할 수 없다고 판시하였다.[49)]

그 밖에도 대구 서부하수처리장 등 총인처리시설 입찰담합 사건에서 공정거래위원회는 피심인의 특정 임원이 부당한 공동행위에 직접 관여하였음을 이유로 과징금을 가중하였는데, 추후 이 사건 처분에 대하여 제기된 행정소송 계속 중 해당 임원이 아닌 다른 임원이 관여하였다고 주장하였다. 이에 대하여 서울고법 및 대법원은 이 사건 처분 시의 처분사유와 다른 내용을 주장하는 것으로서 당초 처분사유와 동일성을 인정하기 어려우므로 받아들일 수 없다고 하였다.[50)] 또한 국립환경과학원 등 발주 대기오염 측정장비 입찰담합 사건에서 공정거래위원회는 당초 13건의 입찰담합을 처분사유로 삼았는데, 추후 이 사건 처분에 대하여 제기된 행정소송 계속 중에 별개의 입찰담합 8건을 추가하여 총 21건의 입찰담합이 하나의 공동행위에 해당한다고 주장하였다. 이에 대하여 서울고법은 소송 계속 중 13건의 입찰담합이 하나의 공동행위라고 주장하는 것은 객관적 사실관계에 대하여 법적 평가를 달리하는 것일 뿐 법적 평가의 기초가 되는 사회적 사실관계를 달리하는 것은 아니므로 처분의 동일성이 유지되는 범위 내에서 이루어진 처분사유의 추가·변경에 해당하여 허용되지만, 이 사건 처분의 대상이 된 13건의 입찰담합과 그 밖에 추가된 입찰담합은 처분의 기초가 되는 사회적 사실관계가 기본적인 점에서 동일하다고 볼 수 없으므로 이러한 처분사유의 추가·변경은 허용될 수 없다고 하였다.[51)]

공정거래위원회의 처분에 대한 재판상 불복절차와 관련된 또 다른 쟁점으로서 동 위원회의 처분에 대하여 불복의 소가 제기되어 법원에 계속 중에 위원회가 스스로 당초의 처분을 변경한 경우에, 행정소송의 심판대상인 소송물을 무엇으로 보아야 하는지가 재판상 다투어졌다. 즉, S-Oil을 포함한 5개 정유사들이 가담한 군납유

49) 대법원 2008. 7. 10. 선고 2006두14735 판결.

50) 서울고법 2015. 5. 7. 선고 2014누63048 판결 및 대법원 2018. 12. 27. 선고 2015두44028 판결.

51) 서울고법 2020. 9. 10. 선고 2019누40354 판결. 상고심에서 대법원은 심리불속행 사유에 해당한다는 이유로 상고를 기각하였다(대법원 2021. 1. 14. 선고 2020두50157 판결).

류 입찰담합 사건 관련 행정소송 상고심에서 대법원은 동 회사에 대한 공정거래위원회의 과징금 납부명령이 법 위반행위로 인하여 취득한 이익의 규모나 자금사정 등 현실적인 부담능력을 고려하지 아니함으로써 재량을 일탈·남용하였다는 취지로 원심 판결을 파기·환송하였고,[52] 그 후 환송심이 서울고법에 계속 중에 위원회는 대법원 판결의 취지에 따라 과징금액을 재산정하여 동 회사에 이미 부과된 과징금 중 일부를 취소하였다. 그러자 위 회사는 당초의 과징금 납부명령에 대한 행정소송 계속 중에 원처분의 일부를 감액하는 처분이 내려지면, 그 행정소송의 소송물은 원처분의 내용대로 존속하고 감액한 처분은 독립된 처분으로 보아야 하므로 원처분 자체는 당초 대법원의 환송판결의 취지에 따라 전부 파기되어야 한다고 주장하였다.

그러나 대법원은 먼저, 행정처분을 한 처분청은 그 처분에 하자가 있는 경우에는 별도의 법적 근거가 없더라도 스스로 이를 취소하거나 변경할 수 있다고 전제한 뒤, 행정청이 과징금 부과처분을 한 후 그 부과처분의 하자를 이유로 과징금의 액수를 감액하는 경우에 그 감액처분은 감액된 과징금 부분에 관해서만 법적 효과가 미치는 것이고, 당초의 부과처분과 별개 독립의 과징금 부과처분이 아니라 그 실질은 당초 부과처분의 변경으로서 과징금의 일부 취소라는 납부의무자에게 유리한 결과를 가져오는 처분이므로 당초 부과처분이 전부 실효되는 것은 아니며, 아직 취소되지 않고 남아 있는 부분이 위법하다고 다투는 항고소송의 대상은 당초의 부과처분 중 감액처분에 의해 취소되지 않고 남은 부분이고, 감액처분 자체가 항고소송의 대상이 되는 것은 아니라고 판시하였다.[53]

유사한 쟁점으로서 종래 공정거래위원회는 부당한 공동행위에 대한 법집행 관행상 우선, 감면신청을 한 자진신고자나 조사협조자를 포함하여 부당한 공동행위에 가담한 모든 사업자들에 대하여 자진신고 사실 등을 고려하지 않은 채 과징금 부과처분을 하고, 다시 감면신청을 한 자진신고자 등에 대하여 별도로 감면요건의 충족 여부를 판단하여 과징금을 감면하거나 감면신청을 기각하는데,[54] 감면신청을 한 사

---

52) 대법원 2004. 11. 12. 선고 2002두5627 판결. 동 판결에 대한 상세한 설명은 제5장 Ⅲ. 6. (나) '관련 판결례' 부분 참고.

53) 대법원 2008. 2. 15. 선고 2006두4226 판결. 또한 대법원은 감액처분 자체에 위법사유가 존재하는 경우에도 그에 대한 별도의 쟁송수단을 인정해야 할 특별한 사정이 없는 한 마찬가지의 법리가 적용된다고 하였다.

54) 2015년 1월 개정되기 전 구 '부당한 공동행위 자진신고자 등에 대한 시정조치 등 감면제도 운영고시'는 감면신청이 접수되면 우선 사무처장이 감면요건의 충족 여부를 판단하여 자진신고자 등의 지위를 확인하거나 감면불인정 통지를 하도록 하고, 추후 위원회가 사무처장의 지위 확인에 대하여 감면에 관한 사항을 최종적으로 심의·의결하도록 규정하고 있었다. 그런데 대법원이 사무처장의 잠정적인 감면불인정 통지가 항고소송의 대상이 되는 처분에 해당한다고 판시함에 따라(대법원 2012. 9. 27. 선고 2010두3541 판결

업자가 위 과징금 부과처분이나 감면신청 기각처분에 불복하고자 할 경우에 어떤 처분에 대하여 불복의 소를 제기해야 하는지가 문제가 된다. 이에 관하여 두유사업자들의 부당한 공동행위 사건 관련 행정소송 상고심에서 대법원은 공정거래위원회가 부당한 공동행위를 행한 사업자로서 자진신고 등을 한 사업자에 대하여 과징금 부과처분('선행처분')을 한 뒤, 다시 그 자진신고자 등에 대한 사건을 분리하여 자진신고 등을 이유로 과징금 감면처분('후행처분')을 하였다면, 후행처분은 자진신고 감면까지 포함하여 그 처분 상대방이 실제로 납부하여야 할 최종적인 과징금액을 결정하는 종국적 처분이고, 선행처분은 이러한 종국적 처분을 예정하고 있는 일종의 잠정적 처분으로서 후행처분이 있을 경우 선행처분은 후행처분에 흡수되어 소멸한다고 보아야 하므로 선행처분의 취소를 구하는 소는 이미 효력을 잃은 처분의 취소를 구하는 것으로 부적법하다고 판시하였다.[55]

3. 집행(효력)정지

공정거래위원회가 부과하는 시정조치에 대하여 이의신청이 제기된 경우에 그 시정조치의 이행 또는 절차의 속행으로 발생할 수 있는 '회복하기 어려운 손해를 예방하기 위하여 필요하다고 인정할 때'에는 당사자의 신청이나 직권으로 그 시정조치의 이행 또는 절차의 속행에 대한 정지를 결정할 수 있다(법 제97조 제1항). 일반적인 행정소송의 경우에도 법원은 취소소송이 제기된 경우에 처분 등이나 그 집행 또는 절차의 속행으로 인하여 생길 회복하기 어려운 손해를 예방하기 위하여 긴급한 필요가 있다고 인정할 때에는 당사자의 신청 또는 직권에 의하여 처분 등의 효력이나 그 집행 또는 절차의 속행의 전부 또는 일부의 정지를 결정할 수 있다(행정소송법 제23조 제2항). 그런데 집행정지의 대상에 관하여 행정소송법이 '처분 등'이라고 규정하고 있는 것과는 달리 법 제97조 제1항은 '시정조치'라고 규정하고 있으므로, 과징금 납부명령에 대하여는 이의신청이 제기되었다고 하더라도 위원회는 집행정지결정을 할 수 없고, 다만, 불복의 소가 제기된 경우에 법원은 과징금 납부명령에 대해서도 집행정지결정을 할 수 있다.

위원회의 처분 등에 대한 법원의 집행정지 또는 효력정지 결정을 살펴보면 다

등 참고) 부당한 공동행위 사건처리의 심각한 지연이 우려되어, 결국 2015년 1월 위 고시의 개정을 통하여(공정거래위원회 고시 제2014-19호, 2015. 1. 2.) 사무처장의 자진신고자 등의 지위확인제도를 폐지하고 전적으로 위원회가 자진신고자의 지위를 결정하고 감면에 관한 사항을 심의 · 의결하도록 규정하였다(동 고시 제11조 이하).

55) 대법원 2015. 2. 12. 선고 2013두987 판결.

음과 같다. 종래 법원은 위원회의 시정조치 중 공표명령에 대해서는 회복하기 어려운 기업신용 실추의 우려 등을 이유로 많은 경우에 집행정지 또는 효력정지의 신청을 인용하였다.[56] 이에 반하여 종전에 위원회의 과징금 납부명령에 대한 법원의 일관된 기준은 찾아볼 수 없었으나 1999. 12. 20. 삼성생명의 집행정지 사건에서 대법원이 그 기준을 판시한 이래 대체로 이에 따르고 있다고 할 수 있다.

위 사건 결정에서 대법원은 우선 행정소송법상 집행정지 사유의 주장·소명책임에 관하여 "처분에 대한 집행정지의 요건으로 들고 있는 '회복하기 어려운 손해'라고 하는 것은 원상회복 또는 금전배상이 불가능한 손해는 물론 종국적으로 금전배상이 가능하다고 하더라도 그 손해의 성질이나 태양 등에 비추어 사회통념상 그러한 금전배상만으로는 전보되지 아니할 것으로 인정되는 현저한 손해를 가리키는 것으로서 이러한 집행정지의 적극적 요건에 관한 주장·소명책임은 원칙적으로 신청인 측에 있고, 한편 같은 조 제3항에서 집행정지의 또 다른 요건으로 규정하고 있는 '공공복리에 중대한 영향을 미칠 우려'가 없을 것이라고 할 때의 '공공복리'는 그 처분의 집행과 관련된 구체적이고도 개별적인 공익을 말하는 것으로서 이러한 집행정지의 소극적 요건에 대한 주장·소명책임은 행정청에게 있다."라고 하고, 나아가 "공정거래법상의 과징금 납부명령은 그 발령과 집행에 있어 이미 위반행위의 태양과 같은 객관적 사유뿐만 아니라 해당 사업자의 사업여건이나 자금사정 등과 같은 주관적 사항을 아울러 고려하게 되어 있는 것이어서, 그 집행에 따른 손해도 통상의 경우에는 사후의 금전배상에 의하여 그 전보가 가능한 경제적 손실에 그치는 것으로 볼 수가 있다. 다만 그렇다고 하여 구체적인 경우에 그 집행에 따른 경제적 손실이 기업 경영 전반에 미치는 파급효과로 말미암아 해당 사업자의 전체 자금사정이나 사업에 중대한 영향을 미칠 가능성을 일률적으로 배제할 수는 없고 그러한 사유가 있는 경우에는 과징금 납부명령의 집행으로 인한 손해의 추상적 성질 또는 태양이 재산상의 손해에 속한다고 하여 언제나 '회복할 수 없는 손해'에 해당하지 아니한다고 단정할 수 없지만, 구체적 사건에서 그러한 사유로 인하여 '회복할 수 없는 손해'가 발생할 것으로 인정하기 위하여는 어디까지나 당해 과징금 납부명령의 집행정지를 구하는 신청인 측에서 그에 관한 주장·소명책임을 다하여야만 할 것"이라고 판시하였다.[57]

56) 예컨대, 대법원 1999. 4. 27.자 98무57 결정. 예외적으로 법원이 종전의 법 위반사실 공표명령에 대한 집행정지신청을 기각하는 경우에는 '회복하기 어려운 손해발생의 우려'가 인정되지 않는다는 이유를 들고 있으나(서울고법 2003. 5. 28.자 2003아73 결정 등), 그 실질적인 이유는 신청인이 본안에서 승소할 가능성이 희박하다는 점을 고려한 때문으로 보인다. 대법원도 행정처분의 효력정지나 집행정지를 결정하기 위해서는 신청인의 본안청구가 이유 없음이 명백하지 않아야 한다고 판시한 바 있다(대법원 1997. 4. 28.자 96두75 결정).

또한 대법원은 한국가스공사의 부당이득반환청구 사건에서 과징금 납부명령에 대하여 집행정지가 이루어진 기간에 대하여 가산금을 산정·부과하게 되면 실질적으로 과징금 부과처분의 이행을 강제하는 효과를 가지게 되어 집행정지결정의 효력이 형해화되므로 이 기간 동안은 가산금을 산정·부과할 수 없다고 판시함에 따라,[58] 실무적으로 과징금 납부명령에 대한 집행정지 여부는 당사자에게 매우 중요한 의미를 갖게 되었다. 실제로 위 삼성생명의 집행정지 사건 결정이 내려진 이후 위원회의 과징금 납부명령에 대하여 집행정지결정이 내려진 사례는 극소수에 불과하다.[59] 한편 과징금 납부명령에 대한 특이한 집행정지결정으로서 SK해운의 집행정지 사건에서 서울고법은 과징금 납부명령의 집행으로 인하여 회복하기 어려운 손해가 발생할 우려가 있음을 인정하여 집행정지 결정을 내리면서도, 위 한국가스공사의 부당이득반환소송 대법원 판결을 의식하여 그 결정 주문에서 "위 집행정지는 가산금의 발생을 방해하지 아니한다."라고 하였다.[60]

4. 고발, 입찰참가자격제한요청 및 경고 등에 대한 불복방법

독점규제법을 위반한 것으로 인정되는 경우에 공정거래위원회는 시정명령이나 공표명령 등의 시정조치 또는 과징금 납부명령을 내릴 수 있을 뿐만 아니라 사안에 따라서 고발이나 입찰참가자격제한요청 등을 의결할 수 있고(절차규칙 제60조 제1항), 위반의 정도가 경미하거나 피심인이 사건의 심사 또는 심의과정에서 해당 위반행위를 스스로 시정하여 시정조치의 실익이 없다고 인정하는 경우 등에는 경고를 의결할 수 있다(절차규칙 제57조). 그런데 위원회의 고발, 입찰참가자격제한요청 또는 경고 결정에 대하여 위에서 설명한 이의신청이나 불복의 소를 제기하기 위해서는 이러한 의결이 법에 의한 공정거래위원회의 '처분'으로 인정되어야 하는데, 그 판단은 일반적인 행정쟁송법상의 '처분' 개념에 관한 논의에 따라야 할 것이다.

행정소송법은 항고소송의 대상이 되는 '처분 등'의 개념을 "행정청이 행하는 구체적 사실에 관한 법집행으로서의 공권력의 행사 또는 그 거부와 그 밖에 이에 준하는 행정작용(이하 "處分"이라 한다) 및 행정심판에 대한 재결"이라고 정의하고 있고(행

57) 대법원 1999. 12. 20.자 99무42 결정.

58) 대법원 2003. 7. 11. 선고 2002다48023 판결.

59) 예컨대, 인천정유의 집행정지 사건에서 대법원은 회사정리절차가 개시될 우려가 있는 상황에 처한 회사에 대하여 부과된 285억 1,300만원의 과징금 납부명령은 집행정지의 요건을 충족한다고 하였다(대법원 2001. 10. 10.자 2001무29 결정).

60) 서울고법 2003. 12. 10.자 2003아162 결정.

정소송법 제2조 제1항 제1호), 대법원은 행정소송의 대상이 되는 행정처분의 의미에 대하여 일관되게 "행정청의 공법상의 행위로서 특정사항에 대하여 법규에 의한 권리의 설정 또는 의무의 부담을 명하거나 기타 법률상의 효과를 직접 발생하게 하는 등 국민의 구체적 권리의무에 직접적 변동을 초래하는 행위"라고 판시하였다.[61] 이에 비추어 볼 때, 공정거래위원회의 고발, 입찰참가자격제한요청 또는 경고는 원칙적으로 그 자체로서는 직접적으로 국민의 권리의무에 영향을 미친다고 보기 어려워서 이에 대하여 법에 따른 이의신청이나 불복의 소를 제기할 수 있는지가 문제된다.

먼저, 대한약사회의 사업자단체 금지행위 사건 관련 행정소송 상고심에서 대법원은 위원회의 고발 조치는 사직당국에 대하여 형벌권의 행사를 요구하는 행정기관 상호 간의 행위에 불과하므로 항고소송의 대상이 되는 행정처분이라고 할 수 없다고 하였고,[62] 주성건설의 부당한 공동행위 사건 관련 행정소송에서 서울고법 역시 공정거래위원회가 구법 제64조 제3항에 근거를 두고 서울특별시교육청 교육장에게 위 회사에 대한 입찰참가자격제한을 요청한 것은 행정기관 상호 간의 행위에 불과하여 항고소송의 대상이 되는 행정처분이라고 할 수 없다고 판시하였다.[63]

한편, 위원회의 경고에 대하여 종전에 법원은 그 처분성을 부인하였는데, 근래 표시·광고의 공정화에 관한 법률을 위반한 행위가 문제로 된 사건에서 경고가 누적되면 추후 과징금 부과처분을 내릴 경우에 '위반행위의 횟수'로서 참작될 수 있음을 근거로 항고소송의 대상이 되는 처분으로 인정하였다. 즉, 종전에 교차로의 부당한 광고행위 사건(Ⅱ)에서 서울고법은 '경고'는 "표시광고법 및 동법이 준용하고 있는 독점규제 및 공정거래에 관한 법률에 정하여진 피고(공정거래위원회)의 처분의 종류에 해당하지 아니하고, 표시광고법 제16조 제1항이 준용하고 있는 독점규제법 제55조의2를 근거로 법규정에 위반하는 사건의 처리절차 등에 대하여 피고가 정하여 고시한 공정거래위원회의 운영 및 사건절차 등에 관한 규칙 제50조에 의한 의결의 일종에 불과하며, 그로 인하여 원고의 법률상 지위에 직접적인 법률적 변동을 초래하는 것도 아니므로 행정소송의 대상이 되는 처분이라고 할 수 없다."라고 하였다.[64] 나아가 위 회사가 (1) 사업자 등이 공정거래위원회의 경고를 무시하면 시정명령 등 보다 강력한 행정처분이 뒤따르는 것이 관행이고, (2) 이 사건 경고에서 동 회사가

61) 대법원 2000. 9. 8. 선고 99두1113 판결, 대법원 1993. 9. 24. 선고 93누11999 판결, 대법원 1996. 3. 22. 선고 96누433 판결 등 참고.

62) 대법원 1995. 5. 12. 선고 94누13794 판결.

63) 서울고법 1998. 2. 18. 선고 97구7457 판결. 상고심에서 대법원 역시 동일한 취지로 상고를 기각하였다(대법원 2000. 2. 11. 선고 98두5941 판결).

64) 서울고법 2002. 12. 3. 선고 2002누433 판결.

법을 위반한 것으로 인정하고 있어서 향후 자신이 동일한 행위를 하였음을 이유로 공정거래위원회가 과징금 부과처분을 할 경우에는 표시광고법에 따라 "위반행위의 횟수"가 참작사유에 해당되는 등 이 사건 경고가 자신의 권리의무와 직접 관계가 있는 행위이므로 처분성이 있다고 주장한 것에 대해서도 이는 경고의 사실상의 효과에 불과하므로 이유 없다고 하였다.65)

그러나 그 후 청원건설 등의 부당한 광고행위 사건에서 서울고법은 이 사건 공정거래위원회의 경고가 해당 사업자들이 표시광고법을 위반한 것으로 인정하고 있어서, 향후 이들이 표시광고법 위반행위를 하였을 경우에 위원회로부터 받게 될 과징금 부과에 있어 표시광고법상 '위반행위의 횟수'로서 참작사유에 해당하거나 또는 '과징금부과 세부기준 등에 관한 고시'(2008. 11. 10. 공정거래위원회 고시 제2008-18호로 개정된 것)상 경고를 받은 전력이 가중사유에 해당하는 법률상 효과를 발생하게 하는 등 이들의 권리의무에 직접 영향을 미치는 행위로서 행정소송의 대상이 되는 행정처분에 해당한다고 판시하였고,66) 상고심에서 대법원 역시 공정거래위원회의 경고의결은 당해 표시·광고의 위법을 확인하되 구체적인 조치까지는 명하지 아니하는 것으로 사업자가 장래 다시 법 위반행위를 할 경우 과징금 부과 여부나 그 정도에 영향을 주는 고려사항이 되어 사업자의 자유와 권리를 제한하는 행정처분에 해당한다고 판시하였다.67)

토의 과제

1 종래 공정거래위원회의 시정조치 등에 대한 이의신청절차가 실효성이 높지 않다는 지적을 받는 이유를 생각해 보고, 그 실효성을 제고시킬 수 있는 방안을 말해 보시오.

2 법상 위원회의 처분에 대한 불복의 소를 서울고법의 전속관할로 규정하고

65) 같은 판결. 동일한 취지의 판결로서 서울고법 2006. 10. 12. 선고 2005누27668 판결 참고. 이 사건 당시 시행되던 공정거래위원회의 '과징금부과 세부기준 등에 관한 고시'(2008. 11. 10. 개정되기 전의 것)에 따르면 과거의 법 위반 횟수를 기준으로 과징금을 가중함에 있어서 시정권고 이상의 시정조치(시정명령, 과징금 및 고발 포함)만을 '법 위반'으로 보았으나, 동 고시는 2008년 개정으로 경고 역시 '법 위반'으로 간주하도록 규정한 이래 현재까지 동일하게 규정하고 있다(다만, 현행 고시는 시정조치의 대상이 아닌 위반행위에 대하여 경고를 한 경우는 제외한다고 규정하고 있다. 동 고시 Ⅱ. 13. 및 Ⅳ. 2. 나. (1)).

66) 서울고법 2011. 1. 12. 선고 2010누17344 판결. 동일한 취지의 서울고법 판결로서 2014. 6. 13. 선고 2012누28874 판결 참고.

67) 대법원 2013. 12. 26. 선고 2011두4930 판결.

있는 취지를 설명하고, 그 장·단점을 말해 보시오.

3 '국가를 당사자로 하는 계약에 관한 법률' 및 동법 시행령은 각 중앙관서의 장으로 하여금 독점규제법을 위반하여 공정거래위원회로부터 입찰참가자격 제한요청이 있는 부정당업자의 입찰참가자격을 1월 이상 2년 이내의 범위 내에서 제한하도록 규정하고 있어서(동법 제27조 제1항 제5호 및 동법 시행령 제76조 제3항 제2호) 사업자에게 큰 불이익을 초래할 수 있음에도 불구하고, 종래 법원은 공정거래위원회의 입찰참가자격제한요청에 대한 이의신청이나 불복의 소를 인정하지 않고 있다(서울고법 1998. 2. 18. 선고 97구7457 판결 및 대법원 2000. 2. 11. 선고 98두5941 판결 참고). 그렇다면 공정거래위원회가 입찰참가자격제한요청을 한 사업자 또는 이에 따라 실제로 입찰참가자격이 제한된 사업자가 사용할 수 있는 불복방법은 무엇인지 생각해 보시오.

Ⅵ. 무혐의결정 등에 대한 신고인의 불복방법

공정거래위원회는 법 위반의 혐의가 있는 행위를 직권으로 인지하거나 또는 신고를 접수하여 이를 조사하고 심의·의결하게 된다. 특히 법 제80조 제2항은 명시적으로 '누구든지' 동법에 위반되는 사실을 위원회에 신고할 수 있다고 규정하고 있다. 이러한 규정이 없다고 하더라도 모든 국민은 위법행위가 발생하면 관계기관에 그 사실을 알릴 수 있음은 당연함에도 불구하고 굳이 그와 같은 규정을 둔 취지는 무엇일까? 이 문제를 논의하는 실익은 법 제80조 제2항에 따라 위원회에 법 위반사실을 신고한 사람(신고인)이 위원회의 심사절차불개시, 심의절차종료 또는 무혐의결정 등에 불복하여 행정소송법상의 취소소송이나 부작위위법확인소송 등을 제기할 수 있는지와 관련된다.

이와 관련하여 김○○의 심사거부처분 등 취소청구 사건 관련 행정소송에서 서울고법은 구법 제49조 제2항의 '신고'는 "피고(위원회)에 대하여 법 위반사실에 관한 조사의 직권발동을 촉구하는 단서를 제공하는 것에 불과하고 피고에게 적당한 조치를 취해 줄 것을 요구할 수 있는 구체적인 청구권을 부여한 것은 아니라고 풀이되고, 이는 같은 조 제3항에서 피고에 대하여 그 처리결과를 통지하도록 규정하고 있다고 할지라도 마찬가지"라고 판시하였다.[68] 위 법원은 나아가 "위 통지가 원

68) 서울고법 2000. 1. 20. 선고 99누1535 판결. 상고심에서 대법원은 심리불속행사유에 해당한다는 이유로 상고를 기각하였다(대법원 2000. 5. 29. 선고 2000두1188 판결).

고 주장과 같은 거부처분에 해당한다고 할지라도 국민의 적극적 행정행위의 신청에 대하여 행정청이 그 신청에 따른 행정행위를 하지 않겠다고 거부한 행위가 항고소송의 대상이 되는 거부처분에 해당하려면 그 국민에게 신청에 따른 행정행위를 하여 달라고 요구할 수 있는 법규상 또는 조리상의 신청권이 있어야 할 것인데, 위에서 살펴본 바와 같이 법 제49조 제2항에 터잡은 원고의 위 1.의 카.의 ②의 내용의 신고는 피고에 대하여 법 위반사실에 관한 조사의 직권발동을 촉구하는 단서를 제공하는 것에 불과하고 피고에게 적당한 조치를 취해 줄 것을 요구할 수 있는 법규상 또는 조리상의 구체적인 청구권을 부여한 것이 아니라 할 것이므로, 원고의 이 부분 취소청구의 소는 항고소송의 대상이 되지 못하는 거부처분에 대한 것으로서 역시 부적법하다."라고 판시하였다.[69]

또한 강○○의 무혐의결정 취소청구 사건 관련 행정소송 상고심에서 대법원은 위원회의 무혐의결정에 대해서도 심사불개시의 경우와 동일한 근거로 항고소송의 대상이 되는 행정처분에 해당하지 않는다고 판시하였다.[70] 따라서 신고인은 위원회의 심사불개시나 무혐의결정에 대하여 행정소송법에 따른 항고소송을 제기하여 불복할 수는 없다고 할 수 있다.

그러나 여전히 공정거래위원회의 무혐의결정 등을 헌법재판소법 제68조 제1항이 규정하고 있는 '공권력의 행사 또는 불행사'로 보아 헌법소원심판의 대상에 해당하는가라는 문제가 남는다. 즉, 위원회의 무혐의결정 등이 신고인의 헌법상 기본권을 침해하는 '공권력의 행사 또는 불행사'라는 이유로 헌법소원심판을 청구할 수 있는지의 문제이다. 이에 관하여 헌법재판소는 미래시큐리티시스템의 무혐의결정취소 헌법소원 사건에서 위원회의 무혐의결정은 법 위반사실이 인정될 경우에 행해지는 시정조치에 대응하는 조치로서 헌법재판소법상 '공권력의 행사'에 해당하고 자의적인 무혐의조치는 국민의 평등권을 침해할 소지가 있으므로 헌법소원의 대상이 된다고 판시한 이래,[71] 일관되게 동일한 태도를 취하고 있다.[72]

---

69) 같은 판결. 또한 이 사건에서 원고는 예비적 청구로서 위원회가 자신의 신고내용에 대하여 아무런 결정을 하지 아니한 부작위의 위법확인을 청구하였는데, 이에 대해서도 원고는 행정청에 대하여 일정한 행정행위를 하여 줄 것을 요구할 수 있는 법규상 또는 조리상의 권리를 갖고 있지 아니하므로 항고소송의 대상인 위법한 부작위가 있다고 볼 수 없어 그 부작위 위법확인의 소는 부적법하다고 판시하였다. 동일한 취지의 판결로서 대법원 2006. 9. 8. 선고 2006두8839 판결, 서울고법 2007. 1. 10. 선고 2006누11271 판결 등 참고.

70) 대법원 2000. 4. 11. 선고 98두5682 판결. 동일한 취지의 판결로서 서울고법 2016. 1. 27. 선고 2015누42611 판결, 서울고법 2020. 10. 21. 선고 2020누46334 판결 등 참고.

71) 헌법재판소 2002. 6. 27. 2001헌마381 결정. 또한 헌법재판소는 피심인이 파산선고를 받았음을 이유로 절차규칙이 정한 바에 따라 공정거래위원회가 내린 '종결처리결정'은 피심인의 법 위반 여부에 대한 판단을 하지 아니한 채 사건을 종결하는 결정이므로 헌법

결국 현재까지의 판례에 따르면 위원회의 심사절차불개시 또는 무혐의결정 등에 대하여 신고인이 취할 수 있는 유일한 불복수단은 헌법소원심판이라고 할 수 있고, 이 경우 헌법소원심판의 '보충성'의 예외가 인정되어 이의신청이나 행정소송의 제기 없이 곧바로 헌법소원심판을 청구할 수 있다고 할 것이다. 그러나 현재까지 헌법재판소가 공정거래위원회의 무혐의결정 등에 대한 신고인의 헌법소원을 인용한 사례는 단 1건을 찾아 볼 수 있을 뿐이고,[73] 그 밖의 경우에는 모두 기각되었는데, 헌법재판소는 이들 헌법소원을 기각하면서 통상적으로 공정거래위원회가 "이 사건에 관하여 현저히 정의와 형평에 반하는 조사를 하였다거나 헌법의 해석, 법률의 적용 또는 증거판단에 있어서 무혐의처분의 결정에 영향을 미친 중대한 잘못을 저질렀다고 보여지지 아니하고, 달리 피청구인의 위 무혐의처분이 헌법재판소가 관여할 정도의 자의적인 처분이라고 볼 자료가 없으므로 이로 말미암아 청구인 주장의 기본권이 침해되었다고 볼 수 없다."라고 판시하였다.[74]

소원의 대상이 되는 공권력의 행사라고 할 수 없다고 하였다(헌법재판소 2019. 1. 8. 선고 2018헌마1180 결정).

72) 헌법재판소는 기업결합 사건에서 공정거래위원회가 내린 무혐의결정에 대해서도 경쟁사업자들이 헌법소원을 제기할 수 있다는 취지의 결정을 내렸다. 즉, 공정거래위원회가 수직형 기업결합이 문제로 된 사건에서 취득회사와 피취득회사 사이에 지배관계가 형성되지 않았다는 이유로 내린 무혐의결정에 대하여 경쟁업체들이 동 결정이 자신들의 평등권, 재판절차진술권 등을 침해하였다고 주장하면서 헌법소원을 제기하였는데, 헌법재판소의 다수의견은 본안을 심리한 뒤 공정거래위원회가 판단한 바와 같이 당사회사 간 지배관계가 형성되지 않았으므로 동 위원회의 무혐의결정으로 인하여 청구인들의 기본권이 침해되었다고 볼 수 없다고 하면서 기각하였고, 소수의견은 청구인들의 기본권침해의 가능성 내지 기본권침해의 자기관련성을 인정할 수 없으므로 이 사건 헌법소원은 부적법하여 각하하여야 한다고 하였다(헌법재판소 2014. 7. 24. 2012헌마180 결정).

73) 인천정유의 무혐의결정취소 헌법소원(헌법재판소 2004. 6. 24. 2002헌마496 결정). 이 사건은 현대오일뱅크가 인천정유와의 판매대리점계약의 갱신을 거절한 행위에 대하여 공정거래위원회가 내린 무혐의결정에 관한 것으로서, 헌법재판소는 문제의 행위는 독점규제법상 위법한 거래거절에 해당한다는 이유로 무혐의결정을 취소하였는데, 동 결정은 거래거절에 대한 종래의 대법원의 입장과 상이하다는 지적이 제기되었다. 한편 동일한 사안과 관련하여 인천정유가 제기한 판매대리점계약존속확인소송에서 대전고법은 문제의 행위가 위법한 거래거절에 해당하지 않는다고 판시하여 헌법재판소와는 상반된 입장을 취하였고(대전고법 2004. 6. 24. 선고 2003나4974 판결), 상고심에서 대법원 역시 원심판결을 유지하였다(대법원 2008. 2. 14. 선고 2004다39238 판결). 이 사건의 사실관계 및 이 사건 행위가 거래거절에 해당하는지에 관한 논의는 제6장 Ⅱ. 4. (가) (2) '그 밖의 거래거절' 부분 참고.

74) 헌법재판소 2002. 6. 27 2001헌마381 결정. 헌법재판소는 동 미래시큐리티시스템의 무혐의결정취소 헌법소원 이외에도 호영정보통신 등의 무혐의결정취소 헌법소원(헌법재판소 2003. 2. 27. 2002헌마544 결정), 권○○의 심사불개시결정취소 헌법소원(헌법재판소 2004. 3. 25. 2003헌마404 결정), 이○○의 무혐의결정취소 헌법소원(헌법재판소 2004. 8. 26. 2004헌마80 결정), 레이디원 등의 심의절차종료결정취소 헌법소원(헌법재판소 2005. 2. 24. 2004헌마181 결정), 좋은만남선우의 무혐의결정취소 헌법소원(헌법재판소 2005. 10. 27. 2004헌마

■ 토의 과제

> 종래 법원은 공정거래위원회의 심사절차불개시 또는 무혐의 결정에 대해 신고인이 불복하여 제기한 행정소송에서 일관되게 동 결정은 행정소송법상 항고소송의 대상이 되는 거부처분 또는 부작위가 아니라고 판시한 반면, 헌법재판소는 동 결정을 헌법소원의 대상이 되는 '공권력의 행사'로 인정하고 있다. 헌법재판소가 공정거래위원회의 무혐의결정 등에 대한 헌법소원을 인용할 경우에 공정거래위원회는 어떠한 조치를 취해야 하는지 생각해 보고, 만일 헌법재판소의 결정에 따라 위원회가 문제가 된 행위를 한 사업자에 대해 시정조치 등을 부과했다고 가정할 때, 다시 동 사업자가 위원회의 시정조치 등에 불복하여 행정소송을 제기할 경우에 법원이 이 시정조치를 취소할 수 있는지 생각해 보시오(대법원 2008. 2. 14. 선고 2004다39238 판결 및 헌법재판소 2004. 6. 24. 2002헌마496 결정 참고).

800 결정), 성일의 무혐의결정취소 헌법소원(헌법재판소 2006. 3. 30. 2005헌마818 결정), 정산의 무혐의결정취소 헌법소원(헌법재판소 2006. 5. 25. 2005헌마819 결정), 호명산업의 무혐의결정취소 헌법소원(헌법재판소 2006. 7. 27. 2005헌마820 결정), 한국유가공협회 등의 무혐의결정취소 헌법소원(헌법재판소 2007. 12. 27. 2005헌마1259 결정), 보우코리아의 무혐의결정등취소 헌법소원(헌법재판소 2018. 5. 31. 2015헌마448 결정) 등에서 각각 공정거래위원회의 무혐의, 심사절차불개시 또는 심의절차종료 결정에 대한 헌법소원을 기각하였다.

제10장 위반행위에 대한 시정조치 및 과징금

독점규제법을 위반한 행위에 대하여 동법의 공적 집행(公的執行)[1]을 담당하고 있는 공정거래위원회(이하 '위원회'라 한다)는 법 위반상태를 해소하고 동일한 위반행위의 재발을 억제하기 위하여 시정명령, 수명사실 공표명령 등의 시정조치 및 과징금 납부명령 등의 수단을 선택적 또는 중첩적으로 사용할 수 있다. 아래에서는 위원회의 시정조치의 종류 및 효과, 과징금의 법적 성질 및 산정방법 등에 대하여 살펴보기로 한다.

Ⅰ. 시정조치

1. 개 설

일반적으로 '시정조치'라 함은 폭넓게 행정기관이 위반행위로 말미암아 발생한 법 위반상태를 해소하고, 나아가 행위자에 대하여 경제적 제재를 가하는 등의 방법으로 그 재발을 억제하는 수단을 말한다. 그러나 독점규제법은 각 위반행위별로 '시정조치'라는 제목의 조항과 별도로 '과징금' 조항을 두고 있다. 따라서 일응 법상 '시정조치'의 개념에 과징금 부과처분은 포함되지 않는다고 할 수 있다.

한편, 독점규제법은 위반행위의 유형에 따라 그 시정조치의 내용도 달리 규정하고 있다. 즉, 시장지배적지위의 남용 금지를 위반한 행위에 대한 시정조치로서 가격의 인하, 해당 행위의 중지, 시정명령을 받은 사실의 공표, 또는 그 밖에 필요한

1) 경쟁법의 공적 집행(public enforcement)이란 국가기관인 경쟁당국이나 검찰 등 형사소추기관에 의한 경쟁법 집행을 말한다. 이에 대하여 경쟁법 위반행위로 인하여 피해를 입은 소비자나 경쟁자가 법 위반 사업자에 대하여 법원에 손해배상청구의 소를 제기하거나, 위반행위의 금지를 청구함으로써 경쟁법상 규제가 실현되고 법 위반행위가 억제되는 것을 경쟁법의 사적 집행(private enforcement)이라고 한다. 독점규제법의 사적 집행수단은 제11장 Ⅰ. '사인의 금지청구' 및 Ⅱ. '손해배상책임' 부분 참고.

시정조치를(법 제7조 제1항), 기업결합의 제한을 위반한 행위에 대한 시정조치로서 해당 행위의 중지, 주식의 전부 또는 일부의 처분, 임원의 사임, 영업의 양도, 시정명령을 받은 사실의 공표, 기업결합에 따른 경쟁제한의 폐해를 방지할 수 있는 영업방식 또는 영업범위의 제한, 그 밖에 법 위반상태를 시정하기 위하여 필요한 조치를(법 제14조 제1항), 지주회사 등의 행위제한, 상호출자의 금지, 순환출자의 금지, 순환출자에 대한 의결권 제한, 계열회사에 대한 채무보증의 금지, 금융·보험회사 및 공익법인의 의결권제한, 대규모내부거래의 이사회 의결 및 공시, 비상장회사 등의 중요사항 공시, 기업집단현황 등에 관한 공시, 특수관계인인 공익법인의 이사회 의결 및 공시 등을 위반한 행위에 대한 시정조치로서 해당 행위의 중지, 주식의 전부 또는 일부의 처분, 임원의 사임, 영업의 양도, 채무보증의 취소, 시정명령을 받은 사실의 공표, 공시의무의 이행 또는 공시내용의 정정, 그 밖에 법 위반상태를 시정하기 위하여 필요한 조치를(법 제37조 제1항) 규정하고 있다.

또한 부당한 공동행위의 금지와 사업자단체의 금지행위를 위반한 행위에 대한 시정조치로서 해당 행위의 중지, 시정명령을 받은 사실의 공표, 그 밖에 필요한 시정조치를(법 제42조 제1항 및 제52조 제1항), 불공정거래행위의 금지, 재판매가격유지행위의 금지, 양자와 관련된 보복조치의 금지 및 특수관계인에 대한 부당한 이익제공 등 금지를 위반한 행위에 대한 시정조치로서 해당 행위의 중지 및 재발방지를 위한 조치, 해당 보복조치의 금지, 계약조항의 삭제, 시정명명을 받은 사실의 공표, 그 밖에 필요한 시정조치를(법 제49조 제1항) 규정하고 있다. 결국 법은 각 위반행위에 대하여 해당 행위의 중지, 시정명령을 받은 사실의 공표 및 그 밖에 법 위반상태를 시정하기 위하여 필요한 조치를 공통적인 시정조치로 규정하고, 나아가 해당 위반행위의 성질에 따라 그에 특유한 시정조치들을 추가적으로 규정하고 있다.

공정거래위원회는 법상 시정조치의 실효성을 제고하기 위하여 '공정거래위원회의 시정조치 운영지침'을 제정하여 운영하고 있는데, 동 지침은 법 위반행위에 대한 시정조치로서 해당 행위의 중지나 금지를 명하는 부작위명령뿐만 아니라, 이용강제·거래개시·거래재개명령, 합의파기명령, 계약조항의 수정 또는 삭제명령, 독자적 가격재결정명령, 분리판매명령, 정보공개명령, 절차이행명령 등의 작위명령, 그리고 통지명령 또는 교부명령, 보고명령, 교육실시명령, 점검활동 보장명령, 자료 보관명령 등의 보조적 명령을 내릴 수 있도록 규정하고 있다.[2)]

2) 종래 법상 시정조치의 범위와 관련하여, 특히 법 제40조가 금지하는 부당한 공동행위의 한 유형인 가격고정합의가 행해진 경우에 그와 같은 합의가 있기 이전의 가격 또는 정상가격으로의 인하를 명하는 소위 '가격인하명령'이 허용되는가라는 문제가 제기되는데, 가격인

이와 관련하여 공정거래위원회가 법 제88조 제1항에 따라 사업자 등에 시정권고를 내리고 그 시정권고를 받은 자가 이를 수락한 경우에 다시 이의신청이나 행정소송을 제기할 수 있는지에 대하여 논란의 여지가 있다. 이미 설명한 바와 같이 법 위반행위가 존재하지만, 심결을 거쳐 이를 시정할 시간적 여유가 없거나 시간이 경과되어 피해가 크게 될 우려가 있는 경우나 위반행위자가 위반사실을 인정하고 이를 즉시 시정할 의사를 명백히 밝힌 경우, 위반행위의 내용이 경미하거나 일정한 거래분야에서 경쟁을 제한하는 효과가 크지 않은 경우 등에 공정거래위원회는 시정권고를 내릴 수 있는데(법 제88조 제1항 및 절차규칙 제58조 제1항), 시정권고를 받은 자는 통지를 받은 날부터 10일 이내에 해당 권고의 수락 여부를 공정거래위원회에 통지하여야 하고(법 제88조 제2항) 상대방이 시정권고를 수락한 때에는 법에 따른 시정조치가 명하여진 것으로 본다(동 조 제3항).

따라서 시정권고를 수락한 경우에 시정조치가 명하여진 것으로 간주할 뿐이고 시정조치가 '확정'된 것으로 간주하는 것은 아니므로 불복수단은 여전히 보장되어야 할 것이다. 또한 시정권고를 수락하지 아니하는 경우에는 정식 심결절차를 거쳐 시정조치 등을 하게 될 것이므로 시정권고 자체에 대하여 불복할 실익은 없을 것이다.

마지막으로 법상 각 위반행위에 대한 시정조치 조항은 위반행위를 한 회사가 합병으로 소멸한 경우, 분할되거나 분할합병된 경우 또는 '채무자 회생 및 파산에 관한 법률' 제215조에 따라 새로운 회사를 설립한 경우에 대하여, 각각 합병 후 존속하거나 합병에 따라 설립된 회사, 분할되는 회사나 분할 또는 분할합병으로 설립되는 새로운 회사 또는 분할되는 회사의 일부가 다른 회사에 합병된 후 그 다른 회사가 존속하는 경우 그 다른 회사, 기존 회사 또는 새로운 회사 중 어느 하나의 행위로 보고 그 회사에 대하여 시정조치를 명할 수 있도록 규정하고 있다(법 제7조 제2항부터 제4항, 제14조 제4항, 제37조 제3항, 제42조 제2항, 제49조 제2항 및 제52조 제2항).[3)]

2. 관련 판결례

종래 공정거래위원회가 법 위반행위에 대하여 명한 시정조치의 내용이 다소 추상적이거나 불명확한 경우가 종종 있었는데, 이와 관련하여 시정명령의 내용이 불

하명령의 허용 여부 및 위 시정조치 운영지침이 규정하고 있는 '독자적 가격재결정명령'에 관한 논의는 제5장 Ⅲ. 2. '시정조치' 부분 참고.

3) 위 규정은 종래 과징금 부과에 대하여는 위와 같은 취지의 규정이 있었지만(법 제102조 제2항부터 제4항) 시정조치에 대하여는 그러한 취지의 규정이 없어서 2020년 법 전부 개정 시 신설된 것이다.

명확하여 이에 따라 요구되는 행위가 특정되지 않으므로 통상 입법에 관하여 문제가 되는 헌법상 소위 '불명확하여 무효'(void for vagueness)의 법리에 따라 무효라는 주장이 제기되었다. 특히, 독점규제법 위반행위의 구체적인 태양은 지극히 다양다기할 수밖에 없는데, 공정거래위원회가 법 위반행위에 대한 시정명령의 주문을 작성함에 있어서 그 대상이 되는 법 위반행위를 특정하기가 곤란하여 이를 포괄적으로 묘사하는 경우에, 위 법리에 따라 무효 또는 위법이라고 할 수 있는지 여부가 재판상 다투어졌다.

먼저, 대한의사협회의 사업자단체 금지행위 사건(Ⅰ)에서 공정거래위원회는 동 협회가 정부의 의약분업(안)에 대해 항의하기 위해서 회원 의사들에 대하여 휴업 또는 휴진을 하도록 강제한 행위가 구법 제26조 제1항이 금지하는 구성사업자의 사업내용·활동제한에 해당한다고 인정하고, 그에 대한 시정조치로서 "피심인 사단법인 대한의사협회 및 피심인 사단법인 대한병원협회는 각각의 구성사업자들로 하여금 휴업 또는 휴진을 하도록 함으로써 구성사업자의 사업내용 또는 활동을 부당하게 제한하는 행위를 하여서는 아니 된다."라고 의결하였다.[4]

관련 행정소송에서 위 협회는 위 시정명령이 불명확하여 위법하다고 주장하였는데, 서울고법은 이 사건 처분은 "구성사업자들로 하여금 휴업 또는 휴진을 하도록 함으로써"라고 하여 행위유형을 명시하였을 뿐만 아니라, 원고가 행한 위법행위를 확인하고 장래에 동일한 유형의 행위의 반복금지와 법률위반사실의 공표를 명한 것이고, 반복금지를 명한 행위의 상대방과 내용이 '원고의 구성사업자들인 의사들로 하여금, 그들의 의사에 반하여, 진찰, 투약, 시술 등 의료행위 전반에 걸친 휴업 또는 휴진'임이 동 처분에 명시된 법령의 규정이나 이유 등에 비추어 분명하므로, 결국 이 사건처분은 "그 행위유형, 상대방, 품목 등에 있어서 관계인들이 인식할 수 있는 정도로 명확한 것"이라는 이유로 원고의 주장을 배척하였다.[5]

상고심에서 대법원도 동법에 의한 "시정명령이 지나치게 구체적인 경우 매일 매일 다소간의 변형을 거치면서 행해지는 수많은 거래에서 정합성이 떨어져 결국 무의미한 시정명령이 되므로 그 본질적인 속성상 다소간의 포괄성·추상성을 띨 수밖에 없다 할 것이고, 한편 시정명령제도를 둔 취지에 비추어 시정명령의 내용은 과거의 위반행위에 대한 중지는 물론 가까운 장래에 반복될 우려가 있는 동일한 유형의 반복금지까지 명할 수 있는 것으로 해석함이 상당하다 할 것이다."라고 하면서, 이 사건 시정명령은 그 행위유형, 상대방, 품목 등에 있어서 관계인들이 인식할

4) 공정거래위원회 의결 제2000-44호, 2000. 2. 24.
5) 서울고법 2001. 5. 17. 선고 2000누3278 판결.

수 있는 정도로 명확하다고 판단한 원심을 확정하였다.[6)]

이상에서 보는 바와 같이 법원은 공정거래위원회가 명하는 시정조치의 명확성에 관하여 비교적 관대한 태도를 취하였다고 할 수 있는데, 법상 시정조치와 관련된 또 다른 어려운 문제는 동법상 각 위반행위에 대한 시정조치 조항이 규정하고 있는 "그 밖에 필요한 시정조치"의 한계를 정하는 것이다. 제분업체들의 부당한 공동행위 사건에서 대법원은 법상 시정조치의 한계에 관하여 중요한 판시를 내렸다. 이 사건에서 위 회사들이 밀가루제품 가격의 개괄적인 인상폭에 대하여 합의하고 등급별 기준가격을 공동으로 결정한 것이 문제가 되었는데, 이에 대하여 공정거래위원회는 일반적인 법 위반행위 중지명령과 함께, 시장을 통한 정보수집의 경우를 제외한 상호간 가격, 밀가루 판매량 또는 생산량에 관한 정보의 교환을 금지하고, 일정한 기간 이내에 밀가루 판매가격을 재결정하고 그 근거와 결과를 보고하도록 명하였다.

관련 행정소송 상고심에서 대법원은 이 사건 정보교환 금지명령이 구법상 '시정을 위한 필요한 조치'에 해당되고, 명확성과 구체성의 원칙이나 비례의 원칙에 위반되지도 않는다고 하면서 이 부분 원심 판결을 파기하였다. 즉, 대법원은 먼저 대한의사협회의 사업자단체 금지행위 사건에서 판시한 바와 같이 독점규제법에 의한 시정명령은 그 속성상 다소간 포괄성·추상성을 띨 수밖에 없고, 그 취지에 비추어 시정명령의 내용은 과거의 위반행위에 대한 중지는 물론 가까운 장래에 반복될 우려가 있는 동일한 유형의 행위에 대한 반복금지까지 명할 수 있다고 재확인하고, 따라서 이 사건에서와 같이 사업자들이 상호 정보교환을 통하여 부당한 공동행위를 하기에 이른 경우에 공정거래위원회는 그것이 부당한 공동행위의 시정을 위하여 필요하다면 그 사업자들에 대하여 정보교환 금지명령을 할 수 있으며, 다만 그와 같은 정보교환 금지명령이 법이 규정한 '필요한 조치'로서 허용되는지는 그 정보교환의 목적, 관련시장의 구조 및 특성, 정보교환의 방식, 교환된 정보의 내용, 성질 및 시간적 범위 등을 종합적으로 고려하여 판단해야 하고, 나아가 시정명령의 속성상 다소간 포괄성·추상성을 띨 수밖에 없다 하더라도, 정보교환 금지명령은 금지되어야 하는 정보교환의 내용이 무엇인지 알 수 있게 명확하고 구체적이어야 하며, 당해 위반행위의 내용과 정도에 비례해야 한다고 설시하였다.[7)]

나아가 대법원은 위와 같은 법리를 이 사건 사실관계에 적용하여, 이 사건에서 위 회사들은 밀가루 가격, 판매량 또는 생산량에 대한 정보를 교환함으로써 부당한

6) 대법원 2003. 2. 20. 선고 2001두5347 판결.
7) 대법원 2009. 5. 28. 선고 2007두24616, 2008두549 판결 및 대법원 2009. 6. 11. 선고 2007두25138 판결.

공동행위를 하였고, 그 정보교환의 목적은 이 사건 부당한 공동행위를 쉽게 실행하려는데 있었으며, 이 사건 정보는 제분협회 회원사들의 가격·판매량·생산량 등에 관한 세부 정보로서 일반적으로 영업활동에서 비밀로 취급되고 경쟁에 영향을 미칠 수 있는 성질의 정보이고, 이를 통하여 정보를 제공한 개별 회원사를 특정할 수 있으며, 최근, 현재 또는 장래의 가격 및 생산량 등에 관한 정보를 내용으로 하고 있는 사실 등에 비추어 보면, 이 사건 정보교환 행위는 부당한 공동행위를 목적으로 하는 것으로서 그 금지명령은 구법상 '시정을 위한 필요한 조치'에 해당한다고 하였다.[8] 또한 이 사건 정보교환 금지명령은 "시장을 통한 정보수집의 경우를 제외하고"라고 한 문구 및 동 시정명령 전체의 취지에 비추어 보면, 현재 또는 장래에 관한 공개되지 아니한 정보의 교환만을 금지하는 것임을 알 수 있으므로 명확성과 구체성의 원칙이나 비례의 원칙에 위반되지 아니한다고 하였다.[9]

그 밖에도 근래 입찰담합에 대한 시정명령의 허용범위가 재판상 다투어졌다. 예컨대, 4대강 1차 턴키공사 입찰담합 사건에서 19개 건설사가 이 사건 공사에 관한 사업자별 지분율을 합의하고, 나아가 8개 건설사가 이 사건 공사의 각 공구를 배분하기로 합의하고 이를 실행한 것이 문제가 되었는데, 공정거래위원회는 모든 가담사업자들에 대하여 과징금 납부명령과 함께, '지분율에 관한 합의' 이외에도 '낙찰 받을 공구에 관한 합의'를 금지하는 시정명령을 내렸다.

이에 대하여 이 사건 지분율 합의에는 가담하였으나 공구배분 합의에는 가담하지 않은 사업자가 제기한 불복의 소를 심리한 대법원은 시정명령의 한계에 관한 종래의 판례 법리를 재확인한 후, 이 사건 공구배분 합의는 지분율 합의에 기초하여 4대강 사업 1차 턴키공사의 공구를 할당하는 합의로서 양자가 밀접하게 연관되어 있을 뿐만 아니라, 건설사들의 참여가 대부분 입찰을 통해 이루어질 수밖에 없는 정부 또는 공공기관이 발주하는 건설공사의 특성상 '낙찰 받을 건설공구에 관한 합의'는 '전체 공사의 지분율에 관한 합의'와 함께 건설사별로 공급물량을 할당함으로써 시장공급 물량을 제한하는 구법 제19조 제1항 제3호에서 정한 부당한 공동행위의 대표적 수단의 하나이자, '전체 공사의 지분율에 관한 합의'를 구체화하는 방법이라고 할 것이므로 '낙찰 받을 건설공구에 관한 합의'는 원고의 법 위반행위로 인정된 이 사건 공동행위와 동일한 유형의 행위로서 가까운 장래에 반복될 우려가 있다고 할 것이어서 이러한 유형의 행위에 대한 반복금지까지 명할 수 있다고 봄이 상당하다고 판시하였다.[10]

---

8) 같은 판결.

9) 같은 판결. 동일한 취지의 판결로서 서울고법 2015. 1. 2. 선고 2013누17925 판결 참고.

또한 냉연강판 및 아연도강판 사업자들의 부당한 공동행위 사건에서 공정거래위원회는 동 사업자들이 세 차례에 거쳐서 아연할증료를 도입하고 인상하기로 합의하였다고 인정하고, 정보교환 금지를 포함한 시정명령과 과징금납부명령을 내렸다. 이에 대하여 위 사업자들 중 한 사업자가 제기한 불복의 소를 심리한 서울고법은 원고가 이 사건 세 차례의 합의 중 제1 공동행위에 대하여만 가담하였다고 인정한 뒤, 법 위반행위에 대한 행정처분은 위반행위와 관련성이 합리적으로 인정되지 아니하는 조치나 위반행위의 시정을 넘어서 필요 이상으로 경쟁적인 구조조치를 강구하도록 명하는 것은 허용되지 않는다고 하면서, 이 사건 제1 공동행위는 위 사업자들이 정보를 교환하는 행위가 아니므로 시정명령 중 정보교환 금지명령은 위반행위와의 관련성이 합리적으로 인정되지 아니한다고 하였다.[11)]

마지막으로 대전시건축공사감리위원회의 사업자단체 금지행위 사건에서 동 사업자단체가 비구성사업자가 설계한 건축물의 사용승인을 더 어렵게 함으로써 그 사업활동을 부당하게 제한하는 내용의 회칙을 제정한 것이 문제가 되었는데, 공정거래위원회는 해당 사안을 조사하던 중 동 사업자단체가 문제가 된 회칙 규정을 삭제하였음에도 해당 행위의 금지를 명하는 시정조치를 내렸다. 관련 행정소송에서 서울고법은 문제가 된 회칙 규정이 존재하였던 사실이 인정되는 이상 사후적으로 이를 삭제하였다고 하더라도 공정거래위원회로서는 그 위반행위에 근거하여 위법한 행위의 재발방지를 위하여 금지명령을 할 수 있다고 판시하였다.[12)]

토의 과제

1. 독점규제법상 '시정조치'는 그 본질상 법 위반행위가 초래한 위법상태의 배제에 국한되어야 하고 장래에 대하여 일정한 작위·부작위를 명할 수 없다는 견해의 논거를 생각해 보고, 이에 대한 각자의 생각을 말해 보시오.
2. 대한의사협회의 사업자단체 금지행위 사건(Ⅰ) 판결(서울고법 2001. 5. 17. 선고 2000누3278 판결 및 대법원 2003. 2. 20. 선고 2001두5347 판결) 및 제분업체들의 부당한 공동행위 사건 판결(대법원 2009. 5. 28. 선고 2007두24616 판결)에 비추어 볼 때, 공정거래위원회가 내리는 시정명령이 갖추어야 할 '명확성'의 최소기준을 설명해 보시오.

---

10) 대법원 2015. 9. 10. 선고 2015두11199 판결 및 대법원 2015. 9. 10. 선고 2015두11113 판결.
11) 서울고법 2019. 2. 8. 선고 2016누71753 판결. 상고심에서 대법원은 심리불속행 사유에 해당한다는 이유로 상고를 기각하였다(대법원 2019. 7. 8. 선고 2019두36551 판결).
12) 서울고법 2017. 4. 26. 선고 2016누31243 판결.

Ⅱ. 공표명령[13)]

독점규제법은 사실상 모든 유형의 법 위반행위에 대한 시정조치로서 '시정명령을 받은 사실의 공표명령'(소위 '수명사실 공표명령')을 규정하고 있다. 이러한 공표명령은 시정조치의 일 유형이라고 할 수 있지만 소송상 흔히 위반행위 중지명령 등 기타의 시정조치와 별도로 다투어지고, 이론적으로도 별도로 논의할 필요가 있다. 공표명령은 법 위반행위자로 하여금 자신의 비용으로 신문 등 간행물에 자신의 법 위반과 관련된 사실을 공표하도록 함으로써 명예감정을 자극하여 장래의 법 위반을 억제함과 동시에 일반 국민의 알권리를 충족케 하기 위하여 도입된 새로운 행정상 의무이행확보수단이라고 할 수 있는데, 독점규제법과 같이 법 위반행위 일반에 대하여 시정조치로서 공표명령을 규정하고 있거나 시행하고 있는 국가는 찾아볼 수 없다.[14)]

〔연 혁〕
독점규제법은 1986년 1차 법 개정 당시 법 위반행위 유형 중 불공정거래행위에 대한 시정조치로서 처음 '법 위반사항의 공표'를 포함시켰다가, 1990년 2차 법 개정으로 모든 유형의 법 위반행위에 대한 시정조치로서 '법 위반사실의 공표'를 도입하였다. 그 후 아래에서 설명하는 바와 같이 2002년 헌법재판소가 대한병원협회의 사업자단체 금지행위 사건(Ⅰ) 관련 헌법소원에서 '법 위반사실 공표명령'에 대하여 위헌결정을 내린 이후 공정거래위원회는 종전의 법 위반사실 공표명령을 대신하여 법률상 시정조치 조항에 명시적으로 규정되어 있지 않은 '시정명령을 받은 사실'의 공표명령을 사용하여 왔는데, 결국 2004년 법 개정으로 모든 시정조치 조항에서 '법 위반사실의 공표명령'을 삭제하고, 대신 '시정명령을 받은 사실의 공표명령'을 규정하였다.

종전에 법 위반사실의 공표와 관련하여, 우선 이것이 양심이나 확신에 반하는

13) 이는 2002년 헌법재판소가 구법이 시정조치로 규정하고 있었던 '법 위반사실의 공표명령'에 대하여 위헌결정을 내리기 전에 공정거래위원회가 사용하였던 '법 위반사실의 공표명령'과, 그 이후에 사용하고 있는 '시정명령을 받은 사실의 공표명령'을 모두 포함하는 의미로 사용한다.

14) 미국의 경우에 연방거래위원회의 시정명령에 해당 위반행위의 중지를 명하는 것 이외에 보조적으로 광고에 의한 적극적 공표를 명하는 경우도 있으나, 일반적으로 소비자의 의사결정에 중요한 영향을 미치거나 소비자의 권리를 보호하기 위하여 실질적으로 필요하다고 생각되는 정보를 제공하도록 하는 것이 대부분이다. 일본이나 독일의 경우에도 경쟁법규상 시정조치의 유형으로서 명시적으로 공표명령을 규정하고 있지 않다.

사죄 또는 사과를 포함하는 소위 '사과광고'로서 헌법상 양심의 자유를 침해하므로 위법한 것이라는 주장이 제기되었으나,[15] 파스퇴르유업의 부당한 광고행위 사건에서 서울고법은 "공표의 내용도 원고의 양심이나 확신에 반하여 사죄 또는 사과를 하라거나 기존 우유가 원고의 우유보다 품질이 더 우수하다는 의사표시를 하라는 것이 아니라, 단지 원고의 이 사건 광고가 위 공정거래법 및 고시에서 정한 불공정거래행위에 해당된다는 이유로 피고로부터 시정명령을 받았다는 객관적 사실을 신문에 게재하라는 것일 뿐"이므로, 이는 자신의 잘못을 시인하고 이를 사죄케 하는 내용의 사죄광고와는 다른 것이라고 하였다.[16]

그러나 위 법원이 판시한 것과 마찬가지로 종전의 법 위반사실 공표명령이 단지 '법 위반의 사실'을 공표케 하는 것이어서 사죄광고에 비하여 헌법상 양심의 자유를 침해할 소지는 작다고 할지라도 여전히 개인의 명예에 대한 침해의 우려가 크고, 그것이 일단 행해진 경우에는 원상회복이 불가능하다는 의미에서 이에 관한 재량권 행사에 신중을 기하여야 할 것이다. 실제로 종래 법원은 공정거래위원회의 법 위반사실 공표명령에 대하여 위반행위의 내용 및 정도, 위반행위의 기간 및 횟수 등 구체적인 사실관계를 따져서 당사자가 입게 될 불이익의 정도가 공익상의 목적에 비추어 현저히 크다고 인정될 경우에는 적극적으로 재량권의 일탈·남용이라고 판단하였다.

예컨대, 교차로의 부당한 광고행위 사건(Ⅰ)에서 서울고법은 동 사업자의 부당한 광고행위를 인정하면서도, 법 위반사실 공표명령에 대해서는 공정거래위원회 산하 지방사무소가 이 사건 광고에 대한 시정권고안을 위 회사에게 송달하기도 전에 이미 '주식회사 교차로의 부당한 광고에 대한 시정권고조치'라는 제목으로 상세한 보도자료를 만들어 이를 해당지역의 신문사와 방송사 등 언론기관에 배포하여 보도하게 하였고, 그로 인하여 위 회사는 이 사건 광고행위가 불공정거래행위에 해당되는지 여부가 밝혀지기도 전에 독점규제법 등을 위반한 위 광고행위에 대한 법 위반사실의 공표라는 시정조치를 받아들이는 것 이상의 신용추락과 영업상의 손실을 입었음이 인정되고, 나아가 불공정거래행위인 위 광고의 태양과 그 내용, 그로 인한 공정경쟁저해성 등 여러 가지 사정을 참작할 때, 위 광고에 대한 법 위반사실의 공표라는 시정조치로 인하여 원고가 또다시 입게 될 불이익의 정도가 위 조치로 인하

15) 헌법재판소는 민법 제764조에 대한 헌법소원에서 위 조항의 "명예훼손에 적당한 처분"에 사죄광고를 포함시키는 것은 헌법상 양심의 자유를 침해하는 것으로서 위헌이라고 결정한 바 있다(헌법재판소 1991. 4. 1. 89헌마160 결정).

16) 서울고법 1993. 7. 21. 선고 91구2986 판결. 상고심에서 대법원도 동일한 취지로 상고를 기각하였다(대법원 1994. 3. 11. 선고 93누19719 판결 참고).

여 유지하고자 하는 공익상의 목적에 비추어 현저히 크다는 이유로 위 광고에 대한 법 위반사실 공표명령은 '이익형량의 원칙'에 위배되어 재량권의 범위를 벗어난 것으로서 위법하다고 하였다.[17)]

또한 한국결혼상담소협회부산지부의 사업자단체 금지행위 사건에서도 비슷한 취지의 판결이 내려졌는데, 서울고법은 "공정거래위원회는 개개 사건의 특수성에 따라 위반행위의 시정 또는 그 확보를 위하여 필요한 범위 내에서 시정조치의 내용을 결정할 재량권을 가진다고 할 것이나, 그 재량권을 행사함에 있어서는 위반의 경위, 정도, 결과 등을 고려하여 형평의 원칙이나 비례의 원칙 등에 어긋나지 않아야 할 것이다"라고 하고, 이 사건 사실관계에 비추어 위원회가 위 회사에 대하여 더 이상 같은 위반행위를 행하지 말고 이 사건 정관규정을 삭제 또는 수정할 것을 명령한 것 이외에, 이 사건 행위를 함으로써 독점규제법을 위반하였다는 사실을 모든 구성사업자에게 통지할 것을 명령하였고 이에 따라 실제로 위 회사는 이 사건 정관규정 중 상당 부분을 이 사건 시정명령의 취지에 맞추어 개정한 점, 이와 같은 시정명령은 형벌에 의하여 그 이행이 담보되는 점 등에 비추어 볼 때, 굳이 신문에 법 위반사실을 공표하도록 하는 것은 그 위반의 경위나 정도, 결과 등에 비하여 지나치다고 판단되므로 결국 이 사건 법 위반사실 공표명령은 재량권을 남용한 것으로서 위법하다고 판시하였다.[18)]

공표명령과 관련하여 실무상 제기되는 또 다른 문제는 공표의 대상인 행위사실이 다수인 경우에, 재판상 이들에 대한 위원회의 판단을 다툰 결과, 그 중 일부 사실에 대해서만 위원회의 판단이 위법한 것으로 인정된다면 법원은 대상 공표명령 전체를 취소하여야 하는지 여부이다. 신맥 등의 부당한 광고행위 사건 관련 행정소송 상고심에서 대법원은 "외형상 하나의 행정처분이라 하더라도 가분성이 있거나 그 처분대상의 일부가 특정될 수 있다면 일부만의 취소도 가능하고 그 일부의 취소는 당해 취소부분에 관하여만 효력이 생기는 것인바(대법원 1995. 11. 16. 선고 95누8850 판결 참조), 이 사건 … 법 위반사실 공표명령은 비록 하나의 조항으로 이루어진 것이라고 하여도 이 사건 광고행위와 표시행위로 인한 각 법 위반사실은 별개로 특정

---

17) 서울고법 1998. 6. 19. 선고 97구40447 판결. 상고심에서 대법원도 원심의 이 부분 판시사항을 그대로 수용하여 상고를 기각하였다(대법원 2000. 9. 29. 선고 98두12772 판결).

18) 서울고법 1999. 7. 9. 선고 99누1313 판결. 동일한 취지의 판결로서 서울고법 1998. 10. 14. 선고 97구53139 판결 및 서울고법 1999. 7. 22. 선고 98누14084 판결 등 참고. 이에 대하여 시정조치를 완료하였더라도 법 위반사실의 공표명령으로써 도모하고자 하는 공익적 목적이 당사자의 불이익보다 중요하다고 한 판결은 서울고법 1999. 11. 24. 선고 99누884 판결 참고.

될 수 있어 위 각 법 위반사실에 대한 독립적인 공표명령이 경합된 것으로 보아야 할 것이므로, 이 중 이 사건 표시행위에 대한 법 위반사실이 인정되지 아니하는 경우에 그 부분에 대한 공표명령의 효력만을 취소할 수 있을 뿐, 공표명령 전부를 취소할 수 있는 것은 아니"라고 판시하였다.[19)]

이상과 같이 종전에 법원은 '법 위반사실 공표명령'에 대하여 비례원칙 등을 적용하여 위원회의 재량권행사를 상대적으로 엄격하게 심사하였지만, 법 위반사실 공표명령의 합헌성 자체를 문제 삼지는 않았다.[20)] 그런데 정부의 의약분업정책에 반대하기 위하여 구성사업자들에 대하여 집단휴업 등을 강요한 행위가 문제된 대한병원협회의 사업자단체의 금지행위 사건(Ⅰ) 관련 행정소송에서 동 협회는 사업자단체의 금지행위에 대한 시정조치로서 법 위반사실의 공표명령을 규정한 구법 제27조에 대하여 위헌법률심판의 제청을 신청하였으나 기각 당하자, 위헌법률 헌법소원을 제기하였다.

이에 대하여 헌법재판소는, 우선 독점규제법 위반 여부는 개인의 인격형성과 무관하여 헌법상 보장되는 양심의 영역에 포함되지 아니하므로 법 위반사실 공표명령이 '양심의 자유'를 침해하는 것은 아니지만 헌법에 열거되지 아니한 일반적 행동자유권과 인격발현 혹은 사회적 신용유지를 위하여 보호되어야 할 명예권에 대한 제한임은 인정된다고 하였다.[21)] 나아가 그러한 제한은 헌법상 과잉금지의 원칙에 따라 이루어져야 한다고 설시한 다음, 법 위반사실 공표명령은 (1) 수단의 적합성과 침해의 최소성, 법익의 균형성을 갖추지 못하여 과잉금지의 원칙에 어긋나고, (2) 유죄가 확정되기 전에 관련 행위자를 유죄로 추정하는 불이익한 처분으로서 무죄추정의 원칙에 위배되고, (3) 형사절차에 들어가기 전에 법 위반행위를 일단 자백하게

---

19) 대법원 2000. 12. 12. 선고 99두12243 판결.

20) 예컨대, 대한의사협회의 사업자단체 금지행위 사건(Ⅰ) 관련 행정소송에서 독점규제법상 위반사실 공표명령 조항이 헌법상 양심의 자유를 침해하는 것으로서 위헌적인 조항이라는 주장에 대하여, 서울고법은 "공표명령 부분은 원고로 하여금 '구성사업자들로 하여금 휴업 또는 휴진하도록 함으로써 구성사업자의 사업내용 또는 활동을 부당하게 제한하는 행위'를 하여 공정거래법을 위반하였다는 사실을 밝히고 그 뜻을 표명하라는 것에 그치는 것이어서, 원고 대표자가 이에 응해야 할 것인가라는 고민에 빠질 수는 있겠으나 그러한 고민은 선과 악의 범주에 관한 진지한 윤리적 결정을 위한 고민이라 할 수 없고, 그 고민 끝에 어쩔 수 없이 위 명령에 응하였다고 하더라도 내면적으로 구축된 인간 양심이 왜곡·굴절되거나 인격적인 존재가치가 허물어져 그 인격적 주체성을 박탈하는 것이라고는 할 수 없으므로" 헌법상 보장되는 양심의 자유나 인간의 존엄과 가치 내지 인격권을 침해하는 것은 아니라고 판시하였다(서울고법 2001. 5. 17. 선고 2000누3278 판결).

21) 헌법재판소 2002. 1. 31. 2001헌바43 결정.

하는 것이 되어 행위자의 진술거부권도 침해한다고 판시하였다.[22] 그런데 특기할 만한 것은 헌법재판소는 법 위반사실의 공표명령이 수단의 적합성과 침해의 최소성에 위반된다고 판시하면서, 동 명령이 '법 위반으로 인하여 공정거래위원회로부터 시정명령을 받은 사실의 공표명령'(소위 '수명사실 공표명령')과는 개념상 구분된다고 하고, 법 위반사실 대신 수명사실의 공표를 명하더라도 여전히 입법목적의 달성이 가능하고 기본권 침해의 정도를 현저히 감소시킬 수 있다고 설시한 것이다.[23]

그 후 공정거래위원회는 위 헌법재판소의 결정에 따라 효력을 상실한 구법 제27조의 규정 중 "법 위반사실의 공표"뿐만 아니라 법상 그 밖의 시정조치 조항들이나 하도급거래 공정화에 관한 법률 및 표시·광고의 공정화에 관한 법률에 근거를 둔 경우에도 위 헌법재판소의 결정취지에 따라 종전의 법 위반사실 공표명령을 수명사실 공표명령의 형태로 변경하여 사용하였다. 이러한 수명사실 공표명령에 대해서도 사실상 법 위반사실 공표명령과 동일한 것으로서 위헌적인 것이라는 주장이 제기되었으나, 법원 및 헌법재판소는 수명사실 공표명령은 각 시정조치 조항의 규정내용 중 헌법재판소의 위 결정에 의거 실효된 "법 위반사실의 공표"에 해당하지 않고, '기타 위반행위의 시정을 위한 필요한 조치'에 포함되는 것으로서 적법한 근거를 갖춘 것으로 인정하였다.[24] 그 후 2004년 법 개정을 통하여 마침내 법상 모든 시정조치 조항에서 '법 위반사실의 공표명령'을 삭제하고, 대신 '시정명령을 받은 사실의 공표명령'을 규정하였음은 이미 설명한 바와 같다.

이와 같은 법령 개정에도 불구하고 사실상 모든 법 위반행위에 대하여 관행적으로 사용되는 공표명령은 사업자에 대하여 불필요한 부담을 초래한다는 지적이 지속적으로 제기되었고, 이에 따라 공정거래위원회는 2006년 '공정거래위원회로부터 시정명령을 받은 사실의 공표에 관한 운영지침'을 개정하여(공정거래위원회 예규, 2006. 7. 19. 개정) 공표명령의 사용범위를 획기적으로 제한하였다. 동 지침은 공정거래위원회의 시정조치에도 불구하고 위법사실의 효과가 지속되고 피해가 계속될 것이 명백한 경우로서 (1) 직접 피해를 입은 자가 불특정 다수인 경우, (2) 공표를 함으로써 피해자가 자신의 권익구제를 위한 법적 조치를 취할 수 있도록 할 필요가 있다고 인정되는 경우, (3) 허위·과장 등 부당한 표시·광고행위로 인하여 소비자에게 남아 있는 오인·기만적 효과를 제거할 필요가 있다고 인정되는 경우에 공표를 명할 수 있다고

22) 같은 결정.
23) 같은 결정.
24) 대법원 2003. 3. 28. 선고 2002두6170 판결 및 헌법재판소 2004. 2. 26. 2003헌바48 결정 참고.

규정하고 있다(동 지침 3. 나).

토의 과제

1 종래 법원이 특히 공표명령에 관한 공정거래위원회의 재량권 행사에 대하여 엄격한 기준을 적용하였고, 결국 헌법재판소가 구법상 법 위반사실의 공표명령에 대하여 위헌결정을 내린 취지를 생각해 보시오.

2 현행법상 '수명사실의 공표명령'이 구법상의 법 위반사실의 공표명령에 비하여 사업자의 명예 또는 향후에 진행될 수 있는 형사절차에서 피고인이 되는 사업자의 지위에 미치는 영향이라는 측면에서 어떠한 차이가 있는지 생각해 보시오.

Ⅲ. 과 징 금

1. 개 설

독점규제법은 기업결합의 제한을 위반한 행위를 제외한 사실상 모든 유형의 실체법 규정 위반행위에 대하여 시정조치와는 별도로 과징금을 부과할 수 있도록 규정하고 있는데,[25] 실제로 이러한 과징금제도는 동법의 실효성을 확보하는 데 매우 중요한 기능을 수행하고 있다. 오늘날 다양한 행정법규에서 광범위하게 사용되고 있는 과징금제도는 행정법상의 의무위반행위에 대하여 상당한 액수의 금전을 납부하도록 함으로써 의무위반행위로 인한 불법적인 이득을 박탈하거나 또는 금전적 제재를 가함으로써 향후 법 위반행위의 재발을 억제하는 중요한 기능을 수행하고 있다.[26] 독점규제법의 제정 및 개정과정을 돌이켜 보면 과징금 관련 조항만큼 극심한 변화를 겪은 조항도 없을 뿐만 아니라, 아래에서 보는 바와 같이 실무상 과징금의 법적 성질과 그 구체적인 산정방법과 관련하여 수많은 논란이 제기되었다.

---

25) 기업결합제한 규정 위반 이외에 실체법 규정 중 상호출자제한기업집단의 지주회사 설립제한(법 제19조), 순환출자에 대한 의결권제한(법 제23조), 상호출자제한기업집단 소속 금융·보험회사 및 공익법인의 의결권제한(법 제25조) 위반의 경우에도 과징금을 부과할 수 없다.

26) 독점규제법상 과징금 부과조항은 우리나라 법체계에 최초로 도입된 과징금제도로 알려져 있다.

〔연 혁〕

1980년 독점규제법 제정 당시 시장지배적지위의 남용행위에 대한 시정조치로서 내려진 가격인하명령에 응하지 아니할 경우 그 불응기간 동안에 가격인상의 차액으로 얻은 수입액에 상당하는 과징금의 납부를 명하는 과징금 납부명령을 도입하였다. 이는 우리 법제상 최초로 도입된 과징금제도로 알려져 있으며, 그 성질에 있어서도 현행법상 과징금과는 달리 엄격하게 부당이득 환수적 성격을 유지하고 있었다. 그 후 법 개정을 통하여 순차적으로 다른 유형의 위반행위에 대해서도 과징금제도가 도입되었는데, 1986년 1차 법 개정 당시 부당한 공동행위에 대하여, 1990년 2차 법 개정 당시 상호출자의 금지 위반, 출자총액의 제한 위반 및 사업자단체 금지행위에 대하여, 1992년 3차 법 개정 당시 불공정거래행위 및 계열회사에 대한 채무보증의 금지 위반에 대하여, 1994년 4차 법 개정 당시 재판매가격유지행위 및 부당한 국제계약체결에 대하여 과징금 부과조항을 도입하였다. 다시 1996년 5차 법 개정을 통하여 위법한 기업결합에 대해서도 과징금을 부과할 수 있도록 규정하였으며, 특히 과징금의 부과 및 징수에 관하여 독립된 장을 신설하여 종래 개별 위반행위 유형별로 산발적으로 규정하고 있거나 불명확하였던 과징금 부과 시 고려사항(구법 제55조의3), 납부기한의 연장 및 분할납부(구법 제55조의4), 과징금의 징수 및 체납처분(구법 제55조의6) 등에 관한 조항을 두었다. 또한 종전에는 과징금을 납부한 위반행위자가 피해자에게 손해배상을 한 때에는 과징금 중 그 배상액에 상당하는 금액을 환급하여야 한다는 소위 '배상액환급조항'을 두고 있었는데, 이는 아래에서 설명하는 과징금의 법적 성질이 '부당이익의 환수'라는 견해의 중요한 근거로 제시되었다. 그런데 1996년 법 개정으로 배상액환급조항이 삭제되는 등 과징금의 부당이득환수적 성격이 크게 후퇴하였다. 그 후 1999년 7차 법 개정 시 경쟁제한적 기업결합에 대한 과징금 부과조항을 삭제하는 대신, 위법한 기업결합에 대한 시정조치를 기한 내에 이행하지 않는 경우에 부과되는 이행강제금제도를 도입하였다. 마지막으로 2013년 법 개정으로 부당한 지원행위(구법 제23조 제1항 제7호)의 지원객체를 과징금 부과 대상에 추가하였고, 신설된 특수관계인에 대한 부당한 이익제공 등 금지(구법 제23조의2)와 관련하여 이익제공행위를 한 회사와 그 상대방 모두에 대한 과징금 부과 조항을 신설하였다(구법 제24조의2 제2항).

2. 과징금의 법적 성질

독점규제법상 과징금의 법적 성질에 대하여, 종래 (1) 법 위반행위로 얻은 부당한 이익을 박탈하는 것, 즉 '부당이득의 환수'라는 견해, (2) 행정법규의 위반행위자에 대한 금전적 제재, 즉 '행정제재벌'이라는 견해, (3) 절충적으로 양자의 성질을 모두 가지고 있다는 견해가 제시되었다. 이는 독점규제법뿐만 아니라 각종 행정법규에 새로운 의무이행확보수단으로서 폭넓게 도입되고 있는 과징금에 대하여 공통

적으로 제기되는 쟁점이다.[27)]

법상 과징금의 법적 성질을 규명하는 문제는 단순히 이론적인 문제로 그치는 것이 아니라 중요한 헌법적 쟁점과 관련되어 있다. 만일 법 위반행위에 대하여 부과하는 과징금이 부당이득환수적 성격을 전혀 갖지 않고 오로지 제재로서의 성격만을 갖는다면 법상 과징금부과절차 등을 고려할 때, 이중처벌금지 내지 과잉금지의 원칙, 무죄추정의 원칙 및 권력분립의 원칙에 위배된다는 주장이 가능하다. 즉, 법은 상당수 실체법 규정 위반행위에 대하여 과징금을 부과할 뿐만 아니라 형사처벌이 가능하도록 규정하고 있으므로(법 제124조 및 제125조) 순수한 처벌적 성격의 과징금을 형벌과 함께 부과하는 경우에는 이중처벌금지 내지 과잉금지의 원칙에 위반될 수 있고, 행정기관인 공정거래위원회가 법원에 의해 위법임이 확정되기 전에 과징금을 부과하여 사실상 처벌을 하는 것이므로 무죄추정의 원칙과 삼권분립의 원칙에 위반될 수 있다.[28)]

그런데 법 위반행위는 유형에 따라 그 성격이 제각각이고 과징금 산정방식 역시 천차만별이어서 과징금의 성격을 일률적으로 부당이득의 환수 또는 행정제재벌이라고 판단하는 것은 타당하지 않고, 부득이하게 각 법 위반행위의 유형별로 개별적으로 판단하여야 할 것이다. 예컨대, 위에서 설명한 바와 같이 법 제정 당시 도입되었던 시장지배적지위의 남용행위에 대한 가격인하명령에 불응한 경우에 부과하는 과징금은 부당이득환수적 성격이 현저하였고, 그 이후 도입된 부당한 공동행위에 대한 과징금 역시 위반기간의 매출액의 일정비율을 부과하는 것으로서 상대적으로 부당이득환수적 성격이 강한 것으로 보인다. 그러나 1996년 법 개정을 통하여 과징금 납부자가 피해자에 대하여 손해를 배상한 경우에 이를 환급하여 주는 '배상액환급조항'을 삭제하는 등 과징금의 부당이득환수적 성격이 후퇴하였고, 특히 상호출자의 금지나 채무보증의 금지 등과 같은 경제력집중의 억제 규정을 위반한 계열회사 또는 부당한 지원행위의 지원주체나 특수관계인에 대한 부당한 이익제공행위의 제공주체에게 부과하는 과징금은 위반행위자에게 당장 무슨 이득이 발생하였다고 보기 어려우므로 상대적으로 제재적 성격이 강하고 부당이득환수적 성격은 미약한 것

27) 행정법상 의무이행을 확보하는 수단으로서 도입된 다양한 과징금제도의 실태와 그 법적 성격에 대한 논의는 김홍대, "과징금제도의 의의와 법적 성격", 「법조」, 통권 555호, 2002 참고.

28) 실제로 서울고법은 SK건설 등의 부당한 지원행위 사건에서 이상과 같은 이유를 들어서 부당한 지원행위에 대한 과징금 부과의 근거조항인 구법 제24조의2에 대하여 위헌법률심판을 제청하였으나(서울고법 2001. 9. 11.자 98누13159 사건 관련 위헌제청결정), 결국 헌법재판소는 아래에서 살펴보는 바와 같이 합헌결정을 내렸다.

으로 보인다.[29)]

이에 대한 법원의 입장을 살펴보면 반드시 일관되지는 않지만, 적어도 부당한 공동행위 또는 불공정거래행위 중 일부 유형에 대한 과징금은 원칙적으로 부당이익의 환수로 보고 있다고 할 수 있다. 예컨대, 대법원은 5개 정유회사들의 군납유류 입찰담합 사건 관련 행정소송 상고심에서 부당한 공동행위에 대한 "과징금 부과는 원칙적으로 법 위반행위에 의하여 얻은 불법적인 경제적 이익을 박탈하기 위하여 부과하는 것"이라고 하였고,[30)] 지게차제조업체들의 조달청 입찰담합 사건에서도 부당한 공동행위를 행한 사업자에 대하여 과징금을 부과하는 취지는 부당한 공동행위에 의하여 얻은 불법적인 경제적 이익을 박탈하고 부당한 공동행위의 억지라는 행정목적을 실현하기 위한 것이라고 판시하였다.[31)]

그 밖에 불공정거래행위가 문제로 된 파스퇴르유업에 대한 과징금 추가납부명령 사건에서도 대법원은 "불공정거래행위를 한 사업자에 대하여 법 제24조의2 제1항의 규정에 의하여 부과되는 과징금은 행정법상의 의무를 위반한 자에 대하여 당해 위반행위로 얻게 된 경제적 이익을 박탈하기 위할 목적으로 부과하는 금전적 제재"라고 하였고,[32)] 다시 대우자동차판매의 사원판매 사건에서도 "법상의 과징금 부과는 비록 제재적 성격을 가진 것이기는 하여도 기본적으로는 법 위반행위에 의하여 얻은 불법적인 경제적 이익을 박탈하기 위하여 부과되는 것"이라고 판시하였다.[33)]

이에 대하여 하급심 판결 중에는 과징금의 성질이 변화되었음을 지적하면서 반드시 부당이득의 발생을 전제로 부과되는 것이 아니라고 설시한 것도 있다. 예컨대, 대우통신 등의 부당한 공동행위 사건 관련 행정소송에서 서울고법은 과징금제도는

29) 동일한 견해로서 공정거래위원회, 「과징금제도개선방안연구」(연구용역보고서), 2003, pp. 15-17 참고.

30) 대법원 2004. 10. 27. 선고 2002두6842 판결.

31) 대법원 2008. 1. 24. 선고 2006두19723 판결. 또한 그 이후 BC카드 및 회원은행들의 가맹점수수료 공동행위 사건에서도 대법원은 부당한 공동행위에 대한 과징금 부과는 원칙적으로 위반행위에 의하여 얻은 불법적인 경제적 이익을 박탈하기 위한 것임을 확인하였다(대법원 2008. 8. 21. 선고 2007두4919 판결). 한편, 굴삭기제조사들의 입찰담합 사건에서 서울고법은 부당한 공동행위에 대한 과징금은 '법 위반행위에 대한 행정상 제재금'으로서의 성격과 '불법적인 경제적 이익의 박탈'이라는 성격을 동시에 가지며, 궁극적으로 부당한 공동행위의 억지라는 행정목적을 실현하기 위한 것이라고 하였고, 상고심에서 대법원 역시 이를 그대로 수용하였다(서울고법 2006. 12. 20. 선고 2006누5726 판결 및 대법원 2008. 4. 24. 선고 2007두2937 판결).

32) 대법원 1999. 5. 28. 선고 99두1571 판결.

33) 대법원 2001. 2. 9.선고 2000두6206 판결. 이 사건의 사실관계 및 판시사항은 제6장 Ⅱ. 4. (마) (2) '사원판매 및 그 밖의 거래강제' 부분 참고.

"행정법상의 의무를 위반한 자에게 경제적 이익이 발생한 경우 그 이익을 박탈함으로써 경제적 불이익을 과하기 위한 제도로서 일본에서 도입된 제도이고, 그 대표적인 예가 시장지배적사업자가 피고의 가격인하명령에 응하지 아니할 때 가격인상의 차액으로 얻은 수입액을 그 산정기준으로 삼는 법 제6조 소정의 과징금이라고 할 것이다. 그러나 이러한 과징금은 점차 여러 분야에 확대·적용되면서 그 성질이 변화되어 이제는 영업정지와 같은 제재적 처분에 갈음하여 과하여지는 금전상의 제재수단으로 활용되고 있어 반드시 부당이득의 발생을 전제로 하여 부과되는 것은 아니라고 할 것이다."라고 하였다.34)

특히, 구법 제24조의2에 대한 위헌법률심판에서 부당한 지원행위의 지원주체에 대하여 부과하는 과징금의 법적 성질이 격렬하게 다투어졌다. 결국 헌법재판소는 위 조항을 합헌이라고 결정하면서, 부당한 지원행위의 지원주체에 대한 과징금은 본질상 처벌로서 형벌과 병과될 경우 이중처벌금지의 원칙에 위배된다는 주장에 대하여, "그 취지와 기능, 부과의 주체와 절차 … 등을 종합할 때 부당내부거래 억지라는 행정목적을 실현하기 위하여 그 위반행위에 대하여 제재를 가하는 행정상의 제재금으로서의 기본적 성격에 부당이득환수적 요소도 부가되어 있는 것이라 할 것이고, 이를 두고 헌법 제13조 제1항에서 금지하는 국가형벌권행사로서의 '처벌'에 해당한다고는 할 수 없으므로, 공정거래법에서 형사처벌과 아울러 과징금의 병과를 예정하고 있더라도 이중처벌금지원칙에 위반된다고 볼 수 없다."라고 판시하였다.35)

위 헌법재판소의 결정은 직접적으로는 부당한 지원행위의 지원주체에 대한 과징금 부과조항의 위헌성 여부를 다룬 것이지만, 공정거래위원회의 독립성과 전문성 및 과징금부과절차의 적정성 등에 관하여 주목할 만한 판시들을 담고 있다. 비록 헌법재판소가 위 조항에 대하여 5대4의 합헌결정을 내렸지만 4명의 재판관들은 반대의견을 통하여 위헌의견을 제시하였는데, 특히 이 반대의견에는 공정거래위원회의 구성 및 사건처리절차 등과 관련하여 음미해 보아야 할 사항이 많이 포함되어 있다.

---

34) 서울고법 1996. 2. 13. 선고 94구36751 판결. 그러나 동 법원은 이 사건에서 해당 담합행위로 부당한 이득을 얻지 못하였으므로 과징금을 부과해서는 안 된다는 원고의 주장을 배척하면서, 그 근거로서 위반행위자가 실제로 그 행위로 말미암아 경제적 이득을 얻지 못하였다고 볼 수 없다고 하였다. 또한 수중펌프구매 입찰담합 사건에서도 서울고법은 독점규제법상 과징금은 부당한 공동행위의 억지라는 행정목적을 실현하기 위한 행정상 제재금으로서의 기본적 성격에 부당이득환수적 요소가 부가되어 있는 것이므로 원고가 경제적 이득을 취한 바 없더라도 과징금을 부과할 수 있다고 설시하였다(서울고법 2014. 12. 10. 선고 2014누2081 판결).

35) 헌법재판소 2003. 7. 24. 2001헌가25 결정.

판 례 부당한 지원행위에 대한 과징금 조항 위헌법률심판[36)]

(중략)

나. 심판의 대상

이 사건 심판의 대상은 구 독점규제및공정거래에관한법률 제24조의2(1999. 12. 28. 법률 제6043호로 개정되기 전의 것) 중 동법 제23조 제1항 제7호에 관한 부분(이하 "이 사건 법률조항"이라 한다)의 위헌 여부이고, 그 규정과 관련규정의 내용은 다음과 같다.

제24조의2(과징금) 공정거래위원회는 제23조(불공정거래행위의 금지) 제1항 각호의 1의 규정에 위반하는 불공정거래행위가 있는 경우에는 당해 사업자에 대하여 대통령령이 정하는 매출액에 100분의 2를 곱한 금액을 초과하지 아니하는 범위 안에서 과징금을 부과할 수 있다. 다만, 매출액이 없는 경우 등에는 5억원을 초과하지 아니하는 범위 안에서 과징금을 부과할 수 있다.

(중략)

2. 제청법원의 제청이유와 관계기관의 의견

가. 제청법원의 제청이유

(1) 이 사건 법률조항에서 규정한 과징금은 부당한 경제적 이익의 박탈이라는 성격이 없고 오로지 제재로서의 성격만 있으므로 같은 행위에 대한 행정형벌규정과 합쳐 보면 하나의 위반행위에 대하여 위반자를 거듭 처벌하는 것이어서 이중처벌금지원칙, 과잉금지원칙에 반한다는 의심이 든다.

(2) 오로지 제재적 성격만이 있는 이 사건 과징금에 대하여 행정소송 등에 따른 적법타당성이 확정되기 전에도 공정력과 집행력을 인정하는 것은 무죄추정원칙에 반한다는 의심이 들고, 금전적 제재로서 형벌의 일종인 벌금과 실질적인 차이가 없는 과징금을 행정청이 행정처분으로 이를 부과하여 제재하는 것은 사법권을 법원에 둔 권력분립의 원칙에 위반된다는 의심이 든다.

(3) 공정거래법 제23조 제1항 제7호의 입법목적에 비추어 그 목적을 달성함에는 지원객체에 대하여 과징금을 부과함으로써 부당지원행위로 얻은 이익을 환수하는 것이 효과적임에도 불구하고 지원주체에 대하여 과징금을 부과하고 있으며, 과징금액의 산정에 있어서도 실제로 지원한 금액이나 부당지원행위로 인하여 지원객체가 확보한 부당한 경쟁력의 정도 등을 기준으로 함이 상당함에도 불구하고 지원주체의 매출액을 기준으로 삼은 것은 방법의 적절성을 요구하는 비례의 원칙에 반한다는 의심이 든다.

---

36) 헌법재판소 2003. 7. 24. 2001헌가25 구 독점규제및공정거래에관한법률 제24조의2 위헌제청.

(중략)

3. 판 단

가. 부당내부거래의 의의 및 규제의 필요성(생략)

나. 이중처벌금지원칙 및 무죄추정원칙 위반 여부

(1) 헌법재판소는 이중처벌금지원칙의 의미에 관하여, 헌법 제13조 제1항에서 금지하는 이중처벌은 거듭된 국가의 형벌권행사를 금지하는 것일 뿐, 형벌권행사에 덧붙여 일체의 제재나 불이익처분을 부가할 수 없는 것이 아님을 거듭 밝힌 바 있고(헌재 1994.6.30. 92헌바38, 판례집 6-1, 619, 627, 헌재 2001.5.31. 99헌가18등, 판례집, 13-1, 1017, 1100), 이에 따라 형벌과 보호감호를 병과한다고 하여 이 원칙에 위반되지 않는다고 하였으며(헌재 1991.4.1. 89헌마17등, 판례집 3, 124, 130·헌재 2001.3.21. 99헌바7, 판례집 13-1, 525, 542), 특히 부당 또는 불법의 이득을 환수 내지 박탈한다는 측면과 위반행위자에 대한 제재로서의 측면을 함께 가지고 있다고 본 부동산실권리자명의등기에 관한 법률상의 과징금을 형사처벌과 동시에 병과하는 것이 이중처벌에 해당하는지가 문제된 사건에서, 이는 이중처벌금지원칙의 문제라기보다 과잉금지원칙의 문제로 그 위헌 여부를 판단하여야 함을 분명히 밝힌 바 있다(헌재 2001.5.31. 99헌가18등, 판례집, 13-1, 1017, 1100-1101).

한편, 대법원 또한 행정법상의 질서벌인 과태료와 형사처벌은 그 성질이나 목적을 달리하는 별개의 것이므로 행정법상의 질서벌인 과태료를 납부한 후에 형사처벌을 한다고 하여 이를 일사부재리의 원칙에 반하는 것이라고 할 수는 없다고 보고 있다(대법원 1996.4.12. 선고 96도158 판결).

(2) 어떤 행정처분에 제재(制裁)와 억지(抑止)의 성격·기능만이 있다 하여 이를 '국가형벌권의 행사'로서의 '처벌'이라고 볼 수 없다. 행정법은 의무를 명하거나 금지를 설정함으로써 일정한 행정목적을 달성하려고 하는데, 그 실효성을 확보하기 위하여는 의무의 위반이 있을 때에 행정형벌, 과태료, 영업허가의 취소·정지, 과징금 등과 같은 불이익을 가함으로써 의무위반 당사자나 다른 의무자로 하여금 더 이상 위반을 하지 않도록 유도하는 것이 필요하다. 이와 같이 '제재를 통한 억지'는 행정규제의 본원적 기능이라 볼 수 있는 것이고, 따라서 어떤 행정제재의 기능이 오로지 제재(및 이에 결부된 억지)에 있다고 하여 이를 헌법 제13조 제1항에서 말하는 '처벌'에 해당한다고 할 수 없다. 부당이득 환수와 같은 부가적 기능 없이 오로지 제재적 기능만 있는 행정제재는 실질적으로 형사처벌과 다를 바 없다고 본다면 헌법 제13조 제1항에 규정된 이중처벌금지원칙의 적용범위가 너무 넓어지고, 그 결과 행정목적 실현을 위한 제재의 체계에 경직성을 초래하게 된다.

오히려 행정권에는 행정목적 실현을 위하여 행정법 위반자에 대한 제재의 권한도 포함되어 있다고 보아야 하고, 복잡다기한 행정현상에 대응하여 행정목적의 최적 실현을 위하여는 그 지향점과 효과에 차이가 있는 다양한 의무이행수단을 동원하는 것이 필요할 때도 있을 것이다. 즉, 제재의 총합을 고려하는 가운데 제재의 구체적 기능과 효과를 적합한 복수의 제재수단에 분배할 수 있어야 한다. 예를 들어 하나의 법 위반행위에 대하여 '벌금 5천만원' 또는 '영업정지 6월'의 단편적 제재를 하기보다는 '벌금 1천만원'에 '영업정지 3월'의 처분을 병행하는 것(형사처벌과 행정제재의 병과)이 보다 효과적인 경우도 있을 것이고, '영업허가의 취소'보다는 '영업정지 3월'에 '과징금 3천만원'을 병과하는 것'(행정제재의 병과)이 보다 효율적인 경우도 있을 수 있다. 제재적 성격이 있는 국가작용을 모두 형사처벌로 본다면 위와 같이 제재를 병과하는 것은 어느 것이나 이중처벌금지원칙에 위반된다고 보지 않으면 아니된다.

그러나 행정벌, 행정강제, 영업허가의 취소·정지와 같은 종래의 수단만으로는 행정기능의 확대와 질적 고도화에 따른 행정현상의 변화에 상응하는 실효성을 확보할 수 없어, 이를 보완하는 여러 가지 새로운 의무이행확보수단이 등장하게 되었는데, 제재적 성격의 유무를 기준으로 하여 이중처벌금지원칙을 폭넓게 적용하게 되면 오늘날의 행정현실에 탄력적으로 대응할 수 없게 될 우려가 있다.

(3) 이중처벌금지의 원칙을 적용하지 않는다 하여 어떤 하나의 법 위반행위에 대하여 국가가 아무런 제한 없이 제재를 거듭하는 것이 헌법상 용인된다는 것은 아니다. 국민에게 부담을 가하는 공권력작용은 궁극적으로 비례성원칙의 제약을 벗어날 수 없으므로, 형벌적 제재와 비형벌적 제재의 병과 또는 비형벌적 제재간의 병과를 인정하더라도 그 제재의 총합이 법 위반행위에 비하여 지나치게 과잉된 것이어서는 아니된다는 헌법적 견제원리는 여전히 유효하다. 이와 관련하여 입법자는 필요한 경우 여러 제재수단 간의 선택가능성을 열어놓되 그 병과를 금지함으로써 부당한 과잉제재로부터 국민을 보호할 수 있는 법적 장치를 마련할 수도 있다.[1]

(4) 이 사건 과징금은 위에서 본 바와 같은 폐해를 초래하는 대규모기업집단 내 계열회사들 간의 부당내부거래를 규제함으로써 공정한 경쟁을 촉진하고 궁극적으로 국민경제의 균형 있는 발전을 도모하기 위하여 도입된 것이다. 시장에서 퇴출되어야 할 부실기업 또는 한계기업에 대하여 대규모기업집단의 차원에서 의도적으로 거액의 지원행위를 은밀히 감행하여 시장의 경쟁질서를 교란하고 경제현상을 왜곡하는 등 갖가지 폐해를 낳는데도 이에 대한 형사처벌은 2년 이하의 징역 또는 1억 5천만원 이하의 벌금에 불과하여 이것만으로 규제의 효과를 거둘 것을 기대하기는 어려웠다. 이에, 자본력이 강한 대기업에 대하여 충분한 제재 및 억지 효과를 거둘 수 있을 정도의 금전적 제재를 행정제재로서 부과하는 것이 반드시 필요하며, 이 경우 부당지원을 한 기업을

1) 현행법상 벌금과 과징금의 병과를 금지한 예로는 환경범죄의 단속에 관한 특별조치법 제12조 제4항, 비형벌적 제재 간의 중복부과를 금지한 예로는 식품위생법 제80조, 해운법 제65조 제2항, 전기통신사업법 제37조의3 등을 들 수 있다.

제재 및 억지의 대상으로 삼는 것이 시장의 경쟁질서를 보다 효과적으로 회복·유지할 수 있다는 정책적 판단 하에 부당지원을 한 기업을 상대로 과징금을 부과할 수 있도록 이 사건 법률조항을 신설하였던 것이다.

이러한 취지에서 비롯된 이 사건 법률조항에 의한 과징금의 기능은 본질적으로 '부당이득액의 정확한 환수'에 있다기보다 '제재를 통한 위반행위의 억지'에 있다고 할 것이지만, 그렇다고 하여 부당이득환수적 성격이 전혀 없다고 단정하기도 어렵다. 공정거래법은 과징금을 부과함에 있어 위반행위의 내용 및 정도, 위반행위의 기간 및 횟수, 위반행위로 인해 취득한 이익의 규모를 고려하도록 하고 있는 것이다(제55조의3 제1항). 또한 부당내부거래로 인하여 발생하는 부당한 이득의 발생구조를 파악함에 있어서는 각 기업을 고립시켜서 고찰하기보다는 지원을 주고받는 대규모기업집단 소속 계열회사 상호 간의 관점에서 파악하는 것이 보다 적절할 것이다. 즉, 다수의 계열회사들이 기업집단 전체의 이익을 위해 계속적으로 서로 지원을 주고받으면서 계열의 유지·확장을 위한 수단으로 부당내부거래를 이용하는 것이므로, 중·장기적으로 볼 때 부당내부거래는 경제력 집중을 통하여 결국 부당지원을 한 기업에게도 상당한 부당이득을 발생시키게 됨을 부인하기 어렵다. 따라서 이 사건 법률조항이 부당지원의 객체가 아니라 주체에게 과징금을 부과토록 하였다는 점만으로 과징금에 부당이득 환수의 요소가 전혀 없다고 단언하기 어려운 것이다.

(5) 결론적으로 이 사건 법률조항에 의한 과징금은 그 취지와 기능, 부과의 주체와 절차(형사소송절차에 따라 검사의 기소와 법원의 판결에 의하여 부과되는 형사처벌과 달리 과징금은 공정거래위원회라는 행정기관에 의하여 부과되고 이에 대한 불복은 행정쟁송절차에 따라 진행된다) 등을 종합할 때 부당내부거래 억지라는 행정목적을 실현하기 위하여 그 위반행위에 대하여 제재를 가하는 행정상의 제재금으로서의 기본적 성격에 부당이득환수적 요소도 부가되어 있는 것이라 할 것이고, 이를 두고 헌법 제13조 제1항에서 금지하는 국가형벌권행사로서의 '처벌'에 해당한다고는 할 수 없으므로, 공정거래법에서 형사처벌과 아울러 과징금의 병과를 예정하고 있더라도 이중처벌금지원칙에 위반된다고 볼 수 없다.

이러한 결론은 이중처벌금지원칙에 관한 미국,[2] 프랑스,[3] 유럽연합(EU),[4] 독일[5]

2) 미국연방헌법 수정 제5조에 규정된 이른바 이중처벌(double jeopardy) 금지의 원칙에 관한 미국 연방대법원의 주류적 입장은, 이 원칙은 동일한 위법행위를 이유로 복수의 형사처벌(criminal punishments)을 가하는 것만을 금지한다고 하면서[Helvering v. Mitchell, 303 U.S. 391, 399 (1938); United States ex rel. Marcus v. Hess, 317 U.S. 537, 548-549 (1943); Breed v. Jones, 421 U.S. 519, 528 (1975)], 형벌뿐만 아니라 비형벌적 제재(civil penalties)도 억지(抑止)의 효과를 가지고 있으므로[Department of Revenue of Mont. v. Kurth Ranch, 511 U.S. 767, 777, n.14 (1994); United States v. Ursery, 518 U.S. 267, 284- 285, n.2 (1996)], 어떤 제재가 "오로지" 구제적("solely" remedial, i.e., entirely nondeterrent)이지 않은 한 이중처벌금지조항의 적용을 피할 수 없다고 한다면 어떤 비형벌적 제재도 이중처벌에 해당함

등의 주요 외국의 입법례 및 판례와 그 궤를 같이 한다.

(6) 무죄추정원칙에 관한 법원의 제청이유는, 오로지 제재적 성격만이 있는 이 사건 과징금에 대하여 행정소송 등에 따른 적법타당성이 확정되기 전에도 공정력과 집행력을 인정하는 것은 무죄추정원칙에 반한다는 것이다.

그러나 위에서 본 바와 같이 이 사건 법률조항에 의한 과징금은 형사처벌이 아닌 행정상의 제재이고, 행정소송에 관한 판결이 확정되기 전에 행정청의 처분에 대하여 공정력과 집행력을 인정하는 것은 이 사건 과징금에 국한되는 것이 아니라 우리 행정법체계에서 일반적으로 채택되고 있는 것이므로, 과징금 부과처분에 대하여 공정력과 집행력을 인정한다고 하여 이를 확정판결 전의 형벌집행과 같은 것으로 보아 무죄추정의 원칙에 위반된다고 할 수 없다.

다. 비례성원칙 위반 여부

(1) 부당지원행위에 대하여 형사처벌과 아울러 과징금의 병과를 예정하는 것이 이중처벌금지원칙에 위반되지 않는다 하더라도 그러한 제재들의 총합이 법 위반의 억지에 필요한 정도를 넘어 지나치게 가혹한 것이 되어서는 아니된다는 비례성의 원칙은 준수되어야 한다.

다만, 이를 판단함에 있어서는 헌법 제119조에 규정된 경제질서 조항의 의미를

을 면할 수 없을 것이라고 보고 있다[Hudson v. United States, 522 U.S. 93, 102 (1997)]. 특히, 부정대출 등의 위법행위를 이유로 행정기관으로부터 제재금(monetary penalty) 및 금융업 종사금지(occupational debarment) 처분을 한 후, 다시 동일한 사유를 이유로 기소한 사안에서, 위 법리들을 확인한 다음 억지적 목적이 있다 하여 이중위험금지원칙에서 말하는 형사처벌에 해당한다고 하여서는 은행과 같은 분야에서 효율적으로 규제를 하여야 하는 국가의 능력이 현저히 저하됨을 지적하면서 위 사안은 이중처벌금지원칙에 위반되지 않는다고 한 바 있다[Hudson v. United States, 522 U.S. 93, 105 (1997)].

3) 프랑스는 우리의 공정거래위원회에 해당하는 경쟁평의회가 반경쟁적 행위에 대하여 제재금(sanction pécuniaire)을 가하는데, 제재금의 부과가 재량으로 되어 있는 점, 부과액의 기준을 정액 또는 매출액으로 하고 있는 점(그 상한은 매출액의 10%로서 우리보다 더 높다), 위반사실의 경중, 경제에 미친 손해의 중대성, 피해를 입은 기업이나 단체의 상태에 비례하여 제재금액을 산정토록 규정하고 있는 점 등에서 우리나라 공정거래법상의 과징금과 대단히 유사한 모습을 보이고 있다. 이러한 제재금과 형벌의 병과에 대하여 프랑스 헌법평의회(Conseil Constitutionnel)는 이중처벌금지의 법리를 적용하지 아니하고 단지 비례의 원칙과 형평의 요구에 적합한지의 관점에서 문제를 해결하고 있다.

4) 유럽연합(EU)의 법제 또한 위 프랑스의 것과 대동소이한데, 이사회규칙 제17호(Council Regulation No. 17) 제15조는 EU 경쟁법의 법원(法源)인 EEC 설립조약 제81조, 제82조 위반행위에 대하여 집행위원회(Commission)로 하여금 제재금(fine)을 부과할 수 있도록 하고 있으며, 특히 동 조 제4항은 그러한 제재금 부과처분이 형사처벌이 아님을 분명히 규정하고 있다("Decisions taken pursuant to paragraph 1 and 2 shall not be of a criminal law nature").

5) 독일 기본법 제10조 제3항은 "누구도 동일한 행위를 이유로 일반형법에 근거하여 거듭 처벌받지 아니한다"고 규정하여 금지되는 이중처벌의 근거를 '일반형법'에 국한하고 있다.

충분히 고려하여야 할 것이다. 헌법은 제119조 제1항에서 대한민국의 경제질서는 개인과 기업의 경제상의 자유와 창의를 존중함을 기본으로 한다고 규정함으로써 경쟁을 바탕으로 하는 시장경제질서를 원칙으로 함과 아울러 같은 조 제2항에서는 국가로 하여금 시장의 지배와 경제력의 남용을 방지하기 위하여 경제에 관한 규제와 조정을 할 수 있다고 규정하고 있다. 우리 헌법은 자유와 경쟁에 기초한 경제질서를 보장하기 위하여 시장의 지배와 경제력의 남용을 방지하기 위한 규제와 조정의 권한을 적극적으로 국가에 부여하고 있는 것이다. 따라서 입법자는 경제현실의 역사와 미래에 대한 전망, 목적달성에 소요되는 경제적·사회적 비용, 당해 경제문제에 관한 국민 내지 이해관계인의 인식 등 제반 사정을 두루 감안하여 독과점 규제와 공정거래의 보장을 위하여 가능한 여러 정책 중 필요하다고 판단되는 경제정책을 선택할 수 있고, 입법자의 그러한 정책판단과 선택은 그것이 현저히 합리성을 결여한 것이라고 볼 수 없는 한 경제에 관한 국가적 규제·조정권한의 행사로서 존중되어야 할 것이다.

(2) 이 사건 법률조항에 의한 과징금은 위에서 본 바와 같이 정확한 부당이득환수를 직접적인 목적으로 하는 것이 아니라 부당지원행위의 억지에 그 주된 초점을 두고 있는 것이므로 반드시 부당지원을 받은 사업자에 대하여만 과징금을 부과하는 것만이 입법목적 달성을 위한 적절한 수단이 된다고 할 수 없다.

과징금의 취지가 제재를 통한 부당지원행위의 억지에 있는 이상 입법자는 누구에게 과징금을 부과하는 것이 위반행위를 보다 효율적으로 차단하고 시장의 경쟁질서를 효과적으로 회복·유지하게 될 것인가라는 정책적 관점에서 과징금 부과의 객체를 정할 수 있다 할 것인데 입법자는 이 점에서 지원을 한 기업에 대하여 제재를 가하는 것이 보다 효율적이라 본 것이고, 또한 비록 그것이 지원을 받는 기업으로부터 부당이득을 직접 환수하는 방법은 아니라 할지라도 서로 긴밀히 연결된 기업집단 내 계열기업들 간의 관계에 비추어 볼 때 지원을 한 기업에 대한 제재와 억지는 결국 지원을 받는 기업이 속한 시장의 경쟁질서를 회복하는 효과를 낳는다고 본 것인바, 입법자가 선택한 이러한 수단이 공정한 경쟁질서 보호에 부적절한 것이라 할 수 없다.

(3) 입법자는, 부당지원행위에 관하여 형사처벌의 가능성과 병행하여 과징금 규정을 두고 있으며, 과징금액의 산정에 관하여는 대통령령이 정하는 매출액(당해 사업자의 직전 3개 사업연도의 평균 매출액)을 기준으로 100분의 2를 상한으로 하는 범위 내에서, 매출액이 없는 경우에는 5억원의 범위 내에서 과징금을 부과할 수 있도록 하고 있다.

사업자가 법 위반행위를 하는 것은 종국적으로 경제적 이익을 얻고자 하는 데에 그 목적이 있을진대, 사업자의 매출액을 그러한 경제적 이익 증가의 지표로 보고서 매출액을 기준으로 삼아 과징금액의 상한을 책정토록 한 것은 나름대로 수긍할 만한 합리성이 있다 할 것이고, 기업집단 내의 부당내부거래에 있어 적극적·주도적 역할을 하는 자본력이 강한 대기업에 대하여도 충분한 제재 및 억지의 효과를 발휘하도록 하기 위한 정책적 고려에서 그 매출액에 대한 일정 비율(2%)을 책정하여 그 한도 내에서 과징금을 부과토록 한 것은, 여기에 형사처벌의 정도(2년 이하의 징역 또는 1억 5천만원 이하의 벌금)를 보태어 보더라도 이 입법목적 달성을 위한 적정한 수단이 아니라거나 지나치게 가혹한 제재라고 하기 어렵다.[6)]

뿐만 아니라, 현행 공정거래법의 전체 체계에 의하면 부당지원행위가 있다고 하여 일률적으로 매출액의 100분의 2까지 과징금을 부과할 수 있는 것도 아니다. 공정거래법 제55조의3 제1항은 과징금을 부과함에 있어 위반행위의 내용 및 정도, 위반행위의 기간 및 횟수, 위반행위로 인해 취득한 이익의 규모 등을 참작하여야 한다고 규정하고 있으므로 공정거래위원회는 개별 부당지원행위의 불법의 정도에 비례하는 상당한 금액의 범위 내에서만 과징금을 부과할 의무를 지고 있다. 공정거래법 제55조의3 제3항은 이러한 취지를 구체화하도록 대통령령에 위임하고 있으며, 이에 따라 공정거래법 시행령 제61조 별표2는 부당지원행위의 과징금부과기준을, 지원금액이 산출가능한 경우에는 당해 지원금액 이내로, 지원금액이 산출되기 어렵거나 불가능한 경우에는 당해 지원성 거래규모의 100분의 10 이내로 정하고 있다. 그러므로 한편으로는 부당지원금액이 대단히 거액이어서 매출액의 100분의 2를 상회하더라도 지원금액만큼 과징금을 부과할 수 있는 것이 아니라 매출액 기준 이내에서만 과징금을 부과할 수 있고, 다른 한편으로 부당지원금액이 매출액의 100분의 2에 훨씬 미치지 못하더라도 매출액 기준으로 부과할 수는 없고 그 지원금액을 한도로만 과징금을 부과할 수 있는 것이다. 이와 같은 이중적 제한장치의 결과 실제 부과되는 과징금액은 매출액의 100분의 2를 훨씬 하회하는 수준에 머무르고 있다.[7)] 그렇다면 부당지원행위의 실효성 있는 규제를 위하여 형사처벌의 가능성과 병존하여 과징금 규정을 둔 것 자체나, 지원기업의 매출액을 과징금의 상한기준으로 삼은 것을 두고 비례성원칙에 반하여 과잉제재를 하는 것이라 할 수 없다.

(4) 공정거래법은 이 사건에서 문제되는 불공정거래행위를 포함하여 주요 법 위반행위에 대하여 공정거래위원회의 고발을 공소제기의 요건으로 하는 이른바 '전속고발'제도를 택함으로써(공정거래법 제71조) 법 위반행위에 대한 형벌권의 행사가 신중하

6) 오히려 입법자는 이 사건 법률조항에 의한 매출액 대비 2%라는 상한기준만으로는 실효성 있는 억지력을 발휘할 수 없다고 보아, 1999. 12. 28. 이 사건 법률조항을 개정하여 부당지원행위에 대하여는 부과상한을 매출액 대비 5%로 상향조정하였다.

7) 실제로 1998년부터 2000년까지 부당내부거래에 대하여 부과된 과징금 내역을 보면, 부당지원금액에 대한 과징금 부과비율은 평균 35.7%로서 지원금액의 절반에도 미치지 못하였으며, 매출액 대비 0.06%에 불과하였음을 알 수 있다. 한편 당해 사건의 원고인 에스케이의 경우를 보더라도, 1997년 말 기준으로 에스케이의 매출액은 10조 7,565억원이고, 사건의 개요에서 본 바와 같은 에스케이증권에 대한 부당지원금액은 92억 9,700만원으로 산정되었으나, 공정거래위원회는 지원행위의 내용 및 정도·기간 및 횟수·지원의 효과 등을 감안하여 41억 1,300만원의 과징금을 부과하였다. 이 금액은 지원금액의 절반에도 미치지 못하며, 매출액의 약 0.04%에 불과하다.

게 이루어지도록 하고 있다. 이 제도는, 공정거래법 위반행위에 대한 형벌은 가능한 한 위법성이 명백하고 국민경제와 소비자일반에게 미치는 영향이 특히 크다고 인정되는 경우에 제한적으로 활용되어야 한다는 점을 고려하여 독립적이고 전문적인 공정거래위원회로 하여금 상세한 시장분석을 통하여 위반행위의 경중을 판단하고 그때그때의 시장경제상황의 실상에 따라 시정조치나 과징금 등의 행정조치만으로 이를 규제함이 상당할 것인지 아니면 더 나아가 형벌까지 적용하여야 할 것인지의 여부를 결정하도록 함으로써 공정거래법의 목적을 달성하고자 하는 데 그 취지가 있는 것으로서(헌재 1995. 7. 21. 94헌마136, 판례집 7-2, 169, 178), 이 제도를 통하여 단순한 경제법 위반행위의 형사범죄화, 남소로 인한 기업활동의 위축을 방지할 수 있는 것이다.[8)]

라. 적법절차원칙 및 권력분립원칙 위반 여부

(1) 헌법 제12조 제1항은 "… 법률과 적법한 절차에 의하지 아니하고는 처벌·보안처분 또는 강제노역을 받지 아니한다"라고 하여 적법절차원칙을 규정하고 있는데, 헌법재판소는 이 원칙이 형사소송절차에 국한되지 않고 모든 국가작용 전반에 대하여 적용된다고 밝힌 바 있으므로(헌재 1992. 12. 24. 92헌가8, 판례집 4, 853, 876-877; 헌재 1998. 5. 28. 96헌바4, 판례집 10-1, 610, 618), 국민에게 부담을 주는 행정작용인 과징금 부과의 절차에 있어서도 적법절차원칙이 준수되어야 할 것이다.

적법절차원칙에서 도출할 수 있는 가장 중요한 절차적 요청 중의 하나로, 당사자에게 적절한 고지(告知)를 행할 것, 당사자에게 의견 및 자료 제출의 기회를 부여할 것을 들 수 있겠으나(헌재 1994. 7. 29. 93헌가3등, 판례집 6-2, 1, 11; 헌재 1996. 1. 15. 95헌가5, 판례집 8-1, 1, 16-17; 헌재 2002. 6. 27. 99헌마480, 판례집 14-1, 616, 634 참조), 이 원칙이 구체적으로 어떠한 절차를 어느 정도로 요구하는지는 일률적으로 말하기 어렵고, 규율되는 사항의 성질, 관련 당사자의 사익(私益), 절차의 이행으로 제고될 가치, 국가작용의 효율성, 절차에 소요되는 비용, 불복의 기회 등 다양한 요소들을 형량하여 개별적으로 판단할 수밖에 없을 것이다.

(2) 과징금의 부과가 어떤 기관에 의하여, 어떤 절차를 통하여 이루어지는지 본다. 독점규제 및 공정거래에 관한 사무를 독립적으로 수행케 하기 위하여 국무총리 소속하에 공정거래위원회(이하 "위원회"라 한다)가 설치되어 있는데(공정거래법 제35조), 위원회는 위원장 1인, 부위원장 1인을 포함한 9인의 위원으로 구성하며, 위원장과 부위원장은 국무총리의 제청으로, 나머지 위원은 위원장의 제청으로 대통령이 임명한다(제37조). 위원의 자격은 공정거래에 관하여 경험이 있는 2급 이상의 공무원의 직에 있던 자, 판사·검사 또는 변호사의 직에 15년 이상 있던 자, 대학에서 법률학·경제학·경영

8) 공정거래법 위반행위에 대한 공정거래위원회의 고발의 실태를 보면 1981년부터 2002년까지 20여년간 총 고발건수가 약 130건 정도에 불과하고(부당내부거래에 관하여 보면, 1998년부터 여러 차례에 걸쳐 수많은 부당내부거래를 조사·적발하였지만, 고발한 것은 6건에 불과하다), 이 중 과징금이 병과된 것은 19건에 불과하다.

학 부교수 이상의 직에 15년 이상 있던 자, 기업경영 및 소비자보호활동에 15년 이상 종사한 경력이 있는 자 등으로 되어 있다(제37조 제2항). 위원은 신분보장을 받으며, 정치활동이 금지되어 있다(제40조, 제41조).

위원회의 심리와 의결은 공개하며(제43조 제1항), 위원에 대한 제척·기피·회피제도가 있다(제44조). 위원회는 조사결과를 서면으로 당해 사건의 당사자에게 통지하여야 하며(제49조 제3항), 시정조치 또는 과징금 납부명령을 하기 전에 반드시 당사자 또는 이해관계인에게 의견을 진술할 기회를 주어야 하고(제52조 제1항), 당사자 또는 이해관계인은 위원회의 회의에 출석하여 의견을 진술하거나 자료를 제출할 권리를 부여받고 있다(동 조 제2항). 나아가 당사자 또는 이해관계인은 관련된 자료의 열람·복사를 요구할 수 있다(제52조의2). 위원회의 시정조치명령에 대하여는 당사자에게 집행정지 신청권이 있다(제53조의2). 위원회의 처분에 대하여 불복이 있는 자는 처분의 고지를 받은 날로부터 30일 내에 이의신청을 할 수 있으며, 이에 대한 심의, 재결은 위원회의 전원회의에서 이루어진다(제37조의3 제1항 제2호, 제53조). 이의신청을 거치지 않고도 위원회의 처분에 대하여 서울고등법원에 행정소송을 제기할 수 있다(제54조, 제55조).

(3) 물론 위원회는 그 구성의 독립성, 사건처리 절차의 사법적 요소 등의 측면에서 가장 대표적인 독립규제위원회라 일컬어지는 미국의 연방거래위원회(Federal Trade Commission)와 비교할 때 미흡한 점이 있다고도 평가할 수 있다. 미국의 경우 대통령이 연방상원의 동의를 얻어 5인의 위원을 임명하며, 사건의 조사과정에서는 이른바 행정법판사(administrative law judge)와 같은 법전문가에 의한 독립적 직무수행이 이루어지고 있다.

그러나 미국과 우리나라는 법률체계, 사법과 행정의 관계, 경제현실 등 여러 가지 점에서 차이가 있을 뿐만 아니라, 행정목적 실현을 위하여 취해지는 규제수단에 대하여 사법적 체계나 요소를 어느 정도로 적용할 것인지는 기본적으로 제도 형성의 문제로서 입법자의 선택에 달려 있다 할 것이다.

법관에게 결정권한을 부여한다든지, 절차에 있어 사법적 요소들을 강화한다든지 하면 법치주의적 자유보장이라는 점에서 장점이 있겠으나, 다른 한편으로 경제, 환경, 도시계획, 보건과 같은 복잡하고 전문적인 규제분야에서 정책입안자나 현장의 정책집행자의 일관되고 전문적인 목적지향적 관리가 가능하기 위해서는 행정기관 스스로 행정목적 달성에 효율적인 제재수단과 제재수위를 1차적으로 선택할 수 있도록 하는 것이 행정의 경험과 전문성, 책임성을 보다 살리는 길이 된다고 볼 수도 있다.

(4) 그렇다면 우리나라 공정거래법에서 행정기관인 위원회로 하여금 과징금을 부과하여 제재할 수 있도록 한 것은, 부당내부거래를 비롯한 다양한 불공정 경제행위가 시장에 미치는 부정적 효과 등에 관한 사실수집과 평가는 이에 대한 전문적 지식과 경험을 갖춘 기관이 담당하는 것이 보다 바람직하다는 정책적 결단에 입각한 것이라 할 것이고, 과징금의 부과 여부 및 그 액수의 결정권자인 위원회는 합의제 행정기관으로

서 그 구성에 있어 일정한 정도의 독립성이 보장되어 있고, 과징금 부과절차에서는 통지, 의견진술의 기회 부여 등을 통하여 당사자의 절차적 참여권을 인정하고 있으며, 행정소송을 통한 사법적 사후심사가 보장되어 있으므로, 이러한 점들을 종합적으로 고려할 때 과징금 부과 절차에 있어 적법절차원칙에 위반되었다거나 사법권을 법원에 둔 권력분립의 원칙에 위반된다고 볼 수 없다.

4. 결 론

그렇다면 이 사건 법률조항은 헌법에 위반되지 아니하므로 주문과 같이 결정한다. 이 결정은 재판관 한대현, 재판관 권 성, 재판관 주선회, 재판관 김영일의 아래 5., 6.과 같은 반대의견이 있는 외에는 나머지 관여재판관들의 일치된 의견에 의한 것이다.

5. 재판관 한대현, 재판관 권 성, 재판관 주선회의 반대의견

기업에게 부과될 수 있는 형벌은 벌금뿐인데 이 사건 법률조항은 형벌인 벌금 이상으로 불이익할 수 있는 과징금을 기업에게 부과하면서 헌법상 요구되는 자기책임의 원리와 적법절차를 준수하지 않고 있어 헌법에 위반된다고 생각한다.

가. 자기책임원리의 위반

(1) 이 사건 과징금의 특성

(가) 각종 법률이 규정하는 과징금 제도의 유형을 보면 첫째, 행정상 의무이행의 확보를 위하여 그 의무위반행위로 얻은 불법적인 이익을 박탈하고 나아가 그 행위를 제재하기 위하여 부과하는 과징금이 있고, 둘째, 다수 국민이 이용하는 사업이나 국가 및 사회에 중대한 영향을 미치는 사업을 시행하는 자가 행정법규에 위반하였을 경우 그 위반자에 대하여 허가취소나 영업정지처분을 하면 오히려 국민에게 생활의 불편과 어려움을 줄 수 있으므로 이러한 처분과 선택적으로 또는 이에 갈음하여 부과하는 과징금이 있으며 셋째, 배출부과금 등과 같이 법령에서 과징금이라는 용어를 사용하고 있지는 않더라도 그 제도의 취지·성격 등에 비추어 과징금과 유사한 제도라고 볼 수 있는 것 등이 있다(헌재 2001. 5. 31. 99헌가18등, 판례집 13-1, 1017, 1096-1098 참조).

(나) 공정거래법은 이 사건 법률조항 이외에도 여러 조항에서 과징금 부과규정을 두고 있다. 시장지배적사업자가 그 시장지배적지위를 남용한 경우(법 제6조), 일정 규모 이상에 해당되어 상호출자가 금지된 회사가 이를 위반하거나 출자한도 제한을 위반한 경우(법 제17조), 다른 사업자와 부당하게 경쟁을 제한하는 공동행위를 한 경우(법 제22조), 사업자단체가 부당한 경쟁제한 행위를 한 경우(법 제28조), 재판매가격유지행위를 한 경우(법 제31조의2), 부당한 경쟁제한을 초래하는 국제계약을 체결한 경우(법 제34조의2) 부과되는 과징금들이 그것이다. 공정거래법상의 이러한 과징금들은 독과점의 규제와 불공정거래의 방지를 위한 경제법상의 의무위반행위로 얻은 불법적인 이익을 박탈하고 나아가 그 위반행위자를 제재하기 위하여 부과되는 것이므로 대부분 위에

서 본 첫째 유형의 과징금에 해당한다.

(다) 그런데 이 사건 법률조항에 의하여 부과되는 과징금은 부당하게 특수관계인 또는 다른 회사에 대하여 가지급금·대여금·인력·부동산·유가증권·무체재산권 등을 제공하거나 현저히 유리한 조건으로 거래하여 특수관계인 또는 다른 회사를 지원하는 행위가 있는 경우 당해 지원행위의 주체인 기업에 대하여 부과되는 것이다. 만약 부당지원행위로 인하여 발생한 이익을 이 과징금의 부과에 의하여 박탈하고자 한다면, 실제로 이익을 본 피지원자에게 과징금을 부과하여야 마땅할 것이다. 그러나 이 사건 법률조항은 지원을 함으로써 현실적으로는 일단 손실을 본 사업자를 상대로 과징금을 부과하도록 규정하고 있으므로 이 과징금은 지원행위로 발생한 이익을 박탈하기 위한 것은 아니다.

이 점에 대하여는, 동일한 기업집단의 경우 지원하는 기업과 지원받는 기업이 이와 같은 지원행위를 통하여 결국은 함께 이익을 보려고 하는 것이므로 그 어느 쪽에 부과하든 이익을 박탈하는 의미가 있다는 주장도 있다. 그러나 이 과징금의 부과는 동일한 기업집단 내의 거래행위일 것을 그 요건으로 하고 있지 아니하며, 또 동일한 기업집단 내의 행위에 의하여 기업집단에게 발생한 이익을 박탈하는 것이라면 이 과징금이 기업집단의 지배자에게 부과되어야 할 터인데도 그와 달리 개별적인 지원기업에게 부과되고 있으므로 위와 같은 논리는 정확한 것이 못된다. 이것은 단지, 부당지원행위를 억제하기 위하여 그러한 행위를 한 사업자를 응징하고 이러한 응징을 통하여 장래의 법 위반을 일반적으로 예방하려는 의미만을 가지고 있다고 보아야 한다. 그렇다면 이러한 과징금은 그 목적이나 효과로 보아 실질적인 처벌의 성질을 갖는 것이고 이는 헌법 제12조 제1항 후문이, 특히 명문으로 적법절차의 대상으로 삼고 있는, '처벌'에 바로 해당하는 것이다.

(2) 자기책임의 원리

어떠한 행위를 법률로 금지하고 그 위반을 어떻게 제재할 것인가 하는 문제는 원칙적으로 보호법익의 침해 정도, 위반행위의 성질, 위반이 초래하는 사회적 경제적 해악의 정도, 제재로 인한 예방효과, 기타 사회적, 경제적 현실과 그 행위에 대한 국민의 일반적 인식이나 법 감정 등을 종합적으로 고려하여 의회가 결정하여야 할 국가의 입법정책문제이므로 광범위한 입법재량이 인정되어야 할 분야이다. 그렇기는 하지만 만일 처벌 등의 법적 제재가 위법행위의 내용과 상관이 없는 요소에 의하여 그 범위가 재단되도록 법률이 규정하고 있다면 이는 자기책임의 범위를 벗어나는 제재가 될 위험이 있어 헌법 위반의 문제를 일으킨다.

원래 위법행위와 그에 대한 처벌 내지 제재 사이에는 정당한 상관관계가 있어야만 한다. 이것은 실질적 법치주의의 당연한 내용이고 헌법의 배후에 전제되어 있는 기본적인 헌법원리인 것이다. 이것을 이름하여 자기책임의 원리라 부르는 것이고 헌법 제13조 제3항은 그 한 표현에 해당하며 자기책임의 원리에 반하는 처벌이나 제재는 그 자체로서 헌법 위반을 구성한다.

(3) 이 사건 과징금의 경우

(가) 이 사건 과징금은 부당하게 다른 회사를 지원한 기업에게 그 매출액의 100분의 2의 범위 내에서 공정거래위원회가 재량으로 부과할 수 있는 제재금인데, 이는 부당지원자에게 부과되는 것이지 피지원자에게 부과되는 것이 아니므로 비록 형벌은 아니라고 하더라도 부당지원행위에 대한 응징 내지 처벌로서의 의미를 가지고 있음은 앞에서 설명한 바와 같이 명백하다.

(나) 자본주의가 성장하면서 기업이 다른 기업을 부당지원하여 시장에서의 공정한 경쟁을 해칠 위험이 발생하고 이러한 위험은 특히 재벌기업의 경우에 더욱 현저하다. 따라서 이 조항의 과징금을 통하여 부당지원을 응징하고 억제하는 것이 필요한 상황이 조성되었다. 그러나 비록 기업의 부당지원행위를 응징하고 처벌한다 하더라도 헌법상의 자기책임의 원리는 지켜져야 하는 것이며 이러한 이치는 규제의 대상이 재벌인 경우에도 동일하며, 특히 정부가 이러한 헌법원칙을 무시하면서 기업을 임의로 통제하기 위한 법적 도구로 이 사건 법률조항을 이용하도록 방임하는 일이 있어서는 안 될 것이다.

이 사건 법률조항이 규정한 부당지원행위에 대한 과징금은 지원을 한 기업의 매출액의 100분의 2를 한도로 하고 있다. 그런데 단일 대기업의 매출규모가 수천억원에 이르는 경우가 많고 나아가 수조(兆) 원에 이르는 경우도 있는데 이들 기업이 부당지원행위를 한 경우에는 비록 그 지원규모가 소액이고 사소한 것이라고 할지라도 그에 대한 과징금은 매출액을 기준으로 상한이 결정되는 결과, 공정거래위원회는 그 기업에 대하여 수백억원 나아가 수천억원에 이르기까지 과징금을 부과할 수 있는 권한을 갖게 된다. 이러한 다액의 과징금은 경우에 따라서는 기업의 생존을 위협할 위험이 있고 경제성장과 더불어 기업의 매출액 규모가 확대되는 것에 비례하여 이러한 위험은 더욱 증대될 것이다. 결국 과잉제재의 문제가 발생한다.

반대로 부당지원의 규모가 비록 대규모일지라도 그 기업의 매출액이 근소한 경우에는 과징금은 아주 미미하게 된다. 결국 부당한 과소제재의 문제가 생기는 것이다. 다른 한편 동일한 규모의 부당지원을 한 복수(複數)의 기업이 그들의 매출액 차이에 따라 상이한 과징금을 부담하는 형평상의 문제가 발생하는데 매출액 차이의 크기에 비례하여 과징금의 불균형 정도가 더욱 심각하여 진다.

이러한 불합리한 문제들은 과징금의 범위를 매출액을 기준으로 하여 결정하는 데서 모두 유래한다. 원래 매출액의 규모와 부당지원과의 사이에는 원칙적으로는 상관관계를 인정하기가 곤란하다. 물론 경우에 따라서는 다른 기업에 대한 부당지원이 자기기업의 매출액 신장으로 이어지는 경우도 있을 것이지만 이것은 다른 요소와의 결합에 의하여서만 우연적으로 가능한 일이기 때문에 매출액 규모와 부당지원 사이의 독자적인 상관관계는 원칙으로 인정하기 어렵다고 보는 것이다. 물론 예외가 있을 수 있지만 그러한 예외는 입증을 요하는 특별한 사정에 지나지 않는다고 봄이 경험칙상 합당하다. 요컨대 부당지원행위라는 행위의 성격과 규모에 관계없이 매출액의 규모를 기준으로 과징금의 범위를 정하는 것이 자기책임의 원리에 부합한다고 할 수 있기 위하여는, 부당지원과 지원행위자의 매출액 규모(매출액의 신장, 유지, 감소의 완화 등을 포함한다) 사이에 상당한 인과관계가 있음이 인정되어야만 할 것인데 이러한 상관관계는 특별한 경우가 아닌 한 일반적으로 인정될 수 없는 일이다. 결국 부당지원행위에 대하여 매출액을 기준으로 과징금을 부과할 수 있도록 하는 것은 부당지원이라는 자기의 행위와 상관관계가 없는 매출액이라는 다른 요소에 의하여 책임의 범위를 정하는 것이 되어 자기의 위법행위와 그에 대한 처벌 사이에 정당한 상관관계가 있어야 한다는 자기책임의 원리에 부합하지 않는 것이다.

공정거래법 제55조의3 제3항은 과징금의 부과기준을 대통령령으로 정하도록 입법위임을 하였는데 이에 근거한 시행령 제61조 제1항의 별표2 제8은 "부당지원행위에 대한 과징금 부과기준을 지원금액의 산출이 가능한 경우는 당해 지원금액의 이내로 하고 지원금액이 산출되기 어렵거나 불가능한 경우에는 당해 지원성 거래규모의 100분의 10 이내로 한다"는 취지로 규정하였다. 이 시행령규정은 매출액이 아니라 지원금액 내지 지원규모를 과징금의 부과기준으로 설정하였음이 명백하다.

그러나 매출액이라는 것과 지원금액이라는 것은 결코 동일한 것이 아니고 완전히 별도의 범주에 속하는 것이므로 이것은 법률의 내용을 시행령으로 바꾼 것에 해당한다. 이 사건 법률조항이 매출액을 과징금의 부과기준으로 삼은 것은 위헌이고 오히려 지원금액을 기준으로 삼아야 헌법에 부합할 수 있다는 점을 앞에서 밝힌 바 있지만, 시행령에서 위헌적인 내용의 법률과는 달리 합헌적인 내용을 채택한다고 하여 위헌적인 내용을 가진 법률의 위헌성이 제거되거나 치유되는 것은 아니므로 위와 같은 시행령의 존재는 이 사건 법률조항을 위헌으로 판단하는 데 장애가 되지 않는다.

더구나 이 시행령의 내용에 의하면 지원금액이 매출액의 100분의 2를 초과하는 경우에 오히려 지원금액이 과징금의 상한이 되어 법률이 정한 것보다 위반행위자를 더 불리하게 만드는 것이 되어 문제가 될 것이지만 더 이상 상론할 것은 없다.

(다) 한편 이 사건 법률조항 이외에 공정거래법상으로 매출액을 기준으로 하여 과징금을 부과할 수 있도록 하는 규정들이 없지는 않다. 시장지배적사업자의 남용행위에 대하여 매출액의 100분의 3 이하를 부과할 수 있도록 한 것(법 제6조), 다른 사업자와 공동으로 부당하게 경쟁을 제한하는 행위에 대하여 매출액의 100분의 5 이하를 부과할 수 있도록 한 것(법 제22조), 사업자단체의 부당한 경쟁제한행위에 참가한 사업자에게 매출액의 100분의 5 이하를 부과할 수 있도록 한 것(법 제28조 제2항), 재판매가격유지행위에 대하여 매출액의 100분의 2 이하를 부과할 수 있도록 한 것(법 제31조의2) 등이 그러하다.

그러나 이들 경우는 가격형성을 왜곡하고 상품공급을 조절하는 등의 방법으로 시장질서에 직접 개입하여 이를 교란하고 독과점체제를 형성하여 자유경쟁을 정면으로 저해하는 행위인 점에서, 단지 두 기업 간의 개별적이고 일시적인 지원행위를 대상으로 하고 있는 이 사건 법률조항에 의한 과징금의 경우와는, 독과점금지와 자유시장질서의 유지에 대하여 미치는 파괴적 효과와 위법성의 정도가 현저히 다른 것이다. 이들의 경우에는 매출액의 규모가 그 행위의 내용과 효과 및 위법성의 정도에 결정적 영향을 미치는 요소임에 반하여 부당지원의 경우에는 매출액의 규모라는 것이, 독과점금지 및 자유시장질서유지에 대한 부당지원행위의 부정적 영향에 별다른 가감적 작용을 하지 못한다. 그러므로 매출액의 규모는 부당지원행위의 책임범위를 정하는 요소가 될 수 없으며, 환언하면 자기책임의 기준이 될 수 없으며, 오히려 그 지원행위 자체의 개별적 내용과 규모에 의하여, 예컨대 부당지원금액의 몇 배라고 하는 방법으로, 그 책임범위가 결정되어야만 할 것이다. 그러한 의미에서 이 사건 과징금은 공정거래법상의 다른 불공정행위에 대한 과징금과는 본질적으로 다른 것이며 이 사건 과징금을 다른 형태의 과징금과 같이 매출액의 100분의 2를 한도로 부과할 수 있도록 한 것은 부당지원행위의 개별적인 내용과 성격에 상응하여 의당 부담하여야 할 책임의 정도를 현저히 초과하게 될 위험 또는 현저히 미달하게 될 불합리가 명백히 존재하는 것이다.

그렇다면 결국 이 사건 법률조항은 부당지원행위자를 처벌함에 있어서 마땅히 준수되어야 할 자기책임의 원리에 위배된다고 할 것이다.

나. 적법절차원칙의 위반

(1) 헌법상 적법절차의 원칙

헌법 제12조 제1항 후문은 "모든 국민은 … 법률과 적법절차에 의하지 아니하고는 처벌·보안처분 또는 강제노역을 받지 아니한다"고 규정하고 있다. 이 헌법조항이 규정한 적법절차의 원칙은 합리적이고 정당한 법률에 의거하여 적정한 절차를 밟은 경우에만 공권력에 의한 국민의 생명, 자유, 재산의 침해는 가능할 수 있다는 넓은 범위에 걸친 일반적인 원칙을 그 내용으로 한다. 다만 이 조항에서는 특히 처벌·보안처분 또는 강제노역의 경우에 적법절차를 엄격히 형성·유지하여야 함을 명문의 규정으로 명백히 천명한 것뿐이다.

헌법상 적법절차의 보장은 광의로는 실체적 적법절차의 보장을 포함하는 것이지만 그 본래적 의미는 기본권을 제한하는 내용의 공권력 행사는 그 절차가 합리적이고 공정하여야만 한다는 절차적 적법절차의 보장에 있다. 이러한 절차적 적법절차의 원칙을 충족하기 위한 여러 절차적 요소 중에는 당사자에 대한 사전의 고지(notice), 공정하고 충분하며 합리적으로 행하여지는 청문(hearing) 등이 포함된다. 그러나 절차적 적법절차의 구체적 내용은 상황과 무관하게 고정된 것이 아니고 공권력으로 기본권을 제한하는 구체적인 경우에 나타나는 개별적인 여러 사정들을 고려하여 이에 적합한 절차적 보장이 주어질 것을 요청한다는 의미에서 신축성을 가지는 것이다. 따라서 구체적인 경우에 적법절차의 원칙상 어떠한 절차가 제공되어야 할 것인지를 판단하기 위해서는 문제된 기본권 내지 관계된 권리의 중요성, 기존 절차를 통하여 그러한 권리가 잘못 박탈될 위험의 정도, 절차를 대체함으로써 얻을 수 있는 효과의 정도, 절차의 대체에 수반될 재정적·행정적 부담 내지 공익 희생의 규모 등 여러 요소들을 종합적으로 형량하여 결정할 수밖에 없다. 대체로 보아 기본권의 제한이 중대하면 할수록 적법절차의 요구도 비례하여 커지는 것이며 고도의 적법절차의 요구는 결국 사법절차의 내용에 접근·동화하는 것이 될 것이다.

(2) 공정거래위원회의 준사법기관성

사법절차를 가장 엄격한 적법절차의 하나라고 볼 때 그에 유사한 정도로 엄격하게 적법절차의 준수가 요구되는 절차를 '준사법절차', 그러한 절차를 주재하는 기관을 '준사법기관'이라고 표현할 수 있을 것이다.

헌법 제119조 제2항은 "국가는 … 시장의 지배와 경제력의 남용을 방지하며 … 경제에 관한 규제와 조정을 할 수 있다"라고 규정함으로써 독과점과 불공정거래의 규제라는 경제정책적 목표를 개인의 경제적 자유를 제한할 수 있는 정당한 공익의 하나로 명문화하고 있다. 경제적 자유가 초래하는 경제력의 집중과 시장지배적 경향으로 말미암아 필연적으로 시장의 자유가 위축될 우려가 있으므로 국가는 이를 방지할 필요가 있고 따라서 국가가 공정거래법을 제정하여 사업자의 시장지배적지위의 남용과 과도한 경제력의 집중을 방지하고 부당한 공동행위 및 불공정거래행위를 규제하는 것은 자본주의적 시장경제의 기능을 보장하기 위한 국가의 헌법상 과제인 것이다(헌재 1996. 12. 26. 96헌가18 판례집 8-2, 680, 695 참조).

그런데 반독점과 공정거래에 위배되는 행위를 규제함에 있어서는 당해 사업에 관련된 경제적 상황, 위반행위가 시장에 미치는 경제적 영향, 개별 기업의 구체적 상태 등을 신속·정확히 파악하여 적정하고 신속한 대책을 제시할 수 있는 전문성을 규제기관이 갖추어야 하므로 이 점에서는 규제기관의 행정적 전문화가 요청되고 다른 한편, 부당공동행위나 불공정거래행위의 규제가 대상 기업의 경제적 자유와 재산권에 미칠 수 있는 치명적 침해의 심각성에 상응하여 사전고지와 청문, 엄격한 사실인정과 공정한 판단 등을 보장하는 절차적 엄격성이 보장되어야 하므로 이 점에서는 규제기관의 사법적 엄격화가 요청된다. 만일 행정적 전문성만을 강조하여 그 권한을 일반 행정기관에 그대로 맡긴다면 행정기관의 권한이 지나치게 강대하여지고 그 권한이 자의적으로 남용될 우려가 있다. 한편 사법절차적 엄격성만을 강조하여 이를 법원에 맡긴다면 통상의 사법절차를 모두 거치는 데 따른 시간의 경과 등으로 신속한 대응에 어려움을 겪게 될 수 있다. 따라서 행정부에 속하지도 않고 사법부에도 속하지 않는 제3의 독립기관에게 이를 맡길 필요성이 있고, 이에 따라 행정권과 사법권으로부터 분리된 독립적 기관으로서 공정거래위원회를 설치하여 독립규제위원회로서 독점규제와 공정거래 유지의 국가기능을 담당하게 하여야 할 것이다. 그렇다면 공정거래위원회는 당연히 행정적 전문성과 사법절차적 엄격성을 함께 가져야 하며 그 규제절차는 당연히 '준사법절차'로서의 내용을 가져야만 하는 것이다.

(3) 이 사건 과징금의 처벌적 성격

이 사건 과징금의 처벌적 성격은 이미 앞에서 본 바와 같다. 그 요지는 다음과 같다. 이 사건 과징금은 부당지원행위를 한 기업에게 부과되는 것인데 만약 부당지원행위로 인하여 발생한 이익을 이 과징금의 부과에 의하여 박탈하고자 한다면 실제로 이익을 본 피지원자에게 과징금을 부과하여야 마땅할 것이다. 그러나 이 사건 법률조항은 지원을 함으로써 이익이 아니라 손실을 본 사업자를 상대로 과징금을 부과하도록 규정하고 있으므로 이 과징금은 지원행위로 발생한 이익을 박탈하기 위한 것은 아니다. 그렇다면 이것은 부당지원행위를 억제하기 위하여 그 행위를 한 사업자에게 응징을 가하고 이로써 장래의 법 위반을 일반적으로 예방하려는 의미를 가지고 있다고 보아야 한다. 따라서 이러한 과징금은 그 목적이나 효과로 보아 실질적인 처벌의 성질을 갖는 것이고 이는 헌법 제12조 제1항 후문이 특히 명문으로 적법절차의 대상으로 삼고 있는 '처벌'에 바로 해당하는 것이다.

한편 이 사건 법률조항은 부당지원행위를 한 기업에 대하여 매출액의 100분의 2의 범위 내에서 과징금을 부과하도록 규정한다. 기업의 이익금이 그 매출액의 극히 일부에 불과할 수도 있는 실정을 감안할 때 이익금에 비하여 과도한 과징금은 당해 기업의 수지와 경영에 매우 불리한 영향을 미칠 수 있는 것이고 나아가 당해 기업이 상당한 시장지배력을 가지고 있는 주요 기업인 경우에는 그 파급효과가 국민경제의 흐름에도 적지 않은 영향을 미칠 수 있다. 이와 같이 이 사건 과징금 제도가 당해 기업에게 사활적 이해를 가진 제재가 될 수 있을 뿐만 아니라 경제 전반에도 중요한 영향을 미칠 수 있는 것임을 생각할 때, 그 부과절차는 적법절차의 원칙상 적어도 재판절차에 상응하게 조사기관과 심판기관이 분리되어야 하고 심판관의 전문성과 독립성이 보장되어야 하고 증거조사와 변론이 충분히 보장되어야 하며 심판관의 신분이 철저하게 보장되어야만 할 것이다. 이러한 관점에서 이 사건 법률조항을 검토하면 많은 문제가 있다.

(4) 이 사건 법률조항에 대한 검토

(가) 조사기관과 심판기관의 미분리(未分離)　　사법절차에서는 사실을 조사하고 증거를 수집하는 '조사기관'과 수집한 증거를 조사하고 변론을 듣고 나서 결정을 내리는 '심판기관'이 서로 분리되어 있는데 이러한 기관의 분리는 조사의 전문성과 판단의 공정성을 함께 확보하기 위한 불가결의 조치이고 이는 사법절차의 기본적, 핵심적 요소의 하나이다. 그런데 공정거래법상으로는 조사권과 심판권이 모두 공정거래위원회에 귀속되어 있을 뿐, 그 분리가 전혀 이루어져 있지 않다. 즉 공정거래법 위반의 혐의가 있을 때에는 공정거래위원회가 직권으로 또는 신고에 의하여 조사를 개시하며(법 제49조), 조사는 위원회 자체가 직접 행하거나 소속 공무원에게 조사를 지시하는 방법으로 진행한 다음(법 제50조) 위반행위 존부와 이에 대한 시정조치 내지 과징금 부과에 대한

판단도 모두 공정거래위원회가 행하도록 규정되어 있는 것이다(법 제51조, 제55조의3). 이와 같이 조사기관과 심판기관을 분리하지 아니한 것은, 「심판기관은 조사기관과 피규제기업 사이에서 중립적으로 판단하여야 한다는 원칙」을 원천적으로 배제하고 있는 것이다.

또한 공정거래위원회는 실무상으로 검사의 파견을 받고 있는데 이는 현재의 위원회 자체 조직으로는 조사업무의 전문성 확보가 제도적으로 곤란한 실정임을 위원회 스스로 자인하고 있는 것이다. 공정위원회규칙은 법률에도 없는 심사관제도와 사전심사제도를 창설하여 조사기관을 어느 정도 분리시키려는 노력을 하고 있다(공정거래위원회의 운영 및 사건절차 등에 관한 규칙 제10조, 제11조). 이 규칙은 "이 법의 규정에 위반하는 사건의 처리절차등에 관하여 필요한 사항은 공정거래위원회가 정하여 고시한다"라고 규정한 공정거래법 제55조의2에 의거한 규칙으로 보이는데 백지위임식의 이러한 위임이 헌법상 가능한 것인지 여부 그리고 이러한 위임에 의한 규칙으로 심사관제도와 사전심사절차 같은 중요한 직제와 심리절차를 만들어 내는 것이 법률상 허용되는 것인지 여부는 차치하고 공정거래위원회 소속의 공무원인 국장이나 지방사무소장 또는 4급 이상 공무원 가운데서 지정되는 심사관으로서는 직무상의 독립성을 갖는 조사기관이 될 수 없을 것이다.

(나) 전문성과 독립성의 미흡　　공정거래법상 부당지원 등 불공정거래행위에 대한 과징금의 부과는 공정거래위원회의 소관사무인데(법 제36조 제4호) 위원회는 위원장 1인, 부위원장 1인을 포함한 9인으로 구성되며 그 중 4인은 비상임위원이다(법 제37조 제1항). 그리고 위원장과 부위원장은 국무총리의 제청으로 대통령이 임명하고 기타 위원은 위원장의 제청으로 대통령이 임명하도록 되어 있다(법 제37조 제2항). 이와 같이 위원의 임명권한이 모두 대통령에게 집중되어 있고 위원회 자체가 국무총리 소속하의 중앙행정기관으로서 정부조직법의 규정에 의한 정부기관의 하나로 조직되어 있는 점(법 제35조)을 고려할 때 위원회는 구조적으로 정부의 정책방향이나 구체적 시책에 반하는 판단을 하기 곤란하고 위원회의 결정은 정부의 영향을 받을 가능성이 매우 크다.

그리고 비록 위원에게 3년의 임기가 보장되고 법정된 사유 이외의 경우에는 의사에 반하여 면직되지 아니하도록 하여 신분보장을 하고는 있으나(법 제39조, 제40조), 연임을 희망하는 위원 또는 다른 고위직으로의 전보나 승진을 기대하는 관료 위원은 정부의 영향을 받을 우려가 있다. 그렇다면 위원의 중립성과 정부로부터의 독립성은 매우 불충분하다고 보지 않을 수 없다.

또한 위원의 자격요건 중에는 독점규제 및 공정거래에 관하여 '경험'이 있는 2급 이상의 공무원의 직에 있던 자라고 하는 규정(법 제37조 제2항 제1호)이 있지만 이처럼 경험을 요건으로 삼는 것은 막연하고 완화된 요청에 불과하므로 이 정도의 요건만으로는 규제대상 사업에 관련된 경제적 상황, 위반행위가 시장에 미치는 경제적 영향, 개별기업의 구체적 상태 등을 신속·정확히 파악하여 적정하고 신속한 대책을 제시할 수 있는 전문성을 확보하기에는 부족하다.

(다) 증거조사와 변론의 불충분 공정거래위원회의 과징금부과절차에서 당사자 또는 이해관계인은 처분 전에 의견진술의 기회를 부여받고 위원회의 회의에 참석하여 의견개진 혹은 자료제출을 할 권리를 가질 뿐(법 제52조), 사법절차에서와 같은 증거조사절차나 변론절차는 법률상 전혀 보장되어 있지 아니하고 민사소송법, 형사소송법 등이 실체적 진실발견을 위하여 채택하고 있는 증거법칙 같은 것도 역시 전혀 존재하지 아니하며, 부당한 처벌을 방지하기 위하여 형법 총칙이 마련하고 있는 여러 보장적 조치도 존재하지 아니한다. 위원회의 과징금부과절차가 민사나 형사의 소송절차와 반드시 같아야 할 필요는 물론 없다. 그러나 소송절차에서 부당한 처벌을 방지하고 실체적 진실발견을 위하여 채택하고 있는 기본적인 원칙들, 예컨대 당사자에게 사실과 법률 모두에 관하여 충분한 변론의 기회를 보장하는 것, 진정성립이 담보되지 아니하거나 위법하게 수집된 증거의 증거능력을 제한하는 것 등의 최소한의 적법절차는 반드시 법률 자체에서 보장되어야 할 것인데 공정거래법에는 이와 같은 보장이 전혀 결여되어 있다. 법 제55조의2는 사건의 처리절차를 위원회가 정하여 고시한다고 규정하고 있는데 헌법에서 요구하는 적법절차의 보장은 그 기본을 법률로 규정하여야 하는 것이므로 이와 같은 백지위임은 또 다른 위헌의 문제를 일으킨다. 민사소송법이나 형사소송법이 직접 법률에서 대부분의 절차를 상세하게 규정하고 있는 것과 대비된다.

(라) 한편 공정거래위원회의 처분에 대하여 불복하는 자는 공정거래위원회에 이의신청을 할 수 있고(법 제53조), 불복의 소를 제기하고자 할 경우에는 직접 서울고등법원에 이를 제기하도록 규정되어 있으므로(법 제55조), 공정거래위원회에서의 이의재결절차는 제1심 소송절차의 대상(代償)인 셈이고, 그렇다면 소송절차 대신 주어진 공정거래위원회에서의 이의재결절차는 사법절차로서의 기본적인 내용을 최소한 갖춰야 할 것이다. 그럼에도 불구하고 공정거래법에서는 이의재결의 절차에 관하여 아무런 구체적인 법률규정을 두지 아니한 채 이를 전부 위원회의 고시에 의하도록 위임하고 있다(법 제55조의2). 그런데 위원회의 고시에서는 그 절차를 앞서 본 조사 및 심판의 절차를 준용하여 처리하도록 하고 있어서(공정거래위원회회의 운영 및 사건절차 등에 관한 규칙 제65조), 결국 공정거래위원회의 처분과 이의재결은 아무런 절차상 차이가 없다. 이러한 절차들은 모두 적법절차의 원칙에 부응하지 못하는 것이며 준사법절차로서 내용을 갖추지 못한 것임은 더 말할 나위가 없다.

(마) 외국의 입법례를 보아도 미국과 일본 및 독일은 불공정거래행위에 대한 제재절차를 사법적 구조로 구성하여 모두 법률로 상세히 규율하고 있다. 이들 국가의 절차는 당사자 등에게 의견개진이나 자료제출을 준비하게 하기 위하여 충분한 사전준비기간을 보장하고 있으며, 예외 없이 대석적 구두변론절차를 보장하여 준사법적 절차로서의 제도적 배려를 다하고 있다. 특히 미국의 경우 행정법판사(administrative law judge) 제도를 두어 조사절차에 관여하지 아니한 객관적 인사를 행정법판사로 임명하고 그로 하

여금 청문절차를 주재하고 청문 결과에 따른 1차적 결정권한을 갖게 한다. 행정법판사에게는 엄격한 원칙에 따라 사건을 배당하고 해직이나 감봉을 제한하여 신분을 보장함과 동시에 청렴의무를 부과하며 그 공정성에 의문이 있을 경우에는 당사자의 신청에 의하여 기피될 수 있도록 하는 등 판단주체의 독립성과 공정성 및 전문성을 제도적으로 충분히 보장하고 있다. 이에 비하면 우리 공정거래법상의 과징금부과절차는 사법절차에 준하는 여러 내용을 결여함으로써 적법절차를 보장하지 못하고 있음이 더욱 드러난다.

(5) 소 결

이 사건 법률조항에 의한 과징금부과절차는 판단주체의 전문성, 독립성, 중립성에 대한 보장과 실체적 진실발견절차에 대한 보장이 모두 크게 미흡하여 적법절차의 원칙에 위배된다.

다. 결 론

이 사건 법률조항은 형벌인 벌금 이상으로 불이익할 수 있는 과징금을 기업에게 부과하면서 헌법상 요구되는 자기책임의 원리와 적법절차를 보장하지 않고 있어 헌법에 위반된다고 생각한다.

6. 재판관 김영일의 반대의견

나는 이 사건 법률조항이 적법절차의 원칙에 위배되어 위헌이라는 재판관 한대현, 재판관 권 성, 재판관 주선회의 반대의견과 입장을 같이 하면서, 또한 덧붙여 이 사건 법률조항은 동일한 범죄에 대하여 중첩적으로 처벌함을 내용으로 하는 것으로서 이중처벌금지의 원칙에 위반되고 무죄추정의 원칙에도 반하기 때문에 헌법에 위반된다고 보는 바이다. (이하 생략)

3. 과징금의 산정 및 징수

(가) 과징금액의 산정

(1) 개 설

독점규제법은 과징금액과 관련하여 각 위반행위의 유형별로 그 부과한도를 '대통령령이 정하는 매출액(또는 영업수익)'의 일정 비율 또는 일정액(매출액이 없거나 매출액의 산정이 곤란한 경우)으로 정하고, 과징금액의 산정에 관해서는, 과징금액을 산정함에 있어서 고려해야 할 사항으로서 (1) 위반행위의 내용 및 정도, (2) 위반행위의 기간 및 횟수, (3) 위반행위로 인해 취득한 이익의 규모 등을 열거하고 있다(법 제102조 제1항). 한편, 법 시행령은 과징금 부과한도를 산정하는 기준이 되는 매출액을 원칙적으로 "위반사업자가 위반기간 동안 일정한 거래분야에서 판매한 관련 상품이나 용역의 매출액 또는 이에 준하는 금액"('관련매출액')이라고 하고,[37] 다만, 위반행위가 상품이나 용역의 구매와 관련하여 이루어진 경우에는 관련 상품이나 용역의 '매입액'을(법 시행령 제13조 제1항 및 제2항), 입찰담합 및 이와 유사한 행위의 경우에는 '계약금액'을(법 시행령 제50조 및 제58조), 그리고 법 제45조 제1항 제9호의 부당한 지원행위와 법 제47조의 특수관계인에 대한 부당한 이익제공 등의 경우에는 해당 사업자의 직전 3개 사업연도의 '평균매출액'을 말한다고 규정하고 있다(법 시행령 제56조 제2항).[38]

나아가 법 시행령은 과징금부과 여부의 판단기준과 각 위반행위 유형별 과징금액의 산정기준을 정하고 있는데(법 시행령 제84조 관련 [별표 6] '위반행위의 과징금 부과기준'), 이는 2004. 4. 1. 종래 제기된 비판을 수용하여 대폭 개정된 이후 현재까지 그 골격이 유지되고 있다. 즉, 현행 법 시행령 [별표 6]은 종전의 과징금 부과기준이 법체계상 상위에 있는 법률과의 내용적 관련성이 부족하고, 각 위반행위 유형별 부과기준도 합리적이지 못하다는 지적에 따라,[39] 먼저 위반행위의 유형별로 관련매출액 등에 중대성의 정도별로 정하는 부과기준율을 곱하여 '기본 산정기준'(이하 '산정기준'이라 함)을 산정하고, 다시 위반행위의 기간 및 횟수에 따라 산정기준의 100%의 범위 내에서 1차 조정을 하고, 또 다시 위반사업자의 고의·과실, 위반행위의 성격과 사정 등의 사유를 고려하여 1차 조정된 산정기준의 50% 범위 내에서 2차 조정을 하고, 마지막으로 위반사업자의 현실적 부담능력이나 그 위반행위가 시장에 미치는 효과, 그 밖에 시장 또는 경제여건 및 위반행위로 인해 취득한 이익의 규모 등을 충분히 반영하지 못하여 과중하다고 인정되는 경우에는 2차 조정된 산정기준의 50% 범위 내에서 감액하여 부과과징금으로 정할 수 있다고 규정하고 있다.

다만, 위반사업자의 과징금 납부능력의 현저한 부족, 위반사업자가 속한 시장·

---

37) 종전에는 과징금 부과한도를 산정하는 기준이 되는 매출액을 원칙적으로 해당 사업자의 직전 3개 사업연도의 '평균매출액'으로 정하였으나 2007년 법 시행령 개정으로 현행과 같이 '관련매출액'으로 규정하게 되었다.

38) 다만, 법 제4장에서 규정하고 있는 경제력집중 억제 조치를 위반한 사업자의 경우에는 각 과징금 부과대상 위반행위 유형별로 별도로 과징금 부과한도를 산정하는 기준을 규정하고 있다(법 제38조).

39) 예컨대, 구법 시행령 제61조 제2항(2004. 4. 1. 개정으로 삭제되기 전의 것)은 법률상 과징금 산정 시 주된 참작사유로 규정되어 있는 위반행위의 내용 및 정도, 위반행위의 기간 및 횟수, 위반행위로 인해 취득한 이익의 규모 등을 가중 또는 감경사유에 불과한 것으로 규정하였고, 역시 구법 시행령 제61조 제1항 관련 [별표 2](2004. 4. 1. 개정되기 전의 것)는 각 위반행위 유형별 과징금액을 산정함에 있어서 위반행위의 중대성 등 법률상 참작사유보다는 위반행위자의 매출액을 기준으로 하는 경우가 많았다. 구법상 과징금 부과기준에 대한 비판적 분석은 공정거래위원회, 「과징금제도개선방안연구」(2003년 연구용역보고서), pp. 106-136 참고.

산업 여건의 현저한 변동 또는 지속적 악화, 경제위기, 그 밖에 이에 준하는 사유로 불가피하게 50%를 초과하여 감액하는 것이 타당하다고 인정되는 경우에는 이를 초과하여 감액할 수 있고, 위반사업자의 채무상태가 지급불능 또는 지급정지 상태에 있거나 부채의 총액이 자산의 총액을 초과하는 등의 사유로 인하여 위반사업자가 객관적으로 과징금을 납부할 능력이 없다고 인정되는 경우에는 과징금을 면제할 수 있다(법 시행령 [별표 6] 2. 라).

또한 공정거래위원회는 1999년 제정한 '과징금부과 세부기준 등에 관한 고시'(이하 '과징금고시'라 한다)를 수시로 개정하여 변경된 법 시행령상 과징금부과 체계에 맞추어 과징금부과에 필요한 세부적인 기준과 방법을 정하고 있는데. 그 법적 성질 및 효력에 관하여 의문이 있을 수 있다. 종래 법원은 일관되게 과징금 산정방법 등을 정한 공정거래위원회의 고시는 행정청 내부의 사무처리준칙에 불과하다고 하면서, 따라서 동 고시가 정한 기준에 부합한다고 해서 곧바로 그 처분이 적법하다고 할 수는 없지만, 그 기준이 그 자체로 헌법 또는 법률에 합치되지 않거나 그 기준을 적용한 결과가 위반행위의 내용 및 관계 법령의 취지에 비추어 현저히 부당하다고 인정할 만한 합리적인 이유가 없는 한 섣불리 그 기준에 따른 처분이 재량권의 범위를 일탈하였다거나 재량권을 남용한 것으로 판단해서는 안 된다고 하였다.[40]

[연 혁]

독점규제법은 법 제정 당시로부터 시장지배적지위의 남용행위에 대한 가격인하명령에 불응한 경우에 부과하는 과징금의 산정방법에 대하여는 법 및 법 시행령에 상세한 규정을 두고 있었으나, 기타의 위반행위에 대해서는 법률상 그 매출액(또는 주식 등의 취득가액) 대비 상한선 또는 정액 상한선만을 규정하고 있었고, 법 시행령에서도 별다른 산정방법을 규정하고 있지 않았다. 그 후 1996년 법 개정을 통하여 과징금의 부과에 필요한 사항을 대통령령으로 정하도록 하였는데, 다시 법 시행령에서 과징금부과기준매출액의 산정에 관한 사항을 공정거래위원회가 정하도록 하였고, 이에 근거를 두고 공정거래위원회는 '과징금 산정방법 및 부과지

40) 대법원 2013. 2. 15. 선고 2010두5288 판결 및 서울고법 2021. 4. 15. 선고 2020누53561 판결 참고. 또한 매일유업의 재판매가격유지행위 사건에서 대법원은 공정거래위원회가 법정 상한액의 범위 안에서 원고의 시장지배력 및 과거 법 위반사실 등을 참작하여 당시 시행 중이던 위 '과징금산정 방법 및 부과지침'에 따라 산정한 금액을 상회하는 과징금을 부과한 것에 대하여, 위 지침은 위원회 내부의 사무처리준칙에 불과하여 대외구속력이 없는데다가 위 지침상 과징금 산정방법은 일응의 부과기준액 산출방법에 지나지 아니하여 위원회를 기속하지 아니하므로 법상 과징금 부과한도액의 범위 안에서 법이 규정하고 있는 참작사항을 고려하여 과징금액을 산출하였다면 재량권의 일탈·남용으로 볼 수 없다고 판시하였다(대법원 2002. 5. 31. 선고 2000두1829 판결).

침'(1997. 4. 29.)을 제정하여 각 위반행위 유형별로 상세한 과징금 산정방법을 규정하였다.

그러나 이러한 규정방식은 국민의 권리·의무에 직접적으로 영향을 미치는 사항에 대하여 법령상 규정을 두지 않고 행정기관에 과도한 재량권을 부여하고 있다는 지적을 받았다. 따라서 1999년 7차 법 개정을 통하여 과징금의 부과기준을 대통령령으로 정하도록 하였고(구법 제55조의3 제3항), 법 시행령에서는 과징금 부과기준을 위반행위 유형별로 정하고(구법 시행령 제61조 관련 [별표 2]) 다시 그 세부기준은 공정거래위원회의 고시로 정하도록 하였다(법 시행령 제61조 제3항). 이에 따라 공정거래위원회는 1999년 '과징금부과 세부기준 등에 관한 고시'(공정거래위원회 고시 제1999-5호, 1999. 4. 16.)를 제정한 이래 2021년 12월까지 20여 차례에 거쳐 개정하여 운영하고 있다. 특히 2004년에 이루어진 법 시행령 및 위 고시의 개정으로 과징금 산정방법에 대한 전면적인 개편이 이루어졌는데, 이는 종전에 실제로 다양한 법 위반행위에 대하여 과징금을 산정하는 과정에서 지적되었던 문제점들을 해결하기 위한 것이었다. 특히 위에서 설명한 바와 같이 2001년 부당한 지원행위의 지원주체에 대하여 과징금을 부과할 수 있는 근거 조항(구법 제24조의2)에 대하여 위헌법률심판이 제청되었고, 결국 헌법재판소로부터 합헌결정을 받았으나 여전히 과징금의 산정방법 등의 정당성에 대하여 적지 않은 의문이 제기되어 이를 계기로 2004년 공정거래위원회는 과징금제도의 합리적 개선을 위하여 각계의 의견을 모아 과징금 산정방법을 전면적으로 개편한 것이다. 또한 2011년 말 개정된 법 시행령은 과징금을 부과하는 단계의 명칭을 변경하였는데, 종전의 '기본과징금', '의무적 조정과징금' 및 '임의적 조정과징금'이라는 표현을 각각 '기본 산정기준', '1차 조정' 및 '2차 조정'으로 변경하였다.

(2) 기본 산정기준의 결정

법 위반행위에 대하여 부과할 과징금액을 산정하는 첫 단계는 산정기준을 결정하는 것인데, 실제로 산정기준의 금액이 최종적인 부과과징금액에 중대한 영향을 미치게 된다. 법 시행령은 각 위반행위의 유형별로 산정기준을 정하는 방법을 상이하게 규정하고 있다. 예컨대, 시장지배적지위의 남용행위의 경우에는 관련매출액의 6%의 범위에서 관련매출액에 중대성의 정도별로 정하는 부과기준율을 곱한 금액 또는 20억원 이내에서 중대성의 정도를 고려하여 산정한 금액(매출액이 없거나 매출액의 산정이 곤란한 경우)으로, 부당한 공동행위의 경우에는 관련매출액의 20%의 범위에서 관련매출액에 중대성의 정도별로 정하는 부과기준율을 곱한 금액 또는 40억원의 범위에서 중대성의 정도를 고려하여 산정한 금액(매출액이 없거나 매출액의 산정이 곤란한 경우)으로, 사업자단체 금지행위를 행한 사업자단체의 경우에는 원칙적으로 10억원의 범위에서 위반행위의 종료일이 속한 연도의 연간예산액에 중대성의 정도별로 정하는 부과기준율을 곱한 금액 또는 10억원의 범위에서 중대성의 정도를 고려하여 산정한 금액(연간예산액을 산정하기 곤란한 경우)으로, 부당한 지원행위를 제외한 불공정거래행위와 재판매가격유지행위 및 보복조치의 경우에는 원칙적으로 관련매출액의 4%의 범위에서 관련매출액에 중대성의 정도별로 정하는 부과기준율을 곱한 금액 또는 10억원의 범위에서 중대성의 정도를 고려하여 산정하는 금액(매출액이 없거나 매출액의 산정이 곤란한 경우)으로, 부당한 지원행위의 경우에는 평균매출액의 10%의 범위에서 법을 위반하여 지원하거나 지원받은 지원금액(지원금액의 산출이 어렵거나 불가능한 경우 등에는 지원성 거래규모의 10%에 해당하는 금액)에 중대성의 정도별로 정한 부과기준율을 곱한 금액으로, 그리고 특수관계인에 대한 부당한 이익의 제공의 경우에는 평균매출액의 10%의 범위에서 법에 위반하여 거래 또는 제공한 위반금액(정상적인 거래에서 기대되는 급부와의 차액, 위반금액의 산출이 어렵거나 불가능한 경우 등에는 그 거래 또는 제공 규모(법 제47조 제1항 제2호의 경우에는 사업기회를 제공받은 특수관계인 또는 계열회사의 관련매출액)의 10%에 해당하는 금액)에 중대성의 정도별로 정하는 부과기준율을 곱하여 산정한다(법 시행령 [별표 6] 2. 가).

따라서 산정기준을 산정함에 있어서 우선 '관련매출액'을 정하는 것이 중요한데, 이에 관하여 법 시행령은 관련상품의 범위는 위반행위로 인하여 직접 또는 간접적으로 영향을 받는 상품의 종류와 성질, 거래지역, 거래상대방, 거래단계 등을 고려하여 정하고, 위반기간은 위반행위의 개시일부터 종료일까지의 기간으로 정하며, 매출액은 사업자의 회계자료 등을 참고하여 정하되, 각각의 범위는 행위유형별로 개별적·구체적으로 판단하도록 규정하고 있고(법 시행령 [별표 6] 비고), 그 밖에 산정기준의 부과기준율, 관련매출액의 산정, 과징금의 조정 등은 과징금고시가 상세히 규정하고 있다.

(3) 관련 판결례

종래 재판상 공정거래위원회의 과징금액 산정이 적법한지 여부가 다투어진 주요 사례들을 살펴보면 다음과 같다. 우선, 법원은 일관되게 공정거래위원회는 법 위반행위에 대하여 과징금을 부과할지 여부와, 과징금을 부과할 경우 그 액수를 얼마로 정할 것인지에 관하여 재량을 가지고 있음을 인정하면서도 과징금을 부과함에 있어서 위원회가 가지는 재량권은 무한정의 재량권이 아니고 법령의 제한범위 내에서 위반행위를 한 사업자의 위반의 정도 기타 제반사정에 비추어 비례·형평의 원칙에 적합하게 부과하여야 하고, 과잉부과는 허용되지 않는다고 하였다.[41]

---

41) 대법원 2002. 9. 24. 선고 2000두1713 판결, 대법원 2004. 10. 27. 선고 2002두6842 판결, 대법원 2008. 4. 10. 선고 2007두22054 판결, 서울고법 1999. 4. 28. 선고 98누10686 판결, 서울고법 1999. 10. 13. 선고 99누3999 판결, 서울고법 1999. 12. 8. 선고 98누14961 판결 등 참고.

예컨대, 대한건축사협회 등의 사업자단체 금지행위 사건 관련 행정소송 상고심에서 대법원은, 공정거래위원회는 과징금부과액수를 정함에 있어서 스스로 정한 과징금산정 관련 지침이 비록 내부적 사무처리준칙에 불과하다고 할지라도[42] 법령뿐만 아니라 위 지침에서 정한 참작사유를 고려한 적절한 액수로 정하여야 하고, 이러한 과징금부과의 재량 행사에 있어서 사실오인, 비례·평등의 원칙 위배, 당해 행위의 목적 위반이나 동기의 부정 등의 사유가 있다면 재량권의 일탈·남용으로서 위법하다고 하였다.[43] 결국 과징금 부과처분의 위법성 문제는 공정거래위원회가 과징금을 산정함에 있어서 재량권을 일탈·남용하였는가라는 문제로 귀결되는데, 종래 법원은 위원회의 과징금액 산정에 관한 재량권행사의 정당성 여부를 법령 및 고시 등에 비추어 엄격하게 심사하고 있다고 할 수 있다.

그동안 법원이 공정거래위원회의 과징금액 산정이 재량권의 일탈·남용이라고 판단한 대표적인 경우를 살펴보면 다음과 같다. 먼저, 대우자동차판매의 사원판매행위 사건에서 공정거래위원회는 이 사건 행위가 법상 금지된 사원판매에 해당한다고 인정하고, 과징금을 법령상 한도 내에서 당시 시행 중이던 '과징금 산정방법 및 부과지침'에 따라 19억 3천여만원으로 산정하여 부과하였다. 그런데 이 사건 법 위반행위로 인하여 발생한 매출액은 약 20억원에 불과하였고, 따라서 과징금의 액수가 법 위반행위로 인하여 취득한 이익의 규모를 크게 초과하여 그 매출액에 육박하게 되었다. 관련 행정소송 상고심에서 대법원은 "과징금의 액수는 당해 불공정거래행위의 구체적인 태양 등에 기하여 판단되는 그 위법성의 정도뿐만 아니라 그로 인한 이득액의 규모와도 상호균형을 이룰 것이 요구되고, 이러한 균형을 상실한 경우에는 비례의 원칙에 위배되어 재량권의 일탈·남용에 해당할 수가 있다"고 전제하고, "이 사건 과징금의 액수가 비록 법과 영의 규정에서 정한 방식에 의하여 그 상한을 초과하지 않은 것이라고 하더라도 불법적인 경제적 이익의 박탈이라는 과징금 부과의 기본적인 성격에 비추어 볼 때 그 부과대상인 원고의 구체적인 불공정거래행위로 인한

특히, 서울시 지하철 9호선 입찰담합 사건의 환송 후 사건에서 서울고법은 공정거래위원회의 과징금 부과처분은 침해처분 내지 제재적 처분이므로 부과요건 및 부과기준을 엄격하게 해석하여야 한다고 지적하였다(서울고법 2007. 4. 5. 선고 2006누30692 판결 및 서울고법 2007. 4. 11. 선고 2006누30708 판결).

42) 위 지침은 연혁에서 설명한 바와 같이 1997년 법령상 명시적 근거가 없이 제정되어 사용되다가, 1999년 법 개정으로 구법 제55조의3 제3항이 개정되어 과징금 부과기준을 법 시행령으로 정하도록 하였고, 다시 이에 근거를 둔 구법 시행령 제61조 제3항이 과징금 부과에 관한 세부기준에 대한 공정거래위원회의 고시권한을 규정함에 따라 제정된 과징금고시로 대체되었다. 따라서 현재 시행되고 있는 과징금고시 중 법령상 명시적 근거를 가지는 부분은 위 지침과는 달리 소위 '법률보충적 행정규칙'으로 보아야 할 것이다.

43) 대법원 2002. 9. 24. 선고 2000두1713 판결.

이득액의 규모와 사이에 지나치게 균형을 잃은 과중한 액수에 해당"하므로 설령 위원회가 정한 과징금산정 관련 지침에 의한 것이라고 할지라도 재량권의 일탈·남용에 해당한다고 판시하였다.[44)]

또한 대한건축사협회 등의 사업자단체 금지행위 사건에서 공정거래위원회는 동 협회 등이 구성사업자들을 통하여 감리용역 거래분야에서 부당하게 경쟁을 제한하고 구성사업자의 사업활동을 부당하게 제한하였음을 인정하고, 과징금의 액수를 법정한도 내이기는 하지만 스스로 정한 '과징금 산정방법 및 부과지침'에서 정한 한도액의 약 2배에 해당하는 금액으로 일률적으로 산정하였다. 그러나 관련 행정소송 상고심에서 대법원은 위 지침이 비록 내부적 사무처리준칙에 불과하다고 할지라도 이 사건 사실관계를 구체적으로 따져볼 때, 원심이 재량권행사의 일탈·남용의 근거로 삼은 사항들, 즉 "원고들별로 그 위반행위의 시기(始期) 및 행위유형이 다른 점, 위와 같은 행위가 문제가 되자 원고들은 이 사건 처분 전후에 걸쳐 즉시 그 행위의 유보, 설립된 법인의 해산 등의 조치를 취하였으며 그 위반행위의 기간이 비교적 단기에 그친 점, 원고들이 종전에 위와 같은 위반행위를 한 적이 없는 점, 피고가 과징금액을 산정함에 있어서 위와 같은 위반행위로 인하여 원고들의 구성원들이 취득한 이익의 규모를 참작하였음을 인정할 만한 자료가 없는 점 등" 이외에도 원고들의 행위의 경쟁제한성을 완화시키는 사정이 있다는 점 등을 이유로 일률적으로 위 지침상 한도액의 2배에 해당하는 액수를 부과한 것은 재량권의 일탈·남용이라고 하였다.[45)]

그 후 5개 정유회사들의 군납유류 입찰담합 사건에서도 대법원은 공정거래위원회의 과징금 산정이 재량권을 일탈·남용한 것이라고 하였다. 이 사건에서 공정거래위원회는 위 정유사들에 대하여 과징금을 부과하면서, 각 회사가 낙찰 받은 부분과 단순히 유찰을 방지하기 위해 참여한(소위 '들러리') 부분을 구분하여 후자에 대해서는 전자의 절반에 해당하는 액수로 과징금을 산정하던 종전의 관례에 따르지 않고, 각 정유사가 취득한 이익의 규모 또는 현실적인 부담능력을 고려하지 않은 채 총 계약금액의 4%를 기준으로 엘지칼텍스정유 등 2개 회사에 대해서는 조사에 협조한 사정 및 최근 3년 이내 법 위반사실이 1회 이하인 점을 참작하여 총 계약금액의 2.5%로 감액조정하고, 조사에 비협조적이었고 법 위반사실이 3회 이상인 현대정유 등 2

---

44) 대법원 2001. 2. 9. 선고 2000두6206 판결.

45) 대법원 2002. 9. 24. 선고 2000두1713 판결. 유사한 취지의 판결로서 서울고법 2019. 9. 19. 선고 2019누32117 판결, 서울고법 2019. 11. 13. 선고 2019누40811 판결 및 서울고법 2020. 6. 4. 선고 2018누65516 판결, 대법원 2020. 7. 29. 선고 2018두62706 판결 등 참고.

개 회사에 대해서는 감액조정하지 않고 계약금액의 5%로 과징금을 산정하였다.

관련 행정소송 상고심에서 대법원은 법상 "과징금을 부과함에 있어서 위반행위의 내용과 정도, 기간과 횟수 외에 위반행위로 인해 취득한 이익의 규모 등도 아울러 참작하도록 규정하고 있으므로, 입찰담합에 의한 부당한 공동행위에 대하여 부과되는 과징금의 액수는 당해 입찰담합의 구체적 태양 등에 기하여 판단되는 그 위법성의 정도나 기타 사정으로서 조사에의 협조 여부, 종전의 법 위반횟수뿐만 아니라 입찰담합으로 인한 이득액의 규모와도 상호 균형을 이룰 것이 요구되고, 이러한 균형을 상실할 경우에는 비례의 원칙에 위배되어 재량권의 일탈·남용에 해당할 수가 있다"고 하면서, 이 사건 과징금이 법령상 한도를 초과하지 않는 범위 내에서 산정된 것이라고 하더라도, "이 사건 입찰담합 중 원고들이 참여자로서 입찰담합에 가담한 부분에 관한 과징금 액수를 산정함에 있어서는 입찰계약을 체결한 부분보다는 낮은 부과기준을 적용하는 등 위반행위로 인하여 취득한 이익의 규모를 고려하였어야 할 것임에도 동일한 부과기준을 적용하고, 정유사별로 조사에의 협조 여부나 종전의 법 위반횟수는 고려하면서도 사업자의 자금사정 등 현실적인 부담능력은 고려하지 아니하여 과징금의 부당이득환수적인 면보다는 제재적 성격이 지나치게 강조되고 그 액수 또한 과다하게 되었을 뿐 아니라, 입찰계약의 체결규모가 다른 정유사들과의 사이에 균형을 상실하게 되었다."라고 하면서 원심 판결을 파기하였다.[46)]

BC카드 및 회원은행들의 가맹점수수료율 공동행위 사건 관련 행정소송 상고심에서도 대법원은 위 5개 정유사들의 군납유류 입찰담합 사건에서 과징금의 산정기준에 관하여 판시한 내용을 재확인한 뒤, 이 사건 원고들이 BC카드라는 단일 상표와 가맹점을 공동으로 이용하고 정산처리시스템 등을 공동 수행함으로써 일정한 업무영역에서는 상당한 경제적 효율성과 통일성을 기하는 효과를 달성하고, 이 사건 합의는 그와 같은 제휴관계의 합동적 구조 하에서 행하여진 것이라는 특수성이 있는데, 위원회가 중대성 정도의 평가에 있어서 그러한 점을 제대로 반영하지 않았고, 합의의 대상인 42개 업종 중에서 3개 업종에 관한 가맹점수수료는 오히려 인하하였고 36개 업종에 관해서는 그 시행을 보류함으로써 실제 취득한 부당이득액은 크지 않을 것으로 보임에도 임의적 조정과징금을 산정하는 단계에서 36개 미실행 업종에 대해서만 30%를 감경한 것에 그친 것은 부당하며, 위원회는 원고들이 이 사건 합의의 위법성이나 조사사실을 알면서도 스스로 위반행위를 종료하거나 시정하지 않았음을 이유로 과징금을 가중하고 있으나 원고들의 법적 지위 보호(무죄추정에 준하는 무혐의 추정)나 방어권 보장 등의 측면에서 볼 때 그와 같은 사정은 과징금의 가중사유가 되

46) 대법원 2004. 10. 27. 선고 2002두6842 판결.

기 어려우므로 이 사건 과징금은 이 사건 합의의 경쟁제한성의 정도나 원고들이 취득한 이득의 규모 등을 제대로 고려하지 않고, 과징금의 제재적 성격만을 지나치게 강조한 나머지 비례의 원칙 등에 위배되어 지나치게 과중하게 산정되어 재량권을 일탈·남용한 위법이 있다고 판시하였다.[47)]

또한 인천국제공항공사의 거래상 지위의 남용 사건 관련 행정소송에서도 서울고법은 공정거래위원회가 당시 과징금고시에 원칙적으로 과징금을 부과하지 않도록 규정된 행위에 대하여 과징금을 부과한 것과 관련하여, 동 위원회가 반드시 과징금을 부과할 수 없는 것은 아니지만 이는 과징금 부과에 관한 재량권행사의 일탈·남용 여부를 판단하는 데 중요한 참고가 된다고 하면서, 이 사건 불공정거래행위로 인한 이득액의 규모와 과징금 사이에 지나치게 불균형이 존재하여 재량권을 일탈·남용한 처분에 해당한다고 하였다.[48)]

이에 반하여 법원이 공정거래위원회의 과징금액 산정을 정당한 재량권행사라고 인정한 사례를 살펴보면 다음과 같다. 먼저, 석도강판업체들의 부당한 공동행위 사건에서 공정거래위원회는 동 회사들이 석도강판의 판매가격, 운송비 및 시장점유율에 대하여 합의한 행위에 대하여 과징금을 산정함에 있어서, 각 합의별로 관련 제품의 매출액과 위반행위기간을 파악하여 별도로 산정하지 않고, 최초의 합의인 운송비합의가 실행된 시점으로부터 위반행위기간으로 인정하여 당시 시행 중이던 지침에 따라 동 기간 동안의 매출액의 3%를 과징금액으로 산정한 후, 그 액수가 법상 한도액을 초과하자 다시 이들의 납부능력에 따라 일정 액수를 감액·조정하였다. 관련 행정소송 상고심에서 대법원은 문제가 된 합의는 그 대상이 되는 관련제품이 석도강판으로 동일하고 그 실행기간이 중첩되거나 연속되었을 뿐만 아니라 모두 국내 석도강판시장이라는 일정한 거래분야에서의 경쟁을 실질적으로 제한하는 부당한 공동행위로서 위반행위의 종별을 달리한다고 할 수 없다고 하면서 원심을 파기하였다.[49)]

---

47) 대법원 2008. 8. 21. 선고 2007두4919 판결. 그 밖에도 강원여객자동차의 채무보증제한규정 위반행위 사건에서 서울고법은 이 사건 위반행위가 경제력집중에 미치는 영향이 미미하고, 자기자본이 증가하여 사실상 법 위반 채무보증액을 해소한 것과 동일하며, 위법성 인식이 없었다는 점 등을 근거로 이 사건 과징금 부과명령이 현저하게 타당성을 잃어 재량권의 일탈·남용에 해당한다고 판시하였다(서울고법 1999. 12. 8. 선고 98누14961 판결).

48) 서울고법 2007. 7. 11. 선고 2007누2298 판결. 동 판결에 영향을 받아 2007년 공정거래위원회는 과징금고시의 해당 부분을 종전에 "원칙적으로 과징금을 부과하지 아니한다."라고 규정하고 있던 것을 "과징금을 부과하지 아니할 수 있다."라고 개정하였다(과징금고시 Ⅲ. 2. 라. 2)). 상고심에서 대법원은 심리불속행 사유에 해당한다는 이유로 상고를 기각하였다(대법원 2007. 11. 29. 선고 2007두17144 판결). 유사한 취지의 판결로서 대법원 2017. 4. 27. 선고 2016두33360 판결, 서울고법 2018. 8. 23. 선고 2017누90188 판결 등 참고.

또한 서울특별시의사회의 사업자단체 금지행위 사건에서 동 협회가 의료기관 증명서의 발급수수료를 인상하기로 의결하고 소속 회원들에게 실행하도록 한 행위가 문제되었는데, 공정거래위원회는 이 사건행위에 대한 과징금을 산정하면서 과징금고시에서 정한 '중대한 위반행위'로 보아 30%의 과징금 부과기준율을 적용하였다. 관련 행정소송 상고심에서 대법원은 이 사건 위반행위는 경쟁질서의 저해 정도가 매우 강할 뿐만 아니라 다수 소비자에게 직접 피해가 발생할 우려가 있는 가격담합행위의 일종으로서 법이 특히 금지하고자 하는 행위유형에 속하고, 따라서 원고가 이 사건 위반행위를 하여 회원들에 의한 부당한 가격담합행위를 조장하는 것은 사업자단체의 정당한 업무범위를 넘어서는 것으로 용인될 수 없으며, 의료관계 증명서의 발급은 부수적인 의료서비스로서 그 발급수수료에 대한 가이드라인의 설정에는 무엇보다도 소비자의 이익이 충분히 고려되어야 할 것이므로 그러한 점에서 사업자단체에 의한 일방적인 가격인상행위는 더욱 더 통제될 필요가 있으며, 기타 원고의 이 사건 위반행위에 동조한 회원의 비율이 높지 않고 그 구속력도 약하다는 등의 사정은 이미 공정거래위원회가 중대성을 평가하면서 고려하였던 내용이고, 또한 이 사건 과징금은 동 위원회가 원고의 위반행위를 '중대한 위반행위'로 평가한 후 제반 사정을 고려하여 다시 50%를 감액한 금액인 점까지 고려해 보면, 동 위원회가 이 사건 위반행위를 '중대한 위반행위'로 평가하여 과징금을 산정한 것에 사실오인이나 비례·평등의 원칙에 위배되는 등의 사유가 있어 재량권의 한계를 일탈하였거나 남용한 것이라고 보기 어렵다고 판시하였다.[50)]

그 밖에 제분업체들의 부당한 공동행위 사건에서도 대법원은 공정거래위원회의

---

49) 대법원 2001. 5. 8. 선고 2000두7872 판결. 또한 대법원은 법령의 개정과 관련해서 개정 법령의 시행일 이전에 시작하였으나 아직 종료되지 아니하고 계속되는 행위에 대해서는 개정 법령을 적용하는 것이 원칙이므로 법이 신·구 법령의 적용에 관한 경과규정을 두고 있지 아니한 경우라면 행위 종료시에 시행되던 법령을 적용하여 과징금을 산정한 것을 위법하다고 할 수 없다고 하였다. 원심에서 서울고법은 법 시행령상 과징금은 위반행위의 종별과 당해 과징금의 금액을 명시하도록 규정되어 있음에도 행위유형별 구분 및 위반행위 기간을 특정하지 아니하였고, 당시 자금사정이 매우 어려웠던 일부 회사에 대하여 당기 순이익의 3배를 넘는 과징금을 부과한 것은 재량권의 남용에 해당한다고 하였다(서울고법 2000. 8. 29. 선고 99누6349 판결).

50) 대법원 2009. 6. 23. 선고 2007두18062 판결. 원심에서 서울고법은 원고 협회가 증명서 발급수수료의 상한기준을 책정하고 이를 당시 보건복지부에 건의하여 행정지도에 의한 수수료 상한기준의 개정을 시도하였고, 의료 관계 증명서는 전문자격자인 의사가 공적·사적 증명에 관한 판단을 행한 결과로서 어느 정도의 가격에 관한 가이드라인이 필요하다는 이유로 공정거래위원회가 이 사건 행위에 대한 과징금액을 산정하면서 '중대한 위반행위'로 보아 30%의 부과기준율을 적용한 것은 위법하다고 하였다(서울고법 2007. 7. 26. 선고 2006누24482 판결).

과징금 산정이 정당하다고 판시하였다. 이 사건에서 공정거래위원회는 이 사건 공동행위에 가담한 8개 사업자들에 대하여 과징금액을 산정하면서 여러 가지 감경사유가 중첩적으로 적용되어 법상 과징금 상한액의 범위 안에 있는 2개 사업자를 제외하고 나머지 사업자들의 경우 모두 법상 과징금의 상한액을 최종적인 과징금으로 산정하였다. 관련 행정소송 상고심에서 대법원은 공정거래위원회가 산정한 과징금의 액수가 구법 제55조의3 제1항에서 정하고 있는 참작요소들에 비추어 공동행위의 참여자들 사이에 균형을 상실하여 현저히 부당하다고 인정되지 않은 이상, 결과적으로 부당한 공동행위를 주도하고 시장점유율도 높은 사업자가 비율적으로 더 많이 감경되었다 하더라도, 그러한 사정만으로 곧바로 그 처분이 재량권의 범위를 일탈하거나 재량권을 남용한 것으로 판단할 수 없다고 전제하고, 동 위원회가 원고들이 이 사건 부당한 공동행위에 단순 가담하였고 시장점유율도 낮은 점 등을 반영하여 임의적 조정과징금을 산정하면서 30% 감경을 한데 반하여, 이 사건 부당한 공동행위를 주도하고 시장점유율이 높은 다른 3개사에 대하여는 전혀 감경을 하지 아니하였고, 위 3개사에 부과된 과징금이 원고들에게 부과된 과징금보다 훨씬 다액이며, 법령상의 과징금 상한으로 인해 임의적 조정과징금에서 감경된 비율이 위 3개사는 70%, 원고들은 57%인 사실 등에 비추어 보면, 이 사건 과징금 부과처분이 위반행위의 내용 및 정도, 위반행위의 기간 및 횟수, 위반행위로 인해 취득한 이익의 규모 등에 비추어 부당한 공동행위의 참여자들 사이에 균형을 상실하여 현저히 부당하다고 볼 수 없다고 하면서 원심을 파기하였다.[51)52)]

51) 대법원 2009. 5. 28. 선고 2007두24616, 2008두549 판결 및 대법원 2009. 6. 11. 선고 2007두25138 판결. 원심에서 서울고법은 이 사건 공정거래위원회의 과징금액 산정방식에 의할 경우에 각 사업자마다 참작할 사유에 따라 과징금을 가중·감경하는 것이 전혀 의미가 없게 되고 감경사유가 많은 사업자가 상대적으로 불리하게 되고, 따라서 동 위원회는 그 상한의 범위 안에서 각 사업자에게 존재하는 여러 가지 참작사유를 고려하여 각 사업자별로 형평에 맞게 과징금을 차등하여 부과할 수 있는 합리적인 방안이 적용되어야 한다고 하면서, 이 사건 과징금 부과처분은 헌법상 비례나 평등의 원칙에 위배되어 재량권을 일탈·남용한 것으로서 위법하다고 판시하였다(서울고법 2007. 10. 25. 선고 2006누22288, 2006누10858 및 서울고법 2007. 12. 5. 선고 2006누23007 판결).

52) 그 밖에 교복제조회사들의 부당한 공동행위 사건에서도 서울고법은 이 사건 행위에 대하여 공정거래위원회가 산정한 과징금액이 법령상 한도 이내이고, 동 사업자들의 점유율이 50%를 초과하는 것으로 추정되며, 과징금은 부당한 공동행위로 인한 부당이득 환수의 성격과 함께 제재적 성격도 가지고, 원고의 위반행위의 내용과 정도, 위반행위의 기간 및 횟수가 장기간에 걸쳐 계속되었으며 이로 인해 원고가 얻은 이익의 규모 등을 고려할 때, 비록 원고에 대한 과징금이 위반행위기간 동안의 경상이익보다 많다고 하더라도 그러한 사정만으로 그 과징금이 지나치게 과중하다고 할 수 없다고 판시하였고(서울고법 2004. 8. 18. 선고 2001누17403 판결, 서울고법 2004. 9. 2. 선고 2001누16998 및 2001누17700 판결), 상고심에서 대법원도 원심판결의 관련 판시사항을 그대로 수용하여 상고를

(4) **관련문제: 불공정거래행위 등의 관련매출액 및 사업자단체의 연간예산액**

종래 과징금액 산정의 전제가 되는 관련매출액은 제5장에서 상세히 살펴본 바와 같이 부당한 공동행위와 관련하여 많이 논의되었고,[53] 그 밖에 불공정거래행위나 시장지배적지위 남용행위 등에 대한 과징금액을 산정함에 있어서 관련매출액이 문제가 되었던 주요한 사례들을 살펴보면 다음과 같다. 먼저, 인터파크지마켓의 시장지배적지위 남용 사건에서 오픈마켓 운영사업자인 동 회사가 자신의 오픈마켓에 입점한 7개 판매사업자에 대하여 자신이 운영하는 오픈마켓에서의 판매가격을 인하하거나 경쟁사업자가 운영하는 오픈마켓에서의 판매가격을 인상할 것과 주로 자신과 거래하면서 매출을 올려줄 것, 또는 경쟁사업자와의 거래를 중단할 것 등을 요구한 행위가 문제가 되었다. 이에 대하여 공정거래위원회는 이 사건 행위가 시장지배적지위의 남용행위 중 '부당한 경쟁사업자 배제'(구법 제3조의2 제1항 제5호 전단)에 해당한다고 판단하고 과징금을 부과하면서, 관련매출액은 이 사건 행위로 인하여 오픈마켓 운영시장에서 자신의 시장지배적지위를 유지·강화시키게 됨으로써 영향을 받은 매출액인데, 이를 객관적으로 산정하기 곤란하므로 구 과징금고시에 따라 기본과징금을 정액과징금인 3억원으로 산정하였으나,[54] 관련 행정소송에서 서울고법은 이 사건 관련매출액은 문제가 된 7개 사업자들이 경쟁사업자와의 거래를 중단한 기간 동안 원고가 동 사업자들과의 거래를 통하여 올린 매출액(판매수수료 합산액)이라고 판시하였다.[55]

또한 제약회사들의 부당한 고객유인 사건에서도 관련매출액 결정이 다투어졌다. 즉, 이 사건에서는 제약회사들이 병원이나 전문의약품 처방권한이 있는 의사 등에 대하여 현금이나 물품을 지급하고 각종 경비를 지원하는 행위(소위 '리베이트지급 관행')가 문제되었는데, 공정거래위원회는 이 사건 행위가 '부당한 이익에 의한 고객유인'에 해당한다고 판단하고 과징금을 부과하면서, 관련매출액을 당해 제약회사가 법위반행위를 한 것으로 밝혀진 품목의 의약품의 모든 거래처에 대한 전체 매출액으로 산정하였다.[56] 관련 행정소송 상고심에서 대법원은 당해 제약회사가 회사차원에서 판촉계획을 수립하고 그에 따라 문제가 된 개개의 지원행위가 이루어진 경우에

기각하였다(대법원 2006. 11. 23. 선고 2004두10586 판결, 대법원 2006. 11. 9. 선고 2004두14564 판결, 대법원 2006. 11. 24. 선고 2004두12346 판결).

53) 제5장 Ⅲ. 4. '관련문제 1: 공동행위의 관련매출액 산정' 부분 참고.

54) 공정거래위원회 의결 제2007-555호, 2007. 12. 18.

55) 서울고법 2008. 8. 20. 선고 2008누2851 판결. 상고심에서 대법원은 이 사건 행위의 부당성이 인정되지 않는다는 이유로 원심 판결을 파기하였다(대법원 2011. 6. 10. 선고 2008두16322 판결).

56) 공정거래위원회 의결 제2007-559호, 2007. 12. 21. 등.

는 이 사건 부당한 고객유인행위로 인한 효과가 해당 의약품을 거래하는 거래처 전부에 영향을 미쳤다고 봄이 상당하므로 해당 의약품 전체의 매출액을 관련매출액으로 산정하여야 하고,[57] 이에 반하여 본사 차원의 판촉계획을 인정하기 곤란한 품목에 대해서는 지원행위가 행해진 개개의 의료기관에 대한 매출액만을 관련매출액으로 산정하여야 한다고 판시하였다.[58]

그 밖에 필립스전자의 재판매가격유지행위 등 사건에서 동 사업자가 대리점들에게 인터넷 오픈마켓에서 자사 제품을 일정 수준 이상 할인판매하지 못하도록 하고 일부 품목은 인터넷 오픈마켓에서 판매하지 못하도록 한 것이 문제가 되었는데, 공정거래위원회는 이 사건 행위가 법이 금지하는 재판매가격유지행위 및 구속조건부 거래행위에 해당한다고 인정하고, 인터넷 오픈마켓뿐만 아니라 오프라인 등 다른 유통채널을 통해 공급된 해당 제품의 매출액도 모두 포함하여 관련매출액을 결정하였다. 관련 행정소송 상고심에서 대법원은 이 사건 각 행위로 인하여 인터넷 오픈마켓에서 상표 내 가격경쟁이 제한·차단됨으로써 오프라인 등 다른 유통채널에서의 제품 가격도 일정 수준 이상으로 유지되거나 인하가 방지되었다고 보이므로 오프라인 등 다른 유통채널에 공급된 제품도 이 사건 행위로 직접 또는 간접적으로 영향을 받은 관련상품에 해당한다고 판단한 원심이 정당하다고 판시하였다.[59]

마지막으로 남양유업의 거래상 지위의 남용 사건에서 동 사업자가 26개 품목의 제품을 취급하는 대리점들에 대하여 유통기한이 임박한 제품이나 주문하지 않은 제품 등의 구입을 강제한 것이 문제가 되었는데, 공정거래위원회는 이 사건 행위를 법상 금지된 구입강제에 해당한다고 인정하고 해당 기간 동안 전체 대리점에서 발생한 26개 품목 제품 전체의 매출액을 관련매출액으로 결정하였다. 관련 행정소송에서 서울고법은 이 사건 처분사유에 비추어 볼 때, 유통기한이 임박한 제품이나 회전율이 낮은 제품 등 일부 물량에 대해서만 구입강제가 이루어졌고, 일부 대리점, 일부 물량에 대한 구입강제가 전체 대리점 또는 전체 물량에 영향을 미쳤는지 여부에 대한 증거가 부족하고 구입강제 물량도 특정되지 않았으므로 회전율이 높고 유통기한이 충분히 남아 있는 제품 등 대리점이 자발적으로 주문한 물량은 관련매출액에서 공제되어야 한다고 하였다.[60]

---

57) 대법원 2010. 11. 25. 선고 2009두9543 판결 및 대법원 2010. 12. 23. 선고 2008두22815 판결 등. 동일한 취지의 판결로서 대법원 2013. 11. 14. 선고 2011두16667 판결, 서울고법 2018. 9. 19. 선고 2017누45768 판결 등 참고.

58) 대법원 2010. 12. 9. 선고 2008두23504 판결 및 대법원 2010. 12. 9. 선고 2008두22815 판결 등 참고. 동 판결들의 기타 판시사항은 제6장 Ⅱ. 4. (라) (2) '관련 판결례' 부분 참고.

59) 대법원 2017. 6. 19. 선고 2013두17435 판결.

한편, 한국방송통신산업협동조합의 사업자단체 금지행위 사건에서 법 시행령이 사업자단체에 대한 과징금 기본 산정기준으로 규정하고 있는 사업자단체의 '연간예산액'의 의미가 다투어졌다. 이 사건에서 위 협동조합이 정부 또는 공공기관이 발주한 140건의 동보장치 구매설치 입찰과 관련하여 특정 회원사가 낙찰 받을 수 있도록 이들에게 투찰률 또는 투찰금액을 전달하고 다른 회원사들은 들러리로 참가하도록 한 행위가 문제가 되었는데, 공정거래위원회는 이 사건 행위를 입찰담합에 해당한다고 인정하고 동 협동조합의 해당 연도 연간예산액 전액을 기준으로 과징금액을 산정하였다.

관련 행정소송에서 위 협동조합은 사업자의 경우와 마찬가지로 연간예산액 중 위반행위와 관련된 예산액만을 과징금 산정기준에 포함시켜야 한다고 주장하였으나, 상고심에서 대법원은 법 시행령은 줄곧 사업자는 매출액을, 사업자단체는 예산액을 과징금 산정기준으로 양자를 명확히 구분하고 있고, 법 시행령은 사업자단체에 대한 과징금 산정기준에 관하여 '위반행위의 종료일이 속한 연도'의 연간예산액이라고 규정하고 있는데, 만일 사업자의 경우와 동일한 정도로 위반행위와의 관련성이 고려되어야 한다면 '위반행위가 일어난 연도의 연간예산액'이라고 규정하였을 것이므로 위 규정상 연간예산액을 위반기간에 관련 거래분야에서 판매 등의 공동사업을 한 상품 등의 매출액으로 한정하는 것은 옳지 않고 해당 사업자단체의 연간예산액 전액을 의미한다고 봄이 타당하다고 하였다.[61)]

(나) 과징금의 부과 및 징수절차

법 위반행위에 대한 과징금액의 산정과 별도로 과징금을 부과하고 징수하는 절차와 관련하여 법 및 법 시행령은 다음과 같이 규정하고 있다. 우선, 공정거래위원회가 과징금을 부과할 경우에는 그 위반행위의 종별과 해당 과징금의 금액 등을 명시하여 서면으로 알려야 하며(법 시행령 제85조 제1항), 이 통지를 받은 자는 통지가 있은 날부터 60일 이내에 동 위원회가 정하는 수납기관에 이를 납부하여야 하고, 다만 천재·지변이나 그 밖의 부득이한 사유로 인하여 그 기간 내에 납부할 수 없는 경우에는 그 사유가 없어진 날부터 30일 이내에 납부하여야 한다(동 조 제2항).

다만, 과징금이 법상 각 위반행위별로 과징금 한도액을 정하는 기준으로 규정된 매출액의 1% 또는 10억원을 초과하고, (1) 재해 또는 도난 등으로 재산에 현저한

60) 서울고법 2015. 1. 30. 선고 2014누1910 판결. 상고심에서 대법원은 심리불속행 사유에 해당한다는 이유로 상고를 기각하였다(대법원 2015. 6. 11. 선고 2015두38962 판결).

61) 대법원 2020. 6. 25. 선고 2019두61601 판결.

손실이 생긴 경우, (2) 사업여건의 악화로 사업이 중대한 위기에 처한 경우, (3) 과징금의 일시납부에 따라 자금사정에 현저한 어려움이 예상되는 경우 등의 사유로 과징금의 전액을 일시에 납부하기가 어렵다고 인정될 때에는 그 납부기한을 연기하거나 분할납부하게 할 수 있고, 이 경우 필요하다고 인정하는 때에는 담보를 제공하게 할 수 있다(법 제103조 제1항 및 법 시행령 제86조 제1항). 납부기한의 연기는 그 납부기한의 다음 날부터 2년을 초과할 수 없고, 분할납부의 경우 그 간격은 6개월 이내, 분할횟수는 6회 이내로 한다(법 시행령 제86조 제2항 및 제3항). 또한 2015년 법 개정으로 과징금의 납부기한이 연기되거나 분할납부가 허용된 경우에 그 납부기한의 연기 또는 분할납부 결정을 취소하고 일시에 징수할 수 있는 사유를 명시적으로 규정하였다(법 제103조 제3항).

만약 과징금 납부의무자가 납부기한 내에 과징금을 납부하지 아니한 경우에는 납부기한의 다음 날부터 납부한 날까지의 기간에 대하여 연 40%의 범위 안에서 은행법에 따른 은행의 연체이자율을 참작하여 대통령령으로 정하는 바에 따라 가산금을 징수하는데,[62] 이 경우 가산금을 징수하는 기간은 60개월을 초과하지 못한다(법 제105조 제1항). 공정거래위원회는 과징금 납부의무자가 납부기한까지 과징금을 납부하지 아니하였을 때에는 기간을 정하여 독촉을 하고, 그 지정한 기간 안에 과징금 및 가산금을 납부하지 아니한 때에는 국세체납처분의 예에 따라 이를 징수할 수 있다(동 조 제2항).

과징금을 기한 내에 납부하지 않을 경우에 부과되는 가산금과 관련하여, 과징금 부과처분에 대한 불복의 소가 제기되어 동 처분이 집행정지된 경우에 그 기간에 대하여 가산금을 부과할 수 있는가라는 문제가 제기된다. 즉, 위원회의 과징금 부과처분에 대하여 행정소송이 제기되었을 경우에 일정한 요건이 충족되면 법원은 집행정지결정을 내릴 수 있는데, 그 행정소송이 종결되어 당해 처분이 확정된 후 위원회가 집행정지 기간에 해당하는 가산금을 부과할 수 있는지의 문제이다. 이와 관련하여 한국가스공사의 부당이득반환청구 사건 관련 행정소송 상고심에서 대법원은 "과징금 부과처분에 대한 법원의 집행정지결정에도 불구하고 당초의 과징금 부과처분에서 정한 기한의 도과로서 가산금이 발생한다고 보게 되면 이는 과징금 납부의무자로 하여금 그 의무의 이행을 간접적으로 강제하는 결과가 된다고 할 것이어서 집행정지결정의 의미가 거의 없게 된다."라고 하면서, 결국 "집행정지결정이 내려졌다면 그 집행정지기간 동안은 과징금 부과처분에서 정한 과징금의 납부기간은 더

62) 현행 법 시행령은 체납가산금 요율을 연 7.5%로 규정하고 있다(법 시행령 제87조 제1항).

이상 진행되지 아니하고 집행정지결정이 당해 결정의 주문에 표시된 시기의 도래로 인하여 실효되면 그 때부터 당초의 과징금부과처분에서 정한 기간(집행정지결정 당시 이미 일부 진행되었다면 그 나머지 기간)이 다시 진행하는 것으로 보아야" 한다고 판시하였다.[63)]

또한 법을 위반한 회사인 사업자가 합병으로 소멸한 경우에는 해당 회사가 한 위반행위를 합병 후 존속하거나 합병에 따라 설립된 회사가 한 행위로 보아 과징금을 부과·징수할 수 있고(법 제102조 제2항), 분할되거나 분할합병되는 경우에는 분할되는 사업자의 분할일 또는 분할합병일 이전의 위반행위를 (1) 분할되는 회사, (2) 분할 또는 분할합병으로 설립되는 새로운 회사, (3) 분할되는 회사의 일부가 다른 회사에 합병된 후 그 다른 회사가 존속하는 경우 그 다른 회사 중 어느 하나에 해당하는 회사의 행위로 보고 과징금을 부과·징수할 수 있다(동 조 제3항). 마찬가지로 법을 위반한 회사인 사업자가 '채무자 회생 및 파산에 관한 법률' 제215조에 따라 새로운 회사를 설립하는 경우에는 기존 회사 또는 새로운 회사 중 어느 하나의 행위로 보고 과징금을 부과·징수할 수 있다(동 조 제4항).[64)]

한편, 이미 공정거래위원회로부터 과징금을 부과 받은 회사가 이를 납부하지 않은 상태에서 분할 또는 분할합병되는 경우(부과일에 분할 또는 분할합병되는 경우를 포함함) 역시 그 과징금은 (1) 분할되는 회사, (2) 분할 또는 분할합병으로 설립되는 회사, (3) 분할되는 회사의 일부가 다른 회사에 합병된 후 그 다른 회사가 존속하는 경우 그 다른 회사가 연대하여 납부할 책임을 지고(법 제104조 제1항), 과징금을 부과받은 회사가 분할 또는 분할합병으로 해산되는 경우(부과일에 해산되는 경우를 포함함)에는 분할 또는 분할합병으로 인하여 설립되는 회사가, 분할되는 회사의 일부가 다른 회사와 합병하여 그 다른 회사가 존속하는 경우에는 그 다른 회사가 연대하여 과징금을 납부할 책임을 진다(동 조 제2항).[65)]

그 밖에 위에서 설명한 바와 같이 법을 위반한 회사인 사업자가 합병으로 소멸

63) 대법원 2003. 7. 11. 선고 2002다48023 판결.

64) 위 법 제102조 제3항 및 제4항에 해당하는 구법 제55조의3 제3항 및 제4항은 2012. 3. 21. 법 개정으로 신설되었는데, 종전에 법 위반 회사의 합병이 있는 경우에 대한 과징금 부과에 관한 규정(구법 제55조의3 제2항)은 있는데 반하여, 분할되거나 분할합병되는 경우 또는 '채무자 회생 및 파산에 관한 법률'에 따라 새로운 회사가 설립되는 경우에 대한 과징금 부과에 관한 규정은 마련되지 못한 입법적 불비를 보완한 것이다.

65) 위 조항은 2004년 법 개정 당시 신설되었는데, 종전에는 공정거래위원회의 실무상 구법 제55조의6 제2항에 따라 국세기본법상 체납처분의 경우에 준하거나 또는 상법에 따라 분할 전후의 회사가 연대하여 과징금 채무를 지는 것으로 해석하였으나(국세기본법 제25조 제2항 및 상법 제530조의9 제1항), 그 법적 근거가 모호하다는 지적에 따른 것이다.

한 경우에 그 위반행위를 합병 후 존속하거나 합병으로 설립된 회사의 행위로 보아 과징금을 부과할 수 있는데(법 제102조 제2항), 이 경우에 합병 후 존속회사 등에 대한 과징금액을 산정함에 있어서 가중사유로 고려하는 법 위반전력에 피합병회사의 위반전력까지 합산할 수 있는지 여부가 재판상 다투어졌다. 대법원은 회사합병이 있는 경우에 피합병회사의 권리·의무는 사법상의 관계나 공법상의 관계를 불문하고 그 성질상 이전이 허용되지 않는 것을 제외하고는 모두 합병 후 존속회사에게 승계되는데, 구법 제55조의3 제2항에 따르면 피합병회사의 위반행위를 합병 후 존속회사의 행위로 보아 과징금을 부과할 수 있으므로 과징금을 산정함에 있어서 가중사유로 삼는 위반전력 역시 합산하는 것이 타당하다고 판시하였다.[66)]

마지막으로 종전에 공정거래위원회의 법집행 실무상 과징금 산정의 기초로 삼기 위하여 사업자로부터 제출받는 매출액 등의 자료가 허위이거나 사업자가 자료를 제출하지 않은 경우에, 일단 동 위원회가 확보한 자료를 바탕으로 과징금을 산정하고 사후에 올바른 자료를 바탕으로 다시 과징금을 산정하여 부과하기도 하였는데, 법원은 이러한 관행에 대하여 부정적인 입장을 취하였다. 예컨대, 파스퇴르유업에 대한 과징금 추가납부명령 사건에서 공정거래위원회는 동 회사의 부당한 광고행위에 대한 과징금을 산정함에 있어서 이 회사가 위반기간 동안의 매출액 자료를 제출하지 않자, 우선 그 이전 년도 매출액을 기초로 과징금을 산정하여 부과하고 추후 위 회사가 자료를 제출하는 등 위반기간의 매출액이 확인되면 과징금액을 다시 산정하여 과다분은 반환하고 부족분은 추가로 징수할 수 있다는 취지의 명령을 하고, 실제로 위 회사가 해당 자료를 제출하자 이에 근거를 두고 과징금을 재산정하여 부족분에 대한 과징금 추가납부명령을 내렸다.

관련 행정소송 상고심에서 대법원은 "과징금은 원칙적으로 행정법상의 의무를 위반한 자에 대하여 당해 위반행위로 얻게 된 경제적 이익을 박탈하기 위한 목적으로 부과하는 금전적인 제재로서, 법이 규정한 범위 내에서 그 부과처분 당시까지 부과관청이 확인한 사실을 기초로 일의적으로 확정되어야 할 것이고, 그렇지 아니하고 부과관청이 과징금을 부과하면서 추후에 부과금 산정기준이 되는 새로운 자료가 나올 경우에는 과징금액이 변경될 수 있다고 유보한다든지, 실제로 추후에 새로운 자료가 나왔다고 하여 새로운 부과처분을 할 수는 없다."라고 설시하면서 이 사건 과징금 부과처분을 취소한 원심을 확정하였다.[67)]

---

66) 대법원 2013. 11. 28. 선고 2012두18523 판결.

67) 대법원 1999. 5. 28. 선고 99두1571 판결(동일한 취지의 판결로서 대법원 2002. 5. 28. 선고 2000두6121 판결 참고). 대법원은 위 판시의 근거로서 과징금 부과와 같이 재산권의 직접

토의 과제

1 독점규제법상 각 위반행위에 대한 과징금의 법적 성질을 설명해 보시오. 그 중 부당이익환수적 성격이 강한 것과 제재적 성격이 강한 것을 각각 열거하고, 그 근거를 말해 보시오.

2 헌법재판소가 부당한 지원행위의 지원주체에 대한 과징금 조항의 위헌법률 심판결정에서 취한 입장을 각 의견별로 정리해 보시오.

가. 다수의견이 위 과징금을 '국가형벌권의 행사'로서의 '처벌'로 보지 않은 이유는 무엇인가? 또한 위 과징금의 성격은 무엇이라고 하였으며, 어떠한 의미에서 부당이익환수적 성격이 부가되어 있다고 하였는가?

나. 다수의견이 이익을 받은 지원객체가 아닌 지원주체에 대하여 과징금을 부과하는 것이 비례성의 원칙의 한 요소인 '수단의 적합성'에 위반되지 않는다고 한 근거는 무엇인가?

다. 다수의견이 과징금 부과권한을 행사하는 공정거래위원회가 그 구성의 독립성, 사건처리절차의 사법적 요소 등의 측면에서 미국의 연방거래위원회와 비교할 때 미흡함에도 불구하고 과징금 부과절차가 적법절차에 위반된 것은 아니라고 한 근거는 무엇인가? 적법절차원칙과 관련하여 반대의견이 특히 공정거래위원회의 절차적 문제점으로 지적한 것은 무엇인가? 이에 대한 각자의 생각을 말해 보시오.

라. 반대의견은 어떠한 의미에서 위 과징금이 오직 제재의 성격만을 가지고 부당이익환수적 성격을 전혀 결여한 것이라고 하였는가? 이에 대한 각자의 생각을 말해 보시오.

3 종래 법원이 공정거래위원회의 과징금 산정에 대하여 재량권의 일탈·남용 여부를 판단함에 있어서 동 위원회가 제정하여 적용하고 있는 관련 고시나 지침에 대하여 어떠한 효력을 인정하였는지 설명해 보시오.

적인 침해를 가져오는 처분을 변경하려면 법령에 그 요건과 절차가 명백하게 규정되어 있어야 하는데 변경요건에 대한 법령상 근거 규정이 없고 이를 인정하여야 할 합리적인 이유 또한 없다고 함으로써 법령상 명확한 근거가 있다면 문제가 된 과징금 증액처분도 가능함을 시사하였다.

4. 과징금 부과처분 등의 처분기간

공정거래위원회는 문제가 된 행위가 법 위반행위에 해당하더라도 (1) 부당한 공동행위 이외의 법 위반행위의 경우 해당 위반행위의 종료일부터 7년, (2) 부당한 공동행위의 경우 위원회가 해당 공동행위에 대하여 조사를 개시한 경우에는 조사개시일(직권조사의 경우 위원회 또는 그 소속 공무원이 법상 각종 조사처분 또는 조사를 한 날 중 가장 빠른 날, 자진신고를 포함하여 신고로 조사를 개시한 경우 신고를 접수한 날을 말하고, 조사개시일에 법 위반행위가 계속되고 있는 경우에는 해당 법 위반행위가 종료된 날을 말함)부터 5년, 조사를 개시하지 아니 한 경우에는 해당 공동행위의 종료일부터 7년을 경과한 경우에는 시정조치를 명하거나 과징금을 부과할 수 없다(법 제80조 제4항, 제5항 및 법 시행령 제72조).

위 규정은 두 차례에 거쳐서 개정된 것인데, 2012년 개정되기 전에는 시정조치 등의 처분기간을 단순히 '위반행위의 종료일로부터 5년'이라고 규정하고 있었으나, 사실관계가 복잡하고 다수의 증인이나 광범위한 증거에 대한 조사가 필요한 위반행위의 경우에 처분기간의 제한으로 인하여 충분한 조사가 이루어지지 않을 우려가 있다는 지적에 따라 2012년 법 개정을 통하여 조사개시 여부를 기준으로 위원회가 조사를 개시한 경우에는 조사개시일부터 5년, 조사를 개시하지 아니한 경우에는 해당 위반행위의 종료일부터 7년이라고 규정하였다. 그러나 그 후 다시 위반행위의 종료일부터 7년에 가까운 시점에 조사가 개시될 경우 처분기간이 지나치게 장기화될 우려가 있다는 지적이 제기되어 2020년 5월 법 개정으로 조사에 특히 긴 시일이 소요되는 부당한 공동행위의 경우를 제외하고는 조사개시 여부와 무관하게 위반행위의 종료일부터 7년으로 규정하게 되었다. 유의할 것은 위 규정은 공정거래위원회의 행정처분의 발급기간을 정하고 있는 것일 뿐이므로 처분기간이 만료된 경우라도 민·형사상의 책임까지 소멸되는 것은 아니다.

또한 위 처분기간이 경과하였다고 할지라도 법원의 판결에 따라 시정조치 또는 과징금 부과처분이 취소된 경우에 그 판결 이유에 따라 새로운 처분을 하는 것은 가능하다(법 제80조 제6항). 이는 2001년 신설된 것으로서 과징금 산정방법 또는 법조적용 등의 이유로 재판상 공정거래위원회의 처분이 취소되었을 경우에 재판진행 중 처분기간이 도과하여 다시 과징금 부과처분 등을 할 수 없게 되는 불합리한 결과를 방지하기 위한 것이다. 그런데 새로운 처분을 내릴 수 있는 '판결 이유'의 범위에 관하여, 판결에서 명시적으로 시정조치 등을 취소하게 된 사유로 설시된 것만 포함되는 것인지, 아니면 부가적 또는 가정적 판단도 포함된다고 해석할 것인지가 문제된다.

예컨대, 판결상 명백히 과징금 산정방법의 오류 때문에 과징금부과처분이 취소된 경우에는 판결에서 설시된 정당한 과징금 산정방법에 따라 과징금을 재산정하여 부과하면 될 것이지만, 예컨대, 계열사 간 용역을 거래하면서 그 대가를 현저히 높게 산정하여 지불한 행위에 대하여 부당한 지원행위 조항을 적용하여 시정조치를 내린 경우에, "상품·용역 거래에 있어 계열사에 현저히 저가로 판매하거나 고가로 매입한 경우 차별취급이나 부당한 고객유인행위로 규제하는 것은 별론으로 하고 부당지원행위로 규제할 수는 없다."[68]라고 설시하면서 시정명령 등을 취소한 경우에 부가적 판결이유에 따라 차별취급 등의 조항을 적용하여 재처분할 수 있는지 여부가 문제된다. 이는 결국 판결 취지의 해석에 관한 문제라고 할 수 있는데, 가정적 판단에 따라서 재처분할 경우 적법하다는 뜻이 명백한 경우에는 이에 포함될 수 있다고 본다.

또한 신용카드회사들의 부당한 공동행위 사건에서 처분기간이 도과한 후 법원의 판시취지에 따라 과징금 부과처분의 일부를 직권취소하는 것이 가능한지 여부가 다투어졌다. 즉, 2002. 5. 17. 공정거래위원회는 위 사업자들이 1998년 초 각종 수수료율을 공동으로 인상하였다는 이유로 시정조치 및 과징금 부과처분을 내렸고, 동 사업자들은 이에 불복하여 소를 제기하였는데, 서울고법은 특히 과징금액 산정에 관하여 재판부별로 상이한 입장을 취하였고 결국 2006. 9. 22.에 이르러서야 대법원은 이 사건 과징금액 산정이 위법하다는 취지의 판결을 내렸다.[69] 이에 따라 공정거래위원회는 일부 원고에 대한 환송 후 재판이 계속 중인 상황에서 2007. 1. 4. 대법원의 판시취지에 따라 당초의 과징금액을 일부 감액하여 다시 과징금 부과처분을 내렸는데, 이들 원고는 다시 동 감액처분은 구법상 처분기간(위반행위일의 종료일로부터 5년)이 만료되었다는 이유로 불복의 소를 제기하였다. 이에 대하여 서울고법은 이 사건 당초의 과징금 부과처분과 감액처분은 기본적인 사실관계가 동일하며 처분의 근거에 변경이 없으므로 제척기간이 경과되었는지 여부는 당초의 처분을 기준으로 판단하여야 한다고 하면서, 구법 제49조 제4항 단서의 "법원의 판결에 의하여 처분이 취소된 경우"란 널리 판결이유에서 처분의 전부 또는 일부 취소의 취지로 판시된 경우도 포함된다고 판시하였다.[70]

---

68) 서울고법 2003. 9. 23. 선고 2002누1047 판결. 다만, 대법원은 이와 다른 취지의 판결을 내림으로써 위 판결을 파기한 바 있다(대법원 2004. 10. 14. 선고 2001두2935 판결 등). 제7장 Ⅱ. 2. '지원행위' 부분 참고

69) 대법원 2006. 9. 22. 선고 2004두7184, 2004두9371, 2004두3366 및 2004두7160 판결.

70) 서울고법 2007. 4. 19. 선고 2006누26372 판결. 또한 이 사건에서 원고는 과징금 부과처분의 일부를 직권취소하는 것은 법령상 근거가 없으므로 위법하다고 주장하였으나, 서울고

그 밖에도 피조사인이나 피심인 등 당사자가 법 제95조에 따라 자신에 대한 처분과 관련된 자료의 열람 또는 복사를 요구하였으나 공정거래위원회가 이를 거부하고 이에 대하여 당사자가 불복하여 소를 제기한 경우에는 그 당사자 및 동일한 사건으로 심의를 받는 다른 당사자에 대하여 처분기간의 진행이 정지되고 그 재판이 확정된 때부터 진행한다(법 제80조 제7항). 이는 근래 공정거래위원회의 조사 및 심의 과정에서 당사자가 관련 자료의 열람 또는 복사를 요구하고 공정거래위원회가 이를 거부할 경우에 다시 이에 대하여 소를 제기하는 사례가 증가하고 있는데, 그와 같은 재판이 진행되는 동안에 처분기간이 만료되는 것을 막기 위한 것이다.

5. 관련 문제: 처분기간의 산정기준이 되는 '조사개시일'

위에서 설명한 바와 같이 법 제80조 제5항은 부당한 공동행위에 대한 처분기간을 공정거래위원회가 조사를 개시하였는지 여부에 따라 달리 규정하고 있다. 즉, 공정거래위원회가 해당 공동행위에 대하여 조사를 개시한 경우에는 조사개시일부터 5년을, 조사를 개시하지 아니한 경우에는 해당 행위의 종료일부터 7년을 처분기간으로 규정하고 있다. 그런데 공정거래위원회가 직권으로 조사를 개시할 수 있을 뿐만 아니라 경쟁자나 발주자 또는 관계 국가기관의 신고, 법 제44조에 따른 공동행위 가담사업자의 자진신고 등 다양한 경로로 조사가 개시되는 부당한 공동행위의 '조사개시일'을 특정하는 것은 쉽지 않다.

따라서 종래 재판상 부당한 공동행위에 대한 조사개시일이 빈번하게 다투어졌는데, 결국 법 시행령은 관련 판례를 반영하여 이에 관하여 명확하게 규정하였다. 즉, 부당한 공동행위에 대한 처분기간의 산정기준이 되는 조사개시일은 공정거래위원회가 직권으로 조사를 개시한 경우에는 법 제81조 제1항 및 제2항에 따른 조사처분 및 조사를 한 날 중 가장 빠른 날을, 동 위원회가 신고(법 제44조 제1항에 따른 자진신고를 포함함)로 조사를 개시한 경우에는 신고를 접수한 날을 말하고, 위와 같은 날에 법 위반행위가 계속되고 있는 경우에는 해당 법 위반행위가 종료된 날을 조사개시일로 본다(법 시행령 제72조).

법은 일반적인 과세처분과 관련하여 감액경정처분은 특별한 사정이 없는 한 당초의 처분 자체를 취소하고 새로운 과세처분을 하는 대신 하자가 있는 해당 부분의 세액을 감액하는 경정처분에 의해 당초 처분의 하자를 시정할 수 있다는 종래 대법원의 해석은 침해적 행정영역에 속하는 공정거래위원회의 과징금 부과처분에도 적용될 수 있으므로 이유 없다고 판시하였다. 상고심에서 대법원은 심리불속행 사유에 해당한다는 이유로 상고를 기각하였다(대법원 2008. 11. 27. 선고 2007두10181 판결).

그러나 여전히 발주처나 관계 국가기관 등이 다양한 형태로 공정거래위원회에 부당한 공동행위의 혐의를 통지하거나 조사를 의뢰하는 경우에 그 접수시점을 조사개시일로 볼 것인지가 문제될 수 있다. 실제로 한국가스공사 발주 천연가스 주배관 등 건설공사 입찰담합 사건에서 발주자인 한국가스공사가 조사개시 여부를 기준으로 처분기간을 달리 정하는 구법 제49조 제4항이 시행되기 전인[71] 2009. 10. 16. 공정거래위원회에 '입찰담합 조사의뢰 요청 가능 여부 문의'라는 공문을 접수시켰지만, 정작 동 위원회는 동 개정 규정이 시행된 이후에 현장조사 등 이 사건 행위에 대한 조사를 실시하였는데, 관련 행정소송에서 사업자들은 구 절차규칙 제10조의2(조사개시일)는 신고사건의 경우 구법 제49조 제4항 제1호에 따른 조사개시일은 신고접수일이라고 규정하고 있으므로[72] 한국가스공사의 공문접수시점이 '조사개시일'에 해당하여 구법 규정이 적용되므로 처분기간이 만료되었다고 주장하였다.

그러나 서울고법은 신고는 공정거래위원회의 조사절차 개시의 직권발동을 촉구하는 단서에 불과하므로 재량권 일탈·남용의 특별한 사정이 없다면 합리적인 재량으로 조사의 단서로 처리하는 경우에 한하여 그 신고접수일이 조사개시일이 되고 그렇지 않은 경우 조사개시일로 볼 수 없다고 전제하고, 이 사건 한국가스공사의 공문은 부당한 공동행위에 해당하는 합의에 관한 구체적인 정황을 뒷받침할 만한 자료도 없이 단순히 입찰의 경위에 관한 자료만을 가지고 조사의뢰를 문의한 것만으로 신고로서 갖추어야할 위반행위자와 위반행위의 내용을 특정하지 않았으므로 신고로 볼 수 없고, 공정거래위원회가 합리적인 재량으로 조사의 단서로 처리하지 않은 이상 공문접수일이 조사개시일에 해당한다고 볼 수 없어서 이 사건은 개정 처분시효 규정이 시행된 이후 최초로 조사가 이루어진 사건으로서 개정 처분시효 규정의 적용을 받게 된다고 판시하였다.[73] 또한 상고심에서 대법원 역시 이 사건 한국가스공사의 공문은 단순히 법 위반행위에 관한 조사를 의뢰할 수 있는 신고가 가

71) 부당한 공동행위를 포함한 모든 법 위반행위에 대하여 공정거래위원회의 조사개시 여부에 따라 처분기간을 달리 정하였던 구법 제49조 제4항은 2012. 6. 22. 시행되었고, 동 개정 법률 부칙 제3조는 위 규정은 이 법 시행 이후 공정거래위원회가 최초로 조사하는 사건부터 적용하도록 규정하고 있었다.

72) 당시 시행 중이던 '공정거래위원회 회의운영 및 사건절차 등에 관한 규칙'(공정거래위원회고시 제2012-71호, 2012. 11. 28, 일부개정) 제10조의2(조사개시일)는 "공정거래법 제49조(위반행위의 인지·신고 등) 제4항 제1호에 따른 조사개시일은 신고사건(약관법 위반사건은 제외한다)의 경우 신고접수일, 인지사건의 경우 최초 현장조사일 또는 현장조사를 실시하지 않은 경우 현장조사에 갈음하여 최초로 자료제출을 요청한 날을 조사개시일로 본다."라고 규정하고 있었다.

73) 서울고법 2017. 4. 27. 선고 2016누31885 판결. 동일한 취지의 판결로서 서울고법 2018. 10. 5. 선고 2016누31878 판결, 서울고법 2018. 8. 17. 선고 2016누31427 판결 등 참고.

능한지 여부를 문의한 것으로서 부당한 공동행위에 해당하는 합의에 관한 사실이 전혀 포함되어 있지 않아서 공정거래위원회가 동 공문을 접수한 사실만으로 조사를 개시하였다고 볼 수 없다고 하였다.[74)]

이에 반하여 서울시 발주 상수도 지리정보시스템 데이터베이스 개선사업 입찰 담합 사건에서 법원은 관계 국가기관의 공문 접수시점을 조사개시일로 인정하였다. 서울시는 2011. 8. 4. 공정거래위원회에 이 사건 입찰과 관련하여 입찰 참여 업체 간 담합징후가 있어서 신고하니 조치하여 달라는 취지의 공문을 발송하였는데, 관련 행정소송에서 서울고법은 이 사건 서울시의 신고는 그 주체의 공신력이 높고 내용이 구체적이며, 공정거래위원회가 인정한 사실 및 결론 역시 그 신고 내용과 크게 다르지 않으므로 그 접수 시점을 조사개시일로 보아야 한다고 하였다.[75)]

관련된 쟁점으로서 위에서 설명한 바와 같이 법 시행령은 판례를 반영하여 공동행위 가담사업자의 자진신고에 의해 조사가 개시된 경우 역시 다른 신고의 경우와 마찬가지로 자진신고를 접수한 날을 조사개시일로 본다고 규정하고 있는데,[76)] 가담사업자 중 일부 사업자가 자진신고를 한 경우에 다른 가담사업에 대하여도 조사가 개시된 것으로 볼 수 있는지가 문제된다. 이에 대하여 선박용 케이블 입찰담합 사건 관련 행정소송에서 서울고법은 공정거래위원회의 조사는 법 위반행위가 있었는지 여부에 대해 이루어지는 것이므로 어느 특정 위반행위에 대한 조사가 개시되었다면 그 위반행위에 가담한 사업자 전체에 대하여 조사가 개시되었다고 봄이 타당하므로 동일한 공동행위에 가담한 사업자들에 대한 조사개시일은 원칙적으로 동일하다고 보아야 한다고 하였다.[77)] 또한 자동차용 콤프레서 입찰담합 사건 관련

---

74) 대법원 2018. 7. 26. 선고 2017두46912 판결. 동일한 취지의 판결로서 대법원 2019. 1. 31. 선고 2017두68110 판결, 대법원 2019. 1. 31. 선고 2017두68127 판결, 대법원 2019. 1. 31. 선고 2017두67605 판결, 대법원 2019. 1. 31. 선고 2017두48208 판결, 대법원 2019. 1. 31. 선고 2016두51658 판결 등 참고.

75) 서울고법 2018. 12. 7. 선고 2018누45 판결. 상고심에서 대법원은 심리불속행 사유에 해당한다는 이유로 상고를 기각하였다(대법원 2019. 4. 11. 선고 2018두67718 판결). 동일한 취지의 판결로서 서울고법 2018. 12. 7. 선고 2018누38149 판결, 서울고법 2018. 12. 14. 선고 2018누37702 판결 등 참고. 또한 국립환경과학원 등 발주 대기오염 측정장비 입찰담합 사건 관련 행정소송에서도 서울고법은 국가기관인 감사원이 감사를 통하여 법 위반사실을 파악한 후 감사원법에 근거하여 이를 공정거래위원회에 알린 경우에도 법상 신고에 해당한다고 하였다(서울고법 2020. 2. 4. 선고 2019누40309 판결 및 서울고법 2020. 9. 10. 선고 2019누40354 판결).

76) 자진신고로 조사가 개시된 사건의 경우 자진신고 접수일을 조사개시일로 보아야 한다는 취지의 판결로서 서울고법 2018. 10. 12. 선고 2017누62381 판결. 상고심에서 대법원은 심리불속행 사유에 해당한다는 이유로 상고를 기각하였다(대법원 2019. 2. 28. 선고 2018두62430 판결).

행정소송 상고심에서 대법원은 이 사건 입찰담합 가담사업자 중 한 사업자가 공정거래위원회에 자진신고한 경우에 다른 가담사업자에 대해서도 해당 자진신고 접수일을 조사개시일로 보아야 한다고 하였다.[78)]

그런데 유의할 것은 공정거래위원회가 공동행위 가담사업자들 중 일부에 대하여 조사를 개시한 모든 경우에 다른 가담사업자에 대하여도 조사가 개시되었다고 볼 수는 없다는 점이다. 즉, 지방자치단체 등 발주 수입현미 운송용역 입찰담합 사건 관련 행정소송에서 서울고법은 이 사건 입찰담합에 가담한 일부 사업자에 대하여 조사가 개시되었다고 할지라도 그 자체로 공정거래위원회가 조사대상으로 전제하지 않은 다른 가담사업자에 대한 조사 역시 개시되었다고 볼 수는 없다고 전제하고, 일부 가담사업자가 제출한 자진신고서에 해당 사업자가 공동행위에 참여한 사실이 포함되어 있지 않고 공정거래위원회 역시 자진신고 당시뿐만 아니라 그 이후 상당기간 동안 그 사업자를 공동행위 참여자로 인식하지 못하였으므로 자진신고일에 그 사업자에 대한 조사가 개시되었음을 객관적으로 확정할 수 없다고 하였다.[79)]

77) 서울고법 2019. 2. 13. 선고 2018누64285 판결. 상고심에서 대법원은 심리불속행 사유에 해당한다는 이유로 상고를 기각하였다(대법원 2019. 7. 11. 선고 2019두36780 판결).

78) 대법원 2021. 2. 25. 선고 2018두61215 판결.

79) 서울고법 2021. 1. 14. 선고 2019누66523 판결. 상고심에서 대법원은 심리불속행 사유에 해당한다는 이유로 상고를 기각하였다(대법원 2021. 5. 8. 선고 2021두32835 판결).

제11장 사인의 금지청구, 손해배상책임, 형사처벌 및 역외적용 등

Ⅰ. 사인의 금지청구

독점규제법 제108조는 소위 '사인(私人)의 금지청구'를 규정하고 있는데, 이는 아래에서 설명하는 손해배상청구(법 제109조 이하)와 함께 경쟁법의 소위 '사적 집행'(private enforcement) 수단에 해당한다. 즉, 국가기관인 경쟁당국이나 형사소추기관이 행하는 경쟁법 집행활동을 경쟁법의 공적 집행(public enforcement)이라고 하는 데 대하여, 경쟁법 위반행위로 피해를 입은 경쟁사업자나 소비자 등 국가기관이 아닌 사인이 직접 법원에 손해배상이나 그 위반행위의 금지를 청구하여 법 위반행위에 대한 제재의 효과를 거두거나 법 위반상태를 시정하는 것을 경쟁법의 사적 집행이라고 한다. 근래 국제적으로 경쟁법의 사적 집행을 활성화해야 한다는 논의가 활발한데, 그 이유는 예산이나 인력 등 법집행 자원이 한정된 경쟁당국 등이 무수히 많은 시장에서 수시로 발생하는 모든 경쟁제한행위를 조사하여 시정하거나 제재를 가하는 것이 사실상 불가능하기 때문이다.

그러나 국제적으로 미국을 제외하고 경쟁법의 사적 집행이 활성화된 국가는 많지 않은 실정이고, 종래 우리나라의 경우 역시 독점규제법의 집행은 사실상 전적으로 공정거래위원회에 의한 공적 집행에 의존해 왔고, 법 위반행위로 인하여 손해를 입은 경쟁사업자나 거래상대방 또는 소비자가 제기한 소송을 통한 사적 집행은 미미한 형편이라고 할 수 있다.[1)] 그런데 그 원인 중 하나로서 중요한 사적 집행 수단인 사인의 금지청구가 도입되지 않았음이 지적됨에 따라 2020년 법 전부 개정으로 동 제도가 아래와 같이 도입되었다.

법 제45조 제1항(제9호는 제외함) 및 제51조 제1항 제4호[제45조 제1항(제9호는 제외함)

1) 다만, 근래 특히 입찰담합으로 인하여 피해를 입은 발주기관을 중심으로 입찰담합 가담사업자들에 대하여 손해배상을 청구하는 사례가 점차 증가하고 있는데, 이 역시 공정거래위원회의 법집행이 이루어진 이후에 이를 기초로 손해배상을 청구하는 소위 '후속소송'(follow-on action)이 대부분이다.

에 따른 불공정거래행위에 관한 부분으로 한정함]를 위반한 행위로 피해를 입거나 피해를 입을 우려가 있는 자는 그 위반행위를 하거나 할 우려가 있는 사업자 또는 사업자단체에 자신에 대한 침해행위의 금지 또는 예방을 청구할 수 있다(법 제108조 제1항). 즉, 부당한 지원행위를 제외한 불공정거래행위 또는 사업자단체의 금지행위 중 부당한 지원행위를 제외한 불공정거래행위를 하게 하거나 방조하는 행위로 인하여 피해를 입거나 입을 우려가 있는 자는 법원에 자신에 대한 침해행위를 금지하는 명령을 청구하는 소를 제기할 수 있다.

위와 같은 금지청구의 소는 민사소송법에 따라 관할권을 갖는 지방법원 외에 해당 지방법원 소재지를 관할하는 고등법원이 있는 곳의 지방법원에도 제기할 수도 있다(법 제108조 제2항). 또한 금지청구의 소가 제기된 경우에 법원은 그로 인한 피고의 이익을 보호하기 위하여 필요하다고 인정하면 피고의 신청이나 직권으로 원고에게 상당한 담보의 제공을 명할 수 있는데(동 조 제3항), 이는 부당한 남소를 방지하기 위한 것이다.

Ⅱ. 손해배상책임

1. 개 설

독점규제법 제109조 제1항은 "사업자 또는 사업자단체는 이 법의 규정을 위반함으로써 피해를 입은 자가 있는 경우에는 해당 피해자에 대하여 손해배상의 책임을 진다."라고 규정하고 있다. 따라서 법을 위반한 행위로 말미암아 피해를 입은 사람은 그 행위를 한 사업자나 사업자단체에 대하여 손해배상을 청구하는 소를 제기할 수 있다. 위 규정은 손해배상의 청구권자를 한정하고 있지 않으므로 원칙적으로 법 위반행위로 인하여 손해를 입은 경쟁사업자, 거래상대방 또는 일반 소비자[2] 등 누구나 법 위반행위자에 대하여 손해배상을 청구할 수 있다.

일반적으로 타인의 위법행위로 인하여 손해를 입은 경우에 민법 제750조에 따

2) 다만, 소비자의 손해배상청구와 관련하여 법 위반행위자와 직접 거래를 하지 않은 소위 '간접구매자'(indirect purchaser)에게도 손해배상청구권을 인정할 것인가라는 문제가 제기될 수 있다. 이 문제는 법 위반행위자와 직접 거래를 한 직접구매자가 자신이 입은 손해의 전부 또는 일부를 하위단계의 간접구매자에게 전가하였음을 이유로 직접구매자가 주장하는 손해의 전부 또는 일부가 부정되어야 한다는 소위 '손해전가의 항변'(passing on defense)과 함께 논의되는데, 아래에서 살펴보는 바와 같이 근래 대법원이 이들 쟁점에 관한 법리를 형성해나가고 있다.

라 행위자에 대하여 그 손해의 배상을 청구할 수 있음은 당연함에도 독점규제법이 별도의 손해배상 규정을 둔 이유와 실익은 무엇일까? 법 제109조 제1항 단서는 "사업자 또는 사업자단체가 고의 또는 과실이 없음을 입증한 경우에는 그러하지 아니하다."라고 규정함으로써 고의·과실에 대한 입증책임을 법 위반행위자에게 전환시키고 있다. 또한 동 조 제2항은 사업자나 사업자단체가 법 제40조(부당한 공동행위의 금지), 제48조(보복조치의 금지) 또는 제51조 제1항 제1호(사업자단체의 금지행위 중 부당한 경쟁제한행위)를 위반함으로써 손해를 입은 자가 있는 경우에는 그 자에게 발생한 손해의 3배를 넘지 아니하는 범위에서 손해배상의 책임을 지도록(다만, 사업자 또는 사업자단체가 고의 또는 과실이 없음을 입증한 경우에는 손해배상의 책임을 지지 아니하고, 법 제44조 제1항에 따른 부당한 공동행위의 자진신고자 해당되는 경우에는 피해자에게 발생한 실손해액을 초과할 수 없음) 함으로써 소위 '징벌적 손해배상제'(punitive damages)를 도입하였다.[3)]

또한 법 제109조의 손해배상책임의 경우 고의·과실에 대한 입증책임이 전환되는 점 이외에 기타 손해배상청구의 요건은 민법상 불법행위의 경우와 같다고 해석해야 하므로 위법한 행위의 존재와, 그로 인하여 손해가 발생한 사실 및 손해액이 입증되어야 한다. 그러나 현실적으로 재판상 독점규제법 위반행위와 발생한 손해 사이의 인과관계를 입증하는 것이 쉽지 않을 뿐만 아니라, 특히 그 손해액을 구체적으로 입증하는 것은 극히 어려운 일이다. 이와 같은 손해액의 입증곤란을 경감하기 위하여 법 제115조는 "법원은 이 법을 위반한 행위로 손해가 발생된 것은 인정되나, 그 손해액을 입증하기 위하여 필요한 사실을 입증하는 것이 해당 사실의 성질상 극히 곤란한 경우에 변론 전체의 취지와 증거조사의 결과에 기초하여 상당한 손해액을 인정할 수 있다."(소위 '손해액 인정제')라고 규정하고 있다.[4)]

그 밖에도 손해배상을 청구한 피해자나 해당 법원이 손해 사실과 손해액을 입

---

3) 근래 독점규제법 제109조뿐만 아니라 하도급거래의 공정화에 관한 법률(동법 제35조), 가맹사업거래의 공정화에 관한 법률(동법 제37조의2), 대규모유통업에서의 거래 공정화에 관한 법률(동법 제35조의2) 및 대리점거래의 공정화에 관한 법률(동법 제34조) 등 소위 '특수 불공정거래행위'를 규제하는 법률들에 일정한 범위의 법 위반행위에 대하여 실손해액의 3배를 한도로 하는 징벌적 손해배상책임을 인정하는 규정이 신설되었다.

4) 위 '손해액 인정제'는 2004년 법 개정 시 도입된 것으로서 일본의 1996년 개정 민사소송법 제248조를 차용한 것으로 보이는데, 동 규정은 "손해가 생긴 것이 인정되는 경우에 있어, 손해의 성질상 그 액을 입증하는 것이 매우 곤란한 때는, 재판소는 구두변론의 전 취지와 증거조사의 결과에 기하여 상당한 손해액을 인정할 수 있다."라고 규정하고 있다. 이에 관한 판결 및 해석론에 대해서는 김차동, "공정거래법의 사적 집행제도의 변경 및 그 보완방안", 「경쟁법연구」, 제11권, 2005 참고. 한편, 2016년 민사소송법 개정으로 동법에 독점규제법 제57조와 사실상 동일한 내용의 손해액 인정제가 도입되었다(민사소송법 제202조의2).

증하거나 판단하는데 필요할 자료를 용이하게 확보할 수 있도록 '기록송부제도'와 '자료제출명령제도'를 두고 있다. 먼저, 법원은 법상 손해배상청구의 소가 제기되었을 때 필요한 경우 공정거래위원회에 대하여 해당 사건의 기록(사건관계인, 참고인, 또는 감정인에 대한 심문조서, 속기록 및 그 밖에 재판상 증거가 되는 모든 것을 포함함)의 송부를 요구할 수 있는데(법 제110조 제1항), 이는 민사소송법 제352조의 문서송부의 촉탁에 대응되는 것이다.

또한 법 제40조(부당한 공동행위의 금지) 제1항, 제45조(불공정거래행위의 금지) 제1항(부당한 지원행위는 제외함) 또는 제51조 제1항 제1호(사업자단체의 금지행위 중 부당한 경쟁제한행위)를 위반한 행위로 인한 손해배상청구소송에서 당사자의 신청에 따라 상대방 당사자에게 해당 손해의 증명 또는 손해액의 산정에 필요한 자료(법 제44조 제4항에 따른 자진신고 등과 관련된 자료는 제외함)의 제출을 명할 수 있다(법 제111조 제1항). 다만, 그 자료의 소지자가 자료의 제출을 거절할 정당한 이유가 있으면 자료의 제출을 명할 수 없는데(동 항 단서), 법원은 자료의 소지자가 제출을 거부할 정당한 이유가 있다고 주장하는 경우에는 그 주장의 당부를 판단하기 위하여 자료의 제시를 명할 수 있고, 이 경우 법원은 그 자료를 다른 사람이 보게 하여서는 아니 된다(동 조 제2항). 특기할 만한 사항으로서 자료제출명령에 따라 제출되어야 할 자료가 영업비밀에 해당하는 경우에도 손해의 증명 또는 손해액의 산정에 반드시 필요한 경우에는 제출을 거부할 정당한 이유로 보지 않고, 이 경우 법원은 제출명령의 목적 내에서 열람할 수 있는 범위 또는 열람할 수 있는 사람을 지정하여야 한다(동 조 제3항).

위와 같은 '자료제출명령'은 민사소송법 제44조 이하의 '문서제출명령'에 대응되는 것이지만 그 명령에 불응하였을 경우에 대한 제재가 민사소송법상 문서제출명령의 경우보다 더 강력하다. 즉, 법원은 정당한 이유 없이 법상 자료제출명령에 따르지 아니한 경우에는 자료의 기재에 대한 상대방의 주장을 진실한 것으로 인정할 수 있을 뿐만 아니라(법 제111조 제4항),[5] 자료의 제출을 신청한 당사자가 자료의 기재에 관하여 구체적으로 주장하기에 현저히 곤란한 사정이 있고 자료로 증명할 사실을 다른 증거로 증명하는 것을 기대하기도 어려운 경우에는 그 당사자가 자료의 기재로 증명하려는 사실에 관한 주장을 진실한 것으로 인정할 수 있다(동 조 제5항).

한편, 2020년 법 전부 개정을 통하여 위 '자료제출명령제도'와 함께 '비밀유지명령제도'가 도입되었다. 즉, 법상 손해배상청구소송에서 준비서면의 열람이나 증거조사의 방법으로 알게 된 당사자의 영업비밀을 다른 당사자나 그 소송대리인 등이

5) 위 규정 내용은 민사소송법 제349조(당사자가 문서를 제출하지 아니한 때의 효과)의 규정 내용과 같다.

소송 수행 외의 목적으로 사용하거나 타인에게 공개할 경우 당사자의 영업에 지장을 줄 우려가 있는 경우에 법원은 당사자의 신청에 따라 결정으로 이를 금지할 수 있다(법 제112조 제1항). 또한 비밀유지명령을 신청한 자 또는 비밀유지명령을 받은 자는 비밀유지명령이 법상 요건을 갖추지 못하였거나 갖추지 못하게 된 경우 소송기록을 보관하고 있는 법원에 비밀유지명령의 취소를 신청할 수 있다(법 제113조 제1항).

〔연 혁〕
독점규제법은 법 제정 이래 줄곧 법 위반행위자에 대하여 고의·과실이 없음을 들어 책임을 면할 수 없는 '무과실의 손해배상책임'을 규정하였다가, 2004년 법 개정을 통하여 고의·과실의 입증책임을 법 위반행위자에게 전환하는 방식으로 변경하였다. 즉, 법 제정 당시에는 무과실의 손해배상책임이 인정되었지만, 이를 재판상 주장하기 위해서는 동법에 의한 시정조치가 확정된 후이어야 하고, 행사할 수 있는 날로부터 1년 이내에 행사하여야 한다고 규정하였다. 그 후 위 1년의 기간이 과도하게 짧다는 지적에 따라 1996년 5차 법 개정을 통하여 3년으로 연장되었다. 그러나 피해자가 손해배상을 청구하기 위해서는 공정거래위원회의 시정조치가 확정되어야 한다는 소위, '시정조치선확정주의(是正措置先確定主義)'[6]는 계속 유지되다가, 2004년 법 개정을 통하여 폐지되었고, 3년의 단기소멸시효 조항도 삭제되어 민법상 불법행위에 기한 손해배상청구권의 소멸시효 조항(민법 제766조)이 적용되게 되었다. 또한 손해액의 입증곤란이 독점규제법 위반행위에 대한 손해배상의 청구가 활발하게 이루어지지 않는 중요한 이유라는 지적에 따라 '손해액 인정제'도 함께 도입되었다. 그 후 2018년 법 개정으로 부당한 공동행위, 불공정거래행위 관련 신고 등에 대한 보복조치 및 사업자단체의 금지행위 중 부당한 경쟁제한행위에 대하여 실손해액의 3배 한도에서 손해배상책임을 인정할 수 있는 징벌적 손해배상제가 도입되었고, 2020년 법 전부 개정으로 자료제출명령제도와 비밀유지명령제도가 신설되었다.

2. 관련 판결례

그동안 독점규제법 위반을 이유로 한 손해배상책임에 관하여 재판상 다투어진 중요한 쟁점들을 살펴보면 다음과 같다. 먼저, 마이크로소프트 등의 시장지배적지위 남용 사건과 관련하여 경쟁 미디어서버 프로그램 사업자 및 경쟁 인스턴트메시징 서비스 사업자가 각각 위 사업자에 대해 제기한 손해배상청구의 소에서 문제가 된 결

6) 구법상 시정조치선확정주의는 일본 사적독점금지법 제26조가 손해배상의 청구권은 각종의 "심결이 확정된 후가 아니면 재판상 주장할 수 없다."라고 규정한 것을 차용한 것이다.

합판매행위와 원고들이 주장하는 손해와의 인과관계 유무가 중요한 쟁점이 되었는데, 법원은 결국 일반적인 민사법상 인과관계의 법리를 적용하여 이를 부정하였다.[7)]

또한 손해배상의 범위와 관련하여, 종래 법원은 문제가 된 법 위반행위가 없었더라면 얻을 수 있을 이익 또는 발생하였을 비용과 실제로 얻은 이익 또는 발생한 비용의 차액을 기준으로 하고 있다(소위 '차액설'). 예컨대, 서울고법은 간염백신조달 입찰담합 사건 관련 민사소송에서 보건소의 간염백신 조달입찰에서 약품도매상들이 행한 입찰가격담합으로 인하여 지방자치단체가 입은 손해는 당해 입찰가격담합이 없었더라면 가능하였을 공급가격과 실제 낙찰가격의 차이에 해당하는 액수라고 하였고,[8)] 대전고법 역시 우성사료의 불공정거래행위 사건 관련 민사소송에서 독점규제법에 위배된 부당한 거래거절로 대리점이 입은 손해는 동 대리점이 계속하여 법 위반회사의 대리점으로서 영업하였을 경우에 얻을 수 있는 이익에서 그동안 다른 회사의 대리점을 운영하면서 실제로 얻은 이익, 즉 중간이익을 공제한 것이라고 하였다.[9)]

근래 일련의 부당한 공동행위 관련 민사소송에서 손해배상액의 산정방법이 중요하게 다투어졌다. 대표적으로 5개 정유회사들의 군납유류 입찰담합[10)]과 관련하여 구매자인 대한민국이 이 사건 입찰담합에 참가한 5개 정유회사를 상대로 제기한 손해배상청구소송에서 손해액의 산정이 중요한 쟁점으로 제기되었는데, 양 당사자는 각각 수차례에 걸쳐 자체적으로 경제전문가에 의뢰하여 자신의 주장을 뒷받침하거나 상대방의 주장을 탄핵하는 경제분석서를 제출하였고, 법원 역시 중립적 감정인에 감정을 촉탁하고 증인심문뿐만 아니라 토론회를 개최하여 감정인 및 양 당사자 측 경제전문가의 증언을 들은 뒤,[11)] 이 사건 담합행위로 인한 손해액을 산정하였다.

먼저, 서울중앙지법은 이 사건 담합행위로 인한 손해액을 계산하는 대안적인

---

7) 서울중앙지법 2009. 6. 11. 선고 2006가합24723 판결, 서울중앙지법 2009. 6. 11. 선고 2007가합90505 판결, 서울고법 2012. 7. 6. 선고 2009나71437 판결 및 대법원 2013. 2. 15. 선고 2012다79446 판결.

8) 서울고법 1998. 5. 20. 선고 97나4465 판결. 이 판결은 또한 과실상계의 원칙을 적용하여 원고 산하 보건소의 과실이나 행위가 손해의 발생에 기여하였다는 이유로 약품도매상들의 손해배상책임을 경감하였다.

9) 대전고법 1998. 7. 29. 선고 98나268 판결. 동일한 취지의 판결로서 서울중앙지법 2009. 5. 27. 선고 2006가합99567 판결 참고.

10) 위 사건의 사실관계 및 관련 행정소송에서 제기된 과징금 산정과 관련된 논란에 대해서는 제5장 Ⅲ. 6. '관련문제 3 : 입찰담합에 대한 과징금액의 산정' 부분 참고.

11) 독점규제법 위반행위 사건에서는 흔히 경제전문가의 증언이 제출되고, 이것이 실제로 쟁점의 판단에 큰 영향을 미치게 되는데, 그 질과 윤리성의 문제가 제기된다. 이에 관해서는 이호영, "경쟁법 사건절차상 경제전문가 증언의 활용에 관한 연구", 「경쟁법연구」, 제20권, 2009, pp. 66-101 참고.

방법들의 장·단점과 유용성을 검토한 후, 다중회귀분석을 통한 이중차분법이 '표준시장 비교방법'에 비하여 적절하다고 판단하여 이를 적용하고, 회귀분석 모형의 추정방법 중 '통상최소자승법'(ordinary least squares method)을 사용하여 손해액을 산정하였다.[12)] 이에 대하여 양 당사자 모두 항소를 제기하였고, 항소심인 서울고법은 1심에서 채택한 계량경제학상 중회귀분석을 통한 손해액의 산정방법이 그 자체로서 매우 합리적인 방법이지만 경제적 논증에 대한 규범적 통제가 어렵고, 이 사건의 경우 각 모형에 의해 추정된 손해액의 편차가 5.5배를 초과할 정도로 매우 크며, 우리나라의 손해배상제도는 미국의 경우와는 달리 3배 배상(treble damages)을 인정하지 않는다는 점 등을 근거로 오히려 표준시장 비교방법이 분석자의 가치관과 무관하게 현실적합성이 높은 결론을 얻을 수 있다고 하면서, 이를 적용하여 배상액을 산정하였다.[13)]

그러나 이 사건 상고심에서 대법원은 위 서울고법의 판결이 위법한 입찰담합행위로 인한 손해액 산정에 관한 법리를 오해했다고 판단하면서 원심을 파기하였다. 먼저, 위법한 입찰담합행위로 인한 손해는 그 담합행위로 인하여 형성된 낙찰가격과 그 담합행위가 없었을 경우에 형성되었을 가격('가상 경쟁가격')과의 차액인데, 여기서 가상 경쟁가격은 그 담합행위가 발생한 당해 시장의 다른 가격형성요인을 그대로 유지한 상태에서 그 담합행위로 인한 가격상승분만을 제외하는 방식으로 산정하여야 하고, 담합행위 종료 이후 가격형성에 영향을 미치는 요인들의 현저한 변동이 있는 경우에는 그 상품의 가격형성상의 특성, 경제조건, 시장구조, 거래조건 및 그 밖의 경제적 요인의 변동의 내용과 정도 등을 분석하여 그러한 변동 요인이 담합행위 후의 가격형성에 미친 영향을 제외하여 가상 경쟁가격을 산정함으로써 그 담합행위와 무관한 가격형성요인으로 인한 가격변동분이 손해의 범위에 포함되지 아니하도록 하여야 한다고 전제하였다.[14)] 또한 불법행위를 원인으로 한 손해배상청구소송에서 그 손해의 범위에 관한 증명책임이 피해자에게 있는 점에 비추어, 담합행위 전후에 있어서 특정상품의 가격형성에 영향을 미치는 요인들이 변동 없이 유지되고

---

12) 서울중앙지법 2007. 1. 23. 선고 2001가합10682 판결. 이 사건 재판과정에서 원고가 제출한 손해액의 감정결과는 약 1,120억원이었고 피고가 제출한 감정결과는 약 302억원이었는데, 법원은 결국 약 903억원으로 산정한 뒤 일부 손익상계를 인정하여 약 810억원의 배상을 명하였다.

13) 서울고법 2009. 12. 30. 선고 2007나25157 판결. 동 법원은 표준시장 비교방법을 사용하여 국제적인 유류완제품의 경쟁시장가격인 MOPS 가격을 기준으로 삼아 부대비용을 가산한 값을 경쟁시장가격으로 추정하여 결국 약 1,413억원으로 산정한 뒤 일부 손익상계를 인정하여 약 1,310억원의 배상을 명하였다.

14) 대법원 2011. 7. 28. 선고 2010다18850 판결.

있는지 여부가 다투어지는 경우에는 그에 대한 증명책임은 담합행위 종료 후의 가격을 기준으로 담합행위 당시의 가상 경쟁가격을 산정하여야 한다고 주장하는 피해자가 부담한다고 설시하였다.[15)]

대법원은 위 법리를 이 사건 사실관계에 적용하여 원심이 단지 비담합기간 동안 MOPS 기준가격과 실제 군납유류의 낙찰가격 사이에 상관관계가 높게 나타났다는 점을 근거로 담합기간의 MOPS 기준가격이 담합기간의 가상 경쟁가격이 될 수 있다고 본 것은 합리적이라고 할 수 없고, 또한 담합기간과 비담합기간을 대비할 때 싱가포르 현물시장의 성격 내지 그 거래가격의 형성요인이 전반적으로 동일·유사하게 유지되고 있다는 점에 대한 증명책임은 MOPS 기준가격에 의하여 담합기간 동안의 가상 경쟁가격을 산정하여야 한다고 주장하는 원고 측에게 있음에도 이에 대한 피고 측의 증명이 없다는 이유로 담합기간과 비담합기간 동안 싱가포르 현물시장의 성격 내지 그 거래가격의 형성요인이 전반적으로 동일·유사하게 유지되고 있음을 전제로 담합기간의 MOPS 기준가격이 가상 경쟁가격이 될 수 있다고 본 것은 타당하지 않다고 판시하면서 원심 판결을 파기하였다.[16)]

또한 제분업체들의 부당한 공동행위 사건과 관련하여 구매자인 제빵업체가 공동행위에 가담한 제분업체들 중 자신에게 제품을 공급한 2개 사업자를 상대로 제기한 손해배상청구의 소에서도 부당한 공동행위로 인한 손해액의 산정이 다투어졌다. 1심 법원인 서울중앙지법은 중회귀분석이 기타의 방법에 비하여 적절하다고 판단하고, 이에 관해 경제전문가인 감정인을 활용하여 손해액을 산정하였다.[17)]

특히, 이 사건에서 피고들은 원고는 자신이 입은 손해의 일부를 최종소비자에게 전가하였으므로 이를 공제하여야 한다고 주장하였으나(소위 '손해전가의 항변'), 위 법원은 직접구매자가 중간 단계의 원재료 구매자로서 자신이 입은 손해의 전부 또는 일부를 하위 구매자인 간접구매자에게 전가할 수 있다 하더라도, 담합이 없었더라면 형성되었을 정상적인 가격보다 높은 가격으로 원재료를 매수하고 대금을 지급함으로써 거래가 이루어진 시점을 기준으로 직접구매자의 손해는 이미 현실적으로 초과지급한 비용 자체로 확정되고, 추후 제품의 가격을 인상함으로써 실질적으로 손해를 회복하였다는 사정은 손해액 자체를 확정함에 있어 아무런 영향을 미칠 수 없다고 하면서도, 다만 중간재의 경우 상위 단계에 존재하는 사업자가 독점적 지위

15) 같은 판결.

16) 같은 판결. 그 후 환송 후 사건(서울고법 2011나62825)을 심리한 서울고법은 2013. 7. 10. 화해권고결정을 내렸다.

17) 서울중앙지법 2009. 5. 27. 선고 2006가합99567 판결.

를 이용하여 제품을 고가로 판매함에 따라 직접구매자의 비용이 증가하면 그 비용이 어느 정도 하위단계의 구매자에게 전가되리라는 점은 쉽게 예상할 수 있고, 독점규제법은 소비자의 법익보호도 그 목적으로 하고 있어서 간접구매자가 손해배상청구소송을 제기할 경우 이중배상의 위험성이 야기될 가능성도 있으므로 손해분담의 공평이라는 손해배상제도의 이념에 비추어 볼 때, 손해전가의 사실 및 그 정도, 이중배상의 위험 등 제반사정을 참작하여 직접구매자에 대한 손해배상액을 제한할 수는 있다고 판시하였다.[18)]

또한 이 사건 상고심에서 대법원 역시 계량경제학적 분석방법인 회귀분석을 통하여 계산한 밀가루의 경쟁가격을 전제로 원고의 손해액을 산정한 감정인의 감정결과를 채택한 원심의 판단이 정당하다고 판시한 뒤, 특히 손해전가의 항변과 관련하여 다음과 같이 상세히 설시하였다.[19)] 즉, 담합에 의하여 가격이 인상된 재화 등을 매수한 매수인이 다시 이를 제3자인 수요자에게 판매하거나 그 재화 등을 원료 등으로 사용·가공하여 생산된 제품을 수요자에게 판매한 경우에, 재화 등의 가격 인상 후 수요자에게 판매하는 제품 등의 가격이 인상되었다고 하더라도 재화 등의 가격 인상을 자동적으로 제품 등의 가격에 반영하기로 하는 약정이 있는 경우 등과 같이 재화 등의 가격인상이 제품 등의 판매가격 상승으로 바로 이어지는 특별한 사정이 없는 한, 재화 등의 가격 인상과 제품 등의 가격 인상 사이에 직접적인 인과관계가 있다거나 제품 등의 인상된 가격 폭이 재화 등의 가격 인상을 그대로 반영하고 있다고 단정할 수 없다고 하였다.[20)] 뿐만 아니라 제품 등의 가격인상은 제품 등의 수요감소 요인으로 작용하여 전체적으로 매출액 또는 영업이익의 감소가 초래될 수 있고, 이 역시 위법한 담합으로 인한 매수인의 손해라 할 수 있으므로, 이와 같은 여러 사정을 종합적으로 고려하지 아니하고 제품 등의 가격 인상에 의하여 매수인의 손해가 바로 감소되거나 회복되는 상당인과관계가 있다고 쉽게 추정하거나 단정하기도 부족하다고 하였다.[21)]

대법원은 다만, 제품 등의 가격인상을 통하여 부분적으로 손해가 감소되었을 가능성이 있는 경우에는 직접적인 상당인과관계가 인정되지 아니한다고 하더라도 이러한 사정을 손해배상액을 정할 때에 참작하는 것이 공평의 원칙상 타당하다고 하면서, 원심이 이 사건 피고가 원고와 사이에 밀가루 등을 거래하면서 지급한 장

18) 같은 판결. 동 판결에 대하여 양 당사자 모두 항소를 제기하였으나 기각되었다(서울고법 2010. 10. 14. 선고 2009나65012 판결).

19) 대법원 2012. 11. 29. 선고 2010다93790 판결.

20) 같은 판결.

21) 같은 판결.

려금은 담합행위와 상당인과관계가 있다고 보이지 않기 때문에 손해배상액에서 공제되지 않는다고 판단하고 피고들의 손해전가의 항변을 받아들이지 아니하는 한편, 위와 같은 장려금 지급 및 제품가격 인상에 의한 손해전가에 관한 사정들을 참작하여 피고들의 손해배상책임을 제한한 것은 적법하다고 판단하였다.[22)]

마지막으로 신용카드회사들의 DDC수수료 부당한 공동행위 및 VAN사들의 부당한 공동행위 사건 관련 민사소송 상고심에서 대법원은 소위 '간접구매자'(indirect purchaser)의 손해배상청구와 독점규제법 위반을 이유로 한 손배배상청구권에 대한 소멸시효의 기산점에 관한 중요한 법리를 판시하였다. 위 사건에서 신용카드회사들이 신용카드 조회 및 승인, 매출전표 관련 업무를 위해 필요한 가맹점과 신용카드회사 간 통신서비스를 제공하는 VAN사들에게 그 대가로 지급하는 수수료를 공동으로 인하하였고, 이에 대응하여 VAN사들이 위 서비스 중 'Draft Capture Service'(가맹점이 가지고 있는 매출전표를 수거·보관 및 검증하는 등의 업무)를 재위탁하여 수행하는 VAN 대리점에 그 대가로 지급하는 수수료를 공동으로 인하한 행위가 문제로 되었는데, 이들 사건에서 내려진 공정거래위원회의 시정명령 등에 대하여 제기된 불복의 소가 모두 종료된 후 VAN 대리점들이 직접 거래관계에 있는 VAN사들뿐만 아니라 신용카드사들에 대해서도 부당한 공동행위를 이유로 손해배상청구의 소를 제기하였다.

위 사건 상고심에서 대법원은 부당한 공동행위를 한 사업자로부터 직접 상품을 구입한 직접구매자뿐만 아니라 그로부터 다시 그 상품 또는 그 상품을 원재료로 한 상품을 구입한 간접구매자도 부당한 공동행위와 자신의 손해 사이에 상당인과과계가 인정되면 부당한 공동행위를 행한 사업자에 대하여 손해배상청구를 할 수 있다고 전제하고, 마찬가지로 부당한 공동행위를 한 사업자에게 용역을 공급하는 자를 상대로 다시 그 용역의 일부를 공급하는 간접적인 용역공급자도 손해배상청구를 할 수 있으므로 이 사건에서 VAN 대리점들 역시 상당인과관계 등 불법행위의 요건을 갖추는 한 VAN사들뿐만 아니라 신용카드회사들에 대해서도 손해배상청구를 할 수 있다고 판시하였다.[23)]

또한 손해배상청구권에 대한 소멸시효의 기산점과 관련하여, 대법원은 구법 제56조에 의한 손해배상청구권은 그 법적 성격이 불법행위로 인한 손배배상청구권이므

---

22) 같은 판결. 대법원의 위와 같은 판시는 결국 독립적인 손해전가의 항변이나 손해전가를 이유로 한 손익상계를 인정하지 않는 대신, 손해전가를 신의칙에 기한 책임제한사유로 고려할 수 있다는 입장이라고 할 수 있다.

23) 대법원 2014. 9. 4. 선고 2013다215843 판결.

로 민법 제766조 제1항의 단기소멸시효가 적용되는데, 그 기산점인 '손해 및 가해자를 안 날'이란 공정거래위원회의 시정명령과 과징금 납부명령이 있다고 하더라도 불복의 소가 제기되어 부당한 공동행위에 해당하는지 여부가 다투어지고 있는 상황이라면 공정거래위원회의 처분이 있다는 사실만으로 이 사건 행위에 대한 법적 평가의 귀결이 확실해졌다고 할 수 없고, 이러한 행정소송 판결이 확정된 때에 비로소 원고들이 피고들의 법 위반으로 인한 손해의 발생을 현실적이고도 구체적으로 인식하였다고 보아야 할 것이라고 판시하였다.[24]

3. 손해배상청구와 시정조치의 관계

위 연혁에서 언급한 바와 같이 2004년 법 개정되기 전에는 소위 '시정조치선확정주의(是正措置先確定主義)'를 채택하여 구법 제56조에 따른 손해배상의 청구는 공정거래위원회의 시정조치가 확정된 이후에야 비로소 재판상 주장할 수 있었다(구법 제57조 제1항 본문). 시정조치선확정주의의 취지는 경쟁당국인 공정거래위원회의 시정조치와 사법기관인 법원의 판결 상호 간의 모순 또는 저촉을 피하고, 피해자의 위법행위에 대한 입증을 용이하게 하여 피해구제의 실효성을 확보하며, 무과실책임의 원칙을 채택함으로써 발생할 수 있는 남소를 방지하기 위한 것이었다. 또한 2004년 개정되기 전 법은 명시적으로 동법에 의한 손해배상의 청구는 민법 제750조(불법행위의 내용)에 따른 손해배상청구의 소를 배제하지 않는다고 규정하고 있었으므로(구법 제57조 제1항 단서), 독점규제법 위반행위로 피해를 입은 자는 시정조치가 확정되기 전에 민법 제750조에 따라 위반행위자의 고의 또는 과실을 입증하여 손해배상의 청구를 하거나, 시정조치의 확정을 기다려 독점규제법에 의한 무과실의 손해배상을 청구할 수 있었다. 다만, 전자에 의할 경우에는 특히 개인인 피해자가 사업자인 위반행위자의 법 위반 사실이나 고의·과실을 입증하는 것이 용이하지 않을 것이고, 시정조치가 확정된 후 손해배상청구의 소가 제기되는 경우에 피해자는 시정조치를 자신의 이익으로 원용할 수 있을 뿐만 아니라 법원은 공정거래위원회의 기록의 송부를 요구할 수 있으므로(구법 제56조의2) 후자가 피해자의 권리구제에 더 효과적인 것으로 인식되었다.

시정조치선확정주의는 이상과 같은 장점에도 불구하고 법 위반행위로 인하여

24) 같은 판결. 독점규제법 위반행위를 이유로 한 손해배상청구에 관한 다양한 쟁점에 관한 이론적 설명은 이선희, "독점규제법상 부당한 공동행위에 대한 손해배상청구", 「서울대 박사학위논문」, 2012 참고.

피해를 입은 자로 하여금 독점규제법상 손해배상의 청구를 하기 위해서는 공정거래위원회의 시정조치가 확정될 때까지 기다리도록 함으로써[25] 적극적인 손해배상청구를 가로막는 요소로 지적되었다. 이에 따라 2004년 법 개정 당시 피해자들의 적극적인 소송제기를 유도하기 위하여 시정조치선확정주의와 단기소멸시효가 폐지되었으므로, 이제 피해자는 공정거래위원회의 시정조치 유무와 무관하게 독점규제법상 손해배상 청구의 소를 제기하여 법 위반행위자에게 고의·과실에 대한 입증책임을 전환시키고 징벌적 손해배상책임 조항 등의 적용을 받을 수 있게 되었다.

마지막으로 공정거래위원회의 시정조치가 확정되어 피해자가 재판상 손해배상을 청구하는 경우에 위원회가 심결과정을 거쳐서 내린 사실인정 또는 위법성 판단이 손해배상청구의 소를 심리하는 민사법원을 구속하는지가 문제된다. 이와 관련하여 법원은 일관되게 위원회가 확정한 사실이 법원을 구속하는 것은 아니며, 다만 진실에 부합한다는 사실상의 추정을 받는 데에 그친다는 입장을 취하였다.[26]

토의 과제

1. 2020년 독점규제법 전부 개정으로 사인(私人)의 금지청구제도가 도입되었는데, 향후 동 제도가 적극적으로 활용될 것인지에 대한 각자의 의견을 말하고 이를 위해 갖추어져야 할 여건을 생각해 보시오(장승화, “독점금지법상 금지청구와 손해배상청구”, 「인권과 정의」, 통권 299호, 2001. 7, p. 51 이하 참고).
2. 독점규제법이 동법상 손해배상청구의 소와 관련하여 종전의 시정조치선확정주의를 폐지하고 손해액 인정제와 자료제출명령제를 도입한 취지를 경쟁법의 사적 집행(私的 執行)과 관련지어 설명해 보시오.

---

25) 이러한 문제는 특히 시정조치가 확정된 시점을 불복의 소가 종결되어 판결이 확정된 시점으로 볼 경우에 현저해진다. 실제로 공정거래위원회의 시정조치는 당해 시점으로부터 소급하여 과거 7년(부당한 공동행위의 경우에는 더 긴 기간) 이내에 발생한 위반행위에 대하여 내려질 수 있는데, 그 시정조치에 대하여 불복의 소가 제기된 경우 그 판결이 확정되기까지는 1심 전속관할권을 가진 서울고법에서 통상 1년 이상의 기간이 소요되고, 많은 경우에 패소하는 측에서 상고를 하게 되는데, 상고심에서도 통상 2년 이상의 기간이 소요된다. 또한 독점규제법 관련 행정소송의 경우에 상고심에서 원심을 파기하는 사례가 상당한 비율에 이르는 것으로 추정되는데, 그와 같은 경우에는 또 다시 하급심에서 통상 1년 이상의 기간이 소요된다. 따라서 공정거래위원회의 시정조치에 대하여 불복의 소가 제기된 경우에는 실제 손해를 야기한 법 위반행위가 발생한 시점으로부터 실로 장구한 세월이 흐른 후에서야 확정되게 된다.

26) 대법원 1990. 4. 10. 선고 89다카29075 판결, 대법원 1999. 12. 10 선고 98다46587 판결, 서울고법 1996. 12. 6. 선고 96나2240 판결, 서울고법 2000. 3. 29. 선고 98나52508 판결 등 참고.

Ⅲ. 형사처벌

1. 개 설

상당수 국가의 경쟁법은 일정한 범위의 법 위반행위에 대하여 형벌을 부과할 수 있도록 규정하고 있다. 이는 경쟁법을 위반하는 행위는 자유롭고 공정한 경쟁을 침해하여 직접적으로 경쟁자 또는 소비자의 이익을 침해할 뿐만 아니라, 나아가 국민경제질서를 교란시키는 행위이기 때문이다. 독점규제법 역시 법 제정 당시로부터 법 위반행위에 대한 벌칙조항을 두었는데, 2020년 법이 전부 개정되기 전까지 거의 모든 실체법 조항 위반행위를 포함한 광범위한 행위에 대하여 징역형을 포함한 형벌을 부과할 수 있도록 규정하고 있다. 이러한 입법태도와 관련하여, 과연 그와 같이 광범위한 법 위반행위에 대하여 형벌을 부과하는 것이 입법정책적으로 타당한지에 대한 논란이 끊임없이 제기되었다. 예컨대, 구법 제7조 제1항이 금지하는 경쟁제한적인 기업결합 행위는 사전에 이에 해당하는지 명확하게 알 수 없는 경우가 대부분이고, 구법 제23조 제1항이 금지하는 불공정거래행위 중 상당수 역시 사전에 그 성립 여부를 판단하는 것이 쉽지 않고 사안에 따라서 당사자 사이의 민사분쟁의 성격을 가지는 경우가 많다는 점에서 이를 형사처벌의 대상으로 삼는 것은 바람직하지 않다는 주장이 많았다.

전세계적으로 경쟁법 위반행위에 대해 가장 적극적으로 형사적 제재를 활용하고 있는 것으로 평가되는 미국의 경우에도, 대표적으로 셔먼법이 경쟁제한적 합의와 독점화행위 등을 10년 이하의 징역에 처할 수 있는 중죄(felony)로 규정하고 있지만, 클레이튼법 제7조가 금지하는 경쟁제한적 기업결합이나 연방거래위원회법 제5조가 금지하는 불공정한 경쟁방법 등에 대해서는 벌칙을 규정하고 있지 않는 등 기타 유형의 독점금지법 위반행위에 대해서는 원칙적으로 형벌규정이 없고, 예외적으로 형벌규정을 두는 경우에도 경범죄(misdemeanor)로 다루고 있다.[27] 일본의 경우에는 우리나라와 마찬가지로 사적독점금지법 위반행위에 대하여 널리 형벌규정을 두고 있으나, 우리나라 독점규제법상 불공정거래행위에 해당하는 불공정한 거래방법에 대해서는 형벌규정을 두고 있지 않다.

마침내 2020년 법 전부 개정을 통하여 위와 같은 논의를 반영하여 기업결합의

27) 미국의 경우에도 실제 형사처벌이 이루어진 경우는 국제카르텔 사건을 비롯한 소수에 그치며, 그 대부분은 수평적 가격합의(horizontal price-fixing)나 입찰담합(bid-rigging)과 같이 명백히 당연위법(per se rule)으로 분류되는 소위 '경성카르텔'(hardcore cartel)이다.

제한(법 제9조) 위반, 불공정거래행위의 유형 중 부당한 고객유인(법 제45조 제1항 제4호), 거래강제(동 항 제5호), 거래상 지위의 남용(동 항 제6호), 부당한 지원행위(동 항 제9호)를 제외한 불공정거래행위, 재판매가격유지행위의 금지(법 제46조) 위반, 사업자단체의 금지행위의 유형 중 부당한 경쟁제한행위(법 제51조 제1항 제1호)와 구성사업자의 사업내용·활동제한(동 항 제3호)을 제외한 금지행위에 대한 벌칙 조항을 삭제하였다.

법상 형벌규정도 실질적 의미의 형법에 해당하므로 이에 대해서는 당해 규정 이외에 형법총칙 규정들이 적용된다. 따라서 외국에서 외국사업자들이 대한민국 또는 대한민국 국민에 대하여 행한 독점규제법 위반행위에 대하여도, 행위지의 법률에 의하여 범죄를 구성하지 아니하거나 소추 또는 형의 집행을 면제할 경우를 제외하고는 형사처벌이 가능하다(형법 제6조). 독점규제법 위반행위에 대한 형사처벌과 관련하여 특기할 점은 법인(법인격 없는 단체 포함)과 그 대표자나 대리인, 사용인 등 행위자를 모두 처벌할 수 있는 양벌규정(법 제128조)과 공정거래위원회의 고발이 있어야 공소를 제기할 수 있는 소위 '전속고발권한'(법 제129조)이다. 아래에서 순서대로 살펴보기로 한다.

2. 양벌규정

법 제128조는 "법인(법인격 없는 단체를 포함한다. 이하 이 조에서 같다)의 대표자나 법인 또는 개인의 대리인, 사용인 그 밖의 종업원이 그 법인 또는 개인의 업무에 관하여 제124조부터 제126조까지의 어느 하나에 해당하는 위반행위를 하면 그 행위자를 벌하는 외에 그 법인 또는 개인에게도 해당 조문의 벌금형을 과한다."라고 규정하고 있다. 그런데 독점규제법 위반행위로 말미암아 본래 처벌되는 자는 누구이고, 위 양벌규정에 의하여 비로소 처벌되는 자는 누구인지가 문제된다. 즉, 독점규제법상 각 금지행위 또는 의무부과 규정은 그 수범자를 사업자 또는 사업자단체로 한정하고 있는데, 그렇다면 동법상 범죄는 형법상 소위 '신분범'에 해당한다고 볼 수 있는지가 문제된다.

이에 관한 일본의 통설은 법상 수범자가 사업자로 한정되는 소위 '사업자한정형 범죄'는 신분범으로서, 이들에 대한 각 형벌 조항만으로는 의무자인 개인사업자가 직접 법 위반행위를 실행한 경우 이외에는 형벌을 부과할 수 없다고 한다.[28] 왜냐하면 동법상 사업자한정형 범죄에 해당하는 규정을 준수할 의무는 사업자에게만 인정되고, 형벌 법규의 처벌대상은 '행위자'이기 때문에 개인사업자가 직접 법 위반행위를

28) 이인규, "양벌규정에 관한 고찰", 「법학연구」, 제36권 제1호, 부산대학교, p. 232 참고.

한 경우를 제외하고는 사업자나 행위자 중 누구에게도 형벌조항을 적용할 수 없다는 것이다. 즉, 법인사업자의 경우에는 법상 의무자가 법인인데, 법인이 직접 법 위반행위를 실행할 수 없으므로 법상 의무자와 행위자가 일치하지 않아서 각 형벌조항만으로는 법인이나 직접적 실행자 누구도 처벌할 수 없고, 각 형벌법규와 양벌규정이 결합됨으로써 비로소 이들을 처벌할 수 있다고 한다. 이러한 의미에서 양벌규정은 신분범인 사적독점금지법 위반 범죄의 구성요건을 수정하고 행위주체를 확대하는 의미를 가지게 된다는 것이다.[29)]

종전에 이를 다룬 우리나라 판결례는 많지 않은데, 판례의 태도는 명확하지 않다. 일본의 통설과 궤를 같이 하는 것으로 볼 수 있는 판결도 있고,[30)] 반대의 입장에 따른 판결도 찾아볼 수 있다.[31)] 그런데 2009년 법 개정을 통하여 위 양벌규정에 법인 또는 개인이 그 위반행위를 방지하기 위하여 해당 업무에 관하여 상당한 주의와 감독을 게을리하지 아니한 경우에는 벌칙을 부과하지 못하도록 하는 규정이 추가되었는데(법 제128조 단서), 동 개정으로 법상 벌칙조항은 법인 등이 아닌 그 대리인, 사용인, 그 밖의 종업원 등 법 위반행위를 직접 실행하는 자를 처벌하고자 하는 것이고, 사업자인 법인나 개인은 위 양벌규정에 의하여 비로소 처벌하려는 취지임이 명확하게 되었다고 할 수 있다.

3. 전속고발권한

독점규제법 제129조 제1항은 "제124조 및 제125조의 죄는 공정거래위원회의 고발이 있어야 공소를 제기할 수 있다."라고 규정함으로써 공정거래위원회에 대하여 법 위반행위에 관한 소위 '전속고발권한'을 부여하고 있다.[32)] 따라서 공정거래위원회의 고발은 범죄수사의 단서에 불과한 일반적인 고발과는 달리 형사소추의 요건으로서, 고발이 없이 제기된 공소는 기각된다. 그 입법취지는 독점규제법 위반행위에 대한 고소·고발의 남용 및 기업활동에 대한 수사기관의 과도한 개입을 방지하고,

29) 같은 논문. 이에 반하여 구법 제70조의 해석상 구법 제66조 내지 제68조의 적용대상은 반드시 사업자일 필요는 없고 실제 행위를 실행한 자연인으로 보아야 하고, 법인은 양벌규정을 근거로 처벌된다는 견해로서는 임영철, 「공정거래법 - 해석과 논점」, 법문사, 2007, p. 513 참고.

30) 대법원 1991. 11. 12. 선고 91도801 판결 참고.

31) 대법원 1991. 2. 26. 선고 96도2597 판결 참고.

32) 유의할 것은 지주회사의 설립·전환의 신고의무 위반, 지주회사 등의 사업내용보고의무 위반, 대기업집단의 주식소유현황 등의 신고의무 위반, 허위감정 등 법 제126조에서 벌칙을 규정하고 있는 법 위반행위들은 공정거래위원회의 전속고발권한의 대상이 아니다.

형사처벌의 필요성 여부에 관하여 경쟁법 집행기관인 공정거래위원회의 전문적 판단을 존중하겠다는 것이다.[33)]

그러나 공정거래위원회가 고발권한을 과도하게 제한적으로 행사하는 경우에는 피해자의 재판을 받을 권리 또는 재판절차상 진술권을 침해할 수 있고, 평등의 원칙이나 권력분립의 원칙에도 반하는 결과를 초래할 수 있다. 따라서 독점규제법은 공정거래위원회의 자의적 고발권 행사를 통제하기 위한 몇 가지 장치를 두고 있다. 즉, 법 제124조 및 제125조의 죄 중 그 위반의 정도가 객관적으로 명백하고 중대하여 경쟁질서를 현저히 해친다고 인정하는 경우에는 반드시 고발하여야 하고(법 제129조 제2항), 검찰총장은 이러한 고발요건에 해당하는 사실이 있음을 공정거래위원회에 통보하여 고발을 요청할 수 있으며(동 조 제3항), 일단 공소가 제기된 이후에는 공정거래위원회는 고발을 취소하지 못한다(동 조 제6항).

또한 근래 경제민주화 논의의 일환으로 특히 중소기업 등 경제적 약자에 피해를 입히는 불공정거래행위 등이 발생한 경우에 공정거래위원회가 고발권한을 소극적으로 행사하면 이들의 권리구제에 장애가 되고 법 위반행위의 억제력을 약화시킨다는 비판에 따라, 2013년 법 개정으로 검찰총장 이외에도 감사원장, 중소벤처기업부장관, 조달청장은 공정거래위원회가 고발요건에 해당하지 아니한다고 결정하더라도 사회적 파급효과, 국가재정에 끼친 영향, 중소기업에 미친 피해 정도 등 다른 사정을 이유로 공정거래위원회에 고발을 요청할 수 있고(법 제129조 제4항), 공정거래위원회는 검찰총장이나 위 기관장의 고발요청이 있으면 검찰총장에게 고발하여야 한다고 규정하였다(동 조 제5항).

종전에 공정거래위원회의 전속고발권한의 정당성에 대하여 끊임없이 문제가 제기되었고, 심지어 해당 조항이 위헌임을 주장하는 헌법소원이 제기되었다. 1994년 사회적으로 커다란 문제가 된 백화점들의 식료품가공일자 변조행위에 대하여 공정거래위원회가 고발을 제기하지 아니하자 소비자단체를 중심으로 한 가정주부들이 공정거래위원회의 전속고발권한을 규정한 독점규제법 제71조가 자신들의 형사재판을 받을 권리 내지 재판절차진술권, 평등의 원칙, 권력분립의 원칙 및 소비자의 기본권을 침해하였다는 이유로 헌법소원을 제기하였다.

이에 대하여 헌법재판소는 "법률 또는 법률조항 자체가 헌법소원의 대상이 될

33) 이에 따라 공정거래위원회는 1997년 제정한 '독점규제 및 공정거래에 관한 법률 등의 위반행위의 고발에 관한 공정거래위원회의 지침'에 따라 위반행위 유형별로 위반사업자의 규모, 동일한 법 위반행위의 반복 여부 및 법 위반행위의 악질성 등을 고려하여 고발 여부를 판단하고 있다.

수 있으려면 그 법률 또는 법률조항에 의하여 구체적인 집행행위를 기다리지 아니하고 직접, 현재 자기의 기본권을 침해받아야 하는 것을 요건으로 하고, 여기서 말하는 기본권침해의 직접성이란 집행행위에 의하지 아니하고 법률 그 자체에 의하여 자유의 제한, 의무의 부과, 권리 또는 법적 지위의 박탈이 생긴 경우를 뜻한다(헌법재판소 1992. 11. 22. 91헌마192 결정 참조). 그런데 이 사건 심판의 대상인 공정거래법 제71조는 앞서 본 바와 같이 공정거래법 위반이라는 범죄행위에 대하여는 공정거래법의 집행기관인 공정거래위원회의 고발이 있어야 공소를 제기할 수 있다는 규정, 즉 공정거래법 위반죄의 소추요건을 규정하고 있는 것에 불과하므로, 그 규정 자체만으로는 자유의 제한, 의무의 부과, 권리 또는 법적 지위의 박탈 등 기본권침해와 관련한 어떠한 내용도 이를 포함하고 있다고 볼 수 없는 것이다. 그러므로 공정거래위원회가 구체적인 공정거래법 위반행위에 대하여 공정거래법 제71조에 근거하여 형사처벌을 위한 고발권을 현실적으로 행사하거나 행사하지 아니하였을 때, 그로 인하여 당해 공정거래법 위반행위 관련자들의 기본권이 침해되었다고 볼 수 있을 것인가의 여부는 별론으로 하고, 위 조항 자체를 대상으로 하는 이 사건 헌법소원심판청구는 직접관련성이 결여된 부적법[한 것]"이라고 판시하면서 동 헌법소원을 각하하였다.[34] 그런데, 위 헌법재판소 결정은 구법 제71조에 대한 것이 아니므로 동 규정의 합헌성을 확인한 것이라고 볼 수는 없고, 나아가 공정거래위원회의 고발권한의 구체적 행사 또는 불행사가 헌법소원의 대상이 될 수 있다는 점을 시사하였다고 할 수 있다.

실제로 동일한 날에 결정이 내려진 대리점계약해지 관련 고발권불행사결정취소 헌법소원 사건에서 헌법재판소는 공정거래위원회의 전속고발권한을 규정하고 있는 구법 제71조는 합헌이라고 하면서, 동 위원회의 고발권불행사는 헌법재판소법 제68조에 따라 헌법소원의 대상이 되는 '공권력의 행사 또는 불행사'에 해당한다는 전제에서 그 위헌성 여부를 판단하였다. 이 사건의 사실관계를 간략히 살펴보면, 헌법소원 신청인은 전국적인 가구공급업체와 대리점계약을 체결하여 가구소매업을 영위하고 있었는데, 동 공급업체가 청구인의 매출 부진을 이유로 대리점계약을 해지하자 공정거래위원회에 탄원서를 제출하였고, 이에 대하여 동 위원회가 이 사건 대리점계약 해지행위가 불공정거래행위에 해당한다고 판단하여 시정명령을 내리자, 청구인은 다시 형사고발을 촉구하는 서면을 제출하였으나, 동 위원회는 형사고발은 불가하다고 회신하였다.

---

34) 헌법재판소 1995. 7. 21. 94헌마191 결정. 동 결정을 계기로 1996년 법 개정을 통하여 위와 같이 공정거래위원회의 고발권행사를 통제하기 위한 장치들이 도입되었다.

위 사건에서 헌법재판소는 특히 공정거래위원회의 전속고발권한의 취지와 그에 관한 재량의 한계에 관하여 중요한 사항을 판시하였다. 먼저, 구법 제71조가 공정거래위원회의 전속고발권한을 규정한 것은 기업활동에 대한 무분별한 형벌권행사는 기업활동을 위축시킬 수 있으므로 독점규제법 위반행위에 대한 형벌은 가능한 한 위법성이 명백하고 국민경제와 소비자 일반에 미치는 영향이 특히 크다고 인정되는 경우에 제한적으로 활용되지 아니하면 안 되는 측면을 고려하여, 독립적으로 구성된 공정거래위원회로 하여금 거래행위 당사자가 아닌 제3자의 지위에 있는 법집행기관으로서 상세한 시장분석을 통하여 위반행위의 경중을 판단하고 그때그때의 시장경제상황의 실상에 따라 행정조치만으로 이를 규제함이 상당할 것인지 아니면 나아가 형벌까지 적용하여야 할 것인지 여부를 결정하도록 하는 데 그 취지가 있다고 하면서, 구법 제71조의 해석상 공정거래위원회는 고발 여부를 결정할 재량권을 갖지만 이는 자의가 허용되는 무제한의 재량이 아니라 스스로 내재적 한계를 가지는 합목적적 재량으로 이해해야 하고, 특히 독점규제법의 목적에 비추어 행위의 위법성과 가벌성이 중대하고 피해의 정도가 현저하여 형벌을 적용하지 않으면 법 목적의 실현이 불가능하다고 봄이 객관적으로 상당한 사안에 있어서는 공정거래위원회로서는 당연히 고발을 해야 할 의무가 있음에도 이러한 의무를 위반한 고발권의 불행사는 명백히 자의적인 것으로서 당해 위반행위로 인한 피해자의 평등권과 재판절차진술권을 침해하는 것으로 보아야 한다고 판시하였다.[35)]

결국 헌법재판소는 위와 같은 기준을 이 사건 사실관계에 적용하여, 문제가 된 대리점계약해지가 불공정거래행위로서 법상 형사처벌의 대상이 되는 것으로 규정되어 있지만, 동 행위가 개별적이고 구체적인 거래관계를 바탕으로 한 단 1회의 거래거절행위로서 가구시장의 경쟁질서에 끼친 해악의 정도가 그리 중하다고만 할 수 없을 뿐만 아니라, 그로 인한 청구인의 경제적 손실은 독점규제법상 손해배상청구권을 행사하거나 민법상의 채무불이행 또는 불법행위에 기한 손해배상청구를 통하여 충분하게 전보될 수 있어서 객관적으로 형벌을 가할 정도로 중대한 법 위반행위로 보기 어려우므로, 공정거래위원회의 이 사건 고발권불행사는 고발권의 남용이나 고발권을 행사하여야 할 작위의무의 위반으로서 명백히 자의적 조치라고 단정할 수 없어서 청구인의 헌법상 기본권이 침해되었다고 볼 수 없다고 하였다.[36)]

---

35) 헌법재판소 1995. 7. 21. 94헌마136 결정. 위와 같은 다수의견에 대하여 헌법재판관 중 1인은 공정거래위원회의 전속고발권한을 규정한 구법 제71조는 위헌이라는 취지의 별도 의견을 제시하였다.

36) 같은 결정. 또한 이 사건에서도 헌법소원 심판청구의 적법요건에 관해 다투어졌는데, 헌법재판소는 독점규제법상 고발에 대한 이해관계인의 신청권이 인정되지 않아서 동 위원

또한 공정거래위원회의 전속고발권한에 관한 흥미 있는 쟁점이 합성수지제조사들의 부당한 공동행위 사건과 설탕제조업체들의 부당한 공동행위 사건에서 제기되었다. 전자에서 공정거래위원회는 9개 합성수지제조사들이 공동으로 가격을 결정하였다고 인정하여 시정명령 및 과징금 납부명령을 내리면서, 그 중 3개 사업자를 검찰에 고발하고 나머지 6개 사업자에 대해서는 자진시정 및 조사협조 또는 공소시효 만료를 이유로 고발대상에서 제외하였다.[37] 그러나 고발을 접수한 검찰은 공정거래위원회가 고발대상에서 제외한 사업자 중 2개의 사업자 및 그 임원 2인에 대해서도 함께 공소를 제기하였는데,[38] 공정거래위원회가 고발을 하지 않은 사업자 및 임직원에 대해서도 공소를 제기한 법리적 근거는 친고죄에 관한 '고소불가분의 원칙'을 규정하고 있는 형사소송법 제233조[39]를 공정거래위원회의 고발에 유추적용한 것이었다.

이에 대해 서울중앙지법은 독점규제법의 경우와 같이 일정한 범죄에 대하여 고발을 소송조건으로 하고 있는 경우, 그 고발은 단순한 범죄사실의 신고가 아니라 범인의 소추를 구하는 의사표시를 필요로 하는 것이라고 해석하여야 하므로, 행정기관이 법률에 규정된 전속고발권을 행사할 때 법인만을 고발대상자로 명시하고 그 대표자나 행위자를 고발하지 않은 경우 또는 수인의 공범 중 일부 행위자만을 고발하고 나머지 행위자를 고발하지 않은 경우에는 고발대상에서 명시적으로 누락된 행위자에 대해서는 고발권자의 소추의 의사표시가 있다고 볼 수 없고, 형사소송법이 고발의 경우 고소에 관한 법 제224조(고소의 제한)만 준용하도록 하고 '고소의 불가분'에 관한 제233조를 준용하고 있지 않으며, 독점규제법은 일정범위의 법 위반행위에 대하여 공정거래위원회의 전속고발권을 규정하면서 중대한 사안의 경우 동 위원회의 고발의무 및 검찰총장의 고발요청권을 규정하고 있고, 전속고발과 같이 처벌과 직결되는 소송조건에 대한 유추적용은 죄형법정주의의 원칙상 신중을 기할 필요가 있으며, 그

회의 고발권불행사는 행정심판이나 행정소송의 대상이 되는 '부작위'에 해당되지 않으므로, 행정쟁송절차를 경유하지 않고 헌법소원심판을 청구한 것은 '보충성'의 예외로서 적법하고, 이 사건 고발권불행사는 검사가 범죄사실을 인정하면서도 공소를 제기하지 않는 기소유예 불기소처분과 유사하여 청구인은 검사의 불기소처분에 대한 헌법소원에서와 같이 범죄의 피해자에 준하는 지위에서 자신의 헌법상 보장된 재판절차진술권의 침해를 주장할 수 있으므로 이 사건 심판청구는 '자기관련성'을 갖추었다고 판단하였다.

37) 공정거래위원회 의결 제2007-301호, 2007. 6. 5.

38) 설탕제조업체들의 부당한 공동행위 사건에서도 공정거래위원회는 자진신고를 한 3개 업체 중 1순위 신고자에 대해서는 고발을 면제하고 나머지 업체들에 대해서는 법인만을 고발하였으나, 검찰은 이들 이외에도 동 위원회가 고발하지 않은 1개 사업자 및 이 사건에 관여한 3개 업체의 임원들도 함께 기소하였다.

39) 위 조항은 "친고죄의 공범 중 그 1인 또는 수인에 대한 고소 또는 그 취소는 다른 공범자에 대하여도 효력이 있다."라고 규정하고 있다.

와 같은 필요성이 인정되더라도 입법적으로 해결하는 것이 타당하다고 보이는 점 등에 비추어 고소의 불가분을 규정하고 있는 형사소송법 제233조를 독점규제법상 공정거래위원회의 전속고발에 유추적용할 수는 없다고 하면서 공소를 기각하였다.[40)]

상소심에서 대법원 역시 구법 제71조 제1항은 구법 제66조 제1항 제9호 소정의 부당한 공동행위를 한 죄는 공정거래위원회의 고발이 있어야 공소를 제기할 수 있다고 규정함으로써 그 소추조건을 명시하고 있는 반면에, 고발의 주관적 불가분의 원칙의 적용 여부에 관하여는 명시적으로 규정하고 있지 아니하고, 형사소송법도 제233조에서 친고죄에 관한 고소의 주관적 불가분의 원칙을 규정하고 있을 뿐 고발에 대하여 그 주관적 불가분의 원칙에 관한 규정을 두고 있지 않고 또한 위 조항을 준용하고 있지 아니하다고 지적하고, 이와 같이 명문의 근거규정이 없을 뿐만 아니라 소추요건이라는 성질상의 공통점 외에 고소·고발의 주체와 제도적 취지 등이 상이함에도 불구하고 친고죄에 관한 고소의 주관적 불가분 원칙을 규정하고 있는 형사소송법 제233조가 공정거래위원회의 고발에도 유추적용된다고 해석한다면 이는 공정거래위원회의 고발이 없는 행위자에 대해서까지 형사처벌의 범위를 확장하는 것으로서, 결국 피고인에게 불리하게 형벌법규의 문언을 유추해석한 경우에 해당하므로 죄형법정주의에 반하여 허용될 수 없다고 판시하였다.[41)]

근래 공정거래위원회는 입찰담합 사건을 비롯하여 사회적 비난 가능성이 높은 법 위반행위에 대하여 종전과 비교하여 적극적으로 고발권한을 행사하고 있는데, 그동안 독점규제법 위반행위에 대한 실제 형사처벌을 부과한 사례를 살펴보면 공정거래위원회가 고발권한을 행사하는 경우에도 기소가 이루어지지 않는 경우도 적지 않으며, 기소가 이루어진 경우에도 약식기소에 의하여 소액의 벌금형을 받는 경우가 대부분이고 자유형이나 고액의 벌금형을 받는 경우는 매우 드문 실정이다. 결국 독점규제법은 그 자체로는 매우 포괄적인 형벌규정을 가지고 있지만 그 실제 운영을 살펴보면 전속고발권한을 가진 공정거래위원회의 신중한 고발권 행사와, 형사소추기관인 검찰과 법원의 독점규제법 위반범죄에 대한 상대적으로 관대한 태도로 말미암아 형사처벌이 법 위반행위에 대한 실효성 있는 제재수단으로 기능하고 있지 못하다고 할 수 있다.[42)]

---

40) 서울중앙지법 2008. 2. 12. 선고 2007고단7030 판결.

41) 대법원 2010. 9. 30. 선고 2008도4762 판결.

42) 입찰담합 사건 이외에 기억할 만한 독점규제법 관련 형사사건으로는 공정거래위원회가 고발권한을 행사하지 않아서 독점규제법 위반행위가 아니라 형법상 사기죄로 기소되어 유죄판결을 받은 백화점들의 변칙할인판매 사건(대법원 1992. 9. 14. 선고 91도2994 판결)과, 서울지방법원으로부터 유죄판결이 내려진 교복판매업체 및 사업자단체의 교복가격담

■ **토의 과제**

1 독점규제법이 공정거래위원회에 대하여 동법을 위반한 행위에 대한 전속고발권한을 부여한 취지를 설명하고, 이와 관련하여 국가형벌권을 통한 경쟁법의 집행이 가지는 장·단점에 대해 각자의 의견을 말해 보시오.

2 만약 공정거래위원회에 전속고발권한을 부여한 독점규제법 제129조에 대하여 위헌법률심판이 제청된다면 헌법재판소가 어떠한 결정을 내릴 것인가에 대해 각자의 의견을 말해 보시오(헌법재판소 1995. 7. 21. 94헌마191 결정 및 헌법재판소 1995. 7. 21. 94헌마136 참고). 또한 1996년 구법 제71조의 개정으로 추가된 사항들이 그 위헌성 판단에 어떤 영향을 미칠 것인가에 대해서도 생각해 보시오.

Ⅳ. 독점규제법의 역외적용

1. 개 설

경쟁법의 역외적용(extraterritorial application)이란 자국의 경쟁법을 자국의 주권이 미치는 영역을 초월하여 적용하는 것을 말한다. 즉, 일반적인 국제법 원리에 따르면 각국의 경쟁법은 해당 국가의 국내법에 불과하므로 속지주의 및 속인주의 원칙에 따라서 자국의 영역 내 또는 자국민에 대해서만 적용된다고 보아야 할 것이다.[43] 그런데 국가 간 경제교류가 활발해짐에 따라 자국 기업과 외국 기업 간의 거래 또는 외국 기업 간의 거래에 의해서도 해당 국가의 국내시장 또는 해당 국가의 경제질서가 교란될 수 있게 되었고, 이러한 현실은 전통적인 국제법상 관할권 이론의 수정을 요구하고 있다. 이에 따라 종래 자국 경쟁법의 역외적용에 적극적이던 미국뿐만 아니라 EU, 독일 등의 경쟁당국도 자국의 경쟁법을 적극적으로 역외적용하고 있고, 법원 역시 이러한 입장을 지지하고 있다. 이러한 경향에 대해서 한편으로 강대국이 자국 시장 및 기업의 보호를 위하여 경쟁법을 악용하는 것이라고 비판하는 시각도 존재하지만, 이제는 거스를 수 없는 엄연한 현실이라고 할 수 있다.

합 사건(서울지법 2003. 11. 28. 선고 2001고단11843 판결) 등을 들 수 있다.

43) 다만, 형법은 대한민국의 영역 외에서 행해진 경우라고 할지라도 일정한 범위의 죄를 범한 외국인(형법 제5조)과, 그 이외의 죄를 대한민국이나 그 국민에 대하여 범한 외국인(동법 제6조)에 대하여는 적용될 수 있다고 규정하고 있다.

실제로 공정거래위원회는 2002년 법상 역외적용의 근거규정이 없는 상황에서도 외국에서 이루어진 외국기업들 간 가격담합에 대하여 최초로 독점규제법을 역외적용한 이래 수차례에 걸쳐서 역외적용을 했고, 관련 행정소송에서 법원도 이를 승인하였다. 그러나 그 과정에서 실체법적 근거규정의 부재는 차치하고라도 공정거래위원회의 문서송달 등 절차적 규정이 미비하다는 지적이 제기되었다. 이에 따라 2004년 독점규제법 개정으로 마침내 역외적용에 관한 명문의 규정을 두어, 아래에서 설명하는 바와 같이 국외에서 이루어진 행위라고 할지라도 국내시장에 영향을 미치는 경우에는 동법이 적용된다고 규정하였고(법 제3조), 이를 위한 외국정부와의 협정 또는 상호주의에 입각한 집행지원(법 제56조)과 국외에 주소를 둔 사업자에 대한 송달방법을 규정하였다(법 제98조 제2항).

국가가 국제법상 정당한 관할권을 행사하기 위해서는, 우선 국제법상 정당하게 입법적 규율을 행할 수 있는 입법관할권(legislative jurisdiction)을 가지고 있어야 할 뿐만 아니라 그 규율대상에 대하여 실제로 법을 집행하기 위한 행정 및 사법절차에 복종시킬 수 있는 집행관할권을 모두 갖추어야 한다.[44] 아래에서는 먼저 경쟁법의 역외적용에 관한 주요 외국의 판례 및 입법 등을 간략히 살펴본 후 독점규제법의 역외적용을 실체법적 측면과 절차적 측면으로 나누어 살펴보기로 한다.

2. 주요 외국 경쟁법의 역외적용

(가) 미국 독점금지법의 역외적용

미국의 경우에는 당초 연방법원의 판례를 통하여 독점금지법의 역외적용이 인정되었고, 추후에 경쟁당국의 지침 및 대외무역 관련 입법에 명시적 규정을 두게 되었다. 먼저 판례의 전개과정을 살펴보면 다음과 같다. 연방대법원은 1909년 American Banana Co. v. United Fruit Co. 사건 판결[45]에서 외국기업이 외국에서 행한 셔먼법 위반행위에 대하여 엄격한 속지주의에 입각하여 셔먼법의 역외적용을 부인하였다. 그러나 그 후 1945년 U. S. v. Aluminum Co. of America(일명 'Alcoa') 사건 판결[46]에서 제

44) 오재창, "역외적용과 절차적 관할권", 권오승 편, 「공정거래법강의 Ⅱ」, 법문사, 2000, pp. 723-724. 이 글에서는 입법관할권을 제외한 재판관할권, 조사관할권 및 집행관할권 등에 대하여, 이는 입법관할권이 인정된다는 전제 아래 이를 집행하기 위한 행정절차 또는 사법절차에 복종시킬 수 있는 관할권이라는 의미에서 '절차적 관할권'이라는 용어를 사용하고 있다.

45) 213 U.S. 347 (1909). 이 사건에서 원고 American Banana사는 피고 United Fruit사가 코스타리카에서 셔먼법을 위반하여 자신의 사업활동을 방해하였다는 이유로 손해배상을 청구하였다.

2 연방항소법원은 셔먼법의 역외적용을 인정하면서 그 근거로서 소위 '영향(효과)이론'(effects test)을 제시하였다. 이 사건에서 미국 회사인 Alcoa의 캐나다 자회사인 Aluminium Ltd.가 유럽 회사들과 알루미늄 중간재의 생산량을 제한하는 카르텔을 결성하고, 스위스에 설립한 카르텔관리회사를 통하여 각 회원사들에게 생산량을 할당하면서 유럽 회사들의 미국수출을 금지함으로써 셔먼법을 위반하였다는 이유로 제소되었는데, 위 법원은 "외국인에 의해 외국에서 이루어진 행위라고 하더라도 그 행위가 미국 내 거래에 영향을 미칠 의도가 있었고 실제로 미국 시장에 영향을 미친 경우에는 그에 대하여 미국의 법을 적용할 수 있다."라고 판시하였다.[47)]

Alcoa 사건 판결 이후 미국의 교역대상국을 비롯한 다양한 이해관계자와 학자들은 영향이론이 미국 독점금지법의 적용범위를 과도하게 확장하는 것으로서 지나치게 개입주의적이라고 비판하였고, 이에 따라 일부 연방법원은 독점금지법의 역외적용 여부를 판단하면서 소위 '국제예양'(international comity)을 고려하였는데, 그 대표적인 것이 1976년 Timberlane Lumber Co. v. Bank of America National Trust & Savings Ass'n 사건 판결[48)]이다. 동 판결에서 제9 연방항소법원은 외국에서 이루어진 외국기업의 행위에 미국 독점금지법을 적용하기 위해서는, 해당 행위가 ① 미국의 대외 통상에 실제 또는 의도된 영향(actual or intended effect)을 미쳐야 하고, ② 셔먼법의 위반으로 인지할 수 있는 종류와 정도이어야 하고, ③ 다양한 주변요소들을 국제예양과 공정성에 비추어 볼 때, 해당 행위에 관련된 미국의 이익이 다른 국가의 이익보다 커서 역외관할권을 인정하는 것이 정당하다고 판단되어야 한다고 하였다. Timberlane 사건 판결의 기준은 소위 '이익형량이론'(interest balancing theory) 또는 '관할권에 관한 합리성의 법리'(jurisdictional rule of reason)라고 하는데, 그 후 일부 연방법원의 지지를 받기도 하였지만 그러한 기준은 법적용의 예측가능성을 저해하고 실제로 법원이 판단하기에 적합하지 않은 고려요소들을 포함한 것이라는 비판이 제기되었다.

결국 연방대법원은 1993년 Hartford Fire Insurance Co. v. California 사건 판

---

46) 148 F.2d 416 (2d Cir. 1945).

47) Id. 이 판결은 미국 독점금지법을 역외적용하기 의한 요건으로 ① 미국 시장에 영향을 미치려는 의도 또는 목적(purpose)이 존재할 것과 ② 실제로 미국 시장에 경쟁을 제한하는 영향을 미칠 것(effect) 등 두 가지를 제시하였는데, 이를 '목적 및 영향 이론'(purpose and effects test) 또는 간단히 '영향(효과)이론'(effects test)이라고 한다.

48) 549 F.2d 597 (9th Cir. 1976). 이 사건에서 원고 Timberlane Lumber사는 미국 회사인 Bank of America의 온두라스 지사가 온두라스 목재회사와 공모하여 자신의 온두라스 내 자회사의 사업활동을 방해함으로써 셔먼법을 위반하였다는 이유로 Bank of America 및 온두라스 목재회사를 상대로 손해배상을 청구하였다.

결[49]을 통하여 종전에 Alcoa 판결에서 정립된 영향이론으로 복귀하게 되었다. 이 사건에서 미국의 일부 보험사와 영국의 재보험회사들이 보험사들에게 유리한 내용의 일반상사책임보험계약의 사용을 유도하기 위하여 이러한 보험계약을 사용하지 않는 미국 보험회사들에 대해서는 재보험을 인수하지 않기로 공모함으로써 셔먼법을 위반하였다고 제소되었다. 이에 대하여 연방지방법원은 Timberlane 사건 판결의 기준을 적용하여 이러한 보험사업자들의 자기규율은 영국의 법률에 합치하는 것으로서 만약 미국 독점금지법을 적용하는 경우에는 영국의 법 내지 정책과의 충돌이 불가피하므로 국제예양을 위해 관할권행사를 포기해야 한다고 판시하였고,[50] 항소심에서 제9 연방항소법원 역시 Timberlane 사건 판결의 기준을 적용하였지만 이와 관련된 미국의 이익이 영국의 이익보다 우선된다는 이유로 미국 독점금지법의 역외적용을 인정하였다.[51]

그러나 상고심에서 연방대법원은 영국에서 행하여진 이 사건 행위가 미국시장에 상당한 영향을 미칠 의도가 있었고 그로 인하여 실제로 영향을 미쳤기 때문에 셔먼법 제1조를 적용할 수 있다고 판시함으로써 Timberlane 사건 판결의 이익형량이론을 배척하고 Alcoa 사건 판결의 영향이론을 채택하였다.[52] 다만, 연방대법원은 좁고 제한적인 범위 내에서 '외국의 법적 강제'(foreign legal compulsion)의 예외를 인정하였는데, 즉 해당 기업이 양 국가의 법을 동시에 준수하는 것이 불가능한 경우에 한하여 국제예양을 고려하여 미국법의 역외적용을 배제할 수 있다고 판시하였다.[53]

이러한 판례의 경향에 맞추어 미국 법무부와 연방거래위원회는 1995년 공동으로 새로운 내용의 '독점금지법의 국제적 집행지침'[54]을 발표하였다. 동 지침은 기본

---

49) 509 U.S. 764 (1993).

50) In re Insurance Antitrust Litigation, 723 F.Supp. 464 (N.D.Cal. 1989).

51) California v. Hartford Fire Insurance Co., 938 F.2d 919 (9th Cir. 1991).

52) Hartford Fire Insurance Co. v. California, 509 U.S. 764 (1993).

53) 위에서 설명한 판결들은 모두 경쟁당국에 의한 집행소송 또는 사적 당사자 간의 민사소송에 관한 것인데, 제1 연방항소법원은 형사사건인 U. S. v. Nippon Paper Indus. Co., 109 F.3d 1 (1st Cir. 1997) 사건 판결에서 일본 제지업체들의 미국 내 팩스용지 수출가격담합 행위에 대하여 "외국에서 행해진 외국사업자의 행위에 대하여 민사소송의 경우와 동일한 기준에 따라 셔먼법을 역외적용하여 형사처벌할 수 있다."라고 판시하였다. 다만, 연방대법원은 U. S. v. Gypsum Co., 438 U.S. 422 (1978) 판결에서 형사처벌을 위해서는 피고인이 단순히 해당 행위를 하려는 의도뿐만 아니라 그 효과까지 의도하였음을 합리적인 의심의 여지없이(beyond a reasonable doubt) 입증하여야 한다고 판시하였다.

54) U.S. Department of Justice and Federal Trade Commission, Antitrust Enforcement Guidelines for International Operation (1995). 동 지침은 1977년 법무부가 단독으로 제정한 이래 1988년 한차례 개정을 거쳐서 운영되어 오다가, 1995년 연방거래위원회와 공동으로 발표하게 되었고, 그 후 2017년 개정되었다. 위 지침의 개정과정 및 내용에 관한 상세한 설명은

적으로 Hartford 판결과 유사한 태도를 취하고 있는데, 이에 따르면 국제예양은 법원이 아니라 독점금지법의 집행을 담당하는 법무부와 연방거래위원회가 그 전문성을 바탕으로 다양한 요소를 고려하여 판단하여야 한다.

그런데 유의하여야 할 것은 미국 독점금지법의 역외적용에 관한 이상의 설명은 주로 미국에 대한 수입시장이나 미국시장에 영향을 미치는 외국기업의 행위에 관한 것이라는 점이다. 이에 반하여 미국기업이 수출하는 외국시장에 영향을 미치는 미국기업이나 외국기업의 행위에 대해서는 상이한 태도를 취하고 있는데, 특히 외국시장에 영향을 미치는 미국기업의 행위에 대한 독점금지법의 적용에 대해서는 훨씬 소극적이라고 할 수 있다. 예컨대, 1982년 외국과의 무역에 대한 독점금지법의 적용 문제를 다루기 위해서 제정된 '대외무역독점금지개선법'(Foreign Trade Antitrust Improvement Act of 1982) 제6조는 첫째, 외국과의 무역과 관련된 행위가 (a) 외국과의 무역이 아닌 거래나 상업에 대하여, 또는 (b) 미국 사업자가 행하는 외국과의 수출이나 수출업에 대하여 직접적이고 상당한, 그리고 합리적으로 예측 가능한 영향(direct, substantial and reasonably foreseeable effect)을 미치고, 둘째, 그 영향에 근거하여 셔먼법에 기한 재판상 청구가 제기되는 경우(such effects gives rise to a Sherman Act claim)에 한하여, 셔먼법이 적용될 수 있다고 규정하였다. 즉, 미국기업이 수출과 관련하여 경쟁제한행위를 행한 경우에는 그것이 미국의 국내거래나 수입시장 또는 다른 미국기업의 수출에 직접적이고 상당한, 그리고 합리적으로 예측 가능한 영향을 미칠 뿐만 아니라 셔먼법에 기한 재판상 청구가 바로 그 영향에 근거를 두지 않는 한 자국의 독점금지법이 적용되지 않는다.

또한 1982년 '수출기업법'(Exporting Trading Company Act of 1982)에 따르면 수출기업은 사전에 연방통상부장관에 대하여 특정한 행위가 미국 내 통상을 제한하거나 경쟁관계에 있는 수출기업의 무역을 상당한 정도로 제한하거나, 미국 내 경쟁을 불합리하게 제한하거나 경쟁 수출기업에 대한 불공정한 경쟁방법에 해당하거나 또는 합리적으로 미국 내에서 판매되거나 소비되거나 재판매되는 결과를 초래하지 않을 것임을 입증하고, 이에 대하여 통상부장관은 법무부장관의 동의를 얻어 수출심사필증(export trade certificates of review)을 교부받을 수 있다. 이러한 수출심사필증이 교부되면 그 대상이 되는 행위는 합법적인 것으로 추정되고 설령 추후에 셔먼법을 위반한 것으로 판명되더라도 해당 기업은 다른 독점금지법 위반행위자와는 달리 3배 배상(treble damages)의 책임을 지지 않는다.

손영화, "주요 외국 경쟁법의 역외적용과 그 대응에 관한 연구", 「한양대 박사학위논문」, 1997, pp. 31-60 참고.

(나) EU 경쟁법의 역외적용

현재 EU의 경우에도 조약이나 규칙상 명시적인 규정은 없지만 EU 집행위원회의 결정 및 EU 법원의 판결로서 경쟁법의 역외적용을 인정하고 있는데, 다만 미국과는 다른 이론적 전개과정을 거쳤다. 우선, 집행위원회는 일련의 사건처리과정에서 사실상 미국에서 정립된 영향이론을 채택하였으나, EU 법원은 역외적용을 인정하되, 미국식 역외적용 이론에 대한 회원국의 반감을 고려하여[55] 아래에서 보는 바와 같이 영향이론과는 상이한 이론을 발전시켰다.

먼저, 유럽 사법재판소는 EU 경쟁법의 역외적용에 관한 최초의 판결이라고 할 수 있는 1972년 Dyestuffs 판결에서 소위 '경제적 단일체이론'(single economic entity doctrine)을 정립하였다.[56] 위 사건에서 당시 아직 EC에 가입하지 않았던 영국 국적의 기업이 회원국에 대한 염료의 공급가격을 인상하는 담합에 참여하였는데, 이에 대하여 유럽 집행위원회는 미국식 영향이론을 적용하여 구 EC조약 제81조를 적용하였다. 그러나 유럽 사법재판소는 위 회사는 공동체의 역내에 자회사들을 가지고 있고 이들에 대하여 결정적인 통제력을 행사하였으므로 이들은 하나의 '경제적 단일체'(one economic unit)로서 위 조항의 적용을 받는다고 판시하였다.[57] 이 판결이 내려진 이후 EU 법원은 공동체의 영역 밖에서 설립된 역외기업이 역외에서 행한 행위라고 할지라도 영역 내에 자회사나 계열회사가 있는 경우에는 EU 경쟁법이 적용된다는 입장을 취하였다.

그러나 위 판결에 따르더라도 영역 내에 자회사나 계열회사와 같은 영업의 거점이 존재하지 않는 경우에 EU 경쟁법을 적용할 수 있는가라는 문제는 여전히 남게 된다. 이에 대하여 유럽 사법재판소는 1988년 Wood pulp 판결에서 소위 '실행지이론'(place of implementation theory)을 제시하였다.[58] 이 사건에서 집행위원회는 미국기업을 비롯한 역외기업들이 역외에서 회원국 내 구매자들에 대한 판매가격을 공동으로 결정한 사실을 인정하고, 이에 대하여 역시 영향이론을 적용하여 그 영향이 상당할 뿐만 아니라 의도된 것(not only substantial but intended)이고, 또한 해당 행위의

55) 특히 영국은 초기에 자국민에 대한 미국식 독점금지법의 역외적용을 주권침해로 간주하여 격렬히 반대하였다. Fox, The Competition Law of the European Union, West Group, 2002, p. 825 참고.

56) Case 48/69 : Imperial Chemical Industrial Ltd. v. Commission [1972] ECR 619; Case 52/69 : Ciba-Geigy AG v. Commission [1972] ECR 787; Case 53/69 : Sandoz AG v. Commission [1972] ECR 845.

57) Id.

58) A. Ahlström Osakeyhtiö v. Commission [1988] ECR 5193.

직접적이고 주된 결과(primary and direct result)이므로 EU 경쟁법의 적용대상이라고 판단하였다. 이에 대하여 유럽 사법재판소는 기본적으로 영향이론과 동일한 입장을 취하면서도 로마조약 제85조를 위반하는 행위는 (1) 경쟁제한적 합의나 결정 또는 동조적 행위의 체결과 (2) 그 합의 등의 실행이라는 두 가지 요소로 구성되어 있는데, EU 경쟁법의 적용 여부를 합의 등이 체결된 장소만을 기준으로 한다면 손쉬운 회피수단을 인정하는 것이 되므로 오히려 그 합의 등의 실행지(place of implementation)를 기준으로 결정하여야 한다고 판시하였다.[59] 이러한 입장은 결과적으로 미국이나 유럽 집행위원회가 채택하고 있는 영향이론과 대동소이하다고 할 수 있으나 적어도 개념적으로는 자국의 법은 자국의 영역 내에서 실행된 행위에 한하여 적용할 수 있다는 전통적인 속지주의 원칙(territoriality principle)과의 연계성을 강조하는 입장이라고 할 수 있다.

(다) 기타 국가의 경쟁법의 역외적용

독일 경쟁제한방지법(GWB : Gesetz gegen Wettbewerbsbeschränkungen)은 1957년 동법의 제정 당시부터 명문의 규정으로 역외적용을 인정하고 있다. 즉, 동법 제185조 제2항은 미국의 영향이론과 마찬가지로 "동법의 적용영역 내에 영향을 미치는 모든 경쟁제한행위에 대해서, 비록 그 행위가 동법의 적용영역 밖에서 이루어진 경우라고 할지라도 동법의 제1항부터 제3장이 적용된다."라고 규정하고 있다. 유의할 점은 종래 독일의 통설은 독일의 국내에 영향을 미칠 의도(purpose)를 요구하지 않는다고 해석하고 있으므로 적어도 이론적으로는 '의도'와 '효과' 양자를 요구하는 미국의 영향이론보다 더 광범위하게 역외적용을 인정하는 것이다.[60]

한편, 일본의 경우에는 2004년 독점규제법 개정이 이루어지기 전 우리나라와 마찬가지로 역외적용을 인정하는 명문의 근거가 없다. 일본 공정거래위원회의 심결례를 살펴보더라도 종전에는 전통적인 속지주의에 입각하여 법 위반행위가 일본 내에서 이루어진 경우에, 일본 내에 영업거점을 가지고 있는 외국기업에 대하여 사적독점금지법을 적용하는데 그치고 있었다. 그러나 1990년 독점금지법 섭외문제연구회의 보고서가 적극적인 역외적용의 필요성을 주장한 이래 일본 공정거래위원회도 1998년 캐나다 MDS Nordian사 사건 및 마이크로소프트 사건에서 적극적으로 역외적용을 시도한 사례가 있고,[61] 2009년에도 우리나라 기업의 동남아지역 자회사 2개

59) Id.

60) 독일 경쟁법의 역외적용에 대한 학설 및 판결에 대해서는 고영한, "독점규제법의 역외적용", 「경제법의 제문제」, 재판자료 제87집, 법원도서관, 2000, pp. 820-828 참고.

사를 포함한 5개 TV브라운관 제조업체의 가격담합행위에 대해 시정조치 및 과징금을 부과한 사례가 있다.

3. 현행 독점규제법의 역외적용

독점규제법은 이미 살펴본 바와 같이 2004년 법 개정으로 마침내 역외적용의 명시적 근거를 마련하였다. 즉, 국외에서 이루어진 행위라도 그 행위가 국내시장에 영향을 미치는 경우에는 동법이 적용된다(법 제3조). 이 규정의 문언으로 미루어 보아 일응 미국의 영향이론과 유사하지만 '의도'에 관한 언급이 없으므로 오히려 독일 경쟁제한방지법의 태도에 가까운 것으로 판단된다. 또한 이와 관련하여 대한민국의 법률 및 이익에 반하지 하니하는 범위에서 외국정부와 독점규제법의 집행을 위한 협정을 체결할 수 있고(법 제56조 제1항), 그 협정에 따라 외국정부의 법집행을 지원할 수 있으며(동 조 제2항), 그와 같은 협정이 체결되어 있지 아니한 경우에도 외국정부의 법집행 요청 시 동일하거나 유사한 사항에 관하여 대한민국의 지원요청에 응한다는 요청국의 보증이 있는 경우에는 지원할 수 있도록 규정하고 있다(동 조 제3항). 아울러 국외에 주소·영업소 또는 사무소를 두고 있는 사업자 또는 사업자단체에 대한 문서의 송달을 위해서는 국내 대리인을 지정하도록 하여 그 대리인에게 송달하고, 국내에 대리인을 지정해야 하는 사업자 또는 사업자단체가 국내에 대리인을 지정하지 아니한 경우에는 행정절차법상 일반적인 송달방법에 따라 우편, 교부 또는 정보통신망 이용 등의 방법으로 하되, 송달받을 자(대표자 또는 대리인을 포함함)의 주소·거소·영업소·사무소 또는 전자우편주소로 하고, 송달받을 자가 동의하는 경우에는 그를 만나는 장소에서 송달할 수 있다(법 제98조 제2항, 제3항 및 행정절차법 제14조 제1항).[62]

---

61) 전자의 경우에는 문제의 계약체결지가 일본 국내였는데 결국 조사과정에서 해당 기업이 자진하여 시정하였고, 후자의 경우에는 공정거래위원회가 결국 경고조치를 내리는 데 그쳐서 이에 대한 불복의 소가 제기되지 않았으므로 역외적용에 관한 일본 법원의 입장은 알 수 없다. 독점금지법의 역외적용에 대한 일본의 학설 및 심결에 대해서는 고영한, 같은 글, pp. 829-840 참고.

62) 한편, 2016. 3. 29. 개정되기 전 구 독점규제법은 역외적용과는 별도로 국내사업자와 외국사업자 간에 체결하는 국제계약을 규제하는 명문의 규정을 두고 있었다. 즉, 구법은 제8장에서 '국제계약의 체결제한'이라는 제목으로 동법을 위반하는 내용의 국제계약의 체결을 금지하고(구법 제32조 제1항), 나아가 사업자는 사전 및 사후에 공정거래위원회에 대하여 국제계약의 심사를 요청할 수 있으며(구법 제33조), 공정거래위원회는 동 규정에 위반하거나 위반할 우려가 있는 국제계약을 체결한 사업자 또는 사업자단체에 대하여 계약의 취소나 계약내용의 수정·변경 기타 시정을 위하여 필요한 조치 및 과징금

이상과 같은 입법이 이루어지기 전에 과연 독점규제법의 역외적용이 가능한지 여부와 그 경우의 문서송달에 관하여 논란이 있었다. 공정거래위원회는 경쟁법의 역외적용에 관한 국제적 추세에 맞추어 2002년 흑연전극봉 생산업자들의 국제카르텔 사건과 2003년 비타민 생산업자들의 국제카르텔 사건에서 외국사업자들이 외국에서 행한 가격담합행위를 법 위반행위로 인정하여 시정명령과 과징금 납부명령을 내렸고,[63] 이들 외국사업자들이 불복의 소를 제기하여 재판상 치열하게 다투어졌다. 결국 6개 흑연전극봉 생산업체들의 부당한 공동행위 사건 관련 행정소송 상고심에서 대법원은 역외적용의 근거 규정이 없었던 구 독점규제법의 역외적용을 인정하고, 아울러 외국사업자에 대한 우편송달의 적법성을 인정하였다.[64] 이 판결은 비록 독점규제법의 역외적용을 인정하는 근거규정과 문서송달 규정이 없었던 구법에 관한 것이었지만, 최초로 독점규제법의 역외적용을 인정한 판결로서 의미가 크다고 할 것이므로 아래에서 간략히 살펴보기로 한다.

이 사건에서 미국, 일본, 독일 국적의 6개 흑연전극봉 제조회사가 1992년 영국의 런던에서 한국을 비롯한 흑연전극봉 수입국가에 대한 공급가격을 조정하고 시장을 분할하는 내용의 담합을 결성하여 1998년까지 이를 실행하면서 여기에서 결정된 가격으로 국내 수입업체들에게 판매한 행위가 문제되었다. 공정거래위원회는 먼저 입법관할권에 관하여 "외국법에 의해 설립된 사업자들 간의 합의가 비록 외국에서 이루어졌더라도, 합의의 실행이 대한민국에서 이루어지고 대한민국 시장에 영향을 미칠 경우에 공정거래위원회는 이들 사업자에 대해 관할권을 실행할 수 있다"고 함으로써 미국식 영향이론과 유럽 사법재판소의 실행지이론을 혼합한 듯한 논리로 역외적용을 인정하였다.[65]

또한 위 외국사업자들은 공정거래위원회가 조사 및 심의과정에서 행한 문서의 송달에 대해서도 격렬히 다투었는데, 특히 동 위원회가 자신들의 외국 주소지에 대한 우편송달 및 게시판을 이용한 공시송달을 통하여 심사보고서에 대한 의견의 제

의 납부를 명할 수 있도록(구법 제34조) 규정하고 있었다. 이 제도는 거래상 우월적 지위에 있는 외국사업자와 불공정거래행위 등 독점규제법에 위배되는 내용의 국제계약을 체결한 국내사업자를 보호하려는 취지였으나, 근래 사실상 집행실적이 없고 특히 우리나라를 포함한 각국이 경쟁법의 역외적용을 일반적으로 인정하게 됨에 따라 독자적인 의미가 사라졌다는 지적에 따라 삭제되었다.

63) 6개 흑연전극봉 생산업체들의 부당한 공동행위에 대한 건(공정거래위원회 의결 제2002-077호, 2002. 4. 4.) 및 비타민 생산 6개 업체들의 부당한 공동행위에 대한 건(공정거래위원회 의결 제2003-098호, 2003. 4. 29).

64) 대법원 2006. 3. 24. 선고 2004두11275 판결.

65) 공정거래위원회 의결 제2002-077호, 2002. 4. 4.

출을 요구하고 회의개최를 통지한 것은 국내 법령상 근거가 없을 뿐만 아니라 국제법상 위법한 문서송달로서 효력이 없다고 주장하였다. 이에 대하여 공정거래위원회는 행정절차법 제14조에 따라 우편송달을 실시한 것이고, 설령 그것이 법령상 근거가 없다고 하더라도 동법 제14조 제4항의 공시송달 요건인 "송달이 불가능한 경우"에 해당하므로 동 위원회가 사용한 공시송달은 적법한 송달이라고 결정하였다.[66]

위 공정거래위원회의 처분에 불복하여 제기된 행정소송에서 원고들은 입법관할권의 부재뿐만 아니라 절차적으로 위원회가 행한 송달이 부적법함을 강력히 주장하였다. 그러나 대법원은 먼저 입법관할권에 관하여, 독점규제법은 첫째, 사업자의 부당한 공동행위 등을 규제하여 공정하고 자유로운 경쟁을 촉진함으로써 창의적인 기업활동을 조장하고 소비자를 보호함과 아울러 국민경제의 균형 있는 발전을 도모함을 그 목적으로 하고 있는 점, 둘째, 부당한 공동행위의 주체인 사업자를 내국사업자로 한정하고 있지 않은 점, 셋째, 외국사업자가 외국에서 부당한 공동행위를 함으로 인한 영향이 국내시장에 미치는 경우에도 동법의 목적을 달성하기 위하여 이를 적용할 필요성이 있는 점 등을 근거로 "외국 사업자가 외국에서 다른 사업자와 공동으로 경쟁을 제한하는 합의를 하였더라도, 그 합의의 대상에 국내시장이 포함되어 있어서 그로 인한 영향이 국내시장에 미쳤다면 그 합의가 국내시장에 영향을 미친 한도 내에서 공정거래법이 적용된다."라고 판시하였다.[67] 이는 사실상 위에서 살펴본 미국식 영향이론에 따른 것이라고 볼 수 있다.

또한 대법원은 공정거래위원회가 행한 문서송달과 관련하여 독점규제법 및 이에 근거한 위원회의 사건처리절차규칙에 의하여 준용되는 행정절차법은 문서의 송달방법의 하나로 우편송달을 규정하고, 외국에 거주 또는 체류하는 자에 대한 기간 및 기한은 행정청이 그 우편이나 통신에 소요되는 일수를 감안하여 정한다고 규정하고 있는 점 등에 비추어볼 때 위원회는 "국내에 주소·거소·영업소 또는 사무소가 없는 외국사업자에 대하여도 우편송달의 방법으로 문서를 송달할 수 있다."라고 판시하였다.[68]

위에서 살펴본 바와 같이 이제 독점규제법의 역외적용에 관한 입법적 정비가

66) 같은 의결.

67) 대법원 2006. 3. 24. 선고 2004두11275 판결. 이 사건 원심에서 서울고법 역시 동일한 취지의 판결을 내린 바 있다(서울고법 2003. 8. 26. 선고 2002누6127 판결, 서울고법 2003. 8. 26. 선고 2002누14647 판결, 서울고법 2003. 8. 26. 선고 2002누15015 판결 등 참고).

68) 같은 판결. 나아가 대법원은 원심 판결이 행정절차법상 외국사업자에 대한 우편송달은 불가능하고, 동법 제14조 제2호의 '송달이 불가능한 경우'에 해당하므로 공정거래위원회가 행한 공시송달이 적법하다고 한 것은 잘못이지만 그 결론에 있어서 정당하다고 하였다.

이루어진 상황에서, 경쟁당국인 공정거래위원회를 중심으로 적극적으로 외국사업자들의 경쟁제한행위로부터 국내시장에서의 경쟁질서를 보호해야 할 과제를 안게 되었다. 이에 따라서 실제로 공정거래위원회는 위에서 소개한 2건의 사건들 이외에도 외국사업자들끼리 결성하거나 국내사업자와 외국사업자가 결성한 국제카르텔 사건에서 독점규제법의 역외적용을 실시하였는데, 기억할 만한 사건으로서 복사용지제조업체들의 국제카르텔 사건,[69] 마린호스사업자들의 국제카르텔 사건,[70] 항공화물운송사업자들의 국제카르텔 사건,[71] CDT 제조업체들의 국제카르텔 사건,[72] TFT-LCD 제조업체들의 국제카르텔 사건,[73] CRT 제조업체들의 국제카르텔 사건,[74] 자동차 해상운송사업자들의 국제카르텔 사건[75] 등을 들 수 있다.

특히, 항공화물운송사업자들의 국제카르텔 사건 관련 행정소송에서 외국에서 외국사업자들 사이에 이루어진 가격고정 합의가 구법 제2조의2가 역외적용의 요건으로 규정하고 있는 '국내시장에 영향을 미치는 경우'인지 여부가 다투어졌고, 대법원이 이에 관한 중요한 판시를 내렸다. 이 사건에서 외국항공사들이 한국발 전세계행 노선과 유럽발, 홍콩발 및 일본발 한국행 노선에서 항공화물운송서비스에 부과되는 보안할증료나 유류할증료를 도입하거나 인상하기로 합의하고 실행한 것과 관련하여, 이들 노선에서 유류할증료 등을 공동으로 도입하거나 인상한 행위가 '국내시장에 영향을 미치는 경우'에 해당하는지가 다투어졌는데, 특히 그 운임의 지급방식이 출발지에서 지급하기로 하는 출발지불 거래인 경우에도 이에 대한 국내시장이 존재하고 이에 영향을 미치는 경우로 볼 수 있는지 여부가 다투어졌다.

관련 행정소송 상고심에서 대법원은 구법 제2조의2에서 말하는 '국내시장에 영향을 미치는 경우'는 문제가 된 국외행위로 인하여 국내시장에 직접적이고 상당하며 합리적으로 예측 가능한 영향을 미치는 경우로 제한적으로 해석해야 하고, 그에 해당하는지 여부는 문제로 된 행위의 내용·의도, 행위의 대상인 재화 또는 용역의 특성, 거래 구조 및 그로 인하여 국내시장에 미치는 영향의 내용과 정도 등을 종합적으로 고려하여 구체적·개별적으로 판단하여야 한다고 전제하면서, 다만, 국외에서 사업자들이 공동으로 한 경쟁을 제한하는 합의의 대상에 국내시장이 포함되어 있다

69) 공정거래위원회 의결 제2009-47호, 2009. 1. 30.
70) 공정거래위원회 의결 제2009-152호, 2009. 7. 3.
71) 공정거래위원회 의결 제2010-6호, 2010. 6. 18. 및 공정거래위원회 의결 제2010-143, 144, 145, 146호, 2010. 11. 29.
72) 공정거래위원회 의결 제2011-19호, 2011. 3. 10.
73) 공정거래위원회 의결 제2011-212호, 2011. 12. 1.
74) 공정거래위원회 의결 제2011-9호, 2012. 1. 18.
75) 공정거래위원회 의결 제2017-293호, 2017. 9. 1.

면, 특별한 사정이 없는 한 그 합의가 국내시장에 영향을 미친다고 보아야 한다고 하였다.[76]

나아가 대법원은 위와 같은 법리를 이 사건 사실관계에 적용하여, 홍콩발 및 일본발 국내행 항공화물운송계약이 출발지인 홍콩이나 일본에서 운송주선인과 항공사 사이에 체결된다고 하더라도 운송주선인은 화주의 의뢰에 따라 그 계약을 체결한 것에 불과하므로 항공화물운송에서 운임의 부담자는 화주인 홍콩이나 일본의 송하인 또는 국내 수하인으로 보아야 하고, 송하인과 수하인 중 누가 운임의 부담자로 될 것인지는 이들 사이의 약정에 따라 정해지는데, 국내 수하인이 도착지불 거래에 의하여 스스로 항공화물운송에 관한 운임을 부담할 것인지 또는 출발지불 거래에 의하여 송하인을 통하여 전가된 운임을 부담할 것인지는 거래형태에 따라 선택하는 것에 불과하므로 출발지불 거래에서도 국내 수하인을 항공화물운송의 수요자로 볼 수 있으며, 홍콩발 및 일본발 국내행 항공화물운송은 출발지인 홍콩이나 일본으로부터 도착지인 국내에 이르기까지 제공되는 일련의 역무의 총합으로서 홍콩발 및 일본발 국내행 항공화물운송 중 운임의 지급방식이 도착지불 거래인 경우는 물론이고 출발지불 거래의 경우에도 이에 대한 국내시장이 존재한다고 보아야 하고, 따라서 홍콩발 및 일본발 국내행 항공화물운송에 유류할증료를 도입·변경하기로 하는 이 사건 합의는 국내시장에 영향을 미치는 경우에 해당한다고 하였다.[77]

또한 일본발 한국행 항공화물운송서비스의 운임에 관한 합의는 일본국 항공법에 따라 일본 국토교통성의 인가를 받은 것으로서 이에 대해서는 일본 사적독점금지법의 적용이 제외된다는 항변이 제기되었는데, 대법원은 독점규제법의 역외적용의 기준으로서 관련된 외국 정부의 정당한 이익까지 고려할 여지가 있다는 취지로 판시하였다. 즉, 대법원은 문제가 된 행위에 대한 독점규제법의 적용에 의한 규제의 요청에 비하여 외국 법률 등을 존중해야 할 요청이 현저히 우월한 경우에는 독점규제법의 적용이 제한될 수 있는데, 그러한 경우에 해당하는지는 당해 행위가 국내시장에 미치는 영향, 당해 행위에 대한 외국 정부의 관여 정도, 국내 법률과 외국 법

76) 대법원 2014. 5. 29. 선고 2012두25132 판결.

77) 같은 판결. 동일한 취지의 판결로서 대법원 2014. 5. 16. 선고 2012두13269 판결 및 대법원 2014. 5. 16. 선고 2012두14545 판결 등 참고. 이에 반하여 3개 자동차 점화코일 사업자들의 국제카르텔 사건 관련 행정소송에서 서울고법은 문제가 된 합의 시점에 수요자인 GM이 한국에서 해당 점화코일을 사용하는 엔진을 생산하지 않았고 원고가 한국GM이 해당 점화코일을 공급받을 것을 예측하기 어려웠다는 이유로 한국시장에 합리적으로 예측 가능한 영향을 미쳤다고 볼 수 없다고 하였다(서울고법 2020. 10. 29. 선고 2019누60006 판결). 상고심에서 대법원은 심리불속행 사유에 해당한다는 이유로 상고를 기각하였다(대법원 2021. 2. 25. 선고 2020두53392 판결).

률 등이 상충되는 정도, 이로 인하여 당해 행위에 대하여 국내 법률을 적용할 경우 외국 사업자에게 미치는 불이익 및 외국 정부가 가지는 정당한 이익을 저해하는 정도 등을 종합적으로 고려하여 판단하여야 한다고 전제하고, 일본발 국내행 항공화물운송운임의 체계를 변경하고 그 운임 중 주요 구성부분에 관한 할인을 제한하는 내용의 이 사건 합의가 국내시장에 미치는 영향이 작다고 볼 수 없는데 반하여, 위 합의에 관하여 일본 정부는 원고 등의 신청에 따라 그 결과를 인가하였을 뿐 합의에 대한 관여 정도가 높다고 볼 수 없고, 일본 항공법 제110조가 국토교통성의 인가를 받은 운임협정 등에 대하여 자국 독점금지법의 적용을 제외하고 있으나 일정한 거래분야에서 경쟁을 실질적으로 제한하는 경우는 그 예외로 규정하고 있으므로 일본 법률과 국내 법률 자체가 서로 충돌된다고 보기 어렵고, 원고가 일본 법률과 국내 법률을 동시에 준수하는 것이 불가능하다고 볼 수도 없으므로 독점규제법의 적용이 제한되는 경우에 해당된다고 볼 수 없다고 판시하였다.[78]

그 밖에도 자동차 해상운송사업자들의 국제카르텔 사건에서 가담사업자들은 자신이 이미 관련된 타국에서 과징금 등 행정상 제재를 받았음에도 불구하고 재차 국내법에 따라 행정상 제재를 가하는 것은 이중제재로서 부당하다고 주장하였다. 그러나 관련 행정소송에서 서울고법은 국외에서 이루어진 행위가 국내시장에 영향을 미치는 경우 독점규제법에 따라 법 위반행위자에게 행정상 제재를 부과하는 것은 헌법과 독점규제법에 따른 것으로서 정당하고, 그 행위와 관련하여 법 위반행위자가 이미 타국에서 행정상 제재를 받았다는 사정은 독점규제법에 따른 제재의 여부 및 그 정도를 정할 때 고려하는 것으로 충분하며, 이를 두고 이중제재로서 위헌·위법이라고 볼 수는 없다고 판시하였다.[79]

■ 토의 과제

> ① 미국 연방독점금지법의 집행은 주로 법무부나 연방거래위원회가 연방법원에 집행의 소를 제기하는 방식으로 이루어지므로 역외적용 여부가 문제되는 경우에 사법기관인 연방법원이 그 1차적인 결정권한을 가지게 되는 데 반하여, 우리나라는 경쟁당국인 공정거래위원회가 1차적 결정권한을 가지고 있다. 따라서 우리나라의 경우에는 독점규제법의 역외적용 여부를 판단

---

78) 대법원 2014. 5. 29. 선고 2012두25132 판결. 동일한 취지의 판결로서 대법원 2014. 5. 16. 선고 2012두13269 판결 및 대법원 2014. 5. 16. 선고 2012두13665 판결 등 참고.

79) 서울고법 2018. 6. 27. 선고 2017누74018 판결. 상고심에서 대법원은 심리불속행 사유에 해당한다는 이유로 상고를 기각하였다(대법원 2018. 10. 12. 선고 2018두52396 판결).

함에 있어서, 종래 국제예양 등을 고려하는 '이익형량이론'의 문제점으로 지적되었던 것 중 상당한 부분이 해당되지 않을 수 있다. 그렇다면 입법론으로서 동 이론에 입각하여 독점규제법을 역외적용하는 방안이 가지는 장·단점을 설명해 보시오.

2 항공화물운송사업자들의 국제카르텔 사건에서 대법원이 제시한 역외적용 기준을 미국 Timberlane 사건 판결이 제시한 '이익형량이론'과 비교해 보시오.

Ⅴ. 독점규제법 위반행위의 사법적 효력

넓은 의미에서 독점규제법 위반행위의 법률적 효과를 정리해 보면, 우선 제10장에서 살펴본 바와 같이 행정적으로 공정거래위원회가 시정조치나 과징금 납부 등을 명할 수 있고, 사안에 따라서는 위에서 살펴본 바와 같이 형사절차를 통하여 형벌이 부과될 수 있고, 해당 행위로 인하여 손해를 입은 사람이 손해배상을 청구하면 위반행위자는 그 결과에 따라 손해를 배상하여야 한다. 그러나 이상과 같은 문제들이 모두 종결되더라도 과연 해당 법 위반행위의 사법적 효력(私法的 效力)이 계속 유지되는가 아니면 그 효력이 부정되어 무효로 되는가라는 문제는 여전히 남는다. 예컨대, 제조업자와 판매업자가 대리점계약을 체결하면서 특정한 상품을 일정한 가격 수준 이상으로 판매하기로 하는 재판매가격유지의 약정을 포함시킨 행위가 법 제46조가 금지하는 재판매가격유지행위에 해당될 경우 위에서 살펴본 다양한 절차에 따른 법률적 효과가 발생하는 것은 별론으로 하고, 제조업자가 그 약정을 준수하지 않는 대리점에 대하여 계약위반을 이유로 대리점계약을 해제하거나 손해배상을 청구할 수 있는지가 문제된다.

이와 관련하여 독점규제법은 오직 부당한 공동행위의 경우에만 규정을 두어 부당한 공동행위를 할 것을 약정하는 계약 등은 해당 사업자 간에는 그 효력을 무효로 한다고 하고 있을 뿐(법 제40조 제4항), 그 밖의 경우에 대해서는 아무런 규정을 두고 있지 않다.[80] 따라서 독점규제법 위반행위의 사법적 효력은 결국 해석을 통하여 판단하여야 하는데, 동법의 실효성 확보를 우선시하여 위반행위의 사법적 효력을

80) 1980년 법 제정 당시에 공동행위에 대해서 경제기획원장관에게 등록하도록 하고, 등록을 하지 않은 공동행위는 무효라고 규정하였는데(구법 제11조 제3항), 1986년 1차 법 개정 당시 현행과 같이 규정하였다.

부인하는 견해와 사법관계의 안정성을 중시하여 불공정한 법률행위에 해당하는 등 사법상의 기준에 따라 무효가 되지 않는 한 사법적 효력 자체는 인정하여야 한다는 견해로 나뉠 수 있고, 모든 위반행위에 대하여 일률적으로 결정할 것이 아니라 개별적 사안에 따라 판단하여야 한다는 절충적 입장도 상정할 수 있다.

이에 관한 법원의 태도를 살펴보면, 현대정유 외 1의 불공정거래행위 관련 가처분 사건에서 서울고법은 "불공정거래행위에 해당하는 법률행위 또는 이와 불가분의 관계에 있는 법률행위를 모두 사법상 유효하다고 인정하여 위반 당사자에게 그 법률행위에 의한 법률효과를 누리게 한다면 공정거래법의 금지를 무의미하게 만들어 같은 법의 목적 달성은 불가능하게 되는 반면 이를 전면적으로 무효라고 한다면 그로 인한 광범한 사법관계의 혼란을 초래할 위험이 있다 할 것이므로, 그 사법상의 효력은 이를 추상적, 획일적으로 판단할 것이 아니라 공정거래법에 위반된 개개의 구체적인 불공정거래행위에 대하여 앞서 본 공정거래법의 입법취지와 성질, 각 금지규정의 내용, 당해 행위가 공정거래법에 위반한 정도 및 이를 무효로 하는 경우에 초래될 사법관계의 혼란 정도 등을 종합적으로 고려하여 이를 정의와 형평의 관념 내지 신의칙에 비추어 개별적으로 그 사법상의 효력을 정하는 것이 상당하다." 라고 판시하여 개별적으로 판단하는 입장을 취하였다.[81]

그동안 법원이 구체적으로 법 위반행위에 해당하는 법률행위의 사법적 효력의 유무를 판단한 사례들을 살펴보면 다음과 같다. 먼저, 위 사건에서 서울고법은 석유류판매대리점이 문제가 된 정유사의 부당한 고객유인행위에 적극적으로 응하여 종래 거래해 오던 다른 정유사와의 독점판매대리점 계약의 갱신을 거절하는 의사표시를 행한 것과 관련하여, "불공정거래행위의 공정거래법 위반 태양과 그 위반 정도 및 현재 국내석유판매업계는 정유회사들의 정제능력이 국내수요를 초과하였을 뿐만 아니라 부지확보 등의 곤란으로 새로 주유소를 신설하기가 어려운 상황이어서 위와 같은 자금지원에 의한 기존 석유류판매대리점과 주유소의 침탈을 방치하면 앞으로 국내석유판매업계에 그로 인한 상당한 혼란이 야기될 것이 예상되므로 그 사법상의 효력을 부인하여야만 불공정거래행위를 규제하여 공정하고 자유로운 경쟁을 촉진하려는 공정거래법의 입법취지를 달성할 수 있는 점과 위와 같은 부당한 자금지원에 의한 기존 대리점 등의 침탈행위에 대한 사법상 효력을 부인한다 하더라도 거래의 안전에 혼란을 초래할 것으로 보이지 아니하는 점 등을 종합적으로 고려하면" 이를 무효로 하는 것이 정의와 형평의 관념 내지는 신의칙에 비추어 상당하다고 판시하였다.[82]

---

81) 서울고법 1995. 1. 12.자 94라186 결정.

이에 반하여 삼호건설의 허위광고행위 관련 매매대금반환청구 사건에서 서울고법은 동 사업자가 독점규제법을 위반한 허위의 광고행위를 하였으므로 동 사업자와 체결한 상가분양계약은 무효라는 주장에 대하여, "이 사건 분양계약과 관련하여 위 법률 규정에 위반되는 허위광고를 한 것만으로는 행정상·형벌상 제재는 별론으로 하고 이 사건 분양계약의 사법적 효력까지 부인된다고 볼 수 없[다.]"라고 판시하였다.[83)]

토의 과제

> 현대정유 외 1의 불공정거래행위 관련 가처분 사건(서울고법 1995. 1. 12.자 94라186 결정)과 삼호건설의 허위광고행위 관련 매매대금반환청구 사건(서울고법 1999. 10. 22. 선고 99나17540 판결)에서 문제가 된 위반행위의 법 위반 태양 및 정도, 그리고 만약 해당 행위의 사법적 효력을 부인했을 경우에 초래될 수 있는 사법관계의 혼란을 비교해 보시오.

82) 같은 결정.
83) 서울고법 1999. 10. 22. 선고 99나17540 판결.

〔사항색인〕

ㅂ

ㅈ

〔국내사건색인〕

〔외국판결색인〕

[저자약력]

서울대학교 법과대학 및 동 대학원 졸업(법학박사)
미국 미주리주립대(Univ. of Missouri–Columbia) 로스쿨 졸업(J.D.)
미국 뉴욕주 변호사
제32회 행정고시
총무처, 행정자치부 행정사무관, 서기관
국가인권위원회 차별조사과장
공정거래위원회 송무담당관
공정거래위원회 경쟁정책자문위원(카르텔분과), 대통령실 방송통신정책자문위원, 법제처 법령해석심의위원
경제인문사회연구회 이사, 중소벤처기업부 상생조정위원, 수위탁분쟁조정위원장
사법시험 경제법 출제위원 및 가맹사업거래상담사 독점규제법 출제위원
변호사시험 경제법 출제위원
독일 마인쯔대 방문교수
일본 홋카이도대 방문교수
약관심사자문위원, 표시광고자문위원, 소비자정책위원회 실무위원, 공정거래법제개선 특별위원회 위원
(사) 한국경쟁법학회 회장
(현) 한양대학교 법학전문대학원 교수

제 7 판 독점규제법

2006년 9월 10일 제 1 판 발행
2010년 6월 20일 제 2 판 발행
2011년 8월 10일 제 3 판 발행
2013년 2월 25일 제 4 판 발행
2015년 8월 15일 제 5 판 발행
2020년 3월 10일 제 6 판 발행
2022년 3월 20일 제 7 판 발행

저 자 이 호 영
발행인 임 권 규
발행처 홍 문 사

05855 서울시 송파구 송파대로 167 테라타워 B동 802호
등록 1993. 6. 24. 제1-1543호
TEL. 712-5311(代) FAX. 716-5311

값 47,000원

ISBN 978-89-7770-722-1 93360